谱写中国梦江苏新篇章
——江苏省决策咨询研究基地成果报告汇编
（2013）
下

主　编　刘德海
副主编　汪兴国　徐之顺　崔建军
江苏省哲学社会科学界联合会　编

PUXIE ZHONGGUOMENG JIANGSU XINPIANZHANG

中国社会科学出版社

目录（下册）

党的建设创新

深入推进作风建设，构建江苏党员干部联系群众长效机制 ……… （503）
健全权力运行制约和监督体系研究 ………………………… （515）
网络新媒体环境下权力监督"体系力"建设研究 …………… （528）
党风廉政建设的网络群众路线研究 ………………………… （539）
新时期促进党和政府与人民群众互信的挑战与对策 ………… （551）

政府与社会治理

以信息化建设和谐稳定江苏新农村研究 …………………… （567）
职能部门的流程再造与基层政府的效率和效能研究
　　——以南京市为例 ……………………………………… （580）
基层政府管理与社区自治的有效融合
　　——以南京市工商管理与社区管理的"双网对接"模式为例 … （597）
江苏法治先导区建设的制度重点 …………………………… （611）
江苏省建立和推行"公民守法责任制"的设想 ……………… （624）
江苏城乡基层组织建设创新的经验、启示与路径
　　——基于江苏"大基层组织"治理模式建构的研究 ……… （638）
江苏社区组织建设的路径分析
　　——在"共同体"与"契约组织"之间 …………………… （650）

江苏地方政府服务能力评价指标体系研究 ……………………（662）
后单位时代组织伦理的现状与影响因素
　　——"集团伦理与社会中层结构发展"调研报告 ………（677）
个体化进程中的公民道德发展
　　——基于江苏省抽样调查的分析 …………………………（690）

生态文明与可持续发展

21世纪新环境下江苏省可持续发展实践与探索 ……………（711）
江苏省人类社会财富估算研究 ………………………………（723）
江苏省城市绿色发展评价及建议 ……………………………（736）
加快形成新的经济发展方式与江苏持续发展研究 …………（747）
拓开"低碳江苏"可持续发展新路 …………………………（759）
推进国家水安全，支撑中国新发展
　　——关于构建"世界水谷"全球体系的建议 ……………（766）

人才与教育

江苏省高校海归人才培养机制的访谈分析 …………………（789）
高校海外高层次人才的引进模式与优化对策研究
　　——以江苏省为例 …………………………………………（801）
OECD国家学前贫困儿童政府资助政策比较研究报告 ……（813）
义务教育均衡与多元发展的政策研究 ………………………（827）
"用工荒"现象调查分析以及对江苏职业教育发展的
　　政策建议 ……………………………………………………（840）
"江苏省乡—城流动人口子女教育融入的问题与对策"研究报告 ……
　　……………………………………………………………………（856）
推进江苏文化与科技融合的路径与政策举措 ………………（868）

文化与艺术

"十二五"中期江苏文化强省建设的新进程、新挑战与新对策 …… (883)
江苏"文化建设"的现状评估与对策 ………………………… (899)
苏南、苏中、苏北城市文化演进与比较研究 …………………… (919)
江苏公众与江苏艺术发展关系研究 ……………………………… (930)
江苏书画艺术走出去的难点与突破路径 ………………………… (936)
技术进步推动江苏省文化产业增长方式与路径研究 …………… (946)

后　记 ………………………………………………………………… (962)

党的建设创新

深入推进作风建设，构建江苏党员干部联系群众长效机制

内容提要： 密切联系群众是我们党的最大政治优势，脱离群众是我们党执政后的最大危险，党群关系问题事关党的生死存亡。本研究报告通过实地调研剖析了长期执政和改革开放条件下党群关系面临的新情况、新挑战，总结了近年来江苏党员干部联系群众的创新实践，在此基础之上，进一步提出建立健全党员干部下基层调研工作机制、党员干部服务群众工作机制、组织群众工作机制、民意表达和权益保障长效机制、依靠群众工作机制以构建江苏党员干部联系群众的长效机制。

密切联系群众是我们党的优良传统和政治优势，2013年，基地围绕"深入推进作风建设，构建江苏党员干部联系群众长效机制"这一课题，通过实地考察、召开座谈会、发放问卷、个别访谈等形式进行了专题调研。从调研的情况看，在江苏，科学发展向上攀登、联系群众向下扎根成为党员干部的不懈追求。但鉴于不良作风具有反复性、顽固性的特征，有必要把坚持正面教育的经验和解决突出问题的成功做法，用制度的形式确定下来、坚持下去，建立健全党员干部联系群众的长效机制。

一 长期执政和改革开放条件下党群关系面临的新情况、新挑战

我们党经历革命、建设和改革，已经从领导人民为夺取政权而奋斗的党，成为领导人民掌握政权并长期执政的党；已经从受到外部封锁和实行计划经济条件下领导国家建设的党，成为对外开放和发展社会主义市场经济条件下领导国家建设的党。党所处历史方位的变化，使党群关系呈现出

诸多新情况、新挑战。

（一）利益格局深刻调整，社会结构深刻变动，群众主体更加多元，利益诉求更加复杂，协调利益关系难度加大

改革开放以来，江苏处在改革开放的前沿阵地，社会转型也更深刻，社会关系调整也更广泛。2012年全省私营企业131.3万户，个体工商户352.8万户，外资企业法人单位3.5万家，依法登记的社会组织37905个。全省2500多万城镇从业人员中，在私营或个体企业就业的达2125万人，占85%。

在社会分工越来越细、社会关系越来越复杂的情况下，必然会带来利益分化，利益诉求日趋多元，对经济、政治、文化、社会、生态等方面提出了更多更高的要求，组织群众的难度也在不断增加。2011年全省党委政府共受理群众来信来访39.97万件，因具体利益问题的来信来访占85%以上，劳资矛盾、社会保障、征地拆迁、企事业单位改革等方面占比较大。民主法治诉求不断增加，特别是涉法涉诉问题成为信访热点之一，占全省信访案件总量的5.75%。因环境问题引发的群体性事件明显增多，且参与人群呈"精英化"、"年轻化"趋势。群众在社会治安、食品药品安全、教育招生、人事招录等方面诉求也日渐增多，群众诉求日趋复杂，应对稍有不妥就会出现"按下葫芦起了瓢"的现象。

（二）思想观念发生深刻变化，群众价值观念更加多变，凝聚群众共识愈加困难

随着改革开放的深化和对外开放的深入，世界范围内各种思想文化交流互动更加频繁，交锋更加激烈，各种思想意识相互激荡，人们思想活动的独立性、选择性、多变性、差异性明显增强，宣传和组织群众的难度前所未有。主流价值观在群众中的影响力有所削弱，拜金主义、享乐主义、极端自由主义思想在部分党员干部和群众中有所滋长。与此同时，部分党组织在群众中的号召力在削弱。随着群众自主意识的不断强化，对党委、政府提出的奋斗目标或举措，一些群众持观望态度甚至是逆反心理，感觉离自己太远或是不能给自己带来实实在在的好处。党风廉政方面暴露出的诸多问题也导致了一些群众对公权力信任度的降低，削弱了群众工作的凝聚力，传统的政治和道德说教已经不被群众认可，出现矛盾纠纷时，以强

制手段解决问题更是会遭到群众强烈抵触,做群众工作甚至会出现"老办法不顶用、硬办法不能用、软办法不管用、新办法不会用"的困境。省委党校"中小学党建工作机制创新"课题组 2011 年进行的问卷调查结果显示,只有不到 10% 的人在遇到困难的时候会第一时间找党组织。

(三) 党员干部联系群众的客观环境发生了深刻变化

江苏在推进"两个率先"进程中,经济与社会得以全面发展,与此同时,经济发展和社会治理领域遇到的矛盾和问题也较早较多。既有城乡收入差距大、区域发展"两重天"、工农业建设不协调等全面普遍面临的共性难题,又有环境压力加剧、土地资源紧张、新型矛盾多发等先发地区提早遇到的个性难题。

江苏省也是互联网大省,目前全省网民约有 4000 万人之多,微博普及率达 62.3%,近三成网民使用微信。迅捷无碍的信息交流对开展群众工作是一把"双刃剑",一方面,互联网等新媒体的出现形成了新的表达诉求渠道,使群众拥有了前所未有的话语权。互联网因其平等、互动和便捷等特性,已成为改进工作作风、促进民主监督、提高政府效率的推进器。另一方面,由于相关制度建设尚未同步跟进,存在不少管理上的空白,由此带来相应的权利保护和义务承担上的模糊之处,如虚假信息、网络暴民的问题等等。诸如种种现象,反映出党员干部联系群众的客观环境发生了深刻变化。

二 近年来江苏党员干部联系群众的创新实践

近年来,在江苏省委、省政府的统一部署和带领下,全省各级党组织积极探索做好新形势下群众工作的有效途径,创新了群众工作的模式,办了很多利民惠民的好事实事,把党员干部联系和服务群众工作不断引向深入。

(一) 以保障和改善民生为重点的社会建设取得重大进展,人民群众的整体生活水平不断提高

一是"民生幸福工程"赢民心。2011 年 6 月,江苏在全国率先以省

委、省政府文件的形式出台《关于大力推进民生幸福工程的意见》，将"民生幸福"具体化为"居民收入倍增计划"和"六大体系"建设，切实解决普通群众最关心、最直接、最现实的利益问题，提高人民群众的幸福感和满意度。2013年，省委、省政府进一步强调了经济发展的民生导向，调整完善了"八项工程"统计监测指标体系，由原来的111个指标调整为56个，着重体现更高要求、突出质量效益、强调群众认可，防止以经济总量代替发展质量、以经济成果代替民生保障和社会建设成果、以平均数掩盖大多数，坚决摒弃以总值增长率论英雄。加快服务型政府建设，取消和下放了一批审批项目，切实规范和简化行政审批服务流程，进一步完善政务服务体系，2013年以来清理减少审批事项548项，削减了近50%。

二是狠抓民生实事出成效。"十二五"以来，江苏公共财政支出75%以上用于保障改善民生，连续八年推出十大民生实事，围绕群众关心的交通、环保、教育、就业等热点难点问题，办好保障和改善民生十件实事。2013年，江苏全省财政性教育经费超过了1500亿元，社会保障和就业方面的支出连年上升，省政府确定的109项考核指标中，与民生相关的指标接近一半。在推进扩大就业发展战略、基本公共卫生服务均等化、建立城乡最低生活保障和完善社会救助体系等民生战略方面，继续保持全国领先。

（二）各级党组织把联系和服务群众放在重要位置，做了大量惠民利民的工作，创新了新形势下群众工作模式

一是服务型群众工作模式。通过开展党员干部深入基层调研、帮扶、开通服务热线等方式，广泛听取和解决人民群众的诉求。2011年4月，江苏省委决定开展领导干部下基层"三解三促"活动，省委书记罗志军、省长李学勇率先垂范，省、市、县5万多名干部深入村镇、社区和基层单位，与基层、群众同吃同住同劳动，走访慰问基层群众38.5万多人，调出信访积案2.3万多件，为群众办实事好事13.9万多件。各市县结合实际将"三解三促"活动具体化。如皋市创设了"一中心三理五制"、泗阳县"三级"帮扶机制、宿豫区"三带去三带来"、淮安市推行"三进三帮"、扬州市"三下三联三交"，着力推动党员干部与群众"心连心"，都取得了"党员受教育、群众得实惠、作风大改进"的实效，赢得了群众的认可和好评。

二是伙伴型群众工作模式。党员干部视群众为平等的社会主体、可以精诚合作的伙伴,共同推动社会的和谐稳定,在尊重群众的主体性基础上,实现群众工作的创新。泰州市检察机关通过建立与公众的伙伴关系,创建了伙伴型群众工作模式,构建"广覆盖、零拒绝、全方位"的检察服务,让社区群众感知到检察机关是真诚的社区伙伴。

三是双向互动型群众工作模式。强调党员干部与群众的信息沟通和互动,深入社区联系群众,与群众面对面交流和沟通,不仅能够更及时、更直接、更准确地掌握基层群众的一手资料,同时也是对群众进行政策宣传和行为引导的过程。睢宁县自2011年开始实施"三问三请"制度,沭阳县实行"开门办公"制度,让群众的诉求成为施政的重点,群众的需求、意见和情感等输入政策制定过程中,形成科学有效的利益诉求、表达、处置、落实机制,使人民群众从感情上向党聚拢,对于社会转型期重塑干群党群关系、巩固党的执政地位、促进社会和谐发展具有重要意义。

(三)基层民主不断发展,人民群众的基本民主权利得到尊重和保障

一是创新基层党组织设置方式,为基层民主提供坚强的组织保障。推行村企联建、村社联建、村村联建,探索建立"区域型"党组织;推行"支部+龙头企业"、"支部+专业合作组织"等,探索建立"产业型"党组织;组建"商务楼宇党支部"、"的哥党支部"等,探索建立"流动型"党组织;打造网上党建信息化平台,探索建立"网络型"党组织,有效扩大了组织覆盖。

二是结合社会治理创新的要求,进一步创新了基层民主制度。在"民主理财"、"两票制"、"两会制"、"公推直选"和"社务票决"等制度的基础上,结合当前社会治理创新的要求,进一步创新了基层民主制度,为群众在民主选举、民主决策、民主管理和民主监督等方面提供了可靠的渠道和保障。如全省设立了6000多个"人大代表之家",帮选民解决实际问题,创新与群众沟通方式;南京六合区创建"农民议事会",创新村落民主治理;江苏无锡新区梅村街道为进一步落实群众的主体地位,探索推行了"党内事务听证咨询制、民主恳谈制、群众信访轮值制、党务村务公开制"的"四制联动",切实保障了群众的民主权利;太仓市全面推进"政社互动",厘清政府和基层群众自治组织职责,采取"购买服务"的方式委托基层群众自治组织承担部分社会服务管理职能,开展政府和基层群众自治组织"双向评估",建立社区、社会组织、社工和志愿者"三社联动"社区服务运行机制,进一步规范了政府与基层群众自治组织的关系,建立了公共服务新机制,有效形成了基层社会管理的合力。

三是加强企事业单位的民主管理。企事业单位不断加强以职工代表大会为核心的民主管理的制度化、法律化和程序化建设,在实行民主管理、协调劳动关系、维护职工合法权益中充分尊重和体现了职工的意愿。有效解决和大幅减少征地拆迁、劳动争议、涉法涉诉、环境保护等引发的社会矛盾,保护群众的合法权益。畅通和规范群众诉求表达渠道,着力解决信访突出问题。

(四)高度重视作风建设,力戒"四风",严惩腐败,受到群众认可和衷心拥护

一是反对官僚主义,摈弃形式主义。加强和改进了调查研究工作,深入基层一线和群众当中,下基层调研不打招呼、不搞层层陪同、不走预定路线,而是一竿子插到底的随机性调研,了解民情民意、破解发展难题、化解社会矛盾,促进干群关系融洽、促进基层发展稳定、促进机关作风转变,真正做到常态化、长效化。

二是反对享乐主义和奢靡之风。省委、省政府坚持不懈抓好中央八项规定和省委十项规定的落实,扎实推进节约型机关建设。加强财政预算管理,严格控制"三公经费"。界定区分公务接待和商务接待,规范接待范围、标准和审批程序,严禁在公务活动中赠送或接受礼品、礼金,严禁节日期间用公款送礼,严禁用公款大吃大喝,严格控制因公临时出国(境)团组数量和规模,严禁借培训名义安排考察性出访。2013年8月以来,在全省集中开展了"三项清理、三项规范、一项清退"。2013年全省机关事业单位因公出国出境费用同比下降21.4%,公务接待费用下降20.9%,公车购置费用下降8.7%,会议费用支出下降28%;创建达标活动压缩93.5%,节庆论坛展会精简63.5%,全省庆典节会论坛费用下降42.9%;省级层面撤销、归并领导(协调)小组21个;全省县处以上党员领导干部、县机关科级和乡镇(街道)党员负责人12.4万多人做出会员卡"零持有"承诺。

三是大力倡导和坚持廉洁从政,严厉惩治腐败。省委、省政府坚持一手立规矩、建制度,一手抓执行、抓落实,既架起"高压线",又通上

"高压电",加大督促检查力度,以反腐实效赢得了群众信任,国家统计局民意调查显示,人民群众对江苏 2013 年党风廉政建设满意度比上年有新的提高,社会各界对逐步遏制和克服腐败现象的信心不断增强。全省纪检监察机关共派出督察组 2545 个、暗访组 2241 个,组织开展暗访 7082 次,对公车私用、公款旅游、公款送礼、公款吃喝娱乐行为进行检查;强化正风肃纪,对违反制度踩"红线"、闯"雷区"的,坚决做到零容忍,发现一起查处一起,产生了较好的威慑力。

总体来看,当前江苏省党群关系状况是好的,特别是在"三解三促"活动中,各级领导率先垂范并大力倡导的深入基层、亲民爱民之风,深受群众拥戴。但与此同时,存在的问题也不容忽视,脱离群众的危险在部分党组织和党员干部身上仍然存在,并且有些问题还十分突出,主要表现在以下几个方面。

一是随着党执政环境的深刻变化,一些党员干部产生角色错位,导致群众观念淡薄,群众工作能力不强。党执掌政权后,部分党员干部错误认为不是党离不开群众,而是群众求党办事,群众是管理的对象而不是服务的对象,对群众发号施令、高高在上,甚至侵犯群众的合法权益,由此导致我们党与人民群众原本的血肉相连、仆主关系,颠倒成"蛙水关系"或"油水关系"。有些党员干部对新时期群众工作的特点和规律认识不够,如观念落后、依法行政意识不强等,直接影响了群众工作的效果。有的党员干部将群众工作片面理解为"走动走动",就是到群众中走一走、看一看,向群众宣传一下党的政策主张;更有不少干部认为,既然"发展是第一要务",只要经济速度上去了,群众工作自然也就做好了。还有个别干部为了短期内出政绩,大搞形式主义,对群众的疾苦、困难漠不关心,甚至不惜牺牲群众利益和资源环境,招致民众抗议。有的干部为了完成某些不切实际的工作任务,不惜采用各种手段,极大弱化了群众对党和政府的信任。省委党校与新华日报社于 2013 年 6 月下旬就"群众最不满的十种现象"展开的联合调研显示,位居第一的问题是"弄虚作假,作风浮夸。为追求政绩、求升迁,热衷于搞'形象工程'、'参观工程',造成大量人力、物力和财力的浪费,甚至弄虚作假,搞数字游戏",在回收的 146 份有效问卷中,有 117 位受访者认为这是当前群众最不满的现象。

二是一些政策法规的制定和调整未能充分体现群众需求,造成群众反映较大的问题不能及时得到解决。制度和政策是党的生命,是群众利益的体现。由于一些部门以人为本理念树得不牢，在制定或调整政策时，往往从各自利益出发，导致隐形地损害群众利益，甚至与民争利现象的发生。因一些政策制定和调整不及时，让群众意见较大的问题不能得到及时解决，如收入分配政策不到位导致贫富差距持续拉大。一些政策调整过频过快，连续性较差，标准不统一，因而引发种种新的矛盾。有的政策有失公平，如户籍、就业、社会保障、教育、医疗等，在城乡、地域、行业之间，不同程度地存在不尽合理的地方，并且这些问题还有不断累积之势。

三是一些体制、机制和制度尚不健全，导致密切党群关系缺乏制度保障。党群关系不能仅靠历史形成的政治情感来维系，也不能仅靠一次次的政治活动来加强，而必须依赖于公平正义的制度体系。由于体制、机制和工作制度不健全、不完善甚至是存在弊端，从根本上损害了党群干群关系。因上面权力大、基层责任大、责权不统一的领导体制尚未得到有效改进，导致基层联系服务群众缺乏必要的资源和手段。因人民授权关系在制度、机制上尚未完全理顺，客观上造成一部分干部"不怕群众不满意，就怕领导不注意；不怕群众不高兴，就怕领导不开心；不怕群众不答应，就怕领导不认可"。由于权力制约机制不够健全，造成公权滥用、公权私用问题长期得不到有效遏制。上述省委党校与新华日报社展开的联合调研还显示，位居第二、第三的问题分别是"文山会海，公文旅行。以文件贯彻文件，以会议落实会议，文件越发越多，实际问题解决不了。不管大事小事，不分轻重缓急，都要层层请示，照抄照转"，及"调查研究浮光掠影。即使下基层，也是下级人员跟着一大堆，报社电视台记者一大帮，听不到群众的真话，调查不深，研究不透，走马观花，只满足于发新闻、上电视。更有甚者，名为调查，实为扰民，一天调查，三天游览"。类似这些体制、机制和制度方面的"空隙"和"漏洞"，导致出现种种损害党群关系的问题。

四是社会组织发展滞后、作用有限，致使一些群众往往把各种问题都归因于党和政府。随着经济社会快速发展，各种社会问题集中投射到社会层面，这就需要优质高效的社会管理来减轻社会矛盾凸显期带来的巨大压力。从实际情况来看，我国现行社会管理的体制、方式、队伍等都与快速变动的社会结构、高度复杂化的利益结构和人民群众多元化的要求不相适应，特别是社会组织尚处于初级发展阶段，大量应该社会化的事务无人承担，党委和政府只好事无巨细、面面俱到，许多事情"管不了，也管不好",并且存在"缺位"、"越位"现象,不仅增加了社会管理成本,而且做了不该做的事情,承担了不该承担的责任,这就导致一些群众把各种社会问题都归因于党和政府。

三 建立健全江苏党员干部密切联系群众长效机制的对策建议

全省各级党组织和广大党员干部,要牢固树立群众观念,适应时代要求,创新群众工作方法,善于运用法治思维和法治方式解决涉及群众切身利益的矛盾和问题,建立健全党员干部密切联系群众的长效机制,始终保持党同人民群众的血肉联系。建议着力抓好以下几个方面。

(一)以深入推进"三解三促"活动与群众路线教育实践活动对接为契机,建立健全党员干部下基层调研工作机制

"干部平时不进群众的家门,群众有事就会堵党委、政府的大门。""三解三促"创新了新形势下党员干部密切联系群众的有效途径,其作为一种"活动"有时间限度,但了解民情民意、破解发展难题、化解社会矛盾是坚持党的群众路线的经常性工作。要以"三解三促"为契机,改进和完善调查研究制度,深入实际,深入基层,坚持问政于民、问需于民、问计于民,作决策、定政策充分考虑群众利益和承受能力。

一是充分发挥基层组织联系群众的作用。把联系群众纳入基层党组织考核的指标体系,把坚持群众路线和群众工作情况作为党员干部评价考核的内容,做到党员干部下基层常态化、做群众工作情况绩效化、解决群众诉求责任化。

二是着力提高党员干部做群众工作的能力。充分发挥领导干部的示范带头作用。重点是建立领导干部联系群众情况专题报告制度,并实行专题评议。同时,建立完善年轻干部联系群众情况专题报告制度,推动他们在实践中、在广泛联系群众中学会做群众工作、增长才干。努力提高基层干部的政策水平、依法办事能力、化解复杂矛盾的能力以及疏导群众心理、理顺群众情绪等方面的能力。层层建立党员领导干部联系点制度、蹲点工作制度等,变群众上访为党员干部"下访",促使广大党员领导干部深入基层特别是经济落后、问题较多的地方调查研究,听取群众意见、了解群

众心声，帮助解决困难。

（二）以创建服务型党组织为切入点，建立健全党员干部服务群众工作机制

党的十八大提出建设学习型、服务型、创新型马克思主义执政党，服务是"三型"政党建设的中心。党的先进性，正是体现在能否更好地为人民服务中。

一是健全便民服务机制，增加为民办实事项目，建立服务承诺、结对帮扶、法律援助、领导督办等各项服务群众制度和快捷有效的服务平台，健全各级便民服务网络，开展联动式便民服务，提升服务水平。建立方便群众、了解民意的平台和载体，对群众诉求做到"一站式受理、一条龙服务、一揽子解决"，变被动服务为主动服务。

二是探索开展领导牵头、专项治理、挂牌督办、现场办公、一线工作等破解难题方式，集中时间和精力，全力解决事关民生的难事、急事，切实办好顺民意、解民忧、惠民生的实事。

三是建立党员干部联系点制度，使每个党员干部相对固定地联系一个乡镇（村）、一个学校等，以点带面，保持与人民群众的经常联系。如联系信访户，建立沟通协调机制；联系困难户，建立帮扶济贫机制；联系示范户，建立服务引导机制等。将党员创先争优活动中开展"承诺服务"、"结对共建"、"党员服务区"、党员志愿者服务等做法长效化，形成党员干部联系和服务群众的长效机制。

（三）以信息网络为新通道，建立健全组织群众工作机制

适应互联网等新兴媒体自主、即时、开放、互动的特点，更好地适应互联网宣传动员群众、组织群众、教育群众、倾听群众呼声、回应群众关切。

一是提高利用网络开展群众工作的自觉性和能力。把网络等新媒体知识纳入党员干部培训课程，分批对党员干部进行专题培训，深刻认识网络对群众工作带来的变革，进一步提高利用网络的自觉性和驾驭能力。

二是借力网络民意，积极宣传、引导和组织群众。发展电子政务，加强政府管理服务网络信息化建设，构建市、县、乡、村（社区）四级联动的便民服务网，建立与网民沟通常态化机制，县处级以上主要领导干部要设立"网络信箱"，善于通过网络渠道广泛听取民意。掌握网络沟通艺术，加强与公众特别是"网络大V"的沟通互动，凝聚共识。对舆论热点和突发事件，做到早说话、敢说话、会说话，运用网络传播规律，弘扬主旋律，激发正能量，大力培育和践行社会主义核心价值观、"三创三先"的江苏精神，把握好网上舆论引导的时、度、效。

三是优化网络参政环境。坚持积极引导、依法管理、整体管控、确保安全原则，加快互联网管理地方立法，注意加强对网络问政、网络批评和网络监督的有效引导和管理，制定出台具体的质疑回应和问责机制。完善互联网综合管理机制，强化网络舆情实时动态监管。

（四）以改革信访工作为载体，构建民意表达和权益保障长效机制

密切联系群众，必须知道群众的想法，尊重群众的诉求。以加强信访工作为载体，进一步健全群众利益诉求表达机制，拓宽社情民意反映渠道，引导群众依法表达合理诉求。

一是要正确认识信访工作。信访工作是党和政府密切联系群众的桥梁、倾听群众呼声的窗口，对于我们准确把握自身不足、查找自身问题、提高执政能力，具有重要作用。决不能把群众来信来访视为额外负担和影响和谐社会建设的不稳定因素。

二是健全信访联席会议制度，形成工作合力，改进信访事项办理工作，健全及时就地解决群众合理诉求机制。对群众反映的问题，确实需要帮助解决的，要认真帮助解决；解决不了的或者不合理的，要耐心予以解释；有政策没有落实的，要督促有关方面抓好落实。有些问题涉及全局性政策的调整，要及时研究，而不能站在部门利益的立场上，对群众的困难漠然视之。

三是完善对信访工作的考核。纠正拦卡堵截正常上访群众的错误做法。拓宽信访渠道，实行网上受理信访制度，完善畅通有序、便捷高效的诉求表达方式。

四是推进涉法涉诉信访工作改革。建立诉讼与信访分离、涉法涉诉信访事项导入司法程序的工作机制，完善涉法涉诉信访事项终结制度，健全司法救助体系，实现维护群众合法权益与维护司法权威相统一。

（五）以创新社会治理为目标，建立健全依靠群众工作机制

十八届三中全会指出，要创新社会治理，提高社会治理水平，这也是

新形势下依靠群众的新表现。

一是进一步加强和完善基层社会治理与服务体系。要把人、财、物更多地投到基层，夯实基层组织、壮大基层力量、整合基层资源、强化基础工作，强化城乡社区自治和服务功能，健全新型社区管理和服务体制。

二是健全社会组织并引导其积极发挥作用。放宽社会组织准入门槛，提供便利条件，加大经费支持力度。制定社会组织管理地方性法规和社会组织行为规范、活动准则，将更多社会组织特别是境外非政府组织纳入监管。探索建立社会化招聘、契约化管理、专业化培训、市场化运作的选拔使用体制。

三是积极构建社会矛盾化解工作体系。针对各地区社会治理中的热点、重点和难点问题，进行经常性的分析排查，加强对重点地区、重点工程、特殊群体、敏感时期的监控和排查，对排查出来的问题，要依法按政策进行解决。健全矛盾排查与冲突预警机制、矛盾纠纷解决机制、危机处理应急机制、责任追究机制等，把矛盾化解在基层、把问题解决在萌芽状态，维护社会和谐稳定。

参考文献：

1. 甄小英、姚桓、巩联军：《党群关系新论》，中央党校出版社 2011 年版。
2. 彭穗宁：《新阶段密切党群关系的运行机制研究》，四川人民出版社 2008 年版。
3. 祝灵君：《一致与冲突：政党与群众关系的再思考》，人民出版社 2006 年版。
4. 高新民：《论构建良性互动的党群关系》，《中国党政干部论坛》2007 年第 4 期。
5. 王敦琴、周逸萍：《党群关系的历史考察及现实思考》，《毛泽东思想研究》2011 年第 4 期。
6. 代金平、唐海军：《国外一些政党处理党群关系的经验教训》，《当代世界与社会主义》2012 年第 2 期。
7. 孔寒冰：《苏联东欧国家在党群关系方面的教训》，《俄罗斯研究》2006 年第 1 期。

作者信息：

研究基地：江苏党的建设研究基地
承担单位：中共江苏省委党校
首席专家：桑学成、王奇、卢先福
课题负责人：桑学成
主要参加人员：董连翔、王世谊、周忠丽、唐金玲

健全权力运行制约和监督体系研究

内容提要："健全权力运行制约和监督体系"是党的十八大提出的一项重大战略任务。本研究报告在系统梳理国内外权力制约理论和实践探索的基础上，采取个别访谈、召开座谈会、问卷调查、专题研讨等方式，坚持理论研究与实证分析相结合，联系江苏实践，探索健全权力运行制约和监督体系的有效路径，提出按照"结构合理、配置科学、程序严密、公开透明、制约有效"的总体目标，以机制建设为抓手，构建起由权力配置机制、程序控制机制、信息公开机制、综合监督机制、责任追究机制五大机制组成的权力运行制约和监督体系。

"一切有权力的人都容易滥用权力，这是万古不易的一条经验。"为了防止权力的滥用，就必须对权力运行进行制约和监督。虽然理论和实际工作者对权力运行制约和监督问题进行了颇有价值的研究，但浅表性与空泛性问题仍然比较突出，特别是对策性研究缺乏可操作性，许多难点问题至今没有突破，亟须以科学的态度和科学的方法深化对这一课题的研究。

一 权力运行制约和监督体系的构成

权力运行制约和监督体系的基本架构是什么？这是我们党一直关注和高度重视的时代性课题。2001年9月26日，党的十五届六中全会提出要"建立结构合理、配置科学、程序严密、制约有效的权力运行机制"。2002年11月8日，江泽民同志在党的十六大报告中再次强调从决策和执行等环节加强对权力的监督，保证把人民赋予的权力真正用来为人民谋利益。2004年9月19日,党的十六届四中全会提出按照坚持"标本兼治、综合治理、惩防并举、注重预防"的方针,抓紧建立健全与社会主义市场经济体制相适应的教育、制度、监督并重的惩治和预防腐败体系。2007年10月15日,胡锦涛同志在党的十七大报告中要求"完善制约和监督机制,保证人民赋予的权力始终用来为人民谋利益。确保权力正确行使,必须让权力在阳光下运行。要坚持用制度管权、管事、管人,建立健全决策权、执行权、监督权既相互制约又相互协调的权力结构和运行机制"。2009年9月18日,党的十七届四中全会通过的《中共中央关于加强和改进新形势下党的建设若干重大问题的决定》强调以加强领导干部特别是主要领导干部监督为重点,建立健全决策权、执行权、监督权既相互制约又相互协调的权力结构和运行机制,推进权力运行程序化和公开透明。2012年11月8日,胡锦涛同志在党的十八大报告中提出"健全权力运行制约和监督体系",强调"坚持用制度管权管事管人,保障人民知情权、参与权、表达权、监督权,是权力正确运行的重要保证。要确保决策权、执行权、监督权既相互制约又相互协调,确保国家机关按照法定权限和程序行使权力"。至此,中共中央首次提出了"权力运行制约和监督体系"这一概念,不过,从十八大报告的表述来看,对于权力运行制约和监督体系的基本架构并未明确阐述,尚有待进一步探索。2012年12月4日,习近平同志发表了《在首都各界纪念现行宪法颁布施行30周年大会上的讲话》,强调"要健全权力运行制约和监督体系,有权必有责,用权受监督,失职要问责,违法要追究,保证人民赋予的权力始终用来为人民谋利益"。

综上所述,在党和政府的报告和文件中,结构合理、配置科学、程序严密、公开透明、制约有效是论述权力运行时常用的表述,"失职要问责、违法要追究"是习近平同志做出的进一步阐发。这些表述为我们构建权力运行制约和监督体系提供了依据。综合党和政府的报告和文件中的相关表述,可以将权力运行制约和监督体系架构的总体思路设定为:按照"结构合理、配置科学、程序严密、公开透明、制约有效"的总体目标,以机制建设为抓手,构建起由权力配置、程序控制、信息公开、综合监督、责任追究五大机制组成的权力运行制约和监督体系。其中,权力科学配置是制约和监督权力运行主体的有效途径,程序有效控制是制约和监督权力运行过程的基本保障,信息充分公开是制约和监督权力运行过程的重要抓手，综合多元监督是制约和监督权力运行的必然选择，责任严格追究是制约和监督权力运行后果的根本手段。由此，权力运行制约和监督体系架构的基本形态可图示如下（图1）：

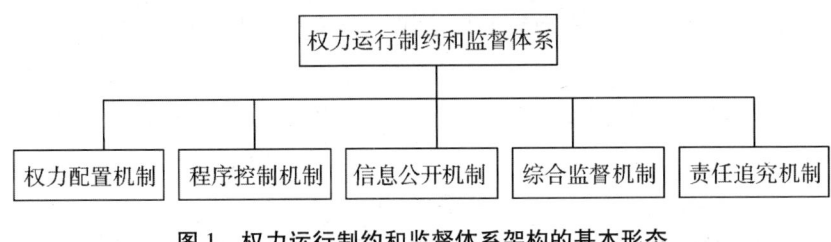

图1 权力运行制约和监督体系架构的基本形态

二 权力运行的权力配置机制

目前，三权运行协调有余、制约不足是现行权力结构最大的弊端，具体表现在：（1）权力过分集中与执政党的一元化的党政领导体制，各级各部门党政领导在"一把手"问责制的体制下，缺乏有效的制约和监督。（2）纪律监督、行政监督、法律监督等专门监督机关被置于监督对象的领导之下，导致各级纪检监察、审计和检察监督权虚置。新闻舆论、网络监督、群众监督既缺乏法律保障又主要取决于党政领导和专门监督机关的回应，客观上加剧了监督权与党委和政府决策权和执行权之间的失衡。（3）各级党委和人大实行的"议行监合一"的权力配置结构，决策权、执行权和监督权集中于同一个机构，缺乏权力的合理分解和相互制约，使得对决策失误的外部监督无从进行，对执行权的监督也难以展开。（4）缺乏自下而上的选举问责制。迄今为止，除人大代表的直选上升到县（市、区）一级外，各级党政领导的直选仍然停留在村一级。差额选举目前仍然局限于党政副职领导，而且带有陪选的性质，缺乏必要的竞争性和自由选择的余地。立法权、司法权和行政权之间缺乏相互制约的关系。司法地方化、行政化妨碍着公正司法，司法审查、违宪审查的缺失使执政党外部监督严重不足。

因此，对党和国家政权机关权力的整体分权制衡，实行各种权力彼此分离和相互制约，是防止一权独大不受制约而滥用的有效途径。党的十七大和十八大对三权制约、协调关系的要求，为建立中国特色的分权制约结构指明了方向：在不打破现有的权力主体格局基础上，通过划分和调整决策权、执行权、监督权在党和国家权力机关之间的具体界限和行使轨道，来实现三权的相互制约和相互协调，具体的各级党委、政府、人大、民主党派和政协可以在人事和政策的提议权、参议权、审议权、执行权、评议权、审查权、调整权等方面进行合理的划分并明确各自的职责，使各种权力之间既相互依赖又相互牵制，图示如下（图2）：

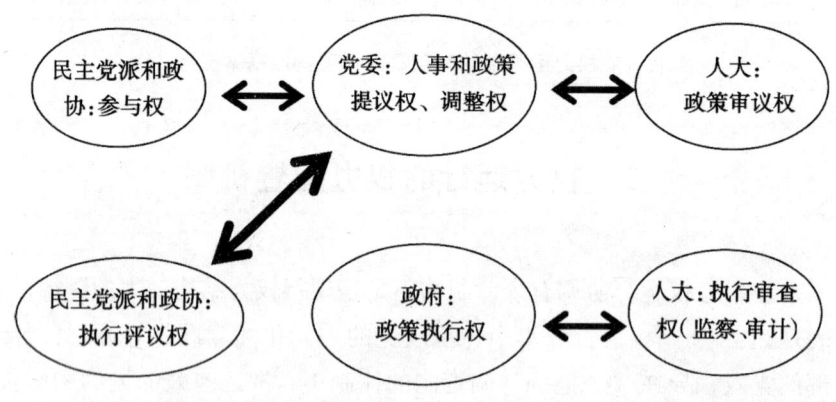

图2 决策权、执行权、监督权相互制约结构图

首先，各级党委作为决策者，享有人事和政策提议权以及政策和人事调整权，以保证各级党委作为决策者和协调者的领导地位。民主党派和政协应享有对党委决策的参与权和发言权即参议权，人大应享有对党委通过政府提交人大的政策和法案的审议否决权。这对于保证决策的正确性和防止决策权的滥用必不可少。

其次，政府享有政策执行权，是行使公共权力的重要主体。作为对执行权的一种制衡，民主党派和政协应享有对政策执行情况的评议权，评议结果应当作为党委进行政策修正和人事调整的重要参考。

最后，人大享有对政策和预算的审查监督权，同时为提高审查监督权的专业性和效力，有必要将行政监察机关和审计机关划归人大，使行政监察机关在人大领导下受理民众信访投诉并调查处理不良行政行为，使审计机关代表人大对行政机关和其他公共权力机关进行独立的审计并直接向人大报告审计结果。

三 权力运行的程序控制机制

我国党政机关的权力运行还存在程序不够规范、不够明确、不够严密等问题,导致权力行使中主观色彩浓厚,长官意志盛行,权力滥用泛滥成灾,侵权越权行为时有发生。

一是权力运行的程序不够规范。现实中,权力的运行并不公开透明,这给人民群众参政议政、监督党和政府带来了困难,也给权力制约主体制约地方党政机关的权力带来了困难。这种暗箱理政侵犯了权力制约主体的知情权,使事前制约和事中制约成为空谈。

二是权力运行的程序不够明确和严密。权力运行缺乏清晰、严密的程序性规定,未形成决策、执行、监督等环节在时间和功能上相互衔接、环环相扣的权力和责任网络,权力主体行使权力时自由裁量权范围过宽过大。有的虽然规定了权力运行程序,但刚性不足,在权力运行过程中可随意取舍,或简化步骤或颠倒程序。有的实施细则不具体,没有细化到权力运行过程的每一位工作人员的岗位职责及其工作程序和规则中去。

针对权力运行的程序不够规范和不够明确问题,要进一步推进权力运行程序的科学化、制度化和透明化。权力运行程序的设立应该遵循透明化原则,按照规范和公开的原则,在提高规范性和可操作性的基础上,对权力行使的方式、顺序和时限做出明确、具体而严密的规定,建立与之相适应的办事制度、时限制度和审批制度等;要大力推行政务公开,增加权力运行程序的透明度,做到规则公开、程序公开、结果公开,建立相应的听证制度、查询和咨询制度、公开发布信息制度等,并积极推进电子政务建设,利用信息网络技术公布政务信息,充分体现公开性和可预见性。不断健全和完善行政程序法、公务员依法行政法,贯彻民主集中制原则、行政公开原则,提高权力运行的公开性和透明度,加强人民群众、社会团体对权力运行过程的监督和制约,提高权力运行的时效性和有效性。

针对权力运行的程序不够严密问题,应努力细化规则,严密权力运行程序。(1)重大的经济决策,实行人民群众听证制度、专家学者论证制度,形成重大决策没有两种以上意见或方案就不能研究的决策制度。(2)尽快建立决策责任制,加快决策责任的立法,完善"错案"追究制度,从立法上明确权力行使的责任奖惩制度。(3)完善党的各级代表大会及党代表的权力运行程序。可试行党的代表大会常任制度、党的代表大会期间党代表议事提案和建议制度、换届大会时本届党委向大会报告执行党代表大会决议情况制度、党的代表大会差额直选党的委员会全体委员制度、党代表日常工作制度。(4)完善党的各级委员会全体会议及全体委员的权力运行程序。可做如下改革:地方各级党委全委会每年一般举行3—4次(各级党委委员人数相对稳定,不宜增加过多),以便为全委会集体决策创造必要的条件。在召开之前,应将会议主要议题及主要文件送各委员;会议期间,应安排必要时间由委员发表意见。对重大事项如重要人事任免,应严格按规定实行全体委员无记名投票表决。

四 权力运行的信息公开机制

到目前为止,我国权力运行的信息公开机制还存在一些不容忽视的问题。

第一,信息公开的主体缺乏积极性和主动性。多年来形成的相对封闭的权力运行机制具有很强的惯性,加之封建思想的影响,使得一些领导干部权力私有化观念根深蒂固,习惯于权力封闭运行和暗箱操作,习惯于信息内部化,不能真正理解信息的权力归属。有些党政机关人员对政务公开工作积极性、主动性不强,缺乏内在的使命感和驱动力。

第二,信息公开的内容易流于表面化和形式化。(1)避重就轻。不少部门公开的信息大部分局限于职能、机构设置、业务办理须知等事务性、程序性的内容,人民群众关心的干部人事权的行使、资金的使用、重大项目的决策等内容难以做到公开透明。(2)公开的环节少。办事结果的公开做得尚可,事前、事中和事后整改的公开较少。

第三,信息公开的保障机制尚待健全。(1)缺乏专门的管理机构和人员。目前,党的机关、立法机关、行政机关、司法机关和其他具有管理公共事务职能的组织的信息公开处于各自为政的状态,缺乏统一的管理机构。从事信息公开工作的兼职工作人员多,相对稳定的工作队伍难以确保。

（2）经费没有专门保障。由于各单位缺少专业人才，往往需要专业公司进行制作和维护，这样就需要一笔比较固定的费用，但是目前各单位很少专设这项支出，影响了信息公开的持续性。（3）工作队伍能力有待加强。信息公开在如何增强处理公开与保密、主动公开与申请公开关系方面是一个比较难以解决的问题，但是从事信息公开的工作人员在这方面受到的培训较少。

建立健全权力运行信息公开机制，应着重从以下几个方面着手：

首先，加快信息公开的立法进程。加快制定《信息公开法》或《情报自由法》，扩大信息公开包含的内容和范围，对公示、听证、会议公开、新闻发言人等制度从程序上进行规范。进一步明确信息公开的主体、客体等事项，使公民的知情权制度化、具体化。制定相应的《隐私权法》，对公民隐私权的保护，规范信息公开限制的范围。

其次，健全完善信息公开的考核评价机制。把信息公开的考核评价纳入民主评议政风行风的范围，纳入干部考核体系中，并与党风廉政建设责任制的考核相结合。信息公开的考核评价体系应包括：（1）评价的标准。对信息公开的范围、内容、形式、程序、时间和责任等方面要做细致、科学的规定，公开内容既要有定性要求，更要有量化标准。（2）评价的方法。要将群众评议和组织考核结合起来，进行定期和不定期考核，同时要结合部门性质和行业特点，做到各有侧重。（3）评价结果的使用。要把评价结果作为部门工作完成情况和干部任职、奖惩的重要依据，及时向有关部门提出整改意见并将结果向群众公开，对评价中较差、不合格的部门严格进行责任追究。

再次，健全完善信息公开的责任追究机制。（1）完善信息公开责任制度体系。建立健全各部门信息公开责任制度、部门一把手信息公开责任追究制度、政府部门处（室）负责人信息公开连带责任制度，以及公务员具体行为人行政处分及行政赔偿制度、本部门信息公开责任向社会通报制度。（2）完善责任追究制度。建立切实可行的责任追究制度，明确各种责任追究的情形、进行责任追究的程序以及实行责任追究的主体等内容，对不认真执行信息公开制度或在信息公开工作中弄虚作假的单位领导和责任人，视情节给予诫勉谈话、组织处理和纪律处分。

最后，健全完善信息公开的保障机制。（1）不断完善信息公开的领导体制和工作机制。党政主要领导是信息公开的第一责任人，负总责，分管领导具体负责，实现主动公开、层层负责、逐级落实到部门和个人。（2）健全信息公开的办事机构。建立以人大负责组织协调、纪检监察部门负责监督检查、相关机构共同参与的专门机构，明确工作责任，完善机构职能，确保主动公开工作有序开展。（3）建立资金保障机制。各级财政要设立信息公开的专项经费，确保推行信息公开过程有关政府信息公开申请受理点、政府信息公共查阅室、网站改版和更新、新闻发布、调研等费用。

五　权力运行的综合监督机制

我国现行的权力监督制约体系，从一开始就没有按照全面系统的原则和法治原则来设计，而是根据实际需要采取的一些应急性措施，是基于事后汲取教训而构建的。这样就往往陷入"头痛医头，脚痛医脚"的被动境地。为了克服现行监督机制的流弊，需要构建权力运行的综合监督机制。

第一，完善党内监督。（1）创建党风廉政巡查制度。江苏省徐州市在这方面进行了积极探索，市委、市政府专门出台《徐州市党风廉政巡查工作实施办法》。在巡查对象上，将县处级党政领导班子、党政"一把手"及班子其他成员作为巡查的主要对象，党政"一把手"作为巡查的重点。巡视做到明察与暗访相结合，适时开展隐形监督。巡视工作要相对独立，人员要加强。巡视组不能随便接受被巡视地方的资源，尤其是物质资源，以免被腐蚀和同化。（2）改革党的各级纪律检查委员会的领导体制。江苏省宿迁市在派驻机构统一管理方面进行了大胆探索。该市在市级机关49个部门全部设立纪检组（纪委、纪工委）、监察室（局），实现了对市直单位的全覆盖。派驻（出）纪检监察机构全部由市纪委、市监察局直接领导和统一管理。其中9个主要负责人职位独立设置，其余40个主要负责人职位不独立设置，由新设置的16个市纪委、市监察局派驻市直机关纪检监察综合组组长（副处职）统筹负责，并从25个纪检监察机构原有专职编制总数中划出25名纪检组长（纪委书记、纪工委书记）编制，作为统一管理的纪检组长（纪委书记、纪工委书记）及市纪委、市监察局派驻市直机关纪检监察综合组组长定向编制，交由市纪委、监察局集中管理，其他人员编制管理方式保持不变，健全了全面覆盖的市直派驻（出）纪检监察机构，实现了监督的全面性。应对派驻人员工作精力分散、职能难以发挥、同体监督难以到位、派驻机构工作力量薄弱等问题，可借鉴江苏省无锡市派驻（出）机构管理体制改革的经验。该市在保留部门派驻机构的基础上，从纳入统一管理的109个纪检监察编制中集中31个，成立5个跨部门派出纪工委（工作室）这一跨部门派出机构，并将全市80家市直单位和16家省垂直单位，按工作性质划分为五个大口，每个跨部门派出纪工委（工作室）负责一个大口的15—20个部门。部门派驻机构和跨部门派出纪工委（工作室）由市纪委统一管理，编制单列。5个跨部门派出纪工委（工作室）集中办公，人员关系、后勤保障与原驻在部门完全脱离。

第二，加强民主监督。（1）要强化政协民主监督的地位。在法律制度上对政协民主监督进行规范，对政协民主监督的组织实施、结果的运用等进行明确规定，并规定被监督对象对政协民主监督意见不采纳或不整改的情况下，如何提请党委、人大、司法机关实施监督的程序，从而在不改变权力监督的情况下，强化政协民主监督的地位和作用。（2）不断完善民主监督的工作程序。如设立调查了解、发现问题与选定课题、决定特定问题专项调查的联系程序，设立调研结果与提出具体监督提案的衔接程序，设立基层组织日常民主监督活动与上级组织监督工作的转换程序及专项助理人员的配备程序等。

第三，改进法律监督。（1）尽快出台《公务员财产申报法》，对申报对象、财产范围、申报时间、申报程序、申报监督等都做出明确具体的规定。从申报对象看，除县（处）级以上领导职务的公务员外，应当增加法院、检察院、公安、税务、证券、工商、海关等特殊部门的所有公职人员，乡镇党政负责人，如乡（镇）党委书记、乡（镇）长等，同时对于非公务员序列的人员如军事机构中的师级以上（含师级）军官、大中型股份制企业和中外合资企业中由政府委派或批准的处级以上（含处级）负责人等可以参照适用公务员财产申报制度。从申报登记的财产范围看，必须包括个人收入中的固定收入和非固定收入两部分，必须包括公务员本人的财产和其直系亲属的财产，必须包括他们财产收入剧增和剧减的变化情况。从申报时间看，将职前申报、职中申报和职后申报有机结合起来。从申报程序看，申报人应按国家统一制定的"公职人员财产申报表"的内容和要求如实填写，并按时将申报表提交给主管机关进行严格审核。从申报监督看，健全处罚措施，加大处罚力度。如果申报不实，不仅要规定相应的纪律、行政处分条例，更要规定严厉的刑罚制裁措施。（2）严格执法，加大处罚力度。现行法律对腐败现象的处罚并不高。权力滥用的代价太低，权力异化的收益过高，使得一些权力行使者抱有侥幸心理。必须加大对于权力异化者的处罚力度，立法要严、内容要全、处罚要狠、量刑要准。

第四，完善舆论监督。（1）推进舆论监督的法制化。尽快出台《舆论监督法》及配套的法规，对新闻出版机构及其从业人员的地位、职责、权利、义务做出明确的法律规定，使有关新闻出版机构及其从业人员的行为真正有法可依；明确舆论监督的程序，对舆论监督进行规范，确保监督的科学性、合理性和准确性，最大限度地发挥舆论监督的作用；明确保护舆论监督的措施；明确舆论监督和新闻侵权的界限，明确规定党政机关和工作人员的名誉权与舆论监督权发生冲突时的平衡保护等。（2）运用新媒体监督工具。江苏东海县构建了集体"三资"信息化监管、集体产权交易、乡村"三务"公开、民生服务应急联动四大网络平台。该县还建立健全教育引导、制度制约、利益维护、案件查处、民生服务效能五项机制；开通"民众网络留言"通道、干群多级视频互动通道、QQ在线答疑通道、媒体政风行风热线通道、12351职工维权热线、网络论坛通道六大群众诉求通道，形成了"4+5+6"运作新模式，精心筑牢制约和监督权力运行的"笼子"。

第五，构建权力运行监督的新媒体网络平台与创新权力监控平台对接的技术设计。一是实现网络舆论监督与党内监督、民主监督、行政监督、审计监督以及其他形式社会舆论监督形式的相互结合，促进新媒体与传统媒体有机结合，将体制外监督引入体制内处理轨道上来，增强网络反腐工作的可控性和可预见性。二是深入研究网络公共参与和网络舆论形成的规律，分析"爆料—网民评论—围观—责任部门的反应—公布结果"等不同阶段的舆情特点。在此基础上，完善网络舆情信息收集处理机制和舆情研判机制，增强党政部门在网络防腐工作中的自觉意识和主导性。三是研究网络公共舆论监督体制改革路径，将网络反腐纳入规范化、制度化轨道。图示如下（图3）：

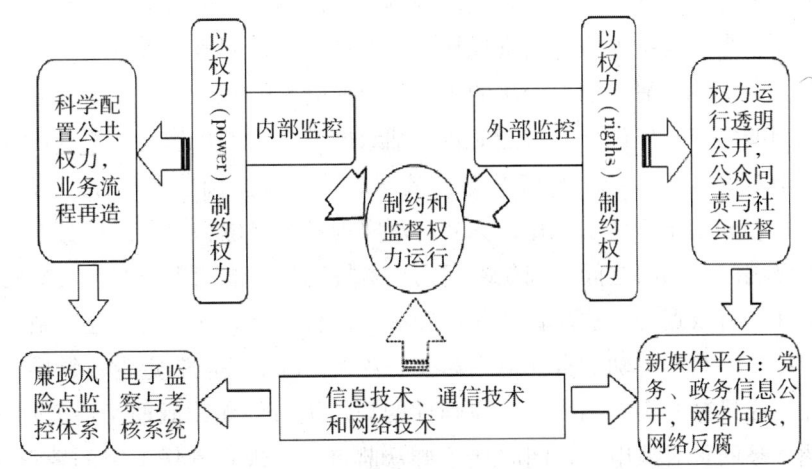

图 3 权力运行制约和监督机制创新的技术思路

六 权力运行的责任追究机制

世界各国反腐倡廉的经验普遍表明，权力与责任相生相伴是促使权力规范运行的有效途径。当前，完善责任追究机制必须坚持"有权必有责，用权受监督，侵权要赔偿"的执政理念，不断探索完善的方法途径，用创新的精神推进责任追究机制的健全完善。

第一，探索实行异体责任追究的方法和途径。一是探索加强权力机关问责的方法途径。建立健全人大对政府进行监督，行使审查权、建议权和否决权的方式和运行机制，建立对行政首长不信任投票制、质询制及弹劾制等，以切实增强人大监督问责的手段和力度。二是畅通新闻媒体问责的渠道。加强新闻立法以法律形式明确规定新闻媒体的监督权、批评权、报道权和调查权以及侵权责任等。三是完善政协及民主党派问责途径。政协及民主党派具有民主监督权，可以通过设立专门组织形式和专门办事机构实施监督与问责，并规定具体的、可操作的问责权力、形式、途径和程序。四是完善社会公众问责的机制。健全公民问责的程序，明确规定问谁、谁处理、答复时限、处理过程、赔偿标准等问题，确保公众问责作用的发挥。

第二，建立健全国家机关权责体系。一是明确各级权力的边界。理顺国家机关各部门的职责分工，合理划分党政之间、中央与地方之间、正副职之间、集体与个人之间的责任权限，有针对性地调整职责分工，减少职能交叉、责任不清、职权分离的现象，形成完整的责任链条，对领导干部应承担的领导责任做出尽可能完备、细致的规定。二是建立岗位责任。按照"有权必有责、权责相统一"的要求，建立健全岗位责任制，将各部门的职责和工作任务、工作目标分解落实到各个岗位和承办人员身上，使上下级之间、部门之间、岗位之间的权责规范化。准确界定有关人员的政治责任、行政责任、法律责任和道义责任，从而建立真正的责任体系。

第三，制定明确的责任追究标准。各级党政机关应制定党政领导干部责任追究机制的实施细则，对原则性的规定进行细化，既便于追究责任，也便于被问责对象申诉，同时便于群众监督。在规定责任追究的情形时，要按照权责一致的原则，考虑不同党政机关和工作人员的工作内容、职责权限、考评标准的差异，采用定性和定量、原则和具体相结合的办法，既尽可能地涵盖全面，使之有普遍的应用性，又体现一定的量化依据，使之有较强的可操作性。对于责任的认定应当有统一的标准，以过错责任原则为主，以违法责任原则、过错推定责任原则和公平原则为补充，综合考虑下列因素：一是是否存在法定职责。二是问责对象是否有不履行或者不正确履行法定职责的行为。三是责任人主观上是否存在过错。四是责任行为与损害事实之间是否存在因果关系。

第四，健全责任追究的救济制度。健全和完善现有的责任追究及复出的制度规定，使被问责对象的申辩和复出程序更有针对性和可操作性，以避免责任追究和复出的随意性。应明确责任追究过程中被问责对象申辩的方式和程序、被问责对象对责任追究结果不服的情况下申诉的方法途径，以及对申诉答复不满意的情况下再申诉的方法途径，切实保障被问责对象的权利。同时，应对被问责对象重新任职的方式和程序进行明确，要综合考虑违纪违法行为的性质、应承担责任的大小、个人对问题的认识以及一贯工作表现等，规定问责复出的条件和程序。对于有重大过错并对公共利益造成重大损害的，不予重新任用；对于有轻微过失并未造成公共利益损害且确有较强工作能力的，应严格考察后酌情任用。

参考文献：

1. ［法］孟德斯鸠：《论法的精神》上册，张雁深译，商务印书馆 1961 年版，第

154 页。

2. 何增科：《试析我国现行权力监督存在的问题及原因》，《学习与探索》2008年第4期；徐州市委、徐州市人民政府：《创建党风廉政巡查机制 着力提高监督制约实效》，载江里程《惩防体系建设在江苏·实践篇》，江苏人民出版社2011年版，第53—56页。

3. 宿迁市纪委、监察局：《改革派驻管理体制 创新权力监督机制——宿迁市创新派驻（出）纪检监察机构管理体制和监督机制的实践初步成效》，载江里程《惩防体系建设在江苏·实践篇》，江苏人民出版社2011年版，第175—177页。

4. 无锡市纪委、监察局：《改革管理体制 完善工作机制 提升履职能力——无锡市积极探索派驻（出）机构管理体制改革》，载江里程《惩防体系建设在江苏·实践篇》，江苏人民出版社2011年版，第44—45页。

5. 陈党：《问责法律制度研究》，知识产权出版社2008年版，第220—221页。

作者信息：

研究基地：江苏党的建设研究基地

承担单位：江苏省委党校

首席专家：桑学成、王奇、卢先福

课题负责人：桑学成

主要参加人员：桑学成、周义程、陈蔚、王世谊

网络新媒体环境下权力监督
"体系力"建设研究

内容提要：利用网络新媒体加强权力运行监督，既是反腐倡廉建设的治标之策，也是治本之道。网络新媒体监督的有效性取决于权力运行信息的充分公开，以及体制内与体制外监督机制有机协调。当前对公共权力的体制内组织监督与体制外群众监督之间存在明显的不平衡、不协调。对此，需要网络新媒体监督与纪检监察体制内监督互相协调配合的"平台+机制+制度"的权力体系。包括：一是网络新媒体监督平台整合，将体制外监督引导到体制内处理轨道上来，增强网络反腐工作的可控性和可预见性。二是监督主体与监督机制整合，实现业务权力网上运行与业务流程自动办理，实现网络举报和网络舆情处理的机构联动、线上线下联动，机构监督与公众监督互动，监督、惩戒、防控互动。三是切实落实公共权力运行透明公开制度，完善制度设计，形成制度合力，强化制度执行，健全监督问责。

一 研究背景

十八大以来，我国已进入改革开放以来党风廉政建设最严厉、最有成效的时期，这对江苏反腐倡廉建设提出了新的更高要求。无线网络和移动数字终端的创新应用和迅速普及，降低了群众监督的门槛，增强了体制外监督的效力。作为一种新型监督载体和手段，网络新媒体监督如何与传统监督模式进行有效对接，如何加强与现有反腐倡廉体系的整合，与江苏具体实践结合，形成权力监督的"体系力"，克服当前权力监督失灵的问题，仍需要全面而精细的研究。

结合当前反腐倡廉工作实际，研究充分发挥网络新媒体正面作用的途径，从平台、机制、制度三方面深入研究网络新媒体监督与纪检监察等体制内监督互相协调配合的权力监督体系，探索网络新媒体监督与组织机构监督的对接机制，探索充分发挥网络新媒体促进权力监督的基本途径，推动阳光政治，提高新形势下拒腐防变能力和反腐倡廉建设科学化水平，为江苏贯彻落实中共中央《建立健全惩治和预防腐败体系2013—2017年工作规划》提供决策咨询。

二 基于网络新媒体的权力监督体系

（一）网络新媒体环境下权力监督"体系力"建设的基础前提

习近平总书记明确指出，反腐败"形不成合力"是当前反腐亟待突破的主要问题之一。反腐倡廉建设是系统工程，不能单纯指望领导干部自觉守廉，也不能仅仅依靠形成文件、挂在墙上未能有效执行的规章制度。反腐倡廉建设的关键在于对权力进行有效监督，而监督有效性的关键取决于两个因素：其一，权力运行信息的充分公开；其二，体制内与体制外监督的有机协调。

基于Web2.0和移动3G技术的新媒体改变了公共舆论的生态，极大地增强了群众监督的力量。一是新型媒介扩大了普通群众的媒介接近权，信息源场域向公众的延伸与扩展，实现了传播权力的下移和反转。新媒体使信息传播权力下沉，公共领域延伸至虚拟公共空间，并成为公民社会的重要形式。二是公共权力主导的"把关人"角色削弱，议程设置功能弱化，"沉默的螺旋"模型失效。以互联网为代表的新媒体给中国政治生活的影响不仅是新的话语方式，而是很大程度上减弱了政府（政党）传播的传统优势，更促使政府施政与民主监督方式发生变化，仅仅依靠传统宣传和舆论控制进行反腐倡廉建设存在局限。

然而，当前运用网络新媒体进行权力监督的困境在于：其一，当前权力监督主要依赖纪检机构和上级行政监督，体制内组织监督与体制外群众监督之间存在明显的不平衡、不协调；其二，新型媒介环境下的舆论监督仍处于自发状态，新媒体网络平台缺乏有效整合，缺乏组织机制协调与制度的有效支持。因此，只有针对公共权力运行流程和特点，重点研究网络新媒体信息平台整合方案，将网络新媒体监督纳入规范化轨道，充分发挥其权力监督和反腐倡廉建设效能。

(二) 网络新媒体监督的技术模型

在权力的内部监控机制上，基于"以权力（power）制约权力"的思想，建立决策权、执行权、监督权既相互制约又相互协调的权力结构和运行机制，实现公共权力的科学配置，从横向关系上实现决策、经办与检查的分离与制约。在此基础上，利用现代信息技术、通信技术和网络技术，把电子监察、风险预警等科技手段融入廉政风险防控、规范权力运行的制度设计和管理流程之中，实现电子监察系统和预警监控系统并网运行机制，将廉政风险、风险分级和防范措施等嵌入业务运行流程，把权力行使与电子预警、技术监控、行政监察、社会监督融为一体。

在权力的外部监督机制上，基于"以权利（rights）制约权力"的思想和权力运行透明公开的理念，探索在 Web2.0 和移动 3G 技术的新媒体时代背景下，以网络新媒体为平台的社会监督与传统监督模式进行有效对接的社会监督机制的创新，为网络新媒体监督力量提供制度化的入口和出口，使其与体制内反腐机制良性互动，提高防腐、反腐的科学化水平。如图 1 所示。

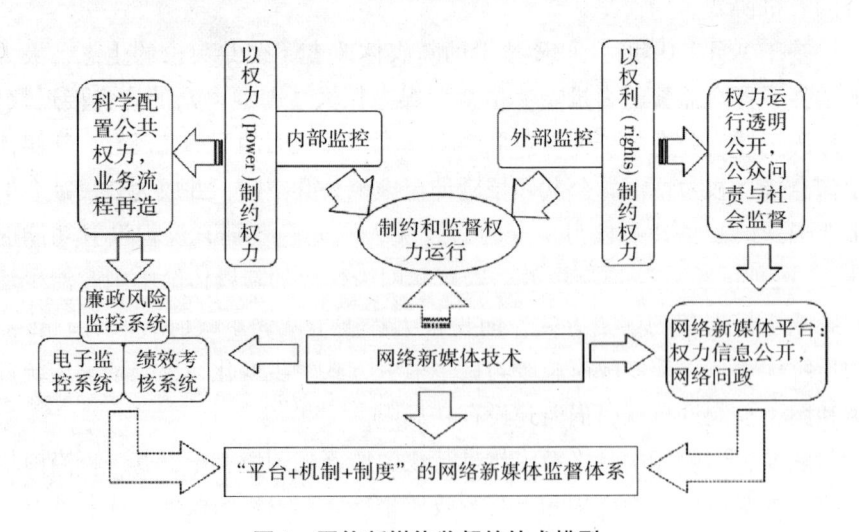

图 1 网络新媒体监督的技术模型

(三) 网络新媒体监督"体系力"的形成思路

用网络新媒体加强权力运行监督,既是反腐倡廉建设的治标之策,也是治本之道。然而,有效的反腐措施都在一定条件下才能发挥作用,缺少成熟的条件和完善的配套,网络新媒体监督只能陷入"碎片化反腐"的境地。网络新媒体监督只有与现有监督体系有效整合,形成权力监督的"体系力",才能从根本上克服权力监督失灵问题。

从权力监督的一般规律入手,对新媒体环境下反腐倡廉形势进行研判,全面分析新型媒介的优势和积极作用,评估其劣势与缺陷。在此基础上,结合江苏党风廉政工作的特点深入研究网络新媒体监督的平台、监督机制和制度建设的相互关系,提出网络新媒体监督与纪检监察等体制内监督互相协调配合的权力监督技术框架。网络新媒体监督"体系力"的形成思路如图 2 所示。

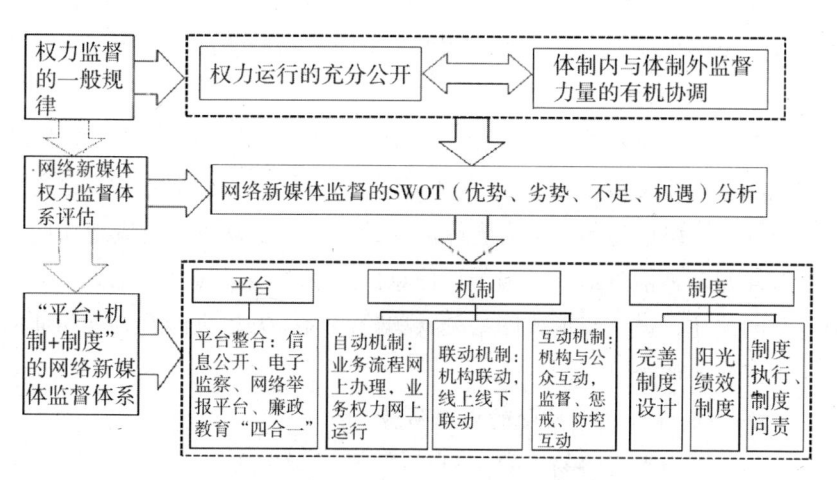

图 2 "平台+机制+制度"的网络新媒体监督体系

三 网络新媒体监督的 SWOT 四维分析框架

(一) 网络新媒体监督的 SWOT 要素分析

1. 网络新媒体监督的内在优势

第一,强有力的舆论监督力量。在网络新媒体权力监督过程中,涉腐网络信息传播具有低门槛性、自由性、互动性、多元性、匿名性的特点，公众可以在微博、博客、论坛等网络公开平台不受限制地及时发布涉腐信息，通过其他网民的参与、互动，形成强大舆论压力后，以引起社会各方高度关注，形成一种强有力的持续监督力量，促使政府相关部门透明化、高效化运作。

第二，良好的监督效果。与传统反腐程序相比，在网络空间中，通过网民的参与和互动，涉腐信息的传播速度快并呈现几何式传播特点且其影响不断扩大，进而形成强大的网络和社会舆论，为官方提供涉腐线索和证据并促使官方介入调查，最终查处确实存在的事实性腐败行为。这在一定程度上提高了政府相关部门处理腐败问题的效率。

第三，监督成本低。网络新媒体监督在网络虚拟空间传播不受时空限制，且发布或传播相关信息的行为基本不需要缴纳任何费用，这使公众可以避免上访行为导致的时间浪费等弊端，从而节约反腐成本。另外，网络信息传播的即时性决定腐败线索的提供是"点对点"式的，打破传统权力监督的程序化、固定化模式，减少了中间不必要的环节，因而降低了反腐败的成本。

第四，网络新媒体监督便捷。公众只需多次反复利用"鼠标"的左右键就能够使相关涉腐信息的传播范围不断扩大，以引起人们的共同关注。另外，网络信息传播具有多媒体性的特点，受众可以直观地获取该信息。这样的多种信息形态增强了该信息的真实度与可信度，也更能引起人们的共同关注，进一步形成网络公共舆论，为官方提供涉腐线索和证据并促使官方介入调查。①

2. 网络新媒体权力监督的内在劣势

第一，网络曝光容易导致"打草惊蛇"，导致腐败线索"石沉大海"。网络传播由于曝光了线索和证据，可能会给司法机关的侦查工作带来一些影响，比如影响侦查方向、证据搜集等，增大了查处难度。网络信息形成的低门槛性获得了海量的网络信息，只有部分信息能够引起人们共同持续关注。

第二，容易出现造谣、诽谤和谩骂等侵权现象。社会转型期我国公众

---

① 李国青、杨莹：《我国网络反腐的策略设计：以 SWOT 四维度方法为分析框架》，《安徽行政学院学报》2013 年第 2 期。

普遍存在仇视权贵的失衡心理,当网上出现关于权贵们腐败的信息时,多数网民在未掌握较完善信息且对相关案件没有能力进行理性、客观评判的情况下,有时受情绪感染影响,在网络虚拟空间中随意表达自己的观点,甚至诽谤、谩骂、侵犯隐私等。

第三,可能造成现实社会管理的不稳定性。网络媒介已经成为一种重要的社会化途径。在虚拟的网络空间中,公众拥有平等的机会关注、参与网络反腐事件,若相关政府部门调查和处理力度不符合多数民意,则会降低相关政府部门的公信力,其社会管理的功能无法正常发挥,进而影响社会稳定。

3. 网络新媒体权力监督的外部机遇

第一,我国公民主体和权利意识的觉醒。随着我国市场经济的快速发展和民主法治进程的不断推进,"主权在民"被越来越多的人所知晓。我国公民主体意识和监督、知情、参政议政等权利意识日益觉醒,开始从政府行为消极被动的接受者转变成政府行为的主动监督者。截至2013年6月底,我国网民规模已达5.91亿,① 这为我国网络新媒体监督的发展提供了良好的机会。调查发现,当遇到社会不良现象时,大多数网民会选择网络曝光。虽然网络民意尚不能代表全体社会公意,但鉴于中国目前将近6亿网民的规模,对广大人民群众怀有敬畏之心就要对近6亿网民怀有敬畏之心,脱离网民很大程度上就是脱离群众,践行网上群众路线对于新形势下密切联系群众和不断提高群众工作的能力,促进党风廉政和反腐败工作都具有重大现实意义。

第二,中央高层重视网络新媒体监督,并通过多种方式创建便捷的监督渠道。近年来,广大党员干部在坚持传统群众路线工作方法的同时,已经开始努力适应信息化社会群众工作的新变化,主动利用互联网联系群众、开展群众工作和促进党风廉政工作。越来越多的党政部门和领导干部利用网络论坛、博客、微博、微信,以及设立网络新闻发言人等形式了解民情民意,主动接受网民群众监督,改善党风政风,推动反腐倡廉,切实解决了许多人民群众反映强烈的问题。2010年12月国务院新闻办公室发布的《中国的反腐败和廉政建设》白皮书指出,"网络监督日益成为一种

---

① 中国互联网络信息中心(CNNIC):《第32次中国互联网络发展状况统计报告》,2013年9月28日(http://www.cnnic.net.cn/hlwfzyj/hlwxzbg/hlwtjbg/201307/t20130717_40664.htm)。

反应快、影响大、参与面广的新兴舆论监督方式"①。2013年9月2日，中央纪委监察部网站正式开通。接受网络信访举报是中纪委新网站六项主要功能之一。中纪委监察部新网站的开通，为网络监督打开了另一扇门。

第三，我国宽松舆论环境的逐步形成。近年来，国家通过制定相关法律或法规保障公民的言论自由和自由表达等权利，为创造宽松的舆论环境奠定了法律基础。这种宽松的舆论环境是网络新媒体监督发展的前提条件。

第四，传统反腐路径倒逼的结果。由于我国社团发展不成熟，单个公众揭露腐败的传统渠道主要包括举报、上访等，但存在政府办事不力、效率低等弊端，甚至出现打击报复举报人的事件。此外，我国传统反腐体制也存在程序冗杂、制度不完善的弊端，增加了传统公众监督的成本并降低了其反腐效果，这就倒逼我国公众通过网络拓展权力监督渠道。

4. 网络新媒体监督的外部威胁

第一，网络服务者以利益为取向，社会责任感低。一些商业网站为引起公众注意并提高其网页浏览量以牟取利润，经常违背其职业素质与道德要求，将未经核准但能够在网络虚拟空间引起轰动的相关涉腐信息公开发布在其所创网站上。这种牟利行为耗费公众和官方的时间和精力，增加社会反腐成本，限制网络新媒体监督功能的有效发挥。

第二，政府官员的观念、态度、行为损害了网络监督。公众利用网络揭露官员腐败问题，增加了官员日常工作的压力，作为被监督的政府官员从自身利益的角度本能地排斥网络新媒体监督。有些官员思维僵化，采取冷漠的态度对待网络新媒体监督。有些官员在网络新媒体监督过程中不积极作为，如未主动汲取网络涉腐信息，被动地介入腐败事件。另外缺乏切实可行的网络新媒体监督法规制度，如未明确规定网络监督主体的法律责任和权利义务，未制定完善的信息公开制度、反腐倡廉工作的网评制度、腐败预防制度等。

（二）网络新媒体监督的策略选择

首先，党政部门应清楚地认识到网络新媒体监督的优势和发展机会。

---

① 中华人民共和国国务院新闻办公室：《中国的反腐败和廉政建设》，人民出版社2010年版，第12页。

网络公共舆论是网络新媒体监督的核心环节,只有网络曝光的内容引起广泛的社会关注,形成公共舆论,才能引起相关政府部门的重视,网络曝光才能发挥反腐倡廉的功能。[①] 在"网络曝光—网络扩散—网络互动"的连续过程中,离不开多数网民的参与。因此,党和政府应采取"鼓励倡导型战略"(如以"公众导向"为理念构建民间草根反腐渠道;适应媒体政治的娱乐化,创新网络新媒体监督模式;建立举报奖励机制等),倡导公众利用互联网技术揭露社会腐败问题。

其次,鉴于网络新媒体监督发展过程存在的某些威胁,党和政府应对之进行适当的规范,即"规范引导型战略"。如引导公民提高网德素质与法律素质;引导官员转变观念并提高其职业素质与法律素质;引导网络服务者提高社会责任感;规范网络新媒体监督相关立法;规范网络新媒体监督机制与制度等。

最后,为规避网络新媒体监督过程中的劣势,有人认为党和政府也可利用统一的官方网络举报平台来替代各种分散的民间网络新媒体监督形式,即"集中代替型战略"。但本文认为这种战略模型不可取。一方面,不同范围、不同层级的涉腐行为不可能都在同一个官方网络举报平台上被举报。另一方面,这种网络举报方式将涉腐信息直接交到官方手里,缺乏舆论监督,无法避免石沉大海、被摆平、打击报复等风险。此外,只有腐败现象(如公车私用)被曝光,多数网民参与其中,此类现象才可能受到处理。至于官方网络举报平台,可以采取奖励的办法吸引那些掌握腐败关键证据的人去举报。

四 "平台+机制+制度"的网络新媒体监督措施

利用网络新媒体强化社会监督与组织机构监督的有效对接,形成权力监督主体合力、监督机制合力、监督制度合力,克服"碎片化反腐"的体制机制失灵问题。网络新媒体监督"体系力"建设措施如下:

[①] 韩恒:《网络公共舆论的生成与影响机制——兼论网络反腐的内在机理》,《河南社会科学》2011年第2期,第53页。

(一) 网络新媒体监督平台整合

1. 以信息化、公开化促进监督的规范化、科学化

一方面，畅通网络新媒体监督渠道，充分利用政府门户网、官方微博、微信、QQ群、手机播报等多种形式，合理引导，充分调动群众监督积极性。另一方面，促进信息公开，利用网络新媒体"晒"财务账单、"晒"权力清单、"晒"事项流程，公开公务支出经费来源及预算决算情况、财务资金使用情况、经费报销等情况，公开公共部门人事、审批、采购等腐败易发环节的信息，推进政府信息公开制度的真正落实。

2. 推动公共部门信息化监督平台与新媒体监督形式有机整合

一是结合具体工作推进信息公开、电子监察、网络举报、廉政教育"四合一"平台建设，充分发挥网络信息平台的监督功能，实现主动曝光与接受举报相结合，网络监督与廉政教育相结合，不断提高监督工作的效率和水平。二是通过网络信息系统把电子监察、风险预警等科技手段融入廉政风险防控、规范权力运行的制度设计和管理流程之中，构建权力运行全过程的完整监控链条，优化权力运行流程，固化权力运行程序。同时通过建立教育引导、完善制度制约、健全监督检查、案件查处、效能考核等机制，充分发挥惩防工程综合效能，不断提高有效预防腐败的能力。三是权力运行社会监督的新媒体网络平台与权力监控平台对接的技术设计，实现网络舆论监督与党内监督、民主监督、行政监督、审计监督及其他形式的社会舆论监督形式相互结合，新媒体与传统媒体有机结合，将体制外监督引导到体制内处理轨道上来，增强网络反腐工作的可控性和可预见性。

(二) 网络新媒体监督主体与监督机制整合

1. 自动机制，即业务流程与业务权力网上运行自动办理

实现新型媒体监督与电子监察、与反腐倡廉制度建设有机结合，健全与业务办理系统对接的廉政风险防控管理信息系统，对权力运行过程实时监控、痕迹管理，减少暗箱操作。一是构建廉政评估指标体系（IAIS）。通过实地调查研究，梳理、再造权力运行流程，查找权力运行风险点，筛选确定指标体系的逻辑层次，构建廉政评估指标体系。在此基础上，通过廉情分析，预测反腐趋势，及时出具预警监督调查分析报告，及时反馈并充分利用监测预警信息收集和分析的结果，对反腐败措施及时进行调整和

完善，不断增强反腐倡廉建设的针对性和有效性。二是构建电子监察、风险点监控、信息公开网络、应急联动和公共产权交易等网络平台有机整合与有效对接的技术平台。实现电子监察系统和预警监控系统并网运行机制，将廉政风险、风险分级和防范措施等嵌入业务运行流程，把权力行使与电子预警、技术监控、行政监察、社会监督融为一体，对权力运行过程中全程自动监控并生成风险信息分析数据，自行记入考核系统，实现对行政权力运行预警提示、过程防范和事后考核。

2. 联动机制，即网络举报和网络舆情处理的机构联动、线上线下联动

一是系统联动，完善发挥惩防工程综合效能的联动力机制。通过实地调查研究，结合基层公共权力运行的实践，构建以科技创新平台为技术支撑，构建立体模式惩防体系，带动惩防工程建设整体推进，开辟群众诉求通道，突出促廉惠民，拓宽社会监督面，实现民主权利与执行权力间的制衡，推动惩防工程建设的创新突破。二是机构联动，完善网络新媒体监督与现有组织机构监督对接的联动机制。设立网络举报专门处理机构，规范网络举报信息的收集、处理和管理程序，规范举报受理反馈流程；设立纪检监察和宣传、组织部门联合小组，健全涉腐舆情信息收集和响应机制，推动机构监督和网络监督的有效整合，协调配合，加大案件处理力度，始终保持对腐败的高压态势。另外，立法、司法、执法三方机构联动，保证网络反腐败举报材料不仅仅是受理，而应该建立一条通畅的网络反腐材料处理专门渠道，由纪检监察部门初步调查，然后根据材料举报内容的真实与否决定是否进入司法调查程序。

3. 互动机制，包括机构监督与公众监督互动，监督、惩戒、防控互动

一是健全网络信访和网络民意收集机制，对网络涉腐舆情及时跟踪、主动回应。了解网络公共参与和网络舆论形成的规律，分析"爆料（网络民间表达及其输入）—网民评论（网络问责议题的形成）—围观（舆论压力的积聚）—责任部门对舆论压力的反应（政策、行动的输出）—公布结果（效果反馈）"等不同阶段的舆情特点。在此基础上，完善网络舆情信息收集处理机制和舆情研判机制，包括信息的采集类型、采集对象、廉政甄别手段、信息采集流程、采纳标准，等等，增强党政部门在网络防腐工作中的自觉意识和主导性。二是完善监督、惩戒、防控等环节之

间的互动。对涉腐舆情的认真客观地全面调查，及时公开调查处理情况，让群众看到纪检部门反腐的决心，对腐败分子起震慑、警示作用，也为腐败防控提供经验借鉴。

（三）监督制度整合

1. 切实落实公共权力运行透明公开制度

通过新媒体平台实现公共部门"三重一大"事项的网络公开、网络听证、网络恳谈制度，公开征集广大群众意见；针对领导干部、腐败易发部门和关键环节进行监督，充分发挥网络新媒体监督的威力。

2. 完善制度设计，形成制度合力

一是完善网络举报制度，充分发挥纪检监察部门网站专门投诉举报中心的功能，加大投入力度，由专门的工作人员处理每天的投诉和举报，把所有投诉举报信息整理归类，交由部门负责人审查；及时将处理意见反馈给在网上投诉举报的群众；提供纪检监察部门的电子邮箱地址，群众可以把投诉举报信息直接发送给负责人。二是设立保护举报人制度、举报人补偿奖励制度，建立和完善政府信息公开制度和政府官员财产收入公开制度；加强网络监督立法，保障网络反腐依法进行。可以根据全国人大常委会2000年12月通过的《关于维护互联网安全的决定》，制定相关细则和必要制度，维护网络运行安全，保障信息的真实性。三是健全网络新媒体监督与组织监督相结合的制度体系，形成权力监督合力，从制度上破解当前反腐失灵难题。

3. 强化制度执行，健全监督问责

利用网络新媒体信息技术强化制度操作规程，减少制度执行人为因素的影响，使制度规定成为硬约束；健全制度执行监督与问责制度，对制度执行情况进行监督检查，防止制度流于形式。

作者信息：
研究基地：江苏党风廉政建设创新研究基地
承担单位：江南大学
首席专家：武贵龙
课题负责人：章兴鸣
主要参加人员：刘焕明、徐玉生、汪春劼、郑煜等

党风廉政建设的网络群众路线研究

内容提要：互联网的迅猛发展，使群众路线的实践条件已经发生了重大变化，传统意义上的"群众"迅速网民化，坚持和贯彻群众路线面临着全新的网络环境。将群众路线这一"法宝"运用于网络虚拟世界，密切联系6亿网民，正确发挥网络舆论监督的强大作用，这是新的历史时期党风廉政建设和群众工作的重要内容。网络群众路线丰富和发展了党的群众路线的时代特征和科学内涵，为新时代背景下践行群众路线提供了更为广泛和更加灵活的方式。党风廉政建设和反腐工作中坚持群众路线，就必须加强网络舆论监督，坚持从网民中来，到网民中去，听取网民声音，汲取网民力量。党风廉政建设工作中践行网络群众路线的创新思路：一是观念建设，转变网上工作方式和作风；二是平台建设，建立和完善联系群众的信息网络平台；三是能力建设，提高党员干部网上联系群众、服务群众的工作能力；四是制度建设，确保网上群众工作规范实效；五是虚实结合，将网络空间的群众路线与现实社会的群众路线有机结合起来。

近年来，坚持和贯彻群众路线面临着全新的网络环境，顺应网络新媒体迅速发展的新环境，照照网络这面镜子，掌握民情民意，密切联系广大网民，正确发挥网络舆论监督的强大作用，这是新的历史时期群众工作的重要内容。如何将群众路线这一"法宝"运用于网络虚拟世界？针对这一问题的理论与实践探索，对于实现"为民务实清廉"的目标有着重要现实意义。

当前在全党开展群众路线教育实践活动的根本目标之一，就是"清廉"。课题重点研究"为民务实清廉"中的"清廉"问题，探索在党风廉政建设和反腐败工作中坚持群众路线的思路和方法，具体分析新媒体网络公共舆论监督的反腐倡廉功能和运行机理，为科学地发挥网络公共舆论监督的强大力量推进党风廉政建设和反腐败工作提出对策和建议。

一 网络群众路线的必然性

"一切为了群众，一切依靠群众，从群众中来，到群众中去"的群众路线，是我们党的根本工作路线，也是党的一大法宝。"与时俱进"是中国共产党的优秀品质。在新时期，群众路线的实践条件已经发生了重大变化。体现在：

一方面，群众主体分化，群众工作的对象更加广泛多样。改革开放以来，"群众"已经发生巨大的变化，随着社会分工的细化，众多新社会阶层、新社会组织不断涌现，同一阶层还细分为不同的社会群体，群众工作的对象更加广泛多样。同时，群众的公平意识、民主意识、权利意识、参与意识不断增强，利益主体多方、利益需求多样、利益关系错综复杂，这种多样化、复杂化的趋势日益显现，同时利益诉求不再局限于物质利益，而涉及经济、政治、文化、社会以及生态等各方面。随着计划经济条件下相对同质化的广大工农群众，在市场经济条件下出现利益分化和社会分层，党和政府必须面对日益多元甚至相互冲突的群众诉求。

另一方面，群众网民化，诉求网络化。随着通信技术发展和网络普及，群众越来越多地通过网络参与经济社会生活，传统意义上的"群众"迅速网民化。截至2013年6月底，我国网民规模达到5.91亿，其中一个突出特点，是无线网络的发展、3G的普及和手机应用的创新，使用无线网络的网民迅猛提升至4.64亿。同时，报纸、杂志、电视、广播等传统媒体与网络、微博、微信、手机等新媒体互相融合，进一步改变了传统的公共舆论监督环境。我国网民数量迅猛增长，网络已发展成为联系群众的重要载体、了解民意的重要渠道、凝聚民智的重要方式，成为公众参政议政、政府汲取民间智慧的重要平台。群众参政议政、监督政府的技术门槛大大降低，网络表达成为群众监督的重要形式，坚持和贯彻群众路线面临着全新的网络环境。

新实践、新发展带来了群众工作的新问题、新挑战。随着新媒体网络迅速普及和网民群众的迅速发展，长期以来曾经十分有效的群众工作机制已经越来越难以适应新的时代要求。其一，传统的宣传和舆论控制体制失灵。仅仅依靠传统意义上的宣传控制手段进行舆论引导已经不可能。新媒体网络环境下群众受各种思想观念影响的机会增多，人们思想意识的独立性、选择性、多变性、差异性明显增强，舆论引导空前困难。其二，传统的体制化的群众监督机制失灵。当前群众表达意见的方式已经发生了重大变化，网络舆论监督向人们展示了空前强大的群众力量。但由于网络舆论的"自媒体"特性，以及网络传播的自发性、即时性、互动性的特点，主管部门在应对网络群众监督过程中，往往陷入能力恐慌，甚至产生"畏网"情绪，面对网络舆论经常处于消极被动地位。其三，网络舆情监控机制失灵。由于网络公共事件具有偶发性，有时是不可控的，网络信息来源复杂，采信困难，现有网络舆情监控机制很难跟踪和及时响应，现有体制化监督制度难以有效运转，经常发展到民意沸腾、舆论失控时才匆忙应付，成为平息事态的"消防员"，这一过程又经常以损害党和政府权威和公共部门形象为代价。其四，网络空间公共伦理失范。网络空间众声喧哗、鱼龙混杂，往往成为社会负面情绪发泄的垃圾场，给党风廉政建设带来干扰。

党的群众路线必须与时俱进，结合新的实践不断丰富和发展。当前，围绕保持党的先进性和纯洁性，在全党正在深入开展以"为民　务实　清廉"为主要内容的党的群众路线教育实践活动，着力解决人民群众反映强烈的突出问题，提高做好新形势下群众工作的能力。虽然网络民意尚不能代表全体社会公意，但鉴于中国目前近 6 亿网民的规模，做好网民工作无疑是群众工作中极其重要的内容。脱离网民就是脱离群众，对广大人民群众怀有敬畏之心，就要对 6 亿网民怀有敬畏之心。党的群众路线教育实践活动一个极其重要的方面，就是要求广大党员干部密切联系广大网民，建立与网民的血肉联系，主动接受广大网民群众的监督，倾听网民的声音，了解群众所思所忧，积极回应网民关切的问题。

二　网络时代群众路线的新内涵

网络群众路线，是将党的群众路线这一"法宝"运用于网络虚拟世界的思想观点与工作方法，是适应于新媒体时代的具体实践而不断丰富和发展的群众路线。网上群众路线，是对党的优良传统的继承和发扬，是信息化背景下党的群众路线的拓展和创新，是党联系、服务网民群众的根本工作路线和工作方法。

第一，网上群众路线体现了新时期群众路线的本质要求。中国共产党区别于其他任何政党的一个显著标志，就是和最广大人民群众保持最密切的联系。群众路线作为党的根本工作路线，只有贯彻到具体实践中，才能够得到落实和实现。这就要求我们必须认真研究新时期的特点，找到能够体现群众路线本质要求的正确实现方式。传统上给人以严肃、刻板印象的一些党员干部在网络世界里也体现出他们充满个性和自我的一面，敢于在微博"冒泡"，反映出当代党员干部越来越自信、越来越"不特殊"，他们也是"网虫"，也是"微博控"，不是"老古董"，这不仅拉近了党员与群众的心理距离，而且有利于党员干部体察民情，真正了解民之所想、民之所乐、民之所愿，这样做出的决策才会贴近民意，才能真正做到"立党为公、执政为民"，党才能最终获得群众的真切拥护。

第二，网上群众路线进一步丰富和发展了党的群众路线的时代特征和科学内涵。党的生命力之所在，就是要及时研究了解群众工作的新形势、新问题，积极探索群众工作的新方法、新路子。网民绝非天外来客，而是现实社会公民，并且是充分接受了新思维、新事物的新群众。网络虚拟社会也绝不是空中楼阁，是现实社会的折射和延伸，现实社会矛盾在网络社会寻求解决，网络社会的舆论影响现实社会。准确把握时代的脉搏，明确网民新群众是重要的群众，网络民意是重要的民意，让互联网成为人民群众广泛参与的一个重要载体，党倾听民意、集纳民智、联系群众的一个重要渠道，走一条"从网民中来，到网民中去"的网上群众路线。这及时回应了网民群众的新期待，进一步丰富和发展了党的群众路线的时代特征和科学内涵。

第三，群众生活的网络化为践行群众路线的具体实践提供了更为广泛和更加灵活的方式。党的群众路线依存于客观存在的现实环境，而现实环境是一个不断动态发展的过程。在社会转型期，人民群众的生活方式发生了很大变化，践行群众路线就必须要适应这些变化。只有这样，才能在实际工作和生活中做到始终密切联系群众，同群众在一起。随着互联网技术的迅速普及，特别是微博、移动互联网等网络技术应用，催生了新的信息传播方式和交流沟通方式。广大群众的各种意愿和要求通过互联网不断涌现，对传统的群众工作方式、方法带来了新的挑战，对贯彻党的群众路线提出了新要求。通过互联网，党和群众可以实现"零距离"的接触和交流，及时获取第一手资料；可以第一时间发布最新的精神及详细解读；也可以对党在执政中存在的问题进行及时的了解和纠正。在中央高层积极倡导并身体力行地开展网上群众工作的带动下，全党上下网上"倾听问题"、网下"解决问题"蔚然成风，"网络执政"的新思维在各级党委政府已逐渐成型，利用互联网问政于民、问计于民、问需于民渐成常态。可以说，互联网已逐渐成为创新群众工作的重要载体、联系群众的重要渠道、凝聚民心和集中民智的重要平台。

近年来从中央最高领导人到地方各级领导干部开始关注并重视网上民意，许多政府部门通过开设留言板、博客、微博等，设立网络新闻发言人等多种形式在网上了解民情。越来越多的政府部门纷纷利用网络问计于民，切实解决了许多人民群众反映强烈的问题，网络问政渐成风尚，显示的是政府对民众心声的重视，体现了中国现代化进程中的民主、开放特征，是党的群众路线与时俱进、不断创新发展的表现。

三　网络群众路线为党风廉政建设提供重要途径

加强网络舆论监督，是反腐倡廉工作中坚持群众路线的重要内容。党的执政实践表明，影响党群关系的因素主要来自两个方面：一是脱离实际，二是权力腐败。权力必须给予严格的监督，否则必然导致腐败行为的发生。领导干部的权力乃至政府的、国家的权力都是由人民赋予的，因此必须接受人民的监督。网络日益成为反映群众呼声、了解群众疾苦、接受群众监督的一面镜子。坚持群众路线，必须给予人民群众充分的监督权，以往的监督形式过于单一，人民群众缺乏对党员干部的监督途径，监督效果不理想。各级党政领导干部要做到任何时候都要把人民的利益放在第一位，始终与人民群众心连心、同呼吸、共命运，就需要积极主动适应网络时代的新形势，勇敢面对这面镜子，正确使用这面镜子，积极呵护这面镜子，把网络打造成增强互信互动、巩固核心价值、凝聚民心的阵地，让网络成为了解民情、解决民忧、执政为民、接受监督的一个新平台。

反腐倡廉工作中坚持群众路线，就必须加强网络舆论监督，必须坚持从网民中来，到网民中去，听取网民声音，汲取网民力量。党中央所指的党面临着"四大考验"、"四大危险"，其中"脱离群众"的危险，如同"消极腐败"的危险一样，是真正关系到党的生死存亡的重大问题。其危险的程度比"精神懈怠"、"能力不足"的危险具有更大的烈度。随着信息技术和网络公共舆论的发展，网络反腐已经成为大多数网民参与反腐的主要途径。根据《人民日报》和人民网的联合调查，有87.9%的网民非常关注网络监督，当遇到社会不良现象时，93.3%的网民选择网络曝光。事实数据也支持上述调查数据，近年来，由新媒体首次曝光的舆情事件正逐渐增加，2011年新媒体首次曝光的事件占69.2%，而传统媒介曝光仅占总数的30.8%，中国社科院2013年6月25日发布的《中国新媒体发展报告蓝皮书（2013）》，2010—2012年，在新媒体上曝光的反腐案件是传统媒体的2倍。近年来网络反腐舆论事件呈迅速增长的态势，新媒体正成为主要的反腐倡廉事件的首次曝光媒介类型，传统媒体反腐曝光率已大大落后于新媒体。

网络群众路线强化了社会监督效力。网络技术的普及使我国社会结构出现从福柯所言的"全景监狱"向"共景监狱"的转变。在"全景监狱"结构中，处于社会权力顶端的政府能随时观察到公民的一举一动，而普通民众却无法对政府进行有效监督；而在"共景监狱"的结构中，社会呈公共广场式状态，社会民众的弱势地位得到了改变，获得了对政府实时、自由的监督权，政府的行为时刻曝光在公众的视线之内，政府的权威得到了削弱。在物理空间，许多地方政府兴建的楼堂馆所越来越豪华，许多官员越来越倾向于待在舒适的办公室里面按部就班，不愿意甚至害怕直接面对群众，脱离群众造成官民隔阂、社会不信任越来越深。但是，在网络空间，官员们不得不接受网民的"围观"，广大党员干部的一言一行、一举一动都纳入群众的监督之中，少数问题官员在面对网络群众时不得不夹起尾巴、战战兢兢。从早前的"天价烟"局长周久耕、到"表哥"杨达才、"不雅视频"主角雷政富，再到原国家能源局局长刘铁男，网络反腐频繁亮剑，一大批贪腐官员相继落马。可见，网络的广泛普及，为群众有效参与反腐提供了有利条件，网络群众路线有利于提振民众的反腐信心，是新时期群众有效参与反腐的积极探索。

网络群众监督是反腐倡廉工作的热点和趋势，也是预防职务犯罪工作的有益补充，是社会公众行使监督权的重要形式，有利于提高监督管理部门的工作责任心和使命感，有利于广大党员干部加强廉洁自律。网络群众路线为群众监督提供了新的途径，通过网络群众路线实现群众监督也已经取得了明显的效果。网络曝光程序简便、速度快，在较短时间内就能成为公众关注的热点。网络举报的匿名性在很大程度上保护了举报者，让网友举报无后顾之忧。网络监督已经成为畅达民意、维护权益、鞭挞腐败的便捷而有效的手段。网络监督是最广泛也是最有效的一种监督方式，能收集到广大群众的心声，在党内、政府内监督不尽完善的现状下，强化网络监督既是民主的象征，又是公民实现知情权、表达权，履行参与权、监督权的重要渠道。群众意见在网络集合，进而形成无法忽视的社会舆论压力，这种压力延伸到现实生活中，引起政府高层对腐败问题的关注，从而对党风廉政和反腐败工作起到积极的推动作用。

四 党风廉政建设网络群众路线的创新思路

网络已经成为了解民情民意的重要途径之一，党和政府通过微博等网络新媒体手段，可以更好地解决百姓关心的问题、改变干部的官僚作风，不仅有助于转变传统的工作方式和执政思维，同时也有助于适应新时期群众路线的发展新要求。在党风廉政建设中如何走好网上群众路线？需要从具体实践中探寻具体思路和措施。

（一）观念建设：更新观念，转变工作方式

继续开拓网络群众路线，转变观念和工作方式是关键。在观念层面，党员干部要高度重视新媒体网络平台的影响力，时刻关注舆情发展新的走向，充分发挥网络媒体在促进党群关系、加强党风廉政建设方面的重要作用。同时也要对网络舆论的局限性保持清醒的认识。网络是网民参与反腐倡廉的重要平台，必须采取积极的态度，理性对待网络舆情，才能正确引导反腐倡廉网络舆论健康发展。

第一，积极主动，坦诚交流，树立群众工作新形象。网络平台是平行的交流平台，具有大众化的对话方式，不说官话、套话，才能拉近官民关系，增强网民的亲切感和认同感。在网络交流平台，面对网民留言、评论

时应做到每条必复，针对群众提出的诉求，应当按照工作程序及时办理，做出回应。纪检机关只有真正帮助群众解决实际问题，才会赢得群众的信任。

第二，网络群众路线也应该坚持"走基层、转作风、改文风"的工作方法。继续开拓网络群众路线，广大领导干部应该转变自身观念，将互联网作为日常工作的重要工具，将使用网络了解社情民意内化为自己的工作习惯。在坚持传统群众路线的工作方式的同时，努力向网络群众路线靠拢，最大限度地实现党群互动。真正关心基层民众疾苦与诉求，变"官腔官调"为"网络语言"，转变以往领导干部以及政府官方过于严肃、命令式的话语风格，代之以网民所喜闻乐见的词语、话语风格，真正做到贴近现实、贴近基层、贴近生活，这样才能更好地被网民接受。

第三，正确引导，快速反应，积极应对。实践证明，对网络舆论一味采取加以限制的"硬"做法或放任自流的"软"做法，都不能起到应有的作用。同时，坚持客观、公正、平等的处置原则，以认真、细致、全面的调查还原事实，做到信息反馈快、研究分析快、调查核实快、处理落实快，通过快查快结表明坚决态度，积极回应媒体和广大网民。重庆市北碚区原区委书记雷政富在其不雅视频曝光后63小时被免职并立案调查；山东省农业厅原副厅长单增德因"离婚承诺书"，在12小时后被立案调查。这些对网络举报的高度重视和快速反应行为赢得了广大网民的好评。

2012年12月17日南京市纪检网站信息平台"钟山清风"接到网民举报后，只用9分钟就给予了回应，并在认真调查后通报结果，受到网民广泛好评。9分钟回应网民举报，需要的不是相关部门直接肯定或否定，而是官方密切联系群众的态度，唯有如此，才能赢得网民信任，发挥网络群众监督实效。

（二）平台建设：建立和完善联系群众的信息网络平台

首先，加强官方信息平台建设。官方网站、信息公布平台、网络互动平台、网络问政平台、微博群、微信群等，真正做到信息公开、平等交流，将部门工作的计划、进展、成绩、不足以及重大突发事件的处理等相关信息及时、准确地予以公布，并接受网民的质疑和询问，确保公民的知情权。

其次，反腐倡廉网络舆情信息工作平台建设。纪检监察机关要积极应用互联网技术发展的最新科技，打造一个符合党的反腐倡廉工作需要、符合广大群众新的更高要求、符合网络传播发展规律的反腐倡廉网络舆情信息工作平台。应有计划、有步骤地先行试点开发、使用以应用为导向的网络舆情预警监测系统。网络舆情预警监测系统自动实现与主流网站搜索系统的对接，加强对网评、跟帖、博客等网上反腐舆情的跟踪监控，为纪检监察机关实现科学管理、智能管理、高效管理提供技术支持。

最后，对信息交流平台进行专业化管理。系统性、层次性地推动政务"微博群"建设，将主流影响力延伸到县市区基层和手机等新兴传播平台，开设分站论坛，推动各地分站成为本地反映诉求、解决问题的主平台，努力把最偏远的民生问题摆到领导最贴近的案头上来解决，打造疏导民意的最短路径。避免网上联系群众落入"虚热"和"作秀"的俗套，防止群众路线网络化流于形式和表面，应该设置专门的工作人员对官方微博进行维护、更新和管理，保持微博的常态化内容更新与官民互动。

（三）能力建设：提高党员干部网上联系群众的工作能力

网上群众工作的主体是各级领导干部，其能力素质和作风状况如何，直接关系网上群众工作的成效。各级党委、政府应当把提高领导干部的网络素养作为党的执政能力建设的重要内容来抓，将各级领导干部的网络素养纳入干部考察和建设学习型政党的重要内容。让各级领导干部掌握必备的网络知识、具备真诚的服务态度、塑造良好的公仆形象、把握应对的各种技巧；注重实践锤炼，提高各级领导干部利用互联网宣传群众动员群众的能力、保障群众民主权利的能力、服务群众解决群众问题的能力，特别是应对"网络事件"的能力，做到及时发现敏感苗头，及时研判舆情特点，及时处理网下问题，及时发布权威信息，及时设置引导议程，及时应对媒体记者，切实提高应对水平。结合现实需要和实际案例，开设领导干部网络学习班，组织领导干部定期学习，由专业人员教授互联网的使用方法与技巧，并在结课时安排合格考试。特别是面对"网络群体性事件"时应该以怎样的方式加以应对和处理，总结经验教训，提高网络沟通能力。

另外，网络时代，不少媒体和领导干部的话语体系与群众的需求还不合拍，迫切需要创新话语体系，切实解决正面信息在网上的传播力不够、影响力不大、感染力不强的问题。适应网络时代的互动方式，打通网络舆论场与主流舆论场,抓好重大突发事件和群众关注热点问题的公开,客观公布事件进展、政府举措、公众防范措施和调查处理结果,及时回应社会关切,正确引导社会舆论,真正实现以主流舆论引领社会舆论,掌握舆论引导的话语权和主导权。

(四) 制度建设：确保网上群众工作实效

1. 完善网络发言人制度

随着互联网的普及以及网上群众路线的继续开拓,新闻发言人制度的作用发挥和自身建设都需要进一步加强和完善。通过新闻发言人制度,切实做到政务公开透明,及时准确地将网民关心的问题公之于众,真正做到"权威信息发布、信访投诉受理、参政议政吸纳、舆论监督回应、信息咨询回复",增强政府与网民间的互动,塑造服务型政府的良好形象。

2. 制定和完善相关的法律制度

网络反腐之所以存在诸多的弊端,究其根源是缺乏法律和制度的支撑。因此,加大对网络反腐立法,实现网络反腐的有法可依显得尤为重要。要尽快制定适应网络反腐发展的法律。立法中要明确规定网络反腐主体和客体各自享有的权利及义务,为网民自由行使网络举报权利提供合法的依据。要科学界定知情权与隐私权;制定相应的侵权责任认定细则;划分正常的网络反腐与侵权、造谣诽谤、言论自由与人身攻击的界限;划分出举报失实和恶意诽谤的界限。

3. 建立和完善管理网络反腐举报的相关制度

从网络反腐举报信息的采集、分析、判断到有效利用,必须制定严密的制度。反腐机关要在网络反腐举报信息的源头建立筛选与审查程序,以保证举报信息的合法性。对收集到的原始举报信息要按照所属类型、涉及事项、跟帖情况、轻重程度等进行分门别类的记录;研究判断人员对网络反腐信息要进行多角度、深层次的挖掘分析;要科学确立反腐举报信息等级,将有价值的反腐举报线索形成文字资料,及时快速上报。同时,应对网络上的各种反腐举报信息进行实时监控,关注反腐举报信息的发展动向;要遵循澄清事实、把握主流的原则,在网络上通过诸如发帖、跟帖、转帖等方式对网络舆情进行合理引导。

4. 建立相应的介入、立案、调查、惩处和追责制度

从反腐举报信息的获取到相关部门的介入、立案、调查、惩处及公布

结果，都需要制定具体的细则和操作程序；纪检监察机关除严肃认真受理举报中心网站接受的举报外，应主动对网民曝光的腐败举报信息迅速介入调查。对网上举报的信息不仅要发现早、调查快、定性准，还要依法查办。要建立问责机制，对在网络反腐工作中推诿、扯皮、不负责、不作为造成不良影响的责任人严肃问责，确保网上反映的问题能得到及时有效的处理。要鼓励网络实名举报，切实保护好举报人、跟帖人、发帖人的利益和人身安全，严厉惩治打击报复者。要追究网络违法行为的法律责任，禁止和打击不负责任的违法违规网络言行；对侵犯公民人身权、人格权、隐私权的网络行为，有关主管机关应当依法追究其法律责任，以保护公民的合法权益。要把网络反腐举报信息管理纳入整个反腐体系之中。

5. 建立畅通的网络反腐监督举报渠道制度

各级反腐机关应利用现代信息技术，创造性地发挥纪检监察网站的作用，在网络反腐中赢得主动权。除开设独立的反腐举报网站外，还应依托政府门户网站，开通其他的反腐廉政专页，依靠政府网站的巨大点击率来扩大反腐机构在网络反腐中的作用。可以在网站上开设聊天室，由专业人员与网民进行"互动"。适时举办网上反腐倡廉论坛活动，鼓励网民对反腐倡廉建设中的热点难点问题随时发表个人看法和评论。还可以通过开设反腐博客、反腐虚拟社区等形式及时向群众公布反腐倡廉工作进展情况，增加群众参与反腐倡廉的渠道，让网民的举报得以及时交流和沟通，与官方反腐力量形成互动效应。

6. 制定群众参与网络反腐的行为规则

要制定网络反腐的行为规则，包括参与网络反腐的群众应当遵循的基本原则（如客观真实原则、遵守法律原则、尊重人格原则等）；进行网上举报、网上曝光、网上发表评论和报道的基本要求；网络信息员或观察员的权利和义务；违反网络反腐行为规则所应承担的责任等。

7. 建立网络反腐的协同制度

把网络管理的职能部门、当地的各大网站动员起来，主动加入网络反腐的联动机制中，制定一套联合宣传、公安、检察等多部门参与的信息共享、协同反腐的工作机制，形成"网络主导、官民联动、上下互通、快捷通畅、条块结合、密切协作"的立体式、全方位网络反腐快速反应体系，逐步实现网络反腐的制度化、规范化，形成管理网络反腐的合力。

（五）虚实结合：有机结合现实与虚拟的群众路线

借助网络新媒体技术，党员干部可以密切联系网民群众，更有效地发挥网民群众监督功能，改善党风政风，推进反腐倡廉工作。但必须指出，要真正解决广大群众（包括网民群众）关心的切身利益问题，最终的落脚点不在网络虚拟社会，而在现实社会生活，这就需要党员干部亲自下基层去，深入到群众中间去。网络群众路线是新的历史时期贯彻落实群众路线一个新的发展趋向，而非群众路线全部内容。因此，完整地贯彻落实党的群众路线，不能用虚拟群众路线取代现实群众路线，而必须要将虚拟群众路线与现实群众路线有机结合起来，才能最终促进"为民　务实　清廉"目标的实现。

参考文献：

1. 中国互联网络信息中心（CNNIC）：《第32次中国互联网络发展状况统计报告》，2013年9月28日（http://www.cnnic.net.cn/hlwfzyj/hlwxzbg/hlwtjbg/201307/t20130717_40664.htm）。

2. 程少华等：《网络监督：蓬勃中呼唤规范》，《人民日报》2009年2月3日第8版。

3. 卿立新：《网上群众路线是新时期群众工作的重要方法》，《求索》2012年第12期。

4.《近三年新媒体曝光腐败案件量是传统媒介两倍》，2013年6月26日，人民网（http://legal.people.com.cn/BIG5/n/2013/0626/c188502-21980712.html）。

5. 上海交通大学舆情研究实验室：《中国社会舆情与危机管理报告（2012）》，社会科学文献出版社2012年版。

6. 黄豁、季明、李舒：《基层干部网络运用普遍滞后　面对舆情多眼高手低》，《瞭望新闻周刊》2011年10月2日。

作者信息：

研究基地：江苏党风廉政建设创新研究基地

承担单位：江南大学

首席专家：武贵龙

课题负责人：章兴鸣

主要参加人员：刘焕明、徐玉生、汪春劼、郑煜等

新时期促进党和政府与人民群众互信的挑战与对策

内容提要： 随着经济社会快速发展，党群政群关系的时空基础、阶级基础、利益基础、价值基础均发生了重大变化，党群政群关系发生"异化"的风险不断加大。促进党群政群关系和谐互信，必须坚持党性、人民性相统一的原则，遵循基本价值与社会主流价值的重合度、公共政策对群众需求的满足度、基本制度对群众权利的保障度、作风和形象在群众中的认可度四个基本维度，努力做到在理想目标上党群、政群同向，在奋斗道路上党群、政群同力，在利益追求上党群、政群同利。通过强化对权力的监督制约、践行党的群众路线、保障人民当家做主权利、推进社会公平正义、充分发挥党和政府的利益整合功能，实现党群政群相融互信的目标。

公众信任是一个政党长期巩固执政地位的"基石"。当前，我国已进入改革发展的关键时期，这一时期既是"黄金发展期"，又是"矛盾凸显期"，在社会大变革、制度大转型、利益大调整的过程中，党群、政群关系面临着一系列新的考验，建立一种适应时代变革要求和社会发展需要的新型党群、政群互信关系，及时有效地回应各种社会质疑、进一步密切党群政群联系，是坚持立党为公、执政为民的执政理念的题中之义，是深入贯彻党的群众路线，树立正确政绩观、群众观、利益观的必然要求，也是加强党的执政能力建设，进一步夯实党的执政基础、促进社会长治久安的客观需要。

一 新时期党群政群关系发生的深刻变化

（一）党所处历史方位深刻变迁，影响党群政群关系的时空基础

中国革命胜利以后，一直到建立社会主义基本制度，再到改革开放，中国共产党已经从领导人民为夺取全国政权而奋斗的党，成为领导人民掌握全国政权并长期执政的党；从受到外部封锁和实行计划经济条件下领导国家建设的党，成为对外开放和发展社会主义市场经济条件下领导国家建设的党。随着党所处历史方位的深刻变化，党的工作目标、重心和工作方式发生转变，这种转变也影响到党群政群关系的调整。从"跳出历史周期律"、实现长期执政的目标出发，必须不断完善经济社会运行的法治基础。习近平同志强调，我们党是执政党，坚持依法执政对全面推进依法治国具有重大作用。落实依法执政原则，在党群政群关系上就要从以往依靠情感动员、道德动员为主的人格化、伦理型关系转变为依靠制度约束和法治规范的法理型关系。从进一步扩大开放、建立完善社会主义市场经济体制的要求出发，必须以开放的胸怀、辩证的眼光吸收和借鉴人类一切先进文明成果。党的十八大报告明确指出"积极借鉴人类政治文明有益成果"，党的十八届三中全会通过的《中共中央关于全面深化改革若干重大问题的决定》指出要"加快推进社会主义民主政治制度化、规范化、程序化"，贯彻十八大和十八届三中全会精神，就要科学对待西方百年来不断发展的民主政治制度，进一步完善中国特色社会主义民主政治，在党群政群关系上实现从为民做主向由民做主的转变，为广大群众充分行使民主权利、有序参与国家政治生活创造更有利的条件。

（二）社会阶层结构分化重组，影响党群政群关系的阶级基础

随着经济体制和政治体制改革的不断深入，特别是社会主义市场经济体制建立，我国原有的阶级阶层结构发生了分化与重组，原来以工农两大阶级和知识分子阶层为主体的基本构架被冲破，从原有阶级、阶层内部结构中演化出许多新的社会力量，形成多元化的社会阶级阶层结构。社会学家陆学艺提出，我国已形成十大社会阶层，即国家与社会管理者阶层，经理人员阶层，私营企业主阶层，专业技术人员阶层，办事人员阶层，个体

工商户阶层，商业服务业员工阶层，产业工人阶层，产业劳动者阶层，城乡无业、失业、半失业者阶层。社会阶层的分化与重构对党群关系的发展提出了挑战，一方面，阶级的分化导致阶级意识的模糊，阶级归属感、使命感和责任感大大降低，党对各阶级进行思想整合、价值引领的难度加大；另一方面，越发快速的阶层演变和流动使党的群众工作面临新的困难和挑战，以往依靠各级党委政府包办，"一刀切"、"一锅煮"的群众工作方式、手段与社会分化、利益多元、高度信息化新形势不相适应，各责任部门各自为战、上层与基层脱节、封闭和半封闭运行等问题日益突出，体现广覆盖、多主体、分众化要求的群众工作新体系尚未形成。

（三）经济体制深刻变革，影响党群政群关系的利益基础

社会主义市场经济体制的建立和完善过程，也是一场全方位的利益调整过程。经济体制变革的巨大成就，集中体现为社会生产力的迅速发展、综合国力的极大提升和城乡居民生活水平的显著改善。广大群众普遍从改革中获益，在社会主义市场经济体制的建立完善中表现出极大的积极性。但也必须看到，随着改革的深入和社会主义市场经济的发展，社会环境已发生重大变化。经济成分、组织形式、就业方式、分配方式日益多样化，利益格局呈现前所未有的复杂局面，旧的平衡机制被打破，新的平衡体系尚未确立，在利益分配上围绕社会公平正义的问题和矛盾不断涌现，考验着党和政府的应对能力，影响和制约着党群关系的和谐发展。同时，因为我国改革主要依靠自上而下推动，各级党委政府掌握了大量资源，使党的干部面临着权力和利益的双重诱惑和考验。改革开放以来，干部队伍中侵犯群众利益的现象和腐败现象滋生蔓延，这使党与群众的关系出现了裂痕。在这种情况下，党的群众工作受到冲击和削弱，党群政群关系背离的风险加大。

（四）社会思潮多元多变，影响党群政群关系的价值基础

在日益明晰的社会分化中，不同的社会主体自然会有不同的思维方式、不同的价值取向，这是社会文明进步的体现，也是社会创造力的解放，但是价值多元中伴生出的价值扭曲、价值沦落，破坏了社会价值底线，影响了社会包容，并对党的长期执政产生负面作用。我们党从诞生之日起就把马克思主义写在自己的旗帜上，用追求社会主义、共产主义的远

大目标动员广大群众，用与之相应的一套价值观凝聚全社会共识。在社会深刻变革和对外开放不断扩大的条件下，一方面，世界范围各种思想文化交流交融交锋更加频繁，西方国家把中国崛起视为对其价值观和制度模式的挑战，加紧对我国进行思想文化渗透，一些被赋予特殊内涵的观念如宪政民主、公民社会等以"普世价值"的面目出现，混淆和扰乱社会公众思想，党的意识形态对广大群众的吸引力、动员力减弱；另一方面，在国内，转型期各种社会矛盾和问题相互叠加、集中呈现，人民思想活动的独立性、选择性、多变性、差异性明显增强。一些党员和党员干部理想信念不坚定，腐朽落后思想沉渣泛起，拜金主义、享乐主义、极端个人主义有所滋长，党群关系中原有的共同理想信念和价值观基础遭到冲击。对此，习近平同志深刻指出，党的群众基础和执政基础包括物质和精神两方面，精神上丧失群众基础，最后也要出问题。

二 促进党群政群关系和谐互信的内在要求

（一）坚持党性与人民性相统一的原则

共产党的党性和人民性的统一，是马克思主义的一个基本观点。没有脱离人民性的党性，也没有脱离党性的人民性。党性和人民性的关系，本来是一个有着明确答案的问题。然而，在一些人那里，却变得复杂而敏感。比如，有人问，你是替党讲话，还是替老百姓讲话；你是站在党的一边，还是站在群众一边。有人振振有词地说人民群众人数超过党员人数，所以人民性大于党性。出现这种现象，既有认识上的原因，也有现实中的原因。

从认识上看，有些人把党性和人民性割裂开来、对立起来、搞碎片化，主要是没有看到党性和人民性都是整体性的政治概念，党性是从全党而言的，人民性也是从全体人民而言的，不能简单从某一级党组织、某一部分党员、某一个党员来理解党性，也不能简单从某一个阶层、某部分群众、某一个具体的人来理解人民性。只有站在全党立场上、站在全体人民的立场上，才能真正把握好党性和人民性的关系。

从实践上看，群众对党性和人民性统一的命题产生怀疑，根本原因在于部分党员和党员领导干部理想信念缺失，宗旨意识弱化，长官意志滋长，把自己凌驾于群众之上，不作为、乱作为甚至贪污腐败，给社会造成巨大损失，给党的形象带来巨大损害，降低了党组织在人民群众中的威信。千里之堤，溃于蚁穴，任由这些党内的反面个体案例蔓延，就会让整个党组织逐渐失去人心，动摇根基，党性和人民性的统一就会变成一句空话。

认识和坚持党性、人民性统一的问题，应该学会运用辩证唯物主义量变和质变关系的原理。量变是质变的基础和前提，质变是量变的必然结果。党性和人民性的统一，是从我们党的宗旨以及长期革命建设实践中得出的规律性认识，建立在历史和人民广泛认可的基础之上，是目前党群关系的主流，不会因为个别人物、事件而使这种关系的本质发生改变。但是，党性和人民性的统一不是一个一劳永逸的命题，还要警惕党内腐化蜕变、官僚主义、形式主义、脱离人民群众的力量滋长蔓延，不断侵蚀党的肌体，影响党在人民心目中的地位，使党最终失去人民群众的信任和支持，这方面，苏联共产党亡党亡国的前车之鉴应引起我们的高度重视。

（二）促进党群政群和谐互信的"四个维度"

1. 基本价值与社会主流价值的重合度

社会主义核心价值观是我们倡导的主流价值观，党的十八大报告对此的表述是：倡导富强、民主、文明、和谐，倡导自由、平等、公正、法治，倡导爱国、敬业、诚信、友善，积极培育社会主义核心价值观。这一表述经过了反复的提炼修正，符合历史、合乎实践、贴近民情、顺乎民意，能够发挥出广泛的感召力、强大的凝聚力和持久的引导力。但也应看到，形成一种价值观总是需要一个实践发展和理论总结相互转换、相互推动的较长历史过程，从而达到完备、圆熟的状态；同时，倡导一种价值观，使其深入人心，实现社会化、大众化，也不是一蹴而就的。当前，社会现实的价值观表现出一定的功利化、庸俗化、碎片化趋向，这和我们倡导的社会主义核心价值观是不尽一致的，建设社会主义核心价值体系任重道远，还需要我们做大量细致的宣传教育工作。只有使社会主义核心价值观和社会主流价值观实现最大限度的重叠，才能避免思想认识上的混乱，最大限度地统一思想、凝聚共识，为党群、政群互信关系的形成和巩固营造共同的思想道德文化基础。

2. 公共政策对群众需求的满足度

现阶段，我国经济总量已跃居世界第二，随着经济发展水平的提高，群众对提高生产生活条件的需求不断高涨，相形之下公共服务短缺和无效、低效的问题日益突出。从具体国情出发，公共政策的制定理应立足最广大人民群众的根本利益，以公平正义为价值取向，体现以人为本的原则，在能承受、可持续的前提下尽可能满足大多数群众对有体面生活的需求。但改革开放以来，与经济的快速发展相伴生的是，在公共政策上一定程度出现效率压倒公正的趋向。一些地方政府"公司化"，党员领导干部热衷搞数字竞争，把GDP和财政收入作为公共政策制定和实施的首要目标，把群众的现实需求放到一边，公共服务的供给与群众的期待严重脱节，导致群众的不满。公共政策承担着对社会资源进行重新配置和对价值进行再分配的重要功能，只有公共政策真正反映民意，不断满足社会大众的需求，才能使群众对党和政府建立信心，党的政策才会得到最广大人民群众的衷心支持和拥护。

3. 基本制度对群众权利的保障度

我国正处于经济、社会转型的特殊时期，不同社会阶层之间利益冲突尖锐，各种矛盾问题层出不穷。在利益的重新调整中，社会谈判和议价能力相对欠缺的普通群众特别是一些社会弱势群体往往成为"沉没"的声音，成为改革开放的受损者。解决这一问题，不仅是个道义问题，更是一个制度规则问题。为此，要进一步完善社会保障制度体系，为公众编织可依赖、可信任的安全网，切实保障群众的基本生存权，防止"底线失守"；要构建不同阶层均能充分表达利益诉求、平等展开对话协商的制度体系，避免社会落入强者愈强、弱者愈弱的"丛林法则"中，防止社会结构畸形；要建立完善政府权力运行的监督、制约制度体系，促进决策的科学化、民主化，防止各种形式的与民争利。国家（执政党）作为规则的制定者，应实现其超越性与公正性，通过构建科学的利益博弈机制和规则，使不同利益主体特别是弱势群体的利益表达和利益博弈成为可能。国家（执政党）、社会、公众在发挥各自作用基础上实现良性互动，党群政群关系才能实现长久的稳定与和谐。

4. 作风和形象在群众中的认可度

党的作风是党的性质、宗旨、纲领和路线的重要体现，是党的创造力、战斗力和凝聚力的重要内容。我们党由小到大、由弱到强，取得革命、建设和改革的一个又一个胜利，根本原因在于始终高度重视自身作风建设，始终保持党同人民群众的血肉联系，从而赢得了广大人民群众的信赖和拥护。党的作风体现在各个方面，人民群众往往从自己接触到的党员干部来评价党的作风和形象。当前，群众反映一些干部存在官僚主义、形式主义、奢侈浪费等不良风气，这些问题看起来似乎是一些小事，但它反映了一些领导干部高高在上、俯视群众、脱离群众的态度，如果任其发展下去，就会像一座无形的墙把我们党和人民群众隔开，党就会失去根基、失去血脉、失去力量。这些年来，我们花了很大力气解决党内作风建设方面存在的一些突出问题，取得了明显成效，但有些问题相当顽固，收效不大，有的问题即使解决了又以新的形式冒出来。作风建设涉及党的建设和经济社会发展等各个方面，既要治标，更要治本。不仅要让群众看到党持之以恒解决作风问题的决心，也要让群众看到作风不断改善的实际效果。不同行业、不同岗位上的党员个体，以优良作风树立表率从而获得群众的认可，累积起来的就是整个党和政府在群众心目中的威望和信誉。

（三）构建和谐互信的党群政群关系

第一，在理想目标上党群、政群同向。邓小平同志指出，共产党人的最高理想是实现共产主义，现阶段的奋斗纲领就是建设中国特色社会主义。以社会主义、共产主义为旗帜，我们党团结带领人民群众取得了中国革命的胜利和社会主义建设的巨大成就。习近平同志指出，实现中华民族的伟大复兴是中华民族近代最伟大的中国梦，是近代以来中国人民的共同理想和追求。中国梦归根结底是人民的梦。实现中国梦必须走中国道路，这条道路就是中国特色社会主义，从这个意义上说，党和政府与广大群众目标是一致的，方向是一致的。

第二，在奋斗道路上党群、政群同力。实现中国梦，需要全党全国各族人民共同努力和团结奋斗，每个中国人都是"梦之队"的一员。人民是国家的主人，是历史的创造者，对人民群众中蕴藏的无穷力量，作为执政党应始终保持敬畏。党和政府的首要责任，就是要发挥好组织者、领导者、服务者的角色，把广大人民群众团结在各级党委政府周围，搭建好平台，规范好秩序，充分发挥群众的智慧和力量，为实现党的政策和国家发展目标做出积极贡献。只有把党的领导和群众的巨大创造力结合起来，才能为中国梦的实现提供源源不断的动力支持。

第三，在利益追求上党群、政群同利。党组织由党员个体组成，每一个党员个体都是理性而客观存在的人。因此，无法抹杀广大党员干部与利益的直接关联性，也无法抹杀党与利益的关联性。但需要进一步指出的是，对执政党来说，执政就是最大利益之所在。我们宣称党没有自己的特殊利益，一切工作都为了实现好维护好发展好全体人民的利益，这是从立党为公、执政为民的执政理念出发对党员和党员干部提出的一种应然性要求。要提高党的执政能力和政治合法性，党就必须始终同心同德、全力以赴地投身到为人民服务的大业中去，不断强化党是人民利益代表和全心全意为人民服务的宗旨意识，唯有如此才能始终做到"发展为了人民、发展依靠人民、发展成果让人民共享"，以权为民所用、情为民所系、利为民所谋的实际成效赢得广大人民群众的信任和支持，不断巩固党的执政基础。

三 新时期党群政群相融互信的路径选择

（一）把权力关进制度的笼子，防止党群政群相害

习近平同志多次指出，要加强对权力运行的制约和监督，把权力关进制度的笼子里。《中共中央关于全面深化改革若干重大问题的决定》明确指出，坚持用制度管权管事管人，让人民监督权力，让权力在阳光下运行，是把权力关进制度笼子的根本之策。根据这一指导思想，当前尤须加强下面几个制度建设。其一，必须确立宪法和法律的权威。宪法是国家的根本法，是治国安邦的总章程，依法治国首先要依宪治国；宪法和法律是党的主张、人民的根本利益和国家的意志的体现，违反宪法和法律就是违背人民的意志。党的十八大通过的新党章重申："党必须在宪法和法律的范围内活动。"任何组织或者个人、任何级别的党员干部，都不得有超越宪法和法律的特权。各级党委政府办事情做决策都必须在宪法和法律范围之内，必须改变以党代政，把权力绝对化和权力过分集中的现象。一切违反宪法和法律的行为，都必须予以追究，如此才能确立宪法至高无上的权威，给权力的运行划定清晰的界限。其二，必须加强对权力运行的监督。英国思想家孟德斯鸠在《论法的精神》中指出："从事物的性质来说，要防止滥用权力，就必须以权力约束权力。"党的十八大报告明确提出"健

全权力运行制约与监督体系"的任务，并提出了"要确保决策权、执行权、监督权既相互制约又相互协调，确保国家机关按照法定权限和程序行使权力"的制度性要求。《中共中央关于全面深化改革若干重大问题的决定》进一步提出要构建决策科学、执行坚决、监督有力的权力运行体系。应该说，在现行体制中权力监督的制度架构并不缺乏，如党内的纪委检查、行政的监察审计、司法的检察审判等，关键是要进一步完善制度，理顺关系，使这些制度法规切实发挥作用。其三，要更大力度推进政务公开。阳光是最好的防腐剂。国务院早在2007年就颁发了《政府信息公开条例》。推动条例落到实处，将对保障公民权利、增进权力透明、促进依法行政发挥重要作用。近两年来，民间关于官员财产公开的呼声，体现了人民群众期待通过制度建设监督权力运行，防止权力腐败的殷切期望。以此为突破口，把对权力的监督关口前置，从源头上预防腐败，减少犯罪，有利于对党员干部的保护，也有利于维护党的形象和在群众中的威信。

（二）践行党的群众路线，避免党群政群相离

保持党同人民群众的血肉联系，是中国共产党的性质、宗旨、纲领和路线的重要体现，是党的优良传统和政治优势。当前，党群关系方面存在的诸多问题，归根结底是因为有些党员干部脱离了群众，忘记了人民是国家的主人，而自己才是人民的公仆的观念。在新形势下践行党的群众路线，要着力强化党员和党员干部的群众观念、群众意识。利用在全党开展群众路线教育实践活动的契机，使党员和党员干部树立权力服务人民的观念，认识到手中的权力是人民赋予的，党的宗旨和社会主义国家的性质决定了党员干部的权力必须服务于社会、服务于人民；树立公正无私的观念，正确运用手中的权力，做到秉公办事，敢于负责；树立从群众中来、到群众中去的观念，深入实际，深入群众，深入基层，倾听群众的呼声，了解群众的意愿，总结群众的经验，集中群众的智慧。着力形成党员和党员干部下基层调查研究、化解矛盾、转变作风、锤炼党性常态工作机制，通过与基层群众朝夕相处、冷暖相知，接受灵魂洗礼，实现思想升华，增进对人民群众的感情，增强对党的事业的责任感、使命感。在新形势下践行党的群众路线，要与时俱进锤炼做好群众工作的本领。要牢固树立法治理念，善于运用法治思维、法治方式解决涉及群众切身利益的矛盾和问题，如拆迁征地、城管执法等容易引起矛盾纠纷的工作领域均应尽快完善

相关制度法规，避免随意性，确立公道办事、不偏不倚的导向。学会运用网络平台，掌握微博、微信等新通信手段，用真诚的态度与网民沟通，使用群众语言，少说官话、套话、空话，去官气、接地气、凝人气，问政于民、问需于民、问计于民，走出一条新媒体时代的"群众路线"。不断提高各级党委政府科学决策民主决策的水平。想事情做决策不要着急听汇报、看材料，而是要借助调查研究从多个角度了解群众的生活和工作状态，从中提炼出群众关心的共性问题，反映较大的集中矛盾，期待较强的决策方向。在工作过程中，注重一项制度制定过程的"几上几下"，不怕推倒重来，不怕质疑问询，敢于让群众监督，让群众发问。抛开个人的面子、得失，大大方方地晒工作、晒实绩，用实实在在的工作去打动群众，赢得群众的信任和支持。

（三）切实保障人民当家做主，沟通党群政群相依

人民当家做主是社会主义民主政治的本质和核心。推进社会主义民主政治建设，就是在中国共产党领导下，在依法治国的大背景下，保证人民群众当家做主的权利。首先，必须不断健全和完善政治参与机制，继续完善人民代表大会和政治协商会议制度，充分发挥代表、委员相关职能。优化代表、委员的组成，健全办事机构，规范办事程序。既要注重发挥代表、委员在会议期间参政议政的能力，又要加强闭会期间代表、委员广泛联系群众的能力，推动他们从"会议代表"走向"常任代表"，履职方式从"会议方式"走向多样化、常态化。其次，培养人民群众政治参与的能力，提高其政治参与水平。加强对相关政治知识和技能的传授，让群众懂得如何参与政策过程的知识，了解如何通过制度化的参与来保护和实现自己的合法权益，提高参与公共政策的技能，增强参与的有效性。在农村加强村民自治，在城市加强社区自治，给基层群众提供学习民主、实践民主的最好课堂。通过宣传教育和民主实践破除各种不适应改革开放和市场经济发展的旧观念，积极培育人民群众政治参与所需要的适度、理性的心理背景，引导公民树立平等观念、民主意识、责任感和法制意识。最后，拓宽人民群众政治参与的渠道，使群众拥有更多表达自己意愿的机会。在巩固现有的人民群众参政议政渠道基础上，积极利用新的途径和技术手段，为人民群众表达政治意愿、参与民主决策、介入政治生活提供更广泛的途径。比如完善体制内的公共政策研究组织，赋予这些研究机构以相对

的独立性、主动权以及工作的灵活性。积极引导民间社会组织健康发展，注重发挥社区和第三部门在政治参与中的作用。在继续发挥信访办、意见箱、市长专线等常规途径功能的同时，适应信息化要求，大力推进"电子民主"。总之，就是要利用一切可以利用的手段和渠道，使群众的呼声和要求能顺畅地向上反映，使群众的建议有地方提，委屈有地方说，重大情况让人民知道，重大问题经人民讨论，做到下情上传、上情下达，彼此沟通，互相理解。

（四）推进社会公平正义，让群众相信党和政府

维护社会公平正义是执政党的责任，只有群众的心气顺了，才能从根本上化解党群干群矛盾，树立党和政府的威信，减少社会风险和动荡，保持社会稳定和谐。推进社会公平正义，要加强保障权利公平的制度建设。建设公正、高效、权威的社会主义司法制度，发挥司法维护公民权利、保障社会公平正义的作用。保证检察机关和司法机关应有的独立性，不受任何社会团体、社会组织和个人的干涉；下大力气解决司法部门存在的执法不公、执法不严、权大于法、人情执法和关系执法等问题，让司法部门真正成为群众最可信赖的"包青天"。依法严惩污染环境、危害食品安全、危害公共安全等人民群众深恶痛绝的违法犯罪行为，依法妥善审理好教育、就业、医疗、住房等与群众生活密切相关的民事案件，切实保障人民群众对美好生活的向往和追求。加大司法救助力度，让有理没钱的群众也能用法律武器维护自身权益，让困难群众的胜诉权能够得到基本的保障。推进社会公平正义，要加强保障机会公平的制度建设。加快建立覆盖城乡的基本公共服务体系，调整财政收支结构，把更多财政资金投向公共服务领域，投入教育、就业、医疗、社会保障、社会治安等领域。不断增强公共产品和公共服务的供给能力和普惠性，提高公共服务质量水平，确保包括弱势群体在内的全体社会成员享有平等共享改革发展成果的机会。推进社会公平正义，要加强保障规则公平的制度建设。深化行政体制改革，全面推进依法治国，不断健全权力运行制约和监督体系。用法律制度规范、分解、监督、制约公共权力，坚决消除特权和"潜规则"，堵住诱发腐败的制度漏洞。突出对公共权力和领导干部的监督，尽快出台党员领导干部个人财产强制申报和公开制度，建立健全群众监督权力的体制、机制；以公开"三公"经费为突破口，推动更广、更深层次的政务公开、信息公

开等。推进社会公平正义，要加强保障程序公平的制度建设。各级党委政府在进行制度设计时，应综合考虑影响决策的各种因素，制定一套能够保证透明与公正的制度，达到不偏不倚、严谨无漏洞，力求体现当事方与利益攸关方的地位、权利、机会平等。同时，要在指导事件处理的实施与监督过程中，做到开放、透明、规范，防止滥用权力，任意省略或扭曲程序，减少人为干扰和技术性失误。

（五）发挥党和政府的利益整合功能，实现党群政群相融

在现代政治中，政党在社会利益整合方面具有独特而重要的作用。政党为了达到自身的政治目标，必须力图使自己的纲领或主张与尽可能多的选民利益需求相吻合。为此，政党不得不在各种利益主体之间进行大量的协调工作，使社会各阶层群体利益合理、有序地组合起来，构成一个利益共同体，达到社会内部结构的平衡，提升社会有机体的整体效能。发挥好党和政府的利益整合功能，必须明确利益边界。国家政权不是某个人或某个集团的政权，而是全体人民的政权。党对人民利益的代表和保障，就是要切实保障党所代表的各个阶层民众的根本利益，并惩治所有可能产生的不当得利对人民群众根本利益的侵害，特别是腐败的祸害。所以，必须分清利益、私利和特殊利益之间的区别，也必须划清"人民利益"、"国家利益"、"整体利益"、"部门利益"和"既得利益"之间的界限，绝不允许"私利"之"私"或"特殊利益"之"特"凌驾于其他公民合法权益之上。发挥好党和政府的利益整合功能，要综合运用好法律和政策两大手段。一方面，坚持依法行政，确保司法公正透明，规范公共权力，保护人民群众的合法权益。另一方面，强化群众权益意识、契约意识和诉讼意识，破除"情重于法"的传统观念，养成事前立约、事中履约、事后守约的行为习惯，学会通过合法渠道申诉维护权利，运用法律手段正确处理利益纠纷和矛盾。公共政策作为"对整个社会所做的权威性价值分配"，在实现公民利益诉求或者保障方面发挥着重大作用。党委政府在制定和执行政策时要充分考虑大多数劳动群众的利益。认真分析各项政策对社会各阶层群体的利益影响，合理分担改革成本，对社会弱势群体给予一定的政策倾斜，尽可能让他们少负担、多得利。加强收入分配中的宏观调控，建立科学合理的收入分配机制。运用经济、法律等手段，采取相应政策措施，保护合理收入，取缔非法收入，调节过高收入，保障低收入者的基本

生活。通过科学合理的政策安排，实现社会各个不同阶层的利益并形成良好的均衡，实现整个社会的协调发展。

参考文献：

1. 习近平、李克强、刘云山等：《十八大报告辅导读本》，人民出版社 2012 年版。
2. 习近平、刘云山、张高丽等：《中共中央关于全面深化改革若干重大问题的决定》辅导读本，人民出版社 2013 年版。
3. 中共中央文献研究室：《习近平关于实现中华民族伟大复兴的中国梦论述摘编》，中央文献出版社 2013 年版。
4. 编写组：《怎样做好群众工作密切党群关系》，中共党史出版社 2013 年版。
5. 陆学艺：《中国社会结构与社会建设》，中国社会科学出版社 2013 年版。
6. 李惠斌、薛晓源等：《中国调查报告：社会经济关系的新变化与执政党的建设》，社会科学文献出版社 2003 年版。
7. 于昆：《和谐社会视野下的党群关系研究》，人民出版社 2009 年版。
8. 王金柱：《构建良性互动的党群关系：中国梦的力量源泉》，四川人民出版社 2013 年版。
9. 侯万锋：《和谐党群关系与党的执政能力建设》，《实事求是》2010 年第 5 期。
10. 田磊：《党群关系新思维》，《南风窗》2011 年第 14 期。
11. 王金柱：《执政条件下改善党群关系的现实途径》，《求知》2006 年第 6 期。
12. 周多刚、赵晓呼：《党群关系：新形势下党的建设必须关注的重大课题》，《唯实》2010 年第 4 期。
13. 束锦：《构建和谐党群关系的经验教训及互动机制探析——利益关系的视角》，《理论导刊》2011 年第 9 期。

作者信息：

研究基地：党的群众工作研究基地
承担单位：群众杂志社
首席专家：刘文平
课题负责人：苗成斌
主要参加人员：刘文平、苗成斌、尤健

政府与社会治理

以信息化建设和谐稳定
江苏新农村研究

内容提要：党的十八大明确提出，深入推进新农村建设，全面改善农村生产生活条件。十八届三中全会进一步要求，加快构建新型农业经营体系，赋予农民更多财产权利，推进城乡要素平等交换和公共资源均衡配置，建设和谐稳定的社会主义新农村。而要实现这一目标，就需要充分利用现代信息技术，推进农业生产和经营现代化，加强村民自治的民主制度建设，全面创新农村社会管理服务，繁荣农村文化。江苏作为经济和信息化发达地区，在现有建设成就的基础上，全面建成和谐稳定江苏新农村应注重以下几方面的工作：①通过信息化加快构建新型农业经营体系；②以信息化推动农村基层治理体系和治理能力现代化；③以信息公开制度化推动农村社会管理服务创新；④建立农村信息化人才培养和留用一体化制度；⑤用信息化手段在推进城乡文化交融中繁荣农村文化。

一 江苏新农村发展的成就与挑战

（一）主要成就

1. 农业持续发展，农村居民收入不断增加，城乡差距逐步缩小

江苏是全国经济大省，也是农业大省。2013年，全省粮食总产量达3423万吨，连续10年实现增产。新增设施农业面积90.4万亩。农业信息化覆盖率超过80%。农村居民收入不断增加，生活水平稳步提高。2013年，全省农村居民人均纯收入13598元，比上年增长11.4%；人均生活消费支出9607元，增长11.0%，其中食品支出占比为36.3%；居住

条件明显改善,人均居住房屋面积为 43.6 平方米。城乡收入差距进一步缩小。2010—2013 年农村居民人均纯收入增长率分别为 13.9%、18.5%、12.9%、11.4%,城镇居民人均纯收入增长率分别为 11.6%、14.8%、12.7%、9.6%,农村居民收入增幅连续四年超过城镇居民。[①] 城乡一体化发展步伐加快,农村公共设施进一步完善,全省行政村基本实现"七通",即通电、通公路、通班车、通自来水、通电话、通有线电视、通互联网。

2. 农村基层民主制度建设不断加强,基层组织建设不断创新优化

江苏在推进农村基层民主建设的过程中,初步形成了以民主选举、民主决策、民主管理、民主监督为主要内容的村民民主自治制度体系,具体表现为:以直接、平等、差额、无记名投票为基本原则的农村基层民主选举制度逐步完善;以村民会议、村民代表会议为主要形式的农村基层民主决策制度逐步普及;以村规民约和村民自治章程为主要形式的农村基层民主管理制度逐步规范;以村务公开、政务分开为重要特征的农村基层民主监督制度逐步推广。针对农村新经济组织和新社会组织大量涌现的现实,江苏大力推进基层组织建设创新,将基层组织建设工作不断向更多新领域扩展。

3. 创建农村社会管理三级服务平台,联防联治水平大幅提高

江苏高度重视农村社会管理工作,在具体工作落实中取得了明显的成效,现已建成县、乡、村三级管理服务平台,该三级管理服务平台在人员协作、信息共享及多级联动等多种功能上进行了创新,在社会管理服务工作中发挥了重要的作用。在一些治安案件的侦破以及社会突发事件的预警等领域,已经凸显成效。

4. 农村公共文化服务不断推进,农民科学文化素质不断提升

党和政府充分发挥主导作用,送书籍、送科技、送文化、送电影下乡,大力引进科学、健康、积极向上的文化到农村,积极帮助农村建设公共文化基础设施和发展广播电视工程,丰富了农民群众的精神文化生活多样化,向农民传授科学文化知识,促进了农民群众科学文化素质的提高。逐步推进综合文化站和县、乡、村三级公共文化服务信息网络建设,提高了农民群众的教育水平。

[①] 数据来源于江苏统计局《2013 年江苏省国民经济和社会发展统计公报》和相关年份《江苏统计年鉴》。

（二）面临的挑战

1. 现代信息技术对农业经济发展的促进作用有待加强

现阶段，江苏的农业经营仍然以家庭为单位，分散化程度较高，需要以现代信息技术为支撑，大力发展农民专业合作和股份合作，培育新型经营主体，构建集约化、专业化、社会化相结合的新型农业经营体系，加快江苏现代农业发展。在信息时代背景下，需要运用先进的现代信息技术，包括互联网、物联网、地理信息系统（GIS）等技术，加强农村土地规划管理，完善农村土地交易市场，对耕地变化进行实时监管，保证耕地的合法使用，切实保障粮食安全。需要充分应用现代信息技术，保证农产品生产环境质量，加强对农产品生产、流通的管理，对农产品进行识别、预警、限制、召回、管理，提高农产品质量的监管水平，切实保证食品安全。

2. 农民民主参与制度化渠道有待拓展

民主选举、民主决策、民主管理、民主监督是在农村基层民主政治建设和发展中形成的一个完整的制度体系，四者相辅相成，缺一不可。但是，在当前农村的大多数地方，不同程度地存在重选举民主，轻决策民主、管理民主、监督民主的现象。目前，在扩大村民民主参与村务管理的渠道中，尽管都在推行村民代表会议和村务财务公开制度，但是由于受村民代表数量和推选方法的限制，以及村务财务公开的质量和内容的局限性，大多数村民还无法真正参与到重大村务的决策、管理和监督工作中。不少地方的村委会选举实质上等于把任期内的"决策权"、"管理权"一次性地"托管"出去，势必形成"村委会专权"，并进一步演变成"村干部专权"，导致农村基层民主建设的"半截子工程"。民主决策、民主管理、民主监督的缺失，反过来必将影响村民参加民主选举的积极性，降低村民对制度化有序政治参与的信任度。

3. 信息化手段在农村社会管理服务中发挥的作用不够

近年来，随着互联网尤其是移动互联网技术的发展和智能终端设备的不断普及，信息网络技术在人们的生产方式、社会生活、社会交往以及信息和知识获取等方面所起的作用越来越大，越来越多的社会管理工作都依赖信息技术手段得以完成。但当前在农村基层社会管理服务工作中信息化手段应用还不足，主要体现在基层政务村务的信息网络公开程度尚显不足，基层管理人员借助网络技术与村民交互渠道和行为较为欠缺，网络远程化业务办理工作很少开展。

4. 农民文化主体意识薄弱，基层文化人才缺乏

相比城市文化而言，虽然当前江苏农村文化建设和发展已取得重要成就，但总体上仍显落后，与构建社会主义新农村、"美丽乡村"、"幸福农村"的目标还相距较远。一方面，农民文化主体意识薄弱。另一方面，基层文化人才缺乏。新农村文化建设离不开一支掌握科学文化知识、懂业务、适应社会发展的人才队伍。但目前江苏新农村文化建设在这方面的人才储备却不尽如人意，人才队伍年龄结构偏大、文化程度不高，思想意识、现代科学技术能力很难适应新的需要，导致基层文化建设缺乏活力。

二　以信息化推进江苏新农村和谐稳定

（一）通过信息化推动农业经济发展

1. 应用信息技术加速现代农业发展

信息技术对传统农业的改造，可以提高农业科技水平，转变农业发展方式。传统农业依靠土地、资本等要素投入，能耗高、规模小、效益低，土地承载压力大、可持续发展能力弱。经过云计算、物联网等信息技术改造以后的现代农业，则主要依靠科技进步、提高劳动者素质和管理创新等来推动农业发展，规模化、集约化、科技化特征明显，对环境的冲击力小，可持续发展能力强。应用全球定位系统（GPS）、地理信息系统（GIS）、农田遥感监测系统（RS）等现代信息技术逐步发展起来的精准农业，可以实现农业生产过程中的精确作业、精确施肥和精确估产，节约生产成本，减少农药残留量，提高农作物品质。智慧农业则将计算机技术和网络技术等与专家知识经验有机结合，实现农业可视化远程控制，为农业提供精确化种植、可视化管理、智能化决策。

合理开发和利用信息资源，优化农业产业结构，提高农业生产的社会化程度。现代农业合理开发和利用信息资源，在传统产业基础上，大力发展特色产业、高效设施产业、非农产业等。特色农业立足于区域资源优势，将物联网等信息技术应用于水产养殖、园艺栽培等领域，实现生产自动化。利用传感技术等加强高效设施农业建设，可以降低成本、提高效益。移动通信、互联网等现代信息技术的广泛应用，则可以延伸农业的产

业链条,发展农产品加工、销售等,提高农业的社会化程度,充分利用市场机制配置各种资源。

通过信息化与农业现代化的深度融合,提高农业的综合生产率。一方面,现代信息技术对传统农业的改造,可以大大提高基本生产要素的产出效率,包括土地生产率、劳动生产率等;另一方面,信息资源的合理开发和利用,可以提高现代农业的社会化程度,通过专业分工,更大程度上利用市场机制配置资源,最终提高现代大农业的综合生产率。

2. 发展电子商务拓宽农产品营销渠道

互联网技术大大改变了人们的社会交往方式,也对生产者和消费者的行为方式进行了重塑。随着互联网用户的不断增加,网络经济与实体经济的对比正在悄然发生变化。网络经济时空跨度大、信息传递速度快、信息容量大、交易成本低,越来越受到人们的青睐,在商品交易总额中所占的比例稳步增加。农产品经营需要顺应这一变化趋势,充分开发利用信息资源,发展电子商务,拓宽农产品营销渠道,扩大销售范围,增加农民收入。首先,全面开展农产品网络营销的宣传培训,增强广大农产品经营者网络营销意识,掌握网络营销技能,提高网络营销水平。其次,以现有农业信息资源为依托,采取措施,拓展江苏为农服务网、江苏优质农产品营销网的广度和深度,充分发挥网络经济的规模效应,打造高层次的农产品网络营销平台。最后,积极扶持优质农业龙头企业、农业专业合作组织、种养大户开展网络营销,树立典型,发挥示范带头作用。

3. 利用信息资源加强农业经营过程中的监督管理

现代信息技术的广泛应用,可以提高农业经营的监督管理水平,保证粮食安全,提高农产品质量。江苏人多地少,土地资源相对稀缺,可以大量应用现代信息技术,尤其是最新发展起来的物联网技术等,对土地进行信息化管理,有效保护耕地,确保粮食安全。首先,应用 RS、GPS、GIS 等技术,全面掌握土地资源信息,对土地进行科学分类;其次,运用物联网技术,建立耕地保护智能监控工程,包括智能视频监控、无线网络传输、耕地保护移动执法等;最后,建立基于物联网的耕地质量监控系统,对耕地质量情况进行实时监控,并将结果实时反馈给相关职能部门。同时,通过构建土地资源产权电子证照信息库,实现证照数据采集、电子签章、在线实时验证和共享传输等功能,顺利完成农村土地的确权、登记、颁证工作。

利用现代信息技术，建立农产品可追溯体系，切实保证食品安全。刚刚结束的中央农村工作会议指出，食品安全源头在农产品，基础在农业，要用最严谨的标准、最严格的监管、最严厉的处罚、最严肃的问责，确保广大人民群众"舌尖上的安全"。江苏在食品安全工作方面，可以发挥自身的信息技术优势，走在全国的前列。在完善农产品地理标志申请、登记工作的基础上，利用先进的物联网技术，通过RFID等方式给每个农产品一个特定的追溯码，对农产品的生产、流通、消费等环节进行数据采集跟踪，实现农产品的全生命周期管理。

4. 以信息化推动城乡发展一体化

城乡二元结构是城乡发展一体化的主要障碍。农业信息化可以改善城乡分离状态，促进城乡一体化发展。第一，大力发展农业信息化，缩小城乡数字鸿沟，避免出现农村信息孤岛。现阶段，城镇信息化程度较高，而由于地域分散、成本高昂等原因，农村信息化的发展速度较慢，这在一定程度上加大了城乡差距。需要采取措施，大力发展农业信息化，全面实施农业信息服务全覆盖工程，加强城乡之间的信息兼容，加快城乡之间有效信息的双向传递，充分发挥信息资源的网络效应，保证农村居民能够及时分享信息化所带来的各种便利。第二，加快农业信息化建设，优化城乡空间布局，促进城乡协调发展。在信息化背景下，地理空间接近于"零摩擦"，空间距离感也趋近于零。城乡信息化的同步建设，可以加强城乡地域空间联系，强化两者之间相互的集聚力和扩散力，使城乡空间呈现出大集中、小分散的良好态势，优化城乡空间布局，提高土地资源利用效率，促进城乡协调发展。第三，提高农业信息化程度，促进城乡要素平等交换和公共资源均衡配置，有序推进农业转移人口市民化。信息化大大加快了信息的传递速度，减少了信息的传递成本。城乡信息一体化建设可以通过提供快速、准确的城乡投资、就业信息，促进资本、劳动等生产要素的合理流动，也可以通过建立有效的电子政务平台，保证政府部门能够均衡配置公共资源，使农业转移人口有序向城镇流动，加速其市民化进程。

（二）以信息化推动农村民主政治建设

1. 加快农村信息基础设施建设，畅通农村基层民主渠道

首先，各地应按照省委、省政府关于村级"有先进适用的信息网络"要求，大力实施"宽带江苏"、"无线江苏"工程。加快农村光缆建设与

网络升级改造，推进光纤宽带进自然村，大幅提高农村家庭宽带接入能力。加大农村新一代移动通信基础设施建设，实现无线网络在农村地区全覆盖。

其次，加强电子政务资源整合，集约建设农村电子政务应用系统。依托县级电子政务平台，以人口管理、资产资源管理、社会管理为主线，把网上政务公开、权力运行和便民服务延伸到乡镇、行政村，推动实现网上政民互动。

最后，运用信息化手段进一步落实民主选举权，通过培训大力提高农民的信息技术素养，逐步破解农民在政治参与过程中经常面临的信息不充分、不对称难题，保证农民参与民主决策、民主管理、民主监督的渠道畅通，推动基层选举、议事、公开、述职、问责等机制的不断完善。

2. 以信息化推进基层民主协商制度化

围绕提高服务能力，加强12316"三农"服务热线电话与短信平台、《农家致富》手机报、"江苏为农服务网"、农业电视点播系统等信息服务平台建设，扩大信息服务覆盖面，为基层民主协商的制度化奠定坚实的信息基础。部分地区借助信息服务平台探索的"四议两公开工作法"，即重大事项决策实行村党支部提议、村两委会商议、党员大会审议、村民代表会议或村民会议决议，将决议内容公开、实施结果公开，是协商民主在党领导的村级民主自治机制中的创造性实践，值得认真总结和推广。

3. 以信息化促进村民民主监督机制建设

充分发挥12316"三农"服务热线电话与短信平台、《农家致富》手机报、"江苏为农服务网"、农业电视点播系统等信息服务平台的作用，引导群众学习和掌握民主决策、民主管理的要求和方法，提高民主管理能力。

提高农村社会管理和公共服务信息化水平，拓宽农村社情民意表达渠道，推进农村政务、村务、财务公开，保障农民群众的知情权、决策权、参与权和监督权，促进村民自治和民主管理。充分利用信息技术，加强农村基层组织建设和农村党建工作，提高农村党团管理工作的现代化水平，增强村民依法有序政治参与的意识和能力，加强对宗族、家族和宗教等力量的引导和团结，加大对农村困难家庭的帮助和扶持力度。

(三) 以信息化推动农村社会管理服务创新

1. 推动村级事务信息的网络化公开

当前,在村级事务信息公开方式上,还主要采用传统的实体公告栏方式,而农村绝大部分精英群体和精壮劳动力常年远离家乡,进城务工,这种传统的信息公开方式无法保证村民的知情权,更无法有效实施其监督权,从而产生乡村事务管理混乱,村官贪腐以及不公事件,进而引发"官民"对立情绪,甚至容易引发群体性事件,危及农村的安全稳定和政府公信力。而农村的集体土地租赁、拆迁补偿以及扶贫助困资金发放等事项,直接涉及广大村民的切身利益,是农村社会矛盾的主要源头。推动村级事务信息的网络化公开,让信息远程可查询访问,历史可追踪,保证村民的知情权和监督权,从源头上减少社会矛盾。农村人口的大量转移,正在引发农村社会结构形态变迁,一些宗族势力、黑恶分子以及宗教势力对农村的社会管理和利益分配的影响日益突出,有时甚至对乡村事务管理起到主导作用,这给农村社会安全稳定带来一定隐患。通过推动村级事务信息的网络化公开,将乡村事务管理置于"阳光"下,保证农村社会事务管理的公平公正公开,对于推动农村的和谐稳定具有积极价值和意义。

2. 搭建农村互助合作经营信息平台

传统的以"户"为单位的单打独斗式小农经济发展模式,已经不能适应农业现代化形势下规模化、专业化和现代化的发展需要,也不符合农村人口逐步走向城镇化的社会现实需要和发展趋势。当前农村以"三留"人员为主要从业人口的农业发展方式,制约了农业生产力的提升和农业现代化发展进程。推动家庭经营、集体经营、合作经营、企业经营等共同发展的农业经营方式创新,有助于实现农业生产向规模化、专业化和现代化方向发展。在这一宏观政策背景下,推动农村互助合作组织建设,搭建农村互助合作经营信息平台,对于推动农村合作经济发展具有极为重要的价值和意义。

3. 建立农村生态环境监测预警信息实时发布系统

近年来,随着工业向农村渗透转移,工业污染对农民日常生活和农业生产安全带来严重威胁。例如,一些化工和重金属污染企业进入农村地区,引发了农民某些疾病(如癌症)的高发,带来农产品安全隐患(如镉大米)。农村粗放式的生产方式本身也对农村生态环境破坏起到推动和加速作用，如农村生活垃圾缺少相关回收和处理措施，农药化肥的滥用以及秸秆焚烧，也引发农村生态环境破坏问题。农村生态环境问题事涉广大农民的生活质量和生命安全，同时也事关食品安全问题，政府部门务必要高度重视。江苏作为全国知名的鱼米之乡和主要粮食产区，同时作为工业化水平较高的沿海发达省份，更要加强农村生态环境监测预警工作。当前，应用"3S"[①] 技术、传感器件技术和互联网技术，构建农村生态环境实施监测预警系统，具有极其重要的价值和意义。

4. 利用信息技术加强"三留守"人群的关爱服务工作

农村"三留守"人群主要指农村留守儿童、留守妇女和留守老人。农村留守儿童缺少父母关爱和监管，在接受教育、道德情感发展乃至人身安全保护方面存在突出问题。农村留守妇女既承担农业生产任务，又承担照顾老人和孩子的重任，社会角色易位，其面临的生活负担和压力极大，个人情感宣泄渠道匮乏。留守老人，往往既干农活还要照顾小孩，有的身体不好的老人还得不到很好的照料和赡养。农村"三留守"人群，是农村的弱势群体，需要对其加强关爱服务工作。

利用信息技术加强"三留守"人群的关爱服务工作，可以从四个方面着手：一是构建远程教育平台，让留守儿童享受优质教育资源；二是用信息技术构建农村互助合作网络，通过互助合作，减轻农村留守妇女的社会负担；三是基于智能健康技术建设留守老人远程健康监测系统，完善紧急呼叫系统，提高对留守老年人的关爱水平；四是针对"三留守"人员建立专业的远程视频交流系统，拓宽农村留守人员与转移到城镇工作的家人的联系渠道，加强情感交流，促进家庭和睦。

5. 进一步完善农村信息网络建设和舆情监管引导工作

当前，网络信息技术尤其是互联网技术对社会管理工作的影响作用极为突出。现实社会的一些问题，常常被放到网络上迅速传播扩散，并对人的现实行为产生影响。这些网络信息有的是谣言，还有的信息在传播过程中被渲染放大，从而引发民众的非理性行为。近年来，由网络舆情引发的群体事件越来越多，如2011年响水谣言事件、2012年镇江自来水水质事

---

① 3S 指 RS（Remote Sensing）遥感技术、GIS（Geographical Information System）地理信息系统、GPS（Global Positioning System）全球定位系统。

件、2012年启东"排海工程"事件等。近年来，我国农村处于急剧转型变化之中，农村的社会矛盾更加复杂，农民表达意见理性化水平较低，感性化程度更高，法律意识薄弱，更容易由现实的一些矛盾经由网络传播放大而引发群体性事件。要想减少或避免这种群体性事件的发生，需要进一步完善农村信息网络建设工作，加强信息员队伍建设和加强现代信息技术手段的应用，及时了解民情民意，及时将社会矛盾消解在萌芽状态，而一旦引发网络舆情事件，要能及时做好舆情引导工作。

（四）以信息化建设和谐稳定江苏新农村文化

1. 整合农村文化资源，实现农村文化生产力

党的十八大报告指出："促进文化和科技融合，发展新型文化业态，提高文化产业规模化、集约化、专业化水平。"经济发展是一个文化过程，文化是经济赖以发展的条件之一。以信息化为主要手段，整合传统工艺、风俗民情等各种农村文化资源，实现其经济价值和"文化生产力"，创新农村文化市场体制，促进农村文化建设和发展新的着力点的形成。

2. 丰富农村文化展示平台，平衡城乡文化权益

以信息化为江苏农村文化建设的主要依托，不断开创新型信息技术项目，是实现新农村文化建设的多样化、促进新农村文化展示平台的创新的需要，也有利于借助信息技术平衡城乡文化权益。传统农村文化建设项目固然需要坚持不懈，需要继续通过推广网络、广播、电视的发展，大力普及科技信息，推进专家远程指导，在此基础上，同样需要逐步实现信息技术文化传播与娱乐的创新，加强农村、农民社会心理、风俗习惯、公共道德建设，以信息化改进文化下乡服务方式，变文化"下"乡为文化"留"乡，变"送"文化为"种"文化。

3. 创新农村文化传播方式，提升农村文化层次

先进的信息技术是改造传统文化经营模式、创新文化传播方式，使文化产品更具表现力、吸引力和影响力的必然选择。以信息化为着力点，促进农村文化建设，选择本土传统节日、民俗风情、工艺收藏、泥塑彩绘、花鸟盆栽等等为主要内容，通过数字电影、电视、戏曲以及电子书刊等文化作品进行传播，更为贴近农民生活实际，更为农民喜闻乐见，有助于培养农民的文化兴趣和欣赏习惯，逐渐提升其文化品位和审美能力。

三 政策建议

(一) 通过信息化加快构建新型农业经营体系

现代农业发展内在地要求进行农业经营方式创新,在家庭经营基础上,逐步推进集体经营、合作经营、企业经营等,允许农民以土地承包经营权入股发展农业产业化经营,鼓励农户在自愿基础上以多种形式流转土地,实现规模化经营。在信息社会背景下,政府相关职能部门应通过农业信息化建设加快构建新型农业经营体系。其一,加强农业经营信息资源收集分析发布,为合作参与者提供准确可靠的信息,降低交易成本。其二,建立相对完善的农村土地交易市场,及时提供农村土地流转供求信息,对土地交易进行有效的监督管理,提高综合服务水平。其三,鼓励新型农业经营主体通过互联网等现代信息载体发布信息、营销产品、进行管理。

(二) 以信息化推动农村基层治理体系和治理能力现代化

当前,随着互联网尤其是移动互联网络的不断普及和发展,通过网络进行民主政治参与,执行民主监督和权力表达的功用日益突出,农村基层治理体系必须能够适应信息网络时代的新形势、新要求,通过信息化平台和手段实现治理体系和治理能力的现代化。主要对策包括:一是搭建农村基层治理的信息化网络平台;二是创新和拓展网络民主协商、民主参与、民主管理、民主监督的信息渠道和方式;三是搭建村民权利保护和利益表达的网络信息化平台;四是创建基层管理人员与村民的网络互动机制;五是推动行政事务办理的远程化、电子化和网络化。

(三) 以信息网络公开制度化建设推动农村社会管理服务创新

农村的社会管理问题,大多是由基层管理人员与村民之间信息不对称造成的,现代网络信息技术的不断发展和应用的不断普及,通过信息网络公开手段来消解社会问题产生的源头、土壤,是农村社会问题源头治理的重要制度创新方向。信息网络公开制度化建设需要包含以下几个方面的内容:一是基层政务、村务信息网络公开制度;二是拆迁补偿信息网络公开制度;三是民生救济信息网络公开制度;四是村镇所在地企业环境评价信息网络公开制度；五是生态环境监测信息网络公开制度。

（四）建立农村信息化人才培养和留用一体化制度

江苏高校培养的信息化人才可谓不少，但真正最终投身到江苏新农村建设中的信息化人才却不多，这种人才培养和留用之间的矛盾亟须通过制度创新加以解决。就具体制度举措而言，包括以下两个层面：第一个层面是解决人才培养农村面向问题即人才定向培养问题，这可以通过三种制度路径加以实现：①采取定向培养的方式委托指定高校对农村现有基层人员进行学历和非学历、长期和短期相结合的多元化培养和培训制度；②制定专项农村信息化人才定向培养计划政策方案，比如通过学费减免、提供专项奖学金、公务员考试加分等优待政策，吸引大学新生在入学前签订定向培养计划；③在江苏大学生村官招考中扩大信息化人才的招录比例等。第二个层面是解决人才留用的长效激励机制问题，这个问题的解决可以从两个方面着手：①建立基于服务年限长短的人才物质奖励制度；②创造良好的从业、创业环境和条件。

（五）用信息化手段在推进城乡文化交融中繁荣农村文化

应用信息化手段，通过搭建信息化交流的平台，比如在农村设立数字化影院，在城市提供农村文化传播的信息平台等，推动城乡文化的交流，实现城乡文化的融合发展。一方面通过对农村传统乡土文化的突出文化特征和符号进行数字化镜像摹写和影视化艺术加工，以实现对农村文化的传承和保护，也让未被城市接纳或已经市民化的农民工乡愁有托，记忆可循；另一方面通过将城市文明的现代文化推介到农村，以改变乡村文化中的一些陈规陋习，推动乡村文化的现代化繁荣。

参考文献：

1. 许大明、修春亮、王新越：《信息化对城乡一体化进程的影响及对策》，《经济地理》2004 年第 2 期，第 221—227 页。
2. 龚胜生、张涛：《中国"癌症村"时空分布变迁研究》，《中国人口·资源与环境》2013 年第 9 期，第 156—164 页。
3. 新华网广东频道 2013 年 5 月 22 日：《广东公布 31 批次镉超标大米名单》（http://www.gd.xinhuanet.com/newscenter/2013-05/22/c_115859453.htm）。

4.《十八大报告(全文)》(http：//www. xj. xinhuanet. com/2012-11/19/c_113722546. htm)。

5.《中国共产党十八届三中全会全面深化改革决定》(http：//www. sn. xinhuanet. com/2013-11/16/c_ 118166672. htm)。

6.《2013年中央农村工作会议》(http：//news. xinhuanet. com/fortune/2013-12/24/c_ 125910112. htm)。

作者信息：

研究基地：江苏农业信息化研究基地

承担单位：南京邮电大学

首席专家：闵春发、苏少林、吴建强

课题负责人：许和隆

主要参加人员：徐美银、赖凤、张可辉、张宇

职能部门的流程再造与基层政府的
效率和效能研究
——以南京市为例

内容提要： 政府流程再造，是指在引入现代企业业务流程再造理念和方法的基础上，以"公众需求"为核心，对政府部门原有组织机构、服务流程进行全面、彻底的重组，形成政府组织内部决策、执行、监督的有机联系和互动，以适应政府部门外部环境的变化，谋求组织绩效的显著提高，使公共产品或服务更能取得社会公众的认可和满意。本研究以南京市为例，在对街道的职能进行分析的基础上，对街道的职能部门及主要公共服务的流程再造提出了对策建议。

20世纪80年代以来，西方国家借鉴企业业务流程再造来推动政府的流程再造，并以此作为政府改革的重要措施，其中公共服务领域是政府流程再造的重要领域。政府流程再造，是指在引入现代企业业务流程再造理念和方法的基础上，以"公众需求"为核心，对政府部门原有组织机构、服务流程进行全面、彻底的重组，形成政府组织内部决策、执行、监督的有机联系和互动，以适应政府部门外部环境的变化，谋求组织绩效的显著提高，使公共产品或服务更能取得社会公众的认可和满意。

政府流程再造的目的是为了提升政府职能部门的效率和效能，而政府职能部门效率的提高则是为了"便民、利民"。所谓效率，从公共服务的角度来看，主要针对时间而言，即在单位时间内提供更多的基本公共服务，以克公共服务提供过程中事涉多个部门、多个环节，不能及时满足人民群众需求的局限。所谓效能，是相对于公共服务的投入和产出而言的，即单位财政投入能够提供更多的公共服务和产品。为了实现政府职能部门的效率和效能，就必须借助流程再造，对公共产品和公共服务的生产与供给进行重新规划，对其供应过程、程序进行调整，并加强供给过程的监管，尽量减少部门摩擦，实现供需双方的便捷互动。从"便民、利民"的角度来看，公共服务的流程设计应尽量实现"全程代理"和"并联式"服务，以部门职能整合或通过授权组建跨职能的联动团队，压缩"决策—执行"间的传递过程，减少公众往来于各职能部门间的消耗，为公众提供公平、公正、公开的服务。

一　街道的职能、部门设置现状与问题

市辖区是我国设区的市管辖的一级行政区域。市辖区政府是我国城市政权体系中最低一级地方政府。《中华人民共和国宪法》第107条、《中华人民共和国地方各级人民代表大会和地方各级人民政府组织法》第59条规定：县级以上地方各级人民政府依照法律规定的权限，管理本行政区域内的经济、教育、科学、文化、卫生、体育事业、环境和资源保护、城乡建设事业和财政、民政、公安、民族事务、司法行政、监察、计划生育等行政工作。

但在实际的行政体制运作过程中，尽管各部门之间或多或少地存在一些职能交叉、重叠的问题。然而，关键性的问题并不在于此，而是在于区县政府的派出机构——街道。作为区县政府的派出机构，街道虽不属一级政府，但其代表区政府行使着区域行政管理和公共服务的职能，实际上是城市政府行政层级中的最基本单元。各街道内职能部门的设置也越来越呈现出一级政府的特点。城市街道管理体制改革既是地方政府"大部制"改革的重要内容，同时也是考核整个政府机构改革成效的基础环节。因此，以街道为例，具体分析街道职能部门和岗位设置的现状与存在的问题，显得更具现实意义。

（一）街道的功能分析

街道办事处处在城市基层管理第一线，不仅是连接政府与社区之间的重要桥梁和纽带，而且在社区建设中发挥着越来越重要的作用。然而，由

于社区事务的日益复杂化、多样化，以及城市基层管理工作不断涌现出来的新问题，街道的功能不断被重视。街道不仅要做好精神上的引领工作——认真贯彻党的路线、方针、政策，充分发挥群众团体组织作用，而且应根据政府发展要求来制定发展规划。最重要的是，要发挥好服务与管理的功能。

就服务功能而言，街道应大力加强社区建设，开展社区服务，逐步完善社区服务体系，提高服务质量，组织开展好教育、文化、卫生、科普、体育活动等，同时指导好居委会的工作。在社会福利服务方面的功能也正逐步被重视，特别是在社会保障、劳动就业、外来流动人员管理方面。认真处理人民群众的来信来访，及时向区委、区政府反映居民的意见和要求。

就管理功能而言，应加强街道办事处城市管理职能；配合有关部门审批、验收、监督、管理辖区内各类建设项目；负责抓好所辖区域的环境综合整治、环境保护和全方位的管理工作；负责辖区内各类生产、经营性项目初审及工商、卫生监督管理工作；领导和管理街道办事处人民武装部工作检查、指导、督促属地各部门和单位的社会治安综合治理工作，推动各项措施的落实；组织协调有关部门、单位协同作战，有针对性地开展集中整顿和专项治理；深入调查研究，做好社会治安综合治理信息收集、反馈工作。

（二）街道职能部门及其问题

1. 职能部门与人员编制

以南京市为例，各街道主要职能部门有：街道工委、办事处、人大街道工委、办公室、党群科、经济发展科、城建城管科、社会事务科、劳动和社会保障科、司法所等组成，分别对应区委、区政府以及各个职能部门。几乎区县各个职能部门，都能在街道找到相应的科室或者相关工作人员。

就人员与编制状况而言，以南京市某具有典型性街道为例，该街道现有在职公务员96人（其中班子成员14人，副调研员5人，二线领导5人，科级干部20人，社区书记7人，一般干部45人），离退休干部70人；事业编制36人，社工89人，劳保协理员41人，城管协管员66人，保洁员72人，其他各类聘用人员43人，共计513人。其中，公务员的工资由财政统一拨付，根据公务员所担任的职务、所处的级别、工龄等来确定，由于街道的公务员80%—90%是由部队转业而来，因此其工资待遇与其在部队时的职务和军阶级别相关。除公务员外，其他人员的工资，大多从街道的工作经费中进行拨付和支出。而街道的工作经费与其完成区委、区政府交办的各项工作事务以及参与各种考核评比，直接相关。

2. 存在的问题

部门设置不合理，职能部门重复架设。一方面，内设机构偏多影响工作效率。各街道办事处内设机构大都在10个左右，一般设有党政办公室、信访、民政、爱国卫生、综合治理、计划生育、人武部、文教卫生、计划生育、司法调解、工会、共青团、妇联等，部门之间职能交叉，且设置不科学、不规范，影响了街道整体职能的发挥。另一方面，许多部门设置与关联机构重复，权责关系不明。街道办与区属各有关部门事权不合理界定，区有关部门延伸到街道的管理权限还未下放，街道办事处事多、人少，责任大、权力小。如有些部门存在管理、审批、收费等环节相互脱节，出现了部门管事、街道干活，或者部门收费、街道管理的情况，街道的整体功能和城市管理功能受到制约和发展。

经济职能被过于强调和强化，管理和服务弱化。目前，街道普遍存在"重经济、轻管理、弱服务"的现象，招商引资、协税护税、经济统计等经济职能被不断放大，而管理与服务的职能则日益被弱化，尤其是服务职能弱化及服务意识淡薄。这与上级政府过分强调街道经济目标考核，忽视对街道办事处履行社会管理和公共服务职能情况的绩效评估有很大关系。为了完成上级交办的各项考核任务，街道办不得不集中有限力量完成各项临时工作任务，疲于应付，没有更多的时间来研究本区域社会管理长远发展规划，没有形成一种富于创新、充满活力的工作机制。有的上级政府下达经济考核指标，还规定每年保持一定的递增幅度，把街道办事处作为一个纯经济组织来考核，这使得街道办事处面临经济发展和社会发展定位的模糊选择，在一定程度上影响和制约了街道办事处职能的完整理解和履行。

运作成本（尤其是人头成本）过高，工作经费没有被真正用于开展服务，且效能低下。街道办事处缺乏管理经费是一个普遍存在的问题。由于街道的工作经费是与其完成区委、区政府交办的各项工作事务以及参与各种考核评比的结果直接相关的，因此，街道会投入大量的时间、精力、人力、物力等，去想方设法地完成考核指标或任务，以获取更多的工作经费，而要获得完成考核指标或任务，没有人员的投入和保障是不可能实现的。因此，这就造成了街道聘用的各类人员越来越多，机构越来越臃肿，形成恶性循环。大量的工作经费被用于发放聘用人员的工资，而没有真正地投入到为民服务中。

二 职能部门的调整与改革

基于以上分析，可见对街道的管理体制进行改革，势在必行。

（一）职能部门的梳理

通过对南京市某街道近两个月的调研与梳理，我们发现：街道工委及办事处的职能范围涵盖了组织、人事、宣传、纪检监察、督察、政法、统战、老干部、关工委、工会、共青团、妇联、"12345"政府服务热线、"社情民意联系日"活动以及机关日常工作等15大项党政综合工作；以及经济、税收、招商引资、文化产业发展、特色商业街（区）建设、重点项目建设、固定资产管理、招才引智、数据信息平台、统计和物价工作等11大项经济发展管理工作；城市建设、城市管理、环境保护、食品药品监管、物业管理等5大项城市管理工作；社会保障、民政、人口和计划生育、残疾人、红十字会、老龄等6大项市民服务工作；综合治理、法治、司法、信访、维稳、应急、安全生产监督管理、质量技术监督等8大项社会管理工作；以及人民武装、人民防空、统战、科普、文化体育、社区教育等6项其他工作。街道承担的职能合计达50余项，内容设置过细，部门之间职能设置交叉、重复现象突出。

（二）职能部门的调整

就街道所承担的职能而言，我们认为有多项职能是可以分离出来的，如现由街道工委负责的"社区文化、社区教育、社区卫生、社区治安"等职能；由街道办事处负责的"为居民提供服务，依法维护居民的正当权益；向辖区内的机关、团体、企事业等单位布置有关城市管理、方便群众生活等区域性、社会性、群众性的工作；处理人民群众来信来访；劳动就业；组织社区文化教育、青少年教育和社区体育活动"等职能；以及现由党群科负责的"组织开展街道精神文明建设、文化建设各项工作"；现由城市管理科负责的"辖区内市容管理、环境保护和健康教育等工作；协助做好红十字会工作和历史文物的管理"；现由社会事务科负责的"做好民政优抚、拥军优属、移风易俗、残疾人、老龄等工作"；现由税源服务科负责的"为辖区各种经济组织提供信息等公共服务"；以及现由社会治安综合治理办公室负责的"辖区民事纠纷调解，健全三级民事调解网络；居民区治安防范工作"；等等。这些工作或职能，目前在社会上已经有比较成熟的社工机构、社会组织能够承揽的，可以引进相关机构或组织，对现在尚未成熟的组织或机构，需要对其进行培育，引导其逐渐走向成熟，以承担相应的工作与服务。

（三）职能部门的合并

鉴于部门组织的复杂性，有必要对其进行合并与调整。一类是在各部门内部运作内部流程的合并，另一类是若干个部门共同提供某项公共服务所产生的跨越服务部门边界的跨部门流程的合并。对街道内设结构及其职能进行研究与分析后，我们认为可以将街道内设的各个科室进行合并，借鉴玄武区和原白下区的做法，将其合并为"四部一中心"，主要包括：党政综合部（由"党群科"和"办公室"合并）、经济发展部（由"经济事务科"或"税源服务科"合并）、社会管理部（由"综治办公室"、"信访办公室"、"维稳办"、"安全生产管理科"、"司法所"等合并）、城市管理部（挂"环境保护科"或牌子）和市民服务中心。

三 主要公共服务的流程及存在的问题

政府的公共服务职能是指政府满足社会公共需求、为社会提供基本而有保障的公共产品和公共服务的职责和功能。

（一）主要公共服务供给的现状分析

具体而言，政府为社会提供的公共服务按领域可分为基础性公共服务、社会性公共服务、经济性公共服务和安全性公共服务四大类型。

1. 基础性的公共服务

基础公共服务是指那些通过国家权力介入或公共资源投入，为公民及其组织提供从事生产、生活、发展和娱乐等活动都需要的基础性服务，如提供水、电、气，交通（公路、铁路、机场、公交车等）与通信基础设施（通信卫星、有线电视网络、电话网、宽带网等），邮电与气象服务等。公共性基础设施的建设和维护是政府公共服务职能中的一项基本职能。

现阶段基础性的公共服务由国有企业或垄断企业来提供，按照市场的原则为居民提供水、电、燃气等服务。其中南京市不同区有不同的供水公司。在高淳、溧水及秦淮等区的自来水是由自来水总公司提供的，在江宁区和六合区则是由江宁水务集团有限公司及南京远古水业股份有限公司提供的；南京市各区供电企业是一样的，即国家电网江苏省电力公司；燃气都是由港华燃气有限公司提供的。

通过对基础性公共服务的流程分析，我们发现，由于采用了市场化或类市场化的方式进行运作，这类公共服务的供给的程序与流程比较合理，效率和效能都比较高。

2. 社会性的公共服务

社会公共服务是指通过国家权力介入或公共资源投入为满足公民的社会发展活动的直接需要所提供的服务。社会发展领域包括教育、科学普及、医疗卫生、社会保障以及环境保护等领域。社会公共服务是为满足公民的生存、生活、发展等社会性直接需求。本报告重点从住房申请、困难居民医疗救助和最低生活保障来分析比较南京市各区之间社会性服务提供流程的异同。

在申请再生育的程序上，南京市不同区之间存在着一些差异，比如全市11个区，只有秦淮区和玄武区在街道设有市民服务中心，因此，各区在申请再生育上存在差异。以鼓楼区和秦淮区为例，分析对比申请再生育一孩的程序。鼓楼区的申请程序见图1，秦淮区的申请程序见图2。

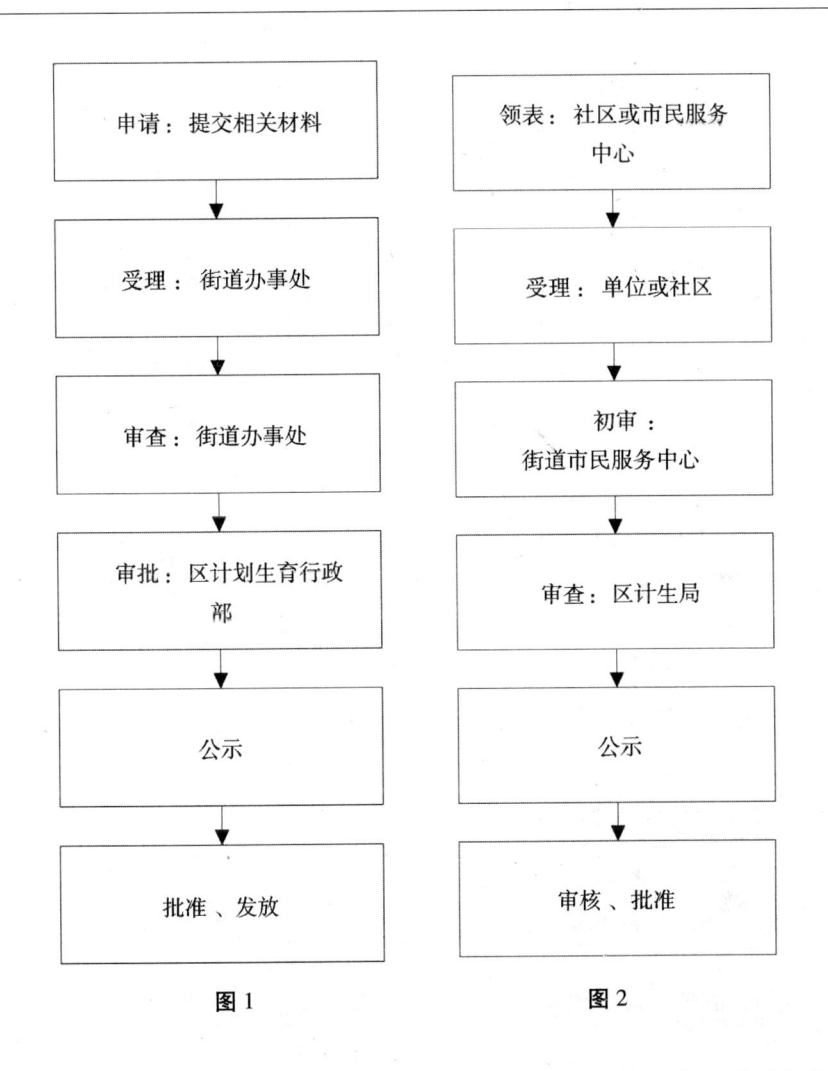

```
┌─────────────────────┐          ┌─────────────────────┐
│ 申请：提交相关材料  │          │ 领表：社区或市民服务 │
│                     │          │         中心        │
└──────────┬──────────┘          └──────────┬──────────┘
           ↓                                ↓
┌─────────────────────┐          ┌─────────────────────┐
│ 受理：街道办事处    │          │ 受理：单位或社区    │
└──────────┬──────────┘          └──────────┬──────────┘
           ↓                                ↓
┌─────────────────────┐          ┌─────────────────────┐
│ 审查：街道办事处    │          │ 初审：              │
│                     │          │ 街道市民服务中心    │
└──────────┬──────────┘          └──────────┬──────────┘
           ↓                                ↓
┌─────────────────────┐          ┌─────────────────────┐
│ 审批：区计划生育行政│          │ 审查：区计生局      │
│         部          │          │                     │
└──────────┬──────────┘          └──────────┬──────────┘
           ↓                                ↓
┌─────────────────────┐          ┌─────────────────────┐
│      公示           │          │      公示           │
└──────────┬──────────┘          └──────────┬──────────┘
           ↓                                ↓
┌─────────────────────┐          ┌─────────────────────┐
│    批准、发放       │          │    审核、批准       │
└─────────────────────┘          └─────────────────────┘
         图 1                             图 2
```

秦淮等区申请再生育中都提到，如果女方户口为外地的，需要女方户口所在地出具婚育证明，而鼓楼区申请再生育没有提到是否需要女方户口所在地出具婚育证明。秦淮区街道市民服务中心，居民办理再生育时，可直接向市民服务中心提出申请，除玄武区外，其他区没有设服务中心，居民在申请一些事项时，需要通过街道甚至要先经过社区再上报街道，加多了申请程序。

在经济适用房的申请程序上，溧水区和栖霞区存在着很大的差别，溧水区经济适用房的申请流程见图3，栖霞区经济适用房的申请程序见图4。

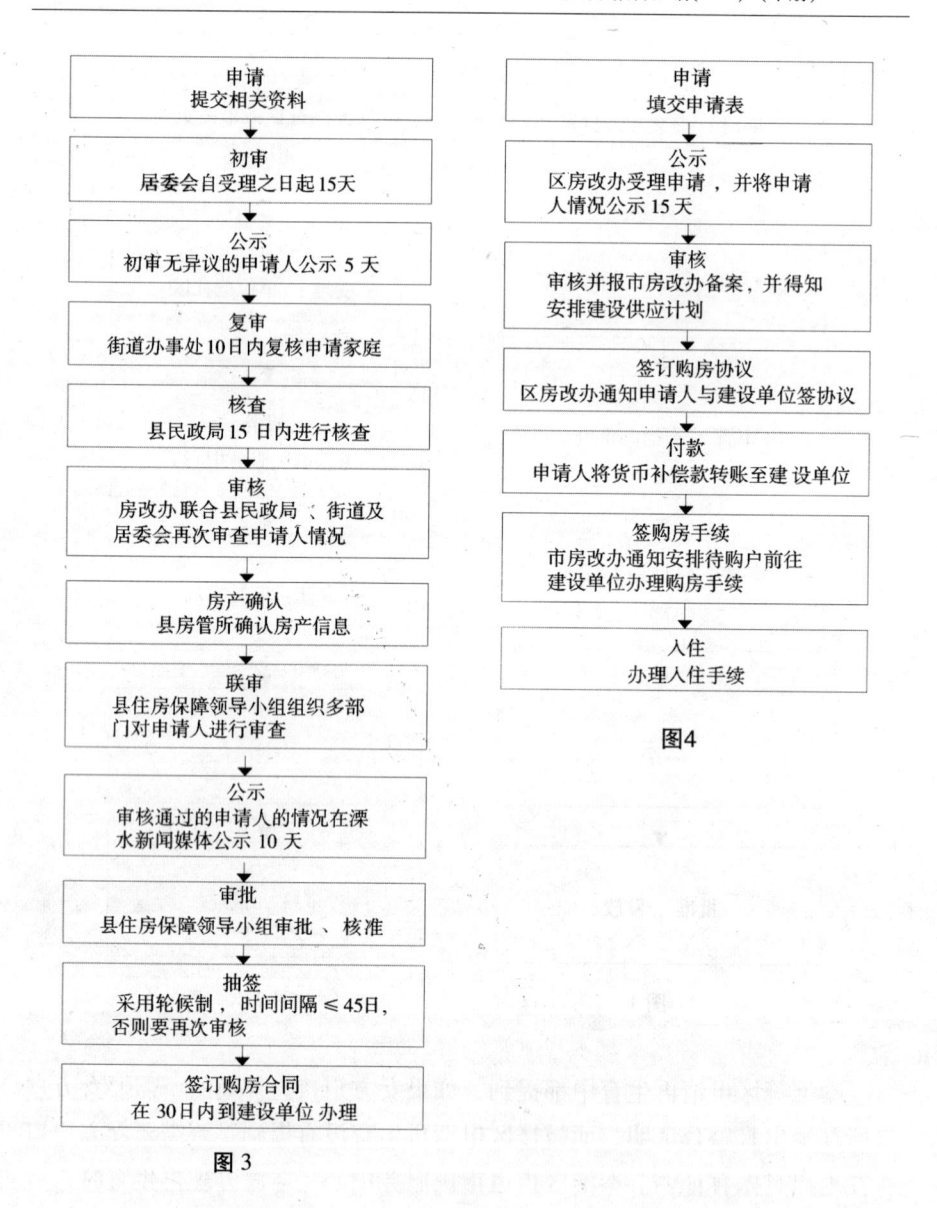

```
流程图3（溧水区）：
申请 提交相关资料
↓
初审 居委会自受理之日起15天
↓
公示 初审无异议的申请人公示5天
↓
复审 街道办事处10日内复核申请家庭
↓
核查 县民政局15日内进行核查
↓
审核 房改办联合县民政局、街道及居委会再次审查申请人情况
↓
房产确认 县房管所确认房产信息
↓
联审 县住房保障领导小组组织多部门对申请人进行审查
↓
公示 审核通过的申请人的情况在溧水新闻媒体公示10天
↓
审批 县住房保障领导小组审批、核准
↓
抽签 采用轮候制，时间间隔≤45日，否则要再次审核
↓
签订购房合同 在30日内到建设单位办理
```

图3

```
流程图4（栖霞区）：
申请 填交申请表
↓
公示 区房改办受理申请，并将申请人情况公示15天
↓
审核 审核并报市房改办备案，并得知安排建设供应计划
↓
签订购房协议 区房改办通知申请人与建设单位签协议
↓
付款 申请人将货币补偿款转账至建设单位
↓
签购房手续 市房改办通知安排待购户前往建设单位办理购房手续
↓
入住 办理入住手续
```

图4

从图3、图4的比较中可以看出栖霞区的申请流程要比溧水区的简单，它直接向区房改办申请，省去了居委会、街道办事处和民政局层层审查的步骤，减少了申请的时间和步骤。

在困难居民医疗救助的申请程序上，江宁区和秦淮区的差别不大，但是秦淮区的流程要比江宁区的简单。江宁区和秦淮区的申请流程见图5和图6。

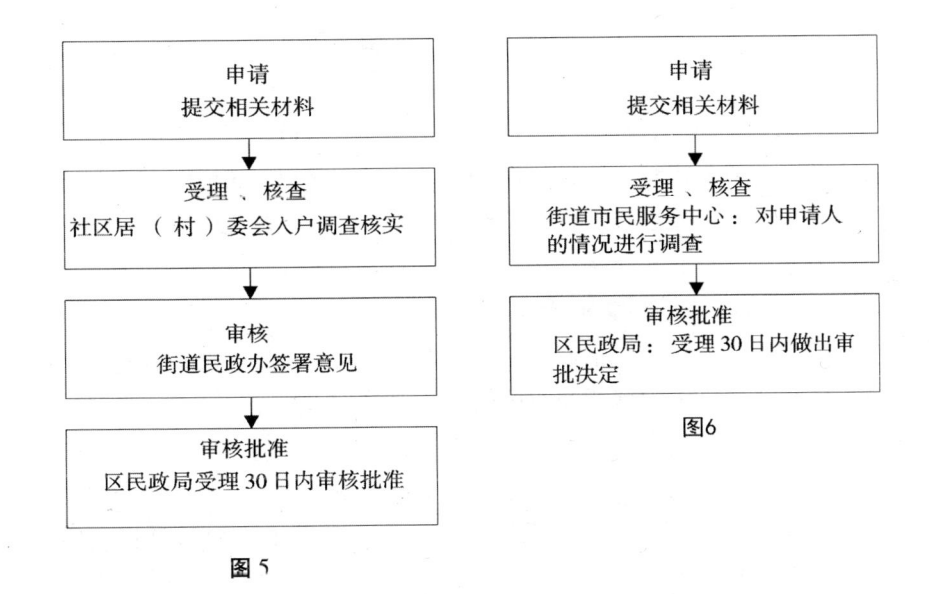

职能部门的流程再造与基层政府的效率和效能研究　589

```
       申请                              申请
    提交相关材料                       提交相关材料
        ↓                                 ↓
     受理、核查                         受理、核查
  社区居(村)委会入户调查核实       街道市民服务中心：对申请人
        ↓                            的情况进行调查
       审核                              ↓
   街道民政办签署意见                   审核批准
        ↓                        区民政局：受理30日内做出审
      审核批准                         批决定
 区民政局受理30日内审核批准
                                        图6
       图5
```

从图5、图6的流程中可以看出，秦淮区设立了街道市民服务中心，居民在申请医疗救助时，只需要向市民服务中心申请即可，简化了向社区居(村)委会申请、街道民政办审核的过程，方便了居民。

各区在申请最低生活保障上的程序基本相同，高淳、建邺、江宁、鼓楼、六合、栖霞及雨花台等区的申请流程见图7。

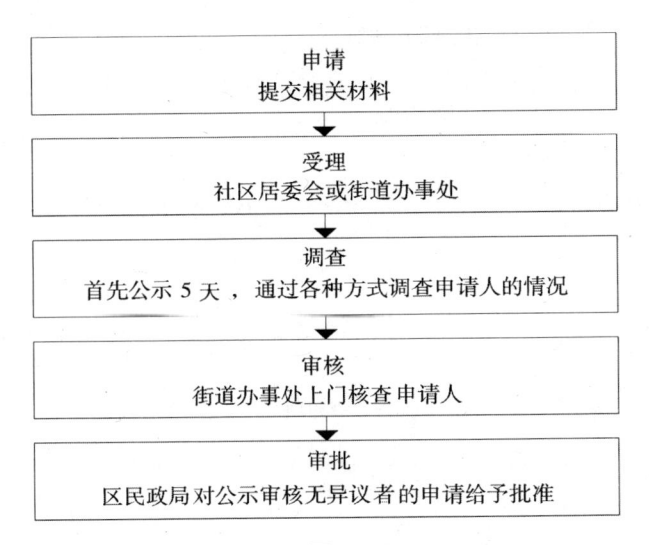

```
              申请
          提交相关材料
              ↓
              受理
       社区居委会或街道办事处
              ↓
              调查
   首先公示5天，通过各种方式调查申请人的情况
              ↓
              审核
       街道办事处上门核查申请人
              ↓
              审批
   区民政局对公示审核无异议者的申请给予批准
```

图7

虽然在申请最低生活保障的程序上，南京市各区之间都遵循了相同的程序，但是仍然涉及了社区居委会、街道办事处和区民政局的层层审查，且经过很长的时间，同时在申请时需要上交很多资料，除了申请表、身份证和户口本外，申请人根据自己的情况还要上交相关的证明，可能还会涉及学校、社区居委会、工作单位、派出所及劳动和社会保障所等单位。低保是动态的过程，每年都要进行审核。

3. 经济性的公共服务

经济性公共服务是指通过国家权力介入或公共资源投入为公民及其组织即企业从事经济发展活动所提供的各种服务，如科技推广、咨询服务以及政策性信贷等。本报告以开办企业和小额贷款为例，来分析南京市经济性公共服务提供的流程。

各区在申请开设公司的程序上基本相同，下面以鼓楼区开设软件公司为例进行分析（图8）。

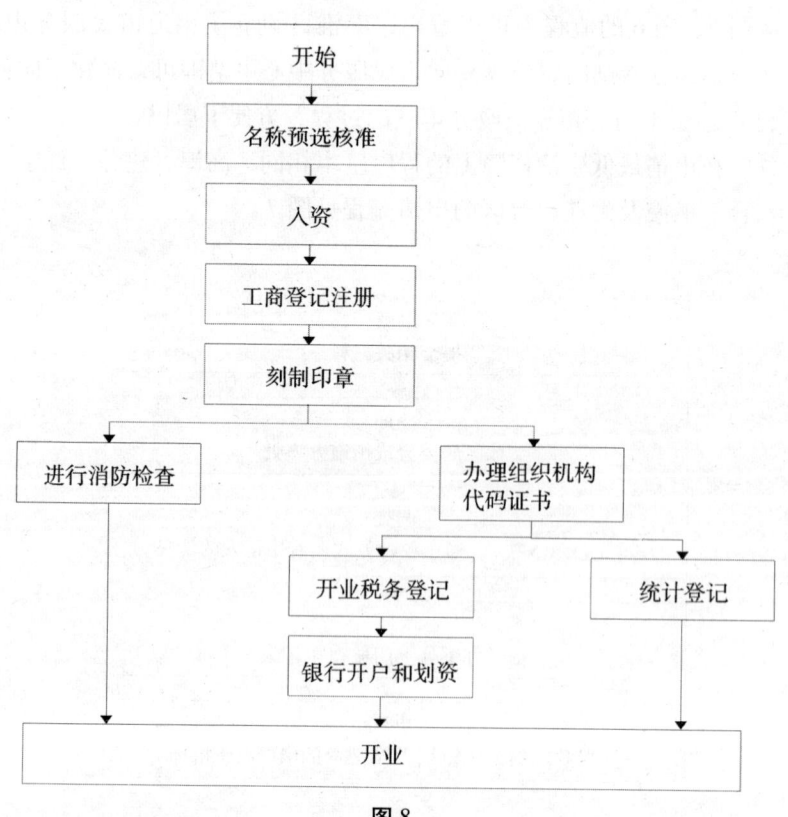

```
开始
  ↓
名称预选核准
  ↓
入资
  ↓
工商登记注册
  ↓
刻制印章
  ↓
进行消防检查    办理组织机构代码证书
                    ↓
               开业税务登记    统计登记
                    ↓
               银行开户和划资
                    ↓
                  开业
```

图 8

从图 8 可以看出申请开设一个公司的程序是非常复杂烦琐的，需要经过 9 个步骤，涉及工商部门、公安部门、消防部门、质监部门和统计部门 5 个部门，除需要提交大量的资料外，在每个申请步骤里还有特定的程序，如办理银行开户和划资需要 3 个程序：开立企业的银行基本账户—到工商局办理划资手续，领取《划转入资资金通知书》—到经办行办理将入资专用账户上的资金划转到企业基本账户的手续，仅在这一步中就需要到两三个地方，这就造成了办事时间冗长。

各区下岗失业人员申请小额担保贷款的程序也基本相同。鼓楼区、玄武区和栖霞区等的申请程序几乎一致，江宁区的申请程序略有不同。下面以鼓楼区和江宁区为例，分别见图 9 和图 10，分析南京市下岗失业人员小额担保贷款的程序。

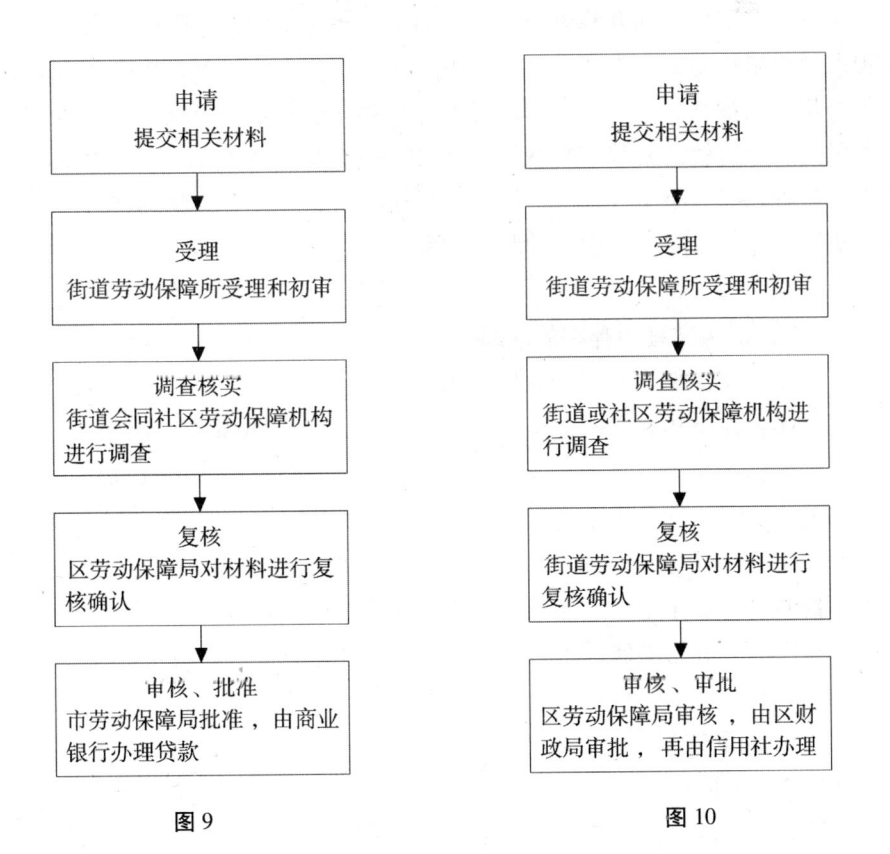

图9

申请
提交相关材料
↓
受理
街道劳动保障所受理和初审
↓
调查核实
街道会同社区劳动保障机构进行调查
↓
复核
区劳动保障局对材料进行复核确认
↓
审核、批准
市劳动保障局批准，由商业银行办理贷款

图10

申请
提交相关材料
↓
受理
街道劳动保障所受理和初审
↓
调查核实
街道或社区劳动保障机构进行调查
↓
复核
街道劳动保障局对材料进行复核确认
↓
审核、审批
区劳动保障局审核，由区财政局审批，再由信用社办理由图9及图10可看出鼓楼区的申请程序要更严格一些,除了区劳动保障局的审核批准外,还要上报市劳动保障部门,这样就加长了申请时间。而在江宁区虽然不需要上报市劳动保障局,但要上报区财政局,由财政局批准,同时两区办理贷款的银行也是不一样的。

4. 安全性的公共服务

安全性的公共服务必须由政府掌控和提供,其中包括军队、警察、消防、国安等内容。由于涉及军队、警察、消防、国安的安全性公共服务的性质,所以政府服务对这些公共服务必须要有绝对的主导权,这样的公共服务不适合政府通过向社会力量购买服务来提供。

在上述四类公共服务提供流程中,无论是流程存在地区差异的经济适用房的申请还是遵循相同流程的下岗失业人员小额贷款的申请,都存在着效率低下、申请时间冗长等问题。党的十八届三中全会中明确提出,要实现发展成果更多更公平惠及全体人民,加快社会事业改革,解决好人民最关心最直接最现实的利益问题,努力为社会提供多样化服务,更好地满足人民需求。这就需要政府加快转变职能,优化政府机构设置、职能配置、工作流程,完善决策权、执行权、监督权既相互制约又相互协调的行政运行机制,建立以居民为中心的服务流程。

(二) 提供流程中存在的问题

1. 公共产品的提供缺乏统一的标准

以社会性公共服务提供为例,虽然各区在低保申请的程序上是一致的,可是仍然存在一些不一致的申请事项,如再生育申请、困难居民医疗救助申请,尤其是经济适用房的申请存在很大的区别。在再生育的申请程序上,鼓楼区没有提到是否需要女方户籍所在地出具婚育证明。困难居民医疗救助申请程序上,秦淮区不必通过社区,而直接向市民服务中心申请。经济适用房的申请,栖霞区直接向区房改办申请,与溧水区先向居委会申请、街道办事处和民政局审查的步骤不同。

2. 服务申请所需的资料繁杂

公共服务的提供应以方便居民为宗旨,然而在申请过程中,繁杂的资料审核成为阻碍工作效率的巨大障碍。以申请开办公司为例,在申请的每一步骤都需要交纳多种材料,其中办理组织机构代码证书需要上交13份资料，这些资料还需要从不同的部门获得，如需要到南京市人民政府获得有效的外商投资批准证书副本原件；到事业单位登记管理局获得有效事业单位法人证书副本原件及到民政部门获得有效社团法人登记证书副本原件等。仅收集材料就需要申请人花费很长的时间。

3. 公共服务提供的流程烦琐

现在公共服务的提供是以职能部门为中心，而不是以居民为中心的。缺乏统一的审核标准，申请程序需要经过多层部门的审核，这就造成了公共服务提供流程的冗长烦琐。从上部分的流程梳理可以看出政府提供服务的流程比较烦琐，如溧水区经济适用房的申请流程包括12个步骤，依次要经过社区居委会的受理、初审、公示，街道办事处的复核，区民政局的核查，再交由县房改办联合居委会、街道办事处、区民政局再次审核，再交由房管办进行房屋确认公示，房改办组织申请人抽签，抽中的人签订购房合同。申请经济适用房经过了5个政府部门的考核，也就是说申请人需要跑5个部门，才有可能拿到购房合同。

4. 政府部门间缺乏合作与联系

缺乏统一的服务标准及部门之间职责的不明晰，政府部门间缺乏合作和联系，表现在在申请某一项社会服务时，如最低生活保障，居委会、街道办事处和区民政局都要进行调查审核，而且各方都是单独行事，加重了工作的负担，降低了服务效率，如果对上下级部门的职能有所了解就可以减少一些步骤。

5. 公共服务效率低下

一方面，由于流程的烦琐冗长及多部门的参与和审查，导致了申请时间的延长和工作效率的低下。另一方面，由于政府没能充分地利用电子政务，一些常见的服务提供流程还没有在政府网站上公布，如关于学生入学教育、环境保护、洽谈会、高新技术交易平台、融资担保等内容在每个区的服务网站上极少涉及，基本上找不到相关的内容，申请者只能到相关部门去咨询，这样既增加了部门工作人员的工作量，也给申请者带来了不便，如果11个区的政府服务网站上能够对相关的服务进行相关的补充和说明，这样就可以让申请者提前了解和准备需要的材料，在一定程度上提高了工作效率。

四 主要公共服务的提供流程和思路

(一) 建立统一的服务提供标准和流程

公共服务中确保规范化和标准化建设。由于我国政府机构非常复杂，纵向等级多，横向部门多，各地的各级政府机构的基础条件和发展水平也千差万别，因此，必须注意公共服务的规范化和标准化建设。通过完善法律和政策，确定各区之间公共服务提供流程的一致性，使得申请者在任何地区申请服务都是一样的，方便了居民，提高了效率。

(二) 重构或合并机构职能部门，加强部门之间的合作

对于办理过程中涉及可能重复的部门，或职能类似的部门进行合并。如对于公安部门和消防部门所需办理的业务进行合并。对于工商部门所需办理的业务，可以一次性办清，这样就不需要多次、来回地跑工商部门。另外，各个部门需要对自己的上下级部门职能进行了解，从而可以合作，如在进行审核的时候，在居委会或街道与区或市部门一起进行一次审核，免去各层部门进行审核的步骤。

(三) 深化机构改革，简化服务流程和削减行政审批

优化政府机构设置、职能配置、工作流程，完善决策权、执行权、监督权既相互制约又相互协调的行政运行机制。削减行政审批事项，把审批制度改革作为行政管理体制的一场变革。政府职能转变的基本方向，即从无所不为的无限政府转变成有所必为的有限政府，把工作主要内容最终集中到规划制定、经济调节、市场监管、区域协调、社会管理和公共服务等方面上来；从热衷于"管、审、批"的干预型政府转变成致力于"扶、帮、助"的服务型政府，政府不得直接干预企业经营活动，坚决把不应该由政府履行的职能交给市场、企业和市场中介组织，充分发挥社会团体、行业协会、商会和中介机构的作用。如成立一个专门为办理企业服务的公司或者是部门，所有的办理都可以有相关公司或者部门为想要开办企业的人进行办理。

（四）重组服务流程，不断扩展公共服务的广度和深度

从服务领域、服务方式和服务提供者范围三方面来加深公共服务的广度和深度。在服务领域方面，政府能够提供的公共服务都可以通过电子化手段来实现。在服务方式方面，应向多样化方向扩展，随着现代信息技术的发展，公共服务由原来单向信息提供方式转向双向信息互动交流方式。在服务提供者范围方面，打破政府垄断，把一部分本来由政府直接向公众提供的服务改变成由非政府组织、非营利组织等与政府共同管理公共事务、提供公共服务。如在政府网站上公布服务提供流程，并且可以通过网络办理各项事项，设立工作人员与居民的互动平台，实现足不出户即可解决问题。

在扩展公共服务广度的同时，还要扩展其深度。一方面，要遵循"以公众为中心"服务理念，根据公共服务流程的新特点、新要求对政府相关业务流程进行重组，从政府内部解决公共服务流程的诸多问题。另一方面，要建立有效的绩效评估体系，即对服务过程和效果进行评估和审核，纠正错误，弥补疏漏，以获得公众对政府公共服务的满意。

（五）利用电子政务技术，纵横打破部门之间的界限，加强合作

充分利用现代电子政务等政府管理技术手段，即政府部门利用信息技术，在对业务流程、组织结构等进行优化重组的基础上，在政府组织内部建立办公网络系统和数据库，在政府组织之间及政府组织与市场组织、社会组织之间建立协同办公网络，为公众、企业提供公共服务的政务模式。它包含两个方面：一是政府利用信息技术手段主动为公众提供服务；二是通过信息技术手段使公众能够方便地从政府索取服务。电子政府公共服务内容主要包括：信息发布服务、双向互动服务、办事服务。电子政府公共服务以公众为导向，以网络系统为主要平台，依据政府法规随时随地为政府、公民、企业以及相关目标人群提供"一站式"、双向、互动、多样化的服务。

政府机构从纵、横两个方向打破政府与公众彼此之间的界限，按照公众需要设立相应的机构，并提供针对性的政府服务，以消除信息交流手段单一、部门壁垒较多、信息成本过高、传播速度较慢和信息重复等现象。各级政府之间可以进行信息资源共享，共同参与政府为民服务。

如建立政务大厅，提供"一站式"服务，减少居民在各个部门之间奔波的时间，真正建立以居民为中心，而不是以职能部门为中心的服务，让人民群众享受便捷、高效的基本公共服务。

（六）公共服务提供中的合同外包和"多中心"治理

提高公共服务的质量，关键不在于政府直接提供或者垄断公共服务所有领域，而是要吸引更多的服务提供者参与提供，形成更加注重竞争、更多公共选择和更具有效性的公共服务提供机制，通过专业化规范化的市场机制运作，搭建政府与社会各界公共服务的平台，提高政府公共服务的能力，从根本上优化提供公共服务的质量与效率，这就要求政府在公共服务方面所应扮演的主要角色，越来越像"掌舵者"而非"划桨者"。

党的十八届三中全会中明确提出，要激发社会组织活力。正确处理政府和社会关系，加快实施政社分开，推进社会组织明确权责、依法自治、发挥作用。适合由社会组织提供的公共服务和解决的事项，交由社会组织承担。支持和发展志愿服务组织。限期实现行业协会商会与行政机关真正脱钩，重点培育和优先发展行业协会商会类、科技类、公益慈善类、城乡社区服务类社会组织，成立时直接依法申请登记。加强对社会组织和在华境外非政府组织的管理，引导它们依法开展活动。

因此，政府在一些基本公共服务提供方式上，要实现逐步由直接负责到支付购买的重要转变。如在养老服务方式上，可考虑借鉴民办非营利性组织并加以推广，在推动家庭养老的产业化发展过程中，通过对部分群体的转移支付来实现市场化与公益性的结合。又如在住房保障方面，公租房的房源可以减少整体的廉租房小区建设，通过市场化手段对现有合适房源的转租来达成，这样有助于减少各方面的投入成本及后期管理的种种矛盾。

作者信息：
研究基地：江苏社会管理创新研究基地
承担单位：南京大学社会学院
首席专家：周晓虹、缪蒂生、李培林
课题负责人：方长春

基层政府管理与社区自治的有效融合
——以南京市工商管理与社区管理的"双网对接"模式为例

内容提要：面对经济社会发展过程中的各种新现象和新问题，创新社会管理，改革政府管理体制越来越紧迫，并且也得到了中央到地方各级政府的高度重视。创新社会管理从根本上说就是要理清政府、市场和社会三个方面的关系，使得三个方面的因素协同作用于经济和社会的良性运行。本研究通过考察和总结南京市工商部门和社区组织之间的互动实践，对工商管理与社区管理的"双网对接"模式进行分析和讨论。在我们看来，"双网对接"结合了政府职能部门的行政、执法优势和社区的信息及自治优势，实现了政府管理与社区自治的优势互补，在政府和社会之间建立了一种共赢的连接，是一种非常重要的管理创新模式。

随着我国经济的快速发展，各种新问题、新现象不断涌现，原有的社会管理体制越来越难以适应社会发展的需要，创新社会管理、改革政府管理体制也因此越来越迫切。也正因为如此，从中央到地方，各级政府都高度重视社会管理创新。2004年党的十六届四中全会上提出要"加强社会建设和管理，推进社会管理体制创新"；2009年全国政法工作电视电话会议把社会管理创新确定为"社会矛盾化解、社会管理创新、公正廉洁司法"三项重点工作的组成部分之一；2011年国家"十二五"规划中设立专门篇章来讨论社会管理创新工作；2012年党的十八大提出，要"加快形成党委领导、政府负责、社会协同、公众参与、法治保障的社会管理体制"。创新社会管理不仅是适应社会发展的需要，也是转变政府职能、改变以往政府包揽一切的全能性管理体制的需要。事实表明，全能性管理体制不仅难以适应社会不断发展变化的现实，而且效率低下。那么具体到地方政府的职能部门，如何响应中央的号召，转变职能，改革管理体制，实现社会管理创新呢？在笔者看来，实现社会管理创新，最关键的地方是将市场能够处理的事情交给市场去处理，将社会能处理的事情交给社会去处理。换言之，就政府管理而言，要积极地发挥市场和社会力量的作用。本研究选择以南京市鼓楼区的工商管理和社区管理为例，分析和讨论政府职能部门如何发挥社会力量的作用，实现职能转变，推动管理创新。通过对南京市鼓楼区工商管理实践的考察，工商部门在进行市场监管的同时，发挥社区力量的作用，实现了政府职能部门行政、执法优势和社区民众的信息优势的结合，不仅有助于推动政府的职能工作，也有助于推动社区的管理和发展，并且也有助于改变政府与社会的关系。

一 鼓楼区"双网对接"模式的背景

南京市鼓楼区的"双网对接"管理模式，简言之就是将工商网格化监管与社区网格化管理相融合的管理服务模式。通过"双网对接"，将社区基层组织和居民在发现问题、发现需求方面的信息优势，与工商部门在行政和执法方面的法治优势相结合，在提升工商行政管理效率的同时，为社区化解社会矛盾，有效而及时地满足社区工商户及居民的各种需求，在与社区建立的制度性合作基础上，从市场监管和市场秩序维护的角度入手，参与社区社会管理创新。这一管理模式的提出是基于下列背景条件的：

（一）推行"双网对接"，是政府部门参与社会管理创新，加快管理体制改革的客观需要

改革政府管理体制和模式，创新社会管理的本质是改革政府与社会的关系。就工商管理而言，如何参与到社会管理创新过程当中？工商部门与社会的关系如何革新？工商监管面临的问题有多少是由于工商的监管体制本身的问题造成的？是否可以通过创新社会管理解决？等等。调研过程中，南京市鼓楼区工商分局局长指出："目前的基层工商监管模式，因为信息沟通的不畅，部门协同的缺失，尤其是工商与社会基层的组织——社区之间的联系不紧密，造成了工商职能服务的供给与群众需求出现严重脱节现象。就政府职能部门加强与基础社区的联系而言，公安、法院、质监、食药监、文化、广电、城管等等，早就通过'进社区'这种方式把他们的主阵地推进到了基层社区，并且也都取得了成功的经验。目前基层社区对我们工商，不仅仅需要消费维权这一项服务，比如，群众创业就业需要工商提供登记注册、商标、广告、合同等法律咨询，食品安全问题需要我们监管，无照经营需要工商查处，社区与工商协同做好非公党建工作等等，可以说，工商部门所有职能在基层社区都有相应的需求。"在这样的背景下，鼓楼工商部门开始思考能否通过"双网对接"，找准工商工作与社区工作的结合点，充分整合工商部门和社区的职能作用，在新的体制框架下打破基层工商工作原有模式。

（二）推行"双网对接"是积极行政，化解社会矛盾，维护广大人民群众利益的迫切需要

十八大报告提出，要确保到 2020 年实现全面建成小康社会宏伟目标。实际上这些年来，我国经济社会发展速度很快，群众需求和愿望在升级，尤其是随着社会公众权利意识不断增强，过去不是问题的问题今天成为大问题。就工商部门而言，最突出地表现为消费申（投）诉量的节节攀升。以南京市鼓楼工商分局为例，2009 年为 4788 件，2010 年为 5266 件，2011 年为 6124 件。2009 年至 2011 年的二年间，申（投）诉量的年均增幅均在 10% 以上，2011 年的增幅甚至达到了 16.3%。鼓楼工商在分析工商管理工作的历史和现状的基础上指出，基层社区是较多社会矛盾和问题的起源地，而基层社区同时也是解决这些社会矛盾和问题的主阵地。推行"双网对接"过程中，工商网格员进驻基层社区工作，既可以激发基层社区创新社会管理的活力，也可以通过履行自身职能为畅通群众诉求渠道、解决群众反映问题牵线搭桥，积累社会管理经验，可以最大限度地解决人民群众的突出利益问题。

（三）推进"双网对接"，是通过整合社会资源解决政府职能部门人力不足问题的有效途径

当前，基层普遍面临着经济社会的发展与公共服务力量不足的矛盾，工商部门面临的这一矛盾尤其突出。以鼓楼工商分局为例，20 世纪 80 年代末，辖区共有企业 295 户、个体户 4 户；20 世纪末，企业已经发展到 12824 户、个体户 1030 户。再以南京市工商局为例，20 世纪 80 年代末，辖区共有企业 7366 户、个体户 656 户；20 世纪末，企业已经发展到 105314 户、个体户 17859 户，截至 2012 年 11 月底，南京市共有企业 192289 户、个体 276256 户。从以上数据可以看出，最近 20 多年来，各类市场主体得以开始发展，这使得相应的政府管理的部门——工商部门的市场监管工作量大大增加，如果不进行管理创新，按照原有的管理模式，工商部门越来越难以应付日益增加的市场监管的工作量，工作效率和效果都难以保证。与此同时，就鼓楼工商的调查还表明，工商部门不仅存在着相对于日益增长的市场主体而表现出的人力资源不足之外，还面临着干部年龄日渐老化、综合业务素质不高、应对处置能力明显缺乏等诸多问题，这些问题已经成为制约工商部门在新形势下高效履职、服务民生的瓶颈。鼓楼工商找到一条思路，即借助"双网对接"，让工商部门进驻社区开展工作，实现工商管理和社区自治资源的整合。

二 鼓楼工商"双网对接"模式的做法与成效

（一）"网格"划分与调整

鼓楼工商分局推行"双网对接"工作的主要做法可以概括为"四级四格、分级负责"。即把分局辖区原先以街巷为单位的网格设置方式，调整为按社区为单位进行划分，把原来的 27 个网格重新划分为 64 个网格，由 41 个工商网格干部进行管理。网格市场主体的平均数量由原来的 1500 户减少到 600 户左右，通过增加网格员数量，减轻了网格的平均工作量，大幅提升了每个网格的监管效率，如表 1 所示。

表 1　　　　　　　"双网对接"前后网格设置对比　　　　单位：个、人、户

对比项目	对接前	对接后
网格设置方式	以街巷为单位	以社区为单位
网格数量	27	64

续表

对比项目	对接前	对接后
网格员人数	27	41
基本格市场主体平均数量	1500	600

（二）组织架构

管理网格按照责任分工和层级不同，从下往上依次为基本格、组格、单元格和总格四类网格，分别由网格干部、巡查组长、分管副所长和所长等四个层级的干部负责，组成了层级明晰、分工明确的管理架构。1—2个社区构成一个基本格，由一名工商网格干部开展该基本格内与工商职能有关的业务，形成"一级管理"；相邻2—3个基本格构成一个组格，由其中一名工商网格干部担任巡查组长，负责在执法办案等必须有2名以上干部在场的情形下，协调相邻基本格干部协同开展工作，形成"二级管理"；行政区划隶属同一个街道的组格构成一个单元格，由分管副所长牵头组织开展该单元格内的各项工作，形成"三级管理"；一个工商所内的所有单元格构成总格，即该工商所的辖区，由所长对总格内的工作负总责，形成"四级管理"。如图1所示。

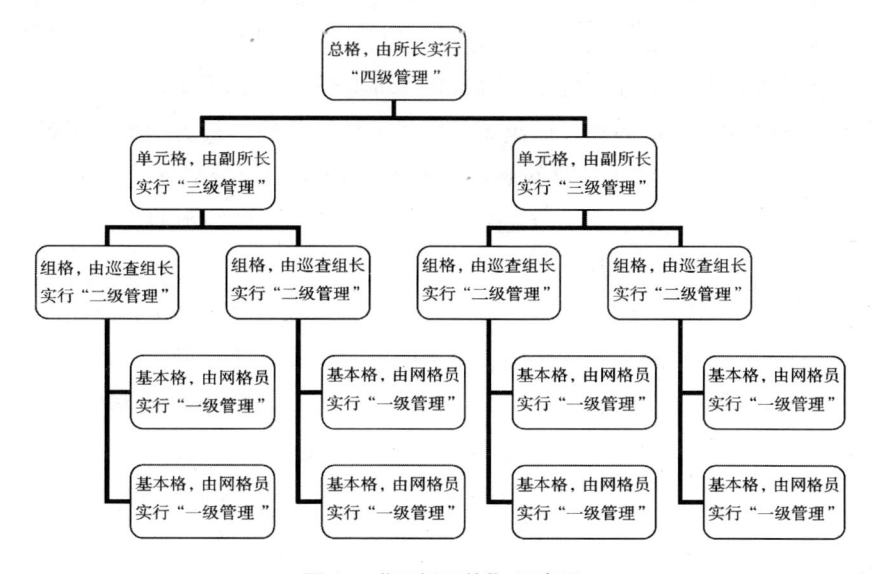

图1 "四级四格"示意图

（三）对接内容

南京市鼓楼工商在"双网对接"具体实践中，通过对工商和社区职能进行细致梳理，充分挖掘和整合双方职能的共同点，坚持民生为本、服务为先，确定了"双网对接"的七项主要内容：

1. 党建工作

工商网格干部与街道、社区干部共同引导非公经济组织积极参与党建工作，指导和帮助非公经济组织建立党组织，健全相关制度，开展组织活动，在非公经济组织中做好入党积极分子培养和党员发展工作。在每个基层工商建立非公企业党建工作站，从工商干部中聘请党员干部36人、从街道社区聘请党员干部64人，共100人分别担任非公经济组织党建工作指导员，共同指导非公党建工作。"双网对接"以来，截至2012年12月，先后举办入党积极分子培训班4期，发展非公企业党员11名，培训入党积极分子156人，新建立非公有制企业党组织12家，非公企业党建覆盖面得到了进一步提高。此外，工商网格干部同社区干部通过开展"四解四促"、"千企成长工程"等活动，了解企业发展状况，助推非公企业发展，把组织活力转化为发展活力，使党建工作和企业发展互促共赢。

2. 工商服务

为辖区经营者办理各类工商业务，提供咨询和服务，实现经营者及时、快捷办理各项工商业务是工商局的基本职责。"双网对接"结合了工商部门的行政执法优势和社区组织及居民的信息优势，极大地推动了各项工商业务的开展。实行"双网对接"以来，鼓楼工商分局实现了个体工商户验照率90%以上、企业（公司）网上年检率100%的预期目标。

3. 辅助执法

依托社区资源，建立市场主体监管网络，聘请义务监督员，对制假售假、无照经营、传销和变相传销、侵害消费者权益等违法经营活动，及时向工商部门反映并协助查处，积极打造"三无"社区，即无制假售假、无传销、无食品安全事件。"双网对接"较好地解决了查处取缔无照经营"工商一家管"的老大难问题，这其中很大一部分都要归功于网格员在社区开展了大量关于查处取缔无照经营法律法规的宣传工作，网格员向社区工作人员宣传、向社区群众宣传。截至2012年12月，工商局辖区7个街道已经全部建立无证无照查处取缔领导小组，其中有一个街道是由一把手书记担任组长。现在，鼓楼区的查处取缔无照经营工作都是由街道综治办或城管科牵头，由公安、环保、食药监等相关各部门共同参与，综合治理格局初步形成并运转较好，既在一定程度上减轻了工商所的压力，也提升了证照管理的效能。"双网对接"实行到2012年12月，各街道、各职能部门通过社区网格员抄、告无证或无照经营信息175条，通过综合治理机制，件件得到落实。全区有照率和亮照率明显上升，分别达到95.2%和96.5%。

4. 消费维权

工商局联合社区开展消费咨询服务活动，开设消费知识讲座，引导消费者科学健康地合理消费；受理社区居民消费申（投）诉，解决消费争议纠纷；在社区举办食品安全培训，推动食品安全监管关口前移至基层社区。工商网格员进驻社区以后，一些大型商场的消费纠纷能够在场内或就近在社区工商工作室现场得以调解，真正实现了投诉"件件有落实，事事有回音"，投诉处理率达100%，回复率达100%，消费者满意率达96%以上。截至2012年12月，各网格已组织开展经营户食品安全培训11期，共865人次接受了培训，辖区食品经营者的法律意识、责任意识和自律意识均取得了明显提高。此外，工商网格干部还组织社区群众在南京市率先开展了流通领域食品安全应急演练，演练内容被制作成光盘在全系统进行了推广学习。

5. 行政指导

一是在南京市率先推行了流通环节食品安全集体行政约谈制度，由工商网格干部召集责任网格内的食品经营者就食品安全热点问题，有针对性地开展行政约谈，切实提升了食品安全监管效能；二是积极指导企业申报驰名、著名商标；三是充分发挥职能优势，积极指导企业开展融资，工商网格干部已指导55户企业办理股权质押13.6亿元，获得融资15.9亿元；帮助办理动产抵押登记4件，帮助企业融资8689万元；四是实施轻微违法行为"告诫制"，对轻微违法行为提示、告知，未造成不良后果的轻微违法行为，免予行政处罚。

6. 信息反馈

利用现有的社区管理机制，同时在鼓楼区门户网站上搭建信息平台，做好辖区经营、消费状况等信息搜集、分析工作，及时反馈工商行政执法、市场监管动态，增强"双网对接"的信息交流。目前，工商网格干部正同社区干部一起，全面排查注册地址与实际经营地址不相符的企业，引导其办理变更，入驻鼓楼。在社区工作人员的协助下，工商网格干部加大了楼宇清查力度，2012年已清理异地企业153家，引进税源企业72家，促进了楼宇经济快速健康发展，获得了区委区政府的高度肯定。又比如，大方巷社区工作人员向工商网格员反映，该社区有一处住宅房正要进行装修，看规模像是要经营餐饮。工商网格员同社区工作人员前往现场调查后发现，该处业主确实是准备把住宅房装修后开饭店，预算投入20万元。但是江苏省城乡规划条例明文规定，住宅房是不允许用来从事经营的，而且社区里开饭店，因油烟噪声污染，周围居民也是激烈反对的。工商网格员同社区工作人员立即向业主进行了法律法规宣传，并耐心细致地做好了业主的思想工作，最终打消了业主在社区住宅房开饭店的计划。这样，社区工作人员及时反馈社区动态，既避免了业主的投资损失，又赢得了周边居民对工商工作成效的认可，同时也使得一起违法行为在萌芽时被消除，有效避免了工商局事后监管难度大的问题。在"双网对接"前，工商局很少有通过社区工作人员的信息反馈，然后成功处理类似情况的案例。以前基本上都是在违法行为既成事实之后，由群众举报，然后工商局取缔，难度大、效率低，处理结果也基本上是群众不满意、业主不高兴。

7. 社区管理与服务

积极发挥工商职能作用，为民排忧解难。开展了社区经营"一照多点备案"式登记管理模式的初步探索，把社区家庭服务、维修、加工等便民经营点纳入社区经营实体，作为社区服务网点，实行社区备案登记，较好地解决了下岗失业人员、弱势群体创业、就业问题；大力推进大学生创业就业促进工程和高层次人才引育工程，组建"创业导师团"，由工商网格干部担任大学生创业导师，为大学生创业提供政策咨询和专业指导，截至目前，共登记大学生创业企业50家、辅导申报南京市"321计划"企业41家。同时工商网格干部还同社区工作人员协同加强了市场主体教育培训、流动人口计划生育管理和社会管理综合治理工作，营造了和谐的社会氛围，人民群众的满意率达到了90%以上。"双网对接"以后，我们的网格员也积极协助社区开展了大量工作，比如，在社区核实低保人员过程中，我们发挥了掌握注册登记信息的优势，网格员为社区逐一核实低保人员是否申请过工商注册登记，社区群众对经工商网格员"鉴定"过的低保人员公示也完全予以认可。又比如，苏州路社区一处废品收购站遭到社区居民的一致反对，居民多次通过社区向工商网格员反映，要求取缔，但是经营者又是靠废品收购养家糊口的，这种情况就让我们很为难。这时候，康藏路社区的网格员了解到，该社区有一处适合从事废品收购的场所，于是我们的网格员就同康藏路社区的同志一起帮助这家废品收购站迁到康藏路社区，并给他办理了营业执照，后来康藏路社区还通过他们的关系，帮助这家废品收购站挂靠到一家大型回收公司，经营者对工商网格员和社区工作人员的真心服务感激不尽。再比如，上海路2号一楼住户自行拆除承重墙要开烟酒店，楼上居民拉出横幅表示强烈反对，并投诉到12345热线反映拆除该处承重墙威胁楼上住户人身财产安全，但是一楼住户因没有工作，坚决要通过开店解决生计问题，工商局依法调解时也不见成效，后来又是通过社区工作人员从中做了工作，矛盾才得以解决。这些案例启示我们，大量调解等事务性工作由社区凭借人际关系优势先行介入，工商部门提供行政支持，这种管理方式在社区社会管理上效率很高，发挥了重要的作用。

（四）"双网对接"成效分析

"双网对接"管理模式不仅改革了工商部门原有的管理方式与方法，提高了工商管理的效率，也加强了与社区之间的联系，促进了社区的管理与发展，其具体成效如表2所示。

表2　　　　　　　　　　"双网对接"前后的效果对比

对比项目	对接前	对接后
党建工作	1. 工商所非公党建工作组织不健全； 2. 非公党建工作力量不强； 3. 外资企业党建意识薄弱。	1. 5个工商所建立非公党建工作站； 2. 聘请100人担任非公党建指导员（社区64人）； 3. 成立鼓楼区首个外企党支部。

续表

对比项目	对接前	对接后
工商服务	1. 市场主体到工商局办理各项业务； 2. 个体户验照率和企业网上年检率低； 3. 服务中小微企业工作有所欠缺。	1. 开展楼宇集中年检，提供"组团打包服务"； 2. 个体验照率达90%；企业网上年检率达100%； 3. 组织中小企业开展"银企对接"交流会。
辅助执法	1. 行政执法较少发挥社区组织的作用； 2. 打击传销宣传力度不够。	1. 聘请义务监督员，积极反馈违法案件线索； 2. 在社区常设"打传宣传栏"，打造南京市首个"无传销"社区。
消费维权	1. 消费申（投）诉纠纷调解以12315受理中心为主； 2. 食品安全培训形式陈旧，效果一般； 3. 与消费者互动较少。	1. 网格员直接在社区调解消费申（投）诉，投诉处理率100%，回复率100%，消费者满意率96%。申（投）诉量同比下降。 2. 由网格员在社区根据需求开展小课堂式针对性培训，效果明显； 3. 组织社区群众开展食品安全应急演练。
行政指导	行政指导成效不明显。	1. 推行流通环节食品安全集体行政约谈制度； 2. 上门指导企业实施商标战略； 3. 发挥工商登记职能，上门指导企业融资； 4. 实施轻微违法行为"告诫制"。
信息反馈	较少与社区开展信息交流。	与社区建立信息互通机制，及时向网格员反馈执法和监管动态。
社区管理与服务	因弱势群体自谋职业引起的无照经营问题较普遍。	1. 开展了"一照多点备案"初步探索； 2. 组建"创业导师团"，指导大学生就业，指导45家大学生创业企业办理注册登记； 3. 社会管理综合治理等工作群众满意率达90%以上。

三 "双网对接"模式的现实意义及其启发

总的来说,"双网对接"模式将工商的行政与执法优势与社区群众的信息优势进行对接,既提升了工商管理的效率与效果,也推动了社区的管理与发展,实现了工商管理和社区管理与发展的双赢。就作为政府职能部门的工商部门内部而言,这一管理模式的创新有着三个方面的积极意义:

1. 能全面培养基层工商干部队伍的综合能力,包括学习能力、应变能力、处置能力、沟通能力、协调能力、表达能力和承受能力

"双网对接"对工商干部个人业务能力的要求比较高,这就需要进一步提升学习能力,掌握相关知识;"双网对接"要求干部处置责任网格内与工商职能有关的各项业务,要求网格干部必须具备较强的应变能力和处置能力;"双网对接"后,网格干部直接深入社区工作,要同经营者、社区群众、其他部门的干部打交道,开展工作的方式需要因地制宜、因人而异,这就需要网格员具备良好的沟通能力、协调能力和表达能力;网格干部直接面对的经营者素质参差不齐,在处理新情况、新问题时,需要网格干部具备承受较大压力的能力。这七种能力归结起来就是适应能力,要求基层网格干部尽快适应"双网对接"的新趋势、适应新的工作环境、提升工作能力,因此,"双网对接"工作是对基层工商干部能力全面培养的一项系统工程。

2. 能全面借助和发挥社区组织的力量

"双网对接"以后,工商干部直接进入社区开展工作,可以在工作过程中,充分借助社区的力量,让广大社区居民了解工商、理解工商、支持工商,实现"我中有他、他中有我、相互融合"。

3. 能全面发挥干部的主观能动性、调动积极性、克服单一性、提升趣味性

"双网对接"给每个基层工商干部提供了一个展示自身素质和风采的舞台,目的就是要调动一切能够调动的潜在力量,发挥一切能够发挥的主观能动性,提升基层干部的精气神、提升执行力。"双网对接"以后,干部的工作涉及工商业务的方方面面,完全克服了过去一个干部长期从事某一项工作的单一性,使得干部不再为日复一日地从事一项工作而感到枯

燥,能够充分享受到工作的乐趣和达成目标后的喜悦。

就社会管理创新的大环境而言,鼓楼工商作为政府职能部门积极发挥社区力量的作用,在促进政府职能部门管理模式的变革的同时也推动了政府和社会之间关系的重新顺利,具有突出的意义。

1. 有利于提升政府职能部门的行政与执法效率

随着社会的发展,新现象、新问题不断涌现,传统行政模式越来越难以满足现实的社会需要,而根据新公共管理理论,政府与社会合作的多方治理模式被越来越多地强调。就本研究所涉及的工商部门而言,推进"双网对接"解决了现行工商部门监管力量不足的问题。当前,基层工商部门普遍面临着发展与监管、指导与服务力量不足的矛盾,监管力量明显不足。"双网对接",工商部门可以借助社区的力量,通过聘请行风监督员、聘请义工、组织志愿服务者等形式,充分调动社区力量,联合起来开展工作,把有限的力量放大,起到"1+1>2"的效应。

2. 有利于促进政府职能部门与社会力量的整合,在推动职能部门职能改进的同时,强化社区管理,促进社区和谐

工商部门进驻社区开展工作,主动将职能延伸到社区,同社区居民自治组织结合,既能全面发挥社区组织的力量,整合管理资源,形成优势互补的工作机制,又能使广大社区居民通过工商干部零距离的服务增进对工商的了解、理解和支持,从而把工商部门和社区各自有限的力量实现有效整合,形成监管服务的合力,促进经济社会的有序健康发展。

3. 有利于进一步加强非公企业党建工作

推进非公企业党建工作是当前形势下工商部门和社区的一项共同的重要工作内容。"双网对接",可以有效搭建起工商和社区非公企业党建信息的双向沟通渠道,实现党建资源的共享和高效利用,从而构建起工商同社区相互配合、齐心协力抓党建的工作机制。工商网格干部可以在社区工作人员的支持配合下,对责任网格内的非公企业党建工作实施动态管理,通过开展"重合同、守信用"企业、"光彩之星"、"文明诚信经营户"等评选活动,充分发挥职能优势,以榜样的力量促进非公企业党员增强诚信意识、自律意识和模范意识,达到提升非公党建工作整体水平的目标。

4. 有利于破解现行法律法规无法解决而在群众生活当中普遍存在的困难和问题

鼓励创业、促进就业是工商部门的一项重要职责,也是社区的重要工

作目标。推行"双网对接",工商和社区可以分别发挥各自熟悉法律法规和熟悉社区状况的优势,集思广益,共同探讨,把解决社区群众关注的实际问题作为开展工作的出发点和落脚点,以创新的思路和办法解决群众创业就业过程中产生的市场准入、无照经营等现实问题和矛盾。当前,在工商登记注册方面,较多在社区就地创业的群众都面临住宅房无法用作经营场所登记的困扰。在"双网对接"以后,这个问题完全可以通过由社区提供商业用房,实行"一照多点备案"式工商登记来妥善解决。这种变通的方法,既能解决这部分群众的就业问题,又不违反相关法律规定,实实在在为群众办实事。

5. 有利于进一步促进作风行风的转变,有利于改变基层政府及其职能部门的社会形象

就工商部门本身的工作而言,工商工作只有根植于群众,立足于基层,这样的工作才有生命力、才有活力,才能得到群众的认可。"双网对接",正是工商部门向街道、向社区、向群众展示良好形象的一次契机,工商网格干部通过零距离为群众服务,可以进一步密切干群关系,增进感情,不但提升了工商部门的作风行风建设水平,还改变了部门自身的社会形象。另外,对于基层老百姓而言,他们对党和政府的直接感知和认识是通过与基层公务人员的接触而形成的,"双网对接"不仅促进了职能部门与社区和群众的融合,也因基层公务人员与群众的融合而改变了党和基层政府在群众中的形象,更提高了党和政府在群众中的威信和地位。

6. 有利于党的群众路线教育实践活动和"创先争优"的常态化、长效化

到群众中去,服务群众,解决群众困难,既是党的群众路线教育实践的本质要求,又是深入开展"创先争优"活动的本质要求。"双网对接",要求每一名党员在深入社区过程中,都能以更高的标准、更好的态度和更实的行动来提高为人民服务的质量和水平,察民情、听民声、解民忧。因此,"双网对接"能够促进党的群众路线和"创先争优"在常态中持续推进和加强,是党的群众路线和推进"创先争优"常态化、长效化的一个重要载体。

通过对南京市鼓楼区"双网对接"管理模式的考察我们发现,就政府职能部门而言,改革和创新管理模式的过程中,应该积极地思考如何理顺政府与社会之间的关系,思考如何发挥社会力量以实现行政、执法与群众

自我管理的共赢。而理顺政府与社会之间的管理，建立起政府与社会力量之间的伙伴关系以实现对方治理的社会治理模式，不仅是新公共管理理论本质内涵在实践中的体现，也是实现社会管理创新的一种重要方向。

作者信息：
研究基地：江苏社会管理创新研究基地
承担单位：南京大学社会学院
首席专家：周晓虹、缪蒂生、李培林
课题负责人：周晓虹
主要参加人员：方长春、丁卫泽

江苏法治先导区建设的制度重点

内容提要： 江苏法治先导区建设的制度重点主要在于制度激活、制度清理和制度创新三个层面：一是应关注中央及相关法律已有规定但没有得到落实的制度，适时、恰当地激活质询制度、备案审查制度等。二是进行制度清理，其主要内容和标准是合法性和合理性。三是制度创新，建议制定《中共江苏省委关于依法执政若干问题的决定》；建议在国家整体安排下，合理布局地方立法权，赋予南通、淮安、连云港等省辖市以地方立法权；设立人大代表选民服务处。

目前，"法治先导区建设"是江苏省法治区域发展的一个新目标、新方向，是在新的时空条件下对建设法治中国、推进区域国家治理体系和治理能力现代化的新努力。

我们认为，江苏法治先导区建设有以下四个方面的原则要求：第一，在指导思想上，必须在坚持全国法治统一的前提下使江苏为全国的法治建设做出更多更好的、正面的指导作用和引导作用。其中，尤其是在"实现法治政府建设水平、公正廉洁司法水平、社会管理法治化水平、法制宣传教育工作水平、法治创建绩效"这五个方面，江苏要做得更好，这是江苏法治先导区建设最本质的要求。第二，在建设时间上，江苏的法治建设必须率先和领先于全国，以体现出先导的意义。江苏的发展快于全国，江苏遇到的问题早于全国，江苏提出的解决问题的措施也必须领先于全国。第三，在建设内容上，必须在已有的基础上寻找江苏法治先导区建设的突破口，从制度方面入手来抓建设。没有亮点，就没有先导区。这种亮点必须是江苏领先的，或者是江苏特有的，或者是具有江苏特色的。第四，在具体过程中，江苏法治建设必须着重实践上的探索，因而是一种动态的、渐进的过程。这有三个方面的含义：法治先导区建设最终不可能有一个静态的标准，而应该根据变化了的现实不断进行目标调整；法治先导区建设必须在吸收现有的理论成果的基础上更加注重实践探索；应该允许江苏各地围绕法治先导区建设进行丰富多彩的实践探索。

江苏的法治化建设已经走在全国前列，这为建设法治先导区打下了牢固基础。但在取得成绩的同时，江苏在先导区建设的道路上依然有许多制度难点需要克服，这恰恰是我们应该关注的制度重点。我们认为，江苏法治先导区建设的制度重点主要在于制度激活、制度清理和制度创新三个层面。

一　制度激活

江苏法治先导区建设首先应该关注那些中央及相关法律已有规定，但没有得到落实的"睡美人制度"。在现行法律制度中，存在相当多的制度休眠现象。制度休眠在很大程度上造成了中央政令不畅、百姓权益受损、法律效益极差、法律信仰不再等问题。因此，能够适时、恰当地激活这些制度就是一种突破。从这一意义上说，与其创新，不如激活。这种制度激活对江苏法治先导区建设更具实际意义。我们建议，可以选择以下两项制度进行突破。

（一）激活质询制度

质询是人大代表的一项重要权利，可以发挥重要的监督作用，程度上要比询问严厉得多。人大代表对"一府两院"等国家机关工作严重不满，或发现这些机关有失职行为，给国家和社会造成重大损失的，人大代表可以依法向人大或人大常委会对有关部门提出质询。

质询权是宪法赋予人大代表和人大常委会的权力，用以监督"一府两院"。但这项权力在我国休眠已久，我们看到更多的是人大代表软性的"建议"，有的省辖市人大常委会主任公开宣称"不搞质询"。究其原因，一是怕影响形象，以为和党委、政府对着干；二是质询案的提出受严格的时间、人数、方式等限制；三是人大代表中多数代表兼有政府职能，权力执行受制约；四是质询期短，效率低下。因此，为使质询制度"复苏"，应做到以下几点。

第一,解放思想,破除束缚。必须首先在领导层面破除"质询是事态严重、故意挑衅"的思维束缚和思想禁锢,从制度上推进和落实质询这一监督方法,提倡和鼓励人大代表依法使用质询权、善于提出质询案。人大代表可能因为无法掌握与"一府两院"之间的尺度,因而本身也受到这种观念的束缚,导致自身不能充分发挥人大代表的监督作用。实际上,质询这种监督形式是民主、法治的本质要求,它与审议报告等监督形式没有什么区别,都是推进和完善"一府两院"工作的重要手段。

第二,慎重选择质询议题。质询内容和议题的选择十分重要。当前,社会各种矛盾错综复杂,人大常委会和人大代表应该选择一些社会各界关心的话题对"一府两院"进行质询。例如,环境执法中的渎职问题、某些法院对多种类型的案件不立不裁的问题、城镇化过程中拆迁安置问题、基本农田保护问题、社会保障体系的深化问题等。这些问题是社会各界高度关切的议题,也是"一府两院"应该重点解决的问题。通过对这些问题的质询,可以推进"一府两院"的相关工作,也有利于化解多种社会矛盾。

第三,成立专门的监督机构。按照宪法等规定,人大的权力主要是立法权、监督权、人事权、重大事项决定权等。监督权是人大最为重要的权力之一,但至今为止没有具体的工作机构。虽然从理论上说,各个相关工作机构都可以承担监督的具体事务,但在实务上,没有专门的监督机构会使监督权缺乏可操作性。我们认为,较为理想的模式是,在人大及其常委会之下设立"监督工作委员会"。但考虑到现实可能性和压缩编制的需要,比较可行的方案是将现有的人大常委会"法制工作委员会"扩大为"法制与监督工作委员会",专门承担相关的立法和监督工作职责。

(二)激活备案审查制度

现在,许多问题是"源头污染":相关部门制定的地方政府规章或规范性非法律文件("红头文件")违反或规避上位法规定。针对这一问题,我们通过宪法和法律设计了"备案审查制度",即制定机关将已制定的规范性法律文件(主要是地方政府规章)或规范性非法律文件(主要是各种"红头文件")报送备案机关,由备案机关进行存档备查。虽然备案不需要对所备案的文件进行批准,但是备案并不排斥审查,以发现其是否违宪、违法或存在其他问题，并启动人大的法律监督权。

但这一制度在实际运作中已经变成了只有"备案"没有"审查"，或者只有表面而没有真正意义上的"审查"。笔者曾多次参与所谓的"审查"：一次是人大常委会法制委举行的省政府规范性文件"专家点评会"。那次会议仅请来了省政府办公厅和省政府法制办的两位处长听取6位专家的点评，没有媒体、没有讨论、没有回馈。另外两次是省政府法制办举办的规范性文件"专家点评会"，规模较大，会议邀请了各厅局、各市法制办、法规处的相关领导到场，也邀请了十几家媒体到场公开报道。但这种"专家点评会"也只是"到此为止"，没有真正的"制度效力"。

为此，应激活备案审查制度，并注意以下几点。

第一，将正式审查与非正式审查结合起来。正式审查是国家机关的审查，是具有法律效力的审查，被审查的机关应及时回应。而非正式审查是专家学者的审查，不具有法律效力，但具有较大的社会影响力，故专家学者的审查往往可以通过论证会的方式等公开进行，使公民通过媒体、网络等途径得知受审查的规范性文件的专家意见。所以，可以在正式审查之前设定非正式的专家审查，以实现以下三个目标：一是对正式审查有借鉴指导意义；二为通过对专家意见和审查机关的审查说明的公开，防止审查机关垄断审查权力、暗箱操作，使规范性文件的合法性与合理性得到真正保障；三是公民通过对两个审查理由、结果的对比，能够对规范性文件有更为深入的了解。经过简短时间的运作，必须最终使审查制度真正发挥实际作用。

第二，应强化审查制度的法律效力。审查机关对规范性法律文件和规范性非法律文件审查的结果无非是批准或撤销，但这种审查结果能否得到完全的法律效力并非一纸条文就能决定。首先，审查制度专业化。例如，必须设立专门的审查机构，审查机构的工作人员必须具备相关的专业知识，对受审查的规范性文件具有一定的辨别能力。其次，审查结果强制性。根据《立法法》、《监督法》的相关规定，对违宪、违法的规范性文件，审查机关有权予以撤销，这是审查结果强制性效力的法律来源。被审查撤销的规范性文件必须予以废除，这就要求审查机构对后续的相关工作必须进行有效监督。最后，审查结果公开性。规范性文件涉及许多公民的权利义务关系，公民应当有权获得审查结果，有权对审查结果提出异议。

第三,备案审查既应体系化,也应突出重点。根据《立法法》、《监督法》等法律的相关规定,备案审查需要体系化,即人大常委会审查政府的规章、政府审查其组成部门及其下级政府的"红头文件"等,应做到内容上全面、深入,审查机关与被审查机关一一对应,防止在权力运行中存在灰色地带。同时,备案审查还应突出重点。我国的规范性文件较多、较滥,行政权力渗透到了社会的每一根毛细血管,若是对这些规范性文件都进行全面、深入的审查,必定要消耗高昂的人力、物力资源。因此,目前应当选择一些社会高度关注的地方政府规章和"红头文件"进行审查,如对涉及医疗、教育、健康、人身自由、财产等方面的规范性文件有针对性地进行重点审查和公开审查,以便发现问题、化解社会矛盾。

二 制度清理

制度清理是指根据法律、法规、规章和相关政策对法治先导区的要求,将不利于经济社会发展,与现行法律和有关政策规定相抵触或者已被新的法律、法规、规章和政策所代替的文件等予以清理。

制度清理的主要目标有两个:一是坚守法治信仰。制度清理的基本目的是确保法治先导区建设的正确方向,顺应人民群众对科学立法、严格执法、公正司法、全民守法以及制约权力、保障权益的新期待。二是展现法治先导区的示范性。法治先导区建设将会为江苏乃至全国起到一种指导作用,因此要不断探索,在先导区内清除陈旧、落后、不合时宜的制度,确保法治的统一性和完整性。

制度清理的主要内容和标准应该着重以下两个方面。

(一)合法性

制度不可违法,因而制度清理必须首先注意地方立法或"红头文件"的合法化,这是制度清理的第一标准。目前,在合法性方面,制度清理主要应注意两个方面:

第一,应清理明显违法的规定。明显违法是指地方政府的立法或"红头文件"与法的明文规定相违背,这种相违背不存在歧义或者法理理解上的不同，是客观存在的事实，不以公务员的主观判断为前提。整体而言，现在的各种规定中，明显违法的相对较少，但并非没有。例如，《南京市古树名木保护和管理办法》第25条规定：违反本办法规定，由园林绿化行政主管部门或者其委托的单位给予处罚：（一）古树名木养护责任人未按照养护技术规范要求进行日常养护管理，致使古树名木损伤的，责令改正，并在园林绿化行政主管部门的指导下采取相应的救治措施；拒不采取救治措施的，处以一千元以上五千元以下的罚款；（二）建设单位未制定避让或者保护方案的，或者方案未经审查同意擅自施工的，或者未按照批准的方案施工的，责令限期改正，并可处以一万元以上三万元以下的罚款；（三）未经核实注销擅自处理死亡古树名木的，处以二千元以上五千元以下的罚款；（四）砍伐、擅自移植以及其他损害古树名木或者致使古树名木死亡的，按照《南京市城市绿化管理条例》的规定处罚。上述规定的第1款第1项、第2项、第3项存在问题。这三项规定的行为皆不见于上位法，属于"尚未制定法律、法规的违反行政管理秩序的行为"。《行政处罚法》第13条规定：省、自治区、直辖市人民政府和省、自治区人民政府所在地的市人民政府以及经国务院批准的较大的市人民政府制定的规章可以在法律、法规规定的给予行政处罚的行为、种类和幅度的范围内做出具体规定。尚未制定法律、法规的，前款规定的人民政府制定的规章对违反行政管理秩序的行为，可以设定警告或者一定数量罚款的行政处罚。罚款的限额由省、自治区、直辖市人民代表大会常务委员会规定。据此，《江苏省人民代表大会常务委员会关于地方人民政府规章设定罚款限额的决定》规定：省人民政府、省人民政府所在地的市人民政府以及经国务院批准的较大的市人民政府制定的规章，可以设定罚款的限额为：对非经营活动中的违反行政管理秩序的行为，设定罚款不得超过一千元；对经营活动中的违反行政管理秩序的行为，没有违法所得的，设定罚款不得超过一万元，有违法所得的，设定罚款不得超过三万元。作为地方政府规章，《南京市古树名木保护和管理办法》应该遵守上位法罚款数额的规定，但上述规定第1项、第2项、第3项设定的罚款与上位法不一致：第1项和第3项突破了"一千元"的规定；第2项突破了"一万元"的规定。其中，第2项既有可能"有违法所得"也有可能"没有违法所得"，一律规定"可处以一万元以上三万元以下的罚款"也有违反上位法之嫌。同时，第25条第1款第4项也存在问题。《南京市城市绿化管理条例》第

22 条第 1 款第 7 项规定："砍伐、擅自移植以及其他损害古树名木或者致使古树名木死亡的，除责令其按照规定的标准赔偿外，可以并处损失费一至五倍的罚款。"这里的"规定的标准"实质上将本来应当法定的处罚数额交由行政机关确定，有违处罚权法定原则。而本办法第 25 条第 1 款第 4 项所谓"按照《南京市城市绿化管理条例》的规定处罚"的规定也未能通过地方政府规章对地方性法规设定的行政处罚进行细化规定，有违处罚权法定原则。

第二，应清理规避法律的规定。这里的法律规避是指行政机关故意制造某种连接点，以避开本应适用的法律，从而使对自己有利的法律得以适用的行为。经过多年的法治建设，立法及政策明显违法的相对较少，但规避法律的规定较多。例如，《连云港市区控制和查处违法建设实施办法》第 14 条规定："违反规划方面法律法规无法采取改正措施的违法建设，由城市管理行政执法部门责令限期拆除；逾期不拆除的，由区政府（管委会）组织或者责成相关部门采取强制拆除等措施。"这一规定的依据是《城乡规划法》（2007 年全国人大常委会通过）第 65、68 条。但是，《行政强制法》（2011 年全国人大常委会通过）第 44 条规定："对违法的建筑物、构筑物、设施等需要强制拆除的，应当由行政机关予以公告，限期当事人自行拆除。当事人在法定期限内不申请行政复议或者提起行政诉讼，又不拆除的，行政机关可以依法强制拆除。"这一规定是对复议、诉讼期间不停止执行原则的突破。《连云港市区控制和查处违法建设实施办法》第 14 条以旧法（《城乡规划法》）规定作为依据，有意回避新法（《行政强制法》）的制度设计，这就涉嫌违法了。这样的红头文件还有很多，必须及时清理，以免政府违法并影响公民权益。

（二）合理性

从制度层面上说，最根本的合理性标准主要是规范权力、保障权利。在这方面，制度清理主要应注意以下几个方面：

第一，注意权力规定的明晰化。现在，许多政策规定模糊不清，为政府任意执法留下了较大的空间。例如，《连云港市区控制和查处违法建设实施办法》规定：在建违法建设一经发现，巡查人员应当及时制止；继续施工的，区政府（管委会）、相关部门应当立即采取强制措施。这里面的"巡查人员应当及时制止"、"立即采取强制措施"等说法不明确、不明晰,容易导致过度执法现象。特别需要指出的是,许多地方立法特别喜欢使用"擅自",如《南京市古树名木保护和管理办法》第 15 条规定:"未经核实注销的,不得擅自处理古树名木。""擅自"两个字含义不清、规范不明,在实际使用中特别容易给行政执法留下很大的自由裁量权。严格来说,这些规定是不合理的,应该予以清除。

第二,注意公权与私权的综合运用。政府需要有管理的公权力,但同时也需要在某些领域善于依靠私权力进行社会的治理。这方面,我们还存在较大的发展空间。以省住房和城乡建设厅、省公安厅、省环境保护厅、省交通运输厅四部门制定的《关于进一步加强建筑垃圾和工程渣土运输处置管理工作的意见》为例,该意见面临三个现实问题:缺乏足够的上位法依据(因为上位法对建筑垃圾和工程渣土运输缺乏具体明确的规定);在政府文件中的层次不高(只是一种"规范性非法律文件",是典型的"红头文件");社会反响强烈(社会各界对解决这一问题具有强烈的要求)。因此,"加强建筑垃圾和工程渣土运输处置管理工作"必须对公权与私权的治理方法加以综合运用。例如,该意见规定,建立"黑名单"、"杜绝个体渣土运输车辆参与招投标",这些规定面临缺乏上位法依据的风险。在这种情况下,应该由有权部门进行监督,在强化公权管理的前提下,将部分公权式的管理转化成私权式的治理(也是社会管理创新)。《合同法》第 6、7、8 条规定:"当事人行使权利、履行义务应当遵循诚实信用原则。""当事人订立、履行合同,应当遵守法律、行政法规,尊重社会公德,不得扰乱社会经济秩序,损害社会公共利益。""依法成立的合同,对当事人具有法律约束力。当事人应当按照约定履行自己的义务,不得擅自变更或者解除合同。依法成立的合同,受法律保护。"第 289 条规定:"从事公共运输的承运人不得拒绝旅客、托运人通常、合理的运输要求。"据此,可以在招投标中将"黑名单"、"杜绝不符合规定要求、缺乏诚信记录的渣土运输车辆参与招投标"等内容规定进运输合同中,而不是简单地在政府文件中加以规定。同时,应尽可能加大承运人的民事义务、加大公众参与的力度,并约定违反这些民事义务的或者被听证会等公众参与形式否决的承运人将失去承运资格。这样,既能合法合理地规避该意见不能设定处罚的困境,又能合法合理地强化管理的功效。

三　制度创新

江苏法治先导区建设同时意味着必须进行一定数量的制度创新，这是一种从无到有的过程。我们认为，可以选择以下几个方面或领域作为切入口：

（一）依法执政

依法执政最基本和最核心的实现方式就是支持和保障国家机关依法行使权力。这就必然地要求党必须依法进入国家权力、依法运作国家权力、依法监督国家权力、依法承担各种责任。为此，建议制定《中共江苏省委关于依法执政若干问题的决定》，对本省区域内县级以上各级党委如何依法执政做出原则性的规定，重点解决以下几个问题。

第一，党委必须确保科学立"法"。各级党委要以人民群众的利益作为决策的根本出发点，符合人民的意愿，保证党的意志和人民的意志的有机统一。在这一前提下，需要注意将党委的意志和决定上升为国家意志：有地方立法权的应该将党委决策尽可能通过地方立法上升为国家意志，没有地方立法权的应该将党委决策尽可能通过重大事项决定权上升为国家意志。没有这种转化，重大的改革措施等即不应推行。这也就是强调，人民代表大会制度是落实依法执政的根本政治制度保障，要把执政重心转移到领导和支持人民代表大会及其常委会行使职权上，摒弃党依政策对国家机关直接行使执政权的传统做法，而应依法遵循政权机关的基本运行机制进行执政活动。这里特别需要指出的是，经过我们的调查，普遍的反映是，党委书记兼任人大常委会主任不利于人大独立行使法定职权。建议在江苏法治先导区建设过程中，应该重视解决这一问题。

第二，党委必须确保严格执法和公正司法。这里最核心的问题是，各级党委不能对具体案件发号施令。事实多次证明，凡是冤假错案，大多是横加干涉的结果。因此，各级党委对执法和司法机关的领导必须遵循执法和司法规律，在领导过程中必须维护宪法和法律权威，建立法律至上的领导意识。

第三，党委决策失误应该承担相应的政治责任和法律责任。如果没有相应的立法规定或人大常委会的决定作为依据，在推行决策中造成重大失误的，应追究主要负责人和直接责任人的政治责任和法律责任；非法干涉具体案件、造成严重后果的，也应追究主要负责人和直接责任人的政治责任和法律责任。

（二）地方立法权的合理布局

目前，江苏拥有立法权的直辖市有南京、苏州、无锡、徐州四个城市。而这四个城市中，三个城市位于苏南地区，苏北地区仅有徐州拥有地方立法权。针对这一不合理的布局，在扩大地方立法权时应优先考虑苏中和苏北的地方立法权。建议在国家整体安排下，赋予南通、淮安、连云港等省辖市地方立法权。理由如下：

第一，具有一定的人才基础和群众基础。南通、淮安、连云港都汇集了大量的专家学者、法律人才，各行政机关中也有专门的法律人才，他们身处一线，在具体行政管理活动中也最了解哪些问题急需立法规范；这些地级市人大除了法律经验丰富的老同志外，还有一些刚从高等院校毕业的理论基础比较扎实的法律专业人才。其中，南通大学、淮安师范学院等都设有法学专业，可为本地提供大量的法律人才。这些人汇聚在一起，形成了强有力的地方立法人才基础。同时，这些城市也有一定的群众基础。近年来，这些城市在群众中广泛开展了声势浩大的普法教育活动，提高了全民的民主意识和法制意识。

第二，具有特殊的现实需要。南通连接上海，为了呼应上海开发，亟须地方立法权作为保障，进一步加强与上海的联系；这几年南通经济社会发展快速，南通港成为了国家主枢纽港、上海国际航运中心组合港、长江一类口岸，同时南通还是国家级外贸转型升级专业型示范基地，私营企业数、个体工商户保持全省第二，建筑业主要经济指标连续保持全省第一，赋予南通"较大的市"地位，有利于从地方立法层面为特色经济的发展增添新的动力、注入新的活力；南通岸线资源十分丰富，拥有219公里长江线和203公里黄海岸线，沿海发展战略也需要地方立法权的支撑。目前南通已经成为国家创新试点城市、知识产权示范市、全国人口计划生育综合改革示范市，获批首批创建全国质量强市示范市，而随着改革的不断深入以及经济的发展，诸多创新工作因缺乏法律支撑难以有效推进。同时，目前江苏的立法权主要集中于苏南地区，而苏中、苏北地区只有徐州拥有立法权，江苏地方立法权设立的不平衡也是江苏各地区经济发展不平衡的一个重要原因。而淮安地处江苏的腹地、连云港处于亚欧大陆桥的桥头堡，赋予其立法权有利于改变目前江苏省不合理的立法权布局；相较于苏南地区，淮安和连云港的经济发展较为缓慢，作为欠发达地区更需要立法支持发展；淮安和连云港境内河湖交错，生态环境复杂，京杭运河、淮沭新河、苏北灌溉总渠、淮河入江水道、淮河入海水道、废黄河、六塘河、盐河、淮河干流等9条河流在境内纵贯横穿，全国五大淡水湖之一的洪泽湖大部分位于市境内，还有白马湖、高邮湖、宝应湖等中小型湖泊镶嵌其间。连云港则有灌河需要立法保护。从法律上说，为灌河合理开发利用提供法律保护有其正当性。但在现行立法体制下，这却是一件很艰难的事情。一方面，灌河流域的所有县市都没有立法权。另一方面，省级地方性法规又不肯积极主动去立法。这就使得灌河合理开发利用的法律保护处于真空状态，长久以往将不利于地方经济社会的发展。因此，出于地方生态保护的考虑，我们也建议应当赋予淮安、连云港地方立法权。

（三）设立人大代表选民服务处

现在，人大代表实际上和所在选区的选民没有多少直接关系，这是人大代表被讥讽为"橡皮图章"的主要原因之一。如何让老百姓实实在在地感受到人大代表的服务、消除一些老百姓的不满、畅通一些上传下达的情况通道，是我们必须认真考虑的问题。我们认为，应设立人大代表选民服务处，并重点抓住以下几点：

第一，人大代表选民服务处可由财政负担、公费设立。根据我国的国情，我国的人大代表选民服务处应当纳入财政预算，由政府负责出资设立。人大代表选民服务处的设立应当坚持节俭的原则，避免铺张浪费导致腐败，让选民服务处的每一分钱都能扎实用到实处，为选民服务；同时，选民服务处应当坚持支出公开，保障支出的公开化、透明化，以利于选民进行监督。

第二，人大代表选民服务处应该采取定期不定期相结合的多种活动方式。可以采取接待、约见、走访等多种活动方式，如统一安排具体时间，人大代表轮流接待选民；建立人大代表接待日制度，要求人大代表每周至少接见一次老百姓，保证人大代表可以及时了解人民群众的需要；选民按照服务处公布的代表联系方式，根据需要约见代表，代表也可约谈或上门拜访选民；定期组织人大代表开展视察调研活动，深入基层走访了解情况；建立人大代表回访制度，可以采取挨家挨户拜访选民家庭和接受选区传媒采访等方式，帮助选民解决问题和困难。

第三，人大代表选民服务处应该建立实体和虚拟相结合的多种服务平台。从实体角度看，应该以人大代表选民服务处为中心，建立覆盖社会各个层面的服务平台，保证人大代表可以深入到群众中去，解决人民群众遇到的种种问题，将人大代表为民服务的意愿落实到实际层面；从虚拟角度看，可建立选民服务网站，方便选民查看资料，同时可以通过建立选民服务微博、微信等方式与选民互动，加强与选民的网络联系，增强人大代表选民服务处的亲和力。

四 结 语

除了上述制度建设的重点外，江苏法治先导区建设还需要注意制度实施和制度配套。只有全方位、立体式开展各种制度建设，江苏法治先导区才有可能真正建成。

参考文献：

1. 朱华仁：《在深化改革中推进法治先导区建设》，《群众》2014 年第 1 期。
2. 王春业、任佳佳：《长三角区域地方立法的冲突与协作》，《唯实》2013 年第 2 期。
3. 戴飞：《充分发挥法律监督职能 构建法治建设先导区》，《唯实》2013 年第 9 期。
4. 朱华仁：《深化法治建设 服务"两个率先"》，《群众》2012 年第 12 期。
5. 熊哲文：《民主法治制度创新：深圳"特"下去的路径选择》，《特区经济》2005 年第 5 期。
6. 邵建东：《德国"法治国家"理论与实践的经验及教训——兼及对"法治江苏"建设的启示》，《江海学刊》2005 年第 1 期。
7. 高元庆：《依法执政亟须制度创新》，《桂海丛论》2002 年第 2 期。

作者信息：

研究基地：江苏社会管理法制建设研究基地

承担单位：南京工业大学

首席专家：王雪峰、丁巧仁、董磊明

课题负责人：刘小冰

主要参加人员：许丽君、万瑜、周路路、张霞、宋瑞龙、张小晴、黄欣安

江苏省建立和推行"公民守法责任制"的设想

内容提要：十八大报告明确提出了法制建设的新十六字方针："科学立法、严格执法、公正司法、全民守法"。科学立法是前提，严格执法与公正司法是关键，全民守法是基础。江苏如何落实"全民守法"的要求、进一步夯实全省法治的基础是一个必须认真对待的课题。我们建议：江苏应实行"公民守法责任制"，以有效应对我国现存的"权利不饱和与义务不足"的双重压力，满足公民的基本权利需求，提升公民的自律自治能力，其建设路径主要可以从确定政府职责、梳理法律义务、建立并强化考核和奖惩机制、对梳理出的公民义务进行立法分析并提出完善建议四个方面展开。

十八大报告明确提出了法制建设的新十六字方针："科学立法、严格执法、公正司法、全民守法"。科学立法是前提，严格执法与公正司法是关键，全民守法则是基础。根据我们的观察和调查，相对而言，立法、执法和司法的制度化程度较高，认识也比较到位。但在守法方面存在的问题较多，一个基本的事实是：我们可能清楚我们的法律权利，但对我们有哪些法律义务不甚了了。其原因，一方面是本能问题，即人们对权利天然有一种亲近感，对义务则天然地加以排斥。另一方面则是制度建设不到位的问题。近年来，我们比较注重权利的宣传，但对法律义务的宣传、落实在许多时候实际上处于放任的状态。其实，守法更应该是一种他律行为和制度行为。在依法治国和"法治江苏"的宏观背景下，江苏如何落实"全民守法"的要求、进一步夯实全省法治的基础是一个必须认真对待的课题。我们建议：江苏省应实行"公民守法责任制"，以此加快"全民守法"目标的实现，促进"法治江苏"更好、更快、更全面地发展，并成为全国样本,进而助推全国范围内"全民守法"目标的实现。

一 公民守法责任制的基本特征

公民守法责任制是指系统化整理我国现行法律(含所有有效的中央立法和地方立法)所规定的各项公民义务及与之相对应的法律责任,通过执法、司法、监督与普法宣传等针对性措施,以强化公民守法观念、严格责任追究机制、提升公民自律能力的一种制度统一体。

公民守法责任制具有以下基本特征:

(一) 主体的全员性

法律的主体有不同的分类,大致而言,可分成两类:一类是"组织化"的法律主体(公主体),如国家、政党、法人、社会组织等。另一类是"个体性"的法律主体(私主体),即公民,这是一个国家政治法律生活中最广泛的自然人主体。从法律上说,"公民"这一概念有两个最基本的特点:公民范围的广泛性、公民是法定权利与义务的综合体。公民范围的广泛性决定了公民守法责任制不是仅适用于某一群体,而是需要全体公民的全员参与。现实生活中公民可能年龄不同、身份不同,但都必须遵守宪法与法律,否则就须承担相应的法律责任。

需要强调的是,建立公民守法责任制并不意味着政府、政党、法人等"组织化"的法律主体不需要守法。恰恰相反,公民守法责任制乃是以政府、政党这些享有公权力的法律主体严格守法为前提的,因为对法律秩序与公民权利最具破坏性的仍然是这些公权力。因此,对于此类公主体而言,有两个问题特别重要:一是自身是否守法,二是在对公民行为做出法律判断及责任追究时是否守法。这两个守法无法成立,则公民守法责任制就无法建立或无法有效发挥作用。

(二) 义务的必为性

突出法律义务的必为性是公民守法责任制的主要内容。公民守法责任制的建设途径包括确定组织主体、确认公民义务、明确公民责任、落实责任追究、普及法律知识等机制的建立与完善,这些都是保证公民履行法律义务的必要手段。也就是说，公民守法责任制将围绕"公民履行法律义务"展开。

在这里，公民守法责任制所强调的"义务"仅指法律义务。法律义务具有如下特点：法律义务的目的是为了维护和实现社会整体的共同利益，法律义务是国家法律规定必须为的行为，法律义务是社会普遍认为"应当为"的行为。从法律逻辑上说，法律义务的这些特点正是公民守法责任制要求公民履行法律义务的合理性所在。因此，在所有的公民义务中，法律义务是公民应该履行的最基本的、最低的义务，也是唯一一种对所有公民都具有法律强制性的义务。

需要强调的是，建立公民守法责任制并不否认权利本位对法律制度所具有的至上性作用。公民的权利要求具有天然合理的特性，这也是国家及其政府的正当性基础。实际上，建立公民守法责任制是权利本位的必然要求，因为任何权利都依赖义务的落实。因此，守法与维权是相辅相成、相互促进的。守法是维权的有力保证，而维权也必须依法进行并以自身和他人履行义务作为前提和基础。

（三）制度的综合性

在终极意义上，或者说在理想状态下，公民对法律义务的严格遵守与自觉服从依赖于公民的自觉与自律。但在现实法律生态中，法律义务的履行离不开社会制度的强制性保障，这是由制度的本质属性决定的。制度能够以其明确规范的强制形式给公民必要的外部约束与价值导向，合理的制度能够强化人们的责任心与义务感，提高公民的守法水平。同时，公民守法责任制的参与主体是全体公民，实现了社会主体的最广泛的参与；公民守法责任制的内容是要求公民履行法律义务，而法律义务所要求的事项是繁杂多样、涉及公民生活方方面面的。在这种情况下，没有制度的强制性约束是不可能实现其基本目标的。因此，为了更有效地促进公民守法，公民守法责任制应该是以一系列制度、体制、机制为依托的制度综合体。

二 公民守法责任制的正当基础与价值目标

"公民守法"不仅是十八大报告的一项要求，更是我国宪法明确规定的一项公民义务,是公民所应具备的一种基本素质。但现在,守法的现状不容乐观,主要表现为公民对个人权利的过度索取、对所应承担义务的不当回避及公民自律意识的严重缺失。这些问题的普遍存在恰恰是建立公民守法责任制的正当基础,有效解决这些问题正是建立公民守法责任制的价值目标。

(一) 有效应对"权利不饱和与义务不足"的双重社会压力

美国学者托马斯·雅诺斯基曾提出了一个极为尖锐且正确的观点:现代文明社会"并不存在权利的饱和,但真正的问题是义务的不足"。[①]这一观点一定程度上概括了江苏乃至全国"权利不饱和与义务不足"的现状:一方面,我们必须承认权利的不饱和仍然是一种普遍现象,因此,如上所述,权利本位对法律制度的构建仍然具有至上性;另一方面,我们也必须警惕法律义务与法律责任的不足与松弛,或者说,我们必须对"软国家"出现的可能保持高度的注意。这种权利不饱和与义务不足造成了双重的社会压力,而"中等收入陷阱"[②]又增加了解决这些压力与问题的复杂性。

"权利不饱和"与"义务不足"实际上是一体两面的关系。"权利不饱和"主要是指公民的某些应然权利得不到法律保障、某些法定权利得不到真正落实这两个方面。权利为什么得不到保障和落实?这既与法治本身不完善有关,更与义务不履行有关,因为权利的享有与其相对应义务的履行互为因果。由于他人恶意侵权或迟延履行、不履行义务等原因,公民的权利不一定能得到合理、充分、及时的落实。公民守法责任制的建设途径之一便是完善法制建设,这样便可以通过立法将随时代发展而不断出现的公民应有权利纳入法律规范中,扩展公民权利。而且,公民守法责任制在促进公民守法的同时会潜移默化地加强法律在公民心中的权威,这样,法治的实现便近了一步,公民权利的落实也增加了可能性。

---

① [美] 托马斯·雅诺斯基:《公民与文明社会》,柯雄译,辽宁教育出版社2000年版,第271页。
② 所谓"中等收入陷阱"(Middle Income Trap),是指当一个国家的人均收入达到中等水平后,由于不能顺利实现经济发展方式的转变,导致经济增长动力不足,最终出现经济停滞的一种状态,包括经济增长回落、民主乱象、贫富分化、腐败多发、过度城市化、社会公共服务短缺、就业困难、社会动荡、信仰缺失、金融体系脆弱等。

与此同时，我们也必须重视对公民个人义务的普遍漠视这一法律现实。很多公民认为，自己应该享有种种法律权利，却没有意识到这些法律权利的基础在哪里，没有完全意识到自己需要对国家、对社会、对其他公民应该承担哪些义务。基于其性质与职责，国家确有义务首先守法，并为公民享受权利创设更多的条件。但通过近几十年的权利发展，现在需要更多关注的是公民权利意识的扭曲以及义务意识的弱化等问题。权利和义务是互相联系、互相结合、共同存在的。作为家庭、国家、社会一分子的公民个人，在不同的社会阶层或关系领域既享有相应权利，也负有相应义务。但现状却是公民对权利的不断要求、对义务自觉不自觉的抵制。比如在对待劳动与报酬问题上，很多公民存在一种"弱劳动、强消费意识"，总希望付出少一些，报酬多一些。再如公民普遍要求政府保障道路安全、人身安全，但现实生活中总有不少人横穿马路、酒后驾驶等。公民普遍存在的这种心态在一定程度上造成了社会上唯利是图、目无法纪等现象的滋生蔓延，对公民个人及社会发展制造了障碍。概言之，没有节制的权利要求如果走得太远，会将个人甚至社会引向自私和极端的个人中心主义，社会责任将被虚化、被漠视。

对义务的强烈抵触情绪不仅存在于公民群体中，国家在对待权利义务关系时也出现了类似问题。由于我国长期处于封建集权统治之下，人们对传统的义务本位深恶痛绝，研究义务被看作是"屈服国家"或"过时的思想"，国家若倡导公民履行义务则会被认为是与崇尚权利与自由的时代主流格格不入，甚至会背上专制统治复苏的嫌疑，因此义务成了国家及理论界的一个忌讳话题，义务问题受到了忽视。比如近几年的政府工作报告提到最多的是如何保障及发展公民权利，对公民应尽的义务却很少提及；《南京市法治建设绩效指标内涵和标准征求意见稿》中共有105项标准，但其中没有一项是明确规定关于公民守法方面的，涉及最多的是公民权利保障、国家公权力的正当合法运行。然而正是义务的强制力量使权利得以实现，如果没有义务的保障，任何权利都不复存在。应该认识到：民主时代不是否定义务，而是应该强调权利与义务的统一。只有权利与义务处于平衡状态时，每个人才有可能通过义务的履行来保障自身权利的实现，并逐步实现良好的社会秩序。

针对现存的"义务不足"现象，适当更多地强调一下义务是合理的，只有如此,"义务不足"现象才会逐步改善,每位公民才会全面理解权利与义务的相关性。在此意义上,公民守法责任制强调公民履行法律义务,并辅之以法制建设的完善、法律义务的梳理、责任追究的加强、有针对性的普法等建设途径,将会促使公民自觉履行义务、促进权利发展,是解决"权利不饱和与义务不足"问题的良方。

(二) 有效满足公民基本的权利需求

权利与义务是构成法律整体的两个最基本元素,两者缺一不可。没有权利固然没有法律存在的价值,但没有与权利相对应的义务,则权利的实现就会失去保障与支撑,法律上的权利就只能停留在应然的状态。这样,法律也会失去其权威而变为泛泛的道德说教或政治宣言。权利与义务的关系主要表现在三个方面:有权利就一定有相应的义务,有义务必有与其相应的权利;义务为权利实现的条件,权利是义务履行的前提;权利的行使促进义务的自觉履行,义务的履行则促使权利的实现。其中"义务为权利实现的条件,权利是义务履行的前提"是权利义务关系的核心。

公民呼吁国家赋予自己更多权利的要求在这个"走向权利的时代"显得无可厚非,权利时代的到来对我国无疑是具有重要的现实意义:它回应了扩展权利的时代要求,反映了公民对权利的需求及对义务本位遏制的心理诉求,有助于消除我国传统的国家主义倾向,有助于弘扬公民的主体性地位,推动社会的发展。然而,通过权利与义务关系的分析我们可以发现:义务的确定与义务的信守则是权利界定和权利获得的依据。权利与义务密不可分,一味地要求权利而不履行应尽的法律义务,那么所要求的权利只是写在纸上的权利、应然的权利,只是法律所规定的权利人享有权利的资格与可能性。要使应然权利变为实有权利,就必须实现义务的切实履行。在真正的民主法治社会中,不能片面地强调增加公民个人权利而忽视法律义务的履行。

义务对于履行者来说是一种负担,但义务的履行恰恰又是履行者自身权利实现的基础,义务的履行具有保证权利必然实现的作用。由于义务具有不可放弃性、不可违背性,因此,只要义务被履行,其所意图保护的权利就必然会被实现。基于此,我们可以这样理解我国宪法将原先的公民受教育权利改为教育既是权利,又是义务:只有把受教育作为一种义务来规定,才能保证我国各地区公民尤其是青少年获得知识与文化的权利的实现。

而且,义务具有广泛的权利保护指向作用。义务所指向的被保护的权利包括个人权利、集体权利、社会共同权利,义务的履行将保证每一个公民在社会生活中都平等地享有权利。从这个意义上来讲,公民履行法律义务不仅是法治社会的必然要求,也是公民在社会中得到自我发展与完善的必要条件。否则,一切均将丧失,将不再有法律和权利。公民守法责任制中公民守法状态的形成过程正是公民义务意识的形成过程,公民守法责任制的运行会逐渐以其实在的社会效果使公民真正明白:义务履行与权利实现之间具有内在的联系,从而自觉地履行法律义务,并以此促进公民权利的进一步发展。

(三) 有效提升公民的自律能力与自治能力

国家治理与公民自治是两种既有联系,又有区别的治理方式。国家治理是指将国家作为治理的主体和主要力量,对社会进行管理和约束,从而形成一种有秩序的社会机制。在国家治理为主的社会中,国家可设定新的法律关系、确立新的社会秩序,社会生活的格局由国家来设计、确立。而公民自治则指社会秩序的设立由公民个体进行自我选择,每个公民对政府决策和社会秩序的形成都享有自己的表达与管理权利。

毫无疑问,国家权力是一种主导性的权力。然而,它也是一种有限的权力,其对社会介入的深度、广度都是有限的,受到法律的严格制约,这就需要公民自治。公民自治不仅是国家赋予公民自治权就可以实现,它还需要公民的强烈责任感与守法精神。

公民守法责任制的建立会加强公民的自律意识、义务意识并为公民自治的实现提供坚实的基础,其原因主要在于:第一,公民守法责任制以义务的履行为主要内容,并通过一系列的制度来保障义务的履行,各项法律义务的履行会为公民自治权的实现提供条件。第二,公民守法责任制的持续推行会在潜移默化中纠正公民"重权利轻义务"的错误观念,使履行义务成为一种自觉自律行为。义务在法理学上是指一种要求、约束及责任,当公民树立了正确的权利义务观后,公民的责任意识也会相应加强,这将促使公民更好地参与到社会治理中去。

三 公民守法责任制的建设路径

一项制度的推行应该是循序渐进的过程。我们认为，可以在江苏省首先试行"公民守法责任制"。理由如下：一是江苏正在努力实现"两个率先"（"率先全面建成小康社会，率先基本实现现代化"）的战略目标，江苏的法制建设也应该在全国"率先"。没有法制建设的"率先"，就不可能实现"两个率先"。二是江苏具有良好的法治基础，"法治江苏"建设已经取得了一定成效。三是在江苏试行这一制度，可以使江苏成为促进我国公民守法建设的样本，为此项制度在全国的推广打下基础。

结合江苏省实际，公民守法责任制的建设路径主要有以下几个方面：

（一）明确公民守法责任制中的政府职责

制度的建设离不开公权力的保障，而且，公民守法责任制是一项面向全体公民、在全省展开的工作，要想使其深入扎实地进行，必须明确这一制度的建设主体和具体职责，以防在推行这一制度中出现"政出多门却让公民无所适从"的尴尬局面。

出于对现有国家机关数量庞大、充分利用行政资源及节省国家财政支出等方面的考虑，在确定公民守法责任制的建设者时，不宜建立新的国家机构，而应从现有国家机构中选择。公民守法责任制的建设是一项具体的、经常性的工作，它的落实需要具体的行政权的支持。因此，配备一个有执法权的行政机关来推行此项制度是合理的。综合考虑各行政机关的日常工作量及其职责与公民守法责任制的相关性，我们建议在省政府统一领导下由省司法厅牵头，具体可由省司法厅法宣办承担这项工作。

作为公民守法责任制的建设者，省司法厅的职责主要有四项：第一，精心组织力量，系统梳理现行法律中规定的公民义务并汇编成册（《公民法律义务手册》）。第二，有组织地向各级司法行政机关及相关部门发放手册，将手册置于方便地点便于公民取阅，围绕公民守法责任制推行有针对性的普法活动。第三，指导、监督、检查公民守法责任制的执行情况，建立并强化考核和奖惩机制，并就执行中的有关问题与相关部门进行协调。第四，组织力量进行理论研究，就现行法律中对公民义务规定不规范或不完善的法律条文向有权的国家机关提出修改意见和建议。

（二）梳理公民守法责任制中公民的法律义务

系统梳理现行法律中的公民义务是建设公民守法责任制的前提和基础，其意义主要在于：在明确公民法律义务及其法律责任后，通过广泛的宣传使公民知晓自己应尽的法律义务与法律责任，这将有助于更加明确公民的法律义务、促进公民守法，也能为司法、执法、监督等提供便利。这样，一部分公民会自觉履行所知晓的法律义务，而缺乏自律及守法意识的公民也会因慑于国家强制力保障的责任追究而严格守法。经过长久的环境熏陶，守法最终会成为社会常态，并实现公民守法责任制的价值目标：不断提高公民的守法意识、责任意识，并以此不断促进公民权利的发展，不断提升公民的自律能力与自治能力。

以宪法的相关规定为例，梳理公民义务可以下面的方式呈现，如表1所示。

表1 公民义务梳理

主体	法律义务	法律依据	法律责任	执法主体
公民	受教育义务	宪法第46条	《义务教育法》第58条：适龄儿童、少年的父母或者其他法定监护人无正当理由未依照本法规定送适龄儿童、少年入学接受义务教育的，由当地乡镇人民政府或者县级人民政府教育行政部门给予批评教育，责令限期改正	当地乡镇人民政府或者县级人民政府教育行政部门
公民	向特定问题调查委员会提供必要材料的义务	宪法第71条	无相应法律责任	无相应执法主体

除了任何公民都需履行的一般性的法律义务外，也可将梳理出来的法律义务及责任分类汇编。此项工作的具体做法是：按公民职业的不同（或视具体情况按其他标准划分），把与这一主体相关的法律找出，并将

规定本主体义务与责任的法条汇总在一起。这样，该主体的义务责任便一目了然。以教师这一主体为例，与其相关的法律有《教师法》、《义务教育法》、《教育法》、《高等教育法》等，行政规章类有《〈义务教育法〉实施细则》、《教师资格条例》、《国务院关于贯彻实施〈中华人民共和国教师法〉若干问题的规定》等，与其相关的部门规章有《特级教师评选规定》、《中小学教师继续教育规定》、《〈教师资格条例〉实施办法》等，与其相关的江苏省地方立法有《江苏省技工院校教师专业技术资格条件》等。由于现行立法十分庞杂，因此，将这些义务梳理并汇编成册的任务将十分繁重。

（三）建立并强化公民守法责任制的考核和奖惩机制

公民守法责任制的实施效果很大程度上取决于政府的工作态度和工作成效。因此，必须建立并强化公民守法责任制的考核机制。目前情况下，考核仍然是有效的指挥棒。考核的基本要求是：目标明确，内容具体，重点突出，机制完善。建议将全民守法工作及其公民守法责任制与经济工作一样，纳入依法行政和法治江苏的重点目标考核范围内。在这里，尤其要强调公民守法责任制的建设者必须在省政府统一领导下监督相关执法部门严格执法。对于法律规定有明确执法主体的，不严格履行执法权限就是失职渎职，就需承担法律责任。

同时，公民守法状态的形成在很大程度上依赖于公民的自律，但公民的自律并不是时刻都能发挥关键性的作用。如上所述，法律义务在形式上限制了公民的行为选择自由，因此公民会本能地对法律义务有排斥的心理，严重的则是不愿履行法律义务（所有的违法犯罪行为实质上都是对法律义务的不遵守）。如果没有外在强制力的作用，公民守法责任制就会流于形式。因此，应建立并强化公民守法责任制的奖惩机制。这一机制主要是指通过物质或精神上的奖励对积极守法的公民进行鼓励，对违反义务的公民进行一定形式的惩戒，从而促使公民积极守法。

此处的奖惩机制可分为两个层次：（1）自治性质的奖惩。这种奖惩由贴近公民日常生活的居委会（村委会）来推行。可分成三项内容：一是奖励，奖励方式是其中的主要内容，可包括一定数额的奖金、实物奖励或者授予荣誉称号等；二是设立公民个人守法档案（可参考美国公民的诚信记录），将公民的履行义务状况记录在案，使其与公民的工作、生活及其他方面进行全方位挂钩;三是惩罚,其方式则可包括在一定范围内的通报批评、在合意基础上的一定量的罚款等。(2)法律意义上的奖惩。对守法的典型以及达到法定条件的违法犯罪行为,有权的国家机关应加大奖励或制裁力度。只有这样,公民守法责任制才能起到法律的惩恶扬善的作用。

(四) 对梳理出的公民义务进行立法分析并提出完善建议

在结束对法律义务的梳理后,相关职能部门要对所梳理的法律义务进行分析,对于一些不合时宜或不合理的义务或缺失法律义务的规定要及时报有权机关修改完善。

公民履行的法律义务应有实在的内容并且要保证义务的履行能推动社会的进步和法治的发展,否则这项义务就不具有落实的可能性或者不存在履行的必要性。然而,现有法律所规定的某些法律义务在这个层面来说是不尽完善的。一是有些法律义务的规定(如宪法所规定的"维护国家统一和全国各民族团结"义务)其道德色彩与政治意蕴过重,不具有法律上的可操作性。二是有些法律义务的规定已经不合时宜。如宪法规定公民须履行"计划生育义务",这一规定在我国老龄化渐趋显现的情况下,其弊端已逐渐显露。这些法律义务的存在会减弱公民守法的积极性,进而影响我国法治秩序的形成。三是有些法律义务缺失责任规定。通过对公民法律义务及责任的梳理我们会发现,违反公民法律义务的责任很多时候并不明确:有的义务没有相应责任,有的义务的相应责任在不同法律中存在着冲突。例如,表1中提到的宪法第71条规定:"调查委员会进行调查的时候,一切有关的国家机关、社会团体和公民都有义务向它提供必要的材料。"该条规定了公民向调查委员会就特定问题提供必要材料的义务,但在相关法律法规中却没有与这一法律义务相对应的责任追究依据。这就意味着,如果公民违反了这一义务,并不需要承担法律上的责任,缺少了国家强制力保障的义务规定便成了可有可无的摆设。责任依据是责任追究的灵魂,也是贯彻依法治国、维护公民权利的重要保障。因此,要加强责任追究机制,首先就应该保证违反义务之责任规定的明确性。

因此,在梳理出公民法律义务的基础上,相关职能部门应该根据时代要求,对这些法律义务进行立法分析和评估,并将修改建议报送有权的国家立法机关进行立法上的修正、废止或解释等。

公民守法责任制的具体建设路径图示如下（图1）：

```
                          ┌─── 明确政府责任 ───┬─ 制度建设主体，省司法厅法宣办
                          │                    │
                          │                    └─ 建设主体责任：1.梳理现行法律中
                          │                       公民义务；2.开展有针对性普法；
                          │                       3.指导监督制度的落实；4.组织理
                          │                       论研究
                          │
                          │                    ┌─ 方式一：以图表形式列明所梳理的
                          │                    │  某部法律中的公民义务、法条依据、
                          ├─── 梳理法定义务 ───┤  法律责任等内容
                          │                    │
                          │                    └─ 方式二：在方式一的基础上将梳理出
     建设路径 ────────────┤                       的内容分类汇编，如按照公民职业
                          │                       汇编法律手册
                          │
                          │                    ┌─ 考核：建议将全民守法工作及其公民
                          │                    │  守法责任制与经济工作一样，纳入依
                          │                    │  法行政和法治江苏的重点目标和考核
                          ├─── 考核奖惩机制 ───┤  范围内
                          │                    │
                          │                    └─ 奖惩：1.由贴近公民生活的居委会等
                          │                       实施的自治性质的奖惩；2.有权国家
                          │                       机关实施的法律性质的奖惩
                          │
                          │                    ┌─ 分析已梳理出的法律义务，判断这些
                          │   分析已梳理法律    │  规定是否符合时代要求、是否具有可
                          └── 并提出完善建议 ──┤  操作性等
                                               │
                                               └─ 根据立法分析和评估，将修改建议报
                                                  送有权的国家立法机关进行立法
                                                  修正、废止或解释等
```

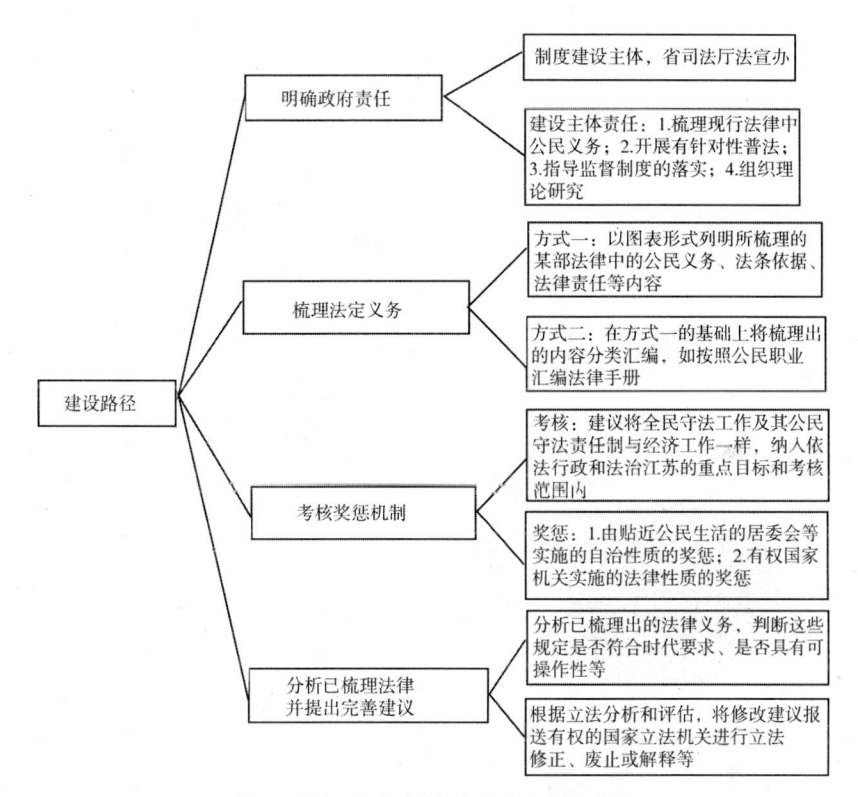

图1　公民守法责任制的具体建设路径

四　结　语

通过制度的建设、法律义务的梳理、责任机制的完善等一系列措施来推行公民守法责任制，可以营造良好的公民守法氛围，从而有效应对我国所面临的权利不饱和与义务不足的双重社会压力。公民守法责任制的核心在于梳理公民法律义务，公民法律义务的确定不仅是公民履行法律义务的必要条件，同时也是强化国家司法、执法公平公正的保障，为进一步促进公民积极守法营造良好的社会氛围。同时，公民守法责任制效果的取得不是短期就可以实现的，它需要一个在实践中不断被改进、完善的漫长过程，需要全社会的共同努力，也需要从完善立法、加强普法、规范执法、

公正司法等方面进行综合性的制度建设。只有这样，才能最大限度发挥公民守法责任制的力量。

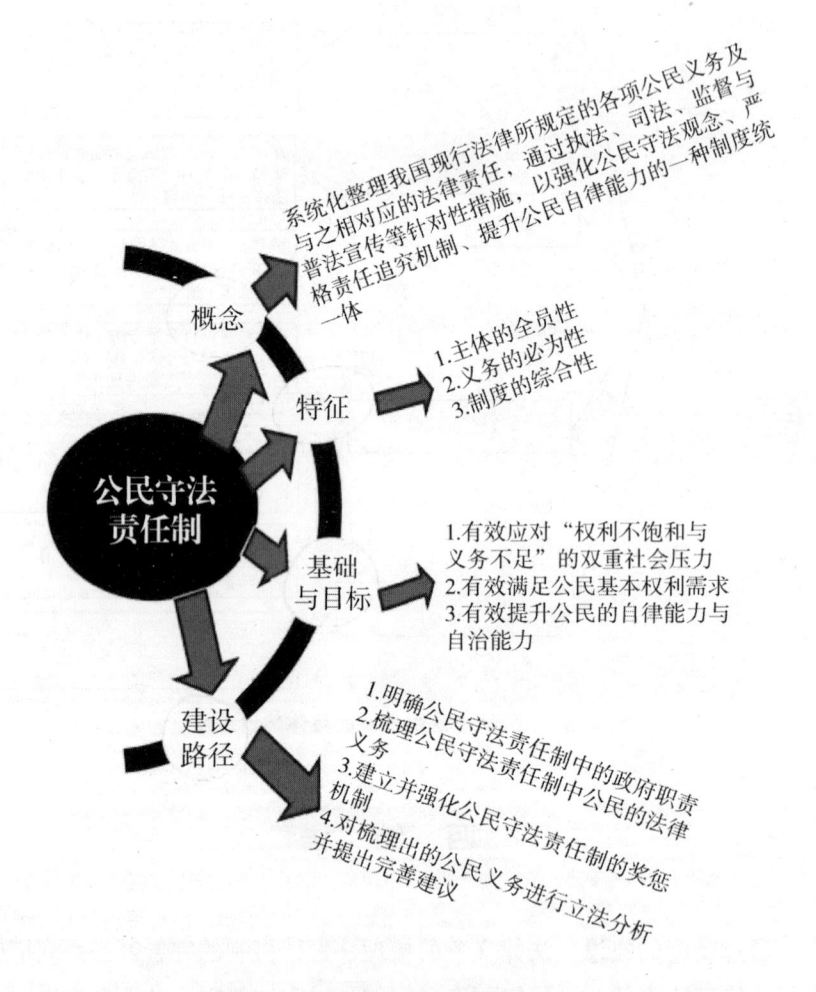

综上，可将公民守法责任制的主要内容简要图示如下（图2）：

公民守法责任制

- 概念：系统化整理我国现行法律所规定的各项公民义务及与之相对应的法律责任，通过执法、司法、监督与普法宣传等针对性措施，以强化公民守法观念、严格责任追究机制、提升公民自律能力的一种制度统一体
- 特征：
  1. 主体的全员性
  2. 义务的必为性
  3. 制度的综合性
- 基础与目标：
  1. 有效应对"权利不饱和与义务不足"的双重社会压力
  2. 有效满足公民基本权利需求
  3. 有效提升公民的自律能力与自治能力
- 建设路径：
  1. 明确公民守法责任制中的政府职责
  2. 梳理公民守法责任制中公民的法律义务
  3. 建立并强化公民守法责任制中公民的法律机制
  4. 对梳理出的公民守法责任制的奖惩并提出完善建议

图2 公民守法责任制的主要内容

参考文献：

1. 托马斯·雅诺斯基：《公民与文明社会》，柯雄译，辽宁教育出版社2000年版。
2. 张文显：《法理学》，高等教育出版社2007年版。
3. 李龙主编：《法理学》，武汉大学出版社1996年版。
4. 任剑涛：《权利的召唤》，中央编译出版社2004年版。

5. 张恒山：《义务先定论》，山东人民出版社 1999 年版。
6. 艾成忠：《论公民意识的培养》，《雅安职业技术学院学报》2011 年第 3 期。
7. 关保英：《公民用法问题研究》，《东方法学》2010 年第 5 期。
8. 那力、陈朝晖：《义务为本，和谐至上》，《理论与改革》2009 年第 4 期。
9. 李勇：《公民宪法义务的语义辨析》，《行政与法》2006 年第 9 期。
10. 梅萍：《论公民道德教育的主体自律与社会管理的结合》，《思想教育研究》2004 年第 2 期。
11. 孙笑侠：《权利本位说的基点、方法与理念》，《中国法学》1991 年第 4 期。

作者信息：

研究基地：江苏社会管理法制建设研究基地

承担单位：南京工业大学

首席专家：王雪峰、丁巧仁、董磊明

课题负责人：刘小冰

主要参加人员：许丽君、张琳

江苏城乡基层组织建设创新的
经验、启示与路径
——基于江苏"大基层组织"治理模式建构的研究

内容提要：江苏基层组织建设的经验表明，"大基层组织"建设的理念是正确的、符合发展趋势的，"大基层组织"建设的经验也是可取的，且需要继续坚持。在江苏，基层组织建设方面有多种形式的创新经验：一是发挥党组织在基层组织建设和基层社会治理中的领导作用。二是完善基层自治组织自我治理方式。三是实现基层党组织与群众自治组织的良性互动。四是完善"大基层组织"模式运作的促进机制。当然，江苏在构建"大基层组织"治理模式过程中面临着一些瓶颈制约：如"行政吸纳社会"、"多元主体缺位"、"小马拉大车"等。对于今后完善"大基层组织"治理模式的具体路径，应该注意如下几方面：高标准预期，加强"大基层组织"治理模式的顶层设计；提升能力，推动基层组织的职业化建设；减少干预，增强基层组织的自主性；搭建平台，促进基层组织参与公共服务；把握关键，提高基层组织内部运作的合理性；回应需求，完善"大基层组织"社会服务机制。

党的十八大报告明确指出："要健全基层党组织领导的充满活力的基层群众自治机制"，"在城乡社区治理、基层公共事务和公益事业中实行群众自我管理、自我服务、自我教育、自我监督，是人民依法直接行使民主权利的重要方式。"在当代社会，基层治理的意涵扩大了，基层公共事务的处理不再是政府单方面行使权力、开展管理、实施控制的过程了，而是整合包括基层党组织、群团组织、社会组织、村及社基层自治组织乃至各类社会自组织形式在内的"协同治理"过程。因此，就必须设计更民主、更开放的基层治理模式，建立基层党组织领导、政府主导、社会参与的基层组织治理格局。这要求基层组织建设与创新亦应坚持开放性、包容性，全面协同、统筹推进各类基层组织的发展，构建"大基层组织"模式。江苏基层组织建设的经验表明，"大基层组织"建设的理念是正确的、符合发展趋势的，"大基层组织"建设的经验也是可取的，且需要继续坚持。

一 江苏构建"大基层组织"治理模式的探索实践

一个国家、一个社会的稳定与发展，需要以健全的基层组织体系为基础。城乡基层组织体系主要包括党的基层组织、城乡基层社区自治组织以及群团系统的基层组织等。江苏省是全国发展快、开放程度高的省份，在实现两个"率先"的过程中遇到的社会矛盾和问题相对较早，迫切需要适应经济体制的系统改革、社会结构的深刻变动、利益格局的较大调整、思想观念的急剧转变。这自然需要创新以党组织为核心、以城乡基层社区自治组织和群团系统的基层组织为两翼的基层组织建设管理新格局，实现基层的凝聚力和发展活力。

江苏省在基层组织建设的过程中，摒弃了单纯以"党的基层组织"为基本内容的工作理念，而秉持以基层党组织为核心，包括村（社区）自治组织、基层群团组织等在内的"大基层组织"理念。

（一）发挥党组织在基层组织建设和基层社会治理中的领导作用

1. 扎实开展基层组织建设年活动

省委、省政府对基层组织建设高度重视，在 2012 年开展了"江苏省基层组织建设年"工作。以"为全面建成更高水平小康社会、开启基本实现现代化新征程提供坚强组织保证"为目标，以"强组织、增活力，创先争优促发展"为主题，以"夯实基层基础、帮助基层解难题办实事"为主要内容，以领导干部下基层"三解三促"活动，落实"深入听、切实帮、有效促"等为主要举措，为基层组织建设的有序开展、深入推进、取得实效奠定了基础。

2. 提高基层党组织的服务运作能力

比如，集中开展"百日攻坚　千村升级"行动，促进薄弱村党组织转型升级，江苏在全省推行村书记星级化考评机制，引导村书记常态争先，实行省、市、县三级联动，对所有薄弱村党组织书记开展集中轮训；在全省推行"党支部+合作社（协会）+农户"的党建富民产业模式，通过"党建强社、合作富民"主题活动促使农村党员干部领办创办农民专业合作组织，带活经济薄弱村，辐射带动农民群众增收致富，等等。

3. 扩大党的基层组织覆盖面

在不断加强机关事业单位、国企、学校等传统领域的基层组织建设基础上，通过推进建立集教育、管理、服务为一体的"党群综合服务中心"，带动经济园区、非公经济、社区等领域党建、群建协同发展。实施非公企业党建创新工程和大学生党员素质工程，扩大党组织和党的工作覆盖面。如江苏在全省建立非公企业发展党员、方法引领、党群共建、目标考核"四个常态化"机制，整体推进非公企业党组织组建工作；在全省采取"省级示范+市、县联动"方式，着力打造"服务发展能力强、凝聚职工能力强"的非公企业"双强型"党组织书记队伍，大规模培训非公企业党组织书记；集中推出红豆、沙钢、苏宁电器、雨润四个企业的党建创新工作范例，着力解决非公企业党建做什么、为什么做、靠谁做、何时做、怎么做等问题。

（二）完善基层自治组织自我治理方式

1. 加强村、居委会建设，提高村、居委会公共服务能力

村委会、社区居委会是《中华人民共和国村民委员会组织法》、《中华人民共和国城市居民委员会组织法》明确规定的村民、居民开展自我管理、自我教育、自我服务和自我监督的基层群众性自治组织，是我国基层最主要的组织形式。江苏历来重视基层自治组织体系的建设，采取"精选育、严管理、重激励"措施，加强基层组织班子建设，发挥班子的"头雁"功能，激发村、社基层的内在活力；从省、市、县各级政府抽调政治素质强、发展能力强的优秀干部到薄弱村进行挂钩帮扶，切实提高基层自治组织的服务能力；在全省推行量化考评机制，激励基层组织干部干事创业，为基层自治组织积极性、创造性的发挥奠定制度基础；省委、省政府出台扶持政策，引导发展资源开发型、资产经营型、异地发展型、为农服务型和休闲观光型等多种形式村级集体经济，使村级集体经济实力显著提升；将基层自治组织服务设施建设放在突出位置，建立村、社综合服

务中心，提升基层自治组织的公共服务能力。

2. 完善基层治理模式

江苏各地坚持拓宽渠道、创新方法，不断完善基层治理模式，促进基层自治组织的功能发挥。如张家港市建立"网上村委会"，将村级重要事务和服务管理事项在网上公开；淮安市建立农村"党群议事会"制度，推行"阳光议事六步法"，拓宽党员群众参政议政渠道；南京浦口区倡导建立的"农民议会"，在讨论制订村级经济发展计划，基础设施建设和经济项目的投资、经营及分红，宅基地使用、集体资产和财务收支管理，办理有关公共事务和公益事业，做好计划生育政策宣传执行、邻里纠纷调解等方面作用显著。

3. 促进基层群众自治组织建设发展，助力基层自治组织功能发挥

江苏以"政府支持、民间兴办、专业管理"模式，大力推进社会组织孵化基地建设，培育扶持了一批适应经济和社会发展需要的社会组织，有力推进了社会自治和基层民主建设。如经济类的农民专业合作社，据调查，江苏省乡村的农业合作社已粗具规模，尤其是大学生村官在农业合作社的倡导、组建等方面成绩斐然。农民专业合作社虽属于经济类组织，但其具有合作和互助特征，在乡村社区治理过程中发挥了一般企业或经营实体所不具有的作用，以其成员为主要服务对象，提供农业生产资料的购买，农产品的销售、加工、运输、贮藏以及与农业生产经营有关的技术、信息等服务。再如，各级政府通过政策倡导、财政扶持、场地设置等方式，大力支持基层社会的兴趣群体发展，如广场舞群体、鼓乐队、体育俱乐部等，促进了基层文化繁荣、推动了基层文明建设。又如，根据不同需求和具体情况在基层社区举办服务性、公益性和互助性社会组织、志愿服务组织，在关爱留守儿童、提供养老服务、维持基层秩序、协调邻里纠纷、保护社区环境等方面发挥了重要作用。

（三）实现基层党组织与群众自治组织的良性互动

1. 正确认识国家与社会之间的三种模式

从理论上看，国家与社会之间的关系模式有三大类：第一，不相关模式，即国家对社会基层自治的运作能力不予关注，对其运作绩效不报以任何期待，因此对其运作也不给予积极有效支持；同时，社会基层也不积极参与国家公共事务，仅仅面向本区域开展有限的自我管理活动。我国传统

社会的乡村自治即为此种模式。第二，相互对立模式，即国家与社会之间都有着较强的独立性，在公共事务处理的过程中社会基层对政府行动形成制衡乃至对抗。这是一种非合作的对抗模式，国家与社会之间存在着"此消彼长"的关系。第三，相互赋权、合作共治模式，即国家与社会和谐共存，互相支持。视对方为互补的功能结构，因此对对方的运行绩效都抱以期待，对对方的行动都给予支持。江苏省的"大基层组织"建设在本质上属于第三种模式——相互赋权、有机合作模式。

2. 准确把握基层组织建设的基本指向

江苏省"大基层组织"建设的基本目标是，更好地把组织资源转化为发展资源、组织优势转化为发展优势、组织活力转化为发展活力，为全面建成更高水平的小康社会、开启基本实现现代化新征程提供坚强组织保证，取得实效，服务于群众需求，解决基层存在的实际问题。换言之，基层组织建设目标与党全心全意为人民服务宗旨一致，与政府的公共管理、公共服务和社会治理职能一致，旨在发挥基层组织在化解矛盾、解决问题、服务群众、改善民生、促进发展等方面的积极功能。而不是在基层培养一种制衡政府、对抗国家的力量。

3. 实现基层组织建设与创新社会治理模式有机结合

将基层组织建设与创新社会治理模式紧密结合起来，以"大基层组织"建设为重点和突破口，部署推进社会治理创新工程，加快构建基层社会治理体系。按照"党委领导、政府负责、社会协同、公众参与、法治保障"的要求，探索建立以党组织为核心、基层政府行政管理和基层群众团体、自治组织管理相结合的基层社会治理体系。具体结合流动人口服务管理、社会矛盾排查化解、非公有制经济组织和社会组织服务管理、社会治安防控体系建设等领域，探索形成了"网格加网络"和"一委（社区党委）、一居（居委会）、一办（综治办）、一站（社区服务站）"式社区服务体系等行之有效的基层组织建设经验。

（四）完善"大基层组织"模式运作的促进机制

1. 完善基层治理机制

坚持党的领导、基层自治，不断发展和完善党领导的基层民主自治机制。在基层社会推行民主议事、民主决策、民主理财、民主监督等制度。城乡基层社区的人民调解、治安保卫、公共卫生等委员会以及村民居民会议、村民居民小组及其会议、村民居民代表会议等基层组织机制健全，在办理本地的公共事务和公益事业，调解民间纠纷，协助维护社会治安，向人民政府反映村居民意见、要求和提出建议等方面所发挥的作用越来越显著。

2. 通过"三解三促"推动基层组织建设

江苏制定了领导干部下基层"了解民情民意、破解发展难题、化解社会矛盾，促进干群关系融洽、促进基层发展稳定、促进机关作风转变"的"三解三促"长期制度，并对领导干部下基层"三解三促"活动中的"为什么要下"、"能不能下"、"怎么下"、"下去干什么"等一系列问题提出了具体而明确的要求。"三解三促"促使领导干部了解基层组织建设的情况，同时也为"大基层组织"建设资源的获取提供了契机。

3. 通过选聘大学生村官促进基层组织转型升级

江苏是全国最早选聘大学生村官的省份，围绕"两个率先"大局，把选聘大学生村官作为基层干部人事制度改革的重要举措、锻炼年轻干部的重要渠道、培养农村优秀人才的重要来源，探索建立了"五注重"工作机制：一是注重择优选聘，从源头上把好大学生村官入口；二是注重教育引导、分层分类培训、结对帮带指导和典型示范引领，帮助大学生村官融入基层；三是注重分类使用，支持其创业富民、参与基层组织建设、发挥优势专长，为大学生村官干事创业搭建平台；四是注重多元发展，因地制宜、拓宽渠道，既为基层留下一批骨干，培养成长一批干部，也为各行各业输送一批优秀人才，实现大学生村官有序流动；五是注重制度保障，健全配套制度、完善发展规划，为大学生村官营造良好成长成才环境，努力构建来自基层一线的优秀人才培养链。在村任职大学生村官、留村任职大学生村官为乡村社区治理输送了新鲜血液，发挥了重要作用：一是推动了基层干部队伍的转型升级，参与村务管理、农技推广、社会服务等，提升了村民委员会的自我管理、自我教育、自我服务和自我监督能力。二是大学生村官利用自己的专业特长，兼任农业科技特派员、远程教育管理员、社会体育指导员、农家书屋管理员、文娱活动组织员等职务，提高了基层组织的专业服务能力，推动了乡村文明和乡村现代化。三是大学生村官带动、组织了一大批基层自组织，如专业合作社、兴趣组织（如农民体育俱乐部）等，这些结构性要素本身也构成了整合、动员村民，表达诉求、联结村委会和政府的组织机制，为江苏农村的农业现代化和乡村社会现代化奠定了组织基础。

二 江苏构建"大基层组织"治理模式的瓶颈制约

虽然江苏在构建"大基层组织"治理模式方面取得了积极进展，但不容忽视的是仍存在一些瓶颈制约。

(一)"行政吸纳社会"：基层治理机制的制约

《中华人民共和国村民委员会组织法》、《中华人民共和国城市居民委员会组织法》明确规定，村委会、居委会是"基层群众性自治组织"，乡镇和街道对其"给予指导、支持和帮助"。江苏也在积极探索基层群众自治组织的自主治理机制。但在现实中，基层组织治理仍具有较强的"行政化"取向，乡镇和街道的"指导、支持和帮助"演变为行政隶属关系。基层组织在事实上成为承接乡镇街道以及上级政府各项工作任务的"半行政化半自治"机构，"基层群众性自治组织"被行政所吸纳，依赖行政体制开展工作，承担行政任务，而对基层群众利益需求的回应性程度较低。也可以说，在基层治理实践中，行政权与自治权的边界仍然较为模糊，压缩了基层自治空间，限制了基层组织自治功能的充分发挥。

(二)"多元主体缺位"：基层治理体系的制约

无论是西方治理理论，还是对党和政府对社会治理格局的规划，都有一个基本的要求：实现主体多元、合作共治。也就是说，"大基层组织"治理模式不仅要有乡镇街道等政府主体、代表基层自治权的"群众自治组织"，而且还应包括各类社会组织及驻区单位（如农业合作社、各类企事业单位等）。换言之，基层治理体系应由多元主体构成，并实现行政权和自治权、参与权的良性互动和协调共治。然而，受自上而下的压力型行政体制的影响，行政权在基层治理中居于核心和主导地位，而自治权和参与权都被相对剥夺和边缘化，现有的基层治理更多属于"单一中心治理模式"，基层群众性自治组织以及其他社会组织、社会主体处于缺位状态。

(三)"小马拉大车":基层治理能力的制约

"上面千条线,下面一根针",受"行政吸纳社会"基层治理机制的影响,基层组织被"摊派"了党的建设、政治建设、社会建设、文化建设、经济建设和生态建设等六大任务,并且还需接受乡镇街道安排的诸多临时性任务,如禁止焚烧秸秆、拆迁、儿童安全宣传、法制宣传等。简言之,基层承担的"事"很多。但在基层,"财"、"权"、"能"与"事"无法实现优化配置和相互匹配,致使"小马拉大车"的现象出现。首先,"财—事"不匹配。财物资源是组织运作和功能发挥的基础,但在整体上看,基层组织的资源整合能力和经费筹措能力相对较弱,致使其经费缺口较大,无法有效回应其功能需求。其次,"权—事"不匹配。基层治理涉及一些执法、司法以及强制等方面的事务,如社区内的交通管制、强制拆迁等,而这些都是自治权所不包含的。最后,"能—事"不匹配。在整体上看,基层人才资源相对缺乏,基层工作人员的学历结构、年龄结构、性别结构、专业结构、素质结构等普遍不合理,使其执行能力、服务能力、自我管理能力都与其功能需求不匹配。

三 江苏完善"大基层组织"治理模式的现实路径

对于今后完善"大基层组织"治理模式的具体路径,课题组认为应该注意如下几方面:

(一)高标准预期,加强"大基层组织"治理模式的顶层设计

各级党委、政府等体制内主体在对待基层组织时要坚持"高标准预期",不能将基层组织视为维持基层秩序、实施社会整合的权宜之计,或者将之视为一种管理、控制基层群众的工具,或者将之视为一种可有可无的草根性社会机制。而应该将基层组织定位为实现基层民主、践行公共责任的战略举措之一。具体定位和预期是:基层组织应该是政府和市场之外供给公共服务、处理公共事务的"第三种选择";应该为基层"治理"开辟新领域,为基层群众搭建起一个善的"共同体",为基层社会营造起一个积极行动、自主治理、不受外部无端干预的"公共领域";应该具备现

代性的内部运作机制，有效整合群众的利益诉求，并与政府一道满足民主的公共需求。"大基层组织"建设的结果应该是各类组织能够"肩并肩工作"，实现信息共享、优势互补，进而提供"无缝隙"、"无真空"的公共服务，而不是相互掣肘、相互制衡甚至是对立冲突、互相攻击。这属于一种"合作主义"模式，也是创新社会治理模式，促进治理能力现代化的基本举措。只有在"高标准预期"下的政策设计才能够真正促使"大基层组织"健康、可持续发展，才能使基层组织符合未来发展的长远趋势，为江苏"两个率先"发挥自己应有的功能。

（二）提升能力，推动基层组织的职业化建设

人才是组织发展和运行的"第一资源"。江苏乃至全国基层组织存在的突出问题之一是运作能力欠佳，这导致了一连串的其他问题，解决这一问题的关键之所在就是：推动基层组织的职业化建设，让更多的从事基层组织管理的专业化人才进入基层组织。用人才资源支撑"大基层组织"的建设和运行，保证"大基层组织"功能的合理、有效发挥。当然，职业化建设需要政府提供人事、社保等配套制度，对现有组织管理者开展专业化培训，培养专业化人才等。在具体推进基层组织职业化建设时还要注意分类管理、分类推进，逐步实施、扎实推进等。

（三）减少干预，增强基层组织的自主性

研究结果显示，目前江苏乃至全国的基层组织对上级组织和政府的依赖心理较强，"等、靠、要"取向严重。出现这一问题一方面是因为基层组织自身的运作能力、环境适应能力较差，只能在"等、靠、要"中维持组织生存。但不能忽视的另一个原因是，各级党委、政府采取的是管制式、压力式模式，对基层组织的运行进行了较多的行政干预，给予其过多的直接任务，而使得基层组织无暇针对具体情况自主开展服务活动，久而久之就形成了"等、靠、要"的组织文化。这种局面使得基层组织不能根据具体情况自主开展服务，反而眼睛紧盯"上面"，大大制约了基层组织服务群众的积极性和可能性。因此，需要各级党委和政府减少对基层组织运行的直接干预，通过政策引导、宏观调控、制度监管等方式规范基层组织的运行，提高基层组织运行的自主性，使其能够因地制宜、因需制宜、因时制宜、因事制宜地供给公共服务、处理公共事务。"大基层组

织"需要有与之相匹配的自主运行空间。当然，自主运行空间的搭建仅仅为基层组织功能的发挥提供了"机会"、搭建了"场域"，其功能发挥还需要提高基层组织的自主性，这是基层组织建设的重要内容之一。基层组织的自主性包括两个层面：一是自主性格，即变"等、靠、要"的组织文化为积极行动、主动参与的组织文化，主动适应环境变化、应对基层需求，根据具体情况开展自主治理；二是自主能力，即拥有较强的运作能力，在问题分析、利益整合、资源募集、服务供给、自我管理等方面可以"自给自足"。增强基层组织的自主性需要推动基层组织的职业化、培养基层组织领导者、健全基层组织运作机制等举措。

（四）搭建平台，促进基层组织参与公共服务

基层组织在社会沟通、矛盾调解、服务供给等方面都有着自己的组织优势。因此，"大基层组织"建设的应然内容之一便是给予基层组织参与公共服务的机会，通过公共参与机制、内部运行机制、公共服务委托机制（政府采购）等机制的完善，使各类基层组织方便、快捷地参与到公共治理的过程当中，发挥其组织优势，使基层群众切实感觉到基层组织的运作绩效，进而增强基层组织的社会影响和公信力。

（五）把握关键，提高基层组织内部运作的合理性

需从五个层面着手：一是提高基层组织运行的服务性，即基层组织的发展和运行必须扮演"服务者"的角色，回应和反映群众的需求，体现群众所预期的服务功能、整合功能和归属功能等。二是提高基层组织运行的民主性。通过内部决策机制、合作机制、公开机制、交流沟通机制等的完善，保证群众便捷地参与基层组织的运作，提高群众对基层组织的归属感，进而提高基层组织的整合能力和动员能力。三是提高基层组织的运作效率和绩效。基层组织具有很强的公共性，其运作的是公共资源，这客观上加剧了其运作的"官僚性"。在调查过程中，我们也发现了一些浪费、无视效率的现象。因此，需通过决策制度、财会制度、参与制度、事务公开制度、内部评估监督制度等的完善，提高公共资产的配置效率；同时避免官僚化取向，通过精简机构、改革日常管理制度等提高基层组织的运行效率，使其更加亲民、爱民、为民。四是塑造基层组织的廉洁特征。调研发现，在实际运作过程中，存在贪污、挪用、受贿、索贿等腐败现象和任

人唯亲、区别对待、粗暴管理等现象，这与基层组织的应有品性格格不入，严重降低了基层组织的公信力，因此需通过内部责任制度、监管制度和外部监管制度来塑造基层组织的廉洁特征。五是提高基层组织的环境适应性。调研结果显示，目前我国基层组织在对外关系上更多指向上级组织和政府，这限制了基层组织的资金募集能力和环境适应能力，需通过多种途径引导和加强基层组织之间、基层组织与市场组织之间的互动，以实现资金来源的多元化，提升基层组织对环境的适应能力，降低基层组织对上级和政府的单纯依赖特性。

（六）回应需求，完善"大基层组织"社会服务机制

"大基层组织"建设理念，必须被附以特定内容、运用于特定领域才能真正发挥作用。江苏基层组织建设的经验表明，只有将基层组织建设与供给公共服务、回应群众需求紧密结合，才能够真正取得实效，并得到广大群众的支持。"大基层组织"建设应切实将"实现好、维护好、发展好"基层群众的利益作为出发点。在功能上，"大基层组织"建设要着眼于公共服务的供给、公共事务的处理和公共需求的满足，由以消极控制为主转变为积极服务为主；在组织生成上，基层组织的组建要切实回应群众的公共需求，站在群众的立场上启动新组织的组建议程，以群众所期望的服务项目和品质为先决条件；在运行上，"大基层组织"建设要改变原有的管制型管理模式，转向鼓励群众参与、寻求群众支持的民主型管理模式；使基层组织的运行切实体现并回应群众的需求；在绩效评估上，"大基层组织"建设要以公共利益的实现程度、公共服务的供给量、公共事务的处理程度为基本价值准则和评价尺度；在制度上，通过基层组织的内部治理机制、外部监管与评估机制等的完善，促使"大基层组织"建设切实以公共服务供给、公共问题解决、公共事务处理为出发点和落脚点。

参考文献：

1. 朱国云：《多中心治理与多元供给——对新农村建设中公共物品的供给研究》，中国劳动社会保障出版社 2007 年版。
2. 朱国云：《社区管理与服务》，南京大学出版社 2013 年版。
3. 徐勇：《由能人到法治：中国农村基层治理模式转换》，《华中师范大学学报（哲学社会科学版）》1996 年第 4 期。

4. 程又中等：《城乡基层治理：使之走出困境的政府责任》，《社会主义研究》2009 年第 4 期。

5. 陈捷等：《共通性社会资本与特定性社会资本——社会资本与中国的城市基层治理》，《社会学研究》2009 年第 6 期。

6. 杨爱杰等：《包容性发展理念下社会基层治理的创新策略》，《学术论坛》2012 年第 9 期。

7. 张小劲等：《中国基层治理创新：宏观框架的考察与比较》，《江苏行政学院学报》2012 年第 5 期。

8. 袁方成等：《国家整合与社会融合：城乡基层治理发展趋向与对策》，《国家行政学院学报》2013 年第 3 期。

9. 顾金喜：《基层治理研究范式的完善——从抗争性政治到创造性政治的逻辑演进》，《浙江学刊》2014 年第 1 期。

10. 俞可平：《中国公民社会的兴起与治理变迁》，社会科学文献出版社 2002 年版。

11. 许海清：《国家治理体系和治理能力现代化》，中共中央党校出版社 2013 年版。

12. ［美］E. 奥斯特罗姆：《公共事物的治理之道：集体行动制度的演进》，上海三联书店 2000 年版。

13. ［美］B. G. 彼得斯：《政府未来的治理模式》，中国人民大学出版社 2001 年版。

14. J. Kooiman, *Governing as Governance*, London: Sage Publications, 2003.

15. M. Bevir, "Democratic Governance: Systems and Radical Perspectives", *Public Administration Review*, No. 66, 2006.

作者信息：
研究基地：江苏基层组织建设研究基地
承担单位：南京大学政府管理学院
首席专家：朱国云、庄同保、李强
课题负责人：朱国云
主要参加人员：安建增、周健、李跃华

江苏社区组织建设的路径分析
——在"共同体"与"契约组织"之间

内容提要："共同体"与"契约组织"各有优劣，社区组织建设的目标应该是实现社区组织的"复数性"，既尊重"平等"又包容"差异"，前者强调成员以及社区组织所蕴含的互赖与共性，发挥基层社区的整合功能；后者强调成员以及社区组织所蕴含的独立与个性，发挥基层社区的多元化发展和服务功能。依据"共同体"和"契约组织"的不同发展程度，可以将社区组织分为四个类别：离散型、现代型、传统型和混合型。社区组织建设的路径必须依据其具体情境，即社区组织建设思路要与社区发展现状相适应。

本文所指"社区组织"在范围上并非单指在城市中被冠以"社区"之名的基层单位，而且也包括农村的基层自治单位；在组织类型上并非单指党的基层组织（如党支部），而是指包括党的基层组织、村民自治组织（村委会、居委会）、村民自组织（如社区中介组织、村民小组、各类协会以及具有互益性的农业合作社）等在内的具有公共性的基层组织。

社区建设的基本面向、社区组织功能定位和性质定位在目前的学界和实务界都有较多论述。如实施社区管理与服务，开展社区自治，建立完善的社区治理结构，形成有机的社区公共生活等。[①] 但是，这些都需要以社区基层组织建设为载体和依托。因此，社区建设的根本问题是将社区建设成什么样的组织。

有学者基于实证调研和案例分析指出，"虽然社区建设被官方、媒体、学术界演绎得如此热闹，但对于居委会这样的实际操作层面来说，这

---

① 魏姝：《社区公共生活质量》，《江苏行政学院学报》2009 年第 5 期。

场运动则更像是'上面演戏、群众看戏'"。① 笔者在江苏调研时也发现,政府层面的基层组织建设可以用"如火如荼"来形容,也在办公设施建设、人才队伍建设、组织结构设置、体制机制建设等方面取得了毋庸置疑的成绩。但是,普通居民对基层组织的认同感却不高,人们对社区的归属感也远没有改革开放前强烈。为什么会出现这一问题?笔者认为,最主要的原因是当前基层组织建设的目标和依据尚不明晰。因此,本文就以社区组织建设的依据为中心,并据此提出江苏社区组织建设的基本路径。

一 现实解析:共同体与契约组织的分化与偏离

国际知名的组织社会学家斯科特(W. Richard Scott)和戴维斯(Gerald F. Davis)在他们合著的《组织理论:理性、自然与开放系统的视角》一书中写道:

"我们现今所熟知的组织形式产生于17—18世纪间的欧洲和美国,当时正值欧美政治和经济扩张时期和启蒙运动过程中。在此期间,不仅组织的数量和应用领域激增,而且发生了结构的转变,从先前的基于亲属纽带和个人关系的'公社'形式,转变为基于除了对目标和利益的共同追求外无其他联系的个人之间的契约安排的'合伙'形式。"②

这段话表明如下两方面的问题:一方面,组织理论之所以产生,是因为西方世界的社会结构发生了变化,即社会的细胞——组织从"公社"形式发展为"合伙"形式。"公社"强调礼法秩序,以血缘、邻里情感、长期合作互动而形成的互赖互信为维系纽带,恰似斐迪南·滕尼斯(Ferdinand Tonnies)笔下的"Gemeinschaft"(英文意为Community)——"共同体"。因此本文将此类组织称为"共同体"。后者强调理性收益,通过契约确定成员的权利和义务,是一种为了特定目的而"有意"创造的人际关联形式。其与滕尼斯所言的"Gesellschaft"(英文意为Society)基

---

① 何艳玲:《都市街区中的国家与社会:乐街调查》,社会科学文献出版社2007年版,第162页。
② [美]斯科特等:《组织理论:理性、自然与开放系统的视角》,高俊山译,中国人民大学出版社2011年版,第4页。

本一致。① 本文将其称为"契约组织"。显然，契约组织对科学化运作、管理效率与效益等提出较高的要求，组织理论随之而兴起。

另一方面，以契约、法理为运行机制，以个体利益获取为目标的现代契约组织是组织理论发挥作用的土壤。由于现代组织理论产生于契约组织，或者说，我们现在所研究的组织理论更多是因为契约组织内藏的理性与工于心计而产生。所以，它遗传有契约组织的"基因"。如果将组织理论应用于或者不恰当地移植到"公社"形式的共同体当中，将会出现"水土不服"的现象。

基于上述两方面的问题，我们有必要深思：江苏当前社区组织建设是基于共同体形式的，还是基于契约组织的？江苏基层社区更多表现为共同体还是契约组织？当前社区组织建设是否适应当前基层组织的属性？

（一）江苏当前社区组织建设是基于共同体形式的，还是基于契约组织的？

基于对江苏盐城、泰州、苏州、南京和常州等地的调研，可以归纳出基层政府和社区工作人员所着重强调的内容主要集中在：管理目标、管理措施、目前困境和未来展望四个层面，如表1所示。

表1　　　　　　　　基层政府和社区工作人员关注点一览表

分类	主要关注点
管理目标	发展基层民主（政治建设）；完善市场经济秩序（经济建设）；提高居民社会保障水平（社会建设）；发展社区文化（文化建设）；加强社区环境保护（生态建设）；基层党组织建设（党的建设）。常常被称为"六大建设"
管理措施	建章立制、办公条件、组织结构、项目设计、规范管理、人才队伍等
目前困境	党支部与居委会、村委会的关系不清晰；乡镇、街道与社区组织的关系未理顺；居民大会、居民代表会议以及"两委"关系不协调；基层组织工作队伍工作作风、腐败、年龄结构、素质结构等方面存在问题；基层组织建设的经费投入、办公条件、基础设施保障不足；居民与基层组织之间的关系不协调；基层组织"六大建设"的执行力不够等

---

① ［德］斐迪南·滕尼斯：《共同体与社会》，林荣远译，商务印书馆1999年版。

续表

分类	主要关注点
未来展望	组织架构合理,且关系顺畅;各类保障措施有力;基层组织运行体制机制完善;"六大建设"有序推进等

资料来源:笔者根据座谈资料整理归纳。

从这四个方面不难看出,目前在基层组织建设过程中的主要基点是"契约组织"。其主要蕴含三方面要素:

一是制度规范。在谈到成效时,几乎所有的被访者都会拿出自己所制定的"××办法"为例证,都会说"我们通过规范管理、建章立制、体制改革、制度保障等提高管理水平,提升服务质量"。在谈到问题时,几乎所有的被访者都谈到,要通过体制机制的科学化设计,才能理顺基层"两委"的关系,才能调动基层组织的积极性,并提高"六大建设"的绩效。这在很大程度上将成文的制度规则作为管理基点,试图通过理性技术来协调各种关系,指导、规范和促使基层组织的科学运作。[1]

二是利益激励。座谈记录的归纳还发现,基层政府和社区组织工作人员习惯于使用"所得—付出"这一论证方式。比如,谈到基层干部队伍建设时强调打工、创业与社区干部待遇的比较;社区项目设计与上级经费投入的关系;社区组织工作实践与居民实际好处(通常是物质利益)的关联等。即社区组织建设以及社区工作的原初激励是实实在在的经济收益,而社区情感、互信互赖等似乎所占比重不大。犹如"科学管理之父"弗雷德里克·泰勒(F. W. Taylor)所言,影响社区组织建设和社区运作的动力因素有很多,不乏自我实现、社区情感等,但经济方面的刺激更为直接,也更为持久。[2] 这一点在市场经济日益发展的今天无疑被视为最重要的激励方式。自然,社区组织建设自觉不自觉地以此为基点。

三是个体独立。涂尔干(Emile Durkheim)指出,组织是人类社会的构成细胞,每个人都被或自然或有意地安排在形式各异的组织当中。组织作为人际之间的一种关联,将一些具有"共性"的人吸纳进来,而与其

---

[1] 于显阳:《组织社会学》,中国人民大学出版社2009年版,第44页。

[2] [美]乔纳森·R. 汤普金斯:《公共管理学说史:组织理论与公共管理》,夏镇平译,上海译文出版社2010年版,第85页。

他社会关联相区别。但是，组织本身是有属性的，一种是"机械团结"，另一种是"有机团结"。"在第一种意识里，我们与我们的群体完全是共同的，因此我们根本没有自己，而只是社会在我们之中生存和活动；相反，第二种意识却把我们的人格和特征表现出来，使我们变成了个人。"①调研发现，由于个体及其家庭的主体地位在改革开放以来不断得以彰显，导致社区组织建设和运行以个体独立为基点。比如，农村干部选举、代表产生等都以个体或家庭为基础；个体或家庭在社区经济活动中也居于主体地位；社区整体利益经常遇到个体或家庭利益的博弈；等等。

（二）江苏基层社区更多表现为共同体还是契约组织？

从现实来看，当前社区组织的具体属性具有如下特点：

第一，农村社区组织受到共同体形式的影响较大。问卷调查数据显示，农村被调查者的成员身份极具交叉性，平均每个调查者具备约4个以上的成员身份（是指对被调查者生存、生活密切相关的，可置换性较低的组织），主要包括工作单位（如企业、个体组织、合作社）、家庭、家族、村社（地缘组织）、朋友圈子等。尤其需要注意的是，熟人关系、人情往来、血缘关系等确定的礼法规则（如辈分）、生活习惯、风俗文化等发挥着重要作用。这些组织运行纽带会对契约组织的运行带来冲击。比如，有被访者表示："在村里做生意，你不能丁是丁卯是卯，毕竟还得顾及大家的情面。因此，很多行为并不是按照法律制度、合同来履行的。而是靠着大家的相互了解和多年来的交往情感实施的。比如，借钱时，不会要求打欠条；合作时，并不会签订合同；做村委会主任也不会直接依据法律规定开展管理，而通常通过个人的威望、私下里沟通、个人关系解决问题。你要是严格按照城里人那套法律程序做事，反而觉得生分。"

这段话虽然很口语化，但其表明传统性的共同体在乡村社区仍然发挥着重要作用，它与现代性的契约组织如村委会、农业企业、合作社等交织在一起，亦"礼俗"亦"法理"。这是农村社区组织运行过程中必须正视的。如果对共同体及其影响视而不见，盲目推进科学化的基层组织建设，只会销蚀乡村社会的整合性。因为共同体及其影响不会在契约组织建立后自然退出，两种组织形式相互冲击、中和，既消解了共同体固有的整合

---

① ［法］涂尔干：《社会分工论》，渠东译，上海三联书店2000年版，第89—91页。

性，使乡村社会不再温情脉脉、淳朴厚雅，而充满了小市民般的斤斤计较和冷冰冰的经济理性；也会导致契约组织运行失灵，绕过符合科学原则的制度、规则而按照某种"潜规则"的方式施行。这里需要指出，城市中原有的城中村、依托某种单位而建立的家属区也具备上述特征。

第二，城市社区组织则受契约组织的影响较大，共同体属性十分微弱。尤其是城市新型商业小区，居民因房产买卖而产生了一种共同的关联——居住在同一小区。除此之外毫无其他共同性可言：首先，缺乏业缘关联。每个居民都属于不同的工作单位。他们在介绍自己时往往会说"我是某某单位的、某某公司的"，而不会说"我是某某社区的"，充其量会在深入交谈时会说"我住在某某小区"。其次，缺乏长期的地域关联。大家都是因房产买卖而新近入住，虽然未来也许会长期住在同一小区。但是此时的邻里关系显然不具备共同体意义上的初级群体属性。此时的邻里仅仅是物理意义上的"相邻"，而非感情和熟人社会意义上的群体。再次，缺乏情感关联。大家在购房之前往往没有任何交往，因此不具备情感基础；购房之后也因各自有工作共同体而缺乏互动，同时，因安全感的缺失而不愿随意互动。这样，虽是邻居，也彼此知道对方是邻居，但仍形同陌路。最后，缺乏共同体基础。新型小区里的物业管理与服务、邮递服务等都是以商业的方式实施，依据市场法则而运行。有位被访者说道："社区缺乏心灵归属感，因为完全是按照市场方式交往的。你为我服务，我向你付费，交易结束，两不相欠。之间没有什么情感、互惠因素。"这在客观上阻碍了人们的心理互赖，也扩大了人们之间的心理距离，更加偏离城市社区共同体的发展方向。

新型商业小区的契约化运行有利于提高社区服务的服务水平，促进社区服务的多元化程度。但是，其具有较强的离散性——居民更多将自己归为某一工作单位，并对其倾注了自己的情感。居住区仅仅是生活的物理场所，必需的生活服务如卫生、绿化、治安通过契约方式与物业公司发生关系，而与社区组织实施的"六大建设"却没有直接关联。正因为如此，才出现了"剃头挑子一头热"的现象——基层政府和社区组织积极地、系统地实施社区管理与服务，而居民则要么对此"浑然不知"，要么对此"视而不见"。因为，居民对社区组织的工作不抱期望，不会主动对社区组织提出诉求，也不会关注社区组织的工作绩效。在这种没有"乡愁"的情况下，社区建设的目标就是要将社区建成一种可以托付心灵和归属的共同体。相反，如果单纯依据契约组织的逻辑，就会使社区建设与民众需求的距离越来越远。2013年12月召开的"中央城镇化工作会议"就曾提出，城镇化建设不仅要让居民望得见山、看得见水，也要使居民记得住"乡愁"。①

（三）当前社区组织建设是否适应当前基层组织的属性？

有学者指出："中国的社区远非现代社会的社区，其现代性异常短缺，它在相当程度上仍是传统的延续，这一延续具有历史必然性，尽管历史已然进化。"也正因为如此，"抽象掉（绕开）基础制度框架，用心良苦地测量若干社会学公认的自治性、公共性指标来证明经典型社区在中国的存在或部分存在，这实为不值一提的易化神奇"。② 该学者的担忧并非"杞人忧天"。因为，以现代管理理论为指导，将社区视为"契约组织"，这种思路存在两方面的风险：

一是适用性风险。如果面对的是以契约组织为主导的社区，那么其促进作用明显；但如果面对的是以共同体为主导的社区，便将会捉襟见肘。比如，以法理型的契约组织管理模式在面对传统性的宗族共同体时，就会"失灵"。笔者曾访问过某地的"村民小组"，该小组组长是回乡创业的大学生，其工作激情、工作能力都是有目共睹的。但他是组内"后辈"，在开展工作时往往得依赖组内德高望重的"前辈"，涉及"前辈"利益的事务往往很棘手，采用正常的制度路径很难解决。这里就出现了矛盾，契约组织的现代管理模式遭遇了传统性的共同体。两者各有一套性质各异的运行逻辑，矛盾冲突在所难免。

二是缺失性风险。学者费林（P. Fellin）曾指出，无论是共同体还是契约组织都是为了回应成员的需要，解决成员们所面临的共同事务。③ 也就是说，共同体虽然具有某种传统属性，契约组织是伴随着现代化而发生的，但是两者并不能彼此取代，而是各有优劣。共同体在成员的归属感、共同情感、互赖互信等方面扮演着不可或缺的角色；契约组织则对人们的经济理性的满足起到了关键作用，也是现代社会发展和经济进步的关键结构。共同体因血缘、情感、地缘关系等自然而然地存在并发挥作用，强调

---

① http://news.sohu.com/20131215/n391801545.shtml.
② 庞绍堂：《论社区建设中的公共性》，《南京社会科学》2009年第5期。
③ P. Fellin, *The community and the social workers*, Itasca, IL: F. E. PEACOCK, 2001, 70.

的是同质性。"由做同样事情的人组成，任何人都习惯于服从群体的习惯，任何人的组织好的精神生活和别人的组织好的精神生活都刚好是相同。"① 契约组织则是"有意识"、有目标地创造出来的，因此而通过制度化设计、契约化约定来确立成员的权利和义务，成员在各自的权利义务边界内自主行动，强调的是差异性，也有一定的开放性。从这个角度看，最理想的社区组织应该是具有"复数性"的，既尊重"平等"又包容"差异"，前者强调成员以及社区所蕴含的互赖与共性，后者强调成员以及社区蕴含的独立与个性。因此，单纯依托契约组织采取现代组织理论开展社区组织建设的思路就显得片面。如图1所示：纵轴表示的是社区组织的平

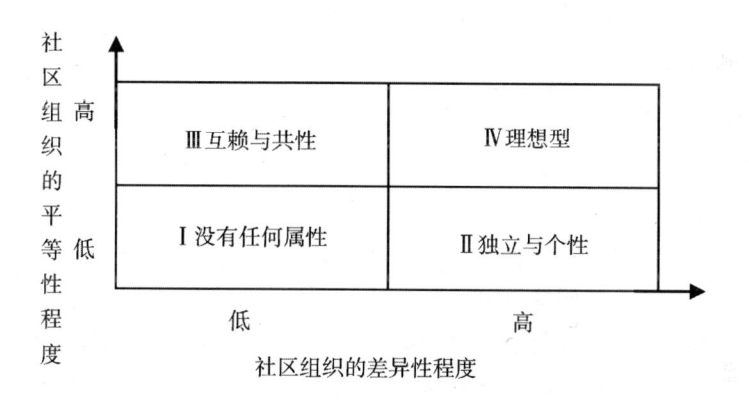

图1 社区组织的"复数性"

等性程度，自下而上平等程度越来越高；横轴表示的是社区组织的差异性程度，自左至右差异程度越来越高。当前的社区组织建设思路可归类于Ⅱ象限，忽视互赖和共性；而Ⅳ象限则是兼顾二者的，是为理想型。

二 路径设计：江苏基层组织建设的未来

如上所述，当前社区组织建设思路与社区组织的发展现状存在不适应的情况。那么，在未来选择什么样的路径呢？

---

① 李慧凤：《"共同体"概念的演变、应用与公民社会》，《学术月刊》2010年第9期。

我们还是回到原初的理论框架上去：在理论上，组织存在两种基本类别——共同体和契约组织。基于江苏的调研结果显示，农村社区往往具有共同体的属性，并受共同体的运行逻辑所左右，但纯粹属于共同体的社区组织极少；城市社区尤其是新型商业小区更多具有契约组织的属性，但完全属于契约组织的也不多，并且，缺失共同体意涵的社区组织建设效果并不好。或者说，社区组织建设的目标应该是图1所示的"理想型"。以艾米泰·埃兹奥尼（Amitai Etzioni）等为代表的社群主义（Communitarianism，又译社区主义、共同体主义）指出，理想型的社区组织建设应该兼顾"被动的设定"与"主动的探寻"。"被动的设定"强调共性与互赖，是指个体的价值、目标、行为、身份等根植于特定的共同体，理解和认识个体就必须透过他与其所植根的共同体间的关系进行，个体对共同体有着一种"乡愁"般的归属和认同。"主动的探寻"强调个性独立与差异，个体并非依附于共同体，而是在共同体生活中，"透过和别人不断地互动，经由不断地反省和探求，认知到自我和社群成员间的构成性关系，从经验中理解自己的身份，发现对自我的认同。"[①]

简言之，社区组织建设在目标上应该是寻求一种在个人独立、主体权利和公共利益、基层整合之间的平衡，独立、差异与共性、互赖之间的平衡，主体自由与公共价值观之间的平衡；在手段上应该兼顾共同体与契约组织双重逻辑，并依据具体的情境选择不同的建设思路。

实际上，在现代化过程中，共同体与契约组织是交互共生于基层社区的，具体的社区组织因此是处于"共同体"与"契约组织"之间的。如图2所示：纵轴表示的是共同体形式的主导程度，越向上主导程度越强；横轴表示的是契约组织的主导程度，越向右主导程度越强；四个象限分别代表了四种类型的社区组织情境，推进社区组织的路径设计需要依据具体情境分类实施。

第一，"Ⅰ离散型"社区组织。此类社区组织既没有建立起现代组织理论所倡导的功能结构、运行机制等，也缺乏传统共同体所拥有的归属、整合等特性。在"三集中"、征地拆迁后的安置小区常常出现此类情况。对于这类社区的建设路径是：首先，在现代组织理论的思维下实施科学化

---

① http://zh.wikipedia.org/zh-cn/%E7%A4%BE%E7%BE%A4%E4%B8%BB%E7%BE%A9.

建设，将其契约化、法理化；然后逐步依据共同体的逻辑实施建设；最终使其兼具契约组织和共同体的特征，既具备科学性，社区组织的管理与服务效率、效果都符合经济理性，又具备价值性，社区组织能够激发成员的"乡愁"，令成员视之为可以寄托心灵、委以情感的"根据地"。

	低	高
高	Ⅲ 传统型	Ⅳ 混合型
低	Ⅰ 离散型	Ⅱ 现代型

纵轴：共同体形式的主导程度
横轴：契约组织的主导程度

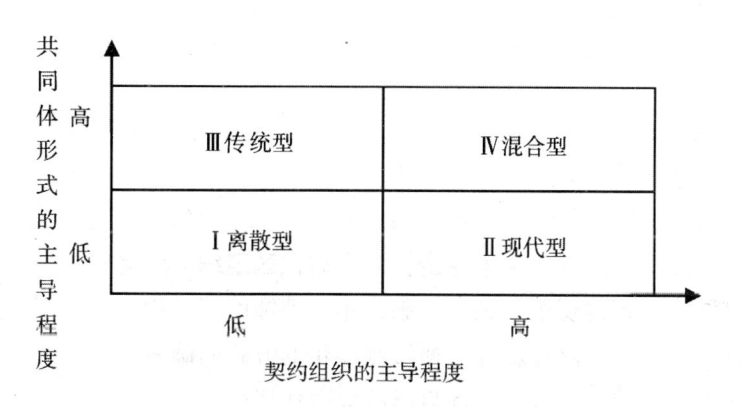

图 2 基于组织属性的基层社会分析矩阵

第二，"Ⅱ现代型"社区组织。此类社区组织在城市较为常见，大多新型商业小区都可以归为此类。它的市场化程度较为明显，成员和社区组织、物业组织之间更多呈现的是一种契约化的"服务—购买"关系，社区组织的管理与服务效率、效果比较符合经济理性。但是，一旦契约关系破裂，此类组织就会滑向"Ⅰ离散型"；同时，由于此类组织的运行偏离了共同体属性，因此无法有效塑造成员的认同和归属，不利于基层社会的整合。因此，此类社区组织的建设路径应该是：通过各种措施培育成员的共同体意识和归属感。需要指出，据笔者调查，当前更多强调依据契约组织的逻辑来开展社区建设，而不区分建设对象的具体属性。尤其是在现代型社区组织当中再一味地强调契约化、市场化时，只会进一步强化独立和差异，无益于互赖和共性的培育，有点"南辕北辙"的味道。

第三，"Ⅲ传统型"社区组织。此类社区组织在江苏并不多见，而在边远地区相对常见。此类社区组织的运行缺乏科学性，契约化、市场化程度较低，而往往以宗法、礼俗等共同体逻辑运行（电影《被告山杠爷》、《秋菊打官司》中的农村即属于此类）。虽然其中也存在党支部、村委会等具有法理性的组织，但法理组织受到共同体的严重侵蚀。不能否认此类社区能够保持稳定，在基层社会形成自然安治的秩序。同时也不能否认这种秩序是低层次的，不具备现代性。成员依附于共同体，且在共同体的价值、目标等约束下简单地追求趋同，而放弃独立、个性和多元化发展。因此，此类社区组织的建设路径应该是：适度、逐步推进法理逻辑的融入，保证契约组织的独立运行。这需要通过组织机构完善、体制机制健全、人力资源配置等多个层面的推动。需要强调，"契约组织逻辑融入"不代表"替代"和"销蚀"共同体逻辑的空间。

第四，"Ⅳ混合型"社区组织。此类社区组织在当前的农村地区较为常见，一方面政府这些年的社区建设使其在组织形式上具备了法理性，但另一方面原有的自然发展的各种共同体（宗族、亲友圈子等）仍然存在，并对契约组织的运行产生了冲击。混合型社区组织的问题就在于共同体和契约组织在运行过程中交织在一起，相互销蚀而不是相互促进。因此，此类社区组织的建设路径就在于通过制度化的方式明确两者的运行边界，保证两者互补侵蚀，又各自发挥自己的应有作用。

综上所述，（1）"共同体"与"契约组织"各有优劣，社区组织建设的目标实现社区组织的"复数性"，既尊重"平等"又包容"差异"，前者强调成员以及社区所蕴含的互赖与共性，发挥基层社区的整合功能；后者强调成员以及社区所蕴含的独立与个性，发挥基层社区的多元化发展和服务功能。（2）依据"共同体"和"契约组织"的不同发展程度，可以将社区组织分为多个类别，社区组织建设的路径必须依据其具体情境，即社区组织建设思路要与社区发展现状相适应。（3）概略而言，社区可以分为四类：一是离散型。其建设路径是：首先在现代组织理论的思维下实施科学化建设，将其契约化、法理化；然后逐步依据共同体的逻辑实施建设；最终使其兼具契约组织和共同体的特征。二是现代型。其建设路径应是：通过各种措施培育成员的共同体意识和归属感。对此类社区若再一味地强调契约化、市场化时，只会进一步强化独立和差异。三是传统型。其建设路径应是：适度、逐步推进法理逻辑的融入，保证契约组织的独立运行。四是混合型。此类社区的主要问题是共同体和契约组织在运行过程中交织在一起，且相互销蚀。因此，其建设路径就在于通过制度化的方式明确两者的运行边界，保证两者互补侵蚀，又各自发挥自己的应有作用。

作者信息：

研究基地：江苏基层组织建设研究基地

承担单位：南京大学政府管理学院

首席专家：朱国云、庄同保、李强

课题负责人：朱国云

主要参加人员：朱蠡灏、安建增、周健、李跃华

江苏地方政府服务能力
评价指标体系研究

内容提要：本文从江苏省实际形势出发，选择江苏13个地级政府为研究对象，建立地级政府服务能力评价模型及30个具体指标，并使用MATLAB数学分析软件进行Hopfield神经网络建模进行系统仿真，并用此模型对江苏政府服务能力进行评价分析。同时对分析结果进行经验分析以及专家效度检验，证明所建模型科学，Hopfield评价方法可行且方便快捷。

一 引 言

我国一直致力于服务型政府的建设。十七大、十八大报告中，都提出了建设服务型政府的任务。十七大报告指出"加快行政管理体制改革，建设服务型政府"，十八大报告中进一步明确"按照建立中国特色行政体制目标，深入推进政企分开、政资分开、政事分开、政社分开，建设职能科学、结构优化、廉洁高效、人民满意的服务型政府"。

波特指出，国际竞争中，政府尤其是地方政府扮演着重要角色，而地方政府是否具有竞争优势，其决定性因素在于政府能力。新公共管理也关注政府能力建设，该理论核心以推动政府改革、建立服务型政府、对政府公共服务能力研究为主要内容，推动政府公共服务能力建设和提升。因此，本研究具有重要的意义。

二 文献回顾与评价模型建构

(一) 文献回顾

Mann (1984) 和 Weiss (1995) 和阿尔蒙德等 (1987) 对政府能力的研究从政治视角出发,认为国家(中央政府)的能力涵盖国家专制能力与基础能力的概念,其中专制力量是决策者独立甚至是有悖于非国家行为体意愿时做出的决策能力,而基础能力是国家渗透社会,使其政策得到执行的能力。但更多的研究是从行政视角分析政府能力,尤其是涉及地方政府的服务能力研究。如 Scott and Macdorald (1975)、Cohen (1995)、Polidano (2000)、Nelissen (2002)、Coggburn and Schneider (2003)、Donahuc (2000) 等学者的研究。这些研究又可分为以下几个视角:

1. 基于运行效能或执行能力结果视角下的政府能力评价

Polidano (2000) 从三个方面定义了政府能力,即政策能力、实施权威和运作效率,并通过对这些概念的操作化分析建立起可获取数据的指标体系和评估方法,从而完成了对政府能力的量化比较研究。Donahue 等 (2000) 则通过测量政府部门的管理有效性进而对政府能力进行评估。Nelissen (2002) 区分了潜在能力和有效能力的概念,并引入 JEP 三角作为分析框架对各种新型治理模式中的政府能力评估问题进行了讨论。周平把政府能力分解为规划发展能力、制度创新能力、财政汲取能力、市场规制能力和社会控制能力五个维度,每个维度分五个等级,提出了一个量化评估县级政府政策执行能力的方法。

2. 基于应急能力视角下的政府服务能力评价

在政府应急能力评价方面,美国、日本等积累了大量的实践经验。以美国为例,1997 年由美国联邦应急管理署和国家应急管理委员会共同制定应急管理准备能力评估程序,该体系 2000 年修止后包括 13 个要素、104 个属性和 453 个特征。基于这 13 项维度,部分州建立了自己的应急管理能力评估体系,每隔一段时间进行一次评估,并且大多数都是采用评估表的形式进行。Adini 提出了应急能力的金字塔理论,该理论以计划和政策作为金字塔的底部,设备和基础设施以及人员的知识和能力作为金字塔塔身，而培训和演练则作为塔尖形成四位一体的系统评价理论，并应用该理论对非政府组织进行应急能力评价。邓云峰、张海波、杨青、韩正强、廖洁明等学者开展了城市公共事件应急管理能力评估问题课题研究。

3. 基于资源观视角下的政府能力评价

中国科学院牛文元等人（2003）在中国可持续发展评价体系中，从区域管理能力的角度对地方政府能力进行了评价。该评价针对政府对资源的配置和运用，从政府效率、经济调控和社会调控绩效三个方面展开评估，指标设置较为完善；同年，汪永成进一步把政府能力的内部构成要素概括为决定政府能力的七种资源：权力资源、财力资源、人力资源、文化资源、权威资源、信息资源和制度资源，以期为实证研究奠定基础。

张立荣、李晓园（2010）根据政府提供公共服务过程对能力类型的需求，构建了县级政府公共服务能力的结构模型，将县级政府公共服务能力划分为规划能力、资源汲取能力、资源配置能力、执行能力和危机管理能力五种亚能力，并通过实证检测，指出资源汲取能力对政府公共服务能力的影响最强。

4. 战略管理与资源观整合视角下的政府能力评价

浙江大学课题组（2005）从战略管理视角出发，结合政府五年规划内容，从资源获取能力、资源配置能力、资源整合能力、资源运用能力四个维度对政府能力进行概念化，并将每种能力层进行操作化分解为具体指标，采用AHP层次分析法进行各层次指标体系权重设计。该体系被运用于对浙江省11个地区的政府公共服务能力进行了评价。

张钢、徐贤春、刘蕾等人（2004）以资源配置理论和动态能力理论为基础，构建起政府能力的结构模型，提出了一套评估政府能力的指标体系，然后通过因子分析和聚类分析，对16个城市的政府能力进行了评估和比较，并给出了地方政府能力建设的对策建议。

5. 基于政策设计的过程视角下政府能力评价

一个合格的公共服务提供政府应扮演一个制度化政策的角色，以规范社会公共服务，并引导市场进行公平的竞争，保障社会持续发展。王骚和王达梅从政策视角出发把政府能力概括为政策问题认定能力、政策方案规划和选择能力、政策执行能力、政策评估能力、政策调整能力五个方面，深入分析了政府能力的来源及提升政府能力的一些政策措施。

(二) 理论模型

基于以上对政府服务能力研究文献的梳理，发现现有的研究主要涉及三个层面：一是当前政府服务能力供给，如政府制定政策的能力、政策运行能力、政策执行的效率等；二是政府在紧急状态下的应急能力；三是政府拥有的资源，体现了政府能力基础，决定政府未来服务能力供给。因此，本研究认为对政府服务能力评价模型如图1所示。

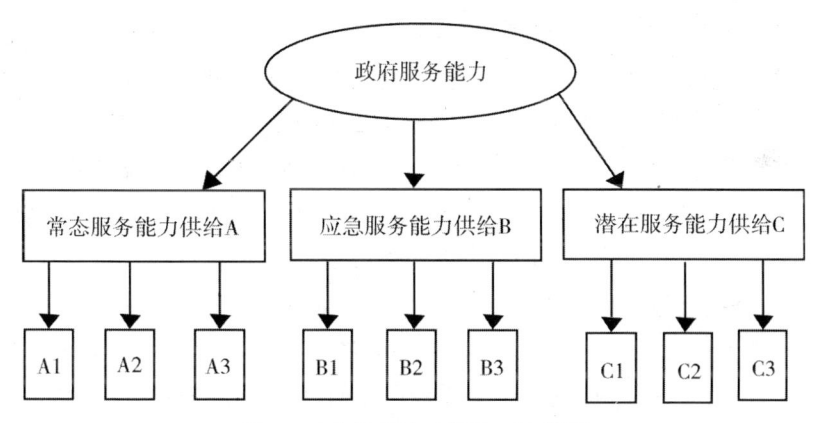

图1 政府服务能力评价理论模型

注：图中 A1 政策规制能力；A2 政策执行能力；A3 政策运行效率；B1 经济基础；B2 市民社会；B3 救援依赖；C1 预警能力；C2 回应能力；C3 反馈能力。

三 研究方法

(一) 样本选择

本文基于行政视角，选择中国基层地方政府作为研究对象，将地级与县级政府作为研究的主要目标。研究者考察比较了地级政府与县级政府的服务能力建设的区别，发现地级政府服务能力建设更具有代表性。基于为地方政府服务目标出发，本文最终选择江苏省13个地级市作为研究样本。这13个地级市包括 1. 南京；2. 无锡；3. 常州；4. 苏州；5. 镇江；6. 南通；7. 扬州；8. 泰州；9. 徐州；10. 连云港；11. 淮安；12. 盐城；13. 宿迁。除自治区、直辖市、特别行政区外，江苏省13个地级市既有来自苏南发达地区的城市，也有来自苏北非发达地区的城市，南北城市之间差异性较大，能为23个省市地级市提供参考价值。另外江苏在服务型政府建设方面有着持续一贯的努力，特别是较为公开的信息也为研究提供较好的数据支持。

（二）数据采集

本文在研究过程中，多次使用访谈获取资料。首先，对有关专家进行访谈，专家的选择要求具有相关专业博士学位，发表3篇以上公共管理相关文献，其中至少1篇为政府服务能力研究。专家人数为5人，对政府服务能力模型进行评价、修正，并提供指标建议及对定性化指标进行专家打分以及对13个地级市服务能力综合排序。其次，对江苏省地市级政府工作的公务人员进行访谈，基本职位为处级管理者及其政府政策咨询机构工作人员，年龄在30—45岁之间，主要学历为本科及以上。访谈人数15人，提供测量模型修正，以及对13个地级市综合排序。

另外，在研究过程中通过文献与实地调研获取资料。一方面通过文献整理出各类指标，本文所涉及的指标除通过访谈获得外，主要来自于各个文献。另一方面指标赋值有三个来源，统计年鉴提供定量化指标数据赋值，对部分职能部门进行实地走访与调查获取；专家评价获取定性指标数据赋值。

本文通过以上技术手段，政府服务能力评价指标池共设计108个指标，最终通过项目分析，保留30—50个指标，以供不同时期不同分析单位进行选择性应用。

本文采用以下30个指标进行江苏省地级政府服务能力评价研究。其中统计年鉴提供，获取9个定量化指标数据，从部分职能部门获取5个指标数据；专家评价获取16个定性指标数据赋值。

（三）数据采集模拟工具

本文采用Hopfield网络模型进行计算机模拟分析，实现计算机模拟的工具是MATLAB提供的神经网络工具箱。

根据上文所确立的30个三级指标，设定Hopfield网络模型的输入层为30个节点。同时确立政府服务能力为5个等级：很强（等级Ⅰ）、较强（等级Ⅱ）、一般（等级Ⅲ）、较差（等级Ⅳ）以及很差（等级Ⅴ），即输出层取5个节点。由于离散Hopfield网络为单层神经网络，因此不需要确定隐层节点个数。因此本文是通过对30个指标进行综合评价，由系统自动判断评价城市的服务能力等级。

将若干个典型的分类等级所对应的评价指标设计为离散型Hopfield神经网络的平衡点，Hopfield神经网络学习过程即为典型的分类等级的评价指标逐渐趋近于Hopfield神经网络的平衡点的过程学习完成后，Hopfield神经网络储存的平衡点即为各个分类等级所对应的评价指标。当有待分类的地方政府的评价指标输入时，Hopfield神经网络即利用其联想记忆的能力逐渐趋近于某个储存的平衡点，当状态不再改变时，此时平衡点所对应的便是待求的分类等级。

在设计思路的基础上，本课题的设计主要包括以下5个步骤，如图2所示：

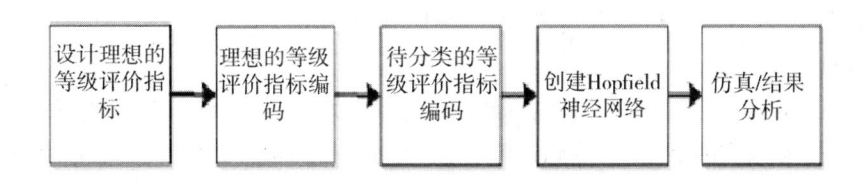

图2 政府服务能力评价过程模型

四 MATLAB计算机仿真及结果

（一）理想等级评价指标设计

原有的离散Hopfield算法是将各个等级对应的各评价指标的平均值作为各个等级的理想指标，即作为离散Hopfield神经网络的平衡点。但在本次课题的实际情况中，各地政府各自的对应指标数据会出现相差较大的情况，也就是说某些服务能力综合排名较高的政府可能在某些指标上得分或取值低于平均值，而某些服务能力综合排名较低的政府可能在某些指标上得分或取值高于平均值。由于离散Hopfield神经网络的自身特性，出现这样的情况时会导致对应城市政府的平衡点不确定,从而无法得到准确评价结果,评价误差增大,评价模型的准确性与普适性也将受到较大影响。

为了解决这一算法理论与课题实践相矛盾的问题,经过反复研究讨论,课题组最终决定对原有离散 Hopfield 算法进行修改。在改进的算法的平衡点选取过程中,课题组选择忽略各城市政府的等级考虑,而是将同一指标所有城市的数据放在一起,按取值高低和各等级对应城市数量进行划分。如此一来,既解决了各城市政府各级指标数据搜集问题,又从算法的角度保证了评价模型的客观性与普适性。

根据所设计的理想等级评价指标进行编码,并同时进行待分类的等级评价指标编码,为 MATLAB 仿真做好准备。

(二) MATLAB 计算机仿真

得到理想评价指标的编码后,即可利用 MATLAB 自带的神经网络工具箱函数创建离散 Hopfield 神经网络评价模型。网络创建完毕后,将待分类的政府等级评价指标的编码作为 Hopfield 神经网络的输入,经过一定次数的学习,便可以得到仿真结果。将仿真结果与真实的等级进行比较,可以对该模型进行合理的评价。

首先,对江苏省 13 个地方政府等级评价指标的编码建构编码保存在 sim. mat 文件中。13 个编码矩阵分别为 sim_ 1, sim_ 2, sim_ 3, sim_ 4, sim_ 5, sim_ 6, sim_ 7, sim_ 8, sim_ 9, sim_ 10, sim_ 11, sim_ 12 和 sim_ 13。其次,创建目标向量作为 Hopfield 神经网络的平衡点,该目标向量被记为 T = [class_ 1 class_ 2 class_ 3 class_ 4 class_ 5]。最后,利用 MATLAB 自带的神经网络工具箱函数 newhop,可以方便地创建离散型 Hopfield 神经网络。

(三) 仿真结果图示

仿真结果如图 3 所示。其中,第一行与图 2 相对应,表示 5 个理想的等级评价指标编码;第二行表示每组 5 个待分类的参评政府等级评价指标编码即初始指标得分编码;第三行为设计的 Hopfield 神经网络分类的结果。从图中可以清晰地看出,本次课题设计的 Hopfield 网络可以有效地进行分类,从而可以对地方政府的服务能力进行客观公正的评价。

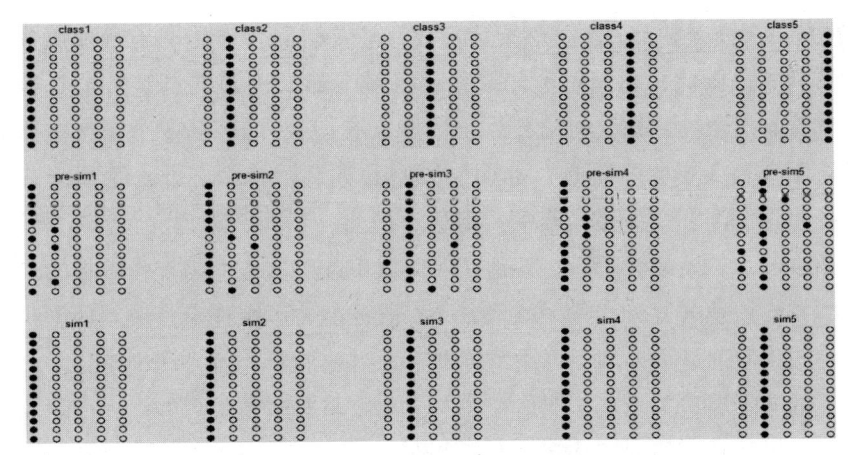

图 3　待分类的江苏省部分城市政府等级评价指标编码仿真结果
注：仿真图中的数字顺序与城市顺序分别为：1. 南京；2. 无锡；3. 常州；4. 苏州；5. 镇江。

全数据评价结果被整理成表1，其中一类城市3个，分别为南京、苏州、无锡；二类城市2个，为常州和镇江；三类城市3个，分别为南通、扬州与泰州，四类城市为徐州、盐城；五类城市为连云港、淮安与宿迁。

表1　　　　　　　　　　江苏省地方政府服务能力等级

等级	城市		
等级Ⅰ	南京	苏州	无锡
等级Ⅱ	常州	镇江	
等级Ⅲ	南通	扬州	泰州
等级Ⅳ	徐州	盐城	
等级Ⅴ	连云港	淮安	宿迁

五　评价效度分析

(一) 经验分析

在先前的研究过程中，研究者通过调查与访谈发现，在江苏省地方政府服务能力评价中，出现一个明显的层次特征，即调查对象通常会说：

"这是一个苏南城市,很显然要比苏北好。"又如:"苏南具有商业服务意识"等等。因此,我们思考如果按照区域分布,现有的调整数据是否能够和调查对象的认知具有一致性。因此,我们把江苏省13个城市按照地区层面分为3类,分别是:苏南、苏中和苏北。其中苏北:徐州、连云港、宿迁、淮安、盐城;苏中:南通、扬州、泰州;苏南:南京、无锡、常州、苏州、镇江,随后将各地区对应城市政府服务能力评价等级的得分相加作为该地区得分,各区域地方政府服务能力区域评价条形图如图4所示。图4明确显示苏南、苏中与苏北在地方政府服务能力评价得分上具有明显的递降层次关系。说明研究者关于地方政府服务能力的指标设计以及评价结果与公众的现实认知具有一致性。

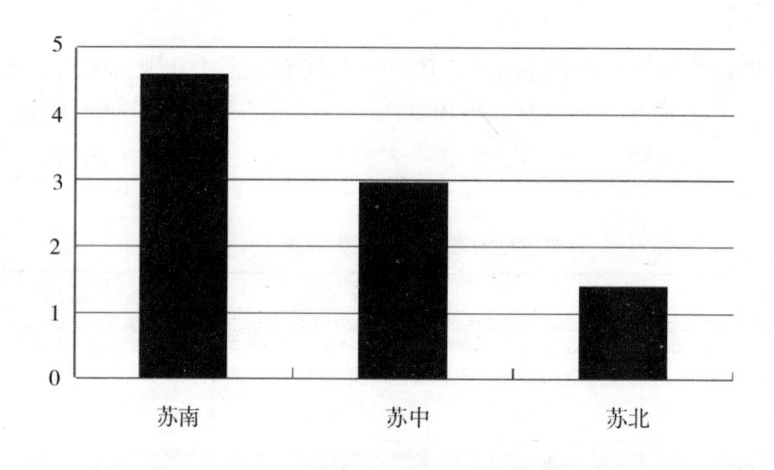

图4 区域评价平均分柱状图

(二)专家效度检验

为进一步验证研究结论的有效性,采用德尔菲法,对来自高校、研究所的公共管理专业的专家以及省级政府部门工作的副处级以上领导共计10人进行13个城市的政府服务能力排序。排序主要结果如下:南京6;无锡15;苏州20;常州46;徐州47;扬州49;镇江53;南通72;连云港75;泰州83。和本文评价结果进行肯德尔和谐相关系数检验。肯德尔和谐系数为0.769,显著性水平0.002。表明两种方案对13个政府服务能力评价具有高度一致性。

六 结论及政策建议

课题组在对国内外文献深入调研基础上并针对江苏省各类实施的评价指标体系实践进行分析的基础上,选择江苏省13个省辖市政府为分析单位,从政府服务能力评价模型设计、评价方案筛选、指标体系建构、评价体系效度分析及评价结果分析五方面进行研究。

课题组通过认真研究,建立地方政府服务能力评价模型,该模型包括现行政策常态能力、资源潜在能力与非常态应急能力三个维度,其中政策常态能力维度下涵盖政策规制能力、政策执行能力以及政策运行效率;资源潜在能力则涵盖经济基础、市民社会、外援依赖与社会安定四个子维度;非常态应急能力涵盖预警能力、回应能力、反馈能力三个子维度。

在评价方案筛选上,课题组比较了层次分析法与神经网络法,并最终通过神经网络进行权重训练法,确定系统权重。

课题组结合国内外研究文献,并根据江苏省基本省情,建立了政府服务能力指标池,以客观评价等硬性指标为主,主观评价软性指标为辅,软硬指标相结合,正向指标与反向指标相结合,同时为保障各地方政府服务能力可比性,尽量选择通用指标。目前通过文献整理、专家咨询,政府服务能力评价指标池共设计108个指标,最终通过项目分析,保留30—50个指标,以供不同时期不同分析单位进行选择性应用。

课题组从专家效度、结构效度等来评价所设计的指标体系。专家效度是考察测量内容、指标与测量目标之间的适合性和逻辑相符性。为了保证指标体系的效度,指标体系设计后,进行了一次专家效度的分析。

最后课题组对江苏省13个直辖市进行政府服务能力给出评价指数与排序。本课题在已有的研究成果基础上,提出以下政策建议,以促进在尽可能短的时间内迅速提高政府公共服务能力水平,并逐步实现基本公共服务的公平化,提高公共服务体系的有效性和可持续性。

政策建议一:以立法形式明确界定政府公关服务供给内容与涵盖范围,建构公共服务标准体系,确立政府基本公共服务供给责任,并将其纳入政府效能考核与行政体制改革中。

中国政府应提供的公共服务的具体内容目前尚未清晰界定,其类型、水平和质量在公民中有很大的差异。因此政府应建构公民享有的公共服务标准，并以立法形式体现，同时通过重新界定服务型政府职能，确立政府基本公共服务供给责任，明晰公共服务内容与质量，剥离部分非政府供给的公共服务，交由市场与非政府组织完成，实现公共服务供给的多元化参与。并且确立政府公共服务供给责任，应纳入到政府效能考核与行政体制改革中。因此应建立公共服务绩效评价与监测体系，使公共服务成为政府绩效评价的重要内容，强化对各级政府官员的激励机制，促进公共服务的有效供给。

政策建议二：地方政府应均衡供给各类公共服务，实现公共服务现在与未来均等化、公共服务对象均等化、公共服务内容均等化。

1. 公共服务供给现在与未来均等化

十八大指出"面对资源约束趋紧、环境污染严重、生态系统退化的严峻形势，必须树立尊重自然、顺应自然、保护自然的生态文明理念，把生态文明建设放在突出地位，融入经济建设、政治建设、文化建设、社会建设各方面和全过程，努力建设美丽中国，实现中华民族永续发展"。公共服务能力供给同样需要考虑持续性，公共服务供给现有水平与未来供给水平要实现均衡，通过和经济增长、生态环境相挂钩，保持公共服务供给稳步增长。

2. 公共服务对象均等化享有各类公共服务：城乡、区域、社会不同群体均等化

我国经济社会存在大量的非均衡现象，如区域发展、城乡发展、社会群体等存在显著差异，因此使得区域、城乡和社会不同群体无法均衡享有各类公共服务。城乡、区域、社会不同群体均等化并不意味着人人平均化享有公共服务，它意味着国家提供统一化的制度安排，使得全体社会成员享有公共服务的机会均等，公共服务差距控制在社会可承受的合理范围内，同时公共服务均等化只有在弱势群体都能享受到基本而有保障的公共服务的前提条件下才能实现。

3. 公共服务内容均等化：非物质性的基础公共服务与物质性基础设施服务均等化

地方政府提供的公共服务产品既包括物质性的基础设施、水电气等物品，也包括非物质性的政策、秩序和社会保障。"十一五"期间，江苏基础设施建设全面加强。"沪宁城际高铁开通运营，苏南地区进入区际通勤

时代；连云港港 15 万吨级航道建成投运，30 万吨级航道启动建设，结束了江苏无深水海港的历史；高速公路通车里程突破 4000 公里，二级以上公路密度居全国第一，所有行政村实现通等级公路，苏通大桥等 4 条过江通道建成通车。"另外在航空、能源、水利工程等方面发展成效显著。

另一方面，对基础公共产品服务如教育、公共卫生与基本医疗、基本社会保障、公共就业服务亟须改进。基础公共产品服务不仅是行政问题，还是政治问题，是社会安全、社会公平、人类基本生存权的基本保障。

基础公共产品服务供给改善与政府财政体制改革存在密切联系，中国政府财政收入逐年快速增长，为基础公共产品服务奠定良好的财政基础，但基础公共产品服务强化更依赖于政府公共支出结构的调整，政府需要重新审视公共支出结构，使得公共支出向基础公共产品服务倾斜。

政策建议三：注重科学技术手段应用，大力推进电子政务、微博、移动终端等信息技术手段的应用，提高政府公共管理与服务效率，增强政府收集、分析信息并提供信息服务能力。

电子政务是建设现代服务型政府的内在要求，它将极大地拓展政府提供公共服务的空间。建设现代电子政府能够进一步促进政府职能转变，提高政府管理运作的效率和透明度，增强政府提供公共服务的能力。江苏省自 2002 年全面转入"电子政务阶段"，2006 年《国家电子政务总体框架出台》，2008 年江苏完成地方性政务信息资源目录体系和交换体系的规划研究。在历史取得成就的基础上，未来电子政务工作重心应转向以下几个方面：

（1）电子政务工作重心将转向对信息资源、政策法规的建设与研究。

（2）以公民为中心，强调电子政务的公民服务目标，整合各级政府与职能部门门户网站，建立一统化政府网站系统。

以公众为中心，为公众提供人性化设计，考虑政府门户网站应进行系统整合以及注重网络地图导航，突出政府门户网站的信息发布、沟通与服务平台功能。整合后的不同层面政府门户网站更加突出其服务特色。

（3）网络和系统安全将成为各级政府部门关注的重点问题，网络、系统和信息安全规范将逐步完善。

网络开辟了新的空间与战场，在当前国际国内形势下，网络的物理空间和虚拟空间安全性保障是政府面临的艰巨任务。目前江苏省启用了电子政府、电子商务数字认证中心，网络与信息安全已有了初步基础，未来将进一步重视网络与系统的安全工作。

（4）注重微博、移动终端等新兴技术手段应用。

人民网舆情监测室与新浪微博共同发布 2012 年上半年新浪政务微博报告显示，全国政务微博已达 4.5 万家，江苏省政务微博 4752 家，数量跃居全国第一。目前微博发展仍处于自发阶段，政府微博在传播信息和回应民众诉求等方面还良莠不齐，政府应进行统一规划，并对各级政府部门及官员进行培训，积极发挥微博问政实时功能。当务之急政府应把微博与移动终端等纳入电子政务系统，既要保持其系统型管理，又要保持相对独立功能，目前江苏已开通微江苏网（测试版），可以说是一个有益的尝试。

借助新兴科学技术手段，建设快捷、通畅、及时、准确的公共信息网络，增强政府对危机信息的获取与分析能力；并通过即时信息发布，掌控舆论舆情，从而提高政府在公共服务综合能力，尤其是在政府应对公共危机事件时，能够提高政府对公共危机事件的决策与处理能力。

参考文献：

1. 王绍光、胡鞍钢：《中国国家能力报告》，人民出版社 1996 年版，第 3 页。

2. 刘熙瑞：《服务型政府——经济全球化背景下中国政府改革的目标选择》，《中国行政管理》2002 年第 7 期，第 35—37 页。

3. 刘熙瑞：《切实加强积极服务型政府的研究和建设》，《新视野》2004 年第 2 期，第 47—49 页。

4. 井敏：《构建服务型政府的理论与实践》，北京大学出版社 2006 年版，第 72 页。

5. 黄荣健：《公共管理学》，社会科学文献出版社 2008 年版。

6. 赵爱英：《构建公共服务型政府的必然性和路径选择》，《天水师范学院学报》2007 年第 6 期，第 49—50 页。

7. 陈文清、廖廷辉：《关于建立政府绩效管理制度基本框架的思考》，《中国行政管理》2009 年第 9 期，第 26—28 页。

8. 孟彦：《服务型政府视角下的政府绩效评估研究》，山西大学，2009 年。

9. 吴建南、张翔：《政府绩效的决定因素：观点述评、逻辑关系及研究方法》，《西安交通大学学报（社会科学版）》2006 年第 9 卷第 1 期，第 7—13 页。

10. 《中国大百科全书：社会学卷》，中国大百科全书出版社 1991 年版，第 311—312 页。

11. 金太军:《新公共管理:当代西方公共行政的新趋势》,《国外社会科学》1997年第5期。

12. 张康之、李传军、张璋:《公共行政学》,经济科学出版社2001年版,第28—29页。

13. 朱庆芳、吴寒光:《社会指标体系》,中国社会科学出版社2001年版。

14. 沈荣华:《提高政府公共服务能力的思路选择》,《中国行政管理》2004年第1期,第29—32页。

15. 郭济:《行政管理体制改革:思路和重点》,国家行政学院出版社2007年版,第11页。

16. 费斯勒:《行政过程的政治——公共行政学新论(第二版)》,中国人民大学出版社2002年版,第434页。

17. 柯武刚、史漫飞:《制度经济学:社会秩序与公共政策》,商务印书馆2000年版,第32页。

18. 周开利、康耀红:《神经网络模型及其MATLAB仿真程序设计》,清华大学出版社2004年版,第11页。

19. 闻新、周露、李翔等:《MATLAB神经网络仿真与应用》,科学出版社2003年版,第3页。

20. 周继成:《人工神经网络》,科学普及出版社1993年版,第56页。

21. 张立明:《人工神经网络的模型及其应用》,复旦大学出版社1993年版,第43页。

22. 胡伍生:《神经网络理论及其工程应用》,测绘出版社2006年版。

23. 杜栋:《现代综合评价方法与案例精选》,清华大学出版社2005年版。

24. Gronroos C., *Service Management and Marketing*, Leington Massachusetts: Lexington Books, 1990.

25. Christopher Hood, "Paradoxes of Public-sector Managerialism, Old Public Management and Public Services", *International Publie Management Journal*, No. 3, 2000, pp. 1-22.

26. Kettl, D. I., "Putting Performance Management to Work in the Federal Government", 2001 Annual Meeting of the American Political Science, 2001.

27. Murphy, E., "Community Care Ⅱ Possible Solutions", *British Medical Journal*, No. 296, 1988, pp. 5-8.

28. Stephen P. Heyneman, "The Growing International Commercial Market for Educational Goods and Services", *International Journal of Educational Development*, No. 21, 2001, pp. 345-359.

29. Julia A., Heath, "The Financing and Provisioning of Education and Health Services

in Developing Countries Review Article", *Economies of Education Review*, No. 3, 1998, pp. 359-362.

30. Nyhan, Ronald & Hebert, "Performance Measurement, In The Public Sector: Challenges And Opport unity", *Public Productivity & Management Review*, Vol. 18, 2000.

31. The World Bank, "Social Accountability in Public Sector", Washington D. C.: The World Bank, 2005.

作者信息：
研究基地：江苏服务型政府建设研究基地
承担单位：南京理工大学人文学院
首席专家：程倩
课题负责人：胡婉丽
主要参加人员：胡浩祥、葛小抱、顾颖、赵殷、李宇轩

后单位时代组织伦理的现状与影响因素
——"集团伦理与社会中层结构发展"调研报告

内容提要：单位组织，作为中国特有的制度化组织形态，其伦理安排上的"依赖性结构"维持了个人利益、单位利益与国家利益的内在一致性，保证了中国社会的有序稳定。随着改革开放推行以及市场经济确立，单位制度开始式微，原本具有政治、经济、伦理复合功能的单位组织日益向具有现代意义的组织转变，个人、单位、国家成为有着不同利益诉求的道德主体，在原先的结构性约束消解，主体内在自我约束不足，而新的社会约束尚未建立之前，组织伦理认同丧失和道德责任缺乏等问题便开始呈现。本课题立足中国单位组织从传统伦理向现代伦理转型的社会语境，以江苏省为例，通过问卷调查的方式探究江苏省单位组织伦理道德的发展状况、影响因素以及江苏省组织道德建设的经验教训，并结合实际对社会中层结构即组织的道德建设提出对策建议。

一　前　言

（一）调查研究背景

改革开放前的中国，人们很少对单位组织进行伦理争议和道德反思。在中国特色的组织化社会管理建制即单位制度中，单位既是安顿人们生活和精神的伦理实体，也是执行社会主义计划经济的道德活动主体。个人、单位与国家在整个社会的伦理安排上呈现出一种"依赖性结构"，即个人对单位的依赖，单位对国家的依赖。个人利益、单位利益与国家利益具有内在的一致性，其道德行动呈现出一种自下而上的"依赖性向量"，集体主义原则是单位组织乃至单位成员的道德行动逻辑。随着计划经济向市场经济的转变，原先意义上的单位制度开始式微，个人、组织从原有制度结构中解放出来，个人、单位、国家之间的利益不再高度一致，而是既有内在关联也有潜在冲突。

随着市场经济的深入，原本具有政治、经济、伦理复合功能的单位组织日益向具有现代意义的组织转变。在快速转型的进程中，一方面，单位组织获得了独立，活力的释放、效率的提高，给中国社会带来了高速发展；另一方面，由于制度的不健全、文化的多元化和价值观念的冲突，单位组织的伦理道德出现新的问题，主要表现在单位组织内部的伦理认同和单位组织道德责任的承担上。伦理认同丧失和道德责任缺乏的实践呈现，便是成员归属感的缺乏、忠诚感的降低，以及单位组织不道德行为的大量出现。当代中国单位组织正处于从传统伦理向现代伦理转型的过程之中，这是失范与建构、裂变与提升并存的伦理变迁过程，也是道德建设急需加强的关键过程。只有立足于中国单位制度变迁的社会语境，客观把握目前单位组织伦理道德的现状及其影响因素，依据组织伦理理论的创新应用，才能更为有效地进行当代中国社会的道德建设。

（二）调查研究目标

通过调查研究，我们希望：把握江苏省单位组织伦理道德发展的状况；分析影响组织道德的因素；为政府、企业等单位组织提升道德提供决策依据。

具体目标有三：

目标一：对组织伦理的现状进行系统深入的调查研究；

目标二：对组织道德的影响因素进行调查分析；

目标三：依据组织道德发展的前沿理论，参照发达国家组织道德建设的先进经验，探寻组织道德建设的实践对策。

总之，通过调查希望达成的目标是：描述当前江苏组织伦理的现状，调查分析影响组织道德的因素，根据组织伦理理论及发达国家的实践经验，结合实际对组织道德建设给出富有成效的对策建议，充分发挥单位组织在现代中国和谐伦理与道德建设中的地位和作用。

(三) 调查设计

1. 问卷设计和分析框架

为了进行社会调查，我们在设计问卷时，必须将一般性概念转换成具体的、可以测量的变量。对于组织伦理及组织道德影响因素的变量操作，我们遵循了以下分析框架和操作设计：

组织伦理状况。问卷从组织伦理意识、组织伦理制度与组织伦理实践三个维度进行设计。组织伦理意识，从对伦理规范的意识、伦理问题的态度及组织伦理的自我认同三个方面进行设计；组织伦理制度，从组织伦理规范、组织伦理教育、组织伦理监督、组织伦理保障四个方面展开；组织伦理实践，围绕组织伦理在处理利益相关者关系时的角色担当进行设计。

组织道德的影响因素。问卷从宏观、中观和微观三个层面进行设计。设计的理论依据是，从组织伦理学的角度来看，组织是一个在有限理性制约下不断演化变动的生命体，组织道德不简单取决于组织领导者或其成员的道德行为和素质，而且与文化传统依赖、制度伦理环境、社会伦理资源及组织伦理设计相关。

2. 调查对象和组织实施

本次调查的基本对象包括经济组织（企业）、行政组织（政府机构）、事业单位（学校、医院）等。调查在江苏省辖城市中开展，以地级市为单位，根据配额抽样的方法，苏南选择苏州、无锡、常州3市，苏中选择南京、扬州、南通3市，苏北选择徐州、连云港、淮安3市进行了调查。共发放问卷1200份，回收有效问卷1009份，有效回收率为84.08%。访谈不同类型组织个案12个。

调查主要集中在2013年4月到2013年12月展开。为使问题分析深入，本调研报告数据以此次调研为主，并综合比较了课题组持续8年的三次入调查数据。①

---

① 本调研报告采用数据来自三次调查：第一次是2006—2008年持续三年的调查。系国家重大招标课题的子课题组织伦理研究，投放调查问卷1000份；第二次是2009—2011年持续三年的调查。系教育部课题，问卷发放1200份；第三次是2013年在江苏省进行的调查，问卷发放1200份。问卷有效回收总数近3000份。三次调查虽容量不等，但问卷内容有递进性、相关性，调查内容具有较强的持续性与可比性。三次调查都建立了信息库，在本文中分别以"信息库一"、"信息库二"、"信息库三"标注。

为保证调查质量，我们对调查员培训、调查实施、问卷编码、数据录入、清理等各个环节加强了质量控制。在调查实施中，采用了调查员自查、调查指导员复查、课题组分别核查的三级质量控制方法。全部调查结束后，我们又通过 SPSS13.0 统计软件进行数据处理与分析研究，保证了调查数据及其分析的可靠性。

（四）主要发现

发现 1：组织伦理道德的总体状况不断改善，且呈现差异化、不平衡特征。

发现 2：组织自身道德意识初步确立，但发展不同步，组织总体道德发展水平尚待提高。

发现 3：领导者的道德素养是影响组织道德状况的重要因素，领导者道德素养参差不齐。

发现 4：组织内部伦理制度的建设有所增进，但差异性较大，总体仍有不足。

发现 5：组织道德存在"自利性"趋势，伦理风险的防范不够，伦理管理能力需要加强。

二 调查发现

（一）组织伦理道德的总体状况不断改善，且呈现差异化、不平衡特征

8 年来持续三次大调查的数据显示，组织伦理道德的总体状况不断改善，但不平衡、差异化的特征依然存在。

通过调查分析，我们可以推出这样的结论：单位制度的转型已经从根本上触动和改变中国社会的伦理结构，引发单位组织伦理道德的变化。从总体上看，组织伦理状况不断改善，但目前的整体状况还不令人满意，存在差异化和不平衡的局面。固然，伦理发展不平衡、变迁不一致是转型社会常见的伦理状态，也是产生社会伦理新秩序的必然环节。但我们不能不注意到，目前组织伦理道德的现状，离和谐社会及健康的单位组织所应有的伦理氛围还有差距。我们尚需分析,这种差异和不平衡是由什么因素造成的?

(二) 组织自身道德意识初步确立,但发展不同步,组织总体道德水平尚待提高

调查数据显示,近年来组织自身的道德意识已初步确立。从 8 年前的组织道德的集体无意识,到集体有意识,再到组织自身道德意识的确立,呈现了单位制度转型中组织道德发展的轨迹。但组织道德认知水平总体还处于较低的发展阶段。

通过调查,可以推出这样的结论:转型中国,各类组织自身的道德意识已开始确立,组织道德发展的历史轨迹与单位制转型的进程内在相关。尽管数据显示,国有性质的组织制定单位的战略规划和具体目标时的道德决策低于三资性质的组织,但数据同样显示,在各类组织为所在地区做贡献的原因中,国家机关对"正义、平等与普遍人权原则"的考虑要高于其他类型的组织。各类组织道德的总体发展水平不高。我们需要研究的是:组织道德发展的客观规律是什么?我们需要根据组织道德发展的规律,分析影响不同类型组织的因素,有效推进组织道德建设。

(三) 领导者的道德素养是影响组织道德状况的重要因素,领导者道德素养参差不齐

在调查中我们发现,领导者的道德素养是影响组织道德状况的重要因素。对照比较 8 年来三次大调查的数据。我们发现:(1) 领导者的道德与组织道德状况密切相关;(2) 高层领导亲自参与推行组织伦理规范的倡导与实践过程中的比例有所增加,但变化微弱;(3) 领导行为对员工的道德行为有一定的影响作用。

总体说来,通过调查我们发现组织领导者道德素质与组织道德状况密切相关,然而组织领导者目前的道德素质却不尽如人意。不过应该看到,随着社会实践对组织道德的呼唤及组织领导者自身道德的觉悟,组织领导者及组织自身的道德建设日益受到重视。但目前的重视与组织道德的理想目标还有较大距离,领导者在单位组织中的道德认同程度还不高。需要进一步研究的是,后单位时代的组织领导需要具备哪些道德素质?组织领导的道德素质又取决于哪些因素?或可以通过什么途径提升领导的道德素

质？如何才能使组织领导获得最好的道德认同以便切实发挥道德影响力？

（四）组织内部伦理制度的建设有所增进，但差异化较大，总体仍有不足

组织是建立在高度专业化分工基础上以特定方式结合，有一定目标的人群集合体。制度化是组织区别于一般人群的一个特征和重要保证。组织伦理制度是组织道德确立的必要条件，也是影响组织道德状况的关键条件。组织伦理制度主要体现在组织道德的维护运行机制、组织道德的监督反馈机制及组织道德教育培训机制三个方面。调查中我们发现，（1）多数组织道德维护机制尚不健全，尽管近年来组织的道德标准和成文的伦理规范逐渐增加，但将之奉为道德准则并加以执行的单位组织不足一半；（2）有着道德监察机制的组织逐渐增多，但组织道德监察机制的作用并未完全发挥，组织道德监察机制的作用差异性较大；（3）组织伦理道德培训机制逐渐建立，职业道德方面的培训显著增加，但伦理规范培训不足。

当前中国单位组织道德在现实社会中存在制度化不足的状况。

现代社会组织所面临的伦理场域和道德问题远比计划经济时代复杂，光靠个体道德经验已不足以保证道德行为的发生，因此，发达国家的企业和政府除建立相应的伦理机制外，还经常对其成员进行相关伦理培训，以应对职场中可能遇到的伦理问题，提升道德能力。数据表明，我国现有的单位组织尚未认识和重视现代组织所置身的伦理场域和所遇到的道德问题，未认识到现代社会组织伦理教育的重要性。

（五）组织道德存在"自利性"趋势，道德风险的防范不够

1. 转型期组织道德的"自利性"趋势

调查发现，转型期组织的道德存在"自利性"趋势。社会转型引发的组织伦理关系变迁加剧了组织伦理价值观念的变化。市场经济对单位组织伦理价值取向的影响很大，市场经济肯定了单位组织作为相对独立利益集团的合法地位，计划经济时代单位制度背景下的组织伦理设计缺少也无须对天然道德载体的单位组织进行伦理规约，当单位组织被赋予相对独立的利益主体地位后，组织有着自利或功利的倾向，原无过错，但需要警觉的是，在组织只有自利而缺少伦理规约和道德约束力量时，组织有可能沦为不道德的主体。

2. 组织道德风险的防范不够

调查发现，有着"自利性"倾向的组织尚未形成立体的风险防护网。从风险管控的过程来看，员工干预违反组织伦理规范行为的方式中，员工大多采取"事后举报"的方式干预组织内违反伦理规范的行为，采取"事前披露"方式的不到一成；从风险管控的向度来看，主要是上级监督下级的单向性开展；从风险所需的伦理支撑来看，"潜规则"的盛行使组织道德风险的防范全面失守。

三　思考与建议

基于实证调查数据，根据组织伦理前沿理论，我们建议：确立组织伦理理念，重视组织道德的培育，提升组织道德发展水平。

（一）确立组织伦理理念，唤醒组织的道德自觉

改革开放前的单位制中国，组织尚未作为真正意义上的独立主体出现，因而组织也未能进入伦理研究和道德建设的视域。随着市场经济的深入、组织独立性的增强和"道德自由空间"的扩大，组织作为"整个的个体"，已具备道德担当和道德问责的条件，成为真正意义上的道德主体。这一方面，对以自然人为道德研究对象的传统伦理学提出了挑战，需要从理论上对"法人"这类道德主体进行伦理研究，实现伦理创新；另一方面，面对集体行为不道德的现象日益增多，需要从实践上对现实中组织这一集体性主体进行道德培育和制度建设，以解决集体不道德行为的稳定存在及重复再生这一目前道德领域的"中国问题"。而解决上述问题的前提是确立组织伦理理念，唤醒组织的道德自觉，使其意识到并努力成为真正意义的道德主体。

在对确立组织伦理理念达成共识后，我们需要进一步解决的关键问题是：谁来唤醒？如何唤醒？

谁来唤醒？回答这一问题，可从组织外部和组织内部两个维度，确立对组织道德有较大影响的伦理相关者。

从组织外部考察，我们可根据证实调查找寻影响社会道德的行为主

体,同时也是影响组织道德的行为主体。2006—2008年调查所获得的"信息库一"显示,影响组织道德的主要行为主体依次是政府(38.3%)、文化组织(27.7%)、企业(26.7%)。

从组织内部考察,我们发现领导应起主要作用。2013年调查所获得的"信息库三"显示,不管组织成员对领导者的道德认同度如何,完全不受影响的只占6%,另有94%的组织成员都程度不等地受到影响。员工在单位道德行为的参与和监督方面,近六成(59.1%)被访者表示员工的参与度较高,并起到监督作用。

总结:唤醒组织的道德自觉需要多主体参与。在组织的伦理相关主体道德状况参差不齐的状况下,如何充分动员主体,并能有效参与,需要进一步研究。

如何唤醒?针对参差不齐的道德主体,可分两个步骤进行:一是道德水平高的组织示范、宣传;二是寻找对组织道德有较大影响的伦理相关者的影响要素,干预引导伦理相关者中欠理想的道德主体水平提升。

具体对策:(1)建议举办促进组织道德的"社会责任讲堂",向组织和大众阐述组织伦理和社会责任的前沿理论,分享成功案例并提供交流平台。(2)发挥中共党员、共青团员和民主党派的积极作用。2013年调查所获得的"信息库三"显示,被访者对单位道德行动的员工参与和监督方面认知与其政治面貌具有相关关系($X2$检验,$sig<0.05$),被访者中,中共党员和共青团员选择"大家普遍参与,起到很好监督作用"选项的人数分别占各自人数的30.8%和35.5%,显著高于民主党派和无党派人士。

(二)完善组织伦理制度,强化组织道德建设

8年来三次大调查的实证数据,已经揭示组织伦理制度的现状及其存在问题(具体见"发现4"),据此,我们建议采取如下措施:

1. 政府进一步加强顶层设计,从国家立法层面和组织规范层面进行推动伦理制度的建立

就国家立法层面和组织规范层面而言,发达国家对组织的伦理监督较为完备。就政府伦理法则而言,美国政府先后出台《政府工作人员伦理准则》(1958)、《美国政府行为伦理法》(1978)、《美国众议院议员和雇员伦理准则》(1985)、《美国政府行为伦理改革法》(1989)、《美国行政

部门雇员伦理行为标准》（1992）；就企业伦理法则而言，美国为推动企业伦理实践构建了一个较为完善的立法框架，先后出台《联邦反海外腐败法案》（1977）、《联邦组织判罚指南》（1991）、《萨班斯—奥克斯利法案》（2002），逐步通过他律的机制将社会责任或伦理道德内化为企业的自律行为。

我国在组织伦理监督所依据的标准上相对发达国家则显得不够完善。就行政伦理而言，我国没有专门的伦理法，而且行政伦理多以中共中央的文件形式规定，如《中国共产党党员领导干部廉洁从政若干准则》、《关于党政机关县（处）级以上领导干部收入申报的规定》、《关于对党和国家机关工作人员在国内交往中收受的礼品实行登记制度的规定》、《关于领导干部报告个人重大事项的规定》、《中共中央关于党政机关厉行节约制止奢侈浪费行为的若干规定》等。虽然这些文件的内容规定得比较全面，但一般都是些原则性规定，实施的机关是党的机关，还未达到司法制度的层面。2005 年 4 月我国颁布了《国家公务员法》。就企业伦理而言，有《反不正当竞争法》、《公司法》、《劳动合同法》、《劳动法》、《工会法》、《生产安全法》、《环境保护法》和《消费者权益保护法》等。这些法规虽然牵涉伦理，但却显得零散且不系统、难操作。

总之，伦理没有上升到制度的层面，伦理建设还处在传统的德治水平上。不过，近年来，政府已充分认识到制度建设对组织道德的关键作用，并强调顶层设计的作用。

2. 鼓励组织确立伦理规范，设立相应的伦理主管机构，健全组织道德的维护运行机制

组织道德维护运行机制的确立有两个逻辑要件：伦理规范和伦理主管机构。

根据 2013 年调查所获得的"信息库三"显示，尽管拥有明确道德标准的中国单位组织的数量已经从 2006 年的 38.9% 攀升到 2013 年的 76.4%，但 35.3% 的被访者认为虽然有这方面要求，但只是形式，另有 9.1% 的被访者表示单位没有此方面要求。这说明道德标准的现实实效性有待加强。

调查和访谈中，除一些外资企业，发现中国大多数组织没有明确的伦理主管机构。尽管我国从中央到地方、从政府到企业，各级党组织或工会组织等都强调精神文明的建设，强调社会道德建设的重要性，但由于其职

责不明确且这些机构不具备相对的独立性,因此,在现实社会的伦理道德建设过程中,并不能很好地发挥伦理管理的职能。2013年调查中,我们对与伦理道德建设有关的管理机构的设立状况和作用进行了调查,所获得的"信息库三"显示,关于中共党委党支部、共青团委、工会、社会主义精神文明办公室和民主党派小组等部门的设立,被访单位中,中共党委和工会的设立比例最高,分别为87.8%和87.7%,民主党派小组和社会主义精神文明办公室的设立比例相对较低,分别为24.6%和33.8%。在上述五个相关部门中,中共党委的作用最大,工会紧随其后;从必要性上看,人们对设立工会的必要程度最为肯定,其次为中共党委和共青团委。相较国外一些发达国家,如美国,在政府、企业等组织普遍设立独立的伦理委员会,中国不适合照搬。我们是否能在党委和工会的协同中设立起着伦理主管功能的机制?这需要实践的进一步探索和理论的总结。

(三)提高伦理管理能力,加强道德风险的防范

有着伦理意向性的组织,确立伦理制度是伦理管理能力得以提高的基础性保障。防范道德风险是伦理管理能力不可忽略的任务。具体操作中我们可从两方面展开:

1. 建构道德风险防控的立体网络体系

三次大调查发现,中国当前绝大多数组织尚未形成立体的风险防护网。从风险的过程管控来看,员工干预违反组织伦理规范行为的方式中,员工大多采取"事后举报"的方式干预组织内违反伦理规范的行为,采取"事前披露"方式的不到一成;从风险管控向度来看,主要是上级监督下级的单向性开展;从风险所需的伦理支撑来看,"潜规则"的盛行,使组织道德风险的防范全面失守。据此,建构立体网络时需要:

(1)建立组织道德风险防范的全过程管理,做到事先、事中、事后都有风险防范。

(2)建构互动、有机的防范道德风险的立体网络体系。

(3)完善道德风险防范的伦理环境。

2. 根据不同组织类型和不同组织层面道德主体所具有的伦理约束特殊性进行管理

三次大调查发现,组织中不同层面的行为主体和不同类型组织在伦理约束条件上有特殊性。

组织中不同层面行为主体的伦理约束条件如2009—2011年调查所获得的"信息库二"显示,单位制度对基层和中层管理者约束作用明显,而对于高层管理者,其自身素质是最主要影响因素;单位文化氛围对基层管理者作用最大,对高层管理者无效;法律规范和社会舆论对伦理约束效用所获得的认同度从高层、中层到基层递减。

据此,我们需要针对不同层级的管理者,搭建最能发挥效用的伦理约束措施。如单位制度对于基层和中层管理者的约束作用明显,对于高层的约束作用较弱;管理者自身的道德自律是高层管理者进行伦理约束的最有效措施,却对基层管理者效用较低;单位文化氛围对于基层管理者的约束作用明显大于中层,而基本对高层管理者无效;而法律规范和社会舆论其伦理约束效用所获得的认同度从高层、中层到基层递减。

政府和事业单位最重视"认真贯彻与落实主管单位的方针政策"(47.4%)和"保证与主管单位的沟通渠道畅通"(44.3%)两项责任的实现,而对"防止内部腐败"(36.2%)的重视程度不足。而在企业对股东(所有者)所负有的责任中,"保障股东(所有者)资金安全性"等方面都受到企业的足够重视,而在"维护中小股东利益"上却存在明显不足(37.7%)。

四 结 语

现代组织不同于自然人,作为法人的它们并不能要求享有自然人所具有的道德权利——如活着的权利或持续生存的权利。为实现目标而产生的组织特别是经济组织在激烈的竞争中,尤其在事关组织生死存亡的关头,很容易将社会的道德要求置于脑后。因此,组织要有清醒的道德意识、健全的伦理制度、卓越的伦理管理能力,才能防范道德风险,以保证组织的健康发展和社会的和谐稳定。

参考文献:

1. 樊浩:《中国伦理道德报告》,中国社会科学出版社2012年版。
2. 李汉林:《中国单位社会:议论、思考与研究》,上海人民出版社2004年版。
3. 刘建军:《单位中国:社会调控体系重构中的个人,组织与国家》,天津人民出版社 2000 年版。

4. 刘世峰：《上市公司资产托管经营的制度经济学分析：一个隐性合约的视角》，中国社会科学出版社 2010 年版。

5. 陆学艺、李培林：《中国社会发展报告》，社会科学文献出版社 2007 年版。

6. 孙基隆：《中国文化的深层结构》，广西师范大学出版社 2004 年版。

7. 田鹏义、漆思：《"单位社会"的终结：东北老工业基地"典型单位制"背景下的社区建设》，社会科学文献出版社 2005 年版。

8. 王珏：《组织伦理：现代性文明的道德哲学悖论及其转向》，中国社会科学出版社 2008 年版。

9. ［德］斐迪南·滕尼斯：《共同体与社会——纯粹社会学的基本概念》，林荣远译，北京大学出版社 2010 年版。

10. ［英］保罗·霍普：《个人主义时代之共同体重建》，沈毅译，浙江大学出版社 2010 年版。

11. ［英］齐格蒙特·鲍曼：《共同体》，欧阳景根译，江苏人民出版社 2007 年版。

12. ［美］罗伯特·C. 所罗门：《伦理与卓越：商业中的合作与诚信》，罗汉、黄悦等译，上海译文出版社 2006 年版。

13. ［美］迈克尔·桑德尔：《自由主义与正义的局限》，万俊人等译，译林出版社 2011 年版。

14. 路风：《单位：一种特殊的社会组织形式》，《中国社会科学》1989 年第 1 期。

15. 李猛、周飞舟、李康：《单位：制度化组织的内部机制》，《中国社会科学季刊》（香港）1996 年秋季卷。

16. 李汉林、李路路：《资源与交换——中国单位组织中的依赖性结构》，《社会学研究》1999 年第 4 期。

17. 李路路：《论"单位"研究》，《社会学研究》2002 年第 5 期。

18. 陆树程：《市民社会与当代伦理共同体的重建》，《哲学研究》2003 年第 4 期。

19. 孙健敏、姜铠丰：《中国背景下组织认同的结构———项探索性研究》，《社会学研究》2009 年第 1 期。

20. 佟新：《延续的社会主义文化传统——一起国有企业工人集体行动的个案分析》，《社会学研究》2006 年第 1 期。

21. Ashforth B. E., Mael F., "Social Identity Theory and the Organization", *Academy of Management Review*, Vol. 14, No. 1, 1989.

22. Baumeister R. F., Leary M. R., "The Need to Belong: Desire for Interpersonal Attachments as a Fundamental Human Motivation", *Psychological Bulletin*, Vol. 117, No. 3, 1995.

23. Fredrik Barth, *Ethnic Groups and Boundaries: The Social Organization of Culture Difference*, Oslo: Universittesforlaget, 1969.

24. Grahame R. Dowling, Tayo Otubanjo, "Corporate and Organizational Identity: Two Sides of the Same Coin", *AMS Rev*, No. 1, 2011, pp. 171-182.

25. Jos Bartels, Rynke Douwes, Menno de Jong and Ad Pruyn, "Organizational Identification During a Merger: Determinants of Employees' Expected Identification With the New Organization", *British Journal of Management*, No. 17, 2006, pp. 49-67.

作者信息

研究基地：道德国情调查研究基地

承担单位：东南大学人文学院

首席专家：樊和平、王珏、汪兴国、余涌

课题负责人：王珏

主要参加人员：龙书芹、陈晓莹、李东阳、闫茂伟、蒋玉、王红立、卜俊兰、吴羽西、李新苗

个体化进程中的公民道德发展[*]
——基于江苏省抽样调查的分析

内容提要：本文围绕三个方面考察当前公民道德的状况：关于道德与非道德的价值共识，知与行的协调统一，道德规范的效力。根据江苏省抽样调查的资料分析发现，对某些情境和领域的道德尚未达成价值共识；道德认知与道德行动间存在一定程度的脱节；道德规范存在冲突或失效情形。本文试图解释造成上述状况的成因。除个体道德素质方面的因素之外，本文重点讨论了社会转型的特定历史背景，特别是个体化进程当中个体的生存处境与行动选择，如何放大了当前社会的公民道德问题，从而造成道德败坏的表象。在实践层面，本文认为，除了努力提高公民道德素质、加强道德建设之外，更应该致力于建立和健全与个体化进程相适应的政治和法律制度，同时推动团体生活，重塑道德主体，从而减轻个体化进程对道德领域的冲击。

我们已经习惯以滑坡、危机甚至沦丧来描述当前中国社会的道德状况，这类话语不仅凸显了道德问题的严重程度，也传达出社会各界的普遍忧虑（成伯清，2008）。然而，公众的判断和情绪不能取代理性认知。客观地认识当前的道德状况，提出道德问题的应对之道，是本研究的基本出发点。

公民道德是与营造共同社会生活有关的个体意识和行为习惯。这种意识和习惯主要来自家庭、学校和社会的塑造。而在转型时期，社会的塑造

---

[*] 基于江苏省政府咨询基地"道德国情调查中心"2013年项目"社会风尚与公民道德引领机制调查研究"撰写的初步分析报告。

无疑更为重要。孟德斯鸠曾言,"今天我们所受的是三种不同或矛盾的教育,即父亲的教育、师长的教育和社会的教育。社会教育对我们所说的,把父亲和师长所教育的思想全部推翻"(孟德斯鸠,1995)。这段话不仅适用于孟德斯鸠写作《论法的精神》的年代,在任何急剧变迁的社会当中,都可能适用。因为在转型社会中,"最深层的变化是道德坐标和道德体验的转型"(凯博文,2012)。当家庭和学校形塑的道德观念和道德习惯,不足以帮助个体解决不断出现的道德困境,就促使个体转向社会学习。基于这样的考虑,本文关注的重点是社会环境如何影响、改变了个体的道德处境、立场和选择,而不是主体自身的道德素质状况。

从内容来看,本研究从以下四个方面去了解公民道德状况:一是关于道德、不道德以及非道德的理解,在社会成员之间是否存在基本共识?这种共识是公民道德发生的前提。二是对于一些社会成员普遍认可的道德,是否存在行动与认知脱离甚至相悖的情形?造成这种情形的主要原因可能是社会环境而非公民道德素质。三是在社会转型时期,某些涉及道德的社会情境,是否存在道德规范的缺失或者混乱?如果缺乏适当的或共享的道德规范来约束和引导社会成员的行为,势必会造成共同生活的失序。四是在社会生活的不同领域和层面,公民道德的发展是否存在不同步的情形?这种不同步状况的社会成因是什么?显然,对以上四个方面的诊断,有利于我们对当前道德问题的成因提出合理的解释,进而提出有针对性的道德治理方案。而限于篇幅,本文仅就前三个最基本的方面做出分析。

一 中国社会的个体化

讨论当前中国社会的道德问题,不能脱离社会转型的大背景。关于中国的社会转型,学者们基于研究议题的不同,采取了不同的理论化策略。在此我们关注的是,转型社会中个体境遇的转变对主体道德选择的影响。而在诸多理论当中,个体化理论着眼于现代社会结构变迁中个体的处境与选择,为我们理解和解释道德主体提供了一个很好的理论视角。

"个体化"概念描述的是现代化进程以来个体与社会关系的一种结构性的转变。对个体化的研究可追溯到马克思、韦伯、涂尔干与齐美尔,以及帕森斯、福柯、埃利亚斯、卢曼和哈贝马斯,而当代对此进行了深入研究的主要有鲍曼、吉登斯和贝克。无论是指个体从传统、家庭、阶级还是制度中抽离出来,上述论者都一致勾画了个体抽离僵化的社会结构,成为社会再生产基本单元的历史进程。"个体化"一方面意味着个体从结构所预定的命数中解脱出来,自己掌控、决定命运,另一方面则意味着必须自己做判断、选择,并承担责任和后果。

对于改革开放以来的中国社会的形貌,学界一直缺乏一致认可的概念来加以界定。学界常冠之以"后单位社会"、"后集体主义社会"。"后"这一时态意在指出当前与之前社会的差异与接续,却回避了社会结构的未来走势这一根本性问题。相比较而言,"个体化"概念至少有助于我们对社会结构的动态和趋向做出前瞻性的推断。尽管如贝克所指出的,中国社会的个体化显然与其他国家和地区的个体化有着不同的路径和方向。

事实上,近年来刚刚被引入中国社会研究的个体化理论,被证明是一个对中国社会转型颇具洞察力的研究视角。目前的经验研究主要围绕农村和城市私人生活领域的个体化进程而展开,分别以阎云翔和沈奕斐为代表。而个体化在公共生活与公民道德领域的表现尚未纳入研究者的视野。在我们看来,个体化不仅意味着,"个体已经从以前家庭施加于他们身上的众多约束中解放出来"(阎云翔,2012),从而带来私人领域道德的改变,更意味着在社会制度层面,个体从集体和单位等伦理实体的约束和保护中全部或部分地解放出来,像孤立的原子一样投入市场与社会生活的洪流当中,从而带来公共生活的道德坐标和道德体验的改变。当前中国社会,一方面是不断膨胀却混沌无序的社会公共空间,另一方面却是寻求自由选择、自我保护却孤立无援的个体,造成我国公民道德发展特有的结构性紧张。

二 调查方法

本调查以江苏省城乡常住居民为研究对象,采用多阶段抽样方法。先按照经济发展水平和地理位置,把所有地级市分为三类,其中省会城市南京单独成一类,其他地级市按照人均 GDP 分成两组,即人均 GDP 较高组和较低组。然后运用概率比例规模抽样（PPS），在经济发展水平较高和较低这两组中分别抽取一个市，最终抽取到了无锡和连云港，从而确定了在南京、无锡和连云港三个地级市展开调查。在每个地级市中，我们把城乡分开，按照 PPS 方法抽取两个区县，在每个区县中再采用 PPS 方法抽取两个街道/乡镇，最后在每个街道/乡镇中采用 PPS 方法抽取两个社区（居委会/村委会）。随后，我们利用社区常住人口名单进行系统抽样，每个社区抽取 50—60 户进行调查。因此，最终抽中了 3 个地级市中的 6 个区县、12 个街道/乡镇、24 个社区。

入户问卷调查于 2013 年 9 月 5 日至 11 月 9 日进行，访谈员主要是东南大学人文学院社会学系的本科生与硕士生。入户之后，调查员利用 Kish 表抽取户内 18—69 岁之间的一名被访者进行面访。最终完成 1281 份调查问卷，其中南京完成问卷 446 份，无锡完成 443 份，连云港完成 392 份。调查结果可以基本推论到江苏省境内各个较大社会群体的状况，其中农业户口居民占 43% 左右，非农户口居民占 57% 左右。由于流动人口资料难以获得，因此本调查不能完全推论江苏省境内外来流动人口的情况。

本研究采取问卷调查方法，这种方法以提问方式获取调查对象在道德认知、判断和行为方面的自我报告。由于道德关乎个体的自我价值感，因此难免会出现应答的社会赞同倾向。比较而言，越是没有明显对错的问题，越能反映个体的真实情况，而那些关于他人和社会道德状况的问题，答案的真实性也明显要高于针对回答者自身的问题。基于上述考虑，我们在问卷设计中尽可能地避免直接询问个体的道德状况，更多地设置一些日常生活中模棱两可的道德困境，来询问被访者的意见，从而较好地抑制了社会赞同倾向。

三 公民道德现状：道德、非道德与不道德

衡量一个社会的道德状况，一个基本的标准，就是看社会成员对于什么关乎道德，什么与道德无关，是否达成基本共识。

表 1 至表 5 依次调查了 5 种公共场所的行为，其中对随地吐痰和插队与道德有关的判断达到了 90% 以上，而对于在公共场所的大声吵嚷和睡椅

子，回答与道德有关的比例都在85%以下，说明对公共场所中哪些言行举止与道德有关，社会成员之间并未达成完全一致的看法。

表1　　　　　　　对"随地吐痰是否关乎道德"的判断　　　　单位:%

变量	频次	百分比
有关	1159	90.5
无关	117	9.1
合计	1276	99.6

表2　　　　　　　对"插队是否关乎道德"的判断　　　　单位:%

变量	频次	百分比
有关	1160	90.6
无关	107	8.4
合计	1267	98.9

表3　　　对"在公交地铁大声打电话是否关乎道德"的判断　　　单位:%

变量	频次	百分比
有关	1061	82.8
无关	199	15.5
合计	1260	98.3

表4　　　对"在餐馆里说话声音很大是否关乎道德"的判断　　　单位:%

变量	频次	百分比
有关	1061	82.8
无关	199	15.5
合计	1260	98.4

表 5　　　对"在公共场所椅子上睡觉是否关乎道德"的判断　　　单位：%

变量	频次	百分比
有关	1089	85
无关	180	14.1
合计	1270	99.1

比较而言，对于一些新近出现的道德情境，社会成员之间的分歧更加明显。比如对于广场舞，我们的问题是："入夏以来，晚饭后，很多中老年朋友喜欢在广场上伴着录音机播放的音乐跳舞。但小区里有人向物管投诉，嫌跳舞者放的音乐太吵，扰乱了社区的安静环境，要求物管阻止她们的跳舞活动。对这件事您怎么看"。针对给出的5种选择，回答结果如下（表6）：

表 6　　　　　　　对广场舞看法频数表　　　　　　　单位：%

变量	频次	百分比
在广场上跳舞是居民的自由，继续跳	269	21
跳舞如妨碍别人自由就应停止	204	15.9
即便构成干扰也应尽量容忍，免得伤了和气	193	15.1
当权利相互冲突时，应协商合理解决	563	44
其他	33	2.6
合计	1262	98.5

从表中可以看出，有21%的人主张公共空间中绝对的个人自由，这种姿态显然容易引发冲突，是当前广场舞事件频发的主要根源；15.9%的人似乎认为个人自由应以不损害他人为前提；15.1%的人认为权利受到侵犯的一方，只要侵犯不是过于严重，就尽可能地隐忍退让。显然这也是一种息事宁人、解决问题的方法。有44%的人主张沟通理性，认为应该通过协商沟通的方式，让双方的权利都得到保障。

这一调查结果折射出，当前人们对于什么是公共道德，如何营造公共秩序存在严重的价值取向上的分歧，有部分社会成员强调极端的个人自由,缺乏尊重意识。另有一部分对他人的不尊重采取隐忍退让的态度,反而助长了某些人的极端自由主义倾向。这些与现代公民道德不完全相符的态度取向,对于当前一些不良的公共道德现象具有一定的解释力。

关于组织行为的道德、非道德与不道德,我们设计了以下问题:

一些政府机关和大中小学,利用权力让本单位的职工子女在很好的学校读书,或降分录取,您认为这种行为道德吗?见表7。

表7　　　对安排职工子女入学和降分录取是否道德的回答　　　单位:%

变量	频次	百分比
为本单位人员谋福利,符合道德	63	4.9
以权谋私,不道德	677	52.8
是对社会公众的欺骗,严重不道德	251	19.6
符合本单位员工利益和内部伦理,但严重侵蚀社会道德	185	14.4
无所谓道德不道德	93	7.3
合计	1269	99.1

从回答来看,有7.3%的被访者认为无关道德,有4.9%的人认为是道德的,14.4%的人承认内部伦理和社会道德之间存在矛盾,约80%的人基于不同的原因认为这种行为不道德。现代社会是组织社会,组织的不道德对于社会秩序的破坏远超过个体的不道德行为。调查数据表明,人们对于组织行为的道德与非道德的边界,在认识上非常混乱,很难指望他们在社会层面对各类组织的不道德行为形成有效的舆论监督,更不用说提出在制度上约束组织不道德行为的政治诉求。

四　公民道德现状:知与行

在一些基本的行为规范方面,被调查者的知与行基本上是一致的。如关于随地吐痰、在公交地铁上大声打电话,被访者回答"经常"或"偶尔为之"的比例,与认为这些行为与道德无关的比例基本持平,表明一些基本行为规范的宣传教育还有提升的空间。见表8、表9。

表8　　　　　　　　　本人随地吐痰频数表　　　　　　　　单位:%

变量	频次	百分比
经常做	114	8.9
偶尔做	329	25.7
从来不做	831	64.9
合计	1274	99.5

表9　　　　　　本人在公交地铁上大声打电话频数表　　　　　单位:%

变量	频次	百分比
经常做	17	1.3
偶尔做	218	17
从来不做	1028	80.2
合计	1263	98.6

但对于一些复杂的社会情境，要做到知与行的统一似乎变得非常困难。如对于小悦悦事件，绝大多数被访者认为过路人没有施救，是因为不想惹麻烦。虽然只是要求被访者以旁观者的身份去推测当事人的心理，但在一定程度上也可看成是被访者内心冲突的表达。该调查结果颇能反映个体化社会的处世之道：首先要保护自身的安全，然后才能谈及帮助别人。可能正是这种强烈的自我保护意识，压制了帮助别人的道德冲动。见表10。

表10　　　　　　　过路人没有救助小悦悦的原因　　　　　　单位:%

变量	频次	百分比
没有看见	37	2.9
认为别人的事和自己无关	75	5.9
不想惹事上身，怕担责任	1066	83.2

续表

变量	频次	百分比
别人没有救助的,自己也不想做第一个施救者	39	3
其他原因	54	4.2
合计	1271	99.2

我们也要求被访者从社会成员的道德知识和道德行动角度,判断造成当今道德问题的症结所在(表11):

表11 您认为当前中国社会个人道德素质的主要问题是 单位:%

变量	频次	百分比
道德上无知	169	13.2
有道德知识,但不见诸行动	928	72.4
既无知,也不行动	135	10.5
其他	27	2.1
合计	1259	98.3

根据被访者的判断,我们时代的道德问题,从主体的角度看,主要是由于道德知识与行动相脱离造成的。至于知行脱离的原因,对下列问题的调查表明,个体选择不做某些道德的行为,并不是因为他们认为不应该去做,而是在面临道德行为的选择时会基于自我保护的立场,进行一番理性的计算和权衡。在个体化社会,这原本无可厚非,只是恰好社会的道德奖惩机制也出了问题。见表12。

表12 现在社会守道德的人大都吃亏,不守道德的人反讨便宜 单位:%

变量	频次	百分比	累积百分比
完全同意	247	19.3	19.4
比较同意	513	40	59.7

续表

变量	频次	百分比	累积百分比
不太同意	425	33.2	93
完全不同意	89	6.9	100
合计	1274	99.5	

总的来说，从知与行的角度来看，当前社会的道德问题，有一部分源于部分社会成员的道德"无知"，即不知道什么是道德的，因而在行为上偏离了道德。这类问题又可分为两种情形：一类源于对道德规范的宣传、倡导不够，有些社会成员因不知晓而不遵从道德规范。另一类则是因为道德规范本身出了问题，因缺乏统一、明确的道德规范（详见下节的论述），使得个体无所适从。另一部分道德问题则源于道德认知和道德行动的背离。我们认为，知行相悖的情形之所以存在，跟社会控制失灵有关：道德行为不仅得不到表彰，有时还会蒙受名誉上或者经济上的损失。客观存在的道德行为风险，抑制了道德冲动。从深层原因来说，个体化时代，制度对个体权利的保障不够，加之社会支持匮乏，社会团结薄弱，导致个体的行为更加趋向保守和自利。应该说，知行脱节更多的是社会环境而不是主体道德素质所致，因此应该通过改变社会环境来改善社会的道德状况。

五 公民道德现状：道德规范的效力

在我们的调查中，约有70%的人认为现有规范习俗能够较好地调节人与人之间的关系，近30%的人不同意这一看法（表13）。

表13　　现有的规范、习俗能很好地调节人与人之间的关系　　单位：%

变量	频次	百分比
完全同意	157	12.3
比较同意	746	58.2

续表

变量	频次	百分比
不太同意	321	25.1
完全不同意	41	3.2
合计	1265	98.8

那么，为什么会出现这样的结果？根据我们的调查，在社会转型时期，既有道德规范至少存在有效、相互冲突和无效三种不同情形。

1. 有效规范

正如我们在表11中看到的，除了知与行的脱节，道德无知，缺少有效的道德坐标，也是当前道德问题产生的原因之一。造成道德无知的原因，无外乎道德社会化的失败和缺少适当的道德规范两种可能。但至少从我们的调查中，没有发现道德社会化失败的迹象。这一点从人们对下一代的期望中可以间接地反映出来。

我们的问题是：假设你有个孩子，你是否会教导他/她如下品质？这些品质包括：尊重、不伤害、诚实守信、助人为乐、负责任、不计较、尊重长辈。被访者的回答列表如下（表14至表20）：

表14　　你是否会教孩子尊重别人　　单位:%

变量	频次	百分比
会	1274	99.5
不会	2	0.2
合计	1276	99.6

表15　　你是否会教孩子无论做什么都不应伤害别人　　单位:%

变量	频次	百分比
会	1219	95.2
不会	55	4.3

续表

变量	频次	百分比
合计	1274	99.5

表16　你是否会教孩子诚实守信　　单位:%

变量	频次	百分比
会	1272	99.3
不会	3	0.2
合计	1275	99.5

表17　你是否会教孩子助人为乐　　单位:%

变量	频次	百分比
会	1261	98.4
不会	14	1.1
合计	1275	99.5

表18　你是否会教孩子负责任　　单位:%

变量	频次	百分比
会	1274	99.5
不会	1	0.1
合计	1275	99.5

表19　你是否会教孩子不计较、吃亏是福　　单位:%

变量	频次	百分比
会	1135	88.6
不会	136	10.6
合计	1271	99.2

表 20　　　　　　　　　你是否会教孩子尊重长辈　　　　　　　　单位:%

变量	频次	百分比
会	1272	99.3
不会	3	0.2
合计	1275	99.5

除了10.6%的人不愿把吃亏是福这一传统观念灌输给自己的孩子之外,对于尊重、诚实守信、负责任、助人为乐、尊重长辈等道德品质,被访者的回答存在着惊人的一致。这说明,我们的社会对于什么是良好的品德,应该如何立身处世,存在着基本的共识。据此我们判断,在社会转型的过程当中,人们内心的道德坐标仍然保持着一定程度上的稳定性和连续性。当然,乐于信守,不代表真正践行,乐于传递,亦不代表在下一代当中能够成功地延续下去。

2. 冲突规范

虽然在一般原则上,人们很容易认为尊重长辈是一种传统美德,但是在讲求平等的现代社会,如何把尊重师长与平等意识有效地协调起来? 为此,我们在问卷中调查了在公共空间中应该如何处理与上级的关系。

问题:小王在一个大型事业单位上班。一天,小王急着开车出去办事,却发现自己的车被领导的车完全挡住了出路。如果你是小王,你会怎么做? 见表21。

表 21　　　　　　　　　被领导车挡路后的反应　　　　　　　　单位:%

变量	频次	百分比
去叫领导把车挪开	673	52.5
把挡路情况和车牌号拍下来,发到网络上曝光	30	2.3
能忍则忍,打车或坐公交去办事	475	37.1
其他	82	6.4
合计	1260	98.3

从回答结果看，有一半的人主张采取平等的态度来处理，还有37.1%的人则认为应当采取隐忍态度。这说明一些人适用了现代意义上的平等原则，而另一些人则适用了传统上的"关系等差"原则。据此我们进一步推测，当前存在传统道德和现代公民道德双轨并行的状况，也可以说，我们的社会还没有生成明确可行的新道德规范来化解两个道德体系之间的摩擦。正因为如此，当公与私、情与法相互冲突时，人们只能基于个人的理解，进行个体化的处理。因此，虽然自"五四"以来，对传统道德的反思、对现代道德的倡导即已开始，但时至今日，这两种道德也没有达到有效的对接和融合。

3. 无效规范

当下暴力事件似有日趋增加之势，我们的调查专门询问了人们对暴力的理解。

表22 最近发生了一些因个人认为自身受不公正待遇而导致的社会泄愤事件，比如厦门公交爆炸案、北京机场航站楼爆炸案。对下列说法，你的同意程度如何

	1. 完全同意 2. 比较同意 3. 不太同意 4. 完全不同意
A. 无论何种情况下，都不应该采取暴力手段	___1 ___2 ___3 ___4
B. 其他社会成员在需要的时候，没有及时给予他们温暖和帮助，因此我们每个人都有责任	___1 ___2 ___3 ___4
C. 他们的遭遇值得同情，但应该去报复那些给予他们不公待遇的人，而不是伤及无辜	___1 ___2 ___3 ___4
D. 受到不公平待遇，应该充分相信政府，积极寻求相关部门的帮助	___1 ___2 ___3 ___4

表23　　　　　无论何种情况下，都不应该采取暴力手段　　　　单位:%

变量	频次	百分比
完全同意	954	74.5

续表

变量	频次	百分比
比较同意	211	16.5
不太同意	65	5.1
完全不同意	41	3.2
合计	1271	99.2

表24　　其他社会成员需要帮助时，每个人都有责任　　单位:%

变量	频次	百分比
完全同意	351	27.4
比较同意	553	43.2
不太同意	305	23.8
完全不同意	55	4.3
合计	1264	98.7

表25　　遭遇值得同情但应去报复给他们不公平待遇的人而非伤及无辜　　单位:%

变量	频次	百分比
完全同意	287	22.4
比较同意	329	25.7
不太同意	405	31.6
完全不同意	247	19.3
合计	1268	99

表26　　受不公平待遇时应充分相信政府　　单位:%

变量	频次	百分比
完全同意	566	44.2

续表

变量	频次	百分比
比较同意	468	36.5
不太同意	175	13.7
完全不同意	57	4.4
合计	1266	98.8

有8.3%的人能够容忍在一些极端情况下采取暴力手段，约48%的人并不反对运用暴力手段寻求正义，虽然强调不能伤及无辜。约18%的人不相信政府是个人获得公正待遇的有效渠道，与此同时，约30%的人不同意"帮助他人是每个社会成员的责任"。基于这一结果，我们推测，缺乏来自社会的关怀和支持，可能是个别人铤而走险的促动因素，而对政府缺乏信任——根源在于政府的法律、制度和措施不能够有效地保障社会公平，则是暴力行为发生的深层原因。在这种情形下，仅仅维护道德、建设社会是不够的。在深刻甚至尖锐的社会矛盾面前，道德规范甚至法律都变得苍白无力。因此，我们不仅要在全社会范围内树立起"暴力是不正当的"这一道德共识，更需要从法律和制度入手，减少社会不公现象，为遭受不公待遇的公民提供畅通的问题解决渠道，从根本上铲除暴力生存的社会土壤。另一方面，我们注意到，当前暴力事件的当事人，其暴力行为往往是从个体的主观逻辑出发，而完全无视暴力对他人与社会带来的严重后果。这当然可以归因于这些当事人性格方面的原因，但从社会层面看，我们的时代，个体脱嵌于体制与社会，人与人之间缺乏有机的联结。心与心之间的高墙，只能培养出冷漠甚至仇恨，而不是同情。就这方面而言，我们的社会应该宽容地管理甚至鼓励民间的社团活动，让人们走出原子化的自我，重新融入社会团体当中，表达和感受相互的关爱与支持，从而在一定程度上减少恶性暴力事件的发生。

对于不公待遇，以斗智而非斗勇的手段加以解决，时下似乎更受社会舆论的肯定。在我们进行调查的时候，上海市民老王刚刚被一些网民奉为英雄。我们的问卷也问及了这一热点事件。

问题：上海市民老王是一家快捷酒店的老板，认为法官判案不公直接导致自己承受经济损失。他利用专业跟踪设备,偷拍法官集体嫖娼,并将8分钟的视频上传到网上。对这种做法,您的看法是?见表28。

表27　对上海市民老王"偷拍法官集体嫖娼视频并发到网上"这一做法的看法　　单位:%

变量	频次	百分比
老王的行为侵犯他人隐私,不值得大力提倡	321	25.5
老王的做法是没有办法的办法,目前能比较有效地解决问题	529	42.1
不应该私自行动,应相信政府	408	32.4
合计	1258	100

约40%的人同意"是没有办法的办法,目前能比较有效地解决问题"。根据上述几个问题的调查结果,并结合对现实的观察,我们认为,在个体化社会中,人们注重对自身利益的维护,并且一般也首先会尝试寻求政府和法律的帮助,只有当政府和法律的通道被关闭之后,人们才被迫依赖自身的智能、体能甚至暴力来加以解决。自力更生地解决问题,这恐怕也是个体化社会征候的一种。

进一步地,我们还在更为抽象的价值层面上,让被访者对"个体德性与社会公正哪一个更重要"进行判断。70%多的被访者认为社会公正比公民道德更重要,只有10%的人认为个体德性比社会公正更重要。这一结果也许可以解读为:当下人们强烈地呼唤社会公正,因为人们已经清醒地认识到缺乏社会公正对社会秩序和个人幸福的损害(表29)。

表28　　　　个体德性与社会公正哪个更重要　　　　单位:%

变量	频次	百分比
个体德性最重要	136	10.8
社会公正最重要	452	35.9
二者应当统一,但二者矛盾时应先追求个体德性	190	15.1

续表

变量	频次	百分比
二者应当统一，但二者矛盾时应先追求社会公正	480	38.2
合计	1258	100

总的来说，社会转型并没有撼动一些传统道德的有效性，有些社会道德是恒久的，不因为时代而改变。现实中之所以存在规范、习俗不能很好地调节人们之间关系的现象，可能要区分两种情况：一种是由于部分传统道德与现代社会的基本原则不完全相容，造成现实中仅凭个人无法彻底解决的道德困境，需要在社会层面对这部分传统道德进行改造与重建。另一种情况则是，有一部分传统道德，虽然与现代社会的基本原则并无违背，但现实的残酷，足以动摇人们对其效力的信念。

六　结　语

在今天的中国社会，大范围的道德崩坏，"道德无底线"、"节操碎了一地"，已是国人公认的社会事实。从本文对调查数据的分析来看，造成这一状况的，恐怕不是社会成员的道德素质，而是道德规范本身甚至是社会环境出了问题，而中国社会特有的个体化进程，加剧了这些问题对社会道德的破坏性。中国社会的个体化，是社会原子化不断加剧的过程。如贝克所指出的那样，在取消社会保障和集体义务的同时，却迟迟没有建立起一套保障个体公民权利、政治权利和社会基本权利的制度保障框架，相反，为内在于个体化进程中的政治参与诉求设置了不少界限（贝克等，2011）。大多数社会成员，不仅从传统意义上的家庭、集体和单位中游离出来，而且与法律、政治的疏离也达到了相当的程度。政治、法律是抽象社会秩序的象征和构造物，当它们成为外在、任意强加的社会怪物，个体就不得不依靠自身的力量，像刺猬一样相互防范和计算，以保护自身利益不受各种合法和非法的侵害。这样的社会当中，人们眼中所看到的不法事情越来越多，而"只因不法的事增多，许多人的爱心才渐渐冷淡了"。

最后，回到诊断与解释当前公民道德状况的研究主题。如果说"后单位"和"后集体主义"概念,表明转型社会道德约束和控制机制的改变,那么"个体化"概念,则试图揭示以主体为中心的道德逻辑的出现。这种个体化的道德逻辑,并不必然脱离、漠视社会的存在,而是把社会环境特别是保护基本权利的制度当成变量来加以计算和处理。换句话说,今天我们看到的令人忧虑的道德状况,很大程度上是制度框架不够合理、可信、可靠的一种折射。如若真是如此,今天我们投入大量人力物力去进行道德治理和道德建设,就犯了头痛医头、脚痛医脚的错误。而限于篇幅、资料和学术水平的限制,本研究只是指出了进行这种诊断和解释的可能性。

参考文献:

1. 成伯清:《我们时代的道德焦虑》,《探索与争鸣》2008年第11期。
2. 孟德斯鸠:《论法的精神》(上册),商务印书馆1995年版,第33页。
3. 凯博文:《序言》,载阎云翔《中国社会的个体化》,陆洋等译,上海译文出版社2012年版。
4. 阎云翔:《中国社会的个体化》,陆洋等译,上海译文出版社2012年版,第13页。
5. 乌尔里希·贝克等:《个体化》,北京大学出版社2011年版,第8页。

作者信息:

研究基地:道德国情调查研究基地
承担单位:东南大学人文学院
首席专家:樊和平、王珏、汪兴国、余涌
课题负责人:李林艳
主要参加人员:胡伟、洪岩璧、龙书芹、蒋其蓁、郭娜、高娜、杨红亚、李东阳、宋朋洋

生态文明与可持续发展

21世纪新环境下江苏省可持续发展实践与探索

内容提要：从20世纪80年代起，人类社会突破了每年生态足迹和地球生态承载力的均衡点，"既满足当代人发展的需要又不危及后代人满足其需求的发展"成为全球的共识。江苏面临着30余年来经济高速发展带来的资源环境问题、实现结构转型和可持续发展压力，生产和消费模式具有非可持续性。

江苏以建设生态省、生态市等生态文明工程为契机，加大环保投入，劝退、否决了不符合环保要求的项目；把环境指标作为全面建设小康社会的"核心"指标；支持盐城市"国家可持续发展试验区"建设以实现后发地区的历史突破。通过绿色投资与科技创新并举，推进产业转型；以"农业大市到农业强市"的跨越为契机，加快沿海生态农业和绿色循环经济示范基地建设；强化沿海滩涂资源、"风光"资源、生物资源的保护与利用；通过高起点规划和高标准要求，大力建设服务型政府，以制度建设为保障促进可持续发展。

党的十八大把生态文明建设纳入了中国特色社会主义事业"五位一体"总布局，明确提出大力推进生态文明建设，努力建设美丽中国。习近平总书记对江苏工作提出了新的要求，强调要扎实推进生态文明建设工作，在江苏"率先"、"带头"、"先行"的内涵中，把生态文明作为一个标杆。江苏作为全国的经济大省、工业大省、人口大省，其发展模式的可持续性对全国的可持续发展有着至关重要的影响和示范作用。研究21世纪新环境下江苏可持续发展的实践，找出适合江苏的可持续发展对策，对我国实施可持续发展战略有着密切关系和重要作用。

一 21世纪新环境对江苏省可持续发展的挑战

（一）世界可持续发展历程

当发达国家经历了两个多世纪的工业化之后，面对人口经济持续增长与资源供给短缺、生态环境恶化之间矛盾的日益加剧，人类开始重新审视和深刻反思发展的理念、价值、目标和途径。1992年，来自183个国家和70个国际组织的代表参加了在巴西里约热内卢的联合国环境与发展大会，并达成了如下共识：人类必须走可持续发展的道路，这标志着人类发展模式实现了一次历史性飞跃，人类由此迎接农业文明、工业文明之后新的生态文明时代的到来。这次大会之后还陆续催生多条公约，主要有《生物多样性公约》、《联合国气候变化框架公约》和《联合国防止荒漠化公约》等，但是进入21世纪，人类面临的资源环境问题并没有得到缓解，反而因气候变化、新兴经济体的崛起等因素而加剧，加上国际金融危机的影响，可持续发展依然任重道远（图1）。

可持续发展过去20年中的重要里程碑

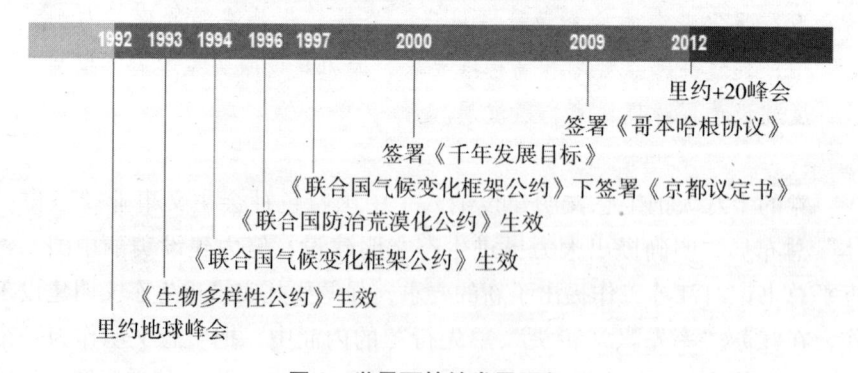

1992	1993	1994	1996	1997	2000	2009	2012

- 2012：里约+20峰会
- 2009：签署《哥本哈根协议》
- 2000：签署《千年发展目标》
- 1997：《联合国气候变化框架公约》下签署《京都议定书》
- 1996：《联合国防治荒漠化公约》生效
- 1994：《联合国气候变化框架公约》生效
- 1993：《生物多样性公约》生效
- 1992：里约地球峰会

图1 世界可持续发展历程

（二）世界可持续发展面临的压力

《地球生命力报告2012》显示，全球生物多样性在1970—2008年间下降了28%，热带地区下降了60%。如果以生态足迹计算人类社会可持续发展水平（Rees，1992），从 20 世纪 80 年代起，人类社会超过了每年的生态足迹和地球每年的生态承载力的均衡点，也就是说，那时人类的资源消耗速度开始超过了地球的可再生能力，人类排放 CO_2 的速度也开始超过了生态系统的吸收能力，这种情况被称为"生态超载"；这种生态超载一直持续到了现在，最新的生态足迹计算表明生态超载并没有减弱的趋势。2007 年，人类的生态足迹为 180 亿全球公顷（gha），人均生态足迹为 2.7 全球公顷（gha）。但是地球的生态承载力仅为 119 亿全球公顷（gha），人均生态承载力为 1.8 全球公顷（gha）。生态耗竭已经超过了 50%，人类社会在消耗存量资产维持生态系统的运行。这意味着地球需要 1.5 年的时间来产生人类在 2007 年所用的可再生资源和吸收排放的 CO_2。换一种方式来说就是，在 2007 年需要 1.5 个地球来满足人类的生活和生产活动对资源的需求（世界自然基金会，2010），高收入国家的生态足迹是低收入国家的五倍。按目前的模式进行预测，到 2030 年，我们将需要两个地球来满足我们每年的需求，2050 年全球将面临 90 亿—100 亿的人口压力，人类可持续发展面临挑战（图 2）。

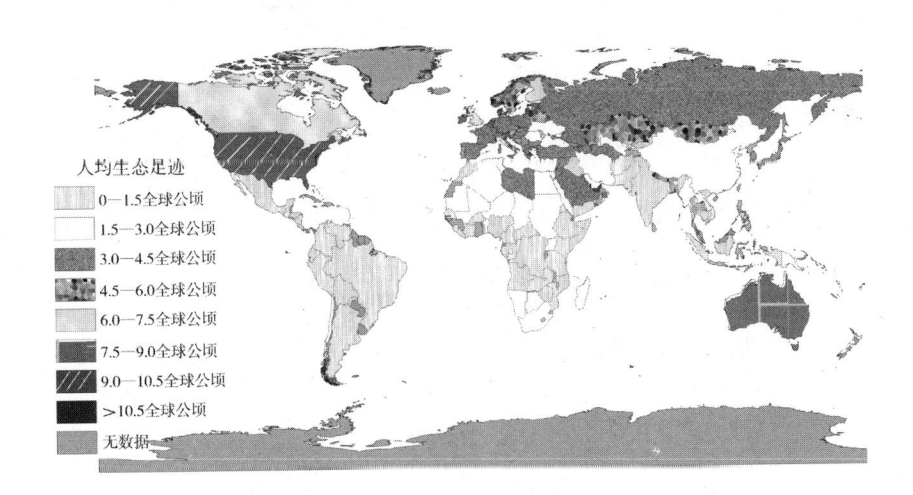

图 2　2007 年全球人均生态足迹分布（WWF，2010）

（三）我国可持续发展面临的压力

1994 年，我国率先编制了国家级的《中国 21 世纪议程》，1996 年又把"可持续发展"和"科教兴国"确定为两大国家基本发展战略。新世纪，我国在人口和消费不断增长、工业化和城市化进程中坚持走可持续发展道路，探求可持续发展模式。我国发展的实践表明，增强科技自主创新能力、建设国家创新体系，是化解资源环境矛盾、建设资源节约型和环境友好型社会的有效途径，是打造战略性新兴产业体系、提高可持续发展能力的有力举措（图3）。

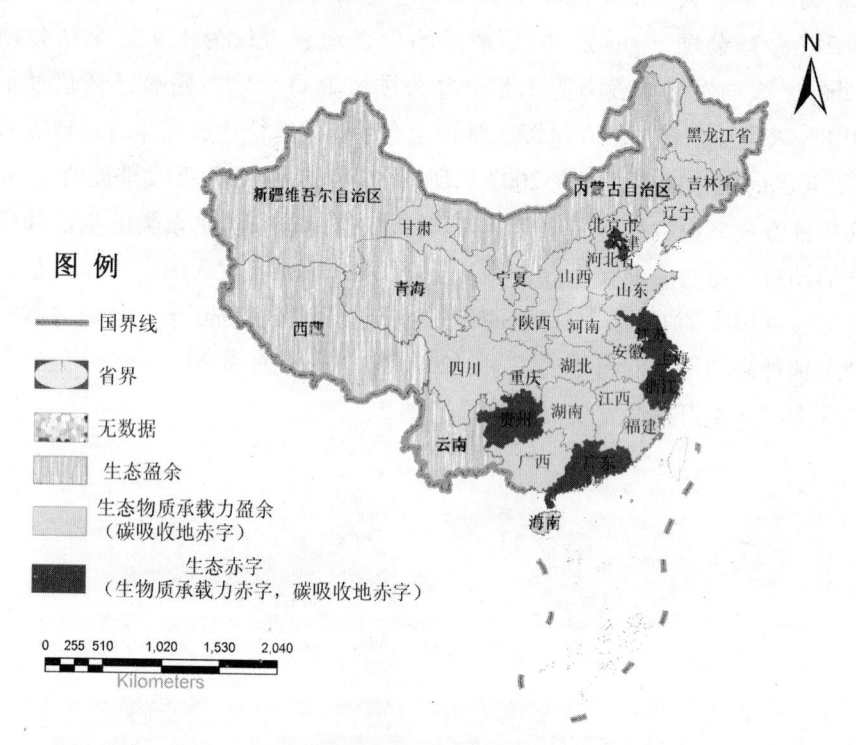

图3　2008年中国生态赤字（盈余）空间分布

数据来源：中国科学院地理科学与资源研究所，2012。

资源消耗型经济将导致我国现有发展模式难以持续。"十一五"末期，我国石油和铁矿石对外依存度、铁矿石和水泥的消费量在全球总量中的占比都超过了50%，单位国内生产总值能耗是全球平均水平的2倍以上，土地资源和水资源的矛盾更加尖锐。我国环境污染日益严峻，环境总体恶化的趋势并没有得到扭转；按照欧盟和世界卫生组织的标准，我国90%以上的城市空气质量超标；我国204条河流的国控断面劣V类水质占比16.4%。

如果用生态足迹评价我国可持续发展状况，我国20世纪70年代中期生态足迹和生态承载力之间的平衡即已打破，开始出现生态赤字。2010年由中国环境与国际发展合作委员会与世界自然基金会合作发布的报告显示，2007年中国人均生态足迹达到了2.2全球公顷，人均生态足迹已经达到生物承载力的2倍。2007年碳足迹占生态足迹的54%，生态足迹的增长主要由于碳足迹的增长引起。2008年中国人均生态足迹达到2.1全球公顷，虽然低于世界平均水平2.7全球公顷，但是中国的人均生态承载力也很低，导致我国生态赤字形势依然严峻，人口分布、经济发展和城市化水平的空间差异导致我国生态足迹也具有明显的空间分布不均衡性。2008年仅内蒙古、新疆、西藏、云南和海南是生态盈余，其他省份都不同程度呈现生态赤字，其中江浙沪、京津、贵州和广东省呈现生物承载力和碳吸收双赤字。人口的消费模式已超过人口量对生态赤字的影响。

（四）江苏可持续发展的资源环境压力

江苏省以全国1%的国土面积承载了5.8%的人口，贡献了全国10%的GDP和16%的进出口贸易额，具有全国人口密度最高、人均环境容量最小、单位国土面积工业负荷全国最高的特殊省情，受人口、资源环境、经济发展水平和消费模式的影响，江苏省具有生物承载力和碳吸收双赤字特征。

人多地少，资源缺乏，环境容量小，这是江苏的特殊省情；人均GDP超过1万美元，经济加快转型升级，这是江苏所处的特殊的发展阶段；从世界发达国家来看，当人均GDP超过1万美元的时候实际上就是环境出现拐点的时候，这个经济发展的阶段性在江苏已经出现了，发展走在全国前列，江苏经济总量占到全国的1/10，这是江苏在全国大局中的特殊地位。

江苏经济结构性矛盾依然比较突出，发展方式尚未根本改变。国民经济发展对资源仍过度依赖，资源产出率与国内领先水平、国际水平有较大差距。20世纪90年代以来，江苏重化工业为主的工业化发展迅速，第三产业发展相对较慢。化工、纺织和印染、火电、造纸、制革、冶金、食品制造、电镀等14类污染程度较高的行业的工业产值占全省工业总产值的60%左右，而工业废水、工业废气、化学需氧量、二氧化硫的排放量均达到全省工业排放总量的70%以上。江苏省化肥施用强度约为全国平均水平的2倍，农药施用强度数倍于发达国家的平均水平。虽然江苏省总体上处于工业化中后期，苏北和苏中地区尚处于工业化加快推进时期，2010年重工业占工业增加值比重由 2005 年的 67.3% 上升到 71.6%。可持续发展面临的资源环境压力依然较重。

二 江苏省可持续发展的战略部署与实践

早在 20 世纪 80 年代，江苏就提出"既要金山银山，又要绿水青山"。90 年代中期，把可持续发展确立为经济社会发展的主题战略之一。进入 21 世纪，江苏省又做出建设生态省的重大决策部署，以生态文明建设工程为契机，促进可持续发展。

（一）规划引领，统筹推进江苏全省范围内的生态文明建设

2006 年，江苏省委、省政府就出台了《坚持环保优先，促进科学发展的意见》，把环境保护作为经济社会发展的有力支撑，作为优化经济发展、转变增长方式、增强区域竞争力的重要手段，贯彻于经济社会发展的全过程，落实到各项工作的每一个环节。2011 年，江苏省委、省政府出台了《关于推进生态文明建设工程的行动计划》，作为全省生态文明建设工程总纲领，确立了节能减排、环境优化发展、绿色增长、生态经济体系构建、碧水蓝天、城乡优美环境建设、植树造林、绿色江苏建设、生态保护与建设、恢复生态系统功能、生态示范创建、夯实生态文明建设基础等方面实现新突破。江苏各地积极编制实施生态文明建设规划，苏南部分市（区）实现了乡镇生态文明规划全覆盖。2013 年 7 月，《江苏省生态文明建设规划》已经颁布实施，为在新阶段更大力度推进生态文明建设提供了有力的支撑。2012 年初，江苏省政府向 13 个省辖市下达了生态文明建设工程"五年任务书"，明确了"十二五"期间各地推进生态文明建设工程的总体目标和重点工作，各地根据"五年任务书"制订年度计划，并细化到部门和各县市工作之中。按照党的十八大关于加强生态文明建设的新理念、新要求，健全江苏省生态文明建设工程的目标体系、考核办法和奖惩机制，江苏省生态建设领导小组和办公室依据《生态省建设考核办法》和《生态文明建设工程（生态省建设）考核细则》，出台了考评细则，优化了监测指标，加强面上督查；对经济社会发展的资源消耗、环境

损害以及生态效益开展评估研究,继续探索绿色 GDP 评价体系,树立科学发展的鲜明导向;结合推进苏南现代化示范区建设,积极开展区域生态文明建设综合试点,努力探索生态文明建设的现实模样,生态文明建设工程整体推进机制日趋完善。

(二) 控污减排,以产业结构调整加强环境保护措施

着力推进绿色发展、循环发展、低碳发展,制定实施严于国家要求的环境准入标准、污染物排放标准和落后产能淘汰计划,建立完善重污染企业的市场退出机制。江苏省依托政府引导和市场化手段,出"重拳"淘汰落后产能,靠"减法"有效消化了高耗能存量;同时不断完善减排监测体系,靠"加法"提供了有力保障。江苏省完善规划环评与项目环评联动机制,提高环保准入"门槛",完成 85 个规划的环评审查工作,对 40 个产业园区的规划环评开展了回顾性评价;加大对产能过剩项目的调控力度,严把环评准入关、严把总量审核关、严格区域准入、推进企业入园进区工作。为巩固减排成果,江苏省在水、气、清洁生产等方面严格环境监管,最大限度发挥这些设施的减排效益。实施了 2000 项重点减排工程,安排 1289 家企业开展强制性清洁生产审核,淘汰老旧机动车 11.5 万辆。全省城镇污水日处理能力突破 1300 万立方米,大型机组脱硝超过装机容量的 50%。在日处理能力 1 万吨以上的污水处理厂安装中控设施,加强过程管理和排污监控。90%的火电脱硫烟气旁路已经拆除,彻底阻断偷排漏排通道。减排监测体系的不断完善,为江苏省的污染减排提供了有力支撑。

继续扩大覆盖生产、流通、消费环节的循环经济试点,开展行业细分、标准细化的清洁生产审核,推动重点行业的清洁生产水平逐步与国际先进标准接轨。对省级以上开发区全面开展生态化改造,建成一批产业配套发展、资源循环利用、污染集中控制的生态示范园区。以"五园一区"为重点,大力推动环保产业集聚发展,开展环保服务业综合试点,促进环保制造业和服务业协调发展,努力建设环保产业强省。

2012 年,江苏省环保厅会同农委、公安、住建等部门出台了推进畜禽养殖污染治理、老旧机动车淘汰、乡镇污水处理设施建设等一系列文件,行业减排的积极性被充分调动起来,压力得到传递,合力明显增强。

（三）试点推广，支持盐城市"可持续发展试验区"建设

盐城市是江苏面积最大、最具土地后备资源潜力的城市。2010年3月26日，盐城正式成为长三角城市经济协调会会员城市，是国家沿海发展和长三角一体化两大战略的交汇点，盐城在区域经济格局中具有独特的区域优势。盐城市以建设国家可持续发展试验区为契机，紧紧围绕改善人民生存环境和生活水平、推动人的全面发展的根本目的，弘扬生态文明理念，加快生态文明建设，把握科学发展主题和加快转变经济发展方式主线，以提高经济发展的质量和效益为中心，注重创新引领，加快转型升级，突出沿海带动，统筹城乡发展，打造生态特色，强化项目支撑，充分发挥盐城独特的资源优势、区位优势和后发优势，努力将盐城打造成中国东部沿海的"经济走廊"和"生态走廊"。作为江苏省后发地区，盐城市可以借助国家可持续发展试验区建设，走出历史轨迹，实现经济、社会和环境协调可持续发展，具有重要的示范引领价值。

盐城可持续发展在以下八个方面开展了工作，一是绿色投资拉动与科技创新驱动并举，在信息化、新型工业化、农业现代化和城乡一体化"四化"融合中全面推进盐城产业转型，为转变经济发展方式奠定坚实基础。二是新兴产业组舰队，特色产业创品牌，全力打造盐城可持续发展的十大产业名片，为转变经济发展方式勃发生机、注入活力。三是实现农业大市到农业强市的新跨越，加快建设中国东部沿海生态农业和绿色循环经济示范基地，为转变经济发展方式走出新路、做出示范。四是"三港"联动与陆海统筹同步，积极做好盐城可持续发展的海洋经济大文章，为转变经济发展方式累积力量、增添后劲。五是强化滩涂资源、"风光"资源、生物资源等盐城地方特色优势的资源保护与利用，以可持续发展的理念将资源优势转化成发展优势。六是实施文化建设"八大工程"，重视文化传承，提升城市魅力，增强盐城可持续发展的文化底蕴。七是实施保障和改善民生的"幸福盐城六项行动计划"，提升民生幸福指数，努力建设人民生存环境改善、生活水平提高以及人的全面发展同步推进的先行区、示范区。八是秉承生产、生活、生态"三融合"理念，加大城乡统筹力度，加快城乡一体化步伐，努力把实验区建成全面发展、协调发展、和谐发展的典范。

盐城可持续发展实验区建设努力通过高起点规划和高标准要求，引领

盐城可持续发展实验区的高水平建设；大力建设服务型政府，以政府及时高效的优质服务推动可持续发展实验区的科学发展、和谐发展；依托人才科技支撑，为盐城可持续发展实验区建设提供关键的核心驱动力量；促进科技与金融的紧密结合，充分发挥金融创新在推进盐城可持续发展中的作用。

（四）绿色江苏，夯实江苏可持续发展的自然社会基础

江苏以平原为主，地势低平，河湖众多，丘陵山地面积很小。2003年以来，江苏省委、省政府大力推进绿色江苏建设，针对"一山二水七分田"的省情，大力挖掘造林潜力，加快推进产业发展，重点实施了五大林业生态工程和五大林业产业工程，取得了令人瞩目的成绩。在森林覆盖率大幅提高的同时，林业产业效益不断提升，林业产业产值每年递增100亿元以上，走出了一条兴林富民、特色明显、优质高效的林业产业发展之路，大江南北造林绿化各具特色。苏南地区狠抓沪宁城际铁路沿线绿化、环太湖生态防护林建设和城乡一体绿化建设；苏北地区狠抓杨树速生丰产林建设；盐城等地按照"三年再造5万亩新林场"的目标，突出抓好沿海防护林体系工程建设；徐州、镇江、南京等地狠抓荒山造林；连云港市赣榆、东海两县大力开展西部丘陵岗地造林绿化建设，规划两年恢复丘陵山区植被10万亩。

随着绿色江苏建设过程中经营机制的不断创新，激活了林业生产要素市场，大量社会资本进军林业行业，一批大的民营资本先后投向了林业产业。全省以木材加工为主的第二产业和林产品经营及森林旅游为代表的第三产业产值的比重逐年加大。林业产业二、三产业比重由2002年的56%提高到2010年的74%，产业结构逐步优化。2010年底林业产值超过50亿元的企业有6家。而今，全省林业产业已初步形成了以林木资源培育为基础、以意杨等木材加工业为主体、以林产品精深加工为重点的一、二、三产业协调发展的新格局。绿色江苏建设以来，全省新增植树造林面积1399.9万亩，超过此前30年造林面积之和；每年参加义务植树3000多万人次，年义务植树超过1亿株；全省林地面积增长迅速，目前已达2678.7万亩，活立木总蓄积量达到8400万立方米，森林覆盖率由11.36%提高到20.39%，全省森林覆盖率每年增加1个百分点以上，增长速度是全国同期的3倍。江苏省将绿色江苏建设融入生态文明工程主体，

加大生态建设、修复和保护力度,加快发展林业产业,大力繁荣生态文化,努力构建稳定的森林生态系统、健康的湿地生态系统、完备的资源保护体系、高效的林业产业体系和繁荣的生态文化体系,为生态文明建设奠定牢固基础。

三 江苏省可持续发展的基本探索

"美丽中国"概念的提出,把中国特色社会主义事业总体布局,由经济建设、政治建设、文化建设、社会建设"四位一体",拓展为包括生态文明建设在内的"五位一体",体现了尊重自然、顺应自然、保护自然的理念和与之相应的战略布局,这是贯彻落实科学发展观的重大举措。江苏省根据党的十八大提出的一系列新思想、新观点、新论断,以格外强烈的责任感、进取意识和奋斗精神,以生态文明建设为契机促进可持续发展,取得了良好成效。

(一)坚持环保优先,牢固树立生态文明观

坚持环保优先,把环境作为稀缺资源贯穿到经济社会发展中去。先后颁布实施了加强饮用水源地保护的决定以及辐射、固废污染防治条例等多部环保法规;在编制经济社会发展规划以及沿江、沿海等区域发展规划时,均配套制定了环保专项规划或单独设置环保篇章;落实环保优先,把环评作为审批新建项目的第一道关口和强制性门槛。"十一五"期间共劝退、否决了4000多个不符合环保要求的项目,总投资超过800亿元;落实投入优先,将省级污染专项引导资金从每年3000万元增加到6亿元,每年安排2亿元省级节能减排专项资金。"十一五"期间,江苏省累计环保投入4500亿元;落实考核优先,把环境指标作为考核全面小康社会建设和科学发展的"核心"指标,实施"一票否决",树立科学发展的鲜明导向。

(二)坚持先行先试,不断完善环保体制机制

以环保体制机制创新,推动环保改革。一是成立苏南、苏中、苏北三个区域环保督查中心和省环境应急中心,建立富有效率的环保督政体系。

二是提高排污收费标准,建立"污染者付费、治污者受益"的机制。三是排污权有偿使用和交易改革取得进展。如太湖流域有900家企业申购化学需氧量等排污指标,涉及金额1.26亿元。四是环境资源区域补偿改革不断创新,补偿机制推广到太湖和淮河流域,建立覆盖面更广的上下游污染赔付制度。此外,绿色信贷、企业污染责任保险、环境信息公开、长三角区域环保合作等方面的政策创新也取得了积极成效。

(三) 提高环保意识,拓宽公众参与路径

通过宣传普及环保意识,营造全社会共同参与的良好氛围。一是充分发挥政府公共服务的优势,加大投入,落实政策,强化监管。充分发挥市场配置资源的决定性作用,加快形成有利于生态环境建设的价格机制、投入机制和污染防治机制,引导全社会参与生态建设。二是广泛开展生态文明宣传教育,牢固树立节约资源、保护环境意识。三是加快生产方式转变的同时,积极推动消费模式转变,在全社会倡导绿色消费理念,努力形成节约、健康、文明、科学的生活方式,以可持续的消费促进可持续的发展。

(四) 转变政府职能,发挥政府生态文明建设的主导作用

迄今为止,影响生态文明建设的最大难点依然是政府的直接干预经济和官员的政绩观。需要政府职能从以经济建设为主转向以提供公共服务为主。生态环境建设具有很强的公共产品性质,因此政府是环境保护和生态建设的主要责任主体,担负起自身的生态责任,不断创新政府职能,建设生态型政府,开展绿色行政,完善生态政绩考核,成为生态文明建设的引领者和践行者,最终在全社会形成"政府主导、企业明责、全民参与"的生态文明建设良性循环局面。

(五) 强化知识创新,加快科技成果转化

实现江苏经济的快速增长,以知识投入部分地代替物质投入,以管理创新部分地置换资本,以科技激活传统产业;加快科技进步和创新及其产业化、集约化,按照市场需求建立市场诱导—科技创新—产业发展的运行机制,以高科技产业为主导,带动整个产业结构总体水平的提高,形成一种科技产业扩张为主导的多元化产业动态结构。通过产业结构内质性变动

和高度化发展，实现经济增长方式的战略性转变。

（六）以制度建设为保障，促进工业文明和生态文明同步发展

一要以节能减排为重点，健全激励和约束机制，落实"谁保护，谁收益；谁破坏，谁恢复"原则。二要加大环保政策和法规的执行力度。三要强化项目环境影响评价，完善生态补偿机制，实现环保和发展的双赢。四要在推进新型城镇化过程中改革创新相关的政策制度。例如，要争取国家政策支持，试点探索农村宅基地和承包地流转、退出机制，建立城乡土地产权交易市场，完善海域使用权流转抵押制度，让农民真正享受土地"红利"，增加农民福祉。

参考文献：

1. 钟茂初：《可持续发展经济学》，经济科学出版社 2006 年版。
2. 中国科学院可持续发展战略研究组：《2013 中国可持续发展战略报告：未来 10 年的生态文明之路》，科学出版社 2013 年版。
3. 刘志彪：《中国特色社会主义道路江苏实践》，人民出版社 2013 年版。
4.《中国生态发展道路及其世界意义》，《江苏社会科学》2013 年第 3 期。

作者信息：

研究基地：江苏沿海发展研究基地
承担单位：盐城师范学院
首席专家：成长春
课题负责人：成长春
主要参加人员：郝宏桂、郇恒飞

江苏省人类社会财富估算研究

内容提要：本研究报告依据世界银行提出的人类社会财富评价体系，结合江苏经济社会发展特征及综合有关财富评价方法，从自然资本、人造资本和人力资本三方面对江苏省的财富存量做出了较为全面的评估，一定程度上纠正了现行的 GDP 评价体系。测算结果显示人力资本所占比例高达 68%，是最大的资本类型。人均总资本和人均自然资本在空间上都存在明显的集聚现象。人均总资本在苏南地区呈现高水平集聚，在苏北地区呈现低水平集聚，莫兰指数为 0.5261；人均自然资本则是苏北地区高水平集聚而苏南地区低水平集聚，莫兰指数为 0.5074。人均 GDP 与人均人造资本和人均人力资本的相关系数分别为 0.986 和 0.998，与人均自然资本相关系数为 -0.871。江苏省财富结构与中高收入国家比较接近，但人力资本所占比例比高收入国家低 13%，江苏省的资本结构与中等发达国家相比仍有一定的差距。据此，从建立人类社会财富评价体系、建立人力资源强省、优化人类社会财富结构等方面提出了促进人类社会财富增长的对策建议。

一　引　言

中共十八大提出建立生态文明制度，旨在形成科学、客观的区域发展考核体系。世界银行开展的人类社会财富评估，评价了自然资本、人造资本、人力资本等人类社会财富，更加全面地揭示了人类社会财富的内涵。十八届三中全会提出了"山水林田湖生命共同体"的内涵，也进一步强调了自然资源系统对于人类社会发展的重要意义。① 但传统的 GDP 指标体系只考虑了经济活动中的"正面效应",没有把自然资源的利用作为经济过程的投入来看待,也没有将人类不合理的生产和消费方式所造成的环境破坏以及为恢复环境所做出的努力和付出的代价加以考虑。因此,该指标体系的计算成果无法作为在资源有限性的约束下体现环境和经济统一性的长期发展成果。② 为此,本报告探索引入世界银行开展的人类社会财富评估方法,估算江苏省及 13 市人类社会财富构成,以为更加全面反映江苏省人类社会发展成果提供支撑。

1995 年,世界银行在《环境监测的进展:一个工作进展报告》(*Monitoring Environmental Progress: A Report on Work in Progress*)报告中,将每个国家所拥有的财富划分为自然资本、人造资本和人力资本,其中人力资本也涵盖了社会资本的意义,即人和社会的组织架构的价值。三部分的总和即为各国的财富总量。③ 1997 年,世界银行发布了 *Expanding the Measure of Wealth: Indicators of Environmentally Sustainability*,在 1995 年报告的基础上进行了调整和修正。④ 在随后的 2005 年和 2010 年,世界银行又分别发布报告,对 1997 年的方法进行优化改进,同时几份报告的评价成果也在时序上形成了一个对各国财富变化的动态监测。⑤⑥ 这种新的财富观较为全面地考虑了人类社会所拥有的所有有价值之物。可持续发展即为资本存量不减少,尤其是自然资本得到保护乃至价值提升,可见世界银行的这种财富观符合科学发展要求。为此,这里借鉴这一评估方法,结合江苏省实际开展人类社会财富估算。

---

① 黄贤金、杨达源、李升峰、左平:《自然资源用途管制路径研究》,《中国国土资源报》2014 年 2 月 21 日第 3 版。

② 陈梦根:《绿色 GDP 理论基础与核算思路探讨》,《中国人口、资源与环境》2005 年第 15 卷第 1 期,第 3—7 页。

③ The World Bank, *Monitoring Environmental Progress: A Report on Work in Progress*, Washington, D. C.: The World Bank, 1995, pp. 57-66.

④ The World Bank, *Expanding the Measure of Wealth: Indicators of Environmentally* Sustainable Development, Washington, D. C.: The World Bank, 1997, pp. 19-39.

⑤ The World Bank, *Where is the Wealth of Nations? Measuring Capital for the 21th Century*, The World Bank, 2005, pp. 143-158.

⑥ The World Bank, *The Changing Wealth of Nations: Measuring Sustainable Development in the New Millennium*, The World Bank, 2010, pp. 141-160.

二 人类社会财富估算方法和数据基础

人类社会财富包括自然资本、人造资本及人力资本三个方面,其估算方法如下。

(一) 自然资本

所谓自然资本,即为所有自然资源要素的市场价值和非市场价值的综合。因此,自然资本的价值=自然资源市场(经济)价值+自然资源非市场价值。

自然资本的市场价值:自然资源是一个统一的整体,但为了便于测算,一般对各类资源进行分别测算并加和。例如,有学者曾经利用回归模型和净收益还原法对江苏省的耕地价值进行核算,[①] 其核算结果与当年的农业增加值相近。因此,可将农业、林业、牧业、渔业增加值分别作为衡量农田资源、林业资源、牧业资源、渔业资源的经济价值的指标,将未来值贴现后即可得到这几类自然资本的经济价值。同理,矿业资源的经济价值可以通过采矿业的利税总额来反映。将各地级市的采矿业利税总额的未来值贴现后,作为各地级市矿产资源的经济价值。根据资源大市徐州市的主要矿产煤矿的储量以及其年开采量,可以求得徐州市煤矿的开采年限约为 50 年。假设其余矿产资源的开采年限也均为 50 年,将 50 年的未来值贴现得到每个市矿产资源的价值。

根据以上假设,经济价值 V_m 可以表示为:

$$V_m = \sum_{i=1}^{n} \frac{X}{(1+r)^i}$$

式中 X 为当年的收益,i 表示未来的年份,r 表示贴现率,取 4%,n 表示贴现年限。

自然资本的非市场价值:Costanza 等人(1997)曾经将生态系统服务功能分为干扰调节、土壤形成、营养循环、废物处理等 17 个主要类型,

---

① 黄贤金:《江苏省耕地资源价值核算研究》,《江苏社会科学》1999 年第 4 期,第 55—60 页。

将全球生态系统按土地覆盖类型的差异分为 15 类，采用影子价格法、替代工程法、费用效益法、支付意愿法等方法对不同生态系统的生态服务价值进行计算，得出全世界生态系统每年的生态服务价值达到当年全世界 GNP 的 118 倍。[1] 陈仲新和张新时（2000）[2]、谢高地等（2001）[3]、冉圣宏和吕昌河等（2006）[4] 都曾参考 Costanza 等人的方法对不同地区的生态服务价值进行修正和计算。徐庭慎和李升峰（2010）利用 1996—2004 年江苏省地籍数据，计算分析了江苏省 8 年间的生态服务价值变化。[5]

本报告亦参考 Costanza 等人的方法，并采用谢高地、甄霖等人（2008）[6] 的单位面积生态服务价值修正结果进行自然资本非市场价值的测算。将各类土地单位面积价值和各类土地面积相乘，得到自然资本生态指数，并将未来值贴现，得到各地级市各类用地的生态服务价值。各地级市的自然资本非市场价值 V_n 计算公式如下：

$$V_n = \sum_{i=1}^{n} \frac{\sum x_j y_j}{(1+r)^i}$$

式中 x_j 为 j 类土地类型的面积，y_j 为 j 类土地单位面积生态服务价值，r 为贴现率，n 为贴现年限（表1）。

表1　　　　　　　各类土地单位面积生态价值　　　　单位：元/公顷·年

用地类型	农地	林地	草地	水域	湿地
单位面积生态价值	1011.02	4162.79	2445.65	85519.18	115638.51

---

[1] R. Costanza, R. Arge, R. Groot, et al., "The Value of the World's Ecosystem Services an Dnatural Capital", *Nature*, Vol. 386, 1997, pp. 253—259.

[2] 陈仲新、张新时：《中国生态系统效益的价值》，《科学通报》2000 年第 45 卷第 1 期，第 17—22 页。

[3] 谢高地、张钇锂等：《中国自然草地生态系统服务价值》，《自然资源学报》2001 年第 16 卷第 1 期，第 47—53 页。

[4] 冉圣宏和吕昌河等：《基于生态服务价值的全国土地利用变化环境影响评价》，《环境科学》2006 年第 27 卷第 10 期，第 2139—2144 页。

[5] 徐庭慎、李升峰：《基于土地利用变化的江苏省生态服务价值新评价》，《土壤》2010 年第 42 卷第 5 期，第 849—854 页。

[6] 谢高地、甄霖等：《一个基于专家知识的生态系统服务价值化方法》，《自然资源学报》2008 年第 23 卷第 5 期，第 911—919 页。

（二）人造资本

人造资本即人类经济社会发展过程中所创造的社会财富。人造资本估算可以借鉴张军和章元（2003）所用到的比例法，假设各行业的增加值和该行业所占有的资产（人造资本）的比例相同，则根据各地级市2011年的GDP、工业增加值和工业资产总计，可以推算出各地级市各行业的总资产。

除了各行业总资产以外，另有建设用地的价值，此处借鉴世界银行的算法用各行业总资产的24%统一赋值。

（三）人力资本

人类所具备的知识、技能可以为其所有者带来财富等收益，因而形成人力资本。本报告中人力资本估算，参照了世界银行（1997）所采用的经济产出还原法。从非农GDP中减去矿产资源的经济租金，得到一个剩余值（用R表示）：R=（非农GDP-矿产资源价值）。该剩余值表示人所创造的财富的总和，其中包含了人造资本。将该剩余值在平均工作剩余年内的未来值贴现后可以得到未来收益现值。

平均工作剩余年（用n表示）的获得根据第六次人口普查所获得的各地级市每个年龄段的人数，并假设工作年龄为15—64岁，然后根据以下公式得到：

$$n = \frac{(\min(s, 65) - 14) * N_{0\text{-}14} + (\min(s, 65) - 39.5) * N_{15\text{-}64}}{N}$$

式中s为预期寿命，N_{0-14}为0—14岁人口数，N_{15-64}为15—64岁人口数，N为总人口数。

得到剩余值R和平均工作剩余年n之后，计算未来收入现值（用Y表示）：

$$Y = \sum_{i=1}^{n} \frac{R}{(1+r)^i}$$

未来收入现值中包括了人造资本P的贡献，因此，从未来收入现值中减去人造资本存量之后即可得到人力资本存量。

三 江苏省人类社会财富估算与分析

本报告研究数据来自于 2012 年《江苏统计年鉴》，2012 年江苏省各地级市的统计年鉴，江苏省各地级市第六次人口普查数据，2011 年土地调查数据。其中本报告中的农田包括耕地和园地，水域包括河流水面、湖泊水面、水库水面、坑塘水面和沟渠，湿地包括沿海滩涂、内陆滩涂和沼泽地。本报告在估算自然资本非市场价值的过程中，引用了谢高地、甄霖等人（2008）修正得到的不同土地类型单位面积生态服务价值。

（一）江苏省人类社会财富估算结果

按上述方法测算出江苏省各地级市的自然资本、人造资本和人力资本存量，并将各地级市的三类资本以及人均资本汇总，得到表 2、表 3 所示结果。

表 2　　　　江苏省及各地级市资本存量　　　　单位：亿元

地区	自然资本 市场价值	自然资本 非市场价值	人造资本	人力资本	资本总量
南京	4120.25	1149.02	21644.61	73028.66	99942.53
无锡	2702.49	903.06	28591.11	78931.29	111127.95
徐州	9759.53	1681.70	9825.399	42071.48	63338.11
常州	2685.00	798.71	14210.64	41231.38	58925.73
苏州	4036.80	2197.79	48675.01	118815.72	173725.32
南通	6838.50	2300.52	12047.67	45992.23	67178.92
连云港	4936.11	1208.83	4578.848	15676.59	26400.37
淮安	5626.64	2010.97	3519.053	20453.98	31610.65
盐城	9947.27	3351.78	6511.954	31511.36	51322.36
扬州	5598.14	1350.43	7410.866	30354.76	44714.20

续表

地区	自然资本 市场价值	自然资本 非市场价值	人造资本	人力资本	资本总量
镇江	2241.94	642.75	8631.844	26459.71	37976.25
泰州	4222.83	1010.44	7915.309	27255.32	40403.90
宿迁	5135.88	1553.64	2748.065	15693.42	25131.00
总计	67851.38	20159.63	176310.4	567475.89	831797.30

（二）江苏省人类社会财富资本构成

从资本构成上来看，江苏省人力资本存量远大于其他两种资本，其占全部资本的比例达到68%。而自然资本和人造资本所占的比例分别为11%和21%。苏南、苏中和苏北的资本构成差异较大：苏南自然资本仅占总资本的5%，人造资本和人力资本占比分别达到25%和70%；苏中地区自然资本占14%，人造资本和人力资本分别占18%和68%；苏北地区自然资本占比达到了23%，远远超过了人造资本所占的14%，而人力资本比例仅为63%，为三个区域中最低。

表3　　　　　　　江苏省及各地级市人均资本存量　　　　单位：万元/人

地区	人均自然资本	人均人造资本	人均人力资本	人均资本拥有量
南京	6.50	26.69	90.06	123.25
无锡	5.61	44.45	122.71	172.77
徐州	13.35	11.46	49.08	73.88
常州	7.49	30.56	88.68	126.73
苏州	5.93	46.27	112.96	165.16
南通	12.54	16.53	63.10	92.16
连云港	14.01	10.44	35.74	60.19
淮安	15.90	7.33	42.58	65.81

续表

地区	人均自然资本	人均人造资本	人均人力资本	人均资本拥有量
盐城	18.38	9.00	43.54	70.91
扬州	15.57	16.61	68.01	100.19
镇江	9.20	27.54	84.42	121.16
泰州	11.31	17.11	58.92	87.34
宿迁	14.03	5.77	32.93	52.73
平均值	11.14	22.32	71.84	105.31

（三）人类社会财富的区域差异性分析

由于自然资源禀赋、人类社会发展以及不同区域财富创造者知识与技能的差异性，也导致了人类社会财富存在明显的区域差异性。

从表3可以看出，江苏省人均资本拥有量最高的是无锡市，达到172.77万元/人，其次是苏州市的165.16万元/人。达到100万元/人以上的市有：无锡市、苏州市、常州市、南京市、镇江市和扬州市。其中5市位于苏南地区，仅有扬州市位于苏中地区。人均资本拥有量的地区差异较为显著。人均人造资本和人均人力资本的地区排序和人均总资本的排序类似，而人均自然资本的排序与人均总资本差异较大。为了探究人均资本的空间分布规律，分别对人均总资本和人均自然资本做空间自相关分析，人均人造资本和人均人力资本的分布状况与人均总资本相似性较大，因此不单独分析。

通过全局空间自相关分析可以得到，各地级市人均资本存量莫兰系数为0.5074，人均自然资本存量莫兰系数为0.5261，都具有较强的空间正相关特征，图1和图2显示了江苏省大部分市在人均资本和人均自然资本Moran散点图中分布于高高象限和低低象限。即江苏省的人均资本和人均自然资本在空间上都存在较明显的高水平集聚和低水平集聚（图1和图2）。

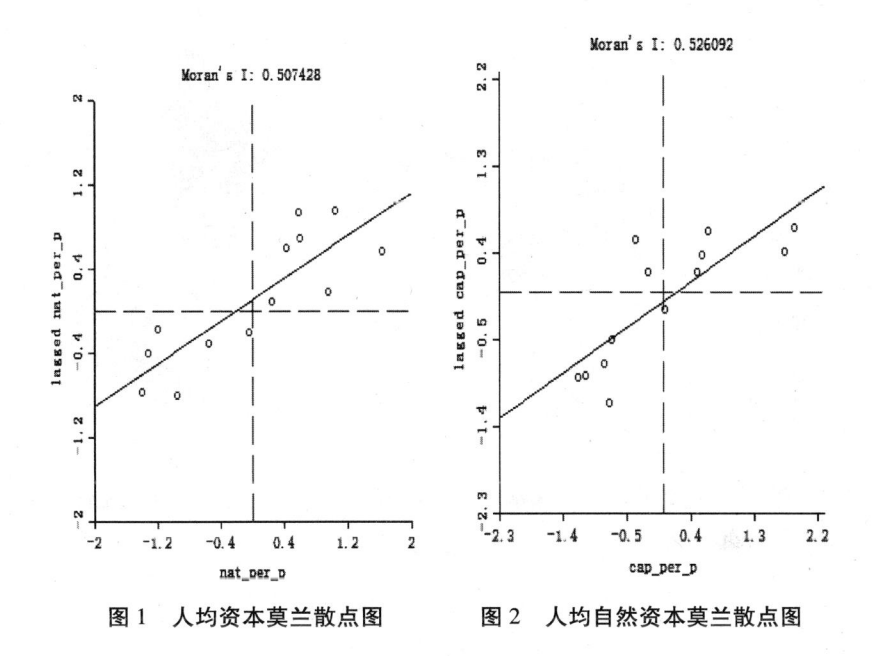

图1　人均资本莫兰散点图　　图2　人均自然资本莫兰散点图

图3显示苏南地区的无锡市、常州市呈现人均资本高水平聚集,即无锡市和常州市本身以及其周边地区的人均资本拥有量均为高值,而苏北地区呈现人均资本低水平聚集,全省的人均资本呈现"苏南高苏北低"的态势。这两种集聚在江苏省内同时存在充分说明了江苏省内人均资本分布的地区差异显著。苏南地区凭借其优越的地理位置和雄厚的发展基础,形成了人才的集聚效应,劳动力和知识等经济生产要素纷纷从苏北欠发达地区流向苏南地区,形成极化效应,导致这种差距的扩大。

图4显示人均自然资本的集聚状态与人均总资本大致相反。苏北的盐城市、淮安市和连云港市呈现出人均自然资本高水平聚集,苏南地区的无锡市和常州市呈现出人均自然资本低水平聚集,全省的人均自然资本呈现"苏北高苏南低"的态势,这与资源禀赋以及人口数量存在密切关系,也与发展方式的差异有一定关系。江苏全省的自然禀赋差距不大,造成人均自然资本产生空间集聚的原因很大程度上来自于人为因素(图3和图4)。

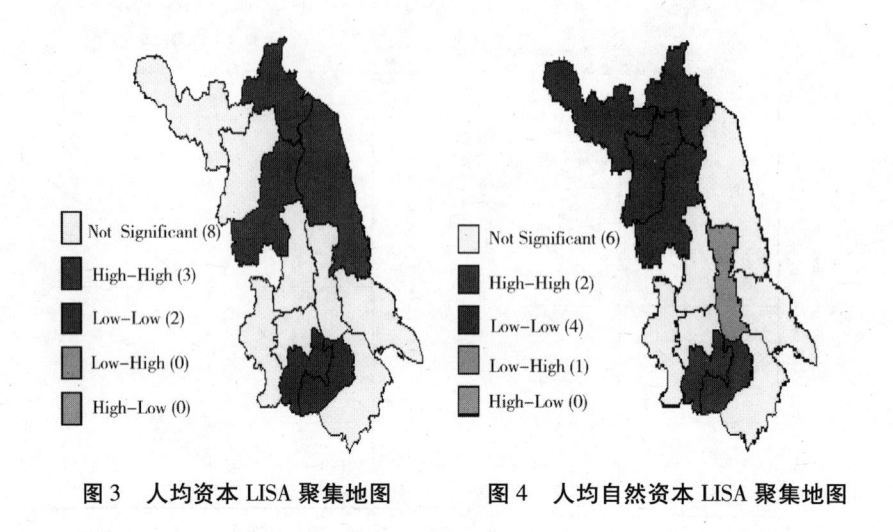

图 3　人均资本 LISA 聚集地图　　图 4　人均自然资本 LISA 聚集地图

四　江苏省人类社会财富的比较

为了更加全面地理解和认知人类社会财富评估与传统 GDP 的差异，以及江苏省人类社会财富与不同收入水平国家的差异，这里从以下方面进行比较分析：

（一）与传统 GDP 核算比较

通过分析，人均人造资本与人均 GDP 的相关系数为 0.986，人均人力资本与人均 GDP 的相关系数为 0.998，两者与经济发展水平均呈显著正相关；人均自然资本与人均 GDP 相关系数为 -0.874，两者呈较显著负相关。由于江苏省人均自然资本拥有量较少，人均资本总量与人均 GDP 之间也呈显著正相关，相关系数高达 0.999。

比较资本总量与 GDP 之间的比值，如表 4 所示。资本总量与 GDP 之间比值最高的五个市为苏北五市，苏南五市则位列后五位。苏北地区相对更为丰富的自然资源的价值在该核算体系中得到了体现，说明本评价体系较 GDP 更能反映自然资本的价值。该评价体系能对传统的 GDP 评价体系起到一定的纠正作用。

表4　　　　　　　　江苏省各地级市资本总量与GDP比值

地区	苏南地区					苏中地区			苏北地区				
	南京	无锡	常州	苏州	镇江	南通	扬州	泰州	徐州	连云港	淮安	盐城	宿迁
比值	16.26	16.15	16.46	16.21	16.43	16.46	17.00	16.68	17.83	18.72	18.70	18.52	19.03

（二）与不同收入水平国家的比较

本研究中的资本类型的构成与世界银行对世界各个国家和地区所做财富评估所执行的资本分类标准基本一致，因此，可以将江苏省的资本结构与2010年世界银行报告中按收入分类的各类国家（为2005年数据）的资本结构进行比较（表5）。

表5　　　　　2005年不同收入水平国家与江苏省资本结构　　　　单位:%

地区	自然资本	人造资本	人力资本
低收入国家	30	13	57
中低收入国家	25	24	51
中高收入国家	15	16	69
高收入国家（OECD）	2	17	81
世界	5	18	77
江苏省（2011年）	11	21	68
苏南地区	5	25	70
苏中地区	14	18	68
苏北地区	23	14	63

世界银行将全世界的国家和地区分为低收入、中低收入、中高收入和高收入四个组别，其中世界经济合作及发展组织（OECD）的成员国全部位于高收入国家之列，而中等发达国家也基本都位于高收入国家之列。各组别的国家和地区的资本构成情况如表5所示。比较发现，江苏省的资本构成与2005年的中高收入国家相类似，但与高收入国家相比，人力资本

所占比例小了13%；苏南地区的资本构成与高收入国家更为接近，但仍有不小的差距，尤其是人力资本远小于高收入国家；苏中地区的资本构成与中高收入国家相似；苏北地区的资本构成与中低收入国家接近，但人造资本比例较中低收入国家更小而人力资本比例更大。

进一步需要指出的是，虽然江苏省人类社会财富结构总体上与世界上中高收入国家相似，但人均人类社会财富则相距较大。根据世界银行2010年度评估报告，2005年世界人均人类社会财富为120475美元，江苏省2011年人均人类社会财富较世界人均水平高20%（按2005年不变价计），高出中高收入国家（81354美元）3/4多，但与高收入国家尚有大的差距（表6）。

表6   2005年不同类型国家人均资本拥有量   单位：美元/人

国家类型	人均财富总量	人均自然资本	人均人造资本	人均人力资本
低收入国家	6138	1841.40	797.94	3498.66
中低收入国家	16903	4225.75	4056.72	8620.53
中高收入国家	81354	12203.10	13016.64	56134.26
高收入国家（OECD）	588315	11766.30	100013.55	476535.15
高收入国家（非OECD）	236504	—	—	—
世界平均	120475	6023.75	21685.5	92765.75
江苏平均（人民币：美元=1∶6）（现价）	175517	18567.00	37200.00	119733.00
江苏平均（2005年不变价）	143984	15245.09	30544.38	98311.03

五 改善江苏省人类社会财富状况的对策建议

人类社会财富从一个方面揭示了一个区域的全面发展绩效，例如，苏北地区资本总量与 GDP 的比值高于苏南地区，说明该核算体系对自然资本的价值有一定的体现，在一定程度上能纠正单一考核 GDP 的欠全面性。因此，为更加全面地认知、评价一个区域的发展提供了借鉴与参考。为此，建议：

一是以主动作为经济转型为契机，建立适应科学发展要求和国际社会共识的多元化经济发展评价制度，引入人类社会财富评价方法，弥补传统 GDP 核算的不足，从而更为全面地反映区域经济发展、自然保护、人力资本价值提升的综合成果。

二是以经济结构优化引导人类社会财富结构优化。与高收入国家（OECD）相比，江苏省人均人类社会财富只及其 1/4，人造资本约为其 1/3，人力资本约为其 1/5。因此，需要在积极保护生态环境，开展生态整治，提升自然资本价值的同时，积极发展有竞争力的实体经济、创新型经济，引导人造资本、人力资本价值的持续提升。

三是人力资本是人类社会财富的重要组成部分，占人类社会财富的 70%，在高收入国家达到 80% 多，即便是世界平均水平也高达 77%，因此，需要结合江苏省基本实现现代化建设目标，确立建立人力资源强省战略，为此，在人力资源建设思路上，需要实现从人才优先向人才优先与整体开发并重的转变，以提升全社会知识素养为目标，发展普及性职业、高等教育，全面提升人力资本价值。

作者信息：

研究基地：江苏绿色发展研究基地

承担单位：南京大学地理与海洋科学学院

首席专家：黄贤金、于红霞、牛文元

课题负责人：黄贤金

主要参加人员：朱德明、李升峰、赖力、陈志刚、钟太洋、陈逸、童岩冰

江苏省城市绿色发展评价及建议[*]

内容提要：文章结合我国生态文明战略实施，阐述了江苏省生态文明建设实践，包括制定严格的生态文明考核指标、探索建设生态文明体制、构建促进生态文明发展的市场体系，并结合城市这一生态文明建设的重要区域，在阐述绿色城市基本内涵的基础上，从城市绿色发展承载水平、发展能力、发展效率以及发展提升水平四个方面构建了城市绿色发展评价指标体系，并以江苏省13个地级市为例开展了评价，结果表明江苏省城市绿色发展程度存在显著性差异，13个地级市中得分最高的是镇江市，其次是常州市、苏州市。这三个城市绿色发展承载水平、能力水平与提升水平均较高，是江苏省目前最发达的几个城市，但是其城市绿色发展效率水平都不高，城市的污染物排放量大，应适当控制。盐城、泰州和宿迁的综合评价得分最低，这与城市发展总体水平均较低，城市绿色发展基础水平有待提高，加之自身调控能力有限，又缺乏高科技的人才和技术的支持不无关系。其他城市处于中间水平。据此，从提升江苏省城市绿色发展整体水平角度，提出了科学开展绿色城市建设规划、构建共享性的环境保护设施、推进城市污染治理产业化、建立城市生态经营机制等相应的对策建议。

绿色发展是人与自然时空协调的具体体现。城市是人与自然冲突最为突出的区域，资源过度占用、环境过度污染、生态过度破坏，不仅影响了

---

[*] 该项目研究得到了江苏省决策咨询研究基地2013年度项目资助、中国清洁发展机制基金赠款项目（1214073）资助。

生态环境的可持续性，也影响了人类社会的可持续发展。开展城市绿色发展评价，分析城市绿色发展状态，提出城市绿色发展路径，也是推进生态文明建设的重要内容。江苏省城市发展水平位于全国前列，与此同时又面临着人口密度大、区域发展不均、环境容量小等问题，更需要走可持续发展、绿色发展的道路。对江苏省进行城市绿色发展评价，了解各城市绿色发展水平和地区差异，对于在统筹发展的基础上实现因地制宜有着重要意义。

一 生态文明及其江苏省实践

在全国生态文明战略的总体安排下，江苏省制定了更加严格的生态文明考核指标，不断完善生态文明建设的体制机制，积极构建促进生态文明发展的市场工具。具体是：

（一）探索率先之路，制定比国家更严格的生态文明指标

2013年全国两会上习近平总书记提出："希望江苏在'率先''带头''先行'内涵中将生态文明作为一个标杆。"这赋予江苏一份沉甸甸的责任，也为江苏自觉探索生态文明的率先之路增添了强大动力。

据此，省委、省政府制定了更加严格的生态文明建设目标。省委刚刚通过了对苏南现代化指标、全省现代化指标以及全省小康指标的升级版修改，三个指标体系均提高了对生态环境质量的要求。在2011年通过的《江苏省国民经济和社会发展第十二个五年规划纲要》中，明确了全省生态文明目标：到2015年，江苏省万元地区生产总值二氧化碳排放要比2010年下降19%，进一步提高"两高"和产能过剩行业准入门槛，强化节能、环保、土地等指标约束，严控高耗能、高排放产业增长。

（二）坚持先试先行，不断完善生态文明建设体制机制

十八大报告提出"五位一体"，其中生态文明建设的现有成熟制度最少。有措施和办法可以解决问题，但建立刚性制度才有真正保障。江苏在这方面先行探索，"环保约谈"制度就是其中之一。2013年初，徐州4家环境违法企业负责人及当地政府相关负责人即被约谈。2013年4月，由于所在太湖流域重点断面水质出现3次以上异常波动，苏南三市的政府负责人被江苏省环保厅"约谈"。环保部门实施"后督查"制度，届时如果问题没得到有效解决，将启动"挂牌督办"、"区域限批"等更严厉的措施。

环境价格改革稳步前行，企业废气排污费、污水排污费和城乡居民生活污水处理费逐步提高，"污染者付费、治污者受益"的机制逐步完善。完成了主要污染物排放权有偿取得和交易平台建设，逐步建立试点企业污染源自动检测监控体系，进一步完善区域补偿制度。企业环保信用评价及管理办法出台，对2万多家企业的环境行为进行评价，结果纳入银行征信系统。此外，江苏还探索出绿色考评、环境应急等机制。

（三）突出顶层设计，自上而下推进全省生态文明建设进程

江苏省委、省政府高度重视生态文明建设，省政府把《江苏省"十二五"环境保护和生态建设规划》确定为"十二五"重点专项规划之一，要求充分利用各种有利条件，集中力量解决突出矛盾和问题。为更好地推进生态文明建设工程的开展，江苏省政府专门成立了由李学勇省长任组长，36个部门组成的生态省建设领导小组。各市、县（市、区）均成立了由主要领导负责的生态文明建设工程领导小组，形成了指挥有力、分工明确、运转高效的组织体系。

建立规划引导机制，江苏各部门把生态文明建设重点任务纳入相关专项规划，加大落实推进力度，苏州、无锡、常州等市率先编制和实施生态文明建设规划。通过这种自上而下的约束，把资源消耗、环境损害、生态效益纳入经济社会发展评价体系，进一步完善体现生态文明要求的目标体系、考核办法、奖惩机制。严格落实资源环境总量控制制度，确定全省主要污染物排放总量、水资源开发利用总量、土地开发利用总量控制红线，并将总量控制指标层层分解到各市、县（市、区），落实责任，加强考核，倒逼经济发展方式转变。

（四）发展绿色经济，着力于构建市场化的生态文明发展体系

市场化手段在推进江苏省生态文明建设过程中起到了非常重要的作用，如企业碳排放指标交易中心的建立、环太湖流域排污权交易机制的建立和完善、生态补偿机制的探索等一系列市场化手段。此外，江苏各地市

还广泛存在对低碳型企业、高新科技企业进行减税、免税等经济优惠政策。

这一系列创新举措改变了人们原来解决环境问题的行政干预思路，在政府的良性引导下，主要依靠市场这只"看不见的手"调节节能减排力度，为低能耗、低排放的绿色企业创造更多盈利空间，从而促进该类行业蓬勃发展；同时，这样的调节将促进高能耗、高排放的企业寻求升级转型出路，带动区域实现企业升级和产业转型。

二 绿色城市提出及其评价指标

城市是生态文明建设的重点区域。2005年《绿色城市宣言》的签署将可持续发展的理念引入城市发展进程，呼吁从能源、废物减少、城市设计、城市自然、交通、环境健康和水七个方面推动城市可持续发展，从单纯关注环境质量向关注人居环境等转变，[1] 更加关注城市作为一个人地关系系统的综合发展。不同学者从社会、经济、文化、生态等角度对绿色城市的内涵进行了解读，[2][3][4] 总结起来其应该有如下特征：绿色城市是一个涉及社会、文化、历史、经济等各个层面，全面综合地反映人类社会发展各个方面的理想化的城市概念；生产生活方式应该兼具高效率和低污染的特性；统筹人与自然和谐发展，环境友好，实现城市的生态转型。

从绿色城市概念的全面性和综合性决定了城市绿色发展评价体系的复杂性，这一评价体系除了需要反映城市自然生态环境的绿色发展水平之外，需要同时为城市社会、经济的持续发展提供指导，即既能体现绿色城市本身的发展现状，同时又能结合城市的实际情况，为政府确定绿色城市

---

[1] 张尔薇：《从国外经验看我国的绿色城市之路》，《城市环境设计》2008年第3期，第117—118页。
[2] 余猛：《绿色城市的指标构建与经济效益》，《城市环境设计》2008年第3期，第116页。
[3] 王如松：《绿色城市的科学内涵和规划方法》，《中国绿色画报》2008年第11期，第24—25页。
[4] 李超：《绿色城市发展战略体系研究——以绿色南京战略为例》，南京林业大学，2006。

的发展、规划及决策等提供科学依据。[1] 因此，城市绿色评价主要包括以下内容：

（1）城市绿色发展承载水平：该评估项是反映城市绿色发展基础水平的指标；

（2）城市绿色发展能力水平：该评估项是反映城市绿色发展调控能力水平的指标；

（3）城市绿色发展效率水平：该评估项是反映城市绿色发展可持续性的指标；

（4）城市绿色发展提升水平：该评估项是反映城市绿色发展潜力的指标（表1）。

表1　　　　　　　　绿色城市发展评价指标体系

准则层	指标层
城市绿色发展承载水平（A）	A1. 人均公共绿地面积（市区） A2. 建成区绿化覆盖率（市区） A3. 林木覆盖率（全市） A4. 空气质量二级以上天数 A5. 非建设用地比例（全市） A6. 人口密度 A7. 城市燃气普及率 A8. 各市重要生态功能保护区区域个数（江苏省重要生态功能保护区区域规划） A9. 城市污水处理率
城市绿色发展能力水平（B）	B1. 城镇生活污水处理率（全市） B2. 生活垃圾无害化处理率（全市） B3. 工业废水排放达标率（全市） B4. 工业二氧化硫处理率（全市） B5. 工业烟尘处理率（全市） B6. 工业废水重复利用率（全市） B7. 工业固体废物综合利用率（全市）

---

[1] 欧阳云志、赵娟娟、桂振华等：《中国城市的绿色发展评价》，《中国人口资源与环境》2009年第19卷第5期，第11—15页。

续表

准则层	指标层
城市绿色 发展效率水平 （C）	C1. 万元工业增加值能耗 C2. 单位 GDP 建设用地减少率 C3. 单位 GDP 二氧化硫排放量 C4. 单位工业产值 COD 排放量 C5. 单位 GDP 工业固体废物排放量 C6. 单位 GDP 用水量
城市绿色 发展提升水平 （D）	D1. 第三产业增加值比重 D2. 高新技术产业比重 D3. 三废综合利用产品产值占 GDP 比例 D4. 每万人拥有公交车数量 D5. 公共汽车客运量与城市人口之比 D6. 环境污染治理指数 D7. 资源综合利用指数 D8. 高新技术产业对工业产值增长的贡献率 D9. 每十万人专利申请数 D10. 科技活动人员占从业人员比重 D11. 每万人拥有发展专利（研发投入占 GDP 比例）

三 江苏省城市绿色发展评价

基于上述评价指标体系，以江苏省 13 个地级市为例，开展城市绿色发展评价，以期揭示江苏省不同城市发展的差异性，从而为制定符合各自城市发展特征的绿色发展政策提供决策参考。本次江苏省城市绿色发展评价的数据来源于江苏省环境监测总站、各地级市《2011 年国民经济和社会发展统计公报》、各地级市 2011 年度《环境统计公报》、各地级市《2012 年政府工作报告》、国家统计局及江苏省统计年鉴和各地级市统计年鉴。并区分城市绿色发展的正向指标、逆向指标进行分析评价，得出如下结果。

（一）江苏省城市绿色发展承载水平及差异

将江苏省 13 个地级市城市绿色发展承载水平的各个指标排序可得图

1，连云港市的城市绿色发展承载水平最低，总得分仅为36。在各项指标中，连云港均处于中下水平，非建设用地比例与城市污水处理率两项指标都是13个地级市中最低的。而城市绿色发展承载水平中得分最高的是无锡市。在各项指标中，无锡市几乎都处于前四位的水平，城市污水处理率更是以93.1%的高比率处于第一的位置。

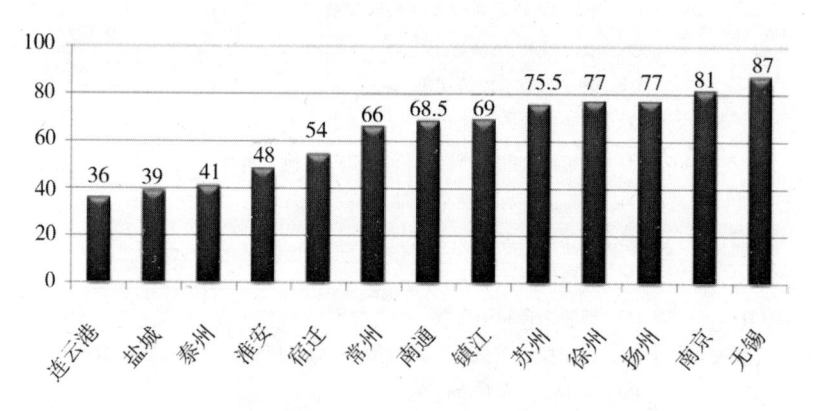

图1 江苏省各市城市绿色发展承载水平排序

（二）江苏省城市绿色发展能力水平及差异

将江苏省13个地级市城市绿色发展能力水平的各个指标排序可得图2，盐城市的城市绿色发展能力水平最低，总得分仅为17。在各项指标中，盐城市均在后四位中，城镇生活污水处理率是13个城市中最低的。而城市绿色发展能力水平中得分最高的是徐州市，徐州市的工业烟尘处理率与工业废水重复利用率两项指标都是13个地级市中最高的，而其他的二氧化硫、烟尘去除率和工业固体废物综合利用率等也都处于较高水平。

（三）江苏省城市绿色发展效率水平及差异

将江苏省13个地级市城市绿色发展效率水平的各个指标排序可得图3，13个市中，淮安市的城市绿色发展效率水平最低，总得分仅为17。在各项指标中，淮安市均在后四位中，单位GDP建设用地减少率是13个地级市中最低的。而城市绿色发展效率水平中得分最高的是盐城市，其所有指标均在前三位，而万元工业增加值能耗、单位GDP二氧化硫排放率与单位GDP工业固体废物排放量三项指标都是13个地级市中最高的。

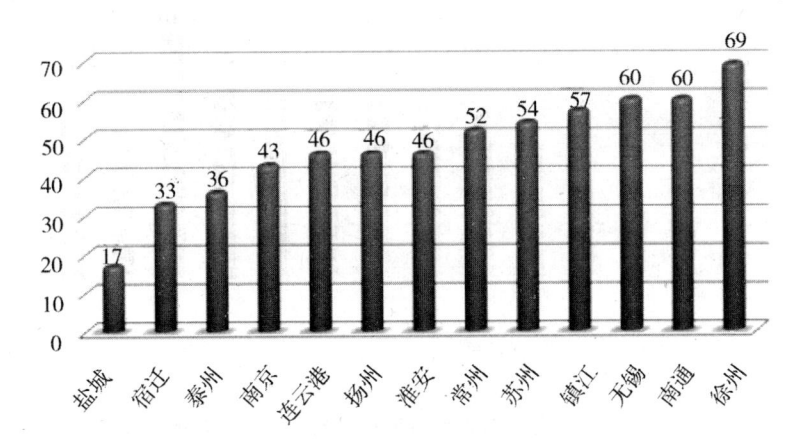

图 2　江苏省各市城市绿色发展能力水平排序

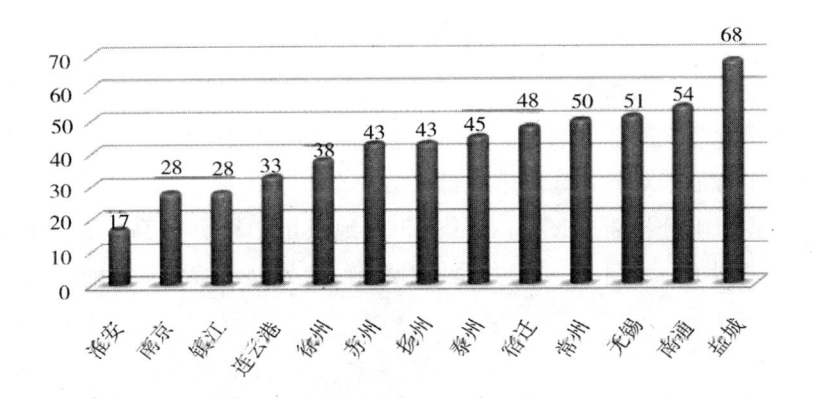

图 3　江苏省各市城市绿色发展效率水平排序

（四）江苏省城市绿色发展提升水平及差异

将江苏省 13 个地级市城市绿色发展提升水平的各个指标排序可得图 4，宿迁市的城市绿色发展提升水平最低，总得分仅为 22。在各项指标中，宿迁市几乎均处于末尾，其高新科技、研发投入、创新投入等方面不够成熟，仍处于刚起步阶段。而城市绿色发展提升水平中得分最高的是无锡市，各项指标基本都在前三位，第三产业增加值比重等指标是 13 个市中的首位。

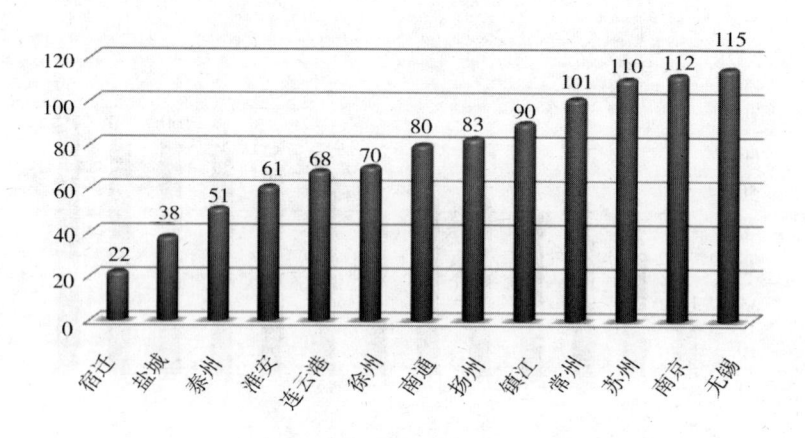

图4 江苏省各市城市绿色发展提升水平排序

（五）江苏省城市绿色发展的总体特征及差异

对于江苏省城市绿色发展综合评价，主要是从城市绿色发展承载水平、城市绿色发展能力水平、城市绿色发展效率水平、城市绿色发展提升水平四个方面来对各个地级市进行评估分析。

根据以上分析可得图5，最终13个地级市中得分最高的是镇江市，其次是常州市、苏州市。这三个城市城市绿色发展承载水平、能力水平与

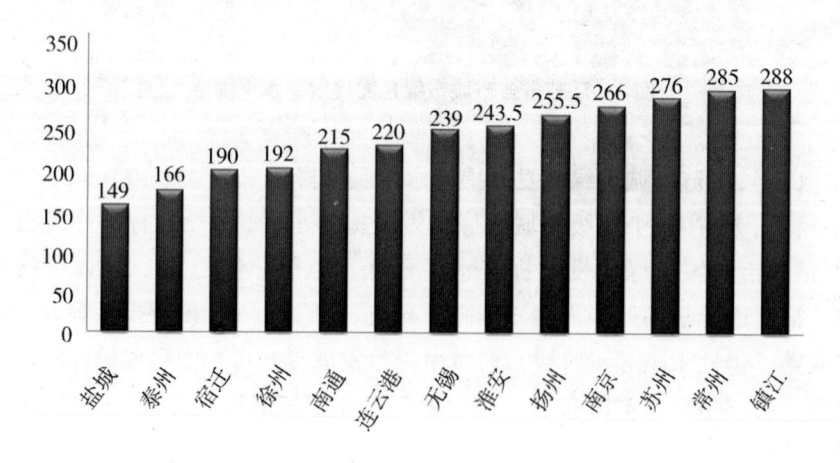

图5 江苏省地级市城市绿色发展综合评价

提升水平均较高,是江苏省目前最发达的几个城市,但是其城市绿色发展效率水平都不高,城市的污染物排放量高,应适当控制。盐城、泰州和宿迁的综合评价得分最低。这三个城市的城市发展总体水平均较低,城市绿色发展基础水平低,同时自身调控能力有限,又缺乏高科技的人才和技术的支持,属于目前经济发展较缓慢的地区。

四 促进江苏省城市绿色发展的对策建议

1. 前期规划,自上而下,将绿色城市概念渗透到各个规划层面

国外绿色城市建设不仅仅侧重于过程控制,而是从源头规划入手,实现绿色发展理念自上而下的渗透。对"绿色"的解读不应该仅仅停留在生态环境层面,更应该从其循环、可持续的含义出发,领导城市规划、城市建设、土地的规划、城市管理策略的制定。目前我国城市发展往往更加重视经济发展优先的形式,绿色发展建设更多的是起到后期的补偿和平衡作用,为了打破这一局面,在规划制定时就要规范用地布局,在考虑到生态环境、自然地貌、农用地等陆地生态系统的保护的基础上合理规划。在城市更新与管理中,严格城市生态环境监管,确保城市生态空间不减少,不断提升城市绿色发展能力。[①] 实现前期规划指导,自上而下执行,绿色理念全方位体现。

2. 基础设施共享共建,提高管理能力和利用效率

随着江苏省城市圈建设的推进,以及协调区域差异共同发展的需要,各个城市之间的合作不断加强。这种合作不仅应该局限在经济层面,在设施建设和共享层面也应该得到体现。城市环境基础设施运行效率,尤其是重大环境基础设施运行效率的提高,需要城市密集区或连绵区形成共享共建的重大环境基础设施。基础设施的共享不但能提高资源的利用效率,同时也加强了不同地区之间人口、物质、文化的流动。在具体操作中,可以建立确保环境基础设施运行的制度,通过合理收费、多种运营方式,加强对环境基础设施运营的监管。[②]

[①] 黄贤金:《国内外绿色城市建设及启示》,《群众》2012年第7期,第85—86页。
[②] 相伟:《绿色城市化之路该怎么走?》,《中国环境报》2012年第5期,第22页。

3. 城市污染治理专业化、市场化

美国洛杉矶为了治理其雾霾，各郡联合组建了"南海岸空气质量管理区"，将空气质量管理职能集中后进行专门化的管理。在治理的过程中采取市场化的方式，引入排污权交易机制，在控制整体污染排放情况的同时，通过市场机制实现具体排污分配调节，提高了效率。同时，政府也采取了一系列激励措施进行辅助，对于有利于控制污染的行为进行经济补偿和奖励[①]。从美国经验来看，在城市环境治理中，进一步强化政府责任的同时，也需要注重市场机制的引入，从而通过政府与市场的协同，能更有效地实现城市污染控制。

4. 引入生态经营理念，[②] 提升生态资本对于城市竞争力的贡献

所谓城市生态经营即是指通过市场手段吸引风险投资，创新生态产品，保护城市生态公共空间。[③] 引入这一理念的主要目的是将生态建设与经济发展挂钩，使其成为发展的推动力而不是负担。城市生态经营可以从居住环境、产业建设、污染治理三个角度展开。通过社区环境的改善，生态绿地亲近性和实用性的提高可以提升居住环境的生态宜居性；抓住城市生态经营亮点，实现产业化，实现规模经济提高运行效率；污染治理引入市场机制，实现产业化、专业化，同时实行差别电价、差别水价等资源环境价格制度，引导城市污染治理。

作者信息：
研究基地：江苏绿色发展研究基地
承担单位：南京大学地理与海洋科学学院
首席专家：黄贤金、于红霞、牛文元
课题负责人：黄贤金
主要参加人员：陈雅、李升峰、金雨泽

---

① 沈昕一：《美国大气污染治理的"杀手锏"》，《世界环境》2012年第9期，第14—15页。
② 黄贤金主编：《资源经济学》（第二版），南京大学出版社2010年版，第143—146页。
③ 马文学、王兆君：《论城市生态经营的理念与对策》，《中国林业经济》2006年第2期，第21—23页。

加快形成新的经济发展方式与江苏持续发展研究[*]

内容提要：江苏多年来经济快速稳定发展，能否保持持续发展并在全国持续"率先"，无论是对于自身还是对于全国来说，都具有重大而特殊的意义。江苏保持持续发展对加快经济发展方式转变和新的发展方式形成的要求更为迫切，尽管在这方面已取得长足进步，但与保持持续健康发展的要求仍有较大差距，亟须按照"十八大"精神，快马加鞭，在着力激发各类市场主体新活力、着力增强创新驱动新动力、着力构建现代产业新体系、着力培育开放型经济新优势，以及更多依靠资源节约和城乡区域发展协调互动中加快形成新的发展方式，推进江苏持续发展。

江苏多年来在全国率先发展，经济发展方式转变成效显现，如何根据十八大的新要求，进一步加快发展方式转变和新的发展方式形成，保证经济持续发展并在全国持续"率先"，这是摆在我们面前的一个值得深入研究的重大课题。

一 江苏保持持续发展具有重大而特殊的意义

（一）江苏保持持续发展对于自身来说具有重大而特殊的意义

首先，江苏连续多年保持经济快速稳定发展，能否保持持续发展是对江苏发展能力的考验。

---

[*] 本文系江苏省决策咨询研究基地研究课题"加快形成新的经济发展方式与江苏持续发展研究"总报告。

1978年改革开放以来的35年中，江苏除20世纪70年代、80年代之交的1980年，80年代、90年代之交的1989年和1990年经济增速曾出现明显低落现象外，其余32年均保持在两位数或接近两位数的增长（其间仅1982、1991两年稍低于两位数）。而从1992年起，江苏已经连续21年保持了经济两位数的增长，经济跃上了一个又一个新台阶。2012年GDP总量达54058.2亿元，是1992年的25倍。真正在总体上实现了既快速又稳定的发展，基本上免遭了大起大落的折腾。

但是，在看到成绩的同时，更应该清醒地认识到，由于经济总量大，在一个较高的起点上持续发展难度更大。如今，经济每增长一个百分点，需要创造540多亿元的增加值，是20世纪90年代初的20多倍。同时，江苏过去总体上走的是依靠土地、劳动、资本大规模投入为主的总量扩张道路。而现在，要保持经济的持续发展，越来越面临着资源、环境等方面的更多制约。因而能否在一个较高起点上保持经济持续发展，无疑是对江苏发展能力的考验，特别是对江苏各级党委、政府领导和驾驭发展能力的考验。

其次，江苏连续多年在全国率先发展，能否在发展方面持续率先是江苏面临的一项紧迫任务。

自改革开放以来，江苏一直在全国率先发展。①江苏GDP总量一直位居全国前三，其中绝大多数年份（多达29年）保持前二。1978年以来，GDP增幅仅有3年（1980、1989、1991年）低于全国，其余32年均高于全国平均水平。②江苏人均GDP一直位居全国前五位，不仅每年均高于全国，而且高出全国的幅度呈现出一路快速递增的趋势。

但是，也应该看到，东部沿海的其他省份也保持着较快的发展势头。1978年以来的35年中，江苏GDP增幅仅有13年在沿海6省市中居前两位。总体上看，东部沿海其他省市GDP增速与江苏基本上不相上下。尽管经济增速并非越快越好，但在"能快则快"、有效益的前提下，较快地增长还是必要的，所以，其他发达地区的这种发展态势，对江苏既是有力的促进，又是巨大的压力。还应该看到，全国近年来经济增速一直是"西高东低"，一些中西部欠发达省份发展势头强劲，对江苏也既是促进又是压力。在"东西南北中，咬定发展不放松"，"万马奔腾战犹酣"的发展大势下，江苏更是"高处不胜寒"，面临的压力和挑战巨大，保持持续率先发展显得异常迫切。

从江苏所处的发展阶段看,保持持续发展和持续率先发展意义重大。2012 年江苏人均 GDP 突破 1 万美元,达到 10500 美元。这标志着江苏的社会生产力整体水平已达到世界中等发达经济体水平。但也表明江苏突破"中等收入陷阱"的形势越发紧迫。如何顺利实现发展战略转型,培育新的增长动力尤其是内生动力,保持持续发展和持续率先发展,更成为江苏所面临的一个重大课题。

再次,江苏的发展基础和民生福利已处于一个相对较高的平台上,今后若不能在一个较高的平台上持续运行,损失、风险将会更大。

江苏作为全国第二大经济体,固定资本投资较多,因而固定资本的规模较大。而固定资本规模大,一方面有利于拉动经济的增长,另一方面却制约了资产结构从而产业结构的调整和优化升级,成为马克思所讲的经济发展的"死荷重"[①],增大了经济运行的负担和潜在风险。

江苏经济几十年的快速发展,也使得民生福利有了很大提高。2012 年,江苏城乡居民收入增长双双超过 12%,近 5 年来,全省用于保障和改善民生的财政支出占比超过七成。但是,人们的收入和福利水平具有刚性。也就是说,人们对自己的收入和福利待遇具有只允其上升不允其下降的心理预期。民生福利的这种"刚性"特征,使其缺乏必要的弹性,一旦发生较大波动,便容易引发不满情绪,增加社会不稳定因素。为了不断提高民生福利水平,江苏承诺今后将 80% 以上的财政支出用在保障和改善民生及三农和社会事业的发展上。这无疑对经济的持续发展提出了更高的要求。

江苏经济的增长很大程度上得益于外向型经济的发展。而经济的外向度较高,受国际市场变动的影响势必相应增大,来自国际因素的冲击更加频繁。

总之,固定资本规模大、民生福利水平高、外向型经济发展快等这样一些特征,都使得江苏经济若遭受折腾,势必面临更大的损失和风险。

最后,江苏经济的持续发展也为率先赶超欧美发达国家和尽快改变省内落后地区面貌所必需。

[①] 马克思在《资本论》中研究固定资本更新时,借用"死荷重"说明固定资本的价值是逐步转移到产品中去的,若固定资本过大,潜在的货币资本就会造成生产的障碍。

近年来,江苏地区生产总值连跨三个万亿元台阶,虽然从人均 GDP 看,江苏已步入中等发达国家水平,但与欧美发达国家相比,仍有相当大的差距。根据 IMF 公布的数据,2011 年人均 GDP 居于世界第一位的卢森堡已超 10 万美元,澳大利亚 55590 美元,瑞典 48875 美元,美国 47284 美元。即使与我国香港地区 20000 多美元的水平相比,江苏也仅相当于其一半左右。要率先赶上发达国家和地区,江苏唯有持续快速发展。同时还要看到,江苏内部的发展是不均衡的,苏南、苏北的差距仍较悬殊。按各县(市)人均 GDP 排名,2012 年居于全省第一位的苏南昆山市为 165291 元,而居于最后一位的苏北丰县只有 24021 元,前者是后者的 6.88 倍。要缩小地区差距,尽快改变省内落后地区面貌,江苏也唯有实现经济持续快速发展,以使有更多的财力、物力、人力支持落后地区发展成为可能。

(二)江苏保持持续发展对于全国来说具有重大而特殊的意义

江苏经济发展在全国举足轻重。江苏是全国第二大经济体,多年来经济总量一直占全国的 1/10 左右,公共财政总收入多数年份在全国的 10% 以上;在沿海发达地区,江苏地方财政本级收入 2006 年以来仅略低于广东,远高于其他地区。2011 年,江苏经济总量比新疆、宁夏、青海、甘肃、陕西、西藏、云南、贵州、海南等 9 省之和还多,相当于 81 个西藏,或者 30 个青海;财政收入大致相当于新疆、宁夏、青海、甘肃、陇西、西藏、贵州、广西、海南 9 个省之和。可以说,江苏经济持续发展,才能在相当大的程度上保证全国经济的持续发展。

江苏发展在全国示范价值显著。改革开放以来江苏的发展是中国特色社会主义的生动实践。建设中国特色社会主义是一项前无古人的伟大事业。邓小平同志指出,"我们的改革不仅在中国,而且在世界范围内也是一种试验,我们相信会成功。如果成功了,可以对世界上的社会主义事业和不发达国家的发展提供某些经验"。[①] 同样,中国的发展也需要先行者和探路者。江苏苏南、苏中、苏北的梯度经济结构,与我国东、中、西部的梯度结构具有相似性,因此,江苏在"率先"发展中遇到的问题、解决的办法、积累的经验,可资其他地区参考和镜鉴。改革开放以来,江苏在发展乡镇企业、推进国有企业改革、发展外向型经济、统筹城乡和区域

---

① 《邓小平文选》第 3 卷,人民出版社 1993 年版,第 135 页。

发展、调整优化产业结构、发展创新型经济、实现共同富裕等诸多方面的创新举措和成功经验，对于发展中国特色社会主义具有重要的实践探路意义和示范价值。

江苏在全国需要继续担当发展重任。江苏应该比全国平均速度快，这是小平同志对江苏的谆谆嘱托。江泽民、胡锦涛两任总书记也要求江苏在全国实现"两个率先"。习近平总书记则要求江苏按照"两个率先"的要求继续开创各项工作的新局面。党的十八大报告明确指出，"鼓励有条件的地方在现代化建设中继续走在前列，为全国改革发展做出更大贡献"。江苏过去的发展走在前列，当按照三任总书记和十八大的要求，今后继续担此重任。同时，经过多年的发展，江苏创造了雄厚的物质基础，积累了丰富的实践经验，形成了良好的体制环境，基本具备了向更高目标攀升的综合实力和条件。因此，理所当然应承担起为全国有效转变经济发展方式、跨越中等收入陷阱、实现持续健康发展率先探索和积累经验的重大历史责任，为中华民族以昂扬的姿态屹立于世界东方贡献更大力量。

二 江苏保持持续发展对加快形成新的经济发展方式的内在要求

（一）江苏持续发展对加快经济发展方式转变和新的发展方式形成的要求更为迫切

江苏是经济大省，资源能源小省，但在过去一个较长时期内，走的基本上也是一条主要依靠物质资源消耗的粗放型发展道路。例如，在资源能源消耗方面，2011年全省万元GDP能耗为0.6吨标准煤，高于北京、广东、浙江，大约是美国的3倍、日本的7倍；由于能源生产量小，全省80%以上的能源依赖省外供给。在土地利用效率方面，江苏每平方公里产出率为5000万元左右，台湾大约8000万元；土地开发强度普遍超过20%，有的地方甚至超过30%，而日本的东京、大阪、名古屋三大都市圈土地开发强度仅为16%。这说明在特殊的省情下实现江苏更长时期持续健康发展，更迫切要求经济发展方式的加快转变和新的发展方式的加快形成。对此可以从以下几个方面做进一步分析：

从要素条件看，资源环境对经济增长约束日益趋紧。江苏资源、市场两头在外，环境容量"先天不足"，在国家节能减排要求不断强化，更严格土地保护政策实施的背景下，经济社会发展与资源环境的矛盾进一步加剧。随着产业扩张、人口增多、城市变大，更加珍惜资源、提高资源能源集约节约利用水平和产出率的要求愈益迫切。

从增长动力看，形成新的竞争优势尚需时日。经过改革开放30多年的发展，江苏人口资源红利、改革开放红利等趋于递减，长期存在的传统竞争优势逐步弱化，而打造更高层次参与国际分工合作的核心竞争新优势需要较长过程。区域创新能力虽然连续四年全国第一，但与发达国家和地区差距较大；人才资源数量较大，但高层次创新创业人才不足。全省每百万人中研发人员2230多人，仅分别为日本和韩国的40%和59%，若与以色列高新技术产业产值占工业比重超过70%、万名企业雇员中科学家和工程师达140名等指标相比，江苏的人才差距更加明显。新兴产业虽然保持高速增长，但尚未成为经济增长主体支撑，高新技术产业发展中一些核心技术、关键零部件仍然受制于人，光伏、风电等产业主要依赖海外市场。只有加快由高物耗、模仿追赶向创新驱动、超越发展转变，由低成本劳动力优势向高素质人才支撑转变，才能推动江苏经济在高平台上平稳较快增长。

从发展阶段看，非经济因素对经济发展干扰加大。许多过去被高增长掩盖的矛盾逐渐显现，各种利益关系在变革调整中反复博弈，"发展的问题"和"发展以后的问题"同时并存；收入分配、城乡区域、社会层级等差距拉大，征地拆迁、劳资冲突、医患纠纷、环境问题等矛盾持续上升，保持经济社会平稳运行需要考虑的因素更多更复杂，对妥善处理各方利益关系、增强改革发展举措的协调性提出了更高要求。必须通过转变发展方式，全面调整、理顺和重组各类经济和非经济因素，构建新的发展方式下科学合理的生产组织形式和利益分配格局。

从宏观形势看，竞争格局深刻变化使发展不确定性因素不断增加。一方面，为应对金融危机和欧债危机带来的挑战和困难，世界各国都在推动产业结构大调整大重组，为江苏加快产业升级、实现追赶超越提供了广阔空间。另一方面，国际市场需求严重萎缩，对出口比重较大的江苏经济形成很大冲击；中国加快崛起遭遇"围追堵截"，发展走在前列的江苏突出地面临发达国家"再工业化"和新兴市场国家低成本竞争的双重挤压。复杂多变的经济形势，更倒逼江苏加快经济转型步伐，扬长避短、趋利避害，在新一轮竞争和发展中抢占先机、赢得主动。

(二）江苏经济发展方式转变和新的发展方式形成取得长足进步

总的看来，江苏在转变经济发展方式上见事早行动快。进入 21 世纪以来，已逐步形成了"一个目标"、"两个率先"、"三个发展"、"四个优先"、"五大战略"、"六个更加注重"的明确思路。[①] 为在新的起点上推动"十二五"时期江苏经济持续发展，又根据科学发展新要求和发展阶段新变化，对原有五大战略进行了调整、提升和拓展，形成并大力实施科教与人才强省、创新驱动、城乡发展一体化、经济国际化、区域协调发展、可持续发展六大战略，且把科教与人才强省战略作为基础战略，把创新驱动战略作为核心战略，从而有力推进了全省发展方式的转变和新的发展方式的形成。更为重要的是，江苏加大体制机制创新力度，形成了一批有利于发展方式转变和新的发展方式形成的制度性成果，为推动科学发展提供了多方面的制度保障。

（三）江苏经济发展方式和经济发展现状与持续发展要求仍有较大差距

江苏经济发展方式转变和新的发展方式形成虽已取得长足进步，但与持续健康发展要求仍差距明显，转型发展任务依然艰巨。

经济结构性矛盾依然突出。主要依靠内需拉动增长的格局尚未真正形成，消费对经济增长的贡献率总体上仍然偏低，不仅大大低于发达国家，也明显低于其他主要新兴经济体。现代服务业发展不快，全球经济总量中服务业占比接近 70%，发达国家达到 80% 左右，2012 年江苏服务业增加值占 GDP 比重为 43.8%，仅相当于全国平均水平，明显低于世界中等发达国家 60% 的平均水平。制造业中传统工业比重较大，多数处于中低端环节，产品附加值低，工业增加值率仅为 25%，低于发达国家约 15 个百分点。高效农业比重低，产业化经营水平不高。结构不合理是制约经济增

[①] 一个目标：富民强省；两个率先：率先全面建设小康社会、率先基本实现现代化。这是当时两任总书记江泽民、胡锦涛对江苏的要求；三个发展：率先发展、科学发展、和谐发展；四个优先：富民优先、科技优先、环保优先、节约优先；五大战略：科教兴省战略、区域共同发展战略、经济国际化战略、城市化战略、可持续发展战略；六个更加注重：更加注重增加发展的协调性、更加注重提高自主创新能力、更加注重改善民生、更加注重扩大人民民主、更加注重文化建设、更加注重建设生态文明。

长质量和效益的主要根源，需要下更大功夫、花更大力气加以解决。

内生增长动力不够强劲。当前新一轮产业革命和科技革命加快推进，从根本上决定着未来全球经济发展的格局。区域竞争的焦点是科技进步和自主创新，对加快建设创新型省份提出了更高的要求。对照创新型国家标准，江苏在科技进步贡献率、对外技术依存度和发明专利授权量这三个指标上都还有一定的差距。从企业和产业发展层次看，"高端产品、低端环节"的状况还未得到根本改变，笔记本电脑、数码相机产量虽占全球的2/5 和 1/7 左右，但绝大多数是外国专利。区域创新体系和人才支撑体系尚不够完善。开放型经济发展层次也有待提升。

相关领域配套改革仍显滞后。政府职能转变不到位，市场配置资源的决定性作用尚未充分发挥，资源性产品价格形成机制还远未理顺，土地、资本、排污权等生产要素市场化配置程度不高，有利于转型升级的制度体系亟待进一步完善。公共服务保障能力有待增强，社会保障制度城乡、区域、行业分割亟须破除，财权与事权相衔接的公共财税体制改革尚不到位。收入分配制度不尽合理，不同群体、不同行业、不同区域收入差距扩大问题仍较突出。2011 年，全省 10% 最高与最低收入组城镇家庭人均可支配收入之比超过 10，收入最高行业与最低行业差距在 4 倍以上。社会管理体制改革相对滞后，总体上还不适应经济社会转型发展的要求。

上述与持续健康发展要求差距的存在，使得江苏加快经济发展方式转变和新的发展方式形成仍很迫切，亟须快马加鞭，迈出更大步伐。

（四）党的十八大使江苏持续健康发展和加快转变发展方式的要求更加明确

十八大报告指出，要适应国内外经济形势新变化，加快形成新的经济发展方式，把推动发展的立足点转到提高质量和效益上来，并提出"四个着力"、"五个更多依靠"的要求。这就使江苏持续健康发展和加快转变发展方式的目标与要求更加明确，为进一步推动发展方式转变和经济转型升级指明了方向。按照十八大的新要求新部署，江苏确立"五个新"目标定位，即增强创新驱动、内生增长的经济发展新动力，构建统筹协调、互动融合的城乡区域发展新格局，增创更具活力、更有效率的改革开放新优势，形成公平正义、安定和谐的社会建设新局面，建设资源节约、环境友好的生态文明新体系。新的目标定位，体现了十八大要求与江苏省情的有机结合，体现了江苏对"两个率先"目标内涵的更高追求，也体现了新阶段推进科学发展、加快转型升级的自信自觉。

三 在加快形成新的经济发展方式中推进江苏持续发展的主要路径

要在加快形成新的经济发展方式中推进江苏持续发展，就要解决"船"和"桥"的问题，也就是要解决路径问题。

一是在着力激发各类市场主体新活力中推进江苏持续发展。市场经济是市场主体本位经济。市场主体是社会经济发展的主要载体，是一个国家和地区经济实力和竞争力的决定性因素。为了加快形成新的经济发展方式，构建促进持续发展的重要战略支点，江苏首先需要着力激发各类市场主体新活力，以具有更多、更强活力的市场主体。这里至关重要的是处理好政府与市场的关系，为激发各类市场主体新活力提供制度保障。其一，作为市场主体的政府，要妥善处理好与其他市场主体的关系，在市场中合理、有效地发挥作用；其二，作为社会管理主体的政府，要妥善处理好与市场的关系，在管理中合理、有效地履行职能。为此，必须把政府经济管理职能切实转到为市场主体服务和创造良好的发展环境上来。

二是在着力增强创新驱动新动力中推进江苏持续发展。江苏在全国最早提出"创新驱动"战略，并把它作为"六大战略"的核心战略全力加以推进。党中央尊重地方和基层的创造，善于总结和推广区域发展经验，在十八大把创新驱动写进了报告，上升为国家发展战略，这对江苏来说，既是极大鼓励，又是有力鞭策。江苏深入贯彻落实十八大精神，必须深度实施创新驱动发展战略，进一步增强创新驱动发展新动力。诸如，全力强化企业"技术创新"产业化的主体地位，使企业创新活动普遍化、常态化；以全球视野再接再厉冲刺"原始创新"，务求重大原创成果；整合社会资源"协同创新"，努力获取人才红利。还要更加注重政府制度创新，充分释放改革红利。从而形成市场驱动、政府推动、企业主动紧密结合的创新体制机制，打好转变经济发展方式和建设创新型省份两大攻坚战。

三是在着力构建现代产业新体系中推进江苏持续发展。当前，江苏构建"结构优化、技术先进、清洁安全、附加值高、吸纳就业能力强"的现代产业新体系，既有较好的现实基础，又存在诸多制约因素。就这些制约因素而言，①在实现"结构优化"方面，主要是整体规划滞后、内部竞争无序；②在实现"技术先进"方面，主要是企业创新动力不足、创新人才短缺、知识产权保护不够；③在实现"清洁安全"方面，主要是企业缺少社会责任感、政府监控不力；④在实现"附加值高"方面，主要是自主品牌较少、缺少品牌保护的氛围；等等。针对上述制约因素和存在问题，亟须选择有效路径，扎实推进现代产业体系的加快构建。要教育企业增强社会责任感，但政府带头克服短期行为，以长远利益为重，才能真正在全社会营造良好的创新氛围和环境保护氛围，有效地激发企业的社会责任意识，在产业结构调整升级中主动承担起自己应有的责任和义务。

四是在着力培育开放型经济新优势中推进江苏持续发展。党的十八大报告提出实行更加积极主动的开放战略，完善互利共赢、多元平衡、安全高效的开放型经济体系。当前江苏开放型经济既面临复杂严峻的外部环境，又面临国内经济增速放缓、经济发展呈现新的阶段性特征。加快开放型经济转型升级，着力培育开放型经济新优势，事关江苏经济持续发展的全局，是一项重大而紧迫的战略任务。一要以调整和优化进出口结构、促进加工贸易转型升级和大力发展服务贸易为重点，着力培育江苏对外贸易新优势；二要以延伸产业链、攀升价值链为重点，着力培育江苏利用外资新优势；三要以调整优化中长期区位及产业选择、创建"集群式"走出去新模式为重点，着力培育江苏企业"走出去"的新优势；四要以体制创新、坚持精细化和特色化发展路径为重点，着力培育江苏开发区新优势。

五是在更多依靠资源节约和城乡区域发展协调互动中推进江苏持续发展。

更多依靠节约资源和循环经济推进江苏持续发展。江苏面临的资源与环境压力日益凸显，更多依靠节约资源和循环经济实现持续发展显得尤为迫切。必须深入推进生态文明建设工程，着力建设资源节约、环境友好的生态文明新体系，切实把生态文明建设融入经济、政治、文化、社会建设各方面和全过程。必须从政府、企业和社会公众三个层面增强循环经济的理念，以先进技术为支撑，以产业循环为突破口，加快建立循环经济生态园，促进循环经济的大力发展。必须更加高效推进节能减排，从源头上遏制污染，不断减少环境的压力。必须建立与完善评价体系，从制度上保证资源节约与循环经济的不断推进。

更多依靠城乡发展协调互动推动江苏持续发展。21世纪以来，江苏开始进入城乡发展一体化阶段，但是城乡发展仍然不够协调，要保持经济社会持续发展还存在不少现实挑战，从工业与农业、城市与乡村关系的视角考察，主要表现为：①工业化内生能力不足，由此影响工业化和城镇化融合发展的进程；②城乡空间格局不够合理，由此影响农民生存和发展空间的有效拓展；③农业现代化核心要素发育程度不高，由此影响传统农业向现代农业的转变。依靠城乡发展协调互动推动江苏持续发展，首先，要提升工业化内生能力，增强城乡发展协调互动的核心动力。其次，要重塑城乡一体化形态，优化城乡发展协调互动的空间格局。最后，要加快农业现代化进程，突破城乡发展协调互动的瓶颈制约。

更多依靠区域发展协调互动推动江苏持续发展。尽管江苏一直探索着区域协调发展的新途径、新模式，并取得长足进步，一些做法也为全国其他省市区提供了有益的启示。但是，客观地讲，江苏区域协调发展程度还不够高，区域发展差距依然较大。而且，经济社会发展中出现的一些新情况和新因素，都有可能进一步加剧区域差距的扩大，进而影响全省经济的持续发展。因此，坚持区域发展协调互动是缩小区域发展差距的关键所在。同时还要加强区域与城乡协调互动，充分发挥城市的集聚和辐射效应。苏南、苏中、苏北三大区域形成一个布局合理、分工明确、错落有致的梯度结构城市群体，建立起以特大城市和大城市为核心、中小城市为纽带、小城镇为基础、广阔乡村为依托的城乡一体化体系，真正在城乡区域发展协调互动中实现江苏持续发展。

参考文献：

1. 胡锦涛：《坚定不移沿着中国特色社会主义道路前进，为全面建成小康社会而奋斗》，人民出版社2012年版。

2. 罗志军：《全面建成更高水平小康社会，开启基本实现现代化新征程》，《新华日报》2011年11月14日。

3. 李学勇：《省政府工作报告》，《新华日报》2013年2月22日。

4. ［美］迈克尔·波特：《竞争优势》，陈小悦译，华夏出版社2003年版。

5. 刘志彪：《产业经济学》，高教出版社2004年版。

6. 中共江苏省委研究室：《波澜壮阔30年——江苏改革开放30年的成功实践》，北京大学出版社2009年版。

作者信息：

研究基地：党的经济理论创新与江苏持续发展研究基地

承担单位：中共江苏省委党校

首席专家：周明生

课题负责人：周明生

主要参加人员：周明生、孙耀武、张道政

拓开"低碳江苏"可持续发展新路

内容提要：人类社会发展到今天，自然资源与环境问题越来越突出，自然资源难以承载日益增长的人口，环境因为人类对自然资源破坏性的开采而变得脆弱。科学利用自然资源、保护好人类赖以生存的环境，是目前人类面临的重大课题。江苏作为工业大省、制造业强省，面临着自然资源不足与环境恶化的双重压力，因此必须走"低碳"的可持续发展之路。经过几年转型升级，江苏的"低碳"发展已经有了起色，取得了一些有益经验。下一步，江苏必须进一步升华低碳理念，进一步实施低碳战略，进一步拓展低碳路径，进一步突破低碳政策，全方位探索可持续发展的低碳之路，以期率先建成"低碳江苏"。

自 1972 年罗马俱乐部提出《增长的极限》以来，自然资源与环境问题引起人们的极端重视。当今世界以应对气候变化、实现可持续发展为主要内容的"低碳革命"已在全球悄然兴起。党的十八届三中全会全面阐述了生态文明制度体系的构成及其改革方向、重点任务，为以高能效、低排放为核心的"低碳革命"带来了发展契机。江苏实现可持续发展，应将低碳经济作为实现可持续发展的重要动力，以低碳发展作为全新的经济增长方式，不断探索江苏可持续发展的低碳之路，力争在全国率先建成"低碳江苏"。

一 以低碳理念的新升华，破解江苏"双重制约"的新难题

江苏既是工业大省，又是资源小省，人口密度全国最高，人均资源全

国最少,单位面积污染负荷全国最重!这"三最"深刻地说明了江苏面临资源与环境双重制约的严重性。虽然江苏生态文明建设取得了显著成绩,但是,目前资源约束趋紧、环境污染较重、生态系统弱化的形势依然严峻,已成为制约江苏可持续发展的一大矛盾、提高人民生活质量的一大障碍、实现我省永续发展的一大隐患。低碳产品成为江苏最短缺的产品,低碳发展成为群众最响亮的呼唤,"低碳江苏"建设成为最可持续的现代化发展道路的历史选择。

江苏面临的生态环境问题,有自然的历史的原因,也有主观的客观的原因。但总体上看,改革开放30多年来,经济快速发展中部分领域和地区的盲目开发、无序开发和过度开发是其主要原因。"绿色发展"的考核机制还不完善,环保责任追究和环境损害赔偿制度还不健全,资源有偿使用和生态补偿等机制没有全面建立,多元化的投入机制还没有发挥应有作用,是其制度层面的原因。生态文明的理念和低碳发展的意识还不牢固,传统的粗放发展模式尚未根除,节约优先、环保优先方针的执行力度,在有些地方受经济形势的影响产生波动,人们对尊重自然的绿色消费、低碳消费行为尚未形成全社会的自觉行动,是其思想层面的原因。

解决这些问题要从转变思想观念的源头抓起,让绿色发展、循环发展、低碳发展的理念在人们的思想上扎根。迈向生态文明新时代、建设美丽江苏,包括最重要的"低碳江苏"建设。这是我们党提高执政能力的重要体现,是谱写中国梦江苏篇章的重要内容。良好的生态环境就是生产力,就是发展后劲,也是一个地区的核心竞争力。推进江苏可持续发展,要把生态文明建设融入经济、政治、文化和社会建设各个方面和全过程,用低碳发展的理念打开调整经济结构、生产方式和消费模式等深层次问题的闸门,下大力气调整有利于节约资源和保护环境的空间格局、产业结构、生产方式和生活方式。抢抓全球"低碳经济"方兴未艾的机遇,自觉投身到全球"低碳革命"的大潮中来,推动一场新的科技、产业革命。在今后漫长的"低碳之路"上,为老百姓能看到蓝天白云、呼吸到新鲜空气、喝到干净清水,为子孙后代健康成长,为实现江苏可持续的现代化,让我们每一个人都投身到"低碳江苏"建设中,争当"低碳革命"的领跑者,以实际成效改变传统经济增长的轨迹,迎接低碳化时代的到来。

二 以低碳战略的新定位，谋划江苏"永续发展"的新目标

谋划"低碳江苏"建设的目标定位，要按照省委十二届六次全会关于生态文明建设的目标要求，坚持以人为本、低碳优先，科学统筹、重点突破，整体规划、分步实施：建议第一步，从深化产业结构战略性调整入手，逐步淘汰城乡高碳产业，改变能源使用结构，发展可再生新能源，加快建立生态能源体系步伐，力争到2015年，实现单位GDP二氧化碳排放量比2005年减少20%左右，资源利用效率显著提高，环境质量持续改善，生态系统服务和保障功能逐渐增强，人民群众对生态环境满意度有所提高，生态省建设80%的指标达到国家考核要求。

建议第二步，从完善低碳立法入手，制定碳排放管理办法，从金融、财税、贸易、技术创新等多方面鼓励低碳经济发展，基本建立起适应生态文明要求的制度体系，力争到2017年单位GDP能源消耗量下降35%左右，可再生能源和清洁能源比例提高到17%以上，低碳产品的市场占有率达到25%以上，实现单位GDP二氧化碳排放量比2005年减少35%。

建议第三步，从建设低碳工业园区入手，鼓励发展循环经济和低碳产业，力争到2020年完成国家确定的二氧化碳排放量比2005年下降40%—45%的目标任务，使江苏省非化石能源占一次能源消费比重达到15%左右，主要污染物排放总量得到全面控制，基本消除雾霾天气，迎来生态环境质量整体改善的"拐点"，实现省定基本现代化的生态环境质量目标。

建议第四步，从"低碳江苏"路线图设计入手，依据第四届绿色财富（中国）论坛国内有关专家对中国低碳发展路线图的初步设计，预计2030年中国的二氧化碳排放总量可能出现"拐点"，每万元GDP的碳排放下降到1吨以下，人均碳排放不超过3吨，基本实现低碳经济的战略目标。建议江苏争取2030年前实现这些重要目标，力争在全国率先建成以"低能耗、低污染、低排放"和"低碳生产、低碳生活、低碳产业、低碳技术、低碳社会、低碳城市、低碳乡村"为主要内涵的"低碳江苏"，彰显出"天蓝、地绿、水清、景秀、气爽"的"美丽江苏"的生态魅力。

三 以低碳路径的新拓展，迈开"低碳江苏"建设的新步伐

优先调轻产业结构。重点发展高新技术产业，淘汰落后产能，控制高污染、高耗能行业，增加第三产业的比重，降低有色、钢铁、水泥等高耗能行业的比重。大力发展低碳产业，创新低碳技术，推进信息化与工业化深度融合，大规模推进企业技术改造，打造一批"航母型"低碳企业和"专精特新"中小企业。打造新型生态工业，大量使用新能源、新工艺和新材料。通过资金投入与科技创新，有效控制生产环节二氧化碳排放以及捕捉和埋藏生产过程中的二氧化碳，实现低投入、低消耗、低排放、高效率和高增长。

优先推进低碳城市发展。加快江苏低碳城市规划，在城市实行低碳生产和低碳消费，建立资源节约型、环境友好型社会，建设良性的可持续的能源生态体系。加快低碳城市试点，以低碳经济为发展模式，市民以低碳生活为理念和行为特征，政府公务管理以低碳社会为建设标本和蓝图，建议在全省选择10个城市、100个企业、10000个家庭作为低碳经济试点，取得经验后在全省推广。提高运输效率，创建多种方式联运的低碳城市交通运输体系。推广低碳节能建筑，加强生态绿化建设，控制土地开发强度，开展城乡绿化造林，发展生态、有机、高效农业，优化生态空间布局，建设宜居城市生态体系。

优先发展循环经济。江苏能源结构以煤为主，具有富煤、少气、缺油的高碳经济特征。解决这些问题，要在节能减排、发展环保产业的同时，优先发展循环经济。对全省循环经济发展统筹规划，以资源的高效利用和循环利用为目标，以"减量化、再利用、资源化"为原则，大力发展循环经济开发园区，建立起一种新形态的经济。构建循环经济体系，开发和推广资源节约、替代和循环利用技术。实现工业固体废物减量化、无害化和资源化，推行农业畜禽粪便等废弃物的资源化利用，农作物秸秆直接还田，完善再生资源回收利用体系。建设工业固体废物循环利用、工业废水回用等循环经济产业链，实现低开采、高利用、低排放。

优先探索碳金融和碳交易发展。尝试构建我省碳排放权交易平台和碳

交易市场,为发展低碳经济打开国际融资渠道。开征碳税,建立碳排放交易市场,实行谁排放谁付费。通过碳排放交易,高耗能企业可从市场购买碳排放指标,节能企业可将多余的碳排放指标卖给他人。尝试设立地方碳基金或专项资金,扶持低碳技术先行先试、进入商业化运作。通过碳交易,进一步促进区域经济向低碳经济转型。

优先倡导低碳消费。江苏人均GDP已突破1万美元大关,全省已进入以汽车、住房为标志的消费升级阶段。要从政府、企业和个人不同层面,倡导人们公交和地铁出行、住房使用节能灯、调高空调温度等,减轻环境的负荷。建立理性、适度、节约的消费模式,推动全社会向低碳转型。实施推广"低碳生活"和"低碳家庭计划",鼓励太阳能、生物质能、沼气能等在家庭中的使用,鼓励使用节能灯具、节水设施和垃圾处理设施。拓展"新领域消费",鼓励开发新低碳技术、研发低碳产品,加快江苏由工业文明向低碳的生态文明转变。

四 以低碳政策的新突破,创建江苏低碳发展制度的新体系

创建低碳经济发展指标考核体系。充分考虑资源消耗、环境损害、生态效益,建立体现生态文明要求的目标体系、考核办法、奖惩机制。参照江苏科学发展评价考核指标体系,根据低碳发展的要求进行新的调整,弱化对GDP总量及增速等指标的考核,加大节能减排、低碳技术升级等指标的权重。与江苏"十二五"规划相衔接,制定江苏中长期低碳经济发展规划纲要,明晰江苏低碳经济发展路线图,确立推进低碳发展的目标、途径、工作重点和重点支持的领域,为低碳发展提供战略导向。

创建低碳经济发展法规制度。低碳意识不是自然形成的,需要从法律制度和经济利益等多方面规范和引导。英国2008年实施《英国低碳转换计划》,日本2007年制定了《低碳社会行动计划》,美国2007年参议院提出《低碳经济法案》。要学习借鉴这些发达国家的经验做法,从全省发展战略层面来定位低碳经济发展,通过立法加强低碳转型的强制性,并从经济发展规划上、行政实施保障上、经济利益引导上,形成政策目标的支撑和合力。探索建立《江苏低碳经济发展促进条例》,加快制定水污染治

理、大气污染防治、土壤污染防治、污染物排放总量控制等地方性法规，出台推行生态补偿和低碳经济发展补偿等政府规章或规范性文件。

创建低碳经济发展政策激励机制。通过体制机制的利益杠杆调整，把地方政府发展积极性引导到低碳经济发展上来，实现低碳经济的"源头引导"。建议省及省以下财政设立低碳经济发展基金，建立生态保护转移支付制度。对生态优化区域实施以生态保护修复为基本导向的激励型财政机制，将生态补偿纳入省财政一般性转移支付，与地区生态环境挂钩。充分考虑主体功能区建设规划，不同区域的产业发展特色以及基本公共服务均等化的要求，扶持低碳产业、低碳产品、低碳企业、低碳城市、低碳社区、低碳家庭发展。加强项目的社会效益评价和环境绩效分值，引导各部门加强生态文明制度建设。

创建低碳节能环保产品培育政策。针对新能源、节能产品价格高，市场需求不足的瓶颈制约，政府和企业要联手推广节能环保产品的开发和应用。采取直接的补需方政策，刺激市场需求，顺畅供需链条，培育建筑节能、家电产品、新能源汽车等低碳产品发展。明确"低碳经济"政府采购政策，坚持把环境保护、生态平衡、资源节约与合理开发利用等特定政策目标纳入政府采购计划。制定"低碳经济"政府采购标准，对节能环保产品的性能、特征等加以规定和限制，将具有自主知识产权的低碳产品和技术优先纳入政府采购目录，提高江苏产品采购份额。加快建设一批新能源照明示范项目，在道路、公园、车站、码头等公共设施推广使用光伏电源路灯照明，促进光伏产业发展。

创建统一监管有效执行的碳排放管理制度。污染物降不下来，碳排放总量下不去，环境质量就好不起来，人民群众就不会满意。要对工业点源、农业面源、交通移动源等全部污染源排放和碳排放，实行统一监督和跟踪管理，实现全方位污染排放治理的全防全控。各地要健全统一监管、分工负责、社会协同、执法有力的监管体系，有序整合不同领域、不同部门、不同层次的监管力量，有效进行环境监管和行政执法。加强环境监察队伍建设，强化环境监督执法，推进联合执法、区域执法、交叉执法等执法机制创新，严厉打击企业违法行为。探索生态环境损害责任终身追究制度，对那些不顾生态环境盲目决策、造成严重后果的领导干部，终身追究其责任。探索实行生态环境损害赔偿制度，让违法者掏出足够的真金白银，对造成严重后果的依法追究刑事责任。改革创新低碳发展体制，变革能源资源生产和利用方式，降低经济社会发展的碳排放强度，为推动绿色发展、循环发展和低碳发展提供支撑。

作者信息：

研究基地：党的群众工作研究基地

承担单位：群众杂志社

首席专家：刘文平

课题负责人：苗成斌

推进国家水安全，支撑中国新发展
——关于构建"世界水谷"全球体系的建议

内容提要： 水是生命之源、生产之要、生态之基。当前中国面临的环境形势依然十分严峻，水资源问题已经成为制约"中国梦"实现的最大障碍和硬约束，水污染、水纠纷、水源破坏等问题日益突出，社会各界对于水安全问题的关注也越来越高。本文从新时期水的新特点入手，构建以水为核心元素，人才、科技、创业、资本、文化等诸多高端要素集聚的"世界水谷"全球体系，力图通过建立一个中国模式、世界影响的创新综合体系，来推进国家水安全，支撑中国新发展。

一 水是生命之源、文明之基

（一）生命源于水，人类文明源于大河大海

古埃及、古巴比伦、印度和中国四大文明古国均诞生于适合农业耕作的大河流域，其各具特色的文明发展史，构成了灿烂辉煌的大河文明，对整个人类进步做出了伟大贡献。[①] 四大文明古国之外的希腊文明和罗马文明共同构成了地中海文明，而地中海文明是西方文明的摇篮。由此可见，生命源于水、文明基于水。

（二）当今世界，水问题乃诸多国家心腹之患、引发诸多国际争端

我国是世界上治水任务最为艰巨复杂的国家，发达国家200多年工业化过程中分阶段出现的资源与环境问题，现阶段在我国集中显现出来，我

---

① 杨伟祖：《生命之河 智慧之源》，《人与自然》2013年第6期，第10页。

国必须在较短的时间内加以解决水问题。① 水问题已经引起了国际纠纷。中国有多条跨界河流，如澜沧江—湄公河、怒江、雅鲁藏布江等，与周边国家因水电开发、生态环境保护等问题摩擦不断，国外多种势力也或明或暗卷入。② 针对东海和南中国海的海洋疆域危机，日、菲、越三国所采取的行动是蓄谋已久，钓鱼岛、黄岩岛、南沙之争已走向局部战争的边缘。

（三）水环境与水生态恶化日趋严重，威胁到人民生存安全

《2011年中国环境状况公报》显示，2011年我国全国废水排放总量为652.1亿吨，化学需氧量排放总量为2499.9万吨，氨氮排放总量为260.4万吨，与2010年相比并无明显好转。其中2/3废水未经处理直接排入水体，造成90%的城市地表水域受到不同程度的污染，全国七大水系符合三类以上水质标准的不到40%，200多个湖泊中80%富营养化；全国以城市和农村川灌区为中心形成的地下水超采区面积扩展到18万平方公里。目前，全国水土流失面积约为356万平方公里，占国土面积的37%，导致土地贫瘠、生态恶化、河湖淤积。全国近一半的城镇饮用水源的水质不符合标准，农村3亿人饮用水不达标。

（四）水资源矛盾已成为制约社会经济发展的主要瓶颈

当今世界发展正面临全球气候变化条件下水资源和水安全问题，我国水利更是面临着严重的水资源短缺、水灾害加剧、水环境恶化和水生态失衡等问题，已成为制约我国区域经济社会可持续发展的主要瓶颈。

（五）必须突破传统模式、变革治水思路

要彻底解决"水多、水少、水脏"问题，必须突破传统模式、变革治水思路，从国家安全和全球视野高度看待水，从社会经济协调发展的角度布局水，用现代管理手段和政产学研金协同并举治理水，从而实现"治水治国"的顶层设计、统筹谋划、整体布局、有序推进。

---

① 周小华：《以社会公共管理视角论水资源保护》，《现代企业文化》2013年第35期。
② 黄雅屏：《我国国际河流的争端解决之路》，《河海大学学报（哲学社会科学版）》2011年第13卷第3期，第74—78页。

二 新时期水的新特点、新认识

(一) 传承与创新,构建新的水安全观和水安全战略

治水造就了中华文明,中国人从治水中领悟了治国之道。然而,面对全球化的挑战,我国需要在传承与创新之中构建新的水安全观。传统中国是以农业立国来考虑水问题,水观念局限于陆地。水问题的影响面越来越大,水资源甚至超越石油、天然气,成为全球争夺的战略性永恒资源。必须突破以国土为疆的治水观念,构建具有全球观的水战略思维。

稳定我国北方的陆地安全空间,拓展我国东南的海洋安全空间,拓宽我国西南的经济纵深,在国际合作中寻找安全合作伙伴。基于这样的国家安全与发展认识,根据我国水资源分布特征和周边地缘经济与地缘政治形势,可以从五个战略方向——东中、西北、西南、东南、东北构建水安全体系。

(二) 构建治水软实力体系,支撑国家安全与发展

当今世界各国对于非传统安全越来越关注,水安全作为一种非传统安全,既关系一国的国家安全,也体现一种全球公共责任。悠久的治水经验与传统、极为复杂的水安全挑战,使中国必须也有可能承担起这一方面的责任。应该从构建国家软实力的角度认识治水,以水安全与发展支撑国家安全与发展。作为一个兼具大陆与海洋的国家,通过治水软实力,促进我国国际安全空间的拓展,具有极大的潜力。这种软实力,既包括我们的治水理念、技术、实践的长期积淀,也包括与周边乃至世界各国的治水合作。[1]

(三) 人类从陆地走向海洋,向海洋拓展空间

中国是一个海洋大国,中国的经济社会发展将越来越多地依赖于海洋、越来越多地依赖于全球,中国的未来将与海洋息息相关且日趋紧密。中华民族要实现伟大的复兴,必须更新重陆轻海的传统国土观,树立全新

---

[1] 刘翠玉:《提高我国文化软实力应该处理好的几大关系》,《华北水利水电学院学报(社会科学版)》2013年第29卷第6期,第33—36页。

的海洋观念，以大开放的胸怀和气魄走向海洋，向海洋拓展空间。①

(四) 新时期，从工程水、资源水走向民生水、文化水

我国大江大河的水害治理工程基本完成，水电开发资源到2020年也基本结束，而水问题却远远没有解决。一方面，生态环境恶化、水污染和结构性缺水等问题越来越凸显；另一方面，国力增强，国民对生活环境的要求在提高，对新时期水的治理提出了新的要求。新时期，将从工程水、资源水走向民生水、文化水。

(五) 全球化时代，人类未来河海连通、新科技引领新治水

古代的修筑京杭大运河、治理黄河促其改道、灵渠再分湘江等治水工程，都是河湖连通、建立新水系带来相关流域和区域社会经济快速发展的经典案例；现代的南水北调、引黄济青等工程，更是解决现代城市缺水和快速发展的重要保证；而美国的拉斯维加斯之城、加州北水南调工程，更是展示水的神奇——水的引入使沙漠变新城。② 在现代水利科学技术的支撑下，对全国乃至跨国的水系进行双向、多渠道的连通，可以在更高层次实现产业布局、水资源配置和水安全管理。

(六) 中国梦，需要新的国家水安全模式

传统江河的治理塑造了中华文明，治水凝聚了中华民族的智慧。在全球化与变革的当代，河与海的汇聚将塑造未来的文明，需要构建新的国家水安全模式。全球化和市场经济环境下，新的国家水安全模式必须突破纯公益性，必须借助市场的力量。同时，务必高度重视我国水产业安全。过去的若干年，跨国公司纷纷进入中国水产业，如威立雅等跨国水务巨头投资中国城市供水项目，世界自然基金会与可口可乐等跨国公司在中国掀起净水运动。必须从战略上防患于未然，预防国家水产业安全为跨国公司所控制。

---

① 陈建东、孟浩、陈颖健：《争取海洋主动性是我国强国战略的必然选择》，《太平洋学报》2011年第19卷第6期。

② 刘莹、王冬梅、刘孝盈等：《国外调水工程对生态与环境影响的研究与对策》，《中国水利》2008年第8期，第64—68页。

(七) 中国崛起，必须从战略高度抢占治水全球制高点

新时期，将真正实现中国崛起，由此必须从全球水资源掌控、我国经济战略性布局和现代治水科学技术以及协同创新等角度，由国家主导、产学研金多主体参与，政府、市场（水权、水排污权交易等）、法规等多种手段并举，整体布局、资源整合、产业化推进，抢占治水全球制高点。

三 "世界水谷"全球体系构思

(一) "世界水谷"内涵

"世界水谷"的核心元素是"水"。从大禹治水开始，无论秦皇汉武、唐宗宋祖，还是康熙乾隆，历代善治国者治水必为重，将发展水利作为治国安邦之大计。"水谷"一词最早源于《管子·兵法》"凌山阬不待钩梯，历水谷不须舟檝"。美国硅谷模式的成功，使"谷"成为一个通俗而流行的现代概念，其含义是围绕某一核心元素而形成的创新综合体系。

水问题的不断涌现和复杂多变，带来的水危机备受关注，需要从战略层次、全球视野、多维视角探寻水问题解决之道，由此在借鉴古今中外的基础上提出"世界水谷"之概念。[①]

"世界水谷"的内涵：以水为核心元素而集聚人才、科技、创业、资本、文化等元素并能够实现世界影响的创新综合体系。

(二) "世界水谷"的宗旨

上善若水、善利万物，政、产、学、研、金五要素协同，致力于改善我国及全球水状况、解决水问题。

(三) "世界水谷"的战略定位

国家中长期发展战略中大力创建的国家创新体系包括：以企业为主体的技术创新体系，以科研院所和高等学校为主体的知识创新体系，以政府

---

① 郑大俊、张阳、章恒全等：《关于建设世界水谷的战略思考》，《河海大学学报（哲学社会科学版）》2012年第14卷第3期，第49—52页。

为主体的制度创新体系，社会化、网络化的科技中介服务体系，金融与创新、作为基础设施的信息网络。"世界水谷"正是以水为核心元素，集聚人才、科技、创业、资本、文化等元素，力图建立一个中国模式、有世界影响的创新综合体系，助推国家创新战略的实施（图1）。

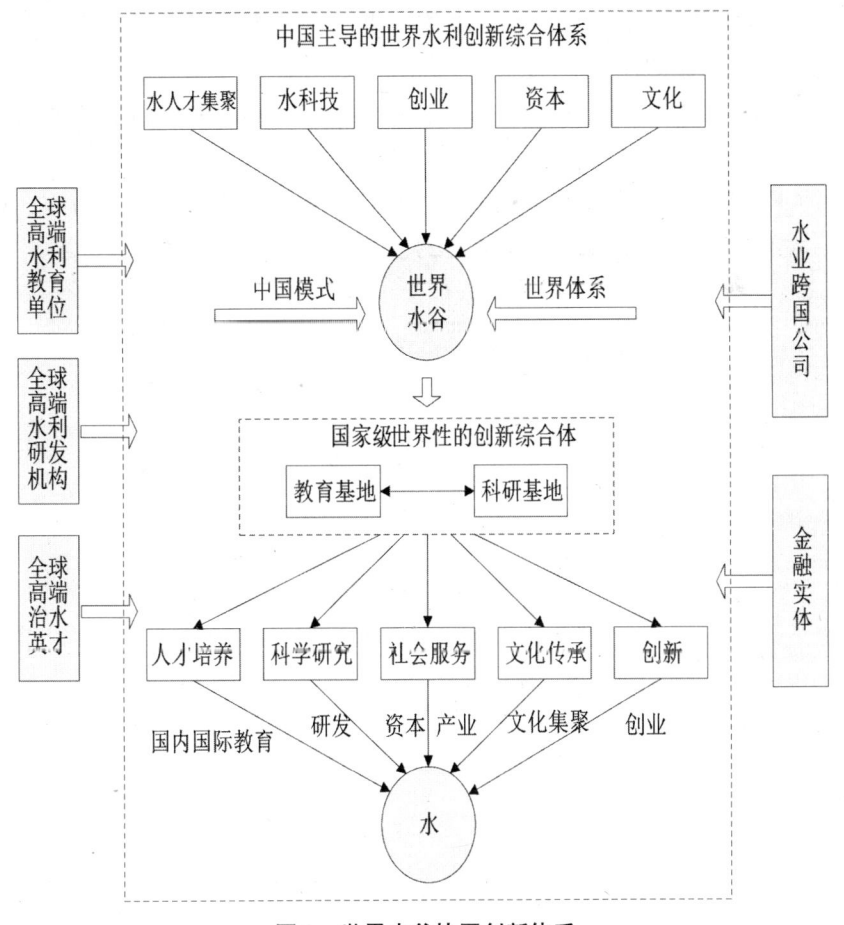

图1 世界水谷协同创新体系

"世界水谷"的战略定位是：

（1）我国国家级、世界性水教育和科研基地，集水利人才培养、科学研究、社会服务、文化传承创新为一体；

（2）创新综合体内依"水"形成国际国内教育、研发、资本、创业、产业、文化集聚和相应社会服务支撑体系；

(3) 吸引全球高端水利教育单位、研发机构、治水英才、水业跨国公司、金融实体进入，形成中国主导、影响世界的水利大规模创新综合体系。

(四)"世界水谷"的主要特征

(1) 水园——世界顶级涉水教育集聚、研发集聚、创业集聚、资本集聚、产业集聚之园区。

(2) 水城——国际知名、水利特色、生态宜居之城，世界级水文化胜地。

(3) 水都——全球性人才高峰，涉水教育、研发、创业、资本、产业、文化等高端水事活动之地（图2）。

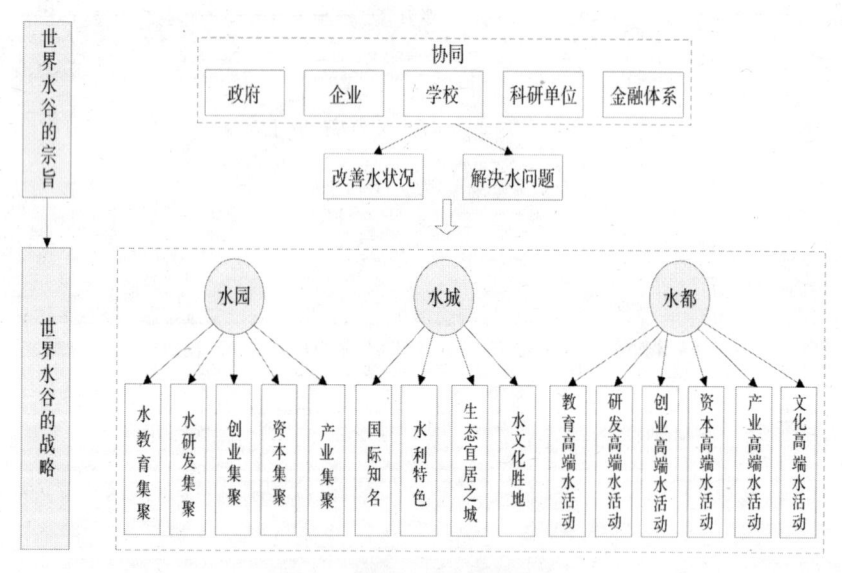

图2 世界水谷宗旨与战略

(五) 全球体系——国内、国际分谷（图7）

(1) 中国江河分谷：长江、黄河、珠江、淮河、海河、松花江、辽河、太湖分谷等（图3）。

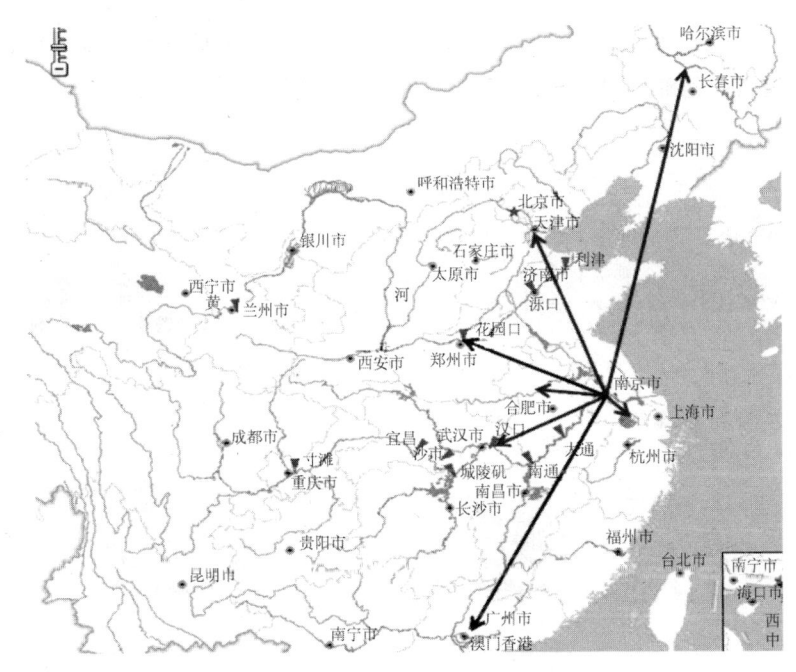

图 3　世界水谷—中国江河分谷

（2）中国海洋分谷：黄海、东海、南海、渤海分谷，中国近海与海岸带分谷，海水淡化产业化基地分谷，等（图 4）。

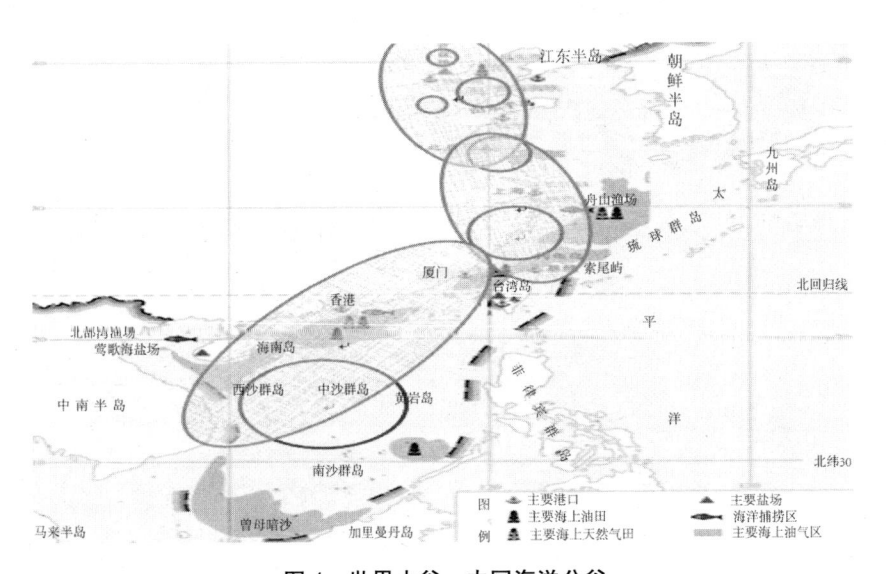

图 4　世界水谷—中国海洋分谷

（3）特色水利分谷：黄淮海农水分谷，深圳游艇分谷，东莞松山湖节水分谷，西北淤地坝分谷，等（图5）。

图 5　世界水谷—特色水利分谷

（4）国际区域或特色分谷：东北亚、中西亚、非洲、南美、北美、欧洲、大洋洲分谷，中—俄—蒙贝加尔湖北水南调分谷，中国—东南亚水安全共同体分谷，等（图6）。

图 6　世界水谷—国际区域或特色分谷

推进国家水安全，支撑中国新发展　775

```
                          ┌─── 长江分谷
                          ├─── 黄河分谷
                          ├─── 珠江分谷
                  中国     ├─── 淮河分谷
                  江河   ──┼─── 海河分谷
                  分谷     ├─── 松花江分谷
                          ├─── 辽河分谷
                          └─── 太湖分谷

                          ┌─── 黄海分谷
                          ├─── 东海分谷
                  中国     ├─── 南海分谷
                  海洋   ──┼─── 渤海分谷
                  分谷     ├─── 中国近海与海岸分谷
                          └─── 海水淡化产业基地分谷
  世界水
  谷—全 ───┤
  球体系            特色    ┌─── 黄淮海农水分谷
                  水利   ──┼─── 深圳游艇分谷
                  分谷     ├─── 东莞松山湖节水分谷
                          └─── 西北淤地坝分谷

                          ┌─── 东北亚分谷
                          ├─── 中西亚分谷
                          ├─── 非洲分谷
                  国际     ├─── 南美分谷
                  区域   ──┼─── 北美分谷
                  或特     ├─── 欧洲分谷
                  色分谷   ├─── 大洋洲分谷
                          ├─── 中—俄—蒙贝加尔湖
                          │    北上南调分谷
                          └─── 中国—东南亚水安全
                               共同体分谷
```

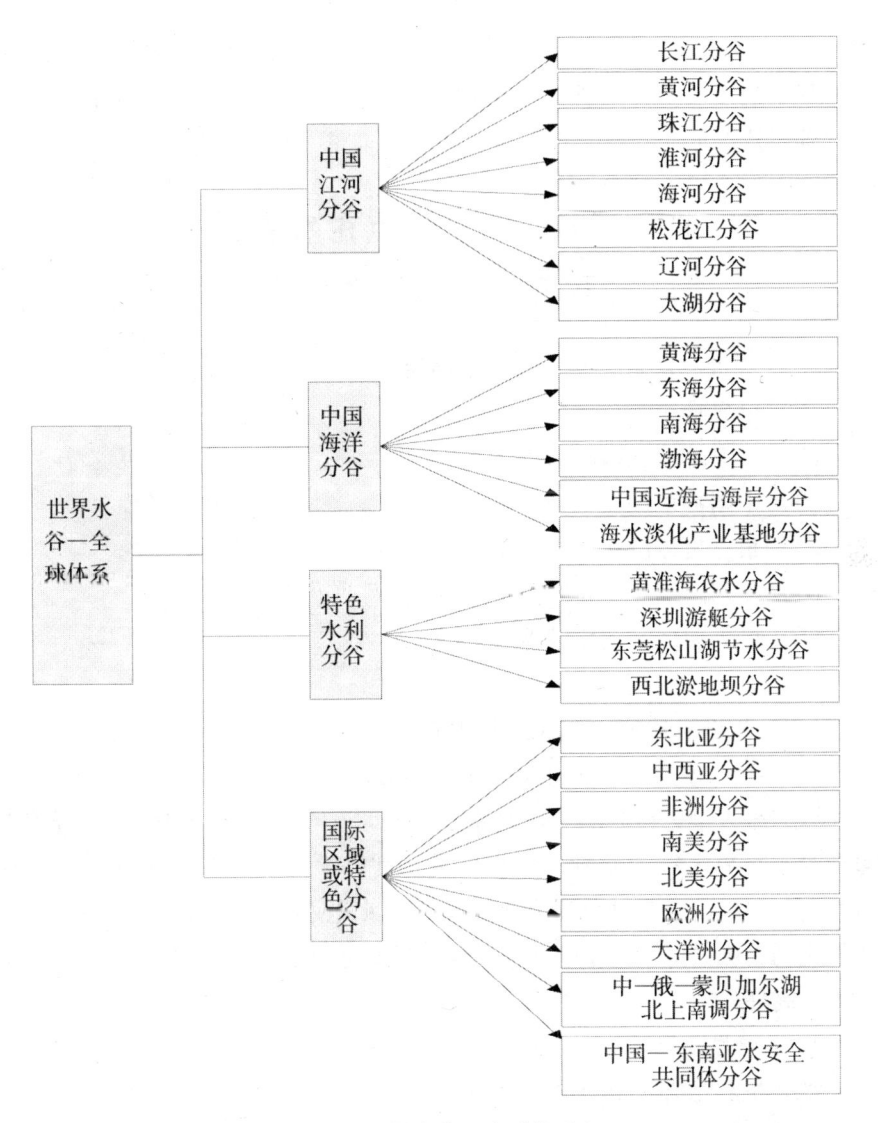

图 7　世界水谷—全球体系

（六）"世界水谷"与中国主导的运营

（1）构建"总部—分谷"的组织体系和治理结构，会员制或理事会。

（2）实现价值链、产业链和供应链的最佳整合。

（3）注册"世界水谷"投资有限公司及其国际国内子公司。

（4）建立水权、水技术、水产品/服务、水金融、水信息等平台。

（5）中国制定"世界水谷"的技术规则和商业逻辑。

(6) 中国确立总部集聚效应、"总部—分谷"功能辐射链条。

基于上述"世界水谷"协同创新体系基本构思,结合已有条件和工作基础,建议近期开展"世界水谷"全球总部和四个分谷建设。

四 建议之一：试点在南京建设"世界水谷"全球总部

(一) "世界水谷"全球总部战略定位

(1) 世界唯一,全球体系;
(2) 国家基地,国际顶尖;
(3) 中国特色创新综合体;
(4) 长三角经济新增长极;
(5) 南京区域发展新驱力;
(6) 世界现代水文化胜地。

(二) "世界水谷"总部建设内容

1. 水利人才高峰——全国全球集聚南京

以河海大学为核心的"国家水安全与水科学协同创新中心"（培育）平台为"世界水谷"基础,结合南京水利科学研究院、中科院地理湖泊研究所、国电南京自动化研究所等与水利水电水运水务有关的在宁教育、研发机构,吸收国外大学、研发机构、跨国水业公司等,共同打造全球水利人才高峰。

2. 水研发顶级平台——国家实验室

将"世界水谷"建成国际国内顶级水研发平台,为人才培养、科学研究、产业发展提供可持续动力。建设1个国家实验室,1个水科技园,3—5个国家重点实验室、国家工程中心,30—50个省部级和中外合作、产学研合作实验室和工程中心。

3. 水产业大规模集聚——5000亿元产值

以沿江开发、沿海开发、流域区域治理、排污治污、水生态环境修复、水土保持、城市水务、水物联网、水信息服务等技术、产品及其商业化为抓手,培育若干特色水产业;通过上交所主板、深交所中小板和创业板、境外上市,形成10—15个上市公司为主力产业核心、拥有5000亿元产值规模的特大型水产业集群。

4. 水文化之都——全球高层水事活动和世界现代水文化胜地

水业高端商务集聚地，全球水事活动风向标；感知中国之水物联网教育、研发、企业总部，中国水感基地；水文化世界之窗，国家水博物馆，全球水论坛、全球水伙伴、世界水博览会常设地；联合国、世界银行、亚洲开发银行等国际组织涉水分支机构派驻地；水文化老子学院全球总部，进而全国、全球布点，构建老子水文化学院"上善若水"全球体系。

5. 水特色鲜明之城——南京第九新城

结合古都南京都市圈发展和城镇化建设，将"世界水谷"建成南京水特色极其鲜明的新城区或城镇，成为教育、研发、产业、文化、金融等诸多高端要素高度集聚之地。高素质、同质性人口30万左右，与南京市"1主城、3副城、8新城"建设布局有别、错位发展、交相辉映。

(三) "世界水谷"总部建设推进

1. 近期：2013—2015年，有形

在建设第一阶段，用2—3年时间完成"世界水谷"全球总部的初步建设，主体包含"水谷、水城、水都"三部分，重点打造教育科研区，将其作为"世界水谷"总部的基础，以教育教学、人才培养、科学研究为主体形成的基础智力资源开发区，初步建成"世界水谷"总部的雏形。

2. 中期：2015—2017年，有效

在第二阶段，着力促进"世界水谷"的功能形成，初步实现教育、科研、资本、创业和产业集聚。

第一，在研发方面，国内外涉水科学的研究院所、研发基地、涉水研发中心，水利企业实体进入。第二，在教育方面，世界知名的水利教育机构、治水大师等进入，形成水利教育高端化、规模化、协同化。第三，形成水交易所、水产业发展、水风险投资、水创业资本及政府水利引导基金等金融机构。第四，形成全球高端水利创新创业平台，推动水业公司在境内外上市，形成若干家涉水产业核心企业。第五，将水利、水电、水务、水运、水感、水游、水物联网等产业公司及关联企业，通过研发成果的转化、升级、换代等，形成若干个特大型高端水产业集群。

3. 远期：2017—2020年，建成

在第三阶段，充实内容、完善功能、提高效益。争取用总共8—10年时间，全面建成"世界水谷"总部，使其成为水利高端要素的高度集聚之园、水特色极其鲜明的生态宜居之城、世界级现代水文化之都，达到环境友好、经济发展、惠及民生、文化传承创新、全球集聚与世界影响等八大关键绩效指标，实现中国居于治水全球制高点、水事水业的世界核心地位。

（四）依托河海大学等多方协同创新

河海大学是我国水利最高学府，其"水利特色、世界一流"战略定位可以担当"世界水谷"核心的重任。在中国南京先期试点，依托河海大学，结合南京区域教育、科技、人才、文化等独特优势，联合国内外相关政府机构、教育研究单位和多类企业以及若干水组织，把创新关联度较强的诸多要素集聚共生一体，并进行有效整合，多主体协同、联动和综合创新，实现"政产学研金"五要素协同兴水的创新驱动。

（五）已有平台——"国家水安全与水科学协同创新中心"（培育）

2012年8月15日，"国家水安全与水科学协同创新中心"（培育）已在河海大学成立，这是教育部、财政部"高等学校创新能力提升计划"（简称"2011"计划）面向水利的实施平台。该平台围绕国家水安全重大需求，由河海大学、清华大学共同牵头，协同高校（武汉大学、天津大学、四川大学、大连理工大学）、科研院所（中国水利水电科学研究院、南京水利科学研究院）、流域水利管理机构（长江水利委员会、黄河水利委员会）和大型企业（中国长江三峡集团、中国电力建设集团）联合组建。"国家水安全与水科学协同创新中心"（培育）依托水利、环境、管理等国家重点学科，汇聚水利领域国家重点实验室、国家工程中心的有关创新研究团队及科学研究资源，经过多次深入凝练，现已设立"水资源安全"、"洪旱灾害防治"、"水利水电工程安全"3个协同创新平台，首批组建30支创新团队。目前，该中心已与大型国企、流域水利管理机构、科研院所实现了深度协同。

（六）已有平台——江苏高校协同创新中心"世界水谷"与水生态文明（已获批）

面向"国家急需、提升江苏"，由河海大学牵头，立足江苏，联合国内外水科学、社会发展服务领域的优势单位，构建"世界水谷"与水生态文明协同创新体。基于河海大学的学科优势与特色，面向水资源和水行业整合的重大需求，联合水利部综合事业局、中国水务投资公司、江苏省社会科学院、中国水电顾问集团昆明勘测设计研究院有限公司、苏州大学、南水北调东线江苏水源公司、江苏弘业国际集团、中国江苏国际经济技术合作公司、南京中电环保股份公司等企业、科研院所及高校，实现强强联手、深度合作，共建"'世界水谷'与水生态文明协同创新中心"，以达到水行业创新的多元融合和能力提升。

五　建议之二：谋划中—蒙—俄贝加尔湖"北水南调"工程

（一）贝加尔湖"北水南调"工程的战略背景

贝加尔湖在古代汉唐被称为北海，水的总面积3.15万平方公里，相当于两个北京大小，湖水稳定透明（透明度达40.8米，为世界第二）。据专家估计，贝加尔湖的水量足够全世界所有人喝一个世纪。令人遗憾的是，贝加尔湖淡水资源却因承载过剩，经常洪水泛滥。[①]

蒙古国属典型大陆性气候，年平均降水量约200毫米，水资源严重短缺，分布不均，中、南部地区水资源严重短缺，自然生态环境不断恶化，尤其是近几年，"白灾"（雪灾）、"黑灾"（沙尘暴）频发，严重阻碍了当地经济的发展。

我国水资源短缺，且时空分布不均，南方水多，北方水少。黄淮海流域是我国水资源承载能力与经济社会发展矛盾最为突出的地区，人均水资源量462立方米，仅为全国平均水平的21%。水资源危机已经成为我国北方地区经济社会发展的主要障碍。

目前，俄罗斯已经有了卖水积极性，蒙古国极想实施"引贝加尔湖水灌溉蒙古"的北水南调计划。该计划将投资150亿美元，从蒙古国苏赫巴托尔市建1100公里的管道引水至扎门乌德，以保障该国"绿墙防护林带计划"实施和根治沙尘暴和草原沙漠化。意大利米兰SIMI工程技术

[①] 孙永祥：《贝加尔湖将给世界带来新能源》，《中外能源》2008年第13卷第5期，第116页。

公司已经和伊尔库茨克的"贝加尔湖水"股份公司进行取水合作，日本公司也已开始介入。

（二）贝加尔湖"北水南调"的战略价值

实施北水南调工程，既可以解除俄罗斯洪涝灾害不断的负担，灌溉蒙古高原，可以让广袤的沙漠戈壁变绿洲，也可以有效地从根本上遏止沙尘暴。更为重要的是，能在我国30亿亩缺水土地面积上培养出新的"18亿亩良田"，使中国北部地区几百万平方公里的荒滩、沙漠、戈壁变成良田绿洲，根本改变该地区的人类生存和发展条件，解除当地社会经济发展的水资源瓶颈约束，促进中国北方的经济发展、环境改善和社会进步。同时，将俄罗斯、蒙古与中国通过经济纽带形成更紧密的战略联盟，提高中国在东北亚的战略地位。

（三）将贝加尔湖"北水南调"，与中国黄河、长江水系连通

建议实施北水南调工程，从贝加尔湖引水到蒙古高原、中国北方和西北。可考虑的线路有三条（图8）：

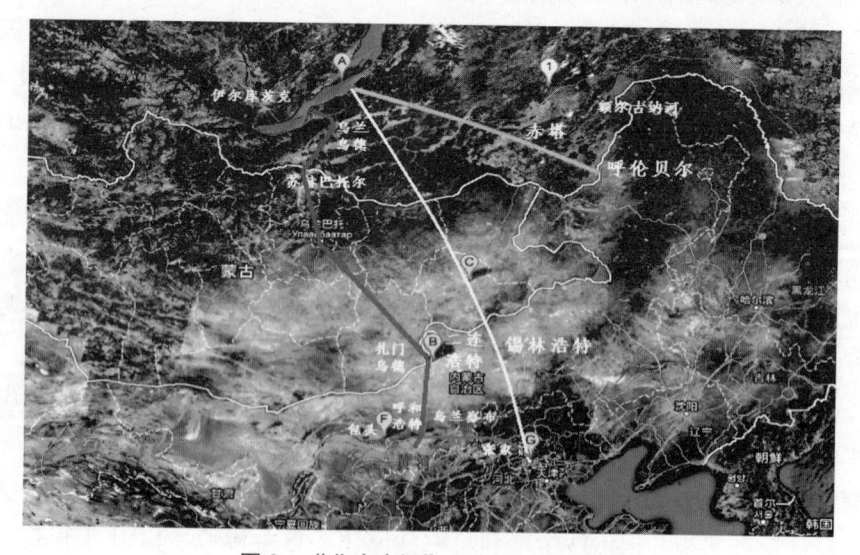

图8 "北水南调"三条线路示意图

第一条，在贝加尔湖流域最大支流——蒙古的色楞格河流经的蒙俄边

境苏赫巴托通地区建坝，经蒙古首都乌兰巴托、中蒙边境蒙古的扎门乌德，进入中国内蒙古的二连浩特市，全长约1130公里。

第二条，由贝加尔湖建输水管道引水，经蒙古国东端进入中国内蒙古，进而经锡林浩特至北京，全长约1600公里。

第三条，由贝加尔湖建输水管道引水，经俄布里亚特自治共和国和赤塔州进入中国内蒙古的呼伦贝尔，还可接额尔古纳河进入中国东北，全长约800公里。

可重点考虑第一条线路，其在中国境内延伸受益水系有三段（图9）：

第一段，由中国二连浩特市向东南延伸至北京，与中国的南水北调的长江水相衔接。

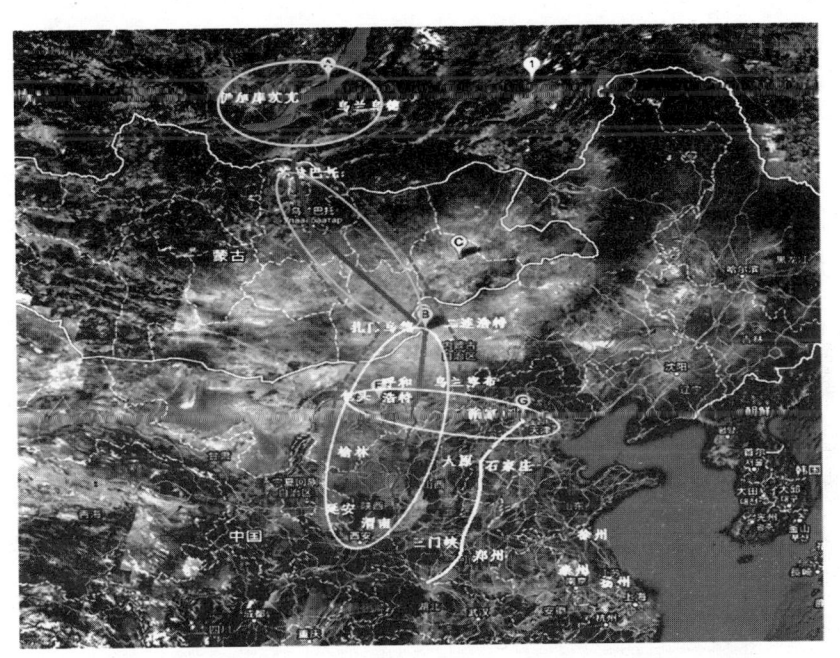

图9 "北水南调"第一条线路南延至北京和陕西、山西示意图

第二段，由中国二连浩特市向南建一条运河，与最近的黄河包头以下附近段水系相接，以向黄河补水，同时惠及途经的呼和浩特。

第三段，由黄河包头以下、三门峡以上段凭借扩大的水量向陕西、山西增加配水，甚至增加包头以上黄河流域的宁夏、甘肃配水。

在此基础上，依托贝加尔湖"北水南调"，连通黄河、长江，中国可以积极参与蒙古、俄罗斯的北水南调及相关区域合作开发，将水资源利用与该区域沿线的相关资源开发联系在一起。同时，沿引水线的资源开发所产生的资金流、技术流、商品流，形成双向回路，以提高投资收益，形成流域经济社会发展带。即①中蒙俄国际"伊尔库茨克—乌兰乌德—苏赫巴托尔—乌兰浩特—扎门乌德/二连浩特"；②中国境内"二连浩特—呼和浩特/包头—黄河—陕西/山西"；③"二连浩特—呼和浩特—乌兰察布—张家口—北京"流域经济社会发展带。

（四）贝加尔湖"北水南调"工程的国际影响

围绕贝加尔湖"北水南调"工程引致的流域经济带主要涉及俄罗斯城市面积约为10万平方公里，人口约110万。实施该工程可以提供新的经济增长点，巩固俄罗斯与中、蒙两国的经贸关系，带动俄罗斯整个西伯利亚和俄罗斯远东地区的发展，有助于俄尽快实现与世界经济一体化。

途经蒙古国主要城市所占面积约为30平方公里，占蒙古国40%以上的人口，约65%的经济总量。该工程的实施，能解决蒙古北方城市的缺电问题，南方缺水问题，打造蒙古依托丰富资源，为东北亚经济圈迅速崛起提供强有力的支持。

（五）贝加尔湖"北水南调"工程的国内影响

贝加尔湖"北水南调"工程涉及我国内蒙古、陕、豫、晋、冀、京、津等地区水资源补给，区域面积约为70万平方公里，人口约为1.6亿。实施贝加尔湖"北水南调"工程，一方面可以改善和修复北方地区的生态环境，为当地城市生活、工业与环境用水提供支撑，可缓解水资源供需矛盾，为该地区的经济社会可持续发展提供水资源保障；另一方面，为地区经济发展提供新的资源支撑，推动我国华北和西北地区社会经济发展。

六　建议之三：谋划中国—东南亚"水安全共同体"

（一）中国—东南亚区域因水安全纷争形势严峻

作为东南亚最长的河流，湄公河是世界上最复杂的河流系统之一。绵延2703英里，流经6个国家，是科罗拉多河流的近两倍长度。围绕湄公河水资源短缺,以及因水资源争夺所造成的中国与东南亚地区国家之间的紧张关系,一直威胁着地区的安全与稳定。如何加强合作、解决跨国界水资源利用问题,以维护地区的安全与稳定,已经成为各国的迫切任务。[①]

(二) 中国—东南亚区域水资源联合开发的安全化认识

澜沧江—湄公河次区域水资源的联合开发,既有利于中国与东南亚国家的合作安全,也会引发利益冲突,这一问题的"安全化"有其必然性和必要性。"安全化"既是各方利益相互博弈以达成妥协的过程,也是一种合作安全的社会建构过程。通过"安全化",在横向关系上,澜沧江—湄公河次区域的国家彼此间展开利益的讨价还价,逐渐达成妥协与合作;在纵向关系上,社会群体和个人的权益得到国家的关注(图10)。

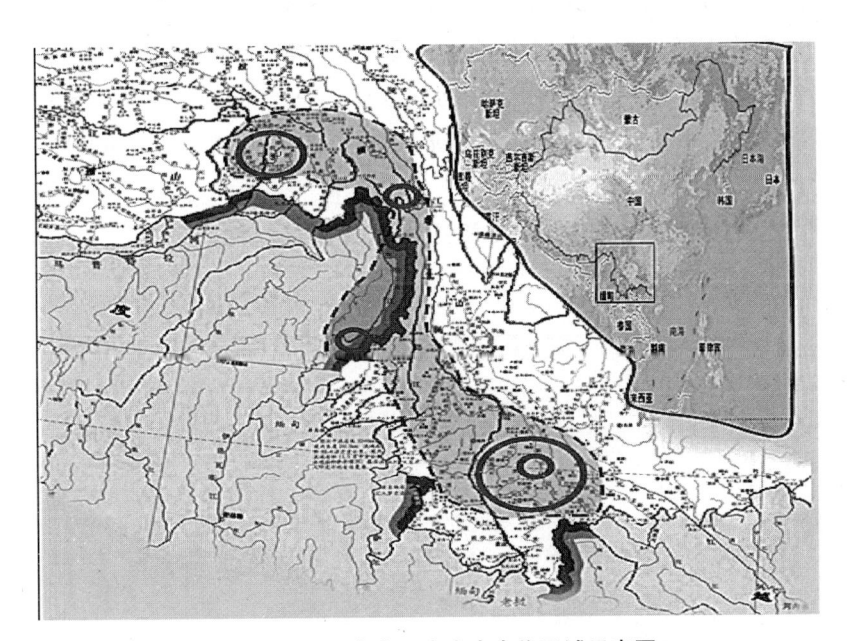

图 10 中国—东南亚水安全合作区域示意图

(三) 中国—东南亚"水安全共同体"构建

如何应对东南亚的澜沧江—湄公河、雅鲁藏布江等流域的水资源开发

---

① 李志斐:《中国与周边国家跨国界河流问题之分析》,《太平洋学报》2011年第19卷第3期,第27—36页。

争端最终走向"去安全化?"如何寻找"安全化?"通过全流域水电项目联合开发,建立沿流域的经济纽带,带动东南亚各国流域经济发展,促进南海社会安定,构建中国为主导的东南亚水安全战略体系,是较为现实的途径。

七 "世界水谷"实现方式——建立协同创新联盟

(一)"世界水谷"实现的体制创新、机制创新、模式创新

探索"世界水谷"实现的体制创新、机制创新、模式创新,政府引导、企业主导、民间参与的市场化运作新思路,参考欧盟发展的历史模式,建立"世界水谷"协同创新联盟。"世界水谷"协同创新联盟体现政、产、学、研、金五要素协同,实现集成创新,由联盟主导实施"世界水谷"重大事项。"世界水谷"协同创新联盟将通过市场化运作,其主体最终将成为主导世界水业的产学研实体——世界水谷集团(WWV)。

(二)"世界水谷"协同创新联盟的治理架构(图11)

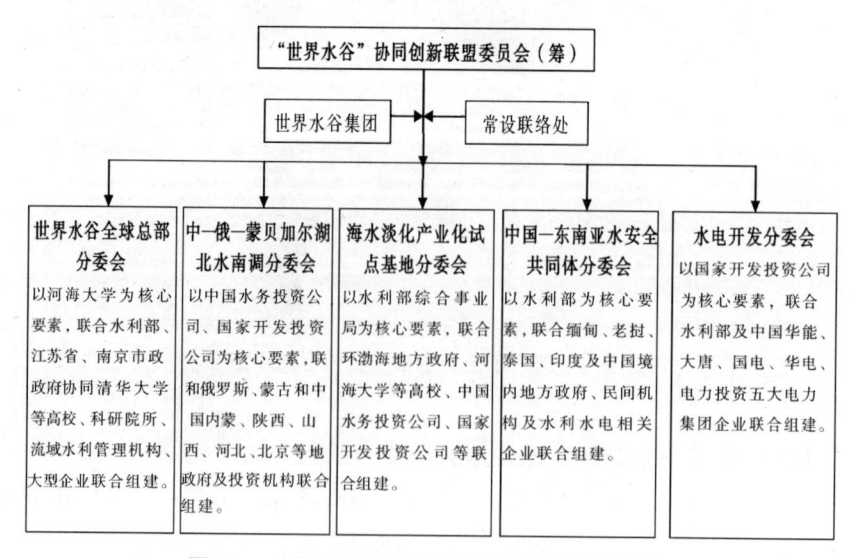

世界水谷全球总部分委会	中—俄—蒙贝加尔湖北水南调分委会	海水淡化产业化试点基地分委会	中国—东南亚水安全共同体分委会	水电开发分委会
以河海大学为核心要素,联合水利部、江苏省、南京市政府协同清华大学等高校、科研院所、流域水利管理机构、大型企业联合组建。	以中国水务投资公司、国家开发投资公司为核心要素,联和俄罗斯、蒙古和中国内蒙、陕西、山西、河北、北京等地政府及投资机构联合组建。	以水利部综合事业局为核心要素,联合环渤海地方政府、河海大学等高校、中国水务投资公司、国家开发投资公司等联合组建。	以水利部为核心要素,联合缅甸、老挝、泰国、印度及中国境内地方政府、民间机构及水利水电相关企业联合组建。	以国家开发投资公司为核心要素,联合水利部及中国华能、大唐、国电、华电、电力投资五大电力集团企业联合组建。

图11 "世界水谷"协同创新联盟的治理架构

作者信息：

研究基地：江苏企业国际化发展研究基地
承担单位：河海大学商学院
首席专家：张阳、施友成、高旭东
课题负责人：张阳
主要参加人员：黄德春

人才与教育

江苏省高校海归人才培养机制的访谈分析

内容提要： 近年来江苏高校引进和吸纳了一批优秀的海外高层次人才，海外人才成为高校人才队伍的重要组成部分。如何让他们更好更快地适应新环境，发挥专长，如何激发他们的潜能，激励他们持续贡献，这是人才引进后需要高度重视和加以解决的问题，海外人才长效培养成为高校当前更为重要的任务，鉴于此，本项目对江苏省高校海归人才培养机制开展深入研究。项目在当前高校海归人才培养实践基础上，通过问卷调查和深度访谈，分析海归人才培养机制中存在的问题和原因，提出问题解决和培养机制优化的建议，以期为政府相关部门和高校在海外人才管理上提供决策借鉴。

一 引 言

近年来，江苏正在由高等教育大省向高等教育强省转变。在新的发展阶段，拥有海外背景、国际视野和科研创新能力的海外人才对我国高校完成科研创新、人才培养、服务社会和文化传承等任务具有巨大的作用和特别的贡献。江苏高校借助中央和省市的各项引才计划和海外回国人数递增的契机，积极引进和吸纳了一批优秀的海外高层次人才。但如何消减他们的文化不适应，使他们从人才资本转化为智力资本，更好更快地适应当前环境？如何发挥他们的专长和潜能，让他们在高校创新和竞争力提升上发挥应有的作用和贡献？这些是人才引进后需要高度重视和加以解决的问题。另外，从国内各高校在海归人才培养的实践了解到，目前国内各高校通过搭建科研平台，组建科研团队，在提供灵活、有竞争力的薪酬待遇、实施人才培养的政策"特区"、创新人才考核机制等方面做了有意义的尝试，海归人才培养也取得了一定成效。他们在高校的学科建设、科研产出、学生培养、教学创新等方面也发挥了积极而重要的作用。但目前普遍存在人才引进政策不能很好地落实、缺乏中长期规划、评价机制不够完善，以及培养制度缺乏创新等问题。鉴于此，本课题对江苏省高校海归人才的培养机制做深入研究。在高校海归人才培养实践基础上，通过问卷和访谈调研，深入分析海归人才培养机制中存在的问题，并探究其背后的原因，提出解决问题和培养机制优化的建议，以期为政府相关部门和高校在海外人才管理上提供决策借鉴。

二 江苏高校海归人才培养机制的现状

课题组主要通过问卷调研和深度访谈了解高校海归人才培养机制现状。

（一）调研设计

本次调研对象为江苏省高校教师。本次调研包括问卷调查和深度访谈。调研内容针对人才培养机制的主要内容设计。

问卷调查四个方面的信息，包括"基本信息"、"对高校师资培养现状认知"、"个人培养和发展评价"和"对高校师资培养的看法与建议"。此次问卷针对江苏高校教师（海归和非海归两类教师）发放，问卷调研旨在了解他们对高校人才培养机制感知、个人培养需求以及对高校师资培养建议的相关信息，对比分析两类教师对培养感知、需求和建议的差异，发掘问题，探讨海归人才培养机制优化决策的方向。

项目对海归人才进行个别的深度访谈，访谈内容涉及环境适应、学术环境、组建团队、团队合作、教学、科研、绩效考核、激励和人才发展需求方面。访谈旨在了解他们的发展需求，他们对高校人才培养的感知和建议，为课题深入研究提供客观信息。

（二）现状分析

针对海归和非海归两类教师开展问卷调研，对比分析他们对高校人才培养机制的认知情况、个人需求以及对高校师资培养的建议等。调研发现，两类人才对于高校师资培养机制（包括培养目标或定位、学术环境与工作环境、科研资助和培训发展、团队合作、激励与保障）的认同基本趋同，总体上没有显著差异，且认知程度和满意度处于中等水平；在个人培养和成长评价上，两类人才的认同度处于中等以上的水平，有显著差异，海归人才对个人的认同度相对较高；在参加培训方面，两类人才获得国内外培训的机会均有待进一步提高。

针对部分海归人才的面对面访谈更深入了解了人才培养的现状和主要问题。访谈发现，海归人才基本适应国内的生活，但在做事方式、想法、人际关系和体制等方面有些差异；在学术环境方面，国内高校竞争激烈、压力大、节奏快，环境压力大，不一定有利于精品科研成果的产生；在团队组建和合作方面，海归回国一般单干，教师间缺乏实质性合作；在教学与科研指导上，学校重视海归人才的教学和科研能力培养，统一管理，给予了更多引导和指导；在考核方面，国内考核有些急功近利，重科研数量，轻质量，行政人员考核科研人员，难以保证科研成果的质量；在激励方面，高校提供了富有竞争力的待遇和政策，给予科研平台保障，同时重视感情激励；在人才发展需求上，海归人才关注个人待遇和科研条件，希望获得个人成就和事业发展，但也需要得到指导、加强交流，融入学术圈。

结合调研发现，在海归人才的培养机制方面，高校对海归人才的科研指导、科研平台建设、薪资待遇等方面总体较好，主要问题体现在教学环境适应、团队合作、考核和激励等方面。

三 高校海归人才培养机制中存在的主要问题及原因

（一）主要问题分析

结合调研发现，在海归人才的培养机制方面，高校对海归人才的科研指导、科研平台建设、薪资待遇等方面总体较好，存在问题主要体现在教学、适应环境、团队合作、考核和激励等方面。主要问题分析如下：

1. 培养目标或定位：高校普遍重视科研投入和能力培养，教学投入和能力培养力度相对较低

问卷调查反映，学校对教学投入和教师教学能力的培养力度比较低，

对科研投入和教师科研能力的培养力度相对高,两者形成了一个对比。个案访谈同样发现受访者所在高校重视教师科研能力培养,受访者反映与国外相比,国内高校在年轻海归教师引导和指导上做得更多,如学院院长指导个人发展方向、写基金、申报项目等等,国外更注重个人的努力与自主性。教学方面,在科研导向的大环境下,教学工作成为副业,高校在教学投入上相比明显少于科研投入。另调研表明,科研成果回报教学的比例小,教师缺乏教学积极性,缺少将科研成果融入教学的积极性。

2. 学术环境与工作环境:国内高校竞争激烈、压力大、节奏快,环境压力抑制创新,工作环境还需适应过程

问卷调查反映学校内部竞争激烈程度(项目、职称评定等)高,学校支持学术创新程度中等偏上,所在部门营造的工作关系融洽程度中等偏上。个案访谈也发现,受访者认为国内高校竞争激烈、压力大、节奏快。但国内环境有些急功近利,环境很难创新,环境有压力,必须短频快出SCI论文、申请科研经费。另外受访者反映论文评价只看数量,不看水平,很大程度上抑制了有深度的高水平的论文产出。反映学校支持创新与制度环境存在矛盾。另外环境适应方面,受访者表示做事方式、想法、人际关系、体制方面会有影响。

3. 团队合作:单干或组建小团队,缺乏实质性合作

问卷调查发现,在学校对于学术团队组建的重视程度、学校对于产学研合作的促进程度、学校对于人才交流平台搭建的支持程度上,参与者的评价是中等略偏上。但是,我们在个案访谈中仍然发现了在团队合作方面存在的一些问题,缺少实质性合作、方向不同、各自主持课题单打独斗等。受访者反映国外团队合作方面更加成熟,是实际性的合作,国内海归教师一般单干,在申请项目的时候组建小团队,但可能并无实质性的合作。国内的小团队和个人很难获得大的成就和成果。教师之间的合作比较难,和考核体制大环境有关系,也涉及教师精力、论文署名权、经费使用权等因素。

4. 考核:考核目标制定参与性低,行政人员考核科研人员,考核指标单一,重数量轻质量,考核急功近利

问卷调查反映,在考核目标制定的参与性上,参与者评价比较低,在学校考核指标和标准合理性上,评价为中等。在个案访谈中发现,高校考核机制上存在较多问题,考核目标制定缺乏实质性参与,考核内容单一,

重科研项目、论文等成果，而成果则重数量、轻质量，受访者表示论文考核只看数量，不重质量，高影响因子的非 SCI 刊物不算，评职称也不算，可见数量导向影响研究深度，是导致急功近利的主要原因，不利于学科内涵式发展；学校在考核内容修订上没有实质性的作为；考核主体不合理，受访者反映行政人员考核，只能看数量、看成果；调研了解到国内高校持有的观点是首先把数量搞上去，排名提上去，由粗放式经营向内涵式发展。

通过人才培养机制的调研，课题组了解了培养机制中的主要问题，这些问题对应培养机制的若干环节，然而培养机制的各环节相互作用、相互影响、相互协调，所以，问题产生的影响是共同作用的影响。人才培养机制具有时代特征，这些问题反映了在当前这段时期的社会、经济发展以及高校当前阶段性发展背景下产生的问题。

（二）原因分析

针对高校海归人才培养机制存在的问题，究其原因，一是政府和教育主管部门为多出政绩，给高校设置了无数的"工程"和"项目"，使高校忙于填报各类材料，疲于应付各类检查，造成高校的行政化特征"不减反增"，在这种情形下，海归人才的培养周期过短、评估过频，不利于人才的自然成长。二是教育主管部门和社会各界对高校给予很高的期望，设置了较多的评价指标，进一步造成高校海归人才培养"唯指标是举"，造成人才培养机制设计的不合理。三是社会文化的影响。中国长期受儒家文化的影响，讲究四平八稳、圆滑通融，一些有个性、有特点的海归人才普遍感觉到人际关系和社会舆论的压力，这种文化氛围也不利于真正的创新和"奇才"、"怪才"的出现等等。

四 高校海归人才培养机制优化对策

结合调研了解的问题和原因分析，课题组认为问题的解决需要改革高校的管理制度，真正"去行政化"，实行"教授治校"、学术唯上，使真正有科研创新和教学能力的人潜心科研和教学，出真正的创新性成果，培养优秀的学生。结合《教育部关于深化高等学校科技评价改革的意见》

等文件精神和《关于江苏高等教育综合改革的思考与实践》等论文，课题组提出具体优化建议如下：

（一）科教结合，制度化发展和落实教学培训管理，提高教学能力培养力度

教学是大学的基本职能，"传道、授业、解惑"是教师的核心工作内容，科研创新是教师提升自身专业素质和人才培养能力的有效途径。课题组访谈中受访者（院长）认为高校不是科研机构，教学是高校人才培养的最基础的要求，在这个基础上再搞科研。科研导向的大环境应回归本质；海归人才拥有国际视野、全新理念和创新意识，他们对高校国际化发展起促进作用，对国际化人才培养起推动作用，高校应充分利用海归人才的优势发展学科、培养学生和创新教学。对此结合调研，课题组认为：

1. 海归人才培养首先在于教学指导和培训，并进行制度化发展和落实

受访者所在学校实施一年期的主讲教师培训制度，受访者认为这项制度非常好，"一年，要去跟着上课，做公开课，自己学习，这个政策特别好。但是有一点，很多人也会钻空子的"。这个制度可以为高校所借鉴，但要注意制度化完善和制度落实效果和效率。

2. 从教师激励层面，提高教学在选拔或评选中的重要性

如头衔、奖项、项目评选等，以及分配机制中，提升教学分配比例，以此激发教学积极性和推动教学产出。关于教师教学能力培养，问卷调查发现，"提高教学在选拔中的重要性"这一选项为首要选项，得分最高，其次分别为"支持国内外教学培训或研讨"、"鼓励和支持教师校外实践"、"分配机制上，提高教学分配比例"等。

（二）大力提倡宽松、自由、创新的学术环境和工作环境

高校始终在营造和建设宽松、自由、支持创新的学术环境，但调研了解，相比国外，国内环境竞争激烈、压力大、节奏快，环境抑制创新。这直接与国内高校发展的大环境有关，如规模化、快速发展，也与高校内部小环境有关，如高校的考核功利化倾向等，所以，真正意义上的宽松、自由、创新，高校需要转向内涵式发展，如高校鼓励创新、宽容失败，管理上突出服务性等。课题组认为在研究方向自由发展、帮助适应环境、减少

行政事务以及考核制度改革等方面进行建设,大力提倡和营造宽松、自由、创新的学术环境和工作环境,使海归人才安居乐业。

1. 研究方向自由发展

自由发展是相对而言,国内高校在引进人才之前加强需要考察,包括其研究方向对学校发展的作用意义。海归教师在学院大方向上可以有所侧重,受访者认为"国外引进的教授一般鼓励他自己发展一个方向,而且一般这个也是比较新的方向。如果说我们以前有教师是做这些的,但是没他强,就想办法弄到一块,让他作为带领。比如说你现在是博士后,那么你就可以加入一些已经有的团队,充实团队的力量"。

2. 环境适应

调研了解到海归教师的环境适应问题体现在做事方式、方法、想法、人际关系,以及对国内高校的一些体制环境不熟悉等。如课题申报、程序等所在学校和学院给予直接帮助,而社会层面和心理层面的环境适应需要一段时间,海归教师之间需要多提供帮助和引导,学校在这些方面需要进行一定推动。

3. 减少行政事务,专心科研

受访者表示"工作上一般需要什么仪器经费都是支持的,学院里我认为尽可能少做一些行政事务,专心放在科研上"。

4. 考核制度改革

当前高校学术考核"行政化"抑制了高校高质量学术产出和创新发展,对此,考核制度改革是高校"去行政化"的重要任务和举措。

(三)考核指标和标准科学化,考核主体"学术化",建立开放、长效评价机制

调研了解到国内高校考核机制存在很多问题,如考核目标制定参与度低、考核急功近利、考核指标单一、考核主体不合理等问题。从人才培养机制调研反映的问题看,考核问题对其他问题如对学术氛围、学术创新、团队合作、激励等都产生影响。所以考核机制的改革或完善是主要问题。

1. 提高对考核目标制定的参与度

调研反映考核目标制定的参与度低,提高参与度,一方面在引进人才时协商考核任务和目标,这方面高校与引进人才通过协议明确,但政策透明、规范和制度化需要加强,如考核目标和待遇确定的基本政策等。另一

方面，考核目标修订的建议的客观落实需要加强，如出版书籍、期刊级别的修订等。

2. 考核指标和标准科学化

调研反映学校考核侧重科研成果，重数量轻质量。同时也了解到这与学校发展目标、发展阶段有关，先把数量和排名搞上去，但这可能带来不好的影响，如急功近利、浮躁情绪滋生以及公平性问题等，学校需要密切关注，调研建议考核内容侧重研究的实际意义。关于研究价值，受访者认为"国外教授考察你研究的科学意义，做研究一方面，需要项目，也要发表高质量文章，不论数量，主要是看社会价值，另外，还要看社会服务，例如给期刊审稿，给公众讲课讲座，这都算社会服务，而且没有社会服务是不能提升的，社会服务是必要的，占比10%—20%，不是特别高，但必要"，所以，考核需要对其研究价值、深度，对学科建设是不是有必要、有前途，为社会提供服务的状况进行考核，另外，考核标准上注重论文质量，如刊物的影响力，这样才能推动教师深度研究。

《教育部关于深化高等学校科技评价改革的意见》指出实施科学的分类评价，针对科技活动人员、创新团队、平台基地、科研项目等不同对象，按照基础研究、应用研究、技术转移、成果转化等不同工作的特点，分别建立涵盖科研诚信和学风、创新质量与贡献、科教结合支撑人才培养、科学传播与普及、机制创新与开放共享等内容，以及建立科学合理、各有侧重的评价标准。高校要改变考核评价中将科技项目与经费数量过分指标化、目标化的做法，要改变在教师评聘、收入分配中过分依赖和不合理使用论文、专利、项目和经费数量等科技指标的做法，减少科技评价结果与利益分配过度关联。

3. 考核主体"学术化"，建立开放评价机制

调研了解到高校考核是行政人员考核研究人员，非学术人员，只能看数量。对此，建议由学术人员（如资深教授）或学术委员会进行考核，受访者认为"学术委员会应当起一定的作用。一个研究人员在做研究上，研究好不好，应该由资深教授或者学术委员会等对其研究深度、价值，对学科建设是不是有必要、是不是有前途，进行评价，通过这种方式考核会好很多"。国外"教授考核，面对面地交流，给你打分，了解项目、研究方向、研究进展、科研成果、研究价值等，教授通过交谈能得出一个（评价）结论"。并认为国外考核比较宽松，这样的环境有利于学术创新。

建立开放评价机制，完善公平、公正、透明的开放评价规则。《教育部关于深化高等学校科技评价改革的意见》指出基础研究以同行评价为主，大力加强国际同行评价。应用研究和产业化开发应建立主要由市场决定技术创新项目和经费分配、评价成果的机制，由用户、市场和专家等相关第三方参与评价。加强开放、多元的国内外专家数据库建设和共享。充分利用信息化手段，提高科技评价工作效率和开放程度。完善评价答辩、公示、反馈、申诉、举报和回溯评价制度，健全随机、回避的评价专家遴选机制，健全评价专家责任和信誉制度，增强评价专家的社会责任感，保证评价工作的独立性、公正性和评价结果的科学性、客观性。

4. 考核周期合理化，建立长效评价机制

对于考核周期，受访者表示"国外注重成果且周期长。国外一般2年内出结果比较难，但是一般出结果就非常不容易了，而国内2年内不出成果就麻烦了。国外一般前2年在摸索方法，第3年慢慢上路，第4年才出成果，等到真正出来已经第5年了，国外重在完成这个项目"。对于考核周期的建议，建议考核周期定位5年比较合理。受访者"认为国内5年一考更加合理，会有成果产出以及发展方向的制定。尤其新过来的，需要4—5年才能把事情做起来"。"国内对年薪制来说，是5年制，这个非常合适，和国外也是一样的，5年可以静下心来做点东西。"国内高校针对海归教师采用不同的考核，延长考核周期。整个过程中学校的角色是给予指导和交流，让教师自己掌握节奏，保持平和心态。如上海财经大学的"常任轨"考核，6年期限，通过考核，可以获得终身教授，动力和压力并存，在大环境压力下给予教师自由发挥的空间。

《教育部关于深化高等学校科技评价改革的意见》指出建立长效评价机制，避免频繁评价。根据科技活动类型、学科特征，结合人事聘用合同、项目过程的要求，适当延长评价周期，注重评价实效。科技活动人员的评价周期原则上不少于3年，对青年科技人员实施聘期评价，创新团队和平台基地的评价周期原则上不少于5年，根据绩效情况可减少、减免评价。

（四）加强实质性团队合作

调研反映国外关于团队合作方面、共享方面更加成熟，是实际性的合作，国内单打独斗、单干现象普遍，缺乏实质性合作。调研反映了合作难，和考核体制大环境有关系，也涉及教师精力、论文署名权、经费使用权等因素。对此，结合调研，课题组认为：

1. 资深教授或学科带头人牵头，组建团队，开展合作

受访者表示，"老师之间的合作比较难，这个和考核体制大环境有关系。除非你特别厉害，可以合成几个团队，你研究这个方向，只要有大项目，那都是你这个项目里的，项目课题不定期开会，就相当于一起干了"。并认为"学校真正能够引进大师级人物和团队对学校发展是最重要的，单打独斗也意义不大"。

2. 学校引导依托优势学科，加强校内外合作

学院缺乏资深教授或学科带头人，由学校引导定位学科方向，依托优势学科，组建团队，资源共享，可以促进跨院系、校内外的合作。

（五）引导年轻海归更快融入学术圈，提升国际学术交流成效

课题组在关于海归人才个人发展需求的调研中了解到，海归人才回国希望获得事业发展，"想做点事，有点成绩，自己要有所发展和成长"。"发展上希望有科研进步的空间以及进一步提升自己的空间，出国学习的机会，参加大的项目的机会，接触学术圈。"受访者表示"年轻海归需要多的指导，多的交流，才能比较快地融入学术圈"。对此，年轻海归教师比较快地融入学术圈，需要学校或学院多引导或指导。结合调研信息，课题组认为：

1. 年轻海归可以依托学科发展方向，加入一些团队，既可充实团队力量，又能促进团队内外的交流学习，在团队项目实践中锻炼和培养能力

对于学校引进海外教授或国内教授自己发展方向，组建团队，带领一些教师，特别是一些年轻的有潜力海归教师开展项目，培养人才。受访者表示学校安排导师制和资深教授指导对个人发展有很大帮助，"导师制的帮助比较大，非全职教师帮我们一些，指导一些。最重要的是校外培训学术交流，学科团队建设（科研条件）作用比较大等"。"我觉得如果有资深教授像大气院这样对年轻海归申请项目、团队建设、科研之类的进行本土化的培养是特别好的事情"。

2. 学校帮助引导，依托重点学科，牵线搭桥，引进人才

对于欠缺资深学术带头人的学院，对年轻海归教师指导和能力激发就欠缺很多，对此，受访者提议"学校帮助引导，依托重点学科，牵线搭桥，这样发展，在人才引进和学术交流方面就会好很多。定位好之后，就

是人才引进的问题,只有有了人才,才能把老师和学科都带动起来"。

3. 提升国际学术交流成效

受访者认为参加国际会议、访问等,可以看到新的东西,更加前沿,国外前沿程度高、先进性高、原创性多,对个人提高很大。受访的院长建议"学术交流我认为是尽可能放在海外交流,加强国际交流才能获得新的信息,知道别人在做什么,这样别人也知道他在做什么,这样也能够提高论文的影响力"。高校在推动国际交流方面做得比较好,鼓励和支持参加国际学术会议或出国访问,开拓多渠道出国交流途径等,当前需要高校更多关注国际学术交流成效,如出国访问,一些高校在访问最低期限上由半年提至一年,保证访问期间的学习成效。对于国际学术交流成效的评价、制度化建设方面高校可以进一步完善。

针对上述各环节问题的解决,需要注意的是,人才培养机制所涉及的各个环节相互作用、相互影响、相互协调。人才培养机制的系统优化要厘清各个环节的相互影响和作用,各环节问题之间、问题与原因之间的联系,以此通过各问题的解决系统优化人才培养机制。

五 结束语

当前,海归人才作为高校人才队伍的重要组成部分,对高校国际化发展、创新发展和竞争力提升发挥越来越重要的作用,海归人才的培养是高校师资队伍建设的一项重要任务。一方面,需要高校培养管理制度创新和深化改革,如改革考核机制、创新激励制度等,营造公平、公开、创新的制度环境;另一方面,高校应立足于人才的成长与成才,提供发展所需的平台,提供指导和帮助,注入感情关怀;第三,海归人才的培养机制是一项复杂的系统工程,需要分阶段的科学规划与多方面的协同配合,才能真正建立海归人才的长效培养机制,激发海归人才的正能量,在新的环境和工作岗位上做出新的更大的贡献。

参考文献:

1. 罗安娜:《海外高层次人才与高校核心竞争力关系研究》,《中州大学学报》2012年第12期,第72—75页。

2. 甄月桥、朱茹华、聂庆艳:《基于"推拉理论"的海外高层次人才归国的适应性分析》,《未来与发展》2013年第6期,第95—98页。

3. 王蓉蓉:《海外人才回流与社会适应研究》,山东师范大学,2013年。

4. 教育部:《教育部关于深化高等学校科技评价改革的意见》,2013年11月29日(http://www.gov.cn/gzdt/2013—12/20/content_2551954.htm)。

5. 上海市经济和信息化工作党委人才工作调研组:《营造"引得进 留得住 用得好"的人才机制》,《组织人事报》2013年2月7日第6版。

6. 赵全军:《破解人才工程实施中的评价难题》,《中国组织人事报》2014年1月3日第6版。

作者信息:

研究基地:江苏人才强省建设研究基地

承担单位:南京信息工程大学经济管理学院

首席专家:赵永贤、李廉水

课题负责人:姜农娟

主要参加人员:吴先华、孙芬、郭际、刘娜

高校海外高层次人才的引进模式与优化对策研究
——以江苏省为例

内容提要：本文梳理了江苏省高校近年来在引进海外高层次人才工作上取得的成绩，并调研了27位海外高层次人才，发现江苏省高校在高层次人才引进后的科研平台建设稍显滞后、绩效考核指标不完善、科研团队人才带动效应尚未体现等具体问题，并对提升管理理念、完善人才规划、灵活引进方式、创新考核制度、建立交流平台、做好管理服务、提高管理能力等提出了改善建议和意见。

自2008年中央决定实施"千人计划"以来，海外高层次人才引进已成为国家实施人才战略的重要举措，高校更是实现这一战略的主要阵地。① 江苏省作为高教强省，高度重视海外高层次人才引进工作，并颇有成效。但目前，随着这项工作的深入，也出现了一些问题，如全职引进人才的工作到位问题、引进人才的教学科研成效问题、如何把握科研考核评价、团队引进等，都有待进一步研究和理论探索。②

本项目用访谈、问卷的方法调研了27位江苏省各高校的海外高层次人才，请他们在科研平台建设、工作环境、绩效考核、科研团队合作等方面阐述自己的想法，并提出相关建议。在本次调研的海外高层次人才中，男性77.8%，女性22.2%；35岁以上77.8%，35岁以下22.2%；在海外的工作时间5年以上占66.6%，5年以下为33.3%。在全职和兼职的类型上，绝大部分为全职类型，占88.9%。在研究领域方面，以理

---

① 陆道坤、白勇、朱民：《海外高层次人才引进问题与对策研究》，《国家教育行政学院学报》2010年第3期，第53—57页。
② 李燕萍、郭玮、夏义堃：《高校海外高层次人才引进中亟待解决的问题及对策》，《西南农业大学学报（社会科学版）》2011年第9卷第5期，第150—155页。

工类专业居多，包括纳米科学、物理化学光催化、功能有机材料、生命科学、模式识别、分子生物学等，少数为管理类专业，如供应链管理等。

一 江苏省高校海外高层次人才引进工作管理现状

（一）逐步建立专门的人才引进管理机构

目前，江苏省高校都逐步建立了专门的管理机构，如南京大学在人力资源处下设人才办公室，南京理工大学成立了人才工作办公室和院士工作办公室且两个机构合署办公，东南大学在人事处下建立了人才工作科。这些机构为海外高层次人才的引进开通了快速反应的绿色通道，在制定配套政策、办理相关手续以及日常管理综合协调等方面，皆起到了很好的服务作用。

（二）采用多渠道的引进方式

采用多种形式灵活地引进海外目标人才，一是普遍采用全球公开招聘机制。如南京信息工程大学自2006年起，已经进行了六次大规模的全球招聘，目前已有42名高层次人才走上了该校的重要科研与管理岗位。二是选择恰当的海外招聘信息公布平台。如苏州大学从2008年起，与全球顶尖学术期刊Science、网络媒体《科学网》签署了常年合作协议，刊登人才招聘公告，反响十分热烈。三是在海外聘请人才选聘顾问，并在海外组织一系列选聘活动。如南京大学在海外设立遴选委员会，并聘请一些海外知名校友担任校长人才工作特别顾问，通过他们的学术地位与影响，为学校延揽高水平人才。

（三）应用灵活的人才引进模式

主要有三种较成功的人才引进组合：一是"大师+团队"模式，引进高端人才，并以其为核心，同时引进其他高水平人才，打造新的科研团队。如南京大学成功引进诺贝尔化学奖得主、以色列人文和自然科学院院士阿龙·切哈诺沃教授，同时以其为核心，引进了包括"千人计划"入选者李桂根教授在内的其他高水平人才，成立了"南京大学化学与生物医药科学研究所",建设世界一流的化学与生物医药研究所。二是"学科+人才"模式。南京大学国际地球系统科学研究、东南大学城市工程科学技术研究院等机构,在管理上皆借鉴国际一流学术机构的管理方法,采用所长负责制,在人员聘用、薪酬分配、学科建设等方面给予所长充分的自主权,将"学科特区"扩展为"人才特区",成为吸引集聚海外高层次人才回国创新创业的国际化人才高地。三是"引进+引智"模式。秉持"不为所有,但求所用"的原则,通过柔性引进模式,吸引海外高层次学者来校进行非全时学术交流。如南京大学已在校内设立多个非全时的冠名教授项目,吸引了60多位海外杰出人才开展多种形式的学术交流合作。

(四) 进一步重视科研平台建设

主要有三种科研平台建设模式:一是以大学现有的重点学科和国家重点实验室为依托,建立高水平的、国际化的科研基地,将已有较好基础的研究领域带上新的台阶。如南京大学获得了国家高层次外国专家引智计划(111计划)的支持,在物理学和生命科学领域已经申报竞争获得了两个引智基地。二是参照国际标准,投资建立新的研究基地,激发新研究领域的发展。如苏州大学以国际知名科学家为核心,参照国际高水平实验室的标准,组建了功能纳米与软物质研究院等十多个新兴研究基地。三是与地区经济发展相结合,与政府、企业合作,建立产学研合作形式的高层次创新创业基地。如南京人学与南京市江宁经济技术开发区共同建立了"国家海外高层次人才创新创业先进基地区",充分挖掘校地资源,为地区经济发展起到很好的学术支持作用。

(五) 提供优厚的薪酬待遇

江苏省各高校在海外高层次人才引进后的安家费、科研启动经费以及住房等方面基本都给予了优厚待遇。如南京大学等高校对引进的在国内外有重要影响的知名专家和学科带头人,每年发放10万 20万元的岗位津贴,为杰出优秀人才提供50万—100万元的购房补贴。扬州大学出台政策,为引进的两院院士提供200平方米左右的住房一套,给予安家费100万元。苏州大学参照国际惯例,对优秀的高层次人才采取一人一议的措施,同时实行协议工资制和年薪制,给予在国内高校较有竞争力的待遇。另外,苏州大学为外籍专家和教师提供养老补贴和医疗保险补贴,切实保障外国专家和外籍教师的权益,有利于吸引外国专家和港澳台籍的专家来校工作。

二 江苏省高校海外高层次人才引进工作中的现存问题分析

(一) 与人才引进速度相比,科研平台建设稍显滞后

在一些知名高校重视科研平台建设的同时,还存在着部分高校人才引进后、科研平台建设滞后、科研配套经费不充足的情况(表1、表2)。

表1 高校海外高层次人才引进后的科研平台建设情况　　　单位:%

国家级重点学科	省级重点学科	校级科研平台	暂无科研平台
36.4	18.2	18.2	27.3

表2 高校海外高层次人才引进后的科研配套经费落实情况　　　单位:%

非常充足	比较充足	中立	比较不充足	非常不充足
11.1	22.2	33.3	22.2	11.1

出现这样的情况,需要考虑两个问题:一是高校是否有真正的实力去迎接、接纳、应用这些高层次人才。高层次人才能给高校带来竞争力,但不同水平、不同档次、不同专业领域的高校自身发展状态不同,吸引高层次人才的能力是不同的。如果只是注重短期的发展目标、一时的声誉影响,盲目引进,后续造成的麻烦和困难可能是高校无法承受的。二是高校在海外高层次人才工作中各管理环节的衔接是否通畅。引进海外高层次人才,只是高校整体发展中的一环。要做好这个工作,需要在人力资源管理规划方面做全面的考虑,并与高校的整体发展战略相匹配,还需要在人才引进后的各项管理措施上做相应的准备。

(二) 部分绩效考核方式传统

国内高校行政式管理历史长久,绩效考核体系一直是目前制度改革的

重中之重。在这种情况下，高校引进海外高层次人才，也会存在一些问题（表3、表4）。

表3　　　　高校海外高层次人才引进后的工作绩效考核周期情况　　　单位:%

按年考核	按科研项目周期考核	按工作签约时间考核
66.7	11.1	22.2

表4　　　　高校海外高层次人才引进后的工作绩效考核主要指标　　　单位:%

A. 发表论文的数量与质量	23.7
B. 科研课题级别与经费	23.7
C. 授课时数	18.4
D. 创新团队建设，帮助学校提升原有教师的学术水平	10.5
E. 研究生培养的数量和质量	10.5
F. 促进学校与海外的国际交流，提升在相关学科的国际学术影响力和认可度	5.3
G. 为学校引入新的观念、理念和管理方法	5.3
H. 在校的工作时间	2.7

可见，在海外高层次人才的考核周期上，还是偏于传统，多以按年考核为主。在调研中，有学者反映，应取消海外高层次人才的年度考核制，应有一个较长的、因人而异的考核周期，如3年或5年，或者按照项目周期等。在绩效考核指标中，有很多内容还是沿用了与国内教师类似的方法，量化考核的思路，并以论文发表、科研课题级别与经费、授课时数三项为主。那么，这些现有的考核方式是否适用于海外高层次人才，本项目也征询了他们的意见（表5）。

表5　　高校海外高层次引进人才认为需要改进和完善的绩效考核指标　　单位:%

A. 发表论文的数量与质量	19.2
B. 为学校引入新的观念、理念和管理方法	15.4

续表

C. 创新团队建设，帮助学校提升原有教师的学术水平	15.4
D. 科研课题级别与经费	15.4
E. 授课时数	11.5
F. 在校的工作时间	7.7
G. 研究生培养的数量和质量	7.7
H. 促进学校与海外的国际交流，提升在相关学科的国际学术影响力和认可度	7.7

首先，是关于发表论文的问题。受访者认为，研究型教师考核的重点应放在发表论文的质量上，不能只看数量。但目前，国内高校针对论文的考核就看数量、看期刊级别，并造成一些如恶性竞争、分拆论文等不良现状。这种考核方式，对于国内教师来说，也处于逐步改善的需求之中，那么对海外高层次人才，更是需要彻底的变革。

在论文考核方面，还询问了受访者是否赞成将所带领科研团队成员的第一署名论文发表也纳入绩效考核范围，100%的受访者表示了明确的态度：同意。他们认为，作为引进的高层次人才，对于所带团队成员的工作大多数都会参与，这些团队成员的成果中也凝结着他们的努力和辛苦。也有人认为，既然是海外高层次人才，已经有一定学术成就，还占着第一作者挺丢人，但考核需要不得不为之，挺尴尬。同时，他们认为将所带领科研团队成员的第一署名论文发表也纳入对海外高层次人才的绩效考核范围，也符合国际惯例。

其次，海外高层次引进人才认为在帮助高校引入新的观念、理念和管理方法上需要完善考核方式，他们这部分的价值贡献并没有得到高校的相应重视。从目前高校引进的海外高层次人才的个人特征来看，多为35岁以上、有较多工作经验。他们在创造了学术成绩之余，也积累了相当丰富的学术管理经验，包括学术评价理念、团队管理理念和方法等。但是，高校往往只看到了他们的学术成果，相对没有重视他们的管理经验，并将他们置于一个相对封闭、相对落后的管理体系中，着实没有充分应用好他们的智慧和才能。

最后，这些海外高层次人才认为他们可以更好地帮助高校加强创新团队建设，提升原有教师的学术水平。整体来说，国内高校现有的考核体系是鼓励"英雄主义"，团队科研合作经常是屈从于强大的权力压力之下，会造就两极分化、马太效应。或者说，国内的学者对于真正的团队合作还不精通。那么，这些海外高层次人才在带来好的学术研究之余，是很愿意帮助其他学者在学术道路上更进一步的。

另外，这些海外高层次人才认为科研课题级别与经费考核也需要改革。在调研中，有46.2%的受访者确认所在高校为他们提供了申请国内科研课题的咨询或培训。这是很好的一种配套服务的做法，但还需要更多的普及。因为课题申请来源、申请方式、学术圈氛围不同，海外学者需要在课题申请的时候尽快了解国内的相关学术发展状况，了解国内经济发展对学术研究的需求状况，以及学术圈中的一些相关规则和通常做法，他们需要及时的帮助。

（三）团队带动效应尚未体现

本项目调研了海外高层次人才在科研团队合作、引领国内教师发展的具体情况（表6、表7）。

表6　高校海外高层次引进人才与校内原有教师的合作程度　　单位:%

合作非常多	合作较多	中立	合作较少	合作非常少
0	11.1	33.3	44.4	11.1

表7　高校海外高层次引进人才与校内原有教师合作少的主要原因　　单位:%

A. 研究领域和方向的不一致	37.5
B. 所在院系缺少交流平台	25
C. 工作理念和工作方式不一致	18.75
D. 引进人才在校的工作时间短	18.75

从这些数据来看，情况不容乐观。这些数据可以折射出三个问题：一是高校在海外高层次人才引进中，在学术规划、学科建设上，缺乏完整的规划，在现有研究和新兴研究中可能缺乏有机的联系。二是人才发展理

念，高校的发展是侧重外部人才引进，还是侧重内部人才培养。可能在实现效率上，前者快，后者慢，海外人才出绩效比他们去培养别的人再出绩效来得快。三是高校管理服务的问题。海外高层次引进人才在校的工作时间短、在工作理念和工作方式上与原有教师不一致是客观情况，但是，所在院系缺少交流平台就是管理服务不到位的问题了。交流平台，可以是团队建立、可以是学术会议、可以小组讨论，形式可以多样化，但需要管理者去营造这样的交流氛围，并组织协调相关的活动，这是管理者的服务意识问题。

（四）行政事务影响科研效率

在调研中，本项目也询问了这些海外高层次人才，请他们描述在国内高校的工作中，有哪些事务在他们看来是不必要，但又占据过多的精力的。他们的回答内容如："有些行政方面会议觉得没必要"、"行政和教学事务过多"、"琐事太多，不能完全专心于科研或者教学工作"、"经常要填写各种各样的报表"、"学校会组织一些与科研项目研究本身无关的会议，无法保证每次都能按时参会，但参会次数也在绩效考评的范围之内"、"一些会议、文件精神传达浪费时间，很多会议可以通过网络召开"。

可见，这些海外高层次人才对国内高校行政式的管理风格是不能适应的，认为一些行政事务与科研无关，会无端耗费精力。这样的现状说明目前国内的高校在一定程度上并没有区分清楚科研管理和综合管理的差别。

三 江苏省高校海外高层次人才引进工作优化对策与建议

（一）理念先行，倡导内涵式发展

2012年，党的十八大明确指出，要推动高等教育的内涵式发展。高校引进海外高层次人才的举措，同样也需要在各个环节上以内涵式发展为目的。[1]

首先，在科学研究方面。高校引进海外高层次人才，不是仅仅利用他

---

[1] 王恒：《推动高等教育内涵式发展》，《光明日报》2013年3月24日。

们过往的成绩为自己贴上闪亮的标签，而是要促进他们在国内创造出新的知识、新的成果。其次，是教学与科研的关系。海外高层次人才可以带来科学的教学方法，可以带动国内教师在教学质量提升上的发展，并有助于国内高校克服科研冲击教学、教学挤压科研的片面思想。再次，是教育管理方面。海外高层次人才有助于优化国内高校的教育管理模式，逐步实现以人为本的现代管理方式，消除行政管理的一些弊端，建立科学的管理制度和运行架构，从而促进学校的健康发展。

（二）提前规划，人才引进系统化

对任何一个组织来说，人才规划都需要一个提前量，并与组织的整体战略规划相匹配。然后，根据人才发展规划，还要做好相应的岗位规划、招聘规划、绩效规划、薪酬规划等一系列活动，这是一个系统化的管理工程。为此，高校在引进海外高层次人才时，需要结合政府、社会的经济发展需求、教育需求，以及自身的现状，全盘考虑好自己的战略发展定位，然后制定相应的高层次人才引进措施。在这过程中，需要持续地投入资金和精力，在科研平台建设、薪资待遇、管理服务等方面不断优化，及时、保质保量地完成相关建设，让海外高层次人才能在归国后快速地进入工作状态之中，为高校发展、国家经济发展尽早做出贡献。

（三）灵活引进，重视非全时引进

南京大学的人才引进模式中，"引进+引智"模式是针对非全时海外高层次人才的聘用方式，吸引众多海外高层次学者来校进行学术交流，这个模式值得广泛推广。因为海外高层次人才已经具有一定的学术地位，往往在国外具有较好的学术关系网络，包括各类海外科研机构、学术组织、导师等。用非全时的引进模式，能在较短的时间引入来自不同学术领域的国际型学者，并将他们的国际化优势更多地引入国内学术圈，通过他们建立更为广泛的、学术圈的人脉，获取更多的资源，很好地起到国内高校与国际进行学术交流的桥梁作用。[1]

---

[1] 李季：《关系嵌入视角下的高校海外高层次人才服务研究》，《江苏高教》2013年第1期，第78—80页。

（四）考核创新，建立针对性标准

从本次项目调研的结果来看，高校的海外高层次人才引进较注重前期的引入，相对忽视后期的持续管理。即强在"招人"，弱在"用人"。而怎么样用好人，核心在于绩效管理。从目前的情况看，对海外高层次人才的考核应当全面淡化论文数量、授课量、申请科研经费的数量和级别等硬性指标考核，要更强调发展性指标的考核。[①] 具体建议如下。

第一，绩效考核周期要灵活，符合海外高层次人才的活动特性。可以将海外高层次人才的收益放在成果实现的相对远期，而对近期的活动相对弱化考核，尤其需要减少过程性、常规性考核。另外，针对非全时的、项目合作的海外高层次人才，也需要一人一议、一事一议，灵活调整考核周期。

第二，要注重科研团队的整体考核。需要参照国际通用的考核方式，鼓励和支持海外高层次人才在校内多途径多形式组建教学科研团队，并实行团队首席科学家负责制。他们可以作为团队负责人，围绕与学校签订的工作目标和任务，可自主在海内外以聘用制、项目制工作助理等方式招聘团队成员。然后，在成绩评定时，要淡化个人成果认定导向，推行团队合作成果认定导向，并要考察团队活动过程的和谐性、团队成员的满意程度等，充分承认团队带头人在团队建设过程中付出的努力。

第三，要注重海外高层次人才在教学、高校管理上的贡献。但考核的方式需要灵活，比如在教学方面的考核，重点不在于数量，而在于质量，在于对高校原有教师的辅导和帮助；在管理经验方面，也不是一定让他们担任管理职位，而是看他们的建议提出、配合程度等。

（五）搭建平台，引才经验多交流

在本项目的调研和资料分析过程中，发现有部分高校在引进海外高层次人才的工作中表现优异，创新多、制度灵活、成绩突出，可以有很多的经验为其他高校所吸取。为此，建议相关政府管理部门能建立适当的交流平台，让各个高校的管理者在引进海外高层次人才的工作中相互交流经

[①] 孙贤和：《建设良好学术环境吸引海外高层次人才》，《国际人才交流》2010年第12期，第40—42页。

验，彼此沟通有无、共同成长。

然后，一个很有必要引起重视的问题就是：高校的管理者需要提高管理能力。无论从战略眼光到组织协调、到员工激励、到服务意识等方面，象牙塔中的高校管理者都需要向现代管理科学和实践学习。进一步，通过海外高层次人才引进工作研究，发现首先需要提高专业管理能力的是高校的人事部。人事管理不等同于人力资源管理，而海外高层次人才引进其实就涉及现代人力资源管理中的全部环节。为此，高校的人事部门人员需要进行系统的培训，改变观念、了解基本人力资源管理常识、提升专业能力，并通过引入海外高层次人才这个重要的人才发展任务，完成从传统的人事管理向人力资源管理逐步转变的任务。[①]

（六）做好服务，行政事务精简化

必须区分、平衡好科研管理和行政管理两种不同风格的管理对海外高层次人才的要求。科研管理者需要具备良好的领导技能，包括积极的人性观、对发展前景的真实描绘、对下属自我实现的确切定位、良好的沟通技能、对专业的熟知、在工作实践中对下属的切实指导，这些都需要管理者在日常的科研活动中持续进行、不断深入。而行政管理在一定程度上是与科研人员的日常工作割裂的，更多是强调数据统计、强调量化指标和计算结果、忽视个体差异、习惯于命令和强压。为此，要留给海外高层次人才必要的行为空间去做有效的科研管理，而不是让他们按部就班地去履行各种常规的行政管理活动。

同时，高校的相关管理部门需要齐心协力，及时、认真地为海外高层次人才做好各种管理服务工作。具体包括：为他们配备必要的行政助手、学术秘书，做好实验室与设备管理和服务工作，协助他们做好申报各类科研项目的辅助工作，为他们提供良好、宽松的科研工作环境。

四　结　语

引进海外高层次人才是目前高校发展中的一项重要内容，江苏省高校

---

① 刘树忠：《以企业化管理模式提高大学引进人才的使用效率》，《中国人力资源开发》2011年第2期，第101—103页。

在人才引进力度、引进渠道等方面也获得了较好的成绩。但是，根据内涵式发展的需求，高校还需要进一步提升海外高层次人才的实质性管理水平，进行系统化的人才引进、加强团队建设、重视原有教师的发展，并切实优化自身的管理效能。

作者信息：
研究基地：江苏人才强省建设研究基地
承担单位：南京信息工程大学
首席专家：赵永贤、李廉水
课题负责人：蒋莹
主要参加人员：孙芬、姜农娟、刘娜、郭际、吴先华

OECD国家学前贫困儿童政府资助政策比较研究报告

内容提要：各国政府都在行动，以各种形式扶助贫困儿童接受高质量的学前教育，促进教育公平，推进社会公平。OECD国家对学前贫困儿童的政府资助在政府关注程度、政府资助形式以及政策体系设计三个方面都值得我们借鉴。通过对江苏省学前教育现状的梳理及分析，结合省情实际，本研究提出了超前谋划，整体设计，建立健全学前教育资助政策体系；问题导向，项目推动，确保学前资助政策有效破解贫困难题；科学规划，因地制宜，积极探索资助方式的多样化；正视区域差异，有重点、分人群、分区域，深入推进学前教育资助政策；稳扎稳打，分阶段分层次，逐步扩展资助对象范围，提高资助水平；合理实施，有效监督，探索建立学前资助政策的效果评估机制；加强研究，保证质量，开展系列学前贫困儿童科学研究等七项政策建议。

儿童贫困是一个世界性的难题，联合国儿童基金会2009年的数据显示，美国和英国分别有21.7%和16.2%的儿童生活在低收入家庭。我国处于极端贫困的人口有3597万人，其中有330万—400万6岁以下的儿童。[①] 教育是反贫困、打破贫困恶性循环的一种有效途径。教育是一种人力资本投资，这种投资受到每个家庭现有经济状况的制约。贫困家庭往往由于缺少投资来源，导致其子女没有机会接受或不能接受优质教育，从而影响今后的学习与发展，形成一代贫困、代代贫困的恶性循环。学前教育阶段是国民教育体系的起点，起点落后往往会导致终身落后，因此起点公

---

① 国家统计局农村社会经济调查司：《中国农村贫困监测统计》，中国统计出版社2009年版。

平意义重大。正如诺贝尔奖获得者詹姆斯·赫克曼所言,"既能推进公平与社会正义,又能在整体上促进经济和社会生产力的公共政策倡议难能可贵。为处境不利的幼儿进行投资就是这样一种政策。"

建立健全学前贫困儿童政府资助政策既是完善我国社会公共服务体系的重要内容,也是"社会政策托底"和"民生安全保障网"编织的生动体现。2011年9月,教育部、财政部出台了《关于建立学前教育资助制度的意见》,同年11月,江苏省颁布了《江苏省学前教育家庭经济困难儿童政府资助经费管理暂行办法》,学前贫困儿童资助进入制度化和深入实施阶段。本报告通过探寻国际经验,剖析国内省内实际,为江苏完善学前贫困儿童资助体系,提供政策参考。

本报告重点介绍和评析美国、英国、法国、德国、日本、韩国等世界经济合作与发展组织国家(OECD)学前贫困儿童政府资助政策和主要措施。

一　OECD相关国家典型政策及举措评析

(一) 美国:项目推动,体现"残补"特色

1. 开端计划

开端计划是美国自1965年开始为极低收入家庭儿童而设立的学前教育项目,是"向贫困宣战"的核心,惠及全美约30%的贫困儿童,被誉为处境不利儿童"希望的灯塔"。该项目不但为入读儿童提供免费的半日制学前教育或全日制保教合一的服务,也提供营养、保健、口腔卫生、心理健康和社会服务。"仅2005年,联邦政府就投入68亿美元主办此项目,每名入读儿童平均享有的年经费约为7500美元。"[1]

2. 儿童保育和发展基金项目

儿童保育和发展基金是联邦第二大保教项目,"联邦政府每年在该项目上投入大约48亿美元,能够为6%的4岁儿童支付全部或部分保教费

---

[1] The White House, *Good Start, Grow Smart: A guide to Good Start, Grow Smart and other Federal Early Learning Initiatives*, Washington, DC: Author, 2005.

用"。① 其中，75%的儿童保育和发展基金以"早教券"的形式发放，以利于低收入儿童父母可以享有选择园所的自主权。

3. 第一条款计划

第一条款计划是联邦政府为改善学业成绩表现欠佳而实施的一项补助K-12国民教育项目，其中2%—3%的款项用于开办学前班。"2005年，全美有40万居住于学业成绩较差学区的贫困学前儿童入读由当地学区主办的第一条款学前班。"② 全国约有8%的3—5岁的儿童入读的学前班得到部分第一条款计划的资助。

(二) 英国：实施国家战略，构建全纳社会

1. 实施以"确保开端计划"为中心的一系列国家战略性反贫困项目

为了使弱势儿童能接受正常的学前教育，联邦政府于1998年开始实施"确保开端计划"，此举是英国为实现在20年之内彻底根除儿童贫穷现象承诺的中心环节。截至2009年5月，"确保开端计划"已惠及240万儿童及其家庭。此外，还实行"幼儿保育税"制度，资助低收入家庭育儿费用。

2.《拨款法》提供经费保障

英国政府努力通过政府力量来确保教育起点公平。他们认为"处境不利家庭在儿童早期教育上的努力可以成功地打破贫穷在代际间的循环"。议会每年都要讨论相关项目的政府预算并通过《拨款法》这一法律形式予以优先保障。③

(三) 法国：实施免费教育，实行入园自主调节制度

1. 非强制性的免费学前教育

法国对3—6岁幼儿实施非强制性的免费教育。所谓"非强制性"是指家长有权决定是否让幼儿进入幼儿园接受教育，年满3岁的幼儿家长只要有需要，政府及公立幼儿园就有责任让幼儿接受免费教育。

---

① Scrivner, S., & Wolfe, B., *Universal Preschool: Much to Gain but Who Will Pay* (Working Paper Series), New York, NY: The Foundation for Child Development, 2002.

② The White House, *Good Start, Grow Smart: A guide to Good Start, Grow Smart and other Federal Early Learning Initiatives*, Washington, DC: Author, 2005.

③ 庞丽娟、夏靖、孙美红：《世界主要国家和地区弱势儿童学前教育扶助政策研究》，《教育学报》2010年第10期。

2. 全纳式教育

全纳式教育是法国学前教育的重要特色。为了保障残障、智障、贫困等弱势群体儿童受教育的权益，法国政府及相关部门出台一系列扶持政策。对于贫困家庭的学前儿童，政府则通过"收支对应"的方式减免或免除家长的相关费用，如政府将幼儿园伙食费分为不同等级，家长根据自己家庭人均收入缴纳相应等级的伙食费。

3. 实行入园选择自主调节制度

年满3岁的幼儿家长可直接向当地政府部门注册登记。由该部门按照就近入学的原则分配到学区的指定园所。在公立幼儿园，家长只需要承担幼儿的午餐费、校外托管费等非常有限的费用（月均60欧元左右）。私立学校的学费每月300—600欧元不等。通过这种入园选择调节，实现政府公共财政倾向贫困家庭，优先保证贫困儿童接受学前教育。

（四）日本：遵循"差异原则"减免学费

1. 制定差异性收费标准

制定有区别的收费标准，规定低收入家庭的幼儿学杂费减免标准，遵循"差异原则"制定有区别的收费标准，将家长付费标准定为几级并与其收入直接挂钩。日本将家庭收入区分为A、B、C、D四级水平，A等为收入拮据家庭，B等为经济不宽裕家庭，其子女皆可享受减免保育费的待遇。[①]

2. "机构补助"和"幼儿津贴"相结合

日本在1997年开始实施的《儿童福利法》中规定，幼儿教育阶段的补助主要分为"机构补助"和"幼儿津贴"。"机构补助"指保育所的设备及各种事务费，由国家负担1/2或1/3，都道府县负担1/3或1/4。"幼儿津贴"则作为福利发放给儿童家庭，特别是贫困家庭儿童。同时，为了减轻私立园幼儿家庭负担和确保教育质量与公平，日本儿童津贴制度采取"排富性"和"分层补助"的方式。

（五）韩国：重点投入式家庭津贴

1. 实施教育券制度

为满足农村弱势儿童的教育需求，在农村地区大力兴办公立园。韩国

[①] 刘存刚：《学前比较教育》，北京科学出版社2007年版。

对5岁儿童发放免费接受学前教育的教育券，2002年学前教育财政经费中，有2456亿韩元——占全国学前教育财政经费的30.9%，用于发放幼儿教育券直接补给儿童，2007年受益人群为该年龄段的8.3%。

2. 学前一年优先免费，给予家庭津贴资助

韩国的《学前教育法》规定，幼儿在入小学前可免费享受一年的学前教育，受国家最低生活保障法律保护的弱势儿童优先享有学前1年免费教育的权利。公立幼儿园采取"排富原则"招生。同时，采取重点投入式家庭津贴方式资助贫困家庭儿童入园，所谓重点即家庭津贴的发放主要是针对特定类型的家庭，特别是对低收入家庭、偏远地区的家庭、少数民族家庭等。

（六）德国：实施"差异性收费"和"父母津贴"制度

1. "差异性收费"方式

不同家庭所交保教费用是不一样的，即儿童的父母根据收入情况向幼儿园交费。如北莱茵—威斯特法伦邦的收费标准分为6个等级，年收入在12271欧元以下的家庭，其子女进入幼儿园和日托机构均可免费，有效地解决了贫穷家庭儿童的入园问题。[①]

2. "父母津贴"制度

2007年1月1日，德国政府开始实施《联邦父母津贴法案》。政府根据幼儿父母的经济收入，制定了严格的津贴申请者的资格要求，发放金额不等的"父母津贴"。低收入、子女多的家庭父母津贴的金额会提高。除了"父母津贴"外，在巴登—符腾堡、巴伐利亚、萨克森、图灵根等州，父母从子女3岁起，还可以领取"地方教育津贴"。

3. 家庭社会教育援助项目

该项目是为处于困难境地的家庭设立的免费学前教育援助项目。这个项目是由受过特殊训练的社会工作者来进行的，它们采取个别援助的形式和家庭一起合作1—2年，每周工作5—10个小时，以咨询的方式，来帮助家长解决他们面临的社会和教育方面的问题。

（七）国际经验及启示

（1）从政府关注程度来看，OECD国家视发展学前教育为构筑"国

---

① 杨佩璇：《德国学前教育制度之研究》，台湾：东吴大学论文，2007年。

家财富"战略和人力资源的开发和储备的重要环节,从国家战略的高度进行政策顶层设计。

(2) 从政府资助形式来看,OECD国家均建立了弱势儿童资助制度,对象范围广,途径方式多样,给予弱势儿童及其家庭有效的财政支持。资助形式主要有三类:现金补助、税费返还和教育券。

(3) 从财政投入保障来看,OECD国家为有效推动学前儿童反贫困事业,促进教育公平和社会公平,提供了充裕的、制度化、高效性的公共财政投入。

(4) 从政策体系设计来看,学前贫困儿童资助政策不是一个孤立无援的政策个体,而是由一系列法律、法规及相关政策为保障和支持的政策体系。比如有法律法规的刚性保障,能够整合多种政策形成合力。

二 我国学前儿童资助政策演进及实践探索

(一) 政策演进:从零散条款到专项政策

1. 若干国家文件关注学前儿童资助问题

新中国成立以来,党和政府高度重视教育公平,陆续建立了义务教育、高等教育、特殊教育以及职业教育学生资助政策,学前儿童资助政策则大多"掩映"在若干文件之中。比如,1992年国务院发布的《九十年代中国儿童发展规划纲要》、1993年颁布的《中国教育改革和发展纲要》、2001年教育部颁布的《全国教育事业"十五"规划和2015年发展规划》、2003年《国务院关于进一步加强农村教育工作的决定》、《2003—2007年教育振兴行动计划》、2010年《国务院关于当前发展学前教育的若干意见》、《中国儿童发展纲要(2011—2020年)》均以不同形式提出,"建立学前教育资助制度,资助家庭经济困难儿童、孤儿和残疾儿童接受普惠性学前教育。提高面向儿童的公共服务供给能力和水平。完善基本公共服务体系,增加财政对儿童福利的投入,逐步实现儿童基本公共服务均等化"。

2. 学前儿童资助制度的正式建立

为完善国家资助政策体系,积极发展学前教育,切实解决家庭经济困难儿童入园问题,促进教育公平,保障儿童权利,2011年财政部、教育部联合出台了《财政部 教育部关于建立学前教育资助制度的意见》(财教〔2011〕410号），确立了"地方先行，中央补助"的原则，明确了时间表。要求各地要从2011年秋季学期起建立学前教育资助政策体系，并规定了资助内容。

实践探索形式多样，但缺乏制度保障。多年来，各地开展了各种形式的资助措施，比如减免保教费用、教育券、专项行动、结对帮扶等等，帮助学前贫困儿童顺利接受学前教育，比较突出的是山东临淄、浙江宁波市镇海区的幼儿教育券政策和江苏省南京市的助学券政策。

（二）部分省（市、自治区）学前教育资助制度的比较分析

本研究选取12个省（市、自治区）为样本，从资助对象、资助标准、经费来源三个方面进行了比较分析。

（1）从资助对象来看，除上海市、天津市明确限定为本市户籍外，其余均无户籍限定；资助对象多指向"经县级以上教育行政部门审批设立的公办幼儿园和普惠性民办幼儿园接受学前教育的家庭经济困难儿童"，具体为：城乡最低生活保障家庭子女、孤残儿童、革命烈士或因公牺牲军人和警察子女及其他经济困难家庭子女。陕西、山东特别指出要对因病、因灾造成家庭特别困难儿童进行资助。多数地区强调向农村贫困地区给予倾斜。值得一提的是，青海、陕西两省资助对象限定为学前一年，其中青海对凡经县以上教育行政管理部门审批设立的幼儿园，对学前一年（幼儿园大班及学校附设教学班）在园儿童实行保育教育费资助政策，并不特别限定为家庭贫困学前儿童。安徽省对资助范围有特别说明，将收费低于普惠性民办园收费标准的其他有证民办园在园贫困学前儿童也纳入资助范围内。

（2）从资助标准来看，就资助金额标准而言，江苏省、山东省、浙江省、广西、青海省、陕西省以及天津市明确了具体资助金额。江苏省平均标准为每人每年1000元。幼儿园可在资助名额和经费总额内，根据儿童家庭经济困难程度，分800元、1000元和1200元三档确定具体资助标准。山东省平均资助标准为每生每年1200元，分为1000元、1200元和1400元三档。政府助学金主要用于儿童在园期间的保教费用及伙食费补助，平均资助面为普惠性幼儿园3—5岁在园幼儿的10%。浙江省资助项目限定为保育费，资助标准为三级公办幼儿园保育费的50%。广西提出，入园补助金标准为平均每人每年1000元，幼儿园可在资助名额和经费总

额内，根据儿童家庭经济困难程度，分800元和1200元两档确定具体资助标准。青海省规定，学前一年保育教育费资助标准为：每生每年城镇（城市和县城）不低于800元、农村牧区（含乡镇）不低于1200元。陕西省规定，学前一年教育助学金补助标准为每生每年750元（每生每天3元，一年按250天计算），用于资助家庭经济困难幼儿的学习和生活费开支。天津市明确，原则上每生每年资助1500元。资助对象所在幼儿园全年收取保育费（保教费）低于1500元的，按实际收费标准予以补助。江西省、上海市、北京市、安徽省、黑龙江省没有省定统一资助金额标准。上海市按不同等级幼儿园管理费和伙食费标准进行资助。北京市分为甲等资助标准和乙等资助标准，前者入园后免交保教费，后者入园后免交50%的保教费。黑龙江省规定，学前教育资助标准，由各地财政、教育部门参照当地经物价部门审批的幼儿园收费标准自行制定等次和标准，总体上应不低于当地资助范围内普惠性幼儿园平均收费标准的50%。

就资助面而言，江苏省、山东省、广西、陕西省、黑龙江省提出了平均资助比例。江苏省平均资助比例为在园儿童总数的10%，并体现了区域差异性，苏南、苏中和苏北地区分别按8%、10%和12%的比例确定。广西则更为具体："城市幼儿园，资助面约占在园幼儿总数的5%。农村幼儿园（含县镇），资助面约占在园幼儿总数的10%—15%，其中国家连片特殊困难地区、国家扶贫开发工作重点县（含国家扶贫开发工作重点县待遇县）、民族自治县（含享受民族自治待遇县）等幼儿园，资助面约占在园幼儿总数的15%；其他县（市、区）农村（含县镇）幼儿园，资助面约占在园幼儿总数的10%。"陕西省学前一年平均资助比例为20%，黑龙江省为5%。其余地区没有明确指出平均资助比例。

（3）从经费来源来看，江苏省规定，政府资助经费按幼儿园隶属关系和属地原则由市县财政承担。省财政按省定资助标准和比例对各地给予补助。山东省指出，资金由省与市（省直管县）财政按比例分担。江西省为专项资金，由省财政统筹安排设立。上海市规定，公办幼儿园按预算隶属关系，分别由市和区（县）政府承担；民办幼儿园由办园所在区（县）政府承担。北京市提出，资助所需经费纳入市、区（县）两级财政预算。公办幼儿园资助所需经费由市、区（县）两级财政按照1∶1比例分担。民办普惠性幼儿园资助所需经费由市级财政从民办幼儿园奖励经费中统筹安排。安徽省没有明确省、市两级财政分担比例，规定按照"以县为主，先试先行"的原则，省财政统筹奖补资金，根据各地学前教育资助工作实绩给予奖补。浙江省的资助经费由当地财政部门负责筹措落实，省财政每年对经济欠发达县及海岛县入园的"五类生"按每生每年600元的标准和分担比例予以补助。广西的经费分担规定较为详细，自治区直属幼儿园学前教育资助所需经费，由各幼儿园在部门预算中统筹安排。设区市（含城区）幼儿园学前教育资助所需经费由自治区本级财政与设区市财政按4∶6的比例共同分担。县（含县级市）幼儿园学前教育资助所需经费，由自治区本级财政与县级财政按6∶4的比例共同分担。青海省明确，经费实行"分担机制"。学前一年资助资金由省、州（县）按8∶2比例分担。州、县各级承担的资金，由州级统筹落实。陕西学前一年教育助学金所需资金由省与市县按5∶5的比例分担，市县分担比例由各市（区）自行确定。对于扩大覆盖面增加的资金，由本级财政承担。黑龙江省提出，学前教育资助的责任主体为同级地方政府。所需资金通过地方财政预算安排和其他渠道统筹解决，可适当从幼儿园事业收入中提取最高不超过3%的资金用于资助工作。天津市按照属地原则，所需资金，由幼儿园所在区县财政负担。市财政对财力困难区县按一定比例给予专项转移支付补助。

值得一提的是，在所考察样本中仅江苏省明确提出"建立健全政府资助为主体，学校减免收费等为补充，社会力量积极参与的学前教育资助政策体系"。对减免收费而言，除上海、安徽、浙江、陕西外，其余地区均指出，"幼儿园要从事业收入中提取3%—5%比例不等的资金，用于减免收费、提供特殊困难补助等"。

总体而论，上述地区的资助政策体现了一些共性之处：一是以保障基本受教育权为核心，无歧视与特殊保护原则并行；[①] 二是以经济困难儿童、孤儿、残疾儿童为资助重点，逐步走向全纳；三是建立财政投入为主，幼儿园、社会与家庭共同分担的资助机制；四是以就读普惠性幼儿园幼儿为资助主体，按比例有差异进行资助；五是建立以补助为主体，减费、免费为补充的多种资助方式；六是设置专门机构统筹管理，建立责任与问责机制。

[①] 孙美红：《我国学前儿童教育资助政策：改革探索及启示——基于全国及部分省（市、自治区）现行相关政策的分析》，《基础教育》2012年第12期。

三　江苏省学前儿童资助政策实践现状

（一）提前谋划学前儿童资助政策

《江苏省学前教育条例》（2012）第40条规定：残疾儿童接受学前教育实行免费，所需经费由所在地县级人民政府保障。残疾儿童接受学前教育的人均经费标准应当高于幼儿园的人均经费标准。第41条：地方各级人民政府应当对经济困难家庭的学龄前儿童和学龄前孤儿入园给予资助。鼓励各类社会组织、个人通过多种形式资助经济困难家庭的学龄前儿童和学龄前孤儿入园。《江苏省中长期教育改革和发展规划纲要（2010—2020年）》明确提出"完善并落实困难群体就学扶持政策。实施家庭经济困难学生资助计划。建立学前教育阶段家庭经济困难幼儿资助体系"。《江苏省政府办公厅关于加快学前教育改革发展的意见》指出，建立学前教育扶困资助制度。政府对家庭经济困难子女进入幼儿园就读给予资助。各县（市、区）根据当地实际情况制定具体标准和实施办法。省、市财政对经济薄弱地区给予适当补助。2013年1月颁布的"江苏教育现代化指标体系"教育公平度中的"机会均等"、"资源配置"两个二级指标均对弱势群体接受教育提出了具体指标要求，比如家庭经济困难学生受帮扶比例目标值确定为100%，身心发展困难学生受帮扶比例目标值确定为85%以上。入学残疾儿童少年享受15年免费教育的比例目标值为100%。

（二）建立覆盖全省的学前儿童资助政策

省委、省政府要求各级政府"应当对经济困难家庭的学龄前儿童和学龄前孤儿入园给予资助"，将学前教育扶困助学制度纳入法律规定的义务范畴。江苏省于2011年出台了《江苏省学前教育家庭经济困难儿童政府资助经费管理暂行办法》，并明确各地要建立健全政府资助为主体，学校减免收费等为补充，社会力量积极参与的学前教育资助政策体系，全面建立覆盖全省的学前教育资助制度。省级财政提供支持，根据财力状况对市县给予20%—70%的分档补助，据统计2011年以来共计下达资助经费1.4亿元。

此外，市、县（区）出台了学前儿童资助政策，积极开展各种形式的资助，比如无锡市对困难家庭适龄儿童实现了全免费教育，南京市除了补助保教费，还提供了贫困幼儿的在园伙食费用等。

四 政策建议

(一) 超前谋划，整体设计，建立健全学前儿童资助政策体系

学前儿童资助政策要充分发挥政策效果，切实有效地促进教育公平，不能仅依靠一个孤立的政策单体，应形成有相关政策支持的政策体系，特别是儿童福利政策。OECD国家的实践充分表明，一个系统的、成熟的儿童福利政策是推进该项事业发展的有力支撑。

江苏省学前教育立法一直走在全国的前列，基于这样一个良好的立法基础，建议：尝试构建具有江苏省地方实际和地方特色的江苏儿童福利政策，在全国率先出台"江苏省儿童福利条例"。以此为中心进行学前儿童资助制度的进一步政策设计和制度创新。

(二) 问题导向，项目推动，确保学前儿童资助政策有效地破解贫困难题

OECD国家常以具体专题或项目推进政府反贫困战略，基本上采取一个问题一个项目，操作性强，效果明显，易于评估。美国正在实施的教育类项目将近200个，旨在促进学前贫困儿童接受保育与教育的项目有42个，譬如旨在提高儿童阅读能力的"伸出援助之手与促进幼儿阅读项目"、促进幼儿社会性发展的"亲子家庭教育项目"、"布鲁克莱恩早期教育项目"、"早期开端计划"等。[1]

学前儿童资助政策是一个较为宏观的指导性文件，建议：应使宏观的政策具体体现为每一个生动的"计划"、"项目"，使政策针对性更强，实施效果更好。比如，可以将江苏省儿童福利基金会开展的指向义务教育贫困儿童的"春蕾计划"向前延伸至学前教育，积极拓展学前贫困儿童资助项目，形成项目系列，着重培育效果佳、影响大、特色明的项目。

---

[1] [美] 苏珊·纽曼：《学前教育改革与国家反贫困战略》，李敏谊、霍力岩译，教育科学出版社2011年版，第9页。

(三) 科学规划，因地制宜，积极探索资助方式途径的多样化

因地制宜地积极探索免费、减费、特别补助等多种形式相结合的资助方式，提高资助惠及面。鉴于江苏省农村学前教育仍较薄弱、弱势儿童学前教育权利与机会保障不甚理想的现实情况，同时考虑到江苏省经济社会发展总体水平与财政承载能力存在差异等因素，建议：江苏省在相关政策实施中，应明确规定政府必须根据当地的经济发展水平、弱势儿童数量及学前教育发展规模与需求、人口变化和人口变迁等实际情况，科学合理地规划，因地制宜实施政策。同时，鼓励各地积极探索免费、减费、发放特别补助、实施教育券等多种举措，加大财政投入，切实保障学前弱势幼儿的教育机会与权利。

(四) 正视区域差异，有重点、分人群、分区域，深入推进学前教育资助政策

目前江苏省学前教育普及和发展过程中存在的城乡、区域不均衡，不同地区和人群学前教育情况与需求差异大的实际情况，鉴于此，建议：江苏省各地区在深入推进学前教育资助政策时，要采取"小步走，大力度"，有重点、分人群、分区域逐渐推进的实施策略。有些地区在财力目前尚不能够实现全地区学前教育减免的情况下，学前教育资助实施范围可以从点到面，优先和着重在贫困落后区域和贫困人群中推行，再逐步扩展到其他区域和其他相对弱势群体。

(五) 稳扎稳打，分阶段，逐步扩展资助对象范围

江苏省各地还可根据地区实际情况制定分阶段推进的实施战略，即可按照学前一年、学前两年和学前三年三个步骤，逐渐扩展范围。随着当地社会、经济的不断发展和综合竞争力、财政实力的不断增强，不断提高资助水平，从而更好地保障弱势幼儿学前教育权利，达到实现教育公平的目标。

(六) 合理实施，有效监督，探索建立学前儿童资助政策的效果评估机制

学前儿童资助制度的建立意味着各级政府要对学前贫困儿童进行制度化的、长效性的财政投入。不仅要在管理层面加强对政府资助经费的监

管，确保每位符合条件的儿童都能得到资助，还要对财政投入的社会效益和教育效益进行必要的效果评估，特别是对具体的资助项目进行科学评估，确保政策真正发挥作用，最大限度地呈现政策效益。1993 年，美国政府颁布了《政府绩效与结果法》通过加强对项目结果、服务质量的关注，促进项目效果和公共问责制的完善。经过项目评估，美国教育部项目中未发挥作用的项目有 47 个，无效的项目 6 个，结果没有得到证明项目 41 个，正在发挥作用的项目 27 个，合格的项目 21 个，比较有效的项目 4 个，有效的项目 2 个，[①] 通过效果评估确保了公共财政投入的有效性。

江苏省应率先探索建立基于结果的资助项目问责制，为有效项目进行财政投入，取消或调整无效项目，防范对政策项目有效性进行稀释而浪费公共资源的做法。可以在江苏省条件成熟地区进行资助政策效果评价工作试点。

（七）加强研究，保证质量，开展系列学前贫困儿童入学准备研究

学前儿童资助政策的政策意图不只是使贫困儿童顺利入园，接受学前教育，而且还要尽力确保其能够接受有质量的学前教育。机会与质量都很重要，最大限度地体现机会公平和过程公平，最终实现结果公平。譬如，OECD "强势开端Ⅲ：早期教育和保育的质量工具箱" 研究报告开篇就提出，"越来越多的研究表明早期教育和保育能带来广泛的益处，诸如能为儿童的福祉以及终身学习打下基础，能达成教育公平和减少贫困等等。但是，所有的益处都来自'质量'，如果只是扩大早期教育的服务范围而不关注质量，就不会对儿童或社会产生良好的结果"。倘若学前贫困儿童难以得到有质量的保育和教育，那么资助政策就难以体现实质价值，就难以打破贫穷代际传递的怪圈，就有悖于教育优质均衡发展的宗旨。

当前，OECD 不少国家开展了贫困家庭儿童入学准备的研究，一方面验证了政策和项目的有效性，另一方面通过科学研究形成了有质量的保育与教育的核心内容。江苏省可以围绕学前儿童资助政策开展专门指向贫困儿童入学准备的系列科学研究，为该项政策的有效深入推进提供科学依据。

---

① ［美］苏珊·纽曼：《学前教育改革与国家反贫困战略》，李敏谊、霍力岩译，教育科学出版社 2011 年版，第 9 页。

作者信息：

研究基地：江苏教育强省建设研究基地

承担单位：江苏省教育科学研究院

合作单位：江苏省教育厅

研究基地负责人：丁晓昌

首席专家：丁晓昌、管向群、曾天山

课题负责人：何锋

主要参加人员：宋旭峰、彭华安

义务教育均衡与多元发展的政策研究

内容提要：推进义务教育均衡发展是我国义务教育改革与发展的重要任务。其核心内涵在于"义务"、"优质"、"均衡"、"改革"、"发展"与"示范"。国际上义务教育均衡发展模式主要有福利全纳型、多元兼顾型、积极应对型三种。在国内，则主要通过省级层面的统筹推进及市县级层面的制度创新加以落实。江苏作为率先推进义务教育均衡发展的省份，通过如"义务教育优质均衡示范区建设"等九大方面的改革取得了卓越的成绩，同时出现了一些问题，应着力在以下六个方面进行改善：明确义务教育的政府责任，职责分明、履行到位；加强学校特色建设，关照多元教育需求；实现区域内优质资源共享，着力优化教师流动制度；加大对弱势群体的帮扶力度，着重支持农村教育崛起；建立义务教育优质均衡专项督导考核指标体系；构建义务教育质量保障体系，过程性指导义务教育健康发展。

目前，我国义务教育已经全面普及，进入了巩固普及成果、着力提高质量、促进内涵发展的新阶段。面对全面建设小康社会和加快推进社会主义现代化的新任务，面对将人力资源大国建设成人力资源强国的新形势，面对人民群众要求接受更加公平和更高质量教育的新期待，进一步推进优质均衡发展将成为义务教育改革与发展的重要任务。

究竟什么是义务教育均衡发展，其核心内涵又是什么呢？曹卫星副省长在《光明日报》发表的《义务教育均衡发展的六个关键词》一文给出了回答：一要深刻理解"义务"的内涵，主要体现在其强制性、免费性和普惠性上。政府不但要保障义务教育的普及和免费，还要保障义务教育的质量和公平。二要准确把握"优质"的标准，在实施素质教育上求突破。要牢固树立科学的教育质量观，坚持育人为本，强化内涵发展。三要始终坚持"均衡"的方向，在缩小办学差距上求突破。四要不断强化"改革"的意识，在创新体制机制上求突破。五要紧紧围绕"发展"的目标，在提升现代化水平上求突破。六要切实发挥"示范"的作用，在强化引领辐射上求突破。六个方面的剖析精当地概括了义务教育的核心要义，对我们更进一步地理解与实践义务教育均衡发展起到了重要的引领与指导作用。

长期以来，我国东部经济发达地区，在努力促进义务教育的均衡发展、不断探索城乡义务教育一体化，为巩固和提高义务教育水平上做出了积极的贡献。江苏作为东部发达地区中的一员，目前60%的地区实现了基本均衡。站在新的历史起点上，江苏省率先提出了"义务教育优质均衡"这一理念，并进行了积极的探索。

义务教育均衡发展是一项整体性的工程，需要多方的协同互助，尤其依赖保障性机制与制度的建立，本报告旨在在国际经验的探寻、对国内前沿的借鉴及对江苏现状的分析的基础上，努力提出具有前瞻性、创新性及可操作性的政策建议，为江苏义务教育未来均衡而多元化发展思路与具体路径提供参考。

一　国际经验

国际上义务教育均衡发展的模式可以概括为以下三种类型：

（一）福利全纳型均衡发展模式：以日韩为例

日本、韩国多年实行义务教育"平准化"政策，公立学校不仅通过财政支出全覆盖，而且城乡学校建设通常使用同一张图纸，既没有薄弱校，也没有豪华校。日本教师五年轮换一次，韩国六年轮换一次，而且校长也定期轮换。两国义务教育办学宗旨是，尽量不在义务教育阶段提供富裕阶层歧视其他阶层的机会。共同的特点是公立学校全部免费。

（二）多元兼顾型均衡发展模式：以美俄等国为例

美国在保证基本公共教育服务充分供给的前提下，适应不同阶层的选择性需求。俄罗斯和东欧地区依然保持公立学校均衡发展的传统格局，也增设少量私立学校作为富裕阶层的择校对象。印度在城市既有很好的公立中小学，也有高收费私立学校。也有个别发展中国家，试验举办少量优质公办校，收取低于私立学校的额外费用，提供的是准精英化教育。

（三）积极应对型均衡发展模式：以英国为例

早在1965年，英国就针对区域、学校和不同社会群体之间在教育机会和质量方面的不均衡问题制定了"积极的区别对待"政策。1997年以来新工党对教育均衡发展的认识，拓展到作为保持英国在全球化进程中的优势和社会重建与和谐社区建设的重要工具，形成了一整套均衡发展的政策，政府把资金支持的重点从"发放救济金"转移到"提供更多的学习机会"。1998年，英国政府发起了"确保开端（Sure Start）计划"，旨在确保每个儿童都有一个良好的开端，为他们的教育奠定坚实的基础。

各国在义务教育均衡发展上都明确了政府在义务教育上绝对的完全责任，政府全额负担公办学校支出，提供程度不同的免费义务教育，保证基本入学机会公平。同时，部分国家给义务教育阶段的非公共服务留出了一定的选择空间，在一定程度上满足有额外支付能力的中高收入阶层的选择需求，在均衡的前提与基础之上，创造了义务教育阶段多元发展与多元选择的可能。

成功的经验值得学习，但在"均衡"与"多元"发展之间的度如何把握，由此产生的新矛盾如何解决，是世界各国都需要直面的一大问题。

二 国内前沿

义务教育均衡发展作为国家"十二五"教育改革与发展规划一大发展主题，自提出以来便得到了全国各省市的高度重视，各地纷纷制定义务教育均衡发展规划，不断摸索通向义务教育均衡的合理路径。

（一）省级层面的统筹推进

省级政府在推进义务教育均衡发展的过程中起着举足轻重的作用，而各地也正是通过省级层面的整体部署与规划带动省域范围内义务教育走向均衡与优质。例如，湖北省制定"湖北省义务教育均衡发展行动计划"，突出县级因地制宜、教育改革创新、规划统筹功能等。又如陕西省则重在大力实施义务教育学校标准化建设工程、均衡配置义务教育教师资源等七个方面。

（二）市县级层面的制度创新

市县级层面通过重点方面的突破与创新推进义务教育均衡发展，如浙江省嘉善县的"城乡教师一盘棋"、辽宁省大连市西岗区的"'规范+特色'差异发展"、山西省晋中市消灭了重点班和普通班、四川省成都市的"阳光招生"、湖北省武汉市教师从"学校人"到"学区人"都取得了不错的成效。

三 江苏现状

（一）江苏推进义务教育均衡发展的基本历程

一是建立了义务教育年审制度。从1997年开始，由江苏省政府教育督导团组织，每年对全省各县（市、区）政府落实义务教育法的情况进行专项督查，重点是促进各地落实政府法律责任，巩固"普九"成果，办好义务教育。

从2003年开始，江苏省将义务教育年审转为高水平、高质量普及义务教育专项督导。重点对县级政府落实义务教育法情况进行督导，促进各地不断提高义务教育实施水平，逐步实现高水平、高质量的义务教育和义务教育的基本现代化。

二是实施了"义务教育薄弱学校改造行动计划"。从1997年到2000年，江苏省共投入经费31亿多元，改造全省义务教育阶段最薄弱的学校5210所（其中小学4415所、初中795所）。最薄弱的中小学的办学条件得到改善，全省义务教育的整体实施水平得到提高。

三是进行了义务教育合格学校建设。江苏省制定颁发了《江苏省小学和初中基本办学条件标准》，有计划地推进合格学校建设。自2001年以来，江苏省财政共投入近40亿元，调动地方政府和社会各方面资金120多亿元，在"布局调整"、"危房改造"的基础上，实施改善办学条件系列工程。此外，江苏省2007年安排22亿元，帮助各地全面化解义务教育债务。目前已有44个县（市、区）完成了债务化解任务。

四是实现了义务教育阶段全免费。2006年秋季，江苏省有743万名学生享受免学杂费政策，约占全省义务教育阶段学生的93%。2007年春季学期起，在全省城乡义务教育阶段全面实施免收学杂费，每位小学生年均减负约200元、初中生年均减负约300元，受惠学生达774万人。从2010年春季学期起全面免收农村义务教育阶段公办学校寄宿生住宿费。2011年春季学期开始，全省城乡义务教育阶段学生免收作业本费。至此，农村义务教育阶段学生实现真正意义上的免费教育。

五是提高了公用经费与教师工资待遇保障水平。自2007年建立公用经费补偿机制以来，江苏省中小学生均公用经费基准定额逐年提高，从最初的小学每生每年230元、初中每生每年350元提高到现在的小学450元、初中650元。同时，全面启动化解农村义务教育债务工作，省财政设立专项补助经费22亿元，支持和激励各地加快化解农村义务教育债务，截至2009年春节前，江苏省已全面完成农村义务教育债务化解任务。2006年落实省补助资金1.68亿元，将农村教师纳入当地城镇职工医疗保险范围。2009年全省中小学教师绩效工资制度得到实施，省级财政安排10.58亿元专项转移支付资金，对31个县（市）实施补助，义务教育教师待遇普遍提高。

六是解决了农村留守儿童食宿改善及随迁子女接受义务教育等问题。江苏省财政安排2亿元，用3年左右时间，新建扩建能够满足数万名留守少年儿童寄宿需要的寄宿制学校，为留守少年儿童提供安全的宿舍、卫生的食堂。大力开展留守儿童的心理健康教育，保障和促进留守儿童的健康成长。同时还投入巨大的人力与财力，保障随迁子女就地接受义务教育的权利。2009年春季学期，随迁适龄子女68.37万人全部在公办或民办义务教育学校接受义务教育。为了支持随迁子女接受义务教育，江苏及时下达了中央财政奖励资金5600万元，用于扩大公办学校接纳农民工子女就学的能力和进一步改善公办学校办学条件，资金分配上主要向接受农民工子女较多、条件薄弱的公办学校倾斜。

七是加强了下乡支教与教师定期交流工作。江苏省实施三个工程：其一是"千校万师支援农村教育工程"；其二是"万名优秀大学生支教工程"，"十一五"期间选派1万名优秀大学毕业生到苏北农村学校任教。

其三是"送优质教学资源下乡工程",2007年省财政安排8000万元,组织全省优秀教师,拍摄制作了义务教育阶段24个学科2000课时的教学光盘,免费配送到全省7200多所农村学校。江苏省还把教师的均衡配置作为重要手段,建立校长和教师定期交流制度,规定校长在同一学校连任不得超过两届,教师按照每年不低于专任教师总数15%、骨干教师按照每年不低于骨干教师总数15%的比例进行交流。各地建立区域内城乡、校际教师交流制度,在城区、城郊、邻乡、片区或学校联盟(集团)内试点,不断探索多样化教师交流模式。

八是推进了基础教育课程改革。2001年课改之初江苏就成立了由分管省长为顾问、教育厅厅长任组长、分管厅长为副组长的改革领导小组,领导全省的课程改革工作。通过坚持以科研为先导、分阶段提出针对性策略、建立样本学校制度等举措推动课程改革深入发展,通过抓住农村课程改革、中小学评价考试制度等核心环节切实解决基础教育课程改革的难点问题,通过创新课程改革培训、校本化课程推进、课程开发和建设等机制,努力构建具有江苏特色的基础教育课程体系。课程改革引发了江苏基础教育的全面变化,单一的学科课程现状已经得到改变;学生的行为方式发生了根本性的转变,主动精神、创新精神和实践能力得到健康发展;教师的观念得到普遍引导,工作过程得到普遍支持;主动发展成为学校的基本办学模式。多年来的改革实践表明,我们长期以来的素质教育理想正在变为现实。

九是启动了义务教育优质均衡示范区建设。2010年5月,江苏省政府下发了《关于江苏省义务教育优质均衡改革发展示范区建设的意见》,召开全省义务教育优质均衡改革发展工作会议,全面部署整体推进义务教育优质均衡改革发展工作,启动首批义务教育优质均衡改革发展示范区建设。以义务教育优质均衡示范区建设引领和进一步推进全省义务教育均衡发展。意见明确了政府、教育行政部门和学校的责任,有力保障了示范区创建目标的顺利实现。为进一步推进全省义务教育优质均衡改革发展,江苏省正在研究制定江苏省义务教育现代化学校办学标准、义务教育优质均衡发展评价指标体系、人民群众对义务教育学校满意度评价体系和学校对政府教育管理工作评价体系,以"一个标准、三个体系"引导示范区的建设工作。

(二) 存在的主要问题及可能原因

近几年来，江苏主要以"义务教育优质均衡示范区建设"为抓手着力推动区域内的义务教育均衡，但从探索与实施的情况来看，仍然存在着一些问题，值得深思。

1. 从实施主体来看，各县（市、区）政府主体性彰显不足

各县（市、区）在统筹思考和规划区域义务教育均衡发展过程中基本上是在单向性地执行省教育行政部门的意图，而缺少考虑所在区域的独特性。省教育厅主体地位的凸显意味着各县（市、区）教育行政部门主体地位的隐退或缺失，在促进区域义务教育均衡发展过程中的主动性欠缺或彰显不足。

2. 从实施任务来看，缺少具有针对性的阶段性任务

各县（市、区）义务教育均衡发展是不同步的，需要重点完成的任务也是各不相同的，但是从各县（市、区）拟定的完成任务看，基本上大同小异。这一方面表明这些任务的完成对促进区域义务教育均衡发展非常重要，但另一方面也意味着各县（市、区）缺少对所在区域义务教育均衡发展现状进行深入的了解和分析，从而导致区域义务教育均衡发展在任务完成上呈现出重复操作现象。

3. 从实践方法来看，很少形成具有区域特色的策略方法

缺少区域特色做法是各县（市、区）义务教育均衡发展中面临的重要问题之一，大部分区域推进义务教育均衡发展的做法在其他任何区域都能通用，缺少区域自身的特色表现。例如，在城乡教师队伍建设上，基本上所有区域都是采用学校间的结对帮扶等方法来提高农村教师素质的。同质化方法的泛滥表明各县（市、区）缺少对义务教育均衡发展的理性思考，更缺少在理性思考上的实践创新。

4. 从督导评价来看，义务教育均衡发展指标体系尚未普遍建立

目前江苏省还未正式出台关于义务教育均衡发展的督导考核指标体系，这意味着江苏省义务教育均衡发展在推进过程中缺乏一定的指导性与引领性。因此，江苏省需要尽快制定适合区域义务教育均衡发展实际的指标评价体系，县市则需要根据省级层面的要求设计适合本区域的考核指标，从而促进区域义务教育均衡发展走向更为规范化、制度化的道路。

究其原因，可能有以下几个方面：其一，"义务教育均衡发展"这一战略目标仍然停留在国家及省级政府规划的"宏大叙事"层面,基层教育工作者对其还只是在理念上的人云亦云,而未能从本地义务教育的现实问题与制度困难出发,对其进行因地制宜的理解,更别提将其转化为可操作的策略与方法,从而导致各地虽然情况各异,但在解决路径上却高度同质,这也是不同区域的特色性举措乏善可陈的根本原因之所在。

其二,省级层面虽然对义务教育均衡发展做出了战略部署,但对各地的执行与推动情况进行过程性的监督与指导明显不足。同时,由于各区县的实际情况差异较大,尤其是苏南、苏北地区存有较大悬殊,落后地区仅仅依靠县区政府及本土资源改善义务教育均衡现状显得捉襟见肘。在这种情况下,省级政府应该充分发挥统筹整合及重点支持等功能,促进全省范围内优质资源向落后及农村地区倾斜,通过加大转移支付力度,以及将先进地区的优秀师资输入、优质资源共享等途径帮助弱势教育地区摆脱困境,逐渐缩小与发达区域义务教育的差距,从而实现全省范围内的教育均衡。

其三,在义务教育均衡发展这一问题上,大多还着重于实践中的"摸着石头过河",而缺少从专业化的角度所进行的支撑与探索。在义务教育均衡发展的过程中,经验的总结与提炼固然重要,但若缺乏在学理上的深入探究,那么经验也只能是处理一些简单问题的暂时之选,而无法触及教育的本质去引领义务教育的可持续性发展。虽然在学术界对这一问题关注得不少,但真正通过专业支撑来观照实践的案例还少之又少,如何促进二者的融通,以在更深层次上实践义务教育均衡发展,仍然是一个需要攻克的难题。

四 对策建议

(一)明确义务教育的政府责任,职责分明履行到位

义务教育作为完全的政府责任所在,必须由政府保障义务教育充分的经费支持。从目前的情况来看,县级政府财政压力较大,债务繁重,若一味地将"以县为主"作为义务教育发展的主要依托,必然存在着现实性的困境。所以,义务教育经费的投资主体需要不断上移,应逐步加强中央、省、市级财政对义务教育的投入,从中央、省、市的高处来均衡配置

教育资源，统筹区域内的义务教育均衡发展，并不断扩大义务教育的免费范围，增加学生切实所需的免费项目，例如免费午餐、免费校车等，在更高层次上实现义务教育的免费性与公共性。

省级政府要在化解农村教育债务方面积极作为。建议由各省政府统一部署，以县为单位，由财政、审计等部门联合对农村教育负债进行一次全面清查和界定，明确债务主体，并根据债务规模和各级财力状况，由省、地市、县、乡政府共同负担。同时，通过转移支付、专项补助等方式加大对农村薄弱地区、薄弱学校以及留守儿童、随迁子女及残疾学生的扶持，真正地彰显义务教育的公平性与关怀性。县级政府要加大管理和监督力度，管好用好义务教育经费。要以县级政府为主体，完善教育经费管理监督机制。

（二）加强学校特色建设，关照多元教育需求

义务教育均衡发展追求的主要目标是公平性，它探讨的是如何让最大多数适龄儿童享有教育，而且能够享有尽可能优质的教育的权利。实现义务教育均衡发展主要是政府的责任，但是均衡发展绝不等同于公立教育一元化发展。随着经济社会发展和人民生活水平的提高，教育需求多元化趋势日益明显，公众对学校的选择要求也日益强烈。这就要求义务教育不仅在办学形式上要走多元化发展的路子，而且在文化建设上也要追求特色和个性。

学校整体的文化特色建设，不仅仅是某一个项目的特色，而是在学校整体文化上所彰显出来的特色，它体现在学校师生的精神气质、行为方式及生活品位中，代表着差异中的品质与魅力。在保证办学条件相当的前提下，应鼓励义务教育阶段的各初中与小学，努力挖掘学校的办学历史，不断开拓学校特色化发展之路，形成区域内学校的百花齐放、百家争鸣。若能如此，那么择校的焦点将不再是某些重点"高分校"，而是可以根据学生的个性特征与兴趣爱好，选择最适合自己的"特色校"，这既满足了人民群众多样化的教育需求，也正在践行着教育的真正旨归，那就是学生全面而有个性地发展。而特色发展必须以学校规模的适度发展为前提，大规模、大班额是抑制学校特色发展、内涵提高的主要障碍。

(三) 实现区域内优质资源共享，着力优化教师流动制度

义务教育均衡发展的关键在于资源的均衡配置，除了硬件方面，例如校舍、设施设备等在城乡间、区域间的大致相当外，软件的优化配置与区域共享尤为关键，软件的核心在于教师。教师区域内流动政策在江苏的实行在一定程度上增进了义务教育均衡的程度，但仍有问题。例如，教师学校本位的观念较重，到流入校就职后难以找到归属感，在工作热情及工作效能上大打折扣；"区域内"的概念在基层被设定得过于狭窄，有些地区区域内仅两所学校相互间流动，有形式主义之嫌；流动周期过短，许多教师尚未熟悉学生便返回本校，即便是极其优秀的教师也难以发挥应有的作用；等等。

面对这些问题，需要进一步优化教师流动制度，打破学校本位观，制定出操作性强并卓有成效的促进教师流动的制度。一是要打破教师归学校所有的制度，明确县域内的教师全部由县级教育行政部门统一管理、统一配置，并制定时间表，积极推进县域内教师"同工同酬"，保证各学校的教师工资收入大体相当。二是建立和完善教师交流、轮换制度，交流与轮换的时间必须保证两年以上，交流与轮换的教师由流入校进行管理与考核；优秀教师主动到薄弱学校、农村学校任教，充分发挥辐射与带领作用的，将有优先权享受骨干教师、特级教师的评选及职称评定、职务晋升等。三是创新教师补充制度，特别要解决教师的结构性缺编问题，进一步推行农村义务教育学校教师"特岗计划"，缩小城乡师资差距。加大对农村教师的补助力度，通过津贴发放的方式切实提高农村教师的生活与福利水平，放宽农村教师的职称评审及晋升渠道，催生农村优秀教师的大量涌现。农村优秀教师在农村学校要保持一定的稳定性，避免发达地区及城市学校对农村优质教师资源的随意盘剥。四是制定相应政策使优秀校长交流制度化，校长的流动不可过于频繁，要给予校长相对长的一段时间对学校进行改善，甚至"重建"。要重点培养在薄弱学校改造上成效卓著的校长，给予他们更多的机会与平台支持其专业发展，让一批好校长带动一批好学校的诞生。

(四) 加大对弱势群体的帮扶力度，着重支持农村教育崛起

要充分保障留守儿童、随迁子女、残疾学生等弱势群体的教育权益，

必须依靠政府补偿性的倾斜政策对弱势地区、弱势人群予以特别关注。英国就特别界定了"弱势群体",并给予他们专门的补偿与支持。虽然江苏省在弱势群体的帮扶上已颇具成效,但仍不完美,例如虽然文件要求随迁子女90%在公办学校入学,但随迁子女仍然难以进入满意的学校上学,不是路途过远,就是学校过于薄弱,导致许多随迁子女因此放弃学业,过早地流入社会。所以随迁子女等弱势群体在义务教育阶段能否享受与城市户籍人口子女同等的待遇仍旧是一道难题,在政策制定上仍需细化,在政策执行时更需严格。

相对于发达地区的城市学校和重点学校来说,落后地区的农村学校和一般学校的问题更为严重,如若这些学校能够实现优质转型,那么将从根本上解决义务教育不均衡的问题。从教育发展的格局来分析,推进义务教育均衡发展,目前应该重点解决的是苏北地区、落后地区的农村教育问题。对于办学经费和师资力量不足的问题,要适当增加对这些地区义务教育经费投入的比例,建立优秀教师到贫困地区学校短期服务的制度,推行义务教育完全免费制度以及其他的教育扶贫制度,等等。

(五)建立义务教育优质均衡专项督导考核评价指标体系

义务教育优质均衡发展的督导指标体系可以包含以下几方面的内容:

一是普及水平,指所有适龄儿童接受义务教育的范围与广度,可以通过对入学率、巩固率、毕业升学率等的调查来获得。具体可以包括学生按时入学率、学生就近入学率、特殊儿童入学率、小学生环比巩固率、按时毕业率等。

二是均衡水平,指不同地区之间、同一地区不同学校之间、同一学校不同群体之间的教育发展程度,包括了区域均衡、学校均衡、个体发展均衡以及投入均衡、产出均衡等,具体指标有区域学生择校率、优质高中指标生率、农村学校办学条件达标率、城乡生均仪器设备值等。

三是优质水平,指在基本均衡的基础上义务教育更高水平、高质量的程度,包括教育质量及办学条件等方面,具体指标有心理健康优良率、选修课程比例、优质学校覆盖率、骨干教师比例等。

四是保障水平,指确保义务教育优质均衡发展的体制、政策、经费等条件的到位程度,包括经费投入、编制条件、专业支撑等方面,具体指标有生均公用经费、师生比、班额、专业指导覆盖面等。

（六）构建义务教育质量保障体系，过程性指导义务教育健康发展

一是建立以教育质量分析为目的的义务教育质量监测体系。进行义务教育质量监测是实施素质教育、高教育质量的基础性工程。义务教育质量监测要依据国家法律法规，按照基础教育质量标准进行。监测范围要覆盖学生学习、教师教学、学校管理、教育行政等各个方面。要通过监测，全面准确把握我国义务教育的质量状况，科学诊断教育质量存在的问题和原因，为教育决策提供科学依据。要在借鉴国内外先进的教育测评经验基础上建立自己的教育测评中心。该中心是一个专家体系，主要由教育命题专家、测评分析专家、学科专家和计算机辅助系统组成。主要任务并不是独立开发自己的测评标准和工具，而是充分运用国内外成熟的、科学的教育测评标准和工具，结合江苏的实际情况进行本土化改造。建立省辖市、县（市、区）教育质量监测机构，组织一支专门的教育质量数据采集队伍，以便动态地把握江苏省基础教育质量状况。

二是形成以咨询服务、科学研究为内容的义务教育质量专业支持制度。教育质量提高是一个全面的、动态的过程，必须通过专业支持制度的完善，搭建教育质量的研究、分析和指导平台。第一，充分发挥教研系统的研究、指导和服务功能，灵活运用区域教研、联片教研、网络教研等多种形式，组织教师参与教研活动，增强教学研究的针对性和实效性。第二，以乡镇、街道中心校、示范校为中心，以集体备课、合作交流为形式，充分发挥骨干教师、学科带头人的专业引领作用，组织农村教师进行现场研究，引导基层教师不断改进教学行为。第三，组织地方科研院所和高等学校研究人员，深入基层学校进行教育教学改革研究，探索课程开发、管理创新和教育教学新模式，探索提高教育质量的有效途径。第四，建立省级"义务教育教学指导委员会"和"学科教学指导委员会"。教学指导委员会由教育行政部门领导和有关专家组成，负责规划、设计、统筹义务教育课程教学改革事宜；学科指导委员会由学科资深专家组成。依托这些专业指导委员会，帮助教师解决教学中的实际问题，促进义务教育质量的稳步提升。

参考文献：

1. 杨海松：《关于"教育均衡发展"的思考》，《教育研究与实验》2009 年第

5 期。

2. 张力：《从国际国内两个视角看义务教育均衡发展问题》，《人民教育》2010 年第 1 期。

3. 孙启林、孔锴：《基础教育均衡发展的国际经验》，《教育研究与实验》2007 年第 7B 期。

4. 王璐、孙明：《英国教育均衡发展政策理念探析》，《比较教育研究》2009 年第 3 期。

5. 翟博：《中国基础教育均衡发展实证分析》，《教育研究》2007 年第 7 期。

6. 王贤：《博弈论视角下城乡义务教育均衡发展中的效率与公平关系》，《现代教育管理》2009 年第 2 期。

7. 柳海民、林丹：《本体论域的义务教育均衡发展》，《东北师大学报（哲学社会科学版）》2005 年第 5 期。

8. 毛伟宾：《关于基础教育均衡发展的几点理论思考》，《当代教育科学》2003 年第 10 期。

9. 顾月华：《基础教育均衡发展的实质及其实施》，《教育发展研究》2004 年第 5 期。

10. 陈钢：《制度创新：义务教育均衡发展的关键支撑》，《南京社会科学》2009 年第 8 期。

11. 杨小微：《义务教育内涵式均衡发展路径分析》，《教育发展研究》2009 年第 5 期。

12. 邓凡：《义务教育均衡发展的生态学阐释关于"教育均衡发展"的思考》，《教育学术月刊》2009 年第 9 期。

作者信息：
研究基地：江苏教育强省建设研究基地
承担单位：江苏省教育科学研究院
首席专家：丁晓昌、管向群、曾天山
课题负责人：宗锦莲
主要参加人员：宋旭峰、干一军、彭华安

"用工荒"现象调查分析以及对江苏职业教育发展的政策建议

内容提要：经考察、访谈和问卷调查，发现了"用工荒"产生的原因：意愿不足：年轻一代不愿选择生产岗位，不愿选择职教。教育不力：大学毕业生"技工"胜任力不够，缺乏培训是普工流失、技工缺乏主因。增量不多：农村劳动力向城市转移的增量不裕，过早退休造成人力资源浪费。相关政策建议：①健全统筹机制，强化就业地的职业教育责任；②推进改革创新，突出高等教育的职业教育贡献，实学实做，分型培养；③完善"学分银行"制度，将"做事"、"操作"作为重要学分资源；④突破政策瓶颈，为企业参与职业教育提供保障，消除实习生工伤保险制度盲点；⑤创建和谐劳动关系，鼓励员工在操作、技术岗位上发展，培养"核心员工"；⑥打破社会地位和收入水平因身份而产生的固定顺序，城市支援农村实现农业的"工业化"；⑦制止提前退休，制定弹性退休制度，实施男女同龄退休，为女职工设"育儿假"；⑧优化文化环境，提高技能人才的社会地位。

党的十八大提出："新四化"即"促进工业化、信息化、城镇化、农业现代化同步发展"的重大战略决策，确是对现阶段突出矛盾的一次求解。近年来发生的"用工荒"现象，正是这些"突出矛盾"的一个缩影。为了探究"用工荒"现象的原因和规律，寻求应对之策，经过对江苏省13个地级市以及浙江、湖南、湖北、安徽等省部分地区的企业、乡村、学校的考察，并向企业主、企业管理人员、工程技术人员、工人、农民、教师、学生等进行深入访谈、抽样调查，运用经典统计方法和专业统计软件分析方法进行调查研究，先后完成了七类问卷调查，收回有效问卷4900余份，形成本报告。

一 江苏"用工荒"基本情况

"用工荒"始于 2004 年,集中爆发于 2007 年,虽因金融危机在 2009 年有过变化,随着经济复苏,又呈愈演愈烈之势。在江苏,"用工荒"现象尽管没有像有些地区那样突如其来,来势汹汹,但还是普遍发生了。刚刚到来的 2014 年招工季,企业仍发出了"一年比一年难"的慨叹。

调查结果表明:江苏企业员工中"80 后、90 后"占到了 65.7%,企业新增劳动力中农民工的比例占 85%以上。青年员工受教育程度较老一代有所提高,但接受过专业技术教育(中专、中技、职高、大专、高职)的比重尚不足五成。而企业所属行业类型跟缺工现象没有显著关系,企业缺工具有普遍性。

就企业缺工的结构而言,技术人员最为紧缺。苏北地区企业中有 16%缺管理人员,52%缺技工,32%缺普工;苏中地区企业中有 8%缺管理人员,75%缺技术人员,17%缺普通工人;苏南地区企业中有 23%缺管理人员,50%缺技术人员,27%缺普通工人。显然三个地区都着重缺少技术人员,其中苏中地区对技术人员的需求量最高。

就地域而言,苏中地区最缺工。苏北有 42%的企业不缺工,苏中有 26%的企业不缺工,而苏南有 37%的企业不缺工。这与各自的发展水平和

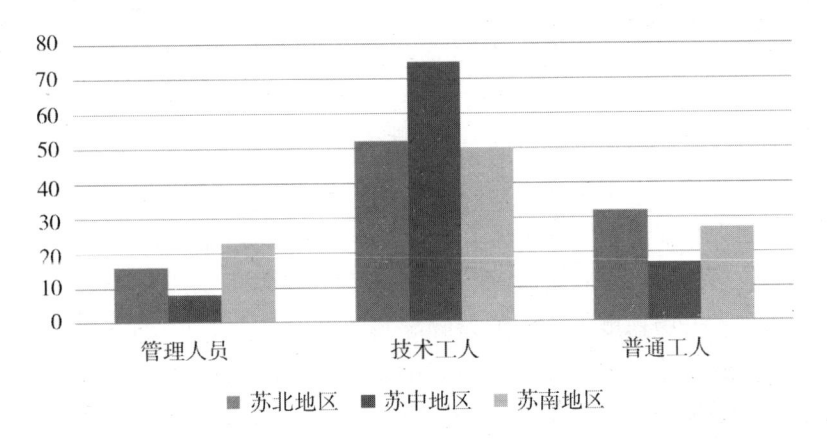

图 1　不同地区企业用工缺口情况(单位:%)

产业结构有关，苏北地区产业不够发达，对劳动力资源的需求相对缓和；苏南产业发达，经济形势好，吸纳外来劳动力的能力强；而近年来承接了大量制造业（占用工的72%）的苏中地区企业不具备前两者各自的优势，缺工现象相对严重。具体见图1所示。

二 对"用工荒"与相关问题的调查与分析

"用工荒"现象的产生受适龄人口下降，人口教育年限延长和个别产业"虚胖"（如房地产业）并浪费了劳动力资源等因素的显性影响，但我国近几年出现的企业"招工难"问题却蕴含着更多的隐性因素。

（一）"用工荒"与"就业难"并存，劳动者意愿是决定因素

越是年轻的一代越不愿意选择一线的、劳动强度大的生产岗位；大学和职业学校的热门专业已从工科悄然转移到商科；无论何专业的毕业生选择职业的顺序几乎一致性地以公务员、白领、技术为顺序。甚至有人把从事一线工作看成了没面子的事。"用工荒"与"就业难"并存已成为不争的事实。尽管初中生还处于"天真"时代，尽管这次选择还没有受到家长、亲友的直接干涉，尽管每个问题都加上了"你愿意并可能"，但从他们的选择中也看出了与现实劳动者同样的倾向。经过对927名初中学生调研显示：有意向选择读职高的仅20%（图2）。在行业选择上最多者是金融业；选择愿意从事制造业者仅为6.8%；选择农林牧渔者仅2.9%（图3）。说明劳动者意愿具有持续的，并将是影响未来就业状况的决定因素。

为了探究发生上述现象的原因，我们以制造业为例进行分析：以资本密集型产业和技术密集型产业比重之和表征产业结构的高级化程度，以技能型劳动力和知识型劳动力比重之和表征劳动力素质高级化水平，计算发现制造业结构的年均升级速度仅为0.2%，而劳动力素质的年均升级速度为2.78%，升级速度上存在的差异导致了产业结构与劳动力素质结构的不协调。源于此，该产业更多需要的是体能型劳动力，而非知识型劳动力，由此不仅加剧了"用工荒"问题，还进一步恶化了"就业难"问题。归因于我国的劳动力结构从"金字塔形"变成"枣核形"，安于从事简单劳动的劳动力大大减少。

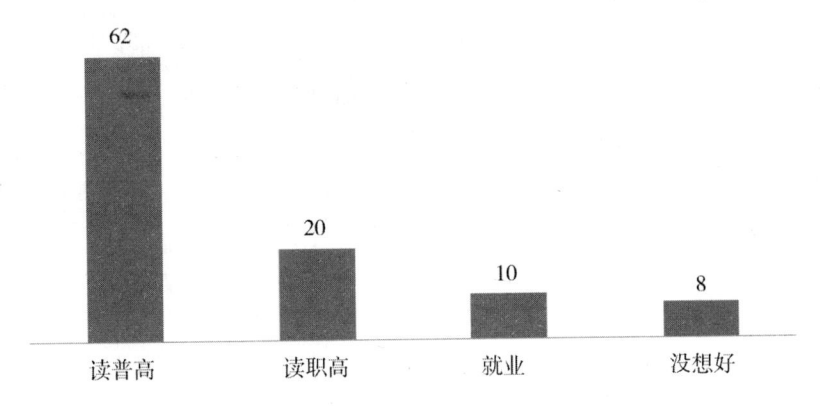

图 2　初中生升学、就业意向（单位:%）

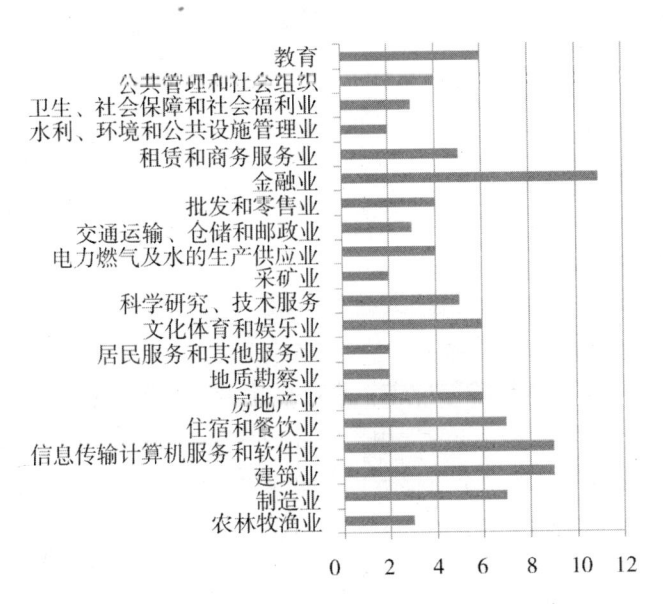

图 3　初中生就业行业意向（单位:%）

（二）"普工荒"与"技工荒"并存，高等教育需扩展职教内涵

经过对100家企业的调查发现，就普工而言，工资状况很大程度上决定了企业是否缺工。在管理人员、技工和普工三者当中，技工最为紧缺。技术人员的缺乏难以通过工资杠杆来解决。一家保温材料制造企业，其生产过程已高度信息化，车间工作环境优良，其车间操作员（多为电脑操作）底薪4000元（实际每月能拿到6000—8000元），文员月薪2000元，

仍然是前者缺，后者剩。"技工荒"的原因除了意愿之外，还有能力问题。经过对121家制造业的调查，本科生、高职毕业生是企业期待的信息化岗位的主力，但被访者中46.6%的人不认可高职工科毕业生胜任信息化工作，34.5%的人不认可本科工科毕业生胜任信息化工作（图4）。而学生对生产实际中应用的课程知识"掌握程度"低，表明毕业生普遍难以满足工作要求。在产业升级至工业化与信息化融合的时代，高等教育负有培养"技工"的主要责任。

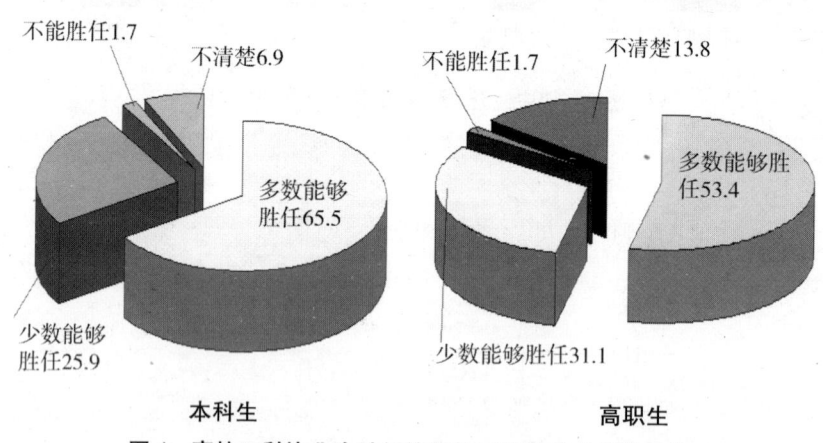

本科生：不能胜任1.7，不清楚6.9，多数能够胜任65.5，少数能够胜任25.9

高职生：不能胜任1.7，不清楚13.8，多数能够胜任53.4，少数能够胜任31.1

图4 高校工科毕业生胜任信息化工作情况（单位:%）

（三）"招工难"与"用工贱"并存，难以赢得员工积极情感

据江苏省对100家企业进行的劳动用工情况抽样调查发现：企业不合理的工资制度是导致招工难的一个重要方面，低廉的工资对劳动者越来越没有吸引力。有89%的农民工认为工资待遇偏低，64%的农民工认为要增加工资待遇。30.7%的农民工认为造成长江三角等地区严重"用工荒"现象的原因是进城的农民工在城里没有完善的劳动保障等福利待遇，33%的农民工认为其原因为工资待遇太低。

相比较普工而言，在目前的工资额度区间内，技工工资与企业缺工的卡方检验值大于0.05（表1），说明企业技工工资的多少与缺工没有显著差异，企业已无法通过小幅度提高工资来控制技工短缺。可以看出：我们的多数企业，缺乏技术创新的动力和产业升级的动力，把利润的来源局限于廉价劳动力，没有为已经发生了重大变化的新劳动力提供知识劳动的机会。但缺技工的企业对技术性要求提高，又很难找到合适的人才，如果企业不想或做不到大幅度提高待遇水平而达到调动职工努力学习技术积极性的程度，并有效地对他们进行培养，"熟工荒"、"技工荒"就很难避免。

表1　　　　　　　　技工工资与企业是否缺工交叉制表　　　　　　单位:%

技工工资		不缺工	临时性缺工	一直缺工
工资水平	1000元以下	.0	2.5	.4
	1001—1500元	2.9	5.0	1.4
	1501—2000元	7.1	15.7	2.5
	2000元以上	25.7	29.6	6.8

"80后"、"90后"一代与老一辈农民工相比，在学历、思想和职业诉求上都发生了相当大的变化，他们对工作的诉求已不仅限于赚钱，他们会考虑到福利，会考虑工作之余的文化娱乐生活，更重要的是，他们中的很多人开始关注自己的职业生涯，渴望被肯定，被认可。

(四)"辞工热"与"培训冷"并存，提高职业技能动力不足

据对江苏省13个地级市辞工返乡者进行的1106份问卷调查，结果是：初中及以下文化程度达一半以上，职技校以上（包括中专）水平的农民工返乡者较少，说明缺乏职业教育与培训成为外来工流失的主因。而就业岗位流动性大导致外来工的学习动力不足，据对苏南某市400名外来工的问卷调查和个别访谈，在被问及是否曾参加培训或自修时，多得到否定回答。员工反映：很难通过技术能力的提高获得应有的待遇；同时也发现：员工普遍缺乏生涯规划，岗位的稳定性很差，跳槽频繁，对企业的忠诚度不够，因此，难有学习业务、提升技能的动力。企业主也有他们的苦衷，他们的感觉是：培养得越好，跑得越快，甚至有的自立门户，盗走了技术秘密和客户资源，以低价竞争，打压原厂。也有培养了，没学好，反倒要待遇的现象。可见，对于职工的在职培训，企业主和员工双方都缺乏热情，处于"双输"状态。

(五)"就业迟"与"退休早"并存，人力和教育资源极大浪费

随着教育年限普遍增加，就业人群的就业年龄普遍推迟。过早退休使得许多有能力、有技术、有经验的劳动者较早地退出了贡献平台，造成了

极大的人力资源浪费,甚至是人才流失。而女性比男性提前退休的前提已不复存在。加之一些提前退休人员进入新的工作岗位后,用人单位无须为其缴纳社会保险统筹基金中企业缴费部分,有使用成本低廉之优势,一人双薪,白发人挤占黑发人的岗位。就他们自己而言,不得不在不熟悉的岗位、不熟悉的同事、不熟悉的环境中去当配角,在职位、薪酬、劳动保护等方面处于劣势,使其自尊心受挫,成就感不足。

(六)"城工荒"与"村工荒"并存,农村劳动力转移存量不裕

农村劳动力的转移曾经也仍将是工业企业用工的主要来源,但农村劳动力的"剩余"相当有限,农村也有"用工荒"。我们走访了多个劳动力输出地,年轻人很少留在当地,种田者大多是中老年人(45岁以上)。

调查结果显示:返乡农民工倾向于从事个体经营或技术工种的人数最多,其他依次为私营企业主、非技术工种、各类专业技术人员、办事人员、部门负责人、单位负责人及不便分类的其他劳动者,而从事农林牧渔业的返乡农民工仅为6.01%,说明"返乡"对第一产业农林牧渔业的贡献有限(图5)。

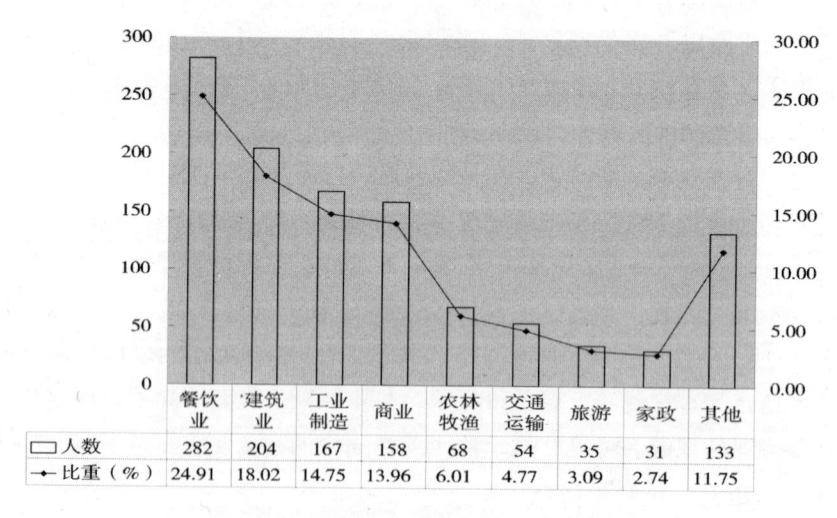

	餐饮业	建筑业	工业制造	商业	农林牧渔	交通运输	旅游	家政	其他
人数	282	204	167	158	68	54	35	31	133
比重(%)	24.91	18.02	14.75	13.96	6.01	4.77	3.09	2.74	11.75

图5 返乡者希望今后从事的行业(可多选)

农村(包括留村者和返乡者)的终身教育体系建设迫在眉睫,今天40多岁,没有接受到良好的基础教育和职业教育,又要面临产业升级、

技术更新、职业转换的要求，他们今后15—20年的劳动时间，其人力资源需要得到充分的开发。农业现代化（即农业的工业化、企业化、产业化）迫在眉睫，需要优质的、年轻的劳动力予以补充，所以今后的城乡劳动力转移将是双向的。

（七）"城市化"与"空壳村"并存，没有给予员工乐业建功的环境

据对苏南城市的走访调查，仍有很多农民工长期夫妻分居，一家老小共居一处，享受天伦之乐者凤毛麟角。而公司对员工的集体活动、运动娱乐、心理关怀很少。这些城市"失陪族"难以产生学习成才、爱岗敬业、履职建功的积极情感。我们在中部某省劳务输出地农村的调查则发现，那里除了"空巢"、"留守"、"离农"、"师资流失"等问题之外，还有"邪教"传播，婚姻不稳定，对老人不孝敬，小孩远途上学需要寄养等问题。正如习近平总书记所说："新型城镇化是人口的城镇化"，只有实现了劳动者及其家庭市民化，才是可持续的城镇化。

（八）"岗位工"与"流动人"并存，劳动者的职业满意度有保留

据在苏南某市调查，外来工对目前的工作环境满意的占17%，较满意以上的占55.5%，但仍有5%表示不满意，大多数愿意留下工作（表2）。但外来工中的多数感觉到自己的工作压力较大，而压力与学历成正比。员工辞工频繁是普遍现象，说明他们对工作的热情和对企业的忠诚度和就业稳定性不够。调查结果表明，老一代农民工初次进城务工少于1年的占5.7%，1—5年的占30%，5—10年的占21.4%，多于10年的则占42.3%，但新生代农民工则分别为12.3%、67.3%、6.8%和3.6%。新生代农民工打工的年数集中在1—5年，比老一代农民工在相同年龄打工年数有所下降。而大学生的就业"漂族"现象更为普遍。

表2　苏南某市外来工对工作环境、收入和与同事关系的问卷调查统计表　单位:%

工作环境	满意17	较满意38.50	一般39.50	不满意5
月　薪	满意16	较满意42	一般39.00	不满意3
与同事关系	融洽36	比较融洽48	一般15	糟糕1

三 促进江苏职业教育发展的宏观政策建议

"用工荒"表达了劳动者对转变发展方式的强烈诉求,给职业教育提供了发展、创新的机会,也提出了诸多紧迫的任务。只有从公共政策、经济制度、文化环境上系统推进,才能解决职业教育发展以至于破解"用工荒"问题。第一层次,是解决人们愿意选择职教,愿意选择工、农、服务岗位的问题,涉及就业、待遇、舆论、居住、流动、退休等;第二层次,是解决职业教育质量问题,包括高等教育、终身学习、企业参与、在岗培训、家庭教育等;第三层次,是解决职业教育保障问题,如法制、文化、人力、税收、利益等。就江苏而言,必须在如下八个方面有所突破:

(一)健全统筹机制,强化就业地的职业教育责任

城市化与工业化是伴生而行的,城市在人力资源的开发中既是受益者,也是担当者,其中对劳动者的职业教育是其众多职责中基本的、初始的、显性的职责。城乡职业教育的统筹能够较好地利用城市的优质职业教育资源,城市职业学校发挥其熟悉就业市场了解企业需求等优势,为企业提供足量、符合需要的人才。

1. 就业地统筹招生—统一培养—统筹安置

根据城乡或区域经济社会发展不平衡性特点,以及由此决定的农村劳动力的就业特点,结合各自区域教育资源特点和优势,由就业地政府主导,生源地政府支持,寻求生源,制定规划,分解任务,安排资金,提供条件,指导就业,系统保障劳动力数量、结构和质量,以满足就业地产业发展的需求。

2. 生源地学校与就业地学校分段教学

通过学校之间的合作关系,生源地学校负责招生,负责低年级教学,有利于在低龄学生中实现家庭教育与学校教育的合作,有利于节约培养成本,有利于生源地文化资源在学生素质教育中的有效利用;而由用人地负责高年级教育,负责向企业推荐就业,有利于帮助学生融入就业地文化,有利于他们享受优质的教育资源,有利于提高能力培养的指向性。

3. 企业定制并参与的培养—就业一体化

就业地根据企业的个性化需求，为企业提供定制化方案，对学生进行定制培养，学生一毕业就直接送到企业里特定的工作岗位上，实现学习与就业的"无缝对接"。让学生的培养必须与企业的生产方式、设备条件、管理模式、技术改造方向相适应，让企业赢得爱岗、真学、稳定的核心员工。

（二）推进改革创新，突出高等教育的职业教育贡献

现代"技工"，已非传统意义上的"蓝领"，他们不仅要有驾驭现代技术装备与工艺的技能，还要掌握高深学问，储备技术创新的动力和能力。在工业化、信息化时代，本科生和高职生就是"技工"的主要来源（而研究生和中职生则从其"高端"和"低端"有部分进入），据此对高等教育提出了新的要求。

1. 准确定位，学以致用

不同层次学校的毕业生预期的岗位分布有所不同，但入职的起点都应是一线岗位。高等学校要找准目标，重视企业一线对学习目标的检测结果，不能只看学过什么，更要看学会了什么，能做到什么，着力满足岗位能力需求。

2. 分型培养，注重能力

高等学校要根据学生的特质和意愿，帮助学生选择和成就重学术或重技术，重设计或重操作，重专深或重复合，重领导或重实干的能力结构，在应用性本科教育中尤其要重视多数学生的重技术、重操作、重实干的"技工"型人才的培养，以改变毕业生就业的同质性。

3. 实学实做，全面发展

要全面认识能力培养的内涵，实现知识、技能、态度的同步提高，知识教育要注重对知识主动获取的动机和能力的培养，改变毕业生普遍存在的对"曾经学过"或"教材上有"的依赖；技能培养要把职业培训内容嵌入到高等教育过程中去，与企业进行有效的互动；要加强素质教育，培养勤奋实干的精神、终身学习的习惯、敢于创新的动力。

（三）完善学分银行制度，让教育"立交桥"通向职业教育

在落实国家中长期教育改革发展纲要中，江苏作为试点省份推进学分

银行试点工作，如在常州市，省城建系统等进入实质性操作阶段。这项试点与学习型城市、学习型组织建设结合起来，将对提高劳动者素质起到推动作用。需要把这种推动力很好地引导到与"用工"相关的职业技能培养上来。

1. 提高职业技能的分值

无论是普通劳动者的一般职业技能还是技能型人才的专门职业技能在产业中都起着不可替代的作用。要强化行业在专业技能考核认定中的权威，建立健全专业技能等级认定制度，突出做好"打假"工作，让"技能"的认同度、信誉度、美誉度得到强化。在学分银行制度中将"做事"、"操作"作为重要学分资源，破除目前以"计算"、"读写"为重的倾向，鼓励、支持更多的人选择通过劳动成果证明自己、发展自己。

2. 开发各类教育资源

在"银行"体系中，"行"是外显，"银"才是内涵，学分银行制度的关键是增加学分资源。要继续深化职业教育体系建设，让更多的教育资源着力于"生产"职业技能类学分。通过学分认定、赋值、转换，以至于相应的荣誉、投入机制，鼓励部分高等教育资源转型为职业教育资源，促进高等教育（包括研究生教育）参与职业教育；自初中到博士研究生的各个阶段给学生转入职业教育的机会；调动各类机构参与职业教育、培训的积极性，变强调"规范办学行为"为重视"监控学业质量"，防止官办垄断现象。

3. 建立刚性员工培训制度

随着知识社会的到来，科技的突飞猛进，产业的不断升级，劳动者的职业劳动需要以知识更新来保证。职工的入职、升职、转岗培训要形成刚性制度，对职工要提出"学分"与"工分"两种目标要求。显然，这些不仅要投入金钱的成本，也要投入大量的时间成本（学习者的时间）。所以，劳动者的有效工作时间，除了一部分付出劳动之外，还有一部分是学习进修；而其后一部分的比例逐步增加，在各类岗位计算"编制"时，必然要从原先的忽略不计变成有适当比例，也即需要增加相当数量岗位设置。

（四）突破政策瓶颈，为企业参与职业教育提供保障

只有通过企业—学校"工学交替"，学生才能获得针对性训练和个性培养。让企业参与职业教育不仅仅是他们必须履行的社会责任，更是发现潜在优秀员工的机会。学生扮演"职业人"角色，感受岗位之规，劳动之道，创造之乐。但欲使企业主动参与职业教育，尚需突破一些政策瓶颈。

1. 明确实习生与企业的劳动关系

制定专门法规，明确实习生、实习企业（或相关单位）和学校三者在学生实习中的权利与义务，包括实习生的选择权、参与学习计划权、获得劳动报酬权、获得安全保护权、休息休假权、拒绝危险操作权；企业的制定岗位职责权、学生操行管理权、学习指导权、学习计划制订权、学习成绩评定权、要求学生遵守厂规和签署安全与保密协议权等；学校的参与权、指导权、学生成绩终审权等等。

2. 强调实习企业责任

借鉴附属医院模式，制定对企业（单位）接受学生实习的资质、项目、工种要有审查、评定制度和奖励、补贴、减税制度，令企业把学生实习作为一种责任和荣誉，甚至利益。

3. 出台实习生工伤保险法规

实习生的工伤保险是目前的一个制度盲点，是影响各类实习实践活动开展的一个难题。江苏应率先突破，可采取企业、学校、政府各摊一块的办法予以解决。

（五）创建和谐劳动关系，促进职业教育成果转化

《劳动合同法》的落实得到深化，一线劳动者（主要是农民工）在保障、劳动合同等方面的待遇得到大幅度提高，近两年各地多次提高"最低工资标准"，并在实际执行中失去曾有的"工资标准"地位，按劳分配原则更好地得到了体现。劳动时间的法律规定得到更好的落实，加班工资成为常规。然而，随着劳动价值的提升，劳动者选择机会增加，如何吸引他们留在"蓝领"岗位，主动将职业教育成果高效转化为工作成就，是一个重要命题。

1. 推行"双务"政策

在劳动法偏重保护劳动者原则不变的前提下，出台企业用工管理的实施细则，强调用工单位和劳动者相互义务，对于劳动者一方关于劳动合同遵守、辞工程序、保护技术（经营）机密义务等予以规范，防止随意辞工、流动性过大的痼疾。适当保护用人单位的用人权，提高他们培训、提

携、奖励优秀的积极性。

2. 提高"核心员工"地位

实施宽带工资制度，建立各类岗位建功的荣誉制度，鼓励员工在同一单位、同一岗位，主要是操作、技术岗位上发展自己，建功立业，成名成家，除非特别需要或有特别专长，不须也不愿向"领导"、"管理"岗位上转移，以便为企业培养出热爱本职工作、熟悉企业文化、专长于岗位工作的"核心员工"。

3. 倡导积极的"企业文化"

要教育企业领导者把人力资源当作第一资源，把员工视为兄弟和朋友，努力建设有利于员工个人发展的积极、和谐的企业文化，提高企业的凝聚力。要推进工会组织建设，充分发挥其在劳动关系协调中的作用，开展持续有效的业务、学养、道德培养，让员工的建议和诉求得到充分尊重，让有业余专长的员工有展示才华的舞台。

（六）调整城市化思路，着力为人的发展提供动力

马克思说：每个人的自由发展是全人类自由发展的条件。在今天，整个社会的全面发展必须以每个人的发展为前提。在城市化的进程中，必须以人为本，在公平正义的原则下，给所有人赢得幸福的权利和发展的机会，包括"外来"工与"原来"工，包括"新市民"与"老市民"。

1. 经济待遇是核心要素

企业家要做出选择，或提高效益足以提高职工待遇，有效开发而非片面消耗人力资源；或淘汰落后产能，释放出而非束缚住人力资源。政府要痛下决心，大力提高诸如一线教师、基层医生、产业工人、真正农民的地位和收入，同时限制官员地位和收入；坚决改变在"官员"、"商人"、"学者"、"工人"、"农民"之间社会地位和收入水平上业已形成的固定顺序这一不合理局面，以防止经济"空壳"化和"用工荒"的恶化。努力促成劳动力向工农岗位转移，使士农工商成为基于个人兴趣特长的选择，而非势利的选择。

2. 居家生活是重点内容

城市建设不能只考虑吸引青壮年劳动力，"城市化率"的统计不能仅以"人数"来统计，还要以"家庭"为单位做统计。要把一地区、一城市有"正常生活"的人口数量作为对其政府进行政绩考核的重要指标。

夫妻分居问题不仅仅是个别问题和个人问题，需要引起政府重视，社会关心，企业关照，需要从户籍制度、就业制度、住房制度等方面给予化解。要准备足够的资源接纳劳动者的家庭，对于暂不具备条件在城市安家的务工人员家庭的孝老、育儿问题要形成社会化机制，解决老人就地善老、学生就地读书等问题，建成一个公益性服务体系。

3. 小城镇建设是重要路径

小城镇建设应成为国家扶持的重点。通过壮大小城镇，来避免人口过于集中，提高城市服务农村的效率，使城市对农村的"吸附作用"减小，"辐射作用"加大。随着目前45岁以上这一代农民"退休"，传统农业生产方式将终结。实现农业（包括林、牧、渔）的"工业化"，即信息化、集约化、产业化、企业化势在必行，农业人力资源的质量必须大幅度提高，要有高质量的人力资源向"三农"转移。在农村要创建诸多新产业，也即职业教育新专业：农村人口的大量转移，农村生活方式的变革，生态环境的改善，需要开发出自然资源保护利用，农村养老服务、农村社会管理等专业。农村行政管理、社会服务、民事调解、继续教育、农技推广等的影响力有待提高。

（七）顺延退休时间，消化职业教育与终身教育成本

随着人口预期寿命的延长、劳动者教育成本的上升和养老成本的增加，退休愈来愈成为一种权利而非义务。而我国的人口老龄化趋势和"用工荒"现象的出现，因就业人多，"早退休，早让位"作为一项义务甚至"高风亮节"的前提已经不复存在。

1. 严格限制提前退休

要制止提前退休或退岗，不退而休，做到人人有岗，岗岗有事。无论任何级别、任何职业的劳动者，原岗位不适合或不需要时，要有新的岗位全职工作，才可认定为职业劳动，享有相应待遇、礼遇。

2. 制定弹性退休制度

在"岗岗有事"的前提下，对优秀专业技术人员、高技能人才、特殊技能人才、能工巧匠等延迟退休，给予高工资、高礼遇，鼓励他们在原岗位发挥专长，防止退而不休，屈才而就，公利（培养成本、技术秘密等）私用（或他用），一人双薪。

3. 实施男女同龄退休

让女性享有与男性平等的权利和义务，实施同等退休年龄制度，借以充分发挥女性第二春的优质人力资源。鉴于承担养育后代的任务与追求事业成功同样是社会贡献，为女职工设立3—5年育儿假，以"换回"55岁以后的那几年，让女士亲手照顾自己的孩子而不是等到隔代照顾孙辈，有利于培养后代，有利于家庭关系，有利于提高劳动效率，也有利于女性个人发展。

（八）优化文化环境，激励人们主动选择职业教育

职业教育的发展是就业、乐业、成业的前提，而职业教育发展的前提是学生、家长、公众认同职业教育，这就要求创造更为有利的文化环境，要着力创设培养公民接受职教、珍惜职业的情感。

1. 培养公民接受职教、珍惜职业的情感

引导社会舆论，为职业教育积极造势，提高职业教育在各类教育中的地位和在民众中的认知度和认可度。大力宣扬职教改革对当地经济社会发展的贡献，宣扬职业学校培养的优秀人才取得的突出成绩，宣扬职业教育为成就毕业生的事业发展和生活幸福发挥的积极作用。

2. 创建尊重劳动、尊重劳动者的社会风气

提高技能人才的社会地位，在物质待遇和社会礼遇上全面提升一线劳动者、技能型人才的地位，运用教育、舆论等资源重点宣扬劳动和创造，树立每个人因自己的岗位劳动成果而自豪。

3. 创新现代职业文化，激发岗位自豪感

发掘当地产业优势和产业特色，有效开展对青年人的就业指导，帮助他们做好生涯规划，培养公众对产业的关注度和对岗位的自豪感。培育岗位建功、责任第一、服务人民的高尚情怀，树立保护环境、重视安全、关注健康的道德情操。同时强化岗位准入制度，加强对妨碍安全、环境、健康责任的追究力度。

总之，"用工荒"的破解之道无非是要在劳动者要求善待和雇用者要求创利之间建立平衡，职业教育的责任是为劳动者增加创利的砝码，以使他们获得善待的回报。因之，给职业教育提出更多、更高、更新的要求，也取决于宏观政策、制度和外部环境全面优化。

参考文献：

1. 威廉·N. 邓恩：《公共政策分析导论》，中国人民大学出版社 2005 年版。

2. Donald Fakest：《有效政府——全球公共管理革命》，上海交通大学出版社 2005 年版。

3. Karl H. Borch, *Economics of Insurance*, Elsevier Science Publishers B. V. 1990.

4. 董存田：《破解"用工荒"问题可从职业教育入手》，《中国社会科学报（社会学版）》2013 年 5 月 10 日第 A08 版。

5. 马建富等：《破解"用工荒"的职业教育之策》，《职业技术教育》2010 年第 8 期，第 36—40 页。

6. 董晓英等：《基于制造业信息化状况调查剖析"技工荒"的本质——兼论在高等教育强化职业教育因素的重要性》，《中国职业技术教育》2013 年第 30 期，第 9—33、43 页。

7. 黄瑞玲等：《经济波动下返乡农民工就业促进机制的创新——基于江苏省 13 市 1106 名返乡农民工的调研》，《现代经济探讨》2011 年第 9 期，第 70—74 页。

8. 王志华等：《我国制造业结构与劳动力素质结构吻合度分析——兼论民工荒、技工荒与大学生就业难问题》，《人口与经济》2012 年第 5 期，第 1—7 页。

9. 崔伟等：《从"民工潮"到"用工荒"，从"用工荒"到"大学生就业难"》，《中国城市经济》2011 年第 10 期。

10. 石琪等：《常州市外来工幸福感调查报告》，《中国青年研究》2011 年第 6 期，第 8—10 页。

作者信息：

研究基地：江苏职业教育与终身教育研究基地

承担单位：江苏理工学院

首席专家：崔景贵、杨湘宁、杨光

课题负责人：董存田

主要参加人员：马建富、董晓英、黄瑞玲、朱军、陈雪平、王志华、崔伟、李德方、吴济慧、张胜军、徐媛媛

"江苏省乡—城流动人口子女教育融入的问题与对策"研究报告

内容提要： 乡—城流动人口子女是指随务工父母从农村到城市生活学习半年以上的儿童（儿童年龄界定在0—17岁）。江苏省是乡—城流动人口大省，来自省内外的进城务工就业人员，为江苏省经济和社会发展做出了很大贡献，他们的子女很多随之来到城市里，他们中的大多数将来都会成为流入地的新居民。贯彻党的十八届三中全会精神，解决好乡—城流动人口子女教育的城市融入问题，不仅关系着农民工的切身利益，更是推进农村富余劳动力转移、推进城市化进程、提高城市人口素质、构建和谐社会的迫切要求，事关全省教育和经济社会发展全局。各级政府、社会各方面的力量共同努力解决乡—城流动人口子女教育问题，以此为突破口，促进乡村进城人口顺利融入城市，进而推动社会的持续发展。

《人民日报》2014年2月21日报道，到2013年底，我国农民工数量已经达到2.69亿人，其中外出的农民工1.66亿人。80后、90后新生代农民工，已经占到农民工的70%以上。新生代乡—城流动人口，已经不再仅仅是追求生存收入，而是渴求享受正常家庭生活、渴求子女受到良好教育的新移民群体，流动形态日益呈现出家庭化的主导模式。根据全国妇联课题组2013年5月发布的"我国农村留守儿童、城乡流动儿童状况研究报告"以及《中国2010年第六次人口普查资料》样本数据推算，0—17岁乡—城流动儿童[①]规模为3581万人，在2005年基础上增加了41.37%，且有增长的趋势。在这些流动儿童中户口性质为农业户口的流

[①] 为了称说方便，本文把0—17岁的未成年人统称为儿童。

动儿童占 80.35%，据此全国有乡—城流动儿童达 2877 万人。流动儿童在各年龄组分布比较均匀。学龄前流动儿童（0—5 周岁）规模达到 981 万人，占流动儿童总数的 27.40%。小学（6—11 周岁）和初中阶段（12—14 周岁）学龄儿童在流动儿童中所占比例分别为 27.89%和 13.21%，规模分别为 999 万人和 473 万人。大龄流动儿童（15—17 周岁）占流动儿童比例为 31.51%，规模达 1128 万人。江苏也是流动人口大省，目前全省登记暂住人口超过 1700 万人，苏南五市集中了全省流动人口的 2/3，其中无锡 180 万人，苏州 650 万人，常州 103 万人，南京 175 万人，镇江 45 万人，苏南五市合计近 1000 万外来人口。江苏省进城务工人员随迁子女在流入地接受义务教育总数为 824908 人，其中在小学就读为 632267 人，在初中就读为 192641 人（外省在江苏就读小学为 329140 人，初中为 86322 人）；在公办学校就读人数为 706802 人。全省有民办民工子弟学校 145 所，就读人数为 118106 人，公办学校就读比例达 85.68%，随迁子女接受义务教育入学率达到 99%以上。[①]

在乡—城流动人口子女规模日益增加，国家强调解决民工子女义务教育问题"以流入地政府管理为主，以全日制公办中小学为主"，《关于进一步做好进城务工就业流动人口子女义务教育工作的意见》，简称"两个为主"政策，是国务院办公厅于 2003 年 9 月转发教育部等六部委的文件，主要提出解决流动人口子女义务教育"以流入地政府管理为主，以全日制公办中小学为主"。流动儿童义务教育供求矛盾已悄然转变，研究的关注点从最初的入学机会公平问题，逐步扩展为教育过程公平问题。[②] 由当初的关注能不能在城市里上学，到关注能不能融入城市的教育。"两为主"政策的落实初步打破了非户籍流动儿童义务教育的入学障碍，但是就政策落实的有效性而言，更多应该考察的是儿童在入校后是否有良好的适应和融入能力。

乡—城流动人口子女的城市教育融入状况不仅关系到他们当前能否获得良好的身心发展和学业成功，更会影响到他们对未来生活的信心和期望，最终是否能顺利地踏入社会。就目前流动人口子女在城市的入学情况

---

① 徐泰来、许敬乔：《江苏进城务工人员随迁子女入学现状、问题及对策》，《江苏教育研究》2011 年第 28 期。
② 雷万鹏：《流动儿童教育面临结构转型——武汉市流动儿童家长调查》，《教育与经济》2007 年第 1 期。

而言，公办学校和打工子弟学校从学校性质和类型上意味着不同的学校适应性，这两种教育安置方式代表着不同的文化、价值观和社会支持。[①] 一方面，在我国二元社会结构的建构中，城市与农村代表不同的价值观念和生活方式，虽然"两为主"政策保障大量流动人口子女进入城市开放的公立学校，但社会差距感、社会距离感及身份归属感依旧影响流动人口子女在城市公立学校的适应与融入。另一方面，对于部分仍就读于打工子弟学校的随迁儿童，这类学校由于办学条件的局限和不规范、办学地点的不稳定、教师力量薄弱等，同样影响他们的教育融入和身心发展。

随着我国乡—城流动人口子女规模增加和"两为主"原则的贯彻落实，流动人口子女城市教育的适应和融入将会逐渐成为一个普遍性的问题，这个问题不仅关系到流动人口子女自身的发展，更关系到整个社会的进步和社会的和谐发展。

一　核心概念

流动人口的概念外延十分宽泛，不同学科对其有不同的定义。本研究所说的流动人口，不包括城市人才引进和招商引资而从异地流入的人口，也不包括在城市购置物业的高收入流动人口，主要是指从乡村进城务工的农民：工业中的从业人员，主要集中在第二产业，如制造业、建筑业；城市低端第三产业中的个体从业人员，如服务员；部分从事各种经营活动的人员，如自由市场的小商小贩，其中较大规模的私营企业主除外。"流动人口子女"是指上述人员年龄在18周岁及以下的跟随进城子女。

流动人口子女的"城市教育融入"（简称"教育融城"）指的是流动人口子女接受和城市居民子女一样的教育的状态。流动人口子女的"城市教育融入"有两个层次：第一个层次是乡—城流动人口子女不附带任何条件能够进入城市公办学校就读；第二个层次是进入城市公办学校就读的学生融入学校，适应学校生活。我们用流动人口子女的学习融入性、学校中的人际交往融入性和心理融入性来考察他们的城市教育融入状况。

[①] 曾守锤、李其维：《流动儿童社会适应的研究：现状、问题及解决办法》，《心理科学》2007年第6期。

流动人口子女到城市接受和城市居民一样的教育是乡—城移民融入城市的主要途径，也是评价乡—城移民城市融入程度的主要指标。

二 研究方法

本研究选取包括苏州市、无锡市和常州市的12所政府开放公立学校和6所打工子弟学校，以这里面就读的流动人口子女为调查对象。本调查工具为课题组自编问卷三种：第一种是学生问卷，由两部分构成，一部分是关于流动人口子女的调查，由学生自行填写，所涵盖的学生为小学阶段和初中阶段的在校生。问卷内容为学生基本信息，主要包括性别、年龄、流动时间、转校次数等。第二部分为测试题目，共15题，分三个分量表：流动人口子女学习适应性（6道题）；流动人口子女学校人际适应性（3道题）；流动人口子女心理适应性（6道题）。第二种问卷是关于农民工自身的调查，由学生带回家让其父母填写。第三种是测量教师对流动人口子女学习能力的态度及评价的量表，由五个指标构成，采用李克特量表进行赋值，每一个指标的得分区间为 [1, 5]，得分越高，表示评价越高，反之亦然。

本次调研回收有效问卷总计包括2661名学生，724位家长，184名教师。采取定性和定量相结合的方式分析所收集的调查资料，运用SPSS14.0软件进行编码，在校检核对的基础上，对所调查的问卷资料进行描述性统计；调查问卷主要对调查地的流动人口子女接受义务教育（学前教育和高中阶段的教育将另行调研）的现状，围绕知识教育、心理状况、流动人口子女对自身的期望等几个方面的内容进行展开分析。本研究以就读学校的类型为变量进行比较分析，从学习融入、人际融入、心理融入三个方面入手，分析在两类学校就读的流动人口子女在城市教育融入方面的异同及影响因素。

三 问题所在

（一）乡—城流动人口子女义务教育缺乏连续性

乡—城流动人口子女跟随父母从农村来到城市里上学，不同程度地存在无学可上、不能按照正常时间入学、中途转学、辍学、升学困难和教学内容不衔接、教学方法不融入等义务教育不连续性的问题。流动人口子女义务教育不连续性严重影响了他们正常学习及其义务教育质量,这已经成为这个群体受义务教育过程中遇到的突出问题。① 乡—城流动人口子女父母工作的不稳定性是造成其义务教育不连续性的第一个原因,其次,其父母缺乏为自己孩子找到合适学校入学的信息,因而延迟了子女入学的时间。接着是入学和转学手续复杂也导致流动人口子女入学的时间被延迟,从而导致其义务教育的不连续性。最后是学校缺乏乡—城流动人口子女义务教育背景、学习成绩水平、入学历史和义务教育需求等及时可靠的信息。流入地和流出地的教育教学内容、教学方法和学制的不衔接也是导致流动人口子女义务教育不连续的一个原因。

乡—城流动人口子女教育的不连续性还表现在,在九年学业完成后,流动人口子女升入高中以及高中考大学的困难。

(二) 相关机构对乡—城流动人口子女义务教育管理不足

江苏省乡—城流动人口子女在适龄时期接受义务教育的比例在全国是比较高的。但是如果要讲乡—城流动人口子女融入城市教育,政府和学校对义务教育管理上存在不足,主要是指:第一,义务教育管理部门和人口管理部门对流动人口子女的确切数目并不清楚,这方面的准确调查也没有展开过。第二,很多学校都还没有建立在公办学校就读的流动人口子女的接受义务教育的学籍档案等相关资料,这不便于针对流动人口子女的义务教育管理行为的展开。第三,学校内往往形成城市学生针对外来学生的敌意性的小圈子,流动人口子女在学校内遭受着心理和成绩上的歧视,学校并没有针对这类情况而设置有应对性的管理手段和措施。因此,很难保证适龄流动人口子女接受规定年限的义务教育,而那些在没有获得合法资格的农民工子女学校就读的学生就更加处于一种松散的管理状态。② 要改变流动人口子女义务教育问题多样的局面,则加强流动人口子女义务教育管理将是十分必要的工作。

---

① 王涤:《关于中国流动人口子女义务教育问题的研究》(课题报告),杭州师范学院人口研究所 2011 年第 4 期,第 78—81 页。

② 武向荣:《关于进城务工就业农民子女义务义务教育的调研报告》,《科研与决策》2011 年第 8 期,第 66—70 页。

（三）乡—城流动人口子女义务教育存在严重的不平等

这里所谓的乡—城流动人口子女义务教育不平等主要涉及两个方面，其一是入学费用上的不平等，致使其就学成本过高；其二是义务教育过程的不平等。流动人口子女在其父母打工所在地范围内的学校就读必须缴纳相应的借读费，这是最显著的乡—城流动人口子女接受义务教育过程中的不平等。

当前大部分地区的学校对本地学生和外地学生收取学费实行两种标准，外地学生被收取的费用通常要多于本地学生，除了正常缴纳的学杂费等费用外，还要缴纳赞助费、借读费甚至是择校费等。进城打工的农民家庭，其收入水平是较低的，而这样的经济状况在两重收费标准下，他们只能选择一些不正规的学校来让流动人口子女接受相应的义务教育。这样的学校当中有一些都是证件不齐、教学人员参差不齐的拼凑型的学校，这势必影响学校的教学效果。

义务教育过程的不平等是指即使流动人口子女可以进入公办学校或是教学质量和环境较好的学校，但是因为教学背景、方法和学生"借读"身份的存在，流动人口子女往往被视为一个特殊群体，这种特殊群体往往被视为是内向、怪异、低能等特征的代言人，在课堂提问、座位安排和各种文体活动中，流动人口子女很容易被忽视。在中国城乡二元的体制作用下，农村人往往被城里人瞧不起，这对身在异乡且身心不健全的流动人口子女的成长来说是很不利的。

（四）乡—城流动人口子女的辍学及打工问题

流动人口子女虽跟随父母，但由于父母工作的流动性使得流动人口子女享受不到相对固定而完整的学校义务教育。[①] 有的流动人口子女是跨省市随着打工父母到新的地方的；还有一些是在同一城市，由于父母工作单位的变动导致租住房的变动，因而孩子的学校也要跟着变动，有的孩子甚至一年要变动几次。由此产生的一个问题就是长期的学习成绩不佳导致学

---

① 孙霄兵等：《义务教育的公正与利益——中外义务教育经济政策研究》，华东师范大学出版社 2011 年版。

生对自己失去信心,他们在这种情况下就容易产生辍学的念头。辍学之后,他们很容易早早地成为城市内打工者中的一员,而这对流动人口子女的身心健康是极为不利的。

(五) 乡—城流动人口子女心理层面的问题

流动人口子女随着自己的父母来到城市,也同样会产生一种孤独和寂寞的感觉,这些孩子难以接受连贯的义务教育。他们稚嫩的身心必须面对不断变化的环境,他们也会产生陌生与无奈的感觉。离开自己熟悉的家乡不仅仅是意味着生活环境的变化,而是意味着自己的同辈伙伴群体的消失,这对流动人口子女的成长构成严重的挑战。流动人口子女的父母迫于生计,他们没有更多的时间来照顾孩子,也没有机会深入地与自己的孩子沟通,长期缺乏关注的生活将导致流动人口子女产生自卑心理,对自己自暴自弃,自我约束能力不强、意志薄弱、心态较为封闭等。

(六) 乡—城流动人口子女义务教育财政分配不合理

目前,流动人口子女面临的义务教育财政问题主要是义务教育经费划拨方式的不合理。具体说来就是:一方面,从中央政府的义务教育拨款看,其拨款是以户籍为口径的,即统计拥有当地户籍并达到入学适龄的儿童的数量,这个数量就构成了义务教育管理部门下拨经费的标准。[1] 因此,对流动人口子女而言,其脱离了户籍所在地的学校之后,一方面减轻了其户籍地的地方政府负担义务教育经费的压力,同时也增加了流入地地方政府所负担的义务教育经费,这种义务教育统计及拨款方式使得流动人口子女成为义务教育的一个灰色地带。同时,从地方政府的义务教育投入看,由于乡—城流动人口子女在农村缴纳的义务教育附加费并没有根据农民工的就业流向在地区间转移,而流入地城市(区)政府从财政中划出的经费则专供辖区内拥有户籍的市民子女接受义务教育之用,使进入城市的大部分流动人口子女的义务教育面临没有义务教育投入的尴尬局面。[2]

---

[1] 蔡昉:《中国的二元经济与劳动力转移》,中国人民大学出版社 1990 年版。
[2] 杜越:《城市流动人口子女的基础义务教育》,浙江大学出版社 2010 年版。

四 对策建议

(一) 改革管理体制,降低乡—城流动人口子女城市教育融入的社会差异感

改变我国现行的义务教育管理体制,逐步尝试以居住地义务教育代替户籍地义务教育管理体制。改善现有的接纳乡—城流动人口子女入学的公立学校和打工子弟学校的办学条件和办学水平,使流动人口子女在教育资源上充分享有,在心理和情感上真正融入。简化流动人口子女入学手续,化解流动儿童入学难的问题。流动儿童入学难,难在手续烦琐。我国一些地方公办学校在接收流动儿童上学时,入学手续往往十分烦琐,这些烦琐的手续有时使流动儿童的父母望而却步。流入地教育管理机构和学校应以方便流动人口子女上学为宗旨,简化入学手续。现在有的地方实行的积分入学制度还是太烦琐、门槛太高。

(二) 各级政府逐步将常住人口全部纳入区域教育发展规划,将乡—城流动人口子女全部纳入财政保障范围

中央财政加大对各地的专项奖励力度,指导各地把专项奖励资金重点用于以接收随迁子女为主的公办学校和合格的民办学校,扩大公办学校的容量,鼓励社会力量办学,购买民办学校服务。建立省级财政与各级地方政府按比例负担的投入机制,建立和统筹管理使用乡—城流动人口子女教育经费专项基金,确保城(镇)区教育资源增长与城市化进程同步,以满足流动人口子女入学需求。各级流入地政府要根据乡—城流动人口子女的生源情况,规划建设义务教育学校,确保他们能够与城市学生一样就近入学。要建立与城镇化发展相适应的乡—城流动人口子女、农民工随迁子女教育经费分担与增长机制。流入地政府(教育行政部门)要加强管理手段创新,基本建成全国联网的中小学生学习信息管理系统。动态跟踪学生流动,全面及时掌握中小学生的准确情况,为确保随迁子女入学、加强教育经费监管、开展学生资助提供了支撑。比如,方便流动人口子女读书,江苏省可试行流动学生一卡通制度,由省教育行政部门统一设计下发学生流动绿卡,省外流入的学生可采用其他相似的办法加强管理。

(三) 学校要以活动为纽带缩小乡—城流动人口子女的社会距离感

通过举办各种主题活动和兴趣活动，促进流动人口子女与学校教师及同伴之间的交流，特别是针对公立学校的教师和学生，通过设计和举办一系列主题活动促进教师和本地学生对流动人口子女的了解和认同。同时要创造机会让流动人口子女展现自己的特长，拉近他们与学校的心理距离，达到良好的身心融入和融合。学校多开展集体活动，鼓励、吸引乡—城流动人口子女参加，让他们在活动中与他人进行合作与交流，逐步融入城市的学校生活。从公共管理的角度来讲，可以充分调动各类公共管理主体的积极性，参与到帮助乡—城流动人口子女提高社会融入性的实践中来。充分调动方方面面的力量，发挥各种社会公益机构、非政府组织的作用，对乡—城流动人口子女社会融入过程中出现的各种问题，提供专业的心理咨询和社会融入辅导服务。

(四) 借心理健康教育及社会支持化解乡—城流动人口子女学校融入的身份困境

针对部分有交往障碍和心理融入困难的学生，将心理健康教育的内容纳入学校教育活动当中。高度重视流动人口子女人格和心理发展未定性的年龄特征对于学校融入的作用，加强生命周期"上游干预"[1]的必要性和紧迫性，同时加强学校与社区、家庭的联系，形成以家庭、社区为核心的社会支持体系及支持网络，特别加强家庭作为社会支持重要因素在流动人口子女心理健康方面发挥的作用，促进以师生关系和同伴关系为核心的学校支持体系，借助一系列心理健康教育及社会支持网络淡化流动人口子女的身份差别，促进乡—城流动人口子女的学校融合。

(五) 发挥各方面作用，各种渠道帮助和关心乡—城流动人口子女的身心健康

流入地政府加强城市居民对待流动人口态度的引导，充分发挥新闻媒介的作用。一是要改变大众传媒对他们的消极负面的报道和宣传，消除误

---

[1] 郑新蓉：《流动、生计与身份——公共教育制度内外的农民工及子女》，北京师范大学首届教育社会学论坛，2007年11月。

解、促进沟通，可以设立流动人口专题，宣传流动人口对推进城市建设的巨大作用，挖掘流动人口工作生活中的感人事迹，与流动人口的生活现状的反差，引导大众关心关爱流动人口；二要对乡—城流动人口及其子女加强管理和引导，提升流动人口自身素质，以消除进城流动人口及其子女在市民心中的不良印象，消除市民对进城流动人口及其子女的歧视、排斥情绪，加大市民与进城流动人口及其子女之间的接触，从而创造有利于乡—城流动人口及其子女社会融入的社会氛围；三是针对他们课外技能、教育认同与社区参与等方面存在的不足，可以在流动人口居住密集地以社区为单位，设立免费或少许收费的活动中心或技能培训中心，加大社区活动对进城流动人口家庭的覆盖面，让流动人口子女课余时间也能培养自己的兴趣爱好、技能特长。

（六）提高家庭教育质量，发挥家庭在乡—城流动人口子女教育中的基础作用

针对当前乡—城流动人口子女家庭教育中父母作用较弱的情况，充分利用大众媒体资源深入宣传正确的家庭教育观念，传播成功的教育方法和经验。在电视台"关注流动人口"的节目中，邀请社会各界人士以及部分流动人口家庭一起对进城流动人口子女家庭教育进行探讨，以专题形式播出流动人口子女家教讲座等栏目；在流动人口较为集中的区域，以社区为形式，通过公共报刊栏对家庭教育知识进行宣传。此外，通过学校家长会等途径，树立家庭教育的先进典型，鼓励流动人口中优秀家长代表通过经验交流报告会引导其他家长总结家庭教育的经验教训，促进家长之间的相互学习交流，引导家长确立正确的家庭教育思想、观念、教育方式方法，平等地处理与孩子之间的关系。

流动人口自身也应意识到，在家庭教育中自身也应当担负一定的教育角色，教育的成败，关系到子女的成长以及未来。流动人口家长通过各种支持平台接受了家庭教育知识、理念与技能后，要使子女能体会到父母对他们的关心，经常与子女沟通，倾听他们的想法，建立与子女融洽的关系；二要平等对待子女，从自己的职业特点、家庭条件等实际情况出发，有意识地改善家庭环境，要关注孩子的学习，更要将家庭教育的重点放在形成良好学习态度、学习习惯和行为习惯，放在对孩子的优良品格和良好道德的培养上。

参考文献：

1. 苏敏：《我国流动儿童失学率高达 9.3%》，2004 年 5 月 14 日（http：//www.sina.com.cn.）。
2. 姚云：《农村留守儿童的问题及教育应对》，《教育理论与实践》2005 年第 4 期。
3. 周卢萍、余长秀：《城市家庭教育问题与青少年违法犯罪》，《青少年导刊》2002 年第 2 期。
4. 白文飞：《关于我国流动儿童问题的研究综述》，《阴山学刊》2007 年第 6 期。
5. 关颖：《青年流动人口如何对下一代负责——天津市青年流动人口子女家庭教育状况调查》，《青年研究》2002 年第 11 期。
6. 慈勤英、李芬：《流动儿童适龄子女弱势地位研究》，《青年研究》2002 年第 3 期。
7. 夏雪：《流动儿童子女教育问题研究综述》，《北京科技大学学报》2008 年第 9 期。
8. 王回澜：《城乡社会化环境对进城务工子女成长影响的研究》，《河北青年管理干部学院学报》2005 年第 4 期。
9. 史晓浩、王毅杰：《流动儿童社会化后果及其原因探析》，《河海大学学报》2007 年第 9 卷第 3 期。
10. 宋蓓：《农民工子女的城市融入》，《安徽教育学院学报》2006 年第 4 期。
11. 陈怀川：《农民工子女城市生活不良适应的社会学分析》，《兰州学刊》2005 年第 5 期。
12. 吴新慧：《关注流动人口子女的社会融入状况——社会排斥的视角》，《社会》2004 年第 9 期。
13. 任云霞：《社会排斥与流动儿童的城市适应的研究》，《陕西青年管理干部学院学报》2006 年第 1 期。
14. 宋雁慧：《当前我国流动人口子女的社会资本分析》，《民主与科学》2004 年第 4 期。
15. 徐丽敏：《农民工子女在城市教育过程中的社会融入研究》，《学术论坛》2010 年第 1 期。
16. 宋雁慧：《当前我国流动人口子女的社会资本分析》，《民主与科学》2004 年第 4 期。
17. 黄祖辉、许昆鹏：《农民工及其子女的教育问题与对策》，《浙江大学学报（人文社会科学版）》2006 年第 4 期。
18. 张人杰：《国外教育社会学基本文选》，华东师范大学出版社 1989 年版，第 193 页。
19. 何玲、李兵：《中国流动儿童政策分析》，《人口研究》2007 年第 3 期。

20. 易承志：《进城务工农民子女教育问题的政府治理》，《华中师范大学学报（人文社会科学版）》2007年第11期。

21. 胡莉、牟映雪：《进城民工子女教育问题的研究》，《重庆科技学院学报（社会科学版）》2009年第7期，第67页。

22. 金宇碧：《常州市流动儿童受教育状况的个案对象研究》，南京师范大学，2007年。

23. 李伟梁：《流动人口子女家庭教育问题研究》，华中师范大学，2003年。

24. 聂芬芬、王晨、郑灿平：《农民工子女受教育不公平现状及对策初探》，《中国建设教育》2008年第12期。

25. 杨素萍：《社会转型时期农民工子女教育问题探析》，《现代中小学教育》2004年第6期。

26. 孙玲红：《浅论转型时期流动人口子女的教育公平问题》，《教育科学》2001年第1期。

27. 祁型雨：《我国就近入学政策分析——兼谈对农民工子女就近入学权益的维护》，《教育科学研究》2010年第7期。

28. 田静、王洪武：《重庆市农民工子女教育问题与对策——以重庆市南岸区和奉节县为例》，《重庆工商大学学报（社会科学版）》2009年第2期。

29. 王宪阁：《民工子女教育如何走出困境——以苏州地区为例》，2009年12月31日/2011年10月（http：//rurc.suda.edu.cn/ar.aspx？AID=607）。

30. 中国农民工问题研究总报告起草组：《中国农民工问题研究总报告》，《改革》2006年第5期。

31. 杨润勇：《新背景下农民工子女教育问题的分析与建议》，《当代教育论坛》2009年第7期。

32. 范先佐：《民工子弟学校存在的问题及对策》，《教育导刊》2006年第1期。

33. 葛新斌：《"两为主"政策中的政府投入责任探析》，《教育发展研究》2009年第2期。

34. 袁连生：《农民工子女义务教育经费负担政策的理论、实践与改革》，《教育与经济》2010年第1期。

作者信息：
研究基地：江苏职业教育与终身教育研究基地
承担单位：江苏理工学院职业教育研究院
首席专家：夏东民、杨湘宁
课题负责人：庄西真
主要参加人员：李鸿、彭明成、杜立云、刘燕、李政

推进江苏文化与科技融合的
路径与政策举措

内容摘要： 科技创新既是文化的重要内容，更是文化的重要体现形式和载体。从全球范围来看，文化科技融合表现出了三大新动向：一是全民化的趋势；二是链条化趋势；三是品牌化趋势。从国际发展趋势及国家战略需求来看，江苏的科技文化融合一直在延续传统的发展路径，在新的发展背景下，还存在一定不足，瓶颈作用显著。因此，江苏必须营造有利于文化科技创新的环境，构建完整的政策支持机制；建立人才引培机制，完善人才的知识结构与创新能力；以企业为主体，建立产学研相结合的创新网络；通过积极开发关键产业和共性技术，提高整体创新水平。

从某种意义上来说，一部人类文化发展史就是一部科技进步史。造纸术和印刷术的发明与应用造就了新闻出版业，广播电视业的诞生源于无线电和电子技术的进步，而互联网这个"第四媒体"及其相关产业的勃兴更是得益于计算机及网络技术的发展和普及。随着科技进步和创新周期不断缩短，科技不再是一种辅助性的工具手段，而成为现代经济发展的重要依托。科技创新带来了社会生产方式和全球经济格局的重大变革，作为社会智力发展的一个重要方面，科技创新既是文化的重要内容，更是文化的重要体现形式和载体。在不断提高人类认识自然、改造自然的同时，也在不断完善人类的知识体系、创新人类的思维方式、丰富人类的精神世界。同时，还从文化的内容、形态、传播与影响等各个方面，不断推动文化的发展与演变，为文化的发展提供了不竭的原动力。

江苏作为中国现代化大业的先行军，当前正处在从"第一个率先"向"第二个率先"跨越的关键阶段，在新起点上推进"两个率先"，物质是基础,精神是导向,文化是灵魂,改革创新是动力。在新的形势下,依托江苏文化发展的现状,实现建设文化强省的战略目标,推动文化与科技的深度融合,培育新的文化产业增长点无疑成为亟待破解的重大课题。

一 世界文化科技融合的三大新动向

随着新的技术突破以及重大创新项目不断涌现,科技成果产业化的速度越来越快,科学技术的基础性和带动性作用越发显著,它将深刻地改变人类的生产和生活方式。从全球范围来看,文化科技融合表现出了三大新动向。

(一) 全民化趋势

促进文化与科技的融合,强化"政府的主导"作用固然重要,但如何通过改革体制创新机制广泛调动和激发企业、社会、全民的文化生产力和创造力,形成全面创作和参与热潮,提高文化与科技融合的活力和可持续性更为重要。2002年,新加坡政府公布"创意产业发展战略",把艺术、经济、科技结合起来,将新加坡建设成文艺复兴城市、全球文化和商业设计中心、世界媒体城。为落实这一战略,投入巨资分期实施了"艺术无处不在"(Arts Every Where)计划、"巧思妙想计划"(Design Singapore)、"艺术之旅计划"(Arts Tourism)、"知识新加坡计划"(Knowledge Singapore),鼓励和扶持私人企业和机构(private)从事文化创意活动,调动和扩大民众参与文化创意活动的积极性和参与面,形成新加坡特有的3P (Public, Private, People) 推动,3E (Every one, Every time, Every where) 参与的文化发展机制。为了提高中小动漫企业的市场竞争力,东京都政府与杉并区携手设立了"卡通中心"。该中心将具有保管和介绍日本国内的卡通作品、培养人才及研究等功能。该中心将配置高档的数字设备,以租赁等方式为大多数企业服务,使中小型制作公司能够顺利实现产品的数字化。

(二) 链条化趋势

在当今文化科技大发展的时代,科技成果转化为应用产品的速度不断加快，如何应用新的技术，创新传统文化产业，创造新内容的文化产品和服务，发展新兴文化业态，依然是文化和科技融合发展的新命题和重要攻坚点，同时，如何保证新业态持续健康地发展，"价值链条"的打造尤为重要。自1997年第一集问世的《哈利波特》已卖了2亿本，以数字特效制作的电影，首集在全球缔造5亿多美元的票房，一系列电玩游戏软件，销售也破数百万套；不仅让作者J. K. 罗琳的财富总额高达2.8亿英镑，超越英国女王，更创造出一个产值惊人的"哈利波特"品牌企业。2006年，东京动漫文化中心在秋叶原建成，成为日本产学研协作体制的基地，由东京新产业文化创作研究所经营。秋叶原成为东京尖端科技、媒体和新艺术的试验场和研发基地，形成产、学、研、销一体化的动漫产业集群，吸引全球消费者前往参观、消费，进一步延续动漫产业的本地价值链。同时也为东京的动漫产业提供更多的互补性产品。

（三）品牌化趋势

随着文化科技融合的产品越来越丰富，文化资源的多寡、优劣、开发利用强度仅仅决定了文化产品生产的前提，而有无现代技术作为支撑则决定着文化产品发展的前景与市场竞争力，尤其是文化与科技融合的品牌化趋势显著。新加坡政府充分发挥其东西文化交汇、资本科技发达、人才人流密集的优势，促进文化与科技的融合发展，打造了很多世界顶尖级的文化创意品牌项目，如填海建造的"新加坡综合娱乐城"、自然和人造的"滨海湾花园"、圣淘沙全球最大飞禽公园、由维加斯金沙集团建设的滨海湾综合娱乐城、由马来西亚云顶国际投资落成的圣淘沙综合娱乐城等，并创新设计在弹丸之地举办"世界一级方程式赛车"、举办"世界青年奥运会"等，打造出了动感城市、都市国家的品牌。洛杉矶好莱坞影视公司十分注重将电脑特技运用于影视制作中，实现了数码技术和表演艺术的完美结合，打造出了很多脍炙人口的作品，例如《泰坦尼克号》、《侏罗纪公园》、《指环王》等一系列具有高技术含量的电影，昭示着技术在越来越大的程度上影响着影视艺术的走向，也获得了丰厚的票房价值，2009年的《冰川时代3》、《2012》等票房也都超过5亿美元，其中十年磨一剑的《阿凡达》更是追求精品的典范。

二 江苏文化与科技融合发展的突出问题

多年来,江苏省一直高度重视科技创新对于文化产业发展的支撑引领作用,大力促进科学技术在文化领域的广泛应用,全省文化科技融合取得了较快发展。主要表现为:一是产业规模持续扩大,创新创意产品层出不穷。南京数码动漫创业园、常州运河五号创意产业孵化器、无锡江南工业设计园等26家高新技术类创意园区成为文化科技发展中的一道亮丽风景。二是园区基地等融合载体不断完善,融合环境不断优化。目前,全省已建成南京、苏州、无锡、常州4个国家级动画产业基地和昆山、张家港2个国家影视网络动漫实验园,其中苏州和无锡基地入选2012年度全国5大国家动画产业基地。常州市创意产业基地更是成功入选"全国首批16家国家级文化和科技融合示范基地"。三是资金扶持力度加大。江苏省政府2007年起设立江苏省文化产业引导资金,截止到2012年,已安排9.34亿元资金,累计支持738个项目,有力推动了全省文化产业持续快速发展。2013年上半年,全省39项重大文化科技融合关键项目获得省科技经费专项近3亿元支持。

综合来看,江苏省文化事业和文化产业发展得到了长足发展,文化科技创新能力不断增强。然而,从国际发展趋势及国家战略需求来看,江苏的科技文化融合一直在延续传统的发展路径,在新的发展背景下,还存在一定不足,瓶颈作用显著,主要表现为以下几方面。

(一)文化科技融合的体制政策不健全,落实不到位

政策是一个地区产业发展的重要风向标。近年来,为了提升文化产业大发展,推进文化与科技的融合,江苏颁布了众多产业扶持政策,如2010年,省政府又出台了《关于加快文化产业振兴若干政策的通知》等,但相对于北京、上海、浙江等地区,江苏省的文化与科技融合的扶持政策不足,主要表现为:一是针对文化与科技融合的专项政策、专项资金相对欠缺。从专项政策来看,2012年上海有针对性地出台了《上海推进文化和科技融合发展三年行动计划》,对文化科技融合提出了切实可行的政策建议,江苏在这方面还有待学习。从专项资金来看,部分省市除了设立专

项资金外，还将土地供给、税收优惠、人才激励等方面给予文化科技企业重点支持。如西安市设立了规模为3000万元的文化和科技融合专项基金，沈阳市设立了规模为4000万元的文化科技融合发展专项基金。二是政府的政策扶植只是一种前期的促进手段，关键是将文化产业政策与市场紧密结合起来。而江苏的文化产业政策恰恰是比较注重中长期规划，缺少产业实际操作的落实。例如上海在文化市场方面出台了较多的政策法规，主要侧重对娱乐场所的管理、规范——对营业性舞厅、音乐茶座、音乐餐厅的管理规范，以及对文化经营场所和营业性演出的管理，而江苏在此方面的政策处于"冷门"状态。文化与科技的融合需要多部门的通力合作，江苏的文化与科技融合的工作机制尚未建立，不仅造成对省委宣传部、省科技厅、省文化厅、省广电总局、省新闻出版局等部门政策资源的整合力度不够，也容易引起相关政策的落实在无人监管的情况下最后形同虚设。

（二）文化科技融合的复合人才欠缺，发展后劲不足

文化与科技的融合，需要一支既通晓高科技，又熟谙文化发展的高素质、复合型的人才队伍。主要表现在三方面：一是目前江苏尚未建立基于文化科技领域的人才认定办法，当前所采用的技术职称评定办法与文化科技领域人才的专业水平、产出成果等不相适应，不能有效引导文化领域人才的成长。二是当前文化科技人才的结构不合理。文化产业从业人员中行政类、专业艺术类人员所占比重过大，而经营管理类的综合型人员所占比重过低，数量偏少，文化从业人员在行业结构、知识结构、能力结构、年龄结构、学历结构等方面与北京、上海等地的差距都比较明显，尤其缺少国际知名的设计师、艺术家等具有重大影响力的领军人才。三是人才培养的后劲不足。目前各类高校中针对文化产业而设置的各类新兴专业大多处于起步阶段，尚未构建起契合文化产业发展需要的人才培养体系，由于课堂教学与实际脱节，培养出来的人才往往只懂得专业知识而不会实际运用。整体来看，江苏高校的文化人才培养点在全国处于第二梯队，在高层次人才培养上，差距甚大，江苏高校优秀的科教资源在这一层面没有得到充分的发挥。以文化产业管理本科教育为例，截至2010年，全国共有82所高校开设有本科文化产业综合管理专业，其中山东8所，上海、湖南各6所，而江苏仅有4所，不能有效地满足文化产业人才需求。

(三) 政府和企业科技投入不足,产品衍生能力弱

文化与科技的融合在江苏还刚刚处于初期发展阶段,必须有大量的政府投入,用于公共服务平台建设、推动产业链形成及补贴领军企业。虽然江苏省总体经济及文化创意产业在全国名列前茅,但从政府对文化事业的投入力度来看远不如国内其他文化创意产业发达地区。从相关省份文化类产业占财政支出的比例来看(图1),江苏省仅排名第六位,低于北京、浙江等地区。同时,文化与科技的融合,最重要的就是科技的支撑作用,科技经费投入不足,将直接导致科技水平发展受限。根据科学技术部发展计划司对全国各个地区的科技进步水平的综合分析,江苏的科技水平还远远低于北京、上海等地区(图2)。在现有的文化企业中,虽然江苏文化企业的生产能力较强,但具有研发、创意能力的企业仍比较少,企业的产品科技含量也不高,"有品无牌"的现象比较突出。虽然近年来江苏以新闻、出版、广电、文化艺术等传统文化为主的"核心层"比重下降,以网络文化、休闲娱乐、旅游文化、广告、会展及文化商务代理等为主的新兴文化产业"外围层"地位显著提升,但总体来说,创意类文化产业地位尚未超越传统文化产业。资料显示,140多家园区中多数集聚的是传统文化旅游类和工艺美术类企业,而以创意设计类为集聚对象的园区不到10%。

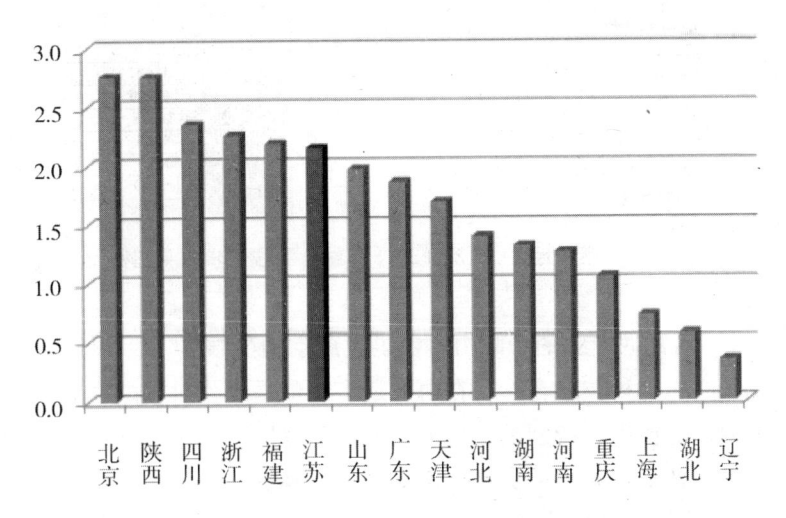

图1 2012年文化体育与传媒支出占公共财政预算支出比例(单位:%)

在全省4万家文化企业中，具有自主知识产权的企业不到100家，创新能力明显偏弱。直接影响到文化企业的产品衍生能力和产业链的生成。以动漫产业为例，其利润主要靠衍生产品，国际动漫产业利润的70%来自衍生产品，但江苏省目前还很难找出具备完整产业链的动漫企业。而周边的浙江，中南卡通的衍生产品种类从文具、玩具、童装，到幼教图书、点读笔，甚至糕点食品，带动培育了大量周边关联企业。

排名	地区	2012指数	排名	地区	2011指数
1	上海	82.18	1	上海	79.81
2	北京	80.39	2	北京	79.62
3	天津	75.08	3	天津	73.37
4	广东	70.89	4	广东	68.34
5	江苏	69.97	5	江苏	64.47
6	浙江	62.37	6	辽宁	58.36
7	辽宁	57.64	7	陕西	58.17
8	陕西	57.06	8	浙江	57.19
9	湖北	55.58	9	福建	56.35
10	山东	54.95	10	湖北	56.30
11	福建	53.50	11	山东	55.39
12	黑龙江	51.41	12	黑龙江	53.87
13	重庆	51.34	13	重庆	53.69
14	四川	48.88	14	吉林	48.53
15	吉林	46.25	15	四川	48.42
16	湖南	45.87	16	湖南	46.94
17	安徽	45.85	17	甘肃	46.34
18	内蒙古	42.89	18	内蒙古	45.35
19	山西	42.87	19	河北	45.11
20	宁夏	42.01	20	山西	44.58
21	甘肃	41.74	21	安徽	44.21
22	河南	41.18	22	青海	44.02
23	青海	40.68	23	新疆	43.02
24	河北	39.62	24	海南	42.06
25	江西	39.14	25	江西	41.81
26	新疆	38.12	26	河南	41.64
27	海南	37.05	27	宁夏	39.85
28	广西	36.44	28	广西	39.15
29	云南	36.11	29	云南	38.08
30	贵州	31.45	30	贵州	37.37
31	西藏	27.58	31	西藏	30.42

图2 不同地区2012和2011年综合科技进步水平指数

（四）对其他产业的影响力不够，发展空间受限

提到文化与科技融合，现在研究最多的就是文化科技融合对于文化产业发展的促进作用，特别是文化创意产业的发展。利用高新技术，建立和完善信息、技术、人才、交易、创业孵化、融资等公共服务平台，促进文化与科技的融合，提升文化产品的原创能力，培育出一批特色鲜明、创新能力强的文化科技企业，并进一步拓展文创企业的影响力。将科技创新渗透到文化产品创作、生产、传播、消费的各个层面和关键环节，成为文化产业发展的核心支撑和重要引擎。从文化与科技融合的广义上来理解，文化创意产业的发展仅仅是其中的一个方面，文化与科技融合是一种手段，通过发掘传统文化内涵，创新科学技术，有助于进一步改变生产方式，提升生产能力。因此，从江苏乃至国内关于文化与科技融合发展的研究来看，将文化科技融合的研究集中在文化创意产业方面，对于其他产业发展的意义容易被忽略，从而束缚了文化科技融合的发展空间和应用范围。例如，要想在原真性的基础上对文化遗产实施有效的保护，同样需要基于技术手段和文化融合，进行科学、合理有效的实施监测评估等。在旅游业的发展方面，不仅需要考虑不同地区的基础条件和文化资源的基础，对于现代信息技术和基础设施的利用同样重要。

三　江苏文化与科技融合的路径与政策举措

（一）江苏文化与科技融合发展路径

江苏文化与科技融合已步入"发展提升期"，加快发展文化与科技的融合发展，提高文化产业和相关产业的创新能力，必须充分认识文化发展与科技创新融合的重要性，文化和科技相互促进，将有力地促进文化创新发展。在实施路径上，要实现"四大转向"。

1. 融合理念从"脱离式"转向"嵌入式"

把文化与科技的融合嵌入城市经济和社会发展的肌体，促进不同文化相关行业之间的融合，使江苏进入"文化融入经济、经济体现文化、经济文化一体化"的互动高级发展阶段。建立健全产业融合发展的体制机制，优化产业融合发展的政策环境，促进文化与旅游、体育、信息、物流、工业、建筑、会展、商贸、休闲等行业融合，提高国民经济的文化附加值。支持各类企业加大文化与科技融合的研发投入，推动文化与科技的融合向其他产业延伸。

2. 产业政策由"初级扶持"转向"深度推进"

在土地、资源、劳动力等生产要素基本可以自由流动的今天，制度、政策环境是决定国家（或地区）竞争力的关键因素。文化产业大发展、大繁荣，需要思想大解放、政策大开放。坚持用政策引路、政策推动、政策保障，促进产业政策逐步由单一、零散的倾斜性初级扶持，过渡到维护市场竞争秩序、促进产业结构优化、集约化的深度推进，实现由赶超型产业政策向功能型赶超政策的提升。

3. 人才培育从"单一化"转向"多样化"

大批量创新人才的培育是文化与科技融合发展的关键。世界银行的研究表明：依靠自然资源的国家或地区比依靠人力资源开发的国家或地区经济增长速度低几十倍。加快江苏文化与科技的融合发展，既要有一批大师级人物、一大批专家，也需要有与之配套的专业人才，更需要一大批的能工巧匠和民间人才。因此，应努力造就百名文化领军人才、千名重点文化人才，使江苏成为更富吸引力、更具创造活力的文化人才聚集地。

4. 文化产品从"加工型"转向"原创型"

创新是文化产品的核心竞争力。原创能力不足，就难以生产自主产品，企业也就难以做大做强。因此，进一步强化企业的主体地位，促进大数据、互联网和信息通信技术与文化内容、创意设计等充分融合，不断推进文化内容形式和方法手段的创新；加强核心技术攻关，不断提升文化的原创能力，抢占文化发展制高点，增强文化产品的时代感和吸引力，提高文化产业的核心竞争力。

（二）江苏文化与科技融合亟待政策推进

随着科学技术的飞速发展，以信息化、数字化、网络化为代表的高新科技日益成为国家文化创新的重要推动力。科技与文化的融合不仅对文化内容、文化载体、传播手段、创作方式、生产模式等具有积极影响和创新支持，而且对于增强相关产业的竞争力、提升国家文化软实力具有重要的战略意义。要全面促进文化与高科技的融合，我国也必须建立和完善相关的政策机制。

1. 营造有利于文化科技创新的环境，构建完整的政策支持机制

就目前而言，推进文化与科技融合的主力仍然以政府导向为主，这就要求政府制定一套完整的发展战略并完善与之配套的政策支撑体系。首先，要加大文化与科技融合的扶持力度，出台文化与科技融合的专项政策，探索文化与科技融合路径，建立文化科技创新体系，制定促进文化科技融合发展的经济政策，在土地使用、税费减免、资金投入、人才引进等方面予以支持，全面提升文化科技创新能力。其次，建立文化与科技融合

的政策落实机制。支持文化与科技融合的政策应与市场紧密结合，而不仅仅是制定一系列中长期的规划。在政策的制定过程中，注重采取解释、宣传、实验、协调与控制等各种方法，将政策观念的内容转化为实际效果，制定出具体的政策实施方案，不仅要强调政策的推进，更要注重政策与市场的接轨和落实。最后，成立省文化科技创新工程协调组织，由省委宣传部、省科技厅牵头，省文化厅、省广电局、省新闻出版局等部门共同参与，建立部门协调机制，加强文化与科技主管部门之间的协调与互动。同时将文化科技融合的发展阶段、发展目标、实施措施、资金保障、文化科技企业考核评估等工作纳入正常的工作日程，在促进文化科技快速融合发展的同时，进行有效的监督和管理，进一步健全文化科技跨部门合作发展新机制，形成有利于文化科技融合发展的工作体系。

2. 建立人才引培机制，完善人才的知识结构与创新能力

科技是第一生产力，而人力资源是实现科技创新的主体。作为文化与高新科技紧密联系的领域，对人才的知识结构与创新能力有着特殊的要求。文化与科技融合背景下的新型人才不仅需要具备专业能力和管理能力，还需要具备创新能力和对新事物的接受学习能力。首先，对于高层次的人才要注重引进和交流。可以通过实施"金陵文化名家工程"，加大对文化科技高层次人才培养引进工作力度。同时，建立好人才交流平台，加强国际交流合作，可以从国外引进文化科技方面的领军人才，把江苏建设成为文化与科技融合的人才高地。其次，加强文化科技复合型人才培养，形成一批具有科技与文化融合创新能力的复合型人才队伍。加强政府、高校、企业、社会在人才培养与需求上的沟通衔接。通过委托课题、共建产学研基地等方式，引导高校专业建设对接社会的人才需求。最后，探索建立文化科技融合的新业态人才职称评定和职业资格认证机制，开展动漫网游等文化科技领域的职称评定和职业资格认证工作。对做出突出贡献的高层次文化科技人才，经有关程序可破格参加高级专业技术职称评定，不受学历、资历等要求；申报专业技术资格时不受单位性质的限制，而公益性文化科技事业单位急需引进紧缺的高层次人才，可按有关规定设置特设岗位，自主聘用。

3. 以企业为主体，建立产学研相结合的创新网络

促进文化与科技的融合，最终要落实在载体建设和产业链上，健全以企业为主体、市场为导向、产学研相结合的文化技术创新网络，培育一批

特色鲜明、创新能力强的文化科技企业,支持文化与科技相互融合的产学研战略联盟和公共服务平台建设。以基地为依托、项目为载体,促进文化与科技融合发展。首先,注重依托国家高新技术园区、国家可持续发展实验区等建立国家级文化和科技融合示范基地,把重大文化科技项目纳入国家相关科技发展规划和计划,促进文化与科技创新资源与要素互动衔接、协同创新。凝聚政府、园区管理者、中介咨询机构等各方力量,不断完善示范基地创新服务和政策体系环境。着力打造文化科技发展所需的技术服务、产权保护、成果交易、活动展示、金融投资等各类平台,为文化科技融合发展构建良好的环境。其次,要积极实施项目拉动,重点建设和引进一批具有示范性和导向性的重点文化产业项目,培育一批创新能力强,有实力参与国际竞争的大型文化企业,在关键领域形成具有自主知识产权的核心专利和技术标准。要特别重视中小企业的创新力量,通过引入风险投资基金等手段,扶持一批具有较强竞争能力、创新能力的中小企业。建立产业、科研机构与政府间的合作网络,提升产学研合作机会,通过合作方案、人力资源培养等方式,促进科技成果向文化领域转化。形成具有产品设计开发、研究咨询、内容制作、系统集成、营销策划、消费与售后服务等产业链完备的"文化与科技融合"示范园区。

4. 通过积极开发关键产业和共性技术,提高整体创新水平

在关键技术的开发层面上,着重聚焦文化创意产业,以实施文化科技融合关键技术为突破口,逐渐将文化与科技融合的关键技术向文化遗产保护、文化旅游业的提升等方面延伸,推动一批共性技术和关键技术在全省统一标准的基础上,争取成为国家标准和全国技术服务中心。聚焦主要文化产业形态,有针对性地突破文化产品生产、传播、消费等环节的关键技术和集成应用技术,重点开发数字动漫制作、数字音视频和高清影视制作、下一代广播电视网、网络出版、语义智能搜索等关键技术,加强研发文化领域具有自主知识产权的软件、技术标准、关键元器件和装备,推动若干重大文化科技成果实现产业化。通过重大攻关项目,把科技创新的力量整合起来,发挥企业技术开发中心、国家重点实验室的作用,建立与科技界和企业的技术联盟,瞄准世界文化科技发展的战略前沿,加强数字技术的研究,提高文化生产、文化服务领域中装备技术和制造技术的水平。积极利用高科技和先进技术改造传统文化行业,促进高科技成果的应用,

集中开发和推广一批关键性和配套性技术,突破制约产业发展的技术瓶颈,促进传统文化产业的技术改造和升级。例如,以"技术工程"、"技术群攻关"为主要内容来带动文化事业与文化产业的技术进步和整体创新水平。

参考文献:

1. 叶南客、李程骅:《中国城市发展:转型与创新》,人民出版社 2011 年版。
2. 李程骅:《城市论衡》,中国建筑工业出版社 2013 年版。
3. 厉无畏等:《创意产业:转变经济发展方式的策动力》,上海社会科学院出版社 2008 年版。
4. 祁述裕、刘琳:《文化与科技融合引领文化产业发展》,《国家行政学院学报》2011 年第 6 期。
5. 方卿:《加快文化科技创新推动文化产业发展》,《出版科学》2012 年第 4 期。
6. 周学政:《我国创意产业发展模式比较研究》,《学术论坛》2010 年第 7 期。
7. 谭希培、蒋作华:《文化发展新动力:文化与科技融合创新》,《社科纵横》2013 年第 7 期。
8. 《科技与文化融合:文化繁荣发展必由之路——访上海交通大学校长张杰》,《光明日报》2012 年 3 月 18 日。
9. 刘玮:《科技创新与文化产业增长规律探析》,《湖北行政学院学报》2008 年第 1 期。
10. 汪波:《发挥高科技对文化产业的引擎作用》,《光明日报》2011 年 7 月 3 日。
11. 陈少峰:《以文化和科技融合促进文化产业发展模式转型研究》,《同济大学学报(社会科学版)》2013 年第 1 期。
12. 周振华:《产业融合:产业发展及经济增长的新动力》,《中国工业经济》2003 年第 4 期。
13. 李怀亮:《创意产业园区建设与国际化的符号价值》,中国文化产业网。
14. 金元浦:《从文化产业到数字内容产业》,《今日中国论坛》2005 年第 12 期。
15. 张京成:《科技支撑是文化创意产业走好走远的动力保障》,《科技智囊》2013 年第 3 期。
16. 向勇:《文化与科技融合发展的历史演进关键问题》,《现代传播(中国传媒大学学报)》2013 年第 1 期。
17. 谢名家:《文化产业的时代审视》,人民出版社 2002 年版。
18. 蔡尚伟等:《文化产业导论》,复旦大学出版社 2006 年版。

作者信息：

研究基地：江苏文化强省建设研究基地
承担单位：南京市社科院
首席专家：叶南客、金元浦、方标军
课题负责人：叶南客
主要参加人员：谭志云、李惠芬、付启元、王聪

文化与艺术

"十二五"中期江苏文化强省建设的新进程、新挑战与新对策

内容提要：文化强省建设是一个动态过程。评估这一进程的成效、问题，是指引今后建设的重要手段。课题组建立了评估指标体系，通过一些对标省份比较发现，"十二五"时期，江苏在体制文化体制改革、地域精神、政策制度、精品创作、文化生产与文化服务等方面取得了巨大成效。但是，江苏的文化影响力偏弱。在新的政策环境下，江苏应该以"文化现代化、文化国际化、文化融合化与文化生态化"为目标，建设高质量与高效率、高文化素养与高文明水平、具有长远发展策略与发展潜力的文化强省。

早在20世纪90年代，江苏就提出了建设"与经济发展相适应的文化大省"的战略目标。2007年，江苏提出建设"文化事业强、文化产业强、文化人才队伍强"的文化强省建设目标。2011年，江苏又提出了"文化凝聚和引领力强、文化事业和产业强、文化人才队伍强"的文化强省建设目标。"十二五"初期，江苏又提出了文化发展"六个显著提升"的具体目标，即文化凝聚引领能力显著提升、文化惠民服务能力显著提升、文化创作生产能力显著提升、文化产业竞争能力显著提升、文化改革创新能力显著提升、文化队伍建设能力显著提升。2012年，更是提出了2015年基本建成文化强省的战略目标。在战略目标指引下，江苏省又出台了"八项工程"等举措，推动文化强省建设。

时至今日，"十二五"也已过去一半，江苏的"文化强省"建设进展到了什么程度？社会环境的变化对"文化强省"建设提出了什么新要求？下一步"文化强省"建设的核心在哪里？对这些问题的解答，需要对"十

二五"以来江苏的文化强省建设进行评估分析与预测。

一 "十二五"以来江苏文化强省铿锵前行

(一) 政策保障的"江苏力度"强劲驱动

正确与合理的文化政策，是一个区域文化闪耀全国乃至世界舞台的强劲驱动力。"十二五"以来，江苏出台了《江苏省"十二五"文化发展规划》、《江苏省"十二五"文化产业发展规划》、《江苏省"十二五"培育和发展战略性新兴产业规划》等一系列全省文化改革、繁荣发展的总方向政策；出台了《江苏省"十二五"人才发展规划》、《江苏省农村公共文化服务管理办法》、《江苏省关于加强文化科技创新的意见》、《关于金融支持文化产业发展的若干意见》等支持总方向发展的配套政策等。与此同时，各地级市也纷纷出台系列文化发展政策，如仅南京市2012年一年就出台了《关于加快文化建设，提升文化实力，打造独具魅力的人文都市和世界历史文化名城的决定》等20部文化政策，充分显示了政策保障的江苏力度。

(二) 地域精神的"江苏印象"引领新征程

区域精神对于展示当代江苏人的新形象，推动江苏新一轮发展，具有鲜明的时代特征和重要的指导意义。省委十一届十二次全会确定新时期江苏精神为"创业创新创优，争先领先率先"，该精神被正式写进了省第十二次党代会报告。从"三创"到"三创三先"，江苏精神得到了一次深入拓展，成为引导和鼓舞江苏人民开创科学发展新局面的强大精神动力。"十二五"以来，江苏涌现了一大批道德建设的先进典型、创业先进模范，给全国人民留下了"文化凝聚人心、精神引领风尚"的印象。而且，江苏人在"示范"过程中始终保持着自省，在《中共江苏省委关于贯彻落实党的十七届六中全会〈决定〉实施文化建设工程的意见》中明确要求，"引导干部群众始终保持与时俱进、开拓创新的精神状态，永不自满、永不僵化、永不停滞"。"三不"体现了江苏精神的新要求，成为了全国瞩目的关键所在。

（三）体制改革的"江苏经验"谱写新篇章

近年来，尤其是"十二五"以来，江苏文化体制改革的"江苏经验"受到了全国瞩目，形成了文明全国的"江苏"经验。改革激发了江苏的文化活力，凸显了改革的乘数效应。如省演艺集团率先打破"铁饭碗"，在全国率先实行省一级院团整体转企改制。2012年，省演艺集团经营收入达1.63亿元，是改革前的21.4倍；演出场次近几年始终保持每年5000场以上，是改革前的3倍。乘着改革的东风，一批龙头文化集团不断发展壮大，成为文化市场的主导力量，如凤凰出版传媒集团成为全国第一家资产、销售收入达"双百亿元"的出版传媒集团；省广播电视信息网络股份有限公司目前用户数全国第一。

（四）精品生产的"江苏现象"瞩目全国

近年实施的精品战略，托举起了一座座艺术的丰碑，形成了瞩目全国的精品生产"江苏现象"。2011年，江苏作家毕飞宇的小说《推拿》荣获茅盾文学奖，填补了此项大奖在江苏历史上的空白；2012年6月，电视剧《我们的法兰西岁月》在央视一套黄金时段热播；在2012年全国第十二届精神文明建设"五个一工程"评选中，电视剧《我们的法兰西岁月》、《誓言今生》，电影《秋之白华》、《辛亥革命》，舞剧《秀娘》，歌曲《如意东方》等一大批江苏作品荣登金榜，获奖数量居全国第二位。

（五）文化服务的"江苏模式"示范全国

社会的文明进步，必然是物质财富和精神文化的共同进步。江苏的公共文化服务体系建设，一直走在全国的前列，培育了一批带动性、导向性强的公共文化服务创新典型。如张家港开创的"网格化"公共文化服务模式引起了全国关注。江苏的文化遗产保护工作也走在全国前列，如江苏在全国率先出台了《江苏省文物保护条例》、《江苏省非物质文化遗产保护条例》、《江苏省历史文化名城名镇保护条例》，有立法权的地级市均出台了文化遗产保护地方性法规。时至今日，江苏的公共文化服务开始进行转型，由重设施建设开始向人的现代化转型，并实现自我提档升级。

综上所述，"十二五"时期，江苏文化发展运行正常，进展健康有序，大部分指标已完成既定时序目标。

二 江苏"文化强省"建设成效省际比较分析

"文化强省"是一个内涵丰富、与时俱进、可持续发展的动态概念。文化强省的"强",从相对性来讲,它是一个比较概念,通过与标杆省份的横向比较、与自身发展状况的纵向比较来衡量,代表了一种目标、状态和境界;从绝对性来讲,指的是依靠特定的方式,对文化发展的各种要素进行配置,将区域文化建设的各方面做大、做强、做优,形成文化自觉和文化自信;从动态性来讲,指的是文化让区域变强,强调的是过程、举措;从静态性来讲,则指的是文化强大的区域,强调的是一种结果。因此,文化强省不仅是自我认同的强省,更是他者认同的强省。有鉴于此,我们构建了一个"文化强省"进程评估对比指标体系,将其放在全国这一视角,对其"十二五"中期"文化强省"建设进行了测评。

(一)"文化强省"省际比较评估体系构建

文化强省是一个渐进的发展过程,目前理论界尚未有权威的、统一的定义,更缺乏一个具体的、可以量化的标准。"十二五"中期评估则是一个有着明确时序概念、发展目标的阶段性发展评估。

课题组以文化强省内涵为根基,以国内"文化强省"建设及江苏"十二五"文化发展规划目标为测量基准,从指标的信度、效度、相关性和合法性等维度,借鉴学术界、政界等对文化强省的衡量经验,并结合江苏自身文化建设的实际情况,从文化产业、文化服务、文化传承、文化消费、文化辐射、文化凝聚、文化人才等角度,选取了文化产业增加值占比、国家级文化园区数、城镇居民文化消费支出占生活消费支出比、文化体育与传媒支出占全部财政支出比、公共图书馆人均藏书量、万人博物馆拥有率、"五个一"工程获奖数、平均受教育年限、每万人拥有在校大学生数、文化遗产得分等指标,构建了文化强省对比评估体系。[①] 并依据江苏自身的发展实际和发展目标、国内发达地区的文化建设情况,设立了

[①] 对于社会主义核心价值体系等指标,由于难以进行量化,故本研究中只是进行了定性分析,而没有进行定量评估。

2015年的对标省份文化强省建设发展目标。见表1。

表1　　　　　　　　　　文化强省省际比较评估体系

一级指标	二级指标	三级指标	2015年目标值
文化服务与文化传承	文化服务	文化体育与传媒支出占全部财政支出比（%）	2.5
		每百万人公共图书馆占有量（个）	2
	文化传承	每百万人博物馆拥有量（个）	5
		文化遗产得分	700
文化生产与文化消费	文化生产	文化产业增加值占GDP比（%）	6
		文化体育和娱乐业从业人员占总就业人数比（%）	2
		国家级文化产业园区（基地）数量（个）	20
	文化消费	居民文化消费系数（%）	15
		每百人文化耐用品拥有量（台）①	100
		互联网普及率（户/千人）	60
文化辐射与文化凝聚	文化凝聚	全国文明城市（区、县）数量（个）	120
		全国爱国主义教育示范基地数（个）	20
		"五个一"工程获奖数（个）	10
	文化辐射	年国际文化交流人数（万人次）	1500
		人均国际旅游收入（美元）	500
文化人才	文化人才	每万人中在校大学生数（个）	200
		平均受教育年限（年）	12

课题组认为，文化强省是一个较长时期的发展过程，其指标值反映了某一区域在某一时间段内的发展状态，这也为其下一阶段的发展找到了新

---

①　由于统计数据的可得性，本指标体系中每百人文化用品拥有量用"每百人家庭电脑拥有量"代替。

的方向。据此,当综合指数 $Z \geq 70$ 时为高水平的文化强省;当综合指数为 $60 \leq Z < 70$ 时,为较高水平文化强省;当综合指数为 $56 \leq Z < 60$ 时,为中等水平文化强省;当综合指数 $Z < 56$ 时,为低水平文化强省。总指数值愈高,文化强省水平就愈高,反之愈低。

(二) 江苏文化强省建设综合指数位列全国第二方阵

资料显示,截至目前,全国已有2/3的省份提出了建设文化大省或文化强省目标。在本研究中,基于数据的完整性、可获得性等原则,选取了我国部分省份和直辖市与江苏文化强省建设进行对标分析,它们分别是北京、上海[①] 江苏、广东、浙江、山东、辽宁、湖南、湖北、河南、天津、重庆、陕西、四川、河北、福建等16个省份和直辖市。定量分析显示,与对标省份相比,江苏省文化强省建设综合指数较高,但距离建设一流的"文化强省"还有一定差距。具体而言:

2012年,对标省份中,文化强省建设发展状况分层明显,综合指数分别为北京79.96、陕西65.36、广东65.30、江苏63.01、浙江61.76、福建58.66、天津58.45、山东57.26、上海56.77、四川55.62、河北55.08、湖南54.26、辽宁52.45、河南50.93、湖北50.82、重庆43.28。课题组研究认为,北京处于第一层级,是高水平的文化强省建设;陕西、广东、江苏、浙江位于第二层级,处于较高水平的文化强省建设状态。这四个省市发展水平较为接近,完成预期目标相对容易。福建、天津、山东、上海处于第三层级,为中等文化强省建设水平,完成文化强省建设目标存在一定难度。四川、河北、湖南、辽宁、河南、湖北、重庆处于第四层级,为较低水平文化强省建设水平,完成预期目标较为困难。见图1。

就文化强省建设实现度而言,对照2015年目标值,广东的文化强省建设实现度排在第一位,为88.25%;浙江第二,为81.85%。实现度超过70的区域有:北京75.91%、上海72.57%;实现度处于60—70之间的有:江苏67.18%、陕西66.48%、福建64.4%、山东62.07%;实现度低于60的省份有:辽宁、湖南、湖北、河南、天津、重庆、四川、河北。

---

① 北京、上海虽然没有提出文化强省(市)建设目标,而是分别提出了打造国际文化名城、国际文化大都市等口号并已做出相应部署。但它们实际上本身就是在立足于文化强省的基础上提出的目标。而且,它们的新目标为国内提出文化强省建设的城市发展设定了一个新的视野。因此,本研究将其纳入了对标省市。

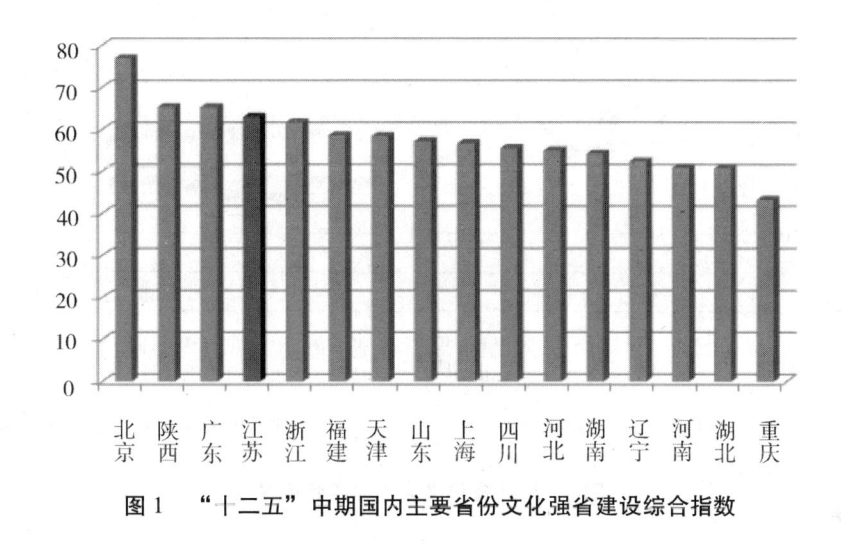

图1 "十二五"中期国内主要省份文化强省建设综合指数

由此可见，与广东、北京等地区相比，作为经济大省、历史文化名城最多省份的江苏，在文化强省建设上还有一定差距。要实现"十二五"发展目标，任务还很艰巨。

（三）文化人才与文化消费仍是江苏的传统优势

江苏的文化人才、文化资源等指标在全国处于前列。研究发现，与北京等对标区域相比，江苏的文化强省17指数强项主要表现为：每万人在校大学生数、万人博物馆拥有率、全国爱国主义教育示范基地、文化消费、每万人居民文化耐用品拥有量5项指标。

文化人才是一个地区建设、实现文化强省之基。自古以来，江苏地区不仅人才辈出，还培育、吸引了众多的文化人才。每个公民都有享受教育的权利，一个地区人均受教育年限越长，该区域居民享受教育的机会相对较多，也就越能培育更多的文化人才，反映了该地区居民的整体文化素质。每万人拥有人才数则反映了一个地区的文化创新能力。数据显示，江苏在这方面优势明显。以每万人中在校大学生指标而言，2011年，江苏省的每万人在校大学生数位列对标地区第四。再如平均受教育年限，2011年，江苏的该指标值为10，位列对标城市第四，仅次于北京、上海、天津。见图2。

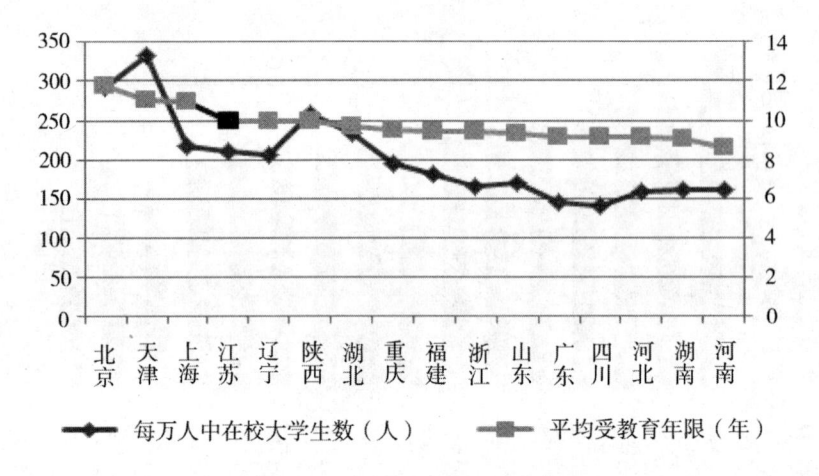

图2 对标省份文化人才实际情况

江苏的文化人才建设在全国处于前列,与该地区居民历来良好的文化消费习惯有着密不可分的关系。长期以来,该地区的居民形成了较好的文化消费基础。数据显示,2005年以来,在对标地区中,江苏省的城镇居民文化消费绝对值呈不断上升态势,由2005年的第六名,逐渐上升为2011年的第四名。江苏省城镇居民的文化消费指数也大大高于全国平均水平。如2011年,江苏省城镇居民文化消费绝对值为2695.52元,是全国平均水平(1680)的1.6倍。见图3。

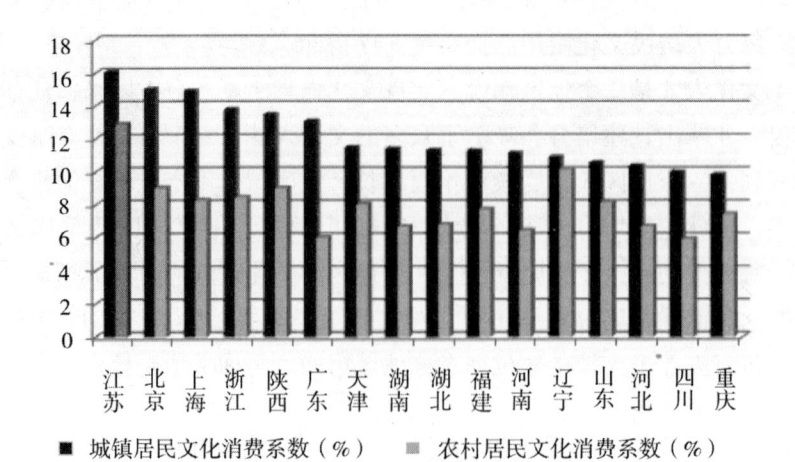

图3 2011年江苏与对标省份文化消费情况

文化消费绝对值固然显示了民众的文化消费水平随着经济社会发展的变化而变化的情况，文化消费支出占生活消费支出比例则显示了民众的文化消费水平和消费意愿。2007年以来，江苏城镇居民文化消费比例稳居对标省市第一，2011年进一步上扬，达16.06%。

江苏的人才优势，与长期以来注重百姓的价值观教育也有着密切关联。近年来，江苏一直都非常重视江苏精神的塑造和推广，并将其作为社会主义核心价值体系重要的实践过程，作为提升省域竞争力的重要举措。建设全国爱国主义教育基地，从娃娃抓起就是塑造江苏精神的重要举措。数据显示，江苏拥有19个全国爱国主义教育基地，高于北京、上海等地区，在对标省份中与湖南并列第一。目前该指标已提前完成"十二五"指标任务。见图4。

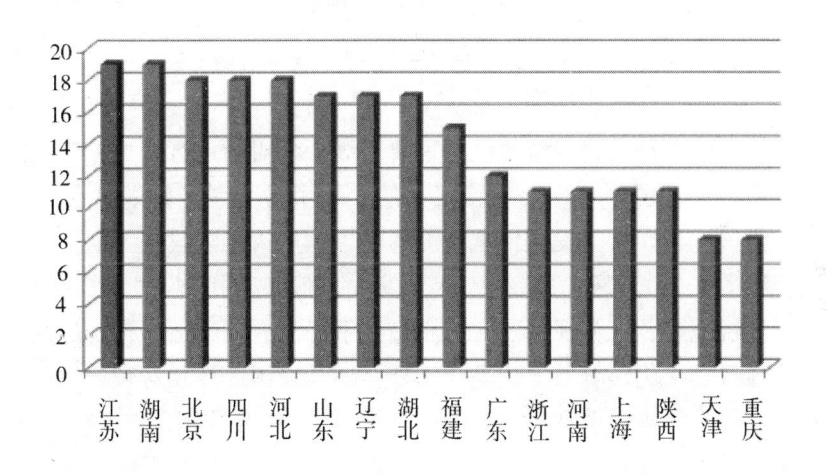

图4　2012年江苏与对标省份爱国教育示范基地数比较

文艺作品国家舞台艺术精品工程或"五个一"工程获奖数，反映了一个地区的文化艺术创作能力，江苏省在这一方面表现出了蓬勃发展的态势。数据显示，在2009—2012年的第十二届全国"五个一"工程奖中，江苏有9个作品获奖，仅次于北京的10个作品，位列全国第二。见图5。

（四）江苏文化影响力亟待提升

研究发现，江苏文化强省建设在传统文化指标上占有一定优势，但在文化影响力等指标上，则显得较为薄弱。主要表现为国际旅游人次数、人均国际旅游创汇收入等指标处于绝对劣势。

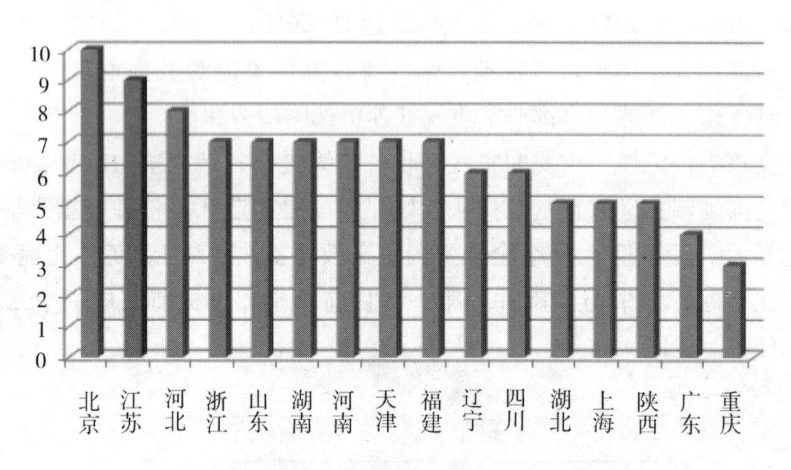

图5 2009—2012年"五个一"工程获奖数比较

文化影响力是文化强省建设的重要一级。与对标地区相比，江苏的文化影响力相对为弱。不可否认，江苏的文化资源异常丰厚、文化人才辈出，这是该地长期文化发展传承积淀的结果，后人无法改变。但在现代社会，传统的文化资源要适应现代社会发展，就必须找到与之适应的契合点。但发展至今，江苏深厚的文化底蕴似乎并没有找到适合自身的这一关键点，导致其文化影响力无论是在国外，还是在国内均相对较弱。以国际旅游人次和人均旅游创收收入为例，2012年，江苏的国际旅游人次和人均旅游创收收入分别为791.51万人次和79.55美元，尤其是人均国际旅游收入指标，大大低于广东（688.90美元）、浙江（335.18美元）、福建（97.11美元）等地区水平，离目标值还有很大的差距。见图6。

综上分析，江苏省要建设文化强省的"十二五"目标还存在较大的挑战，如何应对这些挑战，将是江苏未来一段时间文化强省建设的重点和难点。在未来的奋斗中，江苏不仅要在指标数量上实现目标，更重要的是在质量上有质的飞跃。如虽然江苏百万人拥有博物馆率指标完成率较高，但江苏的博物馆在档次上还有很大提升空间，从国家级博物馆的拥有量已看出与文化强省的差距。资料显示，截至2012年，江苏省博物馆264家，其中国家一级博物馆仅有5家，分别为南京博物院、侵华日军南京大屠杀遇难同胞纪念馆、南通博物苑、苏州博物馆、扬州博物馆，占博物馆数量的1.9%，而2009年伦敦、纽约、巴黎、东京等地区的国家级博物馆比例就分别达到了11.9%、15.8%、12.1%、10.1%，江苏在博物馆的建设上还有待进一步提高国际影响力，打造自己的文化品牌。

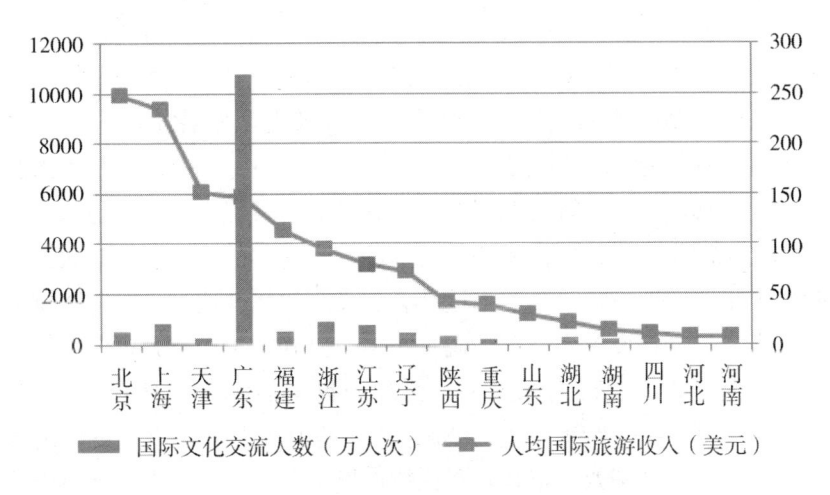

图6 2012年间相关省市文化影响力实现度

三 江苏"文化强省"建设面临新挑战与新趋势

党的十八大报告提出了坚持中国特色社会主义文化发展道路、"扎实推进社会主义文化强国建设"的战略任务，吹响了新一轮战略机遇期中国文化发展的进军号，为进一步推动文化科学发展提供了新的动力。"十二五"期间，"新三强"目标的提出、江苏省文化工程的实施，与文化部、国家文物局《关于加快推进江苏文化强省建设的合作协议》的签署，《苏南现代化建设示范区规划》的实施、"美丽中国·精彩江苏"的打造，既是建设文化强省的精神动力和支撑条件，也是建设文化强省的重要内容和重要途径，同时也给江苏"文化强省"建设带来了新的机遇与挑战。

（一）党的十八大对文化建设提出了新要求

党的十八大报告在全面阐述中国特色社会主义、强调全面建成小康社会、全面深化改革开放的框架中，提出了"文化软实力显著增强"的文化建设目标，专门阐述、部署了扎实推进社会主义文化强国建设发展战略，为当前与今后一段时期文化改革发展提供了指引和遵循。首先，党的十八大报告把文化建设提升到了新高度。全面建成小康社会，实现中华民族伟大复兴，必须推动社会主义文化大发展大繁荣，兴起社会主义文化建设新高潮，提高国家文化软实力，发挥文化引领风尚、教育人民、服务社会、推动发展的作用，这是十八大报告在十七届六中全会《中共中央关于深化文化体制改革推进社会主义文化大发展大繁荣若干重大问题的决定》基础上对文化建设树立的新高度。它标志着中国共产党对文化的本质、属性、功能的全面理解和把握，尤其是对社会主义市场经济条件下如何发挥文化的作用做出了高屋建瓴的理论引导。其次，党的十八大报告为文化发展指明了新方向。扎实推进社会主义文化强国建设，必须坚持中国特色社会主义文化发展道路，关键是增强全民族文化创造力；要建设面向现代化、面向世界、面向未来的，民族的科学的大众的社会主义文化。"一个必须"、"一个关键"、"三个面向"，是十八大对文化建设提出的新方向。最后，党的十八大报告对文化建设提出了新要求。十八大报告从四个方面提出了新要求，即加强社会主义核心价值体系建设、全面提高公民道德素质、丰富人民精神文化生活、增强文化整体实力和竞争力。相比于十六大以来党的代表大会及全会报告，十八大报告更加鲜明地凸显了党领导、指导、引导文化建设的战略思想。这四个方面涵盖了文化建设在国际、国家、社会、个人各层面，更重要的是凝练了各层面的工作重心。这一政策的颁布，为江苏文化强省建设提供了新的精神指引方向和提出了新的发展要求。

（二）规划新蓝图为文化强省注入新内涵

"十二五"时期，是江苏文化强省建设的关键时期。在"美丽中国"建设任务指引下，江苏开始着力打造"美好江苏"。这一目标的提出，为文化强省建设注入了新内涵。全社会对文化建设都提出了新的要求。如在现代化指标中，进一步增加了文化建设的比重，对居民文明素质提出了具体的量化指标，强化了文化工作的刚性考核任务；江苏文化系统则提出了"精彩江苏"的目标。这表明文化强省建设不仅要文化民生，让人们享受文化建设成果，更要在内容提供的丰富度上有所提升；不仅要凝聚民众力量与意志，更要努力让每一个人生活上富足、精神上充足、心态上知足，满足人民对美好生活的向往，打造"美好江苏"，引领江苏现在及未来的发展、进步与和谐。

2013年7月，《苏南现代化建设示范区规划》颁布，这是我国第一个以现代化建设为主题的区域规划。该规划要求到2020年建成全国现代化建设示范区，到2030年全面实现区域现代化、经济发展和社会事业达到主要发达国家水平的目标，在文化建设上，对苏南五市进行了区别定位。它的颁布实施，对文化强省建设提出了新目标。彰显苏南文化风采，既是为了建设我们精神家园，提高苏南人的幸福指数，也是为科学发展、转型发展新征程注入新动力。苏南文化现代化建设，不仅要引领江苏文化强省建设，而且应该立志成为文化强国的试验田。

（三）其他省市对江苏形成新压力

自2002年山西省在全国率先提出建设"文化强省"以来，全国已有2/3的省份提出了建设文化大省或文化强省目标。在这一建设高潮中，江苏传统资源优势未能得到极大释放，影响力相对微弱；新的文化发展增长点优势尚未形成，增长动力不足，内生创新能力尚未达到最佳，北京、上海、广东、浙江等省份在文化强省（市）建设中奋勇前行，给江苏文化强省建设带来了巨大挑战。

上海交通大学国家文化产业创新与发展研究基地、中国文化发展指数研究中心《中国文化产业发展指数研究》课题组发布的《2013：中国文化产业发展指数报告》显示，虽然江苏文化产业在全国排名较为靠前，但与排名第一的北京等地区差距越来越大，而与紧随其后的省份的差距则越来越小，并被浙江等区域反超。

四 江苏"文化强省"建设需要有新对策

"十二五"时期，是江苏贯彻落实十八大精神、打造美好江苏、实践苏南现代化规划的关键时期，也是江苏加强文化建设，提高文化竞争力，实现从"文化强省"向"文化现代化省份"转型的关键时期。我们认为，在新一轮的竞争中，江苏的文化强省建设趋势将会呈现为：文化现代化、文化国际化、文化融合化与文化生态化。我们必须遵循文化发展规律，坚持以科学发展为指导推进文化改革发展，着力转变文化发展方式，努力探索文化强省建设的科学路径。

（一）建设高质量与高效率的"文化强省"

"文化强省"的"强"，强调的不仅仅是数量和规模，更是质量与效率。从"文化大省"到"文化强省"，虽仅一字之差，却反映了我们对文化建设过程与社会发展目标认识的显著深化和重要发展。就文化而言，"大"与"强"之间虽有联系，但却不能等同，大者未必一定强，强者也未必一定就大，这是从两个不同角度出发得出的判断。从重视"大"到强调"强"，是文化关注重点的一次自然延伸和必然发展，含义丰富，意味深长。假如说"大"重视的主要是数量与规模，重点在于外部力量和表现形式的话，那么"强"所强调的就是质量和效率，重点在于内在实力与影响能力。

"文化强省"建设必须回归"文化"本身，更加贴近社会现实和普通民众的日常生活，体现对江苏社会发展过程中的更高追求和更加长远的战略。必须将"文化强省"建设看作一个拥有不断前进的文化目标、带有理想追求色彩的历史过程，绝对不能把它视为一个确定的指标和具体的任务。必须建立和保持开阔通达、科学文明的文化态度，必须培养和传递尊重文化、敬畏文明的精神价值。应当明确，"文化强省"建设是全社会每个人的使命，没有人可以生活在"文化"之外，只有全社会全体人员的积极参与，共同努力，"文化强省"的目标才会离我们愈来愈近，才会不断增加这个理想变成现实的可能性。

（二）建设高文化素养与高文明水平的"文化强省"

文化强省建设的目标在于人，在于人的文化素养与文明水平的提升。"文化强省"的建设成果不是体现在种种官样文章或统计数据上，而应当体现在普通民众的文明程度、精神生活、生命质量之中。这样的"文化强省"建设才是符合文化本意的建设，才是有可能最大限度地促进社会文明健康发展的建设。

切实提升各级公务员的文化素养和文明水平，这是从社会管理与服务层面提升江苏社会效率、文化形象的关键所在。同时，提升不同阶层、不同职业的社会全体人员（包括外来务工人员）的文化水平和文明标准，这是塑造江苏"文化强省"外在形象的关键所在。

（三）建设具有长远发展策略与发展潜力的"文化强省"

经济学里有"葡萄串效应"理论。该理论是借助葡萄的果实体内部由一个主枝长出几个分枝，枝生枝，蔓生蔓，最后形成葡萄串这一现象，指代经济发展中，一项经济活动关联性带动其他经济活动共荣发展的现象。在文化建设上，也应注重种子建设，由一颗或几颗葡萄下面延伸长出许多葡萄，一串串地带动文化强省发展。

必须加强社会发展规划的综合意识和战略意识，避免短期行为和社会浪费，营造"葡萄"生长环境。鼓励"葡萄根"的种植人，培育壮大文化链。如鼓励支持省重点文化集团通过内部资源重组、外部资源联合拓展发展领域、快速做大做强，通过自我裂变产生新的专业性市场主体。加快重点文化企业的股份制改造，完善法人治理结构，健全现代产权制度和资产经营责任制，推动江苏有线、幸福蓝海、好享购物等一批企业尽快实现上市，募集社会资金，加快发展壮大，并由此带动、产生一批"文化葡萄"。

参考文献：

1. 安世银：《以转方式调结构推动山东经济文化强省建设研究》，经济科学出版社 2010 年版。

2. 潘捷军：《从"文化大省"到"文化强省"——浙江文化建设新探》，社会科学文献出版社 2012 年版。

3. 黄志明：《宁波文化强市建设研究》，浙江大学出版社 2012 年版。

4. 左鹏军：《文化强省的相对性与历史性》，《中国社会科学报》2010 年 11 月 18 日。

5. 陈光亚：《以高度文化自觉推动南京文化强市建设》，《中国文化报》2012 年 7 月 20 日。

6.《文化强省六大战略共识》，《领导决策信息》2012 年第 2 期。

7. 徐望：《江苏"文化强省"建设的精彩求索》，《艺术百家》2012 年第 2 期。

8.《广东推出建设文化强省的政策举措》，《政策瞭望》2012 年第 1 期。

作者信息：

研究基地：江苏文化强省建设研究基地

承担单位：南京市社科院

首席专家：叶南客、金元浦、方标军

课题负责人：叶南客

主要参加人员：谭志云、李惠芬、付启元

江苏"文化建设"的现状评估与对策

一 城市及区域文化建设水平指数指标体系的构建

(一) 理论框架

国家文化建设的基本内容是文化事业与文化产业。文化发展的基础是"文化资源",包括历史文化资源和当代文化资源。文化建设实际上是城市及区域的主体"人",对客体"文化资源"的整理、认识、开发与利用,使得客体能够与主体的发展需求有机结合,并为主体的全面发展服务。城市及区域中的人对文化资源的传承,或者通过发挥人的创造力创造出新的文化资源,这些文化资源则通过一定的加工和形式变换,再次满足人类的更多和更高的物质、精神文化需求。按照文化发展的主客体关系,我们从文化传承水平、文化服务水平、文化创新水平、文化生产水平、文化消费水平五大方面,建构了"文化建设水平指标体系"。

1. 文化传承水平

"文化传承水平"是指城市及区域对自身固有文化资源的挖掘、保护、认知、传承和发扬光大的能力。城市及区域文化建设水平的基础,在于对其固有文化资源中的优秀的、能代表这个城市及区域文化发展特色和水平的内容的继承、保护和认知的能力,包括对过去的建设实践中优良传统和成功经验的坚持。没有一定规模的优秀文化资源作为基础,文化建设将是无本之木、无源之水。

2. 文化服务水平

"文化服务水平"是指满足城市及区域中人的精神文明需求的能力,包括文化服务设施、服务机构、文化惠民活动等方面的建设水平。文化建设最终是为了人的全面发展,文化在满足人的全面发展过程中的服务能力是关键因素之一。

3. 文化创新水平

"文化创新水平"是指城市及区域新的文化内涵、形式、业态等的创造能力。城市及区域文化可持续发展要求人们有能力不断创新、创造文化及其产品,做到这一点不仅要有教育科研、创意园区等文化创新的土壤,而且要有良好的文化发展体制环境和具有创新思维的文化人才。中共中央《关于深化文化体制改革推动社会主义文化大发展大繁荣若干重大问题的决定》提出,要求深化文化体制改革,不仅要改革文化管理体制,也要改革文化经营体制及人才体制,这是促进文化创新发展的重要制度保障。

4. 文化生产水平

"文化生产水平"是指城市及区域文化产品的生产能力,体现了"创作和制造文化产品及提供文化服务的社会能力,是社会生产力的重要组成部分"。随着人类整体生产力水平的不断提升,人类的文化产品需求和文化生产力也在不断提升,以教育、科学、技术、文学、艺术、设计、出版、旅游、娱乐、体育、宗教、礼仪、节庆等为表现的文化业在人类社会生活中占据着越来越重要的地位。文化生产除了具有明显的精神性特征外,还具有物质性特征。如文化实物的生产,由实践主体通过劳动,将一定的材料加工改造成新的存在物,使文化生产的过程也表现为一个由精神到物化的过程。

5. 文化消费水平

"文化消费水平"是指城市及区域中主体人的文化需求能力和消费能力,包括文化服务消费和文化产品消费,兼具文化与经济的双重特征。

文化传承水平、文化服务水平、文化生产水平、文化创新水平、文化消费水平这五个方面在城市及区域文化建设中具有内在逻辑性,只有文化传承水平高,才能保障优秀文化资源得以继承,城市文化建设的基础才能坚实,并为文化服务水平的发挥提供资源基础。一个文化传承水平、文化服务水平高的城市及区域,无疑能够吸引更多的人才,从而提升地区的文化生产和文化创造水平。在城市及区域发展中,不断推动这五大方面的提升,能够不断促进城市及区域的文化建设水平提升,不断增强其文化竞争力。

（二）指标体系设计

文化建设水平的评价指标体系是反映城市及地区文化建设的总体情况、特征结构和发展水平的一整套指标体系。指标的选择要遵循真实性、全面性、区分性和可行性等原则，既要能够客观、全面反映文化建设水平状况，有效区分不同地区的文化建设现状，也要考虑到数据的可获得性和测度的可行性，尽可能简明扼要。同时，要以科学的方法和技术对数据进行处理，以达到评价结论的科学可靠。

根据以上指标体系设计的基本原则，以及本文的研究对象与研究目的，是将"城市及区域文化建设水平指数指标体系"分为准则层、维度层、指标层三个层次，在文化传承水平、文化服务水平、文化创新水平、文化生产水平、文化消费水平五个方面分10个维度设置了45个具体指标（表1）。文化建设水平综合指数是由文化传承水平指数、文化服务水平指数、文化创新水平指数、文化生产水平指数、文化消费水平指数加权而得，反映城市及区域文化建设的综合情况。

此处需要说明的是，由于我国现有统计数据的局限，有些文化建设方面的要素不得不忽略考量，或者采用易于度量的指标来替代。

表1　　城市及区域文化建设水平指数指标体系

准则层指标	维度层指标	具体指标	权重
B1 文化传承水平（15%）	C1 文化资源（55%）	D1 世界文化遗产数量（处）	0.20
		D2 国家历史文化名城名镇名村数量（处）	0.20
		D3 全国重点文物保护单位数量（处）	0.35
		D4 文物业藏品数量（件/套）	0.25
	C2 文化保护（45%）	D5 省级以上文物保护单位省专项补助（千元）	0.225
		D6 省级以上文物保护单位维修面积（万平方米）	0.225
		D7 文物业本年修复藏品数量（件/套）	0.55

续表

准则层指标	维度层指标	具体指标	权重
B2 文化服务水平（20%）	C3 基础设施（50%）	D8 人均文化事业费（元）	0.15
		D9 文化事业实际完成基建投资（万元）	0.10
		D10 人均拥有公共图书馆藏量（册）	0.10
		D11 博物馆数量（个）	0.10
		D12 每万人拥有群众文化设施建筑面积（平方米）	0.15
		D13 艺术表演场馆数量（个）	0.05
		D14 文化市场经营机构数（个）	0.15
		D15 有线电视入户率（%）	0.10
		D16 人均公园绿地面积（平方米）	0.10
	C4 惠民活动（50%）	D17 群众文化机构组织品牌节庆活动数量（项）	0.15
		D18 群众文化机构组织文艺活动次数（次）	0.10
		D19 举办展览[1]数量（个）	0.25
		D20 举办公益讲座[2]数量（场）	0.25
		D21 艺术表演团体数量（个）	0.25
B3 文化创新水平（25%）	C5 创新产出（40%）	D22 新产品产值占规模以上工业产值的比重（%）	0.30
		D23 国家级文化艺术科学研究项目[3]立项数量（项）	0.15
		D24 R&D 项目（课题）数（项）	0.15
		D25 专利授权数量（件）	0.25
		D26 专利申请数量（件）	0.15
	C6 创新投入（25%）	D27 R&D 经费内部支出占地区 GDP 比重（%）	0.40
		D28 文化财政支出[4]占公共财政预算支出比重（%）	0.40
		D29 R&D 人员全时当量（人年）	0.20

续表

准则层指标	维度层指标	具体指标	权重
B3 文化创新水平（25%）	C7 创新环境（35%）	D30 研究与开发机构数（个）	0.30
		D31 公有经济企事业单位专业技术人员（万人）	0.30
		D32 当年普通高等学校毕业生及在校生人数（万人）	0.25
		D33 对外与对港澳台文化交流活动（次）	0.15
B4 文化生产水平（30%）	C8 经济效益（60%）	D34 文化产业[5]产值占地区 GDP 比重（%）	0.30
		D35 人均文化产业产值（元）	0.20
		D36 文化产业城镇单位在岗职工平均工资（元）	0.30
		D37 国际旅游（外汇）收入（百万美元）	0.20
	C9 产业规模（40%）	D38 文化产业示范园区和产业示范基地数量（个）	0.175
		D39 文化产业示范园区和产业示范基地营业利润（亿元）	0.275
		D40 文化产业示范园区和产业示范基地辖区内单体企业数量（个）	0.275
		D41 文化产业从业人数（万人）	0.275
B5 文化消费水平（10%）	C10 文化消费（100%）	D42 城镇居民文化消费[6]总量（亿元）	0.275
		D43 城镇居民人均文化消费（元）	0.175
		D44 城镇居民人均文化消费占总消费[7]支出比重（%）	0.275
		D45 城镇居民人均可支配收入（万元）	0.275

注：1. 展览，包括博物馆基本陈列、博物馆临时展览，以及公共图书馆和群众文化机构举办的展览。

2. 公益讲座，包括公共图书馆及群众文化机构举办的公益讲座。

3. 国家级文化艺术科学研究项目，包括国家文化科技提升计划、文化部科技创新项目、国家文化创新工程、国家社会科学基金艺术学项目、文化部文化艺术科学研究项目。

4. 文化财政支出，包括教育、科学技术、文化体育与传媒三方面的财政支出。

5. 文化产业，指文化、体育和娱乐业。

6. 文化消费，指文教娱乐现金消费。

7. 总消费，指现金消费总量。

(三) 测评方法

1. 数据来源

本研究课题的数据来源主要有两类：第一类为 30 余种国民经济及相关产业统计年鉴。在对全国 10 大文化大省及直辖市进行的测算中，使用的数据来源于《中国统计年鉴（2013）》、《中国文化文物统计年鉴（2013）》、《中国科技统计年鉴（2013）》，以及江苏、北京、上海、天津、重庆、广东、浙江、辽宁、福建、山东 10 个省份的 2013 年版统计年鉴；在对江苏省内 13 个市进行测算时，使用的数据来源于《江苏统计年鉴（2012）》、《江苏省文化统计年鉴（2012）》、《江苏省文化年鉴（2012）》、《江苏省科技年鉴（2012）》，以及 13 个市的 2012 年版统计年鉴。第二类是源于文化部、国家统计局、地方统计局等官方网站的发布信息，对其进行归纳整理而成。遵从客观原则，本研究尽可能采用现有的各种统计数据，部分指标值经过人均计算、百分比计算、加和计算等获得。如无特别说明，本研究各省数据年份皆为 2012 年，江苏省内各市数据年份为 2011 年。

2. 数据处理

数据处理主要指数据的无量纲化处理和对缺失数据的处理。由于文化建设评价体系的 45 个具体指标中，各指标的计量单位、意义各不相同，直接进行比较与加权计算是不科学的。为使该评价具有比较意义，本研究使用标准化法对各指标数据进行无量纲化，即消除量纲和数量级的影响，将指标的实际值转化为可以综合的指标评价值。

在本研究的原始数据统计中，一方面文化产业的统计工作还在探索阶段，在全国尚未形成规范的统计体系；另一方面，各地的技术、经济和政府管理等方面存在质量差异，使得部分地区的多项指标数据缺失严重。对于缺失数据的现象，通常有删除数据、特殊值处理、可能数据填充和不处理四种方法，每一种处理方式均有不同的弊端。本研究采取不处理的方式，待指标值均完成测算和 0—1 的标准化后，赋予缺失数据的记录为 0，即缺失数据的地区在该项指标上被赋予最低指数值，以此也可以提示各地重视文化建设数据的统计与及时公开。

3. 评价指标权重确定

权重确定的方法可以归纳为主观赋权和客观赋权两种类型，前者主要有专家咨询法（德尔菲法）、层次分析法（AHP 法）、功效系数法等，后者有因子分析法、主成分分析法、灰色关联法等。根据本文的研究对象和研究目的的需要，我们采用层次分析法来确定各项指标的权重。

层次分析法（Analytic Hierarchy Process，AHP）是美国运筹学家 T. L. Saaty 于 20 世纪 70 年代提出的，是一种将定性分析和定量分析相结合的多目标决策分析方法。AHP 的基本原理是决策者将被评价对象的各种错综复杂的因素按照某一标准和原则分解为有序的若干层次和若干因素，然后由专家根据各自的主观判断，对相对于上一层次中的各指标进行两两比较重要程度，并逐层进行评判得分。通过数学计算及检验，最终获得最下层相对于最上层的贡献程度。

4. 测度模型

本文采用传统的线性加权模型对文化建设水平进行测度。这种模型因其指标含义清晰、综合解释能力强而得到普遍的运用。

$$F_a = \sum_{b=1}^{5} W_b \cdot X_b = \sum_{c=1}^{10} W_c \cdot X_c = \sum_{d=1}^{45} W_d \cdot X_d$$

上述计算公式中，F_a 是文化建设水平指数；W_b 是各准则权重，X_b 是各准则取值；W_c 是各维度权重，X_c 是各维度取值；W_d 是各指标权重，X_d 是各指标取值。

二 江苏省文化建设水平测评结果分析

（一）江苏省文化建设水平在全国的地位

通过对全国 10 个文化大省及直辖市 2012 年文化建设水平测评分析，得出各省及直辖市的文化建设水平指数及排名（表2）：

表2　全国 10 个文化大省（直辖市）文化建设水平指数及排名

	综合指数		文化传承		文化服务		文化创新		文化生产		文化消费	
	指数值	排名	指数值	排名	指数值	排名	指数值	排名	指数值	排名	指数值	排名
广东	58.0	1	36.4	6	71.3	3	69.2	1	45.1	3	75.1	2
北京	57.8	2	45.1	2	42.9	6	64.9	3	62.8	1	73.4	3

续表

	综合指数		文化传承		文化服务		文化创新		文化生产		文化消费	
	指数值	排名	指数值	排名	指数值	排名	指数值	排名	指数值	排名	指数值	排名
江苏	55.9	3	36.7	5	73.4	2	68.2	2	38.0	6	72.7	4
浙江	53.7	4	45.4	1	76.4	1	57.0	5	34.8	7	69.5	5
山东	49.7	5	37.1	4	64.5	4	57.0	4	42.8	4	40.9	8
上海	47.5	6	17.5	8	46.8	5	46.3	6	53.5	2	79.2	1
福建	34.6	7	26.5	7	38.8	6	26.6	10	39.8	5	43.2	7
天津	27.1	8	7.4	10	22.5	10	36.0	7	26.9	8	43.5	6
重庆	26.1	9	37.7	3	33.3	9	30.4	8	12.1	10	25.0	10
辽宁	24.7	10	15.7	9	40.0	7	28.1	9	13.0	9	34.6	9

综合指数值显示我国文化建设水平普遍不高。其中，江苏的综合指数值仅次于广东省与北京市，位居第三。从图1各省及直辖市准则层指数柱状图中可以看出，江苏省在文化服务水平、文化创新水平、文化消费水平方面处于领先地位，文化传承水平、文化生产水平处于中等地位。

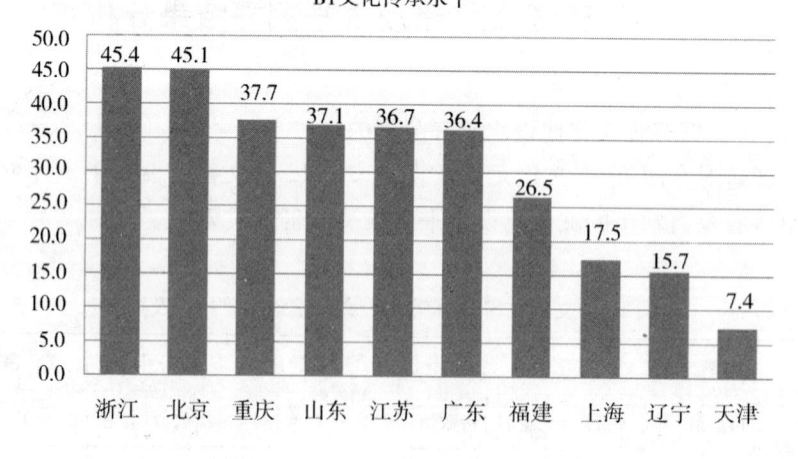

图1（a） 文化传承水平柱状图

B2文化服务水平

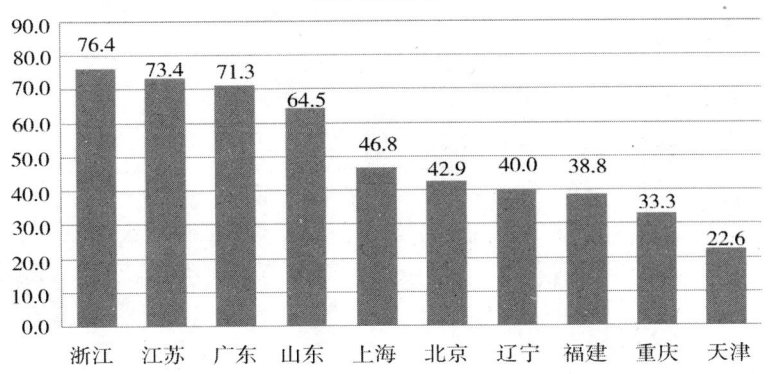

图1 (b) 文化服务水平柱状图

浙江	江苏	广东	山东	上海	北京	辽宁	福建	重庆	天津
76.4	73.4	71.3	64.5	46.8	42.9	40.0	38.8	33.3	22.6

B3文化创新水平

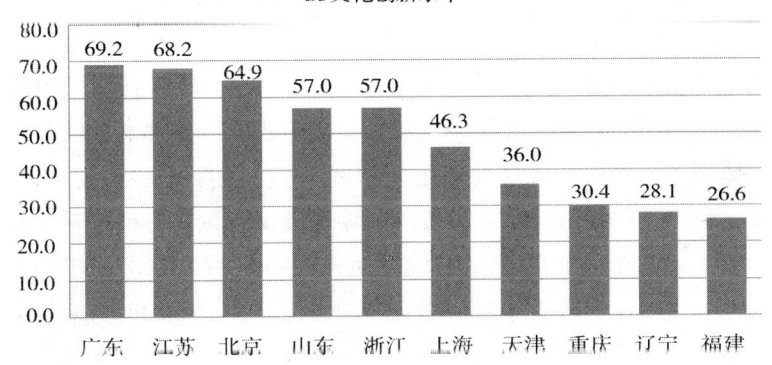

图1 (c) 文化创新水平柱状图

广东	江苏	北京	山东	浙江	上海	天津	重庆	辽宁	福建
69.2	68.2	64.9	57.0	57.0	46.3	36.0	30.4	28.1	26.6

B4文化生产水平

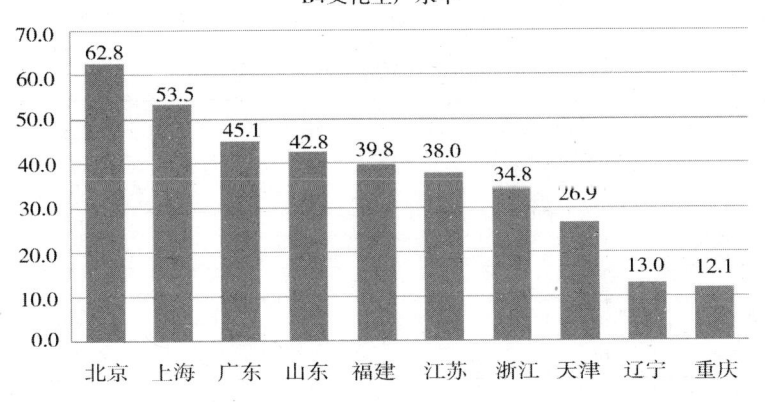

图1 (d) 文化生产水平柱状图

北京	上海	广东	山东	福建	江苏	浙江	天津	辽宁	重庆
62.8	53.5	45.1	42.8	39.8	38.0	34.8	26.9	13.0	12.1

B5 文化消费水平

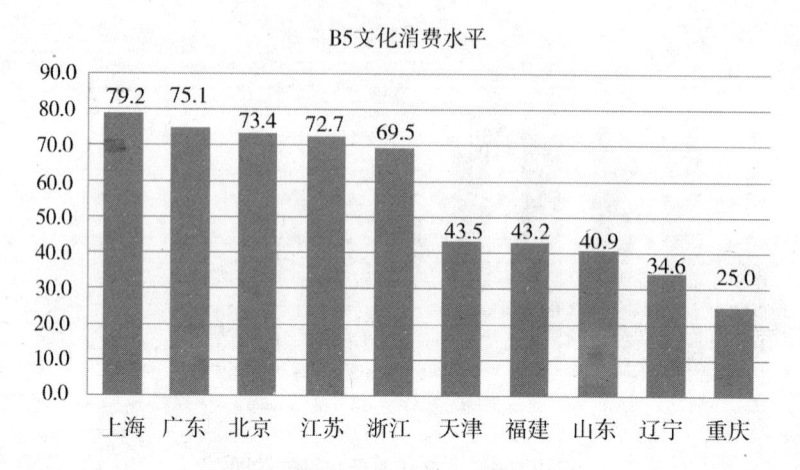

上海	广东	北京	江苏	浙江	天津	福建	山东	辽宁	重庆
79.2	75.1	73.4	72.7	69.5	43.5	43.2	40.9	34.6	25.0

图1（e） 文化消费水平柱状图

图1 各省及直辖市准则层指数柱状图

具体来看各维度层指标的情况（表3及图2），江苏省文化服务水平的领先地位得益于其对文化基础设施建设的重视与丰富多彩的文化惠民活动，这体现了江苏省文化建设与社会民众具有较高的相关度。在文化创新产出及文化创新投入方面的突出表现，使其在文化创新方面也具有较高水平，但其文化创新环境在10省排名中处于中等地位，有进一步提升的空间。另外，虽然江苏省有丰富的文化资源，但其文化保护的力度较之其他省份稍显不足，限制了其文化传承水平的位次。对于江苏省来说，目前亟待提高的是文化生产水平，其文化经济效益与文化产业规模在10省中仅处于中下水平，是其文化建设的软肋。

表3　　　　　　　　江苏省具体指标指数及排名

B 准则层	指数值	排名	C 维度层	指数值	排名
B1 文化传承	36.7	5	C1 文化资源	59.1	3
			C2 文化保护	9.3	7
B2 文化服务	73.4	2	C3 基础设施	70.0	1
			C4 惠民活动	76.8	4

续表

B 准则层	指数值	排名	C 维度层	指数值	排名
B3 文化创新	68.2	2	C5 创新产出	78.3	1
			C6 创新投入	68.3	3
			C7 创新环境	56.6	3
B4 文化生产	38.0	6	C8 经济效益	36.2	6
			C9 产业规模	40.6	5
B5 文化消费	72.7	4	C10 文化消费	72.7	4

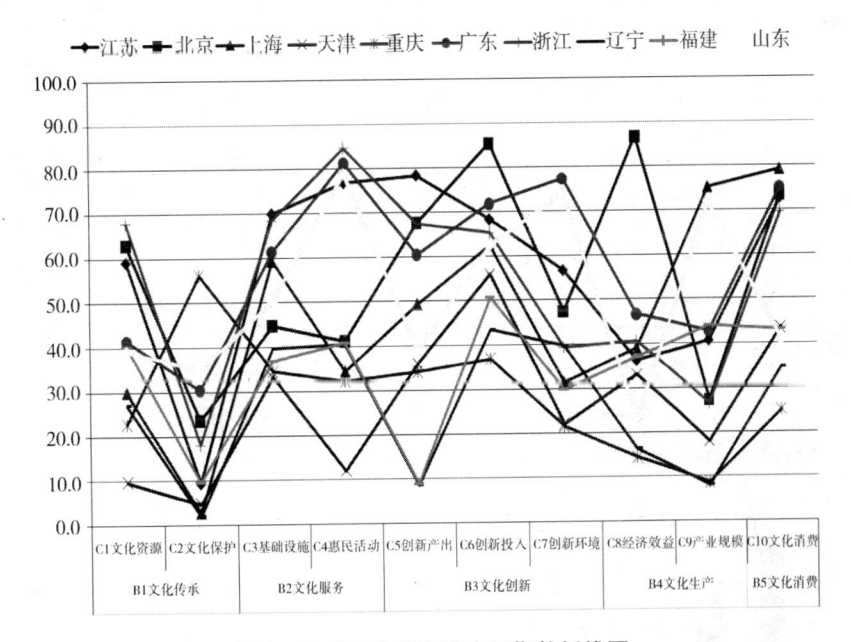

图 2 各省及直辖市维度层指数折线图

（二）江苏省文化建设现状

1. 总体分析

通过对江苏省内 13 个地级市和副省级市 2011 年文化建设水平测评分析，得出江苏省内各市的文化建设水平指数及排名（表 4 及图 3）：

表4　　　江苏省内各市文化建设水平指数及排名

	综合指数		文化传承		文化服务		文化创新		文化生产		文化消费	
	指数值	排名	指数值	排名	指数值	排名	指数值	排名	指数值	排名	指数值	排名
苏州	77.1	1	70.6	1	73.8	1	71.7	1	82.2	1	92.0	1
南京	60.6	2	56.1	2	62.1	2	47.4	3	64.3	2	86.7	2
无锡	52.5	3	38.9	3	51.6	3	52.8	2	59.0	3	54.3	3
常州	34.0	4	20.3	8	18.9	10	22.2	7	56.5	4	46.3	7
南通	32.5	5	16.1	9	43.6	4	31.7	4	28.2	7	49.9	4
徐州	28.0	6	33.7	4	42.4	5	23.7	6	12.9	10	46.8	6
扬州	27.3	7	32.1	5	25.4	8	25.2	5	20.7	8	49.2	5
镇江	21.7	8	24.7	6	8.8	13	12.4	9	36.9	5	20.8	11
泰州	20.7	9	12.8	10	15.3	11	12.8	8	29.5	6	37.2	8
淮安	19.7	10	22.7	7	24.0	9	9.6	11	19.5	9	32.3	10
盐城	15.1	11	4.7	13	32.4	6	11.9	10	5.4	12	33.3	9
连云港	12.1	12	5.0	12	27.1	7	7.3	13	8.2	11	16.4	12
宿迁	8.7	13	8.5	11	13.3	12	9.3	12	5.2	13	8.4	13

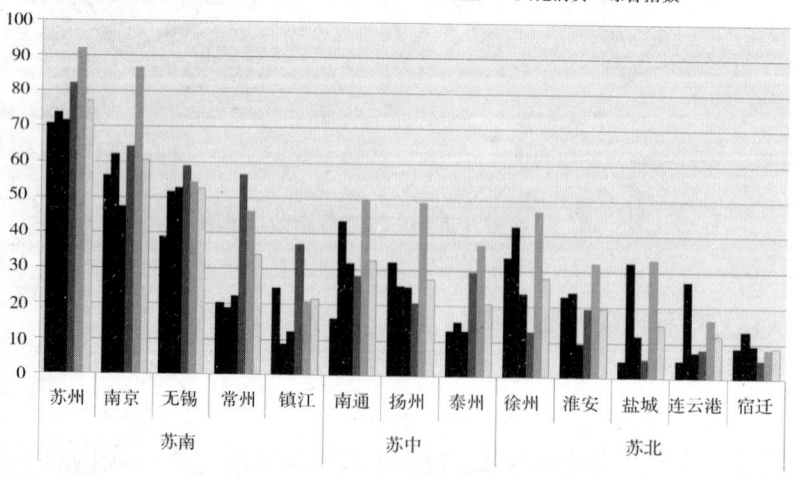

图3　文化建设水平指数地域分布柱状图

结合表4与图3来看，可以至少体现出江苏省文化建设两个特征：

（1）江苏省内文化建设水平有明显的地域差别，基本形成了三大梯队的发展格局（表5）：苏州、南京、无锡综合指数值大于50，构成江苏省文化建设水平的第一梯队，均位于苏南地区；第二梯队包括苏南地区的常州、镇江，苏中地区的南通、扬州、泰州，以及苏北地区的徐州，综合指数值介于20—50之间；第三梯队为淮安、盐城、连云港、宿迁，综合指数值小于20，均位于苏北地区。

表5　江苏省文化建设水平三大梯队地区

类型	市	综合指数值
第一梯队	苏州、南京、无锡	50—100
第二梯队	常州、南通、徐州、扬州、镇江、泰州	20—50
第三梯队	淮安、盐城、连云港、宿迁	0—20

（2）苏州、南京、无锡的文化建设对江苏省内其他地区具有引领作用。位于第一梯队的苏州综合指数值为77.1，南京为60.6，无锡为52.5，而位于第二梯队与第三梯队的各城市综合指数值均在35以下。13个市综合指数的平均值为31.5，有8个城市低于此平均水平，占城市总数比例近62%。由此可见，其他城市文化建设水平与苏州、南京、无锡之间尚存在着相当大的差距。

2. 地域差异度分析

通过上面的分析，已知江苏省内各城市间文化建设水平存在较大的差异。此处对指标进一步分解，在维度的层面进行地域差异度分析，从而补充解释江苏省文化建设现状的特征（表6及图4）。

表6　江苏省各市维度层指标差异度分类及描述统计量

类别	维度层指标	标准差	极差
第一类差异度高	C1 文化资源	27.37	94.0
	C8 经济效益	27.31	86.0
	C7 创新环境	25.21	92.1

续表

类别	维度层指标	标准差	极差
第二类 差异度中等	C9 产业规模	24.52	67.5
	C10 文化消费	24.45	83.6
	C5 创新产出	23.22	80.0
	C6 创新投入	22.52	74.4
	C4 惠民活动	22.48	79.0
第三类 差异度低	C3 基础设施	18.76	53.0
	C2 文化保护	18.18	54.5

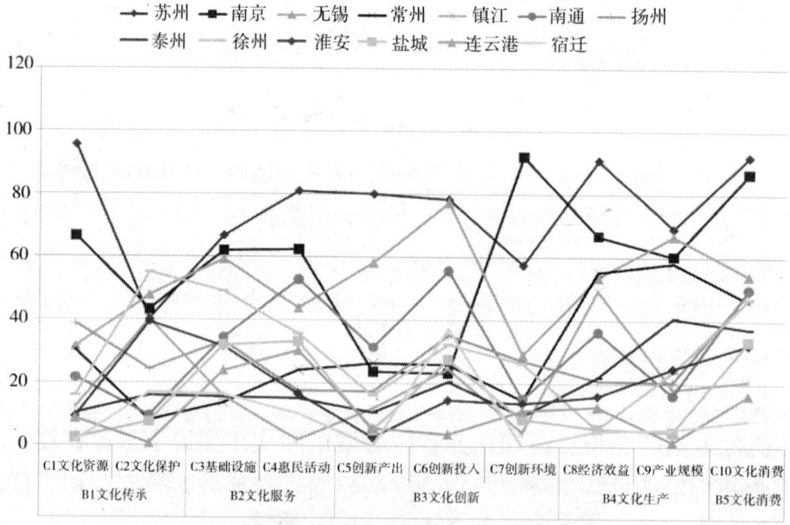

图 4　江苏省各市维度层指标指数折线图

通过对图 4 的观察，并结合表 6 中各维度层指标值的标准差与极差，我们可以按照数据的离散特征将 10 个维度层指标分为三类：

第一类包括 C1 文化资源、C7 文化创新环境、C8 文化经济效益，具有较高的标准差与极差，是地域差异度最高的三个维度。通过图 4 我们也可以直观地观察到这一点。尤其值得注意的是，在 C1 文化资源与 C7 文化创新环境这两方面，苏州与南京遥遥领先，其他城市都位于中下水平，呈现出明显的两极化特征。

第二类包括 C4 文化惠民活动、C5 文化创新产出、C6 文化创新投入、C9 文化产业规模、C10 文化消费，具有与第一类相近的标准差及相对较小的极差，反映出各城市在这几个维度上的发展也存在较大差异，但两极化程度稍低。

第三类包括 C2 文化保护情况、C3 文化基础设施，具有较小的标准差与极差，反映各城市在这两方面的发展水平较为集中，两者相比来说，各城市在文化基础设施方面的建设力度大于文化保护方面。

3. 指标均衡度分析

均衡度分析主要度量同一城市不同准则层指标居于全省位次间的最大差距。对于一个地区来讲，各指标的位次差距越小，则均衡度越高，表明该地区文化建设各方面的发展越相对均衡。按照位次差距大小，可将 13 个市分为三类（表7），可见江苏省均衡度高、中、低三个类别的城市数目相对平均，分别为 4、4、5 个。

表7　　　　　江苏省各市均衡度分类及位次差距

类别	城市	位次差距	综合指数排名
第一类 均衡度高	苏州	0	1
	南京	1	2
	无锡	1	3
	宿迁	2	13
第二类 均衡度中等	扬州	3	7
	淮安	4	10
	南通	5	5
	泰州	5	9
第三类 均衡度低	常州	6	4
	徐州	6	6
	连云港	6	12

续表

类别	城市	位次差距	综合指数排名
第三类 均衡度低	盐城	7	11
	镇江	8	8

结合各市综合指数排名可以发现，均衡度高即文化建设各方面发展较为均衡的城市中，一类为综合指数最高的苏州、南京、无锡，表明这三个地区在文化传承、文化服务、文化创新、文化生产、文化消费这五个方面发展水平高且均衡，另一类为综合指数最低的宿迁，说明宿迁在这五个方面整体处于较低的水平，需要进行全方位的科学规划并制定持续合理的政策，以提升整体水平。

在综合指数排名靠前的城市中，常州和徐州的位次差距都为6，均衡度较低。常州的综合指数排名为第4位，主要得益于其文化生产水平位于第4位的较高位次，然而其文化服务水平排名仅为第8位。与常州由于文化生产水平较高而提升了文化建设综合排名的情形相反，徐州的文化生产水平仅排在第10位，而其文化传承和文化服务水平较高，分别为第4位、第5位。江苏省文化建设水平均衡度最低的城市为镇江，其综合指数排名为第8位，主要由于其文化生产水平位于第5位，而其文化服务、文化消费水平都较低，分别为第13位、第11位。

三　江苏省文化建设对区域经济发展的作用

江苏省文化建设水平表现出与经济发展水平相似的地域梯级落差。位于文化建设水平第一梯队的苏州、南京、无锡均拥有省内最高的地区GDP、人均GDP与居民可支配收入，它们不仅经济相对发达，文化建设表现也最为领先。经济相对欠发达的苏北地区，除徐州之外，文化建设水平都位于第三梯队，且综合指数值在20以下。为探究文化建设水平与经济发展水平之间的关系，本研究对各市文化建设水平指数与地区GDP进行相关性分析，其结果也验证了以上观察（表8及图5）。

表8　　　　　江苏省内各市文化建设水平指数与地区GDP　　　　单位：亿元

城市	X轴：地区文化建设水平指数	Y轴：地区GDP
苏州	77.1	10716.99
南京	60.6	6145.52
无锡	52.5	6880.15
常州	34.0	3580.99
南通	32.5	4080.22
徐州	28.0	3551.65
扬州	27.3	2630.30
镇江	21.7	2311.45
泰州	20.7	2422.61
淮安	19.7	1690.00
盐城	15.1	2771.33
连云港	12.1	1410.52
宿迁	8.7	1320.83

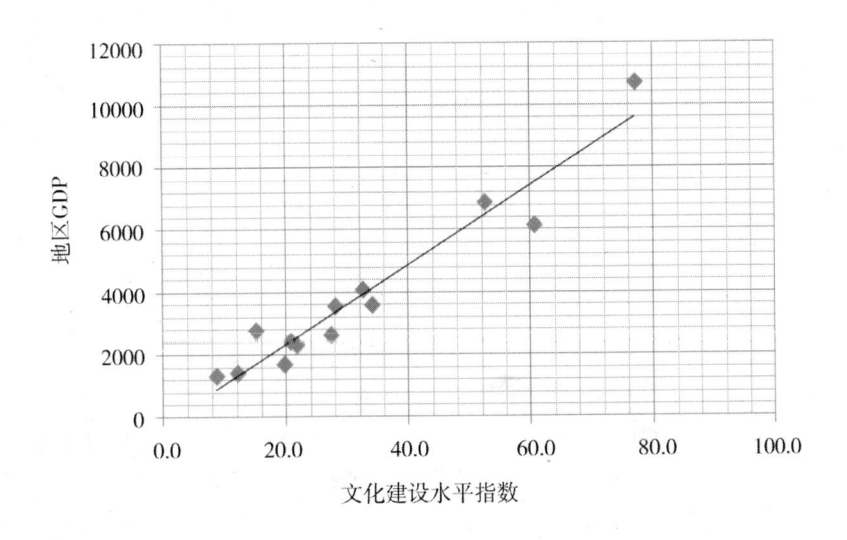

图5　江苏省内各市文化建设水平指数与地区GDP散点图

通过图 5 可以看出，江苏省内各市的文化建设水平与地区 GDP 呈线性关系。使用皮尔森相关分析（表9），得出两者的相关系数值为 0.966，说明文化建设水平与地区 GDP 之间为高度正相关；进一步得出两者间的决定系数为 0.933，这意味在 93.3% 的程度上，地区 GDP 的变动受到文化建设水平指数的影响。对相关系数进行显著性检验，显著性水平小于 0.01，意味着这种相关性具有高度代表性，可以被接受，即江苏省内各市的文化建设水平指数与地区 GDP 之间有较强的相关性，文化建设水平指数越高，地区 GDP 越高。

具体来看各准则指标与地区 GDP 的相关系数（表9），按照由大到小的顺序即与地区 GDP 相关的密切程度进行排序，依次为文化创新、文化服务、文化消费、文化传承、文化生产，这体现了文化建设与地区 GDP 的集中关联性主要在于文化创新与文化服务方面。

表 9　　　　　　　　文化建设水平指数与地区 GDP 相关性检验

		综合指数	文化传承	文化服务	文化创新	文化生产	文化消费
GDP	Pearson Correlation	.966**	.869**	.886**	.978**	.857**	.882**
	Sig. (2—tailed)	.000	.000	.000	.000	.000	.000
	Sum of Squares and Cross—products	6279.756	5505.306	5632.357	6264.045	6907.781	6920.552
	Covariance	523.313	458.775	469.363	522.004	575.648	576.713
	N	13	13	13	13	13	13

**. Correlation is significant at the 0.01 level (2—tailed).

实践及相关学术研究表明，文化是经济基础的反映，但又反作用于经济基础，文化差异是造成区域经济发展差异的重要因素之一。先进文化之于经济，至少有三种作用，一是指引方向，二是增强动力，三是促进发展，主要通过影响区域经济发展主体、影响区域市场经济大环境的形成、推进区域文化产业发展三个方面推动经济结构的演变和升级。

具体从文化建设水平指数指标体系的五个方面来看，文化建设与经济发展的交集就在于文化资源转化为经济资本的过程中。在这一过程中，文化传承为之提供资源条件;文化服务通过影响社会民众及管理体制改革,为这一过程提供适宜的社会及制度环境;文化创新通过创新转化手段与利用方式,实现文化资源转化效率的提升,并通过创新文化成果,进一步为向经济资本的转化提供资源条件;文化生产及文化消费则是这一过程实现的表现,并预示着经济资本进一步积累的潜力。

以上结论启示我们,经济水平落后的地区可以通过加强文化建设促进社会经济的发展,尤其应注重文化创新与文化服务水平的提升。

四 结论及对策建议

通过数据分析,我们得出以下几点结论与建议。

(1)通过对全国10大文化大省及直辖市2012年文化建设水平测评分析,综合指数值显示我国文化建设水平普遍不高。其中,江苏的综合指数值仅次于广东省与北京,位居第三。对于江苏省来说,目前亟待提高的是文化生产水平,其文化经济效益与文化产业规模在10省中仅处于中下水平,是其文化建设工作的软肋。另外在文化创新环境方面有进一步提升的空间。在文化保护方面力度不够。

(2)江苏省内文化建设水平有明显的地域差别,基本形成了三大梯队的发展格局。总体来看文化建设水平最高的为苏南地区,苏北地区较为落后。但苏北地区仍有城市表现出较高的文化建设水平,如徐州;苏南地区也有文化建设水平较为落后的城市,如镇江。另外文化建设水平指数最低的为宿迁,部分原因在于其统计体系不完善,文化建设方面的数据大量缺失。在未来全省文化建设发展中,建议加强文化建设相关统计制度,加强数据搜集与处理,增强决策的针对性。

当然,提升薄弱地区的文化建设水平也是缩小区域差距的重要工作内容。尤其值得注意的是,在C1文化资源与C7文化创新环境这两方面,苏州与南京遥遥领先,其他城市都位于中下水平,呈现出明显的两极化特征。其余城市在文化基础设施方面的建设力度大于文化保护方面。各市应加强文化资源的认知、保护,加强文化创新环境建设,重视文化保护事业。

(3)在文化建设与经济发展关联性方面,江苏省文化建设水平表现出与经济发展水平相似的地域梯级落差。文化建设与地区 GDP 的集中关联性主要在于文化创新与文化服务方面。经济水平落后的地区可以通过加强文化建设促进社会经济的发展，尤其应注重文化创新与文化服务水平的提升，这对于苏北地区文化建设水平较为落后的地区有重要启示意义。

（4）从江苏省层面来看，同一地区由于发布数据来源不同造成数据值的矛盾或缺失，同一地区发布统计口径不同的数据，和不同地区之间的统计口径不同，是现阶段我国文化建设数据统计及应用于发展决策咨询时存在的主要问题之一。统计口径的不同，不仅会造成数据值的差别，模糊文化发展的本质，而且极易给决策部门带来决策失误的风险。尽快实行科学的文化产业统计标准，建立文化建设发展统计管理的完整性，已经成为指导我国文化建设科学决策和科学发展的战略前提。应尽快建立完善的文化建设统计体系，尤其是实行科学的文化产业统计标准。

作者信息：
研究基地：江苏历史文化研究基地
承担单位：南京大学文化与自然遗产研究所
首席专家：贺云翱
课题主要负责人：贺云翱
主要参加人员：干有成、邱为玮、金静松等

苏南、苏中、苏北城市文化演进与比较研究

在江苏省省域范围内进行苏南、苏中、苏北的区域划分，是江苏省决策层根据省内13座地级城市经济社会发展不平衡的背景下进行的空间战略区分和区域发展定位，以防止发展政策制定时"一刀切"，并推进苏南、苏中、苏北的梯次发展，服务于江苏实现"两个率先"和达到共同富裕的最终目标。同时，这样的区域划分也是受到地理特征、历史发展过程中的动力变迁、经济发展水平、文化建构和交流演进等多重因素共同影响的结果，具有内在的文化合理性。针对省内不同区域的情况进行科学的空间划分，既体现了历史的传承性，也是当前发展的现实需要。

从文化演进视角考察，苏南、苏中、苏北各自具备文化特色，在不同的历史时期曾具备各自的发展优势。苏南、苏中、苏北在"多元竞美"中共同组成了江苏省多元文化发展的格局，只有在文化的时间、空间、结构、功能、动力体系和价值系统多样分析体系下，我们才能更加完整地认知苏南、苏中、苏北发展水平差异的阶段性问题，以及文化深层意义上的现代"均衡发展"问题。

城市既是文明诞生的标志，又是文明发展的推进器。从文化视角上对苏南、苏中、苏北地区城市的演进进行研究和考察，可以有效探讨这三个区域逐渐聚合、演进和最终形成的过程；从区域及城市历史文化发展脉络的视角进行梳理与比较，可以寻找其背后的文化动力和彼此的关联性。

一　苏南、苏中、苏北区域划分及历史成因

2000年，江苏省"十五"规划中，江苏省人民政府把江苏从理论上划成苏南、苏中、苏北三块。"苏南"包括苏州、无锡、常州、镇江、南

京5座江南城市；"苏中"包括扬州、泰州、南通3座江北沿江城市；"苏北"包括宿迁、淮安、盐城、徐州、连云港5座江北其余城市。划分的依据基本上是当时各市的经济发展水平，但在它的背后却潜藏着区域城市文化演进的奥秘。

江苏省针对省内不同区域的情况进行科学的空间划分，既体现了历史的传承性，也是当前发展的现实需要。

清康熙六年（1667），分"江南省"为"江苏省"和"安徽省"，取江宁府和苏州府两府的首字首次出现了"江苏"之名。太平天国时期，江苏地区还曾被划分为江南省（南京周边地区，又称天京省）、天浦省（以江浦为中心）、苏福省（首府为苏州，今日苏南东部）。抗日战争时期，江苏北部曾建立了苏北、苏中抗日根据地，广义的苏北根据地包括苏中地区。抗战后期，苏北根据地是新四军军部和华中局所在地。1946年，国共两党和平谈判期间，中共中央曾计划迁往以淮阴为中心的苏北根据地。

民国期间，上海市（只包括现上海市的老市区部分）被国民政府划为中央直辖市。1949年6月江苏全境解放后，以长江为界分设苏南和苏北两个行政公署以及南京直辖市共三部分，到1953年成立了江苏省，三家合并，以南京为省会。合并前的苏北行政公署不包括现在的徐州市和连云港市（当时叫新海连市）以及少部分县，他们属于山东省。另外盱眙、泗洪等少数县当时属于安徽省，除此以外，目前江苏江北地区的所有市县都属于苏北行政公署。而当时的苏南行政公署，包括了现在江苏江南地区苏锡常镇所有的辖区和南京的江宁、溧水、高淳以及现上海市的大部分（当时的上海市只包括现上海市的老市区部分，1958年嘉定、宝山等10县才相继从江苏省划归上海市）。苏南、苏北两个行政公署是我国历史上唯一以"苏南"、"苏北"命名的权威行政区划单位，也是现代人"苏南"和"苏北"概念的源头和基本认知点。20世纪80年代，江南的苏、锡、常三市在改革开放中重新崛起，于是有了所谓的"苏南模式"，而镇江、南京二市因发展速度较慢而被置于"苏南"之外。

后来，江苏省政府根据经济发展水平，把江苏划分为苏南、苏中、苏北三大区域。"九五"时期，苏南地区指经济发达的苏州、无锡、常州，苏中地区指经济次发达的南京、镇江、扬州（含泰州）、南通，苏北地区指经济欠发达的徐州、淮阴（含宿迁）、连云港、盐城。这一时期，江苏还曾被划分为"沿江8市"和"苏北5市"。

"十五"时期,南京、镇江由于经济发展较好,又被重新划为苏南地区。

二 苏南、苏中、苏北城市文化演进分析

历史是现实的基础,文化传统是文化现实的根脉。要了解现代江苏及江苏文化,应当梳理清楚江苏的发展历程、规律和文化特色结构、文化发展体系和文化发展的动力。这是本课题的主要目的。

(一)江苏在上古时代属《禹贡》九州中的徐、扬二州

《吕氏春秋·有始》说:"泗上为徐州,鲁也;东南为扬州,越也。"这决定了江苏文化具有强烈的"二元性"或多样性特征。从考古学者发现的7000年到4500年之间的新石器文化面貌上观察,可以证明《禹贡》的地理划分具有文化上的切实依据,即苏北文化约近于鲁,苏南文化约近于浙,呈现出南北并蓄的文化结构和特色风貌。

(二)江苏不同地域在史前到文明产生这一段时期呈现出发展的不平衡性

先秦时期江苏第一批城市出现在接近中原的江苏淮北平原今徐州—连云港一线。从城市文明产生的时间上而言,苏北地区显然要早于苏南地区。

在公元前306年越国被楚国消灭之前,吴(今苏州、无锡一带)成为整个东南地区最有地位和影响力的城市,它奠立了苏州、无锡区域甚至整个环太湖地区"吴文化"或"吴越文化"的深厚基础。

(三)秦汉时期的苏南、苏中、苏北城市文化演进呈现出苏北地区更加快速的情况

秦王朝在全国推行统一的郡县制。江苏当时有县治22个,其中设立郡治的城市仅有苏南的"会稽"(治吴县,今苏州),是江南地区重要的区域中心城市,辖下的今江苏境内的县城有吴县、娄县(今昆山境)、阳

羡（今宜兴）、曲阿（今丹阳）、丹徒（今镇江）。苏中地区有广陵（今扬州）、堂邑（今六合）、淮阴（今淮安）、东阳（今盱眙境内）、盱台（今盱眙境内）5座，或沿长江，或傍淮河。其他9座均在淮河以北，包括彭城（今徐州）、朐县（今连云港）、下邳（今睢宁境）、凌县（今泗阳境）、下相（今宿迁）、留县（今徐州境）、沛县（今沛县）、僮县（今宿迁境内）、徐县（今泗洪境内）。秦代江苏的城市分布呈现出沿淮、沿泗、沿江和环太湖的特点。沿海县城只有朐县（今连云港）一座，而且朐县应属江苏第一座海港性城市。

汉代江苏郡国一级的城市从秦朝的1座先后增加到5座（其中苏北3座，即楚国、临淮郡、泗水国，苏中、苏南各1座即分别是广陵国、会稽郡，其中苏北还有东海郡的大量属县，苏北郡国级城市密度明显超过苏中、苏南）；苏南也增加了无锡、毗陵（今常州）、句容、胡熟（今江宁湖熟）、溧阳等几座县城。

（四）三国至南北朝时期，南北长期对峙，江淮之间成为拉锯战场，苏南地区的文化取得进一步发展，都城级城市"南京"（时先后称建业、建康）崛起

随着北方士族的大规模南渡，南北文化逐渐交融，经济、文化重心南移至苏南。

（五）隋唐时期，随着京杭大运河的开通，沿运河城市群崛起，苏中的扬州地位得到强化，有"扬一益二"之说

隋唐时期，苏北的连云港、徐州地位上升。苏南的南京地位被贬抑。镇江的地位此时得到提升，在苏南占有一席之地。

五代十国时期，苏北以徐州为核心的城市文化发展进一步加快；扬州成为杨吴国都城；南京先是杨吴的西都，此后成为南唐国都。长江沿岸的南京、扬州、镇江在南唐时期形成三角关系，构成今天"宁镇扬都市圈"的历史文化基础。泰州的地位也开始上升。

五代十国分裂时期，苏州与南京、镇江、常州、无锡诸城市不属于同一个国家所辖，即这一时期苏州属"吴越国"（国都在杭州）范围，吴越国于此设中吴节度使，作为"吴越国"与"杨吴"和"南唐"两国先后对抗的"堡垒"。

（六）宋元时期，苏南及苏中地区城市文化发展突飞猛进，南京城市地位进一步获得肯定

沿江城市地位稳固并有发展，如江宁府、和州、真州（今仪征）、扬州、润州、泰州、泰兴、通州、海门、江阴等。借助于南北大运河和长江一线构成了"十"字形交通廊道，形成沿大运河和沿江两大城市带。城市工商文化获得较大程度的发展，教育、文学、艺术、建筑、工艺等文化形态也借此得到迅速发展。

和苏南形成对比的是，这时的苏北已趋向衰落。以城市而言，金朝统治下的徐州（治彭城）之属县只有丰、萧二县，邳州（治下邳）属县为沛县、宿迁；泗州除治所临淮外，几无属县；仅海州境内有东海、赣榆、沭阳、涟水4县。如果将这时的苏北与汉、唐时期相比，明显呈现出城市萎缩、地区退化的现象，这种现象从北宋时期已有表露，究其原因，当与北宋以后"人祸"与"天灾"的双重降临有关。

"人祸"是指北方女真民族的入侵和宋金双方的战争，导致苏北和苏中在较长一段时间内成为两个对峙政权的"前线"和"胶着地带"。同时，"天灾"也给江苏苏北包括苏中大部分地区带来了持久的极其深重的灾难。这一"天灾"即为"黄河夺淮"事件。从此，江苏苏北、苏中地区就深陷水灾水难之中。究其根源，"黄河夺淮"的历史悲剧还是由人为引起的。

在南宋到清代"黄河夺淮"的728年时间内，黄河给苏北、苏中人民带来的经济包括文化的损失难以计数，包括今徐州、宿迁、淮安、盐城、连云港、扬州（主要是扬州高邮以北地区）几市所辖的区域几乎所有大中城市都经历过数十次甚至多达百次以上的严重水灾，城市乡村屡次被淹没，人民流离失所，水利系统大面积紊乱，良田变成盐碱地，洪泽湖、骆马湖等大型湖泊形成，而原有的一些自然湖泊如硕项湖则被泥沙填平。宋元以后有关苏北、苏中水患导致的灾难，文献记载甚多，有"死徙流亡，难以计数"、"白骨成堆"、"田庐尽没"、"尸骸遍野"、"幼男稚女称斤而卖"，民众悲苦"惨不忍言"等等。清咸丰五年（1855）黄河北徙之后，留下的仍是大片的黄泛区，水系紊乱，土地贫瘠，城市规模小而且市面萧条，乡村困苦，民人穷厄，文化落后。与汉、唐、北宋盛世相比竟如天壤。

事实上，直到民国时期，江苏苏北、苏中地区都还处于黄河夺淮以后的"后遗症"之中。1949年新中国成立之后，治淮工程、农田水利和农田改造工程等项目的大规模开展，才真正促使苏北、苏中地区的经济复兴和文化养育。从这个意义上说，江苏今天苏北、苏中、苏南不同区域经济社会发展水平的巨大差异，是800年左右历史的积淀过程所造成的，江苏苏北和苏中从繁荣到贫穷，是从南宋开始并由政治动乱的"人祸"和黄河夺淮的"天灾"长期危害形成的，改变这种局面，追求江苏苏南、苏北、苏中三地平衡发展和全面繁荣是一个超大型的城乡社会、文化建设的系统工程。

（七）明清时期，苏北和苏中地区延续"天灾"后遗症，苏南的南京在明初成为统一国家的都城

明代以南京、苏州、徽州等城市为中心，形成了一个以教育、航海（包括郑和下西洋）、出版、宗教、戏曲、手工业、科举考试、绘画书法、园林建筑、茶饮、住宅建筑等文化要素构成的"江南文化圈"，这一文化圈代表了当时中国社会最高的文化高峰，许多文化成就一直影响到清代甚至当代，构成苏南文化的精华部分。

清康熙六年（1667），改江南右布政使司为江苏布政使司（江苏省），学术界一般公认为这一年为江苏省正式建省之始。此后，两江总督及省督驻江宁，省抚驻苏州，两座城市实际皆为省会，但南京的行政地位要高于苏州。这体现了苏南政治、文化地位的重要性。

清代江苏还有两座重要城市：一是两淮运盐司所在的扬州，一是漕运总督所在的淮安。

明清时期，淮安因有漕运总督和河道总督的驻节，使淮安城"俨如省会"，从末口到清口，有十多个城镇，傍运河"夹岸数十里，街市栉比"，淮安城内外，"烟火数十万家"，淮安与扬州、苏州、杭州并称为运河沿线"四大都市"。到清末，缺少内生型生产能力和富裕腹地支撑，纯依赖交通运输和商业消费经济或盐政而兴旺的城市，随着漕河改行海运、食盐行销制度改革以及此后津浦铁路的开通，导致大运河航运地位迅速下降，加之水灾和战乱，扬州和淮安两座城市便逐渐衰落下去了。

除扬州、淮安外，徐州也是明清时期运河上的重要城市。清朝末年，与扬州、淮安不一样的是，随着陇海、津浦两大铁路的陆续修建，徐州成为我国东部地区的铁路枢纽城市，其战略地位实现了从古代城市向现代城市的转型，从而继续拥有区域中心的城市地位。

清代乾隆三十二年（1767）以后，江苏省领有江宁、苏州、松江、常州、镇江、扬州、淮安、徐州8府，通州、海州、太仓三直隶州和海门一厅，除宿迁、盐城、泰州、无锡4座城市尚为县城外，今日江苏13个城市（含副省级）大多已建置。

1840年发生的鸦片战争，打乱了中国固有的步伐和布局，《南京条约》中，与江苏直接有关的首先是开放上海（当时上海属于江苏省）为通商口岸，英国人可以在通商口岸自由行商。此后苏南地区陆续开埠的城市包括上海（1843）、镇江（1861）、苏州（1896）、南京（1899）等，这些城市率先进入近代化历程，奠定了当前苏南在经济社会发展程度上相对苏中与苏北占据绝对优势的局面，这种局面的出现既有历史影响，也有宏大的国际背景。

应该说，在近代江苏，除上海之外（特别是上海后来划出了江苏省），最具跨越式发展特点的是无锡和南通这两座城市，其特点就是由文化人打破"学而优则仕"的传统思路，向西方学习，走兴办工商实业和市场经济之路。

如上所述，清代晚期，长江以北运河沿岸的重要城市扬州和淮安相继衰落，但徐州则没有因为运河地位的下降而落后，反因为清末民初铁路的兴起而再度获得发展和初步的转型。津浦、陇海两大铁路动脉在徐州交汇，使之成长为我国东部地区的交通枢纽型城市，并进一步推动其成为苏、鲁、豫、皖四省交接地域农副产品的集散中心和苏北地区最大的城市。

（八）民国时期，江苏南京长期作为国家政治中心所在地，而上海已成为全国的经济中心和文化中心，对苏南地区的近代文化发展产生深远影响。这两座城市在民国时期也作为特别市曾辖，只是南京在解放后降格为省会，但是它在苏南板块中的文化地位一直为人津津乐道。1928年，国民党政府决定将江苏省会从南京迁到镇江，此举对镇江的城市建设发生过一定的作用

这一时期，江苏苏中和苏北地区的城市社会状态与苏南地区的城市社会状态呈现出不同的特征。抗战时期的1940年，新四军苏北指挥部到达

南通海安，海安一度成为华中抗战的中心，华中新四军、八路军总指挥部在海安成立。1940年11月23日，华中总指挥部迁至盐城，盐城作为新四军总部所在，成为华中地区政治、军事、经济、文化中心，时有"北有延安，南有盐城"之说，这对盐城城市地位的提升有重要意义。

解放战争时期，江苏苏南、苏北形成两个不同性质的社会。长江以北是解放了的新民主主义社会，有较强烈的革命化色彩；苏南是国民党统治区，保存了一定的工商业经济实力和文化实力。史学界遂有"红色的苏北"和"白色的苏南"之评。1945年10月，在淮阴筹备成立苏皖边区政府，下辖8个行政专区、71个县、1个独立市，其中属于江苏的有58个县，其他县属于安徽和河南两省。其间历时虽不长，但却是淮阴城市在历史上行政治域最为广大的一个时期。苏皖边区成为当时整个解放区的东南前哨阵地，为解放军最后打过长江、消灭南京国民党政权立下了功勋。民国时期，1928年将上海市划出江苏省，成立直辖市，1958年还将原属江苏南通的崇明县也划给了上海市。

（九）**1949年到1978年，是新中国成立后的计划经济体制时期，江苏省的城市文化演进确立了计划经济发展体制。1978年改革开放以来，江苏抓住机遇，大力发展乡镇企业，积极推进开放型经济，放手发展民营经济，全省经济发展实现"由农到工"、"由内到外"、所有制结构由"单一到多元"的历史性转变**

新中国成立后，首都在北京，南京市降格为江苏省省会，新中国政府致力于将这座纯粹的消费型城市建设成为生产型城市，造船厂、化工厂、汽车制造厂等一批重型工业落户南京，工业化取得飞速发展。南京长江大桥的建成，确立了南京交通枢纽地位。苏北的连云港海港建设取得进展，盐城—南京民航航线建成，推动了苏北地区的发展。淮阴专署延续解放前苏北淮阴专区的地位，将苏北腹地纳入辖区，1975年，淮阴地区辖清江市及灌云、灌南、沭阳、宿迁、泗阳、盱眙、涟水、淮阴、淮安、洪泽、泗洪、金湖县1市12县，包含了淮安市、宿迁市以及连云港、盐城部分地区，在苏北地区是地位较重的时段。1958年将江苏嘉定等区县划入上海，进一步增强上海的力量，确定了上海在长三角乃至中国发展格局中的重心地位。

改革开放以后，苏南地区的乡村工业化和外向型经济取得飞速发展，形成了以集体经济为特征的典型"苏南模式"。此后，乡镇工业化在全省推广，苏北地区也出现了"耿车模式"，然而经典的苏南模式在苏北并未形成燎原之势，不仅与这一地区缺少上海这样的大都市支撑有关，也说明在苏南、苏中、苏北城市文化演进的背景下不同区域发展路径的差异化。随着中央提出"T"字形发展战略，江苏沿江沿海地区城市如连云港、盐城、南通、苏州、江阴、泰州、南京等城市获得快速发展，苏南以苏州新加坡工业园为代表的外向型经济与创新文化发展取得巨大成就。江苏也是全国百强县最为集中的区域。江苏有13个国家级开发区，包括苏州工业园区、南京高新技术开发区、无锡高新技术开发区、苏州高新技术开发区、常州高新技术开发区、南京经济技术开发区、南通经济技术开发区、连云港经济技术开发区、昆山经济技术开发区、张家港保税区、苏州太湖旅游度假区、无锡太湖旅游度假区、张家港保税区物流园区，它们均在沿江和沿海地带。

随着2012年"长三角"城市扩容，整个江苏省苏南、苏中和苏北城市都被纳入"长三角"区域，共同在国家战略引导下走协同发展道路，这是江苏省缩小区域差距的历史机遇。随着长江上一座座大桥、隧道、地铁等过江通道的建设，进一步消除了长江天堑对苏北与苏南地区造成的文化隔阂，全省城市文化交流日益频繁，带动了江苏整体的发展。在江苏省委、省政府的统筹安排下，苏北、苏中、苏南齐头并进，一个发展更加均衡、整体实力共同提升的新江苏正在形成。

三 意大利解决"南北差距"问题的相关经验

与江苏情况相似，意大利国土呈南北长条形，且面临严重的南北经济社会发展不平衡和文化多元问题，北方受欧洲大陆影响较深，资本主义现代化完成较早。南方则受罗马教皇国的影响甚深，封建遗留问题严重，经济、社会、文化等各方面均较为落后。很多学者对意大利"南北差距"问题都有过研究，考察意大利的相关经验，对于江苏省在解决区域发展不平衡的问题上有借鉴意义。

意大利南北发展不平衡与资源禀赋、地理区位、市场经济发展程度、资本运动规律等极为复杂因素有关。第二次世界大战后，意大利政府对南方进行特别干预,促进该地区工业化进程持续60余年,国家投入了大量资金,完成了上千个项目。在政府的干预下,取得了明显成效:首先,工业得到了发展,产业结构发生了变化,农业在经济结构中比例降低。其次,南方的铁路干线全部实现电气化,高速火车已通达南方。人均拥有的汽车数目已与北方持平。最后,南方居民生活水平得到提高。如果没有国家的特别干预,南方很难达到今天这样的水平。

然而,今天来看意大利南北方发展水平的差异仍然很大,要实现真正的均衡化发展还是需要几代人的努力。另外,"南方大规模的基础设施建设向北方工业提出了巨大的需求,实际上为北方加快其工业化进程提供了新的机遇"[①]。这符合发展规律,无可非议。但从政府开发南方政策来讲,也有其不足和失误之处。

其一,急功近利的思想有碍南方经济的长期稳定发展。一些政策制定者重视在南方设立大型重化工业和制造业,可以迅速提高南方的工业化水平。资本密集型重化工业的兴建确实在短期内较快改变了南方的某些工业指标,但这类工业的发展并未为失业严重的南方增加足够的就业机会。

此外,政府鼓励南方劳动力北上就业,大范围长时间出现大批量向外移民的做法降低了南方劳动力供应的质量,反而有碍于外部资本南下,最终影响了南方工业的长期稳定发展。

其二,意大利开发南方政策在改善社会环境、提高人口素质、支持技术革新和先进第三产业发展等方面力度不够。

其三,由于地方利益集团的阻碍,导致大量援助资金没有真正用于当地现代化发展。

四 若干结论

(1)苏南、苏中、苏北的划分是江苏省决策层根据省内13座地级城市经济社会发展不平衡的状况所做的区域发展定位,目的是防止发展政策制定时采取"一刀切",有利于实事求是地推进苏南、苏中、苏北的梯次发展,服务于江苏实现"两个率先"的最终目标,最终达到率先同步实

---

① 罗红波:《意大利南北发展不平衡及其启示》,《欧洲研究》1997年第1期。

现现代化建设目标。

（2）今天的江苏省域范围内所形成的苏南、苏中、苏北城市群的次区域划分，也是受到地理特征、历史发展过程中的动力变迁、文化建构和交流演进等多重因素共同影响的结果，具有内在的文化合理性，是历史发展的总结与延伸，也是江苏现代发展的起点与现实。如何打破苏南、苏中、苏北文化的隔阂，促进三个区域的协同发展、均衡发展，对于江苏的全面可持续发展具有更加深远的意义。

（3）通过苏南、苏中、苏北城市文化演进和比较研究，可以发现，在全面实现现代化背景下，江苏省要全面树立"争先领先率先，创业创新创优"的"江苏精神"，打破区域传统文化中不适于实现"两个率先"的文化要素，早日实现"幸福江苏"的目标。三区域核心城市应抓住"十八大"以来国家"五位一体"建设目标的提出，发挥各自的文化建设、生态文明建设优势，全面实现跨越式发展。

（4）从意大利"南北差距"的案例我们可以发现，解决区域发展不平衡与文化多元问题，应该由政府主导、长期投入、科学工作，以区域核心城市为中心，以工业化、现代化为基本手段，重视中小企业、中小城市的城镇化发展。

参考文献：

1.《江苏历史纵览》（第　章），待出版。

2. 王君超：《意大利的"平行社会"、"南北差距"和"以人为本"》，《中国改革》2006年第10期。

作者信息：

研究基地：江苏历史文化研究基地

承担单位：南京大学文化与自然遗产研究所

首席专家：贺云翱

课题负责人：贺云翱

主要参加人员：干有成、翟森森、邱为玮、赖海清等

江苏公众与江苏艺术发展关系研究

内容提要：江苏经济文化在全国依旧处于领先地位。对于艺术事业，江苏公众的参与度可以说是十分广泛的，同时，江苏艺术又给公众带来了多方面的影响。公立和私立博物馆、美术馆举办各种展览、讲座、研讨会，古玩市场也以它自身的文化内涵，为公众创造了很好的艺术交流环境。另外，江苏注重艺术教育，多数高校设置艺术专业，培养了大量专业人才，中小学、艺术家协会等其他机构，也起了推波助澜的作用。除此之外，在艺术品的流通方面，拍卖公司、艺术馆、画廊、高档酒店等场所，往往促进了艺术品交易。通过深入了解艺术与公众的紧密关系，才能更好地推动江苏艺术发展。

江苏自古富庶，经济文化繁荣，人们雅好艺术，昔日贤哲才俊、巨商富贾留下了丰厚的艺术遗产。时至今日，社会进一步发展，艺术占有了更广阔的公众基础，艺术发展方兴未艾。对于艺术事业，江苏公众的参与度可以说是十分广泛的。江苏公众的参与对艺术发展起到举足轻重的作用。同时，江苏艺术又给公众带来了多方面的影响。

一　公众生活与博物馆、美术馆

艺术是人们观照世界的方式，艺术品多为艺术家精神的物化，可见、可触的形式更能直接感染公众，公众由此得到启迪与陶冶。

博物馆、美术馆等机构对艺术品的收集、鉴定与保护做出了巨大的贡献，这些机构通常设有常年展，若逢重大节日则有特展，展出历代艺术杰作。经统计，江苏省内与艺术相关的博物馆有 140 余所，美术馆有 180 余所。博物馆中的艺术遗珍是后人欣赏、学习、研究艺术的典范，它们身上所凝聚的艺术气息通过人们与之近距离观览而释放出来。

从艺术史的角度来讲，博物馆应该使过去的艺术品与当下文化建立起亲密的联系。就南京市而言，针对小学生的教学计划中，也并未安排到博物馆学习和参观，这是不可思议的。因此，建议各级教委应指导和督促学生的博物馆考察实践课程。

事实上，美术馆也成为城市的名片和文化风景。江苏的美术馆建设在全国都是一流的，这种整体上的胜出，首先跟江苏对文化的重视程度有关，其次则跟江苏的经济实力相关，当然，也跟政府领导对美术的感情有关。中国重点美术馆之一的江苏省美术馆，这些年，在免费开放、综合管理、建筑环境、藏品资源、公共教育和文化服务等各个方面都得到了省委省政府、宣传部、文化厅的指导和支持，走在了全国的前列，是一张名副其实的江苏文化名片。

除了博物馆和美术馆外，向来是古董、艺术品重要聚散地之一的古玩市场也与江苏公众有密切关系，艺术的元素也会从这里向四周辐射。著名的古玩市场有朝天宫、夫子庙、南艺后街等。

公众生活需要艺术，艺术装点了公众的生活。若说古代艺术遗珍的受众有限，那么城市建设公共场合中的艺术品在更广大的程度上接纳着公众的参观，例如夫子庙—秦淮河地区主题的公众艺术。这固然是江苏公众对艺术的开发，但同时又将艺术作用于江苏公众，同样的例子尚有许多。

二 艺术精神的薪火传递：艺术与教育

艺术的传承离不开教育，艺术的发扬需要教育的方式。近年来，艺术院校扩大了对艺术学生的培养。江苏多数高校设置有艺术专业并招收艺术类学生，学历包括了本科、硕士研究生和博士研究生等，经过系统学习而又具高超功底的老师能以较为系统有效的方法教学，他们除了教授青年学生艺术的创造方法，还培养学生对艺术的领悟能力与创造精神，这对于艺术的发展是尤为重要的。这些科班毕业的学生往往能对艺术有较深的理解，坚持艺术精神，接受新的思想，能够不断进取，尝试新的理念与表达方式。他们的创作多为作坊式，对于一件作品，从构思、草图、初创、修改到最终的完成基本形成了比较完整的创作工序，以至于他们的作品从思想内涵到形式外表，都能经得起一定的推敲，经过磨练，他们能渐渐地成为艺术界的中流砥柱。

在全面教育、素质教育思想的感召下，许多青少年家长特别是小学生家长注重于让自己的小孩学习一门或多门艺术学科，比较受欢迎的有绘画、书法、钢琴、舞蹈等等。一些艺术教育机构应运而生，加之各种少儿艺术类比赛的举办，中小学生艺术教育尤其是课余艺术教学发展如火如荼，大大小小的艺术周末学习班、暑假培训班如雨后春笋，遍地开花。少儿时期经过艺术教育的学生所学习到的不仅仅是一技之长，他们或许从艺术中得到精神的满足与道德的培养，或许因学习艺术而拥有一种艺术眼光或艺术思维，以至于他们日后能以多种思维对待身边的事物，更容易接近艺术，或投身艺术。除此之外，一些机构（如老年大学等）还招收老年学员开展艺术教育，使得那些离退休的人们也能为艺术发挥余热。

官方艺术家协会（美术家协会、书法家协会、摄影家协会等），担负着引导艺术发展趋势的功能。艺术家协会多由地方或全国高资历的艺术家组成，他们负责对艺术的保护与发扬。官方美术家协会举办的展赛，往往具有强大的吸引力，甚至对艺术界审美思想的倾向具有一定的调控作用。引无数艺术从事者殚精竭虑汗水淋漓地为之创作，只为评委能成为自己脱颖而出的伯乐，那些获得殊荣的作品便会成为后人学习的标杆。同时，这些大型比赛展览对于公众文化的发展、公众思想的提升以及艺术教育也会起到一定的推进作用。

三 艺术品的流通

艺术家的作品因流通而实现其价值，这种价值在社会流通中多以经济价值来体现，综合价值越高的艺术品，其经济价值也就越高，并具有升值空间。是故，各种投资艺术的人们都能在艺术交易市场中找到他们的身影。那些有潜力的艺术从业者或经过多年寒窗而一举成名，或需要借助外力而寻得上升的台阶。他们要实现自身的价值必以高质量的成果来为其赢得荣誉。对于艺术家来说，艺术品的流通促进了一个良性循环：艺术家借优秀的作品以获得经济利益，这又能为艺术家提供更好的创作条件与资源，从而使得艺术家创造出更优秀的作品。而对于功成名就资历较深的艺术家来说，他们的艺术市场较为稳定。艺术家本人很少直接、公开地从事自己艺术品的交易活动，一些中介机构如拍卖公司、画廊、艺术馆包括一些企业、酒店、宾馆等机构成了艺术品流通的中转站。

著名拍卖公司举办的大型拍卖会对艺术品的投资往往具有推波助澜的作用。20世纪90年代初，南京艺术品拍卖公司只有一家，即"南京艺术品拍卖有限公司"，后来拍卖公司相继涌现，据不完全统计，江苏省目前拥有拍卖公司30余家，著名的有南京十竹斋拍卖有限公司、江苏九德拍卖有限公司、江苏盛得拍卖有限公司、艺兰斋艺术品拍卖有限公司等。拍卖公司对于艺术市场有着相当重要的影响力，拍前预展使人们开阔了眼界，拍后记录使人们对艺术行情有所参考了解。

画廊是艺术作品买卖双方的中介，是艺术生产与消费的纽带，是艺术品流通的重要窗口。画廊以收售名家字画以及其他艺术品来达到赢利的目的，它的经营模式比较灵活，或钱物交易，或物物交换，在艺术市场中占有不可忽略的地位。江苏省目前拥有大小画廊近300家，密度集中在南京、常州、无锡、苏州、扬州、徐州等经济较为发达、文化底蕴相对浓厚的地区，其中著名的有南京可一画廊、无锡的真赏斋等。

艺术馆相比画廊更侧重于展览，它为艺术家提供一个向公众展示的平台，组织多种形式的展览以达到宣传、赢利之目的。更多情况下，艺术家与艺术馆合作出版艺术作品集，并在展览开幕之时免费发放以吸引更多的参观者。艺术馆偏重于容纳作品的审美思想及风格样式与其经营理念相近的艺术家，它们有选择地对艺术家进行推广，这无形中是对大众审美思想的一种引领。近年来省内私立艺术馆如雨后春笋般日益繁荣，私立美术馆较之于公立美术馆最大的特色就是小巧便利、思想开放、经营模式灵活。

高档的酒店、宾馆内部大厅、接待室、会议室、走廊等场所的布置往往需要高档的艺术品，这一方面刺激了艺术品的需求，另一方面为艺术家提供了一个宣传的窗口。在一些重大节日或娱乐活动上，这些机构还借此场地为艺术家举办展览或笔会，推广艺术，展销作品。

若论艺术的公众购买力，则以商企人士为主。那些在商业、企业界取得较好发展的人士在运用自己积累的闲置资金时会选择一种投资或满足精神的需求，而艺术品又兼具二美，故备受青睐。收藏是一种品位的象征，在企业家圈子里，收藏正成为一种时尚。

四 结 论

艺术在某些特定的时期，艺术品乃为观众而生，即由于某些艺术品具有公共属性，导致其诞生的目的是为了向观众展示。通过对艺术品主题与风格的展示，以达到影响公众舆论的目的，从而使艺术品的缔造者从公众的反馈意见中获得某种利益。由此，艺术对公众的相互作用清晰可见。

艺术与公众的关系理论还与以下几个问题有关：艺术品的设计者有确切的设计意图、艺术品陈列在能被公众观看的范围内、图像的意义在观众中已形成共识。

第一，艺术品的设计者、创作者通常有确切的设计意图。出资人希望这些图像的观者不仅能了解他们所欲表达的内容，更希望观众可以充当传输机和扩音器，将出资人的言行和意志传播出去，以使他们获得良好声誉。针对不同的观众，在不同的场合，应有不同形式、不同内容甚至不同风格的艺术品。

第二，作为被公众观看的艺术品。艺术品陈列在能被公众观看的范围内即先到达公共的领域才能适应这种充当辩论和调试利益的媒介功能。因而，具有这些功能的艺术作品应该尽可能地到达公共领域。事实上，当艺术品不仅仅是为个人而做而是被陈列在公共场合将由不能确定的各个群体中的人来观看时，艺术品也就具有了公共性。公共领域同时也为个性提供了广阔的表现空间。

第三，图像的意义。只有图像的意义在观众中达成共识，图像才具有权威性，而图像的意义在观众中形成共识之所以有可能性则是因为某些共享的视觉习惯为特定社会所规定，图像的内容与风格所构成的图像模式以及推理类比的方式在某些层次的人群中变得约定俗成。我们需要探究一整套视觉线索对某一位艺术家的意义，去研究一个整体艺术现象，研究这些线索对大多数人的意义。

参考文献：

1. ［美］大卫·卡里尔：《博物馆怀疑论——公共美术馆中的艺术展览史》，江苏美术出版社2009年版。

2. 吴永强撰:《艺术教育的位置》,《艺术教育》2003年第6期,第11页。

3. [美]杜威:《艺术即经验》,高建平译,商务印书馆2007年版,第217页。

4. 王位、王怡周:《企业家投身艺术收藏"玩"的是"双赢"》,《经理日报》2011年12月20日第B03版。

5. 鲁迅:《随感录四十三》,《新青年》第6卷,第1号(1918年1月15日);《教育部编纂月刊》创刊号(1913年2月)。

6. 鲁迅:《鲁迅全集》第8卷,人民文学出版社1981年版。

7. 内山嘉吉、奈良和夫:《鲁迅与木刻》,韩宗琦译,人民美术出版社1985年版。

8. 郎绍君、水天中编:《二十世纪美术文选》(上卷),上海书画出版社1999年版。

9. 吴雪杉:《批评的符号经济学》,《美术研究》2003年第1期。

10. 倪宁宁:《江苏省美术馆为公众打开文化之门》(http://www.sina.com.cn),2012年1月8日《现代快报》。

作者信息:

研究基地:江苏艺术强省建设研究基地

承担单位:南京师范大学

首席专家:王菡薇、徐培晨、陈剑澜

课题负责人:王菡薇

主要参加人员:陶小军、景滋本

江苏书画艺术走出去的
难点与突破路径

内容提要：书画艺术是我国传统文化的重要组成部分，也是当代文化建设的重要基地。随着社会经济的迅速发展，江苏书画也面临了几大难点：第一，加强对书画理论的研究，促进对当代书画实践的指导。第二，为实现艺术强省的目标，我们需要创造出能使更多的书画人才脱颖而出的氛围。第三，由于经济发展的不平衡和书画艺术本身的特殊性，江苏书画的商品化、市场化程度参差不齐。结合以上情况，江苏书画艺术应循以下几条路径寻求发展的突破：第一，紧抓历史发展机遇，以艺术强省为契机，开拓书画艺术发展之路。第二，依托和整合江苏艺术资源平台，提升江苏书画艺术的活力。第三，加强书画理论的研究，促进书画实践的发展。第四，大力发展书画产业，规范书画市场。第五，培养和造就书画人才，着力打造精品力作。

一　江苏书画艺术在全国的特色

党的十八大号召，坚持社会主义文化前进方向，树立高度的文化自觉和文化自信，向着建设社会主义文化强国宏伟目标阔步前进。文化作为社会经济发展的动力与终极目标越来越受到重视。

江苏历史悠久，人文荟萃，具有深厚的文化积淀，这为江苏经济的健康快速发展提供了源源不竭的动力。反之，经济实力的雄厚，又为江苏文化的传承和创新提供了物质基础。江苏对文化建设也高度重视，1996年，江苏就曾经提出"建设与经济发展相适应的文化大省"；2001年，江苏省委、省政府又以10年为期制定了《江苏省2001—2010年文化大省建设纲要》，全面规划了江苏建设文化大省的目标和内容，文化建设也成为江苏社会发展的主旋律之一，被摆到经济社会发展全局的重要位置。

中国书画艺术，包含了书法和绘画的艺术，中国的书法是一种富有民族特色的传统艺术，它伴随着汉字的产生和发展一直延续到今天，经过历代书法名家的熔炼和创新，形成了丰富多彩的宝贵遗产；中国的绘画艺术，是中华民族传统艺术中起源最早的艺术形式之一，显示了中国人民相当高的审美意趣和高超的艺术创作才能。书画艺术，是我国传统文化的重要组成部分，也是当代文化建设的重要基地。

江苏地灵人杰，具有极其深厚的艺术传统，历史上有相当数量的书画艺术精品产生于江苏，因此"书画大省"的称号也由来已久。早在2000多年前的春秋战国时期，江苏的书画艺术已经取得了很多杰出的成就。随着社会经济的发展，六朝以来，江苏的书画艺术又进入了全面的发展阶段。在中国绘画史上，"六朝四大家"中的顾恺之、陆探微和张僧繇都是江苏人，其中顾恺之的画作，意在传神，为中国传统绘画的发展奠定了基础。到元之后，江苏逐渐成为全国书画艺术创作的中心，不仅名家辈出，而且画派林立，在中国美术史上占有绝对的主导地位。元代以黄公望、倪瓒为首的绘画艺术家，赶超了五代江苏绘画的艺术成就。明清时期，江苏绘画发展到了最为重要的鼎盛时期，元代以来的江苏山水画在"江夏派"、"吴门画派"、"松江派"和"四王"的推动下极具经典意义。沈周、文征明、唐寅、仇英、赵之谦、金农、郑板桥、吴昌硕、吕凤子等等这些绘画巨匠，也都诞生于江苏。到了近现代，又涌现出如徐悲鸿、傅抱石、李可染、吴冠中等一些卓越的绘画艺术家。受到这些人的影响，江苏产生了如"顾恺之画派"、"张僧繇画派"、"徐熙花鸟画派"、"米家山水画派"、"黄公望画派"、"倪瓒画派"、"吴门画派"、"扬州画派"、"海上画派"、"民国革新画派"、"江苏画派（新金陵画派）"以及"重彩写意画派"等知名的绘画流派。由于这些画派的产生，中国的绘画艺术显得更加丰富多彩，得到了整体性的繁荣发展。在书法史上，江苏也具有十分特殊的优势，诞生了一大批艺术巨匠，如陆机、王羲之、王献之、张旭、孙过庭、米芾、米友仁、苏轼、祝允明、董其昌、吴熙载、翁同龢、林散之、高二适、胡小石等。其中，王羲之被誉为"书圣"，张旭被誉为"草圣"。这么多书画大师出现在江苏，究其原因，还是与江苏深厚的历史文化底蕴有密切的关系。

随着社会经济和科技的迅猛发展，中国书画艺术也进入了技法爆炸的时代。新中国的美术工作者们在秉承中国书画传统技法的基础上，从西方艺术理论和表现技法中汲取精华，使当代中国书画技法得到极大的丰富。以国画为例，到20世纪五六十年代，在清末兴起的改造中国画运动已渐入佳境，陆续形成各领风骚的当代画派，包括新金陵派、新浙派、长安派、关东画派、现代彩墨派，造就了一批卓有建树的当代中国画大师。而所谓一方水土养育一方人，由于身居江南受江南气韵的浸润，发端于江苏的"新金陵画派"则有着独特的风格和特色。新金陵画派的作品都基本保存着较为清纯的国画品格，其作品笔底自然透着秀美和莹润，通过对自然的回归，在相互借鉴中寻找改革传统表现现实的新方法和新形式。

二 从建设艺术强省的角度来看江苏书画艺术存在的问题和原因

文化与经济从来密不可分。生产力越发达，经济与文化的关系就越密切。人们往往把文化作为促进经济发展的手段，热衷于"文化搭台、经济唱戏"，对文化本身发展漠不关心以至于规避，这种态度只能是有百害而无一利。文化是无形的，它具有极强的渗透力。随着文化产业的不断发展，它必将渗透于国民经济的各行各业、人民生活的各个方面。文化不再单纯搭台，它要在推动经济发展上发挥更大作用。一系列统计数据也表明，我国文化产业已成为国民经济新的增长点，对推动经济发展方式转变、促进经济结构调整升级具有重要意义。

艺术与文化的发展是统一的，艺术是在人类文化中的一个子系统，必然从属和依附于文化大系统，并受到制约和影响。但是，艺术作为文化的重要内涵与组成部分，艺术参与和推动并体现和反映着人类文化的变化与发展。从精神层面上来讲，艺术是文化的一个领域或文化价值的一种形态，艺术是人们为了更好地满足自己对主观缺憾的慰藉需求和情感器官的行为需求而创造出的一种文化现象。

在江苏省委、省政府提出了"文化凝聚力和引领力强、文化事业和产业强、文化人才队伍强"的文化强省的目标之下，书画艺术作为艺术的重要组成部分之一，它的创新与繁荣，与文化的大发展大繁荣息息相关。作为书画大省的江苏，拥有大批书画艺术家，已成为该地区重要的人文特色之一。江苏省国画院更是全国三大画院之一。近年来,江苏还不断出现一些书画民间组织。如此庞大的书画艺术创作队伍在全国其他地区是绝无仅有的。与此相对应,江苏书画艺术市场近年来也备受瞩目。但是,江苏书画艺术的发展还存在一些问题:

第一,在江苏书画史上,书画艺术的创作取得了十分突出的成就,而与书画实践密切结合的是不断发展、完善和成熟的江苏书画理论。

江苏历代杰出的书画实践作品中蕴含着高超和卓越书画理论,而这些理论精华又影响着其他书画家的创作。如顾恺之提出"迁想妙得"、"以形写神"的人物画形神论;宗炳主张山水画畅神论,强调山水画创作是画家借助自然形象来抒写意境的一个过程,使中国画"以形写神"的理论又往前进了一步。另外如王微主张的山水画写心传神论、谢赫的中国画六法论、董其昌的中国画南北宗论等等,都是绘画史上重要的理论成果;而书法史上,江苏也有重要的理论积累,如袁昂的《书评》、孙过庭的《书谱》、米芾的《海岳名言》和《书史》、董其昌的《画禅室随笔》、刘熙载的《艺概》等文章,对江苏乃至全国的书画创作都产生了极其有益的积极作用。书画理论是书画艺术的重要组成部分,江苏书画理论也是中国书画艺术的重要组成部分,它与书画实践所获得的重要成就一样,都是江苏书画取得的杰出成就的重要标志。同时,这些理论也为中国书画实践的发展和完善提供了理论基础,促进中国书画艺术不断发展完善。

随着社会经济和科技的发展,中国书画艺术也展现出新时代的面貌,书画作品所需要表现的时代性特征是什么?原有的书画艺术理论已经不能完全满足书画艺术创作的需要。这就需要新时期下的书画理论研究者来认真研究,和书画创作者一同理论联系实践探索在"中国梦"形势下的时代精神,并把它用作品的形式表现出来,为社会主义建设提供精神食粮。

第二,江苏历来是书画艺术的重镇,书画艺术家人才辈出,产生了大批彪炳史册的书画大家。新中国成立后,傅抱石、陈之佛、钱松嵒、亚明、宋文治、魏紫熙等大师级群体在中国画坛崛起,形成了江苏新金陵画派,其影响力在半个世纪以来波及全球画界,堪为新中国书画第一方阵,21世纪初,新金陵画派的嫡传群体如喻继高、范保文、卢星堂、华拓、叶维、朱葵、盖茂森、贺成、赵文元等人高举"新金陵画派"大旗,继续开辟以现实主义题材为中心的艺术创作,总结历史,研究当代,远瞻未来,出版了大量的专著和画册,赢得了书画界的高度赞誉。这也为江苏在新中国的书画艺术领域争取到第一梯队的地位，但总体说来，当代江苏书画艺术家在中国的书画界的影响已日益衰败，不能和老一辈的书画名家同日而语。

为实现文化强省的目标，需要创造能使更多的书画人才脱颖而出的氛围，人才出不来、留不住，这使得江苏书画艺术发展的后劲明显不足。

第三，在当今世界，文化产业已发展成为仅次于制造业的第二大支柱产业，但我国的文化产业却仍处于起步和摸索的初级阶段。国际经验表明，当人均 GDP 超过 3000 美元时，文化的消费会有一个快速增长的过程，当人均 GDP 接近或超过 5000 美元时，社会对文化的需求则会出现"井喷"。截止到 2012 年，江苏省地区生产总值突破 5.4 万亿元，人均地区生产总值突破 1 万美元，远远超过 5000 美元，文化消费应该处于一个爆发性的时期。"十二五"期间，江苏加快转变经济增长方式、进入经济转型升级的关键阶段，文化产业的发展和繁荣必然成为新的经济增长点和新一轮投资热点。

江苏的总体艺术氛围，由于历史的原因普及度相对较高，尤其是 2006 年之后，呈现出发展速度加快、主体壮大、抱团发展的态势。"十一五"期间，江苏的文化产业得到长足发展，但是相对于北京、上海而言起步较晚。由于经济发展的不平衡，江苏省内的艺术产业化的发展也出现了三个不同层次的梯队，第一层次是南京、苏州、无锡；第二层次为常州、南通、扬州、镇江；第三层次有徐州、盐城、泰州、连云港、淮安、宿迁。另外由于传统的人文精神影响较重，所以艺术的产业化发展绝对弱。艺术产业的集约化、规模化程度较低，书画家的产业化发展以单兵作战为主。一个画家就是一个品牌，跨系统整合艺术资源的难度较大。

由于书画艺术品本身的特殊性，它的商品化和市场化程度偏低，这也和书画艺术品市场的市场经济理论及规则的缺位、缺少书画经纪人的介入等原因有关系。江苏历来是书画重镇，但书画家个人主导交易的行为传统仍普遍存在，收藏者大多习惯通过熟人介绍到画家家里买字画，或通过请书画家赴宴、出席活动等非商业途径来获取作品，这就难免打压了正规拍卖市场书画价格。在当今中国艺术品市场，江苏书画家作品的市场价位尚无法与国内其他大中城市相比，文化创新力明显不足，缺少核心竞争力。这一方面与社会经济发展的程度、消费能力和收藏的偏好有关，另一方面它也和文化产业的策划和营销力等有关。

三 江苏书画艺术发展的突破路径

从江苏的书画艺术发展历史来看,江苏具备丰厚的历史文化底蕴,既有作为六朝古都的南京为省会城市引领全省的文化发展,又有人文渊薮的苏州在文化资源和产业竞争力方面进行陪衬,各方人才汇集,实力雄厚,具有在传统基础上推陈出新的巨大能力。面对江苏书画艺术发展面临的问题和困境,江苏书画界拥有在新的历史条件下进行改革创新的气魄和勇气,应循以下几条路径寻求发展的突破。

(一)紧抓历史发展机遇,以艺术强省开拓书画艺术发展之路

书画艺术也是文化发展的重要组成部分,而江苏优良的书画艺术传统也为江苏书画艺术的发展奠定了良好的基础。根据中央推动文化大发展、大繁荣的要求,江苏省委、省政府提出了"文化凝聚力和引领力强、文化事业和产业强、文化人才队伍强"的文化强省目标,书画艺术必须紧抓历史发展机遇,以艺术强省开拓书画艺术发展之路。

以艺术事业发展来促进艺术产业化发展,既要在公益性的艺术发展过程中防止市场经济模式的泛滥,又应当对艺术产业发展做相应的提升和资源使用规划,与文化产业项目结合,进行项目拓展性规划,以形成规模化的发展新格局。只有艺术事业繁荣和艺术产业快速发展,才可能实现从艺术大省向艺术强省的过渡,江苏艺术才能得到跨越式的发展,在艺术史上留下浓重的篇章。

2013年,省财政预算安排2.6亿元文化产业专项资金,引导文化产业规模化、集聚化发展,投入比2012年增长30%。"十二五"期间,江苏着力推动文化产业的跨越式发展,实现文化强省的目标。在此同时也应推进艺术强省发展的战略,立足于江苏,面向全国,倡导书画艺术者扎根现实土壤、反映社会生活,关注民生、关爱自然,追求真善美相统一的审美思想,推出精品力作,以新时代的艺术精神,来满足广大人民群众的精神需求。

(二)依托和整合江苏文化资源平台,提升江苏书画艺术的活力

江苏拥有丰富的文化资源,但真正成为一个文化强省,则需要不断提

升和扩大江苏文化在全国乃至世界的影响力。江苏书画艺术作为江苏文化的一个重要组成部分，对江苏文化发展和建设具有十分特殊的意义。要依托健全的公共文化体系，遵循结构合理、发展平衡、运行有效、惠及全民的原则，以政府为主导、以公益性文化单位为骨干，鼓励江苏书画艺术界积极参与各类活动，提升其活力。

目前，江苏文化管理部门已成功举办了一系列大型活动，如"中国·江苏国际文化艺术周"、"江苏省文物节"、"中国·南京世界历史文化名城博览会"、"中国曲艺牡丹奖"评选颁奖等。以中国·南京世界历史文化名城博览会（简称"名城会"）为例，它是由南京承办的一项国际文化盛会，首创于2004年，每两年举办一次，到现在已经成功举办了5届。这几届名城会的成功举办，不仅彰显了南京深厚的历史文化底蕴，促进了江苏文化品牌的形成，促进了江苏省文化事业的繁荣和文化产业的发展，也提升了江苏的国际知名度和美誉度，推动了世界历史文化名城之间的交流。

而具体到书画艺术方面，江苏也有举办"中国百家金陵画展"、"傅抱石林散之书画双年展"等这样的大型活动。其中中国百家金陵画展是非常成功的例子，迄今已举办了8届。经过8年的历练和发展，这一品牌的美誉度和社会影响力不断扩大，取得令人瞩目的成果：2011年8月，中国百家金陵画展60幅金奖作品在法国罗浮宫展出；同年10月，在南京成功举办了2011中国百家金陵画展中外学者高峰论坛；2012年8月英国举办奥运会期间，作为中国文化节的组成部分，中国百家金陵画展金奖作品又亮相伦敦。中国百家金陵画展不断走向国际，受到国外艺术家、学者及观众的广泛赞誉。

在这样的情况之下，江苏书画界必须充分依托和整合江苏文化资源平台，在江苏省文化厅带领下，与省内各地市美术馆、博物馆联动，精选历代书画精品，组织举办书画展览，在展示江苏历代书画精品的过程中，推广江苏书画艺术的杰出成就。由省文化系统和全省乃至全国文化界知名专家组成咨询委员会，不定期地为江苏文化尤其是书画艺术建设出谋划策、组织研讨、提供作品、培养人才等。比如2012年11月举办的"首届江苏省优秀中青年美术家书法家精品展"，是由江苏省文联主办、江苏省美术家协会和省书法家协会共同承办，是江苏省文联进一步宣传推介江苏优秀中青年书画家的重要举措，展现了江苏中青年书画家精湛的艺术技巧和深厚的艺术修养。通过这样的活动，鼓励中青年书画艺术家保持拥有良好的艺术修养和旺盛蓬勃的创作激情，推动江苏艺术事业繁荣发展的中坚力量。也从一个侧面反映了近年来江苏书画创作的繁荣景象，展示了江苏文艺人才工程建设的丰硕成果，对江苏省美术、书法艺术的创作具有积极的导向作用。

同时，加强与省内各级文化管理机构和产业团队的沟通交流，进一步开拓创新，更加积极地组织举办和参与各类大型活动，做出有广大社会影响力的文化品牌，以此提升江苏书画艺术的整体活力。与此同时，还要走出去，吸取国际上的一些先进经验，如此才能逐渐为社会了解和熟知，并逐渐扩大自身的影响力，为个体发展创造良好环境。

（三）加强书画理论的研究，促进书画实践的发展

随着社会经济和科技的发展，中国书画艺术也展现出新时代的面貌，因此有必要加强对书画理论的研究，促进对当代书画实践的指导。

我国有"书画同源"的观念，是指中国绘画和中国书法关系密切，两者的产生和发展，相辅相成，书画璧合，相得益彰。不少艺术家有着精湛的绘画技艺，同时也有着深厚的书法功底，如米友仁、黄公望、倪瓒、吴镇、沈周、文征明、唐寅和吴昌硕等人都是非常杰出的代表。但是，由于时代背景、文化因素的改变，导致中国的书法与绘画在新的时期有逐渐分流的趋势，这极大地影响了书画艺术的整体发展，也是文化艺术战略上的失误。为改变这种负面影响，加强对书画理论的研究，以理论促进对当代书画实践的指导。一方面，总结和借鉴书画史上的传统技法和题材，但另一方面，又需要结合时代发展和科技进步的特色，探讨和尝试新工具、新材料、新题材、新的表现方式和新的立意，使书法与国画更好地顺应时代与社会的要求，实现良性合流，使书法与国画更好地顺应时代与社会的要求，实现良性合流，应该在学科发展上大力提倡建立系统的中国书画艺术学，并通过书画艺术市场的逐步完善，推动书画艺术的发展。

书画大师齐白石曾有一句名言"学我者生，似我者死"，就是说书画艺术需要承前人、古人，但更需要大胆地突破和超越。徐悲鸿先生也曾谈及"古法之佳者守之，垂绝者继之，不佳者改之，未足者增之，西方绘画可采入者融之"，主张不应固守成规，并吸收西方绘画的有益之处。我们从生活实践中感受社会发展，以当前社会经济、文化的快速发展为契机，用爱国主义的热情，贴合"中国梦"发展的精髓，书画作品在传统中创新，形成我们新时代的自信、革新的新风。

（四）大力发展书画产业，规范书画市场

文化产业是一种低碳、创意、高附加值的产业，在整个经济社会发展中具有独特的优势。发展文化产业，有利于优化经济结构和产业结构，转变发展方式，拉动消费升级，在一些发达国家和地区已经成为国民经济支柱产业。中国书画艺术发展到今天，已脱离了实用的范畴，成为人类的一种高级的需要，但艺术自身的发展却又是需要坚实的基础的。经济基础决定上层建筑，反映到书画艺术层面，就表现为今天中国书画艺术市场的繁荣和发展。

时代呼唤中国文化产业的崛起和发展，而文化产业的崛起，也蕴藏着中国书画艺术创新和发展的契机。书画作品是书画市场的基础，没有书画作品，就不可能有书画市场。对书画作品的购买，最初的心理是艺术消费，然后是收藏，最后是投资，这是一个渐进的过程。

在市场经济条件下，书画市场的形成与发展需要一个完整的产业链，从书画家生产作品到顾客买到手里，产、销、购之间的每一个环节都不能出现问题。市场的确立与通畅是书画作品长期创作的保障，书画作品的创作和消费是书画艺术市场的重要组成部分，消费群体的培养和流通渠道的畅通又促进了书画创作，这些同时构成了成熟健康的书画艺术产业。

因此，亟须建立健全书画艺术市场秩序，建立健全完善委托代理制度，加速培养经纪人队伍也刻不容缓。另外，还需有相应的知识产权保护机制，艺术产业的发展离不开知识产权保护，盗版猖獗无视知识产权保护的地区，断然不可能有文化产业繁荣。同样，一个假货横行的市场，必然会摧毁艺术产业化的进程。

（五）培养和造就书画人才，着力打造精品力作

当今世界的竞争，归根结底是人才的竞争。而文化事业的发展和完善，当然也可以归结到人才的竞争。人才资源整合得好，才能集聚起雄厚的人才资本，增强人才资源整体竞争力。要做到文化强省、艺术强省，必须创造良好的环境，大力培育和造就书画人才，让人才来支撑强省的目标。具体到书画艺术方面，我们要培养和造就出大师级的人才，造就一批文化精英、艺术巨擘。必须加快文艺人才队伍建设，加大对文艺名家、优秀文艺人才的宣传推介力度，推出一批在全国具有较高知名度、较大影响力的文艺领军人物。

从培养和造就更多的艺术名家这一点来看江苏艺术强省建设，我们需要进一步吸引和培养更多的书画人才，同时继续加强对全民文化素质的培养和普及。我们需要打破行政疆域的界线，通过创造良好的环境来多渠道吸引更多优秀的书画艺术人才，达到书画艺术人才的聚集效应；同时，我们也需要积极创造条件，让专业艺术人才多接地气，使其与分散在基层的群众文化骨干结合起来，彼此起到优势互补的作用。这样既壮大专业书画艺术单位的创作力量，又提高整体群众艺术的创作和鉴赏水平，达到培养锻炼和提高人才素质的目的。

江苏是经济大省，也是文化大省，凭借着其区域经济、文化艺术方面的优势，江苏的书画艺术走出去乃至推进中国书画艺术的复兴都是题中应有之义。

作者信息：
研究基地：江苏艺术强省建设研究基地
承担单位：南京师范大学
首席专家：徐培晨、陈剑澜、王菡薇
课题负责人：王菡薇
主要参加人员：陶小军、楚小庆、蒋欧悦

技术进步推动江苏省文化产业增长方式与路径研究

内容提要：当今，文化产业发展已离不开高新技术的支持。本文基于C—D函数和索洛余值法，建立江苏省文化产业的生产函数模型，在此基础上分析测算出2006—2011年的技术进步对文化产业发展的贡献率。研究发现，江苏省整体文化产业发展中技术进步贡献力明显，但是随时间呈现类似"W"的波动趋势；在文化产业发展程度高的苏南地区，短期内技术进步贡献率相对较低，而在经济基础较为薄弱的苏中、苏北地区，技术仍然是推动文化产业发展的关键因素。为此，建议：促进知识共享，加快技术传播；政府引导实现重大技术突破；重视资金和人力资源投入；开发地区优势，加强区域合作。

一 引 言

在经济与技术急速发展的今天，美、日、韩以及欧洲等发达国家都积极推进高新技术与文化产业的融合，促进文化产业数字化、网络化和信息化，研发制造各种以高新技术为载体的文化产品和服务并输向全世界，深深影响了全球的文化消费理念，将文化产业发展推向了新的发展领域。

美国从20世纪20年代起，经历了近百年的摸索，成为当今文化产业发展最完善、竞争力最强的国家。"好莱坞"成为美国电影的代名词，"奥斯卡"成为衡量影片世界影响力的标准。据近期数据显示，美国好莱坞电影在全球约150个国家和地区放映，将欧洲票房收入的70%纳入囊中。

随着计算机虚拟与影视制作等技术的日趋成熟，美国电影制作中越来越多地采用虚拟技术，影片场景真实而宏大，虚拟人物表情生动丰富、动作自然流畅，加之宽银幕、3D、4D 的画面效果吸引着世界众多影迷纷纷奔向好莱坞影片播放影院。日本漫画、动画和游戏的娱乐性较强，产业关联紧密，被统称为动漫产业。日本出版的漫画杂志占全国杂志发行量的 31%，漫画单行本图书占整个图书市场的 69%，全球播放的动漫作品中超过 50% 出自日本，动漫产业已成为日本的第二支柱产业，年营业额达 230 亿日元。[①]网络技术的不断更新，为动漫产品提供了新的传播渠道，大大扩大了动漫的影响范围。此外，日本的动画制作技术也在不断创新，使得日本动漫中人物形象丰满而富于美感，画面效果美轮美奂，引领着世界动漫制作技术朝着高科技方向发展；2000 年，韩国政府转向科技含量极高的游戏制作及其相关产业的发展之路，时至 2010 年韩国的文化产业总值已经占到国内生产总值的 6.2% 左右。韩国网游制作的骨干人员或是有着多年经验的业内精英，拥有数款经典巨作游戏的制作经验；或是资历很老的游戏玩家，他们很清楚玩家对于游戏的喜好和需求；或是美术界高手，能够制作出完美而逼真的画面。韩国厂商积极研发和引进先进的网游制作技术，制作出画面效果更真实、内容更丰富的游戏，同时不断突破服务器终端技术，以不断适应新游戏、满足玩家的众多需求。

近年来，国内已经开始有不少企业注重高新技术在文化产业发展方面的运用，并取得了良好的效果，逐步凸显出高新技术对文化产业发展的重要推动作用。深圳锦绣中华是目前世界上最大的实景微缩景区；上海外滩观光隧道是我国第一条融交通与旅游功能为一体的越江行人隧道；北京创建了以中关村为核心和依托的中关村创意产业先导基地、数字娱乐示范产业基地、中关村科技园区雍和园等众多文化创意产业集聚区；在浙江，广播影视业借助数字和网络技术实现创新发展，结束了"三国四方"的全省数字电视网络格局，杭州公交移动电视接收终端规模达到全国省会城市第一。全国其他各省市也积极推进文化产业政策的制定，不断推进文化产业与高新技术相互融合。

---

① 唐向红：《日本文化与日本经济发展关系研究》，东北财经大学出版社 2012 年版。

二 技术进步对文化产业发展的影响机理分析

从文化产业发展的历程来看,每一次的技术革新都会带来文化传播与发展的极大进步。一方面,文化产业与其他产业关联度高,而其他产业的发展和升级都离不开科学技术的支撑。另一方面,科学技术直接影响文化产业的发展。

(一)转变消费方式拉动文化产品需求

钱纳里认为,当人均 GDP 达到 1000 美元时,文化消费支出占居民消费支出的比重达到 18%。一方面,高科技的运用大大提高了企业的生产效率,释放了生产空间。原先需要一整天才能完成的工作量,如今可能只需要几个小时就能完成,人们有更多的时间去进行休闲及文化消费活动。另一方面,当收入水平提高后,人们不再担心温饱和居住等问题,生理需求和安全需求得到满足,就会去追求更高层次的社交需求、尊重需求和自我实现需求,就会希望用多余的钱和时间去享受精神和文化消费。表现为更加注重对生活质量的追求,消费行为也从对廉价品、耐用品的追求向舒适品、奢侈品和多样化、个性化消费的方向转变,以满足自身不断变化的精神和心理方面的需求。

(二)多样化传播刺激文化产品消费

首先,体现在技术进步推动文化传播媒介不断升级。电子书籍的出现是对传统纸质媒介的一个冲击,以其携带方便、大储存量、不易损毁、能快速复制等优点逐渐取代了书籍成为人们的主要文化消费产品。在微电子技术、光驱技术、集成芯片技术等高新技术的冲击下,单一的文化载体如纸张(只能记载文字、图片)、磁带(只能记录声音)、胶卷(只能记录影像)逐渐被 CD、磁盘、U 盘、移动硬盘等功能强大(可同时记录文字、声音、图片、影像等)的媒介载体取代,文化传播的内容从简单的图片和文字描述拓展到丰富多彩的声音和影像描绘。其次,体现在技术进步拓宽了文化传播渠道。特别是网络技术的出现,在互联网覆盖下,文化产品的消费打破了人群、时间和空间的限制,使得任何人在任何时间、任何地点都能够进行文化消费。人们可以在视频网站上欣赏国内外精彩影片、文艺演出、体育赛事等节目，在 B2C 网购平台上购买书刊、文化手工艺品等，在团购网站上购买电影票、旅游景点门票，在书刊网站上浏览报刊，等等，网络让文化消费成为人们日常生活的一部分。

（三）技术创新推动文化产品内容创新

文化产品的生产过程是技术创新的过程，文化产业遵循"创意+科技"的发展道路。[①] 熊澄宇界定文化产业的四种核心要素为：内容、科技、资本和服务。内容引发社会需求，科技改变产品形态，资本影响市场规模，服务决定事业成败。文化产品首先是内容产品，内容产品的价值依赖于产品的原创性、差异性和不可替代性，其中尤为重要的是不可替代性，这是文化产业的核心竞争力。[②] 高新技术对文化产业内容生产的影响表现在：一是表现为高新技术促进内容生产工艺革新，对传统内容进行改造；二是表现为对内容本身的开发和创新。图 1 展示了技术进步与文化产业发展的密切联系。在传统文化产业阶段，一般性技术支持保障了文化产

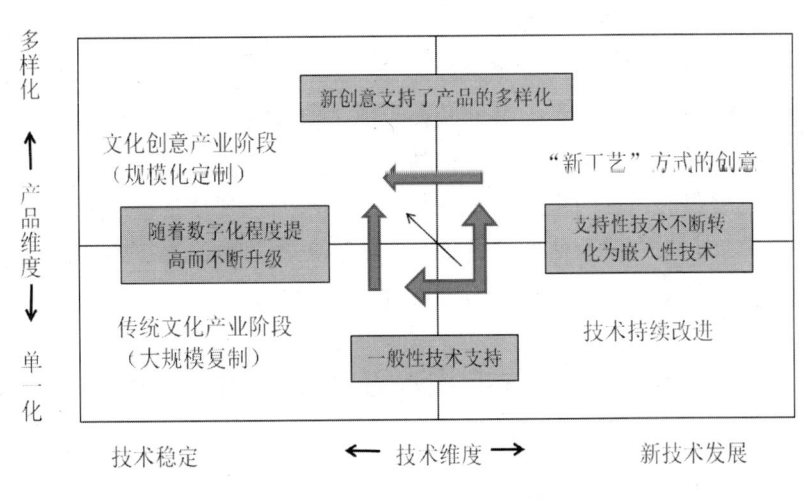

图 1 文化产业的技术支持

图片来源：欧阳坚：《文化产业政策与文化产业发展研究》，中国经济出版社 2011 年版，第 83 页。

[①] 顾江：《文化产业经济学》，南京大学出版社 2007 年版，第 27 页。
[②] 欧阳坚：《文化产业政策与文化产业发展研究》，中国经济出版社 2011 年版，第 56 页。

品的大规模复制得以实现;技术改进后,支持性技术转化为嵌入性技术,出现了"新工艺"、"新方法",使得文化产品实现了从单一化向多样化的转变;同时随着数字化程度的提高,技术不断升级,文化产业进入文化创意产业阶段,规模化定制文化产品。

(四)延伸文化产业链条

在技术的推动下,文化产品经过分离和萃取之后,价值可以转移到其他商品上。中国古代四大名著之一的《三国演义》除了以书籍的形式供消费者阅读之外,还被拍摄成电视剧,进入影视产业;被改编成动画片,进入动漫产业;被设计成网络游戏,进入电子游戏产业;以电视、动画片或游戏中的人物角色为原型制作玩具、礼品、文具、装饰等,进入商品消费领域。整个产业链创造的总价值远远高于《三国演义》书籍出版物创造的价值。英国作家J. K. 罗琳创作的《哈利·波特》小说系列,全球范围内拥有大量粉丝,因而其衍生出的服饰、礼品、人偶等拥有广阔的市场。以日本动漫产业为例,制片人制作卡通动漫,代理商销售,影视系统播放,企业购买卡通动漫产品形象专利并开发衍生产品,商家销售产品。《宠物小精灵》系列卡通电影、电视的制作销售额在2002年达到了约1860亿日元,具有形象专利产品的生产总额达到约2兆日元。日本动漫产业链多个环节相互联动,共同获得了巨大收益。

总的来说,技术进步促使文化消费突破了时间和空间的限制,使文化的载体、表现形式、内容等由单一向多元、由简单到复杂逐渐演变;技术进步促进了文化产业价值链的重构与升级、推动了文化产业的结构调整与升级、增强了文化产业的竞争力(陈伟雄,2010)。

三 技术进步推动江苏省文化产业发展实证分析

(一)衡量指标选取

文化产业属于第三产业范畴,是人才密集型、技术密集型和资本密集型产业(陈少峰,2008),因而影响文化产业产出的因素必然包括技术因素、资本因素和劳动力因素。但是文化产业与其他产业相比有其自身的特殊性，还受到资源、环境、产业政策等因素的影响。

1. 最终产出

在经济学分析中，最终产出一般以年产值的形式表示，可采用总产值、净产值或增加值等数值进行分析。考虑到数据的可得性，参考国内众多学者的做法，本文采用文化产业年产值的增加值来表示最终产出。

2. 资本投入量

作为文化产业的产出品，文化产品具有与一般商品不同的特殊性，决定了政府介入的必要性（顾江，2001）。文化产业可以分为公益性文化事业单位和经营性文化企业单位。文化事业单位提供公共文化产品，以满足公众基本的文化消费需求，这部分文化产业的发展必须依靠政府的资金投入和政策引导。经营性文化企业是以营利为目的的生产文化产品的公司或集团，向消费者提供多种文化产品，满足公众多样化的文化消费需求，其发展除了需要企业自身的资金外，还需要政府的扶持与投资。文化产业资本来源的广泛性致使不能仅以政府投资或企业自身资本存量作为衡量资本投入的指标。而资本投入量的另一个表现形式是固定资产产值，它是历史资本投入和当期资本形成的有形资产，涵盖了企业自身投资和政府投资以及通过其他渠道获得的资金投入，因而比较适合作为文化产业资本投入的衡量指标。

3. 劳动力投入

影响文化产业发展的人力资源因素有：文化产业从业人数、各类专业技术人员数、人口受教育程度（赵喜仓、范晓林，2012）。有学者认为经营性文化产业机构数目、文化事业机构数目也是影响文化产业发展的重要因素（王家庭、张容，2010）。基于宏观方面的考虑，本文认为如果同时考虑文化产业从业人数（包括专业技术人员数）和文化机构数目（包括经营性文化产业机构数目和文化事业机构数目），会导致劳动力投入的重复计算。所以本文在计算劳动力投入时，仅考虑文化产业从业人数。

4. 文化资源

一般性的产业在分析时没有考虑物质资源（包括原材料、辅助材料、固定资产等）对产出的影响。与一般性的产业不同，文化资源是进行文化生产的前提（赵喜仓、范晓林，2012）。一方面，文化资源包括前人创造的精神文化财富和历史积淀的物质财富，具有历史性、地域性和人文性，很难进行人为的改变,因而不能由资本投入来替代;另一方面,一个地区文化资源的丰裕程度直接影响着该地区文化产业的发展。从全国范围来看,不同地区的文化资源优劣势明显,而江苏省具有很强的文化资源优势。江苏省是历史上经济发展的中心地区,且位于长江入海口,"水文化"、"吴文化"、"汉文化"、"淮扬文化"等文化资源总量丰富、形式多样(顾江、邹亚军和陈海宁,2006)。但是考虑到地区文化资源难以用统一的指标进行衡量,相关数据难以统计,所以本文把文化资源因素归入全要率领域。故本文最终测算出的文化产业技术进步贡献率口径比较宽泛。

(二) 数据的来源与处理

本文中的数据是根据《江苏省文化统计年鉴》(2006—2011)的统计资料整理而来。参照国内众多学者的做法,本文采用文化产业增加值作为文化产业的最终产出指标(Y)。考虑到在全省的统计数据中"非文化及相关产业"从业人数很少,所以本文采用汇总的数据作为文化产业从业人员数(L)。对于难以获得的文化产业资本存量(K)的数据,国际上一般采用永续盘存法进行估计。也有学者(顾江和吴建军)采用文化企业固定资产净额作为资本投入的代理变量。鉴于数据的可得性和相关性分析,本文根据 Harberger(1978)提出的估算起点时刻资本存量的方法对文化产业初期资本存量进行估算。资本投入量相关数据来源于《江苏省文化统计年鉴》中的"文化、文物机构基本建设投资"中"本年资金"项目的数据,是"上年结余"与"本年资金"的总和,即每年的实际投资额(I)。其中,2006年的数据为"文化、文物机构固定资产投资"。

对于《统计年鉴》中"本年资金"项目的个别缺失数据,本文采用剔除方法,即不作为样本数据参与模型的回归分析。

(三) 模型的建立、检验与评价

通过建立江苏省文化产业生产函数模型,以技术进步贡献率作为衡量技术进步对江苏省文化产业发展的促进作用。根据经济学分析中经典的 C—D 生产函数模型和索洛余值法,可以得到技术进步贡献率计算方法。

$$\frac{\triangle A}{A} / \frac{\triangle Y}{Y} = 1 - \alpha \frac{\triangle K}{K} / \frac{\triangle Y}{Y} - \beta \frac{\triangle L}{L} / \frac{\triangle Y}{Y} \tag{1}$$

式（1）中，$\frac{\triangle A}{A}$ 为技术进步率，又叫作全要素生产率（TFP），代表除资本和劳动力投入之外的生产因素（主要由技术进步引起）的变化率。$\alpha 本\frac{\partial 本}{\partial 本}\frac{K}{Y}$，代表资本产出弹性；$\beta 表\frac{\partial 表}{\partial 表}\frac{L}{Y}$，代表劳动产出弹性。通过计算产出的增长率、资本增长率和劳动的增长率，然后通过（1）式的函数关系式即可测算出技术进步率。

Harberger（1978）对期初资本存量进行估计的方法的基本假设为：稳态时产出的增长率等于资本存量的增长率。这个假设可以表示为：

$$\frac{K_{t+1}}{K_t} = \frac{Y_{t+1}}{Y_t} \tag{2}$$

其中，K_t（K_{t+1}）和 Y_t（Y_{t+1}）分别表示在第 t（$t+1$）期的期初资本存量和产出。而第 $t+1$ 期期初资本存量又等于第 t 期期初资本存量折旧后的数值与第 t 期的新增投资额 I_t 之和，即：

$$K_{t+1} = I_t + (1 - \delta) K_t \tag{3}$$

于是，我们得到：

$$\frac{I_t + (1 - \delta) K_t}{K_t} = \frac{Y_{t+1}}{Y_t} \tag{4}$$

整理后可得：

$$K_t = \frac{I_t}{(Y_{t+1} / Y_t) - 1 + \delta} \tag{5}$$

从上式中可知，第 t 期期初资本存量与产出增长率、资本折旧率和第 t 期新增投资额有关。根据所取得的数据，本文取 2006—2011 年共六年的江苏省全省文化产业增加值的增长率的平均值替代 Y_{t+1}/Y_t，为 1.250。折旧率 δ 的取值，参照郑世林和葛珺沂（2012）的做法，取 5.0%。I_t 可用《统计年鉴》中"文化、文物基本建设投资"中的本年投资额来衡量。

在以上分析的基础上，本文建立的模型为：

$$Y_t = A_t K_t^{\alpha} L_t^{\beta} \tag{6}$$

转化为对数形式：

$$\ln Y_t = \ln A_t + \alpha \ln K_t + \beta \ln L_t \tag{7}$$

利用 Excel 软件进行回归，得到回归分析如下：

$$\bar{R}^2 = 0.921$$

表明该回归方程具有很好的拟合性，在可接受的置信范围内是可行的。

于是，得到回归方程：

$$\ln Y_t = 3.112 - 0.071 \ln K_t + 1.174 \ln L_t \tag{8}$$
$$(0.455) \quad (0.041) \quad (0.065)$$

联合公式（1）得到技术进步贡献率：

$$\frac{\Delta A}{A} \Big/ \frac{\Delta Y_t}{Y_t} = 1 + 0.071 \frac{\Delta K_t}{K_t} \Big/ \frac{\Delta Y_t}{Y_t} - 1.174 \frac{\Delta L_t}{L_t} \Big/ \frac{\Delta Y_t}{Y_t} \tag{9}$$

同理，可以计算出劳动力投入贡献率和资本存量贡献率，分别为：

$$1.174 \frac{\Delta L_t}{L_t} \Big/ \frac{\Delta Y_t}{Y_t}, \quad -0.071 \frac{\Delta K_t}{K_t} \Big/ \frac{\Delta Y_t}{Y_t}。$$

在 C—D 生产函数基本模型中，根据回归方程（式8），我们知道 $\alpha = -0.071$，$\beta = 1.174$，$\alpha + \beta = 1.103 > 1$，意味着江苏省文化产业存在规模经济，文化产业产出增加值增长的倍数大于资本投入和从业人数增长的倍数，这对文化产业发展政策的定制有着重要的意义。

（四）实证分析

1. 江苏省总体分析

其一，考察期间江苏省文化产业总体上发展迅速。2006 年全省文化产业产出增加值为 35.234 亿元，至 2011 年同比增长了 195.6%，达到 103.805 亿元。其二，2007 年至 2011 年产出的同比增长率分别为：52.0%、-0.3%、34.4%、24.3%、16.3%，增长率总体上呈递减趋势。一方面缘于用于比较的基期数据逐年增大，另一方面说明了江苏省文化产业发展速度有所减缓。其三，2008 年全省经济受金融危机影响，文化产业产出增加值较 2007 年的 53.568 亿元减少了 0.171 亿元，但是仍然高于 2006 年；经过三年的重新振奋，2011 年产出增加值比 2008 年增长了 50.407 亿元，接近 2008 年全年的产值，表明江苏省文化产业具有较强的抗危机能力（图2）。

图2　江苏省2006—2011年文化产业产出增加值（单位：亿元）

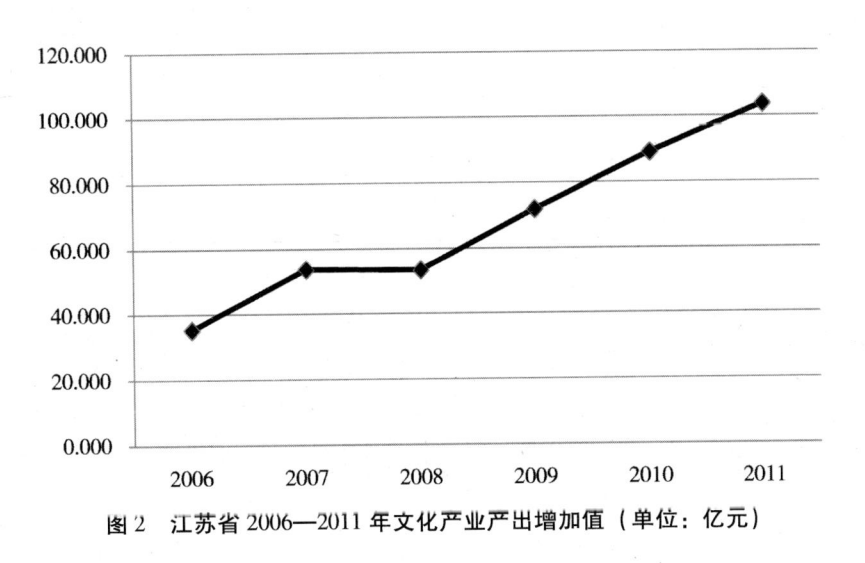

表1分析了江苏省2007年至2011年间文化产业各投入要素对产出增加值的贡献率。总体上，各要素对产出的贡献率随着时间而显著波动。其中，2010年产值增长的动力主要来自劳动力投入，其贡献率达到0.796；而2007、2009和2011年技术进步因素对产值增加的贡献最大。劳动力增长贡献率从2007年至2010年逐年递增，2010年达到考察期间最高值，2011年出现很大的降幅，降低至0.151，但仍然对文化产业发展有正向的推动作用，意味着人才仍然是推动文化产业发展的关键因素之一。技术进步贡献率也存在不规律波动，2007年为1.063，2008年下降至-5.435，随后反弹。但是2010年仅为0.260，低于劳动力增长贡献率，2011年又回升至0.843。表明在较短时期内技术进步对文化产业发展的影响作用易受宏观环境、产业关联、技术传播等其他因素的影响。资本存量的贡献率低于我们的预期，2009年、2010年均为负值，且2010年在2009年的基础上进一步下降。本文认为，一方面是因为文化产业存在较多的非营利性文化事业单位（如图书馆、博物馆、主题公园等），每年需要政府财政的大力支持才能维持运转但是其年产值较低；另一方面可能原因是资本的有效利用不足。

表1　　江苏省文化产业投入要素贡献率分析（2007—2011）

	2007	2008	2009	2010	2011
产出增长率	0.520	-0.003	0.345	0.243	0.163
技术进步率	0.553	0.017	0.232	0.063	0.138
劳动力增长贡献率	-0.075	0.283	0.343	0.796	0.151
资本存量增长贡献率	0.012	6.153	-0.015	-0.057	0.006
技术进步贡献率	1.063	-5.435	0.672	0.260	0.843

2. 地区分析

苏南地区文化产业总体发展水平领先于苏中和苏北地区。2007年至2011年文化产业产出增长率分析中，苏南平均增长率为33.8%，苏中为24.4%，苏北为26.1%。研究发现，苏南平均技术进步贡献率为-3.058，平均资本贡献率为1.063，而平均劳动力增长贡献率为2.995，表明苏南文化产业的产出增长动力主要来源于劳动力投入。进一步分析发现，样本期间，苏州的文化产业发展处于江苏省领先水平，其文化产业平均年产出增加值为15.893亿元，2011年达到全省产值比重的24.2%。但是2008年，在全省经济不景气、文化产业发展受到金融危机影响的情况下，苏州文化产业产出增长率为-1.3%，技术进步率为0.846，大大高于江苏省其他城市的技术进步率，导致测算出的2008年苏州文化产业技术进步贡献率为-65.202。并且，南京在2010年产出增长率仅为0.1%，低于全省其他城市同期指标，根据模型计算出的技术进步率为-0.057，进而技术进步贡献率为-60.466。从而致使苏南总体平均技术进步贡献率低于苏中（0.070）和苏北（2.603）。此外，苏南、苏中、苏北的平均技术进步率分别为0.437、0.144、0.187，但是地区文化产业各因素贡献率大小依次为，苏南：劳动力>投资>技术进步；苏中：投资>劳动力>技术进步；苏北：技术进步>劳动力>投资（表2）。

表2　　江苏地区文化产业投入要素贡献率分析（2007—2011）

	产出（Y）	技术进步（A）		资本存量（K）		劳动力投入（L）	
	增长率	增长率	贡献率	增长率	贡献率	增长率	贡献率
苏南	0.338	0.437	-3.058	2.602	1.063	0.0714	2.995
南京	0.209	0.170	-10.926	0.706	-4.341	0.076	16.267

续表

	产出 (Y) 增长率	技术进步 (A) 增长率	贡献率	资本存量 (K) 增长率	贡献率	劳动力投入 (L) 增长率	贡献率
无锡	0.217	0.695	5.449	7.695	-5.371	0.051	0.922
镇江	0.518	0.472	1.059	0.109	-0.006	0.046	-0.053
常州	0.405	0.354	1.578	1.778	-0.042	0.150	-0.536
苏州	0.343	0.494	-12.449	2.721	15.076	0.034	-1.627
苏中	0.244	0.144	0.070	-0.444	0.786	0.059	0.144
南通	0.170	0.180	1.206	0.034	-0.201	-0.007	-0.005
扬州	0.258	0.187	0.518	0.469	0.044	0.089	0.438
泰州	0.305	0.065	-1.514	-1.834	2.514	0.096	0.000
苏北	0.261	0.187	2.603	-0.127	-1.399	0.055	-0.204
淮安	0.304	0.203	0.679	-0.073	-0.427	0.082	0.748
连云港	0.168	0.095	0.107	-0.439	0.419	0.036	0.474
徐州	0.101	0.136	1.552	1.971	-0.557	0.088	0.005
盐城	0.258	0.086	0.587	-2.645	2.220	-0.011	-1.807
宿迁	0.472	0.416	10.089	0.551	-8.648	0.081	-0.441

图 3 展现了苏南、苏中、苏北技术进步贡献率在时间序列上的波动情况。苏南技术进步贡献率波动很大，总体呈现"W"的趋势，只有在 2009 年苏南地区技术进步贡献率（8.224）高于苏中（0.472）和苏北（1.007）。2007 年技术进步贡献率为 -1.083，技术进步与产出增加值反方向变动，无锡（-11.219）拉低了整个苏南地区的指标值，从表 3 中可以发现，无锡对文化产业建设的投资数额波动很大。2008 年指标值进一步降低至 -11.887，主要原因是苏州的技术进步贡献率为 -65.202；在 2009 年回升的基础上，2010 年又下降了，主要是因为南京的指标为 -60.466。苏中、苏北前四年技术进步贡献率总体波动不大，总体上代表苏北的曲线位于代表苏中的曲线的上方。但是 2011 年，苏中技术进步贡献率突然下降至 -3.039，而苏北地区大幅上升至 9.714。宿迁在 2011 年技术进步率为 -0.149，而产值增长率为 -0.003，致使计算出来的技术进步贡献率高达 47.166。

分析发现，经济、技术越发达的地区，文化产业发展水平越高，利用本文所构建的模型计算出的技术进步贡献率波动越大。一方面，因为文化产业发达地区文化产业发展环境、体制机制等比较完善，文化产业发展对资本、技术、劳动力等要素的依赖程度下降，而文化产业发展水平较低的地区，要素投入仍然是推动文化产业发展的主要推动力。另一方面，苏南地区文化产业原有技术的边际效率开始下滑，急需实现重大技术突破。

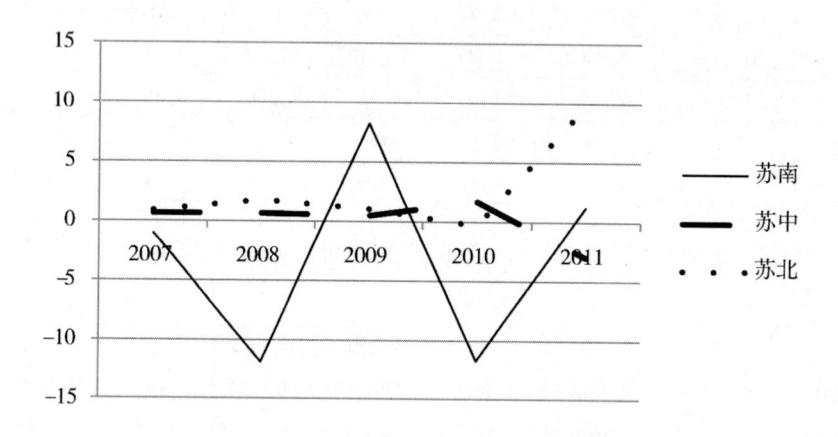

图3　江苏省地区技术进步贡献率波动情况

四　结论与政策建议

（一）模型的不足与研究价值

本文构建的模型有很多不足之处。首先，该模型是在江苏省2007—2011年文化产业产出、投入要素等数据的基础上利用回归方法建立的，如果样本数据发生变动，模型的具体形式也将发生变化，决定了该模型只适用于本文的样本数据范围。本文模型的拟合性很好，表明其对历史数据能够很好地描述，但是由于可获得的数据有限，模型的预测能力不强。其次，影响文化产业的因素有很多，除了技术进步、资本投入、劳动力投入等因素之外，文化资源、政府的扶持政策、产业集聚等都对文化产业的发展有着重要的影响作用。但是本文构建的模型无法衡量这些因素的促进作用。最后，基于C—D生产函数模型的索洛余值法测算出来的 $\triangle A/A$ 代表的是全要素生产率，扩大了技术对产出的贡献作用。

本文的研究意义在于测算技术进步对江苏省文化产业发展的实际推动

作用，用以指导文化产业政策的制定。在很长的时间跨度里，技术进步对文化产业的推动作用明显，例如三次科技革命促进文化产业从无到有、到快速发展、到逐渐成熟；但是本文研究发现，在较短的时间范围内，技术进步的推动作用不明显，例如在本文研究的6年时间跨度里，江苏省技术进步贡献率并不十分突出。全省平均技术进步贡献率为-0.519，低于劳动力投入贡献率（0.300）和资本存量贡献率（1.220）。本文认为，可能存在两方面的原因：一是因为技术进步的推动作用存在一个滞后期，即新技术需要一段时间才能够显示其对文化产业发展的巨大推动力。曼斯费尔德曾指出，新技术传播的发生通常需要很长的时间，而且传播的速度在行业间差距较大。文化产业覆盖面较广，不同部门对新技术的敏感度差别很大，电子游戏产业对网络技术的更新反应很快，而传统民间工艺、图书馆等对新技术的反应则很迟缓，导致新技术在文化产业各部门的传播及运用需要比其他产业更长的时间。二是因为在很短的时间段内（例如本文的考察期仅有6年），技术没有发生重大的变革，比较多的是技术改良性的发明和进步，因而推动作用力较小，甚至低于劳动力和资本的推动作用。

（二）政策建议

根据本文的研究发现，对江苏省现阶段文化产业发展的路径提出几点建议。

1. 促进知识共享，加快技术传播

加强对知识产权的保护力度，不断完善知识产权法制建设，不断创新知识产权法律制度，促使产权所有者加快研发步伐，且乐于将技术公之于众，从而加快技术创新的扩散速度。建立以江苏省各高校和研究机构为核心的文化产业技术交流平台，定期组织各专家进行专题论坛会议与交流，促进知识和技术跨部门、跨区域、跨行业流动。帮助中小型文化企业积极应用互联网，借助网络渠道促进技术的广泛传播与共享。

2. 政府引导实现重大技术突破

通过培育文化产业技术孵化基地，建立文化产业企业、高校、科研机构交流平台，促进创新思维自由流动。为技术研发人员提供切实可行的物质保障，消除他们为生活、为升迁、为金钱而引发的急躁、作假的心理。设置重大课题项目，邀请企业、高校和科研机构参加，以整合科技、经济与文化等资源，共同促使文化产业相关技术实现重大突破。此外，建立独

立的第三方文化产业科技政策评估机构,有利于政府客观、真实地了解科技政策的有效性,及时了解文化产业科技动态,从而做出相对最优的决策。

3. 重视资金和人力资源投入

需要继续加大对文化产业建设的财政扶持,同时建立有效机制提高文化产业资本利用效率,发挥出资本对文化产业发展的重要推动作用;完善文化产业人才激励机制,营造尊重、重视文化产业人才的氛围,拓宽人才选拔路径,尤其是吸引高校人才从事文化产业,提高文化产业就业率。

4. 开发地区优势,加强区域合作

在全省文化产业发展战略的指导下,地区政府需要充分挖掘本地区的资源优势,促使形成该地区独特的文化产业格局。徐州、南通、盐城、连云港等加快发展工艺美术、文化旅游、传统手工业、文化休闲等,泰州、宿迁开辟农家乐、田园生活等项目。苏中、苏北地区更应注重技术研发,以技术创新带动文化产业赶上苏南地区的发展步伐;苏中、苏北需要加强城市之间的交流与合作,协同发展。同时延长产业链条,促进苏南、苏中和苏北之间建立文化产业联系,以苏南的发展带动苏北和苏中的发展,从而形成全省文化产业的"百花齐放"。

参考文献:

1. 刘吉发、岳红记、陈怀平:《文化产业经济学》,经济管理出版社 2005 年版。
2. Jay Na Lim, Frank Peltner, "Innovation Performance of Construction Enterprises: An Empirical Assessment of the German and Singapore Construction Enterprise", *Emerald*, Vol. 11, 2011.
3. 顾江:《文化产业经济学》,南京大学出版社 2007 年版。
4. 唐向红:《日本文化与日本经济发展关系研究》,东北财经大学出版社 2012 年版。
5. 吴建军、顾江:《技术进步、技术效率与江苏文化产业生产率》,《文化产业研究》2013 年第 6 期,第 45—55 页。
6. 陈伟雄:《试论技术革命与文化产业发展之关系》,《四川省干部函授学院学报》2010 年第 4 期,第 30—34 页。
7. 郑世林、葛珺沂:《文化体制改革与文化产业全要素生产率增长》,《中国软科学》2012 年第 10 期,第 48—58 页。
8. 顾江、邹亚军、陈海宁:《江苏省文化产业区域协调发展战略》,《江苏发展研究》2006 年第 1 期，第 233—236 页。

作者信息：
研究基地：江苏文化产业研究基地
承担单位：南京大学国家文化产业研究中心
首席专家：顾江
课题负责人：顾江
主要参加人员：周锦、吴建军、张容、姜照君、高莉莉、张苏秋、马卿

后 记

2013年，江苏省决策咨询研究基地紧紧围绕省委、省政府中心工作，积极组织课题攻关，在服务"两个率先"上取得了新成效。为彰显一年来省决策咨询研究基地的优秀成果，促进工作交流，推动研究基地建设，我们从全年研究成果中甄选70篇，编辑了《谱写中国梦江苏新篇章——江苏省决策咨询研究基地成果报告汇编（2013）》。

本书为上、下两册。其中上册为经济类研究报告共36篇，分为五个专题：创新驱动与转型升级、开放型经济、新型工业化与现代服务业、农村发展与农业现代化、新型城镇化与区域协调发展等；下册为综合类研究报告共34篇，也分为五个专题：党的建设创新、政府与社会治理、生态文明与可持续发展、人才与教育、文化与艺术等。

省社科联党组书记、常务副主席刘德海审定编写方案并审阅书稿。省社科联党组副书记、副主席汪兴国，党组成员、副主席徐之顺对书稿编辑等提出意见建议。省社科联研究室主任崔建军、副主任刘西忠，工作人员朱建波、李启旺、孙煜、陈朝斌等对本书的编辑也付出了辛勤的劳动，在此一并表示衷心的感谢！

由于时间较紧，疏漏之处在所难免，恳望批评指正。

2014年10月

谱写中国梦江苏新篇章
——江苏省决策咨询研究基地成果报告汇编
（2013）

上

主　编　刘德海
副主编　汪兴国　徐之顺　崔建军
江苏省哲学社会科学界联合会　编

PUXIE ZHONGGUOMENG JIANGSU XINPIANZHANG

中国社会科学出版社

图书在版编目(CIP)数据

谱写中国梦江苏新篇章——江苏省决策咨询研究基地成果报告汇编(2013)(上、下册)/刘德海主编.—北京:中国社会科学出版社,2014.12
ISBN 978-7-5161-5380-2

Ⅰ.①谱… Ⅱ.①刘… Ⅲ.①区域经济发展—研究报告—江苏省 ②社会发展—研究报告—江苏省 Ⅳ.①F127.53

中国版本图书馆 CIP 数据核字(2014)第 303288 号

出 版 人	赵剑英
责任编辑	王 茵
特约编辑	王福仓
责任校对	任晓晓
责任印制	王 超

出　　版	中国社会科学出版社
社　　址	北京鼓楼西大街甲 158 号(邮编 100720)
网　　址	http://www.csspw.cn
	中文域名:中国社科网　010-64070619
发 行 部	010-84083685
门 市 部	010-84029450
经　　销	新华书店及其他书店
印　　刷	北京君升印刷有限公司
装　　订	廊坊市广阳区广增装订厂
版　　次	2014 年 12 月第 1 版
印　　次	2014 年 12 月第 1 次印刷
开　　本	710×1000　1/16
印　　张	61.25
插　　页	2
字　　数	969 千字
定　　价	168.00 元(上、下册)

凡购买中国社会科学出版社图书,如有质量问题请与本社联系调换
电话:010-84083683
版权所有　侵权必究

总目录

创新驱动与转型升级

现代化进程中江苏城市功能及转型研究
——基于序位—规模法则的实证分析 …………………………（3）
经济转型升级相配套的科技创新政策体系研究 …………………（19）
基于存量调整和增量优化视角的江苏产业转型升级战略研究 ……（35）
化解江苏产能过剩问题研究 …………………………………………（47）
国内外新型工业化、城市化双轮驱动与江苏沿海发展策略 ………（61）
现代服务业创新驱动江苏转型升级的机制、因素及政策建议 ……（73）
促进江苏企业成为技术创新主体的政策研究 ………………………（86）

开放型经济

小微外贸企业的帮扶促进政策完善研究 ……………………………（101）
江苏民营经济"走出去"的方式及其完善研究 ……………………（114）
全球价值链贸易：经济影响和江苏对策 ……………………………（127）
江苏应对贸易摩擦对策研究 …………………………………………（139）
江苏企业"走出去"的国际战略环境监测研究 ……………………（152）
江苏利用外资转型升级的体制创新研究 ……………………………（170）

农村发展与农业现代化

江苏现代农业发展政策的市场机理研究 ……………………………（189）

农村土地制度改革的实践、成效及政策建议 ………………（204）
工商资本进入农业条件、模式和效应的国内外分析
　　及其对江苏的启示 …………………………………………（218）
江苏现代农业经营组织构建与农业产业组织创新研究 ………（231）
促进农业科技创新转化，实现农业发展内生驱动 ……………（244）
城镇化加速发展背景下江苏农业现代化动力
　　机制研究 ……………………………………………………（258）

新型工业化与现代服务业

全国生态文明示范区创建中的服务业结构优化
　　路径研究 ……………………………………………………（277）
生态文明建设下的江苏制造业合理转移路径及
　　政策措施 ……………………………………………………（290）
推动江苏高端服务业内生性发展的对策研究 …………………（311）
产业集群发展困境研究动态与破解江苏产业集群发展
　　困境对策研究 ………………………………………………（324）
资源环境约束下的产业集聚研究动态与江苏产业集聚
　　发展研究 ……………………………………………………（336）
信息消费促进农村经济发展研究 ………………………………（342）
基于市场化的物联网产业发展模式及产业政策研究 …………（361）
转型期石油石化企业多元化经营战略
　　——基于非油品销售的视角 ………………………………（374）
江苏石化产业绿色低碳发展战略研究 …………………………（387）
苏中战略性产业发展路径研究
　　——联盟视角 ………………………………………………（400）

新型城镇化与区域协调发展

农业转移人口市民化的政策设计 ………………………………（413）
以"规划一体化"引领江苏城乡发展一体化的机制研究 ………（425）
苏南乡村发展路径研究 …………………………………………（439）

江苏推进新型城市化战略的内涵与对策思路研究 …………… （454）
江苏农业转移人口市民化的路径研究 …………………………… （465）
苏南城镇化对苏北城镇化的经验借鉴与启示 …………………… （479）
丝绸之路经济带与江苏发展的新机遇 …………………………… （492）

党的建设创新

深入推进作风建设，构建江苏党员干部联系群众长效机制 ……… （503）
健全权力运行制约和监督体系研究 ……………………………… （515）
网络新媒体环境下权力监督"体系力"建设研究 ………………… （528）
党风廉政建设的网络群众路线研究 ……………………………… （539）
新时期促进党和政府与人民群众互信的挑战与对策 …………… （551）

政府与社会治理

以信息化建设和谐稳定江苏新农村研究 ………………………… （567）
职能部门的流程再造与基层政府的效率和效能研究
　　——以南京市为例 …………………………………………… （580）
基层政府管理与社区自治的有效融合
　　——以南京市工商管理与社区管理的"双网对接"模式为例 … （597）
江苏法治先导区建设的制度重点 ………………………………… （611）
江苏省建立和推行"公民守法责任制"的设想 …………………… （624）
江苏城乡基层组织建设创新的经验、启示与路径
　　——基于江苏"大基层组织"治理模式建构的研究 ………… （638）
江苏社区组织建设的路径分析
　　——在"共同体"与"契约组织"之间 ……………………… （650）
江苏地方政府服务能力评价指标体系研究 ……………………… （662）
后单位时代组织伦理的现状与影响因素
　　——"集团伦理与社会中层结构发展"调研报告 …………… （677）
个体化进程中的公民道德发展
　　——基于江苏省抽样调查的分析 …………………………… （690）

生态文明与可持续发展

21世纪新环境下江苏省可持续发展实践与探索 …………………………（711）
江苏省人类社会财富估算研究 ……………………………………………（723）
江苏省城市绿色发展评价及建议 …………………………………………（736）
加快形成新的经济发展方式与江苏持续发展研究 ………………………（747）
拓开"低碳江苏"可持续发展新路 ………………………………………（759）
推进国家水安全，支撑中国新发展
　　——关于构建"世界水谷"全球体系的建议 …………………………（766）

人才与教育

江苏省高校海归人才培养机制的访谈分析 ………………………………（789）
高校海外高层次人才的引进模式与优化对策研究
　　——以江苏省为例 ………………………………………………………（801）
OECD国家学前贫困儿童政府资助政策比较研究报告 …………………（813）
义务教育均衡与多元发展的政策研究 ……………………………………（827）
"用工荒"现象调查分析以及对江苏职业教育发展的政策建议 ………（840）
"江苏省乡—城流动人口子女教育融入的问题与对策"研究报告 ……（856）
推进江苏文化与科技融合的路径与政策举措 ……………………………（868）

文化与艺术

"十二五"中期江苏文化强省建设的新进程、新挑战与新对策 ………（883）
江苏"文化建设"的现状评估与对策 ……………………………………（899）
苏南、苏中、苏北城市文化演进与比较研究 ……………………………（919）
江苏公众与江苏艺术发展关系研究 ………………………………………（930）
江苏书画艺术走出去的难点与突破路径 …………………………………（936）
技术进步推动江苏省文化产业增长方式与路径研究 ……………………（946）

后　　记 ……………………………………………………………………（962）

目录（上册）

创新驱动与转型升级

现代化进程中江苏城市功能及转型研究
  ——基于序位—规模法则的实证分析 …………………………（3）
经济转型升级相配套的科技创新政策体系研究 ………………………（19）
基于存量调整和增量优化视角的江苏产业转型升级战略研究 ………（35）
化解江苏产能过剩问题研究 ……………………………………………（47）
国内外新型工业化、城市化双轮驱动与江苏沿海发展策略 …………（61）
现代服务业创新驱动江苏转型升级的机制、因素及政策建议 ………（73）
促进江苏企业成为技术创新主体的政策研究 …………………………（86）

开放型经济

小微外贸企业的帮扶促进政策完善研究 ………………………………（101）
江苏民营经济"走出去"的方式及其完善研究 ………………………（114）
全球价值链贸易：经济影响和江苏对策 ………………………………（127）
江苏应对贸易摩擦对策研究 ……………………………………………（139）
江苏企业"走出去"的国际战略环境监测研究 ………………………（152）
江苏利用外资转型升级的体制创新研究 ………………………………（170）

农村发展与农业现代化

江苏现代农业发展政策的市场机理研究 ………………………………（189）

农村土地制度改革的实践、成效及政策建议 …………………（204）
工商资本进入农业条件、模式和效应的国内外分析
　　及其对江苏的启示 ……………………………………（218）
江苏现代农业经营组织构建与农业产业组织创新研究 ………（231）
促进农业科技创新转化，实现农业发展内生驱动 ……………（244）
城镇化加速发展背景下江苏农业现代化动力
　　机制研究 …………………………………………………（258）

新型工业化与现代服务业

全国生态文明示范区创建中的服务业结构优化
　　路径研究 …………………………………………………（277）
生态文明建设下的江苏制造业合理转移路径及
　　政策措施 …………………………………………………（290）
推动江苏高端服务业内生性发展的对策研究 …………………（311）
产业集群发展困境研究动态与破解江苏产业集群发展
　　困境对策研究 ……………………………………………（324）
资源环境约束下的产业集聚研究动态与江苏产业集聚
　　发展研究 …………………………………………………（336）
信息消费促进农村经济发展研究 ………………………………（342）
基于市场化的物联网产业发展模式及产业政策研究 …………（361）
转型期石油石化企业多元化经营战略
　　——基于非油品销售的视角 ……………………………（374）
江苏石化产业绿色低碳发展战略研究 …………………………（387）
苏中战略性产业发展路径研究
　　——联盟视角 ……………………………………………（400）

新型城镇化与区域协调发展

农业转移人口市民化的政策设计 ………………………………（413）
以"规划一体化"引领江苏城乡发展一体化的机制研究 ………（425）
苏南乡村发展路径研究 …………………………………………（439）

江苏推进新型城市化战略的内涵与对策思路研究 …………………（454）
江苏农业转移人口市民化的路径研究 ………………………………（465）
苏南城镇化对苏北城镇化的经验借鉴与启示 ………………………（479）
丝绸之路经济带与江苏发展的新机遇 ………………………………（492）

创新驱动与转型升级

现代化进程中江苏城市功能及转型研究
——基于序位—规模法则的实证分析

内容提要：江苏是由市场导向型城市构成的城市体系，城市规模分布理论上遵循序位—规模法则（Rank-size law）。本文基于 Zipf 定律分析江苏大中小城市均衡发展特征及其成因。首先，运用 Zipf 定律检验江苏城市的序位—规模分布特征，通过计算序位—规模偏差，发现江苏城市的序位—规模偏差度不断增大——大城市相对规模偏大和小城市相对规模偏小的"分岔"现象。然后，运用出口基础理论分析其成因，即分别以制造业和服务业的区位商来估算出口部门的乘数效应。结果表明，大城市相对规模偏大是因为不仅受制造业出口及其乘数效应的影响，更受到服务业乘数效应的积极影响，而县级小城市，城市增长的动力仅来自制造业出口及其乘数效应，以本地消费为主的服务业乘数效应小。

一 引 言

尽管中国城市化道路经历了不同的阶段[①]，但"优先发展中小城市，还是优先发展大城市"，一直是我国城市化方针和道路的争议性问题，从经济学角度看，就是集聚经济或集聚不经济问题。改革开放初期（1979—1990年），我国城市化道路的方针是"优先发展中小城市"，将

[①] 第一阶段（1949—1978年）：以计划经济为主导，压制城市化阶段；第二阶段（1979—1990年）：大力发展小城镇，控制大城市规模阶段；第三阶段（1990—2000年）：大中小城市合理发展和东部城市群经济初现阶段；第四阶段（2000—2010年）：大城市超常规发展和城市群经济的初现阶段；第五阶段（2010—2030年）：将以城市群为主导的发展阶段。

工业建在农村的城镇，农村人口向城镇转移，城市化被称为城镇化。但由于集聚效应不足，实际效果并不好。90年代中期以来的加速城市化过程中，一方面以北京、上海、广州和深圳为代表的特大城市快速发展；另一方面过度集聚下的一系列"大城市病"开始显现，如交通堵塞、环境污染和住房拥挤等。因此，不能孤立地用单个城市的规模大小来评判，而只有从城市体系角度优化空间结构，特别在我国东部发达城市群地区，才能形成"大中小城市合理结构"。

本文通过研究江苏城市的相对规模来评价城市发展协调度，有以下优势：一是江苏各城市经济联系密切，不仅城市体系发育完备，而且大中小城市所构成的等级体系明显，理论上应该遵循Zipf定律，为评价城市规模相对大小提供了良好的参照系。二是江苏的自然条件相似，以市场导向型城市为主导，或者说，已经不存在资源型城市，符合克里斯泰勒（Christaller，1933）中心地理论基于大平原地区的自然地理条件假设，运用序位—规模法则评价时大大简化了假设条件。三是江苏是我国经济发展水平最高的省份之一，对其大中小城市协调发展状况的评价及其成因分析，可为其他省份地区发展提供良好的借鉴意义。本文的创新点在于：一是从城市系统的角度以序位—规模法则偏差为标准来评价大中小城市发展的协调程度，突破以往按绝对规模来评价城市经济效率的标准；二是从运用城市经济学关于经济基础乘数的原理来解释城市成长的原因，将城市增长理论与城市体系发展结合起来。

本文首先基于城市体系的序位—规模法则，评价江苏不同城市相对规模的合理性；再运用出口基础理论的基本模型，以江苏各市制造业和服务业的区位商（location quotient）为解释变量，构建计量模型和分析数据；然后回归分析江苏城市规模偏差的影响因素；最后是结论和政策含义。

二　江苏城市群序位—规模法则的偏差测度

按照克里斯泰勒（1933）的中心地理论，一个城市体系内大中小城市的数量及其对应的规模是有规律分布的。奥尔巴克（Auerbach，1913）、辛格（Singer，1936）等发现城市规模分布可以用帕累托分布来描述：

$$y = Ax^{-a} \text{ 或 } \ln y = \ln A - a\ln x \tag{1}$$

其中，x 为特定人口规模，y 为人口规模超过 x 的城市数量，A 和 a 为常数。

辛格（Singer，1936）认为，正如帕累托的收入特征一样，系数 a 是分布模式的有效测度指标，通过 a 值可以估测城市体系内大中小城市的相对作用。齐普夫（Zipf，1949）进一步提出序位—规模法则，即城市体系内城市的规模与其对应的序位乘积等于常数。之后，涌现了大量的检验和解释序位—规模法则的实证研究，如法国（Guerin—Pace，1995）、中国（Song and Zhang，2002）、马来西亚（Soo，2007）、美国（Ioannides and Overman，2003；Black and Henderson，2003；Gonzalea - Val，2010），等等。其中，贝里（Berry，1961）对38个国家的比较研究有较强的代表性。他把国家序位—规模分布划分为三种类型：第一种类型，包括13个国家，完全符合序位—规模法则；第二种类型，包括15个国家，具有"首位"城市控制的城市等级结构特征；第三种类型，包括10个国家，其城市规模分布特征介于上述两种特征之间。朱等（Zhu et al.，2009）对2006年中国县级以上城市人口规模进行序位—规模检验，发现不完全遵循帕累托最优分布，而存在着"门槛效应"（threshold effect）。大于"门槛规模"的城市遵循该法则，小于"门槛规模"的城市或者说中小城市不遵循该法则。换言之，中小城市的规模相对偏小。本文选取江苏13个地级以上中心城市和51个外围县级中小城市共64个城区，运用公式（1）进行检验，以判别江苏城市规模的相对大小。

（一）地级（以上）城市相对规模

笔者对13个地级以上中心城市的相对规模进行研究，表1为2009年末上述城市的总人口数（Y）、序位及其对数的基本状况。

表1　地级（以上）城市人口规模—序位基本状况（2009年末）

城市	Y（万人）	Y * 10000	lnY	序位（Rank）	lnR
南京市	545.97	5459700	15.5129	1	0
淮安市	274.5223	2745223	14.82537	2	0.693147
苏州市	240.21	2402100	14.69185	3	1.098612

续表

城市	Y（万人）	Y * 10000	lnY	序位（Rank）	lnR
无锡市	238.12	2381200	14.68312	4	1.386294
常州市	226.67	2266700	14.63384	5	1.609438
南通市	211.54	2115400	14.56475	6	1.791759
徐州市	186.2222	1862222	14.43728	7	1.94591
盐城市	162.5541	1625541	14.30135	8	2.079442
宿迁市	159.521	1595210	14.28252	9	2.197225
扬州市	121.9855	1219855	14.01424	10	2.302585
镇江市	103.45	1034500	13.84943	11	2.397895
连云港市	88.6862	886862	13.69544	12	2.484907
泰州市	82.07	820700	13.61791	13	2.564949

运用公式（1），对城市规模进行排序并分别计算 lnR 和 lnY 的结果如表 1 所示，相应地，作出两者关系的散点图（图 1）。可以看出，代表城市

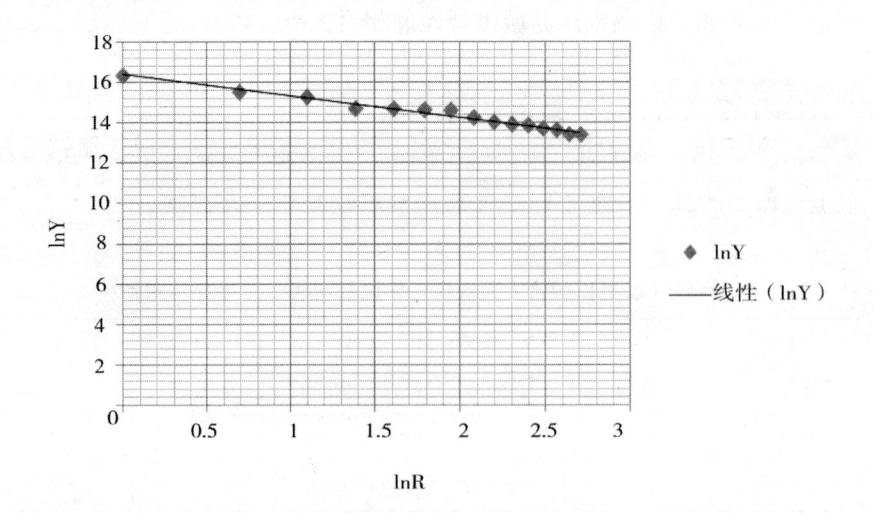

图 1 地级（以上）城市人口序位—规模散点图（2011 年）

序位—规模的散点基本均匀分布在趋势线的两侧，可见地级以上中心城市的人口分布符合序位—规模法则，支持齐普夫（Zipf，1949）的观点。

（二）城市体系所有城市的相对规模

为研究江苏城市体系的大中小城市是否符合序位—规模法则，本文增加 51 个外围县级中小城市的人口规模数据。同时，从时间维度考察城市群的序位—规模法则，即分析 1996—2009 年大城市中心城区和中小城市县城人口规模的演变。类似前文，本文对所有年份进行分析，但由于篇幅限制，仅给出 1996 年、2002 年和 2009 年三个年份（间隔 6 年）城市序位—规模的散点图，分别如图 2 至图 4 所示。从图 2 至图 4 可以看出，随着年份的变化，中小城市越来越往趋势线下方偏离，说明其规模相对偏小。

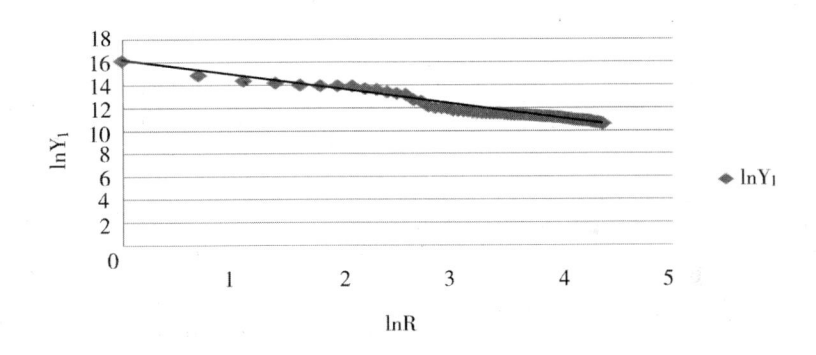

图 2　江苏城市序位—规模散点图（1996 年）

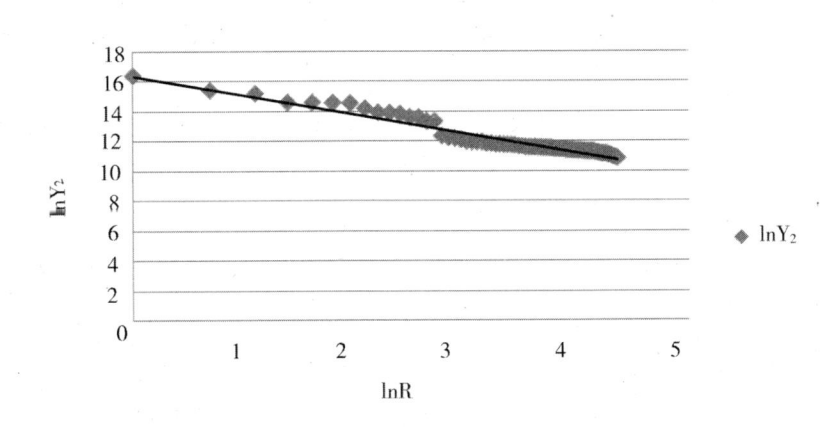

图 3　江苏城市序位—规模散点图（2002 年）

具体来说：1996年所有城市的散点分布较为均匀，基本不偏离趋势线；2002年，中小城市已呈现较为明显的"脱节"；2009年，中小城市人口规模偏离的趋势明显，形成了大城市和中小城市散点分别位于趋势线两侧（大城市上偏，中小城市下偏）的"分岔"分布特征。总体上，江苏城市偏离序位—规模法则，特别是中小城市相对规模偏小。

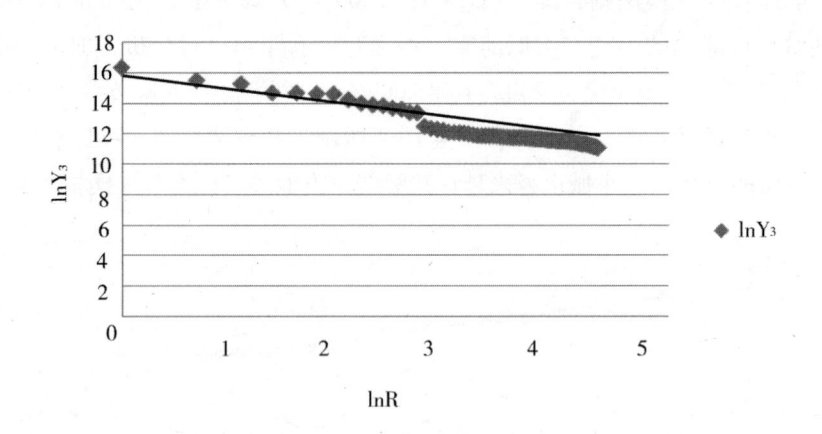

图4　江苏城市序位—规模散点图（2009年）

为了进一步说明偏差的程度和趋势，本文计算出城市的理想规模（即趋势线的拟合规模）与真实规模的偏差平方和（方差），再按照年份对所有方差求和，具体见公式（2）

$$D\sigma_i^2 = \sum_{n=1}^{64} D\sigma_{ni}^2 = \sum_{n=1}^{N=64} [\ln S_n - (\ln A_i - \ln y_i)]^2 \qquad (2)$$

其中，$D\sigma_{ni}^2$ 分别代表第 n 个城市、i 年份的偏差；$D\sigma_i^2$ 代表第 i 年份所有城市（总数为64个城市）偏差之和。$\ln S_n$ 指第 n 个城市实际规模的对数；$(\ln A_i - \ln y_i)$ 是指在Zipf定律指数等于1的理想状态下第 n 个城市对应的理想城市规模，其中，$\ln A_i$ 代表 i 年份最大的城市规模，$\ln y_i$ 代表第 n 个城市相应排序的对数。

根据公式（2），将各年份序位—规模的偏差值绘制出散点图，可以发现总方差呈上升形态，且在2000年以后较为明显，因此江苏城市序位—规模法则的偏离随时间迁移越来越明显，如1996年、2002年和2009

年的总方差分别为 2.654、3.681 和 6.228（如图 5）。图 2 至图 5 说明 1996—2009 年间，江苏城市具有以下特征：一是大中小城市协调度降低，随着时间的推移，呈现大城市（地级以上 13 个城市）的相对规模不断增大，而中小城市（51 个县级城市）的相对规模偏小（在图 4 中更明显）；二是随着时间的推移，这种"分岔"——"大城市更加偏大，而小城市更加偏小"的趋势更加明显，如在图 5 中随时间推移的年度总偏差不断增大。

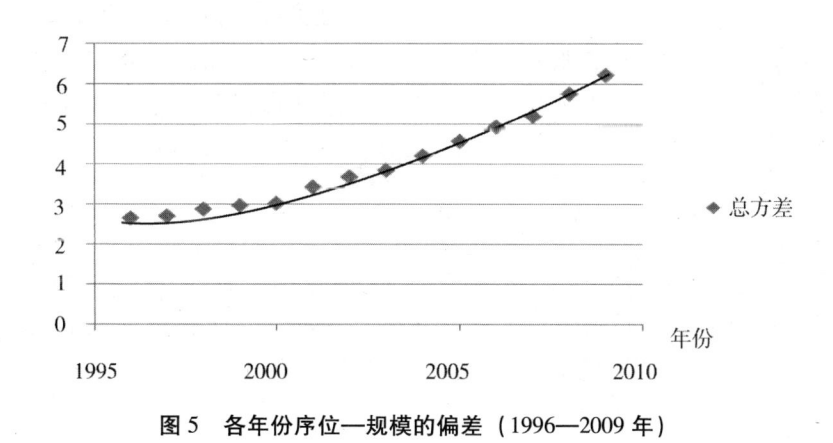

图 5　各年份序位—规模的偏差（1996—2009 年）

三　理论解释与模型构建

关于城市规模偏离序位—规模法则的原因，主要有四个方面的观点：一是城市本身特征所决定，如比森等（Beeson et al., 2001）、布莱克和亨德森（Black and Henderson, 2003）认为，城市的地理位置（距离出海口的远近、内陆地区的中心性）对城市规模有显著影响；秀（Soo, 2005）则认为政治因素，特别是发展中国家有明显影响。二是本地集聚效应，可能是来自城市生产率的差异，或者是技术冲击（technology shocks）（Duranton, 2007; Rossi-Hansberg and Wright, 2007），还可能是来自中间投入品的集聚效应（Black and Henderson, 2003; Glaeser, et al., 1995）。三是产业结构的影响，卡佩罗和卡马尼（Capello and Camagni, 2000）、冈萨雷斯—瓦尔（González-Val, 2011）认为产业结构决定城市职能，影响着城市规模。四是城市公共财政，如格莱泽和夏皮罗（Glaeser and Shapiro, 2003）

提出城市的人均财政支出影响着城市规模。本文则将城市经济学关于城市成长的经济基础理论与城市产业结构特征结合起来，分析江苏城市序位—规模法则偏差的成因。

（一）出口基础理论

城市经济学（O'Sullivan，1996）的出口基础理论认为，出口产业构成了城市的经济基础（economic base）。像一个家庭那样，一个城市靠为他人生产产品来"谋生"和发展。出口为地方经济带来了财富，通过乘数原理作用增加了地方收入和就业人口。出口基础理论研究的最终目的是估算通过出口行业就业人口的增长而引起的总就业人口的增长，如公式（3）。

$$\Delta T = multiplier \times \Delta B = \frac{T}{B} \times \Delta B \tag{3}$$

换句话说，所预测的总就业人口的变化（ΔT）等于就业乘数（T/B）乘以出口行业就业人口的变化（ΔB）。为了估算出城市的就业乘数，引入区位商的概念，其定义公式为：

$$L_{ij} = \frac{e_{ij}/e_i}{N_j/N} \tag{4}$$

其中，L_{ij}为i城市j产业的区位商，e_{ij}为i城市j产业的就业人口，e_i为i城市的总就业人口，N_j为全国j产业的总就业人口，N为全国的总就业人口。若$L_{ij} > 1$，则表明i城市j产业所占份额比全国j产业所占份额大，若全国各地区消费水平与结构一致，则i城市j产业有部分产品输出，这说明j产业专业化程度较高，有可能成为城市的出口部门。

这样，得到城市规模决定的出口基础理论模型，其表达式为：

$$Size_{i,t} = multiplier \cdot \Delta B = \sum L_j \cdot \Delta B_j \tag{5}$$

其中，L_j代表一个城市出口部门的区位商，ΔB代表出口部门的就业增加量，j代表出口部门的行业。

（二）计量模型

在出口基础理论模型的基础上，本文为考察城市序位—规模法则偏差的决定因素，创新性地选取前面讨论的序位—规模法则的偏差作为模型的被解释变量，以江苏城市群的制造业和服务业的区位商及其带来的乘数效应作为解释变量，回归方程如下：

$$Deviation_{it} = \alpha + \beta_{ij} \sum \ln L_{ij} + \lambda_{ij} \sum (\Delta B) + \varepsilon_{it} \tag{6}$$

其中，$Deviation_{it}$代表 i 城市 t 时点对序位—规模法则的偏差；L_{ij}代表 i 城市 j 产业的区位商，为简化研究，j 只选用制造业和服务业两大类行业；ΔB 表示 i 城市 j 产业区位商引致的乘数效应，反映经济基础（出口部门）对城市人口规模的影响；ε_{it} 为随机误差。

1. 因变量：城市序位—规模法则的偏差

用一个城市实际人口规模的对数与 Zipf 定律下指数等于 1 时理想规模[通过公式（1）的回归计算而得]的差值来表示偏差，见公式（7）。如果差值为正，则表明城市的实际规模大于 Zipf 定律下的理想规模，说明该城市规模在城市体系中相对偏大；反之亦然。

$$Deviation_{it} = \ln S_{it} - (\ln A_{it} - \ln \gamma_{it}) \tag{7}$$

其中，S_{it} 代表 i 城市 t 时点的实际人口规模，A_{it} 代表 t 时点最大城市的人口规模，y_{it} 代表 i 城市在 t 时点的排序（序位），这样，$Deviation_{it}$ 表示在标准的 Zipf 定律（指数为 1）时，实际规模与理想规模的偏差。

以 2009 年为例，计算出江苏 64 个城市的偏差。结果表明，13 个地级以上大城市的偏差都为正，说明其实际规模大于序位—规模法则的对应规模；而 51 个县（区）级城市的偏差都为负，说明其实际规模小于序位—规模法则的对应规模。总体上，江苏的中小城市规模相对偏小，城市群协调发展程度有待提高。

2. 制造业区位商

定义江苏城市制造业区位商的计算公式为：

$$L_{m(i,t)} = \frac{e_{i,m}/e_i}{E_m/E} \tag{8}$$

其中，$e_{i,m}$ 代表 i 城市的制造业就业人口，e_i 为 i 城市的总就业人口，E_m 代表江苏制造业总就业人口，E 代表江苏总就业人口。这个公式与城市经济教科书（O'Sullivan，1996）关于区位商计算方法的区别在于：公式（8）以江苏为整体（分母），而后者以全国为整体（分母）。公式（8）具有以下优点：一是江苏地区是一个整体，因为江苏在文化、消费习惯等方面具有一致性，所计算的区位商避免单个城市特殊性的消费倾向。二是江苏城市群是一个以市场型企业为导向构成的城市群，不存在资源导向型工业，而以市场导向型工业（制造业）为主。以 2009 年为例，各城市中，除13个地级以上中心城市制造业区位商较小以外，中小城市的制造业区位商普遍较大，这与城市的发展阶段有关，即中小城市仍处于制造业出口和带动就业的阶段。同时注意到在相同等级的城市对比中，区位商的数值与城市规模并不存在明显联系。这传递出一个信号，即城市群序位—规模法则偏差的成因可能与制造业就业人口（或其需求乘数）不相关。

3. 服务业区位商

定义江苏城市群制造业区位商的计算公式为：

$$L_{s(i,t)} = \frac{e_{i,s}/e_i}{HE_s/HE} \tag{9}$$

其中，$e_{i,s}$ 代表 i 城市的服务业就业人口，e_i 为 i 城市的总就业人口，HE_s 代表上一级地域的服务业就业人口，HE 代表上一级地域的总就业人口。公式（9）的基本含义类似于制造业计算方法，但在分母项中有差异，具体体现在：服务业分母所选取的对象范围是动态变化的，而制造业把江苏作为整体，是固定不变的。之所以这样，是因为服务业具有本地化特征，而制造业具有全球化特征（江静、刘志彪，2009）。同时，按照克里斯泰勒（1933）的中心地理论，低等级城市的市场区域被高等级（上一个）城市所覆盖，所以分母选择上一级等级城市最为合适。例如，对于一个小城市（如常熟），它分母的对象范围选苏州；对于一个中等城市（如苏州），它的分母范围选江苏。仍以2009年为例，各城市的服务业区位商实证表明，江苏城市群服务业区位商数值总体随城市规模减小而减小，呈正相关关系。因此可以判断，服务业的发展程度是城市序位—规模吻合度的重要影响因素。

四 计量结果及解释

鉴于江苏县级城市数据由于区划变动等原因搜集较困难，笔者仅以2009年的数据按照公式（6）进行计量回归。得到64个城市的截面数据，在回归时用随机效应模型进行回归。

对于公式（6）的乘数效应（ΔB），很难细分到具体行业，同时行业就业的变动量也难以估计。为解决这个难题，笔者分别用三种不同的方式来测度做比较，分别为 $\Delta B = \ln L_{ij} \times \ln E_{ij}$、$\Delta B = L_{ij} \times \ln E_{ij}$、$\Delta B = \ln(L_{ij} \times E_{ij})$。关于第一种方式（$\Delta B = \ln L_{ij} \times \ln E_{ij}$），乘数效应用区位商对数和就业数对数的乘积来表示，表示两者交互作用时的乘数效应；关于第二种方式（$\Delta B = L_{ij} \times \ln E_{ij}$），用区位商和就业数的对数乘积来表示乘数效应；关于第三种方式 [$\Delta B = \ln(L_{ij} \times E_{ij})$]，用区位商和就业数乘积的对数来表示乘数效应。这样，回归的结果表明：

当不考虑乘数效应时，无论是制造业还是服务业区位商与城市规模的偏差负相关，尤其是制造业区位商的负相关程度显著，说明以制造业为主导部门的城市，并不会导致其在城市体系内具有明显的规模优势。这与当前全球超大规模城市都不以制造业为主导部门的现实吻合。无论是上海、南京、杭州，乃至全球的纽约、东京、中国香港等制造业在这些特大都市的就业比重都不高。服务业区位商与城市规模的偏差不显著，无论从系数的经济学意义还是统计学意义都如此，这可能与样本中的中小城市服务业不够发达，区位商不高有关。

当乘数效应用 $\Delta B = \ln L_{ij} \times \ln E_{ij}$ 来表示时，虽然制造业和服务业的区位商与城市规模的偏差负相关，但关键的两个变量：制造业乘数效应（$\Delta B = \ln L_m \times \ln E_m$）和服务业乘数效应（$\Delta B = \ln L_s \times \ln E_s$）都显著为正，而且在1%置信水平上都能通过检验，说明用区位商对数和就业数对数的乘积来表示的乘数效应，是城市规模增大的主要原因。同时，两者对城市规模的正向作用力度较相近（分别为9.86%和11%），意味着乘数效应每增加10%个标准差，会导致城市规模正向偏离服务达到1%左右。此外，方程的总体拟合程度较高（R^2和调整R^2都在0.9以上），因此，用乘数效应 $\Delta B = \ln L_{ij} \times \ln E_{ij}$ 来测度的回归方程能较好地反映城市规模的决定性因素——制造业和服务业区位商及其与就业数的交互作用。

当乘数效应用 $\Delta B = L_{ij} \times \ln E_{ij}$ 来表示时，制造业和服务业的区位商的系数变化不大，但制造业乘数（$\Delta B = L_m \times \ln E_m$）的系数都不显著，无论是经济学还是统计学意义。同时服务业的乘数效应（$\Delta B = L_s \times \ln E_s$）的系数，虽具有统计学意义但缺乏经济学意义。说明用区位商和就业数对数乘积来表示的乘数效应难以解释导致城市规模偏差（偏大或偏小）的原因。不过，制造业和服务业的乘数效应都为正，部分说明城市规模在一定程度上取决于出口基础理论（即出口部门及其乘数效应决定城市规模的增长）。

当乘数效应用 $\Delta B = \ln(L_{ij} \times E_{ij})$ 来表示时，虽然多数指标的系数与其他方程的结果类似，但有一点具有启发性：制造业区位商与就业数乘积的对数表示的乘数效应 [$\Delta B = \ln(L_m \times E_m)$] 作用显著，而服务业与就业数乘积的对数表示的乘数效应 [$\Delta B = \ln(L_s \times E_s)$] 作用不显著，还呈弱负效应。前者的作用显著，可解释为制造业非本地化特征而形成的乘数效应是城市规模增长的主要动力，而服务业本地化特征而形成的乘数效应对城市规模影响较小。这种现象对于许多中小城市来说，与制造业作为主要出口部门、服务业主要为本地消费的现实是较吻合的。

简言之，通过对三个回归结果的分析，回归结果1和回归结果3具有一定的说服力，同时具有一定的互补性，都发现制造业区位商与就业形成的乘数效应是城市规模增大的主要动力，只是回归结果1更强调服务业区位商与就业形成乘数效应的作用，而回归结果3则可解释为服务业本地化特征而形成的乘数效应对城市规模影响较小。为进一步检验这个基本结论的稳健性，再将江苏64个样本城市分两组（地级以上大城市组和县级中小城市组）进一步检验。

鉴于上面的争议性回归结果，笔者对江苏64个城市分为两组（13个地级以上大城市和51个县级中小城市）进行稳健性检验，结果发现：

当乘数效应用 $\Delta B = \ln L_{ij} \times \ln E_{ij}$ 来表示时，无论是大城市还是小城市的回归结果中，制造业区位商与制造业就业交互作用的乘数效应都显著地导致城市规模正偏差，或者说促进城市人口规模增加，只是小城市的系数相对更大（0.1555）。对于服务业区位商与服务业就业交互作用的乘数效应，大城市系数（0.1402）比前述回归中所有样本的系数（0.1103）更高，说明对大城市有显著的促进作用；而小城市的系数接近于0（0.00055），且缺乏统计学意义，即使在10%置信水平上也不能通过检验，说明驱动小城市规模扩大的动力主要来自制造业部门出口及其引致的乘数效应，服务业表现为本地化特征而不是驱动城市规模扩大化的主要动力。这种解释对大部分中小城市是适用的，但对全球小商品市场——义乌这样以商贸为主导的小城市是不适用的。

当乘数效应用 $\Delta B = \ln(L_{ij} \times E_{ij})$ 来表示时，对于大城市的回归结果来说，无论是制造业还是服务业区位商与就业数的乘积的对数表示的乘数效应都显著为正；而小城市回归结果显示，制造业的乘数效应系数为0.2022，具有明显的统计学意义，还高于所有样本的回归结果系数

0.1341，服务业乘数效应的系数则略为负，且缺乏统计学意义，说明对于小城市来说，推进城市规模增长的主要动力来自制造业出口及其引致的乘数效应，服务业对城市规模的影响不大，这主要是小城市的服务业多以消费性服务业为主，生产性服务业发育不足，本地化特征明显，导致服务业的乘数效应小，甚至不存在。

简言之，本次回归的稳健性检验支持前次对所有样本回归结果的基本判断，且进一步说明，对大城市来说，无论是制造业还是服务业，特别是服务业出口及其乘数效应是城市规模偏大的主要原因；而对于中小城市来说，虽然制造业出口及其乘数效应有利于城市吸聚产业和集聚人口，但服务业本地化的局限性制约城市规模发展，导致江苏县级小城市规模普遍偏小。

五 结 论

城市体系的大中小城市协调发展是其竞争力提升的重要因素，特别是由市场导向型城市构成的城市体系应遵循 Zipf 定律。因此，笔者通过运用 Zipf 定律来检验江苏城市群（城市体系）的协调发展程度，在此基础上，运用城市经济学的出口基础理论及相关模型，即计算江苏城市群的制造业和服务业两大行业的区位商，对 Zipf 定律偏差的影响因素进行了回归分析与拟合。本文的主要结论有以下三点：第一，江苏地级市基本符合序位—规模法则，而中小城市则存在较为明显的偏差，且这种偏差随时间变化有逐步增长的趋势。因此，总体上看，江苏城市群呈现"分岔"的趋势——大城市规模相对偏大，而小城市规模相对偏小。第二，通过计算制造业和服务业的区位商，可以发现两者与城市规模大体呈反向关系。具体表现在：中小城市的制造业区位商数值较大，而大城市相对较小，相关程度并不十分明显。而服务业区位商则正好相反，即中小城市数值较小，而大城市较大。第三，运用计量模型拟合序位—规模法则偏差程度的回归方程结果显示，大城市规模相对偏大是因为不仅受到制造业出口及其乘数效应的影响，更受到服务业乘数效应的积极影响；而在县级小城市，驱动城市规模增长的主要动力仅仅来自制造业出口及其乘数效应，服务业以消费性服务业为主，其本地化特征乘数效应少，导致县级城市规模相对偏小。本文重要的政策含义是：江苏中小城市工业化并没有显著地推动城市化，中小城市较低的区位商（不足的服务化水平）制约了城市化的发展，因此，需要加快服务业发展，特别是与工业化相关的生产性服务业发展来推进江苏城市群协调发展。具体来说有以下几点：

第一，不同规模等级城市在发展服务业时，要根据自身特点采取差异化发展战略。许多城市以服务业比重高和生产者服务业比重高为城市经济发展水平高的标志，纷纷提出大力发展服务业和生产者服务业，但是就江苏省而言，生产者服务业更适合在省会城市和区域性城市发展。因此，发展适合自身的服务业，需要消除服务业发展的盲目性。

第二，对生产者服务业来说，专业化和多样化可以共存。规模大的城市有更显著的专业化外部性和多样化外部性，规模小的城市只有显著的专业化外部性，因此大城市应该鼓励产业多样化，鼓励不同产业间的合作与创新活动，而中小城市应营造环境，鼓励相同产业在地理上的集聚，获得投入品共享、劳动力共享和信息共享好处，通过专业化生产促进主导产业的发展。

第三，省会城市应该重点发展消费者服务业和公共服务业，或有选择地发展适应本地需求的生产者服务业。地级大城市虽然不是政治中心，但人口规模和经济规模大，也应重点发展居民服务、教育、科学研究和文化体育等消费者服务业和公共服务业。而地级中小城市应以公共服务业发展为重点，在完善城市基本服务功能的基础上进一步发展消费者服务业。

第四，基础设施投入、交通运输条件的改善对服务业发展有重大影响。服务业运输的是人，而人对运输载体和运输环境的要求远远高于货物，城际高铁的发展虽然投入大，但环境舒适、运行速度快，大大减小了城市之间的经济距离，从而增加城市的近邻扩散，提高城市的市场潜力，有利于促进服务业的发展。

参考文献：

1. Auerbach, F., "Dus Gesetz der Bevolkerungskon centration", *Petermanns Geographiche Mitteilungen*, Vol. 59, 1913.

2. Beeson, P. E., DeJong, D. N. and Troesken, W., "Population growth in US counties, 1840–1990", *Regional Science and Urban Economics*, Vol. 31, 2001.

3. Berry, B. J. L., "City size distribution and economic development", *Economic De-*

velopment and Culture Change, Vol. 9, 1961.

4. Black, D. and Henderson, V., "Urban evolution in the USA", *Journal of Economic Geography*, Vol. 3, 2003.

5. Capello, R. and Camagni, R., "Beyond Optimal City Size: An Evaluation of Alternative Urban Growth Patterns", *Urban Studies*, Vol. 37, 2000.

6. Christaller. W., Die zentralen orte in Suddeutschland, Jena. Verlag Gustav Fischer: published in English (1966) as The Central Places of Southern Germany (Prentice-Hall, Englewood Cliffs, NJ).

7. Duranton, G., "Urban evolutions: the fast, the slow and the still", *American Economic Review*, Vol. 97, No. 1, 2007.

8. Glaeser, E. L. and Shapiro, J., "Urban growth in the 1990s: is city living back?" *Journal of Regional Science*, Vol. 43, No. 1, 2003.

9. Glaeser, E. L., Scheinkman, J. A. and Shleifer, A., "Economic growth in a cross-section of cities", *Journal of Monetary Economics*, Vol. 36, 1995.

10. González-Val, R., "Deviations from Zipf's Law for American Cities: An Empirical Examination", *Urban Studies*, Vol. 48, No. 5, 2011.

11. Guérin-Pace, F., "Rank-size distribution and the process of urban growth", *Urban Studies*, Vol. 32, No. 3, 1995.

12. Ioannides, Y. M. and Overman, H. G., "Zipf's law for cities: an empirical examination", *Regional Science and Urban Economics*, Vol. 33, 2003.

13. O'Sullivan, A., *Urban Economics*, New York: Irwin McGraw-Hill, 1996.

14. Rossi-Hansberg, E. and Wright, M. L. J., "Urban structure and growth", *Review of Economic Studies*, Vol. 74, 2007.

15. Singer. H. W., "The 'courbe des populations: a parallel to Pareto's law'", *Economic Journal*, Vol. 46, 1936.

16. Song, S. and Zhang, K. H., "Urbanisation and city size distribution in China", *Urban Studies*, Vol. 39, No. 12, 2002.

17. Soo, K. T., "Zipf's Law for cities: a cross-country investigation", *Regional Science and Urban Economics*, Vol. 35, 2005.

18. Soo, K. T., "Zipf's law and urban growth in Malaysia", *Urban Studies*, Vol. 44, No. 1, 2007.

19. X. Zhu et al., *Scaling Behavior of Chinese City Size Distribution*, Complex 2009, Part I, LNICST 4.

20. Zipf. G. K., *Human Behavior and the Principle of Least Effort*, Addison Wesley, Reading, MA, 1949.

21. 江静、刘志彪：《江苏一体化中的产业协调：制造业和服务业的内生性分析》，《产业经济学系讨论稿系列》2009年第66期。

22. 史晋川：《世界·中国·江苏》，载《全国江苏经济社会发展高端研讨会》，南京大学江苏经济社会发展研究中心会议资料，2011年。

作者信息：
基地名称：江苏"两个率先"研究基地
承担单位：南京大学经济学系
首席专家：洪银兴
课题负责人：路瑶
主要参加人员：魏守华、江静

经济转型升级相配套的
科技创新政策体系研究

内容提要： 本文首先从我国加快经济转型升级的需要出发，从大力运用高新技术改造传统产业、努力攻克和掌握引进发展的战略性新兴产业和高技术产业的核心技术、尽快形成自主培育发展新兴产业的能力等几个方面研究了科技创新的任务及其特点；从供应侧、需求侧和环境侧等三个方面归纳了可以运用的主要科技创新政策，借鉴创新型国家的经验，运用相关调查数据，分析了我国科技创新政策体系的建设现状和存在问题，明确了未来我国加强科技创新政策体系建设的原则；从大力营造鼓励科技创新的经济社会发展环境和制度环境、充分运用需求侧的政策、把设计创新作为科技创新的核心任务之一、加强应用型科技计划中的需求分析和绩效评估等几个方面提出了具体的对策建议。

一 经济转型升级相应的科技创新与科技创新政策

当前我国经济社会发展有显著的阶段性特征。从经济发展水平看，我国还是中等收入国家，需要提高劳动生产率，突破中等收入陷阱，向高收入国家攀登；从科技创新看，我国还处于追随者的位置，以技术引进和模仿创新为主，需要增强原始创新能力；从发展环境看，我国的现代市场体系建设还在推进，需要通过深化改革让市场在资源配置中起决定性作用。总体上看，当前我国经济转型升级的要求非常紧迫，通过建立有效的科技创新政策体系促进科技创新以及使得科技与经济更紧密结合的任务非常艰巨，需要明确我国经济转型升级对科技创新的要求。

（一）科技创新任务

实现经济转型升级，核心是要更好地发挥科技创新的支撑引领作用，提升产业发展质量和国际竞争力。为此，当前我国一是要大力运用高新技术改造传统产业，提高劳动生产率；二是对引进发展的战略性新兴产业和高技术产业，尽快攻克和掌控一批产业核心技术，改变我国企业处于产业链国际分工低端的格局，向产业链的高端攀升；三是要加强原始创新，尽快形成自主培育发展新兴产业的能力，使我国成为国际上新兴产业的策源地。为此，必须大力开展科学研究、技术开发和技术创新等多种类型的科技创新活动。

1. 科学研究

科学研究是在好奇心的驱动下，努力发现世界上客观存在却未知的东西，旨在揭示客观事物的本质和运动规律，并将其作为人们改造世界的指南。科学研究的目的是寻找"是什么"、"为什么"、"能不能"。科学研究的结果是新的发现和新的知识，其成果以科学论文和著作为主。

2. 技术开发

技术开发是指在技术上有较大突破，并创造出与已有产品原型或方法完全不同或有很大改进的新产品原型或新的方法。技术开发是解决具体技术问题的活动，是发明世界上没有的东西，是科学的演绎、具体化、实用化，是科学理论的应用。技术开发寻找"做什么"、"怎么做"、"做出来有什么用"，其成果以科学论文和著作、原理性模型和发明专利为主。

3. 技术创新

技术创新是指根据新的需求和/或新的技术机会产生技术新构想之后，经过应用研究、试验开发或技术集成与组合，开发新产品和新工艺，或改进已有产品和生产工艺，并实际应用和商业化，产生经济效益的所有活动构成的过程。技术创新是一种以满足需求为核心的活动；是一种以技术为手段，实现经济和社会目的的活动。检验技术创新成功与否的主要指标是经济和社会效益。

实际上，技术创新还可以再行分类，常见的有：渐进性技术创新与突破性技术创新、设计创新和替代性技术创新等。

(1) 渐进性与突破性技术创新。

技术创新既有渐进性创新，又有突破性创新。渐进性创新是指产品和工艺上的持续细小改进；突破性创新是超越现有的技术范式，开拓新的技术及其应用。一般而言，突破性技术创新是很难和很少发生的。渐进性创新和突破性创新不是孤立存在的，不是对立的，而是相辅相成的。一次突破性技术创新后往往是一步一步地改进，是大量的持续的渐进性创新。当前，我国的产业发展还处于技术引进和模仿创新阶段，处于追随者的行列，产业技术创新的核心任务之一是渐进性创新。大量的研究也发现，渐进性创新是产业竞争力和竞争优势的重要来源，日本20世纪创造的工业"奇迹"主要归功于渐进性创新。对我国这样的技术追随型的发展中国家，不应忽视渐进性创新的巨大作用，应当同时大力推进渐进性和突破性技术创新。

(2) 设计创新。

所谓设计创新，是指创新产品的设计，使之具备理想的特性，以更好地满足需求。产品特性既包括与情感相对应的审美要素，也有与功能相对应的性能要素。一个产品的设计创新能否成功，关键是要实现"技术和需求相匹配"。一般而言，产品设计创新的驱动力主要来自市场和需求，相关技术只是为产品能满足新的市场和需求提供支撑，技术是否先进不是主要问题，关键是要能超前和准确地挖掘用户的潜在需求。因此，设计创新与技术开发既密切相关又很不相同。对一个国家而言，无论处在何种技术发展水平上，都可以推进设计创新，都可以达到国际上设计创新的前沿。通过设计创新可以支持技术追随者开发全新的产品，占据国际上部分高附加值的市场，获得良好的经济效益。

设计创新对我国具有特别重要的意义，目前我国的原始创新能力还很缺乏，突破性技术发明还极少，这种情况下完全可以充分利用我国人口多、市场规模大、需求独特等优势，超越渐进性创新，加强设计创新，形成独特和强大的设计创新能力，提升产业发展质量和效益。

(3) 替代性技术创新。

全球化背景下产业发展的国际分工特征非常明显，新兴产业和高技术产业的不同环节往往分布于不同的国家，一般而言，价值链的中低端环节处于技术追随者位置的发展中国家，包含核心技术的高端环节位于发达的创新型国家。这种情况下,由于产业发展的核心技术和高端环节被发达国家的企业掌控,我国这样处于低端环节、不掌控核心技术的国家在产业发展中,虽然消耗大量的人力、原材料和能源,并产生较大的环境代价,往往只能获得微薄的利润和很低的产业发展效益。提升产业发展质量和效益,必须开发自己的技术,打破发达国家的核心技术垄断,实现对发达国家拥有核心技术的替代,即必须开展替代性技术创新。这是提升我国产业发展质量和效益的必然要求。

(二) 科技创新政策内容

理论分析和实证研究表明,运用科技创新政策解决国家和区域创新体系建设中的市场失灵和系统失灵,可选择的政策工具多种多样。目前国际上对科技创新政策的分类,非常重视从需求侧、供应侧和环境侧等三个维度进行,具体见表1至表3。

表1　　　　　　　　　　科技创新的需求侧政策

政策手段	具体内容
规制	制定更严格的环境保护要求促进技术研发和创新 制定更严格的节能要求促进技术研发和创新 制定更严格的安全、卫生等技术标准促进技术研发和创新 重视科技伦理促进技术研发和创新
政府采购	政府直接采购R&D、技术和创新产品 公共部门作为新产品的第一个购买者和使用者 制定公共产品的采购技术标准促进技术研发和创新 制定公共采购政策促进创新(如必须采购一定量的中小企业的产品)
支持私人需求增加	对私人消费新产品者给予财政补贴 对私人消费新产品者给予税收优惠 支持企业改进和提升产品性能 通过提升信息服务水平支持用户更好地了解产品,增加采购和消费

表2　　　　　　　　　　　科技创新的供应侧政策

政策手段	具体内容
风险分担	公共部门设立风险投资基金 公共部门与私人部门联合设立风险投资基金 财政资金补贴私人部门的风险投资基金 对风险投资实现税收优惠 贷款担保
税收优惠	高新技术企业税收优惠 研发经费加计扣除减少税收 高新技术企业等的工资税收和缴纳保险金等的减免 研发人员个人所得税的减免 加速研发设备折旧
财政投入	为产业R&D提供资金支持 为产学研合作等各类合作研究提供资金支持 给予R&D补贴和奖励 设立多类科技计划支持技术研发和创新
支持新知识和新技术产生	为大学和科研院所的研究提供资金支持 为实验室和工程技术中心等的建设运行提供资金支持 支持科技基础设施建设和运行
支持教育培训及人才流动	建立高质量的教育体系提供更多更高质量的创新型人才 为企业员工培训提供支持 为企业家提供培训服务 为各类创新人才培训提供支持和服务 支持各类创新人才的流动和向产业与企业集聚
科技信息和中介服务	合同数据库建设 中介服务 咨询服务 国际技术发展趋势监测和信息服务 专利数据库建设和服务 政策服务 创新相关的各类对比分析和信息服务 为新知识和新技术转移提供支持和服务 为产业战略规划提供支持和服务

续表

政策手段	具体内容
科技创新园区服务	孵化器建设 产业园区建设 科学园区建设 留学生创业园建设

科技创新的需求侧政策，是指政府部门通过政策促进需求总量增加，扩大产品的市场规模，带动科技创新。按照政策的作用点不同，可以将需求侧的政策划分为多种类型：一类是通过政府采购，直接扩大需求；另一类是通过提供更好的产品和信息服务以及给予新产品消费者激励等间接支持扩大需求；还有一类是制定更加严格的节能减排、安全标准等扩大需求。

科技创新的供应侧政策，是指政府部门通过政策促进人才、资金、技术和信息等资源的高效供给，支持科技创新活动的开展。一般而言，供应侧的政策包含风险分担、税收优惠、财政投入、支持新知识和新技术产生、支持教育培训及人才流动、科技信息和中介服务以及科技创新园区服务等多个方面。

表3　　　　　　　　　科技创新的环境侧政策

政策手段	具体内容
知识产权保护制度	知识产权保护法律法规的制定 知识产权保护法律法规的落实
公平竞争的市场环境	防止垄断 支持规范的市场竞争 减少各种市场进入壁垒，扩大新产品的市场范围
鼓励科技创新的经济社会制度	鼓励科技创新的利益分配制度建设 鼓励科技创新的人事制度建设 鼓励科技创新的社会保障制度建设
鼓励科技创新的文化	加强国家和区域创新文化建设 促进企业创新文化建设 促进高校科研院所等的创新文化建设

续表

政策手段	具体内容
科技创新基础设施和机构建设	科技创新相关机构的建设和运行 技术研发和创新相关基础设施的建设和运行
促进创新体系高效运行（解决系统失灵）	建立服务平台协调各类技术开发 集群政策 供应链政策 促进科技创新战略联盟建立 促进科技创新的各类利益相关者之间加强交流合作

科技创新的环境侧政策，是指政府部门通过构建更好的知识产权保护制度、公平竞争的市场环境、鼓励科技创新的经济社会制度和文化、科技创新的基础实施和机构建设、促进创新体系高效运行等为科技创新营造良好的环境，促进科技创新活动的开展。显然，环境侧的政策也比较多样，其中，促进创新体系建设的各类参与者之间加强联系与合作，是解决系统失灵的主要途径。

二 创新型国家运用政策促进科技创新的经验

当前，科技创新能力已经成为国家竞争力的核心来源，世界主要国家都不遗余力地运用各种政策大力支持科技创新。以美国、德国、日本等为代表的创新型国家支持科技创新有许多成功的经验。

（一）把营造科技创新的良好经济社会发展环境摆在特别重要的位置

企业技术创新积极性能否提高，关键在于技术创新能否为企业带来良好的效益。为此，美国、欧盟等运用政策支持企业技术创新，都把营造鼓励科技创新的经济社会发展环境或称之为"创新友好环境"摆在特别重要的位置。一方面注重加强知识产权保护、政府采购、建立公平竞争的市场等，让企业技术创新有良好的回报；另一方面在全社会建立高水平的人力资源开发体系和金融创新体系，促进人才和资金等创新要素积极主动地向企业集聚。良好的发展环境从根本上催生美国、欧洲等国家和地区的企业形成了强大的技术创新动力和能力，不断涌现出微软、苹果、谷歌等引领世界潮流的创新型企业。

（二）注重加强鼓励科技创新的制度建设

政策制定有两种不同的导向：一种是积极培育鼓励科技创新的制度；另一种是干预具体的科技创新活动。一般而言，通过政策构建鼓励创新的制度，能惠及所有的创新者，具有普适性和公平性。如果把政策制定与希望获得的结果而不是制度很紧密地联系起来，虽然可以赢得短期的效益，但往往会把具体结果放在比维护规则和制度更高的位置上，不仅会削弱制度的作用，还会极大地削弱人们对规则的重视，长期来看将有可能使政策的作用大打折扣，甚至适得其反。

创新型国家都把通过政策建设鼓励创新的制度，特别是营造公平竞争的市场环境摆在特别重要的位置。这是因为竞争能促进知识创造。首先，竞争必然会引导人们积极搜寻能用于改善其竞争地位的新知识，竞争过程成为全力以赴进行信息搜寻和知识创造的过程；其次，竞争能促进知识扩散。市场竞争中，成功的企业会很快招来许多模仿者，成功的购买者也常常被他人竞相仿效，促进知识的扩散；再次，竞争能抑制错误发生。当人们在竞争中犯错误时，能很快从市场另一方的反应和竞争对手的竞争中发现自己没有以最有利于他人和自己利益的方式开展生产经营活动，由此进行调整和抑制错误继续发生。

（三）注意解决创新体系建设中的系统失灵

按照系统的观点，科技创新支撑引领经济社会发展的能力，不仅取决于各类参与者，而且与他们之间的相互联系、相互学习和相互协调水平密切相关。如果国家和区域创新体系建设中的各类参与者之间相互不匹配、不协调，或者配套和协调水平不高，就会出现系统失灵，由此政府也应该通过政策手段干预创新体系建设。经济合作与发展组织（OECD）认为，目前不管是在发达国家还是发展中国家，创新体系建设中都或多或少存在系统失灵现象，常见的如科技基础设施投资不足和供给失灵、技术转移失灵、过度保护带来的系统失灵、制度失灵等。因此，OECD国家很强调把需求侧、供应侧和环境侧的科技创新政策综合运用以解决创新体系建设中的系统失灵，避免创新体系建设上的短板效应，切实弥补其薄弱环节。

三 我国科技创新政策体系建设现状

（一）我国科技创新政策现状

自2006年国务院颁布《国家中长期科学和技术发展规划纲要（2006—2020年）》以来，我国政府有关部门如科技部、发改委、教育部等或单独或联合从国家层面出台了一系列的科技创新政策，经过仔细梳理发现至少有108份之多，涉及了科技创新可以运用的政策工具的几乎所有方面（表4）。

分析108份科技创新政策的具体条款发现，目前我国的科技创新政策兼顾到了供给侧、环境侧和需求侧的各个方面。但是，按照政策条款数量统计，重点仍然是供给侧，占67.59%；其次是环境侧，占22.22%；最少的是需求侧，只有10.19%。在供给侧的政策中，较多的是风险分担、支持新知识和新技术产生以及支持人才培养和培训及流动等；环境侧政策中，比较多的是营造鼓励科技创新的文化和制度；需求侧政策工具中，规制相关的占比最高，支持私人需求增加的较少。

表4　　我国政府出台的科技创新政策分类　　单位：%

类型	政策手段	数量	百分比
需求侧	规制	6	
	政府采购	4	10.19
	支持私人需求增加	1	
供给侧	风险分担	25	
	税收优惠	4	
	财政投入	3	
	支持新知识和新技术产生	16	67.59
	支持教育培训和人才流动	12	
	科技信息和中介服务	8	
	科技创新园区服务	5	

续表

类型	政策手段	数量	百分比
环境侧	知识产权保护制度	3	22.22
	公平竞争的市场环境	2	
	鼓励科技创新的经济社会制度	6	
	鼓励科技创新的文化	7	
	科技创新基础设施和机构建设	3	
	促进创新体系高效运行	3	

总体上看，一系列科技创新政策的落实为加快提升我国科技创新水平发挥了极其重要的作用，近年来我国在国际高水平学术期刊上发表的论文以及发明专利申请和授权数量高速增长。同时，在激发企业成为技术创新主体方面也取得了比较大的进展，企业研发投入快速增加，创新能力显著提升。但是，当前我国鼓励科技创新的经济社会发展环境和制度环境还未完全形成，企业还没有成为技术创新的主体，技术创新动力不足、能力不强的问题还没有根本解决。

（二）科技创新政策体系建设的主要问题

2013年下半年，国务院发展研究中心课题组就"进一步理顺政企关系、全面深化经济体制改革"问题对北京、天津、唐山、哈尔滨、无锡、温州、武汉、成都、深圳等城市的1539家不同行业、不同规模、不同所有制企业进行了实地调研和问卷调查。关于"建立有利于企业创新的体制和政策环境"的调查，得出了一系列有意义的结论（表5）。

表5　　　　　　企业认为影响创新意愿的主要因素　　　　　　单位:%

因素	所占比例	因素	所占比例
创新门槛高、周期长、风险大，不如产能扩展稳妥	48.9	创新缺乏人才和技术来源	40.7
知识产权、专利保护、人才等不到位	26.6	行业利润严重失衡，投资创新不如房地产、金融业的比较收益高	22.7

续表

因素	所占比例	因素	所占比例
融资难	9.6	政府过度激励影响创新自主性	2.1

结合表4中现有的国家层面上的科技创新政策和表5中的调查结果进行综合分析可以发现，目前我国的科技创新政策体系建设还存在多方面的问题。

1. 鼓励科技创新的经济社会发展环境和制度环境建设亟待加强

创新型国家的经验表明，促进科技创新，最根本的是要营造鼓励创新的经济社会发展环境和制度环境，让企业技术创新不仅能够有效获得人才、资金、信息等各种要素，而且能够取得良好的效益，成为具有显著比较优势的发展战略。然而，表5的调查结果表明，制约我国企业技术创新的主要因素，48.9%的企业归因于"创新门槛高、周期长、风险大，不如产能扩展稳妥"；22.7%的企业认为"行业利润严重失衡，投资创新不如房地产、金融业的比较收益高"。这实际上反映我国企业技术创新的经济社会发展环境需要改善，鼓励创新的基本制度如知识产权保护制度、公平的市场竞争制度、高层次人才的合理流动制度等需要构建。

2. 需求侧和环境侧的科技创新政策没有得到充分运用

表4表明，目前我国的各类科技创新政策中，供应侧的政策条款占比67.59%，远多于需求侧和环境侧，这与当今创新型国家非常重视运用需求侧和环境侧政策有很大差异。我国科技创新政策体系的协调性不高，导致创新体系建设中的系统失灵问题未能得到有效的解决。根据国务院发展研究中心课题组的调查，超过60%的企业反映融资、人才、市场准入、标准缺乏等是制约创新的主要因素；40.7%的企业认为"创新缺乏人才和技术来源"。这些调查数据直接反映了当前的问题所在及其严重性。

3. 科技创新政策落实成本高和难度大的问题突出

显然，科技创新政策不在于多，不在于新奇和刺激，有用才行。要让科技创新政策切实发挥作用，必须使其能有效落实。然而，目前我国科技创新政策落实难度大、成本高的问题突出存在。根据国务院发展研究中心课题组的调查，虽然我国已经建立了比较完备的知识产权保护法律法规体系，但是有46%的企业反映遭遇过知识产权侵权行为，高达39%的企业反映采用法律手段保护知识产权无效，55%的企业反映执法效果不明显。有企业反映，法律诉讼通常一审需要半年、二审需要一年以上，遇到地方保护还无人受理。为避免侵权，一些企业甚至放弃国内市场，专做国外市场；还有企业利用三年时间，花费大量人力、财力研究黑匣子以求自保，而不寄希望于法律保护。还有企业反映，政府财政补贴企业技术创新，补贴资金中的1/3到1/2成为补贴过程中的成本花费、中间代理人费用等，企业技术创新享受优惠政策的成本太高，得到的实惠太少。

4. 科技计划方式不尽科学导致技术供给和需求不能有效对接

近年来，我国围绕多种类型的科技计划加大财政科技投入，成效显著，发表论文和授权专利数量快速增长。但是，对企业的调查发现，超过40%的企业认为人才和技术来源缺乏，我国的技术供给和需求之间出现了明显的不一致。这是由于企业的科技创新需求巨大，科技发展还不足以满足企业的需要；更重要的原因是培养的人才和发明的新技术不符合企业和产业发展需要。这与我国的科技计划方式有很大关系，当前各级政府设立的各种应用类研究开发计划，总强调产生的技术越多越先进越好，重视多出成果、快出成果，但是能否满足企业和产业发展的需要被严重忽视。如此的科技计划方式必然导致不少应用类研究开发项目完全脱离企业和产业技术创新需要开展工作，技术供给和需求不能有效对接。

5. 部分科技创新政策设计不科学直接影响其作用的发挥和问题的解决

毋庸置疑，高水平创新人才短缺是制约我国自主创新能力提升的核心障碍，为此近年来我国出台了大量的人才政策。分析当前的人才政策可以发现，其重点一方面是采取各种举措大力引进高水平人才特别是海外人才，另一方面是通过设立人才计划等加大培养和奖励力度激发人才的积极性和创造性。显然，建立高质量的人力资源开发体系，一定程度上是需要的。但是，国际经验和人才成长规律表明，从根本上解决高水平创新人才短缺问题，关键是要建立高水平的人才市场，形成科学和有序的人才流动机制，使得各类人才通过流动和试错，找到最适合自己能力发挥的岗位，达到人岗相适、人尽其才，在对人才的科学和合理使用中培养人才。显然，当前人才政策的主要着力点不尽科学，不仅未能缓解高水平创新人才短缺问题，而且产生了"鼓励小部分、打击大部分"等负面影响。

6. 对科技创新政策的公平性和绩效评估重视不够

科技创新政策体系建设，必须要考虑透明度和公平性，必须加强绩效评估，否则政策的科学性很难保证，甚至会出现"鼓励少数、打击多数"。然而，目前我国有关政府部门对科技创新政策的公平性重视不够，对政策绩效评估工作支持不够。根据国务院发展研究中心课题组的调查，企业普遍认为财政补贴政策缺乏透明度和公平性。32%的企业反映补贴评审过程缺乏透明度，38%反映补贴的资格、标准和程序不清楚，55%反映无法及时获取政府补贴信息。

四 加快科技创新政策体系建设的原则和建议

当前我国经济转型升级对科技创新提出了新的更高的要求，未来必须按照新的思路加强科技创新政策体系构建。

（一）科技创新政策体系建设应遵循的原则

1. 把制度建设作为科技创新政策体系建设的主要着力点

未来科技创新政策体系建设，一方面要加快构建公平竞争的市场环境和良好的知识产权保护制度，另一方面要切实推进人事制度、社会保障制度、信息公开制度等的改革，建构高水平创新人才市场和资本市场，消除人才、资金和信息等创新要素自由流动的制度障碍，增加其流动进入科技创新领域可以获得的效益，促进各类要素向其集聚。

2. 注重组合运用多种科技创新政策纠正创新体系建设中的系统失灵

未来科技创新政策体系建设，应把需求侧和环境侧的政策运用摆到特别重要的位置，并高度重视不同类型政策的相互协同和配套运用，加快解决科技基础设施投资不足和供给失灵、技术转移失灵、制度失灵等系统失灵问题，切实弥补创新体系建设中的薄弱环节，而不是容易做什么就尽量多做什么，喜欢做什么就尽量多做什么。

3. 充分考虑经济转型升级阶段科技创新的特点运用政策工具

作为技术追赶型的国家，运用各种政策促进科技创新，应注重遵循其客观规律。首先，不一定是"技术越多、越先进"越好，"华丽"的技术在市场上遭遇重大失败的案例屡见不鲜。其次，也不一定是"高技术永远比低技术好"，实际上，20 世纪日本的成功很大程度上归因于重视运用已有的先进技术开发新产品、新工艺和改造传统产业。再次，技术转移是不容易的，因为技术有显性和隐性之分，通常技术的隐性部分的价值更大，但是处于研发人员的头脑中，他人要获得隐性知识，必须有很强的吸收能力，最有效的技术转移方式是人才流动。为此，未来科技创新政策体系建设，不仅要注意增加先进技术的供给，更要注重促进技术的转移和运用；不仅要重视创新驱动新兴产业和高技术产业发展，而且要重视运用高新技术改造传统产业；不仅要重视技术的力量，而且要充分运用市场的力量，把设计创新摆到特别重要的位置。

4. 注重从创新驱动经济社会发展的视角加强科技创新政策的绩效评估

未来应把政策评估作为我国科技创新政策体系建设的核心环节之一。对科技创新政策的评估，不能简单地认为研发投入、发表的论文和授权的专利增加了就是科技创新水平提高了，关键要评价科技创新的制度环境有没有形成，科技创新是否能有力地支撑引领经济社会发展。

（二）加强科技创新政策体系建设的建议

1. 大力营造鼓励科技创新的经济社会发展环境和制度环境

一是完善市场体系，加快消减行业垄断、地方保护等影响公平竞争的障碍因素，营造公平竞争的市场环境，让竞争成为促进知识产生和扩散的关键力量；二是围绕建立高水平创新人才的市场流动机制，加快人事制度和社会保障制度等的改革，支持民营企业和中小企业提升吸引高水平创新人才的能力；三是加快资本市场的培育，拓展企业技术创新的融资渠道，降低融资成本，让社会资金更多地分担企业技术创新的风险；四是按照国家的法律法规严厉打击侵犯知识产权等行为，降低维权的难度和成本。

2. 充分运用需求侧的政策促进科技创新

一是把运用需求侧政策促进科技创新摆到更加突出的位置，制定严格的环境保护、节能减排、安全和卫生等方面的技术标准，并严格执行，倒逼企业加快运用新技术和提升创新能力；二是对积极消费我国自主创新产品的消费者，从财政补贴和税收优惠等方面予以支持，增加新产品的消费和市场规模；三是更科学和充分地发挥政府采购的作用，对政府部门有需求的新产品，要采取有效手段使其作为新产品的第一个购买者和使用者。

3. 把设计创新作为科技创新的核心任务之一

一是充分认识增强设计创新能力对我国这样的技术追随型国家具有的重要战略意义，在各级政府的科技计划中增设支持设计创新的专项计划；二是大力支持开展创新设计需要的用户需求挖掘技术和方法、技术和市场有机结合的创新模式等新问题的研究；三是在政府部门组织下，开展多种类型的设计创新竞赛，在全社会营造重视设计创新的浓厚氛围。

4. 优化科技计划布局，加强应用型科技计划中的需求分析和绩效评估

首先要优化科技计划布局，既大力支持高技术产业和战略性新兴产业的技术创新，也积极促进运用高新技术改造传统产业；既支持突破性创新，也扶持渐进性创新。其次，政府部门设立的应用型研发计划，要把我国产业发展的技术需求分析作为项目设立和研发中核心环节之一，紧密围绕产业发展需求设计研发计划和项目。再次，大力支持社会力量开展科技计划和科技政策评估工作，客观分析其发挥的作用，解决相关评估非常薄弱的问题。

参考文献：

1. 仲伟俊、胡钰、梅姝娥：《自主培育发展新兴产业的路径与政策》，科学出版社2014年版。
2. 仲伟俊、梅姝娥、黄超：《国家创新体系与科技公共服务》，科学出版社2013年版。
3. Edler J. and Georghiou L., "Public procurement and innovation—Resurrecting the demand side", *Research Policy*, Vol.36, 2007.
4. Esko Aho, *Creating an Innovative Europe*, Former Prime Minister of Finland, 2006.
5. 柯武刚、史漫飞：《制度经济学》，商务印书馆2008年版。
6. Box, S., *OECD Work on Innovation-A Stocktaking of Existing Work*, 2009.
7. 国务院发展研究中心课题组：《深化改革，为发展注入新动力——当前企业对进一步理顺政企关系，全面深化经济体制改革的看法和建议》，《光明日报》2013年10月29日。
8. [印度]纳谢德·福布斯、[英]戴维·韦尔德：《从追随者到领先者——管理新兴工业化经济的技术与创新》，高等教育出版社2005年版。

作者信息：

研究基地：江苏创新驱动研究基地

承担单位：东南大学
首席专家：胡敏强、王秦、迟计、仲伟俊
课题负责人：仲伟俊、梅姝娥
主要参加人员：黄超、浦正宁、高星

基于存量调整和增量优化视角的
江苏产业转型升级战略研究

内容提要：江苏的存量和增量发展战略需要找准不同的作用点：第一，江苏省一般性工业制造业存在的固定资产投资高位运行、库存压力大、企业效益下降、产能过剩等问题，决定了今后一个阶段应以"存量调整"的政策思路为主。第二，高端战略性新兴产业和服务业要通过优化增量发展，方能在新一轮产业变革中处于有利位置。第三，在基础设施领域，表现出存量和增量的对立统一，可以采取"存量—流量—增量"的调整思路。在操作层面，江苏省"调整存量、优化增量"的战略可以采取以下措施：突出投资在江苏省存量和增量战略中的作用；加大江苏省企业实施兼并收购的力度；将省属国有企业作为"调整存量、优化增量"的重要平台；实施严格的倒逼机制淘汰掉一批对江苏省生态文明存在重大负面影响的存量企业；突出服务业在调整制造业存量和增量结构中的作用；积极探索市政债的发行；优化政策支持方式，以支持研发环节促进科技型新兴产业的增量发展；集中精力和资源，力争直接在若干环节实现江苏省前瞻性新兴产业的"弯道超车"。

当前，包括江苏省在内的国内多数地区已经进入必须依靠"结构转型升级"来推动经济发展的新阶段。深化结构调整，不仅要通过投入实现增长，实现增量结构调整带动存量结构重组，而且更重要的是，应该向存量的结构调整要速度、要发展的质量和效益。过去一段时间，全国很多地区以"增量调整"的方式实施转型升级，尤其是各地以发展新兴产业的名义进行大量产能投资。但是从当前江苏庞大存量资产的发展实际出发，不能简单机械地采取增量调整方式，江苏的存量和增量发展战略需要根据不同的行业、不同的领域找准不同的作用点。

一 当前江苏省一般性的制造业应当以"存量调整为主"

江苏省工业运行当中呈现的新特点显示,在一般性的制造业领域中,应当以"存量结构调整"为主。

(一)江苏省新增固定投资在投资结构中的比重持续高位运行

江苏省经济增长对投资的依赖仍然偏重,固定资产投资在GDP中的份额常年维持在50%左右,新增固定资产投资占全省资本形成总额的比重近几年一直处于70%以上的高位,2012年达到历史最高水平的85.58%(表1)。这就决定了进一步新增固定资产投资拉动经济增长的余地已经较小。

表1 江苏省新增固定资产投资占资本形成总额比重(2008—2012年) 单位:亿元、%

年份 项目	2008	2009	2010	2011	2012
资本形成总额	15017.72	17571.90	21173.29	25049.05	27258.07
新增固定资产投资	10367.44	14260.94	15376.53	18858.51	23327.46
新增固定资产投资占资本形成总额比重	69.03	81.16	72.62	75.29	85.58

资料来源:《江苏统计年鉴(2009—2013)》。

(二)工业产成品的去库存压力大

从库存的角度看,外需下滑导致的企业存货压力大是当前我国各省市普遍存在的问题。虽然江苏的存货周转率要略好于东部兄弟省市。但是,如果从存货的内部构成来看,江苏省产成品占比偏高是一个突出问题。统计显示,2012年江苏省规模以上工业企业产成品占存货的比重高达37.6%。2013年该指标出现较大改善,下降为36.4%,但仍然比同期全国水平高2个百分点。与东部发达省市进行比较,北京、上海、广东、山东产成品的库存压力相对较小,产成品占存货比重分别为 31.0%、30.5%、32.1%和 35.7%。产成品占存货的比重偏高表明江苏省产成品的去库存压力很大,大量占用了企业要素资源,降低了资金使用效率,成为结构调整过程中必须面对的一个现实难题。

(三) 市场过度竞争导致企业经济效益下降

外需不足和产能过剩导致企业经营环境变差,企业亏损面上升、盈利能力下降。以规模以上工业企业为例,江苏省 2010 年工业企业亏损面为 8.4%,处于近年最好水平,2012 年亏损面上升到 13.1%,2013 年前 11 个月,工业企业亏损面进一步扩大为 14.9%。与此同时,工业企业的产值利税率、销售利税率、资金利税率、成本费用利润率等经济效益指标也出现了不同程度的下滑 (表2)。2012 年,在江苏省产值比重最大的 10 个支柱行业中,亏损面超过全省工业平均水平的行业就有 4 个。其中,产值比重最大的计算机、通信和其他电子设备制造业亏损面高达 23.2%,黑色金属冶炼和压延加工业达到 17.8%。如果在这些行业再大规模布局产能,可能使企业面临更严重的恶性竞争。

表2　江苏省规模以上工业企业主要经济效益指标 (2008—2013 年)　单位:%

项目 \ 年份	2008	2009	2010	2011	2012	2013.11
企业亏损面	11.4	11.2	8.4	9.4	13.1	14.9
产值利税率	9.7	9.3	10.1	10.3	9.9	—
销售利税率	9.9	9.5	10.2	10.3	10.0	9.2
资金利税率	16.1	14.9	16.1	16.4	16.1	—
成本费用利润率	6.4	6.1	7.1	7.2	6.5	6.0

资料来源:2008—2012 年数据来源于《江苏统计年鉴 (2009—2013)》,2013 年数据来源于江苏统计局网站 (www.jssb.gov.cn)。

(四) 一定程度上存在产能过剩的矛盾

江苏省和全国其他多数地区一样,在一定程度上面临产能过剩的问题。国家发改委调查显示,2013 年上半年全国工业产能利用率平均为

78%，是2009年第四季度以来的最低点。在全国39个工业产品中，21个产能利用率低于75%。课题组此前的研究表明，江苏省计算机通信和其他电子设备制造业、化学原料及化学制品制造业、电气机械及器材制造业、黑色金属冶炼和压延加工业、通用设备制造业、金属制品业六个支柱型工业行业产能利用率分别为65.9%、66.4%、58.4%、76.6%、76.7%和64.9%，表现出较为显著的产能过剩现象。本轮产能过剩带有全面性特点，不仅传统产业产能过剩严重，部分新兴产业也不同程度地存在着产能过剩问题。中央经济工作会议明确提出2014年的工作重点之一是抑制产能过剩，严禁新增产能项目的调控政策在短期内不会放松，甚至有可能进一步加强。

因此，江苏省制造业结构调整的政策重点应该放在消化存量，解决长期累积下来的经济存量中的各种矛盾和问题。况且，体制、机制病灶不除，即使是发展战略性新兴产业的"增量"，也注定沿袭旧道、增添新乱。在思路上：

第一，盘活由于产能过剩形成沉淀的制造业存量资产，使其产生经济效益。充分发挥市场配置资源的作用，以提高存量资源利用效率为落脚点，建立劣势企业退出机制，鼓励其释放占有的土地、产能、能源、环境、人才等各种要素的存量资源。

第二，从体制上消除限制不同区域之间、不同所有制之间要素自由流动的制度根源，取消阻碍要素合理流动的各类壁垒，最大限度地实现各类存量要素资源不闲置，最大可能地实现存量要素最优利用。

第三，通过存量调整，改善企业经营环境，实现依靠市场规则改造升级传统产业。避免以行政命令实施"关停并转"，按照市场化原则使资源向优势企业集中，改善由于产能过剩造成的恶性市场竞争环境，从而提升优势企业的经营业绩。利用优势企业在科技创新、科学管理、渠道布局等方面的优势，对接手的存量资产进行整合改造和重新布局，提升存量要素的层次，在新的资源配置下优化市场结构和产品布局，使产业链向高端攀升。

二 "优化增量"的主要着力点应当是前瞻的新兴产业和服务业

虽然近年来江苏省战略性新兴产业发展迅速，尤其是总量和规模连续上台阶，但是前瞻的、高端的战略性新兴产业和服务业仍显不足。不可否认，很多地区正在沿用过去发展传统产业的路径和思维来发展新兴产业，导致很多"伪新兴产业"的产生，而真正具有强大创新能力的产业和企业仍然非常匮乏。此外，2011—2013年江苏省服务贸易虽然连年增速都在50%左右，但是均处于较大的逆差状态。对于这一部分产业需要加大扶持力度，以"优化增量"迅速扩大其在经济结构中的比重。

与此同时，战略性新兴产业是个动态的范畴，不断调整才能与时俱进。由于技术和商业模式创新日新月异，因此新兴产业的内涵是具有时代性的。国际金融危机爆发以来，以美国为首的世界主要经济体都在产业发展、技术革新等多个方面采取措施，目的即是在国际经济和产业竞争中获得战略主动，全球高科技产业的发展态势已经出现新的变化。在第三次工业革命和发达国家制造业回归的背景下，需要从战略高度对江苏省新一轮科技产业进行预先布局。

第一，第三次工业革命带来的智能化革命。以智能化为特征的第三次工业革命，就是指信息技术与工业技术的高度融合。建立在互联网和新材料、新能源相结合基础上的工业革命即将到来，它以"制造业数字化"为核心，并将使全球技术要素和市场要素配置方式发生革命性变化，进一步提出了智能化制造的概念。未来的制造业将远离大规模制造模式，向更加个性化的生产模式靠拢。建立在虚拟制造技术基础上的附加制造技术，已开始用于产品的个性化生产。比如，三维打印技术可能会颠覆传统制造业模式，甚至重整发达国家制造业竞争力，引发国际产业重新分工。

第二，城镇化和信息化结合培育出的新兴产业机会。城镇化需要以产业创新发展为支撑，城镇化和信息化的结合有望培育出诸多新型的专业信息服务业，对新兴产业、新型业态以及新型商务模式带来巨大变革，推动知识经济和技术经济跨越式发展，促进城镇化实现成本下降、效率提高。比如在城市管理中提出打造智慧城市，应用了物联网、地理信息等多个新兴产业细分技术，为新兴产业发展开辟新的增长空间。

第三，工业化和城镇化带来的节能环保需求。发展战略性新兴产业，不仅要通过产业和技术的跨越式发展，突破全球产业链的重围，而且更要注重通过相关各门类基于产业的协调配合，构建自主、完善的创新产业链和产业生态系统。新型城镇化将催生再生水、垃圾处理、危险废物、土壤修复等与提高城镇综合承载能力密切相关的新兴技术应用，创造出一批前所未有的新兴产业。

具体来说，江苏省前瞻的、科技型产业的增量布局和选择，可以重点考虑以下范畴和内容：

一是以电动汽车为代表的新能源、新材料应用行业。新能源的应用带来效率提升和环保革命，要加快推进城市电动汽车普及，大规模布局充电站、充电接口等新能源汽车基础设施建设。在试点的基础上，推进智能建筑能源管理系统政府采购和应用等。借鉴德国等新能源应用经验较为成功国家的经验，将促进太阳能、风能等新能源发展的政策规范化，重点解决江苏省新能源制造与消费脱节的问题。可利用再生能源"就地转化"的机遇，大力推进光伏分布式电站、农村光伏屋顶工程等。新材料是电动汽车等新能源产业的发展基础，力争突破部分产业受到材料制约的问题，重点发展隔膜、电解液等新能源汽车关键材料、高性能玻纤等风电材料、半导体节能材料等；与城镇化相关的节能型、环保型建材；与高端装备相关的特种技术材料、工具材料；前沿性的纳米材料、超导材料等。

二是以移动互联为代表的新一代信息技术和新型商业模式。数字信息技术竞争的重要表现是制定标准的竞争，重点攻关物联网产业的二维码、射频识别（RFID）标准（频率、编码、存储规则等）；加快移动互联网应用标准研制，建设公共技术研发和检测验证服务平台；推动大数据时代云计算标准化建设，自主研发相关技术标准和关键技术。

三是以3D打印和机器人为代表的智能技术。应用工业机器人技术对各类制造业行业进行改造，重视机器人在医疗、生活服务等诸多设计方面对个人服务的取代。发展智能装备中的新型传感原理和工艺、高精度运动控制、工业通信网络安全等一批共性、基础关键智能技术。

对于服务业而言，除了金融、商务商贸、物流等各地政府已经投入大量精力和资源发展的行业之外，在当前经济下行和限制政府消费的背景下，尤其要重视以下几类前景广阔的服务业类别。

第一，文化产业。在经济下行环境中，文化产业与信息、旅游、服装等产业本就存在的边界模糊化趋势会更加明显，这将使人才、资本等生产要素进一步从受经济下行影响较大的产业向文化产业转移。在文化产品的成本结构中，物质资源所占比重小，复制和流通成本较小，这就使得文化产业链在经济危机面前形成自我保护。

第二，健康服务业。江苏省老龄化时代比全国来得早，养老服务体系供给不足的现实，也意味着产业的发展空间和机遇。随着我国城乡居民基本养老保险制度的并轨，老龄化带来的健康服务需求进一步转化为有效市场容量。这一产业既是完善公共服务的民生工程，也是江苏省加快服务业发展的重大机遇。

第三，互联网技术对传统服务业的改造，由此形成服务业新业态。互联网技术正处于从 PC 向移动互联转变的历史时刻，阿里巴巴、腾讯、百度等互联网企业的产品创新将传统的商业机会与互联网相结合，形成了 TMT（Technology，Media，Telecom，科技、媒体、通信三者结合）、O2O（Online To Offline，线下商务机会与互联网相结合）等重要商业模式，正在对众多传统服务行业形成颠覆性的革新。"前店后厂"的传统服务业模式的消退成为必然，在新商业模式服务业兴起的过程中，能否抓住机遇将决定江苏省未来服务业水平。

三 基础设施建设应当重视"存量—流量—增量"的调整思路

从宏观经济和财政金融层面看，当前不利于经济转型升级的一个重要因素是地方政府债务问题，这也是导致目前财政收支压力、市场利率过高等一系列问题的重要因素。

全国性的债务审计表明，江苏省地方政府债务总体可控，但也存在一定的隐患，尤其是市县一级的地方债务风险在加大。这是全国性的问题，中央经济工作会议已经明确指出 2014 年要做好化解地方政府性债务风险各项工作。江苏省部分市县财政实力较强，举债能力也较强，因此基本建设摊子也铺得较大。同时，经济增速回落使税收收入增长放缓，财政收入将进一步依赖土地收入，而支出刚性强，地方财政收支矛盾比较突出。一些地方融资平台面临资金紧绷，局部地区爆发债务风险的可能性增加。当前既要注意防范地方政府债务的风险，另外，众多民生工程的"硬件设施"客观上仍要继续投入，这也是实现"稳增长"的确定性保障。而政府融资平台负债偏高、平台增信能力减弱，导致利用政府力量引导转型升级和结构调整的空间变小，进一步增加民生投入的难度。

鉴于江苏省地方政府平台的资金主要沉淀在市政基础设施、土地收储、交通设施、保障房等方面，这些总体上属于优良资产，很大一部分具有稳定的经营收入,这就为通过资产证券化的方式"盘活存量"提供了条件。

资产证券化的思路实质即是"存量—流量—增量"的调整思路。总体做法和目标是:通过不进行增量投入或较小的增量投入,带动和盘活庞大的存量资产,激活沉淀资金的流动性,依靠市场化原则实现资产、产能、人才等流向优势企业。

通过存量调整,激活地方政府及其融资平台对基础设施的存量投资,增强资金流动性,进一步投入民生建设。除了纯粹的公益性基础设施之外,只要有一定现金流的项目,都可以考虑进行资产证券化。尤其是现金流和收益率相对较低的项目,以政府实施一定的补贴(相当于较小的增量),实现基础设施的证券化,吸引社会资金尽快回流到各类融资平台。利用收益权信托、市政收益权债券等方式对高速公路收费权、供排水收费权、地铁轻轨、隧道、垃圾处理、房地产信托等存量国有资产证券化,筹集资金投入再发展,这将是江苏省进行"存量换流量"的重点。例如,一个项目总投资10亿元,年收益3000万元即回报率3%,此时资产证券化的经济条件不具备,那么假设通过财政每年补贴3000万—4000万元的方式(年回报可以达到6%—7%,就具备资产证券化的条件),将该项目资产以债券形式证券化,就能迅速收回10亿元的总投资。

四 对策建议

从我国和江苏省经济运行的经验看,历来是保增长易、调结构难。要将调整的重点由过去的增量调整为主转为增量与存量调整相结合。只有存量结构得到了有效的调整,增量结构的调整才能立竿见影。只有存量要素实现市场化流动和市场化再集中,才能形成向调整要速度、要效益的发展模式。针对不同产业、不同地区的"存量调整、增量优化"要采取差异化的政策,主要思路如下:

(一) 突出投资在江苏省存量和增量战略中的作用

中央经济工作会议要求,当前经济要努力发挥投资的关键作用、消费的基础作用和出口的支撑作用。相比较而言,投资是相对可控的因素,当前广东等东部兄弟省份也把适度增长的投资规模作为"稳增长"的重要策略。与广东、浙江相比,江苏省的固定资产规模明显更大,投资的贡献率也较大,因此在转型升级中利用"投资"这个工具就更加重要。对江苏省来说,关键是改善投资结构、提升投资效率。应减少政府直接投资,增加贴息、担保、补贴等间接投入,拉动更多的社会投资;杜绝或减少对制造业过剩行业的投资;增加对新兴服务行业的投资。

(二) 加大江苏省企业实施兼并收购的力度

当前江苏省跨区域的兼并收购仍然不够通畅,即使在省内的不同省辖市,跨市企业并购可能都存在制度性的障碍,这就严重妨碍了存量资产和资本流动,使资源无法向优势企业集中。我们不仅要消除省内各个地方政府之间的行政壁垒,也要鼓励国外、省外的优质企业到江苏省参与兼并收购、参股经营,促进产业结构调整。对此,江苏省也积累了一定的经验。比如,光伏行业在过去长达两年多时间内持续低迷,面对行业困难各地政府没有进行政策兜底,而是采取坚持市场化原则支持兼并收购,整合了无锡尚德等经营困难的光伏企业。2013年下半年光伏行业迎来了复苏,除了需求再度启动的原因外,也与坚持市场化原则促进行业向良性市场结构发展有关。

(三) 将省属国有企业作为"调整存量、优化增量"的重要平台

以发展混合所有制经济作为实现江苏省国有企业结构调整的重要手段。在进退有序中凸显国有企业在国有经济中的集中度,争取通过3—5年的努力,使江苏省国有资本的80%以上集中到战略性新兴产业、基础设施和民生改善领域。聚焦产业链、价值链,深化开放性市场化双向重组联合,加快调整不符合江苏省发展要求的产业和行业。

发展混合所有制经济,比较可行的基本方式是成为公众公司、实现整体上市。要继续提高资本证券化水平,加大省属集团公司改革改制力度。可以借鉴上海国企改革的思路,尝试在江苏省建立公开透明规范的国资流动平台。通过国资流动平台运营机制充分发挥市场配置资源功能,推动国有控股上市公司、非上市公司开放性市场化重组整合,实现资源、资产、资本、资金的良性循环,为培育发展战略性新兴产业、加快基础设施建设、保障服务民生等提供有力支撑。

（四）实施严格的倒逼机制淘汰掉一批对江苏省生态文明存在重大负面影响的存量企业

2013年冬季连续雾霾天气已经严重影响江苏省的整体形象，而且目前来看，钢铁、部分石化等"两高一资"（高耗能、高污染、资源消耗型）项目，也是重复建设和产能过剩比较严重的行业，从经济效益和生态文明建设两个方面考虑，都必须调整。对这些行业应当实施更严格的环境保护要求进行倒逼，对地方县市的考核不仅仅要按照单位 GDP 能耗（如以单位 GDP 能耗<0.5 吨标准煤/万元、单位 GDP 水耗<80m^3/万元）等基本实现现代化生态指标进行考核，应当进一步以单位国土承载生态指标（比如单位面积 CO_2 排放量、单位水域废水排放量等）考核各地的发展方式，倒逼污染型的过剩企业退出市场。尤其是在苏南城市的市区项目落地选择，要以"工艺水平全国最好、污染物排放同比最低"进行要求。

（五）突出服务业在调整制造业存量和增量结构中的作用

产业结构的协调发展归根结底是稀缺资源在各产业之间配置以及每一产业内部的配置，现代服务业具有天然带动和调整其他产业实现自我调整的能力。可以强化金融、商贸等服务业在市场体系中的疏导、中介功能，例如金融服务业资助优势企业盘活存量资产的能力和商业信贷机制，商贸服务业竞争性的商贸订单机制、仓单质押机制、货物代理机制和分销渠道机制等等。凭借贴近市场和了解消费信息的优势，金融企业掌握对制造商、供应商的信誉信息。这就要求金融、商贸服务业应当率先从政府主导型体制向市场主导型体制转变，鼓励服务业企业开展创新试点，逐步增强江苏省金融、商贸服务业对产业结构调整的筛选能力和影响能力。

（六）积极探索市政债的发行，力争在江苏省率先形成试点

政府通过适量补贴进行大规模基础设施的存量资产证券化，在操作上可以积极探索推进市政债的发行。通过完善市政债制度建设，将目前不甚规范和透明的平台债务系统"收编"和"激活"，从而降低债务风险和经济系统性风险。加快建设完善地方政府发债配套机制。通过完善地方政府信用评价机制，建立地方政府发债审批制度，明确地方政府发债的标准；

设立地方政府发债监管机构来管理发债规模等相关事务；建立地方发债的风险补偿机制，设立市政债投资者保护基金，建立信息披露及问责机制等，尽快将市政债的发行纳入操作层面。

（七）优化政策支持方式，以支持研发环节促进科技型新兴产业的增量发展

改善以往政府直接投资和单纯以优惠政策吸引投资的方式，政策支持重点应当向研发环节倾斜，向应用环节倾斜，避免以企业的产能规模为标准进行支持的思维惯性。实践表明，新兴产业也可能产能过剩，单纯支持产能扩张甚至可能会留下金融隐患。作为前瞻性科技产业，技术上率先突破的企业将获得瞬间爆发性成长的机会，这种优势将不再是过去传统制造业中所认为的规模优势，这就需要在指导这一行业发展时具有充分的预见性。同时，它的发展要与需求尤其是内需相结合，需求推动创新，创新又创造需求，两者相辅相成，江苏在培育市场方面走在前列才有利于技术创新走在前列。

（八）集中精力和资源，力争直接在若干环节实现江苏省前瞻性新兴产业的"弯道超车"，确立国际性的领先地位

当前正处于金融危机后的科技革命前期，涌现出众多前所未有的新兴技术、产品和商业模式，表现为从传统技术向产业的跳跃式发展，这为江苏省提供了直接切入的机会。这种"弯道超车"的机会是非常难得的，像在电动汽车、三网融合、3D打印方面已经出现"超车"机会。可以适当集中资源，瞄准若干具备国内市场支撑的环节，加大人才、金融的扶持力度，在江苏省形成数个标志性的前瞻性、科技型新兴产业集群。

参考文献：

1. 王岳平：《中国工业结构调整与升级：理论、实证与政策》，中国计划出版社2001年版。

2. 石磊：《赶超型经济发展与我国产业结构的非常规转换》，《中国社会科学》1994年第4期。

3. 洪银兴：《论买方市场条件下的结构调整》，《中国工业经济》1997年第8期。

4. 马凯：《恰当把握调整经济结构的若干关系》，《宏观经济管理》1997年第

8期。

5. 吕铁、周叔莲：《中国的产业结构升级与经济增长方式转变》，《管理世界》1999年第1期。

6. 何德旭、姚战琪：《中国产业结构调整的效应、优化升级目标和政策措施》，《中国工业经济》2008年第5期。

7. 金碚、吕铁、邓洲：《中国工业结构转型升级：进展、问题与趋势》，《中国工业经济》2011年第2期。

8. 梁东黎：《我国工业结构调整的转型升级进程》，《探索与争鸣》2011年第4期。

9. 金碚：《中国工业的转型升级》，《中国工业经济》2011年第7期。

10. 李晓华：《中国工业的发展差距与转型升级路径》，《经济研究参考》2013年第51期。

作者信息：

研究基地：江苏转型升级研究基地

承担单位：江苏省社会科学院

首席专家：刘志彪、张九汉、施建军

课题负责人：刘志彪

主要参加人员：陈柳、王树华

化解江苏产能过剩问题研究

内容提要：作为制造业大省和沿海经济强省，江苏的产能过剩问题同样突出。产能过剩问题有其深刻的背景和历史成因，产能过剩作为一种产业风险，不仅影响行业内企业正常经营，还会破坏整个宏观经济的正常运行。从静态产能指标来看，江苏七大支柱产业中除纺织业之外，电子、化工、电气、钢铁、通用设备、金属制品这六个产业均表现出极为显著的产能过剩现象；从动态效益指标来看，江苏七大支柱产业的企业亏损现象严重，产品销售率波动很大。解决产能过剩问题，需要通过实施"退下去"、"升上去"、"走出去"三大战略全面化解江苏产能过剩矛盾：既要把绝对产能过剩"退下去"，也要通过扩大内需增加需求与产品创新改善供给让新兴产业"升上去"，还要通过加快国内企业"走出去"，缓解产能过剩矛盾。

改革开放以来，伴随着经济的发展和产品的日益丰富，我国部分工业领域也频繁出现产能过剩的现象。江苏作为制造业大省和沿海经济强省，产能过剩问题同样突出，如不及时采取措施进行消化和治理，江苏产能过剩的矛盾可能演化为全国的"重灾区"。为此，我们必须深刻分析产能过剩形成的背景及其对宏观经济的综合影响，运用科学的方法对江苏重点支柱产业的产能过剩情况进行准确评估，在此基础上提出化解江苏产能过剩的相应对策。

一 产能过剩形成的背景及其对宏观经济的影响

产能过剩现象并不是最近几年我国经济发展过程中才出现的新问题。事实上，自从改革开放以来特别是 20 世纪末开始，伴随着经济的进一步发展和工业产品的日益丰富，我国部分产业一直潜伏着严重的产能过剩风险。

(一) 产能过剩形成的背景分析

产能过剩现象有其深刻的背景和历史成因，它不仅是由经济周期引起的，更可能有投资层面的原因。一种得到普遍认同的观点是从地方政府的行为入手分析产能过剩的背景和形成机理。

众所周知，我国的分税制改革始于 1994 年，中央政府放权让利给地方政府的步伐不断加大，特别是共享税、地方税和中央税的划分进一步明确了中央政府和地方政府各自的财权和事权。客观上说，分税制改革的宗旨是让地方政府拥有更大的财政自主权，赋予地方政府本区域范围内更多的独立决策权。但是，分税制导致的财权和事权不匹配。在这种情况下，地方政府必然产生增加地方财政收入的冲动。为了增加财政收入、扩大税基，必须推动地方经济增长。而经济增长的实现在很大程度上取决于当地的投资项目和投资额度。因此，地方政府有很强的动机去争取项目资源，扩大投资规模。各地恶性竞争的结果必然是国内产能的急剧膨胀。

与此同时，政府官员也有自身的政治晋升激励。在现行制度下，中央和上级政府有权决定下级政府官员的任命。而长期以来考核 GDP 增长成为政府官员晋升体制的重要内容。在这种体制下，地方政府官员对当地经济发展具有巨大的影响力和控制力。地方政府官员的晋升体制促使地方政府为发展地方经济而实施区域封锁、地方保护主义等政策，帮助本地企业降低沉没成本，消除本地企业进入壁垒。这样一来，在现有的政治晋升体制下，往往是高产值、高资本投入的大型企业获得此部分低价土地和金融资源，并最终导致更为严重的产能过剩。

(二) 产能过剩的发展历程

研究显示，我国先后经历过三次较为严重的产能过剩：第一次是1998—2001年，第二次是2003—2006年，第三次是2009年至今。在第一次产能过剩发生时，由于东南亚金融危机冲击以及国内经济多方面深层矛盾的发展，我国经济从1997年以来开始面临着持续几年的通货紧缩困扰。在总需求不足以及其他结构性因素作用下，一些行业的产能利用率持续下降并面临价格走低，经营亏损和库存积压问题也十分严重。据统计，从1997年到1999年，我国工业品出厂价格指数连续三年均低于100，而工业成本费用利润率最低降至3%以下。1998年，国家统计局对900多种主要工业产品生产能力进行了普查。普查结果显示，其中有一半左右的工业产品生产能力利用率在60%以下，最低的仅有10%。针对这一问题，中央政府采用了限制地方政府投资、淘汰落后产能以及限产利库等措施。

在第二次产能过剩发生时，特别是2003—2004年和2006年前后，我国在经济处于繁荣和过热的条件下也出现了工业出厂价格大幅下滑和企业效益水平回落的现象，这表明在部分工业领域存在现实的或潜在的产能过剩风险。针对这一问题，在2005年，国家发改委将钢铁、电石、水泥、电解铝和汽车制造等11个行业列为产能过剩行业。国务院于2006年发出了《关于加快推进产能过剩行业结构调整的通知》，将钢铁、铁合金、汽车制造、电石、电解铝等行业列为产能过剩行业，并将水泥、纺织、电力和煤炭行业列为具有潜在产能过剩可能性的行业。在《通知》中还具体提出了推进产能过剩行业结构调整的总体要求和原则，以及调整的重点措施。

在第三次产能过剩发生时，2008年全球经济危机的爆发，导致外部市场对我国产品的需求下降，引发了国内经济再次进入周期性低谷期，我国产能利用率再次大幅下滑。针对这一问题，国务院于2009年9月批转国家发改委、工信部等部委《关于抑制部分行业产能过剩和重复建设引导产业健康发展若干意见》，提出了进一步提高行业准入门槛、通过环境手段严控项目开工、依法依规供地用地、实行有保有控的金融政策等措施加大力度整治产能过剩；在2009年12月召开的中央经济工作会议上提出，要"坚决管住产能过剩行业新上项目"。2010年4月，国务院颁布的《关于进一步加强淘汰落后产能工作的通知》，明确指出重点行业淘汰落后产能的具体目标任务以及重点工作的详细分工情况。随后在 2010 年 8 月，工信部向社会公布了 18 个工业行业涉及 2087 个企业的淘汰落后产能企业名单。

（三）产能过剩对经济运行的影响

从产能过剩的经济效应来看，无论对微观还是宏观经济都会产生严重的不利影响，甚至可能引发大规模经济危机。产能过剩作为一种产业风险，不仅影响行业内企业正常经营，还会破坏整个宏观经济的正常运行。

对微观经济主体而言，严重的产能过剩问题将导致：产品价格竞争激烈，行业利润率降低，产品价格大跌，企业经济效益大幅滑坡。企业开工率降低，产品产销率下降，库存增加，成本上升。进而导致企业的亏损面进一步扩大，亏损企业亏损额增加，企业倒闭现象严重。

对宏观经济而言，如果任其发展，产能过剩得不到有效控制，对宏观经济的中长期发展将会产生严重的不利影响：在物价方面，许多行业产能过剩，将导致物价总水平明显下降，形成很强的通货紧缩压力，增加宏观经济的不确定性；经济增长的动力方面，产能过剩的发展将会使企业的投资预期和居民的消费预期下降，使经济增长支撑力不足，由此使经济增长面临越来越明显的下行压力；在金融风险方面，产能过剩的发展将会导致银行不良资产明显增加，金融行业的系统性风险增大。

二　江苏产能过剩的现状评价

江苏作为一个经济大省，制造业无论从规模、效益还是发展水平上来说，均已奠定了在全国不可动摇的重要位置。在国际经济环境低迷不振的大背景下，江苏作为世界重要的制造基地，必须警惕产能过剩的潜在风险。为此，结合我国产能过剩的特点，对江苏各类产业的产能过剩现状进行全面评价。

（一）从六大产能过剩行业看

从我国六大产能过剩行业来看，江苏省的行业产量均位居全国前列，占比很高，且面临国际需求大幅下滑后的严峻考验，产能存在极大的过剩风险。我国产能过剩行业主要包括钢铁、水泥、平板玻璃、光伏（多晶硅）、风电设备、船舶制造等行业。2012年，江苏省生产钢材10989.18万吨，列全国第二，占全国的比重为11.53%；生产水泥16775.47万吨，列全国第二，占全国的7.6%；生产平板玻璃5884.66万重量箱，占全国的8.2%。2011年，船舶行业造船完工量为639艘2793万载重吨，其中出口船舶占总量的83.8%，占全国产量的36.4%，占世界市场份额的16.4%。2011年，江苏光伏企业生产的多晶硅、太阳能电池组件等光伏产品更是占据了全国70%和世界50%以上的市场份额。江苏省现有约10多家风电整机生产企业，风力发电机、变压器等关键部件国内占有率为50%左右，风电齿轮箱占到80%，1.5兆瓦甚至3兆瓦风机出现同质化竞争。可以看出，若不及时采取措施进行消化和治理，江苏产能过剩的矛盾可能演化为全国的"重灾区"。

（二）从具体工业部门看

从具体工业部门来看，江苏省的造纸和纸制品业，化学纤维制造业，黑色金属冶炼和压延加工业，电气机械和器材制造业，计算机、通信和其他电子设备制造业以及电力、热力的生产和供应业等行业产能过剩矛盾较为突出。通过对2007—2011年江苏工业各行业的固定资产原值产出率①及相关经济效益指标进行测算，再结合江苏的制造业大省的现实以及指标的动态变化，发现以造纸和纸制品业为代表的轻工业和以化学纤维制造业，电力、热力的生产和供应业为代表的重工业可能存在严重的产能过剩矛盾。其中，造纸和纸制品业的固定资产原值产出率从2007年的130.18%下降到2011年的119.84%，资金利用率从5.62%下降至4.86%，同时年均企业亏损面达12.61%。2011年，化学纤维制造业的固定资产原值产出率仅为224.95%，从2008年的208.87%下降到2011年的140.5%，企业亏损面和库存—销售比分别达14.05%和10.63%，资金利用率则急剧下降，一年间从10.48%下降至7.13%。黑色金属冶炼和压延加工业的固定资产原值产出率逐年下降，成本费用利润率从6.27%下降至5.14%，资金利用率则从9.81%下降至6.53%，下降了约3.3个百分点，年均企业

---

① 因统计数据所限，固定资产原值（净值）产出率在一定程度上可作为产能利用率的替代指标。

亏损面为13.04%；自2007年以来，库存—销售比一直在10%以上，年均库存—销售比为11.29%，是这六个行业中最高的。

作为资本技术密集型行业，计算机、通信和其他电子设备制造业的五年平均固定资产原值产出率只有275.99%，2011年只有251.92%，远远低于制造业中位列第一的有色金属冶炼和压延加工业（611.92%），也低于通用设备制造业、专用设备制造业等其他资本密集度相当的行业；更为严重的是，该行业的平均企业亏损面是全部工业中最高的，达到19.78%，其中2008年、2009年、2011年三年均超过20%，近五年来的资金利用率也不断下滑，同为资本技术密集型的电气机械和器材制造业也出现类似状况。作为资源型工业，电力、热力的生产和供应业的固定资产原值产出率则一直在60%左右徘徊，远远低于所有制造业行业，企业亏损面一直居高不下，2011年企业亏损面已达到26.55%，成本费用利润率则从2008年的14.25%下降至2011年的4.7%；2011年资金利用率也只有2.55%，是所有工业行业中最低的。

（三）从静态产能指标看

从静态产能指标来看，江苏七大支柱产业中除纺织业之外，电子、化工、电气、钢铁、通用设备、金属制品六个产业均表现出极为显著的产能过剩现象。按照欧美国家的产能过剩评判标准，产能利用率低于80%即说明可能存在产能过剩现象。笔者运用生产能力利用率法，对"十一五"以来江苏制造业七大支柱产业的产能过剩程度进行了测算，结果发现在2006—2012年间，除纺织业之外，其他六个支柱产业的产能利用率均值都显著低于80%，有的甚至跌至60%以下，其分别为计算机、通信和其他电子设备制造业65.86%、化学原料及化学制品制造业66.38%、电气机械及器材制造业58.40%、黑色金属冶炼和压延加工业76.61%、通用设备制造业76.66%、金属制品业64.78%。再考虑到江苏这些行业在全国的重要地位，如2012年的集成电路产量列全国第一，占全国35.55%，化学农药原药、微型计算机设备产量分别占全国的29.75%、25.03%，产能过剩形势可谓十分严峻。

（四）从动态效益指标看

从动态效益指标来看，江苏七大支柱产业的企业亏损现象严重，产品销售率波动很大,其中黑色金属冶炼和压延加工业已成为"强过剩"行业。在上述静态产能利用率分析的基础上,借助行业企业亏损面和产品销售率的动态变化来揭示江苏省支柱产业的产能过剩程度。"十一五"以来,江苏支柱产业企业亏损严重,产值比重最大的几个行业年均企业亏损面几乎都在10%以上,特别是产值位居首位的电子通信行业达到19.50%,其中2008年、2009年、2011年均超过20%(表1)。

表1　"十一五"以来江苏七大支柱产业的企业亏损面情况　　单位:%

年份	纺织业	化学原料及化学制品制造业	黑色金属冶炼及压延加工业	金属制品业	通用设备制造业	电气机械及器材制造业	通信设备、计算机及其他电子设备制造业
2006	13.01	9.42	12.42	10.29	7.67	11.01	18.08
2007	13.12	9.06	11.59	9.14	6.59	10.17	19.40
2008	15.36	10.75	16.39	10.72	8.98	12.69	23.38
2009	11.45	9.43	16.52	11.02	8.77	10.89	20.35
2010	7.46	8.30	11.43	8.30	6.21	7.38	15.49
2011	9.24	8.30	9.24	8.52	6.74	9.86	20.30
2006—2011年平均	11.61	9.21	12.93	9.67	7.49	10.33	19.50

图1给出了"十一五"以来各年与上年产品销售率的差值的变化情况。可以看出,七大产业的产品销售率波动很大,这是由市场需求低迷和产能过剩背景下产品库存大量积压导致的。进一步地,通过计算2006—2011年产品销售率的均值,可以发现黑色金属冶炼和压延加工业的该值为-0.19(小于0),说明其产销率的长期下降趋势使得产能利用率回升的可能性大大减小,故已成为"强过剩"行业。近年来,受国内外经济下行的影响,钢材需求明显放缓,产能过剩问题不断凸显,钢材价格大幅下跌,企业效益显著下滑,钢铁行业整体处于净亏损状态。江苏钢铁行业的

龙头企业之一南钢股份业绩快报已显示,公司 2012 年实现营业总收入 320.8 亿元,同比下降 16.82%;归属上市公司股东净利润亏损 5.66 亿元,同比下降 271.66%。

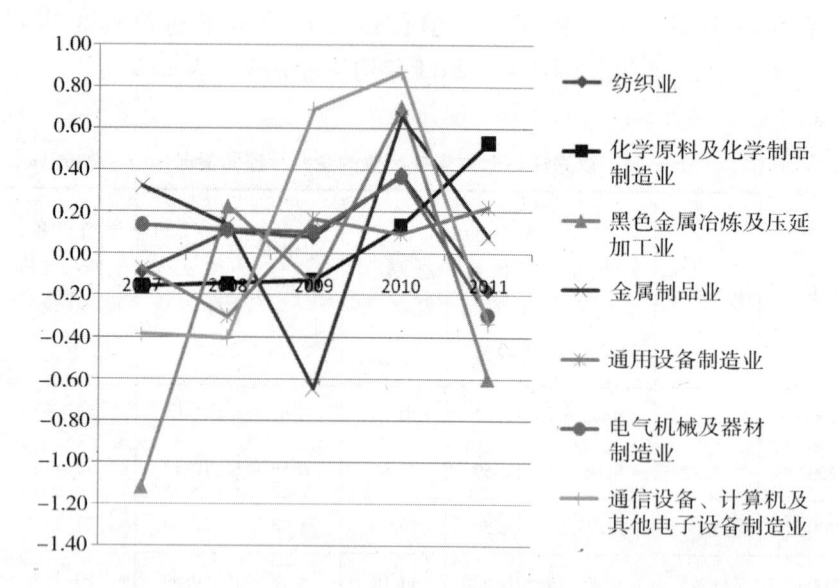

图 1 "十一五"以来江苏七大支柱产业产品销售率波动情况

三 江苏产能过剩矛盾的成因分析

根据与经济周期的关系,产能过剩一般可划分为"周期性过剩"和"非周期性过剩"。对于周期性过剩,当经济由复苏走向繁荣时,富余产能减少,这种周期性产能过剩可以得到化解。相对地,非周期性过剩则是由经济周期之外的因素作用而形成的,又包括"结构性过剩"和"体制性过剩"。

根据产能过剩的形成与表现,还可以分为下列三部分:

过剩产能 I:市场竞争所需要的正常的产能过剩量,即为利润而生产的企业,必然出现的社会可容忍的剩余量。这部分未利用的产能大约占 15%—20%。

过剩产能 II:地方政府追求 GDP、强势的投资驱动所造成的产能过剩量。分为两个方面：一是在追求 GDP 和财政收入的体制背景下，政府通过扭曲要素价格体系，甚至不惜牺牲环境追求产能，导致投资过度和产能过剩。二是在审批经济的背景下，"审批"的行政垄断诱发的"暴利效应"，驱使企业竞相获取批文，从而使一些行业投资增长迅速，吸引了大批社会资金的流入，最终使这些行业产能过度扩张。这部分主要是体制性过剩。

过剩产能Ⅲ：在目前的转轨经济中缺少一种自我纠错机制，往往是地方保护主义的存在，以及体制改革的滞后，使我国跨行业、跨地区、跨所有制的兼并重组难以实现，结果造成同类低档次的过剩产能累积的矛盾越来越严重。这部分主要是结构性过剩。

从上述分析可以看到，江苏部分行业的产能过剩问题，已经不是相对的过剩，而是绝对的过剩。从造成江苏产能过剩的原因来看，虽然有世界经济低迷、外需下降等周期性的因素，但主要是结构性过剩（过剩产能Ⅲ）和体制性过剩（过剩产能Ⅱ）。其中周期性过剩可以通过经济增长提速得到市场的自我纠正，而结构性过剩特别是体制性过剩则需要通过产业结构的转型升级及体制机制的创新和改革来解决。

（一）结构性过剩主要是由江苏当前的以出口导向的代工制造业为主的产业结构决定的，这类过剩主要出现在劳动密集型行业和生产环节

中国目前是制造业规模位居全球第一的国家，而江苏省又是国内制造业比重较高的省份。在现在的人均 GDP 水平下，中国制造业的比重要大大高于世界其他处于同等发展阶段的国家。这一格局的形成与中国加入以"制造、装配、加工、组装"为主的全球产品内分工的特征有关，也是世界经济危机必然会对江苏制造业造成较大冲击、形成较大过剩产能的特别原因之一。江苏制造业的规模虽然大，但制造业产业的强项内容主要还是国际代工的制造过程，不是研发设计和品牌网络营销；是普通消费品和一般制造产品，而不是以装备工业、医药、信息产业等为主的高技术产业领域。低端产品国际代工的市场结构特性是技术和投资壁垒低、进入门槛低，因此在面临国内外异常激烈的进入竞争的情况下，尤其是一些地方行政主体运用行政手段突破进入壁垒的情况下，叠加国际市场的需求萎缩因素，必然形成较高的过剩产能。

（二）体制性过剩主要是由负债式增长背景下强势地方政府的 GDP 追求和投资驱动所导致的，这类过剩主要出现在重化工行业和新兴产业

在目前的体制下，产业企业背后都有政府因素。第一，地方政府利用模糊的土地产权、金融机构的预算软约束等为投资者提供廉价土地、帮助获得金融贷款、给予财政补贴和减免税收等措施，导致重复建设和产能过剩。第二，地方保护主义的存在及体制改革的滞后使得我国跨行业、跨地区、跨所有制的兼并重组的不完善，企业不能正常破产倒闭，往往造成产业同构化现象严重、产业竞争过度。第三，在当前居民消费增长内生机制尚未形成以及民间投资缺乏活力的情况下，单纯依赖投资和出口驱动的经济增长模式使得地方政府对投资有着强烈的偏好，而一些带有垄断性特征的产业所形成的"暴利效应"，使得如房地产、钢铁、船舶等行业投资增长迅速。如果要完成去产能化，则可能意味着要出现 GDP 下降的趋势，这会损害地方政府官员的利益。

四 三管齐下——"退下去"、"升上去"、"走出去"全面化解江苏产能过剩矛盾

化解产能过剩问题，需要多管齐下：既要把绝对产能过剩"退下去"，也要通过扩大内需增加需求与产品创新改善供给让新兴产业"升上去"，还要通过加快国内企业"走出去"。

（一）"退下去"战略化解江苏产能过剩矛盾

毫无疑问，让过剩产能，尤其是落后产能退出市场的治理思路也即"退下去"战略自然成为化解产能问题的首选。如何更好地实施"退下去"战略以真正实现淘汰落后、过剩产能的目的？笔者认为，至少应该从以下几个方面入手。

1. 改革现有的财政分权、政绩考核等体制，彻底打通调控政策的传导路径

财政分权体制改革的关键在于建立起财权与事权相匹配的政府间关系。在减税的总原则下，开辟新税源，比如资源税，来增加地方政府的财税收入。同时，用更科学、更全面及便于量化的政绩考核指标体系来取代以 GDP 为核心的考核制度，考核过程中可以引入第三方评估机构。

2. 调整调控方式，逐步用经济杠杆来替代行政控制

目前，我国在治理产能过剩的过程中较多地使用了行政手段。应该尊重市场规律，更多地使用经济手段去调控，例如根据地区和产业特征征收差异化的税种和税率，将所有制偏向、区域偏向的税式支出政策更多地转向产业偏向等等。

3. 鼓励兼并、重组

根据国家的产业政策，落后产能主要通过环保、节能以及技术门槛进行淘汰关停。这会产生两个后果：一是企业经营受到影响甚至倒闭；二是地方政府的经济和政治利益受到侵犯。因此，出现了很多诸如将一些已经关停的生产线重复上报的抵制现象。为此，应该将淘汰落后产能工作的重心转向兼并重组。鼓励企业沿着规模适度化方向进行合并，鼓励企业以母子公司制的形式和中小企业形成纵向联合。对于异地的兼并重组，在政府税收方面实行分成，充分调动地方政府引导兼并重组的积极性。

4. 完善银行信贷控制

目前，银行贷款仍然是我国企业融资的最重要来源。现实中，地方政府可以对本地银行机构或分支机构施加影响干预信贷投放。要实现淘汰落后产能的目标就必须切断落后产能的资金链。在当前的制度背景下，建议将对过剩行业的信贷审批投放权收到省级分行，同时参考日本的主办银行制度，加强银企合作与了解。

5. 加强对过剩要素的治理

淘汰落后产能过程中的难点之一就是对过剩要素如生产设备、失业劳动者的处理。这方面可以借鉴日本治理产能过剩的经验：对于生产设备，实行设备注册制度，限制非注册设备的使用，对经核实确属过剩、落后的设备，政府以专项资金的形式对其进行收购报废。对于失业劳动者，积极促进劳动力的流动，并在信息和培训方面帮助失业人员，为其创造再就业条件，必要时对其进行补助和救助。

（二）"升上去"战略化解江苏产能过剩矛盾

如果说"退下去"战略侧重于从供给端入手，那么"升上去"战略则是侧重于从需求端着手。或者说，"退下去"战略着力于做好淘汰落后产能的"减法"，"升上去"战略则着力于做好扩大需求的"加法"以及加快产品创新的"乘法"。

新兴产业出现过剩，是中国现有地方政绩考核体制下产能过剩的特点。特别要注意不能继续沿用过去发展新兴产业的做法，从而使朝阳产业办成夕阳产业。采用"升上去"战略培育新兴产业，应该做到：

1. 新兴产业的产业政策要设置明确的市场进入门槛

新兴产业政策目标不仅在于形成多少产能，重要的是形成一个有序的市场，以确保新兴产业的稳定发展。这个有序市场的特征是：建立了很高的进入门槛，市场机会相对小，新进入者难以入场。这样的有序市场就很少会发生无序的价格战。

2. 新兴产业的发展主要依靠国内市场需求

解决产能过剩问题要从扩大内需特别是启动民间消费入手，而增加居民收入又是推动内需扩大和民间消费增长的关键因素。提高居民收入，一方面要推进收入分配体制改革与完善收入分配制度，另一方面要加快健全社会保障制度，提高居民消费能力。

3. 致力于抢占新兴产业的研发与品牌营销的产业链左右高端，避免过多企业集中于中间低端

从全球价值链角度看，必须引导新兴产业尽早占领产业技术创新左侧高端，同时向品牌与营销的右侧高端进军。相应地，政府的优惠政策（如金融、财政补贴、税收优惠等）要重点向研发与品牌环节倾斜，而不是产能爆发环节，坚决避免 GDP 思维和所有权思维，避免按照公有化程度、企业产能规模等非技术和效率标准制定优惠政策的倾向。

4. 从产业特性引导新兴产业成长，避免行政主体驱动的投资发展

一方面，应尊重新兴产业的自身发展规律和市场需求，充分发挥市场机制配置资源的基础性作用，以企业为主体、市场为导向发展新兴产业；另一方面，政府既要避免将新兴行业做成形象工程、避免"圈地规划"一哄而上，也要做好战略规划、培育生产要素市场、构建激励创新的制度政策。

5. 推动新兴产业对传统产业的技术改造与升级

用新技术、新材料、新工艺、新装备改造落后产能，提高技术装备水平，可以促进新兴产业与传统产业的融合发展。如果脱离对传统产业的技术改造，新兴产业既不能推进传统产业的转型升级，又不能利用来自传统产业的广泛需求，因此必然会失败。

(三)"走出去"战略化解江苏产能过剩矛盾

实施"走出去"战略化解江苏产能过剩矛盾，是一条提升江苏开放型经济水平与产业结构转型升级相得益彰的可行途径。江苏现在"引进来"和"走出去"的差额很大，真正能"走出去"的企业很少。其实江苏进一步提升全球化发展的水平，在"引进来"方面作为的空间并不大，至今只有加大"走出去"的步伐，才会有新的成绩和政绩。"走出去"具有消化过剩产能的积极效应。最近无锡长电科技收购了新加坡的方面相关研究所，就是高新技术"走出去"成功控制产业链高端的典型。

江苏省产能过剩矛盾突出的行业类型主要有三类：一是以资源为导向的重工业；二是以市场为导向的轻工业；三是以技术为导向的新兴产业。针对不同类型行业的产能过剩，应采取不同的"走出去"方式。

1. 资源导向型重工业企业"走出去"的区位

应选择那些自然资源丰富、能源产量高的国家或地区，投资方式应以新建为主。尤其要以与我国外交、经贸双边关系好，社会、政局比较稳定的周边和非洲国家为重点，兼顾拉丁美洲、油气资源丰富的中东地区以及其他矿产资源丰富的国家。应以新建投资为主，分阶段进行，逐步建立工作基础。

2. 市场导向型轻工业企业"走出去"的区位

应首选市场需求大的国家或地区，投资方式应以新建为主。考虑到经济危机后世界需求结构的调整、经济发展阶段的差别以及江苏省轻工业产品特征，主要还是应以发展中国家或地区为重点。投资方式也应以新建为主，但尤其需要重视销售终端的建设，如建立连锁专卖店、品牌专卖店等，掌握销售渠道和价值增值环节，从而提升国际市场竞争力。

3. 技术导向型新兴产业企业"走出去"的区位

应选择同类产业发展迅速、技术领先的发达国家，投资方式应以并购为主。破解新兴产业产能过剩危局的根本路径是：一方面转而补贴消费者，刺激国内需求扩大；另一方面提高技术水平，加强产品创新，增强产品的市场竞争力。实施"走出去"战略，进行跨国并购，可以充分利用国内市场规模，广泛吸收国外高级生产要素来提高江苏省新兴产业整体技术水平和产品全球竞争力。

需要指出的是，"走出去"战略顺利实施的关键在于比较优势的培育。在"走出去"之前，应该加大产能过剩行业企业的兼并重组力度以增加对外资本的控制力和竞争力。此外，还应该积极推动财政体制改革，加快地方政府职能转变，为实施"走出去"战略、化解产能过剩矛盾提供制度激励和体制保障。

参考文献：

1. 林毅夫、巫和懋、邢亦青：《"潮涌现象"与产能过剩的形成机制》，《经济研究》2010年第10期。
2. 王小广：《产能过剩：后果、原因和对策》，《中国经贸导报》2006年第6期。
3. 周劲、付保宗：《产能过剩的内涵、评价体系及在我国工业领域的表现特征》，《经济学动态》2011年第10期。
4. 李静、杨海生：《产能过剩的微观形成机制及其治理》，《中山大学学报（社会科学版）》2011年第2期。
5. 王晓姝、李锂：《产能过剩的诱因与规制》，《财经问题研究》2012年第9期。
6. 耿强、江飞涛、傅坦：《政策性补贴、产能过剩与中国的经济波动》，《中国工业经济》2011年第5期。
7. 王立国、高越青：《基于技术进步视角的产能过剩问题研究》，《财经问题研究》2012年第2期。
8. 王立国、张日旭：《财政分权背景下的产能过剩问题研究》，《财经问题研究》2010年第12期。
9. 沈坤荣、钦晓双、孙成浩：《中国产能过剩的成因与测度》，《产业经济评论》2012年第4期。

作者信息：

研究基地：江苏转型升级研究基地

承担单位：江苏省社会科学院

首席专家：刘志彪、张九汉、施建军

课题负责人：刘志彪

主要参加人员：章寿荣、杜宇玮、王树华、程俊杰

国内外新型工业化、城市化双轮驱动与江苏沿海发展策略

内容提要：江苏沿海开发上升为国家战略以来，新型工业化与城市化双轮驱动发展迅速，但也存在工业化与城镇化发展不够协调、城乡二元结构突出、城乡发展差距大、产业与城市创新力不足、城市对产业的支撑与服务能力不强、未真正实现"人的城市化"等问题。根据十八大报告的要求，江苏沿海新型工业化与城市化双轮驱动任重而道远，应进一步加强政策扶持，建设创新型城市；构建中心城市、县域中心与小城镇"三位一体"的新型工业化与城镇化发展模式；着力推进产业园区化、园区城镇化、城镇生态化；坚持城乡统筹发展，构建城乡一体化新格局；实现城乡产业的有效对接，推进农业现代化进程；严格"产业安检"，大力发展低碳产业、绿色园区、生态城市。

党的十八大报告提出，必须"坚持走中国特色新型工业化、信息化、城镇化、农业现代化道路"，推动"工业化和城镇化良性互动"，为江苏沿海地区发展指明了方向。习总书记在参加江苏代表团审议时指出：要积极稳妥推进城镇化，促进大中小城市和小城镇协调发展，推动城镇化向质量提升转变，加强社会主义新农村建设，做到工业化和城镇化良性互动，城镇化和农业现代化相互协调。江苏沿海地区发展应全面贯彻落实党的十八大提出的方针和习总书记的讲话精神，着力激发各类市场主体发展新活力，增强创新驱动发展新动力，构建新型工业化与城市化"双轮驱动"发展新模式，培育开放型经济发展新优势，为推进江苏在21世纪头20年率先全面建成小康社会，率先基本实现现代化的奋斗目标做出贡献。

一 新型工业化与新型城镇化的关系

(一) 新型工业化的内涵

新型工业化正是当今工业化发展阶段中形成的新的发展模式。即在新的社会时代背景和新的资源环境条件下,一种与传统工业化不同的新的工业化发展路径和模式。新型工业化,强调以信息化带动工业化,以工业化促进信息化的深度融合,重视先进技术的开发与应用,重视绿色低碳、资源节约与环境保护,重视以新兴产业发展推进传统产业的改造和提升。在我国,实现新型工业化核心是实施三大战略:科教兴国战略、信息化带动工业化战略与可持续发展战略。

(二) 新型城镇化的内涵

新型城镇化是以城乡统筹、城乡一体、产城互动、节约集约、生态宜居、和谐发展为基本特征的城市化,也是大中小城市、小城镇、新型农村社区协调发展、互促共进的城市化。新型城市化需走出一条资源有效利用、经济持续增长、环境友好保护、社会公平和谐、空间结构合理、智慧城市创建的综合性的城镇化道路,即可持续的城镇化道路。一般可分为三个阶段:城市化率低于30%,属于初期发展阶段;随着工业化的发展,城市化率超过30%将进入加速发展阶段;城市化率大于70%,城市化发展速度将减慢,进入后期发展阶段。江苏沿海三市城市化率已超过50%,走新型城镇化的道路尤为必要。

(三) 新型工业化与新型城镇化的关系

新型工业化与新型城镇化之间是互为联系、互相支撑、互动互进的关系。新型工业化是新型城镇化的"发动机",而新型城镇化是新型工业化的"加速器"。一方面,新型工业化是新型城镇化的内在动力,新型城镇化是由新型工业化来推进的,新型工业化的过程同时也就是新型城镇化的过程,推动了区域人口、经济、社会、资源和环境全面融合协调发展的城镇化;另一方面,新型城镇化是新型工业化的载体,对新型工业化也产生反推作用（图1）。新型城镇化具有强大的辐射、协调、服务、科研、基础设施等支撑与服务功能，可为新型工业化提供强大的促进、推动作用，使新型工业化能够健康、可持续发展。江苏沿海要实现高效、快速、健康发展，必须注重新型工业化与新型城镇化的"两化"融合与创新，更加注重区域协调、城乡统筹、产业支撑、城镇质量和可持续发展，要做到产城同步，产城一体，产城互动，产城共赢。

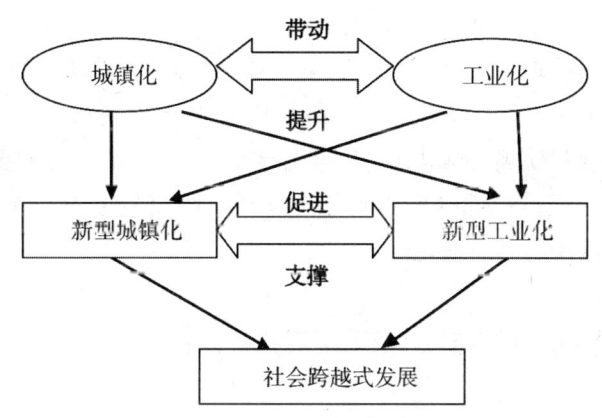

图1 新型城镇化与新型工业化关系

二 国内外工业化与城镇化发展现状

（一）国外工业化与城镇化发展现状

纵观近现代世界的发展，发达国家新型工业化与城镇化是一个互动发展的过程。欧洲早期的工业革命，促进了工业化进程，使工业集中度提高，吸引了大量农村劳动力，促进了城市的发展；同时城市良好的服务功能与基础设施为现代工业的发展提供了强大的支撑。可以说工业革命以来，城镇化与工业化的发展是交织在一起的，即城市化和工业化相伴而生，工业化以城镇化为依托，城镇化靠工业化来推动。欧美在工业化的进程中，形成了一批以大城市为中心的大都市区、城市带（圈）的结构体系，极大地推动了城镇化进程。

从20世纪50年代起，西方发达国家城市发展模式与发展速度迅速变化。一方面，城市工业和科学技术高速发展，使人口、资本、技术以最快的速度向大城市和大城市周围地区集聚；另一方面，城市高收入阶层从中心区外迁，随之工业、服务业也出现郊区化倾向，城市由长期的向心集聚向相对分散的郊区化发展，大城市边缘新城镇大量涌现。同时，发达工业国家在进入后工业化社会后城市化过程发生明显的变化，出现了"去工业化"现象，工业化对城市化的拉动明显减弱，生产性服务业成为城市发展和增长的主要动力。当今，发达国家在经历了"工业化"、"去工业化"后，又吸取了2008年金融危机的教训，以重振本土工业和谋求全球新型工业化领导地位为目标，将"再工业化"作为重塑竞争优势的重要战略，推出了大力发展新兴产业、鼓励科技创新、支持中小企业发展等政策和措施。随着欧美国家从"工业化"到"去工业化"再到"再工业化"的循环过程，一批以现代服务业与新兴产业为主的智能城市、生态城市、绿色城市等不断涌现。

（二）国内工业化与城镇化发展现状

1. 国内工业化发展现状

新中国成立以来，特别是改革开放30多年来，我国工业实现了跨越式发展，建立了独立完整的工业体系，成为全球制造业大国。至2005年，中国工业化进程已处于工业化的中期阶段，上海、北京、天津、广东、浙江、江苏、山东等七个省市经济达到或者超过了工业化后期阶段，其中上海在2000年实现了工业化，北京在2004年实现了工业化；2012年全部工业增加值199860亿元，比上年增长7.9%。规模以上工业增加值增长10.0%。但是，传统工业化道路却使我国付出了超常的代价。在新的历史时期，传统工业化道路很难再培养出新的竞争优势。当前中国工业化还面临很多问题，环境能源制约严重，自主创新能力有待提高，尤其是地区间差异巨大，当东部地区整体进入工业化后期阶段的时候，西部绝大部分省份（自治区）还处于工业化初期阶段，中国工业化的进程任重而道远。

2. 国内城镇化发展现状

产业的快速增长，加快了中国城镇化的步伐。诺贝尔经济学奖获得者斯蒂格利茨有一句名言：21世纪对全人类影响最深的事有两件，一个是美国的高科技产业,另一个就是中国的城市化。近十年来,中国城镇化率每年大约提高一个百分点,并且在 2011 年首次超过 50%,与世界水平基本持平。在城镇化与产业化的互动中,形成了长三角、珠三角、环渤海三大城市与产业集群以及沿海、沿长江、沿京广铁路、沿亚欧大陆桥、哈长沈大、绵德成渝、海峡西岸七大城市与产业带。同时,城市的发展逐步从空间扩展过渡到质量的提升。

但是,中国城镇化的发展还存在一系列问题有待解决:工业化与城镇化发展不够协调、城乡二元结构突出、城乡发展差距大、产业与城市发展创新力不强、城市对产业的支撑与服务不够强大、未真正实现"人的城市化"等。

三 江苏沿海地区工业化、城镇化经验、问题与原因分析

近年来,江苏沿海地区策应国家战略,工业化、城镇化都取得巨大成就,有力推进了江苏沿海地区全面达到小康与基本实现现代化的进程。与此同时,江苏沿海地区仍面临着新型工业化程度不高、临港产业基础薄弱、城市支撑力度不足、工业化与城镇化联动发展综合效应不显著等问题,有待在沿海开发的实施过程中进一步解决。

(一)江苏沿海工业化、城镇化经验

1. 沿海工业增幅全省领先

江苏沿海工业稳步发展,2011 年全年实现规模以上工业增加值 3091.20 亿元,发展速度高于全省平均水平。南通、盐城和连云港三市的规模以上工业增加值分别达到 1981.33 亿元、1109.86 亿元和 534.75 亿元,增长率分别为 13%、16.1% 和 19.4%。规模以上工业主营业务收入分别达到 8352.85 亿元、4481.37 亿元和 2582.32 亿元,增长率分别为 20.8%、33.6% 和 44.4%,平均增长率也高于江苏平均水平。沿海区域三次产业结构也由 2010 年的 11.8:50.8:37.5 调整为 11:51:38,第二产业总产值占 GDP 比重为 51%,在沿海地区经济发展中地位突出,成为国民经济发展的主要推动力量(表 1)。

表1　　　　　　　2011年沿海三市规模以上工业情况　　　　　单位：亿元、%

市别	增加值 绝对量	增加值 增长	主营业务收入 绝对量	主营业务收入 增长	利税总额 绝对量	利税总额 增长
连云港	534.75	19.4	2582.32	44.4	282.63	23.2
盐城	1109.86	16.1	4481.37	33.6	484.07	43.6
南通	1981.33	13	8352.85	20.8	972.38	28.1

2. 高新技术产业发展势头良好

江苏沿海三市几年来高新技术产业发展势头良好。连云港市工业结构调整继续推进，传统工业改造升级步伐加快，以新医药、新材料、新能源、新装备制造业为先导的高新技术支撑的新型工业体系正在形成。2011年，连云港"三新一高"产业累计完成产值1214.8亿元，占全市规模以上工业产值的46.4%。盐城市重点推进新能源、节能环保、新能源汽车、海洋生物4个新兴产业和24个特色产业发展，绿色能源、环保装备、海上风电等成为国家高新技术特色产业基地，大丰被评为中国新能源产业百强县，盐城环保产业园、华锐风电产业园、建湖节能电光源产业园等园区功能不断完善。新特产业发展带动了高新技术产业发展，高新技术产业产值达到908.5亿元，增长32.1%。南通市大力培育高新技术企业，高新技术产业产值3199.20亿元，增长29.7%，占全市规模以上工业总产值的比重达36.7%，比上年提高4.3个百分点；六大新兴产业产值2002.92亿元，增长29.8%，占全市规模以上工业总产值的比重达22.9%，比上年提高1.1个百分点。

3. 沿海三市临港产业加快发展

2011年，江苏沿海三市临港产业加快发展。连云港市组建江苏沿海钢铁集团，硅材料、盐化工等产业链条不断延伸；全国最大的炼化基地——中石化连云港3200万吨炼化一体化项目正式签约并列入国家"十二五"专项规划；新医药、新材料、新能源等新兴产业快速发展；临港产业和新兴产业产值均突破1000亿元；连云港国家东中西区域合作示范区获国务院批准设立，成为第一个获批的跨区域合作国家级示范区。盐城市实施沿海27个重大产业项目，盐城经济开发区升格为国家级经济技术开发区；东风悦达起亚一期、二期工程建成，汽车产销突破43万辆；推进电力能源基地、新能源特色产业基地建设，射阳港电厂 60 万千瓦机组并网发电，陈家港电厂两台 66 万千瓦机组建成，全市风电、光伏装机总量均占全省 50%左右，绿色能源、环保装备、海上风电等成为国家高新技术特色产业基地。南通市推动沿海产业项目加速集聚，全力推进 170 个市级重点项目和 100 个沿海前沿区域重大项目。南通中船重工、如东中石油 LNG 等投资体量百亿元至 500 亿元临港产业大项目及广汇能源物流、台湾中石化、雅鹿新材料等一批单体总投资超 50 亿元的重大项目落户沿海，恒力纺织新材料产业园、江苏南通电厂"上大压小"等百亿元级项目开工。推进跨江合作开发，苏通科技产业园 8 个超亿美元产业项目开工，锡通科技产业园正式挂牌。

4. 沿海三市城市化发展加速

江苏沿海三市城市化发展步伐明显加快。2011 年，连云港、盐城、南通沿海三市城市化率分别达到 53.2%、54%和 57.5%，分别比 2010 年提高了 8.2 个、6.2 个、2.5 个百分点（图1），城市化发展速度高于全省平均水平。由于江苏沿海开发国家战略的实施，城市化与工业化形成同步发展的良好势头，随着沿海港口产业的较快发展，临港工业园建设取得突出成绩，沿海地区形成一批新兴的产业城镇。与此同时，沿海港口得到快速发展，港城建设也加快了步伐。连云港滨海新城起点高，成效显著；大丰港港城粗具规模，环境宜人，具有特色；南通市结合通州湾的开发，港口城市已现雏形；沿海港口、产业、城镇正形成"三港联动"一体化发展的良好态势。

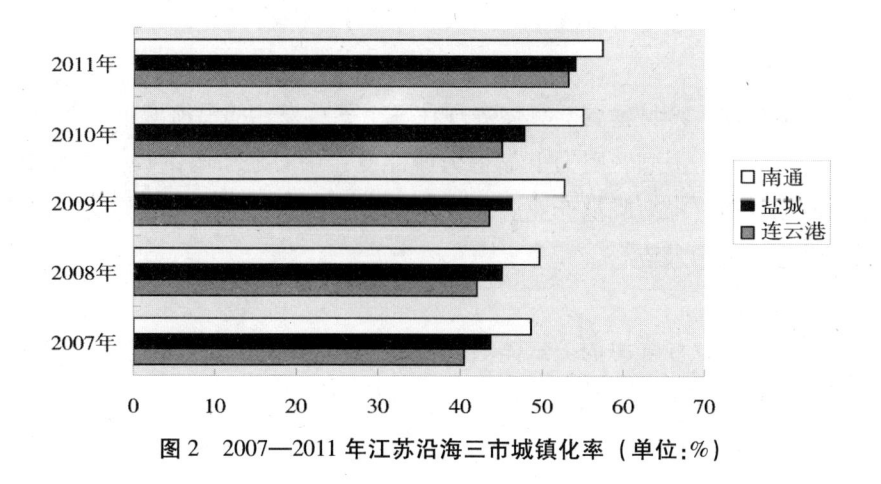

图 2　2007—2011 年江苏沿海三市城镇化率（单位:%）

5. 三大中心城市辐射作用增强

三大中心城市辐射作用增强，城市基础设施得到改善，城市服务功能得到提高，中心城市对港口、临港产业园区的辐射带动能力明显增强。2011年，连云港、盐城、南通沿海三市中心城市建成区面积分别达130平方公里、91.5平方公里、118平方公里，基本都达到了100平方公里左右的规模。连云港市新的国际性海滨城市发展框架也已全面拉开，盐城市"一城六片"总体布局端倪初现，南通市城市发展迈入桥港新时代，中心城市在沿海开发中的"极核"地位更加突出。做大做强中心城市的同时，加快推进临港城镇建设，连云新城、大丰港城、如东长沙镇、通州湾滨海新城等一批新兴临海城镇正快速崛起。

（二）工业化与城镇化发展中存在问题

江苏沿海开发上升为国家战略已三年多，可谓势头好、发展快、变化大；但也不得不面对当前挑战大、困难多的现实，突出表现在工业化与城镇化层次偏低，两者之间联动发展不够，这已成为江苏沿海开发中亟待解决的一道难题。由于沿海三市的市情各异，联动发展中的问题也不尽相同。

1. 连云港

港大城小，港强产弱。具体表现在临港产业基础薄弱，规模较小，缺少龙头企业，与大港地位极不相称；港—城相距较远，制约了港—城之间的互动；长期以来满足于大港口的建设，忽视了临港产业的打造，以至于出现了大港的"空壳"现象。

2. 盐城市

五港分散，产城薄弱。具体表现在一个不算发达的沿海城市正在建设五个港口，竞争激烈，财力上显得力弗能支；中心城市与港口过于分离，难以联动发展；沿海临港产业层次低、规模小、数量少，不能与港口、港城互动形成乘数效应。

3. 南通市

重江轻海，江强海弱。具体表现在长期以来"重江轻海"，发展中心及经济多集中在长江一线，产业布局亦偏重于沿江一带，而沿海地区产业处于后发阶段；沿海开发起步迟、发展慢，失去了一些发展的好机遇。

(三) 原因分析

造成以上问题的原因是多方面的。其一，发展理念尚缺少全球意识、全局意识、创新意识、可持续发展意识。往往只注重地方利益、忽视大局利益，只注重当前发展、忽视未来发展。其二，江苏沿海地区为我国沿海的经济低谷区，长期以来发展滞后，基础薄弱，工业化与城镇化水平偏低，发展的内生动力不足。其三，在沿海开发过程中，地方政府基于迫切需要发展的心态，对产业的选择很难做到高标准、高要求，往往比较现实、降低标准，使一些层次较低、规模较小甚至污染比较严重的企业进入沿海地区，导致沿海地区产业结构存在一些不合理的状况。其四，在发展过程中互相攀比，彼此复制，导致同质化竞争，各地区港口、产业、城市不能形成特色，制约了新型工业化与新型城镇化发展。其五，因行政区划的制约，协调机制不健全，以致形成单打独斗、各自为政的发展局面，沿海地区区域协调与整合困难重重，阻碍了新型工业化与新型城镇化的联动发展。

四 江苏沿海新型工业化、城镇化双轮驱动发展

(一) 加强政策扶持，建设创新型城市与智慧城市，构建技术创新和产业研发与转化体系，提升城市与产业原始创新能力、集成创新能力与核心竞争力

根据习近平总书记在党的十八大报告中的讲话精神，结合江苏推进"两个率先"和"八项工程"的要求，笔者认为，江苏沿海地区的发展，必须走新型工业化、城市化"双轮驱动"发展之路，合理配置资源要素，坚持创新发展，以产兴城、产城互动，做到工业化和城镇化良性互动，协调发展。

坚持创新发展，培育创新平台，建设创新型城市，把加快培育新兴产业技术创新和产业转化体系作为引领江苏沿海地区未来发展的战略重点和关键举措，重点发展壮大一批具有明显优势和强大竞争力的战略性新兴产业。一是要以政策为保障，出台科技创新优惠政策，创建沿海地区的创新型城市，提升城市与企业原始创新能力、集成创新能力与核心竞争力。二是通过感知技术、网络技术和IT应用技术运用，借助物质网络（包括互

联网)、信息网络(包括云计算)、能量网络(包括智能电网),实现城市产业发展、城市管理以及城市居民生活的各个方面的智能化,形成一批新的城市智慧产业、一套城市智慧管理模式以及居民的智慧生活方式。三是加大科研投入,构建技术创新和产业研发与转化体系,重点支持新型产业园区建设,在沿海地区打造具有世界水平的科技城;建设高水平科技园区,建立院士、博士后(或博士)工作站等产学研平台,增强其"孵化企业、带动产业、发展工业"的功能。四是要以沿海地区国家级、省级经济开发区、临海工业园区、战略性新兴产业培育、示范基地、特色产业基地等为载体,推进技术创新链和产业链有机融合,做大做强新兴产业与现代服务业。五是要着力培育一批新能源、新材料、新医药、节能环保、新能源汽车、海洋化工、智能机械等规模大、实力强、具有核心竞争力的大企业大集团,进一步完善中小企业服务体系,扶持中小企业向专、精、特、新方向发展,加快产业优化升级,着力构建现代产业体系。

(二)实现新型工业化与城镇化"双轮驱动",构建中心城市、县域中心与小城镇"三位一体"新型工业化与城镇化发展模式

要加快推进新型工业化与城镇化协同发展的战略,实施新型工业化与新型城镇化"双轮驱动",互动并进。一是要加快发展沿海三个中心城市,提升中心城市的服务功能、辐射功能、集聚功能,通过城市功能升级和产业结构升级,构建新兴产业与现代服务业空间落脚点,为新型工业化提供强有力的支撑;二是要加强沿海县域中心城市与小城镇的建设,充分发挥其载体功能,重点建设一批沿海产业城镇,形成产业特色,与中心城市形成产业联动,成为新型工业化的引擎;三是充分发挥港口"枢纽节点"优势,增强其在新型工业化中的龙头作用,高水平打造现代化港城,建设高水平的海港经济区和新兴产业园区,大力发展生产性服务业与服务性制造业,实现港口、产业、港城联动发展。

(三)着力推进产业园区化、园区城镇化、城镇生态化,形成沿海地区产城一体化与产城集群化

江苏沿海地区实现新型工业化与城镇化"双轮驱动",必须达到空间上产城一体、布局上功能分区、产业上三产融合。要借鉴国内外发展经验,本着以产兴城、产城互动、一体推进的要求,把园区建设和城镇发展

尤其是新区建设有机结合起来，加快推进新型工业化、新型城镇化互动互促发展。关键要实现产业园区化、园区城镇化、城镇生态化，将产业园区建成城镇的一个功能区、一个组团，使之成为城市的特点、亮点、增长点。同时，按照"双轮驱动"的理念，结合战略功能区、工业园区和重大产业项目建设，实施产城一体规划建设，形成一批经济实力强、宜居宜业的沿海现代化新城。

（四）坚持城乡统筹发展，构建城乡规划布局、产业发展、基础设施、要素配置、公共服务城乡一体化新格局

实施新型工业化与城镇化"双轮驱动"发展，必须改变当前城乡发展差距大、"二元结构"突出的现状，坚持城乡统筹发展，构建城乡规划布局、产业发展、基础设施、要素配置、公共服务一体化的城乡一体化新格局。城乡统筹实质是城乡资源要素的公平、合理配置与流动，推动城乡基础设施、公共配套共建共享，实现城乡资源分配一体化，以新型工业化的产业支撑推进城乡"人的无差别发展"。一是要建立多元化资金投入机制，吸引大量社会资源参与城乡建设；二是要建立土地资源保护与保障机制，节约利用土地资源等，为发展新型工业化、新型城镇化拓展空间；三是建立城乡人口移动新机制，为促进农村人口向城镇转移、加快城镇化进程提供制度保证；四是建立群众利益的保障机制，通过合理的制度建设，保证发展机会的均等化与群众利益均等化，以促进社会和谐稳定；五是加强沿海地区产业资源向县、乡镇流动，在沿海形成一批产业卫星城镇，以乡镇产业壮大吸引本地农村劳动力，缩小城乡差距，推动沿海新型城镇化进程。

（五）以产业关联性反哺为主要途径，转变城乡产业分割格局，实现城乡产业的有效对接，推进农业现代化进程

一是用新型工业改造农业增长方式，加快推进农业现代化发展，大力发展集约、高效、绿色新型农业；二是大力加强生态农业建设，与城市第三产业企业对接与合作，发展创意农业、园艺农业、休闲农业，带动乡村旅游业的发展，将社会主义新农村建设成为城市后花园；三是推动城市生产、生活服务业，特别是信息、科研、人才培训等服务机构向农村的延伸，提升农村产业的技术信息化水平，并带动农村生产生活服务业的快速发展。

（六）严格"产业安检"，消灭污染源头，大力发展低碳产业、绿色园区、生态城市，保护好沿海地区的"美丽家园"

党的十八大报告提出，要给子孙后代留下天蓝、地绿、水净的美好家园的战略思想，江苏沿海新型工业化要全面贯彻十八大的精神，将保护好生态环境放在新型工业化的重要地位。一是要切实把生态文明理念落实到推进新型工业化与城镇化的全过程和各个环节，更加注重资源节约和环境保护，大力发展低碳产业、绿色园区、生态城市，形成节约资源和保护环境的空间格局、产业结构、生产方式、生活方式。二是实现跨越式发展，跨越"先污染，后治理"的发展老路，突破"产业梯次转移"的发展程式，严格设立生态保护的"产业安检"，杜绝一切污染企业落地。三是坚持节约资源和保护环境的基本国策，坚持节约优先、保护优先、自然恢复为主的方针，着力推进绿色发展、循环发展、低碳发展，从源头上扭转生态环境恶化趋势；优化城市环境，构建宜居、和谐、美丽的沿海城市。构建城市与环境空间发展大框架，实施三港联动、轴带展开、生态间隔、组团发展的空间发展策略。发挥沿海三市各自地域特色，打造全新的绿色港口、生态园区、文明社区、美丽港城。

参考文献：

1. 胡锦涛：《坚定不移沿着中国特色社会主义道路前进，为全面建成小康社会而奋斗——在中国共产党第十八次全国代表大会上的报告》，《人民日报》2012年11月8日。

2. 干春晖、余典范：《城市化与产业结构的战略性调整与升级》，《上海财经大学学报》2003年第4期。

3. 顾超林：《论中国当代城市化的基本特征》，《城市观察》2012年第3期。

4. 江苏省统计局：《2012江苏统计年鉴》，中国统计出版社2012年版。

作者信息：

研究基地：江苏沿海发展研究基地

承担单位：盐城师范学院

首席专家：钱正英、梁学忠、成长春

课题负责人：凌申

主要参加人员：凌申、刘波、成长春

现代服务业创新驱动江苏转型升级的机制、因素及政策建议

内容提要： 随着经济社会的发展，尤其是知识经济时代的到来，当前我国工业化、城镇化、市场化、国际化快速发展，人民生活水平持续提高，改革开放不断深化，对现代服务业发展提出了新的要求。

本文主要论述了国外现代服务业与技术创新的发展趋势及其特征，国内的上海、北京、杭州三城市现代服务业转型，以及江苏现代服务业转型的思路、现状以及相应的政策启示。目前我国正积极调整产业经济结构，优化产业格局，为持续顺利推进我国工业经济向知识经济的转变，加快发展现代服务业，形成高科技引导服务业全面发展成为重要途径。同样，经济发展现代服务业对于江苏省来说，也是一种优化产业结构、促进经济发展的手段。为此，江苏省将在国家大的环境政策的指导下，根据实际情况，结合国家现代服务业中长期发展战略规划，研究制定江苏省现代服务业发展问题战略。

一 序 言

（一）现代服务业

现代服务业大体相当于现代第三产业。其发展本质上来自社会进步、经济发展、社会分工的专业化等需求。具有智力要素密集度高、产出附加值高、资源消耗少、环境污染少等特点。现代服务业既包括新兴服务业，也包括对传统服务业的技术改造和升级，其本质是实现服务业的现代化。

(二) 转型升级

作为东部沿海经济社会发展先行先进省份，改革开放30多年来，江苏经济发展已先后经历了三次转型，在转变经济发展方式方面一直走在全国前列。与此相伴随，江苏省也必然比其他地方更早更多触及制约发展的种种问题，而这些或浅表性或深层次的矛盾和问题往往都要走经济转型升级之路才能得到有效解决。正因此，加快推进转型升级一直是省委、省政府最为重视的工作取向，特别强调在持续保持经济平稳较快增长的同时，全面加快转型升级步伐。

二 国外服务创新前沿动态及其经验启示

(一) 国外现代服务业与技术创新的特征及其发展趋势

1. 服务经济在全球高位稳定发展

经济全球化和服务化是近40年全球经济发展的基本趋势。从1970—2008年的近40年间，全球主要国家的经济经历了一种被称为"经济服务化"的过程。

2. 制造业快速发展

20世纪中后期经济领域的一项革命性变化，就是创造业与服务业的互动和融合，制造业和服务业相互依存、相互渗透、相互支持的程度不断加深。一方面，制造业向价值链两端的服务领域延伸，制造服务化趋势日益明显。另一方面，服务业逐渐融入更多的工业化生产方式，服务工业化取向增强。

3. 研发服务业近十年快速发展

研发工作具有复杂性和不确定性，为了降低风险，企业追求研发的有效性，希望更多地寻求外部支持。随着创新模式的改变和全球专业分工的不断细化，市场对专业服务的需求不断扩大，国际性的研发外部转移趋势不断加强，一种基于高新技术产业，以从事研发和经营，提供智力成果、技术服务和现代商务服务的研发服务业应运而生。

4. 信息、物流、商务、金融服务产业深入广泛发展

美国是当今信息产业最发达的国家。20世纪90年代以来，随着新经济和现代信息技术的迅速发展,物流服务业得到了快速发展,现代物流的内容在不断地丰富和发展。而信息技术特别是网络技术的发展,使物流向信息化、网络化、智能化方向发展。随着工业型经济向服务型经济转型,商务服务业也呈现出越来越强的增长势头。金融服务业处于现代服务业的顶端,起着基础和支配作用。尤其是资本市场的发现和选拔机制、投资机制、规范机制、风险共担机制、社会监督机制、退出机制、企业家培育机制是企业做大做强的基础和动力。同时资本市场滋生出一大批创投、股权投资、券商、管理公司、中介咨询公司、辅导公司,带动了现代服务业的发展。

(二) 国外经验对发展我国现代服务业的启示

通过创新政策的制定和实施,解决服务业创新不足的问题,推动服务业的发展和国民经济的增长是国外经验的主要内容,具体包括:

一是改善服务业创新政策环境;

二是创造有利于服务业创新的财政环境;

三是培育有利于服务业创新的人才环境;

四是建设有利于服务业创新的技术环境。

三 江苏服务创新转型升级

(一) 江苏省现代服务业发展现状分析

江苏省服务业产值虽然由1999年的4577.47万元增加到2008年的15825.18万元,占GDP比重由1999年的35.6%上升到2008年的38.1%,但几乎每个年度均落后于我国的平均水平,与发达国家71%的水平相比差距更大。目前江苏省现代服务业的发展总体技术含量还不高,附加值比较低,更多的还是建立在低劳动成本的服务行业中,导致总成本偏高。高成本、低效益的服务业现状成为制约江苏省经济发展的重大瓶颈。

(二) 江苏省现代服务业发展的技术瓶颈问题

通过对江苏省现代服务业的发展现状进行分析,可以看出在服务业的发展中所遇到的一些重点技术瓶颈问题。

1. 基础通信和网络技术有待更新

基础通信技术是现代信息技术最基础的部分，发展迅速，技术进步明显。涉及接入技术、交换技术、传输技术、智能网络技术，等等。但是也遇到地址资源的困难。为了彻底解决互联网的地址危机，江苏省应大力开展 IPV6 技术的研究与应用。

2. 信息化程度偏低

在服务业企业的内部管理与市场营销方面，大多数都把主要精力放在传统的人员组织和宣传上，而对通过信息化改造以提高工作效率和获取信息手段关注不够，投资不足；企业之间建立信息联系的比例约为 10%，说明企业与企业之间的联系还是停留在传统的沟通方式上，这样必然会造成信息的延迟性和工作的低效率；大多数的企业没有开展电子商务系统，更不要说应用供应链管理等。江苏省服务业信息化程度偏低也导致了服务业企业在市场上的竞争能力较低。

3. 标准化程度不高

江苏省服务业标准化水平相对较低。目前，物流业、电子商务、商业零售连锁业和餐饮连锁业的行业还没有建立起统一的行业标准。因此江苏省应尽快建立起服务业统一行业标准。基于业务信息实体模型并可向任何语法描述映射的电子档格式以及业务过程和信息模型等，将满足和适应不断发展和出现的新技术要求，进一步促进数据共享、系统互操作性。

4. 现代管理方法与技术的应用不足

江苏省服务业在商贸领域采用第三方物流模式的企业也较为稀少。江苏省服务业企业客户关系管理（CRM）基本上处于概念引入阶段，只有少数行业实施了客户关系管理应用。

（三）江苏省转型升级的主要思路

江苏省在转型升级方面发布了《转型升级工程推进计划》，明确了转型升级的主要目标、重要内容、前进方向及发展路径，主要是力求通过转型，推进战略性新兴产业在关键领域和技术环节实现新突破，推进服务业向高端化、集聚化、国际化跃升，推进传统产业向价值链高端攀升。

"十二五"时期是江苏全面建成更高水平小康社会并向基本实现现代化进军的关键期，必须解决好两个重大问题：一是坚决打好转变发展方式、加快转型升级攻坚战，实现开放条件下以我为主的又一次生产力爬坡；二是大幅度增加居民收入、改善民生，在经济较快增长的同时进一步促进社会和谐稳定。要把加快发展现代服务业作为产业结构调整的重中之重，扎扎实实推进各项重点任务和关键举措的落实，进一步实现服务业发展提速、比重提高、结构提升。

（四）江苏省现代服务业在物流方面取得的成效

近几年来江苏省把大力发展物流业作为落实"服务业提速计划"的重要内容，健全工作机制，明确目标任务，完善扶持政策，优化发展环境，推动物流业平稳快速发展，为全省经济社会发展提供了坚实的物流保障。

1. 规模效率持续提升，重点项目持续推进

国际金融危机之后，针对国家《物流业调整和振兴规划》中提出的九大物流业重点工程，全省围绕制造业与物流业联动、城乡配送、大宗商品和农村物流、物流公共信息平台等重点领域，加大对重点项目的扶持和推进力度，有力带动和支撑了物流业的发展。物流服务专业化、规模化水平明显提高，全省形成了一批较有影响力的本土第三方物流企业。现代化物流方式广泛应用，物流配送体系不断完善。农产品区域物流网络初步形成，冷链物流粗具规模，粮食仓储物流能力逐步提高。南京、无锡、苏州、南通等地物流公共信息平台建设成效显著，全省物流信息化建设步伐加快，公共服务能力不断增强。

2. 运营主体持续壮大

一批具有现代经营意识的物流企业快速成长，形成了所有制多元化、服务网络区域化和服务模式多样化的物流企业群。2010年，全省主营业务收入超亿元的物流企业达132家，136家省级重点物流企业平均业务收入3.66亿元，平均利税2920.6万元。物流企业结构调整步伐加快，一批传统运输、仓储、联运企业通过模式创新、流程再造和服务延伸，加速向现代物流企业转型；一批重点物流企业通过兼并、上市等形式推进资产重组和资源整合，发展成为具有竞争优势的大型物流企业；一批实力强、知名度高的国内外大型物流企业入驻江苏，提高了物流业整体发展水平。

3. 集聚效应持续增强

依托交通枢纽、经济开发区、制造业集聚区和商贸集中区，全省建设了一批投资多元、功能集成、特色鲜明的物流园区和物流基地。全省已形

成一批功能较完善的物流园区，实现仓储、运输、配送、商务配套等功能集成，成为供需对接、集约化运作的物流平台。此外，全省建成四个综合保税（港）区和一批叠加保税物流功能的出口加工区，有力提升了江苏省保税物流服务能力。优良的基础设施和完善的配套服务，吸引了大量物流企业进驻，物流园区的集聚效应加速显现。

4. 区域联动持续发展

随着江苏新一轮沿海开发步伐加快，江苏省与新欧亚大陆桥沿线地区、淮海经济区等地的物流合作不断加强。长三角区域物流一体化步伐加快，江苏与上海、浙江在物流领域的合作不断深入。省内三大区域间在口岸合作机制建立、基础设施建设、物流信息共享等方面统筹力度加大，形成了区域物流联动发展格局。

5. 发展环境持续完善

一是基础设施建设不断完善。全省综合交通运输体系不断完善，基本形成"四纵四横"综合交通运输网络。到2010年底，全省公路总里程达到15万公里，铁路运营总里程达到2008公里，港口集装箱吞吐量达到1140万标箱，四级以上高等级航道达到2000公里，"7+2"机场布局基本形成。二是物流政策环境不断改善。部门合作协调机制初步形成，在财税、土地、价格、人才、投融资、交通运输等方面出台了一系列鼓励现代物流业发展的政策措施，物流统计等行业基础性工作得到加强。

（五）江苏省服务业转型的工作重点

为了实现服务业提速计划目标，必须进一步突出重点，明确任务，在重点领域上谋发展，在薄弱环节上下功夫，在关键举措上求突破，扎实推进各项工作，全面完成各项任务。

1. 着力扩大服务业总量，提升服务业整体实力

金融、物流、商贸流通、文化、旅游和房地产等产业规模较大，其发展速度的提高、发展效益的提升对江苏省服务业的发展至关重要。

金融业。进一步推进金融业对内对外开放，积极发展银行、证券、保险及信托、租赁、基金管理等各类金融机构。加大信贷产品开发和服务创新，增加有效贷款。积极发展资本市场，推进融资市场化进程，鼓励通过发行企业债、融资券等方式直接融资，支持企业上市融资。完善创业投资机制，大力发展股权投资基金、产业基金等各种股权类投资基金。积极发

展股权交易市场和产权交易市场,增加交易品种,拓展服务功能。完善信用担保体系,发展为科技型企业服务的担保机构。建立农村金融服务体系,增强对农业农村发展的金融支持。发展金融后台服务,建立数据冗灾备份及共享中心。支持民间资本积极参与地方金融业发展。加强金融生态环境建设,维护金融市场稳定。

物流业。以降低全社会物流成本为核心,大力发展现代物流业。依托空港、海港、铁路、高速公路枢纽,大力发展综合物流中心、专业物流中心和配送中心。加快发展现代运输业,努力建设畅通、高效、安全、绿色的交通运输体系,提高运输服务水平。积极推进制造企业物流服务外包,促进企业物流社会化和专业化,提高核心竞争力。加快发展第三方物流,培育壮大一批技术手段先进、主营业务突出、核心竞争力强的本土现代物流企业。积极发展保税物流,加快物流信息化,加大物流新技术开发利用,推进电子口岸和大通关建设,提升现代物流业发展水平。

商贸流通业。应用信息技术改造各类专业市场,加快构建现货与电子交易相结合、有形与无形相结合的现代产品交易市场。大力发展购物中心、超市、便利店和社区商业,完善多层次流通网络,构筑便利实惠的居民商贸服务体系。加快建设农村消费品、农业生产资料和农产品流通网络,构筑便利通畅的农村商贸服务体系。

文化产业。深入推进文化体制改革综合试点,重点发展创意设计、新兴媒体、动漫游戏、广播影视、出版发行、工艺美术、演艺娱乐等产业,努力提高文化产业规模化、集约化、特色化水平。鼓励支持社会资本兴办影视制作、动漫、放映、演艺、娱乐、发行、发展、中介服务等文化企业。加快文化产业园区建设,积极培育文化龙头企业和骨干企业。

旅游业。充分发挥江苏省旅游资源丰富的优势,以打造江苏"国际知名、国内一流的旅游目的地"形象为目标,促进旅游业转型升级,提高旅游业附加值。积极培育新的旅游消费热点,推动旅游产品多元化发展,扩大旅游消费水平。加强旅游目的地体系建设,构建以观光旅游为基础、休闲度假为主导、新型业态为特色的新型旅游产品。加快推进重大旅游项目建设,进一步完善旅游相关产业配套服务功能。围绕精品线路,扩大宣传推介,突出区域特色,提升旅游服务质量水平,增强旅游业发展的整体竞争力。

房地产业。加强房地产市场的分析研判，切实提高工作的预见性和政策的针对性、有效性。加快中心城镇建设，改善城乡人居环境，完善中心镇功能，促进农村人口向城镇集中。着力加大保障性住房建设力度，支持居民自住和改善型住房消费。加大中低价位、中小套型普通商品住房和廉租房、经济适用房、公租房建设力度，调整优化住房供应结构。加强房地产市场监管，进一步整顿和规范房地产市场秩序。

2. 大力发展服务业新领域，促进服务业结构优化

顺应信息化发展的新趋势，适应消费结构升级的新需求，大力拓展服务业发展新领域，积极开发信息技术及基于信息技术的服务业新产品，重点发展软件和信息服务、服务外包、科技、商务、教育培训、居民服务等产业。

软件和信息服务业。着力推进软件服务、行业应用软件、嵌入式软件、动漫等优势软件发展，积极构建软件产业公共服务体系，强化软件与应用互动，支持具有自主知识产权的软件产品产业化，促进信息化和工业化的融合，推进软件产业国际化。重点发展信息系统集成服务、电信增值服务、互联网服务及数字内容服务。注重资源整合，加快电信网、广电网、互联网的三网融合，着力培育第三方信息服务提供商、系统集成商和方案解决商。

服务外包产业。大力发展离岸外包，重点发展以后台支持、人力资源管理、财务、客户服务、供应链管理为主的业务流程外包和以软件研发、信息系统运营维护为主的信息技术外包。大力培育和开拓外包新市场，建立和完善接、发包服务平台，提升服务外包产业层次，抢占产业制高点。积极促进境内外包发展，鼓励政府、企事业单位将信息技术的开发、应用和部分流程性业务发包给专业的服务供应商，扩大内需市场。

科技服务业。积极发展自主研发、产品设计、技术交易及评估与咨询、知识产权管理、质量技术监督等科技服务。依托各类园区、高等院校、科研院所和大型企业的研发机构，建设一批产学研相结合的工程技术研究中心、科技创业中心、重点实验室及各类科技公共服务平台。

商务服务业。积极发展法律咨询、会计审计、工程咨询、认证认可、信用评估、广告会展、租赁等商务服务业，培育知名品牌和规模企业，提升组织化、品牌化水平。加大商务服务业开放力度，积极吸引国际知名的会计、法律、咨询、评估等中介企业入驻江苏，扶持有实力的本地商务服

务企业向综合化、规模化、国际化方向发展。

教育培训业。顺应服务业发展对人才培养的新要求，积极拓展服务业人才培养的层次、领域和途径。充分利用大专院校、职业学校、社会培训机构等各类培训资源，加大对金融、物流、科技研发、软件、服务外包、商务服务等重点领域服务业高级人才、专业人才和技能型人才的培训力度。支持各类培训机构整合社会资源，着力提升培训质量和水平，迅速做大做强。

居民服务业。加快发展健康服务、医疗服务、养老服务、家政服务、社区服务等居民服务业，采取品牌化、规模化、连锁化的经营模式，建立公开、平等的行业制度，制定科学合理的行业标准，加强职业培训，健全服务网络，完善服务设施，增强服务功能，规范服务行为，提高服务水平。

3. 优化服务业空间布局，促进服务业区域协调发展

围绕全省"四沿"生产力布局，强化服务业的支撑和带动作用，突出中心城市服务功能，促进形成优势互补、层次鲜明的服务业发展格局。优化沿沪宁线高新技术产业服务集聚带，大力发展知识密集型、技术密集型等高端服务业，着力提升对沪宁沿线高新技术产业带的服务功能，促进产业优化升级。提升沿江基础产业服务集聚带，重点发展为化工、钢铁等产业配套的港口运输、生产资料及大宗产品交易市场等，促进沿江工业降本增效。构建沿海经济服务集聚带，加快沿海港口建设，完善集疏运体系和物流配送功能，发展进出口贸易，增强现代服务业对沿海开发的支撑能力。建设沿东陇海线加工产业服务集聚带，重点发展铁路物流、农副产品市场以及为加工制造业配套的信息、科技、金融业等，促进沿线工业提速增效。

4. 大力推进现代服务业集聚区建设，提升服务业集约发展水平

推动江苏省现代服务业集聚区由规模扩张向质量提升转变，加快集聚区转型升级步伐，强化资源整合，提高集约发展水平。注重产业园区配套，充分利用江苏省开发区数量多、基础好、实力强的优势，突出主导产业，通过建设现代物流、科技研发、软件信息、创意设计、产品交易等现代服务业集聚区，为园区内企业提供生产服务配套，加快形成分布集中、分工明确、互相支持的完整产业链，促进生产制造和生产服务共同发展。注重服务功能完善，运用信息技术和先进管理理念，整合资源要素，加快

服务业集聚区提档升级，为入区企业提供高效、便捷、全面的公共服务，降低企业商务成本，提升集聚区综合服务能力。注重存量转换，依托城市存量资产，加快推进商务、创意集聚区建设。充分利用原有工业遗存，结合城市功能地位和交通区位优势，着力发展商务、创意设计等高端服务业和现代特色商贸，促进城市功能拓展和产业转型升级。

5. 积极推进自主创新，增强企业竞争力

一是着力提高自主创新能力。鼓励企业制定创新战略规划，增强创新主体意识，加强创新能力建设。注重整合利用外部技术资源，强化对引进技术的消化、吸收和再创新。充分发挥企业家的创新主导作用、经营团队的创新骨干作用以及科技研发人员的创新活动，加大科技研发投入，搭建产学研合作平台。二是不断优化企业结构。加快培育一批创新能力强、信息化应用水平高、品牌知名度广、辐射示范性强的服务业大企业集团，发挥龙头企业带动作用，鼓励企业向经营方式灵活化、服务品种多样化、服务形式特色化、服务质量精细化的方向发展。三是积极参与全球竞争。通过建立、拓展国际营销网络加快外向型步伐，通过设立境外研发中心、加入海外技术联盟等方式促进企业与国际技术接轨，增强企业国际竞争力。

（六）为省委、省政府提供的决策思路和工作建议

服务业的创新发展对服务业发展水平的提升有着积极的显著作用；市场开放度、城市化水平、人力资本等指标对服务业的创新发展有着正向的影响，但服务业的集聚作用仍未得到充分发挥，服务业与工业之间缺乏有效的联动发展机制，在一定程度上影响到服务业创新发展水平的提升。

"十二五"期间，江苏省要加快结构调整与转型升级。一是要实施创新驱动战略，加快经济发展方式的转变，促进经济转型升级，通过创新发展提高经济增长的质量；二是要加快形成服务经济为主的产业结构，通过服务业与制造业的融合，提高经济活动中服务业的附加值，实现制造业的高级化与服务业的现代化；推动服务经济与城市经济的互动，减少经济增长对资源消耗和环境生态的影响，实现经济的可持续发展。

1. 重视服务业集聚，提高服务业集聚水平

服务业集聚提升服务业劳动生产率的作用仍未能得到有效的发挥。这在一定程度上是与江苏省目前服务业集聚水平仍相对较低相关的。这也就需要江苏省在发展服务业的过程中，进一步强化服务业的集聚，提升服务

业集聚水平。提升服务业集聚水平有利于江苏走出一条以服务经济为主的经济结构，形成资源共享、规模经济、产业关联度强的社会服务网络体系，从而降低交易成本，节能减排、保护环境，形成外部经济优势。同时，服务业集聚也有利于吸引人才、扩大就业，形成知识和人才密集型的产业结构，促进江苏经济的可持续健康发展。

2. 加大教育培训投入，提高人力资源质量

人力资本与江苏省服务业劳动生产率呈正相关关系。因此，强化从业人员的职业技能培训、提高人力资源的质量是提升江苏服务业创新发展水平重要而有效的手段。一方面，要注重引进服务业专业的人才，并加大对人才资本的投入。另一方面，应加强服务业从业人员的职业技能培训，提高从业人员的整体素质。

3. 进一步推动服务业的市场开放

市场的开放对服务业的创新发展有着积极的促进作用，但这一作用在偏重于创造业对外开放的现实背景下未能得到充分的显示。江苏省应进一步加大对服务业进入壁垒的清理，积极引进服务业的外商直接投资，大力发展服务贸易，引进国外先进的服务业发展模式，促进服务业的创新发展。

4. 加快推动城市化进程

城市化的推进拓展了服务业发展的空间，也为服务业的集聚化发展提供了现实基础，服务业的效率将随着城市规模的扩大显著提高。因此，在推动江苏省服务业快速发展的过程中，应积极推动服务业与城市化的协调发展，以服务业要素的集聚推进城市化进程。

5. 大力推进生产性服务业的发展

作为优化先进制造业与生产性服务业的联动发展机制，作为制造业相对较为发达的区域，江苏省应将生产性服务业作为推动服务业发展的切入点，将生产性服务业的快速发展作为先进制造业高级化的助推器；积极引入和强化市场竞争，强化专业化分工优势；推动产业融合，构建生产性服务业与先进制造业的联动发展机制，实现先进制造业与生产性服务业的双轮驱动，交叉推进，并在推进产业融合的过程中，实现服务业的创新发展。

转变发展方式、推进转型升级是经济社会的一场深刻变革。在发展中促转型，在转型中谋发展，不仅是重要的工作取向，而且将成为一种工作

常态。如果说近几年来在推动科学发展实践特别是应对国际金融危机冲击中，江苏省对加快转型升级有了"认识上的大觉醒"，现在更需要"能力上的大提高"。

参考文献：

1. 彭芳：《美国服务业发展的生态效应研究》，硕士学位论文，湘潭大学，2012年。

2. 毕斗斗、谢蔓、方远平：《信息技术与服务业创新的融合与互动关系——基于广东省面板数据的实证分析》，《经济地理》2013年第10期。

3. 薛原：《美国服务业对外直接投资影响因素及进入模式研究》，硕士学位论文，大连海事大学，2012年。

4. 英英、高昌林：《欧盟国家服务业创新现状及对中国的政策建议》，《中国科技论坛》2011年第8期。

5. 陈春根、虞俊杰：《上海服务业利用外商直接投资的实证分析》，《商场现代化》2009年第23期。

6. 周德发、张翊：《服务业创新能力评价——基于广东数据的经验分析》，《经济问题》2012年第1期。

7. 付夏莲：《科技服务业创新联盟空间运行机制实证研究》，硕士学位论文，广州大学，2013年。

8. 易伟义、余博：《区域自主创新联盟的组建机制研究》，《工业技术经济》2012年第2期。

9. 陈雄辉、付盛松：《基于复杂网络理论的科技创新联盟运行机制研究》，《科技进步与对策》2012年第1期。

10. 杨勇：《构建广东科技服务业联盟的对策研究》，《科技管理研究》2011年第8期。

11. 殷群、胡大伟：《产业技术创新联盟三大问题分析》，《现代管理科学》2011年第3期。

12. Michael Fritsch, Viktor Slavtchev, "How does industry specialization affect the efficiency of regional innovation systems", *The Annals of Regional Science*, No. 1, 2010.

13. Jiancheng Guan, Kaihua Chen, "Measuring the innovation production process: A cross-region empirical study of China's high-tech innovations", *Technovation*, No. 5, 2010.

14. Hugo Pinto, João Guerreiro, "Innovation regional planning and latent dimensions: the case of the Algarve region", *The Annals of Regional Science*, No. 2, 2010.

作者信息：

研究基地：江苏现代信息服务业研究基地

承担单位：南京邮电大学

首席专家：叶美兰

课题负责人：叶美兰

主要参加人员：郝为民，胡学同、殷群、高斌、张相斌、杨震、朱洪波、张顺颐、王汝传、王林林、朱卫未、岳中刚、翟丹妮、洪小娟、骆公志、杨小军、秦军、彭英

促进江苏企业成为技术创新主体的政策研究

内容提要：针对当前我国和江苏企业技术创新能力不强的问题，借鉴创新型国家的经验，本文提出其核心原因是缺乏"创新友好环境"，企业技术创新动力严重不足。文中首先分析了"创新友好环境"的三个典型特征，即一是企业技术创新具有良好的收益预期，能获得好的经济效益；二是企业能有效获得其创新需要的知识、技术、人才、资金、信息等资源；三是企业采取技术创新战略，相比其他发展战略具有明显的比较优势。其次，从经济体制、人事制度、社会保障制度和利益分配制度等多个方面剖析了我国的"创新友好环境"还没有形成的主要原因。再次，建议江苏把营造"创新友好环境"作为建设创新型省份的核心任务，从多个方面提出了加快营造"创新友好环境"的具体对策建议。

一　企业技术创新面临的主要问题：缺乏"创新友好环境"

推动企业成为技术创新主体，增强企业创新能力，是一项事关长远发展的基础性、全局性、战略性重大任务。企业强则国家强。企业的创新能力，很大程度上决定我国和江苏经济的发展前景。近年来，在一系列科技创新政策的强有力激发下，我国和江苏企业的技术创新积极性持续提升，创新能力不断增强。但是，目前制约企业技术创新的核心问题还没有得到根本性解决，企业的技术创新主体地位还没有确立。为此，需要深入分析问题的原因，探寻有效的解决方法。

(一) 企业技术创新动力不足的表现及原因

据2009年全国R&D调查，我国开展R&D活动的工业企业占规模以上工业企业的8.5%。根据OECD的数据，2002—2004年期间，瑞士、德国和奥地利开展R&D活动的企业超过50%，英国和法国超过33%，日本约有22%。2011年，我国规模以上企业研发经费支出占主营业务收入的比例为0.71%，主要发达国家为2.5%—4%。2012年全球规模500强中，我国有70多家企业入围，但全球研发企业500强中，我国企业只有10多家。显然，相比创新型国家，当前我国积极开展技术创新的企业所占比例还相当低，研发投入明显不足，广大企业技术创新的积极性明显不高，能力明显不强，企业技术创新的主体地位还没有确立。

为什么在各级政府持续多年出台并落实了大量的科技创新政策之后，我国和江苏企业技术创新的积极性还不高？能力还不强？核心问题是还没有形成鼓励创新的良好环境，即"创新友好环境"，企业技术创新动力严重不足。

理论研究和实际经验均表明，对一个国家或地区而言，有什么样的发展环境，绝大多数企业就有什么样的战略和行为选择。增强企业的技术创新能力，必须激发企业技术创新的内在动力和积极性。为此，关键是政府要通过政策制定和体制机制改革，营造鼓励企业技术创新的良好环境，即"创新友好环境"。

(二) 企业"创新友好环境"的典型特征

不同国家所处发展阶段不同，"创新友好环境"的建设任务明显不同。按照计划行为理论，从目前我国的情况看，营造企业的"创新友好环境"，关键要解决好三个方面的问题：一是企业有技术创新的强大动力；二是支持企业能有效获得其技术创新需要的知识、技术、人才、资金、信息等资源，有良好的条件提升技术创新能力；三是企业采取技术创新战略，能够相比投资房地产、进行资本运作、多元化发展等其他发展战略，具有明显的比较优势，即技术创新战略成为企业具有显著比较优势的战略。

1. 企业技术创新动力的影响因素

企业技术创新动力主要来自两个方面：一方面是技术创新可能产生的

效益；另一方面是受到的技术创新压力。企业技术创新收益主要受到三个因素的影响：一是技术创新给企业带来的风险、效益和损失，即企业的期望经济收益；二是技术创新使企业更好地满足用户等各方需求的程度；三是技术创新要响应社会需求。企业技术创新压力也主要来自三个方面：一是市场，即市场压力；二是法律和规章制度，即规范要求；三是企业的服务对象和直接利益相关者，即利益相关者的压力。显然，企业技术创新的预期收益越高，其创新动力越大，反之越小。类似地，企业受到的来自社会各方面的技术创新压力越大，其创新动力也越大，反之越小。

2. 企业技术创新能力的影响因素

企业技术创新能力包括技术研发能力、技术机会把握能力、与高校和科研院所的合作能力、与供应商合作和对其施加影响的能力、让用户参与创新过程的能力、企业内部技术创新组织管理能力和学习能力等。归纳起来，这些能力可以分为两类：一类是技术研究开发能力，即技术能力；另一类是技术研究研发和运用的组织能力，即技术组织能力。

企业技术创新能力的形成和提升，与其所处的发展环境紧密联系。如果企业能有良好的环境和条件，能有效获得其技术创新需要的知识、技术、人才、资金、信息等各类资源，技术创新的积极性自然会高；反之，如果企业技术创新需要的各种资源缺乏，技术创新能力很难提升，积极性必然会大大下降。

3. 技术创新战略成为企业具有显著比较优势战略的影响因素

企业成长和发展有多种可供选择的路径和战略，如市场营销、人力资源开发、兼并或收购、外包、多元化发展等。技术创新是企业发展可以选择的重要战略之一。从战略实施必要性角度分类，可以将企业发展战略分为两种类型：一类是任何企业在任何发展阶段都必须重视和认真应对的战略；另一类是某些企业可能选择某些企业可能不选择，或对某个企业目前阶段不选择但在未来具备一定条件后才选择的战略，也即可选可不选的战略。一般而言，如市场营销、人力资源开发等就属于任何企业在任何发展阶段都必须重视和应对的战略，而技术创新、兼并或收购、外包、多元化等则属于既可以选择也可以不选择的战略。

在企业各种可选可不选的战略中，技术创新相比兼并或收购、外包、多元化等战略，往往其实施的成本更高、风险更大、困难更多、见效更慢。这样，如果与选择兼并或收购、外包、多元化等战略相比，企业选择技术创新战略的预期收益没有显著的比较优势，对帮助企业增强核心竞争力没有显著的作用，自然就会优先选择其他发展战略，而不会将技术创新战略作为重要发展战略，不会积极开展技术创新活动。

二　创新型国家的经验：营造"创新友好环境"

世界上的主要创新型国家，都把营造"创新友好环境"作为支持企业技术创新的核心举措，形成了不少好的经验和做法。

（一）欧洲的做法和经验

芬兰前首相阿霍（Esko Aho）于2006年提出研究报告，建议要建立创新型欧洲。他认为，建立创新型欧洲，重点要解决好三个问题：一是增加科技创新资源的供给，提高资源的利用率；二是提升人才、资金和知识的流动性；三是重点，即运用需求拉动政策在欧洲建设"创新友好市场"，营造"创新友好环境"。

围绕营造"创新友好市场"，阿霍的研究报告从三个方面提出了一系列的具体举措。一是充分发挥政府采购的作用，包括政府直接采购新技术和新产品，公共部门作为新产品的第一个购买者和使用者，公共采购中必须采购一定数量的中小企业创新产品等；二是积极利用规制、标准等促进企业技术创新，如形成更加严格的环境保护和节能要求，制定更加严格的安全和卫生技术标准等，促进企业加快技术更新换代；三是鼓励私人积极消费本国的创新产品，如对新产品消费者给予财政补贴或税收优惠，提升信息服务水平支持用户更好地了解新产品并增加采购与消费等。

（二）OECD的做法和经验

经济合作与发展组织（OECD）成员国也非常重视通过营造"创新友好环境"支持企业技术创新，提出了一系列的建议和看法。首先，他们强调，政府支持企业技术创新，不仅要注意解决创新体系建设中的市场失灵问题，还要高度重视解决系统失灵，鼓励企业与高校科研院所、科技中介服务机构之间的紧密联系和良性互动，促进人才和知识的流动。

其次，国家宏观经济环境和经济管理方式对企业技术创新有非常显著的影响。稳定的经济发展环境、低税负、低利率、更高的开放性、更低的投资限制和贸易壁垒等均有利于促进企业技术创新。通过政府管制方式的改革，减少企业注册、运行管理和破产等的成本，提升企业税负的确定性和可预见性，降低税收的复杂性和成本，也有利于促进企业技术创新。

再次，关于财政支持和税收优惠政策，OECD认为，财政资金支持的作用有限，对中小企业的支持作用优于大企业，应主要用于支持中小企业。OECD还强调，税收优惠比财政支持效果更好。一是税收优惠引导企业增加研发投入的作用更显著；二是税收优惠支持的研发项目由企业自身选择，相比政府财政支持选择的项目成功率更高；三是过多的财政支持会扭曲企业技术创新的目的，让企业不是围绕市场而是政府的要求选择项目，不是为了从市场上获得回报而是获得财政资金。

三　营造"创新友好环境"面临的体制性机制性障碍

（一）营造"创新友好环境"的主要障碍——来自经济社会发展领域

当前我国和江苏企业技术创新积极性不高，动力不足，能力不强，主要因为我国经济、社会和科技等领域存在的一系列体制性机制性障碍，导致"创新友好环境"还没有形成。

据2012年5月20日《扬子晚报》报道，天地集团董事局主席、东方投资集团董事局主席、江苏省政协常委、江苏省工商联副会长杨休，20世纪90年代选择"下海"之后，其创业和发展相当成功，但是也有惨痛教训，其中最惨痛的是创办高科技企业，一共56家，做过计算机、新材料、生物医药和机电，到现在全跨了，倒闭的倒闭，卖的卖。房地产上赚的钱不少都赔在这上面。杨休介绍，当初这些企业上马的时候也是经过论证的，可为什么最终失败，他也在不断找原因。他还认为，高科技企业很难成长不是个别现象，早期的民营科技企业家，失败的比比皆是。

美国《福布斯》网站2012年2月2日发表文章，标题是"为何中国研发不出iPhone"。该文认为，中国缺少研发iPhone的极其重要的资源：发现并利用新市场机会的企业家精神。文章还指出，中国研发不出iPhone，并非因为中国没有创新能力或知识，而是管理机构和体制的原因。中国企业总体缺少研发先锋产品的信息、自由和激励措施。

上述材料给予我们多方面的启示。首先，我国高科技企业的成长和壮大非常困难，杨休创办的56家高科技企业均没有成功甚至失败，这让企业和企业家对技术创新很难有比较好的收益预期。其次，杨休投资高科技企业的损失都是靠投资房地产业赚的钱弥补的，直接说明企业选择技术创新战略，相比选择投资房地产等不仅没有比较优势，还有很明显的劣势。显然，我国和江苏的"创新友好环境"还没有形成。出现这样的问题，按照美国《福布斯》网站上发布的观点，主要是管理机构和体制的原因。当前我国的经济体制、人事制度、社会保障制度和利益分配制度等方面存在的问题严重制约"创新友好环境"的形成。

（二）营造"创新友好环境"面临的典型体制性、机制性障碍

1. 经济体制上存在的问题是导致我国企业技术创新动力不足的根本原因

企业获取利润可以通过技术创新、多元化经营、资本运作等很多种战略和路径实现。在各种可选择的战略和路径中，技术创新的风险更大、投入更多、产生良好回报的周期更长。一般情况下，如果没有良好的经济体制和发展环境保障，技术创新不能成为企业具有显著比较优势的发展战略和路径，很难使广大企业形成技术创新的强大动力。然而，目前我国企业面临的发展环境是，技术创新肯定不如投资房地产回报速度快，回报利润大；也往往不如进行资本运作回报速度快，回报利润大。同时，我国的相当一部分企业还可以利用廉价的劳动力、拼资源消耗、以比较低的环境污染代价获得快速发展的机会。在这样的经济体制和发展环境下，企业选择技术创新战略相比通过选择多元化进入房地产业、相比充分利用廉价的劳动力等获取利润回报不仅没有比较优势，还有很大的劣势，绝大多数企业自然不愿意冒很大风险、花很大投入、耗费比较长的时间开展技术创新活动，走创新发展的道路。实际上，主要是经济体制而不是科技体制上存在的问题导致目前我国企业的技术创新动力严重不足。

2. 人事制度、社会保障制度和利益分配制度等方面存在的问题，导致科技人才不愿意向企业集聚，企业创新人才和自主创新能力严重不足

增强企业技术创新的动力，不仅要让企业选择技术创新战略有良好的效益预期，还必须支持企业形成必要的技术创新能力。如果企业不具备基

本的创新能力，也很难有条件积极开展技术创新活动。目前我国的高层次创新人才主要集聚在高校和科研院所。据2009年在南京19所高校的调查，高校科技人才向企业流动的比率极低，各种流动方式累加起来还不到专任教师的1%，而且即使实现流动，也非常不愿意放弃高校教师的身份。同时，高校的高层次优秀毕业生毕业时更愿意选择到政府部门、事业单位、大型国企和合资企业工作，非常不愿意到一般企业工作。这些都说明企业吸引高层次创新人才的难度非常大。目前，企业高层次创新人才不足，自主创新能力不强，已经成为广大创新型企业面临的最严峻、最难解决的问题，是企业技术创新动力不足的主要原因之一。之所以出现这样的问题，主要是因为我国的人事制度、社会保障制度和利益分配制度等导致创新人才到企业相比到政府部门和事业单位，工作和退休后的收入不高，地位不高，工作稳定性差，风险高，发展机会少，各种社会保障水平不高。正是人事制度、社会保障制度和利益分配制度等导致创新人才不愿意到企业工作，而且企业自己培养的骨干技术人才还经常流失，严重制约企业自主创新能力的增强，直接影响企业技术创新的积极性。

3. 企业的税费负担比较重，直接影响企业技术创新的投入能力

技术创新投入在短期内很难为企业带来大量的直接回报，属于企业为未来和长远发展服务的战略性投入。一般情况下，只有在企业具有了比较好的利润积累，形成了比较强的抗风险能力，具备了比较强的生存和发展能力后，才能大量投入开展技术创新活动。否则，如果企业的生存都面临比较大的困难，要让企业投入进行技术创新，为长远发展谋划，显然是不可能的。因此，支持企业技术创新，政府要尽可能减轻企业的税费等各种负担，让企业有更多的利润积累，增强企业的抗风险能力及生存和发展能力。然而目前我国企业的税费等各种负担比较重，利润积累比较少，直接影响企业对长远发展的谋划能力，直接制约企业技术创新投入能力和自主创新能力的提升。

4. 创新创业服务环境不佳，直接影响科技人员创新创业的积极性

科技人员积极创新创业是培育和发展新兴产业的源头和基础。2009年对南京19所高校的调查显示，目前在宁高校科技人才创新创业的积极性不高，19所高校中在岗教师创办企业的只有59人，占专任教师的比例仅为0.31%；从2006年到2008年，保留高校身份离岗创业或到企业任职的只有3人，占0.02%；调离高校创办企业或到企业工作的有23人，占

0.12%，所有累加还不到 0.5%。出现这样的问题，主要原因之一是科技人员创新创业的服务环境不佳。科技人员运用自己开发的技术创新创业，必须把原型产品转化为能产业化的新产品，必须把产业化的新产品推向市场。在这过程中，需要社会各方面为创新创业提供技术开发、管理咨询、科技中介、人才培训、风险投资和融资等多种类型的服务，如果不能在全社会形成良好的创新创业服务环境，仅仅依靠科技人员自身的力量解决创新创业过程中面临的各类问题，成功的可能性低，风险大，成本高，难度大。建立高水平的创新创业服务平台，是调动科技人员创新创业积极性的必要条件。虽然目前我国已经建立的各类科技企业孵化器、生产力促进中心、创新创业服务中心等非常多，但是能提供优质的综合性服务的还极少，往往只能提供一些简单的工商注册登记、常规信息提供等方面的服务，服务体系不完整和质量不高直接影响科技人员创新创业的积极性。

5. 规范的市场环境及良好的知识产权保护环境还没有形成，企业缺乏技术创新的良好收益预期

企业技术创新有显著的特点：一是第一个研发某种技术和产品的企业的成本高，风险大，后来者学习和模仿的成本小，风险低；二是目前绝大多数新技术和新产品比较容易被竞争者模仿。这样，如果没有公平、规范和有效的市场竞争环境以及良好的知识产权保护制度，保证冒很大风险、大量投入、通过艰苦努力开发出新产品的企业能在一定时间内独占新产品带来的收益，获得相应的回报，后来模仿者反而能以比较小的代价和冒很小的风险获得比较大的收益，形成后发优势，创新企业对技术创新投入可能产生的预期收益就会很低，技术创新的积极性必然会受到严重的伤害。显然，形成公平和有效的市场环境以及建立良好的知识产权保护制度，是调动企业技术创新积极性的基本要求。然而，目前我国公平、规范和有效的市场环境及良好的知识产权保护环境还远没有形成，如地方保护、不公平竞争时有发生，假冒伪劣产品和侵犯他人知识产权的事例屡见不鲜。同时，知识产权被侵犯和发生知识产权纠纷后，维权难度大，代价高，即使知识产权纠纷胜诉，能获得的补偿也非常有限。有些知识产权纠纷胜诉后获得的补偿甚至不能弥补其维权所花费的直接成本，更不要说弥补创新所花费的大量投入。这样，企业对技术创新可能产生的收益预期比较低，直接影响企业技术创新的积极性。

6. 支持企业技术创新的手段单一，企业技术创新需要的多种科技创新资源和服务不能有效供给

大力支持企业的技术创新，调动企业技术创新的积极性，政府不仅要支持企业有效获得其需要的各种科技创新资源，而且要营造公平有效的市场环境和良好的知识产权保护环境，还要通过政府采购等方式帮助自主创新产品形成更大和更好的市场。调动企业技术创新的积极性，必须多种举措并举，各个方面缺一不可。

发达国家政府非常重视综合采取各种举措支持企业技术创新，并特别重视政府采购的作用。在20世纪五六十年代，美国的航天航空、计算机、半导体等产业的形成和发展，政府采购是第一推动力。美国半导体和计算机工业发展早期，由国防部和国家宇航局出面采购，有效地降低了这些产品早期进入市场的风险。1960年集成电路产品刚刚问世，100%由联邦政府购买。实际上，对企业技术创新的支持，给钱不如给政策，给政策不如给市场。

然而，目前我国各级政府支持企业技术创新，往往主要关注的是如何加大财政科技投入和提高税收优惠水平。为此，各级政府中的多个政府部门都想方设法争取财政资金，设立若干科技计划，通过项目方式支持企业开展技术创新活动。对如何帮助企业营造更好的市场环境和知识产权保护环境、提供更优质的科技创新服务考虑甚少。同时，在财政科技投入领域的选择上，政府的财政科技资金也主要投入能在近期内产生直接经济效益的科技创新活动，对科技文献、科学数据、自然科技资源等的收集和管理、科技信息服务提供等基础性、能长期产生效益的工作，财政科技投入还很少，导致企业技术创新需要的多种科技创新资源和服务不能得到有效供给。政府支持企业技术创新的手段单一，企业迫切需要的环境和服务等不能有效获得，也已经成为影响企业技术创新积极性的重要影响因素。

总之，当前我国经济、社会和科技领域存在的一系列体制性机制性障碍导致"创新友好环境"还远没有形成，企业技术创新积极性不高，动力不足。促进企业成为技术创新的主体，是经济领域的一场革命，必须综合推进科技、经济和社会领域的体制机制改革创新，需要新的科技、经济和社会发展体制机制的配套。

四 把营造"创新友好环境"作为江苏创新型省份建设的核心任务

当前,加快转变经济发展方式,使经济发展由资源驱动向创新驱动转变,必须营造"创新友好环境",促进企业成为技术创新的主体。为此,建议江苏把营造"创新友好环境"作为建设创新型省份的核心任务,基于先进的理念,采取多种举措切实加以推进。

(一)政府通过政策营造"创新友好环境"应遵循的原则

营造"创新友好环境"支持企业技术创新,必须发挥政府的干预和调节作用。但是,政府在此过程中必须注意科学有为,不能盲目作为。

第一,更加重视解决以企业为主体、市场为导向产学研相结合的技术创新体系建设中的"系统低效"。创新系统理论认为,企业技术创新不只是企业的事,不能只是企业孤立进行,需要高校科研院所、科技中介服务机构和政府等多方的大力支持,需要各参与方之间相互联系和密切交流,实现技术、人才和信息的及时和有效转移和流动。这样,政府制定政策营造"创新友好环境",要高度重视保障技术创新体系的高效运行,重点针对系统运转中不够顺畅的部分,瞄准瓶颈性制约因素,采取科学的解决问题的方法。政府的政策制定,切忌别国做什么就照葫芦画瓢做什么,切忌什么显示度高和容易出政绩就积极做什么,切忌习惯做什么和做什么有效就继续做什么,切忌什么容易做就不断做什么。

第二,更加重视消解营造"创新友好环境"面临的体制性机制性障碍。企业技术创新的基本特点是具有高风险性,不仅面临技术风险,还面临市场风险、金融风险。在具有高度的风险性和不确定性的情况下,政府通过规划、计划、财政资金投入和税收优惠等举措支持企业技术创新是必要的,但是这只能发挥一定的引导作用。从本质上看,增强企业技术创新的动力和能力,必须主要依靠市场和充分发挥市场机制的作用。为此,政府的政策制定,关键是要消除资金、高层次创新人才、信息等科技创新资源向企业技术创新流动的体制性机制性障碍,让各种要素能通过市场自觉自愿向企业集聚。

第三,更加重视为企业技术创新创造市场。显然,没有需求和市场的新技术和新产品不可能为企业创造效益，新技术和新产品的市场需求增长越快，市场越大，企业发展必然会越快。营造创新友好环境，支持企业技术创新，政府给资金不如给政策，给政策不如给市场。当前，我国各级政府制定政策支持企业技术创新，不仅要高度关注人才、资金和信息等资源的供给和优化配置，还要高度重视通过政府采购、新产品消费补贴等为企业的新技术和新产品创造市场。

第四，更加重视让技术创新战略成为企业具有显著比较优势的战略。营造"创新友好环境"，促进企业技术创新，关键是要让企业采取技术创新战略能比资本运作、投资房地产、依靠廉价劳动力等具有更好的效益，否则广大企业很难积极开展技术创新活动。因此，判断一个国家或地区是否形成了"创新友好环境"，核心是要分析技术创新战略是否已经成为企业具有显著比较优势的战略。

第五，更加重视把握"创新友好环境"的本质特征。对一个国家或地区而言，评价和判断其"创新友好环境"是否形成，当然要看科技投入是否高，税收优惠力度是否大，但是这些都不是"创新友好环境"的本质特征。一般而言，如果"创新友好环境"已经形成，企业已经成为技术创新的主体，应体现为：全社会的劳动生产率高，创造和积累的财富多；财富的创造主要依靠劳动者素质提高、科技进步和管理创新，而非大量的劳动力和资源消耗；形成了良好的鼓励创新的制度、政策和文化，人才和资金等各种要素积极向创新领域集聚，最有价值的企业主要是创新型企业，最赚钱的人主要在从事高水平的创新活动。这是"创新友好环境"形成的本质特征。

（二）加快营造"创新友好环境"的对策建议

1. 营造鼓励企业技术创新的经济社会环境

一是加大国家和江苏已经出台的一系列科技创新政策的落实力度，让创新型企业能以最低的成本在江苏获得各种优惠政策的最好支持；二是为创新型企业尽可能减轻各种税费负担；三是按照国家的法律法规严厉打击侵犯知识产权等行为；四是严格按照国家的各种节能减排、安全标准等法律法规要求规范企业的行为，促进企业技术创新。

2. 支持企业增强自主创新能力

一是在江苏选拔一批勇于创新和善于创新的优秀企业家，大力表彰，给予奖励，激发企业家的创新热情和积极性。二是支持高校科研院所与江苏企业之间的科技人员互访、互聘、互用，既鼓励高校科研院所的研究人员到企业兼职，也支持江苏企业有条件的研究人员到高校和科研院所短期访问工作，支持企业加快培养自身的人才。三是通过制定有效的科技创新评价、分配、保障和奖励等政策，不断健全高层次创新人才的社会化服务体系，支持高层次创新人才向江苏企业流动和集聚，鼓励他们在江苏创新创业。四是在江苏快速发展特色主导产业和战略性新兴产业，支持企业牵头联合高校和科研院所建立技术创新战略联盟，争取在若干产业形成核心技术突破。

3. 建设高水平的科技创新服务体系

一是大力提升科技企业孵化器、创新创业服务中心、高新技术产业开发区等的建设水平，更好地发挥高新技术产业特色基地的产业集聚效应；二是更好地发挥各类科技中介机构的作用，为企业技术创新提供更优质的服务；三是加快建立高水平的教育和培训服务体系，支持江苏企业为现有人才提供更多和更高水平的学习培训机会。

参考文献

1. 仲伟俊、梅姝娥：《企业技术创新管理理论与方法》，科学出版社 2009 年版。
2. Esko Aho, *Creating an Innovative Europe*, Former Prime Minister of Finland, 2006.
3. Box, S., *OECD Work on Innovation: A Stocktaking of Existing Work*, 2009.
4. 仲伟俊、梅姝娥、黄超：《国家创新体系与科技公共服务》，科学出版社 2013 年版。
5. 仲伟俊、胡钰、梅姝娥：《自主培育发展新兴产业的路径与政策》，科学出版社 2014 年版。

作者信息：

研究基地：江苏创新驱动研究基地

承担单位：东南大学

首席专家：胡敏强、王秦、迟计、仲伟俊

课题负责人：梅姝娥、仲伟俊

主要参加人员：黄超、浦正宁、高星

开放型经济

小微外贸企业的帮扶促进政策完善研究

内容提要：小微外贸企业对于调结构、保增长和加快开放型经济转型升级有着十分重要的作用，各级政府已经出台了较多的对小微外贸企业进行帮扶促进的政策。但是，由于各种因素的制约和影响，目前我国相当一部分小微外贸企业处于不会找单和接不到单的状态，也有一些小微外贸企业不敢接单和不愿接单，生存环境急剧恶化。小微外贸企业的困境是由多方面的原因造成的，但在一定程度上折射出目前的帮扶促进政策存在诸多不足，如帮扶促进政策偏重于宏观架构，分类指导和差别化管理不足；企业前期运营的银行融资渠道不畅，中后期金融服务体系缺失；政策性信用保险的投保区域、覆盖面与企业需求存在差距；商务信息收集等公共服务体系不够完善等。因此，应当进一步完善小微外贸企业的帮扶促进政策，营造有利于小微外贸企业发展的政策环境，制定和完善差别化政策措施，创新小微外贸企业融资渠道，为小微外贸企业搭建综合性服务平台，使小微外贸企业实现稳定协调的可持续发展。

一　小微外贸企业在当前出口态势中贡献大作用多

全球经济进入新的调整期后，世界经济一直处于低增长、高风险状态之中，国际市场需求减少明显，以致目前的国际贸易环境根本不可能再度出现过去的井喷式增长，而只能处于"微"乐观的状态。贸易订单"长单变短单，大单变小单，小单变成没有单"的现象时有发生。很多外商采取小批量、多批次的办法，将一个大订单"分解"成几个小订单，并且交货的要求高、周期短。贸易方式的创新和调整体现为在出口贸易流程和环节中采取促进和便利贸易发展的举措，以致国外采购商的行为悄然变化，从大额采购变为小额采购，从集中采购变为零散采购，从派员采购变为电子网购等。特别是基于保护本国市场的需要，贸易壁垒不断强化，使得外贸出口环境更加严峻。例如，2011年江苏省共遭遇15个国家和地区发起的各类贸易摩擦案件94起，涉案企业1991家，分别比2010年同期增长77%和45%。

在这样的出口态势中，外贸的保增长和保份额的双重目标，必然要求出口企业能够充分发挥市场主体的灵敏性和积极性，扬长避短，最大限度地争取和实现其在国际经济竞争中的优势。小微外贸企业作为我国外贸出口的重要力量，数量众多，2010年全国出口企业中共有小微外贸企业18.8万家，约占我国出口企业总数的73%。经营机制灵活，相当一部分小微外贸企业在寻找出口贸易伙伴、确定出口贸易产品、进行报价和结算等方面能够随行就市迅速决策，能够"积小单为大单，变短单为长单"，使其自身业务得以长期维持。小微外贸企业创造的出口额占全国外贸额的比重较高，2010年—2012年分别为72%、65%和70%。

江苏作为开放型经济的强省，同时又是全国民营经济大省，民营企业的面广、体小、量大，有进出口实绩的民营企业不断增加，目前全省约有小微外贸企业2.9万家，占全省有出口实绩企业总数的74.7%，进出口总额占全省外贸总额的30%，一般贸易总额的50%，对全省一般贸易额的贡献超过了50%，在全省外贸发展中功不可没。

二 小微外贸企业当前发展困境的表现

小微外贸企业由于其特定的经营模式，并且主要以订单为导向进行经营。因此，其当前发展的困境可以从外贸接单方面进行具体分析。

第一，接不到单。目前由于外贸订单减少趋势明显，小微外贸企业接单困难，江苏全省约有1/3的小微外贸企业接不到单，并且大致上表现为三种情况：一是根本接不到外贸订单，已经持续多年没有出口业绩；二是接到订单的时间间隔很长，一年内只有1—2笔订单；三是接到的单笔订单规模很小，所形成的出口价值及其增值几乎可以忽略不计，也不足以维持企业正常运转。

第二，不想接单。江苏出口企业中的较大比重是小微外贸企业，而这些小微外贸企业中又有相当一部分是代工企业。由于目前外贸企业的利润深受"上游产品提价、下游客商压价"和人民币升值等因素的挤压，这些企业在目前的外贸环境中虽然能够接到单，但却不想接单，甚至想方设法地将找上门的单子推掉。2012年以来，苏南地区小微外贸企业中，有近30%的企业由于利润过低、汇率波动等原因而有单不接，甚至推掉已经接下来的订单，而这些企业平均推掉的订单额达到41.8万美元。

第三，不会找单。对于出口企业来说，除了必须具备产品知识、与客户进行谈判和沟通的技巧外，还必须能够通过电子商务平台，收集和分析各种信息以发现商机，找到企业所需要的外贸订单。但是，目前有相当一部分小微外贸企业发现商机迟钝，不会找单。由于缺乏专业性人才，开拓市场力度不足、渠道缺乏，"靠天吃饭"特征明显，这些小微外贸企业所接到的订单，主要是依靠人际关系和业务协作两条传统路径进行维持，发展扩大的空间有限，也缺少稳定性。

第四，不敢接单。小微外贸企业在接单的过程中，还会因为跑单现象增多和贸易壁垒加强的双重风险而不敢接单。面对全球经济不景气，客户跑单概率大增，小微外贸企业难以承受跑单风险，特别是苏北各市小微外贸企业，本小利薄，就怕遭遇国外客户跑单、拖延货款结算，因为只要跑单一次，就有可能要赔上以往十单生意所得到的利润。再加上贸易壁垒的加强，小微外贸企业的产品出口往往首当其冲遭遇重压。很多小微外贸企业为了避免风险，只能眼睁睁地错失订单，不敢贸然接单。例如，常州市2012年以来就先后在服装、光电、仪表等行业中出现过多次不敢接单的现象，因此而损失的外贸额接近680万美元。

三　小微外贸企业当前发展困境的原因分析

(一) 国际贸易出口订单总体回落

近年来，世界经济复苏缓慢，国际贸易增长减速明显，导致了我国外贸企业所能接到的出口订单出现大幅回落。《2013年世界贸易报告》显示，2012年世界贸易增长2%，2013年预计增长3.3%，均远低于过去20年5.3%的平均增速。国际市场需求疲软，外贸企业接单量普遍减少。由于外部市场需求的疲软，包括小微外贸企业在内的我国出口企业能够接到的订单不断下滑，出口增长陷入低迷。

笔者在对常州、淮安两地40家小微外贸企业所进行的调研中，这一情况也得到了充分的证实（表1）。

表1　　　　常州、淮安两地小微外贸企业订单情况分析　　　单位：家、%

接单情况		常州市	淮安市	合计
每月都能接到订单的企业	企业数	11	7	18
	占比	55	35	45
一年接到2次订单的企业	企业数	3	6	9
	占比	15	30	22.5
接单的平均金额减少的企业	企业数	16	14	30
	占比	80	70	75
接单的次数出现下降的企业	企业数	9	11	20
	占比	45	55	50

说明：1. 每个市各20家小微外贸企业，总调研样本为40家。
　　　2. 采用的调研方法包括座谈、实地调研、抽查账册等。
　　　3. 一年接到2次订单，是认定小微外贸企业有外贸业绩的基本标准之一。

（二）自身出口产品缺乏竞争力

目前，大部分小微外贸企业的产品目标市场比较单一，主要由客户提供产品标准，企业无须进行产品研发和创新，因而严重缺乏开发新产品的能力，加上客户的分散性和多样性使得小微企业所接受的订单在产品款式、风格等方面的要求差异很大，难以形成自身的品牌和质量标准，从而在国际贸易中没有竞争优势。以江苏的小微服装外贸企业为例，其出口的服装通常都是由客户指定款式或型号，定向销售给某一市场，很难适应其他目标市场及客户的需求。

为了克服这样的情况,小微外贸企业就必须将更多的人力、资金、技术等投入到出口商品的研发、生产和销售中,才能接到更多的外贸订单。但这样做,一方面会在短期内削弱其产品竞争的价格优势;另一方面其资金有限又难以支撑长期增加投入。因此,很多小微外贸企业在不投入、不创新就接不到单,而投入和创新则会增加成本、减少利润的尴尬状态中,选择最为功利的做法。这样虽然实现了短期发展,但长期则严重削弱了小微外贸企业出口产品的国际竞争力。

(三) 生产成本居高不下严重侵蚀利润

目前许多小微外贸企业受制于原材料和劳动用工的成本上涨,不敢轻易接单。以纺织业为例,在原材料方面,由于国家实行棉花进口配额,国内棉花的价格高于国际棉花价格水平(3000—4000元/吨),而国内纺织产品出口时的定价只能参照相对较低的国际棉价,才有可能维持订单。这就造成了纺织出口企业的生产成本增加,并且生产和出口的量越大,被吞噬的利润就越多,以致许多小微外贸纺织企业不得不因此而拒绝接单,甚至干脆关门大吉。

在劳动用工方面,2010年以来,用工成本不断增加,2012年的用工成本已经比2011年上涨了三成。仍然以纺织业为例,常州市的熟练纺织女工月薪从过去的2800元/月上升到了目前的3800元/月,而且还要包吃包住、缴纳"五险一金"等,其折算的总额达到近5000元/月。苏北淮安市熟练纺织女工的月薪本来在2600元/月,但由于苏南的高工资效应引发苏北熟练纺织女工的大量流动,为了维持和稳定队伍,淮安熟练纺织女工的月薪从2013年起也提高到了3500元/月。因此,目前以劳动密集型为典型特征的外贸纺织加工出口行业中,用工成本已经超过企业生产经营成本的1/3,使得很多小微外贸纺织企业不堪重负。再加上国外客商近年来逐步将纺织产品的外贸订单转移到孟加拉国、越南、柬埔寨、印度尼西亚等国家和地区,对中国纺织企业实施"一手转、一手压",更让小微外贸企业面临两难境地:接受低价订单,意味着仅仅能够维持工人收入的"零利润";放弃低价订单,则无法维持企业的正常运转,更加难以具备接大单的能力。

(四) 发现、把握和开拓市场机遇的能力明显不足

当前全球经济正在进入新的调整期，国际贸易领域出现了一系列新变化新特征。这对小微外贸企业产生来说，既形成了很好的发展机遇，也会面临严重的发展障碍，从而需要小微外贸企业能够准确发现和充分把握在新情况新变化条件下的发展机遇，寻求更好更快的路径，实现企业的可持续发展。但是，很多小微外贸企业在这方面的表现却不尽如人意，收集经济信息的方式原始落后，接受和解读政策的水平低下，发现、把握和开拓市场机遇的能力明显不足。很多小微外贸企业目前没有专人负责收集和分析经济信息，对于重大经济信息的敏感度不高，对于重要的经济政策反应迟缓，使其在当代世界经济和国际贸易瞬息万变的情况下，难以准确发现和迅速把握市场机遇，在开拓国际市场方面的能力明显不足。

(五) 缺乏应对和化解贸易风险的人才

当代国际贸易领域中保护主义思潮强烈，贸易风险处于高发状态：一是贸易摩擦持续增加，发生的各类贸易摩擦案件增多，严重影响包括小微外贸企业在内的贸易出口。二是汇率风险难以把握，随着汇改纪录的频繁刷新，人民币升值幅度不断创新，2013年4月，人民币兑美元中间价9次刷新历史高点，升值超过0.45%。这对小微外贸企业来说，由于其出口产品用美元结算，但又必须以人民币来发放工资和采购原材料，就会间接增加成本。特别是小微外贸企业的接单周期一般要有3个月，汇率风险的存在及其影响将会更大。

但是，很多小微外贸企业目前都没有应对和化解贸易风险的专门人才，总体上处于"做一单是一单"的自生自灭状态，相当一部分小微外贸企业家认为，做外贸肯定会有风险，碰上了算我倒霉，没有遭遇贸易风险，那就是撞了大运。由于严重缺乏应对和化解贸易风险的专门人才，相当一部分小微外贸企业面对贸易壁垒和贸易风险，只能被动挨打。例如，有一家专向欧盟出口婴儿手推车的江苏小微外贸公司，经过多年的苦心经营打开了市场，年出口额接近千万美元。但在进口国发起反倾销调查后，因为没有应对的专门人才，也无财力聘请律师进行应对指导，而是任由进口国一意孤行，以致最后被宣布征收46.7%的高额反倾销税，而不得不黯然退场。

四 小微外贸企业困境折射出的帮扶促进政策不足

首先需要指出的是,小微外贸企业的当前发展困境,其原因是多方面的。我们不能把外部环境的变化、小微外贸企业的自身缺陷等原因,都归咎为现行对小微外贸企业帮扶促进政策的不足。但是,这并不妨碍我们从进一步完善对小微外贸企业帮扶促进政策的角度,深入探究小微外贸企业为什么会陷入当前的发展困境,反思小微外贸企业困境所折射出的帮扶促进政策存在的不足。

(一) 对于现行的帮扶促进政策心存隔膜

2012年,国家出台了《关于进一步支持小型微型企业健康发展的意见》(国发〔2012〕14号文),随后全国各地区、各部门在加强财税支持、完善金融服务、推进结构调整、健全服务体系、提升创新能力等方面,有关部门印发了国发14号文件的60个配套政策,各省(自治区、直辖市)都出台了实施意见,对小微企业进行帮扶。尤其是在对小微外贸企业的帮扶促进方面,国务院于2012年9月12日讨论通过《关于促进外贸稳定增长的若干意见》,确定了支持发展对外贸易的八项政策措施,更是明确提出要加大对小微外贸企业帮扶促进的力度。2012年9月16日,国务院办公厅发布了《国务院办公厅关于促进外贸稳定增长的若干意见》(国办发〔2012〕49号),对国务院提出的八项措施进行了细化。随后,各地根据上述文件,结合本地外贸发展的情况和特点,相继出台具体实施文件,使对小微外贸企业帮扶促进的政策能够落到实处。

但是,实际的状况却是,尽管有一部分小微外贸企业能够利用帮扶促进政策加快发展,但也有相当一部分小微外贸企业对政府宣布实施的帮扶促进政策心怀隔膜。

一是对政府宣布实施的小微外贸企业帮扶促进政策知之甚少。笔者在对常州市六家小微纺织外贸企业家的访谈中发现,其中四人表示知道国家促进外贸发展的"国八条",有两人则表示"不知道"、"没听说"。而在表示知道国家促进外贸发展的"国八条"四位企业家中,进一步问及其中关于帮扶小微外贸企业的具体政策内容时,则没有一个人能够准确地回答出来。

二是对政府宣布实施的小微外贸企业帮扶促进政策存在误读。绝大部分接受调研的小微外贸企业家认为，政府宣布实施的小微外贸企业帮扶促进政策，肯定是好的，但肯定是有一定门槛的。至于自己的企业能否真正享受到，恐怕很难说。也正因为如此，这些小微外贸企业家对于政府宣布实施的帮扶促进政策热情不高，兴趣不大，态度也比较冷漠。

（二）对于现行的帮扶促进政策预期过高

有些小微外贸企业对于现行的帮扶促进政策预期过高，甚至出现了帮扶促进政策依赖症的状况。

一是希望政府不断增加对小微外贸企业帮扶促进政策的投入，如淮安市部分小微外贸企业家和县级商务系统的干部认为，应当区别对待苏南和苏北的小微外贸企业，实施不同的帮扶促进政策，诸如目前实施的出口专项扶持基金、出口省省长奖励基金等基本上都是按照省、市、县三块分别给付，尽管县级政府分摊的比例不大，但对于经济发展水平相对滞后的苏北来说，依然是不小的负担，因而建议改为省市两级财政支付。

二是要求政府放宽小微外贸企业帮扶促进政策的适用原则。不少小微外贸企业家认为政府对于小微外贸企业的帮扶促进政策适用范围限制过严，没有明确区分小微外贸企业与其他规模的企业，笼统地规定申请"市场开拓资金"项目的企业应当符合的条件是"上年度海关统计进出口额在4500万美元以下"，使得很多小微外贸企业根本无法达到这一要求，从而认为这一帮扶促进政策虽好，但对于小微外贸企业来说，可能就是画饼充饥。

三是呼吁政府扩大对小微外贸企业帮扶促进政策的覆盖范围。在调研中有个别的小微外贸企业家认为，既然强调国民待遇，又发布了两个"非公经济36条"，那就应该像对国有企业一样，让小微外贸企业享受与国有企业一样的待遇，扩大目前对小微外贸企业帮扶促进政策的覆盖范围。

（三）对现行帮扶促进政策的实施各有褒贬

一是关于现行帮扶促进政策实施的及时性。对于小微外贸企业来说，如果政府实施帮扶促进政策能够及时到位，可以起到雪中送炭的作用。反之，本小利微的小微外贸企业很可能会熬不过面前的这道坎，甚至遭遇灭顶之灾。目前对于现行帮扶促进政策实施的及时性，小微外贸企业普遍认为，传统的已经实施多年的帮扶促进政策如出口退税等，在实施的及时性方面已经比较到位，但在一些新帮扶促进政策的实施及时性方面，还有诸多的不尽如人意之处，例如开拓国际市场补助基金的到位比较缓慢，常常要等待8—10个月之久。

二是关于现行帮扶促进政策实施的连续性。目前各级政府均已出台了相当多的小微外贸企业帮扶促进政策。这些现行的帮扶促进政策，有的明确规定了该项政策的有效期，如"对年应纳税所得额低于国家规定标准的小型微利企业，其所得减按50%计入应纳税所得额，按20%的税率缴纳企业所得税"的政策，明确执行到2015年底；但有些政策，如"省财政继续安排专项资金，对参加进出口信用保险的企业给予保费补助"的政策，只在2011年当年的政策意见中有涉及，并未明确该政策的存续期限；再如2012年宣布实施的出口业绩奖励政策，是否延续，以及延续到何时等，都没有明确，使得小微外贸企业议论纷纷。

五　进一步完善小微外贸企业帮扶促进政策的建议

（一）认真梳理目前已有和实施的小微外贸企业帮扶促进政策

2009年以来，国家和各级地方政府已经出台了大量的小微外贸企业帮扶促进政策，并且也确实取得了一定的成效。但是，随着世界经济和国际贸易领域出现了一系列新情况新变化，这些帮扶促进政策的效能会明显下降。另外，过去出台的小微外贸企业帮扶促进政策，由于体制方面的原因，大体上分为条线、区域两大块，其重心和着力点不尽一致，有些个别政策甚至相互牵制。特别是由于制定小微外贸企业帮扶促进政策时，各政府部门关注的重点和角度不同，往往侧重关注对经济增长指标贡献大的企业，使得站在"巨人"背后的小微企业由于政策门槛高而无法享受，也难以获得与之相匹配的扶持资金份额，往往使得有些帮扶促进政策流于形式，未能实现预期效果。

因此，建议成立必要的机构，吸收省商务厅、省发改委、省财政厅、省商检局、省农委、南京海关等具备涉外经济管理职能的政府部门参加，共同梳理已经出台和正在实施的各类小微外贸企业帮扶促进政策，使之能够在具体的实施过程中着力一致，更好地引导小微外贸企业发展，进而实现全省外贸出口的可持续协调发展。

（二）建立小微外贸企业帮扶促进政策信息的高效发布通道

目前政府涉外经济管理职能部门的信息网站虽然更新较快，商会和行业协会以及一些实力较强的外贸出口企业也非常注意收集和充分利用最新的政策。但是，小微外贸企业捕捉商业信息的能力差，接受政策的传递不及时，很多小微外贸企业了解经济信息和现行帮扶促进政策的渠道单一，手段落后。

因此，应当采取多种措施，迅速建立小微外贸企业帮扶促进政策信息的高效发布通道：一是相关的政府网站，特别是与小微外贸企业密切相关的省商务厅、省工商联、省中小企业局等门户网站可以设立专门的小微外贸企业网页，及时发布和更新事关小微外贸企业发展的各类重要的帮扶促进政策信息，激发小微外贸企业定期登录政府网站的兴趣。二是依托行业协会办好相关的专业网站，为小微外贸企业提供迫切需要的实用信息，使之养成主动登录专业网站的习惯。三是可以举办形势报告会、借助电信网络发送手机短信等多种方式，灵活发布相关的小微外贸企业帮扶促进政策信息等。

（三）着力抓好现行帮扶促进政策的到位落实

抓好已经出台和正在实施的帮扶促进政策的到位落实，对于小微外贸企业开拓国际市场，进行转型升级等，具有极为重要的意义。这是因为，小微外贸企业的帮扶促进政策再好，如果不能及时到位落实，其实施的时滞过长，让企业长久处于等待之中，就会达不到出台和实施这些帮扶促进政策的初衷，甚至会使小微外贸企业丧失对政府帮扶促进政策的公信感，在复杂的国际贸易环境中明哲保身而不思进取。

特别是那些深受欢迎的现行小微外贸企业帮扶促进政策，更应当加快其到位落实。例如，江苏在全国率先建立了小微企业防范出口风险基本保障制度，搭建了"小微企业出口信用保险政府统保平台"，对年出口300万美元以下的小微外贸企业集体投保"信保易"，很受小微外贸企业欢迎。但目前这一政策性信用保险的投保区域、覆盖面与企业需求还有相当大的差距，每年财政预留的专项拨款都不能用完。这就更应当采取有效措施，将这项惠泽小微外贸企业的帮扶促进政策落到实处，真正发挥这一政策的效用，帮助小微外贸企业在困境下激发进取发展的勇气和信心。

（四）适时调整和创新小微外贸企业帮扶促进政策的内容

在这一方面，首先应当着力保持外贸政策的持续性和稳定性。这是因为，任何政策的制定都有一定的针对性，能够在一段时期内发挥应有的作用。因此，短期内不要轻易改变已经出台的小微外贸企业帮扶促进政策，必须避免在小微外贸企业帮扶促进政策方面的功利主义和大起大落，着力保持其持续性和稳定性。

其次，应该根据世界经济和国际贸易领域中出现的新情况新变化，适时调整和创新小微外贸企业帮扶促进政策的内容，以便保持小微外贸企业帮扶促进政策的针对性和有效性，帮助小微外贸企业实现平稳协调的发展。例如，出口信用保险保费减免政策 2010 年在江苏小微外贸企业中推广后，实施的"信用保险 E 计划"受到小微外贸企业欢迎，但也出现了覆盖面难以进一步扩大、保费分摊结算难等新问题。这就需要适时进行政策调整和创新，才能真正充分地发挥出口信用保险支持小微外贸企业顺利发展的作用。

（五）提高实施小微外贸企业帮扶促进政策的针对性

这是因为，目前在实施小微外贸企业帮扶促进政策方面，或多或少地存在着诸如撒胡椒面的普惠制、政策实施的有效期不明确等一些针对性不强的问题，在一定程度上影响了已经出台和正在实施的现行小微外贸企业帮扶促进政策充分发挥其功能效应。

为了提高实施小微外贸企业帮扶促进政策的针对性，一是应当改变目前的现行小微外贸企业帮扶促进政策人皆有份的普惠制做法，不宜将有限的政策资源撒胡椒面式地分割处置，而是应该明确政策惠泽的受众，在适当照顾政策收益面的基础上，重点选择那些成长潜力大、发展前景好的小微外贸企业进行帮扶促进，以收到相应的规模经济效应。二是尽量实施差别性帮扶促进政策，尤其是在目前政策供给小于政策需求的情况下，既要科学地确定支持对象，又要确定明确的帮扶促进项目，还应当对帮扶促进政策的实施效果进行比较，使小微外贸企业帮扶促进政策的实施真正落到实处。为此，笔者建议在落实和给付中小企业国际市场开拓资金、出口业绩奖励基金时，不但要出台相应的资金使用效果监管的政策，还应当在此后根据其实际取得的效果，对原有的帮扶促进政策力度进行动态调整。三是对一些帮扶促进政策的实施盲点，如政策的存续期间、具体的实施限制要求等，予以必要的明确，以便使小微外贸企业对于现行帮扶促进政策的预期固化优化，并据此确定最佳的出口经营决策。

（六）借鉴完善小微外贸企业的帮扶促进政策

他山之石，可以攻玉。在我国开放型经济转型升级，更多更主动参与国际经济竞争的过程中，全国东、中、西部各省、市、自治区从本区域的外贸发展实际出发，出台和实施了一系列对小微外贸企业进行帮扶促进的政策，对于江苏进一步完善小微外贸企业的帮扶促进政策具有重要的借鉴意义。

例如，浙江省已经明确规定减免小微外贸企业的地方水利建设基金、海关监管手续费、商务部门签发的装船证书费、手工制品证书费、纺织品原产地证明书费等、质检部门签发的一般原产地证书费和工本费，以及组织机构代码证工本费等、贸促会收取的货物原产地证明书费、ATA 单证册收费等项目，范围要比江苏大得多，完全值得江苏借鉴并逐步推广。

再如，在支持小微外贸企业开拓国际市场方面，浙江、广东等省规定的支持额度，与江苏也不尽一致：如针对 ISO 9000 与 ISO 14000 认证，浙江省最高支持限额是 15000 元，而江苏省则为 35000 元；针对职业安全管理体系认证与卫生管理体系认证的最高限额广东和浙江可以达到 80000 元，而江苏只有 35000 元等。特别是广东省针对小微外贸企业进出口的各个环节，简化通关流程，为企业提供"24 小时预约通关"服务，让更多符合条件的小微外贸企业享受"低风险快速放行"的通关便利，已经制度化规范化的做法，对于江苏进一步推进大通关，提高贸易便利化的水平很有借鉴意义。江苏可以考虑借鉴广东一达通公司的成功经验，支持建立服务小微外贸企业的综合性服务公司，通过互联网为小微外贸企业提供一站式通金融、通关、物流、退税、外汇等所有外贸交易所需的进出口环节服务；也可以集合各方力量为小微外贸企业搭建综合信息服务平台，在为企业提供展会服务的同时，集中实时发布政府帮扶促进政策和商务厅驻外经贸代表处收集的境外经贸信息，帮助和促进企业实现与境外客商"无缝对接"。

此外，还可以借鉴广东、浙江等省的做法，制定更为合理的企业实收资本标准要求，对商贸业集群为小微外贸企业提供融资服务提高资金补助的标准以资鼓励。同时借鉴其他省市的帮扶促进政策，对省内现行的帮扶促进政策进行细化，使之更符合小微外贸企业的经营现状，也更具备可操作性。

参考文献：

1. 国务院：《关于促进外贸稳定增长的若干意见》，《经济日报》2012年9月13日。
2. 霍建国：《对当前外贸形势的几点思考》，《经济学家周刊》2013年5月11日。
3. 陈桂林等：《中国民营企业对外经济贸易发展报告》，载《中国民营经济发展报告2005》，社会科学文献出版社2006年版。
4. 卜海：《当前民营经济转型升级存在的问题及对策探析》，《江苏民营经济研究》2013年第5期。
5. 傅自应：《中国外贸面临的新形势和新任务》，《中国对外贸易》2007年第4期。
6. 张宁：《关于新形势下小微外贸企业发展的思考》，《研究与思考》2012年第4期。
7. 刘恒：《新形势下的小微外贸企业发展的几点思考》，《商品与质量：学术观察》2013年第12期。
8. 俞建华等：《中国中小外贸企业面临三个困难四个问题》，2013年1月17日，中国新闻网报道（http://finance.chinanews.com/cj/2013/01-17/4497196.shtml）。

作者信息：

研究基地：江苏民营经济研究基地

承担单位：南京师范大学

首席专家：蒋伏心

课题负责人：卜海

主要参加人员：杨凤祥、徐洪军、马常娥、汪浩、王茜、洪士勤

江苏民营经济"走出去"的方式及其完善研究

内容提要： 江苏民营经济实施"走出去"战略以来，经过了初步尝试、迅速发展、调整提高的发展阶段，注重从企业的实际条件出发，力求选择最为合理的路径和方式"走出去"，主要形成了传统的贸易出口、绿地投资、跨国并购或参股、间接收购开发矿产资源、境外研发投资、创立境外经贸合作区、国际化品牌全球营销等模式。选择合适的"走出去"方式，是确保顺利"走出去"的开端，也是"走出去"预期目标能够实现的基础。但是，目前也有一部分江苏民营企业，在选择合适的"走出去"方式上存在决策的路径依赖、误读撞击反馈思维的含义、缺少风险防范的应对准备等误区，使得企业"走出去"参与国际经济竞争十分艰难。因此，应当采取积极有效的措施，引导民营企业正确选择"走出去"的方式，如引导民营企业积极创新"走出去"的方式，建立和完善"走出去"的信息发布通道，举办有针对性的培训和咨询活动，进一步完善支持促进企业"走出去"的综合服务体系等。

我国实施"走出去"战略以来，江苏民营经济多条路径、多种方式地"走出去"，取得了可喜的成绩。但是，随着经济全球化形势的新变化和全面提高我国开放型经济水平新目标的确定，"走出去"的战略内容需要调整，"走出去"的方式需要不断完善，才能在更加积极主动开放的基础上更好地"走出去"，促进和加快江苏民营经济企业"走出去"，更好地打造江苏开放型经济的升级版，实现江苏经济的"两个率先"。

一 江苏民营经济"走出去"的历程和丰硕成果

(一)江苏民营经济"走出去"的历程

江苏民营经济"走出去"的历程,大体上可以分为以下三个阶段:

1. 初步尝试阶段(1992—1999年)

在这一阶段,由于国家政策主要以积极鼓励"引进来"为主,加上民营经济在进出口经营权、商品出口配额的获得等方面还受到较多的限制,许多民营企业的"走出去"大多限于货物出口贸易,方式上也主要以到境外开设店铺进行销售为主,基本上属于初步尝试阶段,因而"走出去"的企业数量不多,规模也不大,所能取得的效益也不够理想。

2. 迅速发展阶段(2000—2008年)

2000年10月,党的十五届五中全会和国家"十五"计划明确提出要实施"走出去"战略,鼓励和支持有条件的各类所有制企业"走出去",开展各种形式的经济合作,在全球范围内优化配置资源,开展跨国生产与经营。江苏民营经济积极响应并不断探索可行的路径和模式,从而进入了"走出去"的迅速发展阶段。

在这一阶段,江苏民营经济在"走出去"方面取得了可喜的成绩,成为全省开放型经济发展的一大新亮点。截至2008年上半年,全省民营企业总数突破50万家,其中有进出口权的民营企业超过1万家,占全省内资进出口经营主体的78.3%。当年全省民营企业出口110.52亿美元,增长70.7%,高出全省平均水平30.1个百分点;批准境外投资项目163个,其中民营企业境外投资项目100个,占全省总数的61.7%,民营经济已经成为江苏省境外投资的中坚力量。

3. 调整提高阶段(2008年9月至今)

本轮金融危机发生后,境外一些国家,特别是欧美降低了投资门槛,甚至"集体出动"对外招商,客观上为中国企业"走出去"提供了空间。国内则由于产能过剩、经济转型、劳动成本上升、消费升级等因素的影响,增强了企业"走出去"的动因。

在这一阶段,江苏民营经济的"走出去"相应地进入调整提高的状态。"走出去"的企业数量有所减少,但境外投资的规模继续扩大,质量明显提高。全省民营经济协议对外投资 2009 年攀上 10 亿美元新台阶后，2010 年和 2011 年分别再创 21.76 亿美元、34.8 亿美元的新高；2011 年核准境外投资项目 369 个，中方协议投资额达到 25.2 亿美元，同比分别增长 37.2% 和 68.3%。

（二）江苏民营经济"走出去"的丰硕成果

江苏民营经济实施"走出去"战略以来，取得了十分丰硕的成果。

1. 经济贡献的份额稳步提高

江苏民营经济企业"走出去"，拓宽了其参与国际经济合作的市场空间，在外贸外资外经的全面发展得以确保其经济总量平稳增长，对全省经济贡献的份额稳步提高。

目前，江苏民营经济创造的产值从 2005 年的 5181.70 亿元提高到了 2011 年的 2.58 万亿元，占全省经济总量的比重从 46.8% 提高到 53.1%；上交国家税收从 2005 年的 526 亿元增长到 2011 年的 4456.27 亿元，占比则从 23.1% 提高到 58.6%。

2. 逐步成为主动"走出去"的生力军

在传统的对外开放格局中，国有企业是"走出去"的主力军，民营经济大都属于配角。但是，江苏民营经济实施"走出去"战略以来，充分发挥其自身优势，已经逐步成为全省主动"走出去"的生力军。

目前，江苏全年核准对外投资项目的 2/3 以上是由民营企业执行的，并且其中 70% 的项目都投在发达地区。江苏百强民营企业中 41 家有对外投资的项目，其中如沙钢集团、双良集团、亨通公司、中大集团等企业的境外投资，在国际行业联盟中已经颇负盛名。

3. 创造了数宗国家级"走出去"的样板

江苏民营经济在"走出去"的过程中，很多企业锐意进取，创造了具有典型示范意义的国家级"走出去"的样板。例如，在境外矿产开发领域，沙钢集团参股澳大利亚两家铁矿公司；在收购国外品牌企业领域，苏宁电器收购日本上市公司 Laox 和香港镭射电器，无锡尚德收购日本太阳能电池制造商 MSK；在产业链延伸领域，江阴云蝠服饰公司在美国纽约、洛杉矶开办销售机构并通过输出订单管理、品质管理培育出了 200 多家国内外紧密型协作企业；以及中新苏州工业园区创业投资有限公司参股境外四家高新技术企业；等等。特别是以由无锡红豆集团等为主体在柬埔寨建立的西哈努克港经济特区、以张家港永元集团等为主体在埃塞俄比亚建立的东方工业园,作为江苏省的两个国家级境外经贸合作区的平台建设和发展,更是被国家商务部作为中国企业"走出去"的成功示范而向全国推广。

4. "走出去"的领域和地域不断拓展

江苏民营经济"走出去"的领域不断拓展,已经从最初起步时期的以贸易和餐饮业投资为主,逐步渗入到生产制造、资源开发、批发零售、商务服务和研发等领域,投资项目逐渐向高科技领域倾斜,而且还有一些高端服务、新材料、新医药和节能环保企业也开始"走出去"寻求更快的发展。

随着"走出去"规模的扩大和水平的提高,江苏民营经济"走出去"的地域也不断拓展。目前江苏省民营企业"走出去"的地域遍及全球,而且已经从过去的亚、非地区为主转向以美国、欧盟、大洋洲等发达国家和地区为主。2011年,全省民营经济核准的369个境外投资项目中,有279个项目是在欧美等发达地区,占比达到75.61%。

5. 对外投资项目水平明显提高

目前江苏民营经济对外投资项目的水平明显提高:一是项目的平均规模扩大,2011年已经达到810万美元,比上年增加了208万美元。二是对外投资项目的收益水平有所提高,每创造1万美元的成本耗费比国内下降20%。三是"走出去"的方式从单一性和初级化向多元性和高级化递进,很多民营企业从出口贸易起步,不断向新建、参股、并购、境外上市和资本运营等高级形式递进。

二 江苏民营企业"走出去"的主要模式

江苏民营经济企业在"走出去"的过程中,注重从企业的实际条件出发,力求选择最为合理的路径和方式"走出去",大体形成了以下一些模式。

(一)传统的贸易出口

"走出去"战略本身包括两个层次,基本的层次是商品和劳务的输出,即货物、服务、技术、劳务等的出口贸易;较高的层次则是资本的输出，即通过对外直接投资参与国际市场竞争与合作。由于大部分民营企业的产品附加值不高，特别是还有相当一部分加工贸易企业属于劳动密集型企业，低成本低价格优势明显，因而主要采取传统的贸易出口方式"走出去"。

采用这种方式"走出去"，企业主要通过举办商品订货会、参加国际商品交易会和博览会、发布电子商务信息、在境外设立实体销售店等措施拓宽销售渠道，扩大出口市场空间。

（二）绿地投资

绿地投资又称创建投资或新建投资，是指跨国公司等投资主体在东道国境内依照东道国的法律设置的部分或全部资产所有权归外国投资者所有的企业。由于绿地投资能够直接导致东道国的生产能力、产出和就业增长，往往会受到东道国的欢迎。目前江苏民营经济"走出去"的企业中约有1/3都是采取绿地投资的方式。

这种方式的优点，一是有利于"走出去"的企业选择符合公司目标的生产规模和投资区位；二是能够在一定程度上规避风险。但是，绿地投资的方式筹建任务重，建设周期长，并且对"走出去"企业的资金实力和经营经验等要求较高，中小规模的民营经济企业一般都不采用绿地投资的方式。

（三）跨国并购或参股

跨国并购是指跨国兼并和跨国收购的总称，是指一国企业对另一国企业的所有资产实施购买，以完全或实际控制被购买企业的经营管理行为。如果进行的购买不足以控制被购买企业的经营管理行为，则被称为参股。

跨国并购是对绿地投资的升级，能够有效地降低进入新行业的壁垒，减少企业发展的风险和成本，最大限度地利用被并购企业的经营资源。例如，苏宁电器2009年12月30日以2.15亿港元收购香港镭射电器后，在香港市场的发展迅速，截止到2012年第三季度，已经在香港地区建立28家连锁店。

（四）间接收购开发矿产资源

这种方式不同于一般的并购、参股等模式，而是在不改变矿山所有权的前提下，以租赁或者承购的方式获得相应的矿产资源开采权。沙钢集团是这一方式的典型代表。2004年开始，沙钢采取收购、参股、合资合作等形式启动原材料供应全球战略，先后在巴西、澳大利亚等地收购矿山，储备了10亿吨矿产资源。其在澳大利亚的威拉拉项目由沙钢与武钢、唐钢和马钢通过设立各自在澳大利亚的独资子公司投资参股澳大利亚威拉拉铁矿合营组成，期限25年，生产规模为年产铁矿石700万吨。沙钢对该企业投资2173.79万澳元，占有其10%的权益，并每年承购铁矿石250万吨。目前总体运营进展良好。

间接收购开发矿产资源的"走出去"方式，能够有效地利用境外矿产资源，缓解国外市场对我国钢企发展所设置的原料大宗进口障碍，而且以集团控股的境外企业自有资金投资参股，具有明显的间接收购特征，在资本运作上富有技巧，其成本比收购所有权要少，受到的政治阻碍也小了很多。

（五）境外研发投资

这种方式主要是企业主动走出去，到境外设立研发机构，与国外高端产业的研究和创新机构对接，进而直接利用境外的优秀研发人力资源，提高企业创新能力，逐步实现产业链从底部向两端的延伸，价值链从低端向高端转移。例如，连云港恒瑞医药2005年投资290万美元，在美国新泽西州设立恒瑞（美国）创新药物研究公司（Hengrui USA LLC），吸引了30多名资深研究员在该中心从事创新药的研究，已经形成了很强的品牌优势，并申请了90项全球专利（PCT专利）。

（六）创立境外经贸合作区

境外经贸合作区是对外直接投资的一种新模式，具有集群式国际化发展的平台性质。中国境外经贸合作区是由中国商务部牵头与相关国家政府部门达成协议，由中国企业开发建设的工业园区。截至2012年7月底，我国企业已在13个国家开工建设了16个合作区。江苏民营经济在"走出去"过程中创立的境外经贸合作区，主要有由无锡红豆集团控股的柬埔寨西哈努克港经济特区、张家港江苏永钢集团和其元集团控股的埃塞俄比亚东方工业园。

境外经贸合作区这一方式一般采用政府支持、龙头企业实施建设、中小企业参与的模式，属于抱团集群"走出去"的性质，有利于中国企业形成海外产业链优势，增强竞争力，抢占海外市场，能够最大限度地提升企业对外直接投资的经验，规避贸易摩擦和争端，实现企业参与国际化经营战略目标。

（七）国际化品牌全球营销

这种方式以企业拥有的国际化品牌"走出去"，利用全球资源进行跨国生产经营，赢得世界市场，获取较高的贸易增值。因此，采用这种方式"走出去"，要求必须有自己的品牌形象定位，能够综合利用国内国外两种资源和两个市场，以全球化的视野进行跨国生产经营活动。2012年伦敦奥运会开幕前夕，江苏波司登集团的欧洲总部大楼及四季化服装旗舰店在伦敦牛津街商圈投入运营，就是利用国际化品牌"走出去"进行全球营销的典型。

三　江苏民营企业"走出去"方式选择的误区

"走出去"可以采取不同的方式，关键在于准备"走出去"的企业必须进行正确的选择。江苏民营经济企业"走出去"的实践经验也表明，选择合适的"走出去"方式，是确保顺利"走出去"的开端，也是"走出去"预期目标能够实现的基础。但是，目前有相当一部分企业，由于未能选择适合的"走出去"方式，使得企业的"走出去"十分艰难。

这些企业之所以未能选择适合的"走出去"方式，是因为在进行"走出去"方式选择时存在以下一些误区。

（一）存在决策的路径依赖

一般来说，企业确定要实施"走出去"战略后，就必须开始选择"走出去"的具体方式。选择"走出去"的具体方式是一项复杂的系统工程，需要广泛地收集准备"走出去"的对象的各种信息，同时对广泛收集到的信息资料进行认真的分析，经过去粗取精、去伪存真后，再根据本身的实际，确定相应的最合适的"走出去"的具体方式。

但是，在实际的企业选择"走出去"具体方式的过程中，相当一部分企业却存在着决策的路径依赖:在决策是否"走出去"时,热情和勇气有余,而目标和步骤却比较茫然;在决策向哪里"走出去"和以什么方式"走出去"时,更多的参照系是本市、本县甚至本乡、本村"走出去"已经取得成功的个案。因此,这些企业的"走出去"方式,很可能不适应已经变化了的情况,也难以取得"走出去"的预期效果。

(二)误读撞击反馈思维的含义

所谓撞击反馈,意思是指通过不同事物的作用发生撞击,进而返回起点调整后再度相互作用直至达到预期的效果。当撞击反馈的思维被运用于社会改革和经济发展时,则被认为是一种试错的原则,即由于我国的改革前无古人,没有可供借鉴的现成经验,必须摸着石头过河,走一步看一步地积极稳妥地推进和深化。这种思维本身并没有错,问题是有些民营经济企业误读了其内在含义,以致影响了他们正确地选择"走出去"的具体方式。

这些误读了撞击反馈思维含义的民营经济企业认为,"走出去"是我国在改革开放新阶段既定的发展战略,应该坚定不移地予以贯彻实施。但是,"走出去"参与国际经济合作与竞争,面临的情况复杂,有很多新情况新问题甚至是企业从没有遇到过的,也没有什么现成的经验可供借鉴,只能先"走出去"再说。而且,"走出去"参与国际经济合作与竞争,要和境外的厂商打交道,也不可能设立或者选择一成不变的方式,必须走一步看一步,不断地试错调整,才能形成适合自身的"走出去"模式。正是由于这样的误读撞击反馈思维的含义,包括江苏在内的全国民营经济有相当一部分"走出去"的企业,在"走出去"以后步履维艰,并因此付出了极大的代价。

(三)缺少风险防范的应对准备

一个完整的企业"走出去"方式预案,必须包括采用这一方式"走出去"以后的绩效评估和风险应对预案等内容,才能确保企业既积极稳妥又安全有序地"走出去"。

但是,江苏民营经济在"走出去"的过程中,也有一部分企业选择和确定"走出去"的具体方式时比较简单,缺少风险防范的应对准备。这些企业认为,在商业经济活动中,风险是获取利润的必然代价。无论采取什么样的方式"走出去",由于能够获得较高的利益补偿,也就必然会遭遇比较多的风险,更何况遭遇什么样的风险,也是无法预知的,只能到时候"兵来将挡,水来土掩"。因此,这些企业对每种"走出去"方式的利弊及其可能的后续影响了解和分析不足,选择和确定企业"走出去"的方式时比较简单,缺少应对"走出去"以后可能遭遇的风险防范预案,最终影响企业的"走出去"。

(四) 高管决策人员的经验缺陷和知识老化

民营经济企业从在国内市场发展转向"走出去",进行国际合作和跨国经营,是重大的战略转变。实施这一战略转变,选择和实施"走出去"方式的执行人员,不是一般的员工,而是企业的高层管理决策人员。显然,为了适应企业的战略转变,选择最适合企业"走出去"的具体方式,必然要求企业的高管决策人员要有国际化的视野,从全球化的角度,结合自身的优势,定位企业"走出去"的发展目标,考量和选择企业"走出去"的最佳方式。

但是,有些准备"走出去"的江苏民营经济企业,其高管决策人员由于经验的缺陷和知识老化,习惯于凭直觉发现市场机会,靠感觉确定交易模式,缺乏国际经贸知识,不懂国际贸易惯例与法律法规,在选择企业"走出去"模式时,就难以充分、迅速、准确地了解市场,并根据国际市场的变化进行决策,为企业确定最合适的"走出去"的模式。

四 引导民营企业正确选择"走出去"方式的建议

针对江苏民营企业在选择和确定"走出去"方式方面所存在的误区,特提出以下引导民营企业正确选择"走出去"方式的建议。

(一) 引导民营企业积极创新"走出去"的方式

江苏民营企业目前在"走出去"的过程中,规模大,数量多,已经成为重要的生力军,而且创造了数宗具有国家级意义的"走出去"样板。但是,我们不能满足于已有的成绩,必须清醒地看到,随着国际经济环境的变化,"走出去"的方式仍然可以创新,尤其是要与时俱进地积极创新

"走出去"的方式。

在这一方面，目前需要特别关注的是，由于中美双边投资协议开始进入实质性谈判，我国可能会很快参与跨太平洋伙伴关系协定的区域多边谈判（TPP），将以美国负面否定清单为基础就贸易便利化和投资自由化等进行深入的谈判；上海自由贸易试验区的批准和实施等，都将对包括江苏民营经济在内的中国企业更加积极主动地"走出去"产生重大的影响。要在了解、学习和熟悉这些基本规则的基础上积极创新"走出去"的方式：一是鼓励制造业企业跨国并购，可以是水平型并购以减少竞争或展开差异化竞争，也可以采取垂直型并购以延伸产业链。二是鼓励商贸流通企业以"商业存在"形式"走出去"兼并营销网络，以便在目标市场形成自主销售渠道和营销服务网络。三是鼓励和支持企业在发达国家建立寻求逆向技术外溢型的研发机构以提高增值率，在发展中国家建立适度技术外溢型研发机构以延伸产业链。四是采取非股权形式的投资经营，如合同制造与服务外包、特许经营、技术许可经营、管理合同和订单农业，进一步提高"走出去"的价值效应等。

（二）建立和完善"走出去"的信息发布通道

企业选择和确定"走出去"的方式，前提是对拟"走出去"的目标对象有充分的了解。而要对拟"走出去"的目标对象达到充分的了解，就必须密切关注和收集相关的信息。但是，已经准备"走出去"的民营企业，要以一己之力收集拟"走出去"目标对象的全部信息绝非易事，并且可能耗费相当大的成本。因此，这就需要由政府部门、行业商会、相关的中介机构等建立和完善"走出去"的信息发布通道。

目前，江苏地方政府，特别是政府中涉外经济管理职能部门的信息网站虽然能够较快进行更新，商会和行业协会以及一些实力较强的外贸出口企业也非常注意收集和充分利用最新的政策，但是仍然有少部分政府网站的信息发布滞后，与民营经济企业"走出去"的信息需求脱节；还有一些信息，政府中不同的涉外经济管理职能部门解读各不相同，彼此存在歧义，都不利于民营经济企业做出"走出去"方式选择的决策。

因此，建立和完善"走出去"的信息发布通道，一是要及时发布并定期更新有关"走出去"的各种信息；二是要对所发布的"走出去"信息进行必要的解读；三是应当形成统一的发布平台，建议可以由主管外经贸的商务厅和与民营经济关系紧密的省工商联归口办理，省商务厅负责相关的"走出去"信息发布以保证信息的权威性，省工商联负责信息的解读以增强对民营企业"走出去"的深度指导。

（三）举办有针对性的培训和咨询活动

江苏的民营企业作为"走出去"的生力军，目前已经形成了梯次"走出去"的序列，既有走出国门参与国际经济竞争的"走出去"，也有走出省门到外省投资发展的异地创业。这些"走出去"的民营企业所面临的环境各有差别，将要遇到的问题也不尽相同，因而在"走出去"的方式选择上，也会有不同的思考和疑虑。

因此，应当充分利用和发挥江苏人才和教育优势，举办各类有针对性的培训和咨询活动，为民营企业选择合适的"走出去"方式提供智力支持：一是组织专门力量，分析研究江苏民营经济中"走出去"方式得当、成效显著的企业典型，总结这些企业选择和确定"走出去"方式的技巧和经验，供其他准备"走出去"的企业在选择"走出去"方式时参考借鉴。二是举办"走出去"企业高管决策人员的培训，搭建合适的交流平台，提高其对问题的分析决策能力。三是建设对"走出去"有专门研究和具有实战经验的专家库，为准备"走出去"的企业选择"走出去"方式提供有针对性的咨询。

（四）进一步完善支持促进企业"走出去"的服务体系

引导、服务、保护本国企业"走出去"，是政府的社会职责和经济职能之一。因此，要从企业的目标定位和发展水平的实际出发，进一步完善支持促进企业"走出去"的服务体系，分类指导其选择最为合适的"走出去"方式。

对于具有较强实力的"走出去"进行国际化经营，并且已经积累了一定经验的大型民营企业，要积极引导和鼓励其进行"走出去"的方式创新，同时要注意利用和发挥政府间合作机制（友好省州、友好城市等）、中介机构和社会力量的作用，帮助其拓展"走出去"的领域和市场空间。

对于规模不大但具有内部化优势的准备"走出去"的民营企业，应当重点做好信息提供和金融服务：在信息服务方面，政府要对其尽量提供更多更实际的有关东道国风土民俗、商业文化、社会法律等各类政治经济环境信息，以便其深入了解准备"走出去"的对象国，进而选择最为合适的"走出去"方式。在金融服务方面，有关部门要尽量简化审批程序和手续，降低民营企业和中小企业"走出去"的前期成本和费用，同时要把国家外汇储备支持企业走出去的政策落到实处，如设立支持"走出去"的专项基金，为民营企业和中小企业"走出去"融资提供担保等。

对于已经选择了某种"走出去"方式并且正在实施的企业，应当进行必要的跟踪扶持，尤其是驻在"走出去"对象国的政府经贸代表处和商会，要帮助其尽快熟悉当地状况，疏通和处理好与当地社会社区的关系，履行企业社会责任，树立良好的"企业公民"形象，实现本企业"走出去"的预期目标。

参考文献：

1. 吴苏燕：《中国企业"走出去"战略的现状及前景》，《国际技术经济研究》2005 年第 2 期。
2. 吴静、覃雄彪：《中国民营企业的"走出去"策略》，《人民论坛》2012 年第 5 期。
3. 霍建国：《对当前外贸形势的几点思考》，《经济学家周刊》2013 年 5 月 11 日。
4. 陈桂林等：《中国民营企业对外经济贸易发展报告》，载《中国民营经济发展报告 2005》，社会科学文献出版社 2006 年版。
5. 卜海：《民营经济发展风险：识别·防范·化解》，复旦大学出版社 2011 年版。
6. 马常娥：《论民营企业"走出去"的路径选择及其政策支持体系》，《财贸经济》2006 年第 12 期。
7. 章莹：《浙江民营企业走出去战略研究》，《科技致富向导》2011 年第 14 期。
8. 尹红欣：《台湾中小企业国际化的成功经验及启示》，《特区经济》2006 年第 8 期。
9. 杨飞虎：《江西民营企业"走出去"的战略思路与对策研究》，《金融与经济》2007 年第 11 期。
10. 高彩云：《民营企业实施"走出去"战略的几个误区》，《商业研究》2012 年第 23 期。
11. 井水明：《"走出去"应慎重选择适宜的方式》，《中国信息报》2009 年 3 月 19 日。

作者信息：

研究基地：江苏民营经济研究基地

承担单位：南京师范大学

首席专家：蒋伏心

课题负责人：卜海

主要参加人员：周洁、徐洪军、季小秋、马常娥、施美英、张继彤

全球价值链贸易：经济影响和江苏对策

内容提要：全球价值链分工体系的深入发展，为江苏带来了新的战略机遇。同时，由于成本因素驱动下的全球价值链区位配置，也可能带来"浮萍经济"风险，迫切需要江苏有效应对，进一步"扎根"全球价值链分工体系。建议江苏坚持以优势要素深度融入全球价值链分工体系，打造参与国际竞争的综合环境优势；推动加工贸易的转型升级，实现向全球价值链中高端的不断攀升；大力发展服务贸易，助推江苏在更高层次上融入全球价值链分工体系；大力引进国际先进生产要素，助推江苏创新能力的全面提升；积极培育国际化的企业家队伍，提升整合全球优质要素能力；将市场规模优势转化为融入全球价值链分工体系的新优势，吸引发达国家跨国公司在江苏进行"逆向创新"。

自20世纪80年代以来，国际分工和贸易形式发生了巨大变化，突出表现为产品的价值链被分解了，国与国之间的优势更多地体现为价值链上某一特定环节的优势，从而导致国与国之间按同一产业或产品的生产环节或工序进行分工的现象，学术界把这种新的国际分工现象称为全球价值链。相应地，这一新的分工模式下的国际贸易可称为全球价值链贸易。相比传统的以最终产品为界限的贸易，全球价值链已经改变了分工和贸易的本质内涵，并由此给相关经济体带来了全新的机遇和挑战。江苏作为中国开放型经济发展的大省和排头兵，在前一轮开放中所实现的经济快速发展乃至产业结构演进，正是抓住了全球价值链贸易所带来的重要战略机遇的结果。在新一轮的开放中，鉴于国际国内环境的深刻变化，以及全球价值链贸易的深入演进趋势，江苏既面临着重要战略机遇，也面临着挑战。如何抓住机遇，并有效应对各种挑战，需要正确识别全球价值链贸易演进所带来的经济影响，如此，才能在正确的发展战略指引下，在进一步深度融入全球价值链分工体系中提升江苏的贸易利得，并推动江苏产业的转型升级，引领江苏开放型经济迈向新辉煌。

一 全球价值链贸易成为当今世界经济的突出特征

联合国贸发会议发布的《2013年世界投资报告》指出，全球价值链贸易已经成为当前全球经济的突出特征。自改革开放以来，尤其是加入WTO以来，中国发展开放型经济主要就是融入发达国家跨国公司主导的全球价值链，成为全球生产的一个流转环节。而江苏作为中国开放型经济发展的大省和排头兵，在参与全球价值链贸易过程中显然也是走在全国前列的。江苏加工贸易发展就是证明。江苏统计年鉴的统计数据显示，2000年江苏加工贸易出口占当期出口总额的比重就已经达到52.96%；而2008年这一比重更是高达59.62%。江苏已深度融入全球价值链分工和贸易之中。

由于全球价值链分工是以产品价值增值环节为界限，从而使得国际贸易的本质内涵也发生了变化。贸易已经不再局限于流通领域，而是已经深入生产领域，从而变为集生产和流通为一体的新现象。正是基于上述意义，不能就贸易而看贸易，更应深入生产层面，尤其是融入全球生产体系的层面看待贸易。贸易所产生的可能经济影响，也突破了现有国际经济理论所揭示的基本机制和结论。例如，基于产品价值增值环节为界限的分工，全球价值链使得不同国家和地区通过各种产业链条而被"链"在一起，从而加强了国家之间经济发展的协同性、利益实现的共生性以及经济波动的传递性，等等。总之，全球价值链贸易对全球经济，尤其是对发展中国家经济发展的影响，有了全新变化，对此，我们也需要进行全新的认识。

二 全球价值链贸易的经济影响：比较优势层面

联合国贸发会议发布的《2013年世界投资报告》分析研究发现，一国或地区融入全球价值链分工和贸易的程度，与该国或地区利用外资之间呈现高度的正相关性，利用外资的比重越高，其融入全球价值链分工程度也就越深，也就越能实现更快的经济增长。当前发达国家跨国公司主导的全球价值链分工，主要是通过 FDI 方式或者通过 OEM、ODM 等外包方式，将生产活动和其他功能性活动进行更加细密的专业化分工，按照比较优势配置到不同国家和地区。因此，在以往主要以最终产品为界限的分工条件下，由于不具备完整产品生产比较优势而被排除在国际分工大门之外的发展中经济体或者落后国家，在全球价值链分工条件下则具有了融入全球生产体系的机会。换言之，全球价值链分工的发展降低了发展中经济体和落后国家融入全球分工的"门槛"，而这种"门槛"降低效应主要源自全球价值链分工给发展中经济体和落后国家所带来的"比较优势创造效应"和"比较优势激发效应"。

所谓"比较优势创造效应"，简单而言，主要是指原本在以最终产品为国际分工界限条件下不具备比较优势的国家或地区，在全球价值链分工环境中则获取了或者说具备了参与国际分工的比较优势，或者是原先只是在少数产品生产部门具有比较优势的国家或地区，在全球价值链分工条件下则表现为在更多的产品生产部门具备了比较优势。之所以如此，其根本原因在于全球价值链分工条件下各国参与国际分工不再要求在某一完整产品的生产上具有比较优势，而只需要在产品生产的某个特定阶段或者环节上具有比较优势。所谓"比较优势激发效应"，主要是指在全球价值链分工条件下，由于生产要素的跨国流动会使得不同国家和地区之间的优势要素相结合而产生"强强联合"作用，从而表现为一国或地区的优势要素甚至是"闲置"要素，在与流入要素进行协同生产时所激发出的本国比较优势。由于产品生产往往是多种要素共同投入的结果，因此，尽管一国在某种生产要素上十分丰裕，但也可能由于其他要素极度缺乏而难以"物尽其用"甚至根本无用武之地。众所周知，就目前发达国家和发展中经济体各自的优势要素来看，技术、资本、知识、信息等高级生产要素是发达国家的优势要素，同时也是跨国流动性相对较强的要素；而劳动等初级要素则是发展中经济体所拥有的主要优势要素，也是跨国流动性相对较弱的要素。因此，在全球价值链分工条件下，必然表现为发达国家高级要素向发展中经济体流动，与发展中经济体的优势要素相结合，比较优势由此得以激发。进一步地从微观层面来看，全球价值链分工的发展不仅仅为发达国家的跨国公司整合利用全球资源提供了机遇，同时也为发展中经济体的中小企业融入跨国公司主导的全球价值链分工体系提供了接触全球市场，进而在全球市场角逐中成长的机会。

三 全球价值链贸易的经济影响：产业升级层面

改革开放以来，江苏以丰富廉价的劳动力等优势要素为依托，通过吸引FDI以及大力发展加工贸易等方式，积极融入全球价值链分工体系。在此背景下，江苏不仅实现了巨大的经济增长成绩，与之相伴随的还有意义深远的产业结构的巨大变化。这其中不仅仅是比较优势创造效应和激发效应发挥了重要作用，更为重要的是在全球价值链分工条件下，由于要素流动以及中间产品贸易具有知识、技术、观念等溢出效应强的特点，从而能够产生一系列超越传统国际经济理论所揭示的资源优化配置效应的其他重要作用机制，进而促进产业升级。概括起来，有如下几个方面。

第一，全球价值链分工背景下的产业迁移效应。在开放条件下，产业转型升级具有两层含义：一是推进工业化发展进程，实现产业发展的"从无到有"；二是促进一国在全球产业价值链中的攀升，以获取更多的国际分工利益。当前全球价值链分工的一个突出特征就是要素跨国流动和价值链的全球分解。要素尤其是资本的跨国流动，绝不是一个简单的货币问题，而是由其所承载的一系列生产要素的流动，比如技术、管理、品牌、营销等，这些先进要素与当地生产要素相结合，从事着全球价值链上某个环节和阶段的生产，因此要素跨国流动的本质是产业和产品价值增值环节的国际梯度转移。江苏在融入全球价值链分工体系中，从起初的"招商引资"到之后的"招商选资"，再到当前的"招才引智"的发展阶段，其实无不显示了通过吸引国际优势要素与促进江苏产业发展以及转型升级之间的战略需求关系。从价值链的全球分解来看，其实质也是产业或者产品价值增值环节的梯度转移，即产业迁移效应，只不过在国际产品生产分割技术的推动下，这种转移既可以采取FDI的形式，也可以采取所谓的OEM、ODM等外包方式。尤为值得一提的是，这种形式的产业国际转移，相比以产品为界限的传统产业间产业分工形式，更有利于江苏省进入高科技产业。因为在传统的以产品为界限的国际分工形式下，发展中经济体可能往往由于个别环节存在无法克服的技术障碍，失去了发展高技术产业的机会或者说被排除在高技术产业之外。但是在全球价值链分工条件下，无论是以吸引FDI的方式还是承接跨国公司发出"订单"的方式，都能够以自身的优势要素融入跨国公司主导的国际产业链的特定环节，这就为进入高技术产业提供了捷径，并为高技术产业的进一步发展奠定了基础。

第二，全球价值链分工背景下的产业集聚效应。在全球价值链分工环境中，全球生产网络的一个显著特点就是，具有不同要素密集度特征的价值增值环节和阶段出现地理空间上的分散性，以及具有相同或者相似要素密集度特征的增值环节和阶段在地理空间上的集中性并表现出相互的兼容或者相关。换句话说，具有相同或者相似要素密集度特征的产品价值增值环节和阶段呈现出很强的地域集中性，从而形成较为显著的产业集聚现象。而在全球价值链分工背景下所形成的产业集聚，至少存在三种最为基本、有利于促进产业升级的技术外溢和扩散形态：知识外溢、反向工程和人员流动。开放条件下形成的产业集聚现象，在江苏开放型经济发展中已经比比皆是。

第三，全球价值链分工背景下的外向配套效应。所谓外向配套主要是指在全球价值链分工背景下，外资企业进入后通过前向或后向联系产生的本土企业向FDI企业提供中间产品的行为，外向配套的发展使得本土企业越来越成为全球价值链中的重要环节。江苏开放型经济发展实践的一个重要内容就是外资的大量利用，而外资企业大量"入驻"和集聚，催生了外向配套型本土企业的产生和发展。在为外资企业进行外向配套过程中，会产生两种极为显著的正向效应，有助于本土企业成长进而产业升级，这两种效应就是外资企业的技术外溢效应（包括主动外溢和非主动外溢）以及配套竞争效应。其中，外资企业的主动外溢效应主要是指，在外向配套过程中，外资企业为了确保本土企业能够提供合格的、符合要求的中间产品，往往会对本土企业进行技术指导和员工培训等；而所谓的非主动溢出效应主要是指，进行外向配套的本土企业在与外资企业发生业务接触过程中，能够进行的观察、学习、模仿乃至创新的经济活动。至于外向配套竞争，主要是指本土企业为了能够与外资企业之间形成外向配套关系，而不断努力提高自身技术水平的自我激励和竞争效应。这一外向配套选择的机制会促使本土企业相互竞争并逐步升级。

第四，全球价值链分工背景下的出口中学习效应。虽然关于"出口中学习效应"是否存在目前仍有争论，但这种分歧主要还是基于以最终产品为界限的传统分工模式的讨论。但在全球价值链分工背景下，贸易的性质已经发生了根本性的变化。因此，本土企业的出口行为，其实质是融入发达国家跨国公司主导的全球生产网络的外在表现，从而"出口中学习效应"在本质上也就演化为"生产中学习效应"。一个不争的事实是，江苏出口贸易的爆炸式增长，其实正是中国参与全球价值链分工、抓住产业和产品价值增值环节国际梯度转移的历史性机遇所带来的必然结果。一方面，通过嵌入全球价值链而实施的出口行为，对于本不熟悉国际市场的中国本土企业而言，由于融入跨国公司组织的全球生产分工体系而获取了难得的学习和锻炼机会。另一方面，江苏本土企业融入跨国公司主导的全球生产网络，其出口行为往往具有对发达经济体市场高度依赖的特征，例如，长期以来中国出口产品就高度依赖于欧、美、日等发达经济体市场。而来自发达经济体的消费者，包括跨国公司，往往更为挑剔，从而迫使发展中经济体本土企业不断"升级"，以满足发达经济体的高要求。总之，在全球价值链分工环境中，出口中学习的本质是生产中学习，因而具有促进本土企业以及产业升级的重要作用。

四　全球价值链贸易演进趋势、机遇及挑战

全球价值链分工在深入发展中表现出如下几个方面的特征。

第一，价值链的全球长度在进一步延伸。产品价值链的全球分解程度往往取决于两个决定性因素：一是产品生产分割技术的发展；二是交易成本的变化。通常而言，产品生产过程的分割程度越是细化，分解出来的特定生产环节和阶段越多，由此所导致的交易成本也就越高。因此，分工深入演进的实质就是这两种因素相互作用的过程，其中交易成本的作用更为关键。当前，不仅信息、通信等技术进步在不断地促进有形交易成本下降，与此同时，全球多边贸易体制、区域经济一体化发展以及双边贸易体制的快速发展和制度安排，也在促使无形交易成本不断下降。受其驱动，基于全球战略的跨国公司会从效率提升角度出发，将产品价值链进行进一

步分解以拓展全球生产网络，价值链的全球长度有不断延伸趋势。

第二，要素尤其是资本跨国流动与商品跨国流动，越来越具有融合发展的特征。在以要素为界限的新的国际分工形式下，要素流动和商品流动之间的关系，不再是简单的替代关系或者是互补关系，而是融合关系和一体化的关系。实际上，全球对外直接投资流量额及存量额的迅速增加，以及全球贸易量的迅猛增长，二者所呈现的一致性变化趋势已经在一定程度上说明了问题。正如联合国贸发会议（UNCTAD，2013）的一项研究所指出，FDI主导的全球价值链成为全球贸易增长的重要驱动因素；全球贸易中的80%属于全球生产网络内的商品贸易，并且这一趋势仍在继续；而一国融入全球价值链分工程度与利用外资额存量之间存在显著的正相关关系。这一趋势表明跨国公司主导的全球生产网络在国际分工中的作用仍在进一步加强。

第三，伴随全球经济格局的变化，"逆向创新"将成为未来跨国公司的普遍战略。在全球生产网络中，价值链的分布和配置不仅仅取决于生产环节和阶段的要素密集度特征以及不同国家和地区的要素禀赋差异，市场规模也是其中的重要影响因素。伴随新兴市场经济体的崛起及其财富和经济权力的逐渐东移，由于新兴市场经济体的市场需求规模不断扩大，跨国公司也会随之调整其全球价值链分布策略，即将更多的创新活动置于新兴市场经济体，然后将创新性产品再销往包括发达经济体在内的全球市场。有些学者将这一变化称为"逆向创新"。

全球价值链分工深入演进呈现的上述三个趋势特征，其实质均隐含着这样一个可能性，那就是对于诸如江苏这样的开放型经济体，在全球产业链分工中面临着新一轮转型升级的重要机遇。价值链全球长度的延伸，意味着在"归核化"发展战略下，发达国家跨国公司必然将以往"核心"环节进行进一步分解，具有更高技术和知识密集度的生产环节、工序和服务流程，将会被配置到发展中经济体；要素流动与商品贸易的日益融合，意味着一国产业结构将会随着流入要素质量的提高而不断升级；而跨国公司逆向创新战略，无疑为发展中经济体攀升全球产业链高端提供了新的发展机遇。总之，全球价值链分工出现的当代趋势及特征，为江苏在更高层次上融入以发达国家跨国公司主导的全球价值链分工体系、促进产业转型升级带来了新的机遇。

五 政策启示

全球价值链意义下的贸易，实质上就是融入全球生产网络，参与全球生产。全球价值链分工已经成为当前国际分工主导形式以及其深入演进的当代趋势特征，这决定了江苏需要更加深入全面地融入全球价值链分工体系，因为这不仅是全球价值链创造价值并获取相应份额的需要，更是充分应用全球资本、人力、知识与技术来发展经济、促进经济转型升级的需要。面临全球价值链贸易深入演进所产生的可能经济影响，江苏在新一轮开放型经济中应着重做好以下几个方面的工作。

第一，要坚定地以优势要素深度融入全球价值链分工体系。一个国家和地区的发展，很大程度上取决于自身对全球经济的参与，尤其是自身在全球价值链中的作用。融入全球价值链分工体系，可以融入更大的市场、获取更好的信息、汲取更多的知识、获得更多的技术、创造更多的机会，更快地学习全球技术前沿并获得技能，进入发展的快车道。在融入全球价值链过程中，无论是以吸引外资而承接产业和产品价值增值环节的国际转移，还是承接国际大买家的订单而实施的出口贸易行为，都可以为发展中经济体开辟新的投资领域，增加就业，推动价值链贸易的高速增长，从而提高国内增加值乃至带动产业结构的转型升级。江苏省仍应坚定地以优势要素深度融入全球价值链分工体系。

第二，打造综合竞争性环境优势，提升融入全球价值链分工的能力。在全球价值链分工体系下，成本因素（此处的成本概念是一个综合性概念，既包括要素成本，也包括商务成本，比如运输、投资和税收激励、基础设施、基础服务、行政管理负担、契约履行成本、制度质量、进口便利程度等等）是价值增值环节的区位配置中的决定性变量，也是决定全球生产网络布局动态变化的重要变量。自中国改革开放以来，江苏依托初级要素等低成本优势，已顺利加入全球价值链分工体系，但伴随人口红利、土地红利等传统低成本优势逐步丧失，以及其他更多发展中经济体参与全球竞争，的确又面临着"浮萍经济"的风险。因此，江苏当前所面临的主要任务就是要"扎根"其中。这就要求江苏省在继续发挥传统比较优势的同时，在完善市场机制、提高制度质量、完善产业配套环境、提高政府效率、降低税费、进一步完善基础设施以及提高法制化水平等方面，做足做够功课，据此打造出更具竞争力的综合成本优势，为"扎根"全球产业链奠定基础。

第三，加快推进加工贸易的转型升级。有些观点认为，发展加工贸易由于处于全球价值链的低端，获益甚少，同时也难以带来先进技术和提升自主创新能力，难以实现向价值链高端攀升，应该加快从加工贸易向一般贸易的转变。其实，这种看法存在很大的片面性。在当前全球价值链贸易成为全球贸易主导形式的背景下，全球制成品贸易甚至是服务贸易，本质上看大多都是加工贸易。因此，对于江苏进一步融入全球分工体系而言，问题的关键不在于要不要发展加工贸易，而是在于如何发展加工贸易，或者说企业能不能利用加工贸易和全球价值链分工演进所带来的战略机遇，实现更好更快的发展，通过加工贸易的转型升级，实现向全球价值链中高端不断攀升。为此，一是应进一步大力提高本地企业参与加工贸易的程度和水平，推动有实力的本土企业成为承接加工贸易订单的主体。二是努力推动加工贸易产品结构升级，加快向以高新技术产品为主方向演变。三是继续鼓励本土企业尤其是中小企业为跨国公司配套，逐步增加零部件和原材料的国内采购比重，促进加工贸易产业链条向上下游的延伸，提高技术含量和附加值。四是顺应逆向工业化的一般趋势，支持本地企业由贴牌生产向委托设计和自主品牌为主方向转变，通过参与国际竞争和模仿创新，逐步提高自主设计和自主研发水平，促进加工贸易产业链和本地产业的有效融合，形成相互促进的良性循环。

第四，大力发展服务贸易，助推江苏在更高层次上融入全球价值链分工体系。进入 21 世纪以来，伴随信息等技术的突飞猛进，越来越多的传统服务活动，以及原先内嵌于制造业生产环节中的功能性服务环节，成为可贸易的服务。实际上，全球价值链的不断分解，正是建立在不同区段的有效服务链接基础之上。当前全球价值链中的外包业务包括服务外包活动，其范围已经相当广泛，从信息技术外包（ITO）、业务流程外包（BPO）到知识流程外包（KPO）。从服务贸易自身来看，其本身就是全球价值链中相对高端的环节和阶段，因此，大力发展服务贸易，可以在更高层次上融入跨国公司主导的全球价值链。另外，从服务业尤其是生产者服务业与制造业之间的关系来看，在全球价值链不断分解的发展大势之下，服务投入的效率已经越来越成为全球价值链竞争力的关键构成要素，因为在全球价值链贸易—投资—服务纽带上，正是服务将不同经济体的基础设施和企业活动"黏合"在一起。为此，江苏在新一轮的开放型经济发展中，要扩大服务业市场开放、引入竞争，大力承接服务业跨国转移，积极参与世界服务业大调整，承接离岸服务外包与大力发展在岸服务外包，努力打造全球资源整合型服务供应商。

第五，继续大力引进国际先进生产要素，助推江苏产业转型升级。引进国际先进生产要素，是江苏发展开放型经济的经验所在。面临国内国际环境的深刻变化，应正确把握国际产业重组、资本流动、要素转移、技术合作和人才流动等重要战略机遇，在继续大力引进国际先进生产要素、提升国际先进要素聚集能力的同时，注重提升整合各类先进要素进行创新活动的能力。充分发挥通过"引资"带动其他先进要素，比如先进技术、先进管理经验、高级管理人才、研发结构等向江苏集聚。通过集聚更为全面优质的生产要素，尤其是高级管理人才和科技型人才等"外智"，提升江苏在发展开放型经济中优化整合各类先进要素进行创新活动的能力，从而能够有效助推江苏产业的转型升级。

第六，以培育国际化的企业家队伍为重点，加快人才国际化步伐，提升整合全球优质要素能力。在要素全球流动性不断增强以及产品国际生产分割进一步发展的趋势下，决定现在和未来一国或地区产业国际竞争力，以及由此所能获得的分工利益的关键因素，不再取决于生产什么、进口什么和出口什么，而是以什么样的要素、什么层次的要素参与国际分工，参与了什么层次的国际分工，对整个价值链的控制能力有多大。而在所有的要素中，最为重要的、最为关键的要素当属企业家要素。尽管依托各种优势和经过多年的努力，江苏开放型经济形成了一定的要素集聚优势，也是国际生产要素聚集最多的地区之一，并在一定程度上促进了产业发展及转型升级，但是也清醒地看到，到目前为止，整合这些资源进行国际化生产获益最多的，大都是外资企业，江苏大多还只是以要素优势而不是通过企业优势去参与国际竞争与合作。因此，培养具有整合全球资源能力的企业和企业家，已经是当务之急。目前有些实证研究已经表明，在国内产业结构还不具备高级化的先决条件下，中国企业"走出去"的主要动机就是为了获取和整合国外先进技术等要素，以带动国内产业结构的转型升级（王碧珺，2013）。这种可喜的变化在一定程度上说明，我国已经开始认识到全球价值链分工环境下整合全球要素的重要性，并已开始付诸行动。

可以预期的是，不是单纯以要素优势而是以具有整合全球资源能力的企业去参与国际竞争之日，才是江苏步入产业强省之列之时。

第七，将市场规模优势转化为融入全球价值链分工体系的新优势，吸引发达国家跨国公司在江苏进行"逆向创新"，带动江苏产业转型升级。目前，中国已经成为全球第二大经济体，而江苏作为中国开放型经济发展大省，巨大的潜在需求市场规模，理应成为吸引全球先进生产要素的可依托优势。已有研究表明，在全球价值链分工条件下，要素尤其是高端要素流向何地或者说在何地进行生产配置，不仅取决于当地要素成本，同时还取决于当地市场规模。应该看到，前一轮的对外开放中，江苏融入全球价值链分工主要依托的还是要素成本优势，而不是倚重国内需求市场规模优势（这当然也是发展相对落后情况下市场规模优势还没有凸显的原因），包括外资向江苏的大量集聚，主要看重的还是低成本要素优势。而伴随传统低成本要素优势的逐渐减弱，以及国内需求市场规模优势逐渐凸显，依托国内市场规模优势集聚全球先进生产要素，是江苏重要的战略选择。利用潜在的巨大市场规模优势则更能"吸引"国际高端要素向江苏集聚，因为以贴近发展中经济体的市场需求为基础，进行研发创新并以此辐射全球，将成为跨国公司未来发展战略调整的重要方向。因此，在新一轮开放中，江苏应准备把握跨国公司战略调整的动向并及时抓住机遇，努力将可依托的经济规模优势转化为对外经济合作的新优势，提高先进要素"引进来"的能力。这就需要进一步扩大国内市场的开放，充分发挥江苏经济规模总量优势所形成的巨大国内市场虹吸效应。如此，就一定会有一大批研发中心和营销中心乃至跨国公司总部转移到江苏来，由此带动江苏产业的转型升级。

参考文献：

1. 刘仕国、吴海英：《全球价值链和增加值贸易：经济影响、政策启示和统计挑战》，《国际经济评论》2013年第4期。

2. 曾铮、张路路：《全球生产网络体系下中美贸易利益分配的界定——基于中国制造业贸易附加值的研究》，《世界经济研究》2008年第1期。

3. 王岚：《全球价值链分工背景下的附加值贸易：框架、测度和应用》，《经济评论》2013年第3期。

4. 关兵：《附加值贸易统计方法视角下的中国外贸发展状况》，《世界贸易组织动态与研究》2013 年第 3 期。

5. 金京、戴翔、张二震:《全球要素分工背景下的中国产业转型升级》,《中国工业经济》2013 年第 11 期。

作者信息:
研究基地:江苏经济国际化研究基地
承担单位:南京大学
合作单位:江苏省商务厅、中国社科院经济研究所
首席专家:张卫国、裴长洪、马明龙、张二震
课题负责人:张二震
主要参加人员:马明龙、张二震、安礼伟、戴翔、陈思萌、许志瑜、韩剑

江苏应对贸易摩擦对策研究

内容提要：近年来，江苏遭遇的贸易摩擦出现了一些新情况、新问题。主要表现在：遭遇贸易摩擦的产品从传统低附加值的劳动密集型领域不断向高附加值的资本和技术密集型领域拓展；贸易摩擦从主要来自发达国家不断向来自发展中国家蔓延；贸易摩擦领域由微观商品层次不断向宏观经济政策升级，摩擦手段由显性救济措施不断向隐形技术壁垒延伸；等等。而且江苏面临的贸易摩擦将呈常态化、复杂化，将始终贯穿于江苏省从贸易大省走向贸易强省的全过程，应对贸易摩擦是一项长期而艰巨的任务。应对贸易摩擦的思路是：以"互利共赢"的理念和思路发展开放型经济；鼓励对外直接投资，增强企业全球配置资源的能力；做好重点产业贸易摩擦预警工作；建立不同主体之间信息共享与合作机制。

江苏是外贸大省，2012年全省货物进出口贸易额达5480.9亿美元，占同期全国进出口总值的14.2%，其中出口值达3285.4亿美元，占同期全国出口总值的16%。因此，在全国面临的贸易摩擦形势不断严峻的大环境下，江苏首当其冲，在贸易摩擦方面也"走在"了全国的前列。而且在未来可预见的一段时期内，江苏面临的贸易摩擦还有不断加剧之势。开放型经济是江苏的"牛鼻子"经济，不断加剧的贸易摩擦，无疑会对江苏开放型经济发展乃至经济社会发展带来诸多不利影响。因此，如何准确判断江苏面临贸易摩擦新形势，并从理论上深刻剖析江苏贸易摩擦的主要原因，并以"互利共赢"的思路探寻化解贸易摩擦的有效对策，是江苏开放型经济发展面临的重要课题。

一 江苏面临贸易摩擦的新形势

（一）贸易摩擦向产业链上游转移，高附加值产品出口受阻

从加入 WTO 以来江苏遭遇的贸易摩擦情况来看，初期涉案产品基本以纺织品、轻工产品等劳动密集型产品为主，而近年来涉案产品中附加值和技术含量较高的产品逐渐增多，诸如大型扫描仪、数据库、太阳能电池板、风能风塔等一些江苏具有产业优势的新兴产业也开始包含其中。例如，2009 年 3 月 18 日，欧盟曾宣布针对从中国进口的集装箱检测设备大型扫描仪征收反倾销税，江苏有 10 家出口大型扫描仪的企业涉案其中；2010 年欧盟委员会又发布公告，对中国出口的无线宽域网络调制解调器同时发起反倾销及保障措施调查，江苏有 98 家出口企业涉案其中，涉案金额高达 12.22 亿美元；同年，美国对中国出口的数据闪存卡发起 337 调查，江苏有 9 家出口企业涉案，涉案金额超过了 1 亿美元；等等。2011 年，美国又对中国出口的光伏产品进行了"双反"调查，其中江苏有 72 家企业涉案其中，涉案金额高达 12.37 亿美元。与此同时，美国还对中国出口的无线通信设备、网络通信设备、部分具有 3G 功能的无线设备及其同类产品等发起 337 调查，江苏相关出口产品深受其害。2012 年，欧盟对中国出口的晶体硅光伏组件及关键零部件产品发起的"双反"调查，江苏就有 319 家企业涉案，涉案金额高达 94.7 亿美元，创造了江苏遭遇贸易摩擦的历史之最。贸易摩擦涵盖的领域从传统的纺织和轻工蔓延至化工、机电等多个行业，延伸到了名副其实的高技术产品领域。

（二）贸易摩擦不断向发展中国家蔓延并呈加剧之势

改革开放以来的很长一段时间内，江苏所遭遇到的贸易摩擦主要来自发达经济体。然而，近些年来开始逐渐从发达国家向发展中国家蔓延，贸易摩擦呈现出"市场多元化"的发展趋势。甚至来自发展中经济体的贸易摩擦有超越来自发达经济体贸易摩擦的发展之势。例如，就 2008 年全球对中国出口产品进行贸易摩擦的发起来源地来看，由发达经济体发起的涉及江苏的贸易摩擦主要来自加拿大、澳大利亚、美国、欧盟等四大经济体，而由发展中经济体发起的涉及江苏的贸易摩擦，则主要来自巴西、印

度、土耳其、墨西哥、印尼、泰国、巴基斯坦、印度、乌克兰等九个发展中经济体。因此，就贸易摩擦的发起国数量来看，发展中经济体有超越发达经济体的趋势。2009年至2012年的情况也是这样。比如，2012年，由发达经济体发起的涉及江苏的贸易摩擦主要来自美国、澳大利亚、加拿大和欧盟四个经济体，而由发展中经济体发起的涉及江苏的贸易摩擦，则包括来自阿根廷、巴基斯坦、巴西、哈萨克斯坦、白俄罗斯、墨西哥、土耳其、印度等八个发展中经济体。

（三）贸易摩擦从产品摩擦不断向宏观经济政策升级，贸易摩擦呈现多层次性

近年来江苏遭遇贸易摩擦出现的另一突出特点，就是贸易摩擦不断从单个产品逐渐扩散到产业层面，并直抵政策和制度层面。在中国加入WTO初期，江苏遭遇的贸易摩擦案件，基本局限在产品层面。但经过十几年的发展，随着江苏出口产品品种的不断增加和日益多元化，出口商品结构的不断优化和改善，尤其是出口规模的迅速扩张，江苏与国外的贸易争端开始针对某些产品群或产业，贸易摩擦从单个产品层面逐渐向产品群和产业层面乃至政策层面扩散，直接影响江苏的相关产业发展，对政府的产业政策也直接形成挑战。例如，2011年至今，江苏的无缝钢管行业、聚酯纤维行业、柠檬酸、光伏产品被竞争对手从欧美、印度、土耳其等多个市场发起反倾销反补贴调查，省内相关产业安全受到严重影响。再比如，自2004年加拿大首次对华进行反补贴调查以来，江苏屡屡遭遇美欧发起的反补贴调查，许多强制性应诉企业均集中在江苏，政府的土地政策、产业政策、电力政策、信贷政策均频频受到挑战。2010年，美国对我国的新能源政策发起"301调查"，美国国会也企图将人民币汇率政策认定为不公平的出口补贴，都是贸易摩擦向产业、政策层面扩散的具体表现。此外，从江苏所遭遇国外贸易摩擦的实施手段中，同样可以看出贸易摩擦呈多层次化的发展态势。针对低端产品，贸易救济手段主要是价格或数量限制手段；针对中高端产品，主要是技术性贸易壁垒，即通过立法或制定技术法规、标准和合格评定程序来设置障碍；对于涉及知识产权方面的问题，除以侵权为由禁止产品进口以外，还从司法层面构筑知识产权壁垒。对人民币升值施压则针对所有产品和产业层面。

(四) 摩擦手段由显性救济措施不断向隐形技术壁垒延伸

近年来,以产品质量标准为核心的技术贸易壁垒有愈演愈烈的趋势。各种贸易标准壁垒对江苏出口的影响远甚于反倾销、反补贴等传统贸易救济手段。技术性贸易壁垒、绿色贸易壁垒、社会责任标准、知识产权保护等类型的新型贸易摩擦由于与商品对于人类健康、安全以及环境的影响密切相关,具有一定的合理性,此类新型贸易摩擦手段可以占据道德的制高点,发展中国家反对这些贸易措施则可能陷于国际舆论的被动。同时,这些新型贸易摩擦的贸易保护效果良好,保护范围广泛,往往击中发展中国家的软肋。发达国家会以社会利益和环境利益为理由,利用新型贸易摩擦为手段,实施贸易保护主义。近年来,欧盟的REACH法规是对江苏出口影响最为广泛、深远的技术贸易壁垒,美国的雷斯法案影响也较为严重,日本也是使用技术贸易壁垒最多的国家之一,对江苏出口同样造成了巨大冲击。

二 新形势下江苏频繁遭遇贸易摩擦的主要原因

(一) 全球分工演进导致的产业转移是江苏遭遇贸易摩擦不断加剧的根本原因

江苏遭遇贸易摩擦是在全球要素分工深入演进背景下,以比较优势参与全球经济竞争与合作的规律使然。在基于要素可流动的环境中,跨国公司将资本、技术、信息、知识等高级优势生产要素,与发展中国家和地区的低成本劳动力等初级要素相结合,从而将越来越多的人力资本密集型产品甚至技术密集型产品,转移到发展中国家和地区进行生产加工和组装,以发挥低成本制造优势。长期以来,低成本的劳动力优势是我国融入国际分工所依托的重要优势,再辅以拥有良好的基础配套设施、稳定的政治环境和良好的经济环境等,分工演进就会带来如下逻辑:劳动力优势—发达国家产业转移—发达国家民主政治等需要—贸易摩擦频发;劳动力优势—发展中国家同质竞争,缺乏优势—面临国内市场被占,国际市场份额下降—贸易摩擦频发。

（二）江苏出口结构"两端重叠"导致贸易摩擦加剧

最近 10 多年，以信息通信产业为代表的高科技产品在江苏出口产品中的比重不断提高。在这些高新技术产业中，在并不具备完整的制造能力，甚至还没有掌握核心环节的条件下，江苏已经成为世界最重要的生产地和出口地。高新技术产业的发展与国际分工方式的演变和江苏在其中扮演的角色密切相关。20 世纪 90 年代以来，国际产品内分工快速发展，每个国家专业化生产最终产品的特定环节，形成跨国公司主导的国际生产网络，而江苏在国际生产网络中主要扮演着加工组装的角色。产品内分工在信息通信产业中最为发达，江苏抓住机遇，迅速成为全球重要的加工组装地之一。这导致产业上与发达国家和一些发展中国家的产业出现"高端重合"，竞争在短时间加剧，贸易摩擦成为必然。

同时，江苏在传统产业上仍然保持较强的竞争力，制造能力和成本优势依然明显，这与贸易伙伴国产业可能形成"低端重合"，这种"低端重合"可能影响贸易伙伴的就业（比如发达国家）和产业成长（比如发展中国家），因此贸易摩擦也呈现出"市场多元化"的特征。

（三）全球经济低迷成为贸易摩擦加剧的直接原因

美国和欧盟是主要的出口市场，这两个经济体已经历较长时期的经济衰退，而且仍然没有出现明显持续的复苏迹象。一国的贸易政策是利益集团博弈的结果，经济衰退时贸易保护主义就会抬头，通过贸易保护政府一方面想保护就业，另一方面减少进口以扩大对本国产品的需求。因此，稍加观察便会发现，贸易保护政策措施的出台和使用频率，通常与经济不景气或者说经济衰退及其复苏的进程密切相关。在全球经济衰退背景下，尽管中国出口也在放缓，但是在全球贸易中的相对地位却在上升，2009 年中国出口贸易超过德国而成为全球第一大出口国。这样，中国遭遇的贸易摩擦出现上升的趋势也就不足为奇了。

（四）危机冲击后抢占全球产业制高点是贸易摩擦向战略性新兴产业蔓延的重要促成因素

江苏是开放型经济发展的领先者，也是产业结构转型和新兴产业培育和发展的领跑者。2012 年江苏省战略性新兴产业增势强劲，新能源、新材料、生物技术和新医药、节能环保、新一代信息技术和软件、物联网和云计算、高端装备制造、新能源汽车、智能电网和海洋工程等新兴产业全年销售收入达40059.9亿元,比2011年增长19.6%。可以预见,各国新兴产业发展竞争必然伴随着贸易摩擦的出现,中国太阳能光伏和风能产品出口自2011年开始连续遭遇美欧"双反"调查就是其中一个案例。

(五)贸易摩擦预警和应对机制不够健全是贸易摩擦的重要内因

贸易摩擦是有前兆的,并且可能包括摩擦发起国主动发出的贸易保护警示。因此,建立合理的预警体系,并且使得预警信息能够被有效传递至相关企业,以便对预警信息做出合理的反应,是预防贸易摩擦非常重要的措施。目前,不论是国家层面还是江苏省在这方面都做得不够。同时也应该看到,有些贸易摩擦是难以避免的,关键是要有合理的应对机制,以争取应有的合法权益,将损失降到最低。所谓应对机制就不能是个案处理性质的,而是要建立一整套规范化的应对程序和体系,在这方面我国也有所欠缺。

此外,产能过剩和内销渠道不畅也是贸易摩擦的重要原因。产能过剩再加上内销环境差、内需不足导致国内市场容量小,企业被迫转为外销,加之无序竞争、单纯的低成本价格竞争,必然导致贸易摩擦。

三 新形势下江苏应对贸易摩擦面临的主要挑战

(一)全球贸易新格局让江苏面临两端受敌

江苏省在产业的高低两端都面临激烈国际竞争,这种特点使得江苏在高端和传统产业都会遭遇贸易摩擦。一方面,更多其他发展中国家加入到全球竞争中来,并正在加快其工业化进程,在许多传统的劳动密集型和低附加值产业领域,将与江苏省产品出口展开正面竞争。巴西、印度、土耳其、阿根廷、泰国等发展中国家为了自身发展的需要,加强对华贸易保护,为其国内相关产业发展赢得时间与空间。另一方面,以美国等为代表的发达国家的"再工业化"、启动所谓"第三次工业革命",势必启动贸易保护措施,以抢占新一轮的全球产业发展制高点。在这样的背景下,江苏产业发展和出口贸易势必两端受压,产业转型升级在一定程度上受到影响。此时贸易摩擦更多的是产业间的正面冲突，即使没有政治因素的叠加，贸易摩擦形势仍然会十分严重。而且，一旦遭遇贸易摩擦，游说空间也会缩小，增加应对的难度。这是新形势下江苏应对贸易摩擦面临的主要挑战之一。

（二）发展中国家贸易救济调查规范性不足，增加应对工作难度

近期江苏遭遇来自巴西、阿根廷、土耳其、泰国等发展中国家的贸易摩擦案件增长的趋势明显，而来自发展中国家的贸易摩擦，相比来自欧、美等发达经济体，应对起来可能难度更大。因为欧、美、日市场是江苏出口产品的传统主打市场，从制度建设到程序履行都比较规范而且严格，市场秩序良好，有章可循，而且我国出口到欧、美、日等发达经济体的产品品质相对而言也高一些。相比之下，新兴市场体由于经济发展和制度建设都比较落后，同时也是江苏出口企业开拓相对比较晚的市场，各方面还不够规范和成熟，因此在信息披露、纠纷处理等方面都不够顺畅，一旦与江苏省发生贸易摩擦，往往导致应对工作难度加大。诸如巴西、阿根廷等拉美国家至今仍基本采取"一国一税"的做法，在与江苏省发生贸易摩擦时，由于应对难度大、风险高，对企业的应诉积极性也会产生严重的挫伤。此外，拉美国家多使用西班牙语和葡萄牙语，语言障碍大。江苏省对外经贸人才中，熟悉当地语言、文化、法律、贸易规则等的人相对较少，况且发展中国家对江苏省贸易救济增多也是这几年才出现的趋势，应对经验相对不足。因此，应对来自这些地区的贸易摩擦，无论对政府、协会，还是企业、律师，难度都会很大。这是新形势下江苏应对贸易摩擦面临的另一重要挑战。

（三）贸易摩擦手段多样化使得应对工作复杂化

随着以贸易和投资自由化为主要内容的经济全球化深入发展，传统贸易保护措施或者说传统贸易救济手段的作用越来越弱，但许多国家在特定的发展阶段基于特定的经济发展目的，对贸易保护的需求却并不一定随之减弱。因此，当传统贸易救济措施对国内市场保护作用越来越乏力的时候，名目繁多的其他贸易救济措施和保护手段就会层出不穷。根据加入WTO议定书，2016年我国在WTO的非市场经济地位将到期。我国一旦享受市场经济地位，国外对我采取反倾销等措施的贸易保护效果必定大不

如前,因此欧、美等发达经济体现已开始着手准备在相关规则到期后,对华进行贸易摩擦的相关手段。近期美、欧倾向于对我加强反补贴调查等政策性贸易手段。2011年5月份,欧盟对华做出的对华铜版纸"双反案",是欧盟第一次对华做出反补贴终裁案。欧、美现在加强对华适用反补贴措施,可以积累经验,了解情况,在我取得市场经济地位后加强对我反补贴调查。而有些贸易保护主义措施,比如为了环保、国民健康、安全和社会责任等确立的技术性贸易壁垒和保护措施,还会超出世界贸易组织现有协定与协议的约束范围,难以判断正当还是不正当,应对和解决起来难度会进一步加大。

四 江苏应对贸易摩擦存在的问题

(一) 应对贸易摩擦的总体思路缺乏"互利共赢"的理念

当中国变身全球第二大经济体和第一大贸易国后,"互利共赢"的含义也随之发生了变化,此时的"互利共赢"不仅意味着我们要关注自身的利益,同时也要关注别国利益;不仅意味着我们要从贸易自由化中获取分工利益,也要注重贸易自由化对部分国家可能产生的冲击和不利影响。例如,在自由贸易下,由于受到资产专用性约束,要素并不能够总像李嘉图所讲的那样能够从比较劣势部门迅速转移到比较优势部门,自由贸易的结果有时会使得比较劣势部门的劳动力要么失业,要么转向收入更低的行业,即便可以转向其他行业,工作的转换也需要假以时日,在此过程中蒙受"失业之苦"是经常存在的。因此,贸易摩擦增多,是中国变身全球第二大经济体和世界贸易大国的伴生现象,具有一定的必然性。从某种意义上说,贸易摩擦实质上是"利益冲突"激化的结果,化解摩擦的思路也应该从"互利共赢"的角度寻找最优对策。

江苏省在肯定前期应对贸易摩擦工作中所取得成就的同时,也应当看到,通常所采取的应对策略往往是"为应对而应对",使用的手段是努力做到"见招拆招",是就贸易摩擦而看贸易摩擦。这种应对贸易摩擦的思路和措施,即便能够取得卓有成效的结果,往往也是治标不治本,即难以从根本上避免贸易摩擦的发生,或者是至少尽量减少贸易摩擦的发生。而如何将"互利共赢"新理念真正贯穿到对外贸易的发展战略中来,才是有效应对贸易摩擦的根本之道,才能真正防贸易摩擦于未然。

(二) 未能将贸易政策和产业政策的协调有效应用于解决贸易摩擦

在开放经济条件下,一国产业发展和成长或者说国际竞争力的培育无须完全依托国内市场,国内国际两个市场均可利用,但问题的关键在于,当我们把产业发展几乎完全寄托于国际市场时,尤其是战略性新兴产业的培育和发展,是与我国倡导的经济转型升级的初衷和目标相悖的。作为经济转型升级重要内容的产业转型升级,最终并非是为了迎合国际市场的需求,而是要为本国经济发展服务。诸如太阳能光伏产业这样的战略性新兴产业,当其产值的90%用于出口时,这不仅说明这种新兴产业的发展成果没有被国内所"享用",同时也说明其对国内相关产业的转型升级和发展所做贡献可能极其有限,尤其是在当前全球价值链分工模式下,"两头在外"的特征决定了如果其最终产品不能在国内使用时,由于其在国内价值链相对较短,对国内相关产业发展和转型升级的带动作用必然相对较弱。而出现这一问题的根源实则在于贸易政策和产业政策缺乏协调。从这一意义上说,促进贸易政策和产业政策的协调,不仅能够将更多的产业发展成果真正运用于经济转型升级的需要,也能够在很大程度上避免由于"过多的产能"输出而引发的贸易摩擦。

(三) 企业整体应诉能力较弱以及应诉积极性不高

一是企业内部管理不规范,尤其是财务制度需要进一步加以完善。在江苏省遭遇的贸易摩擦中,部分涉案企业是中小企业,甚至是家庭作坊,生产、销售、库存台账不健全,财务管理不善,有些企业甚至没有财务管理,更谈不上每年进行年度审计了,这些都给应诉工作造成很大困难,使企业的胜诉概率大大降低。二是企业承受能力不足。在应对贸易摩擦过程中,企业不仅花费大量的时间、精力,还动辄几十万元的应诉费用,因此,有很大一部分中小企业常常会因为"不堪重负"而望而却步,有的是早早退出,有的则干脆不参与应诉,导致应诉率或者胜诉率下降,容易丢失已经占领的市场。三是缺乏专门人才。江苏省出口企业与全国出口企业相比,存在一个共同问题就是,企业大多缺乏既熟悉财务管理又知晓涉外法律和英语的真正复合型高级国际商务人才。在应诉过程中,往往不能在有限的时间内,配合律师完成应诉证据的准备工作,极易导致应诉的失利，致使应诉的成功率下降。

(四) 信息捕捉能力不强，尤其是信息传递不通畅

从政府、中介组织到企业，及时捕捉信息是有效应对贸易摩擦的重要前提。但是在政府、中介组织到企业之间，往往存在着信息收集、传递与反馈的渠道不畅、时效滞后的问题，没有形成良好的信息沟通和互动局面。进出口商会对中小企业和非会员企业了解不足，企业难以及时得到立案信息，存在着信息传递不畅的问题。政府也在努力为出口企业应对贸易摩擦而建立各种信息传递渠道，但尽管如此，由于缺乏不同主体之间的互动，信息传递效率仍然不尽如人意。比如，虽然江苏省商务厅已经建立了一个"江苏省进出口公平贸易综合预警平台"，为省内出口企业获取产品预警信息提供帮助和服务，但对此重要的信息平台，很多企业仍然不知道该如何获取或者通过什么样的渠道获取产品预警信息。对于预警点的申报，很多出口企业并不知晓，或者即便知道，但对如何具体操作往往也是缺乏基本的了解。

五 新形势下江苏应对贸易摩擦的对策

(一) 以"互利共赢"的理念和思路发展开放型经济

党的十八大报告中再次强调指出，要完善"互利共赢"的开放型经济体系。"互利共赢"不仅为今后一个时期进一步扩大开放、全面提高开放型经济水平指明了方向，同样也为有效应对贸易摩擦提供了政策思路。尽管按照比较优势进行国际分工能够实现"双赢"，但是应该认识到进口国产业调整不是一蹴而就的，调整期往往伴随特定产业和特定群体受损，这往往就是贸易摩擦的起因。因此，在宏观产业发展规划上要充分考虑到这一点，避免一个容易导致贸易摩擦的产业在短期内出现产能和出口持续快速增长的情形。要充分意识到中国作为一个巨型经济体的外溢效应，努力提高中国经济发展对其他经济体发展的包容性。在微观上，出口企业要努力避免短期依靠产能和成本优势在国际市场"攻城略地"、"赶尽杀绝"的做法，学会与竞争对手合作双赢。在这个意义上，"双赢"更多意味着短期妥协以寻求长期可持续发展。当然"双赢"思路也体现在贸易争端

的解决中,比如最近中欧关于光伏产品贸易摩擦的解决就充分体现了双赢的思路。

因此,产业和贸易发展在服务于自身发展利益需求的同时,也要关注他国的利益,为他国的产业发展和就业等留出空间,形成一种"互利共赢"的竞合关系。总之,唯有将"互利共赢"的理念真正贯穿于我们参与全球分工和贸易的方式,在全球价值链分工体系下构建起真正的相互依存关系,才能更为有效地应对甚至是避免贸易摩擦。在这个意义上,产业政策需要和贸易政策相融合。

(二) 鼓励对外直接投资,增强企业全球配置资源的能力

发展中经济体对外直接投资的快速增长是重要趋势,中国近些年来趋势尤其明显,这是经济全球化深入发展的必然要求。开展对外直接投资,在全球要素分工体系下,不仅有利于在更广阔的空间里进行经济结构调整和资源优化配置,更好地从全球获取资金、技术、市场、战略资源,拓展经济发展空间,提升经济国际竞争力,增强经济发展的动力和后劲。同时,也是江苏外向型企业在遭遇贸易摩擦后,通过"走出去"方式规避国外贸易救济措施的有效路径。通过鼓励本土企业"走出去",在全球范围内整合和配置资源,以新的方式融入甚至是掌控全球价值链,不仅有利于获取更高的分工利益,还能有效降低因"简单扩大出口"而不断遭遇的严峻贸易摩擦。

(三) 做好重点产业贸易摩擦预警工作

一个有效的预警体系不是能够预测到贸易摩擦的发生,而是要避免贸易摩擦的发生。因此,贸易摩擦预警体系的作用主要在于"提醒"贸易摩擦的可能性以使得有关各方做出合理的反应来减小贸易摩擦发生的可能性。

重点产业首先应该是在产业结构中占据一定地位的产业,包括两类产业:第一是容易发生贸易摩擦的产业;第二是即便贸易摩擦的可能性较低,但是一旦发生就会对产业发展甚至总体经济发展产生严重损害的产业。这两类产业要作为预警的重点。可以说建立贸易摩擦跟踪与预警机制是目前江苏省应对贸易摩擦操作层面亟须完成而且可以完成的有效对策。由于产业结构上的特点,全国层面或者其他地区的预警体系并不能有效服

务于江苏贸易的发展。

(四) 建立不同主体之间信息共享与合作机制

从信息共享的角度看,首先预警体系能够建立离不开不同主体信息的共享,其次预警体系发挥作用离不开信息共享。江苏作为一个省,信息共享还有特定含义,因为贸易摩擦往往是以国家(经济体)为主体的,因此信息共享还意味着江苏省需要与国家有关部门和团体保持信息的沟通,甚至和国外相关主体的信息沟通。

贸易摩擦的降低除了合理提供预警信息外,还需要各主体对预警信息做出合理反应;有效的出口贸易离不开各主体的合作;合作双赢的贸易发展模式离不开各主体的"自律"。总之,相关主体的合作是贸易摩擦预防和有效解决的前提。对于贸易摩擦,目前"个案处理"的特点还比较明显,也就是个案都依靠政府的"指导"和"协调",缺乏一套有效机制,这种机制可以在不同的案件处理中被重复。这种贸易摩擦预防和处理机制应该是未来策略研究的重点之一。在目前情况下,短期内政府还需要承担贸易摩擦应对的"主体"角色,而不管是预警体系的建立还是组织应对都需要资金投入,因此建议参照其他省市并考虑到江苏贸易规模和贸易结构特点,增加对商务厅专项资金的预算,使其有能力有效组织贸易摩擦预警体系的构架和贸易摩擦的应对。

参考文献:

1. 鲍晓华:《反倾销措施的贸易救济效果评估》,《经济研究》2007 年第 2 期。
2. 闫克远、王爽、张曙宵:《中国遭遇贸易摩擦的必然性和合理性研究》,《经济学家》2011 年第 10 期。
3. 李猛、于津平:《贸易摩擦、贸易壁垒与中国对外直接投资研究》,《世界经济研究》2013 年第 4 期。
4. 李钢:《强化贸易政策和产业政策协调若干问题研究》,《国际贸易》2013 年第 3 期。
5. 张雨、戴翔:《出口产品升级和市场多元化能够缓解我国贸易摩擦吗?》,《世界经济研究》2013 年第 6 期。
6. Giovanni J. D, Levchenko A. A., "Putting the parts together: trade, vertical linkages, and business cycle co-movement", *American Economic Journal: Macroeconomics*, Vol. 2, No. 2, 2010.

7. Gangnes, Byron, Alyson C. Ma and Ari Van Assche, "Global Value Chains and the Transmission of Business Cycle Shocks", *ADB Economics Working Paper Series*, No. 329, June, 2012.

作者信息：
研究基地：江苏经济国际化研究基地
承担单位：南京大学
合作单位：江苏省商务厅、中国社科院经济研究所
首席专家：张卫国、裴长洪、马明龙、张二震
课题负责人：张二震
主要参加人员：马明龙、张二震、安礼伟、戴翔、孔祥林、李俊、欧阳嫄、丁平、陈思萌、许志瑜

江苏企业"走出去"的
国际战略环境监测研究

内容提要：积极推动江苏企业"走出去"战略是江苏当前和今后经济发展阶段的必然选择，但江苏企业"走出去"过程中每一个环节都存在一定风险。本文通过对江苏"走出去"战略的发展现状和战略环境进行分析，构建江苏"走出去"战略环境的监测指标体系，利用 TRS 平台对江苏企业"走出去"面临的战略环境风险进行监测。结果表明，江苏企业"走出去"的战略环境风险主要来自国际社会环境、国际经济环境和国际政治环境。建议：一是加强对东道国社会环境评估，建立有针对性的风险规避机制；二是引导企业建立国际金融管理制度体系，防范经济风险冲击；三是建立国际政治评估、监控和预警机制。

一　引　言

目前江苏开放型经济进入了"双向开放"新阶段，加快江苏企业"走出去"，积极开展境外投资，是江苏开放型经济新阶段的必然选择。截至 2012 年底，江苏对外投资累计 138.6 亿美元，累计对外投资项目 2937 个，据国家商务部数据显示，江苏对外投资居全国第三。江苏企业国际化进入快速发展的新时期，"走出去"规模和质量均呈现良好发展态势。

与国内一般投资项目相比，对外投资项目受众多因素的影响，特别是国际环境、国与国之间的关系、所在国政局变化等因素在时间和空间上所演化的情景是一个无法控制的变量，情景的不确定性必将使得江苏企业的海外投资项目无论是从筹划、设计、建造，还是到竣工后投入使用都面临比国内投资项目更复杂的问题和更广的风险"敞口"。企业"走出去"过程中每一个环节都存在风险，且任何一个环节因素的干扰都有可能给企业海外投资项目的金三角（时间、成本、质量）带来不小的损伤。尤其近年来国际政治经济环境变化显著，江苏省企业面临的诸多风险也随之突显，已成为江苏省企业"走出去"过程中不可忽视的问题。因此，在这个特殊国际背景下，针对江苏企业"走出去"的国际战略环境进行监测，及时掌握国际政治经济环境的变化方向、内容，以及江苏企业面临的主要战略风险，对于提前识别各种战略风险、做好危机防范，为江苏政府部门做出科学合理决策提供依据，具有重要的现实意义和实践价值。

二 江苏企业"走出去"战略的发展现状分析

（一）江苏企业"走出去"总体情况

2000年以来，江苏对外投资步伐加快，如图1所示，其中2013年新批境外投资项目数605个，比上年增长5.8%；境外投资中方协议投资额61.43亿美元，增长21.8%。全年新签对外承包工程合同额86.6亿美元，比上年增长20.3%；新签对外承包工程完成营业额72.6亿美元，增长12.3%。从对外投资最早始于1987年，发展到2008—2012年间共有78家

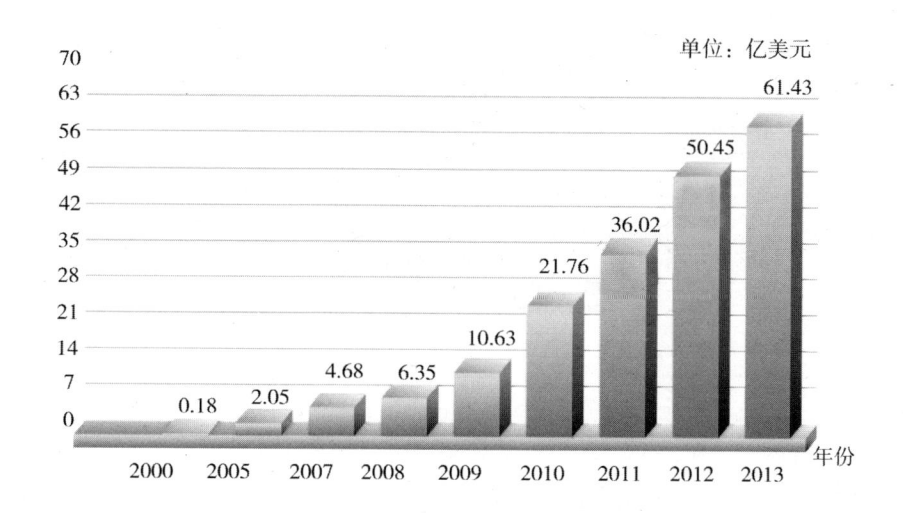

图1 江苏历年对外投资数据

企业开展了对外投资活动,体现出近五年来江苏企业"走出去"步伐加快的趋势,而这与政府"走出去"战略的深入推行是紧密相关的。从对外投资企业的性质来看,民营企业占据绝对份额,共有 100 家。截至 2012 年底,全省民营企业对外投资项目累计达 1808 个,中方协议投资额 91.6 亿美元,均约占全省的 2/3。为此民营企业已经成为江苏企业对外投资的主力军。此外,苏南地区成为江苏省开展境外投资的集聚地。2012 年,苏州、无锡、南京、常州四市对外投资中方协议投资额占全省比重超过六成。

(二) 对外投资领域广泛,制造业成为首选

从对外投资的领域来看,行业分布广泛,几乎涉及国民经济所有领域,制造业是首选,占到投资企业总数的 63.9%;服务业紧随其后,约占 22.2%;农业、资源采选业也有涉足,但比重较小(图 2)。这种产业分布格局也恰好与江苏省优势产业的发展格局相符,表明优势行业的迅速发展为企业对外投资创造了良好的基础条件。

当前江苏省对外投资领域已由初期的贸易、餐饮业逐步拓展到生产制造、资源开发、批发零售、商务服务和研发等领域,实现了由商品输出向产业输出转变,由引进形成主导产业向输出转移比较优势产业转变。2012 年,全省制造业对外投资规模成倍增长,中方协议投资额占全省的 1/5。

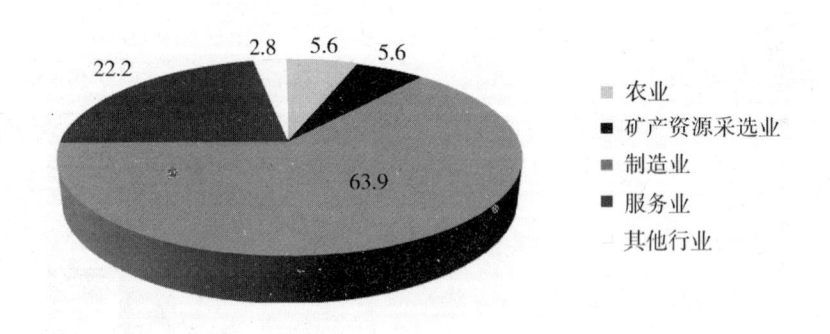

图 2 江苏对外投资结构(单位:%)

(三) 江苏企业"走出去"对外投资形式多样化

江苏从贸易投资起步,经过绿地投资、参股投资,逐步提升到项目并

购和境外上市,形成了由贸易投资到产业投资再到资本运营的升级。积极发展境外经贸合作区,推动企业以集聚方式开展经济合作。截至2012年底,柬埔寨西港经济特区建设初见成效,启动区已基本建成,基础设施和配套生活设施日趋完善。埃塞俄比亚东方工业园2平方公里启动区建设进展顺利,基本完成基础设施建设。

(四)江苏企业对外投资区域遍布全球

当前,江苏对外投资区域遍布全球137个国家和地区,呈现出市场多元化扩展的良好势头。2013年,全省企业赴亚洲、非洲、欧洲、拉丁美洲、北美洲、大洋洲地区投资规模分别占69.19%、1.17%、12.06%、4.01%、8.78%、4.78%(表1)。

表1　　　　　　　　2013年江苏进出口贸易国际市场分布　　　单位:万美元、%

主要市场	出口金额	出口占比	进口金额	进口占比
总值	32885683		22198752	
亚洲	15678623	47.68	15359578	69.19
中国香港	3683411	11.20	61403	0.28
日本	3123705	9.50	2976946	13.41
中国台湾	1196511	3.64	3115886	14.04
韩国	1674680	5.09	4151041	18.70
东盟	3344372	10.17	2299347	10.36
中东	1411364	4.29	769007	3.46
非洲	929883	2.83	259367	1.17
欧洲	6455471	19.63	2677742	12.06
欧盟	5712101	17.37	2415175	10.88
拉丁美洲	1982221	6.03	889340	4.01
北美洲	7030828	21.38	1949272	8.78
美国	6543011	19.90	1655496	7.46
大洋洲	808658	2.46	1060433	4.78
澳大利亚	629437	1.91	950086	4.28

三 江苏企业"走出去"国际战略环境的 PEST 分析

国际战略环境是国家安全和发展的国际条件,对实现国家的战略目标和战略利益有重大的影响,并决定或制约着一个国家政治、军事、经济斗争的对象和敌友关系以及采取的方针、政策和策略,也是影响江苏企业"走出去"战略的重要宏观力量。国际战略环境包括国际政治法律环境(Political Factors)、国际经济环境(Economic Factors)、国际社会文化环境(Sociocultural Factors)和技术环境(Technological Factors)。本文通过运用 PEST 分析,对江苏企业"走出去"的国际战略环境进行分析,利于把握江苏企业"走出去"的国际战略环境动态特征和发展趋势。

(一)国际政治法律环境分析

当前,国际政治法律环境整体趋于稳定,为江苏企业实施"走出去"战略创造了良好的历史机遇。但由于全球政治的"再平衡时代",尤其是美国战略调整与区域民主化两股力量激荡,给江苏企业"走出去"战略制造了各种挑战(图3),如自 2010 年突尼斯爆发"茉莉花革命"以来,已相继发生了埃及、利比亚、叙利亚等国家政局震荡。目前这种"传染力"尚未消减,已"传染"到乌克兰。从上述国家政局动荡的影响来看,江苏企业都或多或少地遭受到政局不稳所带来的经济损失。

从江苏企业"走出去"区域分布来看,主要集中在亚洲、拉丁美洲和欧洲等地区,其中亚洲占比为 53.2%,而亚洲国家在美国再平衡战略影响下也都在推进自我版本的再平衡战略,如日本、韩国、印度、澳大利亚等国家,塑造了东亚地缘政治风险升高。

除国家政局动荡之外,恐怖活动、内部治安混乱等,也对江苏企业"走出去"带来威胁,如一些国家和地区治安状况堪忧,中资企业人员在境外遭绑架和恐怖袭击等不安全因素有增长的趋势。中东、北非等一些国家的政权更迭,引发经济政策改变,导致市场风险加大。特别是突尼斯、埃及、利比亚、科特迪瓦、叙利亚等国相继出现动乱。

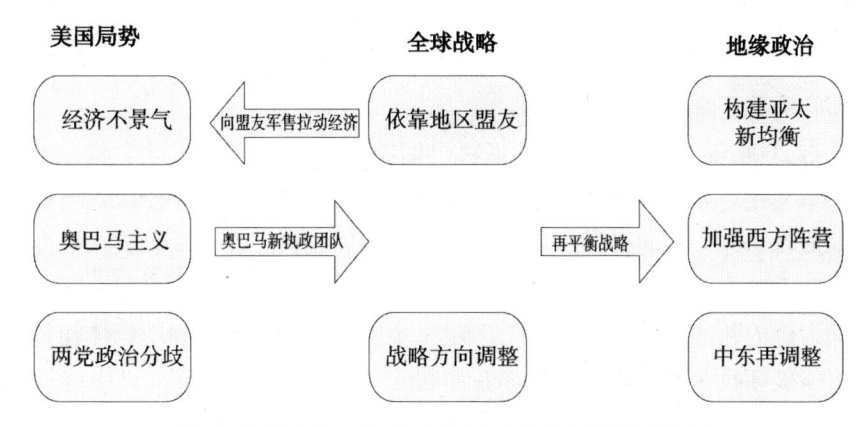

图3 美国局势对全球以及地缘政治格局的塑造作用

(二) 国际经济环境分析

当前，世界经济仍处于后金融危机时代，这一时代背景下的世界格局呈现出"南升北降"、"东升西降"、"新升老降"、"民升官降"的特点。其中"南升北降"指发达国家与发展中国家实力此消彼长。以中国为代表的新兴经济体成为世界经济复苏的火车头。"东升西降"指亚太在全球经济中所占份额显著增大，亚太新兴经济体"扎堆"崛起，世界财富重心"东移"，各方"逐鹿亚太"。"新升老降"指新兴大国与西方大国此消彼长。"民升官降"指随着全球化与信息化深入演进，国际关系的行为体更趋多元化，"全球公民社会"渐具雏形，主权国家的中心角色被削弱，政府权威面临国内乃至国际社会的挑战。

国际经济领域的贸易保护主义抬头、复杂的国际政治经济形势等不利因素也致使江苏省企业"走出去"风险不断增大，如许多发达国家针对我国设置了贸易、投资和技术壁垒，国际上流传的"中国威胁论"更是增加了开拓国际市场的难度；国际货币汇率波动频繁，汇率风险增加，经济刺激计划投入的巨额资金所引发的货币超发，加入了市场的通胀预期，推高了市场利率，增加了企业融资成本。

(三) 国际社会文化环境分析

在企业境外投资过程中，社会文化环境是影响企业跨国经营最为复杂、最为深刻和最为重要的变量。社会文化环境蕴含着社会阶层、家庭结构、风俗习惯、宗教信仰等因素，社会文化差异性是企业"走出去"战略中所面临的首要难题。

自2004年以来，中国已在近百个国家建立300多所孔子学院，来传播中华文化。尤其是2008年北京奥运会、2010年上海世博会和广州亚运会的成功举办，都向世界彰显当代中国的发展成就。江苏南京成功申办亚青会和青奥会，对扩大江苏在全球范围的影响起到重要推动作用。但是以美国为首的西方资本主义国家出于遏制中国的目的，不断利用媒体和软遏制策略破坏我国的国际形象，如新殖民主义、中国"间谍"、"中国掠夺能源"等，这对江苏企业"走出去"战略造成冲击和挑战。

（四）国际技术环境分析

自从20世纪50年代以来，以微电子技术、生物技术、航空航天技术、新能源和新材料等为代表的世界第五次科技革命迅猛发展，对世界各国的社会和经济发展都产生越来越深刻的影响，以科技创新为核心的综合国力的竞争已经成为当今世界国家竞争的主要特征。然而，当前西方发达国家垄断了先进技术，并制定了一系列技术标准，并将其标准作为国际标准在世界范围内推广，严重影响了江苏企业（未达到所谓的国际标准）实施"走出去"战略。

四　江苏企业"走出去"的国际战略环境监测指标体系构建

（一）江苏企业"走出去"的国际战略环境监测指标与维度

基于前文PEST分析，可以将国际战略环境影响划分为政治环境影响、经济环境影响、社会环境影响、文化环境影响、技术环境影响，这些环境要素之间相互作用、相互影响，共同决定着企业"走出去"的国际战略环境。为此，对江苏企业"走出去"的国际战略环境进行监测的基础是对其政治环境、经济环境、社会环境、文化环境、技术环境进行监测。如表2所示。

表 2　　江苏企业"走出去"的国际战略环境监测指标体系

一级指标维度	二级指标维度
政治环境	政局动荡
	制度差异
	法律限制
	违约风险
	政治冲突
	大国关系
经济环境	汇率风险
	企业经营风险
	市场竞争风险
	投资损失
社会环境	社会动乱
	冲突
	突发事件
	治安犯罪
文化环境	文化差异
	宗教冲突
	制度差异
	国家形象
技术环境	技术限制
	技术壁垒
	管理制度落后
	人才稀缺
其他	自然灾害风险
	突发风险

（1）政治环境：政治环境是企业实施国际化战略的外部宏观环境，既包括企业投资所在东道国政治信用环境、政策风险、法律限制以及制度上的差异，也包括国际整体政治局势的稳定和世界主要经济体间的关系。

(2) 经济环境：从经济环境维度分析，企业"走出去"除了面临汇率波动带来的风险外，还面临激烈的外部市场竞争，使得企业在投资、生产、销售以及管理方面面临更多不确定性。另外，企业在国外经营环境与各国在文化和宗教信仰上存在着差异，同时所投资的国家和区域对我国国家形象的认知也对企业的经营和生存环境产生影响，如"中国制造"已经成为我国企业生产的代名词。

(3) 社会环境：社会环境的稳定与否是影响企业海外经营的主要因素，社会动乱、群体性事件以及经营排外都会影响企业"走出去"经营战略的实施环境。

(4) 文化环境：文化环境主要包括文化差异、宗教冲突、制度差异、国家形象等。

(5) 技术环境：面对长期以来占据技术创新高地的国外企业，能否打破技术壁垒实现技术创新，提高人才的国际化水平是我国企业"走出去"面临的技术环境。

除此之外，自然灾害等不可预期的突发性事件也应纳入战略环境的监测体系当中。

(二) 监测情报源

本课题研究基于河海大学情报监测实验室的网络情报监测系统 TRS 建立情报源，对江苏省企业"走出去"战略环境要素进行监测。监测情报源是国际战略环境情报的来源，也是国际战略环境监测的范围。监测指标体系在一定程度上决定了信息源，但信息源不能仅限于此，否则容易忽略一些重要情报。为此，需要根据企业"走出去"战略环境的主题，筛选具有代表性，能反映企业国际化发展战略环境的情报监测源。为了能够尽可能全面地反映江苏企业"走出去"的战略环境，笔者确定了诸如"走出去"服务专网、江苏商务厅、路透财经等40个权威网站作为监测情报源。

五 基于TRS的江苏企业"走出去"的国际战略环境监测结果分析

按照监测情报流程，运用情报监测软件对企业"走出去"战略环境监测指标进行情报抓取，截至2014年2月28日19点20分，情报监测源中抓取初始情报条目数统计见图4。

图4的统计结果显示,在监测的关键指标中,江苏企业所面临的社会风险最为复杂,不确定性也最高;其次是政治风险和文化风险,而经济风险和技术风险在初次统计中相对宽松。为了更好地分析影响企业"走出去"面临战略环境的影响因素,将对政治战略环境、经济战略环境、社会战略环境、文化战略环境、技术战略环境和其他战略环境再进一步细分,以便得到更加详尽的结果。

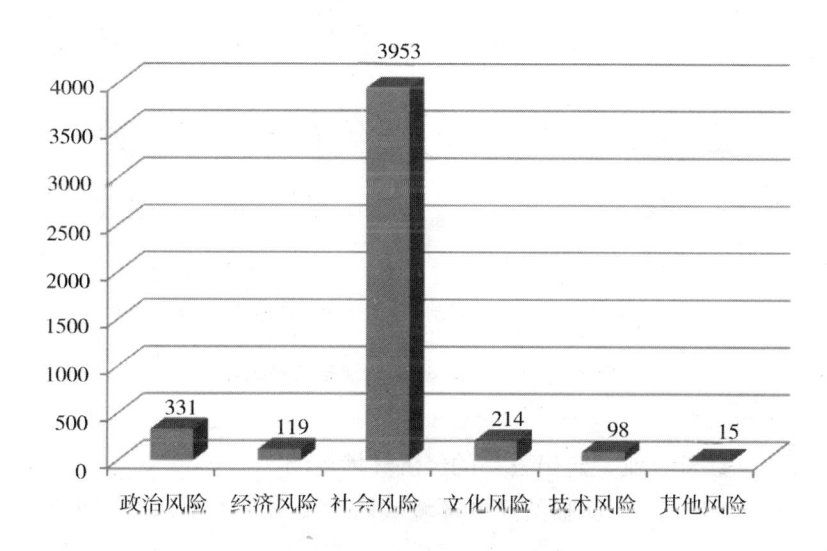

图4 企业国际战略环境初始情报监测统计

(一) 江苏企业"走出去"的政治环境监测

图5显示,企业国际政治战略环境中,主要的决定因素来自东道主国家及其企业的违约风险和当前国际政治情形下大国关系。首先,在企业"走出去"国际战略中,企业要跟东道主国家及其企业进行深入的合作,在合作中有时不可避免地会出现分歧及误解,容易产生违约情况,违约风险可能性很高。其次,在如今的环境下,国与国之间的关系很大程度上决定了企业在他国的经营活动,大国关系也就成了影响企业"走出去"国际战略的重要因素。再次,政治制度和国家政局的动荡。不考虑东道主国家的政治制度,企业就无法在当地良好地运作。国家政局的动荡则会影响企业在当地的正常活动,而且可能使企业在动荡中遭受巨大损失。因此这

几项指标的影响相对较大,而法律和制度上的差异对企业国际政治战略环境的影响相对较小,这也表明在企业国际战略环境中,大国之间的关系和企业、东道主国家的违约以及东道主国家的政治稳定决定着企业海外经营的政治战略环境。相较而言,法律限制和制度上的差异影响较小,并且随着经济全球化趋势的提升,两者对企业经营国际战略环境的影响会逐渐弱化。

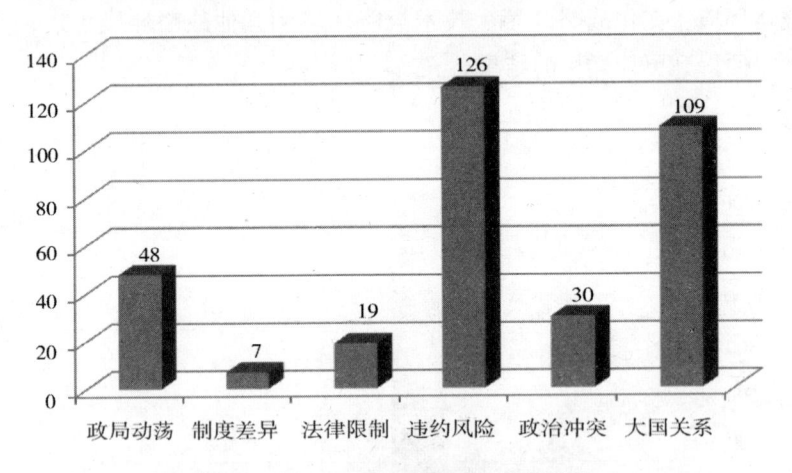

图5　企业政治环境初始情报监测统计

(二) 江苏企业"走出去"的经济环境监测

企业"走出去"面临的经济环境威胁主要来自汇率风险和投资损失(图6)。

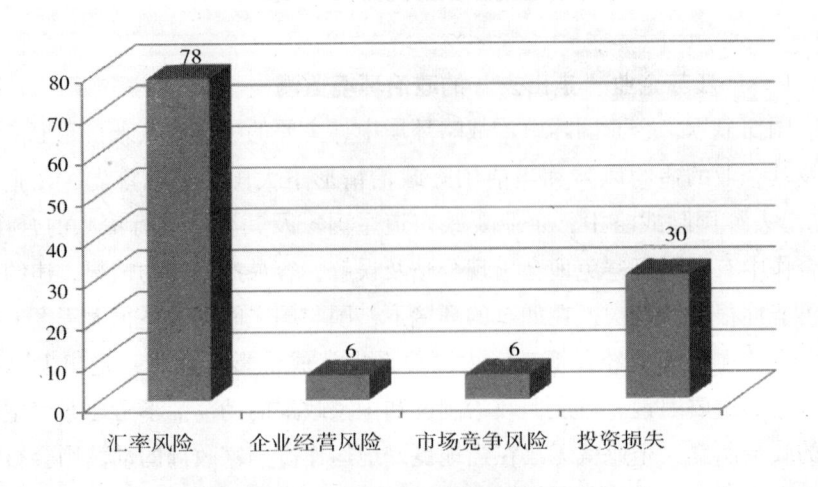

图6　企业经济环境初始情报监测统计

(三) 江苏企业"走出去"的社会环境监测

由图 7 可以看出，社会战略环境中的冲突和突发事件频率较高，企业国际化经营面临的整体战略环境不容乐观，尤其我国企业海外投资偏重于亚洲、非洲、拉丁美洲等发展中国家和欠发达地区；社会动乱和治安犯罪频率相对较低，表明社会战略环境更易受到突发事件的影响，对企业国际环境的监测应更注重投资对象国和区域冲突等突发性事件的监测。

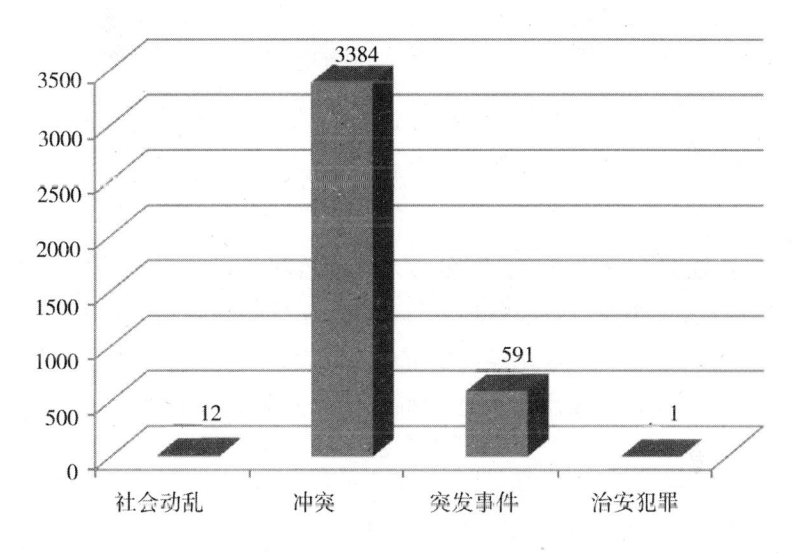

图 7　企业社会环境初始情报监测统计

(四) 江苏企业"走出去"的文化环境监测

企业经营的文化战略环境从文化差异、宗教冲突、制度差异和国家形象四个分项指标进行统计，图 8 显示，文化间的差异是影响文化战略环境的重要因素；国家形象是企业国际化经营的"名片"，在一定程度上能影响企业的国际文化战略环境；而宗教冲突和制度差异所引起的文化战略环境风险水平则相对较低。表明企业在海外经营时，应该注重了解投资对象国文化、历史和风俗；同时，应借助国家的品牌形象，建立良好的企业海外经营文化战略环境。

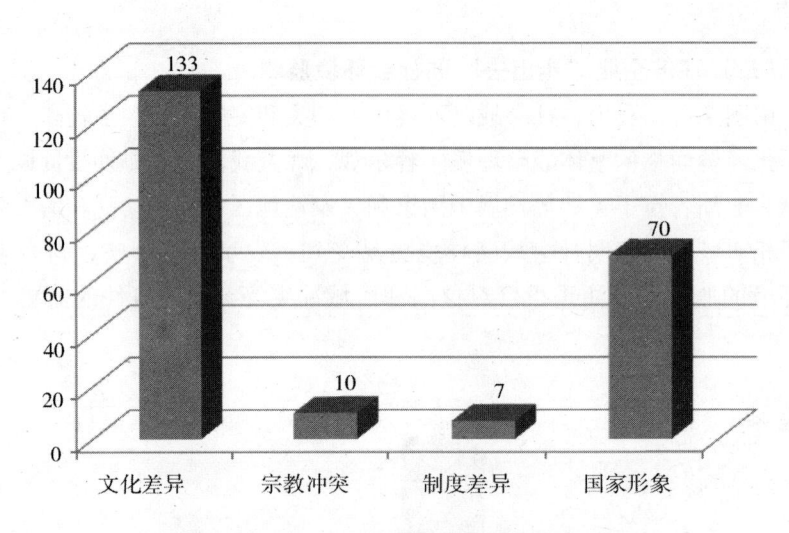

图 8　企业文化环境初始情报监测统计

（五）江苏企业"走出去"的技术环境监测

由图9关于企业技术战略环境具体分项指标监测的结果看出，技术限制和技术壁垒是企业国际化经营的重要限制因素，明显阻碍了企业的技术创新和发展。同时，高水平人才的稀缺使企业经营的技术战略环境更为严峻。

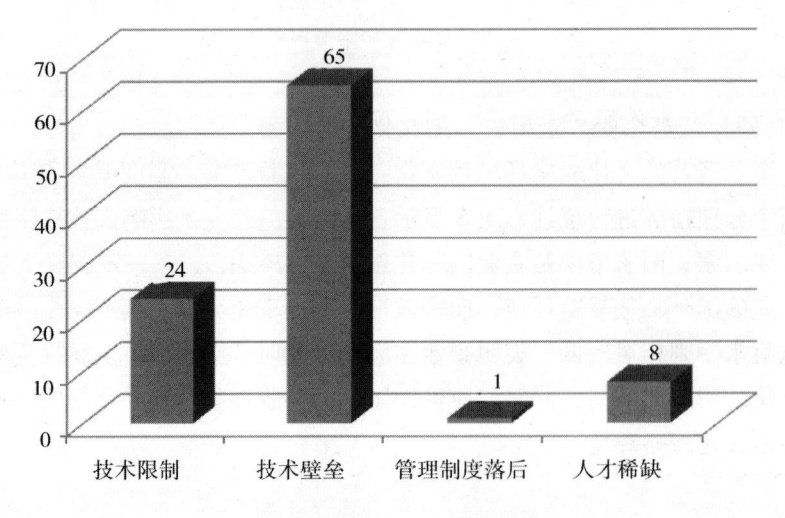

图 9　企业技术环境初始情报监测统计

(六) 江苏企业"走出去"的其他环境监测

企业发展面临的其他战略环境监测结果见图10,在战略环境影响评估中,自然灾害和突发风险影响相对其他指标而言较小,属于不可规避的系统风险。

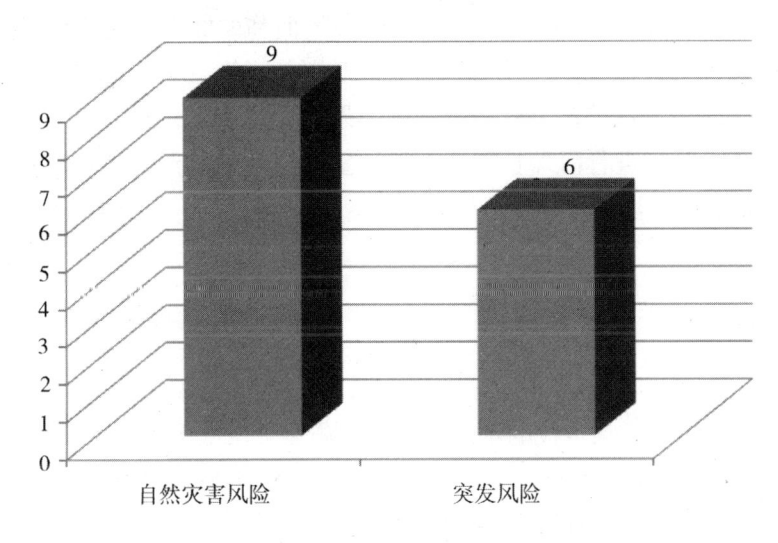

图 10　企业其他环境初始情报监测统计

为了能够更加准确地反映江苏省企业"走出去"面临的国际战略环境,按照"走出去"和"海外投资"对初始情报进行再次筛选,筛选结果的数字统计如表3所示。

表3　　江苏企业"走出去"其他战略环境分项指标监测结果　　单位:%

分类指标	统计值	所占比例
政治环境	9	11.69
经济环境	18	23.38
社会环境	43	55.84
文化环境	5	6.49

续表

分类指标	统计值	所占比例
技术环境	1	1.30
其他环境	1	1.30

由表 3 可以看出，江苏企业"走出去"面临的社会环境问题最为突出，占比为 55.84%；其次是经济和政治环境，分别为 23.38% 和 11.69%；而其他战略环境监测指标的结果则相对较低，也反映出江苏企业"走出去"和进行海外投资更应该注重社会环境和经济环境，同时兼顾对其他战略环境的监测。

六 江苏企业"走出去"战略的对策建议

随着经济全球化步伐的不断加快，实施企业"走出去"战略，已经成为提升江苏企业加快转型升级的必然要求。监测情报和结果显示，目前江苏企业"走出去"仍然面临着复杂的国际战略环境，无论从企业自身角度还是政府引导支持角度，都应该认真分析企业"走出去"所面临的国际战略形势，积极应对企业国际化道路上可能出现的风险。

（一）建立主要战略环境风险的防范机制

1. 加强对东道国社会环境评估，建立有针对性的风险规避机制

社会环境风险是江苏企业面临的最大环境风险，可以从政府和企业两个层面建立防范机制。政府依托现有国家的外交和经济管理部门渠道，对江苏企业"走出去"主要集中的国家和区域实行季度评估，并建立社会环境风险规避措施，引导企业建立相应的项目退出机制和自我保护措施。企业则主要以项目为切入点，通过实地考察等方式建立项目投资的社会环境风险评估，并通过保险等工具对风险进行规避，建立风险预警机制、应急机制和管控机制。

2. 引导企业建立国际金融管理制度体系，防范经济风险冲击

政府可以通过举办研讨班和"走出去"审查，引导企业建立国际金

融管理制度体系，培养企业对汇率等经济风险的重视，并建立企业与涉外保险公司的直接对接，政府通过税收等经济措施鼓励企业通过保险、金融工具等措施防范国际经济风险对企业"走出去"战略的冲击和干扰。

3. 建立国际政治评估、监控和预警机制

从企业、政府和国际三个层面防范国外政治风险对江苏企业"走出去"的冲击，引导企业在"走出去"之前充分做好东道国政治风险的评估工作，分析和判定东道国总体政治形势，据此筛选相对适宜的东道国。建立一个国际政治的监控和预警系统，根据东道国及相关国家的政治形势变化，通过风险预警，提前对政治风险采取规避措施、协调工作，将东道国政治风险影响降至最低。

（二）建立政府的企业"走出去"战略环境风险的防范体系

1. 建立风险预警和防范服务体系

联合海外大使馆和海外侨胞，建立长期性的海外投资风险和风险监测机制，进行监测情报和信息的汇总，并对涉足海外投资和经营的企业和公司发出风险预警信息，开展对外投资合作国别风险评价和境外合作伙伴资信评估，建立完善的境外投资合作风险预警体系，尽可能地规避企业"走出去"面临的风险不确定性。

2. 建立风险应急处理机制

政府作为企业"走出去"的坚强后盾，对于企业国际化走向海外经营过程中面临的突发性风险和社会风险，应结合投资所在国的实际情况，联合当地使馆建立企业海外应急突发事件的处置机制，从风险应对、人员安全和企业资产保护等具体方面形成有效的突发性风险处理机制。

3. 健全政府的支撑和服务体系

对于企业海外经营过程中可能面临的经济战略环境不确定性，应协调国内金融部门做好金融风险信息监测和发布，为海外投资企业提供准确可靠的信息；对于企业海外经营过程中的投资损失，应鼓励国内金融机构和管理部门进行扶持，可探索建立政府财政支持为主、融资主体和范围多元化的企业海外经营风险投资基金。

4. 加强技术创新和企业国际化的人才培养

企业"走出去"的核心竞争力是企业的技术和国际化高水平人才的培养。政府应该鼓励企业自主创新，联合企业成立相应的"创新基金"，联合高校、科研院所实施技术的联合研发和创新，支持海外企业经营的技术发展；通过收购和技术专利权引进，打破企业发展过程中的技术限制和技术壁垒；实行"校企联合"、"中西结合"的国际化人才培养模式，自主培养一批国际化人才的同时，大力引进海外高水平人才，建立健全国际人才梯队。

（三）建立企业"走出去"战略环境风险的防范体系

1. 提高企业核心竞争力

企业应通过自主开发、合资开发、战略联盟等多种形式实现核心技术和创新能力的培养，形成企业"走出去"具有优势的产品和核心技术。同时，应把握国际市场技术创新方向，紧跟国际技术发展和市场要求的趋势，实现企业经营和技术的转型与创新；实施灵活多变的竞争策略，发挥自身优势扬长避短，推进技术创新的同时，建立企业的核心竞争力。

2. 培育"走出去"的国际化人才梯队

江苏虽然拥有成规模的高校教育和人才，但是适合企业国际化经营的人才相对不足，已经成为制约江苏企业国际化的重要因素。应加强自主培养具备外语能力、金融、法律、财务、技术、营销等方面的复合型人才梯队，积极吸引海外高端人才的加盟。同时，应提高企业海外经营的国际化管理团队，熟悉东道主国家的政治政策、文化风俗等影响企业"走出去"的关键战略环境要素。

3. 熟悉境外投资区域，科学制定投资的战略规划

应尽可能地了解和掌握东道主国家的政治环境、文化环境、社会发展状况，做好投资区域的外围战略环境的监测和分析，对市场的供需、市场竞争态势以及投资可行性和风险进行有效评估；结合企业自身的竞争优势和劣势，选择符合自身发展的途径和战略。

参考文献：

1. 杨艳：《江苏民营企业"走出去"模式的研究》，《区域经济》2013年第6期。
2. 彭牧青、郑瑜：《我国企业深入实施"走出去"战略研究》，《北方经贸》2014年第5期。
3. 新华日报：《2013年江苏省国民经济和社会发展统计公报》（http://jsnews.jschina.com.cn/system/2014/02/20/020314904.shtml）。

4. 苏辉：《论江苏企业对外直接投资的区位策略选择》，《企业活力》2008 年第 10 期。

5. 新华日报：《柬埔寨西港特区　江苏企业走出去的样本意义》（http：//xh. xhby. net/mp1/html/2009-01/08/content_ 9876385. htm）。

6. 张建平：《中国实施"走出去"战略面临新的国际环境》，《中国科技投资》2012 年第 30 期。

7. 卜海：《江苏民营经济"走出去"的方式选择及其引导》，《南京邮电大学学报》2013 年第 4 期。

8. 唐坚：《江苏中小企业"走出去"发展战略的对策分析》，《中小企业管理与科技（中旬版）》2008 年第 12 期。

作者信息：
研究基地：江苏企业国际化发展研究基地
承担单位：河海大学
首席专家：张阳、施友成、高旭东
课题负责人：张阳
主要参加人员：周海炜

江苏利用外资转型升级的体制创新研究

内容提要： 利用外资是江苏开放型经济的重要组成部分，率先实现利用外资的质量效益型增长、结构优化升级和创新驱动发展，是江苏开放型经济的率先转型发展和打造中国开放型经济升级版的关键所在。当前国内外经济环境发生了重大变化，使江苏在新一轮利用外资的国际国内竞争中面临新的不稳定因素。从表面上看，江苏利用外资的发展困境是因为企业大多处于价值链的低端；从深层次来看，是利用外资体制改革相对滞后，体制建设不平衡、不协调、不可持续，难以适应国内外形势和开放型经济自身发展的需要而引起的。在此新形势下，江苏应以构建开放型经济新体制的主攻方向为指导，加大体制创新，实现利用外资的转型升级。

国际金融危机后，美、欧、日三大经济体企图以跨太平洋伙伴关系（TPP）、跨大西洋贸易与投资货币关系（TTIP）和多边服务业协议（PSA）三大协议为新载体，加速重构新一代高规格的全球贸易和服务业规则。在此背景下，中共十八届三中全会指出中国要构建开放型经济新体制，提出适应经济全球化新形势，必须推动对内对外开放相互促进、"引进来"和"走出去"更好地结合，促进国际国内要素有序自由流动、资源高效配置、市场深度融合，加快培育参与和引领国际经济合作竞争新优势，以开放促改革。全会还将市场的作用由"基础性作用"转向"决定性作用"。更加开放和公平的市场体系的改革目标，使中国改革开放36年之后对外展现出更加开放的姿态，为外商开辟了新的投资空间。中国（上海）自由贸易区（以下简称上海自贸区）的设立则是新形势下中国推进改革和提高开放型经济的试验田，其可复制性和可推广性将进一步拓展中国开放型经济发展的新空间。江苏在经过30多年的创新探索和成功实践后，已成为中国开放度最高、开放型经济最发达的地区之一。在中国进入经济发展的新时期，无论从发展基础、发展环境、发展需求还是从服务全国角度来看，江苏的开放型经济都有条件有必要率先转型发展，争创开放型经济新优势，打造中国开放型经济的升级版。利用外资是江苏开放型经济的重要组成部分，率先实现利用外资的质量效益型增长、结构优化升级和创新驱动发展，是江苏开放型经济的率先转型发展和打造中国开放型经济升级版的关键所在，还将为其他地区利用外资起到示范和引领作用。鉴于江苏利用外资以吸纳外商直接投资为主，本文研究对象主要为吸纳外商直接投资。

一 江苏利用外资的现状

改革开放以来，江苏利用特有的区位优势和要素禀赋，吸纳集聚的外资规模不断扩大，而且外资的质量不断提高，为经济的跨越式发展做出了巨大的贡献。

（一）利用外商直接投资的规模继续保持领先

国际金融危机爆发后，全球跨国直接投资陷入低潮，在此后全球跨国直接投资走向复苏的过程中，中国作为全球第二大引资国发挥了重要的推动作用，成为全球跨国直接投资的重要稳定因素。江苏吸引外资规模连续11年保持全国领先，2013年实际到账外资332.6亿美元（图1）。占全国的外资规模自2006年以来一直保持在25%以上，世界500强中有400多家在江苏投资。江苏作为中国利用外资的主阵地，对稳定中国利用外资的形势，推动我国经济继续保持较快增长，做出了重要的贡献。随着十八届三中全会的以开放促改革的政策实施，尤其是上海自贸区的设立，简政放权、减少审批、重视市场作用等措施为外资进入提供更加便利的准入条件，将有助于吸引更多的高端投资，同时自贸区的溢出效应和示范效应将促进江苏进一步提高投资便利化、优化投资环境，从而带动江苏利用外资的规模扩大。

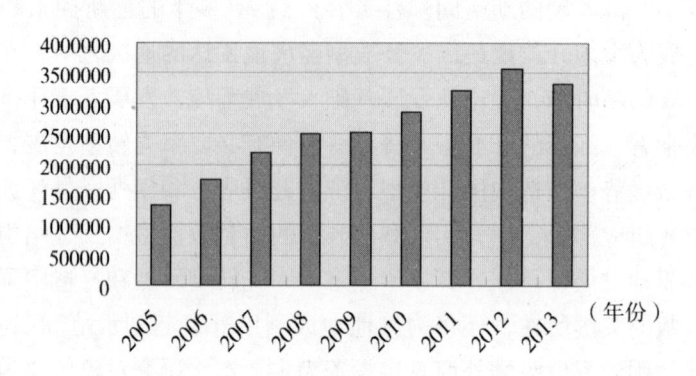

图 1　近年来江苏实际利用外资额（单位：万美元）

数据来源：《江苏统计年鉴（2012年）》和江苏统计局网站（www.jssb.gov.cn）[①]。

（二）利用外商直接投资的大项目增多

利用外资水平的提升，不仅仅是实际投资规模的增加，更重要的是提高利用外资的综合优势和总体效益。大型项目通常投资规模大、技术层次高、辐射带动作用强，对投资环境要求高，从而成为衡量利用外资质量和评判综合投资环境状况的重要依据。随着利用外商直接投资规模的扩大，江苏越来越重视外资的质量，鼓励引进外资的大项目。从2005年起，合同利用外商投资项目数量总体上呈现下降趋势（图2），与此同时其利用外资的总额大多年份都在增加（图1）。数量上的一增一减反映出江苏省利用外资质量的提高以及大项目数量的增加。2012年，江苏全省批准外商投资项目平均协议外资规模为1375万美元，新批及净增资9000万美元以上的大项目245个，世界著名跨国公司已有216家在江苏投资了1116个项目，总投资超过1亿美元的大项目已达1001个。外资大项目尤其是具有关键作用的重大项目的引进，对提升行业整体水平、推动产业转型升级和区域协调发展起到了引领带动作用，成为各地加快产业结构战略调整、促进经济平稳较快发展的强大引擎。

---

① 以下数据除特殊说明，均来源于历年《江苏统计年鉴》。

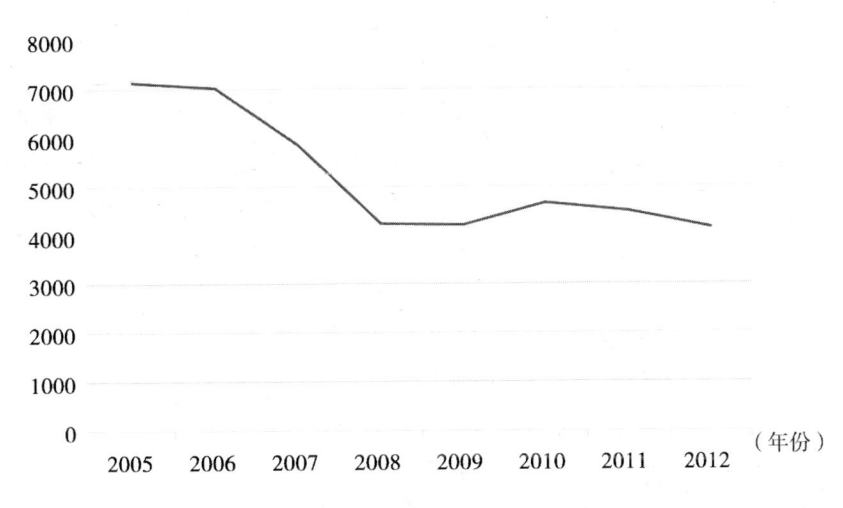

图2 2005—2012年江苏合同利用外商直接投资项目数（单位：个）

（三）利用外商直接投资的领域不断扩大

当前，江苏利用外资的领域不断扩大，产业结构不断优化。在制造业利用外资不断增加的基础上，先进制造业引资规模加大，服务业尤其是现代服务业的引资增速更快，对江苏产业结构的调整与优化发挥了重要作用。2007年一、二、三产利用外资比为1：75：24，2012年调整到4：65：31，服务业利用外资有明显的新发展，2013年前5个月，江苏省服务业实际利用外资50.5亿美元，占全省利用外资比重达到了38.6%，比2012年提高7个百分点；协议利用外资49.5亿美元，同比增长了11.7%。在房地产业实际利用外资下降10.9%的背景下，江苏的服务业保持了12.3%的增长。新成立的上海自贸区将成为推进改革和提高开放型经济的试验田，自贸区创新对外开放模式，将实行监管模式创新、构建离岸金融中心、先行先试人民币资本项下开放和负面清单管理模式等将有利于培育我国尤其是东部地区面向全球竞争的新优势，江苏利用外资领域将在自贸区的示范和辐射效应下不断扩大。

（四）利用外商直接投资对经济发展的带动作用较强

外商直接投资是促进我国经济稳步发展的重要因素之一。2012年外商投资企业创造的工业产值占全国工业总产值的26.11%，涉外税收贡献了全国工商税收总额的21.64%，其中98%来源于外商投资企业。在江苏,对外商直接投资的引进已累计超过 3000 亿美元,外资企业为江苏贡献了约 1/4 固定资产投资、三成的 GDP、近七成的对外贸易,为江苏的经济发展做出了很大的贡献。2012 年投资江苏的外商投资工业企业创造了规模以上工业企业 37% 的总产值,利润总额、利税总额分别占 37% 和 33%,吸纳了 40% 的就业人数。外资企业还为江苏贡献了 62% 的出口额和 70% 的进口额,缴纳税收收入 2000 多亿元,占全部税收的 1/4。

(五)上海自贸区的溢出效应将促进更高水平更开放地利用外资

面对国际投资自由化的新规则新挑战,上海自贸区建立基于负面清单的开放宽松的外资准入制度和高效规范的投资管理制度。对于没有列入负面清单的行业实行备案管理,按照内外资企业一致的原则改变外资项目一律核准的做法。这一制度将从根本上终结传统的投资审批制度。为了接轨国际服务贸易制度,自贸区进一步深化服务业的开放,推动服务领域的改革,建立与服务贸易相适应的通关管理模式和监管体系,形成符合国际惯例的服务贸易自由化。自贸区还将通过建立资本项目可兑换体系、人民币跨境使用体系、利用市场化体系、离岸金融服务体系和宽松可控的外汇管理制度等与市场化、全球化的金融业务相适应的金融制度,深化金融业的改革开放。此外自贸区将建立与国际规则相适应的法律制度,营造公正、透明、规范、高效的法律环境,为适应国际规则提供有力的法律保障。以开放倒逼改革的制度将从根本上促进上海开放型经济的转型升级,利用外资的质量和规模将得到有效的提升和增加。上海自贸区作为我国制度性变革的试验区,其窗口期内的基本制度改革的成熟经验还将向全国复制推广。江苏与上海相邻,将首先感受到改革的辐射效应和溢出示范效应,其开放型经济的转型升级将迎来重要的发展机遇。

二 江苏利用外资面临转型升级的压力

随着国内外环境的变化和江苏原有的优势弱化,江苏在利用外资中出现了一定的问题,利用外资的进一步发展受到了阻碍,需从数量扩张向质量提升的新阶段转变。

(一) 江苏利用外资发展中出现的问题

1. 外资独资化倾向进一步加强导致溢出效应降低

利用外资的根本目的在于促进技术进步和产业升级,而获得外资的技术溢出是一个重要途径。随着我国改革开放的深入,国内投资环境与国际日益接轨,特别是2001年中国加入世贸组织后,我国对三资企业的限制政策逐步放开,为外资企业提供了更为良好的市场空间和政策空间,合资优势弱化,外资独资化现象愈加明显。2012年实际利用外资总额中,外商独资企业所占比重高达80%,中外合资企业所占比重仅为16%,中外合作企业和外商投资股份制企业的比重更是少之又少,仅占4%(见图3)。独资化倾向给内资企业通过"干中学"从而实现引资技术溢出带来障碍,对中国内资的技术溢出效应带来一定的抑制和挤出效应。

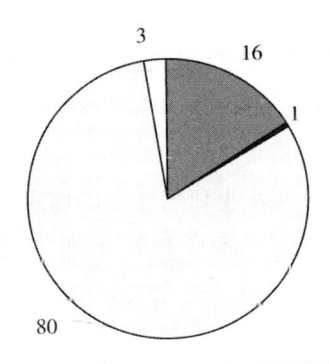

图3　2012年江苏利用外商直接投资方式比较(单位:%)

2. 服务业利用外资明显滞后

服务业外商投资成为提升服务贸易竞争力、促进产业结构升级的重要因素之一。服务业外商投资与经济增长之间有显著的正相关关系,因为服务业外商投资有利于提高东道国对新服务产品的需求,其技术外溢效应可以提高东道国服务业的质量,促进服务业和相关产业的转型发展,提升服务贸易竞争力,进而促进产业结构升级和经济增长。国际上,服务业的国际竞争日益激烈。发达国家为重塑国际竞争优势,在启动再工业化进程的同时,大力发展高附加值的现代服务业,积极抢占新一轮经济和科技发展的战略制高点。发展中国家为加快经济转型升级,逐步提升本国服务市场的开放水平,积极融入世界经济体系。发达国家为维持其服务业的领先优势,正着手谋划面向服务经济时代、更高标准的国际贸易新规则。而我国的服务业发展相对滞后,不但与我国经济转型升级的要求不相符,还面临着被边缘化的危机。2013年我国服务业实际使用外资614.51亿美元,同比增长14.15%,在全国总量中的比重为52.3%,首次占比过半,是国内吸收外资最多的领域,但远低于全球服务业跨国投资占跨国投资总量近2/3的水平。

江苏在努力优化利用外资的产业结构,但仍主要集中于制造业领域,服务业外资则主要投向房地产业,现代服务业利用外资明显滞后。2010年以前,江苏服务业利用外资占全省利用外资的比重一直低于30%,直到2011年才上升到36.5%。2012年江苏三次产业实际到账外资结构比为4.2∶64.6∶31.2,其中房地产业利用外资占服务业外资的52.5%。即便是外资主要集聚地苏南地区,服务业利用外资的比重也低于全国平均水平。现代服务业利用外资比重更低。2012年,江苏信息传输、计算机服务和软件业利用外资占全部服务业利用外资的比重只有2.4%,卫生、社会保障和社会福利业与文化、体育和娱乐业的比重分别只有0.01%和0.28%。

3. 外资来源地过于集中

外商在华大型项目投资来源地广泛,遍布100多个国家和地区,但集中程度也比较高,主要来源于亚洲发展中经济体,英属维尔京群岛、萨摩亚等自由港的投资也占相当比重,欧美发达经济体的投资相对较少(见图5),并且近年来所占比重还在大幅降低。在江苏,虽然有30多个国家和地区的资金来投资,但来自中国港澳台地区、日本、韩国、新加坡、美国、加拿大、英国、法国、德国和荷兰等国家和地区的直接投资占江苏实际利用外商直接投资的78%。在国际投资环境恶化的形势下,亚洲的五个经济体对江苏的投资仍能逆势增加,为稳定江苏外资形势做出了重要贡献。但外资来源地过于集中,会因来源地发生政治经济等不可抗力事件,容易对投资地产生波及面较大的影响。另外，跨国投资的主体是欧美发达国家的跨国公司，这些外资也是质量最高的外资，会带来先进的生产技术和管理方法，为我国产业的转型和升级带来动力。但由于我国外商投资方面政策与法规的不完善，阻碍了这些高质量资本的流入，而来自港澳台地区的外资对技术结构的优化作用相对较小。

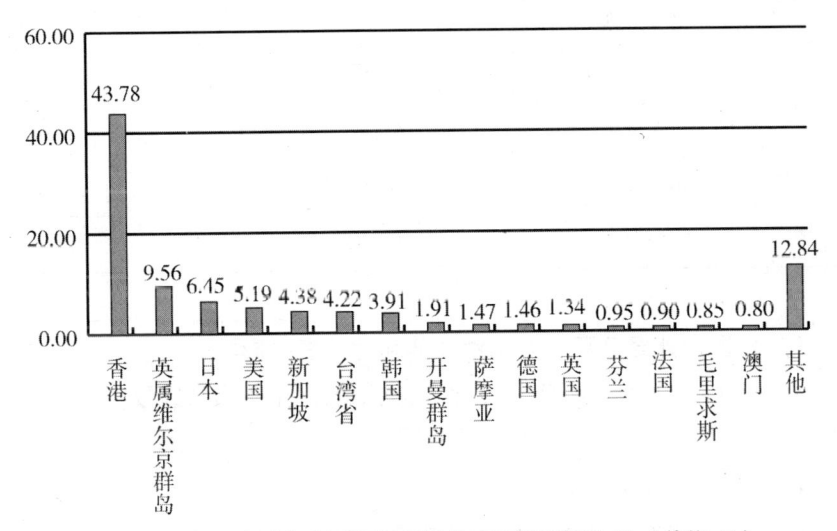

图4 按来源地划分中国实际利用外商直接投资比重（单位:%）

资料来源：2013年中国外资统计（中国投资指南网 http://www.fdi.gov.cn）。

4. 利用外资的区域分布不均衡

江苏多年来利用外资都呈现"南高北低"的态势。从利用外资总量和对江苏经济的贡献来看，江苏利用外资的区域分布仍明显不均衡（表1）。2012年苏南利用外资规模分别是苏中和苏北的3.97倍和3.21倍，苏中和苏北利用外资和仅占江苏利用外资总量的1/3。苏南、苏中和苏北的外资所创造的产值占地区工业总产值的比例分别是48.2%、30.4%和16.6%，苏南外资企业对当地产值的贡献分别是苏中和苏北的1.6倍和2.9倍。在促进就业上，苏中和苏北外资企业的贡献分别是22%和12%，苏南则是37%，是苏中和苏北的1.7倍和3.1倍。

表1　　　　　2012年江苏苏南、苏中和苏北三大区域
实际利用外商直接投资规模及贡献比较

单位：亿美元、亿元、万人

指标	苏南	苏中	苏北
实际外商直接投资	228.80	57.62	71.18
工业总产值	69706.19	24215.90	24050.90
其中：外商港澳台商投资企业	33587.26	7356.73	3993.57
城镇非私营单位从业人员	458.66	152.35	219.94
其中：港澳台商投资	46.05	11.98	14.89
外商投资	120.56	21.30	11.31

（二）国内外经济环境变化对江苏利用外资的影响

自本轮国际金融危机爆发以来，国内外经济环境已经发生了重大变化。这些新情况必然对江苏利用外资带来影响，给江苏利用外资方式带来挑战，原有的利用外资方式难以为继。

1. 欧美企业的投资意愿和能力有所下降

当前，美国经济复苏缓慢，欧债危机后果仍在影响欧洲经济，日本经济持续低迷，这意味着主要发达国家经济不振将会持续较长时间。由于危机导致投资获利空间收窄、投资风险剧增，加上国内劳动力成本上升、土地等资源供应趋紧、融资困难、人民币汇率上升等多重压力，使美欧企业投资行为趋于谨慎，投资意愿和能力明显下降。与此同时，危机造成的资金链断裂，也大大降低了发达经济体企业的投资能力。

2. 发达国家资本回流倾向明显增强

从20世纪六七十年代起，发达国家制造业大量外移，造成国内产业空心化。在经历了2008年金融危机的沉重打击和长期经济下滑之后，欧美发达国家认识到，以金融为主导的经济发展模式最终还是要被实体经济所取代，因此纷纷提出回归实体经济和制造业再造等口号，鼓励资本回流。在美国，2012年2月，奥巴马政府表示要在2015年前把美国的出口提高1倍，同时大力吸引美国跨国公司重返美国设厂，并呼吁美国国会修改宪法，促进美国制造业发展，鼓励企业在国内投资设厂，甚至建议在海

外投资设厂的跨国公司应当向美国支付基本的最低税金,用来为选择留在美国并雇用美国人力的公司减税。奥巴马还鼓励研发和创新,重夺全球尖端科技制造业的领先地位。这些鼓励资本回流的举措对江苏吸引美欧发达国家外资带来了明显的影响。

3. 第三次工业革命将对利用外资形成新的冲击

以互联网技术和可再生能源的结合为基础,以数字化制造为标志的第三次工业革命是一种新的经济模式。在这种新的经济模式下,可再生分布式能源的利用能够缓解能源紧缺,减少对环境的破坏。随着数字化制造技术的成熟,工业机器人等装备制造业的兴起,使工业生产对劳动力的需求大幅减少,如富士康在2011年就计划三年内装备100万台工业机器人替代人工,上演马克思在《资本论》中讨论过的"工人和机器之间的斗争"。3D打印机的普及应用,将使规模化生产方式变为大规模定制化生产,集中生产、分散销售的生产组织方式也将让位于到消费者所在地分散生产、就地销售。人们的生活方式也将会发生改变,人们思想活跃,参与设计、生产,分享创新性的思想、观念。这种经济模式将改变各国的竞争态势,进而对世界经济格局产生影响。由于在第三次工业革命中,资源、能源、环境和劳动力的约束放松,技术密集型和劳动密集型的产业有可能向发达国家"回溯"。这将对江苏利用外资产生冲击,更是给以"引智"和"择资"实现利用外资的转型升级带来一定的难度。

4. 投资和贸易保护主义抬头影响外资企业在江苏的发展

受金融危机的影响,发达经济体由于市场需求不足,制约了经济发展和就业,各国之间争夺市场的竞争势必加剧,这就使得各种贸易保护主义措施明显增加,全球国际贸易和投资环境进一步恶化。美国、欧盟和日本通过一系列加强检验检疫、调整原产地规则、提高环保标准等措施设置贸易壁垒,部分国家的法规、政策调整明显表现出限制本国企业海外投资的政策意图;俄罗斯、印度、越南、韩国等新兴市场国家则分别通过提高进口关税、限制部分商品进口、增加出口补贴、实施严格海外劳务雇用政策等措施加强贸易和投资保护。江苏外贸依存度较高,出口面临严峻考验,国际投资和贸易保护主义的加强在很大程度上影响外商来华投资的信心和决心,进而影响外资企业扩大生产和经营的规模,甚至有可能导致外商撤资。

5. 发展中国家和新兴经济体投资环境逐步改善，利用外资竞争更趋激烈

金融危机后，发展中国家和新兴经济体呈现巨大活力，与部分发达经济体复苏乏力形成鲜明对比。2012年，发展中国家在吸引FDI方面走在了前面。发展中国家吸收的外商直接投资有史以来首次超过发达国家，占全球外商直接投资流量的52%。在各发展中区域，流向亚洲、拉丁美洲和加勒比地区的外商直接投资保持在历史高位，非洲的外商直接投资流入量也较2011年有所增加。不少新兴经济体如印度、巴西、俄罗斯等国通过调整吸引外资政策以及不断改善投资环境，对国际资本的吸引力显著增强。目前，新兴经济体外商直接投资流量占GDP比重均高于世界平均水平并呈稳步上升态势。这将意味着，今后江苏利用外资的竞争会更趋激烈。

6. 资源成本上升，土地、生态环境承载力下降，低成本引资时代不复存在

改革开放以来，凭借土地、劳动力、资源能源等低成本优势，江苏在利用外资上一直走在全国的前列，但主要承接的是西方国家转移出来的粗放型和劳动密集型产业。产业和资本总是向成本洼地集聚。随着江苏经济的不断发展，经济规模的不断扩大，劳动力成本大幅攀升，用工荒常态显现，原材料价格不断上涨，土地资源出现严重短缺，生态环境承载力不断下降，要素的制约不仅使江苏原有粗放式发展模式难以为继，促使外资项目加速向其他成本洼地转移，还阻碍了江苏吸引发达国家高科技项目等高端外资的投入。

7. 利用外资政策红利趋于弱化

随着产业结构的调整，中国原来给予外资的优惠政策已逐渐取消，利用外资政策红利趋于弱化，对外资的吸引力下降。2008年国际金融危机以后，发达经济体为了走出危机泥潭，鼓励本国资本回流，一些新兴经济体和发展中国家也纷纷实施优惠的引资政策，对江苏利用外资工作提出了挑战。在国内，中西部内陆地区交通等基础设施条件大为改善，成本优势十分明显，承接产业转移的能力不断增强。重庆、河南、安徽等省市相继出台了地区性利用外资的优惠政策，不仅使以加工类产品为主的劳动密集型产业向中西部转移，还使原来的一些外资龙头项目（包括先进制造业和总部经济等）向中西部地区转移。十八届三中全会后政策上放宽投资准入、扩大内陆沿边开放也给中西部地区带来了利好。这些变化都使江苏

在新一轮利用外资的国际国内竞争中面临新的不稳定因素。

三 加强体制创新，率先实现江苏利用外资的转型升级

当前国内外经济环境变化背景下江苏利用外资面临着发展困境，究其原因，是由于江苏的外资企业大多处于价值链的低端环节，"两头在外"，技术含量低，缺乏创新，对外的抗风险能力较差，需要从提升利用外资质量、实现利用外资的转型升级上下功夫。从深层次来看，在于利用外资体制改革相对滞后，利用外资的体制建设不平衡、不协调、不可持续的问题比较突出，不适应国内外形势和开放型经济自身发展的需要。十八届三中全会通过的《中共中央关于全面深化改革若干重大问题的决定》中明确了要构建开放型经济新体制的主攻方向，江苏应在此新形势下，充分利用上海建立自由贸易区的辐射效应，加强体制创新，以质谋变，抓住关键的战略环节，优化外资结构，提升价值链，提高利用外资的综合效益，率先实现利用外资的转型升级。

(一) 放宽外商投资市场准入

现阶段江苏的利用外资应不仅仅是简单的引进资金，更重要的是吸收国际投资中搭载的技术创新能力和先进管理经验，这对江苏产业结构调整和经济转型升级至关重要。

第一，加大战略性新兴产业引资力度。十八届三中全会通过的《中共中央关于全面深化改革重大问题的若干规定》提出要进一步放开一般制造业的投资准入。在"十二五"期间江苏利用外资政策应积极引导外资转向一般制造业，加强外资与当地产业关联度的紧密结合，注重产业关联效应，并向集约化、高端化、链条化方向发展。一是要围绕新兴产业倍增计划，鼓励外资投向新能源和智能电网、新材料、生物技术和新医药、节能环保、软件和服务外包、物联网等战略性新兴产业，促进新兴产业特色基地的发展。二是要鼓励外资投向高端产业，主要是"微笑曲线"两端，着力引进生物医药、纳米、生态环保等领域更高层次的制造业，不断延伸新兴产业的产业链。三是要以高端技术促进传统产业的转型升级。当前应针对江苏高端制造业缺乏、产业链高端环节缺失的现状，加快引进欧

美发达国家先进适用技术和设备，重点是引进专利、专有技术、软件及配套技术和一些大、高、新投资项目，提高传统产业突破关键核心技术的能力，培育一批旗舰式高端制造业企业，实现传统产业与新兴产业互动发展。同时也可以解决外资来源地过于集中的问题。

第二，进一步扩大服务业利用外资的领域。现代服务业与先进制造业融合发展是现代产业演进的客观规律。伴随高新技术的飞速发展和广泛应用，传统意义上的制造业与服务业的边界越来越模糊，二者不再是简单的分工关系，而是在相互需求的基础上，为降低其经济运行的交易成本、提升企业的核心竞争力而采取互动融合发展。在产业融合的趋势下，以知识为核心要素，以提高附加值、高层次、知识型的生产和生活服务为主要特征的现代服务业的比重越来越大，成为经济发展的重要增长点和突破点。十八届三中全会通过的《中共中央关于全面深化改革重大问题的若干规定》中提出要推进金融、教育、文化、医疗等服务业领域有序开放，放开育幼养老、建筑设计、会计审计、商贸物流、电子商务等服务业领域外资准入限制。《中国（上海）自由贸易试验区总体方案》中明确规定，上海自贸区将选择金融、航运、商贸、专业、文化以及社会六大服务领域、18个服务子项，实施扩大开放措施，暂停或取消相关准入限制，营造有利于各类投资者平等准入的市场环境。江苏服务业开放程度低，竞争力弱，仍是经济发展中的一块"短板"，应抓住这一政策机遇，进一步扩大投资领域的开放，尤其是扩大服务业的开放，以此带动服务业与制造业跨越式融合发展。一是要进一步扩大区域内合作，对接自贸区建设的重点领域，鼓励各地和企业与自贸区开展全方位的交流合作。自贸区是服务业、金融业对外开放的试验区、示范区，服务业的进一步改革将给上海带来产业提升的效益，并给区外带来溢出效应。江苏应抓紧研究自贸区经验的复制和推广，在学习借鉴中接受辐射带动，在深化合作中推动转型发展。注重引进现代物流、金融保险、商业服务等生产性服务业外资项目，提升对制造业的配套服务功能和水平，促进先进制造业与现代服务业深度融合。二是要拓展科研设计、管理咨询、地区总部、风险投资等高端服务业利用外资的新领域，引进国外先进的技术、设备和管理方法，改组改造传统服务业，提高服务业管理水平和整体素质。三是要大力引进以业务改造、应用管理、财务管理、采购等为重点的业务流程外包和以投资、技术、评估、专利申请和市场分析为重点的知识流程外包等方面的外资企业，积极推动服务外包转型升级并向高端攀升。此外，要通过利用外资引进先进经营理念，注重信息化和技术服务标准带动，加快传统服务业的转型升级。

(二) 创新利用外资方式

当前，利用外资的内外部条件都发生了质的变化，对外资的需求开始从以数量为主转向以质量为主，现有的引资方式已不能完全适应经济发展的要求。创新利用外资方式，推动利用外资方式多样化，是优化利用外资结构，提高利用外资质量，促进开放型经济转型升级的迫切需要和重要路径。除了传统的直接投资外，当前国际产业转移越来越多地采用跨国并购、证券投资、风险投资、非股权安排、项目外包、业务离岸化等新兴方式。江苏要适应这种趋势，在创新利用外资方式上取得新突破。

第一，要突破以绿地投资为主的单一利用外资方式，拓宽利用外资的渠道。应鼓励外资企业通过参股、并购等方式整合产业链，提升产业水平。20世纪90年代以来，跨国并购的平均增长速度（30.2%）超过了国际直接投资的增长速度（15.1%）。在全球范围内，跨国直接投资当中有80%以上是通过并购的方式进行的。应大力引进各类投资基金，着力吸引跨国公司在江苏设立地区总部、研发中心、采购中心、财务管理中心、结算中心以及成本和利润核算中心等功能性机构；应鼓励企业境内外上市，并允许符合条件的外资企业在境内公开发行股票、企业债和中期票据等；应支持环境保护、节能减排、医疗卫生等领域利用国外优惠贷款，加大间接利用外资的力度。

第二，要突破依靠低成本的单一引资优势，引导外资由成本取向转为市场、创新和高科技取向，从而促使产业链高端环节、研发和营销环节的进入，努力向产业链的两端延伸。

第三，要突破以独资为主的外商投资形式，推进内外资企业合资合作。应鼓励本土企业与跨国公司构建战略联盟，搭建跨国公司技术转移平台，提升企业研发能力；应加强内外资企业配套协作，发挥本土企业与跨国公司在价值链上的关联效应，从而扩大技术溢出效应；应创建有利的政策环境支持企业承接国际项目外包，扩大与国外企业的合作。

(三) 创新利用外资管理体制

虽然从总体看，江苏经济持续稳定增长，市场发展潜力巨大，吸收外资的综合优势仍然存在,但当前世界经济增长放缓,全球外国直接投资流入量下降,吸收外资面临挑战,进一步提升外资质量和水平,必须创新利用外资管理体制,改革外资管理方式和法规,积极对接国际先进理念和通行规则,大力营造竞争有序的市场环境、透明高效的政务环境、公平正义的法制环境。

第一,要紧密结合各地实际,以各类开发区为主阵地,复制推广上海自贸区先进经验,申请获批新的自由贸易区争取政策红利,实现战略性新兴产业、现代服务业、服务外包等相配套的产业环境的不断完善与发展。

第二,积极借鉴上海自贸区体制机制创新的新理念新举措,借力借势推进江苏地区改革创新,强化"亲商、富商、安商、便商"的现代政府理念,创造更加高效、周到、便捷的政务环境。要树立对外资服务的新理念,即从以"商"为主转变到以"我"为主,从以"服务"为主转变到以"引进和促进"为主,从以"宜物环境"为主转变到以"宜人环境"为主,不断提高利用外资的管理水平,创造更加高效、周到、便捷的服务环境。在全面深化改革规定的指导下推进工商注册制度便利化,削减资质认定项目,实行注册资本认缴登记制,以投资便利化更好地适应利用外资转型升级的需要。

第三,应注重营造稳定透明的法律政策环境,研究探索对外资实行准入前国民待遇加负面清单管理模式,积极创新调整引资政策,建立公平开放透明的市场规则。对外商投资企业继续实行国民待遇,关注和解决投资者投诉,加大打击各种侵权行为的力度,建立多部门参与的打击侵犯知识产权和制售假冒伪劣商品的长效机制,将打击侵权和制售假冒伪劣商品的专项行动制度化、常态化,切实提高法律和行政法规实际执行的能力,努力创造更加优良的法律环境和政策环境,尽一切可能使投资政策符合国际惯例,依法维护中外投资者和外商投资企业的合法权益,努力为外商投资营造公开透明的法律政策环境和平等竞争的市场环境。

参考文献:

1. [美] 迈克尔·波特:《竞争优势》,华夏出版社 1985 年版。
2. Gereffi G., "The Value of Value Chains", *IDS Bulletin*, 2001.
3. 《联合国工业发展组织工业发展报告 2002/2003》,载《通过创新和学习参与竞争》,中国财政经济出版社 2003 年版。

4. 张伟：《美国经济谋划全新布局》，《经济日报》2012 年 3 月 20 日第 4 版。

5. 焦继文：《发展中国家引进外资的结构优化》，山东大学出版社 2004 年版。

6. 王世平、赵春燕：《基于价值链的江苏加工贸易转型升级研究》，《中国商贸》2010 年第 2 期。

7. 高煜、刘志彪：《我国外资经济发展模式转变中外资升级的困境与突破》，《福建论坛（人文社会科学版）》2008 年第 6 期。

8. 黄凌云、范艳霞、刘夏明：《基于东道国吸收能力的外资技术溢出效应》，《中国软科学》2007 年第 3 期。

9. 刘威、吴宏：《内外资企业合作对外资技术溢出影响的实证研究》，《南开经济研究》2009 年第 3 期。

作者信息：

研究基地：党的经济理论创新与江苏持续发展研究基地

承担单位：中共江苏省委党校

首席专家：周明生

课题负责人：祖强

主要参加人员：梁曙霞

农村发展与农业现代化

江苏现代农业发展政策的市场机理研究

内容提要：江苏省现代农业置身于我国市场经济的大环境中，其发展规律受市场规律制约。当前，处于发展初级阶段的江苏现代农业还存在许多亟待解决的问题，这无不与我们对现代农业在市场经济中的发展规律的认识不够有关。本文基于"两个率先"的基本思想，用市场经济学的理论研究方法，主要就鼓励民间资本投资现代农业、提升现代农业人力资本水平、促进现代农业发展所产生的环境效果等现代农业发展中出现的问题、拟实施的政策展开定性研究，以求准确把握现代农业的发展机理，探寻对现代农业推动作用最大又能将对经济的负面影响降到最低的经济政策。

一 序言：研究背景

（一）江苏现代农业发展现状与存在的问题

发展现代农业，是江苏实现"两个率先"的重要内容。现代农业是传统农业的发展和提升，是广泛应用现代科学技术、现代工业提供的生产资料和科学管理方法进行的社会化农业。近年来，江苏农业以高产、优质、高效、生态、安全为发展方向，取得了显著成效，现代农业发展水平处于全国领先地位。这些成绩与省委、省政府高度重视江苏现代农业发展是分不开的。在2011年省委、省政府出台了《江苏省"十二五"现代农业发展规划》，明确提出了发展现代农业的目标和任务。同时2010年确定南京傅家边现代农业园等23个农业园区为"江苏省现代农业产业园区"，并分别于2011年和2012年增加48个和22个"江苏省现代农业（渔业）

产业园区"，对现代农业发展起到引领和示范作用。江苏省各地市也积极谋划当地现代农业发展，南京市在 2012 年确定首批 16 个"南京市现代农业示范园区"后，又于 2013 年新增 12 家市级现代农业示范园区。在已取得成绩的基础上，2014 年江苏省一号文件再次聚焦现代农业发展，出台了《关于全面深化农村改革深入实施农业现代化工程的意见》，这些都体现出江苏现代农业发展的良好态势。

应该看到，近些年来江苏省现代农业取得了巨大成绩，在耕地面积全国排第十位的条件下，2012 年全省农业总产值排全国第三位，粮食产量继续保持全国第四位，实现了粮食供求总量平衡、口粮基本自给。同时农业科技进步贡献率 62.3%，农业综合机械化水平 76%，农业信息化服务覆盖率 80%，明显高于全国水平。现代农业发展综合水平位居全国第三，仅次于北京市和上海市。

但是江苏省现代农业与发达国家相比，仍然有很大的提升空间，纵观全球现代农业发展模式，主要有美国节劳型模式、日本节地型模式和法国节劳节地型模式，这些模式均有一个突出特点，就是以现代工业装备农业机械化，以合理的农业组织形式因地制宜地提高农业生产效率，同时政府在这个过程中发挥重要作用。

现在，现代农业在中国还处于发展的初级阶段，有许多问题等待我们去解决。江苏省现代农业还面临着以下几个问题。

（1）在现代农业发展过程中，实体层面干得多，理论研究得少，增加了工作中的盲目性和发展成本；

（2）资金短缺，尽管政府已经加大资金投入，但是怎样更好地通过政策引导社会资本进入现代农业仍然是一个急需解决的问题；

（3）农业劳动力素质偏低，农村劳动力中有 60% 为小学文化程度，农业生产的资源性矛盾突出、生态环境恶化，关键技术缺乏、外资利用率低，三资投入成本高等问题突出，缺少既懂农业技术知识又掌握现代市场经济规律的复合型人才；

（4）农业自然资源趋紧，生产组织化程度低，抗风险性能力较弱，没有形成规模化的现代农业产业集群，区域差异不断扩大；

（5）农业标准化程度不高，缺乏对农产品进行深加工，现代农业生产中产生受环境制约的问题也不容忽视，真正具有江苏特色并已具备市场优势的主导产业实力还不强。

2013年7月,习近平总书记在武汉考察时发表重要讲话,从六个方面提出了全面深化改革需要深入调查研究的重大问题。第一,进一步形成全国统一的市场体系,形成公平竞争的发展环境;第二,进一步增强经济发展活力;第三,进一步提高宏观调控水平,提高政府效率和效能;第四,进一步增强社会发展活力,促进社会和谐稳定;第五,进一步实现社会公平正义,通过制度安排更好地保障人民群众各方面权益;第六,进一步提高党的领导水平和执政能力,充分发挥党总揽全局、协调各方的作用。其中的第一、第二、第三和第六点,明确地要求我们在深化改革和增强经济发展活力的工作中要在全国形成统一的市场体系,提高政府效率和效能,提高党的领导水平和执政能力。现代农业置身于中国市场经济的大环境中,是市场经济的一部分,要发展就要符合市场规律,仅凭热情往往要走弯路。故而,根据现代农业发展的市场机理为政府提供符合市场经济规律的政策建言,使现代农业的发展政策与市场经济相适应,就能够形成公平竞争的发展环境,提高其发展效率,减少错误。所以本研究不仅仅是发展现代农业的需要,也是全面深化改革的需要,更是在江苏率先全面建成小康社会、率先基本实现现代化的需要。

应该指出的是,江苏省在发展现代农业中产生的问题,无不与我们对现代农业的认识,特别是对其在市场经济中的作用的认识不够有关。现代农业置身于中国市场经济的大环境中,受到市场经济的影响,其发展要符合市场的规律,不能仅凭热情。故而,本文的目的就是用市场机理去分析促进江苏现代农业发展政策的经济效果,以求提高现代农业发展效率、尽量减少错误,选择符合市场经济规律的江苏现代农业发展路径,最大限度地发挥出促进政策的正面效应。

(二) 研究思路和研究方法

1. 研究思路

基于"两个率先"的基本思想,用市场经济学的理论研究方法,就发展现代农业中出现的问题展开数理定性研究,以求准确把握发展现代农业对经济的影响机理,探寻对现代农业发展的推动作用发挥到最大、对经济的负面影响降到最低的经济政策。

2. 研究方法

本课题主要采用理论分析方法就江苏现代农业较为突出的问题展开市

场机理研究，即在市场经济的条件下，明确政府促进现代农业发展政策的经济效果，以图在理论上找到既能促进江苏现代农业发展，又有利于经济各方面并切实可行的经济政策。在研究技术上，本研究采用一般均衡静态分析方法。所谓一般均衡静态分析方法，就是考察构成经济的所有市场都处于均衡的情况下，新政策的出台或原政策变化对经济各方面的影响。

（三）解决的主要问题

究竟采用什么政策来促进现代农业的发展？当然是促进作用明显、对经济的负面作用小的政策。但在政策的制定过程中，对政策的效果往往是凭经验和感性来判断的。虽然江苏的现代农业已经发展了一段时间，但由于过去规模不大处于试验性状态，政策的影响面还不是很大，但现代农业已经发展到一定规模时，仅凭经验和感性认识就不够了，政策的影响面会变大，有时可能会超越农业，影响经济的其他部门。有必要对政策效果进行理性分析。特别是在政策实施之前，就能预判政策的经济效果，节省许多社会成本。这就是本课题进行理论研究的目的所在。例如，为了鼓励发展现代农业，政府给予其工资补贴的政策，即按现代农业企业员工收入的一定比例返还现代农业经营者税金。从直觉上，笔者认为此举使现代农业的经营者减轻了发展成本，对现代农业来说是一个利好。但是，对于经济的全盘来说，此举有导致城市失业率上升的负面效果（Li and Shen, 2012）。故而，是否能够采用这项政策，还要看经济整体状况。

在市场经济的环境中，经济政策的效果通过市场机制来实现，针对现阶段江苏省现代农业面临的主要问题，本研究主要就以下三个方面对促进现代农业发展政策的经济效果进行研究。

（1）民间资本投资现代农业与发展政策的经济效果；
（2）现代农业提升人力资本水平的经济效果；
（3）促进现代农业发展的环境效果。

二 关于现代农业的国内外研究现状

（一）实证研究方面

近年来，实证研究是国内外研究现代农业的主流。例如，艾达·J.

特瑞尼（Ida J. Terluin，2003），在研究发达国家的农业发展差异时，用了欧盟的 18 个案例，对先进农业地区和落后农业地区的发展路径进行了对比分析。国内对于现代农业发展的实证研究很多，大多数研究针对某个问题展开，如刘勤（2008）就江苏省利用外资发展现代农业存在的问题，徐德金、赵国金（2011）就江苏省丘陵地区现代农业发展中的问题，刘涛（2013）就我国现代农业产业体系建设的现状和问题开展研究，提出建议。应该看到这些国内的研究有针对性强、观察问题敏锐的长处，但所用的研究方法单一、结论准确性不高、政策建议缺乏可行性是这些研究的共性。

（二）理论研究方面

总体来说，在经济学界理论研究现代农业的成果不多，而且是 20 世纪 90 年代末期以后的研究。这类研究的方法是基于微观基础，对农业部门进行分类，将其分为先进农业部门和传统农业部门，在农业劳动力转移的背景下，研究政府促进先进农业发展政策的经济效果。之所以在研究促进先进农业发展政策的理论模型中要考虑劳动力转移，主要有以下两个因素：

（1）先进农业的基础是传统农业，其生产的劳动要素主要源于传统农业。发展先进农业离不开增加劳动要素，故而，先进农业发展的过程，就是劳动力从传统农业向先进农业转移的过程。

（2）发展先进农业，一般是指发展中国家的问题，而研究劳动力转移的理论模型中，著名的哈里斯—托达罗模式（Harris-Todaro，1970）就是以发展中国家的特征——二元经济为前提的。

在现有的理论分析中，国内杂志还未曾涉及，国际杂志也只有为数不多的文献可查。这些文献有两种分析前提：一是将经济分为城市、现代农业和传统农业三个部门进行研究，这类论文共有三篇，即乔杜里（Chaudhuri，2006、2007）的 *Labour market reform, welfare and unemployment in a small open economy* 和 *Foreign capital, welfare and urban unemployment in the presence of agricultural dualism* 以及李和沈（Li and Shen，2012）的 *A Study on the Urban Private Capital in the Modern Agriculture Sector and the Transfer of Labor*；另一前提是在对农村部门划分现代后传统部门之后，又将城市分为正式部门和非正式部门，迄今为止，按四部门分类的文献有三篇，

即古普塔（Gupta, 1997a、1997b）的两篇和李、沈、古和尼（Li and Shen and Gu and Ni, 2013）的一篇。将经济分为三部门还是四部门，原则上没有谁优谁劣的问题，三部门模型的特点是问题的针对性强，四部门模型的特点是前提条件更加接近经济实际，用三部门还是四部门模型，主要是看使用时研究的中心问题如何解决更为有利。

三　研究过程

（一）鼓励民间资本投资现代农业与发展政策的经济效果

考虑一个三部门的封闭经济，这三个部门分别是城市、现代农业和传统农业部门。城市和现代农业都使用劳动力和资本两种生产要素，传统农业只使用劳动力一种投入。为了建立模型，进一步对经济做出以下设定。

（1）资本在城市和现代农业部门之间自由流动，劳动力可以在三个部门之间自由流动。这个设定来自于江苏经济实际，民间资本之所以只在城市和现代农业部门之间自由流动，而不与传统农业互相流动，是因为传统农业以家庭为生产单位，生产所需资金量很小，不能参与规模较大的城市和现代农业部门之间的流动。

（2）城市部门的工资率外生给定，农村两个部门的工资率自由浮动，并且城市工资高于农村，现代农业工资又高于传统农业。这个设定亦与江苏经济实际相符。由于江苏城市实施最低工资制度，是政府制定，故为外生变量；农村两个部门的工资率根据生产和营销状态决定，故为自由浮动。

（3）所有的市场均是完全竞争的，要素禀赋量外生给定。这个设定亦与江苏经济实际基本相符。因为学术上严格的完全竞争市场在实际经济中是不存在的，但考虑到江苏资本市场和劳动市场的激烈竞争，与完全竞争的情况最为接近，故而做此设定。

设各部门的生产函数为：

$$M = F^1(L_1, K_1) \tag{1}$$

$$A = g(K_2)F^2(L_2) \tag{2}$$

$$B = F^3(L_3) \tag{3}$$

其中，M，A，B 分别表示城市、现代农业以及传统农业产品的产量，

L_1、L_2、L_3 分别表示城市、现代农业和传统农业所使用的劳动力数量，K_1、K_2 分别表示城市和现代农业所使用的资本，函数 $F^i(i=1,2,3)$ 为一阶齐次的拟凹函数。定义 $g=g(K_2)$ 为现代农业使用资本的规模效应函数，设 g 为函数值大于 1 的凹函数，即 $g=g(K_2)>1,\forall K_2>0$；且 $g'=g'(K_2)>0, g''=g''(K_2)<0,\forall K_2>0$，并且，当 $K_2=0$ 时，设定 $g(0)=1$，这意味着在没有资本投入的情况下，现代农业就退化为传统农业。以 L、K 分别表示整个经济中的劳动力和资本禀赋量，L_{uu} 表示城市失业人数，便有：

$$L_1+L_2+L_3+L_{uu}=L \tag{4}$$
$$K_1+K_2=K \tag{5}$$

以 $\lambda=\dfrac{L_{uu}}{L_1}$ 代表城市的"失业率"，则（4）式可变形为：

$$(1+\lambda)L_1+L_2+L_3=L \tag{4'}$$

另外，现代农业吸收劳动力的数量受投入现代农业资本量的约束，传统农业部门的劳动力并不能无限制地向现代农业部门转移，其雇佣人数可用下式表示：

$$L_2=f(K_2),\ f'(K_2)>0,\ f''(K_2)<0 \tag{6}$$

以 $\bar{w}_1$、w_a 和 w 分别表示城市、现代农业和传统农业的工资，由各部门的利益最大化的条件可得以下三式：

$$p_1F_L^1=\bar{w}_1 \tag{7}$$
$$F_L^3=w \tag{8}$$
$$p_2g(K_2)F_L^2=w_a(1-t) \tag{9}$$

其中，$F_L^i=\partial F^i/\partial L_i(i=1,2,3)$；$\bar{w}_1$ 是外生变量；p_1 和 p_2 分别表示以传统农业产品价格为基准的城市部门和现代农业产品价格，t 为政府对现代农业的工资补助率，以此，本文可以分析政府促进现代农业发展政策的经济效果。

以 r_k 表示资本的利息率，根据利润最大化和资本在城市和现代农业之间自由流动条件，可以得到：

$$p_1F_K^1=r_k \tag{10}$$
$$p_2g'(K_2)F^2(L_2)=r_k(1-s) \tag{11}$$

这里，$F_K^1=\partial F^1/\partial K_1, g'(K_2)=dg/dK_2$；$s$ 为政府对民间资本投资现代

农业的利息补助率,以此本文就可以分析鼓励民间资本投资现代农业的经济效果。本文采用三部门的哈里斯—托达罗劳动力分配模式,即虽然城市存在失业,但传统农业劳动力在现代农业和城市的较高工资水平的吸引下,依然会向现代农业和城市转移。在转移均衡处,有下式成立:

$$\frac{L_1}{(1+\lambda)L_1+L_2}\bar{w}+\frac{L_2}{(1+\lambda)L_1+L_2}w_a=w \qquad (12)$$

以上公式(4′)至公式(12)中,有 L_1、L_2、L_3、K_1、K_2、λ、w_a、w、r_k 共9个内生变量,L、K、$\bar{w}_1$、p_1、p_2、t、s 为外生变量,至此,完成一般均衡模型的构建。

驱动这个模型可以得到以下两个命题:

命题1:对民间资本投资现代农业进行利息补贴不影响利息水平,但有以下的经济效果:

(1)城市的劳动力雇用量下降,城市资本流向现代农业;

(2)现代农业劳动力雇用量上升,工资水平上升;

(3)传统农业的劳动力雇用量下降、工资水平上升。

命题2:对现代农业进行工资补贴有以下的经济效果:

(1)会导致城市失业率上升,但对城市的劳动力数量、工资和资本水平没有影响;

(2)对现代农业的劳动力数量和资本水平没有影响,但是工资会上升;

(3)使传统农业的劳动力数量减少,工资上升。

(二)现代农业部门提升人力资本水平的经济效果

本部分是为解明现代农业部门提升劳动力人力资本水平会给经济带来什么影响而展开研究的。本文着重考察两种情形:一是考察现代农业用自身收益中的一部分投资人力资本的经济效果;二是考察政府对现代农业投资人力资本实施补贴政策的经济效果。其中,劳动力的收入是重点考察内容。具体的研究方法如下。

考虑一个三部门的小型开放经济,三个部门分别为城市、现代农业和传统农业部门。城市使用劳动力和资本两种要素进行生产,现代农业使用劳动力、资本和土地三种要素进行生产,传统农业使用劳动力和土地两种要素进行生产;由于城市和现代农业的工资高于传统农业,故而传统农业劳动力向城市以及现代农业转移。笔者还进一步设定，资本在城市和现代农业之间自由流动，土地在现代农业和传统农业间自由流动。三个部门的生产函数可以分别用以下三式表示。

$$X_1 = F^1(L_1, K_1) \tag{13}$$

$$X_2 = F^2(L_2, K_2, T_2) \tag{14}$$

$$X_3 = F^3(L_3, T_3) \tag{15}$$

其中，X_i 表示第 i 部门的产出（$i=1,2,3$），F^i 为一阶齐次的凹函数（$i=1,2,3$）；L_i 是第 i 部门所用的劳动要素的数量（$i=1,2,3$）；K_j 是第 j 部门所用的资本要素的数量（$j=1,2$）；T_g 是第 g 部门所用的土地要素的数量（$g=2,3$）。以下列出的符号将会在子课题的公式和计算中出现：

h：现代农业培训每个劳动力所需要的成本；μ：现代农业收益中用于人力资本培训的比例；γ：政府对现代农业人力资本培训费用的补贴比例；a_{Li}：i 部门的劳动产出比率（$i=1,2,3$，以下同）；a_{Ki}：i 部门的资本产出比率（$i=1,2$）；a_{Ti}：i 部门的土地产出比率；p_i：i 部门产品相对于传统农业产品的价格（$i=1,2$）；$\bar{w}_1$：城市的工资，具有下方刚性，是外生的；w_i：i 部门劳动力的工资；r：资本利息率；τ：土地利息率；a_{Ki}：i 部门的劳动产出比率；L：经济中的劳动力禀赋；L_U：经济中的失业；K：经济中的资本禀赋；T：经济中的土地禀赋。另外，θ_{ij}：j 部门产品成本中 i 要素成本所占比例（$j=1,2,3;i=L,K,T$）；λ_{ij}：i 要素在 j 部门中的投入量占 i 要素禀赋比例（$j=1,2,3;i=L,K,T$）；S_{ij}^k：部门 k 中 i 要素对于 j 要素的交叉替代弹性（$k=1,2,3;i,j=L,K,T$）。例如，部门 1 劳动要素对于资本的交叉弹性就是：$S_{LK}^1 = \left(\dfrac{\partial a_{L1}}{\partial r}\right)\left(\dfrac{r}{a_{L1}}\right)$，而且 $S_{ij}^k > 0$，$i \neq j$，$S_{jj}^k > 0$。

在完全竞争条件下以下等式成立：

$$p_1 = a_{L1}\bar{w}_1 + a_{K1}r \tag{16}$$

$$[1 - \mu(1-\lambda)]p_2 = a_{L2}w_2 + a_{K2}r + a_{T2}\tau \tag{17}$$

$$1 = a_{L3}w_3 + a_{T3}\tau \tag{18}$$

$$a_{L1}X_1 + a_{L2}X_2 + a_{L3}X_3 + L_U = L \tag{19}$$

$$a_{K1}X_1 + a_{K2}X_2 = K \tag{20}$$

$$a_{T2}X_2 + a_{T3}X_3 = T \tag{21}$$

现代农业将收益的一部分用于本部门劳动力的人力资本培训，故而有以下等式：

$$a_{L2}X_2 = \frac{\mu p_2 X_2}{h} \tag{22}$$

化简（22）式可得：

$$a_{L2} = \frac{\mu p_2}{h} \tag{22'}$$

根据哈里斯—托达罗模型，在劳动力转移均衡时，农村传统农业的劳动力工资应等于城市和现代农业所形成的期望工资，即：

$$\frac{a_{L1}X_1\bar{w_1} + a_{L2}X_2 w_2}{L - a_{L3}X_3} = w_3 \tag{23}$$

以上的公式（16）至公式（21）、公式（22）、公式（23）共八个等式决定内生变量 X_1、X_2、X_3、L_U、w_2、w_3、r、τ，至此，完成模型建立。

驱动这个模型可以得到以下两个命题：

命题3：提升现代农业收益中用于人力资本培训的比例，使得现代农业和传统农业的工资降低，地租水平上升。

在收入方面，现代农业的工资是弹性的，收益中用于人力资本培训费用增加，就会减少工资分配，使得现代农业的工资降低；现代农业的工资降低使得一部分劳动力走进城市或回流农村，传统农业部门的工资也是弹性的，劳动力增加导致工资的降低；现代农业部门的工资降低使得一部分劳动力流失，是劳动者的主动行为，而从经营者方面来考虑则要尽力维持产量，从而多用土地使得地租上升。这就是命题1所蕴含的市场机制。

命题4：政府实施现代农业人力资本培训费用的补贴，使得现代农业的工资上升、传统农业的工资上升，地租水平下降。

同样是提升人力资本水平，不难发现，现代农业自行投资提升的效果与政府的补贴效果完全相反，其效果优于现代农业自行投资。但是，政府补贴又必须在现代农业提升收益中用于人力资本培训的比例之上。

（三）促进现代农业发展的环境效果

考虑一个三部门的经济，分别是城市、先进农业和传统农业部门，且经济是完全竞争的。传统边际生产接近于零，只使用劳动力一种要素投入；城市和先进农业都使用劳动力和资本两种生产要素。城市的生产中产生污染，两个农业部门的生产不产生污染，但是生产都会受到环境的影响。城市的工资率外生给定，农村两个部门的工资率自由浮动，并且城市以及先进农业的工资高于传统农业。本文的设定与古普塔（Gupta, 1997）等讨论先进农村的论文不同，他们的文章中考虑的两个农村部门的工资都是相同的，但本文的设定更加符合发展先进农业的实际，也因而使传统农业劳动力向先进农业和城市转移。

设各部门生产函数为：

$$Y_1 = F^1(L_1, K_1) \tag{24}$$

$$Y_2 = E^{\varepsilon_2} F^2(L_2, K_2) \tag{25}$$

$$Y_3 = E^{\varepsilon_3} F^3(L_3) \tag{26}$$

这里，Y_1，Y_2，Y_3 分别表示城市、先进农业以及传统农业部门产品的产量；L_1、L_2、L_3 分别表示城市、先进农业以及传统农业部门所使用的劳动力数量；K_1、K_2 分别表示市、先进农业所使用的资本；函数 F^i（$i=1, 2, 3$）为一阶齐次的拟凹函数。ε_2 和 ε_3 外生给定，分别表示环境对先进农业和传统农业的影响程度（$0 < \varepsilon_i < 1$；$i = 2, 3$）。设定生产一个单位的城市工业产品，产生 μ 单位的污染，则经济中的污染量 D 可以表示为：

$$D = \mu Y_1 \tag{27}$$

式中，$\mu > 0$。E 表示经济中的环境状态，其和污染的关系是：

$$E = \bar{E} - D \tag{28}$$

这里，$\bar{E}$ 表示经济中的环境总量。用 L、K 分别表示经济中的劳动力和资本禀赋量，L_{uu} 表示城市失业人数，便有：

$$L_1 + L_2 + L_3 + L_{uu} = L \tag{29}$$

以 $\lambda = \dfrac{L_{uu}}{L_1}$ 表示城市部门失业率，则（29）式可变形为：

$$(1 + \lambda)L_1 + L_2 + L_3 = L \tag{29'}$$

另外，设定先进农业吸收的劳动力数量受该部门初始劳动力雇佣规模以及资本量的影响，其关系如下：

$$L_2 = L_2^0 K^\alpha \tag{30}$$

（30）式中 L_2^0 为先进农业部门初始劳动力雇佣规模，为外生给定；α 外生且 $0 < \alpha < 1$；$L_2{'} = L_2^0 \alpha K^{\alpha-1} > 0$，$L_2{''} = L_2^0 \alpha(\alpha - 1) K^{\alpha-2} < 0$。

经济的资本被城市和先进农业完全雇佣,即:
$$K_1 + K_2 = K \tag{31}$$

以 $\bar{w}_1$、w_2 和 w_3 分别表示城市部门、先进农业和传统农业的工资,由各部门的利益最大化的条件可得以下三式:

$$p_1 F_L^1 = \bar{w}_1 \tag{32}$$

$$p_2 E^{\varepsilon_2} F_L^2 = w_2 \tag{33}$$

$$E^{\varepsilon_3} F_L^3 = w_3 \tag{34}$$

其中,$F_L^i = \partial F^i / \partial L_i$($i=1$,2,3);$\bar{w}_1$ 是外生变量;p_1 和 p_2 分别表示以传统农业产品价格为基准的城市和先进农业产品价格。如果对先进农业工资进行补贴,补贴率为 s_1,则(33)式变为:

$$p_2 F_L^2 = w_2(1 - s_1) \tag{33'}$$

以 r 表示贷款利息率,根据利润最大化和资本在城市和先进农业之间自由流动条件,可以得到:

$$p_1 F_K^1 = r \tag{35}$$

$$p_2 E^{\varepsilon_2} F_K^2 = r \tag{36}$$

这里,$F_K^i = \partial F^i / \partial K_i$($i=1$,2)。如果政府对先进农业实施贷款利息补贴的政策,补贴率为 s_2,则(36)式变为:

$$p_2 E^{\varepsilon_2} F_K^2 = r(1 - s_2) \tag{36'}$$

本文采用三部门的哈里斯—托达罗劳动力分配模式。本文设想的情况是:虽然传统农业部门的劳动力转移到城市存在失业风险,但他们将从事传统农业得到的实际工资与先进农业和城市的期望工资相比较,当先进农业和城市的期望工资高于传统农业的工资时,他们就会向城市和先进农业转移。在转移均衡处,有下式成立:

$$\frac{L_1}{(1+\lambda)L_1 + L_2}\bar{w}_1 + \frac{L_2}{(1+\lambda)L_1 + L_2}w_2 = w_3 \tag{37}$$

驱动这个模型可以得到以下两个命题:

命题5:给予先进农业贷款利息补贴可以改善环境,城市的劳动力和资本雇用量下降,先进农业劳动力和资本雇用量上升;补贴先进农业工资的政策不影响环境,但使城市失业率上升。

命题6:劳动要素禀赋量的增加不影响环境,其增加部分被城市失业和传统农业所吸收;资本要素禀赋的增加使得环境恶化,城市的劳动力、资本雇用量上升，先进农业的资本和劳动力雇用量下降。

命题5的环境改善机制为：给予先进农业贷款利息补贴可以使得城市工业部门的劳动力和资本雇用量下降，从而导致城市工业生产规模下降、污染排放减少，故而环境改善。这个命题机制的可操作性比较强，并有发展现代农业和治理环境的双重有利效果，但同时有一个副作用，就是城市工业生产会受到负面影响，故而，在使用时要同时做好城市工业生产下降的预防工作。

四 政策建议

根据上述分析，作为促进现代农业发展的政策，笔者向江苏省政府提出以下三条政策建议。

（一）建议省政府重视对现代农业进行资本补贴

作为直接促进现代农业发展的政策，政府可以考虑以下两项：

（1）对现代农业企业进行工资补贴。在经济实际中，这项补贴可以按发放工资数的一定比例退税或减税。

（2）为鼓励现代农业加大投资而对其投资的资本进行补贴。理论上的做法是对使用的资本量，按一固定的比例进行补助，意在鼓励企业增加资本投入。在经济实际中，这项补贴政策的具体做法可以是：鼓励现代农业企业投资扩大生产、加快现代农业生产设施的升级换代，以高技术的现代农业企业为中心进行现代农业开发，推进现代农业经营体制机制创新，并对所使用资本的利息进行补贴。

从扩大现代农业生产的角度，笔者不主张采用进行工资补贴，而建议省政府对现代农业进行资本补贴。因为根据本研究命题1和命题2可知：对现代农业进行资本补贴使得现代农业劳动力雇用量上升，并且增加劳动要素一定会带来产出的上升。而对工资补贴却没有这样直接的经济效果。此外，根据命题5还可以知道：给予先进农业贷款利息补贴可以改善环境。但需要注意的是，实施对现代农业进行资本补贴政策时，应同时做好工作，预防城市因劳动力和资本雇用量下降而导致的产出下降。

(二) 建议政府对现代农业的人力资本培训费用实施专项补贴

在江苏现代农业的发展政策中,提高农民的人力资本水平是亟待解决的问题。提高农民的人力资本水平主要依靠职业培训和学历教育。在职业培训方面,这类出资通常是由个人或企业或政府来解决的。但是,多年的实践告诉我们,农民个人的投资效果并不理想;而政府直接出钱办班培训则存在资金额度、培训方向、项目落实等方面的困难,效果也不理想。而仅仅依靠现代农业搞培训,其效果也不能令人满意。命题3告诉我们:现代农业提升收益中用于人力资本培训的比例,使得现代农业和传统农业的工资降低,地租水平上升,这些都是负面意义比较大的效果。所以,笔者不主张个人、企业单独投资人力资本,也不主张政府采用免费培训农民的方法,而建议省政府在引导现代农业进行员工培训的基础上,对其投资成本按一定的比例进行专项补贴。这样的做法有三个优点:

(1) 因为是现代农业主导,所以能够将培训方向和内容与工作需要紧密结合。

(2) 命题4告诉我们,专项补贴使现代农业和传统农业的工资上升,地租水平下降。虽然现代农业的工资上升会增加发展成本,但增加农民收入是"两个率先"的基本内容,而且地租水平下降给发展现代农业创造利好条件,应该说积极的经济效果大于不利的一面。

(3) 专项补贴可以保证提升现代农业培训员工的积极性。

经济实际中,这项补贴政策可以考虑为:强化现代科技创新和人才支撑,鼓励现代农业积极引进新技术、培养既懂生产技术又懂市场经济的现代农业人才,对其所用投资成本按一定的比例进行补贴。

另外,建议政府在学历教育上加强对地处农村的中学的投资,并向职业教育倾斜,以吸引更多的学龄青少年和成年农民接受学历与劳动技能合一的教育,以彻底改变江苏省农民低学历状态。

(三) 发展现代农业需根据宏观经济的运行状况采取不同的政策

对于发展现代农业,要顾及经济发展大局,要有全局观。笔者建议政府根据宏观经济运行状况采取相应政策,顺势而行。例如,在城市失业压力较大的情况下,改善城市就业、降低失业率就会成为经济工作的中心,根据命题1、命题2,笔者就不建议对现代农业采取工资补贴和资本补贴的发展政策,因为这样的政策会造成城市雇佣下降和失业率的上升,增加失业压力;但是,当增加居民收入为经济工作的重点时,同样是根据命题1、命题2,就应该积极考虑对现代农业进行工资补贴和资本补贴的发展政策,此举有同时提升现代农业和传统农业工资的效应。

参考文献:

1. 刘勤:《江苏省利用外资发展现代农业存在的问题及其策略》,《商场现代化》2008年第17期。

2. 刘涛:《中国现代农业产业体系建设:现状、问题及对策》,《当代经济管理》2013年第4期。

3. 徐德金、赵国金:《江苏省丘陵地区现代农业发展存在的问题及对策》,《现代农业科技》2011年第11期。

4. 姚於康:《江苏农业现代化过程中出现的新趋势、新问题及对策》,《江苏农业科学》2012年第2期。

5. Chaudhuri S., "Labour market reform, welfare and unemployment in a small open economy", *Keio Economics Studies*, Vol. 43, No. 2, 2006.

6. Chaudhuri S., "Foreign capital, welfare and urban unemployment in the presence of agricultural dualism", *Japan and the World Economy*, Vol. 19, 2007.

7. Ida J Terluin, "Differences in economic development in rural regions of advanced countries: an overview and critical analysis of theories", *Journal of Rural Studies*, Vol. 19, No. 3, 2003.

8. Li X. C and Q. Shen, "A Study on the Urban Private Capital in the Modern Agriculture Sector and the Transfer of Labor", *Journal of Economic Policy Reform*, Vol. 15, No. 2, 2012.

作者信息:

研究基地:江苏"两个率先"研究基地

承担单位:南京大学

首席专家:洪银兴、黄健、金培

课题负责人:李晓春

农村土地制度改革的实践、
成效及政策建议

内容提要：农村土地制度改革是当今农村综合改革的核心内容，务必慎重、科学操作。农村土地制度改革要强化土地规划，明确农耕、产业、居住布局空间。稳定、完善土地承包政策，赋予农民完整的土地权能。实施财政制度改革，使地方政府跳出"土地财政"的怪圈。土地制度改革要兼顾国家、地方政府和农民三者的利益关系；要有利于农民市民化的大势；要提高征用土地的成本，约束征地行为，强制集约利用土地。土地征用要与农民养老保障制度建设相衔接，允许和规范农村集体经营性建设用地入市，加强农村宅基地管理。

党的十八届三中全会通过的《决定》描绘了农村土地制度改革的基本蓝图，2014年的一号文件为包括了农村土地制度改革在内的农村改革做出了具体部署，全面推进农村土地制度改革的序幕已经拉开，农村土地制度改革已经成为新的历史时期解决"三农"问题的核心。

一　农村土地制度改革的实践探索

农村土地制度不仅直接影响到中国土地资源的保护和农业生产的可持续发展，关系到农村的稳定，还关系到整个国民经济全局。近年来，我国各地农村积极寻求制度变革和创新，探索有效的制度变迁形式，妥善处理工业化和城镇化中农民与土地的关系，取得了显著成效。相对而言，成都、重庆、苏州、嘉兴四个地区的改革探索较为典型，且都具有一定的创新性（表1）。

表1　　成都、重庆、苏州、嘉兴土地制度改革实践模式

主要模式	主要内容	改革重点
成都模式	1. 确权颁证； 2. 市县财力支持的耕地保护基金制度； 3. 市、县、乡"三级"农村产权交易平台服务体系； 4. 财政担保制度； 5. 集体建设用地市场化运作的联建模式	农村土地产权制度改革："确权是基础，流转是核心，配套是保障"
重庆模式	1. 农村土地交易所； 2. "地票"交易； 3. 户籍制度改革下的农村土地使用权退出政策	农村土地利用及管理制度改革：集约节约利用农村土地，并通过市域范围内的资源权益置换，优化城乡土地资源的空间配置
苏州模式	在坚持和完善农村土地承包制基础上，成立农村土地股份合作制，按照股权设置不同划分为三种形式： 1. 单纯以土地入股，土地内股外租； 2. 土地作价入股，参与经营开发； 3. 承包土地与社区集体资产统一入股或量化，实行股份化经营	农村土地流转机制改革：实现农村土地由资源向资本的转换、实现由农民向股民转变、实现以实物形态分地到以价值形态分地的转换
嘉兴模式	以"宅基地与承包地分开、搬迁与土地流转分开，以宅基地置换城镇房产、以土地承包经营权置换社会保障"为主要内容的"两分两换"	农村土地使用及管理制度改革：土地资源整合和实现农民的社会保障权益

（一）成都的实践

成都市先后于2003年提出以"三个集中"[①]为核心的推进思路，作

---

① "三个集中"：按照依法、自愿、有偿的原则，推进工业向园区集中，农地向适度规模经营集中，农民向城镇和新农村居住区集中，参见《成都市工业发展布局规划纲要（2003—2020）》（成委发〔2004〕11号）、《成都市公安局关于推行一元化户籍管理制度实施意见》（成办发〔2004〕63号）。

为全国城乡统筹综合改革配套试验区,又于 2008 年 1 月启动了以"还权赋能"①为核心的新一轮农村土地产权制度改革。为提高土地利用效率,更好地维护农民利益,成都市实施了以促进农村土地产权流转为核心的确权颁证工程,设立耕地保护基金制度,建立交易服务平台,以联建促进建设用地流转以及设立政府流转担保公司等系列制度创新(图1)。

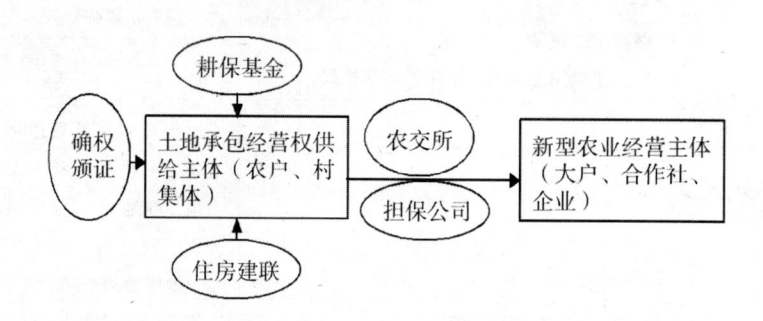

图 1　成都市农村土地流转创新实践的流程模型

1. 确权颁证,夯实流转基础

成都市首先对历史遗留问题较少又与农户利益高度相关的宅基地展开了确权,对于宅基地以外的乡村企业、公益事业以及其他集体建设用地,分别利用第二次全国土地调查的结果,在明确各村庄用地总量后,扣去已确定的农户宅基地,再分类确认这些集体建设用地的使用权。在具体实践中创设了"村庄议事会",自主协商解决纠纷,以"确实权"的方式解决了人口变动与土地承包关系之间的矛盾。

2. 创设耕地保护基金,剥离土地保障功能

为给承担全局利益保护耕地的农户提供补偿,保障城乡一体化的顺利进行,成都市率先于全国建立由市、县财力支持的耕地保护基金制度。耕地保护基金由市、县两级按 50% 的比例共同筹集,专项用于实际承担耕地保护义务的农户养老。资金主要来自市、县两级政府的部分土地出让收

---

① "还权赋能":不但要把农村集体土地的使用权、经营权还给农民,而且要把由此派生出来的转让权也还给农民,赋予农民农村土地的产权内涵更为全面,参见《成都市委成都市人民政府关于加强耕地保护进一步改革完善农村土地和房屋产权制度的意见(试行)》(成委发〔2008〕1 号)。

益、新增建设用地土地有偿使用费和耕地占用税，不足部分由市、县两级财政兜底。

3. 创新产权交易服务平台，规范产权流转

2008年10月13日，成都农村产权交易所依托原成都联合产权交易所成立，成为全国首家农村产权综合性市场平台，并构建了市、县、乡"三级"农村产权交易平台服务体系。为扩大农村产权交易所的功能，满足城乡统筹的需要，成都市国土资源局、房管局、林业园林局、农委下属机构分别按50%、25%、12.5%和12.5%的比例出资，按有限责任公司法律架构，成立了成都市农村产权交易所有限责任公司。

4. 建立财政担保制度，规避流转风险

为彻底实现确权后的"赋能"，降低农村土地产权交易双方的风险以及相应金融机构的风险，多家国有投资公司共同出资成立了成都市农村产权流转担保股份有限公司。各区、市、县，由地方政府主导，即主要由区、市、县出资，农发投公司部分入股组建，并按比例进行风险补偿，市场化运作的信用担保机构。公司服务对象为产权清晰的农村集体经济组织、具有法人资格的农村企业（含乡镇企业、涉农服务的其他企业）、农民个人等项目实施主体。

5. 首创联建模式，促进建设用地流转

为最大限度地让农民分享土地的增值，成都市通过土地整治和集中居住开展建设用地指标和耕地占补平衡指标交易，并在全市范围内打通指标交易，实现了集体建设用地直接进入市场，农民不断分享经济集聚的收益，先后成功地创建了由社会资金投资的成都蛟龙工业港开发模式、村民自己整理土地并挂牌招商流转集体的建设用地、农民房屋联建腾出来的宅基地流转等土地流转模式。

（二）重庆的实践

自2007年至今，重庆市大胆尝试，先行先试，通过实施农村土地制度改革创新的一系列举措，取得了阶段性成果，其中农村土地利用及管理制度改革力度大、涉及面广、取得成效好。设立农村土地交易所、"地票"交易、户籍制度改革下的农村土地使用权退出，构成了重庆农村土地制度创新的三大亮点。

1. 成立农村土地交易所，探索构建城乡统一的土地市场

经国务院同意，2008年12月，重庆市设立全国首家也是唯一一家农村土地交易所。其交易品种分为实物交易和指标交易两大类。实物交易包括土地承包经营权、林权、农村集体建设用地使用权及农村土地权益折资入股后的股权或收益分配权交易。指标交易即"地票"交易。之所以设计指标或者"地票"这个形式，是因为零星散布在广大农村的土地特别是宅基地，要实现有效流转是很困难的，只有把"农民自愿申请的、经过整理整治的、按照统一标准验收合格的"土地用途属性转化为指标形态，才真正能够实现远距离、大范围的流转。

2. "地票"交易

"地票"是指把农村闲置、废弃的建设用地复垦为耕地，腾出的建设用地指标优先保障农村自身发展后，节余部分以市场化方式公开交易形成的可在重庆市规划建设范围内使用的指标。对于所购得的"地票"可以纳入新增加建设用地计划，增加等量城镇建设用地。其基本原理在于，通过对土地利用总体规划确定的城镇建设用地范围以外的农村宅基地和其他建设用地的复垦、整理，经有关部门验收合格的用地指标，并在农村土地交易所公开交易，买家竞拍成功后，可以获得对土地利用总体规划确定的城镇建设用地范围的农村进行等量新增建设用地征购的权利，在通过公开的市场招、拍、挂的程序后，若某买家竞拍成功，则支付的"地票"费用冲抵新增建设用地土地有偿使用费和耕地开垦费。

3. 户籍制度改革下的农村土地退出政策

顺应土地城镇化与人口城镇化步调相匹配的诉求，重庆市以"地票"制度支持转户居民带着财产和尊严进城。在重庆市户籍制度改革中，农民土地使用权退出是统筹城乡户籍制度改革的核心内容。重庆市明确规定，转户居民可保留、流转土地或退出宅基地，如自愿退出宅基地及附属设施用地的，可以"地票"方式变现财产，大大有利于转户居民进城后参加社保和租房、购房。

（三）苏州的实践

近几年，苏南地区农村土地制度变革的探索相当活跃。苏州的农村土地制度改革主要表现为在坚持和完善农村土地承包制基础上，成立农村土地股份合作社，按照股权设置不同，农村土地股份合作社分为三种具体

形式。

1. 单纯以土地入股，土地内股外租

在农民自愿的基础上集中全村农户的承包地，组建农村土地股份合作社，入股土地原则上不作价，由合作社统一整合后实行对外发包或租赁，所得收入按入股土地份额分配到户。

2. 土地作价入股，参与经营开发

主要有两种做法：一种是以农民承包地入股为主，建立土地股份合作社，由合作社将土地作价折股后参与各类股份制企业的经营，合作社参股获得的收益按农民入股土地份额分配到户。另一种是以土地入股为主，资金、技术等参股，联合建立股份合作社或股份制企业，实行统一经营，所获收益按股分配，形成风险共担、利益共享的机制。

3. 承包土地与社区集体资产统一入股或量化，实行股份化经营

在社区集体资产股份合作制改革的同时，引导农户将承包土地统一入股社区股份合作社，设立土地资源股，入股土地由合作社统一经营或发包，年终分配时土地资源股作为优先股，进行优先分配或保底分配，实现了农村土地股份合作制和社区股份合作制有机结合。

综上所述，以苏州为代表的苏南地区农村土地制度创新是在坚持农村土地承包政策和法规的基础上，以农民自愿为前提，通过激活土地流转机制，实现农村土地由资源向资本的转换，促进土地资源优化配置的一种制度创新。

（四）嘉兴的实践

在城市化进程加速的背景下，为推进土地资源整合和实现农民的社会保障权益，2008年4月，浙江省委、省政府做出了嘉兴、义乌推进统筹城乡综合配套改革的决策部署。嘉兴市委、市政府结合实际，以打造城乡一体化先行地为目标，启动开展了以"宅基地与承包地分开、搬迁与土地流转分开，以宅基地置换城镇房产、以土地承包经营权置换社会保障"为主要内容的"两分两换"试点工作。

所谓"两分"，指的是"宅基地和承包地分开、农民住房拆迁与农村征地分开"，农民的宅基地和承包地可以分别处置，自主选择保留或者置换。所谓"两换"，指的是"以宅基地置换城镇住房"和"以土地承包经营权置换社会保障"。

嘉兴以土地承包经营权置换社会保障有两种基本置换方式：一是在"依法、自愿、有偿"的前提下，采取转包、出租、入股等方式全部流转土地承包经营权，流转期限在10年以上的，按照城乡居民社会养老保险中城镇居民的缴费标准和待遇置换社会保障。二是在有农业投资开发公司承接和整片开发的基础上，农民自愿全部放弃土地承包经营权，同时按照被征地农民养老保险政策置换社会保障。以宅基地置换城镇房产有三种置换方式：一是作价领取货币补贴到城镇购置商品房；二是到搬迁安置区置换搬迁安置房或自建联排房；三是有产业用房的，可部分或全部到产业功能区置换标准产业用房。

二 农村土地制度改革实践的评估

相比较国内其他正在进行"土改"的地区，成都、重庆、苏州、嘉兴四个城市在遵循基本土地法规制度的前提下，成功地进行了一系列农村土地制度改革的创新，并取得了积极的成效，为农村土地制度改革积累了较为丰富的经验，这些经验对其他地区具有借鉴意义。现阶段的农村土地制度改革应在正确评估实践成果的基础上，兴利除弊，以确保农村土地制度改革更有成效。

（一）对成都实践的评估

一是确权颁证。截至2010年10月31日，政府共投入1.5亿元，颁发各类产权证书共计569.6万本，确权颁证工作已基本完成。按大类分，共颁发《集体土地所有权证》3.34万本、《集体土地使用权证》（宅基地）165万本、《农村土地承包经营权证》179.3万本、《林地承包经营权证》64.8万本，分别占到应发总量的94.0%、96.0%、98.2%和97.9%。

二是建立了耕地保护基金。这一制度设定，实现了城市土地收益在城乡和不同区、市、县间的统筹使用，既有效保护了耕地，又就建立农村耕地保障体系做了尝试，因而具有深远的意义。截至2010年末，全市耕地保护基金发放到农户21.4亿元，涉及3万多个村民小组、176.6万户农户。通过耕地保护基金管理系统将耕地基金发放数据移交成都农商银行，向区、市、县下拨资金19.79亿元，其中发放到户14.6亿元，覆盖耕地

400余万亩，涉及31850个村组、171.24万户、521.18万人。

三是产权交易服务平台。截至2010年底，成都市农村产权交易所完成农村集体建设用地（含联建）流转10468宗，流转金额148297.91万元；流转土地承包经营权15387宗，流转金额50328.84万元；流转林地1554宗，流转金额26123.67万元；流转农村房屋（抵押）107宗，流转金额2369万元；农业类知识产权转让1宗，合同金额50万元。其余涉及林木所有权、精加工农产品等4宗，合同金额7803万元。

四是财政担保制度。成都市农村产权流转担保股份有限公司自2008年5月成立以来，积极探索扩大农村有效担保物范围，完善服务机制，创新农村投融资方式，推动农村经济发展。截至2010年6月，已累计受理项目131个，在保项目31个，担保总额达63670.2万元，项目总投资102136.72万元，引导社会资金38466.52万元，促成农村产权流转面积81192亩，办理林权抵押贷款553宗，抵押面积16.1万亩，抵押贷款金额2.1亿元。

五是联建模式。据不完全统计，成都4个重灾县、市、区共有联建项目1500余项，涉及农户3000余户，流转建设用地1000多亩，引入社会资金高达数十亿元。

（二）对重庆实践的评估

一是土地交易所。截至目前，重庆农村土地交易所累计交易"地票"8.86万亩、资金175亿元。共进行了968亩耕地承包经营权、3000亩林地承包经营权的交易，发布土地实物供需万余亩。重庆农村土地交易所为农村土地资产流转变现提供了市场平台，盘活了农村土地资源。

二是"地票"交易制度。其一，保证农村耕地面积不减少、质量不降低。"地票"运行是先增加耕地，后使用建设用地，真正落实了"先补后占、占补平衡、数质对等"。其二，构建了城市反哺农村的有效途径。通过地票运作，"千里之外"的土地升值了，将远郊区县的农村宅基地价值由原来每亩几万元提升到现在的20万元以上，建立了真正意义上的大城市反哺大农村市场化制度通道。其三，"三农"真正受益。"地票"价款全部用于"三农"，且对集体建设用地的使用权人和所有权人享有收益做了量化，地票净收益的85%归农户所有、15%归所在集体经济组织所有。这一规定符合农村土地权利现状，较好地协调了各方利益关系。其四，充实了新农村建设资金。"地票"制度让农村集体经济组织获得大笔收益，壮大了集体经济实力，有利于加大农村基础设施、公益事业投入。其五，通过"地票"变现增强了农村融资能力。"地票"让农房抵押贷款评估有了参照体系，也为农房抵押处置提供了路径。

三是农村土地退出有了操作办法。截至 2012 年 6 月底，重庆市已受理 4.62 万户转户居民宅基地退出申请。在积极推进城镇化的同时，重庆市依托国土整治工程，整合多项支农政策、项目和资金，有力地支持了农民新村建设和农村危旧房改造，并为现代农业发展创造了条件，加快了农村生产生活环境的改善，促进了农村与城镇协调发展。

（三）对苏州实践的评估

在坚持和完善农村土地承包制基础上，2002 年 1 月苏州吴中区胥口镇成立了第一个农村土地股份合作制，通过几年的实践，农村土地合作社已推广到苏州五个县级市。苏州市委农村工作办公室的调研资料显示：截至 2005 年底，苏州市域累计成立农村承包土地股份合作社 101 个，入社农户近 3 万户，入社土地面积 4533 平方公里。

（四）对嘉兴实践的评估

从总体上看，"两分两换"试点已经取得了初步成效：

一是农户签约率高，土地集约效果明显。例如，至 2010 年 8 月底，在 597.48 平方公里的试点范围内，已签约换房（或搬迁）农户达到 18697 户，完成农房拆迁 14644 户，共流转土地承包经营权 9 万亩。土地二次流转也带动了农业规模经营，为现代农业的发展奠定了基础。

二是土地节约成效显著。到 2009 年 11 月，9 个试点村、镇通过宅基地（房产）置换，土地节约率都在 50% 以上。按节约率 50% 计算，9 个试点村、镇通过一期实施，节约土地 4830 亩。

三是农民财产性收入大幅增加。由于试点都采取了政府主导开发建设，另有政策支持和费用减免，加上农户有拆迁补助和奖励，农民置换成本较低。而且，农民宅基地置换公寓房，该房产拥有土地证、房产证，可以进入市场交易，农民财产得到了保值增值。

四是城市化进程加快。试点开始前，嘉兴市规划部门已将全市 858 个行政村 13111 个自然村规划集聚到 48 个新市镇和 372 个新社区，力图使农村建设规划布点大幅减少,以实现农民居住的规模化、社区化。各试点镇一般是将农民集中居住的镇区划分为商贸居住区、工业功能区、农业产业区三大区块,并组建农户自愿入股的农民物业股份有限公司。

三 深化农村土地制度改革的若干政策建议

农村土地制度改革是一项长期而艰巨的任务,农村土地制度改革是当前和今后相当长一个时期农村综合改革的核心所在,农村土地制度改革关系到农民当前和长远利益,关系到城乡整体发展,土地处置了难以恢复到原来状态,所以务必慎重,务必科学实施。

(一) 强化农村土地规划

一是加快编制农村土地利用规划。进一步完善土地利用规划体系,细化、完善农村土地利用规划,合理布局居住、产业和农耕空间,指导乡村建设和发展。二是编制村庄建设规划。以农村土地利用规划为基础,开展村、镇建设规划编制,整合、完善乡村基础设施和公共服务体系,加强集中居住区生产、生活配套,凸显乡村规划建设特色。三是保障农村发展用地。统筹推进城乡建设用地增减挂钩、"地票",盘活闲置的、废弃的农村土地,优先保障农业发展用地。农用地不仅具有生产功能,还具有生态意义,多年因过多连片占用农用地,引起气候、环境恶化,后果已经显现出来,因而应以地级市为单元,明确基本农田保护区,而且要长期坚持。

(二) 稳定完善农村土地承包政策

根据中央文件精神,要稳定完善农村土地承包政策,一是现有土地承包关系长久不变,除非农民要求让出土地,才可予以调整;二是赋予农民对承包地更加完整的权能,包括占有、使用、收益、流转、抵押、担保等。三是确权、确地,或确权确股不确地;四是让农民参与土地承包经营权确权工作,如有矛盾要依靠农民自主协调解决。

(三) 财税制度改革

没有整体上财税制度的改革,农村土地制度改革要切实取得成效是不可能的。现有财税制度决定了"土地财政"的必然性，决定了地方政府可以不顾农民的利益、不考虑农业的长远发展而强行靠行政推动去征地，而只要土地财政存在，在土地问题上，地方政府必然与中央政府不一致，地方政府想方设法降低土地成本就顺理成章。所以要从根本上理顺农村土地问题，就必须改变现行财税制度，改变对地方领导人的考核体系，不再以 GDP 论英雄，不单纯以经济发展的快慢决定领导人的升迁。现行的财税制度是利益过度上抽，过于向中央、省集中，地方缺乏活力，事权与财权严重不对称，逼得基层想方设法从土地上获利。

（四）土地制度变革要兼顾国家、乡村集体、农民三者利益关系

国家——中央政府，代表一个国家的整体利益考虑土地、农业、吃饭、生态问题，确保 18 亿亩耕地红线就是国家基于全民族长远利益而定下的战略决策。乡村集体，处于农村经济社会发展的第一线，一般是土地变革的实际操作者，乡村集体是在加快本地区经济发展、"政绩"的前提下考虑土地问题的，由于现时代发展经济往往是以占用土地为条件的，所以，乡村集体占用土地的动力非常充足，因土地而引起的社会冲突往往也是乡村集体与农民的利益冲突。农民在三者中是弱者，农民在土地补偿中没有谈判权。而农民处于现代化的这个历史阶段正在非农化、城镇化，这就意味着有相当多的农民要离开土地，从这个意义上讲，农民的利益又是与国家和乡村集体的利益紧密结合的。所以，农村土地制度变革的大思路是国家要制定土地规划、土地利用的基本政策，基层政府在国家大政策的指导下，迎合城镇化、农民市民化的大势操作好土地的流转，使得土地变革与地区经济发展、工业化、城镇化的潮流完全一致。

（五）农村土地制度变革要有利于农民市民化

当代中国的大趋势是大量农民正在变为市民，在现代化建设的未来二三十年我国必将有数亿农民转变为市民，如果哪一天我们国家真正有六成、七成人口属于现代市民了，则标志着现代化事业完成了。尤其是江苏，城镇化、农民市民化更是走在全国前列，城镇化、农民市民化同时也为农村土地的流转、农业规模化经营、实施新的农村土地制度提供了历史性契机。一方面是农民向城镇转移，另一方面是由于大量农民离农而使得土地规模化经营、现代化方式经营农业成为现实，这是未来二三十年中国农村必将发生的巨大变迁。具有中国特色的农民市民化过程不应是农民赤贫状态进入城镇，而是农民作为一个创业者、有产者、自觉的主体参与工业化、城镇化的实践过程，其自身在工业化、城镇化的大势中从根本上转变了劳动方式、生活方式，成为一个现代意义上的新型市民。这样的一个过程无论是就整个国家来说，还是就农民个人来说都体现了真正的现代化。所以农村土地制度变革要与这一大势结合起来，而不能用剥夺农民、掠夺农村、产生大量失地农民的办法来推进国家的工业化、城镇化。

（六）提高征用土地成本，集约利用土地

21世纪初以来，农地减少、土地城镇化大大快于人口城镇化，征地引起的社会矛盾成为群体性事件的导火线，地方政府通过土地出让形成的"土地财政"成为地方政府可支配收入的重要组成部分。2011年土地出让收入相当于地方本级财政的71%，而且通过土地抵押搞所谓的土地金融，成为地方政府负债的重要依托。另外，征用的土地利用粗放，浪费严重。我国城市人均土地面积2008年为134平方米，发达国家平均为82平方米；我国土地利用率最高的上海，近年每平方公里产出约80亿美元，而香港地区已达300亿美元，日本东京为523亿美元；我国工业用地的容积率只有0.3%，而国际平均水平为1%。土地的粗放式经营，根本原因在于土地来得太容易，一般地，征地补偿费仅占土地出让价款的近10%。所以，中央文件讲，缩小征地范围，规范征地程序，完善对被征地农民合理、规范、多元保障机制。到了现代化建设的历史新时期，我们应当改变旧的发展方式，寻求新的发展方式。新发展方式的重要标志是集约利用资源（包括土地资源），提高发展质量，发展的速度宁可慢些，但质量必须好些，经济、社会的发展不能留下大量后遗症。基于新发展方式的理念，不宜大规模地征地，政府不能用行政手段去推动征地，农村土地制度改革不等于大面积地征地，而是要建立与现代化建设、农业现代化、农民的身份变革相适应的农村土地制度。

（七）土地征用与保障农民利益的制度建设同步化

"两换"较好地体现了土地征用与保障农民利益的制度建设的同步化。对已在非农领域就业的农民来说，土地承包权置换养老保障可能没有

意义了，这种情况可由农民自己选择征地的补偿。对没有非农就业的农民来说，征地必须解决其养老保障的问题，国务院刚决定养老保障的城乡并轨，对被征地农民而言可在原来基础上提高养老保障的标准。土地入股这一制度安排有利于土地的规模经营，对于就近转移的农民来说利益得到了保护，但对跨区域转移的农民来说存在操作上的困难，也将今后的市民化变得更加复杂了。"地票"只是在确权基础上使得土地能够流转并使让出土地的农民得到了补偿，盘活了农村土地，但并不是一种着眼于农民长远利益的制度建设。今天农民通过"地票"得到了补偿，但不等于有了非农就业的工作岗位，过了若干年年龄大了，要养老了，"地票"收入用光了，他的养老怎么办？所以，利用农村土地的流转，建构农民养老保障制度十分重要。

（八）允许和规范农村集体经营性建设用地入市

根据中央文件规定，在符合规划和用途管制的前提下，允许和规范农村集体经营性建设用地出让、租赁、入股，实行与国有土地同等入市、同权同价。这是改变城乡二元结构体制在土地问题上的具体举措，是农村土地制度的重要突破。这一政策的要点是：土地属于农村集体经营性质；农村集体经营性建设用地符合土地长远规划；用途必须管制；城乡土地同权同价。

（九）加强农村宅基地管理

一是通过立法明确宅基地的概念。将农村宅基地中住宅建筑占地和宅基地附属的院坝、圈舍等用地纳入管理范畴，合并进行审批与登记，并在《土地管理法》修订中予以明确。二是改革宅基地无偿配置的制度。在有条件的地区逐步停止新批准宅基地，探索实行有偿配置、市场化调节。三是加强宅基地审批管理及执法监察力度。出台农村宅基地管理办法或相关政策文件，强化宅基地管理，对新建农户要求严格履行复垦义务，加大执法监察力度，严肃查处违法占地行为。

参考文献：

1. 黄祖辉、黄宝连、顾益康、王丽娟：《成都市城乡统筹发展中的农村土地产权流转制度创新研究》，《中国土地科学》2012年第1期。

2. 李敏：《城乡综合配套改革试验区农村土地和房屋产权制度改革探析——基于成都市改革的实践》，《软科学》2011 年第 8 期。

3. 梅哲、陈霄：《城乡统筹背景下农村土地制度创新——对重庆农村土地制度改革的调查研究》，《华中师范大学学报（人文社会科学版）》2011 年第 3 期。

4. 王勇、李广斌：《苏南农村土地制度创新的诱导因素分析——以苏州为例》，《安徽农业科学》2007 年第 36 期。

5. 扈映、米红：《经济发展与农村土地制度创新——浙江省嘉兴市"两分两换"实验的观察与思考》，《农业经济问题》2010 年第 2 期。

6. 仇恒喜、汪雷：《"两分两换"助推农村土地制度变迁：基于嘉兴经验的理论分析》，《经济社会体制比较》2010 年第 6 期。

7. 王建华：《苏州市农村土地股份合作制的实践与思考》，《农村经营管理》2005 年第 8 期。

8. 方芳、周国胜：《农村土地使用制度创新实践的思考——以浙江省嘉兴市"两分两换"为例》，《农业经济问题》2011 年第 4 期。

9. 董建国：《农村土地制度改革的实践与思考——以重庆为例》，《中国党政干部论坛》2012 年第 12 期。

10. 郭晓鸣：《中国农村土地制度改革：需求、困境与发展态势》，《中国农村经济》2011 年第 4 期。

作者信息：

研究基地：江苏城乡一体化研究基地
承担单位：南京师范大学社会发展学院
首席专家：邹农俭
课题负责人：邹农俭
主要参加人员：杨光飞、吴业苗

工商资本进入农业条件、模式和效应的国内外分析及其对江苏的启示

内容提要： 我国工商资本进入农业规模越来越大，政府对工商资本进入农业持谨慎态度，一方面希望利用工商资本发展农业，另一方面又担心工商资本进入农业可能对农民权益带来损失以及"非农化"对农业发展的破坏。本文在分析我国工商资本投资农业特征、模式及相关政策之后，总结国内外工商资本进入农业的经验，分析江苏省工商资本进入农业的必要性，最后提出江苏省工商资本进入农业的政策建议：一是加强引导，注重工商资本对农业产后环节投入；二是扎实基础，加强经济相对落后地区的农业基础设施投入；三是做好服务，加大职能转变力度，搭建好工商资本进入农业领域服务的平台；四是保护权益，处理好工商资本与农民的权益关系，必须维护农民利益。

一 我国工商资本投资农业特征分析

（一）工商资本进入农业规模越来越大

近年来，随着我国对农业支持政策的加大，农业部门投资不断增加，从农业投资的资金来源变化中，可以看到农业投资的变化呈现以下四点特征。

第一，相对于农户投资，非农户投资于农林牧渔业增长幅度更大。2004年，农户对农林牧渔业投资额为812.01亿元，非农户对农林牧渔业投资额为644.41亿元。2011年分别增加到1938.63亿元和7116.22亿元。

第二，在非农户投资中，国家预算资金投入比重在下降，而包括企事业单位自有资金在内的非农户自筹资金占比大幅提高。2011年，非农户

投资中来自国家预算资金为724.35亿元,占10.2%;来自非农户的自筹资金为5338.44亿元,占75.0%。

第三,在农林牧渔业中,农业、畜牧业、渔业和农林牧渔服务业投资增长快,而林业投资增长较慢。林业和农林牧渔服务业的国内预算资金来源比重高,畜牧业和渔业的国内预算资金来源比重低,农业的国内预算资金来源比重下降大。2011年非农户投资中,农业为2437.18亿元(国内预算资金为142.18亿元,占5.83%;自筹资金为1886.90亿元,占77.42%),林业为881.26亿元(国内预算资金为185.18亿元,占21.01%;自筹资金为549.56亿元,占62.36%),畜牧业为1881.6亿元(国内预算资金为32.07亿元,占1.7%;自筹资金为1615.87亿元,占85.88%),渔业为397.89亿元(国内预算资金为6.24亿元,占1.57%;自筹资金为337.26亿元,占84.76%),农林牧渔服务业为1518.29亿元(国内预算资金为358.67亿元,占23.62%;自筹资金为948.86亿元,占62.50%)。

第四,工商企业直接租赁农户承包地的比例虽然不高,但是流转面积增长的速度却很快。2012年流转入企业的土地面积比上年增长34%,2013年比上年又增长了40%。

(二) 政府谨慎对待工商资本进入农业

工商资本进入农业可以优化我国农业资源配置,提高农业生产率,但我国土地稀缺,土地不同用途差价巨大,工商资本进入农业反而有可能损害农业生产和农民利益。针对这个矛盾,我国政策制定者以多种形式表达了对工商资本进入农业的期望。2013年全国农业工作会议中,韩长赋指出中央关于工商资本下乡的思路:鼓励和引导工商资本发展适合企业化经营的环节,服务带动农民,与农民共同发展,共同富裕,而不是兼并土地、取代农民。2013年召开的十八届三中全会提出,"鼓励和引导工商资本到农村发展适合企业化经营的现代种养业,向农业输入现代生产要素和经营模式"。

为了给工商资本进入农业提供制度保障,中央政策制定者在已有法律基础上修正相关土地制度。2013年中央农村工作会议指出,要落实集体所有权、稳定农户承包权、放活土地经营权。即实施土地所有权、承包权和经营权相分离。2014年中央一号文件提出,赋予农民对承包地占有、使用、收益、流转及承包经营权抵押、担保权能,允许承包土地的经营权向金融机构抵押融资，有关部门要抓紧研究提出规范的实施办法，建立配套的抵押资产处置机制，推动修订相关法律法规。这意味着，工商资本可以通过流转农户的经营权进入农业，并利用这一权利抵押融资以扩大生产。

为了保障农业在工商资本进入农业时不受损害，政府鼓励工商资本在为农业生产提供资本、管理等要素的过程中获得合理利润，对其投资农业项目进行严格审核、跟踪监督，防止其占田围地、劈山造房进行"圈地"活动。为了保障农户在工商资本进入农业时不受损害，探索工商企业租赁农户承包耕地搞规模种养的准入和监管办法。2014年中央一号文件也提出，要探索建立土地流转风险保障金等制度，保障农户利益。

（三）我国工商资本投资农业模式分析

1. 工商资本投资农业生产领域的已有模式

一是委托投资企业代耕模式。工商企业通过签订农户委托的代耕协议，负责托管农户的土地，进行统一经营管理，负责集体耕种，并在收获后给农户分粮食或资金。这种方式解决了小农户分散经营的问题，适用于农业劳动力稀缺、农民无须依附土地的经济较为发达地区。

二是"责任田"市场流转模式。农村集体经济组织将土地承包权分为"口粮田承包权"和"责任田承包权"。"口粮田承包权"按照人口划分，用于满足农户的基本生活需要，保障农户的必要生存；"责任田承包权"按照劳动力的实际需求划分，用于发展农业，实行市场流动，集中连片招标承包，这一模式兼顾了公平和效率。

三是"反租倒包"模式。以农户的自愿为基础，由乡、村集体经济组织把农民承包的土地等租过来，进行统一的规划和整理，然后再流转给工商资本的农业投资。

四是"四荒拍卖"模式。以农村集体经济组织主导，把村集体的所有荒山、荒沟、荒草、荒水等经营权向社会公开拍卖，从而使"四荒"经营权向资金和技术实力雄厚的工商企业流转，经营期限届满后，"四荒"的经营权连同其部分附着物返还集体经济组织。

2. 工商资本投资农业加工与流通领域的已有模式

一是"龙头企业+农户"（收购协议）模式。龙头企业以收购者角色出现，农户仅为自己生产农产品的出卖人，两者之间仅为买卖合同关系。农户无法在优质种苗提供、疾病防治、种养技术等方面从农产品加工和运输投资企业受益。

二是"龙头企业+基地+农户"（订单农业）模式。龙头企业不仅以农产品收购者角色出现，而且通过与农户签订合作协议，先行投资提供种苗，提供技术支援，提供饲料、肥料等，将动植物种养任务交给农户分散种养，然后由农产品加工和流通投资企业负责统一收购，再推向市场。在这种过程中，协议通常规定当市场价格低迷时，投资者从农户手中按照保底价回收产品，保证农户有赚不赔；当市场价格高涨时，投资者从农户手中回收产品的价格也会有所提高，使得农户赚更多钱。

三是"龙头企业+合作社+农户"模式。由农户分工负责指定农产品的生产，龙头企业分工负责农产品的收购、加工和销售，只是农户与龙头企业之间不再直接订立契约，而由农户自己组织的农民专业合作社充当农户与龙头企业交易的中介，由合作社代替分散的农户与龙头企业签约。合作社不仅需要做任务分配，即通过契约与龙头企业约定农产品的生产数量及主要的品质和技术指标，并将生产任务分配落实到各个农户，还要在农产品生产过程中为农户提供各种服务，而且要在农产品收获后与龙头企业一起进行农产品的验级、收购，并将企业的收购款分发给各个农户。

（四）我国工商资本进入农业的主要领域分析

第一，聚焦产前、产中研发。农业科技园一般建在农业科研力量较强，技术人才密集，经济较发达的大中城市的郊区，利用国内外先进的农业技术进行无土栽培、转基因食品研究与养殖，为国内外市场提供大量优质、新颖、无污染、多样化的农产品，这种农副产品不仅技术含量和价值高，且实现了经济效益和生态效益的和谐发展。

第二，提升产后附加值。目前我国市场上流通的大多是初级农产品，随着人民生活水平的不断提高，对农产品的外形和口感都提出了更高的要求。我国农产品加工尚处在初级阶段，档次低、链条短、精加工产品少、样式也不多。因此，农产品加工企业能够提高产品的附加值，获得较高的经济收益。

第三，打造种养加一体化农业工厂。根据国内外市场需要，政府投资、社会集资和引进外资相结合，兴办大型现代化、专业化农业生产基地和农业工厂，在建好主体设施和配套设施的基础上，引进现代种养技术进行生产作业和实行现代化管理，形成种养加一体化或产供销一条龙。它不仅具有资金密集、技术密集和集约水平高的特点，而且实现了资源的优化配置和合理利用。

第四，开发农业的综合功能。旅游观光农业是以农业为基础，农业与旅游相结合的一种交叉型产业。从喧闹的城市走向幽静、空气清新的郊野享受大自然已成为现代都市人的时尚，旅游农场既是当地农业生产基地的一部分，又是旅游景点，不仅使农业的综合功能和价值得到了进一步的发挥，增加了经营农业的收入，而且还可以通过这种形式强化和教育人们热爱大自然和保护生态环境的意识和自觉性。

二 工商资本进入农业的国内外经验及启示

（一）工商资本进入农业的国内外经验

美国土地用途管理严格、非农就业机会多、社会保障体系健全，不用担心工商资本进入农业剥夺与农业和农民相关的土地，也不用担心对农业和农业劳动力的挤兑和农民利益的损耗，美国允许工商资本进入农业并建立大规模农工商联合公司。巴西依据土地占有面积、农业产值、农业生产率和农业现代化水平，对工商资本投资农业设有优惠的信贷、价格和税收政策，并且实现农产品最低保护价政策和种植、投资和销售信贷。日本严格限制工商资本进入农业，规定非农业生产者不得拥有土地，由农业协会组织牵头把分散的农场或农户连接起来，走"综合农协+农户"的合作发展道路。菲律宾鼓励和扶持"资本家下乡"，走"公司+农户"的农业发展道路，认为必须依靠资本的力量来改造小农和农村。

浙江放松限制，鼓励各类资本进入农业，形成以民营企业为主，工商企业、个体工商户，以及境外资金并行的多元化投资态势；因地制宜采用不同的投资方式，形成工厂化农业、高新农业科技园、农产品加工企业及旅游观光等多样化模式；以市场为导向，专业化分工、标准化生产、社会化协作的经营策略，形成产加销一体化的经营格局。中山非常注重农业园区的前期规划和建设工作，建立相应的土地流转机制、农业政策性保险公司、税收和金融等配套政策，为工商资本进入农业奠定基础和创造更好的条件。

(二) 工商资本进入农业的产业投资经验

一是投资于农产品加工业。农产品加工业是工业和农业的交汇点，具有较高稳定的利润空间，是工商企业首先进入农业的重点领域。二是种子种苗业。现代生物技术的成熟和新型商业模式使得种子种苗业成为具有高回报率、垄断性的战略意义产业，是工商资本进入农业的又一热门产业。三是农业科技服务业。农业科技服务领域不仅为本国农业现代化提供坚实的技术服务和保障，还能形成一批在全球具有极强竞争力的产业。四是农产品流通企业。流通业是农业生产和市场销售连接的现代化纽带，承担着农产品运输、保管、装卸、搬运、加工和包装、信息传递等功能。五是工厂化设施农业。工厂化设施农业具有生产效率高，产品质量好，保鲜程度高，产量高，且无公害无污染的优势。

(三) 工商资本进入农业的经验启示

分析工商资本进入农业的国内外经验，得到以下几点启示。

第一，工商资本进入农业的规模应该与一国的经济发展水平和人地资源禀赋相适应。过快地推进工商资本进入农业可能会损害农民的利益，而压制工商资本进入农业则会降低农业生产率。

第二，工商资本进入农业主要集中在产前与产后环节，由此带动农民，而不是代替农民。国内外经验也显示，工商资本主要进入农产品加工业、种子种苗业、农业科技服务业、农产品流通业等农业产前和产后环节，以带动农业产中环节，进而带动农民。

第三，工商资本也会进入资本密集型的农业产中环节，在不损害农民利益的前提下，提升农业生产质量和竞争力。作为现代农业生产重要形态的设施农业，随着工商资本的进入得到蓬勃发展。

三 江苏省工商资本进入农业分析

(一) 江苏省工商资本进入农业的必要性分析

一是江苏省总体上已经进入"工业反哺农业，城市带动农村"的发展阶段。"工业反哺农业，城市带动农村"是发达国家推进现代农业进程中的有效实践。江苏是经济强省、农业大省，2012年人均GDP突破1万元，达10827美元，居全国首位，标志着全省经济社会发展进入了一个新的重要阶段。第一产业增加值为3418.3亿元，占全省生产总值的比重仅为6.3%，并且比重有下降趋势，第二、第三产业主导地位进一步加深。随着第二、第三产业的高速增长，城市化进程得以稳步推进，城镇人口比重大幅度提高，农业就业人口比重大幅度下降，2012年江苏省城市化率达到63%，这表明以城市化和城市经济带动农业、农村经济发展的阶段已经到来。

二是江苏省农业资金投入不足长期存在。2013年上半年江苏第一产业完成固定资产投资94.3亿元，同比增长0.4%，远远低于第二、第三产业投资增长率（分别为18.2%和22.6%）。现阶段我国农业资金投入主体主要有农民、政府资金以及信贷资金，而现代农业的发展需要大规模的资金投入，当前三方面的投资远远不能满足现代农业发展需求。首先，农业部门的平均收入远远低于其他部门的平均收入，农民自身的积累远不能满足农业发展需要的大量资金；其次，政府财政资金对农业的投入只能用于农业基础设施、科技推广、生态保护等公益性或非营利性方面；最后，由于农业领域缺乏经济效益高、经济增长潜力大的投资项目，所有信贷资金对农业的支持也十分有限。因此，推进农业现代化进程，实现农业产业化经营，破解农业资本投入难题是关键。

（二）工商资本进入农业的主要模式分析

1. 工商资本从产中进入农业的实践探索——"泗洪模式"

泗洪县农业现代化的探索是从粮食生产中的土地要素开始的，从2011年10月起，泗洪县以大规模的农村土地流转为抓手，开始运行"大园区多业主"的"集中经营、产业化发展"模式，以"土地、人口、项目三个集中"为目标，加快农业现代化、新型城镇化、新型工业化进程，全面推进城乡一体化发展。

"泗洪模式"的主要思路是以土地规模，吸引资本进入农业生产领域，优化农业资源配置。泗洪通过开展农村土地承包经营权确权发证工作，让群众安心、放心、定心，及时为群众承包经营的土地进行确权发证，淡化群众的地块意识，增强群众依法拥有权益的观念。

创新土地流转方式，鼓励多种形式并举。一是大力推行委托代理制。

充分发挥村集体经济组织的组织协调、中介服务等作用,在农户自愿的基础上,由农户签订委托书,授权委托村集体代理土地流转事宜,提高土地流转效率。在经营主体上,以引进外地大型龙头企业和科技能人为主。在经营模式上,以集中租赁、大面积机械化耕作为主。二是组内土地集中流转制。在村民小组内,对组内有能力且愿意耕种土地的大户、外出务工或人口减少期望流转土地的农户、继续耕种原来土地且可以互换的农户进行登记,以二轮土地承包人口为标准,结合农村土地承包经营权确权发证,在组内重新核实土地面积,以自然田块为界线,通过互换等方式,将户户皆有的小块土地整合为大块,对流转出来的土地集中租赁给本地种植大户耕种。三是推进土地股份合作制。引导农户以土地承包经营权入股,建立土地股份合作社,实行统一经营或对外发包、租赁、股份合作经营,土地收益实行按股保底分红。各乡镇结合自然、经济禀赋情况不同,综合确定本乡镇范围内土地流转指导价格,流转价格以现金或粮食折价方式,形成农村土地流转价格自然增长机制,保护农民土地收益。

建立土地规模流转的风险防范机制。政府牵线搭桥,引入具有一定实力的企业或大户,从农户手中流转租用土地,形成连片规模。但政府在按流转的土地面积进行补贴时存在颇多问题:一是少数企业或大户自身并不具有相应的实力,只是看中和利用政府的财政补贴,而没有实实在在的投入;二是有些企业或大户不具备农业生产经营能力,又缺乏必要的技术力量,投入只是一时兴起,仓促上马,缺乏必要的前期考察和调研;三是农产品产销的不可测因素较多,如引入的企业或大户亏本失败一走了之,农户的利益很难得到保障。对此泗洪县首先探索建立了"风险保证金制度",让企业或大户先给租金,再流转土地,从资金的角度防范风险,保护农民的利益;出台农业保险政策,以防范自然灾害,使农民利益得到更充分的保障。

推进土地股份合作社经营模式。引导和支持农民以土地承包经营权入股,成立土地股份合作社,实行规模化经营。入股土地统一整理后,可以由合作社实行统一经营,也可以采取租赁和股份合作经营等方式,吸引本村和外地的专业大户、种植能手、家庭农场和农业龙头企业投资经营土地。推广农业龙头企业办基地模式。允许农业产业化龙头企业以租赁方式流转农户承包土地,建立农产品生产基地,发展适度规模经营。鼓励农业产业化龙头企业领办专业合作社,与农民结成利益共同体,发展大宗农产品生产，带动农民增收。

但泗洪模式也存在以下问题：

一是农民安置与就业面临现实挑战。在土地流转的过程中，占比达5%的农民不愿意流转搬迁，这一部分农民大多属于收入较低、劳动能力较弱的群体，从事非农劳动的可能性较低，而集中安置提高的生活成本对于他们而言也是较大的负担，因此他们排斥搬迁；另一部分农民基于故土难离的思想，并不在乎土地流转后提高的资产性收入，而更为重视原有的居住空间，尽管泗洪通过"宜农则农，宜工则工"大力倡导农业劳动力的非农化就业，并鼓励农业机械合作社、劳务合作社、育养合作社等社会化服务的提供，为促进本地劳动力就业方面做出了较多的努力，但是相对于较多数量的农民而言，就业岗位还有所不足。

二是农业资金不足问题。其一是资金的总量不足，其二是上级部门划拨的资金存在着结构失衡。资金总量不足的主要表现为农业融资难，大规模公司的融资尤其困难。政府对大范围的土地、水系等进行了改造，并营建了基础设施配套，但是在大规模公司或者大规模农户经营的一定范围之内，还需要进行土地整理，资金缺口较大。资金的划拨也存在着结构失衡现象，分部门划拨资金相比于县域整合资金，存在着监管、审核上的合理性，但是其弊端也较为突出。

三是品牌建设难，粮食销售难。农产品质量的提升和价格的实现必须通过市场完成，但泗洪的粮食生产普遍存在着品牌建设困难以及粮食销售困难两大问题。品牌建设困难问题的实质是泗洪的农产品与其他农产品的差异化不明显，核心竞争力不足，在品牌建设的过程中，难以让消费者认同泗洪农产品，特别是主打的有机农产品的优越性。粮食销售困难问题的实质在于生产者对于生产规模化、品质和价格的认识不足，在品质与价格间难以取舍，而市场对于无公害产品的接受度不高，从而导致生产者面临着低价销售亏本和高价销售滞销的困境。

四是保险水平低，抗风险能力弱。农业生产者为应对不确定发生的自然灾害或是意外事故所造成的经济损失，通过政策性农业保险能有效减少自然灾害对农业生产的影响，以稳定农民收入，促进农业和农村经济的发展。但是泗洪的农业保险市场还不够发达，对于规模较大的生产种植户来说，保险赔付金额远赶不上其可能遭受的损失，这不但会降低各经营主体扩大生产规模的积极性，还会影响到地方性农业经济发展的步伐。加大县级各类财政补贴力度、提高赔付标准以及提高承保公司市场化服务水平成为泗洪完善农业保险市场亟待开展的工作。

2. 工商资本从产后环节进入农业的实践探索——"盱眙模式"

盱眙尝试在农业领域引进工商资本，为避免工商资本引进之后从事非农领域经营，与农争利，盱眙禁止引进的工商资本涉足农业生产领域、接触农业用地，因此，土地流转在宜工者外出打工将土地交给宜农者后自然形成，并且农业生产仍然由当地农户负责经营。

引进的工商资本以农业加工企业的模式，主要通过对农业产后环节进行投资，专注于提高农产品附加值，最终实现产后环节的增值增效。2011年5月盱眙引进广东太粮米业有限公司，次年10月完成年产10万吨大米的生产线及6万吨稻谷存储仓库，生产流程包括稻谷清理、砻谷、碾米、净米以及包装五个过程。同时盱眙太粮米业积极利用母公司的销售渠道，将生产的产品销售到广东市场，成功实现了盱眙稻米的产后增值增效。

积极整合全县涉农资源，引导成立合作联社，走优质品牌化道路。合作联社的宗旨和目的：一是探索新形势下农业新型经济组织发展模式，整合涉农资源，发挥综合潜力，提升产业水平，实现多方共赢，促进农村土地流转适度规模化发展；二是通过集中农资采购，统一供应种子种苗、肥料、农药，提高品种优质度，保障农产品生产质量安全；三是通过专业技术服务，集成水稻栽培先进技术进行科学指导，有效促进标准化生产，增产增效；四是通过产后服务，解决收购、烘干、储存、加工问题，打造品牌，开拓市场，提高知名度。

以合作联社方式引工商资本进入农业取得了一定成效。一是有效整理和利用耕地资源，2012年在土地整改中，新增土地面积110亩，新增率达6%，复种指数提高45%。二是2012年小麦单产由原来的每亩700斤增至950斤，水稻由原来的1000斤增至1200斤，流转3000亩土地，范楼合作社净增稻麦产量13.5万斤。三是土地流转后，大部分劳动力外出务工，加之土地流转租金，流转土地农民人均增收1.5万元。四是随着宜工外出务工，宜农作为合作社新型农民，培育新型农民200余人。五是通过实现机械作业，降低生产成本，机械化作业后亩均成本下降150元。

盱眙工商资本进入农业取得成效的同时也存在以下三方面问题。

第一，基础设施落后，工商资本进入农业的积极性不高。近十年来，盱眙以龙虾为媒介，大力进行招商引资，经济发展水平有了质的飞跃，但农业部门比较收益相对较低，相关政策倾向于发展工业，农业基础设施建设水平并没有显著提升，经营方式仍然以小规模、细碎化为主，以机械化、科技化为特征的工商资本难以充分发挥其应有的价值。

第二，农村金融发展缓慢，农户融资难题凸显。先前小规模农户种植面积较少，种植总成本不高，而随着宜工者外出打工，宜农者种植规模不断扩大，加之流转地租金以及各种服务费用，农户种植总成本飞速攀升，融资问题成为制约农户规模化经营的主要问题。目前对于合作社的相关优惠政策也需要合作社运行两年之后才能享受，这种政策虽然可以避免某些以合作社名义争取资金的行为，但是也将真正想通过合作社形式解决发展初期资金短缺难题的行为排除在外，使得合作社起步十分艰难。

第三，农户与加工企业之间难以形成持续稳定的合作关系。目前盱眙太粮米业有限公司与农户之间的关系主要靠向农户让利的形式维持，并没有持续稳定的合作关系，并且多地的实践也证明，即使通过签订合同的形式也因农业较其他产业的特殊性而时常出现不履约的现象，农业加工企业获利的基础是能够保证原材料持续稳定的供应，目前这种关系十分脆弱，极易受到自然灾害、市场价格波动等因素的影响。

四 江苏工商资本进入农业的政策建议

国内外农业现代化发展的经验表明，树立以市场化、标准化、品牌化理念经营农业的新思维，依靠体制机制创新，引导工商资本投资农业，充分利用工商企业丰富的资金实力、先进的技术和管理理念，改造传统农业，是从根本上提升农业产业层次，增加农业综合效益，加速传统农业向现代农业转变的有效途径。工商企业投资农业开发，是企业顺应市场经济发展规律做出的理性选择，是农业增强市场竞争能力的客观要求，也是迎合世界现代农业发展潮流的必然趋势。

（一）加强引导，注重工商资本对农业产后环节投入

把工商资本进入农业同各地农业产业发展规划结合起来，支持工商资本发展种养业，鼓励工商资本进入产后的加工、营销、技术服务领域，坚持资本、技术、农民三位一体的发展原则，依靠资本与科技的力量，开展

农产品精深加工，发展分级、包装、冷藏、保鲜等农产品粗加工，充分挖掘农产品的附加值；发展农产品流通业，引导各类资本投资参与农产品市场的改造、提升和标准化建设。农产品精深加工、农产品流通业和农产品市场建设是实现农产品增值的重要环节与薄弱环节，工商资本应聚焦这些环节，进行深入挖掘，而不要直接参与农业经营。

（二）扎实基础，加强经济相对落后地区的农业基础设施投入

农业基础设施是农业生产得以顺利进行的基本条件，又是增强农业发展后劲的基础。很多农业项目投资具有极强的正外部性，其受益的不仅仅是企业，也对环境、农民生活等带来正效应，具有公共品属性。因此，江苏应加强对经济相对落后地区的农业公共基础设施投入，改善农村交通状况，降低工商资本进入农业的额外成本。

（三）做好服务，加大职能转变力度，搭建好工商资本进入农业领域服务的平台

建立和完善农产品产销信息、土地流转信息网络，加大"三农"政策宣传力度，为企业提供有关政策和法律法规咨询服务，定期发布农业产业投资指南，防控企业投资风险，做好信息服务。帮助工商企业加强与农业大专院校和农业科研机构的联系，保障专业人才供给和加快科研成果转化，加大人才培训力度，做好技术服务。对单位土地产出效益高、解决本地就业数量多、生态功能显著的工商资本主体实行税费减免或以奖代补，对农产品加工企业实行优惠的用水用电政策。着力改善金融服务，多途径创新为企业提供金融产品和服务，探索企业的设施设备、生产基地的地面附着物、农产品评估折价等做抵押担保，破解农业贷款难的问题，积极推进农业保险，有针对性地增加保险品种和覆盖范围。

（四）保护权益，处理好工商资本与农民的权益关系，必须维护农民利益

保障土地流转的合法与合理性，本着平等协商、互利共赢的原则约定合同条款，确定双方认可的土地流转租金及付费方式，并积极探索土地升值部分在企业和农民之间合理分享的有效办法。要建立健全风险防范机制，探索设置土地流转风险保障基金，有效开展土地流转风险预防、控制

和处置，及时协调和化解可能出现的土地流转纠纷，保障农民流转土地的权益和农村社会稳定。建立企业与农民的利益联结机制。鼓励探索农民土地入股工商资本等多种方式，建立企业与农民之间紧密的利益联结机制，使农民与企业实现共赢。

参考文献：

1. 周应恒、耿献辉：《现代农业内涵、特点及发展趋势》，《中国农学通报》2007年。
2. 周应恒等：《现代农业发展战略研究》，经济科学出版社2013年版。
3. 浙江省发改委课题组：《发达国家工商企业投资农业研究》，《浙江经济》2005年第19期。
4. 贺军伟、王忠海、张锦林：《工商资本进入农业要"引"更要"导"——关于工商资本进入农业的思考和建议》，《农村经营管理》2013年第7期。
5. 国家统计局：《中国固定资产投资统计年鉴2005》，中国统计出版社2005年版。
6. 国家统计局：《中国固定资产投资统计年鉴2012》，中国统计出版社2012年版。

作者信息：

研究基地：江苏农业现代化研究基地

承担单位：南京农业大学

首席专家：周应恒

课题负责人：严斌剑

主要参加人员：张晓恒、张蓬

江苏现代农业经营组织构建与农业产业组织创新研究

内容提要：本文在梳理江苏省自家庭联产承包责任制以来，农业经营组织的发展历程及现状约束，结合国内外现代农业产业组织经验，给出江苏省构建现代农业产业组织的发展对策。本文认为，现代农业经营组织是从产前、产中到产后的一个完整产业链条，是第一、第二、第三产业相融合的"六次产业化"过程，是将农业产前、产中和产后诸环节进行整合的一个完整产业组织体系。

本文认为，构建江苏现代农业产业组织应重点做好以下六个方面：一是产后环节为重点环节，通过纵向一体化，实现产业增值；二是小规模承包农户分化，通过横向多元化，提升农民合作组织水平；三是完善涉农投融资机制，通过服务社会化，推动农业产业组织升级；四是改善基础设施，推进规模化连片综合开发，推进高标准农田建设；五是建设示范性农业经营主体，提升农业产业组织化水平；六是建设专业化的现代农业园区。

一 江苏现代农业经营组织的历史演变

全省农业自家庭联产承包责任制以来，小农户的家庭经营模式经过一段稳定的发展时期，有效带动了农业与农村经济的迅速发展，伴随经济快速发展，家庭联产承包责任制的弊端也慢慢显现出来，农业经营组织也缓慢发生变化，新的农业经营主体不断替代旧的经营主体，呈现主体横向多元化的新趋势。产业链条的不断延伸和扩展，纵向一体化的趋势也趋于明显，现代农业产业组织也正步步完善。江苏在率先实现农业现代化进程中，针对全省资源禀赋及区域经济水平的不平衡性和差异性，农业产业组织在不同的历史时期、区域层次，呈现出不同的产业组织形态，总体而言，大致可分为以下四个阶段。

（一）家庭联产承包形式的小农户家庭经营阶段

20世纪80年代的家庭联产承包责任制尽管极大调动了农民的生产积极性与创造性，一定程度上解决了农民的温饱问题，但也形成了农业生产小规模、分散化的格局，导致农业产业组织体系不顺，组织化程度不高，产业化经营水平不强。90年代初期，苏南乡镇企业迅猛发展，工业化和城市化步伐不断加快，农村劳动力不断向非农产业转移，率先开始鼓励土地向种田能手集中，创办家庭小农场，但此时的家庭小农场同样存在着土地分割细化、不利于规模经营的发展问题，并未发生本质的变化。苏北、苏中由于经济发展较低，更多的仍是一家一户为主的小规模、分散化的经营组织形式，抗风险能力较弱。

（二）培育龙头企业，大力发展农业产业化经营阶段

伴随经济发展，已有小农户家庭经营并不能满足当前农业发展的需要，1995年省委、省政府召开实施龙头企业带动策略，发展贸工农一体化，逐渐在经济、资源条件较好地区实施龙头企业带动策略，采取"龙头企业+农户"的生产模式。1998年，省委、省政府又一次召开农业产业化会议，把做大做强农业产业化龙头企业作为全省农业工作的重点，各级相继设立龙头企业扶持资金，到2012年，全省扶持资金增加到将近2.5亿元。截至2011年底，全省大约县级以上农业龙头企业4977家，其中省级382家，国家级61家，国家级农业龙头企业数量居全国第二位，443家省级以上农业龙头企业销售总额达3937.12亿元，比上年同期增长24%，其中397家企业销售额超亿元；利润总额达150.24亿元，比上年同期增长36.2%。这些龙头企业连接着数以千万计的农民，对推进现代农业产业组织作用巨大。

（三）大力发展农村合作经济组织，鼓励引导"三资"进入农业阶段

这个阶段，由于之前农业产业组织的发展明显滞后于农业产业化发展的要求，农民合作组织及"三资"进入农业成为农村经济发展的必然选

择。2000年,江苏率先在全国出台发展专业合作经济组织意见。2002年,省委、省政府适时适当提出鼓励和引导"三资"进入农业,各地也加大农业招商引资力度。2003年省政府对龙头企业、专业合作组织、农业批发市场等作为产业化主体进行培育。2004年,全省开展"四有"农民专业合作经济组织创建活动,各级也相继设立专业合作组织扶持资金。截至2012年底,全省现有农业专业合作社约5.7万家,登记成员有120多万户,总出资额超过1000亿元,各项指标均居全国首位。2012年进入江苏省重点合作社名录965家,新增400家左右。2011年认定省"五好"合作社32家、市"五好"合作社72家,依法登记的农民专业合作社入社成员和出资额均居全国第一。

(四)公司化、园区化、合作化共同发展阶段

近几年,江苏实施"工业化、城市化和产业化"战略以带动农业发展,出现"龙头企业+合作社+农户"或"龙头企业+大户+农户"的新型农业产业化模式。目前公司化发展势头迅猛,企业直接进入农业生产领域,实现真正意义上的产加销一体化经营,农民则出租自己的土地并进入企业打工;农业园区也已渐成气候,搭建农业综合开发区、高科技农业示范园区;合作社发展铺天盖地。2010—2012年间,江苏现代农业产业园区共93家,截至2011年底,通过昆山、铜山等"示范"带动,133个园区列入省级重点农业产业园区动态监测,其中71个通过省级现代农业产业园区认定,覆盖了全省70%以上的农业县(市、区)。当前全省经济快速发展,农业生产力水平不断提高,高组织化程度的公司化、园区化、合作化应运而生,也是必然选择。

二 江苏现代农业产业组织存在的问题

适应现代农业发展的农业经营主体架构应该是家庭农场、合作社、龙头企业以及行业协会的"四位一体"和有机契合;适应现代农业发展的产业组织体系的基本制度架构应该是家庭经营制度、合作经营制度、公司经营制度以及行业组织协调制度的"四位一体"及合理匹配。新型农业经营主体的发展是现代农业产业组织不断推进和提高农民组织化程度的重要手段，需要家庭经营、合作经营和企业经营的长期并存。全省各地土地、劳动力价格上涨，化肥、农药等农资服务体系不完善，土地流转不健全，非农产业发展后劲不足；产前组织发育程度低，农业科技及农村金融支持不到位；产中小规模、分散化经营，农业效益低下；产后加工、流通服务体系不完善，增值水平、品牌化和商品化率低，因此江苏在构建新型农业经营组织和现代产业组织中也面临诸多问题和挑战。

（一）现代农业产业组织认识不足

农民只重视农业生产，对农产品加工、流通、销售等环节重视不够，并且市场信息的获取量有限，一定程度上会出现盲目生产；政府只注重农产品总量增加，不擅长抓农产品质量、品质，重生产轻流通和加工，恰恰忽视了产业价值链的重点和附加价值增值的部分，大多数农产品以粗加工的形式销往市场，导致各环节利润微薄，农业生产市场化导向不足，缺乏对整个产业链条的整合力度，处于全球价值链低端，有效竞争不足，对价格无话语权，全省农产品生产迫切需要从数量型向质量型转变。

（二）农业合作组织等中介组织发展水平较低，后劲不足

全省各地经济、农业资源存在差异，总体而言，农业合作组织情况水平不一，尚处于发展初期。资金短缺、融资困难和缺少可用于抵押的资产，很难得到信贷部门的支持，成为制约其发展的重要制度约束；规模小、结构松散、治理不规范和市场影响力差，加上对农业合作社税收优惠政策不足以及缺乏专门的管理和技术人才的制度约束，导致合作社在发展过程中出现没有实力从事经营性活动，具有部分经济实力的只得从事技术服务和流通服务的中介性组织；有实力的则由涉农企业、专业大户或大股东领办，很少具有合作性质。全省农产品购销组织、合作经济组织、乡村社区经济组织、"公司+合作社+农户"及农民经纪人等中介组织发育迟缓，制度不健全，组织运转形式不规范，小农户与大市场的连接能力不强，对农户和农村经济的带动能力不强，农民缺乏合法诉求的渠道，经营过程中使得农户与市场、政府在信息传递与沟通中存在一个真空地带。

（三）农田基本建设与配套设施欠缺，农产品物流基础设施不完备

江苏人均耕地资源占有量少且呈现"量"、"质"双下降的趋势，农

田基础设施水平总体不高、农业节水灌溉亟待加强，小农户无法承担起具有公共品属性的基础设施建设，政府对农田配套建设力度不高；农村土地细碎化、劳动力无法顺利转移，资金约束等制度障碍均是农田基本建设所面临的挑战。江苏各类农产品交易市场、仓库、交通运输设施及仓储、运输、搬运、加工等基础设备不完善，尤其是产后干燥处理的机械化程度很低，现阶段仍存在大型冷库缺乏、仓储设施滞后、集散网点少、物流设备落后的问题，导致农产品在物流过程中损害巨大、成本居高不下；路况不良造成的时间成本，进城费、卫生费等环境的影响都无形地增加了成本。"十一五"期间，江苏省农产品物流总额年均增长9.5%，低于社会物流总额18.2%的增长速度，且低于全国平均水平，农产品物流总额占社会物流总额的比例一直维持在1%左右，并且有逐年下降的趋势。

（四）新型农业经营主体发展约束太多，农业经营规模较小

新中国成立以来，江苏耕地面积以平均每年超过1万公顷的速度递减，目前，全省人均耕地约600平方米，低于全国平均水平的70%；随着土地、劳动力价格上涨，新型农业经营主体在资金、土地要素方面仍面临较强约束；劳动力数量和质量的双下降，非农产业发展不足，土地流转不规范；支农政策脱节和落实效率不高，中间层次太多使得实施成本较高，灵活性不足使得与实际需求不匹配。同时经营人才缺失，进退出机制缺失，导致农业经营规模无法扩大，高度分散的小农户经营，农户既是生产者、运输人还是经营户，资本微小，势单力薄，抵抗自然灾害和市场风险的能力较弱，千家万户小生产难以应对千变万化大市场。并且家庭农场、龙头企业、农民合作社等经营主体，各自的发展基础和约束条件也不尽相同。

（五）农产品市场品牌化建设较弱，商品化率低

截至2011年底，江苏省"三品"有效数13459个，农产品种植面积5379.6万亩，占全省耕地面积的76.5%，居全国领先水平，但思想观念滞后，对农产品品牌及价值缺乏全面和正确的认识。据统计，江苏省农民工的平均受教育年限为9.42年，总体文化水平较低，部分农业生产经营者对标准化生产、品牌经营和商标注册等认识不足，加之地方保护主义盛行，忽视后续的品牌跟踪与维护；同时农业标准化作为创建农产品品牌的

重要保证，政府农业标准化建设投入力度不足，只注重标准的制定，缺乏覆盖产前、产中、产后全过程的农产品质量和生产技术综合标准。全省各地涉农物流技术发展滞后，加工流通技术手段不够先进，导致大多数农产品以初级和粗加工的产品进入交易市场，产后商品化处理设施落后，无法实现农产品的附加价值，商品化率较低。

（六）农村金融市场不健全，农业社会化服务体系不完善

江苏农村金融组织资金供给不足，金融支持力度不够，相关金融制度滞后、机构缺位，农业产业化经营无法得到有效的资金支持。加工、流通服务等环节的资金投入力度明显不足，农业产业化发展缺乏稳定的"金融组织基础"，造成农业产业化发展的规模和动力不足。农业保险等社会服务的不完善，使全省农业面临自然、社会的双重风险。农业信息沟通手段落后，许多地方并未建立农产品信息流通平台，农民获取农业信息滞后且不完全，经常出现农产品生产盲目跟从现象，价格忽高忽低，丰产不能丰收现象时有出现；缺乏交互式的信息交流和合理调度，致使农产品流通时间较长，在供应链中完全处于被动地位。

三 国内外现代农业产业组织的经验与启示

（一）国内外现代农业产业组织的发展经验

国内外发达国家（地区）的现代农业产业组织的经验为江苏构建现代农业产业组织提供了重要参考和借鉴。日本创立一套适合本国国情的农协制度，有效解决了小农户与大市场之间的矛盾，日本几乎所有农民都加入了农协组织，为农业的产前、产中、产后及农民的生活提供各种服务，自立经营农户和农业法人是日本明确提出要培养的现代农业主体。美国选择农工商综合体、合同制、合作社三者并存的产业化组织模式，同时实行"以工补农"的"反哺"政策，从多方面支持农业，不断延伸和完善农业产业体系，促进农业产业升级。我国台湾地区通过"以农业培养工业，以工业发展农业"的方式提升农业产业组织，通过休闲农业，实现农业向第二、第三产业的延伸。同时设立"农业专业区"，发展精细农业，提升农业附加价值。法国绝大多数农场主均加入合作组织，农业生产呈现高

度专业化、组织化。

浙江主要培养专业大户、农业企业和农业专业合作经济组织等现代农业经营主体,农业标准化、品牌化战略有序推进。山东通过"龙头企业+基地+专业合作组织+农户"的新形式,提升产业组织情况,农户与龙头企业双向互动,呈现出"企业跟着市场跑,结构围绕企业调,项目依托基地建,农民跟合作组织走"的格局。

(二) 国内外现代农业产业组织的发展启示

国内外主要发达国家(地区)通过生产资料的投入、食品加工业、农产品运销等增值环节向农业产前、产后部门广阔延伸。基于各地经济、资源禀赋情况,推进现代农业结构战略性调整向纵深发展,使农业产业链条越来越复杂、长短交织;农业的产前、产中、产后诸环节产生专业分工带来劳动生产率不断提高;传统农业部门自身不断缩小,产后涉农加工、流通企业开始成为产业链条的主体,大量利润和产值也逐渐向产后加工、销售环节转移。在高度组织化与社会化的基础上,依托科技进步,大大拓宽了农业的内涵与外延。

1. 农业产业链的垂直整合

发达国家,农业突破种养殖业范畴,形成了包括产前、产中、产后的现代农业产业体系。例如,美国将农业定义为"食物和纤维体系",分为农业产前、产中和产后三个环节;日本将农业定义为"农业·食物关联产业",该产业包括农林渔业、相关产业、相关投资部门、饮食业、相关流通产业等五大产业部门;加拿大把农业定义为"农业及农产食物产业",该产业包括初级产品生产、生产资料供应、食品加工和零售以及消费等各个环节。可见,现代农业产业体系大大拓展并深化了农业发展的广度与深度,成为产前、产中、产后密切关联的一体化产业。

初级农产品上市的比例越来越低。美日等国90%以上的蔬菜是经过商品化加工处理后进入流通领域。德国的苹果加工量占总产量的75.2%,美国的柑橘加工量占柑橘总产量70%以上。荷兰、丹麦的谷物产品,除小部分直接食用外,基本上为畜牧业所转化,经过深加工和精加工后再进入市场。美国在农业总投入中,用于产前和产中的费用仅占30%,70%的资金都用于产后加工环节,大大提高了农产品附加值,其产值是产中环节的5倍多,大约有80%的动物产品和70%以上的植物产品要通过不同程度的加工才能销售；食品加工业是制造业中最大的产业，约占制造业的10%以上，且非常注重品质和质量的提升。加工制造是最大的产出贡献环节，是生产环节的4倍左右，流通服务环节是生产环节的2倍以上，产业链主导环节转移，加工和流通领域形成巨大的增长空间与新增长点。

2. 农业的高度组织化与社会化

农民合作经济组织已成为发达国家现代农业与农村发展中一支重要的推动力量，是家庭经营小农户实现组织化、走向大市场的必由之路，是"小农户"与"大市场"连接的桥梁和纽带。日本几乎所有的农民都加入了农协组织，农协代表分散小农的利益与政府和大工业进行谈判，有效解决了小农户与大市场之间的矛盾。荷兰农业的各个领域都有合作组织，业务涉及农业生产的各个环节，从生产资料供应，各种农产品的出售以及大型农业机械的使用，甚至农民生产和生活所需要的贷款，都来自合作社。德国几乎所有农户、法国绝大多数农场主、加拿大近50%的农民都加入了合作组织。这些合作组织以农户家庭经营为基础，以合作制作为基本原则，将分散的小农经济与社会化的服务组织、先进的工业化组织有机结合起来，结合政策支持和立法保护，将农业改造为高度组织化的现代产业。

随着分工与协作的进一步发展以及农工商一体化的日益加强，发达国家的农业社会化服务体系逐步完善。美国农业社会服务组织覆盖面广，将几乎所有农业生产和经营领域都纳入推广服务范围，美国直接从事农业的人口虽然只占总人口的2%左右，但为农业配套服务的人员占27%。在以色列，非营利性的农产品出口和内销组织，包揽了国内全部的农产品销售，农民只管生产，一般不会受到市场风险的侵扰。日本农协除提供各类服务外，在政府制定政策及调控农业方面，发挥了其参与和管理职能，成为政府、市场、农户之间强有力的中介组织。

3. 农业产业组织的科学技术创新

技术创新能够有效提高农业产业组织的高效化。依据当地农业资源、产品品种和基础优势，以完善的生产条件、基础设施和现代化的物质装备为基础，集约高效率地使用各种现代生产投入要素，大大提高了农业生产率。重点研究适用的农业现代化技术和设施，如美国主要是高度机械化及良种化，荷兰是工厂化设施，以色列是温室和滴灌技术，加拿大是畜禽胚胎移植及杂交育种技术，日本突出了生物化学、机械技术等，最终都使农业成为高效产业。重视农产品加工技术的开发，在农产品产后的贮藏、运输、保鲜、加工各环节进行技术创新，在加工和流通服务领域的关键适应性技术进行突破，大大提高农产品的附加价值，提高商品化率。

建立比较完善的农业科技体系，实力雄厚的农业科研机构和科技推广队伍全程服务于整条农业产业链，涵盖农业产前、产中和产后全过程，加快农业科技在整条农业产业链条上的推广，使产、学、研各环节结合成一个有机的整体。美国实行农业研究、教育、推广三位一体的体制，并且都有相应的法律予以保障。荷兰，国土只相当于我国的2/5，在全国各地有39个农技推广站，每个技术人员负责150—200个农户。

四 江苏现代农业产业组织的发展对策

长期以来，江苏现代农业产后粗加工设施较为落后，很多农产品要么低价应季销售，上市集中，造成卖难和增产不增收；要么采用传统落后的干燥、储存和粗加工方式，造成产后损失大、品质下降严重。农产品品牌化、商品化建设比较落后，使得江苏农产品市场组织化程度偏低，不利于农产品的市场竞争。江苏发展正站在新的起点，提升现代农业经营组织迫在眉睫，结合经济资源禀赋情况，可考虑从"纵向一体化、横向多元化和服务社会化"的思路加以重新审视，以此构建江苏现代农业产业组织体系。

（一）产后环节为重点环节，通过纵向一体化，实现产业增值

农产品物流在现代农业产业组织中占据重要作用，通过农产品产后加工、包装、储存、运输和配送等物流环节，提高流通效率，降低不必要的损耗。把农产品加工和流通服务环节作为重点环节，加强产业链的垂直整合，大大减少农产品产后损失，增加农产品附加值，提高农产品品牌化和商品化率，增强农产品的国家竞争力。减少农产品的产后损失，既是保障农产品有效供给和安全供给的需要，也是保护农民经济利益和农业生态环境的需要。

发达国家现代农业体系中的产前：产中：产后的结构基本上是0.5：1：(5—6)；与之比较江苏农业的产后环节发展不足，基本上还只有产中部门的2倍左右，大大低于发达国家经济的结构水平。加快深加工及流通

领域的全面进步，克服重产中轻产后的倾向，重点发展农产品加工制造业，完善农产品流通体系，逐步使产后的涉农加工、流通企业开始成为这个链条的主体，大量的利润与产值也逐渐向产后加工、销售环节转移，通过纵向一体化、产业链的提升来实现附加价值的升值，同时注重农产品质量与品牌内涵提升，促进江苏现代农业产业组织体系的协调发展。

（二）小规模承包农户分化，通过横向多元化，提升农民合作组织水平

江苏各地经济、资源情况有异，小规模承包农户应该分化为小农户和规模经营户。众多分散小规模经营农户需要进行精耕细作，突出地域性和特色化，提高农产品的附加价值，通过农民合作组织强化市场谈判能力，实现小规模农户与大市场对接；对于规模经营户，通过土地流转实现规模经营，提高农业经济效益。结合江苏区域发展特征，形成家庭经营、合作经营和企业经营的发展格局。

江苏现代农业产业组织是由适度规模经营户和农民合作组织支撑的小农户经营两条线路为基础的农业产业组织体系。现代农业产业组织发展需要相适用的经营方式，专业大户、家庭农场、农民专业合作社和农业企业在提高农民组织化程度中各有优势。在发达国家（地区），农业合作经济组织已成为现代农业与农村发展中的一支重要的推动力量，合作组织代表分散小农的利益与政府、大市场进行谈判，充分保障农民利益。应通过横向多元化，不同新型经营主体并存的形式，最大限度提升农民合作组织的水平。

（三）完善涉农投融资机制，通过服务社会化，推动产业组织升级

江苏各地经济、资源情况的差距，决定农户行为特征和具体金融需求有着较大的差异，需要一个多层次金融并存的农村金融制度来支持江苏农业产业组织的升级。产后粮食干燥贮藏处理中心建设、农田基础设施建设等涉农公共投入，具有很强的公共属性，政府必须保持公共投入的高水准。随着农业产业链主导环节向加工和流通领域转移，提高加工、商品流通领域的装备水平就需要巨大的金融支持，完善涉农投融资机制，不断加强对产业链条各环节的资金支持力度。

创新农业保险制度，帮助农民规避风险，实现粮食生产政府投保全覆

盖，开展农业保险范围试点、订单收购单位统一投保等各项试点。农户进行土地规模经营后，土地给予全面上保，出现自然灾害给予农业补偿，提高农户规模经营的积极性，加强产业链各环节的服务水平和法制建设，推动产业组织升级。

（四）改善基础设施，推进规模化连片综合开发，推进高标准农田建设

开展河道疏通整治、圩区治理、小型泵站更新改造、渠道衬砌等小型农田水利设施建设，推广喷滴灌等先进灌溉技术，着力构建适应农业规模经营的泵站、沟渠等灌排体系，加快水利现代化建设步伐，加大对进入现代化农业园区的种田能手、农业龙头企业、专业合作组织等规模经营主体的政策优惠和奖补力度，对机库、配件库、油库、维修间、烘干加工间等建设用地优先给予安排。对获得知名商标和国家名牌农产品的，给予一定的奖励，对科技型企业招聘录用农业院校毕业生制定政策进行激励扶持，使资本、科技、人才等要素迅速积累。

（五）建设示范性农业经营主体，提升产业组织水平

全省经济、资源情况不一，发展多样化的经营主体是必然趋势，考虑到新型农业经营主体起步不久，建立示范性的农业经营主体带动农业产业组织化发展迫在眉睫。

示范性家庭农场可以建立在经济基础较强、劳动力转移充分、农民兼业化突出的苏南地区，促进土地向以家庭农场为代表的规模经营主体集中。发展过程中，应当政府扶持，建设一批具有示范性质的家庭农场，逐步规范，等到探索出合适的标准的家庭农场经营机制，再进一步推广。

示范性合作社应该在经济基础较弱的苏北地区，成为一种主要的农业经营主体，连接"小农户"与"大市场"。以往片面强调量，且多流于形式，治理结构不完善。因此，政府可以在有条件的地方，通过财政金融支持，建设一批示范性的农民专业合作社，规范其治理结构、经营制度，通过对其他合作社产生示范作用，带动农民合作社的规范发展。

（六）建设专业化的现代农业园区

建设专业化的现代农业园区是提升农产品品牌化建设和商品化率的重

要途径，是提升农业产业利润的重要方法。创建现代农业产业园，应该围绕主导产业发展，因地制宜，合理确定功能分区，科学规划园区布局，明确建设内容，分类指导、分步实施、连片发展。区镇层面可以打造大型的高效农业特色示范园，村级层面应重点打造"一村一品"基地。此外，创建现代农业产业园，还应该培育一批相应的农业科技成果示范场和农产品加工集中区，各地应该依托本地主导特色产业，打造绿色食品加工园、水产品加工园、食用菌加工园、优质稻米加工园等农产品加工集中区。有利于最大限度地提升农业产业组织程度和产业利润。在发展过程中，可以延长产业链条的广度和深度，加强与产业发展相关技术链的配套，建立企业、基地、科研、推广单位利益的联合，培养一定规模的农业科技型企业。

参考文献：

1. 李明水、王素琴：《南京现代农业新型经营主体培育对策》，《江苏农村经济》2013年第2期。

2. 姚於康：《江苏农业现代化过程中出现的新趋势、新问题及对策》，《江苏农业科学》2012年第2期。

3. 张晓山：《创新发育农业生产经营主体》，《中国国情国力》2013年第3期。

4. 宗义湘、魏园园等：《日本农业现代化历程及对中国现代农业建设的启示》，《农业经济》2011年第4期。

5. 白萍、龚新蜀：《发达国家农业产业组织模式的发展经验及其对西部地区农业发展的启示》，《农业经济》2007年第6期。

6. 何丽双：《美国·韩国及台湾农业现代化对我们的启示》，《安徽农业科学》2007年第6期。

7. 杜朝晖：《法国农业现代化的经验与启示》，《宏观经济管理》2006年第5期。

8. 赖万炎：《从山东经验探索福建现代农业产业体系的构建》，《福建论坛（人文社会科学版）》2008年第7期。

9. 徐萍、卫新等：《浙江省现代农业发展的现状、问题与对策研究》，《中国农学通报》2009年第12期。

10. 黄祖辉、徐旭初：《大力发展农民专业合作经济组织》，《农业经济问题》2003年第5期。

11. 黄祖辉：《中国农民合作组织发展的若干理论与实践问题》，《中国农村经济》2008年第11期。

12. 何秀荣：《公司农场：中国农业微观组织的未来选择》，《中国农村经济》

2009 年第 11 期。

  13. 王凯：《加强我国农业产业链管理的战略思考》，《科技与经济》2004 年第 1 期。

  14. 周应恒：《现代农业发展战略研究》，经济科学出版社 2012 年版。

  15. 周应恒：《江苏借鉴国际国内经验　推进农业现代化》，《新华日报》2013 年 8 月。

  16. 周应恒、耿献辉：《现代农业内涵、特点及发展趋势》，《中国农学通报》2007 年第 10 期。

  17. 周应恒、王爱芝：《中国农民专业合作社股份化的成因探析——基于社员选择的视角》，《财贸研究》2013 年第 2 期。

  18. 张晓山：《创新农业基本经营制度，发展现代农业》，《农业经济问题》2006 年第 8 期。

作者信息：

基地名称：江苏农业现代化研究基地

承担单位：南京农业大学

首席专家：周应恒

课题负责人：周应恒

主要参加人员：严斌剑、卢华

促进农业科技创新转化，
实现农业发展内生驱动

内容提要：根据国家对大力实施创新驱动战略、推进农业科技创新和创新成果转化机制的要求，江苏深刻认识到农业科技创新转化在促进现代农业发展中的重要性和必要性。江苏从完善农业科技链的角度出发，推动农业科技创新转化，为实现农业现代化发展打下基础。通过归纳农业科技链中科技创新转化的作用原理，分析认为江苏加大了对农业科技的政策倾斜，使科技创新转化能力显著提升且体系逐步健全；同时分析也认为江苏在农业科技创新转化中存在着应用需要强化、主体作用有待增强、产学研紧密合作的体制机制活力不足和投入仍需提高等主要矛盾问题。基于此，在提出当前江苏在促进农业科技创新转化的主要任务措施的基础上，尝试为促进江苏农业科技创新转化推动现代农业发展提出针对性的政策建议。

为深入贯彻落实党的十八届三中全会精神，结合2014年中央一号文件中，大力实施创新驱动战略、推进农业科技创新和创新成果转化机制的要求，江苏省从促进农业技术创新转化推动现代农业发展的角度出发，深刻认识到农业科技创新转化的重要性和必要性，为促进江苏科技创新转化，实现农业现代化发展内生驱动打下基础。本文试从农业科技创新转化与农业现代化的理论关系出发，结合江苏农业科技创新转化中存在的主要矛盾问题，尝试为江苏农业科技创新转化推动现代农业发展提出合理有效的建议措施。

一 科技创新转化促进现代农业发展的理论关系

(一) 农业技术创新转化与农业发展的关系

农业经济增长是由农业生产力水平决定的,而农业生产力的发展又同科学技术进步密切相关。顾焕章认为农业现代化的基础动力是科学技术不断进步和创新,科技进步是农业发展的决定性因素,农业科技革命能够带来农业生产方式的巨大变革和农业生产力的极大提高。在技术创新和由此带来的收益之间存在相互作用、相互促进的辩证关系。对于农业科技创新与农业发展之间的联系,蒋和平分析了农业高新技术转化为现实生产力的问题,并为高新技术改造传统农业提供了理论依据和可操作的运行模式。钱加绪认为需靠创新促进科技进步,用科技强农惠农富农。可见,农业科技创新转化,不仅导致生产手段变革、生产资料规模扩大及效能提高,也导致了农业劳动者素质提高和组织完善,推动了农业结构调整,促进了农业经济快速发展。

(二) 农业科技创新转化促进农业发展的理论基础

农业科技创新转化、推广应用与农业教育成为促进农业科技进步、实现农业现代化发展的三大支柱。农业科技链中各个科研活动分工不同,农业科技创新应用主体经常分离,农业科技创新转化需要特殊的制度安排,既包含诱致性制度变迁,又包含强制性制度变迁。从理论上而言,科技创新转化的对象是试验发展的产品,市场信号应当通过科技链条(图1)传递给科研机构与高校;而科研机构与高校应当在科技成果市场发育与农业发展的变化中,既需要遵循科技发展基本规律,也需要尊重市场经济的一般规律,根据市场需求信号,为市场提供适用技术创新与服务。

从市场发育来看,应通过技术市场实现和增加以科技成果为主的技术商品的价值和使用价值。只有通过交易才能实现技术商品的有效转移,技术在生产实际中得到使用,科技与产业实现了有机结合,在这过程中,通过市场机制配置技术商品资源,可以实现利益最大化、资源利用效益最大化。同样,在农业科技成果市场上,高校、科研机构、企业、农业推广机构、政府各个经济主体,分工不断细化、明确,专业化服务水平进一步提高，就能有效地降低交易成本，提高交易效率。

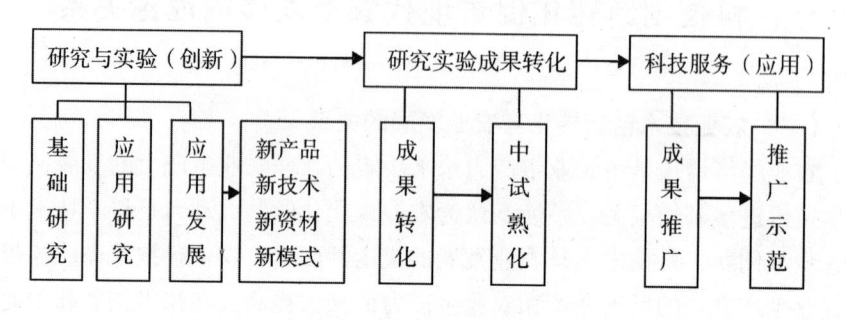

图 1 农业科技链示意图

二 江苏实施农业科技创新转化的重要性和必要性

（一）农业技术创新转化是推动农业发展的内生动力

江苏正处于农业经济转型升级的加速期、农业科技创新转化的活跃期。然而，江苏人口多、农业耕地资源少、资源约束的矛盾越发突出，要素投入、环境保护等方面的制约越发明显，成为农业可持续发展的主要瓶颈。面临社会需求、产业化发展、劳动力就业、农民增收等农业发展新形势，需要依靠农业科技创新驱动加快转变农业经济发展方式，推动由较多地依赖物质资源消耗向主要依靠农业科技进步、劳动者素质提高、管理创新转变、经营方式改变，使农业科技创新转化成为江苏农业发展的内生动力和最大引擎。

（二）农业技术创新转化是促进农业发展的重要支撑

江苏现代农业的快速发展过程中，农业科技创新转化一直起着不可替代的支撑作用。当前，江苏要率先实现农业现代化发展，必须加强农业科技创新转化，大幅提高农业经济增长的质量和效应，增强核心竞争力，抢占农业产业发展制高点，切实形成农业经济发展的新优势。因此，促进农业科技创新转化，进一步提高农民科技文化素质和职业能力，加强农业科技推广服务体系建设，对江苏实现农业现代化发展起着重要的支撑作用。

(三) 农业技术创新转化是提升农业发展水平的迫切需要

随着江苏农业的进一步发展，农业科技创新转化供给不足与生产需求多样化、小农户接受新技术的能力有限等已成为农业科技发展的主要矛盾。农业科技创新转化的供给不足，必然导致农业资源利用效率低下、产品竞争力不强、农民增收困难等问题。要使农业增产增效、农民增收，就必须依靠科技进步，依靠农业科技创新转化和推广应用，从而提高农民的科学文化素质和科技对农业发展的贡献率。因此，加强农业科技创新转化，加快农业科技创新转化和推广应用体系的建设，促进农业科技在农业生产要素中的内生化，对提升江苏农业现代化发展水平显得十分迫切。

三 江苏农业科技创新转化的优势特点

(一) 农业科研创新转化能力实力雄厚

在科研能力建设上，江苏农业科技研发实力强劲。江苏是全国农业科技资源最密集的地区之一，拥有各类农业科研机构近90家，其中涉农重点实验室16家、涉农企业院士工作站32家、涉农工程技术研究中心200多家。[①] 如此密集的科研单位和科技人才在全国堪称一流，涉农科技人员在各省科技人力资源总量排序上高居前列。

在科研水平发展上，江苏农业科技学科优势明显。其中，在农业生物技术、农业信息技术、农业装备、作物育种、动植物保护、淡水渔业、畜牧兽医、食品加工等多个学科领域处于国内领先或国际先进地位，并取得了一大批代表国家水平的标志性成果。江苏依靠强大的农业科技资源优势，通过提升农业科技创新能力，将成为南方地区农业科技创新转化中心。

(二) 农业科技创新转化实施效果显著

从整体实施效果看，江苏深入实施"科教兴农"战略，在农业科研

---

① 数据来源于2012年《江苏科技统计年鉴》。以下除有特殊说明，数据均来自《江苏科技统计年鉴》。

攻关、成果转化、推广应用、技术培训等方面取得了积极进展。2012年江苏省农业科技贡献率达到61.2%，高于全国平均水平近8个百分点，育成农作物新品种538个，9个畜禽新品种通过国家级审定，重点推广新品种、新技术、新模式近1800项。[①] 江苏通过积极推进农业科技创新转化，提高了农业综合竞争力，实现了农业跨越式发展。

从重点实施领域看，江苏围绕农业优势特色产业对关键共性技术的需求，重点支持重大核心技术创新转化，组织实施了高产、多抗、广适粮食作物品种选育、盐土农业、设施种养和智能化农业新型装备、农业滩涂资源生态开发技术以及秸秆等农副产品综合循环利用、农产品精深加工等关键技术攻关，研发了生物农药、动物疫苗、生物肥料等新型生物制剂，攻克了一批能有力促进高效、优质、生态、安全的现代农业产业发展的关键技术。

（三）农业科技创新转化平台基本建成

现代农业科技园建设，成为农业科技创新转化的重要平台。江苏拥有国家级和省级现代农业科技园区50多家，各园区围绕区域特色农业和产业结构调整，加快农业新技术的试验、示范、推广和应用，成为区域农业新技术、新品种的高地和技术辐射中心。

农业科技企业成了促进现代农业发展的亮点。江苏已培育农业科技型企业达250多家，借助企业建立省级以上技术创新载体90个，其中工程技术研究中心50个、高技术研究重点实验室5个、企业研究生工作站15个。农业科技型企业对建设特色的农业技术创新转化体系，提高农业科技竞争力，实现农业现代化发展具有重要意义。

产业技术创新战略联盟的组建，提升了农业特色优势产业的竞争力。江苏以农业优势特色产业为基础，以产业提升和产业链延伸关键技术创新为重点，协调涉农科技型企业、科研院所、高等院校等，组建了"肉类产业技术创新战略联盟"、"江苏茧丝绸产业技术创新战略联盟"等多家产业技术创新战略联盟。通过产学研合作，实现了企业、大学和科研机构等在战略层面的有效结合，为共同突破产业发展的技术瓶颈和共性关键技术创造了条件。

---

① 《江苏省农业基本现代化指标体系》，江苏省农业委员会，2013年8月。

(四) 农业科技创新转化体系逐步健全

江苏"送科技下乡"活动和科技特派员选派围绕地方农业发展需求，以产业化为主线，整合科技资源，加快农业实用技术的示范推广，培育"一村一品"，科技服务农业的能力和水平得到了有效提升。江苏已先后从全省各类涉农科教单位的农业科技人员、农技推广人员和大学生村官中选拔了5000多名省级科技特派员，到农业科技园区、农业科技型企业、科技型农业专业合作社等开展科技创新创业和指导服务活动，直接培训农民200万人次，组织实施科技开发项目2000多项，引进新品种、新技术4000个（项）。

江苏按照"总店—分店—便利店"三级网络体系构架，形成了农村科技服务超市的全覆盖和连锁经营。重点围绕优质粮油、设施蔬菜、特色畜禽、特种水产等农业优势特色产业，建设分店、便利店。已形成在苏北每个县市1家分店带2—3家便利店，在苏中、苏南每个省辖市都有分店的发展布局。并按照有店面、队伍、网络、基地、成果、品牌的组建模式，构建起了政府引导与市场机制相结合、信息流与技术流相结合、网络服务与专家服务相结合、咨询服务与培训服务相结合的新型科技服务体系。

四 江苏科技创新转化中存在的主要矛盾问题

(一) 农业科技创新转化应用需要强化

农业科研成果只有进行有效转化，才能真正起到促进农业发展的作用。尽管江苏农业院校对科研成果转化重视程度不断提高，但应用型研究成果和高新技术成果转化的能力还显不足，很多科研成果停留在鉴定、论文、报告和专利等形式上，实现农业科学技术产业化的任务还很艰巨。农业科技创新转化能力较弱的原因在于：一方面由于农业科研、转化、教学、推广、应用之间的联结机制相对欠缺，导致农业科技创新转化渠道不畅；另一方面，部分农业科研人员缺乏成本效益观念，科研成果与市场脱节，一些成果在理论及技术上可行，但因成本原因缺乏实用价值，不能进行大规模的产业化生产。

(二) 农业科技创新转化效果不佳

江苏已形成较为完备的农业产业体系，但由于农业科技成果具有分散、面广、外部性强等特点，较多的农业科技成果难以按照市场规律转化，尤其是农业科研创新转化在缺乏政府和企业的支持协助下，导致成果推广应用受限、农业科技贡献率和农业科技创新转化效果不佳，科技要素在农业生产中的作用还未得到充分显现。江苏的农业科技成果总量很大，但应用于生产实践并产生经济效益的成果比例偏小，存在成果与生产脱节、技术难配套、缺乏经费等问题，阻碍了农业科技创新转化。农业科技成果供需上也存在着结构性失衡问题，科研成果供给与企业、农户需求间存在差异。

(三) 农业科技创新转化主体作用有待增强

江苏农业科研主体存在重引进轻创新、重眼前轻长远、重专利申请轻技术应用的现象，仍缺少有国际知名度和影响力的大的农业科研产出和应用，归因于科研院所和高等农业院校的开发资金不足，贷款份额有限，缺少完善的中试基地和现代化的科技试验手段，大量成果只能停留在理论阶段和实验阶段。企业是农业科技产业化运行中最重要的主体，江苏的种子企业，农用物资企业，农产品流通、储藏与加工企业等普遍规模较小，对新的农业科技成果吸收能力有限。简言之，江苏农业科技成果商品化、产业化所需要的政策、法律、金融、信贷及税收等支持体系不完善制约着农业科技创新转化的健康发展。

(四) 产学研紧密合作的体制机制活力不足

江苏农业科技创新资源优势明显，但在产学研结合的体制机制上还存在一些束缚。农业科研院所科研应用导向不突出，对农业科技人员的激励机制不够，市场化服务机制建设滞后，创新转化资源的活力还没有得到充分释放等，特别是在产学研合作中由于各方的价值认同、预期收益、产权归属、投资比例、业绩考核和利润分配等问题上存在分歧，严重制约了产学研紧密合作的体制机制活力。在农业知识产权保护方面，由于科技诚信环境尚未健全，相应的奖惩机制还不成熟，一定程度上削弱了农业科技创新转化的积极性和主动性。尽管国家和省级层面出台了一系列关于促进产学研合作的政策措施，但在人才流动、股权分红、成果转让奖励、知识产权保护、院所与企业产权以及科技人员从业税收优惠等配套政策方面还需完善。

（五）农业科技创新转化投入有待提高

投入是推进农业科技创新转化的一个关键因素，江苏省财政用于农业科技创新转化的投入持续增长，但总量投入还显不足，特别是在科研成果转化应用方面的投入占比偏低，基础农业技术推广应用平台职能弱化，在小规模的分散经营模式下，小农户对农业科技成果应用的投入更是有限，再加上农业从业劳动者素质不高，对新技术应用的投入动力不足，这些现象严重制约农业科技创新转化和成果应用。此外，财政投入在引导带动金融资本、产业资本及社会资本投向农业科技创新转化方面的乘数效应也有待提高。

五 促进农业科技创新转化实现现代农业发展的任务措施

（一）推动农业技术创新，加快农业经济升级

面向农业科技前沿，加快推进江苏农业基础性、前沿性科学研究，在关键技术和共性技术方面取得重大自主创新成果。

技术变革和科技创新转化始终是推动农业农村经济发展的主要力量，现阶段必须依靠科技创新驱动，引领支撑现代农业建设。要保障粮食等主要农产品有效供给、促进农民持续增收和实现农业可持续发展，必须要依靠农业科技创新。明确农业科技创新方向，解决科技与生产脱节的问题；坚持产业需要导向，从农民实际需要出发，在农业发展的重大关键技术和共性技术上取得突破。

加强对现代农业发展的规划引导，突出江苏农业重点发展领域，推动农业新品种、新技术、新肥药和新模式"四新"的创新应用，快速形成产业化规模优势。加强现代农业远期部署，布局新一批信息农业、物联网农业、创意农业、生物农业以及滩涂农业等前沿性、战略性农业产业，培养农业新增长点。

无论是新兴农业产业培植还是传统农业提升，应坚持走农业科研创新

引领发展的路子。重点支持发展高技术含量、高附加值、高产业带动性、高成长性农业产业。通过"四新"运用，引导粮食生产等传统农业快速升级，提高粮食等农产品产量，保证基础性农产品数量和质量安全有效供给。

（二）培育农业科技创新转化领军单位，提升整体创新转化能力

提升江苏农业科研院校自主研发能力，培育农业科研院校重点建设一批体现国家水平的研究院和重点实验室，支持农业科研院校和农业龙头企业建立农业技术研究中心、院士工作站、博士后流动站等，强化江苏各市县农业科技公共服务平台和成果转化平台建设。推动江苏农业科研机构加强国际科技合作，鼓励联合国际农业科研机构或农业科技型企业，集聚农业科技创新人才，消化吸收国际农业先进技术。

推进农业科技创新转化战略联盟、院企联盟、校企联盟、技术转移联盟等各类农业创新转化组织建设，增强农业科研院校和农业技术型企业协同创新转化能力，在农业创新活动组织、技术成果转化和农业产业化机制上取得突破，提升农业整体竞争优势。

瞄准世界一流水平，遴选一批具有较大规模优势、较强创新实力、具备发展潜质的农业企业，采取"一企一策"方式，支持建设具有国际先进水平的农业企业实验室或科学家工作室，吸引集聚全国农业高端人才，开展农业重大技术研发应用，打造国内外有影响的农业产业发展创新型龙头企业。

（三）建设高水平农业科技园区，构筑农业发展的创新示范高地

充分发挥农业科技园区的资源禀赋优势、科技集聚优势和辐射带动作用，成为全省农业科技创新转化核心区、农业产业化集聚区、循环农业发展示范区和传统农业升级改造先行区。

根据资源和人才特色，培育农业科技创新优势领域，确立各个农业科技园区的目标定位、建设重点和功能布局。重点支持江苏白马农业高新技术产业园、江苏常熟国家农业科技园区、江苏淮安国家农业科技园区和江苏盐城国家农业科技园区四家农业科技园区建设，使之成为国内外一流的农业科技创新转化和推广应用基地。

吸引农业高端研发资源和骨干科教力量进入园区，建立科研院校、科研成果、科研人员和科技服务团队进入园区的便捷通道，促进各类农业科技创新转化资源要素在园区集聚。建设科技农业产业园、农业新兴产业培育示范基地、农业科技企业孵化器和农业新型经营主体等，孵化高成长性农业企业，催生高科技农业新业态，培育具有国际竞争力的农业创新转化集群，把园区建成农业新兴产业发展高地。

（四）加强高效生态循环农业科技创新转化，实现农业持续发展

注重农业生产环境的改善和农田生物多样性的保护；实施农业清洁生产，适度使用环境友好的"绿色"农业化学品；延长农业生态产业链，通过废物利用、要素耦合等方式与相关产业形成协调发展的产业网络。

利用发达国家的农业企业到江苏投资，引入现代农业高新技术，发展特色农业和健康农产品生产。利用农业发达区域的农业企业及其拥有的资金、技术、市场及信息等优势，对江苏的农产品进行开发与生产，特别是在苏北地区投资兴办农业园区，进行规模化的现代农业生产。

重点发展种植业+加工业、养殖业+加工业、渔业+加工业、种植业+养殖业+加工业、农业+工业+商贸服务业等农业循环模式。在农林牧结合、林农渔结合、农牧渔结合、林牧渔结合模式创新和农业科技创新上下功夫，加强高效生态循环农业的科技创新转化，实现农业健康持续发展。

（五）推进农业科技体制改革，建立富有活力的产学研合作体系

加快建设符合农业科技自身规律、具有中国特色的国家农业科技创新体系。产学研合作的关键在于设计出合理有效的体制机制，以农业产学研紧密结合的机制建设为突破口，全面提升江苏产学研合作的整体水平。

完善农业高校院所科研评价体系，加强以应用和产业化为导向的评价考核，引导农业高校院所科研创新活动面向实际需求。完善知识产权、技术等作为资本参股的制度，激发农业科技人员创新创业活力，鼓励农业高校院所为地方农业发展提供动力保障。引导和鼓励农业企业更多介入早期研发，提高农业企业和农业合作组织参与、吸纳和转化农业科技成果的能力，掌握农业科技核心竞争力。

加强全省性的农业科技服务平台建设，增强综合服务能力。鼓励各地结合自身农业资源禀赋和农业产业特色，采取多种机制建设农业技术创新转化中心和农业科技园区。加强区域性的技术转移转化平台建设，建立市

场化的技术成果交易机制；鼓励和支持省内农业高校院所普遍建立技术转移机构，成立专职科技服务队伍。促进产学研合作机制建设，维护产学研合作各方合法权益。对基础性、公益性平台实行绩效评估、运行保障、滚动支持机制，确保农业公共科技资源和公共服务资源共享。

（六）推进科技与金融结合，建立起新投融资机制

完善江苏农业科技金融合作机制，构建多元化、多层次、多渠道的农业科技创新转化投融资机制，使农业科技金融成为农业发展创新驱动的重要支撑和活力源泉。

积极向国家争取，在江苏设立面向农业科研院所、农业科技企业具有法人性质的政策性农业科技银行，通过信贷与投资、股权与债券结合的金融服务模式的制度创新，在全国率先实现农业科技与金融结合的重大体制性突破。

设立农业高科技产业投资基金，采取直接股权投资、优先股权投资、可转换债等融资工具，提高直接融资比重，支持农业科技创新转化和农业高新技术产业化，为实施农业发展科技创新驱动战略发挥投资导向和战略引领作用。

发展农业创业投资，积极吸引社会资本、金融资本、海外资本参与创投机构发展，引导创投机构加大对农业科技创新转化尤其是初创期农业科技型中小企业的投入。

六　政策建议

在完善农业科技链中，需要进一步加强对农业科技创新转化政策的研究与突破。特别是从单纯的支持农业科技研究、发表论文量更多转向农业科技创新转化的推广应用上来，从简单资助农业科技研发更多转向支持应用和人才建设，从制定政策更多转向落实、监管政策。

（一）建立长效的资金投入机制

确保投入稳定增长是保证农业发展的前提。江苏已具备了建立财政农业投入资金稳定增长机制的基础，应确保财政农业科技创新转化资金投入

逐年提高。农业科技的公共性、基础性、社会性决定了农业科技投入的政府主导性和公共科技部门研发的主力军地位。那么，加快创新投入机制，引导多元主体投入，应建立起"财政投入主导、农业企业投入并重、信贷投入助推、社会广泛参与"的多元化农业科技创新转化投入体系。尝试设立农业科技小企业孵化资金，支持农业科技企业技术创新转化；扩大农业科技产学研联合创新资金规模，支持引进国内外农业科技创新资源；加大农业科技创新转化公共服务平台投入，建设面向全省的农业产业技术开发、农业技术资源产权交易、农业科技服务等公共服务平台。

（二）加强农业科技创新转化资源的整合集成

加强农业"政产学研"结合和农业产业技术创新转化战略联盟等新型创新组织建设，充分发挥农业科技创新转化的政府主导作用和市场主体作用，集成农业高校、农业科研院所、涉农企业和农业合作组织等社会各方面创新转化资源，形成农业科技创新转化合力。推动现有的政府农业创新发展资金、农业产业发展资金、农业项目资金、农业保险和再保险资金、农业科技成果转化资金等各类农业专项资金集成联动，充分发挥政府农业资金的最大效益，实现其乘数效应。

（三）加快农业科技创新转化体制机制创新

在农业人才激励、农业与金融结合、农业人才培育、农业科技园区建设等方面，研究制定新的农业科技创新转化政策措施，大幅提高农业科技创新成果个人享有比例，着重提高农业科技转化应用人员待遇，鼓励农业科技创新转化成果以股份形式参与分红，建设新型农业科技创新转化机构和新型农业科技金融机构，设立农业科技创新转化投资基金，实行重大农业产业化项目自主技术审查制度，加强农业科技创新转化项目资金管理，建立起以绩效考核为主的农业科技创新转化项目资金管理体系，以体制机制的突破，营造实施农业科技创新转化驱动的良好环境。

（四）加大对农业科技创新转化的激励与考核

农业科技创新转化是一个涉及多主体、多部门和多流程的复杂系统，从农业科技创新转化的要求出发，可采用绩效管理体制和激励机制，并建立起以绩效和激励为导向的农业科技创新转化运行机制，构建激励、约束并存的绩效反馈、改进与应用机制等，来引导江苏农业现代化发展的内生驱动。具体操作上，适当扩大农业科技创新转化科学技术奖的奖项数量，增设农业企业科技创新转化、国际科技创新转化合作等奖项。加强对创新型省份建设主要指标的考核，激发全省农业科技创新转化和自主创新活力。

（五）加强对农业科技创新转化重点政策的落实和监管

落实好现有支持农业科技创新转化的各项政策，尤其是对涉农高新技术企业税收优惠、农业自主创新产品推广应用补贴、自主研发农业新技术和新模式首推首用、农业科技企业孵化器税收优惠等重点政策的落实，大力优化农业科技自主创新转化环境。要综合运用检查、调查、审核、督促、反馈等工作方式方法，不断提高现有政策监管水平。建立适时的反馈纠错机制和考评机制。根据政策落实具体情况，引入公众、受益群体或第三方的监督，通过建立畅通渠道，向下使公众充分获取信息为公众监督提供条件，向上使民意得到有效传递，实现过程监督、动态监管，追踪问效。有效的评价机制，不仅要考评政策的落实情况，也要考评政策实施的经济效益和社会效益是否取得了预期的效果，要从深层次上保障农业科技创新转化政策的预期效益。

参考文献：

1. 顾焕章：《我国农业技术创新的若干问题》，《江苏经济》2002年第2期。
2. ［日］速水佑次郎、［美］弗农·拉坦：《农业发展的国际分析》，郭熙保、张进铭等译，中国社会科学出版社2000年版。
3. 蒋和平：《高新技术改造传统农业的思路与实践》，中国农业出版社2003年版。
4. 钱加绪：《靠创新促进科技进步 用科技强农惠农富农》，《农业科技管理》2012年第2期。
5. 邢大伟：《试论技术创新与农业产业结构调整》，《农村合作经济经营管理》2001年第8期。
6. 国鲁来：《农业技术创新诱致的组织制度创新》，《中国农村观察》2003年第5期。
7. 林毅夫：《制度、技术与中国农业发展》，上海三联书店、上海人民出版社2005年版。
8. 孙东升：《我国农业科技推广体系改革探讨》，《经济研究参考》2003年第43期。

9. 毛雪峰、刘冬梅：《服务体系、成果转化与农业科技创新波及》，《改革》2012 年第 2 期。

10. 秦建军、刘华周：《江苏财政支农投入促进农业现代化发展探讨》，《福建农业学报》2013 年第 5 期。

11. 李家祥：《大力加强农业科技创新为农业持续稳定发展注入强劲动力》，《中国农业信息》2012 年第 5 期。

12. 信乃诠：《实施农业科技创新驱动发展战略》，《农业科技管理》2013 年第 3 期。

13. 秦建军、刘华周：《江苏省财政农业投入的资源配置与机制设计》，《江苏农业科学》2013 年第 10 期。

作者信息：
研究基地：江苏农业科技创新研究基地
承担单位：江苏省农业科学院农业经济与信息研究所
课题负责人：秦建军
主要参加人员：刘华周、亢志华、陈海霞

城镇化加速发展背景下江苏农业现代化动力机制研究

内容提要：本文以江苏城镇化加速发展为背景和约束条件，以江苏率先实现农业现代化为目标。首先从城镇化加速发展对江苏农业现代化的正效应和负效应两个方面探讨城镇化对农业现代化的影响。其次，从"投入推动型"和"需求拉动型"两种类型阐述城镇化加速发展背景下江苏农业现代化动力机制。最后，提出稳定增加财政投入，推动江苏农业现代化进程；引导鼓励社会资本，投入江苏农业现代化建设；引导居民消费优质安全农产品，提升农业生产和生态功能；加大对农业加工业提升力度，提高现代农产品附加值；发展休闲观光农业，拓展农业生活服务功能等五条对策建议。

一 城镇化加速发展对江苏农业现代化的影响分析

城镇化与农业现代化相辅相成、密不可分。城镇化是农业人口转化为非农人口，乡村生产生活方式转变为城镇生产生活方式的过程。农业现代化是一个无法绕开的历史性课题，是实现全面现代化的重要方面。江苏2011年人均GDP为62290元人民币，城镇化率达到63%，根据城市化进程的五级划分标准，江苏省的城镇化率已经到达了二元结构向城乡一体化过渡的后期阶段，城乡文明普及率、社会和谐度、文化融合度，都正在呈加速提高的趋势。城镇化的加速发展必然会对江苏农业现代化的实现带来诸多影响，其中包括正、负两个方面的影响。

(一) 城镇化加速发展对江苏农业现代化的正效应分析

1. 生产性要素向农村流动和延伸

要素是指经济发展的各种必需因素，如资金、资源（原材料等）、土地、人才等，其中主要是资金。随着城镇化的加速发展，尤其是城乡一体化战略的实施，工业反哺农业，城市支持农村，一些重要的生产性要素在源源不断地向农村流动，甚至延伸到农业、农村的各个方面。根据《江苏统计年鉴》数据，从1991年到2011年21年，农村居民家庭平均每户生产性固定资产原值的数量都呈线性增长。"八五"期间，农村居民家庭每户生产性固定资产平均值为1475.64元；"九五"期间为3316.4元；"十五"期间为5717.8元；"十一五"期间为9413.44元，是"八五"期间数值的6.4倍（图1）。

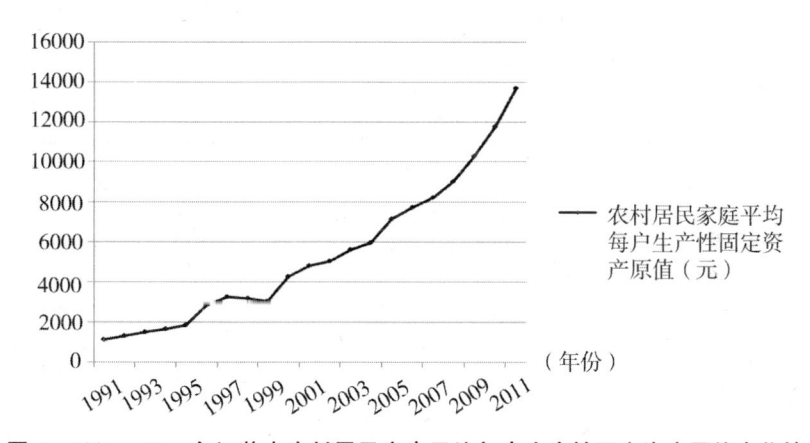

图1 1991—2011年江苏省农村居民家庭平均每户生产性固定资产原值变化情况

2. 财政资金支持农业

城乡一体化战略的实施，要求加大对农业的投入力度，并注重投入效果。"八五"期间，江苏财政支农投入平均值为16.22亿元；"九五"期间为36.98亿元；"十五"期间为70.13亿元；"十一五"期间为296.94亿元，是"八五"期间的18倍（图2）。从趋势来看，2005年之后呈直线加速上升趋势。2011年财政支农支出为618.13亿元，占总财政支出比重的约10%（表1）。财政支农的年增长率稳中有升，财政支农占财政支出比重相对稳定且略有上升。城乡统筹发展的结果，不仅政府财政投入资金的广度和深度都有所增加，而且社会资本投资农业的热情也空前高涨，充分发挥市场机能，农业运作的资本才能更加充分。

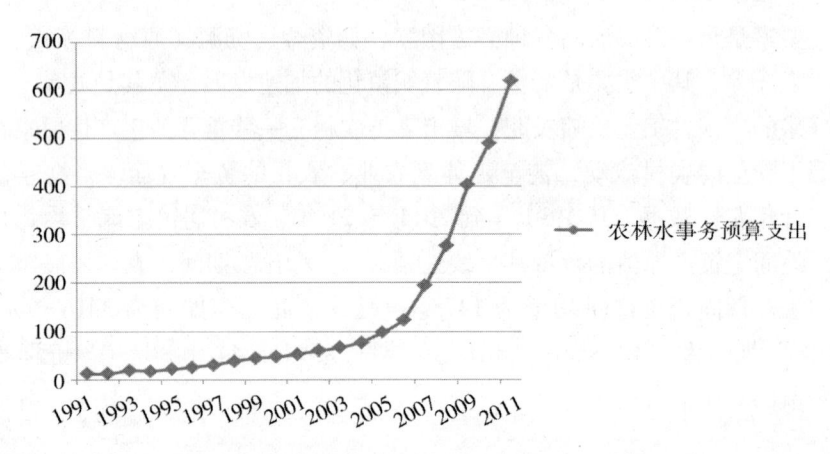

图2 1991—2011年江苏省财政支农变化情况（单位：亿元）

表1　　　　　　　　江苏省财政支农投入情况　　　　　　单位：亿元、%

年份	财政支农支出	财政支农支出年增长率	财政支出	财政支农占财政支出的比重
2005	97.57	28.92	1673.4	5.83
2006	158.12	62.06	2013.25	7.85
2007	193.63	22.46	2553.72	7.58
2008	276.16	42.62	3247.49	8.50
2009	403.27	46.03	4017.36	10.04
2010	489.16	21.30	4914.06	9.95
2011	618.13	26.37	6221.72	9.94

3. 农民收入水平提高后的投入增加

江苏坚持富民优先的发展战略，千方百计增加城乡居民收入。1991—2011年间，无论农村居民人均总收入还是纯收入，都有大幅增加，且增长趋势一致。"八五"期间，农民人均纯收入平均为1507元；"九五"期间为3353元；"十五"期间为4410元；"十一五"期间为7371元，是

"八五"期间的 5 倍（图 3）。农民收入增加后，对农业的投入将有所增加，也更加有利于以农民为主体的新型现代农业经营体系构建。

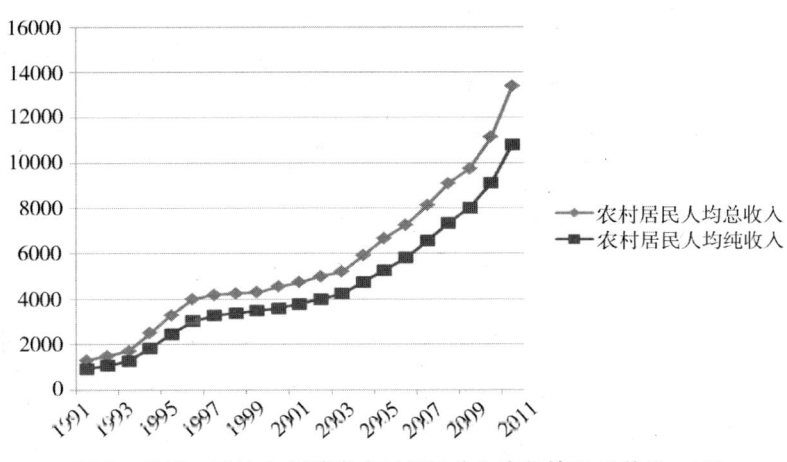

图 3　1991—2011 年江苏省农村居民收入变化情况（单位：元）

4. 城镇居民收入提高带动消费总量的提升和消费层次的变革

1991—2011 年城镇居民人均可支配收入快速增长。"八五"期间，城镇居民人均可支配收入为 2990 元；"九五"期间为 6057 元；"十五"期间为 9523 元；"十一五"期间为 18528 元，是"八五"期间的 6.2 倍（图 4）。

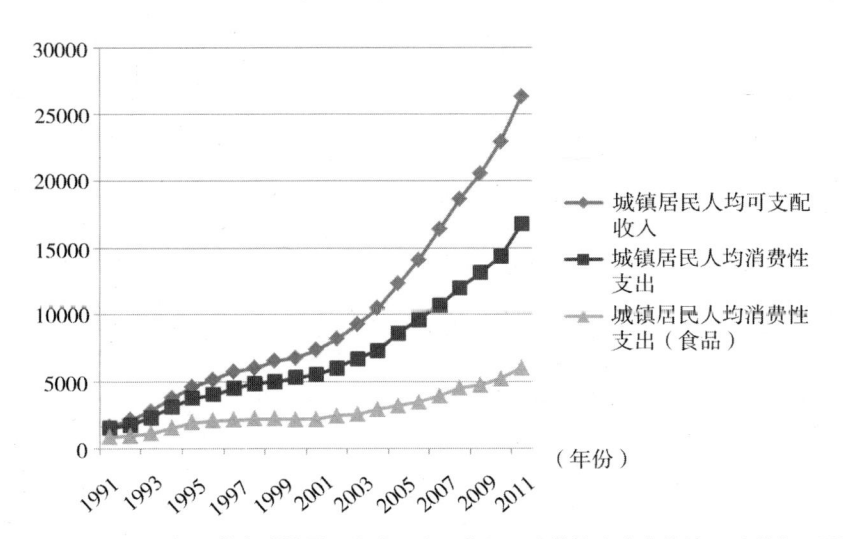

图 4　1991—2011 年江苏省城镇居民人均可支配收入、消费性支出变化情况（单位：元）

从长期来看,随着人口增加、城镇化水平提高和消费水平提升,农产品需求将持续增加,质量要求将进一步提高,保证粮食安全和主要农产品供给的压力会进一步加大。

(二)城镇化加速发展对江苏农业现代化的负效应分析

1. 农村劳动力转移

随着工业化、城市化不断推进,农村人力资本的溢出效应使得高素质的农村劳动力大量转移到二、三产业,导致江苏现代农业发展面临农户兼业化、劳动者素质低、劳动者年龄偏大和现代农业人才缺乏等制约。"八五"期间,江苏农林牧渔业劳动力数量为1638万人;"九五"期间为1516万人;"十五"期间为1246万人;"十一五"期间为909万人。2011年江苏农林牧渔业劳动力数量仅为1991年的47.2%(图5)。2011年度,江苏省持证农业劳动力占农业劳动力的比重仅为8.29%,劳动力素质偏低,加大了现代农业科技的推广难度。

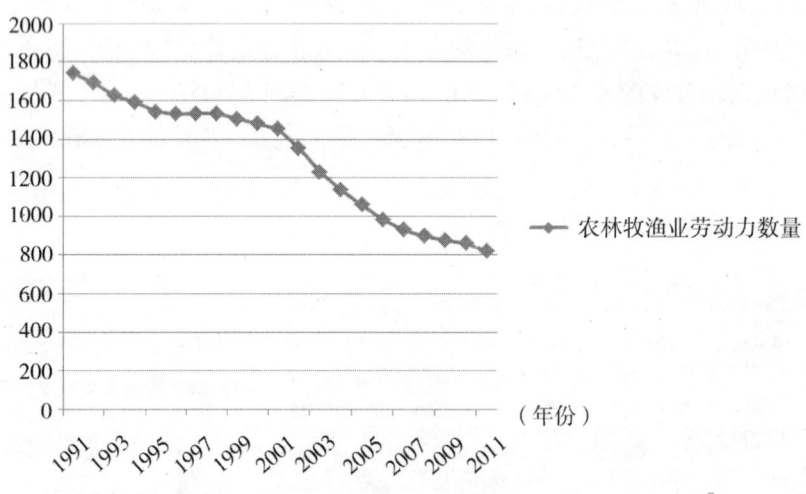

图5 1991—2011年江苏省农业劳动力数量变化情况(单位:万人)

2. 耕地资源减少

随着工业化、城市化的快速推进,江苏的耕地数量不断减少,且耕地质量持续下降。从1991年到2011年11年间,耕地面积减少了521千公顷,年均递减率约为1%(图6)。当前,高产农田仅占42%,中低产田达到58%。耕地面积减少，农业种植用地面积减少必然对现代农业发展带来新的挑战，要求单产提高，提高土地产出率，创新种植模式和技术，利用设施栽培技术，开拓空间立体栽培途径，最大限度地保证粮食总产量和主要农产品的足量供应，确保粮食安全。

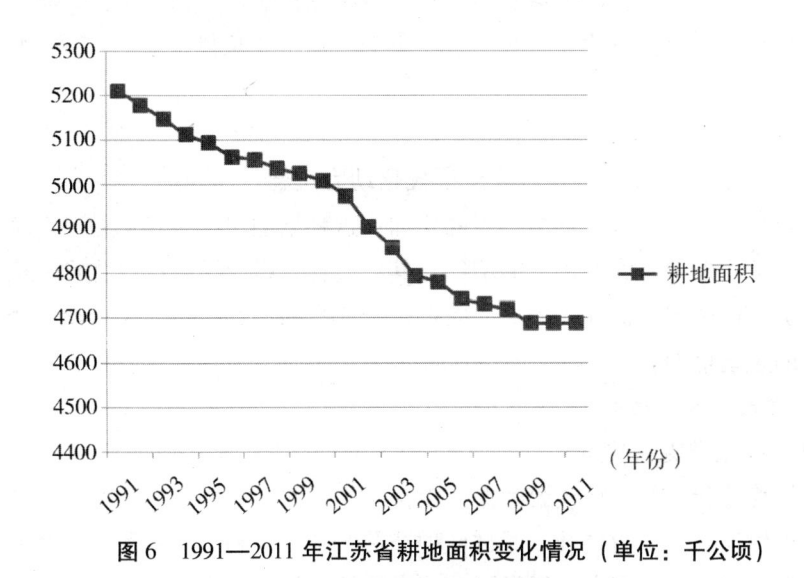

图6 1991—2011年江苏省耕地面积变化情况（单位：千公顷）

3. 生态环境影响

城镇化的快速推进和二、三产业的加速发展，势必会对生态环境产生巨大负面影响，这其中也包括农业生态环境。其中，尤为突出的是水环境和空气污染问题。据江苏省地质调查研究院全省农业生态地质调查项目调查结果，全省属于重度污染的耕地面积为47.1万公顷，其中基本农田有43.0万公顷。此外，随着城镇化的推进和人民生活水平的提高，对城市环境和生态质量的要求也越来越高。农业生产环境质量的下降和对农产品品质和安全的要求互相矛盾。

二 城镇化加速发展背景下江苏农业现代化动力机制

据国家统计局数据，继2011年首次突破50%以后，2012年我国城镇化率已达52.6%。江苏省作为经济发达省份，2011年城镇人口比重已达

61.9%，较全国比重高 10.6%。其中苏南地区比例高达 71.9%，又较全省平均高 10%；苏中地区比例为 57.5%；苏北地区为 53.2%。从反映农业现代化的主要指标看，目前江苏农业机械化率为 71%，农业科技进步贡献率均为 60%，高于全国 52% 近 10 个百分点，江苏的农业现代化正处在快速成长阶段。城镇化的加速发展，首要带来国民生产总值的提升，资本的增长和积累对农业现代化带来的重要影响可以主要从投入和需求两个角度来研究。

（一）"投入推动型"江苏农业现代化动力机制

城镇化加速发展带来资本投入的增加，这种增加包括主动和被动两个层面，主动增加即是农业资本的增加，其中又包括财政投入的增加和社会资本投资农业的增加；被动增加即农业生产成本的增加。本文主要研究资本投入的主动增加。

1. 财政投入推动型

（1）补贴类支农政策。

种粮直补和良种补贴政策确保了粮食等主要农产品的有效供给。一是促进了粮棉油生产能力提升。通过良种补贴实施，提高了良种覆盖率和配套集成技术推广度，有力地促进了江苏省粮棉油生产水平的提升。二是促进了良种良方配套技术推广。全省水稻精确定量栽培、水稻机插高产栽培、麦秸全量还田轻简稻作、水稻肥床旱育高产栽培和水稻塑盘旱育抛秧五大稻作技术应用面积分别达到 1797 万亩、1047 万亩、1371 万亩、1298 万亩、290 万亩。三是优化了粮棉油生产区域化布局。通过推介发布农业主导品种，有效引导了区域化布局的形成。全省水稻形成了杂交中籼稻、中熟中粳稻、迟熟中粳稻和单季晚粳稻等四大优势区。小麦形成了优质弱筋、中筋、强筋三大优势带。棉花形成沿海、淮北和里下河三大优势区。油菜形成苏南、苏中两个优势区。四是农机具购置补贴政策的实施，刺激了农户购买新型农机具的积极性，吸引了更多农民购买大型、新兴农机具，造就了一批农机大户，有力地推进了全省农业生产机械化、现代化进程。

（2）支持现代农业发展类政策。

江苏省在促进现代农业产业发展中，农业产业专项资金的投入重点围绕"农业增效、农民增收、农村发展"，突出重点产业转型升级，重点领域改革创新，为推进农业现代化打下了坚实基础。一是高效设施农业专项资金。"十一五"期间，省财政累计安排高效设施农业专项资金23.8亿元。重点发展设施园艺业、规模畜禽养殖和休闲观光农业，大力推进高效农业规模化。目前，全省高效农业面积占比超过42%，设施农业占比超过12%，畜禽规模养殖水平全国领先，园艺产业产值超过1000亿元。高效设施农业呈现出设施规模快速扩大、产业特色逐步形成、装备水平明显提高及产业效益显著提升等系列特点。二是农业产业化龙头企业专项资金。2011年，江苏省农业产业化龙头企业发展专项资金达到2亿元，主要用于扶持龙头企业的农产品基地建设、农副产品收购的流动资金贷款贴息和担保公司为农业龙头企业贷款提供担保的奖励等。项目的实施促进了农业龙头企业做大做强，增强了联农带农能力，发挥了带动农业增效、农民增收的积极作用，企业发展后劲明显增强。三是农民专业合作组织专项资金。江苏省财政安排扶持农民专业合作组织发展资金逐年加大，2011年安排专项资金2亿元。在扶持农民专业合作组织发展资金的带动下，全省农民合作经济组织呈现发展速度加快、运作机制逐步规范、农户覆盖面不断扩大、综合实力明显提升的良好发展态势，成为发展现代农业的重要主体。

（3）扶持现代农业服务体系建设类政策。

一是江苏省测土配方施肥补贴项目的实施，使施肥结构进一步优化合理，减少了肥料的施用量特别是氮肥的施用量，降低了肥料投入成本，而且降低了农业面源污染的风险，而作物的增产增效得到进一步显现；二是农民职业技能培训、创业培训、劳动力转移培训在提高农村劳动力素质、促进富余劳动力转移、增加农民收入等方面起到了积极作用，农户对培训项目表示满意；三是农业信息服务工程项目的实施对促进粮食增产、农业增效和农民增收发挥了积极作用，农业信息服务覆盖率明显提升，农业信息化工作迈上新台阶。"四电合一"项目建设，明显提高了全省农业信息服务能力。通过建立"江苏优质农产品营销网"，加快了农产品网上营销服务平台建设步伐。江苏为农服务网的建成也为农业实用技术普及与推广提供了方便快捷的渠道。"精准农业"发展进一步加快，通过加快传感、通信和计算机技术在农业上的应用，加强信息技术和生物技术有机结合，实现对农产品生产实时（远程）监测和智能管理，促进农产品生产可控化。

(4) 农业生态环境保护财政资金投入政策。

一是促进了农村户用沼气的稳步发展，改善了农村生态环境，提高了农民生活质量。2011年全省共有农村户用沼气池70万处。二是规模畜禽场沼气治理工程充分发挥了财政资金的效益，为全省的规模化养殖场畜禽粪水的无害化处理和资源化利用发挥了很好的示范带动作用。2011年全省规模畜禽场沼气治理工程建设规模达到2771处。三是秸秆气化集中供气工程提高了农户生活质量，为集中居住点的农户解决了生活用能问题，并保障了村庄环境的整洁。四是秸秆多种形式利用项目工程的实施，通过政策拉动、项目推动、示范带动，全省农作物秸秆综合利用率连年提高。2011年底，全省作物秸秆综合利用率达到75%以上。

2. 社会资本投入推动型

社会资本投资的主体包括农户、企业、农村集体。随着市场经济的不断深入，资本市场的不断扩大，农业投资主体也已经呈现出多元化的发展趋势，发展兼具第一、第二、第三产业的社会民间资本向农业全方位的投资。江苏省社会资本投入农业的案例和取得的效果按照投资农业产业领域不同，有以下四种类型。

(1) 社会资本投资规模农业。

社会资本投资农业的主要模式之一是投资规模农业。近十年来，一批有识之士通过购买、租赁、反租倒包等模式建立起颇具规模的农业企业。如南京奶业（集团）有限公司，通过资本运作，投资奶牛养殖业，建立起一批奶牛公寓，引进现代化设备，促进企业的发展；又如南京六合富硒米公司、江苏江都市超大集团的蔬菜产业等都是通过社会资本投资规模农业而发展壮大的。

(2) 社会资本投资农产品加工业。

随着农产品产量的不断提高、品种的不断丰富，社会资本往往选择农产品加工业作为投资的主要模式，这也是社会资本投资农业最为传统的模式。如南京雨润集团、桂花鸭集团、常州顶呱呱彩棉服饰有限公司、徐州睢宁宁华肉羊加工企业、徐州丰县果品加工企业等，社会资本投资农产品加工业的例子数不胜数。社会资本通过对农产品加工业的投入，自身获得利润的同时，也解决了小农户无法进行农产品加工的问题，同时延长了种植、养殖业的产业链，提高了农产品附加值，对农业的发展可谓功不可没。

(3) 社会资本投资休闲观光农业。

随着人们收入水平、文化水平的不断提高，恩格尔系数的下降，观念的更新，广大民众用于休闲消费的支出逐年提高。社会资本投资休闲观光农业成为又一主要模式，在社会资本投资农业中占有相当大的比例，也取得了不错的发展成果，并呈现出逐渐壮大的发展趋势。如南京傅家边现代农业园、南京溧水博士牛农业科技开发有限公司等都是通过企业对休闲农业的投资来谋求发展的。此外，还有许多休闲农场，如南京江宁区千盛农庄等。可以说，休闲观光农业是近几年来在我国兴起的一种既具有农业特征又颇具文化气息的新兴的现代农业产业，兼科技、生态、人文于一体，是符合科学发展观理念的新兴产业，也必将成为我国现代农业发展的一支主力军，因此，休闲观光农业必然会成为社会资本投资农业的一块"热土"。

(4) 社会资本投资生态园建设。

随着人们对生态环境重视程度的提高，一批社会资本转而投入能够协调人与自然发展的生态农业建设。比如南京六合程桥镇黄营生态农庄、高淳瑶池山庄、上海崇明岛生态湿地公园、江苏泗洪洪泽湖生态湿地等。用科学发展观的理念打造现代农业，必然离不开生态农业建设。社会资本通过对农业生态园的建设，有利于改善农村环境，有利于农业基础设备的完善，有利于农村村容、村貌的改观，也是社会资本投资农业的一个重要模式。

(二) "需求拉动型" 江苏农业现代化动力机制

城镇化的过程是农民转为市民的过程，意味着消费观念的更新和消费结构的升级，意味着巨大消费潜力的释放。目前江苏城镇居民人均收入是农村居民人均收入的2.4倍，人均消费性支出是农村居民的2.2倍。如果一个农民真正成为城市居民，收入和消费至少将扩大到2倍。从需求角度讲，城镇化有利于释放巨大的内需潜力，这其中当然包括对农产品和其他农业产业的需求潜力，如对优质农产品数量和品质的需求，对农产品加工业提升的需求以及对休闲观光农业等农业功能多样化的需求。

1. 确保粮食安全的需求

城镇化的快速发展，使得城市人口越来越多，从非农人口增加的角度和城市扩张的角度看，需求拉动型的江苏农业现代化发展必须首先确保粮食安全。依靠科技进步，确保粮食安全，是现代农业发展的基础。综合目前各权威机构和专家的预测结果认为，2020年全国人均粮食需求量为387.5公斤。近年来，江苏人均粮食消费比全国高10%左右，预计这将持续一段时期。据此预测江苏2020年人均粮食消费量为426.2公斤。根据江苏省近几年的人口总数，采用马尔萨斯人口模型和Logistic模型分别进行预测，取这两个模型的预测值的平均值作为人口预测的结果，得到2020年江苏人口预计将达到7919.20万人。根据以上江苏省2020年人口数量和人均粮食消费量的预测，计算2020年江苏粮食需求量为3375.2万吨。

2. 促进高效农业的需求

高效农业规模化是省委、省政府深入贯彻落实科学发展观，依据中央要求和省情特点而提出的"十一五"期间要扎实推进的新农村建设十大工程之一。从2006年开始，全省各地加强组织领导，加大工作力度，加快发展步伐，高效农业规模化取得很大进展。2011年全省高效设施农业面积达到861.2万亩，占耕地面积比重达到12.2%。与常规农业相比，全省现代高效农业应体现功能的多样化、产品的高端化、生产的集约化、技术的高新化和标准化、经营的组织化和产业化。结合自然和社会经济优势和特点，江苏应重点发展设施农业、集约化规模养殖业、特色农业、生态农业、休闲观光农业等高效农业重点发展模式。

3. 满足城镇居民休闲文化的需求

近年来，城镇居民对休闲农业和乡村旅游的需求越来越强烈，在繁忙的工作之余，走出城市，体验乡村，既能满足城镇居民对休闲文化的需求，又能建立以城带乡、以工哺农的现代农业发展机制。通过发展休闲农业，可以吸引城市资金和工业资本来支持农业发展，改善农村基础设施；可以将城市文明融入农村中，提高乡风文明程度，最终实现"生产发展、生活宽裕、乡风文明、村容整洁、管理民主"的社会主义新农村建设目标。

无论从投入还是需求角度，江苏新型城镇化的进一步发展，必然会对农业现代化的实现产生积极的影响。通过财政资金和民间资本投入农业现代化、城镇化所带来的城镇居民的增加，及其对农产品数量和质量的需求和对现代农业多种功能的需求，均会对农业现代化的加速发展起到直接的促进作用。因此，江苏的新型城镇化和农业现代化是相辅相成的，城镇化促进农业现代化，农业现代化确保城乡一体化。

三 城镇化背景下江苏农业现代化政策建议

深入贯彻落实科学发展观，坚持统筹城乡发展，坚持新型工业化、新型城市化、农业现代化"三化同步"，以发展农村经济、增加农民收入为中心任务，以保障农产品有效供给、提高农民生活水平、促进农业可持续发展为目标，实施创新驱动战略，建立与市场经济相适应的农业农村经济体制，加快"五大体系"和"十项重点工程"建设，不断提高劳动生产率、资源利用率和土地产出率，把江苏打造成为全国的优质粮油产业强省、高效设施农业强省、农产品加工流通强省、农业科技创新强省，努力在全国率先实现农业现代化。

（一）稳定增加财政投入，推动江苏农业现代化进程

江苏省各级财政在加大投入的同时，要加快创新农业投入机制，采取财政贴息、先建后补、以奖代补等多种方式，引导金融机构等社会各界和广大农民群众投入到农业生产发展中来，推动江苏率先基本实现农业现代化。

1. 建立稳定的投入增长机制

保证农业投入稳定增长是保证农业稳定发展的前提。从江苏省财力增长情况看，已经具备了建立财政支农资金稳定增长机制的基础。具体而言，江苏省应按照存量适度调整、增量重点倾斜的原则，尽快提高财政支出用于农业农村的比重。财政用于农业的投入增长要高于财政总收入的增长幅度，每年的财政支农资金增量要高于上年，切实保证财政对农业资金投入的稳定增长。同时，新增财力要向农业倾斜，积极安排财政支农各项支出预算，全面落实各项支农政策，确保政府财政预算内财政农业支出有较高增长。

2. 建立多元的投入长效机制

加快建立"财政投入启动、信贷投入助推、农户投入为主、社会广泛参与"的多元化农业投入体系。一是充分发挥财政支持和导向功能。

为了提高社会资本投资农业的吸引力，需要充分发挥财政支农资金的引导和带动作用，进一步建立农业投入的激励机制。二是深化农村金融体制改革。鼓励银行、农村信用社对农户、农民专业合作组织、农业产业化龙头企业申请与农业生产、加工、贮藏、运输等相关的项目贷款，应根据农业投资项目风险大小和利润高低，给予相应的利率优惠。三是引导农民投入现代农业。农民是现代农业发展的重要主体之一，在引导农民专业合作组织和农业产业化龙头企业投入农业的同时，不能忽视农民投入农业的重要意义，要通过直补的方式，引导农民参与到农业现代化建设中来。四是优化农业发展环境，积极开展招商引资，采用政府财政补助、财政贴息以及在税收、土地、信贷方面对农业投资给予优惠等政策，吸引民间资本、工商资本、外商资本投向农业领域。

3. 建立以绩效为导向的财政支农项目管理机制

随着财政支农规模的不断扩大，应加快建立起与之相适应的新型财政支农项目管理机制——农业项目绩效管理。农业项目绩效管理机制应做到科学配置权力，优化决策流程，实行绩效管理。具体包括：构建依法、科学、透明的农业项目绩效计划与决策机制；构建全方位、规范化、科学的农业项目绩效实施与管理机制；构建客观、公正、可操作的农业项目绩效考核与评价机制；构建激励、约束并存的农业项目绩效反馈、改进与应用机制等措施。

（二）引导鼓励社会资本，投入江苏农业现代化建设

1. 充分发挥国家政策对民间资本投资农业的导向作用

国家有关政策、税收、信贷等方面都应向民间资本投资农业倾斜，在有关方面给予最大的支持。此外，国家应在一个较长的历史阶段中逐步调整财政资金对农业的投资方式，改直接投资为通过对企业的扶持来发挥某种杠杆作用，加大对民间资本投资农业配套的辅助政策。这就要求国家按照服务型政府的理念开展工作，只有这样才能真正引导民间资本投资农业，在企业得到获利空间的同时，现代农业也会得到相应的发展，传统农业的面貌才会得到真正的改观。

2. 发动全社会的力量，积极引导民间资本投资农业

农业的发展最终还要依靠农业内部要素的提高，依靠农业自身的发展来实现农业现代化。但在这个发展过程中，外部因素对农业的投入是必不

可少的。因此要积极引导社会民间资本对农业的投资，加强舆论的导向作用，为民间资本投资农业提供更为广阔的空间。同时引导民间资本投资农业还要建好农业生产资料的保障体系，保障农资价格维持在合理的范围内，保障农资的质量安全，确保农业生产资料的健康稳定发展。此外，加强农业保险业的建设和发展，通过与民间资本企业签订合同，为企业提供农业保险，完善农业保险行业的相关运作机制，从而有力地避免民间资本投资农业的风险，进一步提升民间资本投资农业的积极性、有效性及对农业发展的相关促进作用。

3. 充分发挥科技对民间资本投资农业的支撑作用

现代农业的发展离不开科技进步和科技对农业的支撑。民间资本在投资农业的过程中必然会有诸多理念和技术方面的问题需要得到权威部门的认可和帮助，因此农业科技部门对农业投资的技术支撑是必不可少的。在"农业"和"资本"的对立统一关系中，政府的政策导向、社会对民间资本投资农业的积极引导都属于"中介"组织，而在此过程中，科技支撑更加是这个"中介"的中坚力量。政府应该鼓励各级农业科研院所、相关农业高校、农业学会等部门对民间资本投资农业提供科技支撑，协调产学研，凝聚农科教；鼓励民间资本企业和科技部门签订合作协议，在企业建立科技人员加盟的研发机构，与有关科研院所、大专院校建立依托关系，通过科技的力量，为企业制定发展规划，提供技术指导，不断引进农业新技术、新品种，使之始终处于较高的发展起点，在科技和企业之间真正建立起一条连接两者关系的纽带，为民间资本投资农业提升信心和提供保障。

（三）引导居民消费优质安全农产品，提升农业生产和生态功能

根据《江苏省统计年鉴》2012年数据，江苏城镇居民家庭平均每人购买大米数量由1990年的78.53公斤下降到2011年的44.08公斤，面粉由17.73公斤下降到5.37公斤，但对鲜蛋的消费却由1990年的7.54公斤上升到2011年的11.82公斤，对鲜酸奶的消费由1990年的3.72公斤上升到2011年的19.03公斤。由此可见，居民对传统粮食的需求量在下降，对农产品加工品的消费量在上升。此外，对优质安全农产品的需求更为迫切，对无公害、绿色、有机农产品的消费量将逐年提高。

居民消费优质安全农产品的需求要求江苏的现代农业要以提高农产品质量，提升农业生产和生态功能，生产绿色、有机农产品，保护生态环境为重点，转变传统农业生产和营销方式，加大无公害、绿色、有机农产品生产基地建设，加强其认证和监管，为居民提供优质安全农产品的同时，促进现代农业自身发展，也通过农业生产方式的转变改善农村生态环境。

（四）加大对农业加工业提升力度，提高现代农产品附加值

近年来，随着经济市场化、全球化步伐加快，国家与地区间的产业分工越来越细，产业升级越来越快。此外，城镇化的快速发展使得居民对农产品加工品的需求和消费提升。据《江苏省统计年鉴》数据，2011年江苏出口食品20.8亿美元，是2000年的4.7倍。因此，江苏应在不断挖掘特色农业产业，实施农业比较优势和差异性竞争战略，实行特色农产品区域化布局、规模化经营的同时，加大对农业加工产业的扶持和提升力度，通过对加工业的提升，进一步提高农产品附加值，为城镇居民提供更多、更丰富、更便捷的加工农产品，也为农民增收提供更好的途径。

（五）发展休闲观光农业，拓展农业生活服务功能

随着城镇化的加速发展，居民对现代农业多样性的需求不断提升，主要包括对休闲观光农业的需求和消费的提升。从农村产业层面来看，休闲农业是农业和旅游业相结合，第一产业和第三产业相结合的新型产业，也是具有生产、生活、生态"三生"一体多功能的现代农业形式。发展休闲农业，有利于调整和优化农村产业结构，延长农业产业链，带动第二、第三产业发展，提高农业综合效益；有利于农村剩余劳动力转移和就业，休闲农业是劳动密集型产业，不仅需要农业生产、管理人员，还需要从事住宿、餐饮、交通、商业等服务人员，为农村剩余劳动力转移和增加农民收入创造了条件；休闲农业有利于城乡人员、信息、科技、观念的交流，不仅使城市居民了解和体验农业，传承农耕文化，而且也使农民转变观念和提高素质，加强了城乡互动，促进城乡协调发展；休闲农业有利于挖掘、保护和传承农业文化，保护农村资源和生态环境，实现农业的可持续发展。因此，江苏应该加大对休闲观光农业的扶持和提升力度，建设一批有亮点、有内容、有品牌的休闲农业示范点，推动全省休闲观光农业发展，延伸农业产业链。

参考文献：

1. 赵弘：《推进城镇化和农业现代化同步协调发展》，《中国合作经济》2012 年第 12 期。

2. 亢志华、陈海霞、刘华周：《以提高土地产出率、劳动生产率、资源利用率来发展现代农业》，《江苏农业科学》2009 年第 5 期。

3. 刘振宇、魏旭红：《我国城镇化动力机制研究进展：基于结构视角的文献综述》，《区域经济评论》2013 年第 3 期。

4. 扬州大学课题组：《江苏现代农业发展中的粮食安全研究》，载《江苏现代农业发展研究》，2008 年。

5. 郭焕成：《我国休闲农业发展的意义、态势与前景》，《中国（宁国）休闲农业魅力乡村发展论坛（论文集）》2011 年第 11 期。

作者信息：

研究基地：江苏农业科技创新研究基地

承担单位：江苏省农业科学院

课题负责人：刘华周、亢志华

主要参加人员：朱雪华、秦建军、陈海霞、刘媛、程金花、戴红君

新型工业化与现代服务业

全国生态文明示范区创建中的
服务业结构优化路径研究

内容提要：优化服务业结构是生态文明示范区建设的重要内容，在创建全国生态文明示范区建设中，江苏服务业结构优势明显，但也面临着生产性服务业比重偏低、高端服务业层级不高、服务业就业结构不合理等亟待克服的问题。应通过利用市场机制倒逼服务业结构调整、增量扩张与存量调整结合、发展绿色（生态）服务业、培育壮大新兴服务业、抢占高端服务业制高点等途径，打造与全国生态文明示范区创建相适应的服务业结构，实现服务业生态化发展。

一　优化服务业结构是创建全国生态 文明示范区的重要内容

20世纪70年代以来，在能源危机、环境恶化的冲击下，全球经济发展模式经历着一场深刻变革。发达国家不仅抛弃了以牺牲人的发展来维持人与自然关系的早期文明，而且抛弃了以牺牲环境谋求发展的工业文明，大力推进生态经济，追求人与自然共生共荣、共同发展的生态文明。欧、美、日等发达国家（地区）纷纷制定和推进一系列以循环经济、低碳经济为核心的"绿色新政"，旨在将高能耗、高消耗、高排放的传统经济发展模式，转变为低能耗、低消耗和低排放的"绿色"可持续发展模式。"绿色制造"、生态发展成为经济发展的主旋律。

生态文明建设，产业生态文明建设是关键切入点和首要任务，其中，服务业生态文明建设是基础。而要实现服务业生态文明，服务业结构优化是前提，离开服务业结构的优化，服务业生态文明也就无从谈起。

江苏作为进入工业化后期前半段的省份，制造业基础较好，服务业发展相对滞后，2012年，全省服务业增加值占GDP比重（43.8%）远远低于世界平均水平（68%）和低收入国家的平均值（52%），甚至还落后于全国46.6%的平均值。"人多地少、资源缺乏、环境容量小"是江苏省特殊省情，随着工业化、城镇化的不断推进以及人民消费水平持续提高，资源和环境问题越来越成为经济社会发展的"硬约束"，成为"两个率先"必须跨越的一道坎。特殊省情决定了主要依靠消耗资源量大、环境承载压力大的制造业发展之路难以持续，也决定了在推进全省服务业过程中，决不能沿袭主要靠拼资源、拼投入来扩大服务业规模、提升服务业比重，而是要秉承与资源环境协调、与生态和谐的发展理念，通过大力发展技术含量高、资源消耗少、环境污染小的电子商务、云计算服务、物联网服务、数字文化、工业设计、环境服务等新兴服务业，以及具有较强的外溢效应、能够有效带动服务业和制造业升级的现代金融、现代物流、信息服务等高端服务业，实现服务业结构的高端化、合理化。

产业发展生态化是世界范围内经济发展的主流趋势，基于全国生态文明示范区创建视角，重新审视当前江苏省服务业结构优化面临的突出问题并提出优化服务业结构的路径，既是服务业发展的自身要求，也是创建全国生态文明示范区的重要内容，对于实现十八大提出的优化经济结构、形成与"推进绿色发展、循环发展、低碳发展"、"建设美丽中国"相适应的经济发展模式、江苏率先建成全国生态文明示范区具有十分重要的现实意义。

二 江苏服务业结构优势及面临的突出问题

《江苏省生态文明建设规划》明确提出，到2022年，达到与基本实现现代化相适应的生态文明建设目标，率先建成生态省，成为生态质量优良、生态风险可控、生态秩序良好、群众满意度高的全国生态文明建设示范区。这是党的十八大以来，省委省政府依据"江苏的特殊省情"、"江苏所处的特殊阶段"、"江苏在全国大局中的特殊地位"（"三个特殊"）背景下所提出的重大决策，也是对"制造业大省"、"江苏制造"能否转型为"江苏创造"、"生态江苏"的一次特别考量。

近年来，江苏省服务业占 GDP 的比重持续上升，服务业内部结构、区域结构、就业结构得到优化。在创建全国生态文明示范区建设过程中，江苏省服务业结构优化的优势明显，但也面临着一些亟待克服的问题，主要体现在以下几个方面。

（一）生产性服务业增速加快，但比重偏低，发展能级不高

发达国家的实践表明，在经济全球化和信息技术迅猛发展的新形势下，生产性服务业发展不仅能够优化服务业结构，而且能够极大地促进制造业、农业以及其他行业竞争力的提升，弥补由于劳动力、土地、资源等要素成本上升带来制造业空洞化的缺口，推动经济的可持续发展。近年来，江苏省在发挥制造业优势的同时，通过实施制造业服务化、企业主辅分离等措施，生产性服务业得到快速成长。"十一五"以来，生产性服务业占服务业的比重由 2006 年的 29.37% 上升到 2012 年的 36.64%，年均占比增速超过 0.39%，比服务业占比增速高出 0.1 个百分点，同期占全省 GDP 比重提高了近 7.3 个百分点。2012 年，全省信息传输、计算机服务和软件业生产总值 1103.84 亿元，同比增长 17.4%，金融业生产总值达到 3136.51 亿元，同比增长 17.1%。然而，从总体上看，生产性服务业占比偏低，现代服务业相对薄弱。目前，交通运输、仓储和邮政业、住宿和餐饮业、批发和零售业等传统服务业占第三产业增加值的比重合计达 38.69%，其中批发和零售业占据绝对主导，占第三产业增加值的比重为 24.25%。而代表现代服务业领域的科技服务、信息技术及商务服务等行业占比偏低，例如，科学研究、技术服务和地质勘查业占第三产业的比重只有 2.6%，占 GDP 的比重仅为 1.1%；信息传输、计算机服务和软件业占第三产业比重不到 4.7%，占 GDP 的比重不到 2.0%。租赁和商务服务业占第三产业比重不到 6.0%，占 GDP 的比重只有 2.6%。不仅如此，全省服务业领域知名企业和名牌产品少。2012 年评出的全国服务外包十大领军企业中，江苏无一家企业入围；2012 年全国软件百强企业和国家规划布局重点软件企业，江苏上榜企业只有 8 家，远少于北京市和广东省；另据中国物流与采购联合会公布的我国百强重点物流企业名单显示，江苏省只有 2 家物流企业上榜，分别列第 45 位和第 48 位。

（二）高端服务业发展势头良好，但总量偏小，业务层级不高

高端服务业具有技术密集、知识密集、资本密集以及高附加值、高集聚性等特点，具有推进经济结构优化升级、加速经济内生性增长、促进要素积累、推进经济发展质量跃升的重要作用。它包括现代金融、现代物流、科技服务、信息服务、商务服务和服务外包等行业。近年来，江苏省积极推行高端服务业优先发展战略，其发展势头良好，高端服务业增加值从 2007 年的 3803.08 亿元，增长到 2011 年的 8366.48 亿元，年均增长率达到 21.8%，超过服务业平均增长水平（14.4%），扩张弹性始终大于 1，平均值达到 1.031，高于一般生产性服务业（1.022），具有明显的扩张性趋势。尽管如此，江苏省高端服务业仍然总量偏小，业务层级不高。主要表现在以下几个方面：一是规模偏小、比重偏低。与北京、上海和广州（比重均超过 30%）及发达国家中心城市（60%以上）相比，江苏省高端服务业占 GDP 比重（低于 20%）有较大的上升空间。二是高端服务业内部"高—低端背离"现象明显，相对低端产能过剩与相对高端产能不足并存。三是技术创新能力较弱、业务层级不高。现代物流业中第三方物流规模偏小、第四方物流刚刚起步，金融业中衍生品业务规模较小，科技研发成果转化平台效率偏低，信息服务业中信息技术咨询服务和数据处理等高端业务偏少，服务外包超过半数业务是附加值较低的信息技术外包（ITO），品牌培育、营销推广、高端技术服务、高端商务服务主要依赖国外，尤其是依靠国外四大会计师事务所。四是本土企业竞争力偏弱，具有自主创新能力和知名品牌的企业较少。五是研发投入偏小，政府支持创新的投入强度偏弱。2012 年，财政科技投入占全社会投入不足 20%，占 GDP 比重只有 0.3%，排在全国第 12 位；而世界主要创新国政府研发投入占比大多在 30%左右，占 GDP 比重在 0.8%以上。六是市场化发育程度有待提升，"国"字号企业依旧在高端服务领域中占据主体地位。如现代金融、科技服务、教育培训、通信服务等多属国家垄断行业或是事业单位管理，仍带有很强的公益性和福利性。高端服务业的低市场化不仅抑制服务的有效供给，造成服务价格远高于国际平均水平，而且缩小消费者的选择范围，质量远远不能满足消费者的服务需求，市场供求状况和企业的成本收益也难以得到真实反映，增加了市场交易成本，进而影响生产性服务业的整体发育程度。

(三) 聚集区成为服务业发展主要载体，但投入产出率较低，集约效率有待加强

与制造业一样，集聚化是服务业发展的重要模式之一。大量理论分析与实证结果都表明，产业集聚通常会产生竞争效应、学习效应、专业化效应以及规模经济效应，对生产效率改进、产业竞争力提升都会产生积极影响。近年来，全省通过实施现代服务业"十百千"行动计划，在文化创意、现代物流、商业商务、信息服务、软件与服务外包等领域形成了多个集聚区，如南京江东软件城、新街口金融商务集聚区等、南京1912时尚休闲街区、南通家纺城、无锡工业设计园、泰州医药城科技创业园、无锡太湖新城科教产业园等。2012年，105家省级现代服务业集聚区实现年营业收入10145.89亿元，上交税收451.37亿元，分别比2011年增长26.37%、6.74%，入区企业4.46万家，就业人员172.1万人。平均每个集聚区实现营业收入96.62亿元、上交税收4.29亿元。各服务业集聚区运营情况见表1。2012年各类服务业集聚区增加值占整个服务业增加值的比重超过50%。说明聚集区已成为全省服务业发展的主要载体，同时也是服务业投资、税收和就业的主战场，如2012年，南京市服务业集聚区的投资、税收和就业分别占全市服务业总量的10.9%、23.5%和15.8%。然而从投入看，2012年江苏省第三产业投资总量已达14870.28亿元，占三次产业固定资产投资比重超过46.9%；但2011年和2012年服务业增加值占地区生产总值比重分别为42.4%和43.5%。服务业税收占国税地税收入比重较低（45.2%），说明劳动生产率和产品附加值并不高，发展过程不生态、不环保、不集约的问题仍然比较明显。

表1　　　　2012年江苏省省级现代服务业集聚区各形态运营情况　　单位：个、亿元、万元/平方米、%

类型	统计个数	平均营业收入	年均税收收入	年均投资	单位面积营业额	营业收入占比
现代物流园	32	168.18	4.31	10.46	2.02	86.02
科技创业园	22	38.51	2.62	12.71	1.23	75.00
软件园	12	146.52	6.98	14.91	2.07	84.54

续表

类型	统计个数	平均营业收入	年均税收收入	年均投资	单位面积营业额	营业收入占比
创意创业园	9	21.47	1.30	23.19	1.22	82.90
中央商务区	8	236.52	14.41	40.79	1.05	75.65
产品交易市场	19	277.74*	2.38	5.80	—	—
综合集聚区	2	36.70	1.24	20.53	0.97	79.20

资料来源：依据收集的各省级现代服务业集聚区资料计算得到。

注：*产品交易市场为平均成交额。

（四）服务业就业比重持续提升，但新兴服务业就业增长速度较缓，服务业就业结构不合理仍然明显

服务业就业结构的优化，既是产业自身发展的必然结果，也是节约资源、保护环境、提升效率的客观要求。伴随服务业规模扩张、比重提高，全省服务业就业占全社会就业比重也得以提高，由2006年的33.0%，上升到2012年的36.5%，增加了3.5个百分点，年均增速0.23%。其中，批发和零售、住宿和餐饮以及交通运输、仓储和邮政等传统服务业的就业比重虽有所下降，由5.83%下降到5.47%，但下降幅度较小，仅为0.36%。而科学研究、技术服务及软件和信息技术等新兴服务业，就业比重由2006年的1.43%，上升到2012年的1.76%，仅增加了0.33个百分点。很显然，在信息化、技术进步以及各级政府积极推动的背景下，江苏省新兴服务业就业增长缓慢，增速明显低于广东，更无法与北京、上海相比。传统服务业就业比重高、下降幅度较小，而新兴服务业就业比重低、增速缓慢，说明江苏省服务业就业结构不尽合理、绿色转型压力较大。

（五）三大区域生产性服务业层级分工初步显现，产业布局框架逐渐清晰，但区域结构不合理的问题仍然突出

工业化水平的提升是服务业尤其是生产性服务业发展的前提和基础。工业化水平提高的过程是专业化水平不断提高、分工持续深化的过程，这一过程将通过服务职能外包和由于迂回生产链条延长带来服务的需求增长，从而推动生产过程中服务性投入的增长，这是物流、信息、金融、商务服务等生产性服务业发展的主要驱动力。与制造业的服务需求相适应，江苏省三大区域（苏南、苏中、苏北）生产性服务业层级分工显现，初步形成了错位发展、优势互补的产业框架。苏南地区发达的制造业、丰富的信息与人才及科技资源，为制造业服务的生产性服务业发展迅速，一方面，无锡、苏州、常州、镇江等城市直接为制造业服务的信息服务、商务服务（邮电、仓储物流）、金融服务（存贷款服务）等中低端生产性服务业发达；另一方面，南京和苏州尤其是南京市为制造业服务的研发、信息咨询、金融服务（国际性金融中心、区域性金融中心）、商务服务（会计服务、律师服务、保险服务）等间接为制造业服务的中高端生产性服务业比较发达，这些服务业在满足本地需求的同时，服务范围还包括苏中、苏北及周边区域。苏中地区生产性服务业主要是布局了直接为制造业服务的信息服务、商务服务（邮电、仓储物流）、金融服务（存贷款服务）等中低端生产性服务业，相对来说，高端生产性服务业规模小、比重低。苏北地区由于制造业相对落后，生产性服务业比重低，且多为低端，少量中端，如物流、一般性信息服务等，中高端生产性服务主要来自外部。尽管如此，梳理全省13个地市（包括南京市）"十二五"服务业发展规划就会发现，地区间服务行业结构雷同与同构现象比较明显，苏中、苏北地区的一些城市脱离本地的市场需求、资源禀赋（技术、人才、信息）、产业基础，倾向于追求生产性服务业行业发展的"大而全"、"小而全"，物流基地（中心）、地区金融中心、总部经济、科技服务基地等成为服务业发展的"热点"与"偏爱"，忽视了生产性服务业发展的一般性规律，脱离需求实际，"超前布局"，导致全省不同地区生产性服务业低水平重复投资、过度竞争、资源浪费的情况比较突出。

三　当前服务业结构优化的国内外经验

（一）服务业结构的"双70%现象"

英美等发达国家服务业从业人员占就业人口比重、生产性服务业占服务业的比重，已达到和超过70%。英美等国的发展历程表明，在工业化达到较高发展水平后，生产性服务业成为服务业快速发展的主要部门，研发、信息、融资、技术支持、物流等服务业与生产过程结合得日益紧密，服务环节在制造业价值链中起着日益重要的作用,生产性服务业与制造业互动融合趋势更为明显。

表2　1991—2012年美国生产性服务业主要行业增加值占GDP的比重　单位:%

年份 种类	1998	2000	2005	2010	2011	2012
交通和仓储	3.1	3.0	2.9	2.9	3.0	3.0
信息服务	4.4	4.2	4.6	4.2	4.3	4.4
金融保险、租赁	19.3	20.1	20.6	20.8	20.3	20.2
专业和商务服务	10.5	11.2	11.6	12.2	12.5	12.4
生产性服务合计	37.3	38.5	39.7	40.1	40.1	40.0

资料来源:美国经济分析局(http:www.ben.gov/industry/gdpbyind-data.htm)。

(二) 服务业结构优化过程中的非均衡战略

发达国家在服务业结构优化过程中普遍实施非均衡战略。一方面,注重存量调节,使交通运输、仓储和邮政业、住宿和餐饮业、批发和零售业等传统服务业增速降低、比重下降;另一方面,注重增量调节,适应信息化、科技进步趋势及分工深化的要求,加快发展现代金融、科技、商务服务、信息服务等新兴服务业、高端服务业,促使增速提高、比重上升,从而使得服务业结构优化。上海市通过实施经济、金融、贸易、航运"四大中心"建设战略,实现了金融、航运、贸易领域的突破。

(三) 服务业结构优化以发挥市场机制作用为前提

国外服务业的结构优化都是建立在市场机制充分发挥的基础上,通过市场价格引导资源在不同行业间流动。近年来,我国政府鼓励发展的一些行业,如光伏、文化创意等产业扩张过快,供大于求再次说明,依赖政府资金扶持(政府补贴)、从供给方面着手促进产业发展,往往导致产能过剩。市场机制的充分发挥将是服务业结构调整与优化的主要路径。

(四) 强化政策干预,重视公共服务业的政府投入

市场机制对竞争性领域普遍有效,而对于非竞争性领域往往失灵。欧

美等发达国家在公共服务业发展过程中普遍采取了政府干预政策,包括制定公共服务业发展规划、设立专门的公共服务业发展机构以及建立法律保障等,并运用多种倾斜政策,如政府购买公共服务业、财政转移支付等。同时对于进入公共服务业的投资给予税收优惠等。

四 生态文明理念指导下服务业结构的优化路径

服务业结构优化是指服务业结构的高度化与合理化。服务业结构优化的重要标志,是以劳动密集型的传统服务业为主向资金、技术知识密集型的现代服务业为主转变,以及区域间形成合理的分工。它既包括服务业内部结构优化,也包括服务业空间布局优化。全国生态文明示范区创建中的服务业结构优化,就是要用生态文明理念指导服务业结构的优化,通过服务业结构生态化调整,实现服务业生态化发展。借鉴国内外经验,结合江苏省情,提出以下优化路径。

(一)政府有为与市场有为相结合,利用市场机制倒逼服务业产业结构调整

从政府主导转向更多依赖市场,从原来给资金向给政策转变,从给政策向给市场转变,从供给拉动转向需求拉动。一方面,转变政府职能,由强势政府转型为更加有为的政府,强化规划引导,完善制度环境,搭建公共服务平台,为服务业发展创造竞争公平、运行有效的市场环境。另一方面,完善市场机制,发挥市场在资源配置中的决定性作用。由企业依据充分竞争、完善有效的市场体系形成的价格信号自主进行技术、产业选择,用市场机制倒逼服务业产业结构调整。

(二)克服"规模偏好"的阻力,增量扩张与存量调整有效结合,实现速度与质量、比重与结构的协调

加快建立以服务经济为主导的现代产业结构,不是服务业规模的简单扩张、比重的一般性提高,而是强调速度与质量、比重与结构的协调。为此,从省级层面来说,应痛下决心克服"规模偏好"的阻力,改变目前对市(县)年度服务业单纯进行比重考核的做法,将比重提高与结构优

化综合考虑,在考核指标上更加强调结构优化。规模(比重)是基础,结构是前提,没有合理的结构,规模越大,比重越高,失衡越严重,资源利用率也就越低,对生态环境的损害就越严重。服务业应以结构优化促进比重的提高。其次,地市(县)级层面应将服务业结构优化与经济结构转型、市场需求结合起来,变被动应付上级服务业考核指标为主动发展服务业,一方面,积极推进制造业转型,加快制造业由价值链低端环节向中高端环节攀升,为服务业尤其是中高端生产性服务业、新兴服务业创造需求;另一方面,对于外部服务业项目是否引进、大的服务业项目是否上马、原有服务业项目是否改造等问题决策时,摒弃"以规模论英雄"、"以比重论成绩"等传统观念,一切以是否有利于本地服务业结构高度化、合理化、生态化为前提,"退低进高",实现服务业增量扩张与存量调整有效结合、速度与质量的统一,打造江苏服务经济升级版。

(三)制定与推行服务业"绿色标准",发展绿色(生态)服务业

发展绿色(生态)服务业既能够突破江苏省"人多地少、资源缺乏、环境容量小"的瓶颈制约,也能够降低服务成本、提升服务行业竞争力。建议由省发改委、环保厅牵头,联合相关部门制定、实施江苏绿色(生态)服务业标准,包括绿色服务规范制度、绿色服务激励制度、绿色服务考核制度、绿色服务认证制度等。一方面,建立绿色服务考核目标责任制,明确全省服务行业资源消耗系数在2012年的基础上,以后平均每年降低0.5个百分点,并依据不同区域服务业发展实际,确定不同的考核目标,将其列入地方经济发展和领导干部工作绩效考核范围,形成倒逼机制。另一方面,从113家省级现代服务业集聚区开始试行,修订省级现代服务业集聚区年度考核与评估标准,加大绿色(生态)指标权重,对于资源消耗系数两个年度超过全省平均数的集聚区,坚决将其省级现代服务业集聚区的牌子摘掉。同时,修订年度省服务业发展引导资金评定办法,加大对高端服务业、新兴服务业企业(集聚区)资助力度,发挥引导资金在结构优化中的作用,让绿色(生态)发展成为服务业发展的主色调。

(四)实施服务经济超越工程,培育壮大新兴服务业,抢占高端服务业发展制高点

江苏省经济结构转型升级压力大、任务重,原因是多方面的,既有传统制造业比重高、价值链环节低、资源环境消耗大等方面的原因，也与新兴服务业发展规模小、高端服务业不发达等因素有关。新兴服务业、高端服务业经济附加值高、对资源的依赖程度较低、环境污染少，反映了战略新兴产业的趋势和方向，是促进我国经济发展方式转变和扩大劳动就业的重要途径，也是降低资源消耗、优化服务业结构的重要抓手。建议由省发改委牵头，联合财政、经信委、金融等部门，出台相关政策，实施服务经济超越工程，促进新兴服务业、高端服务业超常规发展。一是发挥江苏省人才、科技与技术优势，以物联网、软件与信息服务、云计算服务、数字文化、工业设计等具有先导性、前瞻性、战略性的新兴服务业行业为突破重点，在税收减免、土地供应、平台建设、项目审批等方面给予倾斜，凝心聚力，促使新兴服务业尽快上规模、上层次，在全国具有先导性、示范性。二是综合运用引导资金、融资担保、贷款贴息等方式，支持金融、物流、科技、软件、信息、商务、会展、教育等高端服务业在人才培养、研发设计、技术引进、科技成果产业化等方面的"软投入"，做大增量；完善高端服务业和制造业交流合作平台，降低高端服务业和制造业的交易成本，提高效率；在南京、苏州、无锡等地开展高端服务业服务标准化试点，提高"江苏服务"的品牌效应和输出能力，提升江苏形象。

（五）推进国际化步伐，强化生产性服务业的带动力和影响力

服务业深度参与全球产业高端分工，逐步突破市场区域性限制，进入全球价值链的研发设计和品牌网络营销环节，是强化生产性服务业带动力和影响力及实现服务业结构优化的重要路径。建议苏南地区进一步深化开放经济新体制，加快推进服务业企业国际化步伐，像过去推进制造业市场"两头在外"一样，形成良好的基础设施吸引生产性服务业外资。同时，利用制造业的市场需求，制定特殊政策吸引那些目前仍处于国外的生产性服务业尽早进入我国境内，以生产性服务业的大发展带动和促进服务业结构的优化。

（六）优化服务业区域空间布局结构，形成层级分工、错位发展的态势

虽然苏南、苏中、苏北生产性服务业梯度特征较为明显，产业区域分工框架逐渐清晰，但区域间生产性服务业产业关联度偏低，没有形成基于

市场规模、资源禀赋、行业特性的区域层级分工网络。建议由省发改委牵头、各相关市人民政府参与，建立区域服务业战略联盟，以战略联盟带动生产性服务业合理布局，形成服务协作网络，依靠网络竞争优势提升区域间生产性服务业竞争力。必须打破地区间行业分割状态，引导不同区域依据市场规模、资源禀赋、行业特性，形成具有区域特色的生产性服务业结构，形成层级分工、错位发展的区域格局。南京市依托丰富的科教、人才和信息资源及雄厚的服务业基础，主要发展研发、信息咨询、专业性服务、金融服务（国际性金融中心、区域性金融中心）等高端生产性服务业，立足本地，面向全省，并形成对周边省份的辐射；苏锡常地区、沿江地区依托比较发达的制造业基础，有选择地发展物流仓储、信息咨询、专业性服务、日常性金融等中低端生产性服务业，主要服务本地市场，部分辐射周边地区，高端生产性服务业接受南京等地辐射；沿东陇海线加工产业带、沿海地区产业带以发展低端生产性服务业为主，中高端生产性服务业则主要来自南京等地。

（七）以分工协同为基础，引导服务业在空间上的有序集聚，提高服务业集约效率

分工是效率提升的前提与基础，集聚是效率提升的有效载体。一是在打破地区间行业分割状态、分工协同的基础上，通过规划布局、政策引导、财政支持等多种形式，促进服务业尤其是生产性服务业、新兴服务业在区域层面的有序聚集，通过发挥产业聚集的规模经济效应、竞争效应以及专业化效应，实现节约成本、降低资源消耗、提升产业竞争力。二是调整目前对新兴服务业的激励政策，对于具有规模效应、集聚效应的新兴服务行业，原则上应引导其集聚化发展，避免分散布局。各级政府应结合本地经济发展特点，以地理位置为主要依据形成一个或多个服务业集群，发挥服务业集聚的外部性作用。但各级政府要认识到这种集群作用的发挥需要以不同区域服务业分工协同为基础。三是建立分工协同利益共享机制，优化服务业资源的合理配置，实现服务业深层次整合，实现各利益主体的双赢或多赢，在分工协同中提升服务业能级。

参考文献：

1. 郭世英、王庆、李素兰：《中国服务业结构优化升级问题分析》，《河北大学学报（哲学社会科学版）》2010 年第 3 期。

2. 邱跃华：《科学发展观视域下我国产业生态化发展研究》，博士学位论文，湖南大学，2013 年。

3. 江苏现代服务业研究院：《江苏现代服务业发展研究报告》，南京大学出版社 2013 年版。

4. 覃成林、李超：《要素禀赋结构、技术选择与中国城市现代产业发展》，《产业经济研究》2012 年第 3 期。

5. 宣烨：《江苏区域产业协同发展情况评价与探讨》，《唯实》2013 年第 5 期。

6. 李文、李云鹤：《生产性服务业的质与量对制造业的溢出效应研究——来自 OECD 国家的随机前沿方法的分析》，《产业经济研究》2013 年第 2 期。

7. 宣烨：《我国服务业地区协同、区域集聚及产业升级》，中国经济出版社 2012 年版。

作者信息：

研究基地：江苏现代服务业研究基地

承担单位：南京财经大学

首席专家：刘志彪

课题负责人：宣烨、宣思源

主要参加人员：孔群喜、余泳泽、徐圆、许祥云

生态文明建设下的江苏制造业
合理转移路径及政策措施

内容提要：推进生态文明建设要求产业转移既要考虑经济持续增长，更要注重生态环境良性发展。本文在对江苏省制造业空间分布现状深入分析的基础上，分别从污染密集型制造业、能源密集型制造业的空间结构变化视角，揭示了全省制造业主要承接地存在产业转型升级缓慢、能源消耗增大、环境污染加重等突出问题，由此提出了链网式、升级型、地方化配套型等三种制造业空间转移路径，进而从完善污染密集型产业转移规制、生态工业园区建设机制、生态补偿机制、公众参与机制、综合决策机制等方面，提出了推进江苏制造业合理有序转移的对策措施。

党的十八大报告提出了开展生态文明建设的战略部署，并将其作为加快经济发展方式转变的重要内容和实现可持续发展的重要路径。江苏省南北区域经济差距大，苏南地区经济发达，产业层次高，但经济发展受到人口、资源与环境的约束越来越大，劳动密集型或资源密集型、环境密集型产业的边际收益日趋下降。因此，将该类产业转移出去，可以为附加值高的技术密集型产业腾出发展空间。苏北地区资源比较丰富，土地、人力资源成本较低，具有承接苏南地区劳动密集型和资源密集型、环境密集型制造业转移的相对优势。江苏省委省政府早在2001年就明确要求"苏南产业要向苏北转移"。之后，相继出台和实施了《关于加快南北产业转移的意见》、《关于进一步加强共建园区建设政策措施的通知》等一系列政策措施。这些政策措施虽然大大促进了全省特别是苏南产业的空间转移，但也造成了承接区域生态环境污染、产业竞争无序、产业升级不明显等问题。所以,在生态文明建设的新要求下,江苏制造业空间转移既要考虑到产业转型升级的现实需求,又要不损害承接区域的生态环境承载能力,从而促进制造业与生态环境的良性互动和"四化"同步发展。

一 江苏制造业空间分布现状

2000—2012 年,江苏制造业一直呈现快速发展态势,年均增长率 22.31%,高于全省地区生产总值年均增长率(16.61%)5.7 个百分点,表明制造业在推动江苏经济发展中起着主导作用。但是,江苏制造业发展存在显著的空间差异。从 2012 年各地级市制造业产值占全省制造业总产值的比重看(图 1),占比超过 7% 的城市主要有苏州(24.83%)、无锡(12.47%)、南京(8.90%)、南通(8.72%)、常州(7.85%)、徐州(7.49%)六市,除徐州、南通外,其他城市均分布在苏南地区;低于 5% 的城市主要有盐城(4.23%)、淮安(3.37%)、连云港(2.93%)、宿迁(1.99%)四市,集中分布在苏北地区。反映江苏制造业空间分布呈现

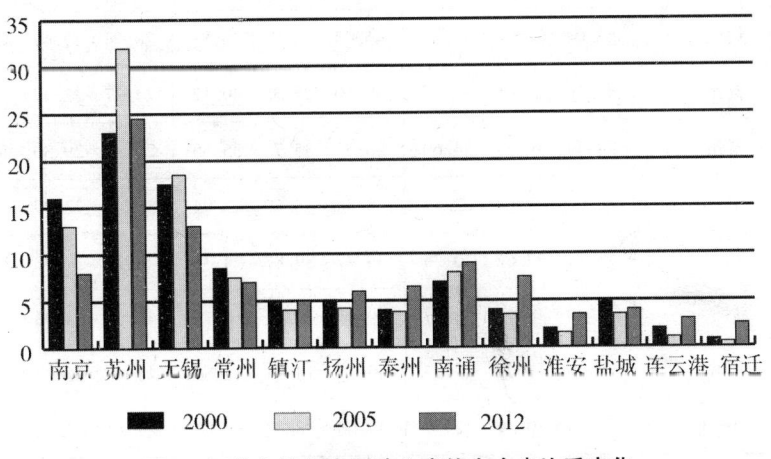

图 1 江苏各地级市制造业产值占全省比重变化

以苏州、无锡为核心向外围逐步减少的空间特征,特别是宿迁、盐城、淮安三市,其制造业发展水平处于全省最低水平。从劳动密集型、资本密

集型、技术密集型三类制造业产值比例看（表1），苏州、无锡、常州、镇江、泰州五市制造业产值结构表现为技术密集型>资本密集型>劳动密集型；扬州、南通两市呈现为技术密集型>劳动密集型>资本密集型；南京市属于资本密集型>技术密集型>劳动密集型；淮安、盐城两市属于劳动密集型>技术密集型>资本密集型；宿迁市属于劳动密集型>资本密集型>技术密集型；徐州、连云港两市属于资本密集型>劳动密集型>技术密集型。从总体上看，江苏制造业空间分布呈现为由南向北技术密集型产业为主导，过渡到资本密集型产业为主导，再到劳动密集型产业为主导，然后再到资本密集型产业为主导的"凹"字形空间格局。

表1　江苏各地级市劳动密集型、资本密集型、技术密集型制造业产值比例变化

地级市	2000年	2005年	2012年
南京	20.60：38.53：40.87	13.21：45.53：41.26	17.28：44.00：38.72
苏州	41.03：19.93：39.04	27.52：20.55：51.93	20.78：23.33：55.89
无锡	36.63：29.63：33.74	26.76：39.59：33.64	21.04：38.38：40.58
常州	34.23：23.06：42.71	30.98：32.58：36.44	21.36：38.00：40.65
镇江	52.04：20.10：27.86	46.03：25.09：28.88	28.14：29.47：42.39
扬州	40.19：27.05：32.77	32.50：27.38：40.12	24.37：22.47：53.17
泰州	28.54：26.77：44.69	28.56：35.75：35.68	26.10：29.30：44.61
南通	59.92：17.64：22.44	55.36：18.69：25.94	38.46：22.79：38.74
徐州	42.12：37.62：20.26	35.77：39.87：24.36	34.24：37.83：27.93
淮安	46.80：40.28：12.91	39.40：44.41：16.19	42.53：24.93：32.54
盐城	58.79：17.64：23.57	49.29：18.04：32.67	44.45：26.33：29.22
连云港	57.08：30.59：12.33	49.60：38.37：12.03	29.17：53.34：17.49
宿迁	70.67：24.52：4.81	68.80：26.29：4.91	54.88：32.55：12.57

二 江苏制造业分布及转移中的突出问题

(一) 污染密集型制造业转移问题

2002年以来，江苏将推进产业转移作为促进南北区域协调发展的重大举措，加快苏南产业向苏北转移。这里从污染密集型产业空间格局变化，分析江苏制造业转移所造成的区域资源环境问题。严格来说，只要是产业都会直接或间接地产生不同程度的污染，通常将那些在生产过程中产生大量污染物的产业称为污染密集型产业。本文依据污染排放强度（单位工业产值的污染物排放量）（E）与规模（各产业污染物排放量占研究区该污染物排放总量的比重）（P），计算出江苏各行业的污染密集指数 [计算公式为：$A = (E \times P)^{1/2}$]。据此确定以下九个行业为污染密集型产业：电力、燃气及水的生产和供应业，黑色金属冶炼及压延加工业，纺织业，化学原料及化学制品制造业，造纸及纸制品业，非金属矿物制品业，石油加工、炼焦及核燃料加工业，饮料制造业，化学纤维制造业。

1. 污染密集型制造业加快向苏北地区集聚

1998—2010年，江苏污染密集型产业产值由3418.08亿元增长到33792.55亿元，增长近8.9倍，总体上呈现出快速增长态势。同期，该产业占全省工业总产值比重由42.44%下降到36.71%，表明其在工业发展中的地位呈下降之势。从区域分布看（表2），江苏污染密集型产业发展表现为如下特征：（1）从发展速度看，苏南、苏中地区污染密集型产业发展速度总体上呈现先提高后下降的趋势，而苏北地区则呈现持续提高之势。进入"十一五"时期，苏南地区产业转型升级加快，使得污染密集型产业向外转移，增速下降，平均为16.5%；而同期苏北和苏中地区则进入高速增长期，平均增速分别为29.42%和24.08%，均超过苏南地区。（2）从发展规模看（表3），2005年以来，苏南地区污染密集型产业所占份额不断下降，特别是2008年以来下降幅度更大；与此相反，苏中、苏北地区的污染密集型产业份额持续提高，分别比2005年增加2.95个、6.04个百分点，说明苏北地区已经成为全省污染密集型产业转移的主要承接地。（3）从空间过程看（图2），以产业集中率测度的产业集聚状况表明，2010年苏南、苏中地区的集中率分别比2005年降低8.27%和

5.08%，而苏北地区则提高了23.14%，说明近年来江苏污染密集型产业由苏南向苏中、苏北转移。这一过程与全省推进产业转型升级、实施加快苏北发展政策，以及苏通大桥、润扬大桥等重大交通工程建成运营等方面密切相关。

表2　江苏分地区污染密集型产业产值增长速度比较（2001—2010年）　单位:%

年份 区域	2001	2002	2003	2004	2005	2006	2007	2008	2009	2010	"十五"时期	"十一五"时期
苏南	20.52	17.44	30.23	40.53	32.23	21.84	25.19	15.78	2.12	19.00	27.92	16.5
苏中	6.91	8.98	25.96	42.64	29.97	31.87	32.61	23.80	9.90	23.61	22.16	24.08
苏北	8.42	13.60	7.32	23.52	25.77	27.23	32.52	31.15	20.19	36.64	15.48	29.42

表3　江苏各市污染密集型产业占全省的比重（2000—2010年）　单位:%

年份 地市	2000	2001	2002	2003	2004	2005	2006	2007	2008	2009	2010
南京	16.01	15.31	14.74	15.07	14.13	14.24	13.53	12.72	11.91	11.01	11.41
苏州	21.35	22.61	22.16	22.02	22.77	24.41	24.95	25.62	24.64	24.24	23.35
无锡	19.79	19.69	18.64	20.44	21.8	21.35	20.11	18.78	18.08	15.89	14.94
常州	2.17	7.63	7.55	8.53	8.77	8.41	8.67	8.84	8.92	9.5	8.81
镇江	5.54	5.74	5.42	4.94	4.63	4.36	4.24	4.35	4.78	5.12	5.24
扬州	5.89	0	4.39	4.48	4.46	4.28	4.33	4.44	4.97	5.17	5.37
泰州	3.17	3.38	3.23	3.38	3.49	3.23	3.59	3.75	3.92	4.01	3.9
南通	7.45	7.3	6.74	6.53	6.89	7.21	7.74	8.11	8.04	8.37	8.4
徐州	6.61	6.38	5.99	5.39	4.79	5	5.01	4.84	5.08	5.57	6.65
淮安	2.66	2.73	2.59	2.47	2.36	2.09	2.16	2.23	2.31	2.39	2.78
盐城	5.65	5.72	5.3	4.65	4.08	3.78	3.87	4.05	4.74	5.2	5.04
连云港	2.55	2.38	2.25	1.22	1.19	1.03	1.11	1.47	1.69	2.32	2.83
宿迁	1.15	1.11	1.00	0.89	0.63	0.63	0.7	0.79	0.91	1.2	1.27

续表

年份 地市	2000	2001	2002	2003	2004	2005	2006	2007	2008	2009	2010
苏南	64.86	70.98	68.51	71	72.1	72.77	71.5	70.31	68.33	65.76	63.75
苏中	16.51	10.68	14.36	14.39	14.84	14.72	15.66	16.3	16.93	17.55	17.67
苏北	18.62	18.32	17.13	14.62	13.05	12.53	12.85	13.38	14.73	16.68	18.57

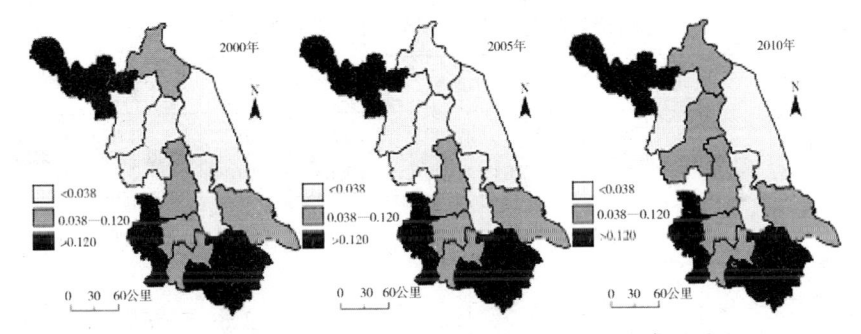

图2 江苏省污染密集型产业产值平均集中率空间格局变化

2. 苏北作为污染密集型产业主要承接地产业升级缓慢和环境污染加重

生产要素、经营环境等方面变化引起污染密集型产业从一个区域转移到另一个区域。本文以地区 i 行业 k 的增长率（R_i^k）与江苏省行业 k 的平均增长率（R^k）的差值，衡量地区 i 行业 k 超过全省所有行业平均增长的程度，反映地区 i 行业 k 增长和消退情况，计算公式为：$S = R_i^k - R^k$，若 $S>0$，称为"转入"；若 $S<0$，称为"转出"。这里的转入和转出仅说明各行业此消彼长的过程，而不是实际意义上的产业从某一个向另一个地区的转移。根据上述公式，计算出2000—2005年和2005—2010年两个时间段的产业转移系数（表4）。由表4可知，2000—2005年，苏南地区污染密集型产业除饮料制造业、石油加工及炼焦业、非金属制品业三个行业转出外，其余均呈现转入趋势。苏北地区除造纸及纸制品业、石油加工及炼焦业、黑色金属冶炼及压延加工业、电力蒸汽热水的生产和供应业四个行业外，均为转出行业。2005—2010年，苏南除化学纤维制造业、电力蒸汽热水的生产和供应业两个行业外，其余均为转出；苏北除饮料制造业、电力蒸汽热水的生产和供应业两个行业外，其余均为转入。这一特征表明近年来苏南产业转型升级推动了其污染密集型产业的转出，而苏北则

成为主要承接地。从各行业基尼系数①（表4）看，2000—2005年除造纸及纸制品业、石油加工及炼焦业、化学原料及化学制品业、非金属矿物制品业四个行业小幅下降外，其余呈现上升趋势，表明污染密集型产业总体上呈现集聚趋势；2005—2010年污染密集型行业基尼系数下降，说明江苏污染密集型产业呈现扩散趋势，开始加快向苏北地区转移，影响了苏北制造业结构的优化升级。

表4　　　　江苏省污染密集型产业转移系数及基尼系数变动

行业部门	苏南地区 2000—2005	苏南地区 2005—2010	苏中地区 2000—2005	苏中地区 2005—2010	苏北地区 2000—2005	苏北地区 2005—2010	基尼系数 2000	基尼系数 2005	基尼系数 2010
污染密集型产业	2.42	-2.69	-3.34	4.88	-10.02	10.23	0.462	0.520	0.405
饮料制造业	-1.07	-2.63	8.95	7.34	-0.44	-0.20	0.576	0.599	0.515
纺织业	5.18	-4.68	2.70	4.79	-7.60	9.75	0.577	0.591	0.541
造纸及纸制品	0.29	-2.52	4.54	8.26	1.30	10.61	0.646	0.642	0.577
石油加工及炼焦业	-3.42	-2.16	43.86	-2.86	1.24	17.31	0.802	0.701	0.611
化学原料及化学制品	4.24	-5.84	1.74	13.67	-7.49	13.66	0.514	0.489	0.329
化学纤维制造业	7.79	3.87	-9.45	-19.55	-22.97	19.92	0.631	0.785	0.718
非金属矿物制品业	-1.17	-5.22	7.98	0.38	-3.97	13.06	0.407	0.387	0.247

① 基尼系数是测度江苏省污染密集型产业的地理集中程度，取值范围为0—1，数值越高，表明某污染密集型产业地理集中度越高。计算公式为：$G_N = \dfrac{1}{2N^2 u} \sum_i \sum_k \left| \dfrac{x_{ij}}{x_i} - \dfrac{x_{ik}}{x_i} \right|$，式中，$X_{ij}$或 X_{ik} 为污染密集型产业 i 在 j 或 k 市污染密集型产业中的总产值，X_i 为江苏污染密集型产业 i 的总产值，u 为污染密集型产业 i 在各市比重的均值，N 为江苏省辖市的数量。

续表

行业部门	苏南地区 2000—2005	苏南地区 2005—2010	苏中地区 2000—2005	苏中地区 2005—2010	苏北地区 2000—2005	苏北地区 2005—2010	基尼系数 2000	基尼系数 2005	基尼系数 2010
黑色金属冶炼及压延加工业	1.85	-1.40	-5.17	4.60	-10.66	17.76	0.674	0.679	0.589
电力、蒸汽、热水的生产和供应业	0.38	0.92	-3.65	0.40	1.92	-2.53	0.359	0.396	0.373

与此同时，污染密集型产业转入苏北则加重了该地区的环境污染。从2003年到2012年，苏北地区工业废水排放量占全省的比重由14.55%上升到17.32%。以徐州为例，污染密集型产业工业二氧化硫排放量、工业烟尘排放量、工业固体废物产生量占全市的比重分别由2000年的94.08%、83.93%、40.09%增加到2012年的95.06%、82.63%和74.06%。一方面说明江苏环境污染已经出现由苏南向苏北的蔓延；另一方面说明苏北所承接的产业附加值低、环境污染程度高。苏北这种产业承接上的环境污染导向性，在一定程度上阻碍了其产业结构的调整与升级。

（二）能源密集型制造业分布问题

改革开放以来，我国东部沿海发达地区逐渐成为国际产业转移的首选之地，广大中西部欠发达地区在加快承接沿海发达地区产业转移、促进经济快速增长的同时，也加剧了能源消费和二氧化碳排放。顺应世界经济低碳化发展趋势的新要求，对于承接地而言，必须切实转变传统发展模式，树立低碳发展理念，加快承接产业的低碳化转型，大力推进经济社会全面协调可持续发展。江苏是全国经济大省，亦是能源消耗大省。长期以来，全省能源消费结构以煤炭为主，比较单一，因自身资源储量有限，对外依赖程度较大，能源供求矛盾一直相当突出，成为实现可持续发展中的关键制约因素。为了缓解这一矛盾和问题，考虑到节能减排的国家战略要求和江苏能源短缺的实际情况，必须从根本上摆脱单纯依靠技术节能的既有路径，大力推进产业结构调整及空间布局优化，鼓励支持发展受能源约束较小的工业行业，这是江苏工业转型升级与布局调整优化的正确方向和战略选择。本文通过构建工业能源熵与区域能源熵计算模型，分析江苏制造业空间布局演化特征及趋势，并揭示产业转移所造成的区域性能源问题。

1. 低能效制造业主要分布在苏北地区

为定量刻画江苏不同工业行业的能源效率水平，以下首先根据区位熵原理，构建工业能源熵和区域能源熵计算模型。

工业能源熵主要指某地区某工业行业的能源利用效率与该地区工业整体能源利用效率水平的比值，反映了该工业行业能源利用效率与该地区工业总体能源利用效率水平相比所具备的优势和劣势，其计算公式为：

$$I_{EQ} = \frac{n_i/e_i}{n_0/e_0} \qquad (1)$$

式中，I_{EQ}代表某行业的工业能源熵，能够反映某行业能源利用效率的绝对水平。n_i表示该地区i行业工业总产值，e_i代表该地区i行业能源消费量；n_0代表该地区工业总产值，e_0代表该地区能源消费总量。I_{EQ}值大于1，表明该地区i行业的能源利用效率水平高于该地区能源利用效率的整体水平，I_{EQ}值越大，表明i行业在该地区发展受能源约束越小，能源利用效率水平越高。

区域能源熵主要指某地区某行业的能源效率与其上层区域（如江苏之于各市，全国之于江苏）某行业的能源利用效率的比值，反映了某地区某行业能源效率与其上层区域对应行业能源效率相比所表现的优势和劣势，其计算公式为：

$$R_{EQ} = \frac{n_i/e_i}{N_0/E_0} \qquad (2)$$

式中，R_{EQ}代表i行业的区域能源熵，能够反映i行业能源效率的相对水平。n_i表示某地区i行业工业总产值，e_i表示某地区i行业能源消费量；N_0表示该地区上层区域的工业总产值，E_0表示该地区上层区域的能源消费总量。R_{EQ}值大于1，表明某地区i行业的能源效率水平高于该地区上层区域，R_{EQ}的值越大，表明该地区i行业相对其上层区域而言，能源受限越小，能源利用效率水平相对越高。

根据上述方法计算江苏省13个地级市29个两位数行业的工业能源熵和区域能源熵（表5、表6）。研究中所需要的数据主要来源于2001—2013年江苏省13个地级市统计年鉴。江苏省、苏南、苏中、苏北等相关区域各行业工业总产值和能源消费量数据均由各自所包括的地级市有关数据相加得到。依据 I_{EQ} 和 R_{EQ}，将 29 个行业划分为优先发展、适度发展、限制发展三种类型。为表达简便，具体行业名称以表 5 中的行业序号表示。(1) 优先发展行业：$I_{EQ}>1$ 且 $R_{EQ}>1$，此类行业能源利用效率不仅高于江苏省整体水平，而且高于全国同类行业水平，应鼓励其发展。(2) 适度发展行业：$I_{EQ}>1$ 且 $R_{EQ}<1$ 或 $I_{EQ}<1$ 且 $R_{EQ}>1$，此类行业能源效率与江苏省整体水平或全国同行业水平相比，具备一定优势，应结合具体情况适度发展。(3) 限制发展行业：I_{EQ}、R_{EQ} 均小于 1，此类行业能源效率不仅低于江苏省整体水平而且落后于全国同类行业水平，应限制发展。

表 5　　　　　　　　　　江苏省工业行业的类型划分

行业类型	约束条件	行业名称			
		2000 年	2005 年	2010 年	2012 年
优先发展行业	$I_{EQ}>1$ 且 $R_{EQ}>1$	3、4、5、6、7、8、9、10、11、12、13、15、21、23、24、25、26、28、29	3、8、9、11、12、13、15、23、24、25、26、29	3、4、5、8、12、13、15、17、21、23、24、25、26、27、28、29	3、4、5、6、7、8、9、11、12、13、15、17、20、21、23、24、25、26、27、28、29
适度发展行业	$I_{EQ}>1$ 且 $R_{EQ}<1$	16、17、20、27	4、5、6、7、16、17、20、27、28	6、7、9、11、16	16
	$I_{EQ}<1$ 且 $R_{EQ}>1$	14、22	14、19、22	14、19、22	14、19、22
限制发展行业	$I_{EQ}<1$ 且 $R_{EQ}<1$	1、2、18、19	1、2、10、18、21	1、2、10、18、20	1、2、10、18

注：1. 采矿业；2. 电力蒸汽热水的生产和供应业；3. 食品加工业；4. 食品制造业；5. 纺织业；6. 服装及其他纤维制品制造业；7. 皮革毛皮羽毛（绒）及其制品业；8. 木材加工及竹藤棕草制品业；9. 家具制造业；10. 造纸及纸制品业；11. 印刷业和记录媒介的复制；12. 文教体育用品制造业；13. 橡胶和塑料制品业；14. 非金属矿物制品业；15. 金属制品业；16. 饮料制造业；17. 烟草制品业；18. 石油加工及炼焦业；19. 化学原料及化学制品制造业 20. 医药制造业 21. 化学纤维制造业 22. 黑色金属冶炼及压延加工业；23. 有色金属冶炼及压延加工业；24. 普通机械制造业；25. 专用设备制造业；26. 交通运输设备制造业；27. 电气机械及器材制造业；28. 电子及通信设备制造业；29. 仪器仪表及文化办公用机械制造业。

表6 江苏各地级市三类工业行业能源熵（I_{EQ}）和区域能源熵（R_{EQ}）

地市	行业类型	2000 I_{EQ}	2000 R_{EQ}	2005 I_{EQ}	2005 R_{EQ}	2010 I_{EQ}	2010 R_{EQ}	2012 I_{EQ}	2012 R_{EQ}
苏州	优先发展行业	3.58	1.57	3.92	2.07	5.63	1.97	1.52	0.48
苏州	适度发展行业	0.58	0.92	0.49	0.85	0.38	0.94	0.40	1.14
苏州	限制发展行业	0.88	6.22	0.58	5.68	0.66	6.44	—	—
常州	优先发展行业	4.39	6.21	2.95	1.47	3.08	1.11	3.40	1.09
常州	适度发展行业	0.34	1.71	1.71	2.79	0.37	0.95	0.55	1.59
常州	限制发展行业	—	—	0.15	1.40	0.21	2.04	0.21	3.04
无锡	优先发展行业	2.80	1.12	2.50	0.87	4.16	1.06	2.20	0.51
无锡	适度发展行业	0.52	0.75	1.25	1.42	1.38	2.51	1.50	3.10
无锡	限制发展行业	0.78	5.06	0.07	0.43	0.08	0.55	0.09	0.86
南通	优先发展行业	2.32	0.66	2.29	0.69	2.07	0.79	2.24	0.93
南通	适度发展行业	2.06	2.09	1.89	1.87	0.76	2.08	0.75	2.82
南通	限制发展行业	0.10	0.46	0.09	0.51	0.51	5.34	0.59	10.82
南京	优先发展行业	11.87	1.30	20.06	2.05	33.40	2.29	—	—
南京	适度发展行业	3.81	1.48	11.45	3.85	2.76	1.35	18.81	1.07
南京	限制发展行业	0.42	0.73	0.46	0.87	0.39	0.75	0.39	0.11
镇江	优先发展行业	4.29	0.86	3.04	1.15	3.68	0.68	3.22	0.90
镇江	适度发展行业	2.33	1.67	1.00	1.23	1.57	2.08	0.30	0.75
镇江	限制发展行业	0.19	0.62	0.31	2.17	0.19	0.96	0.46	5.69
泰州	优先发展行业	2.46	0.92	1.44	0.38	2.05	0.47	4.38	1.81
泰州	适度发展行业	1.39	1.86	1.24	1.08	3.10	5.11	0.74	2.77
泰州	限制发展行业	0.09	0.57	0.09	0.44	0.19	1.24	0.09	1.61

续表

地市	行业类型	2000 I_{EQ}	2000 R_{EQ}	2005 I_{EQ}	2005 R_{EQ}	2010 I_{EQ}	2010 R_{EQ}	2012 I_{EQ}	2012 R_{EQ}
盐城	优先发展行业	2.92	1.15	1.87	0.93	2.98	1.35	3.00	1.37
盐城	适度发展行业	0.52	0.72	0.74	1.20	0.51	1.65	0.69	2.83
盐城	限制发展行业	—	—	0.42	3.83	0.42	5.24	0.38	7.65
宿迁	优先发展行业	5.45	1.98	2.18	0.63	2.44	0.96	2.28	1.17
宿迁	适度发展行业	0.96	1.25	1.24	1.17	0.69	1.94	0.70	3.27
宿迁	限制发展行业	0.26	1.51	0.25	1.31	0.56	6.16	0.73	16.54
扬州	优先发展行业	4.58	1.36	3.39	0.77	7.00	1.88	6.90	1.94
扬州	适度发展行业	0.49	0.52	1.82	1.36	0.75	1.43	0.45	1.15
扬州	限制发展行业	0.68	3.26	0.22	0.94	0.17	1.29	0.06	0.75
徐州	优先发展行业	4.34	0.36	21.05	1.58	3.28	0.56	3.24	0.67
徐州	适度发展行业	6.21	1.86	3.95	0.97	0.71	0.88	0.67	1.25
徐州	限制发展行业	0.35	0.47	0.37	0.52	0.42	2.02	0.43	3.95
淮安	优先发展行业	2.09	0.30	4.22	0.44	2.39	0.31	10.64	1.69
淮安	适度发展行业	3.66	1.87	2.33	0.80	2.85	2.64	3.20	4.57
淮安	限制发展行业	0.27	0.63	0.45	0.87	0.38	1.36	0.30	2.06
连云港	优先发展行业	7.02	1.45	4.89	0.63	2.45	0.64	3.46	1.04
连云港	适度发展行业	1.06	0.78	5.01	2.13	0.81	1.52	0.66	1.79
连云港	限制发展行业	0.23	0.78	0.25	0.59	0.31	2.22	0.38	5.04

（1）优先发展行业。

从各地级市该类行业工业能源熵与区域能源熵平均值看（表6），工业能源熵（I_{EQ}）与区域能源熵（R_{EQ}）均大于1的地级市主要有苏州（4.67，1.65）、常州（3.94，1.74）、南京（21.06，1.63）、盐城（2.86，1.01）、扬州（5.53，1.23）五市，尤以南京、扬州两市能源效率最高；无锡、南通、镇江、泰州、徐州、淮安、连云港、宿迁八市 $I_{EQ}>$ 1 但 $R_{EQ}<1$，缺乏省域竞争优势。在产值比重方面，优先发展行业集中分布在苏州、无锡、常州、南京等四市，其中苏州优先发展行业产值比重最大，由 2000 年占全省优先发展行业产值（13 个地级市优先发展行业产值相加）的 23.40% 提高到 2012 年的 37.17%，其余三市 2000—2012 年的平均比重分别为 10.54%、13.20% 和 9.27%，高于全省 13 个地级市平均值（7.69%），以电子及通信设备制造业、普通机械制造业、电气机械及器材制造业等技术密集型行业为主导；镇江、扬州、南通三市优先发展行业相对较少，分别占全省优先发展行业产值的 5.72%、7.02%、6.33%；泰州、徐州、淮安、连云港、宿迁等 5 市优先发展行业产值占全省优先发展行业产值比重均不足 5%，主要为食品加工业、纺织业等劳动密集型行业。总体来看，优先发展行业在全省的分布大致呈现南多北少的空间格局，苏州、常州、南京三市因兼具高产值比重与高能源效率特征，成为其分布的核心地区。

（2）适度发展行业。

该类行业工业能源熵与区域能源熵在苏州（0.51，1.05）、常州（0.57，1.36）、盐城（0.60，1.42）、宿迁（0.99，2.02）四市表现为 $I_{EQ}<1$ 而 $R_{EQ}>1$，市域优势不明显，无锡、泰州、南通等三市 I_{EQ} 与 R_{EQ} 均大于 1。在产值比重方面，适度发展行业主要分布在苏州、无锡、泰州、南通四市，2000—2012 年该类行业产值占全省适度发展行业产值比重平均值分别为 22.87%、28.78%、7.75%、9.98%。其中，苏州、无锡两市黑色金属冶炼及压延工业、化学原料及化学制品制造业等资本密集型行业产值比重较大，分别占其适度发展行业的 43.57%、38.27%；泰州、南通两市适度发展行业中普通机械制造业、电气机械及器材制造业等技术密集型行业产值比重较大，均在 40% 以上。南京适度发展行业产值占全省适度发展行业产值的 5.65%；常州、镇江、扬州、徐州、淮安、盐城、连云港、宿迁八市该类行业产值比重均不足 5%。可见，适度发展行业在整体上较优先发展行业分布更为集中，以无锡、泰州、南通三市为核心，主分布在苏南、苏中地区。

（3）限制发展行业。

该类行业工业能源熵与区域能源熵高于 13 个市平均值（0.31，2.57）的地级市包括苏州（0.52，6.11）、南通（0.34，4.46）、盐城

(0.33,4.30)、宿迁(0.35,4.52)四市,常州(0.15,1.90)、镇江(0.26,1.87)、泰州(0.16,1.30)、扬州(0.22,1.41)四市I_{EQ}与R_{EQ}均低于平均水平,其他如南京(0.43,1.00)、徐州(0.36,1.23)区域能源熵低于平均值,省域竞争优势不足。限制发展行业产值份额较大的地级市包括南京、苏州、徐州三市,2000—2012年该类行业产值占全省同类行业产值比重的平均值分别为全省水平的4.55倍、2.60倍、1.38倍,其中南京限制发展行业平均值占全省的34.99%,石油加工及炼焦业、化学原料及化学制品制造业、黑色金属冶炼及压延工业等资本密集型行业约占限制发展行业的92%;苏州由于工业发达,该类行业占全省的比重也相对较大;徐州采矿业、电力蒸汽热水的生产和供应业等资源密集型行业占该市限制发展行业产值比重大于50%,提升能源效率具有较大难度;除扬州、镇江、淮安三市限制发展行业产值占全省的比重达5%以上,其他10市该类行业所占产值比重均低于5%,个别市产值比重甚至不足1%。限制发展行业集中分布于苏南(南京)、苏北(徐州)的少数地级市。

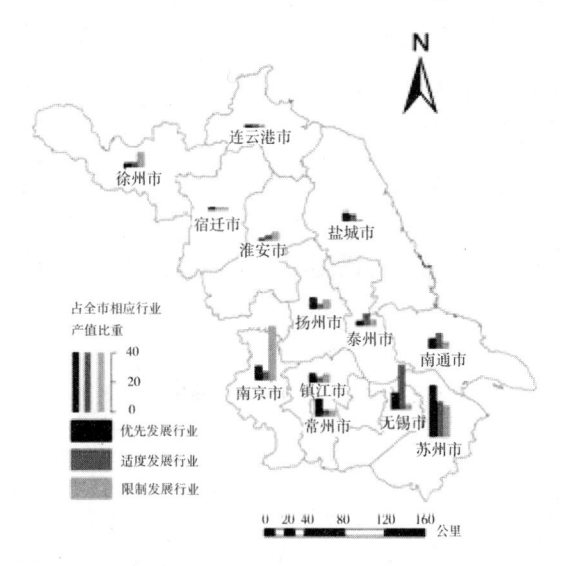

图3 江苏省不同类型工业行业的区域分布(单位:%)

综合以上分析表明,优先发展行业主要分布在苏南地区的苏州、常州、南京三市,适度发展行业主要分布在苏中地区的泰州、南通两市,限制发展行业主要分布在苏北地区。而且,近年来江苏大力实施产业转型升级和产业转移战略，高耗能产业由苏南地区向外转移，苏北地区已经成为这些转移产业的主要承接地。

2. 限制发展类制造业向苏北地区集中

从各地级市优先发展、适度发展、限制发展三类行业产值比例结构看（表7），优先发展行业主导类地级市包括苏州、常州、镇江、徐州、盐城、连云港、南京、扬州、宿迁9市，适度发展行业主导类地级市包括无锡、泰州、南通、淮安4市。进一步分析可以分为四种情形：优先>适度>限制发展行业类型的地级市包括苏州、常州、镇江、徐州、盐城、连云港六市，这六个市具有高行业能源熵和区域能源熵的特征，能源利用效率较高；优先>限制>适度的地级市有南京、扬州、宿迁三市，这三个市虽然以优先发展行业为主导，但限制发展行业比例较高，适度发展行业相对较低；适度>优先>限制的地级市有无锡、泰州、南通三市，这三个市制造业发展水平相对较低，以适度发展行业为主导，但能源利用水平较低；适度>限制>优先的地级市主要为淮安市，其能源利用效率最低。从比例变化看，苏南地区特别是苏州、常州、镇江三市优先发展类行业比重呈增长趋势，而限制发展类行业呈下降趋势，由此导致能源消费量占全省比重从2000年的76.51%下降到2012年的74.4%；苏中地区优先发展行业和限制发展行业均呈现提高态势，结果使能源消费量占全省比重基本保持不变；苏北地区淮安、连云港、宿迁三市优先发展行业比重呈下降趋势，徐州、盐城两市则有所上升，而且，除徐州外，其他四市限制发展行业比例均呈提高趋势，从而造成苏北地区制造业能源消费量占全省比重由2000年的13.55%提高到2012年的16.06%。

表7　　　　江苏各地级市三类工业行业产值比例变化　　　　单位：%

地市	优先、适度、限制发展行业产值比例		制造业能源消费占全省的比重			
	2000年	2010年	2000年	2005年	2010年	2012年
南京	22.81：40.92：36.27	54.07：8.29：37.64	47.03	37.29	36.96	37.12
苏州	44.44：42.49：13.07	62.54：28.24：9.22	13.63	18.5	16.45	17.16
无锡	58.18：40.56：1.26	31.80：64.62：3.58	10.48	12.07	10.44	10.56
常州	71.67：28.33：0	75.49：20.33：4.18	1.01	3.55	5.85	6.47

续表

地市	优先、适度、限制发展行业产值比例 2000	2010	制造业能源消费占全省的比重 2000	2005	2010	2012
镇江	53.34∶32.58∶14.07	72.56∶14.20∶13.24	4.36	3.39	3.92	3.09
扬州	52.12∶32.11∶15.77	82.67∶2.68∶14.65	3.36	3.26	3.6	3.21
泰州	15.28∶81.40∶3.32	22.10∶64.65∶13.25	2.75	3.94	4.3	2.54
南通	24.63∶69.85∶5.52	39.10∶58.80∶2.09	3.83	3.63	3.85	3.81
徐州	27.40∶42.46∶30.14	51.50∶31.46∶17.04	5.23	5.43	5.62	6.2
淮安	19.46∶60.16∶20.38	1.65∶70.08∶28.27	2.62	4.8	4.05	4.15
盐城	58.53∶41.47∶0	59.29∶39.01∶1.70	2.8	2.16	2.12	2.15
连云港	48.45∶38.17∶13.38	46.51∶46.03∶7.46	2.17	1.29	1.95	2.52
宿迁	54.91∶29.85∶15.24	51.33∶22.57∶26.10	0.73	0.67	0.88	1.04
苏南	—	—	76.51	74.8	73.62	74.4
苏中	—	—	9.94	10.83	11.75	9.56
苏北	—	—	13.55	14.35	14.62	16.06

三 生态文明视域下的江苏制造业合理转移路径选择

加快推进生态文明建设，需要大力实施可持续发展战略，促进人与自然和谐相处，按照经济与生态环境协调发展理念，调整生产生活方式，优化产业布局，集约节约利用资源，走绿色发展、循环发展、低碳发展之路。针对江苏制造业转移中的突出问题，必须坚持因时因地制宜的原则，采取三种产业转移路径，有序推进全省制造业合理转移和优化布局。

（一）推进链网式产业转移

发生区域转移的产业往往是产业层次较低的产业，尤其是劳动密集、资源密集、环境密集型产业。对于移入地而言，大多也是依托自身的优势资源开发利用或环境许可，承接这类产业。为从根本上解决产业转移过程中的高能耗、环境污染问题，应通过构建生态产业链条，建立循环型产业系统，促进区域产业可持续发展。具体而言，就是要在承接产业过程中通过不断"解链"，整合各个生产环节，充分利用各种副产品，形成纵向闭合、横向耦合、区域整合的产业网络体系，建立资源循环利用的机制与流程。同时，加快建立产业转移的 ISO 审计制度，提高产业转移的关联性与互补性，实现产业转出地与承接地的资源高效、持续利用。

（二）推进升级型产业转移

升级型产业转移是转变经济发展方式、促进区域经济协调发展的重要路径，适应了生态文明建设的新要求，应当大力推行。其重点有以下三个方面：一是在农业生产领域，应当加快推进现代农业向欠发达地区转移，着力建设现代农业园区，逐步实现农业现代化；二是在制造业领域，应当先经过发达地区的技术创新，然后再向欠发达地区转移，以尽量减少对产业承接地的负面环境影响；三是在技术含量较高、企业竞争力较强、产业规模较大，具备由发展成熟的现代制造业向生产性服务业转变的领域，应当依托优势制造业，大力承接更高档次、更高附加值的产业环节，如与现代制造业发展关系密切的信息服务、工程咨询、研发设计等生产性服务业，推动高附加值产业代替低附加值产业，促进产业转型升级。

（三）推进地方化配套型产业转移

地方化配套型产业转移是利用承接区域的优势，弥补承接产业链中缺失的重要环节，延长产业链条，也就是通过在产业承接地不断配套纵横向企业，或通过其本身裂变出不同的企业，优化承接产业系统内部结构，建立网络型生产体系，促进承接产业与地方配套产业协同发展。通过地方化配套型产业转移，进一步细化分工，加强企业间的横向和纵向联系，提高产业体系吸附能力，提升生产效率，增强创新动力，从而增强转移产业的地方根植性。

四 生态文明视域下的江苏制造业合理转移对策建议

(一) 强化生态效益考核,健全污染密集型产业转移规制

要根据生态文明建设的要求,强化产业转移的生态效益考核,完善现行的地方考核指标体系,以承接产业可能引起的生态环境影响为准绳,制定详细的承接产业项目准入制度及规则,考核工业园区及相关产业集聚区发展情况。加强重大建设项目和重点工程的环境影响评估,研究和完善科学合理、操作性强的生态环境影响评价方法,并确定具体监督检查的牵头单位和配合检查单位。建立健全可操作性强、详细的承接产业准入制度,做到引进有条件,违禁有处罚,处罚有力度,承接有成效。

(二) 强化资源集约利用,完善生态工业园区建设机制

产业转移过程中产生资源环境问题的主要原因之一在于资源利用不充分。应当以资源集约、高效、综合利用为目标,以生态工业园区为载体,构建循环型产业体系。为此,各级政府需要依据当地实际情况,编制鼓励、限制和禁止产业发展导向目录,发展具有竞争优势的产业集群。同时,有效引导关联度大、带动性强的项目入园,并吸引为其配套发展的上下游企业进入,完善园区产业网络。重点抓好适应低碳经济、绿色经济发展要求的产业项目建设。

(三) 强化环境规制创新,完善生态补偿机制

针对环境规制在产业转移领域监督与约束的失灵问题,需要创新环境规制,重点从增强环境监督与制约能力出发优化环境规制设计,明确各级环境保护部门的责任和权利,尤其要加强跨区域环境问题的协同管制。此外,按照"谁开发谁保护、谁破坏谁恢复、谁受益谁补偿"的原则,完善资源有偿使用和污染者付费政策,综合运用多种经济手段,形成企业、个人、社会多元利益主体合理配置的资源环境投入和补偿机制,特别是在对高耗能、高污染产业转移方面,政府和其他利益群体要相互配合,切实解决好环境问题。

(四) 强化环保宣传,完善公众参与机制

由于公众环保意识不强,再加上制度不完善,公众参与环保的途径有限。因此,应当加大环境保护知识和生态文明的宣传力度,通过组织开展环境保护先进模范评比和学习宣传活动,提高公众环境意识,促使公众养成自觉维护生态环境安全的习惯。同时,政府要合理设置环境保护的激励机制,促使各相关利益群体共同重视环境保护问题;并给予非政府部门相应的制度保障,确保承接产业转移中的污染项目无空可钻。

(五) 强化协同发展意识,完善综合决策机制

产业转移是一个系统变化的复杂过程,既包括转出地也包括移入地;既包括政府,又包括个人、企业、社会等多个利益主体。为此,需要强化协同发展意识,建立经济与环境综合决策机制。重点需要建立转出地政府与移入地政府之间的利益协调机制、政府与公众之间的利益协调机制、政府与企业之间的利益协调机制,从而推进制造业合理有序转移。

参考文献:

1. 李小平、卢现祥:《国际贸易、污染产业转移和中国工业 CO_2 排放》,《经济研究》2010 年第 1 期。
2. 王文治、陆建明:《要素禀赋、污染转移与中国制造业的贸易竞争力》,《中国人口资源与环境》2012 年第 12 期。
3. 刘建民、陈果:《环境管制对 FDI 区位分布影响的实证分析》,《中国软科学》2008 年第 1 期。
4. 陈刚:《FDI 竞争、环境规制与污染避难所——对中国式分权的反思》,《世界经济研究》2009 年第 6 期。
5. 沈静、向澄、柳意云:《广东省污染密集型产业转移机制》,《地理研究》2012 年第 2 期。
6. 金祥荣、谭立力:《环境政策差异与区域产业转移》,《浙江大学学报 (人文社会科学版)》2012 年第 5 期。
7. 刘巧玲、王奇、李鹏:《我国污染密集型产业及其区域分布变化趋势》,《生态经济》2012 年第 1 期。
8. 唐根年、沈沁、管志伟:《中国东南沿海产业空间集聚适度与生产要素优化配置研究》,《地理科学》2010 年第 2 期。

9. 袁丰、魏也华、陈雯等：《无锡城市制造业企业区位调整与苏南模式重组》，《地理科学》2012 年第 4 期。

10. 吕卫国、陈雯：《江苏省内一体化、制造业聚散与地区间分工演化》，《地理科学进展》2013 年第 2 期。

11. 唐志鹏、刘志东、付承伟等：《能源约束视角下北京市产业结构的优化模拟与演进分析》，《资源科学》2012 年第 1 期。

12. 贺灿飞、王俊松：《经济转型与中国省区能源强度研究》，《地理科学》2009 年第 4 期。

13. 李艳梅、姜巍、程晓凌：《结构与效率因素对内蒙古能源强度变动的影响》，《地域研究与开发》2009 年第 5 期。

14. 刘佳骏、董锁成、李宇：《产业结构对区域能源效率贡献的空间分析——以中国大陆 31 省（市、自治区）为例》，《自然资源学报》2011 年第 12 期。

15. 李金铠：《产业结构对能源消费的影响及实证分析：基于面板数据模型》，《统计与信息论坛》2008 年第 10 期。

16. 周密、刘伟：《我国能源产业与产业结构相关性探讨》，《改革与战略》2008 年第 14 期。

17. 张锦：《上海产业结构变动对能源消耗的影响分析》，《资源与产业》2013 年第 15 期。

18. 王强、郑颖、伍世代等：《能源效率对产业结构及能源消费结构演变的响应》，《地理学报》2011 年第 6 期。

19. 冯卓：《辽宁省产业结构变动与能源消费的关联性分析》，《企业经济》2013 年第 3 期。

20. 张慧敏、魏强、佟连军：《吉林省产业发展与能源消费实证研究》，《地理学报》2013 年第 12 期。

21. 李艳梅、张雷：《基于产业结构演进角度的内蒙古节能潜力分析》，《干旱区资源与环境》2007 年第 10 期。

22. 原毅军、董琨：《节能减排约束下的中国产业结构优化问题研究》，《工业技术经济》2008 年第 8 期。

23. 颜文燕、胡文峰：《基于产业结构和能源视角的浙江省经济增长的实证分析》，《数理统计与管理》2008 年第 4 期。

24. 李明玉、李凯、郁培丽：《能源节约视角下辽宁省产业结构实证分析》，《东北大学学报（自然科学版）》2009 年第 1 期。

25. 刘鹤、刘洋、许旭：《基于环境效率评价的成渝经济区产业结构与布局优化》，《长江流域资源与环境》2012 年第 9 期。

26. 谭静、马文斌：《基于生态文明视角的西部地区承接东部产业转移策略研究》，

《中共郑州市委党校学报》2014年第1期。

27. 邓丽：《基于生态文明视角的承接产业转移模式探索》，《吉林大学社会科学学报》2012年第5期。

28. 周柯、郭晓梦、高洁：《协调推进产业转移与生态文明建设》，《宏观经济管理》2013年第11期。

作者信息：
研究基地：江苏区域协调发展研究基地
承担单位：江苏师范大学　淮海发展研究院
首席专家：任平、沈正平
课题负责人：沈正平、仇方道
主要参加人员：张纯敏、唐晓丹、单勇兵

推动江苏高端服务业内生性发展的对策研究

内容提要：高端服务业是工业化比较发达阶段的产物，具有技术密集、知识密集、资本密集以及高附加值、高集聚性等特征。本文围绕高端服务业内生性发展机制，通过对江苏高端服务业发展现状与问题的分析，结合英美等发达国家以及深圳、上海、广州等地发展经验，根据江苏经济实际情况，从供给、需求和制度环境三方面提出相关政策建议。

一　高端服务业的内涵和内生性发展机制

（一）高端服务业的内涵与分类

1. 高端服务业内涵

高端服务业是一个具有典型中国特色的词汇，它并不源于西方的学术文献，而是最先出自国内地方政府文件（李海舰，2012）。2007年深圳市人民政府明确提出高端服务业的概念并同时阐明高端服务业具有高科技含量、高人力资本投入、高附加值、高产业带动力、高开放度、低资源消耗、低环境污染等特征。此后，我国学者从不同方面对高端服务业进行了概念界定，但至今没有一个统一和权威的定义。

本文根据不同的观点总结出对于高端服务业的认识具有以下几个共识：第一，高端服务业属于现代服务业中的价值链高端环节，涉及的行业主要有金融、民航、传媒、旅游酒店、咨询、会展、教育、医疗、法律等。第二，高端服务业是指在工业化比较发达的阶段产生的，主要依托信息技术和现代管理理念发展起来的，知识和技术相对密集的服务业。第三，高端服务业是现代服务业中具有较强的外溢效应，能够有效带动服务业和制造业升级，提高整体经济竞争力的服务行业集合体。

2. 高端服务业分类

原毅军、袁鹏等（2011）从要素高端性、需求高端性、技术密集型和产业带动效应等四个方面对高端服务业进行了具体的产业界定，认为在我国当前国情下，商务服务业、信息服务业、研发服务业和金融服务业是高端服务业包括的主要行业。在经济发展实践中，我国各个省份和城市根据自身的经济发展特点，考虑自己的资源优势对高端服务业进行了更具有本地特色的行业界定。其中较为典型的代表性省份和城市的定义如表1所示，从中可以发现这些更加具体的高端服务业行业基本都在商务、信息、研究和金融等四大部分。

表1   国内主要城市对高端服务业行业的确定

城市	高端服务业行业的确立
北京	商务会展、体育休闲、金融服务、文化创意、现代金融
天津	现代金融、现代物流、商务服务、科技服务、信息服务、文化创意、医疗健康
上海	总部经济、研发技术、信息技术、文化创意、物流辅助、有形动产租赁服务
广东	现代物流、金融保险、商务会展、信息服务、总部经济、文化创意、科技服务
深圳	创新金融、现代物流、网络信息、服务外包、创意设计、品牌会展、高端旅游
青岛	现代金融、总部商务、科技服务、高端商贸、现代物流、软件及服务外包、文化创意

（二）高端服务业内生性发展机制

高端服务业是现代服务业中具有较强的外溢效应，能够有效带动服务业和制造业升级，提高整体经济竞争力的服务行业集合体。具有推进经济结构优化升级、加速经济增长内生性要素积累、促进经济发展质量跃升的重要作用。

20世纪80年代中期，以罗默（Paul Romer）、卢卡斯（Robert Lucas）、巴罗（Robert Barro）和斯克特（Maurice Scott）为代表的经济学家，提出了内生经济增长理论。该理论将技术进一步内生化，认为一国经济长期增长的最终源泉可以归结为人力资本和知识的生产和积累，各国经济增长率的差别和收入水平的差异源自各国对知识和人力资本积累的不同刺激，以及向他人学习的能力。高端服务业是典型的知识密集型和人力资本密集型行业，其发展高度依赖新技术和新创新，这体现出一种内生性的竞争优势。因此，发展高端服务业不能通过政府的政策主导，而是应该建立一种产业发展的内生性机制，通过知识资本要素的积累获得可持续性的发展动力。

笔者认为推动高端服务业的内生性发展一定要围绕着技术要素和人力资本，以及其他要素之间的组合。除此之外，制度作用和环境因素也同样是高端服务业发展的重要内生性变量之一。波特（Porter，1990）指出高端服务业的发展取决于高端制造业和高端消费人群对其需求，因此基于需求层面通过内生性的视角为高端服务业发展提供政策思路和方向也十分必要。

二 江苏高端服务业内生性发展现状与问题分析

（一）江苏高端服务业发展的总体现状

1. 增加值总量和比重双扩大

江苏高端服务业增加值在近些年迅速扩大，现代金融、现代物流、信息服务业等六大高端服务业增加值从2007年的3803.08亿元，增长到2011年的8366.48亿元，年均增长率达到21.8%，超过服务业平均增长水平。同时，高端服务业的快速增长使其在服务业内部的份额有所加大，增加值比重从2007年的38.54%提高到2011年的40.14%。

2. 增速和扩展性趋势明显

近五年来，江苏高端服务业保持高速增长，科技服务业、商务服务业、现代金融业等产业的增加值年均增速均超过20%。其中，商务服务业增速最快，达到了43.1%，其次是科技服务业和现代金融业。按合同总额看，服务外包产业的年均增速甚至高达60%以上。通过对服务业各行业扩张弹性的计算（表2），可以看出，在长期发展趋势上，高端服务业的扩张弹性始终大于1，表明其增速一直高于服务业平均水平，虽然在2008年有所回落，但之后始终保持着不断扩张的势头（图1）。

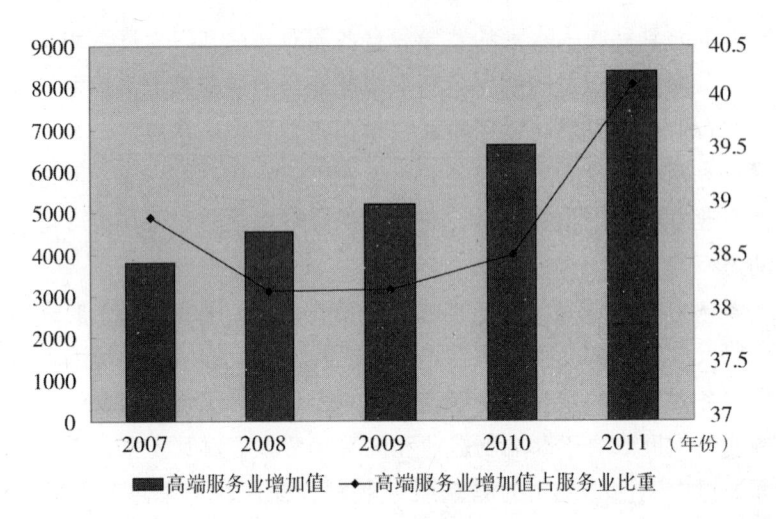

图1 江苏省高端服务业的增加值与占服务业比重情况（2007—2011 年）（单位：亿元、%）

数据来源：依据《江苏统计年鉴》、《江苏现代服务业产业发展报告 2011》原始数据测算。

表2　　　　　　　　江苏省第三产业扩张弹性的动态变化

产业＼年份	2007	2008	2009	2010	2011
现代金融业	1.3125	1.3232	1.4196	1.4893	1.5114
科技服务业	0.9592	1.3214	1.3104	1.2326	1.3773
商务服务业	0.9562	0.9678	0.9292	1.1551	1.3026
信息服务业	0.9699	0.8671	0.7908	0.7232	0.8945
现代物流业	0.9216	0.9012	0.8891	0.8465	0.8288
服务外包	—	1.2211	2.3074	2.8837	3.4458
高端服务业	1.0470	1.0120	1.0123	1.0228	1.0629
生产性服务业	0.9880	1.0316	1.0065	1.0262	1.0612

数据来源：作者根据《江苏统计年鉴》原始数据自己测算。

注：服务外包按合同金额计算，其他服务业按增加值计算。

3. 贡献份额持续攀升

2011 年，江苏省高端服务业对地区生产总值增长贡献率为 21.0%，比 2007 年提高 2.5 个百分点，成为拉动经济增长的重要引擎之一；高端服务业从业人员占全社会从业人员比重从 2007 年的 10.5% 提高到 2011 年的 11.01%，成为吸纳社会就业、提高城乡居民收入的重要渠道；高端服务业城镇固定资产投资 2046.47 亿元，占全部服务业固定资产投资的 47.78%，占全省城镇固定资产投资的 16.73%，其中，现代金融业、科技服务业、商务服务业投入增长较快，年均增长率分别为 151.27%、81.91% 和 62.81%。

（二）江苏高端服务业发展的内生性现状

1. 科技投入不断加大

江苏省高端服务业的 R&D 资本投入不断加大，从 2001 年的不到 14 亿元，增加到 2009 年的超过 30 亿元，占全省 R&D 经费总支出 4.7%。

2. 由区域比较优势内生性诱发形成一批高端服务业集聚区

目前在苏州、无锡、南京已经开始出现一批由区域比较优势诱发形成的内生性高端服务业集聚区，如无锡动漫产业、南京软件产业、苏州研发设计和创意产业。2011 年，江苏 100 家现代服务业集聚区实现营业收入达到 8600 亿元，其中科技研发类、信息软件类、文化创意类等高端服务业聚集区从原来的不足 30% 提高到了 50% 左右。

3. 以新型技术为代表的新兴服务业在全国处于领先水平

以云计算、物联网为代表的新型技术和低碳技术广泛应用于高端服务业领域，重点发展的新兴服务业在全国处于领先水平。如 2011 年江苏物联网产业产值突破 1000 亿元，位居全国前列。

（三）江苏高端服务业发展存在的主要问题

1. 总量偏小、占 GDP 的比重偏低，与北京、上海等地差距较大

江苏省高端服务业总量偏小，占 GDP 的比重偏低。2011 年省内高端服务业发展较为领先的城市——南京、苏州和无锡，高端服务业增加值分别约为：1168 亿元、1179 亿元和 622 亿元，占地区生产总值的比重为 20%、11% 和 9%（表 3）。这不仅与国际发达城市相差较远，也与国内的北京、上海、广州等市的差距较大。江苏省高端服务业发展总量规模小、比重低的现状与其长三角经济中心地位不适应，经济总量有待进一步扩大。

表3　　　国内外主要发达城市高端服务业发展情况与江苏对比　　　单位:%

	城市	占GDP比重	主要表现行业
国外	纽约	66以上	金融、文娱、总部经济、会展经济
	伦敦	70左右	金融、文化创意、总部经济、会展经济
	东京	60左右	金融、总部经济、工业设计、高端物流
	苏黎世	70以上	金融、工业设计
	法兰克福	70左右	金融、高端物流、高端软件
	首尔	62左右	金融、动漫、文化创意
	新加坡	60左右	金融、现代物流
国内	北京	约40	金融、文化创意、信息服务、总部经济
	上海	约35	金融、会展经济、文化创意、高端物流
	广州	约30	金融、设计、商务咨询、会展经济、高端物流
	成都	约20	文化创意、现代物流
	南京	约20	金融、信息软件、服务外包、会展经济
	苏州	约11	金融、工业设计、服务外包
	无锡	约9	金融、现代物流、信息与软件、研发设计

2. 技术创新能力不够、业务层级不高

当前,江苏省高端服务业发展总体还处于起步阶段,与发达地区北京和上海相比,产业层级相对较低。例如,现代物流业中第三方物流规模偏小;金融业中,传统金融保险产品所占比重较大,金融保险产品创新力度不够,金融衍生品业务规模较小;科技研发创新体系有待完善,成果转化平台效率不高;外包业务基本处于全球价值链中"微笑"曲线的底部,超过六成外包业务为信息技术外包(ITO),其中又以通信和电力行业的软件外包为主;信息服务业发展方向需要调整,要重点发展信息技术咨询服务业、数据处理和运营服务。

3. 具有自主创新能力和知名品牌的企业较少

江苏高端服务企业以中小企业为主,规模以上的大企业为数不多,资金投入、人力投入、研发投入和经营规模都偏小，知名企业和名牌产品少。如 2012 年评出的全国服务外包十大领军企业中，江苏无一家企业入围；2012 年全国软件百强企业和国家规划布局重点软件企业，江苏只有 8 家，远少于北京市和广东省；中国物流与采购联合会公布的我国百强重点物流名单显示，江苏省只有 2 家物流企业上榜，分别列第 45 位和第 48 位。

4. 高端服务业人才缺乏

目前无论是全省，还是南京、无锡和苏州等地通晓国际惯例、具有国际市场经验的开放型、创新型、创业型高端服务业人才都十分缺乏。同时，高端服务业人才结构性矛盾依旧突出。例如，在软件和信息服务业中，软件架构师、项目经理及企业高管等中高端人才紧缺，从业人员中大学本科学历以上占比低于 15%。

5. 市场化发育程度落后

目前，江苏省高端服务业的市场化程度并不是很高，大部分行业中"国"字号的企业在经济运行和资源配置的过程中仍然占据着主导地位，致使一些行业的价格水平明显高于国际市场上的价格，但质量却又远远不能满足需求。这在一定程度上抑制和削弱了制造企业外包高端服务的内在动力，导致高端服务业的有效需求不足。

三 国内外高端服务业内生性发展经验与启示

通过对英美等发达国家以及深圳、上海、广州等地高端服务业发展经验的梳理，笔者总结出以下方面的经验与启示。

其一，强调对高端服务业技术创新的政策支持。包括将高端服务业创新纳入国家创新体系中、建立专门的政府高端服务业科技创新服务机构、构建一套官产学研紧密结合的创新体制、增加对高端服务业研发经费的投入、通过政府资助研究项目和采购合同引导社会性科研向高端服务业领域倾斜等。

其二，重视高端服务业人才体系建设。包括建立多层次的高端服务业人才培训和科学的人力资源开发利用系统、制定严格的法律制度保障高端服务业人才的有效流动、制定统一的对高端服务业人才能力与成绩评估标准等。

其三，持续性政府采购激发高端服务业的潜在需求。发达国家一般通过成立专门的政府服务业采购部门，在成熟的国家公共专业采购体系下先行成为高技术服务的实验性市场，并以此作为示范推广。

其四，实施阶段性差异扶持政策。在发展的早期普遍采用财政和税收优惠政策直接为高端服务业提供支持，待高端服务业具有一定的基础之后，将政策重心放在完善适应市场体制的管制政策上来，以促进高端服务业企业的竞争力。此外，还要创新服务业贸易与管制政策，分步完成对高端服务业国际市场的开放，促进自由贸易和良性市场竞争，同时鼓励技术交换。

四 推动江苏高端服务业内生性发展的政策选择

借鉴国内外经验，针对江苏省高端服务业发展现状和存在问题，以供给、需求和制度环境等方面为着力点，提出推动江苏高端服务业内生性发展的政策选择。

（一）扩大高端服务业内生性供给

1. 成立专门负责高端服务业技术创新的组织保障部门

负责行使高端服务业科技开发的规划、管理、指导等职能。由财政直接拨款给该机构，用于积极支持各类高端服务业创新创业孵化器发展、各类高端服务业技术公共服务平台建设和高端服务业共性技术研发、系统集成和推广应用。

2. 建立有效的官、产、学、研技术创新体系

鼓励建立官、产、学、研合作机构，以科研项目作为纽带，并围绕科研课题组建产学研技术联盟，政府从中应充分发挥引导作用。第一，企业出资，高校、科研院所出技术，政府提供风险资金、低息贷款并实行税收减免。第二，由政府牵头，联合高等学校、科研院所和企业创建"战略基金"，将具有自主知识产权的高端服务科研成果进行产业化。第三，政府通过设立课题的方式，引导高校和科研院所集中研发资源进行高端服务

业的技术研发和创新。

3. 创立推动高端服务业技术创新的专项基金

加大省、市两级财政对高端服务业发展的扶持投入力度，探索建立高端服务业发展引导基金，综合运用资本金注入、融资担保、无偿资助、贷款贴息和奖励等多种方式，增加对高端服务业在人才培养、研发设计、技术引进、科技成果产业化孵化器等方面的"软投入"。重点支持高端服务业的关键领域、薄弱环节、自主创新和集聚区建设。

4. 强化自主创新和自主品牌建设

积极推动金融创新、服务外包、电子商务、软件开发、现代物流、现代会展、科技服务、创意设计等现代高端服务企业申请认定为高新技术企业，争取享受国家有关税收优惠政策。如将高端服务业纳入增值税抵扣，对国家鼓励类的高端服务业按3%的低税率征税等。鼓励企业技术研发，科技服务类企业为开发新技术、新产品、新工艺发生的研究开发费用，按照国家法律、法规的有关规定，在计算应纳税所得额时加计扣除。如对高端服务业按高技术产业实行15%的优惠税率等。

集中力量培育、扶持和发展一批驰名的高端服务业商标和名牌服务机构，加快培育和扶持若干拥有自主知识产权和知名品牌的高端服务业龙头企业。研究制定现代物流、金融保险、科技服务、信息服务、服务外包等领域的行业标准和信用体系，建立一批现代服务业标准化试点，形成"政府引导、市场主导、企业主体、社会参与"的服务标准化工作机制，提升"江苏服务"的品牌效应和输出能力。

5. 加大人才引进与培育

坚持以人力资本积累为关键，不断加强对高端服务人才的培育和引进。一是完善和落实高端服务业人才培育政策。制订高端服务业人才分类开发计划，建立人才培训基地，同时改革人才市场机制，促进高端服务业人才柔性流动。二是积极引进海内外高层次高端服务业人才。进一步加大对人才引进和激励的力度，同时在住房、子女入学等方面给予政策配套从而留住人才。三是优化高层次高端服务业人才创业环境。构建更加灵活开放的体制机制，放宽股权激励政策，加大对高层次服务业人才创新创业的支持力度。

此外，创新高端服务业发展的其他辅助要素投入。一是加大高端服务业用地储备力度，优先保障列入重大项目的土地供应，可以参照厦门等城市的做法，允许企业在自用工业用地上申请翻建、改建为整体经营、不分割转让即自用自营的持有型高端服务业。二是围绕税费优惠、土地开发利用、体制改革、市场准入、投融资、人才引进等方面，多争取国家有关部门开展的相关改革试点政策支持。

（二）刺激高端服务业内生性需求

1. 通过高端制造业带动高端服务，刺激高端生产性服务业的需求

高端服务业与传统的低端服务业在需求目标上有着极大的差异，高端服务业尤其是高端生产性服务业的需求对象主要是高端制造业，而以往政府对促进服务业发展的政策着力点主要体现在供给层面，然而高端服务业与高端制造业之间存在着相互影响、相关促进的紧密关系，因此，促进江苏高端服务业内生性发展可以首先以产业融合为目标将一部分政策措施放在高端制造业和高端生产性服务业协同发展上。具体的政策措施如下：

（1）鼓励制造业企业分离生产性服务业。鼓励引导工业企业改变"大而全"、"小而全"的生产经营模式，整合和重组服务流程，着重抓核心竞争力，推动工业上下游服务环节外包，对制造业企业购买高端服务进行财政补贴和税收减免等优惠政策。参照上海等发达城市的做法，鼓励有条件的工业企业在调整重组、改革改制中，剥离企业商贸流通、现代物流、营销、研发、科技服务、信息网络等内部服务功能，通过面向社会的专业化服务业法人实体进行购买，剥离后三年内，按照其购买费用的1%给予财政补贴。

（2）搭建完善高端服务业和制造业交流合作平台。完善一系列高端服务业公共信息平台，如物流信息平台、研发技术信息平台等，促进公共服务体系的专业化、网络化、一体化，提高高端服务业对先进制造业的渗透带动力，最大化地减少高端服务业与制造业之间的信息不对称现象，从而激发先进制造业对高端服务业的需求。

2. 扩大政府需求带动潜在的高端服务市场

（1）加大政府采购服务力度。进一步深化政府采购制度改革，以推进服务项目采购为重点，加大对服务类采购项目的实施力度，争取将更多的社会管理、公共服务、后勤服务等技术性劳务类事务纳入政府采购管理

范围。积极探索信息服务、智能城市、"云技术"等高端新型服务业的政府采购模式与制度。

（2）推进重大示范应用项目，培育新兴高端服务需求市场。发挥政府重大示范应用项目服务需求带动效应，根据江苏现有高端服务业发展现状与优势，鼓励政府以物联网为核心围绕智能城市安全与管理、智能交通、垃圾处理、医疗卫生等领域开展重点示范应用项目。

3. 培育服务业内部融合产生的新兴高端服务市场

推进新一代信息技术的渗透与推广应用，创新行业服务模式，扩大云计算、物联网、数字内容等新兴信息服务领域市场需求。推动高端服务业与文化、旅游、商贸等服务业融合发展，培育电子商务、远程医疗、网络购物等新兴服务市场。

4. 支持省内高端服务业企业"走出去"

加大出口信贷支持、出口信用保险等方式，鼓励省内有实力的高端服务业企业开展海外并购、组建国际化服务联盟、进行跨国投资等方式，拓展国际服务市场。积极参与各类经济贸易跨国合作，以高端服务业为重点，加强政府、企业和社会不同层次的交流。

（三）完善高端服务业发展的市场和制度环境

1. 尽快出台高端服务业发展规划

由省政府牵头，首先在南京、无锡和苏州三地围绕高端服务业技术创新和人才培养、自主品牌建设、行业规范试点等方面，做好高端服务业的发展规划。规划的重点内容应该包括：高端服务业的发展战略和思路、高端服务业发展的区域布局、高端服务业发展的重点领域、高端服务业发展的主要任务等。

2. 深化体制机制改革

参照上海、广东、深圳等地对服务业的体制改革试点项目，在扩大对外开放、降低市场准入、完善税收征管制度、加快土地转型利用、推进贸易便利化、优化行政审批、创新市场监管模式、推进行业标准化、加强知识产权保护等方面进行制度改革创新，突破体制机制障碍，增强企业发展活力和内在动力。

打破行业和部门垄断，拓展社会资本服务业发展空间，激发服务业活力。建立公开透明的市场准入标准，合理设置牌照、资质、标准等准入门槛。适当放宽持股比例、投资人资格、业务范围和经营场所等方面要求,推动各类市场主体参与高端服务业发展。

3. 健全行业性社会组织管理和服务机制

推进行业协会、产业联盟、NGO 等新型行业性社会组织管理改革,试行社会组织直接登记,开展社会组织承接政府职能转移和政府购买社会组织服务的改革试点,发挥新型社会组织在行业自律、制定行业标准、塑造服务品牌、完善信用体系等方面的职能。

4. 完善知识产权与信用体系

加强知识产权司法保护。加大知识产权违法的惩处力度,构筑强有力的专利防护网、商标和版权保护体系。增强企业知识产权运营能力。推进企业专利和版权试点示范工作,探索以专利、商标、版权为核心的新型产学研模式,鼓励权利人以许可、转让、入股等商业化运作方式运用知识产权。鼓励企业实施知识产权战略,参与行业标准、国家标准和国际标准制定,增强企业知识产权创造、运用、管理和保护能力。

参考文献:

1. Boden, M., Miles, I. (Eds), *Services and the Knowledge-based Economy*, London, NY: Routledge, 2000.
2. Wood, P. (Ed.), *Consultancy and Innovation: the Business Service Revolution in Europe*, London: Routledge, 2002.
3. Glücker, T. Armbruster, J., "Bridging uncertainty in management consulting-the mechanisms of trust and networked reputation", *Organizational Studies*, Vol. 24, No. 2, 2003.
4. Delmar, F. Wennberg K., *Knowledge Intensive Entrepreneurship-the Birth, Growth and Demise of Entrepreneurial Firms*, Edward Elgar Publishing, Cheltenham, United Kingdom, 2010.
5. 李海舰:《〈中国高端服务业发展〉评介》,《中国工业经济》2012 年第 4 期。
6. 杜人淮:《发展高端服务业的必要性及举措》,《现代经济探讨》2007 年第 11 期。
7. 原毅军、陈艳莹:《中国高端服务业发展研究》,科学出版社 2011 年版。
8. 李勇坚、孟静:《以发展高端服务业促进国家经济安全》,《经济研究参考》2012 年第 46 期。
9. 李文秀、夏杰长:《高端服务业在中国》,《中国高新技术企业》2011 年第 8 期。

作者信息：

研究基地：江苏现代服务业研究基地

承担单位：南京财经大学

首席专家：刘志彪

课题负责人：孔群喜、徐圆

主要参加人员：徐圆、孔群喜、余泳泽、杨向阳

产业集群发展困境研究动态与破解江苏产业集群发展困境对策研究

内容提要：自20世纪90年代末期以来，对产业集群发展困境的研究主要集中在以下五个方面：产业集群环境损害困境研究；产业集群区域不公平困境研究；产业集群社会不公平困境研究；集群租金征收困境研究；破解产业集群困境的对策研究。本文在新古典经济学和行为经济学框架下，对江苏产业集群发展困境进行实证研究，得出的结论对政策制定具有非常重要的意义。第一，破解产业集群发展困境的优先方向应当是，更加关注企业自身存在的认知行为偏差。第二，破解产业集群发展困境的路径选择应充分考虑区域资源环境约束这一中介变量在产业集群发展困境形成中的中介效应的强弱，根据各区域这一中介变量对集群发展困境的中介效应的不同来选择破解区域产业集群困境的具体路径。第三，具体的对策措施是：纠正企业的羊群行为+纠正企业的确认偏差+降低区域土地资源约束+降低水资源约束。在破解产业集群发展困境中，关键要破解产业集群的创新发展困境。

在产业集群过程中，各地区在获取各种形式的集聚经济的同时，也产生了各种形式的集聚不经济，由此导致某一产业及其相关支撑产业或不同类型的产业在特定地域范围地理集中过程中净集聚经济利益的非最大化，从而影响地区产业集群的可持续发展能力。一旦这种集聚不经济占据强势，地区产业集群便由此不可避免地陷入较为困难的发展处境之中，区域产业集群发展困境问题由此产生。传统的产业集群理论认为，区域资源环境的承载能力决定了产业集群的发展规模，区域资源环境状况对产业集群发展产生重要影响，资源环境约束是区域产业集群发展困境的主因。但是，企业集群区位决策过程存在的各种认知偏差，企业空间集群过程中的行为偏差是否也是产业集群发展困境产生的重要因素？企业的认知偏差和行为偏差是否通过资源环境约束的中介效应，导致产业集群发展困境愈陷愈深？为此，本文在新古典经济学和行为经济学框架下，对江苏产业集群发展困境问题进行深入研究。

一 国内外产业集群发展困境研究动态

自20世纪90年代末期以来，对产业集群发展困境的研究主要集中在以下五个方面：第一，产业集群环境损害困境研究。在产业集群发展过程中，存在两种类型的外部性，即环境负外部性（集聚不经济）和集聚正外部性（集聚经济）。环境负外部性要求限制区域经济活动，而集聚经济的利用则要求促进区域经济活动，区域发展过程中必须在这两种外部性间作出权衡。因此，研究这两种外部性间的相互作用及其对区域发展的影响，是产业集群发展困境研究的重要内容之一。相关研究成果包括：格拉西等（Grazi et al., 2007）、费尔霍夫和尼茨坎普（Verhoeff and Nijkamp, 2002）、细江和内滕（Hosoe and Naito, 2006）、鲍恩等（Bowen et al., 2009）。

第二，产业集群区域不公平困境研究。由于产业集群所带来的各种经济利益，所以那些产业集群条件好、集聚规模大、集聚水平高的地区容易出现产业过度集群的现象，相反，那些产业集群条件差、集聚规模小、集聚水平低的地区则会出现产业集群不足的现象。产业集群的区域不均衡现象的加剧引发了区域间发展差距扩大以及区域间发展的不公平。为此，有些学者以区域公平为研究对象对产业集群区域不公平的困境进行了探讨。相关研究成果包括：贝伦斯和蒂斯（Behrens and Thisse, 2006）、江曼琦（2006）、苏德凯姆（Suedekum, 2006）、杜邦（Dupont, 2007）、吴颖和蒲勇健（2008）、杜瑜和樊杰（2008）。

第三，产业集群社会不公平困境研究。在产业集群形成机制研究领域，大多数研究不考虑企业或工业迁移对居住在新地区的经济主体带来的利益或损失，也不考虑对留下来的那些经济主体带来的利益或损失。因此，大多数相关研究并不考虑产业集群的社会愿望问题，相关研究中是否有太多或太少的集聚仍是不清楚的（Charlot et al., 2006）。换言之，相关研究中产业集群是不是社会公平的产业集群仍是亟待研究的问题。为此，有些学者对产业集群的社会不公平困境进行了探讨。相关研究成果包括：奥塔维亚诺和蒂斯（Ottaviano and Thisse, 2002）、夏洛等（Charlot et al., 2006）、弗莱格和苏德凯姆（Pflüger and Südekum, 2008）。

第四，集群租金征收困境研究。在区域经济一体化过程中出现两个相关的问题，一个是各国（各地区）财政自主权的削弱，另一个是经济活动的空间集群。前者是税收竞争文献关注的焦点，后者则是 NEG 文献关注的焦点。伴随着区域一体化进程的发展，与区域产业集群有关的税收问题成为国际学术界努力探讨的重要问题之一（Ludema and Wooton, 2000）。由于 EU 的东扩，与产业集群有关的税收问题再次成为国际学术界研究的热点（Coulibaly, 2008）。相关研究主要回答的问题是，基于产业集群的"集群租金"存在并可以被征税吗？产业集群的租金征收困境成为有些学者研究的重要课题。相关研究成果包括：金德（Kind, 1998）、安德森和弗斯里德（Andersson and Forslid, 2003）、库利巴利（Coulibaly, 2008）、鲍尔温和克鲁格曼（Baldwin and Krugman, 2004）、布洛克和弗莱格（Brock and Pflüger, 2006）。

第五，破解产业集群困境的对策研究。针对区域发展过程中出现的不同产业集群发展困境，国内外学者试图提出破解产业集群发展困境的对策措施，以便促进产业集群的可持续发展。相关研究成果包括：陈佳贵和王钦（2005）、刘树成（2005）、库姆等（Combes et al., 2005）、连远强（2006）。

综上所述，国内外有关学者对产业集群的环境损害困境、区域不公平困境、社会不公平困境、集聚租金征收困境以及破解产业集群发展困境的对策等相关内容分别进行了探索性研究。但是已有研究缺乏对认知行为偏差与资源环境约束在产业集群发展困境中所起作用的比较系统和深入的研究，有关认知行为偏差与资源环境约束对产业集群发展困境的影响研究和理论探讨刚刚起步，还没有形成较为完整的理论分析框架，更多研究往往停留在认识论的层次，关于方法论与实证方面的研究较少，也缺少先进的技术手段方面的研究。已有研究的不足之处具体表现在以下四个方面：第一，现有的产业集群发展困境研究大多是在新经济地理学框架下进行的，其他学科或理论研究框架下的产业集群发展困境研究需要得到加强,以便丰富产业集群发展困境研究成果。第二,有关资源环境约束对产业集群发展困境的影响研究的定性描述居多,理论与实证研究偏少。第三,有关认知行为偏差对产业集群发展困境的作用机理的探讨还是一个空白,亟待借鉴相关学科尤其是行为经济学的研究成果进行跨学科联合研究。第四,同时考虑资源环境约束与认知行为偏差方面对产业集群发展困境影响的实证研究刚刚起步,具有很大的研究潜力。

二 产业集群发展困境的影响机制分析

(一) 资源环境约束对产业集群发展困境的影响机制

大量相同或不同产业的企业在特定区位的空间集群,在促进区域经济增长的同时,必然扩大对自然资源的需求,加大自然资源消耗数量。与此同时,产业空间集群现象也导致区域污染物排放总量增加,加剧环境损害程度。自然资源与生态环境是产业集群形成过程的基础因素和基本条件。由于区域自然资源数量有限,生态环境承载力有度,所以从产业集群可持续发展的角度看,加大自然资源消耗和加剧环境损害的粗放式产业集群模式是不可持续的,这种粗放式产业集群模式必然导致产业集群发展困境。作为世界上最大的发展中国家,在快速工业化和城市化背景下,我国产业集群的资源消耗和环境损害问题更加凸显,资源环境约束已经成为产业集群发展困境最重要的影响因素之一。

在借鉴罗默 (Romer, 2001) 关于资源约束经济增长模型的基础上,首先,本文增加产业集群生产过程中资源消耗所产生的污染物,将其视为产业集群生产中资源消耗产生的副产品,对产业集群的产出产生负效应。其次,本文放宽原模型中经济规模报酬不变的假设,因为在产业集群生产过程中的规模报酬不变的假设将导致要素实际贡献额的估计有偏。最后,假设产业集群中 $0 < \alpha < 1$,则罗默 (Romer, 2001) 公式变为:

$$Y(t) = K(t)^{\alpha} R(t)^{\beta} P(t)^{-\varepsilon} [A(t)L(t)]^{\gamma} \tag{1}$$

经过一系列推导过程得出,在平衡增长路径上,产业集群中单位劳动力平均产出增长率为:

$$g_{Y/L}^{bgp} = g_Y^{bgp} - g_L^{bgp} = \frac{\gamma(g+n) - (\beta - \varepsilon\lambda)r}{1-\alpha} - n$$

$$= \frac{\gamma(g+n) - (\beta - \varepsilon\lambda)r - n + n\alpha}{1-\alpha} \tag{2}$$

（2）式表明，对于单位劳动力平均产出的增长率来说，在平衡增长路径上，技术进步仍将是提高产业集群经济增长率的重要因素，其对人均产出增长率的贡献为 $\frac{g\gamma}{1-\alpha}$，理论上有可能保证资源环境可持续利用条件下，实现产业集群的可持续增长，从而缓解产业集群发展困境。在这种情况下，劳动力的作用就变得比较复杂了，其对人均产出增长率的贡献为 $\frac{(\gamma + \alpha - 1)n}{1-\alpha}$，可能为正也可能为负。在平衡增长路径上，产业集群单位劳动力平均产出的增长率或者为正，或者为负。其为负的经济含义是，资源环境约束会引起产业集群单位劳动力平均产出最终下降，产业集群发展困境由此产生。

（二）认知偏差对产业集群发展困境的影响机制

企业的认知偏差是指企业在集群区位决策过程中一旦形成一个信念较强的假设或设想，就会有意识地寻找有利于证实自身信念的各种证据，不再关注那些否定该设想的证据，并人为地扭曲新的信息。由于认知偏差的存在，当企业空间集群形成一种"集群企业获得超常规发展并获得更多的利益"的信念时，企业往往对有利于产业集群发展的信息或证据特别敏感与接受，能够成为产业集群成员的要求非常强烈，其结果是大量企业进入集群中，加剧产业集群的资源环境约束；相反，当产业集群开始出现各种发展问题时，企业又往往只看到不利于产业集群发展的信息或外部冲击，尽快迁移出产业集群的愿望非常强烈，其结果可能是大量企业退出产业集群，产业集群发展的资源环境约束暂时得到减轻。这时，地方政府有可能出台支持产业集群发展的资源环境政策，大量企业再次迁入集群中，产业集群发展的资源环境约束再次得到加强。企业的认知偏差有可能造成产业集群资源环境约束的周期性变化，不仅通过加剧资源约束间接引致产业集群发展困境，而且通过破坏产业集群发展的社会资本、企业家精神和区域文化等非正式制度安排直接引致产业集群发展困境。

当企业通过不是透明的框定来看待产业集群发展问题时，它的判断与决策在很大程度上取决于产业集群发展问题所表现出来的特殊框定，这就是企业的框定依赖。由企业的框定依赖导致的认知与判断的偏差即为企业的框定偏差。这类偏差表明，企业对于产业集群发展的判断与决策依赖于所面临的决策问题的形式，而不是决策问题的本质，从而导致企业做出不同的发展决策。例如，在我国资源驱动型产业集群中，较多企业最初做出入驻产业集群时，更多地考虑先行企业集群过程中得到的集聚经济利益，并未考虑空间集群过程中可能出现的集聚不经济（负外部性）问题，进而片面地认为入驻产业集群对企业是有百利无一害的。

在我国产业集群发展过程中，部分企业的集群整体利益意识淡薄，往往倾向于推迟执行那些需要立即投入但报酬滞后的集群发展行动方案，而马上执行那些能立即带来报酬但投入滞后的集群发展行动方案。如果集群企业需要在近期与远期之间做出集群发展的行动方案选择，即使知道拖到远期去做比近期做需要付出更多的努力，企业可能仍然以企业利益高于集群利益的态度将此行动方案拖到远期，这就是企业的时间偏好偏差。例如，在我国的自发成长型产业集群中，由于产业结构老化、产品过时、技术落后、体制陈旧等原因，产业集群也存在老化、衰退甚至灭亡的风险。尽管产业集群所在地区的地方政府对于集群转型升级给予了较大力度的政策支持，但是由于集群企业存在的时间偏好偏差，致使集群企业转型升级步伐缓慢，成效甚微，这在一定程度上导致了产业集群升级困境和技术创新困境。

（三）行为偏差对产业集群发展困境的影响机制

在区域产业集群过程中，在需求方（产业集群地）向供给方（集群企业）提供的信息不完全和企业对信息加工和处理的准确程度不高的情况下，众多企业的集群行为就不可能是完全理性的，将在更大程度上取决于其他企业的集群行为，凯恩斯及其后来人称这种行为为"羊群行为"（连远强，2005）。对于处于生命周期早期阶段的产业集群而言，伴随着行业中的龙头企业选择进入某一产业集群，很快就会有相同行业的大批企业模仿跟进，这种羊群行为除了加剧产业集群的资源环境约束从而加剧产业集群发展困境外,将可能直接导致集群企业间恶性竞争困境。对于处于生命周期中后期阶段的产业集群而言,如果产业集群出现不利于集群企业经营的环境因素,行业的龙头企业可能选择迁出产业集群,羊群行为可能引起相同行业的其他企业或者与之配套的大量企业纷纷选择迁出,这将导致集群企业的转移困境甚至整个集群转移困境。

一般而言,地方政府在产业集群发展上的驱动意识和宏观调控意识,对企业的集群行为有很强的导向作用。与发达国家企业集群行为不同,我国的企业集群行为受区域优惠政策的影响较严重,企业集群的区位选择倾向于优惠政策出台的区域,企业的集群行为在政策反应上存在"政策依赖性偏差"。其结果是:一方面,企业的政策依赖性偏差将加剧优惠政策出台多的区域的资源环境约束,进而直接加剧产业集群发展困境;另一方面,企业的政策依赖性偏差将削弱优惠政策出台少的区域的产业集群竞争力,直接导致这些区域产业集群被边缘化的困境和集群转移困境。

产业集群中的某些企业为了追求自身利益,把注意力集中到那些与产业集群整体发展无关,但可能影响产业集群发展的"噪音"(跑关系、跑项目、跑补助等)上,产业集群过程中的这种行为称为噪音集群偏差。在同一产业的不同企业构成的产业集群中,由于企业间的产品同质化现象严重,所以企业间的竞争异常激烈,为了在产业集群中得以生存与发展,甚至为了获取更大的经济利益,企业不是在工艺创新和产品创新上下功夫,而是通过"关系网络"获取企业发展的各种资源。由于这种获取资源的收益远远大于成本,所以噪音集群偏差会造成产业集群成员间关系的扭曲,使其他企业在产业集群发展上无所作为,良好的集群发展环境被破坏,由此引致产业集群的升级困境、创新困境或被边缘化困境。

三 江苏产业集群发展困境的实证分析

(一)数据采集与理论模型构建

为了使得选择的特色产业集群具有地区代表性,本文选择苏南、苏北和苏中地区的特色产业集群(表1)。问卷调查内容是有关企业在集群过程中的资源环境约束、认知偏差、行为偏差、集群发展困境等相关情况。

表 1　　　　　　江苏特色产业集群问卷调查样本分布情况　　　　单位：家、%

地区分布		样本企业数量	所占样本比例
苏南地区	常州强化木地板产业集群	48	29.63
	常州轨道交通产业集群	29	17.90
苏北地区	盐城市建湖县石油装备产业集群	29	17.90
	盐城市建湖县节能电光源产业集群	30	18.52
苏中地区	扬州市宝应县输变电装备产业集群	26	16.05
合计		162	100

在前述资源环境约束、认知行为偏差对产业集群发展困境的影响机制分析的基础上，根据结构模型的构建原理，本文将认知偏差和行为偏差设定为外生潜在变量，将资源环境约束和集群发展困境设为内生潜在变量，构建反映潜在变量之间关系的结构模型。根据样本特色产业集群在资源环境约束、认知偏差、行为偏差和集群发展困境方面的特征表现，构建反映确定的潜在变量与选择的观察变量之间的关系的测量模型。在结构模型和测量模型构建的基础上，构建本文研究的理论模型（图1）。

（二）实证结果分析

由表2可知，资源环境约束对产业集群发展困境影响的标准化路径系数是0.410，这表明产业集群地区的资源环境约束对产业集群发展困境产生显著的正向影响，即产业集群地区的资源环境约束越强，则由此引致的产业集群发展困境就越深。认知偏差对资源环境约束的标准化路径系数是0.526，行为偏差对资源环境约束的标准化路径系数是0.185，这表明产业集群过程中企业存在的认知偏差及其行为偏差，都对资源环境约束产生显著的正向影响，即产业集群的认知偏差和行为偏差越大，则由此引致的资源环境约束就越大。

由表2发现，企业的认知偏差对产业集群发展困境影响的路径系数是0.190，企业的行为偏差对产业集群发展困境影响的路径系数是0.753，这表明产业集群过程中企业存在的认知偏差及其行为偏差，都对产业集群发展困境产生显著的正向影响，即产业集群的认知偏差和行为偏差越大，则由此引致的产业集群发展困境就越大。

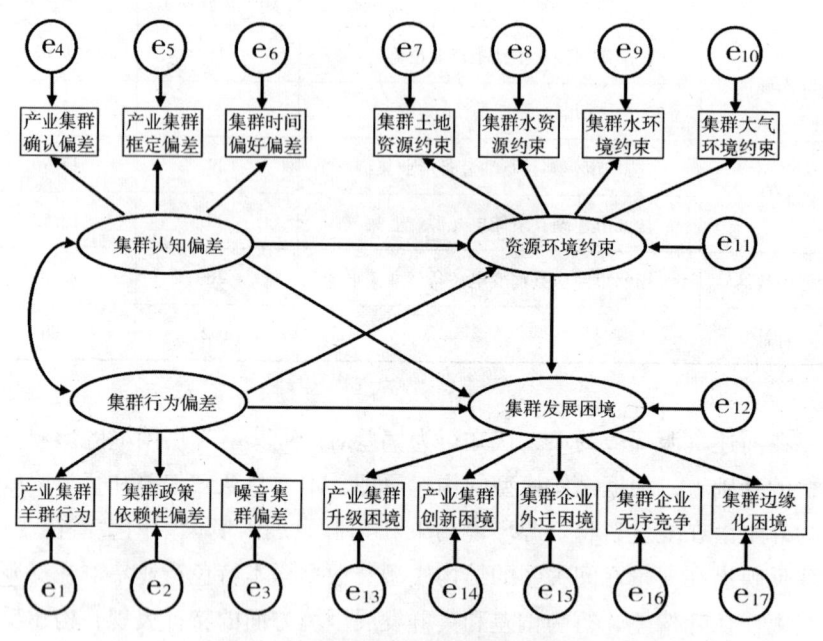

图1 产业集群发展困境结构方程模型

在分别分析了认知偏差、行为偏差和资源环境约束对产业集群发展困境的影响之后，有必要对两个外生潜在变量对产业集群发展困境影响的直接效果、间接效果和总效果进行分析，以便了解影响产业集群发展困境的中介变量的影响力以及总效果的大小。由图1和表2可知，认知偏差对产业集群发展困境的直接效果=0.190，认知偏差对产业集群发展困境的间接效果=认知偏差对资源环境约束的直接效果（0.526）×资源环境约束对产业集群发展困境的直接效果（0.410）=0.216，认知偏差对产业集群发展困境的总效果=0.190+0.216=0.406。由于认知偏差对产业集群发展困境的直接效果（0.190）<认知偏差对产业集群发展困境的间接效果（0.216），所以，在认知偏差对产业集群发展困境的影响中，资源环境约束这一中介变量具有较大的影响力。

行为偏差对产业集群发展困境的直接效果=0.753，行为偏差对产业集群发展困境的间接效果=行为偏差对资源环境约束的直接效果（0.185）×资源环境约束对产业集群发展困境的直接效果（0.410）=

0.076，行为偏差对集群发展困境的总效果 = 0.753 + 0.076 = 0.829。由于行为偏差对产业集群发展困境的直接效果（0.753）>行为偏差对产业集群发展困境的间接效果（0.076），所以，在行为偏差对产业集群发展困境的影响中，资源环境约束这个中介变量并不能发挥重要影响作用，资源环境约束这一中介变量影响力可以忽略。

表2　　结构方程模型路径系数与载荷系数估计结果

变量间的关系	非标准化参数估计值	标准差	临界比率值	P值	标准化参数估计值
资源环境约束←——产业集群认知偏差	0.540	0.097	5.559	0.000***	0.526
资源环境约束←——产业集群行为偏差	0.396	0.166	2.382	0.017*	0.185
产业集群发展困境←——产业集群行为偏差	0.799	0.188	4.241	0.000***	0.753
产业集群发展困境←——资源环境约束	0.204	0.071	2.854	0.004**	0.410
产业集群发展困境←——产业集群认知偏差	0.097	0.045	2.178	0.029*	0.190
土地资源约束←——资源环境约束	1.000	—	—	—	0.823
大气环境约束←——资源环境约束	0.942	0.118	7.954	0.000***	0.690
水资源约束←——资源环境约束	0.881	0.073	11.988	0.000***	0.747
水环境约束←——资源环境约束	0.449	0.097	4.611	0.000***	0.393
噪音集聚偏差←——产业集群行为偏差	1.000	—	—	—	0.386
羊群行为←——产业集群行为偏差	2.816	0.606	4.650	0.000***	0.920
政策依赖性偏差←——产业集群行为偏差	0.782	0.186	4.201	0.000***	0.332
确认偏差←——产业集群认知偏差	1.000	—	—	—	0.890

续表

变量间的关系	非标准化参数估计值	标准差	临界比率值	P值	标准化参数估计值
框定偏差<——产业集群认知偏差	0.548	0.099	5.535	0.000***	0.427
时间偏好偏差<——产业集群认知偏差	0.586	0.071	8.250	0.000***	0.618
边缘化困境<——产业集群发展困境	1.000	—			0.482
无序性困境<——产业集群发展困境	1.191	0.223	5.334	0.000***	0.515
创新困境<——产业集群发展困境	2.249	0.415	5.418	0.000***	0.780
升级困境<——产业集群发展困境	1.176	0.275	4.285	0.000***	0.531
企业外迁困境<——产业集群发展困境	0.176	0.111	1.588	0.112[n.s.]	0.096

注：未列标准差者为参照指标，是限制估计参数。n.s.、*、**、*** 分别表示 $p>0.05$、$p<0.05$、$p<0.01$、$p<0.001$。

四 破解江苏产业集群发展困境的对策建议

区域产业集群发展有利于经济要素的集约和优化配置，有利于行业间的融合和相互协作，有利于资源的共享和循环利用，是实现区域产业结构调整和合理布局的有效途径。产业集群已经成为发展现代制造业的集中区、吸引投资创业的重点区和机制改革的先导区，产业集群已经成为区域经济发展的重要载体。但是，在产业集群发展过程中，各地区依然沿用过去大量消耗资源和破坏环境的粗放式产业集群模式，企业集群区位决策过程存在各种认知偏差，以及企业空间集群过程存在各种行为偏差，致使区域产业集群面临多种发展困境，已经严重制约了产业集群的可持续发展。

上述结论在政策上具有非常重要的意义。第一，在区域转型升级发展的背景下，区域资源环境状况、经济发展水平、社会文化传统等要素已成为影响和约束产业集群发展的外部条件，而反映企业身上经常稳定表现出来的心理特点的个性心理特征和反映企业进行区位决策活动基本动力的个性倾向性则是影响和约束产业集群发展的内在要素。在内外因素的共同作用下，企业通常会出现各种各样的认知行为偏差。相对于产业集群发展的外部条件的相对稳定性，产业集群发展的内在要素则具有更大的可变性。因此，破解产业集群发展困境的优先方向应当是，更加关注企业自身存在的认知行为偏差，一方面需要企业主管部门对企业进行集群发展的整体利益和个体利益间关系的普及教育，另一方面需要企业主管部门对企业进行心理学和行为经济学等方面的普及教育，让企业切实认识到自身存在认知行为偏差对产业集群可持续发展造成的较大负面影响，以此促进破解产业集群发展困境。第二，考虑到在认知偏差对产业集群发展困境的影响机制中，资源环境约束是一个重要的中介变量，而在行为偏差对产业集群发展困境的影响机制中，资源环境约束不是一个可以忽略的中介变量。因此，破解产业集群发展困境的路径选择应充分考虑区域资源环境约束这一中介变量在产业集群发展困境形成中的中介效应的强弱，根据各区域这一中介变量对集群发展困境的中介效应的不同来选择破解区域产业集群困境的具体路径。第三，由于各观察变量对相应的潜在变量的贡献程度差异巨大，所以破解区域产业集群发展困境的关键对策是，针对那些载荷系数最大的观察变量提出相应的破解对策。就本文的研究而言，具体的对策措施是：纠正企业的羊群行为+纠正企业的确认偏差+降低区域土地资源约束+降低水资源约束。在破解产业集群发展困境中，关键要破解产业集群的创新发展困境。

作者信息：

研究基地：江苏产业集群研究基地

承担单位：南京理工大学

合作单位：中国科学院南京分院、中国科学院地理科学与资源研究所、江苏省中小企业局

首席专家：朱英明、佘之祥、方创琳

课题负责人：朱英明

主要参加人员：裔大陆、王忠宇、张鑫、杨连盛、吕慧君、王奇珍、季书涵、陈宥蓁、董艳梅

资源环境约束下的产业集聚研究动态
与江苏产业集聚发展研究

内容提要：目前，工业集聚战略已经成为我国地区经济发展的重要战略之一。我国工业集聚过程面临着严峻的资源和环境问题，其中水土资源短缺和环境损害问题最为突出。因此，建议：第一，鼓励工业企业运用先进设备和高新技术改造传统产业，调整和优化工业结构。第二，制定比非工业集聚地区更加严格的水体环境管制和减排政策，实现工业集聚的生态化。第三，将工业集聚战略与扩大需求尤其是扩大内需战略有机结合起来，通过二者间的互促共进来实现地区经济的持续、快速增长。第四，应逐渐降低与制度相关的交易成本，尤其是应逐渐降低与市场化程度、产业配套环境、政府效率与税费、基础设施和法制化水平等密切相关的成本。第五，通过适度的"政策梯度"以打破这种聚集机制，实现区域协调发展。第六，营造地区间 FDI 公平竞争环境，规避地区间 FDI 的恶性竞争现象，构建地区间工业集聚协调发展的新格局。

一 国内外资源环境约束下产业集聚研究前沿动态与发展趋势

（一）资源约束下的产业集聚研究前沿动态与发展趋势

长期以来，工业集聚的决定因素一直是学术界关注的一个研究领域。但是，在工业集聚的决定因素的研究领域，大多数学者通常将自然优势（自然条件和自然资源）看作是工业集聚的基本影响因素，并在实证研究中将其作为控制变量（例如，Rosenthal and Strange，2001）。马国霞等（2007）以产业间集聚度和投入产出系数为横纵坐标，以它们的平均值为坐标原点，建立分布图，对我国制造业产业间空间集聚机制进行了分类分析。其中位于第二象限的部门组合之间有垂直的投入产出关系，但产业间集聚度低，他们认为资源禀赋空间分布不均是导致产业间空间集聚度低的主要原因。资源型产业投入产出关系密切而空间集聚度低，从另一个角度反映了我国生产力布局与资源分布空间错位的格局。于永达和王智辉（2009）对基于集聚优势视角的资源诅咒现象进行分析，他们认为随着经济的全球化和科学技术的发展，自然资源自身的作用在不断下降，而丰裕的自然资源又使人力资源优势和技术资源优势丧失，从而降低了生产优势；丰裕的自然资源又通过汇率的变化使金融优势变弱；丰裕的自然资源还影响了一个国家或地区的贸易战略、政治战略和人力资源战略，从而使战略优势降低。丰裕的自然资源对三大优势的影响，降低了该国或地区集聚优势的能力，抑制了经济增长，从而产生资源诅咒现象。胡晨光等（2011）的研究认为，政府通过政策手段改变了集聚经济圈产业外在的发展环境，从而改变了其要素禀赋的使用与发展方向，发挥了集聚经济圈要素禀赋在国际分工中的比较优势，促成了集聚经济圈的产业集聚，成为集聚经济圈产业集聚的外部动力。

自然优势能否成为工业集聚的重要决定因素，主要取决于地区自然优势的变化状况。特别是在地区自然资源供应由充足变为短缺的条件下，自然资源就成为地区工业集聚的重要决定因素。徐强（2003）认为，在地区工业集聚形成之初，土地等自然资源还较为充裕，所以其对集聚的影响是正向的。而随着集聚规模愈来愈大，进入集聚区域的企业不断增加，土地等自然资源势必出现短缺，从而成为制约工业集聚发展的瓶颈，甚至使集聚瓦解。杨建（2009）认为，目前我国面临着土地资源短缺的突出矛盾。这种土地资源短缺的约束有两个特点：一是经济发展快、起步早的地区，由于已经布局的产业项目多，规划区土地大部分被占，一些新项目因缺乏土地指标而无法开工。二是经济发展较为落后地区，由于过去工业发展缓慢，非农业用地少，大部分土地都是基本农田或农业用地，地区工业集聚发展受到"18亿亩耕地红线"的刚性约束。

（二）环境约束下的产业集聚研究前沿动态与发展趋势

生态环境是自然资源得以存在和发展的环境场所，生态环境一方面接纳自然资源开发利用而产生的污染物，另一方面具有一定的自净能力，地区工业集聚过程中生态环境的发展变化深受这两方面的影响。目前，我国依然沿用过去大量消耗资源和破坏环境的低层次产业集聚模式，地区产业集聚过程中面临着严峻的环境损害问题。为此，我国学者对产业集聚过程中的环境损害问题进行了初步研究。吴颖和蒲勇健（2008）构建新经济地理（NEG）模型，将区域系统的差距问题转化为区域系统福利问题，研究区域产业过度集聚负外部性对区域总体福利的影响，并计算最优产业集聚的参数阈值。研究结果显示，在阈值范围内，区域系统内的适度集聚会带来总体福利水平的增加；大于适度集聚阈值，则过度集聚的负外部性会对区域系统福利带来损失。当集聚程度超过一定点时，其效益服从边际效益递减规律。任何集聚都是有一定限度的，特别是在人们对环境质量的要求日益提高的今天，集聚的程度更应引起人们的重视，以防止由于过分集聚引发过多的环境问题，从而造成产业、人口、资本的过度集聚，必然导致土地成本增加、生态环境恶化、交通拥挤等外部不经济现象。闫逢柱等（2011）运用2003—2008年中国制造业两位数行业数据，对产业集聚发展与环境污染的关系进行考察，结果发现，短期内产业集聚发展有利于降低环境污染，但长期内产业集聚发展与环境污染之间不具有必然的因果关系。

（三）资源与环境约束下产业集聚研究前沿动态与发展趋势

同时考虑资源与环境对地区工业集聚影响的研究成果相对较少。有的学者的研究表明，在没有资源和环境阻力下的资源型产业集群呈现出"J"型增长模式，但在资源和环境约束下的资源型产业集群呈现出"S"型增长模式（王悦，2005；刘天卓和陈晓剑，2006）。黄瑞芬和王佩（2011）以环渤海经济圈为例，运用耦合度模型和耦合协调度模型进行实证分析。研究表明，环渤海经济圈海洋产业集聚与区域环境资源之间的耦合协调程度正趋于转好，耦合发展类型由环境资源主导、海洋产业滞后型过渡到二者协调发展同步型，体现了两大系统的区域协同效应。

以往的研究缺乏对资源与环境约束在工业集聚中所起作用比较系统和深入的研究。其不足之处表现在以下方面：第一，有关自然优势尤其是自然资源对于工业集聚影响的定性描述居多，计量研究偏少。对于处于城市化和工业化加速发展的发展中国家和地区而言，自然资源尤其是水土资源短缺现象将日益凸显，水土资源对地区工业集聚的约束作用将日益强化，但是相关研究还很薄弱。第二，有关产业集聚对生态环境影响（正向影响和负向影响）的实证研究较多，理论研究相对较少；但有关环境损害对于工业集聚的影响研究，大多是在 NEG 框架下进行的理论研究，相关的实证研究还比较薄弱。第三，同时考虑资源短缺和环境损害两个方面对工业集聚影响的研究，无论是理论研究还是实证研究都刚刚起步，具有很大的研究潜力。

二 资源环境约束下江苏产业集聚发展状况分析

（一）江苏产业集聚状况分析

借鉴法恩和斯科特（Fan and Scott，2003）的做法，笔者将地区 HHI（Hirschman-Herfindahl Index）作为评价地区工业集聚水平的指标。若 x_{ij} 是地区 j 行业 i 的企业数量（就业人数），x_i 是行业 i 的企业数量（就业人数）（$x_i = \sum_{j=1}^{m} x_{ij}$），则地区 j 的 HHI 的计算公式为：

$$HHI_j = \sum_{i=1}^{n} (x_{ij}/x_i)^2 \tag{1}$$

当所有 n 个行业的经济活动集中在一个地区时，$HHI=1$；当所有活动分散在 m 个地区时，$HHI=0$。为了更准确地反映地区工业集聚状况，笔者利用工业企业数量的 HHI 指数和就业人数的 HHI 指数的算术平均值来评价地区工业集聚的总体状况。

研究结果表明，江苏工业集聚状况并未表现出与经济发展水平完全一致的现象，这主要是由于进入 21 世纪后地区经济发展战略发生了较大变化，一些经济发达地区先后提出了构建以服务经济为主的现代产业体系的经济发展战略，而经济欠发达省份则提出了以加快工业化为主的经济发展赶超战略。

（二）江苏水土资源短缺状况分析

对于地区资源短缺状况，笔者采用"资源相对短缺指数"进行量化分析。资源相对短缺指数（RSI）的计算公式如下：

$$RSI = (RR \div CR)/(RC \div CC) \tag{2}$$

其中，RR 为地区资源拥有量，CR 为全国资源拥有量，RC 为地区资消耗量，CC 为全国资源消耗量。资源相对短缺指数类似于区位熵，是指一个给定地区中某种资源的拥有量占全国拥有量份额与该地区该资源的消耗占全国消耗份额的比值。同样的资源消耗，资源拥有量越少的地区，资源相对短缺指数越小，意味着该地区资源更加（相对）短缺。同理，同样的资源拥有量，资源消耗量越大的地区，资源相对短缺指数越小，也意味着该地区资源更加（相对）短缺。因此，可以用资源相对短缺指数作为判断资源尤其是水土资源是否成为江苏工业集聚面临的资源瓶颈约束的标准之一。

研究结果表明，无论从静态还是动态指标观察，在江苏工业集聚水平降低的地市中，既有水土资源短缺状况降低的地市，又有水土资源短缺状况上升的地市。同样，在我国工业集聚水平提高的地市中，既有水土资源短缺状况降低的地市，又有水土资源短缺状况上升的地市。

（三）江苏环境损害状况分析

对于地区环境损害状况，笔者拟利用"环境相对损害指数"进行量化分析。环境相对损害指数（RDI）的计算公式如下：

$$RDI = (RD \div CD)/(RC \div CC) \qquad (3)$$

其中，RD 为地区污染物排放量，CD 为全国污染物排放量，RC 为地区环境承载量，CC 为全国环境承载量。环境相对损害指数类似于区位熵，是指一个给定地区中某种污染物排放量占全国污染物排放量份额与该地区环境承载量占全国环境承载量份额的比值。环境相对损害指数越小，则地区环境损害状况相对越轻；环境相对损害指数越大，地区环境损害状况相对越重。因此，可以用环境相对损害指数作为判断环境损害是否成为中国地区工业集聚面临的环境瓶颈约束的标准之一。

研究结果表明，无论从静态还是动态指标观察，在江苏工业集聚水平降低的地市中，既有环境损害状况减轻的地市，又有环境损害状况加重的地市。同样，在我国工业集聚水平降低的地市中，既有环境损害状况减轻的地市，又有环境损害状况加重的地市。

综上所述，从地区整体来看，进入 21 世纪后，江苏水土资源短缺状况不断上升，环境损害状况得到改善，工业集聚水平不断提高。从各个地区来看，工业集聚水平、水土资源短缺和环境损害的动态变化及其关系颇为复杂。

三 资源环境约束下促进江苏产业集聚可持续发展的政策建议

资源环境约束下促进江苏产业集聚可持续发展的政策建议包括以下几个方面：第一，江苏工业集聚的资源投入政策的重点是，应鼓励工业企业运用先进设备和高新技术改造传统产业，调整和优化工业结构，从而提高水土资源节约集约利用水平。第二，江苏工业集聚的环境保护政策的重点是，制定比非工业集聚地区更加严格的水体环境管制和减排政策，实现工业集聚的生态化。第三，工业集聚的需求政策的重点是，将工业集聚战略与扩大需求尤其是扩大内需战略有机结合起来，通过二者间的互促共进来实现地区经济的持续、快速增长。第四，江苏工业集聚的地区贸易政策的重点是，应逐渐降低与制度相关的交易成本，尤其是应逐渐降低与市场化程度、产业配套环境、政府效率与税费、基础设施和法制化水平等密切相关的成本。第五，江苏工业集聚的区域协调发展战略的重点是，通过适度的"政策梯度"以打破这种聚集机制，实现区域协调发展。第六，江苏工业集聚的地方政府竞争政策的重点是，营造地区间FDI公平竞争环境，规避地区间FDI的恶性竞争现象，构建地区间工业集聚协调发展的新格局。

作者信息：

研究基地：江苏产业集群研究基地

承担单位：南京理工大学

合作单位：江苏省中小企业局、中科院地理研究所

首席专家：朱英明、方创琳、佘之祥

课题负责人：朱英明

主要参加人员：啻大陆、王忠宇、杨连盛、张鑫、于奇珍、吕慧君、刘黄金、朱正萱、李涛、徐生钰

信息消费促进农村经济发展研究

内容提要： 信息消费作为一种新兴消费，具有广阔的增长空间，能够有效扩大内需，带动经济的快速发展。同时，信息产品及服务的消费能够有效推动农业的信息化和现代化，促进信息化产业结构的升级和优化，为农村经济的发展注入新的活力。第一，对江苏省整体信息消费进行分析，发现江苏省信息消费发展较快，但是苏南和苏中、苏中和苏北的信息消费水平和消费结构均存在很大差异。第二，利用问卷数据，发现在消费意愿上，苏南农民消费意愿高于苏中、苏北；在影响因素方面，发现感知有用性与感知信息质量对苏南、苏中农民信息消费意愿影响较大；感知有用性与感知信息成本对苏北的信息消费影响较大。第三，通过相关性分析发现江苏省农民信息消费支出和农业信息化、现代化、产业化之间存在显著的线性关系和相互促进的关系。根据研究结论，从推动农村信息消费水平和改善信息消费结构、提高江苏省农业信息化和现代化、缩小苏南区域信息消费差异视角，对阶段推进、区域统筹、主体协同和整合驱动四个方面提出具体的、可操作的建议，以扩大农村信息消费市场，提高农民生活质量，引领和创造信息消费，缩小地区间信息消费差异，促进江苏省农村经济的快速协调发展。

十八大提出了"新四化"概念，强调坚持走中国特色新型工业化、信息化、城镇化、农业现代化道路，在国际经济增长乏力和我国经济增长困难增多的背景下，迫切需要依靠内需特别是消费需求拉动。"十二五"时期是江苏全面建成更高水平小康社会并向基本实现现代化迈进的关键阶段,也是深化改革开放、加快转变经济发展方式、推动经济转型升级的攻坚时期。准确把握信息消费发展的趋势和重点,推动农业信息化和农业现代化深度融合,加快推进农村各领域信息化,是实现农村生产力跨越式发展、加快农村现代化进程的战略举措,是又好又快推进"两个率先"的战略选择。信息产品及服务的消费能够有效推动农业的信息化和现代化,为农民增收提供新的动力。本文为政府推动本地信息消费、运营商和IT企业开拓广大的农村信息消费市场提供理论参考,还可以丰富我国农村信息化的研究成果,促进学科间的交叉研究。

一 农村居民信息消费快速发展的客观必然性

(一) 信息消费已成为消费热点

近年来,信息消费持续快速增长,异军突起。农村居民用于购买信息产品和电信服务的支出显著增加,家庭信息化程度进一步提高,信息消费渐成一大亮点。信息消费具有绿色无污染、结构层次高、带动作用强等特点,近几年已成为世界各国培育的新兴消费热点,也是我国有效扩大内需促进经济平稳较快发展的重要着力点,农村信息消费市场已成为我国扩大内需的重要引擎。

(二) 江苏农村信息化进入了全面融合、创新发展的新阶段

用信息化水平总指数来衡量江苏省的信息化发展水平,该指数最早由国家统计局于1996年研究提出,由基础设施指数、产业技术指数、应用消费指数、知识支撑指数和发展效果指数五个分类指数构成。据测算,2011年江苏全省信息发展总指数为81.29,比上年提高3.31,与"十一五"初的2006年相比,提高15.79。其中基础设施指数和发展效果指数增长较快,江苏省信息化进入全面、融合、创新发展的新阶段(图1)。

(三) 信息需求异常迫切,呈加速上升趋势

信息时代农村居民的生产方式、生活方式、思维方式和社会形态都发生了改变,进一步催生了信息需求。截至2012年12月底,我国网民规模

达 5.64 亿，互联网普及率达 42.1%，其中农村人口占比为 27.6%，该比例逐年攀升。手机网民首次超越台式电脑网民数，达 4.2 亿，移动互联网进一步增强了信息消费的即时与无处不在的特征。在云计算、物联网等技术的带动下，农村信息化和农业现代化得到进一步推进。在我国，信息消费渐成时尚和热点，据江苏省统计局统计，2011 年末，农村居民家庭每百户家用电脑拥有量为 15.8 台，比 2005 年增加了 12.9 台，增长了 4.5 倍；移动电话 183.1 部，比 2005 年增加了 1.35 倍。农村居民人均通信服务支付 916.9 元，比 2005 年增加了 553.1 元，增长了 150%。信息消费已是农民随着生活的改善和收入的提高，在满足温饱型的衣食消费后，追求生活质量、提高生产效率的一种必然。

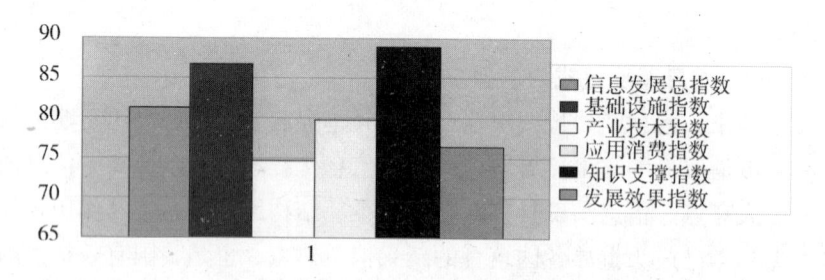

图 1　全省信息化发展水平分类指标（2011 年）

二　江苏省农村居民信息消费演化及特征

（一）我国农村居民信息消费快速成长

从图 2 整体来看 1994—2011 年我国农村居民人均信息消费与总消费同步增长变化，基本上每年信息消费增长速度都高于总消费增长速度。但与其他国家仍存在较大差距，从 2004 年数据看，我国信息消费系数仅相当于瑞典（居世界首位）的 61.5%。从 2011 年数据来看，从中国与美国、俄罗斯和日本的信息消费系数可以看出美国的信息消费系数最高，比中国约高 10 个百分点，且信息消费系数呈现出递增的趋势。日本的信息消费水平次于美国，而俄罗斯信息消费水平低于我国。可见，我国的信息消费水平与发达国家相比还存在一定的差距。

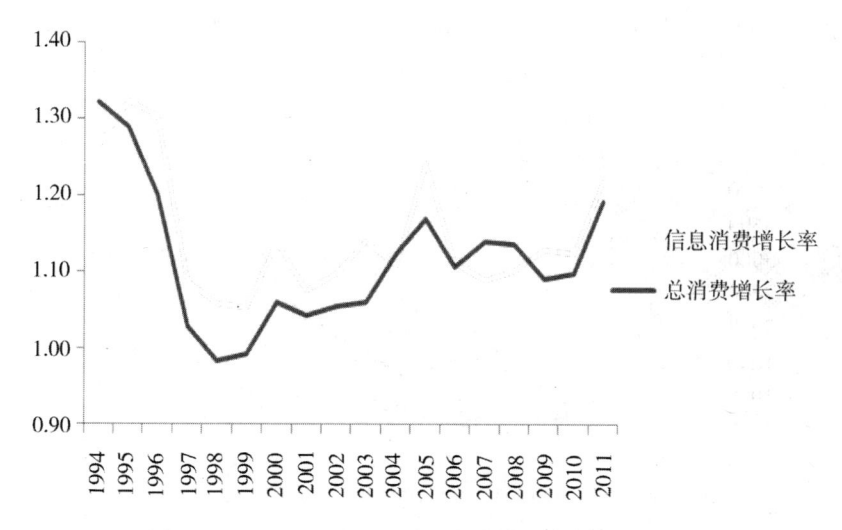

图 2　1994—2011 年农村居民总消费与信息消费支出年增长率（%）

（二）江苏省信息消费的演化过程

江苏农村经济全面发展，苏南地区农业生产水平不断提高，苏北地区农业经济发展不断加快，已成为江苏省粮棉油农副产品的生产基地。江苏作为全国首个实现自然村"村村通宽带"的省份，农业信息化水平的内涵及国家信息化指标一直走在全国前列，涌现了一批国家级的农村信息化示范基地，为我国农村信息化发展积累了宝贵经验。

信息消费水平，江苏省大体上处于较高收入组和高收入组之间，高收入组仅包括北京、浙江、上海三个省（市），可见江苏省信息消费水平位于我国各省（市、区）前列。从 2005 年开始，江苏省和较高收入组信息消费水平的差距逐年拉大，江苏省信息消费支出近年来快速增长（图 3）。

江苏省信息消费总体和文教娱乐的边际消费倾向均高于高收入组，分别高出 0.040 和 0.066；其他三项和高收入组、较高收入组相近。江苏省交通通信需求收入弹性系数位于较高收入组和较低收入组之间，家庭设备位于高收入组和较高收入组之间，医疗保健系数最低，文教娱乐和信息消费总体的系数最高，文教娱乐对江苏农民呈奢侈品特点，对各收入组呈必需品特点，信息产品和服务对江苏农民的奢侈性更高，江苏农村信息消费市场亟待进一步开拓，降低信息消费奢侈性，扩大信息消费需求和信息消费群体。

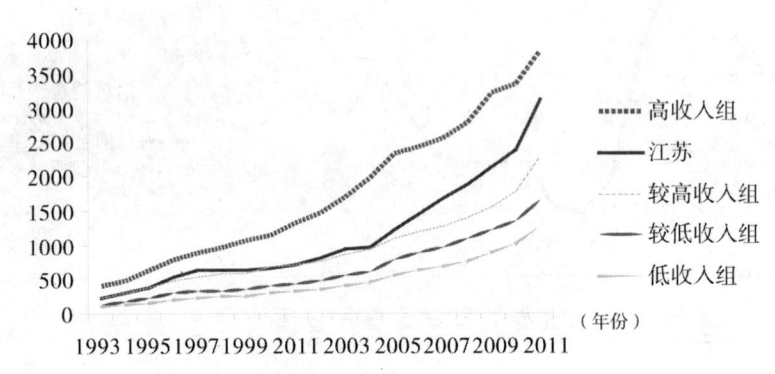

图3 1993—2011年江苏省与不同收入组信息消费支出（单位：元）

（三）江苏省信息消费的地区差异

江苏省是典型的地区发展不平衡的省份之一，江苏区域经济发展水平存在很大差异。从经济总量来看，区域落差巨大。苏北面积和人口均约占江苏的一半，但与苏南相比较，所有的数据都不到苏南的40%，最悬殊的数据为进出口总额和实际外商直接投资两项，苏北分别仅为苏南的2.85%和6.82%，表明苏北在利用外资、经济开放度方面的巨大落差。但目前苏南、苏中、苏北三大区域的农村信息化呈现出较大差异。苏南农民仅占全省的23%，苏北农民占全省的50%，苏南城镇化水平较高，农业也朝着集成化、专业化方向发展，而苏北农业信息化水平仍比较落后。苏南已经出现大批基于物联网控制和查询的信息化农业，如农业信息化大市无锡的物联网生态农庄、物联网智能养猪场、无锡阳山水蜜桃物联网数据库平台。苏州常熟推进的智能农业项目也备受关注。苏北此类信息化农业较少，比较典型的有徐州睢宁"沙集模式"，应用物联网平台推广当地特色农业。

1. 信息消费水平差异

根据江苏省及各市1993—2011年数据，将各年苏南、苏中和苏北信息消费支出差值作折线图，如图4所示。

苏南、苏中、苏北地区间信息消费水平差异显著，并且这种差异在逐年拉大，苏南和苏中差距较苏中和苏北差距更大，差距增长速度也更快。

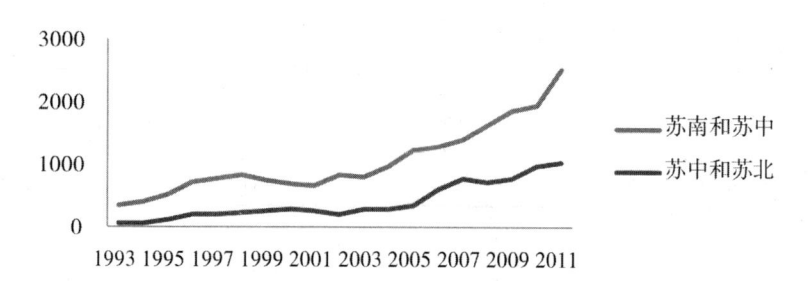

图4 不同地区间信息消费支出差值（单位：元）

2. 信息消费结构差异

（1）整体边际消费倾向和需求收入弹性的比较。

运用 ELES 模型，对不同地区的交通通信、文教娱乐、医疗保健、家庭设备和信息消费总体的边际消费倾向和需求收入弹性进行测算，详见表1、表2。

表1　　　　　　　　各地区整体信息消费边际消费倾向

各地区	交通通信	文教娱乐	医疗保健	家庭设备	信息消费
苏北	0.077	0.115	0.044	0.049	0.286
苏中	0.079	0.147	0.049	0.044	0.319
苏南	0.141	0.162	0.040	0.018	0.360
江苏	0.108	0.147	0.044	0.033	0.331

从信息消费总体来看，苏南边际倾向远大于苏北和苏中，说明苏南农民的信息消费结构更加完善，苏南与苏中、苏北的消费结构差异较大。

表2　　　　　　　　各地区整体信息消费需求收入弹性

各地区	交通通信	文教娱乐	医疗保健	家庭设备	信息消费
苏北	1.617	1.311	1.411	1.564	1.446
苏中	1.418	1.467	1.345	1.085	1.370

续表

各地区	交通通信	文教娱乐	医疗保健	家庭设备	信息消费
苏南	1.601	1.569	1.017	0.363	1.285
江苏	1.559	1.488	1.201	0.772	1.337

各地区信息消费总体的需求收入弹性均大于1，体现了信息产品及服务对江苏农民仍呈现奢侈品的特点。从信息消费总体来看，苏北、苏中和苏南呈递减趋势，说明信息产品及服务的奢侈性逐渐降低，苏南的信息消费结构更完善，苏北的信息消费结构比较落后，需要进一步改善升级。

（2）基于时间序列的边际消费倾向与需求收入弹性比较。

从时间序列的边际消费倾向和需求收入弹性来看（图5、图6），各地区折线均是由一个个的倒U型曲线相连而成，体现了信息产品及服务不断更新换代的特点。从边际消费倾向来看，除了1999—2000年的异常值，每一个倒U型曲线的峰值均是苏南地区最高，体现了苏南农村居民更加注重信息消费支出，信息消费水平更高。

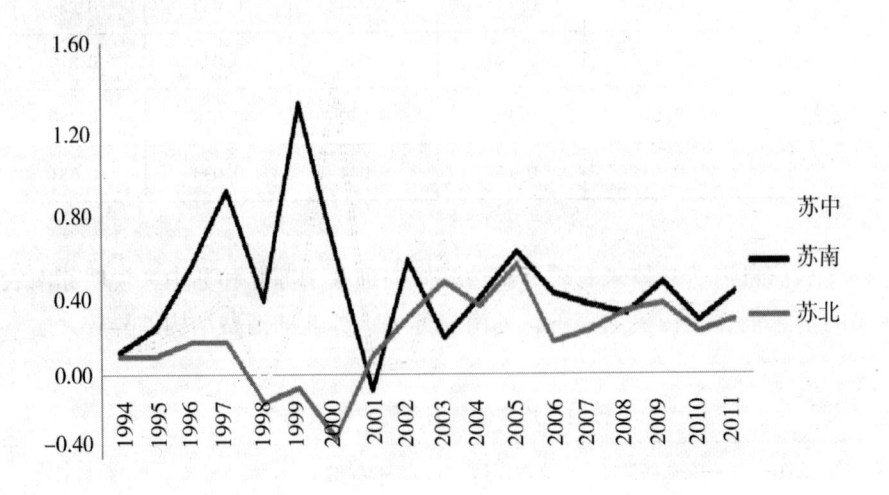

图5 苏南、苏中及苏北信息消费边际消费倾向

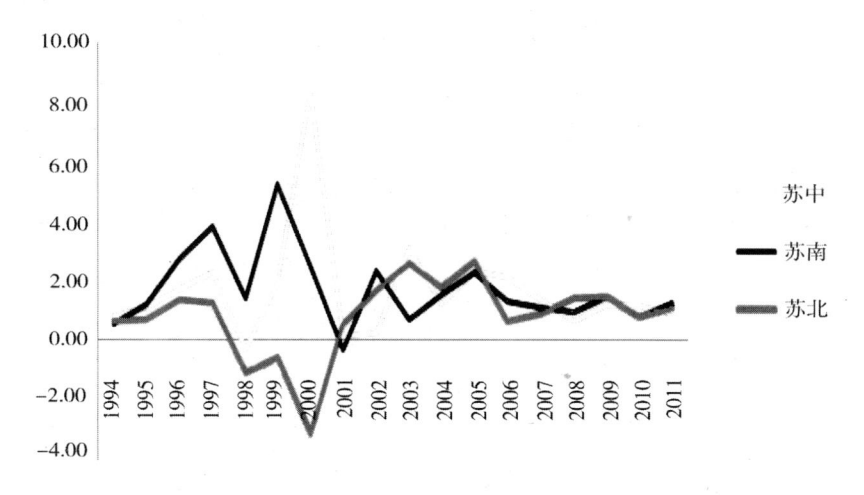

图6 苏南、苏中及苏北信息消费需求收入弹性

（四）江苏省信息消费的主要特征

基于以上对江苏省宏观层数据的分析，可以看出江苏省农村居民的信息消费水平位于全国前列，并且近年来快速提升；信息消费结构和高收入组、较高收入组较为接近，信息消费结构良好。但苏南、苏中、苏北的信息消费存在显著差异。三大地区间的信息消费水平差异逐年拉大，信息消费结构呈现不同特点。

（1）江苏不同地区农村信息消费的边际消费倾向和收入水平呈明显的倒"U"型，苏中处于倒"U"的顶端，苏南和苏北位于两侧。

（2）农村信息消费特点：信息产品及服务呈奢侈品的特点，并且边际消费倾向在时间序列上呈倒"U"型周期性变化。

（3）苏南、苏中和苏北处于不同的消费周期。信息消费水平苏中落后苏南约三年，苏北落后苏南约五年。因为消费周期的不同，在同一时点上其对信息消费的需求也不同。

三 江苏省农村居民信息消费意愿分析

（一）数据来源

本文在江苏省选取了9市42区（县）151镇2494户农户，通过入户问卷调研的方法进行数据的收集。

(二) TAM 模型及相关假设

技术接受模型（图7），是戴维斯等人（Davis et al., 1989）提出的，将社会心理学中的理性行为理论（TRA）运用到管理信息系统，以内在信念、主观态度、行为意向以及外部变量等因素，解释和预测人们对信息技术的接受程度。

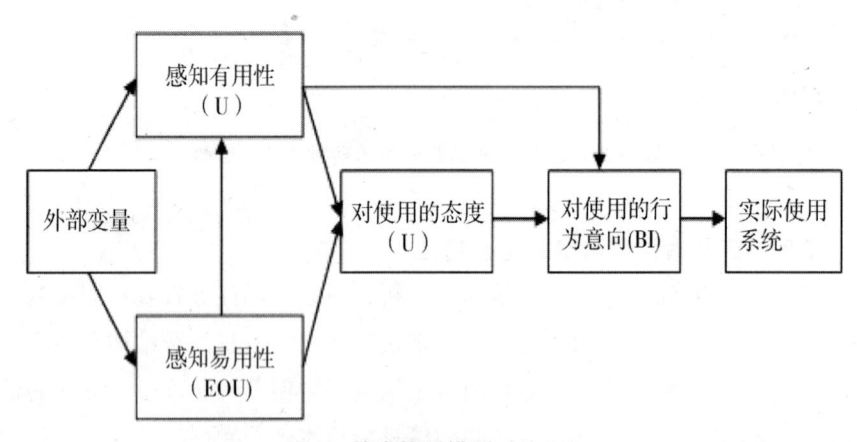

图7 技术接受模型（TAM）

基于TAM模型，本文提出农民接受信息产品及服务意愿和行为的研究假设，如表3所示。

表3　　　　　　　　　　TAM 模型研究假设

标号	假设
H_1	农民对信息产品及服务的消费态度正向影响信息产品及服务实际使用
H_2	感知易用性正向影响信息产品及服务的消费态度
H_3	感知易用性正向影响感知有用性
H_4	感知有用性正向影响农民接受信息产品及服务的态度
H_5	感知信息成本反向影响农民接受信息产品及服务的态度
H_6	感知信息质量正向影响农民接受信息产品及服务的态度

本文首先对问卷进行预调查，并使用预调查数据对问卷的信度和效度进行分析，最终得到具备良好信度和效度的正式调研问卷。研究抽样的顺序：先按地区分层抽样，再随机抽样，最后按各层人数配额抽样，问卷发放与回收情况如表4所示。

表4　　　　　　　　　　问卷回收情况统计　　　　　　　　　　单位：份、%

	苏南	苏中	苏北	总计
发放问卷数	690	810	1500	3000
回收问卷数	610	720	1400	2730
有效问卷数	547	655	1292	2494
有效回收率	89.67	90.97	92.29	91.36

（三）信度效度分析

研究问卷及其所涉及的各变量的克隆巴赫系数如表5所示。

表5　　　　　　　　问卷及所涉及变量信度分析

变量	题数	地区	克隆巴赫系数
感知有用性	3	江苏	0.706
感知易用性	2	江苏	0.790
感知信息质量	4	江苏	0.778
感知信息成本	4	江苏	0.677
量表部分		江苏	0.861
问卷整体		江苏	0.776

由表5可知，量表及其所涉及的各变量的克隆巴赫系数大多数都在0.7以上，表明研究的问卷具有较高的可信度。研究以SPSS 17.0中的Data Reduction中的Fact因子分析模块对江苏总数据的效度加以分析，研究结果表明各变量的建构效度良好。

(四) 信息消费意愿水平

统计可知，江苏各地区的农民在今后是否会使用更多的信息产品及服务这方面的均值总体接近甚至低于 3（表 6）。江苏农民对通信设备获取信息的及时性、完整性、真实性以及科学性方面的均值在 3.2 左右，可见江苏农民对信息产品及服务质量方面较为同意。本文采取结构方程软件 AMOS 20.0 来构建结构方程路径图，完成相关假设检验，路径图如图 8 所示。

表 6 　江苏各地农民使用信息产品及服务意向的均值比较

问题项	地区	N	均值	均值的标准误差
今后会使用更多的通信产品及服务	江苏	2494	2.9376	.03243
	苏南	547	3.0373	.04447
	苏中	655	2.7600	.08531
	苏北	1292	2.8763	.05510

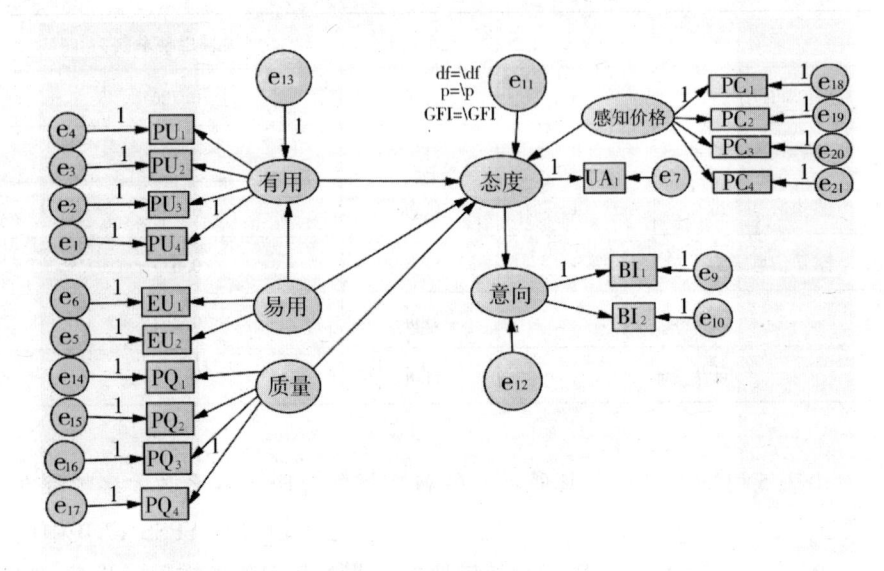

图 8 　结构方程路径

(五) 信息消费意愿的影响因素

计算可知，GFI=0.921，RMSEA=0.068，均达到指标，表明模型与数据拟合程度非常好。总体来说，苏南、苏中模型拟合较好，苏北的经过修正后的模型拟合度还欠缺，但也在可接受范围之内。

1. 苏南地区

通过数据分析，发现在影响消费者消费态度的因素中，感知有用性最大，为0.538；感知信息质量排名第二，为0.477；感知易用性为第三大因素，为0.213。感知信息成本对消费态度呈现正向影响，原假设不成立。

2. 苏中地区

通过数据分析，发现在影响消费者消费态度的因素中，感知有用性最大，为0.672。感知信息质量其次，系数为0.338。

3. 苏北地区

通过数据分析，发现在影响信息消费态度的因素中，感知有用性、感知信息质量对信息产品及服务态度正向影响，接受原假设；感知信息成本反向影响消费态度，接受原假设；感知易用性系数为-0.144，拒绝原假设。

(六) 进一步的对比分析

感知有用性都对提高信息消费意愿有显著正向影响。但是苏南的系数为0.538，苏中的系数为0.672，苏北的系数为0.838，可见感知有用性对苏北影响更大。感知信息质量对信息消费意愿有正向影响。但苏南系数更大，为0.477，苏中居中为0.338，而苏北仅仅是0.163。感知易用性在苏南地区对农民态度的影响系数是0.213，苏中为-0.041，苏北为-0.144，主要原因是，苏南、苏中、苏北处于不同的消费周期，其消费需求是不一样的。

苏南与苏北农民在感知信息成本上有较大差异，苏北感知价格对消费意愿有反向影响，而在苏南、苏中感知价格对消费意愿有正向影响。

四 信息消费与农业信息化、现代化和产业化的相互作用

(一) 信息消费与农业信息化、现代化和产业化的相互关系

根据江苏省1993—2011年农村居民信息消费支出和农业信息化、现

代化、产业化水平数据,对其进行相关性分析。其中信息化指标包括江苏省农村居民每百户电脑拥有量、每百户电视机拥有量、每百户电话机拥有量和每百户移动电话拥有量;现代化指标包括农业劳动生产率(农林牧渔总产值/农林牧渔劳动力数)和人均纯收入;产业化指标包括乡镇农业企业总产值,乡镇企业从业人数和农业机械总动力数。对各指标进行无量纲化处理,再加权平均分别得到农业信息化、现代化、产业化水平数据。

(二)信息消费对农业信息化、现代化和产业化水平的影响

以信息消费为自变量,分别以农业信息化、现代化、产业化水平为因变量作线性回归分析,构建回归方程 y=b×x+a,结果如表7所示。

表7　　　　　　　　　各回归方程参数估计值

因变量y	b系数	a常数	R^2	F值	概率p值	系数检验t值	概率p值
信息化	0.805	0.257	0.754	56.205	0.000	7.497	0.000
现代化	0.986	0.035	0.995	3739.225	0.000	61.149	0.000
产业化	0.978	0.037	0.901	165.397	0.000	12.861	0.000

从表7可以看出,R^2 值均大于0.7,表明方程拟合良好;F检验统计量的观察值均较大,相应的概率p值均为0.000,小于显著性水平0.05,可以认为信息消费和信息化、现代化、产业化之间存在线性关系;回归系数T检验的t统计量的观察值均较大,概率p值均为0.000,小于0.05,说明回归系数有显著意义。

得回归方程如下:

信息化:y=0.805x+0.257

现代化:y=0.986x+0.035

产业化:y=0.978x+0.037

从常数项来看,信息化常数项最高为0.257,而现代化和产业化常数项均较小。说明当信息化达到一定程度时才有信息消费。从回归系数来看,信息消费对现代化(0.986)和产业化(0.978)的影响程度均较大,对信息化的影响程度相对较小,回归系数仅有0.805。

（三）农业信息化、现代化和产业化对信息消费的影响

分别以农业信息化、现代化、产业化水平为自变量，以信息消费为因变量作线性回归分析，构建回归方程 y=b×x+a，结果如表 8 所示。

表 8　　　　　　　　　　各回归方程参数估计值

自变量 x	b 系数	a 常数	R^2	F 值	概率 p	系数检验 t 值	概率 p
信息化	0.954	-0.174	0.754	56.205	0.000	7.497	0.000
现代化	1.009	-0.034	0.995	3739.225	0.000	61.149	0.000
产业化	0.927	-0.006	0.901	165.397	0.000	12.861	0.000

各检验统计量和表 7 相同，自变量和因变量互换位置对方程拟合优度、回归系数的显著性意义没有影响。

由表 8 可得到回归方程如下：

信息化：y=0.954x-0.174

现代化：y=1.009x-0.034

产业化：y=0.927x-0.006

从回归常数来看，当信息化、现代化、产业化水平为零时，信息消费均小于 0，说明信息消费是建立在信息化、现代化和产业化基础上的。从回归系数来看，农业现代化对信息消费的促进作用最大，其次为信息化，产业化最低，这三方面对信息消费的影响程度呈梯度递减。

五　推动江苏农村居民信息消费的对策思路

（一）研究结论

1. 苏南、苏北在信息消费结构上差异显著

苏南的消费结构更加完善，交通通信、文教娱乐的边际消费倾向最高，而医疗保健、家庭设备的边际消费倾向最低；苏北家庭设备的边际消费倾向最高，而交通通信、文教娱乐边际消费倾向最低。不同区域信息消

费意愿不同，苏南最高，苏北最低。

2. 苏南、苏中和苏北的信息消费水平和边际消费倾向均存在显著差异

随着农村地区人均收入水平的提高，边际消费倾向呈现出先增大后减小的倒"U"型变化规律。苏北处于边际消费倾向随地区人均收入增加而增加的阶段，苏中处于峰值左右，而苏南处于边际消费倾向随人均收入增加而降低的阶段，苏南边际倾向略低于苏中边际倾向。

3. 江苏省农民的信息消费和农业的信息化、现代化、产业化之间存在显著的线性关系

信息化和现代化对信息消费的影响更高，信息消费是建立在一定的农业信息化、现代化和产业化水平基础上的。

（二）推动农村信息消费的对策建议

1. 多主体系统并进：推动信息消费的新路径

农村地区信息消费，是多主体协调的整体性推进，而不是某一个或几个主体的盲目推动，这是由信息消费和农村信息化、现代化的性质和内涵决定的。因此，必须坚持科学发展观、和谐发展和协同发展的原则，推进农村经济生活的信息化和现代化，努力实现各政府部门、运营商和农业信息服务企业在发展目标、发展阶段和发展手段上的协调一致，整体推动农村信息化、农业现代化的进程，确保2020年基本实现农村地区的现代化。①以政府为引领，结合江苏农村经济和生活发展的实际情况进行顶层设计，以助推农业信息化和现代化为目标，搭建信息消费平台、优化信息消费环境，对信息消费领域的公共品和准公共品准确及时提高，促进农村居民增产增收。②运营商应结合农村居民的消费意愿和信息需求，提供符合农民需求的产品和服务，丰富信息消费产品和服务，提高消费意愿。致力差异化营销，覆盖农业、渔业、种养殖业、产供销、农村政务管理和农民民生等数十个方面的信息内容，用最及时实用的政策和市场信息，助推农业增收、农民致富。③IT企业应加强对不同类型农民的个性化产品的提供以满足普通农民、种植养殖大户、技术能手等不同类型农民的需求。

2. 多方位区域统筹：形成信息消费的新格局

全省不同区域的信息消费水平、信息消费结构和信息化程度存在差异。全省农村地区的信息化和现代化与各区域的信息化和现代化是相辅相

成的。为促进形成信息消费和信息化新格局，应以区域板块联动为基础、以区域经济特色为轴线、以信息产品和服务为支撑，共同推进多尺度空间统筹发展。①着眼于苏南、苏中、苏北在信息消费意愿、消费行为和信息基础设施上的差异，结合三大区域板块的农业比较优势，以宏观调控为导向，发挥信息要素的优势，加大其他生产要素整合力度，形成不同特色的板块；②强调信息产品和服务的支撑作用，以农民信息需求为主线，进行信息产品和服务的设计，满足现实需求，挖掘潜在需求；③加大"区域联动"，既要注重苏南地区的引领作用，也要关注苏北地区的跟随能力，缩小地区间差异，促进区域协调发展。

3. 阶段推进：实现农村信息化和现代化的新进程

随着时间的推移和消费环境的改变，消费内容、消费方式、消费平台和消费动力都会随之发生变化。从现有研究看，苏中落后苏南三年，苏北落后苏南五年。因此，农村信息消费应根据农村信息化和现代化的进程，与时俱进，分阶段有序推进。①重点分析促进农村信息化与现代化的有效手段，来增加农民收入，从而进一步促进信息消费，扩大内需，形成一种良好的闭循环发展模式（图9）。②要根据不同区域的不同发展阶段，确定农村信息化和现代化的阶段性目标及其重点任务。对于苏南地区，应整

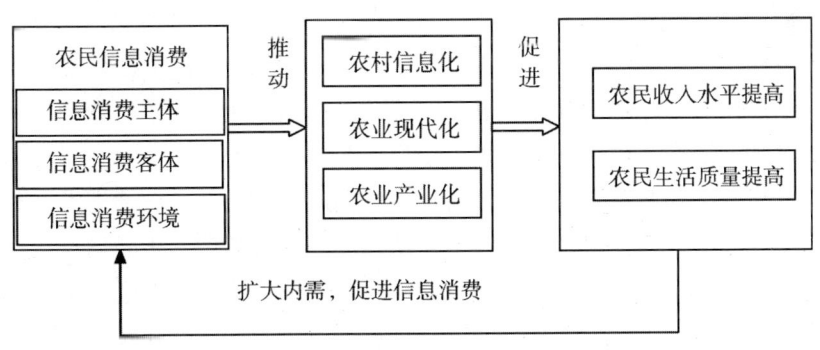

图9 "信息消费—农业信息化、现代化、产业化—增收"循环模式

合切实与农民相关的信息，积极推动农村基层网站建设，提供对农民生产和生活有益的信息，应更注重提高信息质量、信息多样化、信息高端化。力求网页的美观、信息的多样、形式内容的丰富。苏北农民的价格敏感度较高，应鼓励发展"农业信息化创收模式"，鼓励其将其特色产业平台

化、电子商务化,政府应加大对苏北农民的产品补贴、服务补贴、终端补贴,培养其消费意识。③要从各地区不同基础和条件出发,选择实现农业信息化和现代化的目标、模式和路径。结合三大区域特点,提出苏南的"创新模式"、苏中的"跟随模式"和苏北的"创收模式"。同时,可进一步加强苏南对苏中和苏北的示范、辐射、溢出和带动作用。

4. 多驱动科学整合:引领信息消费新热点

信息消费是一个复杂系统,涉及多种影响因素、驱动力和带动作用。要建立多驱动的协调机制,能够有效推动江苏省农村地区的信息化和现代化建设进程。①坚持以信息需求为导向,以市场为基础,发挥政府在信息消费中的引领和推动作用,加大对农村的各项补贴,引进新型农业技术,促进农业结构的升级,创建更广阔的农产品市场;加强对农民技能的培训,使其掌握更多的劳动技能,增加收入,形成"信息消费—促进农业信息化—增收—促进信息消费、缩小差异"的良性闭环模式;通过专门工作委员会,负责协调农业信息化和现代化建设的重点任务与项目,并制定和落实相关措施;定期进行考核和评价,重点考核信息化的质量和效率,更加关注信息消费对农民生活质量提高和生产效率改进。②以创新为持久驱动力,结合区域优势和国外经验,创新信息消费模式,创造信息消费需求,培育信息消费市场。与国外一些国家相比,我国信息消费发展模式方面创新力度缺乏。努力创新信息消费模式,完善信息产业,信息消费受多种因素的影响和制约,信息产业的发展也应适应信息消费的变化趋势,信息企业应加强对社会信息消费者需求的调查研究,了解社会信息消费的现状、潜在的消费需求,以及信息消费的发展趋势,及时开发适销对路的信息商品和服务,并通过创新手段和模式,创造新的消费需求,有效加以引导,满足社会信息消费需要,从而促进信息消费的不断增长;在信息消费客体、手段和载体方面进行创新,以创新示范区为基础,推动农政学研的紧密结合,建立多元机制,为信息消费、农业信息化和现代化提供内生动力。

参考文献:

1. Bens Pardamean, Mario Susanto, *Assessing User Acceptance toward Blog Technology.*

2. "Using the UTAUT Model", *Internation Journal of Mathematics and Computers in Simulation*, Vol. 1, No. 6, 2012.

3. John E. Anderson, "Sme Adoption of Wireless Lan Technology: Applying the Utaut Model", *in Proceedings of the 7th Annual Conference of the Southern Association for Information Systems*.

4. Yeoh Sok Foon, "Internet Banking Adoption in Kuala Lumpur: An Application of UTAUT Model", *International Journal of Business and Management*, Vol. 6, No. 4, 2011.

5. Viswanath Venkatesh et al., "Consumer acceptance and use of information technology: extending the unified theory of acceptance and use of technology", *Management of Information System, MIS Quarterly*, Vol. 36, No. 1, 2012.

6. Rita Oluchi Orji, "Impact of Gender and Nationality on Acceptance of a Digital Library: An Empirical Validation of Nationality Based UTAUT Using SEM", *Journal of Emerging Trends in Computing and Information Sciences*, Vol. 1, No. 2, 2010.

7. Matthew J. Wills et al., "Examining healthcare professionals' acceptance of electronic medical records using UTAUT", *Issues in Information Systems*, Vol. 9, No. 2, 2008.

8. Frank, K., Mareike, S., Dirk, S., "An Empirical Investigation of the Acceptance of Electronic Negotiation Support System Features", *Proceedings of the 14th International Workshop on Database and Expert Systems Applications*, 2003.

9. Rebecca, G, James, D., "Exploring the Corporate Benefits and Employee Adoption of Corporate E-learning", *Proceedings of the 37th Hawaii International Conference on System Science*, 2005.

10. Chian-Son Yu, "Factors affecting individuals to adopt mobile banking: empirical evidence from the UTAUT model", *Journal of Electronic Commerce Research*, Vol. 13, No. 2, 2012.

11. Min Qingfei, Ji Shaobo, Qu Gang, "Mobile Commerce User Acceptance Study in China: A Revised UTAUT Model", *Tsinghua Science and Technology*, Vol. 13, No. 3, 2008.

12. Nysveen, H., Pedersen, P. E., and Thorbjornsen H., "Intentions to Use Mobile Services: Antecedents and Cross-Service Comparisons", *Journal of the Academy of Marketing Science*, Vol. 33, No. 3, 2005.

13. Viswanath Venkatesh, James Y. L., Xin Xu, "Consumer acceptance and use of information technology: extending the unified theory of acceptance and use of technology", *MIS Quarterly*, Vol. 36, No. 1, 2012.

14. Chan, K. Y., "Examining User Acceptance of SMS: An Empirical Study in China and Hong Kong", *Proceedings of 12th Pacific Asia Conference on Information System*, Suzhou, China, No. 7, 2008.

15. Liu, Chang, Arnettet et al., "Key dimensions of web design quality as related to consumer response", *Journal of Computer Information Systems*, Vol. 42, No. 1, 2001.

16. Brown, S. A., and Venkatesh, V., "Model of Adoption of Technology in the Household: A Baseline Model Test and Extension Incorporating Household Life Cycle", *MIS Quarterly*, Vol. 29, No. 4, 2005.

17. Van der Heijden, H., "User Acceptance of Hedonic Information Systems", *MIS Quarterly*, Vol. 24, No. 4, 2004.

18. Sandeep Kumar, "The Moderating Factors of 3G User Acceptance Technology in Shimla (India) —Using UTAUT Model", *International Journal of Computer Science & Engineering Technology*, Vol. 4, No. 6, 2013.

19. Z. Hochman, P. S. Carberry, "Emerging consensus on desirable characteristics of tools to support farmers' management of climate risk in Australia", *Agricultural Systems*, No. 4, 2011.

作者信息：

研究基地：江苏农业信息化研究基地

承担单位：南京邮电大学

首席专家：闵春发

课题负责人：黄卫东、陈立梅

主要参加人员：许和隆、汪业周、孙秀成、李朝祥、王子敏、贾丹华、吉丽、王亦子、陈凌云

基于市场化的物联网产业发展
模式及产业政策研究

内容提要：在第三次工业革命引致的"自工业化"时代，产品、流程和企业的模块化发展将显得越发重要。物联网产业是信息产业集成创新而形成的战略性新兴产业，信息产业的模块化和标准化特征为物联网产业的模块化发展提供了"天然优势"。物联网产业模块化价值创新的机理，在于突破传统价值链的线性思维和价值分工的机械模式，使各个模块按照产业价值最优的原则相互耦合和动态互动，实现从价值链到价值网络的创新系统转变。我国物联网企业要充分利用模块化发展的价值创新优势，基于物联网产品、业务流程和组织模块化发展特征，建立架构创新、商业模式创新和集群创新"三位一体"的创新策略，从而有效规避模块化发展的"低端锁定"陷阱。

一 物联网产业发展的国际背景

随着以"数字化智能制造"为核心的第三次工业革命的兴起，消费者的需求更加个性化、碎片化和小众化，并引起了生产方式由"大规模生产"向"自组织制造"转型，也衍生出了一些新现象和术语，如众包（Crowdsourcing）、创客（Maker）、分布式创新（Distributed Innovation）、平台经济（Platform Economics）等。物联网产业是具有标识、虚拟个性的物体/对象所组成的网络，这些标识和个性等信息在智能空间使用智慧的接口与用户、社会和环境进行通信（EPoSS，2008）。由此可见，物联网产业天然地遵循模块化系统的"设计规则"，具有模块化发展的结构、界面和标准三要素。目前全球物联网产业正处于从政府示范应用到市场局部应用的成长阶段,随着新兴技术扩散、商业模式创新和产业政策支持的逐步完善,网络市场的摩尔定律必将使物联网产业迎来"爆炸式"增长。《中国物联网 RFID 2012 年度发展报告》的统计数据显示,2012 年我国物联网产业规模已达 3650 亿元,同比增长 38.6%,预测 2015 年物联网产业规模将超过 5000 亿元,年复合增长率达到 30%。如何在全球模块化分工和开放式创新的背景下提升产业国际竞争力是我国物联网产业亟待解决的重要问题。而纵观当前对物联网产业的研究仍停留在概念界定、政策解读和案例描述的层面,缺乏从市场化层面探讨我国物联网产业的价值创新。本文立足物联网产业市场化和持续化发展,首先剖析了物联网产业的模块化网络结构,然后理论探讨了物联网产业价值创新的机理,并从架构创新、商业模式创新和集群创新三个层次分析了物联网产业价值创新策略,最后探讨我国物联网产业发展的政策选择。

二 物联网产业的模块化结构与价值创新机理:市场化视角

物联网产业模块化是指通过对产品进行模块化设计,采取业务流程模块化的服务方式和企业网络模块化的集聚方式,对物联网产业链进行纵向解构和横向分包,然后根据标准化的界面规则,协同和聚合相关模块以提供物联网服务。物联网产业模块化价值创新的机理就在于突破传统价值链的线性思维和价值分工的机械模式,使各个模块按照产业价值最优的原则相互耦合和动态互动,实现从价值链到价值网络的创新系统转变。

(一)物联网产业的模块化网络结构

物联网产业依据功能特征可以分为三大价值模块:信息采集的感知模块、信息传输的网络模块、智能处理的应用模块(图1)。感知模块利用射频识别(RFID)、传感器、二维码等信息传感装置自动采集与物品相关的信息,并通过通信模块将采集的信息上传至网络模块和应用模块。物联网产业的发展将对 RFID、传感器和通信模块等先进制造业具有直接带动效应,尤其是 RFID 的需求量最为广泛。RFID 应用系统包括标签、阅读器、软件和系统集成服务等环节。根据英国市场调查公司 IDTechEx 的统计数据,2012 年全球 RFID 市场规模达到 76.7 亿美元,同比增长 17%,

尤其以服装和动物标签领域增长最为迅猛。2012年我国RFID产业市场规模则达到236.6亿元，同比增长31.7%；制造传感器24亿只，市场规模超过900亿元。然而，与美国、欧盟、日韩等国家相比，我国感知模块的创新能力和制造技术仍有较大差距。例如，我国低频段和高频段RFID技术相对成熟，但超高频段和微波频段还没有形成产业化能力，且缺乏具有自主知识产权的接口协议标准和自主可控的标签芯片及读写器芯片；我国传感器产业核心技术和基础能力缺乏，中高档传感器产品几乎100%从国外进口，90%的芯片依赖国外，且外资企业的比重达到67%，国内企业95%以上属于小型企业。

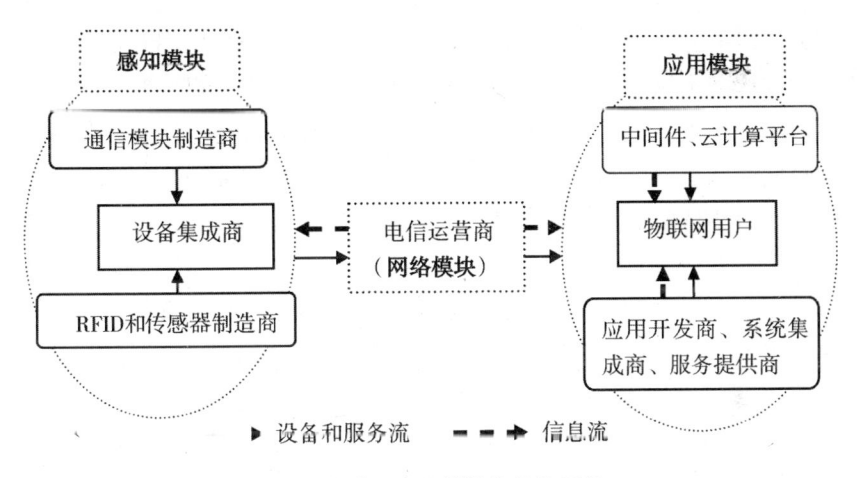

图1 物联网产业模块化价值网络

网络模块可以视为构建物联网产业的网络平台，通过移动通信网、互联网和行业专用通信网络，实现数据信息和控制信息的双向传递、路由和控制。由于拥有网络资源的电信运营商在物联网市场的导入期并没有重视此项业务，因此形成了许多通过租用电信运营商的网络资源来提供机器与机器间通信（M2M）业务的虚拟移动运营商（Mobile Virtual Network Operator，MVNO），如美国的Jasper Wireless和英国的Wyless等。M2M是物联网应用的初级形式，是在机器之间无须或仅是有限人为交互或干预的通信，是一种以机器终端智能交互为核心的、网络化的应用与服务。根据市场研究公司TechNavio的调查数据，2010年全球M2M市场规模达到了73亿美元，同比增长26%。随着M2M以及物联网市场规模的日益扩大，电信运营商必将实现从"通道"到"应用"的发展转型。由于缺乏应用创新和系统集成能力，目前我国三大运营商超过90%的物联网业务为低附加值的通道类业务，即单纯提供数据通道，尚未基于网络平台优势发展成为物联网产业的应用服务聚合者和规则制定者。

应用模块利用云计算、模糊识别等各种智能计算技术，对海量数据和信息进行分析和处理，由应用支撑平台和应用服务系统两大子模块协同向行业和大众用户提供物联网服务。其中，应用支撑平台用于支撑跨行业、跨应用、跨系统之间的信息协同、共享和互通的功能，主要包括中间件、云计算平台等。中间件是继操作系统和数据库管理系统之后兴起的一种基础软件，是网络各节点操作系统与应用系统之间的支撑软件。应用服务系统则为用户提供特定的服务界面和服务内容，主要包括应用开发商、系统集成商和服务提供商。应用开发商根据物联网用户需求提供专业化的解决方案。服务提供商主要为用户提供统一的终端设备许可、计费等服务。而系统集成商则是把感知模块、网络模块和应用模块集成为一个具有协同效应的整体模块价值群的关键环节。目前许多跨国公司已经具备了提供较为成熟的物联网应用解决方案的能力，如IBM开发的"智慧城市"系统，涵盖了智能电力、智能医疗、智能交通、智能银行、智能城市等综合性物联网应用方案；思科公司开发的"智能互联建筑"解决方案，为美国网域存储技术公司节约了15%的能耗；欧洲的校际微电子中心（IMEC）利用GPS、RFID技术开发出了远程环境监测、先进工业监测等系统。我国尚未形成专业化和市场化的应用服务业，已有物联网应用大多是各行业或企业的内部化服务，需要进一步突破经济成本、信息安全、行业壁垒等一系列制约。

从上述分析可以看出，物联网产业自身具有模块化发展的基本属性：一是独立化特征，物联网产业的三大模块及其内部的产品和业务流程都是可以拆分的，并且具有独立运行的功能特征，系统集成商的功能就在于将相对独立的产品和业务流程模块耦合为完整的用户解决方案。二是标准化特征，标准即模块之间的联系规则或界面准则，由于物联网产业属于信息产业集成创新而形成的新兴产业，其核心架构、各模块技术体系以及产品接口均有一定的技术标准和互联互通准则。2011年，我国国家标准委已经在交通、农林、智能电网、智能家居等六大领域开展物联网行业标准体系制定，为物联网产业规模化应用提供标准支撑。三是网络化特征，物联网产业不仅具有需求方规模经济，而且应用开发商和用户还基于网络平台形成了正反馈的"交叉网络效应"（Cross-Network Effect），即网络平台上的应用开发商越多，用户越愿意加入网络平台和接受物联网服务，反之亦然。由此可见，物联网产业是一种"双边或多边平台式"的商业生态系统，电信运营商通过提供网络平台，将一系列独立的、标准的价值模块最大限度地连接起来，构造成一个具有协同效应的模块化价值网络。这种商业生态系统的关键在于网络平台通过机制设计，有效激励多方群体之间互动，进而打造一个完善的、成长潜能强大的商业生态圈。

（二）物联网产业价值创新的内在机理

经济租金理论认为，企业价值创新的目的在于寻求和获取经济租金（Makadok，2001），如异质性资源产生的李嘉图租金、进入壁垒产生的张伯伦租金、动态创新能力产生的熊彼特租金、企业间信任与合作产生的关系租金等。随着物联网产业模块化网络的发展，各个模块通过网络化的相互连接，在网络外部性和梅特卡夫法则的作用下，价值交换和价值创新的质量与数量呈几何级数增长。各个模块可以利用自身的异质性资源，以共同获取经济租金为原则，与其他模块进行互补性的耦合，实现资源的有效利用和价值最大化。需要强调的是，标准制定对于物联网产业价值创新具有重要的意义，它将各个模块的能力要素从产品或业务流程中释放出来，进而实现模块的重新组合和价值创新。物联网产业模块化的组织方式看似是适应日益增长的复杂技术发展的需要，实际上更为重要的是改变了企业之间的关系结构（Baldwin，2008）。为了应对全球化的竞争以及快速变化的市场，单个企业除了强化内部价值创新功能外，必须加入某个特定的商业生态系统，通过企业间知识和资源的交换与共享，实现单个企业独立运作所无法实现的价值创新，即形成一个具有协同效应的价值创新网络。由此可见，与单个企业价值创新方式不同，物联网产业的价值创新机理具有以下三个特征。

1. 价值模块之间的耦合是价值创新的有效途径

达斯（Das，1998）认为，在模块化产业网络中，价值模块之间的耦合实际上是模块之间的互动过程，也是彼此交换价值和共同创造价值的过程，这个过程作用于两个模块在价值网络中的联系路径。以奇虎360为例，其自身并不掌握杀毒技术，通过将国际上最先进的杀毒模块进行整合，以免费方式提供给消费者，然后通过向大规模的消费者群体提供多样化互联网服务而实现盈利，彻底改变了杀毒软件行业传统供求关系和交易模式。在物联网产业中，网络运营商通过网络平台为感知模块、应用模块和用户提供互动机制而盈利，系统集成商则通过集成众多技术产品模块和业务流程模块为用户提供系统解决方案而参与价值创新，并且物联网产业的效率在很大程度上依赖于系统集成水平。

2. 用户市场的网络效应是价值创新的关键环节

网络化和数字化的发展，使用户市场从相对稳定的"大众"裂变为离散且快速变化的"碎片"。传统企业通过细分市场制造差异化，依靠大规模生产和统一供应从制造环节实现价值创新的模式，已经不足以填补碎片化市场的投入。而在模块化产业网络中，通过模块化的整合和集成可以实现对碎片化的用户市场进行互联和交互，从而能够有效利用户市场的网络效应实现"杠杆式增长"。在物联网产业中，以下三个趋势体现了产业参与主体对用户市场潜在需求和网络效应的有效管理：一是电信运营商注重提供物联网数据增值服务，以范围经济效应提高企业的单位用户平均收入（ARPU）；二是电信运营商通过互联互通增强跨国服务能力，如2012年美国电信运营商 Sprint 和法国电信运营商 Orange 进行合作，Orange 为 Sprint 在美国之外的市场提供物联网服务，由此 Sprint 物联网服务范围将扩展至全球 180 个国家；三是应用开发商更强调与用户原有的 ERP、CRM 等企业信息管理系统无缝整合，以降低用户系统转换成本，提高用户业务运营效率。

3. 从纵向竞争转向网络协同是价值创新的组织方式

波特（Porter, 1985）提出的"竞争力模型"认为，产业链相关环节通过竞争、对立和议价的市场交易方式联结，形成了垂直整合式的价值创新体系。波特的"企业在价值链上定位"理论是线性的、静态的，企业价值创新战略思维关注的是在固定的经济馅饼中得到最大可能的份额（Ghoshal et al., 1999）。在模块化产业网络中，企业价值创新的组织形式是平行的、分布式的，其战略重心在于通过"模块整合或集成"方式进行角色与关系的重塑，以对用户的选择、合作优先权以及产业网络的调整做出快速反应。模块化产业网络的竞争力在于营造了一个相互依存且具有多样性的商业生态系统，实现了价值创新的组织方式从"点"到"线"以及"网"的协同效应。在物联网产业中，随着电信运营商在物联网应用市场的逐步渗透，将不可避免地遇到行业用户的专业技术壁垒。在这种趋势下，采用提供网络通用设备、平台、接口和终端的形式，由各领域的专业企业开发并提供应用服务，将是电信运营商进一步实现价值创新的必然选择。

三 基于市场化的物联网产业价值创新策略

物联网产业是先进制造业和现代服务业融合发展的新兴产业，感知模块以 RFID、传感器、通信模块、通信芯片、智能仪器仪表等制造业为主，网络模块和应用模块则以网络服务、应用基础设施服务、应用软件开发、系统集成等信息服务业为主。依据物联网产业模块化层次结构和产业特征，可以将其模块化价值创新分为三个层面：一是基于产品模块化的架构创新。架构创新是在物联网产品组件和核心设计保持不变的基础上，对产品的结构设计和零部件组合方式进行重新建构，不仅可以满足用户的多样化需求，而且还创造出了新的满足用户需求的价值。二是基于业务流程模块化的商业模式创新。商业模式创新是对物联网产业的信息感知与识别、网络运营、信息分析与处理、用户应用解决方案等业务流程进行分解和再整合，不仅促使产业网络快速响应用户需求，而且为企业、用户和社会创造了新价值。三是基于组织模块化的集群创新。集群创新是以开放式创新为基础，将外部创新资源（公共机构、研究机构、技术中介、金融机构、供应商等）纳入价值网络，通过模块化分解将业务外包，或对价值模块进行有效整合与协同创新，形成开放式的创新型物联网产业集群。

（一）基于产品模块化的架构创新

由于物联网产业寄生并依附于信息产业，因此信息产业发达的美国、欧盟、日韩等国家物联网产业具有领先优势。受制于信息产业长期的基础性瓶颈，我国物联网产业在核心芯片、高端传感器、智能处理等关键技术和产品领域滞后。在产品模块化分工时代，架构创新为后发企业占据有利的产业生态位进而实现跨越式赶超提供了难得的机会窗口（Christensen and Raynor，2003；朱瑞博，2011）。架构创新的实质是企业根据特定市场的需求特征形成自主的产品设计，然后以建构技术采用并整合发达国家核心元器件，自主设计并制造出一种全新的产品。

架构创新策略的关键取决于后发企业能否成为产品的系统设计和标准规则的制定者，并引导核心器件制造商跟随其创新的架构。如果后发企业不能走出不同于先行者的主导技术轨道，可能沦落为主导企业的"代工企业"或"组装加工基地"。为此，对我国物联网产业发展而言，一方面培育主导企业的架构创新能力，引导主导企业充分理解和挖掘国内市场需求，通过引入新的知识和技术，自主开发和设计出超越性的物联网产品或设备。另一方面，尽快制定涉及信息安全的物品编码标识及解析体系等关键资源标准、物联网架构标准和大规模应用急需的网关、模块界面以及业务平台等标准以及具有大规模应用前景、需要信息共享和互联互通领域的应用标准，以在更大范围内形成被广泛接受的事实标准。

架构创新策略需要有效规避专利技术，以替代性非专利技术突破主导企业的"专利壁垒"，避免陷入"专利陷阱"。以物联网产业的智能终端为例，由于高通公司拥有3G芯片的核心专利，尽管联发科在中国智能手机芯片市场的份额超过高通，但联发科每售出一颗3G芯片，高通就可以获取6%的专利费。为此，我国在传感器、通信模块、通信芯片等物联网关键产品的架构创新过程中，不仅要通过"回避设计"（Designaround）等方式绕开"专利丛林"或通过交叉许可等方式低成本获取专利技术，而且需要积极跟踪产业技术发展趋势，开发外围技术和从属技术，掌握和拥有关键的互补性资产，避免出现"无利润地忙碌"的产业发展局面。

（二）基于业务流程模块化的商业模式创新

物联网产业作为一个新兴产业，目前尚未形成有效的商业模式和产业分工体系，系统集成商（如IBM）、虚拟移动运营商（如Wyless）、电信运营商（如法国Orange、中国移动）处于相关技术领域内向相关行业提供应用开发、系统集成、中间件等一整套解决方案阶段。产业若想实现变革式增长，依靠的往往不是产品和技术创新，而是将新技术和与之相匹配的商业模式结合在一起（Johnson et al.，2008）。沃尔玛（Walmart）和塔吉特（Target）以"天天低价"的开创性商业模式进入零售市场，苹果公司先后以"iPod+iTunes"和"iPhone+APP Store"这种新型的"产品+服务"的商业模式进入电子产品市场，都极大地改变了产业竞争格局。约翰逊等（Johnson et al.，2008）将商业模式界定为"由用户价值主张、盈利模式、关键资源和关键流程四个要素构成，这四个要素相互作用时能够创造价值、传递价值和获取价值"。在物联网产业的业务流程模块化和标准化的背景下，企业只需要创新用户价值主张和盈利模式，然后将关键资源和流程有机地串联起来，使它们互相支持、共同作用，以有效的方式完成新价值的传递，便可实现商业模式的"创造性破坏"。

奥斯特瓦德和皮尼厄（Osterwalder and Pigneur，2010）提出了网络化背景下五种典型的商业模式：非绑定式、长尾式、双边或多边平台式、免费式、开放式。随着物联网在不同企业、不同行业以及不同国家之间的应用拓展，其市场规模必将快速增长，商业模式也将从一体化的"闭环"转向专业化分工的"开环"，双边或多边平台式将是物联网产业的主流商业模式。双边或多边平台商业模式具有三个特征：（1）规模特征，即数量庞大且离散的供给、需求或第三边；（2）平台特征，即联结双边或多边用户的物理网络或虚拟网络；（3）交互特征，即多边或双边用户存在着相互连接、交互以及交易的潜在需求。物联网产业在这种商业模式实践中，网络运营商将是聚集和创造价值的"平台"和价值网络的主导者，通过为众多的应用开发商、用户、系统集成商、产品制造商等价值模块提供互动机制，尤其是将应用软件的创意源头与广大的用户市场直接互动，多样化的供给与多元化的需求匹配起来，进而实现价值创新。这种商业模式的核心理念在于平台企业通过为其他模块创造价值而确立其市场主导地位，突破了传统企业的单方价值增值模式。艾森曼等（Eisenmann et al.，2011）评估了全球最大的100家企业，发现60家企业主营业务收入来自双边或多边平台式商业模式，其中包括谷歌、苹果、微软等。然而，由于这种商业模式的"开放性"，若缺乏对多边用户的过滤机制和管制策略，将不利于商业生态系统的成长，如我国的许多网络招聘平台沦为广告平台以及一些搜索网站滥用竞价排名模式。

随着双边或多边平台式商业模式的普遍应用，物联网将使产业之间的边界逐渐模糊，企业间的"覆盖"现象也将越发频繁。以物联网产业的智能终端制造商苹果公司为例，苹果公司以App Store为应用软件平台，开拓出了一个比亚马逊公司的Kindle电子书读者群更大的用户群体。苹果公司完全可以基于App Store和锁定的消费者群体，实现对电子书市场的覆盖。基于战略防御的考虑，近年来亚马逊公司不断拓宽收入来源，例如推出彩色电子阅读器Kindle Fire，并开始在Kindle商城售卖音乐、视频、游戏、软件应用等产品，扩大用户群体规模，将利润来源多元化。

（三）基于组织模块化的集群创新

在政产学研的共同推动下，我国已经形成了一批物联网产业集群，如无锡国家传感网创新示范区、中关村物联网产业联盟、深圳物联网应用产业示范园区等。以无锡创新示范区为例，截至2012年底，年销售规模超过100万元的物联网企业已经由2010年的259家增加到608家。其中，设备制造类企业332家，软件产品开发类企业134家，系统集成类企业137家，网络及运营服务类企业5家。物联网企业在空间上的"扎堆儿"并不意味着必然引致集群创新，作为一种具有"网络范式"特征的创新组织形式，集群创新是指企业在竞争与合作机制的作用下，通过产业集群中的正式或非正式网络实现资源共享、相互学习以及获得企业自身尚不具备的互补性资产，从而提高创新能力和拓展创新空间。组织模块化所催生的竞合机制与模块整合模式将充分彰显集群创新的优越性，具有自组织特性的模块化企业可以通过全新的知识协同框架，提高其应对市场不确定和全球化创新竞争的能力。

由于物联网具有技术来源多元化、应用跨度大、需求长尾化、产业分散度高、技术集成性高等特征，并且我国在核心元器件、基础性系统、基础性架构等领域对发达国家依赖度较高，集群创新将是我国物联网产业加速原始创新、跟随创新和集成创新的必然路径。集群创新的战略核心在于构筑创新平台，即建立为产业集群中企业实现创新和价值提升提供服务并具有一定程度公共性的组织。发达国家产业集群的创新网络通常是"纵横交错"型，而我国由于企业技术水平较低，集群内企业之间的创新互动并不频繁，而将创新平台作为集群创新的"知识源"，从而可以形成一种"中心卫星"型的创新网络。以无锡创新示范区为例，2012年江苏依托中科院和中国物联网发展中心建立了中小企业物联网产业创新服务平台，为集群内中小企业提供产品研发设计、新技术推广和咨询、设备与产品测试等方面的服务，将有效解决中小企业创新资源不足的瓶颈，进而提升产业集群创新能力。

波特（Porter, 2003）认为，竞争合作机制在集群创新中发挥了重要作用，产业集群的创新收益部分来自不同机构的密切合作，如科研机构、商会、中介服务机构等，另一部分是源于加入产业集群的竞争者。由此可见，竞合机制是集群创新得以持续的重要动力，而非政府的财政补贴机制。根据中国 M2M 产业联盟的统计数据，2012 年无锡创新示范区 608 家企业中，仅有 15% 是盈利的，15% 是收支平衡的，其余 70% 是靠政府财政补贴来维持运营。这种产业集群发展状况一方面与物联网产业短期内难以实现低成本的应用普及和规模扩张有关；另一方面也暴露出集群创新动力不足、政府干预过度等问题。因此，随着物联网市场的快速发展，产业集群以合理的竞合机制，实现从"政府输血型"向"创新驱动型"转变，将是我国物联网产业内涵式发展的关键。

四　物联网产业发展的政策选择

物联网产业是信息产业集成创新而形成的战略性新兴产业，信息产业的模块化和标准化特征为物联网产业的模块化发展提供了"天然优势"。模块化作为新型的产业组织形式，由于其具有深化分工、促进创新、提高组织效率的特征，必将成为"自工业化时代"产业价值创新的重要组织方式。物联网产业模块化的特征和发展趋势，对我国物联网企业的价值创新和跨越式发展具有双重效应：一方面企业可以通过模块的可分性、独立供应商的出现和增长迅速且多层次的市场需求，有效地发挥本土市场优势，在集成创新领域或产品制造环节，获得良好的市场绩效以及竞争能力的提升；另一方面，跨国公司作为模块化组织网络的治理者和主导者，必然利用其掌控的核心技术和关键资源，对后发企业进行战略性控制和纵向压榨，阻碍其创新能力的提升。因此，我国物联网企业要充分利用模块化发展的价值创新优势，基于物联网产品、业务流程和组织模块化发展特征，建立架构创新、商业模式创新和集群创新"三位一体"的创新策略，从而有效规避模块化发展的"低端锁定"陷阱。

物联网产业被视为继计算机和互联网产业之后的又一次信息化浪潮，已经成为国际新兴产业竞争的焦点和制高点，这也是我国在新兴产业领域具有相对比较优势的产业。模块化发展的物联网产业是一个有机整合的商业生态系统，其价值创新的机理在于实现了从价值链向价值网络的协同创新系统转变。物联网产业的价值创新系统需要产业政策的引导，但要避免政府过度干预导致产业发展的盲目性和低水平无序化。因此，物联网产的政策选择应聚焦四个准则。

（一）鼓励关键技术研发与创新，避免物联网产业发展陷入"模块化陷阱"

相对于模块化的整合能力，我国企业普遍忽视长期性、基础性、前沿性的自主技术研发，过度依赖国外关键零组件进口。

（二）参与和主导产业标准制定，避免物联网产业发展陷入"专利陷阱"

产业标准是模块化分工下产业价值创新的通用规则，一旦丧失产业标准的"发言权"，不仅难以规避"专利陷阱"，更不利于产业的可持续发展。

（三）鼓励企业用户进行物联网服务示范应用，促进有效商业模式形成

通过补贴用户培育和扩大市场，以同边的网络效应和跨边的交叉网络效应促进物联网产业快速发展，避免了补贴厂商可能导致产能过剩的风险。

（四）引导企业形成产业创新网络，避免陷入政策补贴式的"跑马圈地"

引导模块化企业网络形成内生性的再整合或再集成机制，避免以行政主导形成"圈地规划"式的同构化竞争。

参考文献：

1. EPoSS, *Internet of Things in 2020*, European Commission, 2008.
2. Makadok, R., "Toward a Synthesis of the Resource-Based and Dynamic-Capability Views of Rent Creation", *Strategic Management Journal*, Vol. 22, No. 5, 2001.
3. Baldwin, C. Y., "Where do Transactions Come from? Modularity, Transactions and the Boundaries of Firms", *Industrial and Corporate Change*, Vol. 17, No. 1.
4. Das, T. K., Teng, B. S., "Between Trust and Control: Developing Confidence in Partner Cooperation in Alliances", *The Academy of Management Review*, Vol. 23, No. 3.
5. Porter, M. E., *The Competitive Advantage: Creating and Sustaining Superior Performance*, NY: Free Press, 1985.
6. Ghoshal, S., Bartlett, C., Moran, P., "A New Manifesto for Management", *Sloan*

Management Review, Vol. 19, No. 3, 1999.

7. Christensen, C. M., Raynor, M. E., *The Innovator's Solution: Creating and Sustaining Successful Growth*, Boston: Harvard Business School Press, 2003.

8. 朱瑞博:《架构创新、生态位优化与后发企业的跨越式赶超》,《管理世界》2011年第7期。

9. Johnson, M. W., Clayton M. Christensen, Kagermann, "Reinventing Your Business Model", *Harvard Business Review*, Vol. 12, 2008.

10. Osterwalder, A., Yves, P., *Business Model Generation*, New Jersey: John Wiley & Sons Inc., 2010.

11. Eisenmann, T. R., Parker, G., Alstyne, V., "Platform Envelopment", *Strategic Management Journal*, Vol. 32, No. 12, 2011.

作者信息：

研究基地：江苏现代信息服务业研究基地

承担单位：南京邮电大学

首席专家：叶美兰

课题负责人：岳中刚

主要参加人员：黄卫东、翟丹妮、沈毅

转型期石油石化企业多元化经营战略
——基于非油品销售的视角

内容提要：通过走访国内部分石油石化企业、发放加油站便利店顾客调查问卷（选择某公司在常州市区、市郊、乡镇及周边省道、国道等地加油站及加油站便利店进行了非油品问卷调查，发放并收回了300多份问卷）、收集国外石油石化企业非油品经营资料，首先，分析和总结了发达国家石油石化企业非油品经营现状；其次，比较了北美地区与某公司的非油品经营情况，深度分析了国内石油石化企业非油品经营现状及存在的问题；最后，提出了国内石油石化企业非油品经营措施，具体措施包括：增加人才支撑、加强制度保障、规划功能分区、优化商品结构、强化经营品种、采用混合配送模式等。这些非油品经营措施建议，很大程度上可以使国内石油石化企业非油品经营步入正轨，也可以为其提升综合竞争力奠定基础。

一 研究背景及研究意义

（一）研究背景

2010年美联储年会过后，权威研究认为，后危机时代将有"十年过渡期"，即始于2008年的次贷危机所造成的经济颓势将持续至2018年。面对危机持续蔓延、全球经济复苏缓慢的外部环境，全球石化企业都在这一阶段谋求转型升级，以期在这一轮的行业洗牌中保持自己的地位。国内石油石化行业也不例外，各大石化企业在"十二五"期间都加快推进传统石油和化工产业的转型升级，以期实现品牌竞争力明显提升。随着2006年中国成品油批发市场对外开放，成品油市场成为国际大牌石油公司争夺的焦点。这给我国石油石化企业带来了很大压力，仅依靠传统销售模式已不能使企业竞争力实现强劲增长，因此如何提高石油石化企业竞争力是石化行业十分关注的热点问题。

多元化经营是石油石化企业分散风险、提升竞争力的重要途径。根据目前国内外石油石化企业发展现状，非油品经营是实现石油石化企业多元化经营的重要举措。加油站是成品油销售的最前沿阵地，也是石油石化企业增强竞争力、实现效益最大化的强有力依托。如何充分利用已有油品零售网络，结合加油站设备设施以及消费群体，发展加油站便利店业务，开发非油品经营项目，国内外石油石化企业都在积极探索之中。便利店业务已在国外发达地区取得长足发展，销售和经营方式也较成熟，在能开便利店的地方都设有便利店，且便利店的毛利润早在20世纪末就已达到加油站毛利润的40%左右，如今这个比例更是高达60%左右。中国石油石化企业的加油站便利店经营从20世纪末开始起步，至今已有十几年时间，但总体说来非油品业务发展缓慢，多元化经营态势尚未形成。尽管现实中也有一些学者和机构开展了这方面的研究，形成了一些探讨如何进行非油品经营的研究成果，但许多经营战略设计还存在不够具体细致、针对性不强的缺陷，不能满足国内石油石化企业在现实中具体操作的需要。

本文就是基于以上背景进行国内石油石化企业非油品经营策略研究，通过对加油站地理位置、消费群体、商品结构及经营策略等问题的研究，提出一些可供国内石油石化企业选择的非油品经营措施，以期使国内石油石化企业在加油站便利店的经营过程中早日步入正轨，为中国石油石化企业多元化经营战略的实施做出贡献。

（二）研究意义

多元化经营是国内石油石化企业发展到一定阶段不可避免的战略选择，对国内石油石化企业提升市场分销能力、盈利能力以及品牌建设至关重要。因此，深入研究非油品经营问题，对石油石化企业可持续发展，有重要的现实意义。

对于国内石油石化企业来说，问题不是"是否应当进行多元化经营"，而是"如何进行多元化经营"。非油品经营业务在国外石油石化企业已较成熟，但国内非油品经营环境不同于国外，盲目照搬国外非油品经营模式，可能会给国内石油石化企业带来更大的风险，所以必须综合国内实际经营环境和企业自身情况，借鉴国内外先进经验，设计适合国内石油石化企业加油站便利店经营模式，实现增强石油石化企业竞争力的目标。

二 国内外主要石化企业非油品经营现状比较

（一）国内某公司非油品业务情况

以某公司为例，加油站非油品业务主要包括便利店业务、广告、汽车服务、快餐、高速服务区业务五块业务。其中便利店业务是核心业务，目前该公司有加油站2089座，有便利店2036座，全部采取自主经营模式；广告业务、快餐业务是引进知名品牌、场地出租模式，目前有380座完整的广告开发站点、1座和麦当劳合作的汽车穿梭餐厅；下一步汽车服务业务作为重点开发，高速服务区业务目前尚未开展。

从数量上来看，某公司非油品业务2008年起步，其一分公司第一座便利店于2008年5月1日正式营业，2008年某分公司实现非油品营业额6027万元；2009年营业额1.7亿元，2010年营业额3.95亿元，增长132%；2011年6.01亿元，增长52%；2012年8.37亿元，增长39%；2013年11.18亿元，增长34%。可以发现，非油品业务营业额上升较快，但增长幅度却在下降。2008—2010年高速增长的原因主要是新店开张，底盘扩大，今后则需要依靠精细化运作来增加营业额。

（二）该公司与北美地区非油品销售收入比较

国外加油站非油品业务目前处于比有油品业务的便利店更高一级的一站式商店的综合社区服务阶段。以北美地区最主要的两个国家——加拿大和美国为例，这些加油站的油品经营仅仅是手段，目的在于吸引顾客，非油品销售才是加油站盈利的主要来源。便利店毛利约占加油站总毛利的60%左右，平均毛利率在30%左右。

通过对某公司赴北美地区调研资料整理可知加拿大加油站油品、非油品销售额、毛利占比的总体情况。虽然非油品的销售额小于油品销售额，但是对总毛利的贡献要远多于油品，在这些加油站中，有的加油站非油品毛利占加油站总毛利的比例远高于总体情况，已达到80%。

美国加油站数目较大，并且大部分加油站都设有便利店，2009年全美大约有 16.1 万个加油站，14.45 万个便利店，2010 年便利店的数目增加至 14.47 万个，增长率远大于药房和超市，便利店的销售额甚至可以和品牌超市相提并论。通过分析几个具有代表性的美国加油站的便利店非油品销售数据可以说明，这些加油站便利店不仅销售额巨大，毛利率也较高，并且便利店毛利额均能占到总毛利额的 60% 左右。

所调研的公司非油品经营还处于起步阶段，尽管近几年新开店增长迅速，非油品销售额也在逐年增加，但非油品毛利率处在波动状态，其最高值（2011 年）达到 16.34%。但由于非油品销售额基数太小，到 2013 年非油品销售额占总营业额比例只达到 0.48% 左右，非油品的毛利占总毛利的比例自然也相当小。

通过对比某公司和北美地区（以美国和加拿大为主）加油站便利店销售情况可以得出：该公司和北美地区非油品的销售还有不小的差距，尤其是非油品销售额占总销售额的比重、非油品毛利占总毛利的比重方面。

（三）国内外非油品主要经营模式比较

1. 美国的"汽车服务区"模式

美国 95% 以上的汽车服务站都设有便利店或提供其他非油品项目的服务，每个加油站都尽可能提供多元化服务，且大多是 24 小时服务。除配备设施齐全的卫生间外，加油站还提供轮胎打气、汽车除尘等收费服务，尤其是高速公路上的加油站一般都有餐厅。此外便利店还销售彩票、报纸等特殊商品。有些便利店甚至逐步发展成为大型的、大众化的零售商店。

2. 德国的"Service Station"模式

德国现有加油站配套服务设施主要以便利店为主，另外还有为司机和顾客服务的快餐店、汽车清洗、维护等三大部分。在城区内，一般采取加油站—便利店的模式，在高速公路和郊外大多采取加油站—便利店—快餐—洗车—休闲等服务模式。便利店等服务设施的占地面积根据加油站地点而有所区别，面积从 10 平方米到 2000 平方米不等。

3. 某公司的统管粗放式经营模式

某公司非油品业务目前还处在探索阶段，非油品业务仅是油品业务的补充，主要非油品业务就是易捷便利店，便利店甚至没有专门的销售人员。从采购、财务、配送以及财务的过于简单的统一管理形式来看，目前国内石油石化企业还没有探索出符合国情的专业加油站非油品经营模式。笔者暂且把这种经营战略称为"统管粗放式"经营战略。

（四）国外石化企业非油品业务经营战略经验借鉴

发达国家石油公司加油站非油品业务起步较早，经过几十年的经营，现已较为成熟。总的来讲，国外加油站的非油品业务具有以下特点：(1) 因地制宜，非油品服务项目的设置不搞"一刀切"，一切从实际出发，做到服务资源的优化配置，发挥最大效益；(2) 特色明显，各个加油站努力创设具有自己特色的服务项目，以特色吸引客户群体；(3) 优质服务，国外加油站的加油员往往年龄较大，而便利店、餐饮部的员工年龄较轻，他们动作利索，富有朝气，较能满足客户的心理需要，又能胜任较大的工作强度；(4) 公司就是品牌，像BP、Shell等都是世界著名的石油公司，客户对这些公司的信任度都是非常高的，这些公司的加油站非油品业务无须再引进其他品牌。

三 国内非油品业务存在的主要问题
——以某公司一分公司为例

（一）加油站布局不合理，缺乏统一规划与设计

目前，许多加油站由于当初建设时没有考虑非油品经营，站内平面布局和站房结构不能满足非油品经营需要，洗车、快餐等项目无法建设，便利店经营面积过小、位置较差。现有加油站的布局不合理，业务流程设置、现金泵岛收取及加油卡快速通过等降低了客户的进店率。

通过问卷调查发现，该分公司在开展非油品业务初期，部分加油站非油品服务项目的设置带有一定盲目性与随意性，使得加油站便利店经营业绩不理想，有的甚至造成业务资源的浪费。此外，大部分加油站在开展非油品业务时存在着占地面积小、营业房面积受限等问题，设置非油品服务项目受到人手、空间或场地等条件的限制。另外，加油站改造资金投入不足、形象破旧、环境较差、缺乏商业氛围等也制约了非油品业务的发展。

（二）运营水平较低，缺乏有效的管理和监督机制

非油品业务点多面广，专业性较强，尤其是便利店业务品种多、流程复杂、管理难度大。目前，该分公司非油品业务的管理人员大多是从油品经营转岗过来的，缺少必要的专业培训，还没有形成一套较为完整的管理体系，也没有建立适应非油品业务特点的运行机制。

不少便利店管理经验不足，管理制度、标准、流程、运营体系等还不完善；实际经营过程中有些便利店管理不到位，商品品种少、进货成本高、统一采购和配送困难、缺货断货频繁等现象，不能满足顾客需求，需要尽快采取措施加以解决。物流体系不完善、不科学也制约了便利店的发展。

由于加油站开展非油品业务时缺乏有效的监督机制，使得实际操作中不规范现象时有发生。部分加油站库存盘点不认真，各个省市公司组织的抽盘少，比例低，存在账实不符的风险。而且由于库存管理缺乏责任心，产生大量临期、过期商品，给企业或供应商带来不必要的经济损失。

（三）非油品经营意识较差，缺乏有效的营销策略

目前，我国基层加油站普遍存在对非油品业务认识不足、重视不够的现象。认为非油品业务属于附带项目，用油品管理的固有思维管理非油品，非油品经营意识较差，工作处于被动应付局面，非油商品是能卖则卖，卖多少算多少，甚至存在有的加油站为完成非油品指标站长将商品先买下的情况。公司管理者习惯于用经营油品的思维和办法来经营非油品，缺乏适应非油品市场特点和竞争需要的营销理念。

我国公众受传统观念影响，对加油站的认识也仅停留在成品油销售上。另外，部分销售企业对加油站开展非油品业务的发展前景也存在模糊认识。造成企业在实施加油站便利店营销策略方面存在畏难情绪。石油企业开展非油品业务时营销手段不够多样化，广告投入力度太小，妨碍了加油站非油品业务的有效开展。

（四）缺乏有效的品牌观念

中国石化现阶段采用的是在"中国石化"这个品牌战略下发展从属的多品牌战略，虽然这有利于非油品业务的市场认可，但是，同时也对已有的品牌带来了"一荣共荣"或"一损俱损"的风险，如果在中国石化品牌下的某一品牌或商品出现问题，若没有及时妥当处理，则势必影响中国石化的其他品牌，甚至可能会给整个品牌和产品体系带来灾难。因此，

在做品牌战略时一定要做到统筹兼顾。中国石化进入非油品业务，如果没有管理部门的统一经营和管理，由加油站自己去塑造非油品服务质量和服务品牌，结果可能会适得其反，难以达到目标，从而影响非油品业务的长远发展。在商品零售市场竞争异常激烈的情况下消费者不仅看重商品质量和服务质量，而且具有较强的品牌意识。

（五）激励机制未建立，员工积极性没有调动起来

目前该公司多数加油站开展非油品业务的盈利与否与职工的收入脱节，员工不能享受非油品业务开展成果。并且由于多数加油站非油品业务考核指标欠缺，往往导致员工不重视该业务，如此下去，很难调动员工推销商品的积极性，影响了非油品业务的顺利进行。在人手紧、空间小和无资金投入的情况下，非油品业务就被放到可有可无的位置，以致有些加油站经理抱着多一事不如少一事甚至不愿意从事非油品业务的态度，尽管大多数被访问的加油站经理认为有必要做好非油品业务，但实际经营过程中却并非如此。

（六）市场环境不成熟，消费习惯有待进一步培养

调查问卷表明目前人们还没有形成到加油站消费的习惯，购物也仅限于矿泉水、饮料及与汽车相关的商品。多数车主对加油站的服务内容不了解、不信任。加油站需加大宣传力度，顾客的消费习惯有待进一步引导和培养。

通过调查得知，对于顾客进店购买商品的影响因素按重要程度排序，依次是停车的方便性、加油时排队的情况、商品的价格是否有吸引力、商品质量有保障、商品的丰富程度、便利店的服务人员等六方面，说明国内加油站便利店停车场的建设、加油服务的方式是限制非油品业务发展的最主要原因；其次客户对便利店商品价格、质量及丰富程度不太满意，认为这是阻碍自己进店消费的次要原因；此外由于便利店销售人员同时是提供加油服务的员工，服务不周也是影响客户进店消费的主要因素。

在未来可能新增的非油品业务当中，消费者最希望新增的业务是自动取款机服务，接下来依次是快餐、车票代售和彩票代售点。相比较而言，自动取款机服务和彩票代售点是比较容易开展的服务，油站可以这两个业务作为吸引客户进店消费的手段，增加客户进店率以提高销售额。

四　石油石化企业非油品多元化经营的建议

（一）增加人才支撑

从问卷调查中，可以发现从事非油品业务的专业人员相对较少，有必要重新对外或从企业内部招聘从事非油品业务的专业人员。

（1）省地两级公司要根据销售额、业务量等增加人员编制。同时，在便利店达到一定规模的区域，要配备非油品业务专职管理员，加强对门店的巡查、指导和培训。便利店的用工要专职与兼职相结合，并调整原有加油站各岗位的职责，做到明确职责，专人管理。

（2）石油石化企业在获取相应人员后，要对其进行岗前培训、在职培训和定期专业培训。定期组织员工学习产品知识，做到能够对顾客的询问提供令其满意的回答。非油品业务专职管理员具有专业的销售经验和技能，应当定期对加油站员工进行培训和指导，提高全体员工的销售技巧。

（3）加强系统内部的交流学习，推广经验，取长补短，共同提高。

（二）加强制度保障

1. 设计合理的监督考核制度

建立通报机制，由公司非油品业务管理机构统一设计非油品业务报表管理系统，各网点的非油品业务要定期上传报表，经统计汇总形成与油品业务相平行的一套通报制度；建立定期督察制度，非油品业务从开发到运营的全过程都应当建立起一套内容完备的督察制度，并将督察内容与油品的督察工作结合进行，使其成为加油站督察制度的有机组成部分；建立考核制度，建立具有规范性、可操作性、真实有效性的考核制度，实现省公司对下级分公司、加油站站长、便利店员工这三个层面的非油品业务的考核。

2. 制定科学的激励制度

各单位要将业绩指标完成情况与激励政策挂钩，实现业绩指标完成不同，激励标准不同，遵循"谁销售，谁受益"的原则，打破"大锅饭"平均主义，引导员工由被动销售转变为主动销售；根据各便利店营业额、毛利额、专职便利店定员和重点商品销售等情况，逐年核增务工劳动报酬，省市公司要切实将核增的薪酬全部用于加油站、便利店员工，稳步提高一线员工的收入，建立对一线员工的长效激励机制，充分调动员工积极性，促进非油品业务发展。

(三) 功能分区规划

根据市场细分理论，结合对石油石化企业的调研数据，以消费群体为依据，本着求大同存小异的原则，将加油站便利店划分为四个细分市场，即城市中心区市场、城乡接合部市场、国省干道市场和乡镇市场。以此为加油站设计不同的功能分区，以满足顾客的不同需求。

1. 城市中心加油站

地处城市较繁华区域，交通拥挤，顾客消费水平比较高，购买商品主要是图便利，很多私家车主养成上班途中补充早餐的习惯（加油站停车方便）。因此便利店面对的客户对产品质量、服务便捷要求较高，对价格就不敏感。此类加油站可推出快餐服务，并且根据调研数据，可以考虑提供机票、车票代购服务。

2. 城乡接合部加油站

地理位置不如城市中心站繁华，主要面对出城加油的客户，周边个体杂货店较多，面对的顾客经济处于中间水平，周边没有大卖场，但有一些商品存在质量争议的中小超市，顾客购买商品的目的是为了保证质量，享受服务，对便捷性要求不高，但对价格有一定的关注。

3. 国省干道加油站

一是长途货车司机进站加油、休息、问路等，顺便补充沿途所需，由于其经济并不宽裕，所以对价格比较看重；二是长途客车司机中间休息或为旅客提供方便而进站加油，进站旅客主要是购买旅途必需的便利食品及瓶装饮料等，他们看重质量、信誉，对价格要求不高。且由于周边近距离内没有汽车修理店，而这些地方的加油站占地面积较大，有条件提供汽车修配服务。

4. 乡镇加油站

一是周边的农用车辆及摩托车；二是周边居民为了方便而进站购买。他们看重的是方便、质量、信誉，对价格要求高。针对加油站所在地的具体情况，如果周边从事农业生产的居民较多，可以为他们提供代购农资产品的服务。

（四）优化商品结构

经营好加油站便利店，设计科学合理的商品结构是前提。便利店商品结构的设计，应当以加油站面对的主要消费群体的需求为依据。

（五）丰富促销手段

根据不同的消费心理，加油站在经营非油品业务时应当采取不同的促销手段，不能简单地实施统一的促销方案，要分析各消费群体的心理特点，针对不同类型的顾客要有侧重地选择能真正促进他们购物的方法。比如对注重品质的顾客，应当主动介绍商品的功能或质量方面的信息，可以通过开展进店试品尝、委派专人介绍产品等方式突出商品的高品质；对价格敏感型的顾客，可以利用原价折扣、特价优惠、随货赠品、免费赠品、组合购买优惠等方式促销；对具有其他特点的顾客，加油站同样要采取满足他们的心理偏好的促销手段，只有真正地迎合顾客喜好，才能真正地实现销售量增加。

（六）采用混合配送模式

以某公司一分公司为例，非油品业务目前采取统一采购、统一配送模式。全省有三座中央仓，对全省门店实行每周配送一次。该模式针对大宗商品优点较为明显，但是针对不同加油站的特色商品就很不适合，由于不同地区的加油站可能畅销某些具有特色的小众商品，这些商品只有某些加油站需要，数量上不满足大宗采购和配送的要求，用统一配送模式反而造成运输成本增加和销售时机延误，针对这类小众商品应当由各加油站自行采购运输。在以往统一配送模式的基础上增加加油站的自行配送模式，既能发挥统一采购的优势，又能实现自行配送的灵活，这种混合配送模式能够更好地促进非油品业务的增长。

五 结束语

基于全球经济复苏缓慢，国内石油石化企业在这一阶段都在谋求转型升级，并且国内成品油零售行业实行新的价格机制后，各零售企业面对新的挑战，纷纷开展加油站便利店业务，却又没有找到适合国内加油站便利店的经营模式的背景，通过课题组的研究，得出以下结论。

（1）随着国外石油石化企业入驻中国，国内成品油零售市场的竞争加剧。国内大型石油石化企业在国家政策的支持下，利用全国数万座加油站的终端网络优势，在加油站开展便利店业务，是应对市场竞争、利用资源优势、提高整体绩效的战略选择方向。

（2）国内加油站非油品业务发展，与国外加油站相比，差距较大。结合国内石油石化企业的实际情况，对其存在问题进行分析，并对国内石油石化企业加油站便利店的目标市场进行了城市中心加油站、城乡接合部加油站、国省道加油站、乡镇加油站的市场细分。

（3）在加油站开展便利店业务，需要完成从单一油品零售商到综合服务平台的身份转变，为顾客传递更多的产品价值、服务价值、人员价值和形象价值。加油站便利店除了销售大多数顾客需要的一般化商品，还要根据加油站所处的具体位置，有针对性地为顾客提供特殊的产品服务。同时与其他企业建立合作关系，增强协同作用；在企业经营管理中，努力实现业务发展的规范化、功能设计标准化、经营策略差异化、经营管理专业化、仓储物流区域化等。

参考文献：

1. 洪道麟、王辉等：《多元化与企业价值：一个文献综述》，《浙江社会科学》2009年第4期。
2. 肖乾：《加油站如何开展石油业务》，《石油库与加油站》2008年第4期。
3. 王会良：《发达国家成品油零售业发展趋势与启示》，《国际石油经济》2009年第4期。
4. 吴启亮：《加油站非油品业务配送模式选择分析》，《物流工程与管理》2010年第5期。
5. 张小宏：《加油站非油品业务发展探析》，《当代石油石化》2012年第9期。
6. 张海霞、董秀成：《我国加油站横向多元化经营分析》，《商场现代化》2008年第1期。
7. 张丽华、刘永霞：《我国加油站非油品业务发展制约因素探析》，《当代石油石化》2012年第8期。
8. 王旭东、邴雪梅：《加油站特许经营研究》，《国际石油经济》2005年第12期。

9. 王旭东：《中石油加油站经营模式探讨》，《国际石油经济》2006 年第 3 期。

10. 田任翠、张广本等：《我国加油站开展 TBA 销售的发展战略》，《化工管理》2008 年第 10 期。

11. 杨跃、冯亮等：《中国石油加油站开展 TBA 销售的前景和策略》，《国际石油经济》2008 年第 4 期。

12. Jitpleecheep, Pitsinee, "Central to Supply Jiffy store", *Bangkok Post*, Vol. 9, 2009.

13. Bodnar, G., C. Tang and J. Weintrop, "Both Sides of Corporate Diversification: The value Impacts of Geographic and Industrial Diversification", *Working Paper*, Johns Hopkins University , 1999.

14. Campa, J., and S. Kedia, "Explaining the diversification discount", *Journal of Finance*, No. 57, 2002.

15. Chatterjee, S., and B., "Wernerfelt The link between resources and type of diversification: Theory and evidence", *Strategic Management Journal*, No. 12, 1991.

16. Lewellen, W. G., "A pure financial rationale for the conglomerate merger", *Journal of Finance*, No. 26, 1971.

17. Villalonga, B., "Does diversification cause the 'diversification is count' ", *Financial Management*, 2004a, summer.

18. Villalonga, B., "Diversification discount or premium? New Evidence from the Business Information Tracking Series", *Journal of Finance*, No. 59, 2004b.

19. Birger Wernerfelt, "A resource-based view of the firm", *Strategic Management Journal*, Vol 5, Issue 2, 1984.

20. Cynthia A. Montgomery & Birger Wernerfelt, "Diversification, Ricardian rents, and Tobin's q", *RAND Journal of Economics*, Vol. 19, No. 4, 1988.

21. Michael C. Jensen, "Agency Costs of Free Cash Flow, Corporate Finance, and Takeovers", *The American Economic Review*, Vol. 76, No. 2, 1986.

22. Busrin Treerapongpichit, "Fierce rivalry hurts Petronas", *Bangkok Post*, 2007, June 13.

23. David J. Teece, "Economics of scope and the scope of the enterprise", *Journal of Economic Behavior & Organization*, Vol. 1, Issue 3, 1980.

24. Lynch Jonh G, Jr. Dipankar Chakravati, and Anusree Mita, "Contrast Effects in consumer Judgments: Changes in Mental Representations or in the Anchoring of Rating Scales?", *in Journal of Consumer Research*, 1991, 18.

作者信息：

研究基地：国家与江苏石油石化发展战略研究基地
承担单位：常州大学
首席专家：史国栋、侯晓明、周立进
课题负责人：王卫星
主要参加人员：钟昌宝、邓淑芬、祝勇、隆惠君、杜冉

江苏石化产业绿色低碳发展战略研究

内容提要：江苏省是我国石化产业大省。长期以来，石化产业在促进江苏经济发展和能源保障方面做出了积极贡献；但经过多年的持续快速扩张，长期积累的矛盾和问题也日益突出。在经济全球化和应对气候变化的大形势下，石化产业绿色发展与低碳减排的重要性更加突出。鉴于此，转变行业发展方式、促进产业转型升级已成为石化业的发展主线。笔者系统分析了江苏石化产业绿色低碳发展的竞争优势，认为江苏石化产业拥有技术优势，管理比较先进，在发展低碳经济、节能减排方面，有责任、有能力、有希望走在全国各个行业、各个企业的前列。笔者提出，随着江苏省石化产业面临的结构性调整实施和江苏省沿海开发国家战略的进一步实施，江苏省政府部门和石化产业应以生态文明建设为指导，适应国内外形势新变化，以转变经济发展方式和产业转型升级为主线，走"创新发展、高端发展、集聚发展、绿色发展、低碳发展"之路，研究制定碳减排管理框架，提出明确的绿色低碳管理战略。

一 引 言

党的十八大把生态文明建设纳入了中国特色社会主义事业"五位一体"总布局，明确提出大力推进生态文明建设，努力建设美丽中国。2013年全国"两会"期间，习近平总书记对江苏工作提出了新的要求，强调要扎实推进生态文明建设工作，在江苏"率先"、"带头"、"先行"的内涵中，把生态文明作为一个标杆。习总书记的讲话，高屋建瓴地归纳了江苏省加强生态文明建设这一紧迫而重大的战略任务。

率先发展的江苏，生态文明也必须率先发展。2013年7月，江苏省委、省政府发布了加强生态文明建设的意见，出台了全国首个省级生态文明建设规划，从制度层面强化了生态文明建设的顶层设计，明确提出以推进生态文明建设工程为抓手，以转变经济发展方式为核心，把绿色发展、循环发展、低碳发展作为基本途径，加快产业转型升级。

石化产业是江苏省产值突破万亿元的主导产业之一。长期以来，石化产业在促进江苏经济发展和能源保障方面做出了积极贡献。在经济全球化和应对气候变化的大形势下，石化产业绿色发展与低碳减排的重要性更加突出。

二 江苏石化产业发展现状与存在问题

江苏省是我国石化产业大省，拥有扬子石化、金陵石化、仪征化纤等一批大型骨干企业，是国民经济的重要支柱产业，资源资金技术密集、产业链长、关联度高、带动性强、经济总量大，全行业整体制造能力、装备水平和技术水平在全国名列前茅，已形成显著优势。2012年8月公布的《江苏省"十二五"工业经济发展规划》指出，石油化工连同装备制造、电子信息，成为江苏加快提升发展水平的三大主导产业。

（一）江苏石化产业发展现状与特点

1. 规模效益快速增长，主要指标居于前列

进入21世纪以来，江苏省石化产业保持快速增长，主要指标均居全国前列。2012年，江苏石化产业面对国内外复杂的经济形势，经济总量再获突破，迈上1.6万亿元大关。

目前，全省石化行业40%以上主要设备达到国际先进水平，85%以上骨干企业实现生产装备自动化。石化产业资源资金技术密集、产业链长、关联度高、带动性强，在促进相关产业升级和拉动经济增长中发挥着重要作用。

2. 行业结构相对合理，产业优势十分明显

目前，江苏省石化产业中，石油炼制、基本有机化工原料、三大合成材料、精细化学品、农用化学品、化工新材料、生物及能源化学品等七大类产业在国内已形成优势，产业规模、产品品种、市场占有率和出口创汇

等在全国石化产业占据重要位置。其中，化学原料及化学制品制造和化学纤维制造两个产业占江苏石化工业的75%，精细化工产业优势十分明显。

3. 集聚水平不断提高，企业构成均衡有序

江苏省石化企业集聚发展水平不断提高，形成了一批特大型、大型企业和国家级、省级化工园区，培育了一批销售超百亿元的民营企业，建成了一批大型合资独资项目和规模大、配套齐全的化学品罐区和储运码头。目前，世界500强企业和世界化工100强企业已有100多家落户江苏。江苏省已经形成央企、外资企业、本地民营企业三分天下的发展局面。

4. 产业布局稳步推进，结构调整初见成效

江苏绝大多数石油化工原料需要从国内外购进，石化产业发展主要集中在长江沿岸八个市，已经形成具有产业链特征和集群优势的产业带，拥有国家级化学产业园4家、省级化学工业园6家、市级化学工业园30多家，集中了全省2/3的生产能力。从乙烯、聚酯及酸碱盐等上游产品，到合成树脂、合成纤维、合成橡胶等中游产品，再到精细化工、化工新材料、专用化学品等下游产品，产品门类齐全、专业配套、产业链较紧密。

（二）江苏石化产业发展现存问题

江苏省石化产业经过多年的持续快速扩张，长期积累的矛盾和问题也日益突出。具体表现为：

一是产业集约发展程度低、结构性矛盾突出、资源约束与环境压力加大，制约了行业可持续发展；

二是产品结构不合理，产品档次较低，具有自主知识产权的核心技术较少，技术创新力度有待加强；

三是高端精细化学品、定制化学品、高附加值化工新材料的产量较低、品牌较少，进口量逐年递增，不能满足国内市场的需求；

四是受国际金融危机的影响，国际国内原材料、油、煤、气等资源和能源价格急剧变化，石化、三大合成材料、基本有机化工原料等产业受到较大冲击，国际竞争压力较大。

当前，江苏省石油石化产业发展已走入一个重要的交叉路口，正面临着重要抉择。鉴于此，转变行业发展方式、促进产业转型升级已成为石化产业的发展主线。

随着大规模投资项目的启动和国际产业的转移，为生产技术先进、产

品调控能力强、自主创新基础好的石化企业提供了良好的机遇。交通、住房等领域不断增长的刚性需求以及相关产业的结构调整、产业升级、产品更新换代,为石化产业发展提供了广阔的市场空间。

三 江苏石化产业绿色低碳发展的竞争优势

推进绿色低碳发展,石化产业应走在前面。江苏石化产业拥有技术优势,加上研发和投入较多,管理比较先进,在发展低碳经济、节能减排方面,有责任、有能力、有希望走在全国各个行业、各个企业的前列。

(一)得天独厚的区位优势,奠定了江苏石化产业绿色低碳发展的先决条件

江苏省位于中国大陆东部沿海,辖江临海,扼淮控湖,经济繁荣,教育发达,文化昌盛,综合经济实力在全国一直处于前列。地区生产总值位列全国前茅,人均GDP突破1万美元,位居全国省份第一,城市化率远高于全国平均值,地区发展与民生指数(DLI)亦居全国省域第一,区域创新能力连续四年名列全国首位,已步入中上等发达国家水平。

江苏与上海、浙江共同构成的长江三角洲经济圈,是全国最大的经济圈,其经济总量相当于全国国内生产总值的20%。长江三角洲的进出口总额、财政收入、消费品零售总额均居全国第一。长三角城市群已成为六大世界级城市群之一。

交通条件的持续改善,基础设施建设的不断完善,区域一体化的深入推进,意味着长三角经济的空间组织模式趋向网络化。江苏省石化产业可以充分利用这一地域优势,在新的经济空间组织形式下,凭借坚实的产业发展基础,利用优质的外部生产要素,以及已上升为国家战略层面的江苏沿海开发政策优惠,培育发展石化产业新的经济增长点。

(二)战略制定与政策扶持,构筑了江苏石化产业绿色低碳发展的根本保障

1. 符合国家层面发展战略的最高要求

习近平总书记在江苏代表团审议时的重要讲话,给江苏省众多产业提

供了参考意见。习总书记的讲话，围绕深化产业结构调整、积极稳妥推进城镇化、扎实推进生态文明建设，深刻剖析了发展与环境的关系：只有在发展中保护生态环境，才是健康的发展；而健康有序地发展，才能保护与促进生态建设。习总书记的讲话为进行中的江苏生态省建设指明了方向，江苏石化产业绿色低碳发展也获得了新的动力。

2. 省委、省政府高度关注

加强生态文明建设是紧迫而重大的战略任务。近年来，江苏高度重视环境保护和生态建设，把节能减排作为生态文明的重要抓手，铁腕治污，刚性降耗，确保完成节能减排约束性指标。从"环保优先"，到"让生态文明成为江苏的重要品牌"，江苏可持续发展的轨迹清晰。省政府2004年专门制订《江苏生态省建设规划纲要》；2010年省委、省政府召开生态省建设大会，明确要求到2020年在全国率先基本建成生态省；2011年4月，省委十一届十次全会提出，使生态文明成为江苏的重要品牌；2011年9月，江苏省委、省政府公布《关于推进生态文明建设工程的行动计划》，加大建设生态文明的力度。

为更大力度推进生态文明建设工程，全面提升生态文明水平，江苏石化产业绿色低碳发展也得到了省委、省政府的高度关注。2012年10月25日，江苏省政府在连云港召开江苏省石化产业布局调整汇报会，研究加快全省石化产业布局调整、建设连云港炼化一体化项目等问题，这对于深入实施国务院批准的《江苏沿海地区发展规划》和《国家东中西区域合作示范区建设总体方案》、提升石化产业发展水平具有重要意义。在国家的支持下，目前江苏省已编制完成了石化产业整合转移优化升级总体方案，调整完善了石化产业布局规划。

2013年6月，江苏省委书记罗志军在徐州调研时强调，要认真贯彻党的十八大精神和习近平总书记对江苏工作的重要指示，把加强生态文明建设作为"两个率先"的重要标杆，坚定不移走绿色发展、低碳发展、循环发展之路，大力实施生态文明建设工程。在这一新形势下，江苏顺势而为，率先破题，把中央新要求贯彻于江苏生态文明建设的全局谋篇中，结合江苏实际，于2013年7月出台了《关于深入推进生态文明建设工程率先建成全国生态文明建设示范区的意见》和《江苏省生态文明建设规划（2013—2022）》，确立了江苏生态文明建设的总体目标，即经过10年左右时间的不懈努力，实现生态省建设目标，率先建成全国生态文明建设示范区。

3. 符合国家主管部委的发展要求

2012年4月，工业与信息化部发布了《石化和化学工业"十二五"发展规划》，对中国石油石化行业有着深远的影响。《规划》提出，石化工业要坚持内需为主，坚持结构调整，坚持技术进步，坚持绿色发展，坚持国际合作，这五个基本原则不能动摇。石化工业将加快产业转型升级，优化产业布局，增强科技的创新能力，进一步加大节能减排、联合重组、淘汰落后、技术改造、安全生产、两化融合力度，提高资源能源综合利用效率，大力发展循环经济，实现石化和化学工业集约发展、清洁发展、低碳发展、安全发展和可持续发展的目标。

2013年5月6日，国家发改委印发了《苏南现代化建设示范区规划》。《规划》明确，南京、无锡、常州、苏州和镇江等苏南五市将共建现代化示范区，到2020年苏南建成全国现代化建设示范区，到2030年全面实现区域现代化，经济发展和社会事业达到主要发达国家水平。《规划》要求，积极运用先进装备、先进适用技术及工艺，推动石油化工等传统优势产业转型升级，向高端、绿色、低碳方向发展，培育形成一批产值达千亿元级品牌企业和百亿元级品牌产品。《规划》在支持南京等城市创建国家生态市的同时，提出一系列优化产业结构的重大举措，推动区域中心城市周边冶金、石化等重化工业向有环境容量的沿海地区转移，研究推动金陵石化炼油产能向连云港搬迁；支持南京化学工业园创建生态工业示范园区；化工等行业要积极推广应用清洁生产技术、工艺和设备，加大污染治理力度，加快高耗水企业节水技术改造，加强有机废水治理。全面整治长江沿岸化工园区，加强入江口监管，完善长江水污染预警和应急管理机制。《规划》还提出，设立南京石化产品交易市场，提升南京全国性物流节点城市功能。

4. 符合国家行业协会的发展要求

江苏石化产业绿色低碳发展战略与国家发展战略及发展规划保持高度一致。2011年5月，中国石油和化学工业联合会发布了《石油与化学工业"十二五"发展指南》。根据《指南》，"十二五"期间，石油和化工行业将力争实现六大战略目标，完成六大重点任务。这六大战略目标分别是：行业保持平稳较快增长，自主创新能力显著增强，产业结构明显优化，节能环保跃上新台阶，质量品牌竞争力明显提升，本质安全水平大幅提高；六大重点任务分别是：调整优化产业结构，全面提升科技创新能力，促进行业节约安全清洁发展，实施"质量兴业"战略，提升对外开放层次和水平，构建大中小配套协调的行业企业体系。

（三）转型压力与先行优势，强化了江苏石化产业绿色低碳发展的内外诱因

1. 转型压力是江苏石化产业绿色低碳发展的外部诱因

随着物质生活水平的提升，人民群众不仅期待安居、乐业、增收，更期待天蓝、地绿、水净。从江苏省生态环境现状看，环境质量与群众期望还有很大差距。依据江苏省委、省政府关于深入推进生态文明建设工程率先建成全国生态文明建设示范区的意见，当前和今后一个时期，江苏省生态文明建设的主要任务概括为"生态空间保护行动、经济绿色转型行动、环境质量改善行动、生态生活全民行动、生态文化传播行动、绿色科技支撑行动、生态制度创新行动"等"七大行动"，牢固树立"保护生态环境就是保护生产力、改善生态环境就是发展生产力"的理念，把资源消耗、环境损害、生态效益纳入经济社会发展体系，节约利用资源，强化节能减排，努力构建绿色循环低碳现代产业体系；加大产业改造提升力度，重点对石化行业进行改造，加快产业转型升级，加速园区化进程，积极调整产业布局，促进全产业链整体升级，提高企业集中度和产业集聚度；通过全社会的共同努力，形成节约、低碳、绿色、适度的生态生活新风尚，建设天蓝、地绿、水净、景秀的美好家园。

2. 先行优势是江苏石化产业绿色低碳发展的内部诱因

经济总量占到全国的1/10，人均GDP超过1万美元，发展走在全国前列，经济加快转型升级，这是江苏所处的特殊的发展阶段。从世界发达国家来看，当人均GDP超过1万美元的时候实际上就是环境出现拐点的时候，这个经济发展的阶段性在江苏已经出现了。

相对国内其他省份来说，江苏省先行优势明显，包括发达的区域经济、先进的发展理念、突出的区位优势，以及产业引导、转型升级、企业绿色低碳发展方面的先发优势。目前江苏省正在加快推进全省石化产业总体布局调整，深化研究产业转移政策。由于目前江苏沿江地区在环境容量等方面已经处于饱和状态，因此，化工产业的重心开始逐步往沿海转移，在转移的同时要完成产业升级。省内各化工园区在招商时，都会强调引进一些国际龙头企业和先进技术。

江苏省与中国石化正在共同推进连云港 3200 万吨/年炼化一体化基地项目。江苏省将以连云港项目为龙头，按照国家发改委关于江苏石化产业的发展要与布局调整、优化升级结合起来，发挥盐城、南通港口资源优势，形成炼化一体化及深加工产业链；利用进口甲烷、丙烷继续延伸产业链，逐步往新材料、精细化工、功能化学品等产业延伸，实现从沿江到沿海、从中心城市向连云港等地转移、实施江海联动发展的要求，江苏省石化产业布局调整将进一步展开。

（四）产业链条与集聚特色，形成了江苏石化产业绿色低碳发展的核心支撑

《江苏省"十二五"工业经济发展规划》将石油化工产业列为主导产业，并明确提出，石化产业资源资金技术密集、产业链长、关联度高、带动性强，在促进相关产业升级和拉动经济增长中发挥着重要作用。"十二五"时期，全省全面推进装备制造、电子信息、石油化工三大主导产业高端化发展，提升产业层次和核心竞争力，加快培育形成一批千亿元级、百亿元级品牌企业和十亿元级品牌产品。

江苏省石化产业具有鲜明的集聚特色。目前我国已形成三大石化产业集聚区。对我国石化产业集聚现状的数据分析表明，石油开采与加工业集聚有一定的相关性，但并非起决定作用；石化产业的集聚明显依赖于区位和市场因素，且集聚现象将进一步加强。

江苏省石化产业呈现出鲜明的以园区为核心的集聚发展特征，园区产值占比较高，达到全省石化工业总产值的一半左右。通过园区式集聚，将有利于加大对自主创新投入，着力突破制约石化产业发展的关键共性技术，培育企业核心竞争力；有利于引导和支持创新要素向园区集聚，促进科技成果向现实生产力转化；有利于加快江苏省石化产业集聚，加速完善石油化工产业链；有利于提高资源的利用效率，实现节能、减排，体现资源节约和环境友好，树立石化产业专业园区发展的新模式，促进产业的可持续发展，确立石化产业在全国乃至世界石化产业发展中的重要地位。

（五）外部旺盛的产业前景，助推了江苏石化产业绿色低碳发展的潜在动力

世界石化技术飞速发展，推动石化产业规模不断扩大。同时，人们对生活质量的愿望日益提高，为石化产业的需求释放了广阔的市场，形成巨大的产业发展空间。石化产业已成为拉动世界经济发展重要的增长极。

我国经济社会发展长期向好的基本面不会改变，国内消费市场的巨大潜力将逐步显现。当前，江苏省人均GDP达到10887美元，位居全国省份第一，城市化水平已超60%，按国际经验，已进入工业化后期，经济形态和增长动力正发生重大变化。

在社会需求快速提升、各种要素日臻完善、发展政策日趋明朗的大环境下，在长三角一体化进程加快、江苏沿海开发规划全面推进、东部沿海地区基础设施更加完善的大背景下，江苏已成为国内经济最具发展活力的地区，石化产业绿色低碳转型与发展也面临着重大的战略机遇。

四 对策建议

随着江苏省石化产业面临的结构性调整实施和江苏省沿海开发国家战略的进一步实施，江苏省政府部门和石化产业应以生态文明建设为指导，适应国内外形势新变化，以转变经济发展方式和产业转型升级为主线，走"创新发展、高端发展、集聚发展、绿色发展、低碳发展"之路，研究制定碳减排管理框架，提出明确的绿色低碳管理战略。

（一）强化政策引导，进一步明确管理思路

1. 引导石化企业强化绿色低碳发展意识

采取多种多样的形式，加大宣传教育覆盖面和力度。通过媒体、网络，提高行业低碳意识。尤其是行业主管部门，要依托石化企业，认真开发有关低碳知识的科普读本和具有生态、低碳理念的实体宣传基地，切实加强低碳意识教育，形成全社会人人参与、个个受益的良好局面。

2. 加大财税扶持力度

加大节能减排专项资金投入力度，重点支持节能减排、清洁生产和绿色化工产品项目实施、关键技术研发应用和产业化示范工程等。用足用好

现行财税政策,加大技术研发费用加计扣除、固定资产加速折旧、节能减排、高新技术产业所得税减免等各项优惠政策落实力度,支持符合条件的企业积极争取国家专项资金的扶持。对市场前景好、产品附加值高、带动面大的新技术新产品加大研发费用支持。对名牌产品、专利产品、采用国际标准产品、参与国际竞争的产品给予资金和政策支持。对淘汰落后生产工艺、产能、装备给予资金支持,对协议关闭企业给予适当的资金补贴。

3. 严格执行产业及环保准入政策

行业管理不仅需要关注产业政策、安评、环评等项目准入管理,更需要关注项目实施过程、日常生产的常态化监管。严格执行国家产业政策,重大建设项目控制总量,加大对高耗能、高污染项目的监管力度,严把准入门槛;建立以能耗及碳排放为指标的考评体系,以此作为行业管理的依据;加快化工集中区域外的化工企业搬迁速度,鼓励搬迁企业就地关闭或转产非化工产品;进一步监测、考核石化生产企业,继续关、停规模小、效益差、能耗高的石化企业,加大对违规行业与企业的处罚力度,提高违法成本;坚决淘汰多次违规、严重违规、安全风险大、"三废"排放高的企业,实现汰旧立新,从而使石化产业结构得到进一步优化,促进石化工业的节能减排工作顺利开展,促进产业转型升级。

(二)贯彻并推进石化产业布局调整

石化产业空间布局要抓住长江三角洲区域经济一体化和江苏沿海地区发展上升为国家战略的重大机遇,优化生产力布局。

1. 重点做强做优沿海石化产业带

充分利用优良的临港运输条件,结合化学品物流业的发展,利用基础石油和化工原料,重点发展石油化工、基本有机化工、农用化工、盐化工、煤化工等基础产业。加快推进连云港大石化建设项目,重点发展石油化工下游延伸产品,形成炼油、乙烯及衍生产品加工一体化的产业格局,并积极发展炼油副产品,构筑炼化一体发展新模式。同时,充分利用原油、天然气、乙烷、丙烷、甲醇等多种资源,推进石化产业,特别是低碳烯烃生产的原料多元化。加强承接技术水平先进的高载能产业进区,承接发展新材料、新能源等战略性新兴产业,承接新能源、节能环保等产业所需的重大成套装备制造,构建现代海内外石化产业体系。

2. 稳步做强做精沿江石化产业带

沿江石化产业带要利用已有石油加工、基础有机化工原料和市场有利条件，大力发展高技术含量、高附加值、低资源消耗、低环境污染的高端专用和功能性化学品、化工新材料、生物质能源、生物化工和生物基高分子材料等为重点发展方向，形成集聚和技术优势。

鼓励沿江园区向专业化方向发展。原则上不再新建、扩建基础石油加工、基础有机化工项目，并对地区内产业项目实施总量控制，鼓励先进技术项目替代现有落后产能。同时，依据区域环境污染敏感水平，逐步提升污染排放、安全生产标准，推动地区内产业绿色化、安全化发展水平。

（三）依托已有化工园区，促进产业集群化

企业园区化、集群化、区域化将是石化产业发展的主要趋势。从总体上看，全省化工企业入园率仅为六成左右，石化企业出城进园的空间很大，也预示着非园区石化企业有潜在的环境隐忧。面对这一现状，江苏省应继续发挥化工园区化特色，壮大园区规模，促进产业集群化发展。

考察国外一流化工园区的发展历程与经验，石化产业发展园区化更多的是一种内生演进的现象，是一种水到渠成的结果。石化产业因其资源与能源依赖性、产业链关联性，以及发展循环经济的需要，逐步形成了一体化与基地化发展的内在动力与倾向，最终形成了石化产业的区域性集聚。在江苏石化产业园区化、集聚化、区域化进程中，应充分注意这一问题，纠偏归正，发挥园区应有的功能和作用。

（四）打造特色产业链，推动产业高端化精细化发展

延伸产业链、推动产业高端化精细化发展对江苏石化产业绿色低碳发展具有根本意义。石化产业转型升级的主攻方向就是改造传统化工，发展新能源、新材料、生物技术和新医药、节能环保等新兴产业，重点纠正偏资偏重的不合理结构。为此，江苏省石化产业应以市场为导向，以"创新发展、高端发展、集聚发展、绿色发展、低碳发展"为基本要求，重点发展基础石化产业链、通用和专用合成材料产业链、新领域精细化学品产业链、盐化工产业链、循环经济产业链、农用化工产业链等，加快产品结构、产业结构和技术结构的升级换代，促进产业结构向高端化、精细化发展，产品结构向节约型、清洁型发展，技术结构向前沿型、实用型

发展。

（五）加大节能减排技术的开发和应用

技术进步是节能减排工作持续提高的重要保障。江苏省石化企业应以开展二氧化碳分离与利用技术研究为重点，建立开放式低碳与新能源工程技术研究部门以及投资部门，加大研发投入；同时用高新技术改造传统设备，逐步实现机械化、自动化、信息化，积极自主地开发新技术和新产品。此外，企业应扩大应用先进的管理技术，依托智能化、自动化的监控与管理系统，以便能更好地评测、监控、传递企业内部的各项信息，降低经营和管理成本。

（六）发展循环经济，提高资源能源利用效率

江苏省石化企业应进一步推动循环经济生产模式，构建循环经济产业链。通过采用新技术、新工艺、新设备降低生产中的物耗、能耗、水耗，最大限度减少"三废"的排放量和资源的回收利用，形成以重点化工园区主要产品综合利用为龙头的循环经济产业链，提高资源能源利用效率。

一是采用热电（汽电）联产（Combined Heat and Power facility, CHP）技术和气化联合循环一体化发电（Integrated Gasification Combined Cycle, IGCC）技术，减少温室气体排放，提高生产过程能量利用效率。

二是提高加热炉效率、优化装置结构和工艺条件，抓好主要装置的节能降耗工作。

三是结合能量优化与节能管理工作，控制二氧化碳排放。包括提高反应器、蒸馏塔等工艺设备以及换热器、加热炉和机泵等设备的效率；优化生产工艺操作条件及换热网络改进，加强装置之间热联合及装置与系统之间热联合。

（七）调整能源结构，发展替代能源

江苏省石化企业应因地制宜，有效开发和利用生物能源、生物燃料等可再生能源，发展替代能源，从源头上减少二氧化碳排放，以能源结构调整推进低碳经济。沿海地区的企业应重视海上风电的发展与利用。在这一领域国外公司已经走在前列。

另外，江苏省石化企业在保障供应安全和客观判断进口渠道的可靠性

与价格风险的前提下，可考虑适当增加部分高能耗原料、产成品的进口，减少国内生产过程的排放和污染。进口该产品相当于进口了低碳资源和能源，可适度减少碳排放压力。这一模式比较适合于江苏省沿海沿江港口地区的石化企业。

（八）加强低碳人才培养

石化企业应积极挖掘和培养低碳专业人才，吸引高层次人才来石化企业发展，为他们提供发展机遇和良好的工资水平，在科研项目和福利待遇上给予鼓励。同时，石化企业要联合高校，利用高校的人才资源和智力优势，加强产学研合作，开展节能减排技术攻关，开发和改进石化生产设备。高校也要主动与石化企业对接，开展低碳技术研究，为石化工业的低碳发展做好人才储备和技术储备，挖掘石化工业成长的新基点。

参考文献：

历年《中国能源统计年鉴》、《江苏统计年鉴》、《中国石油化工集团公司年鉴》和《国际石油经济》。

作者信息：

研究基地：国家与江苏石油石化发展战略研究基地

承担单位．常州大学

首席专家：史国栋、侯晓明、周立进

课题负责人：史国栋

主要参加人员：姜国刚、张宏如、袁一兵

苏中战略性产业发展路径研究
——联盟视角

内容提要： 中共十八大明确提出实施创新驱动发展战略，十八届三中全会对深化科技体制改革做出了具体部署。在新的发展阶段，江苏省深入贯彻落实中央精神，以深化科技体制改革为动力，坚定不移实施创新驱动核心战略，加快建设创新型省份。创新型省份的建设离不开战略性高技术产业的发展，尤其是起承南启北作用的苏中地区，实现以创新驱动为主要特征，以融合发展为战略取向的高技术产业发展，对全面实现创新型省份显得尤为重要。在此背景下，本文在江苏省及苏中高技术产业发展现状及存在问题分析基础上，考察发达国家发展高技术产业的举措和做法，借鉴发达国家高技术企业的战略管理和创新形式，从政府与企业两个层面为江苏苏中地区发展高技术产业、提升国际竞争能力提出联盟视角的发展对策。

一　江苏省及苏中地区高技术产业发展状况及存在问题

经过第二次世界大战之后 50 多年的孕育与发展，特别是 20 世纪 70 年代以来的革命性突破，以信息技术产业为代表的高技术产业已成为世界经济中影响重大而又方兴未艾的新兴产业。高技术及高技术产业业已成为衡量一个国家和地区综合实力的重要标志和现代国际经济与科技竞争的焦点。

我国自 20 世纪 50 年代实施推动高技术产业发展战略以来，加快了高技术产业的发展及高技术对传统产业的改造，促进了国民经济和社会各领域的现代化。作为我国经济大省，江苏曾经在乡镇企业发展和引进外资方面处于全国领先地位。进入 21 世纪以来，江苏把发展高技术产业作为推进产业转型升级的主要任务，加强全局性、战略性和前瞻性部署。全省高技术产业整体呈现速度加快、规模倍增、质态优化、水平提升的发展态势。其中，苏中地区，地处沿海和沿江两大经济带的接合部，具有接纳上海、苏南经济辐射并向苏北腹地传递的功能，在江苏实施的区域共同发展战略中起着承南启北的作用，对江苏全面实现创新型省份意义重大。近年来，苏中地区加快高技术产业发展，产业集聚效应日益增强，产业规模占全省比重逐年攀升。

（一）江苏省及苏中地区高技术产业发展现状

1. 高技术产业规模快速倍增，成为推动产业转型升级的主导力量

2000 年以来，江苏省高技术产业快速发展。与 2000 年相比，2012 年江苏省高技术产业产值增长 25 倍，占工业的比重由 17% 上升到 37%，提高 20 个百分点。全省规模以上工业产值的 1/3 由高技术产业贡献。2012 年全省高技术产业产值超过 4.5 万亿元，年均增长 25.1%。六大新兴产业销售收入超过 2 万亿元，占规模以上工业产值的 22%。高技术优势产业不断壮大，新能源、新材料、新医药产业规模均处于全国前列，对经济增长的贡献显著提升。高技术新兴产业迅速崛起，物联网、纳米科技、智能电网等产业初步形成，将成为下一轮发展的重要支撑。苏中地区新能源、新材料、智能电网产业集聚效应初步形成，2012 年高技术产业规模已达到 9568.79 亿元，占全省的 21.24%，占比逐年攀升。

2. 高技术产业质态不断优化，对经济发展的贡献大幅提升

高技术产业在规模扩大的同时，结构和质态也在不断调整优化，产业的高技术含量、高附加值、高带动性和高成长性的特征日益显现。高技术含量产业加快发展，高性能精密合金、高性能纤维复合材料、生物技术药、航空和核电配套等产品群已形成规模。高技术产业以外资为主的局面发生根本性变化，本土企业质态进一步提升，总产值、利税率、新产品产值率均高于外资企业。苏中地区，近年来加快产业转型升级，由低端产品制造向附加值高、市场前景广的高端产品制造转型发展，例如泰州医药产业、扬州太阳能光伏和半导体照明产业、南通新材料和风电产业等，产业配套完整，产业竞争力日益提升。

3. 高技术产业技术水平较快提升，科技创新能力显著增强

经过多年的发展，江苏省高技术产业的技术体系不断完善，自主创新能力不断提升，具有较强国际竞争力的创新型企业快速成长，具有自主知识产权和自主品牌的产品明显增多。2012年，全省研究与发展（R&D）活动经费1230亿元，占地区生产总值的2.3%。全省从事科技活动人员91.42万人，其中研究与发展（R&D）人员52.22万人。全省拥有中国科学院和中国工程院院士90人。全省拥有各类科学研究与技术开发机构中政府部门独立研究与开发机构达148个。已建国家和省级重点实验室105个，科技服务平台296个，工程技术研究中心2141个，企业院士工作站326个，经国家认定的技术中心67家。2012年，全省授权专利27万件，其中发明专利1.6万件。苏中地区，大力扶持高技术企业的发展，加快公共服务平台建设，鼓励骨干企业建立工程技术研究中心等科研机构，加快新产品的开发与应用。例如，扬州市2012年新增国家高新技术企业58家，省级以上高新技术孵化器面积65万平方米，新增专利授权7571件、发明专利授权443件，分别增长56%和75%。

（二）江苏省及苏中地区高技术产业发展中存在的问题

1. 区域发展不平衡，苏中、苏北与苏南发展水平差距显著

全省高技术产业主要分布在苏南及沿江地区，苏南五市高技术产业产值28663.20亿元，占全省的63.64%；苏中三市高技术产业产值9568.79亿元，占全省的21.24%；苏北五市高技术产业产值6809.49亿元，占全省的15.12%。苏中地区高技术产业规模占比虽然已由2007年的15.02%上升到21.24%，提高了6.22个百分点，但相比苏南差距显著。

2. 技术结构欠优，核心关键技术突破性不强

江苏省尤其是苏中、苏北地区，高技术产业还存在低端技术较多，高端技术少；一般性技术较多，关键核心技术少；引进技术较多，原创性技术少等问题。例如，江苏可以自主设计与制造风电产业大功率整机，但高端环节的翼型数据库技术、整机设计平台技术还依赖国外；半导体照明产业方面主要从事中、低端封装，化学气相沉积设备MOCVD主要靠进口；电子信息产业大多数重大技术标准和核心专利被国外掌控，江苏企业每年须向国外缴纳巨额知识产权许可和使用费。

3. 发展模式有待转变，自主创新能力亟待增强

近年来，江苏省科技创新能力不断提升，但总体上还是模仿创新多，原始创新少；引进技术多，消化吸收再创新少；技术创新多，发展模式创新少。从现实需求和发展阶段看，江苏已进入向工业化后期过渡的阶段，到了以自主创新支撑和引领发展的重要阶段，必须加快转变发展模式和技术路线，由跟踪模仿为主向自主创新转变，由技术引进为主向消化吸收再创新转变，提高自主核心技术的占有率，由产业的跟随者转变为产业发展的引领者。

二 建立成功的战略联盟——政府的推动作用

高技术能大幅度提高产品性能，显著改善资源利用率和工作效率，能够创造出巨大的经济和社会效益。进入 21 世纪，高技术发展水平日益成为推动经济持续增长的引擎，世界各国因而都在竞相发展高技术和高技术产业，将其作为提高生产率、促进经济增长和增强国际竞争能力的重要战略。所以，发展高技术产业实际上有两个层面的战略需要研究：政府层面与企业层面。在政府层面的高技术产业发展战略制定与实施过程中，政府、企业、研究机构的互动与协同是至关重要的。主要发达国家高技术产业发展实践中，有一种行之有效的模式是建立"官产学联盟"，它的特点是既有政府的宏观引导与协调，又有企业的市场化运作。这些国家的成功经验可以为江苏苏中地区推动高技术产业发展提供战略与实践参考。

（一）主要发达国家政府推动高技术产业发展和建立官产学联盟的实践

20 世纪 60 年代以来，发达国家政府率先认识到高技术及其产业对提高国家技术能力和竞争能力的重要作用，采用种种举措推动高技术及其产业的发展。从技术角度看主要有三个层次的举措：一是国家层次的关键技术战略计划（如美国的"军事与技术发展战略"计划、日本政府的"科技创新立国"计划、欧盟的"科技发展总体规划"等）；二是对产业层次的技术推广中心（如美国的"工业技术中心"、英国的"科技开发应用中心"等）；三是对企业层次的开发扶持政策。实施过程中，为发挥政府引导与市场机制的协同作用,发达国家政府常常以关键技术项目、技术推广中心、开发扶持政策等为纽带与企业、大学或研究机构缔结官产学联盟。这种官产学联盟具有两个重要特点:一是企业参与计划的制订和实施,保证计划的市场导向和产业化需要;二是以重点项目等为联结形式,由政府、企业、大学或研究机构共同投资、共同推进、共同完成。

(二)对江苏苏中地区推动高技术产业发展和建立官产学联盟的思考

《中共中央关于全面深化改革若干重大问题的决定》指出,"要深化科技体制改革。建立健全鼓励原始创新、集成创新、引进消化吸收再创新的体制机制,健全技术创新市场导向机制,发挥市场对技术研发方向、路线选择、要素价格、各类创新要素配置的导向作用。建立产学研协同创新机制,强化企业在技术创新中的主体地位,发挥大型企业创新骨干作用,激发中小企业创新活力,推进应用型技术研发机构市场化、企业化改革,建设国家创新体系"。因此,深化科技体制改革,建立官产学联盟,对强化创新驱动,加快高技术产业发展,使经济发展进入科学发展的轨道是江苏苏中发展的重要战略选择。

1. 有效发挥政府的引导与协调作用

世界各国对高技术产业发展的政府引导,有资金投入为主的美国模式,也有指导和协调为主的日本模式。江苏苏中目前经济基础薄弱,资金实力不强,可以学习日本模式,在官产学结合的区域创新体制中,重视发挥政府的指导与协调作用。同时,由于高新技术及其产业发展日益呈现综合化趋势,涉及的领域和范围日益广泛,因而政府有必要转变主导职能,引导、协调多方面力量共同主持科研项目,科技决策班子也由过去以政府科技官员为主,转变为由官、产、学多方专家组成,推行项目经理制,有目的地开展专项技术的开发与研究。在此基础上,建立具有广泛代表性的科技顾问机构,为重大科技政策的制定提供咨询和建议。美国于1993年成立了科学技术顾问委员会(PCAST),由来自企业、大学、非政府组织的18名专家组成,他们以个人身份参与科技决策,为国家科技政策的制定提供咨询和建议。英国的科技顾问班子为科学技术会议(CST),由学术界、工业界的知名人士和政府的首席科学家组成。德国于1995年成立科技顾问班子(即德国"研究、技术与创新委员会"),由来自政府、研究、教育、经济以及重要行业工会的17名成员组成。

2. 进一步明确高技术产业的重要战略地位，加大政府投入与政策扶持

经过几十年的建设，江苏苏中经济特别是工业的总体规模已经具备，但是技术水平和管理水平的低下使产业结构不合理、增长方式粗放，经济效益不高，不能适应经济发展和国际竞争的需要。大力推进高技术产业的发展是解决当前江苏苏中经济深层次矛盾，实现经济持续、快速、健康发展的重要战略措施。政府必须进一步明确高技术产业的重要战略地位，进一步加大对基础研究经费的投入，改变 R&D 活动的投入力度低于经济产出能力的现状，提高区域创新能力。政府还可以通过制定风险投入的税收政策、建立风险基金等形式，鼓励对高技术企业风险投入；通过不断规范市场，健全中介服务，吸引大量社会资金投入高技术领域。在科技政策方面，政府注重技术创新政策和产业政策的合二为一，促进科研与产业结合，依靠面向市场持续不断的科研开发来提高企业的竞争力。英国政府于1993 年发表了科学技术白皮书《发掘我们的潜力：科学、工程和技术的战略》，其主要目的是从根本上改善科学研究与工业发展长期以来联系不力的局面，使科技成果尽快在工业发展中发挥作用。政府通过有效的政策引导基础研究与产业化的结合，促进以模仿创新为主向以原始创新为主的战略性转变，推进企业依靠自主创新取得真正的核心技术。

3. 加快技术推广和高技术产业化进程

高技术对一个国家和地区经济及社会进步的推动作用是通过高技术产业化的途径实现的，技术推广和成果转化是高技术产业化的重要环节。长期以来，江苏尤其是苏中、苏北地区的科技体制存在严重弊端，政府、企业、大学或研究机构之间自成体系、相互脱节。很多高技术研究成果停留在论文论著、专利文件阶段，市场化和产业化的程度低。为了解决产业发展中的关键技术和提供成果转化所需系统集成的工程化环境，推动产业技术进步和具有市场前景的重大成果转化，我国在 1990 年建设了促进产业化的"国家工程中心研究计划"。但是，"中心"仍然沿袭计划经济的管理体制，缺乏市场开拓的能力，并未能真正成为产业化基地。通过市场化的官产学联盟，加快技术推广和成果转化，是江苏苏中高技术产业化的重要保证。政府可以通过制订整体科技发展及其重点领域的总计划，加强对科技发展的导向；运用经济杠杆对民间企业的科技活动进行指导；对基础技术研究使用的资产进一步实行低息贷款；把国有实验室研究设备低价提

供给企业使用，把国有基础技术专利无偿或低价转移给民间企业，从而提升科技成果的产业化水平。

4. 充分发挥企业的市场主体作用

虽然高技术产业的发展离不开政府的宏观引导和支持协调，但是，企业仍然应该是技术进步和技术创新的主体。近百年世界产业发展的历史表明，真正满足市场需求、推动社会进步的技术都是来自企业的创新创造。我国的《国家高技术研究开发计划》（"863"计划）实施以来，尽管也取得了成果并得到应用，但与投入相比是远远不够的。原因涉及制度、环境等多方面因素，但最主要的就是企业未能成为技术创新的主体。市场经济中，企业作为最活跃的细胞，既是技术创新的吸纳器，又是技术创新的发动机，这种内在联系使企业具有其他任何一种创新机构都无法替代也无可比拟的优势。政府深化改革，确立企业技术创新主体地位，使企业成为技术创新的投资主体、利益主体、风险主体、研究开发主体和决策主体，逐步建立起"企业主动、政府推动、科技服务体系联动"的技术创新运行新机制。政府对大中型企业进行分类指导，鼓励大型企业建立健全技术中心、工程研究中心等技术开发机构；加强推进中型企业与大学、科研单位联合建立技术研发中心；大力推进科研院所与企业联合，鼓励高层次人才到企业去，充实企业的技术新力量。政府、企业、大学或研究机构共同组成的"官产学联盟"发展模式，既可以有效发挥政府的引导与协调作用，又可以充分发挥企业的市场主体作用。所以，不仅是企业层面的研究开发需要政府加入以促进企业的研发热情和创新动力，政府层面的重要关键技术项目也要特别注意吸引企业的早期进入，官产学结合共同制订计划和进行研究开发，为高技术的市场化、产业化打下基础。

三　建立成功的战略联盟
——企业的战略行为

高技术产业的发展需要政府的宏观引导和支持协调，但企业永远是市场竞争的主体。对企业层面竞争战略的研究发现，合作战略已经成为高技术领域的主流战略，建立成功的战略联盟已经成为高技术企业提升竞争能力、实现战略目标的重要手段。发达国家高技术企业的联盟实践可以为江苏苏中高技术企业发展提供战略与实践参考。

（一）发达国家高技术领域的战略联盟

20世纪80年代以来，面对缩短的生命周期、越来越高的创新要求、较小的市场份额及日趋激烈的竞争环境，发达国家的高技术企业对竞争关系进行了战略性调整，即从对立竞争转向大规模的合作竞争。不同程度的合作与联盟成为绝大多数高技术企业的选择，导致高技术企业间的各种合作协议每年以超过25%的速度增长，高技术领域的企业组建了大量的战略联盟。

根据莫里斯（Morris）和赫格特（Hergert）的研究，中高技术产业——汽车制造业的联盟开展最早数量也最多，产业案例数在全部839个联盟案例中的比重为24%。1970—1988年间，汽车制造商之间建立的战略联盟数以年均20%的速度增长（Sachwald，1992），如通用与丰田、福特与马自达、雷诺与沃尔沃等都建立了横向战略联盟以创造新价值和获得竞争优势。另外，汽车制造商普遍与零部件供应商之间建立纵向战略联盟以稳定伙伴关系和降低交易费用。

信息和通信制造业的联盟在20世纪80年代以后发展迅速并一直保持增长势头，1980—1990年间以年均20%的速度增长（Cainarca，Colombo and Mariotti，1992）。该行业需要众多的中间产品和技术提供支持，是一个互补性、协同性非常强的产业，加上战略应用的相互影响，使得这些行业的巨头企业与行业内外的其他企业结成了大量的联盟合作关系。如IBM公司、美国电报电话公司（AT&T）、好利获得公司（Olivetti）、东芝公司等国际巨型企业都建立了相当的合作关系（Garrette and Quelin，1994）。

发达国家高技术领域战略联盟的实践证明，战略联盟有跨产业联盟与同产业联盟两大类型。跨产业联盟是高技术企业与其他产业的企业建立的联盟，旨在利用双方的行业互补性来开发新机会、开展新业务，或者通过与目标产业中的已有企业结盟以进入新产业实现多元化（陈耀，2003）。同产业联盟是高技术企业与同一产业的企业建立的联盟。同产业联盟又可以划分为与供应商组成的纵向联盟和与竞争对手组成的横向联盟。根据统计，横向联盟中有2/3是研究开发联盟，另外1/3是合作生产联盟。对高技术企业而言，具有重要战略意义的联盟是有助于进入新业务的跨产业联盟、有助于分担成本和风险的研究开发联盟和有助于提升竞争力的合作生产联盟。

（二）江苏苏中高技术企业的联盟实践与战略建议

由于发展的阶段性、体制的约束及认识的滞后，江苏苏中高技术领域的合作与联盟主要表现为传统意义上的合资合作和少数产业的研发协议，远远没有成为企业的主体认识和战略行为。传统的合资企业组织形式虽然也是一种企业间合作关系，但常常是发达国家企业与发展中国家企业建立的产品换市场的简单形式，落后国家企业从中获得的能力提升十分有限。江苏苏中有着多年的合资合作历史，但多数企业自主研发和技术创新落后、缺乏国际竞争能力就是一个例证。面对信息技术革命导致的运营环境的极大改变，江苏苏中高技术企业需要转变竞争观念，寻求新的技术创新和价值创造形式。

1. 建立跨产业联盟，开发新机会进入新产业

江苏苏中多数高技术企业正处于发展和创业阶段，创业的最重要行为是对蕴含价值的机会的认识与开发。跨产业联盟利用双方的行业互补性来开发新机会开展新业务，使以联盟为基础的企业成长得更快，这一点也已为发达国家的企业实践所证明。从国际角度看，产业交融和趋同的竞争环境使所有企业都面临新挑战，也为原来处于低竞争地位的高技术企业提供了战略机遇，通过建立跨国、跨产业联盟带动促进苏中企业的制度、管理、技术等因素的整合和综合能力提升，与伙伴企业一起共同开发新机会并成为新领域的领先者是可能和必要的。跨产业联盟也是苏中企业进入新产业实现多元化的重要战略形式。

2. 建立研发联盟，提高研究和创新水平

研发水平落后、缺乏自主创新能力是高技术企业品牌短缺、缺乏持续竞争力和创造力的根本原因。以我国的海尔集团为例，创业初期，海尔与德国利勃海尔公司建立了技术联盟，在引进先进生产线的同时有意识地研究对方企业的技术、相关的企业标准、德国 DIN 标准和国际 ISO 标准，经过消化吸收将其转化为企业内部标准，迅速提高了产品质量，占领了家电市场。在企业发展的不同时期，海尔建立了若干不同层次的技术和研究联盟，使海尔成为我国少数具有自主研发和创新能力的国际企业。如与意大利梅洛尼公司的滚筒洗衣机技术合作，与日本三菱重工的空调技术联合项目，与荷兰飞利浦公司的数字化彩电联盟，与德国迈兹公司成立的"德国海尔数字技术研究中心"，直至与东芝、朗讯等世界 500 强企业组

建研究与开发联盟。企业通过研发联盟从先进国家的企业获取先进技术,不仅是对企业、对产业以至整个区域经济都会产生带动作用,所以,江苏苏中高技术企业加强与先进企业组建研发联盟,有利于其研究与创新水平的提升。

3. 建立竞争者联盟,提高企业竞争能力

江苏苏中高技术企业目前的现状是分散而独立,采用的是"小而全"、"大而全"的企业组织模式。高技术企业的合作意识和合作实践都远远不够,难以适应现代竞争环境对企业资源、能力和组织形式的要求。近20年来,竞争者之间组成的横向合作生产联盟已成为发达国家高技术领域收益最多、影响最大的联盟。一方面,竞争者联盟通过伙伴企业的资源共享和核心能力互补来获得规模经济、改善企业价值链和提升企业竞争能力;另一方面,竞争者联盟既合作又竞争的特点对产业内企业有着"激活"作用,企业在这样的产业环境中保持着竞争压力和创新动力,在动态的"竞争—合作—再竞争—再合作"的过程中得以持续提高竞争能力和创新能力。进一步地,竞争者联盟还有助于高技术企业的专业化分工和促进形成产业集群,产生高技术产业的集群效应和集群竞争优势。因此,江苏苏中高技术企业应该强化合作竞争的战略思想,建立竞争者联盟以提升企业竞争能力,应对现代竞争环境和获得产业集群效应。

参考文献:

1. 除另有说明外,本文数据来源于《中国高技术产业统计年鉴》(2013),国家统计局等编。

2. Morris, D. and Hergert, M., "Trends in International Collaborative Agreement", *Columbia Journal of Word Business*, Vol. 22, No. 2, 1987, reprinted in Contractor, F. J. and Lorange, P. (eds.), *Cooperative Strategis in International Business*, Lextington, MA: Lextington Books, 1988.

3. Sachwald, F., *Cooperative Agreements in the World Automobile Industry*, EIBA, Proceedings of the 18th Annual Conference, University of Reading, December, 1992.

4. Cainarca, G. C., Colombo, M. G. and Mariotti, S., "Agreements between Firms and the Technological Life Cycle Model: Evidence from Information Technologies", *Research Policy*, Vol. 21, No. 1, 1992.

5. Garrette, B. and Quelin, B., "An Empirirical Study of Hybrid Forms of Governance Structure: the Case of the Telecommunication Equipmeng Industry", *Research Policy*, Vol. 23,

No. 4, 1994.

6. 陈耀：《联盟优势》，民族出版社 2003 年版。

7. Pisano, A., Russo, M. V. and Teece, D. J., "Joint Ventures, and Collaborative Agreements in the Telecommunications Industry", in Mowery, D. C. (ed.), *International Collaborative Ventures in U. S. Manufacturing*, Cambridge, MA: Ballinger, 1998.

作者信息：

研究基地：苏中发展研究基地

承担单位：扬州大学

首席专家：陈耀

课题负责人：陈耀

主要参加人员：吴进红、季允丰、袁春宏

新型城镇化与区域协调发展

农业转移人口市民化的政策设计

内容提要：在实现现代化的过程中必然要发生大量农业转移人口的市民化，数以亿计的农业转移人口逐渐融入城镇、成为新型市民，标志着我国现代化事业的巨大成功。提高城镇化质量，农业转移人口市民化已经成为新时期的战略性任务。为此，社会政策应当改革公共产品供给体制，逐步对农业转移人口实施公共产品与市民的均等化供给，要为农业转移人口构建具有现代化理念的社会保障制度，在收入分配改革中增加劳动所得比重，重视对农民和农业转移人口的职业培训，处理好农民转移过程中的利益关系，实施对中小企业的适度减税政策。

一 这一主题对江苏的意义

党的十八大报告指出，"加快改革户籍制度，有序推进农业人口市民化，努力实现城镇基本公共服务常住人口全覆盖"。

对江苏而言，农业转移人口主要包括"三集中"所形成的聚居于农村区域新型社区中的人口和庞大的农民工群体。

江苏省"三集中"提出得早，实践进展快，特别是苏南地区原来农村中的相当多的人口已经集中居住于既非城市社区也非乡村社区的新型社区内，这部分人口基本不再从事土地经营，脱离了农业活动，离开了原来的农村居住地，但又不属于"城镇居民"，他们的养老保障、医疗保障等基本还沿用原来农村的办法，没有退休工资，到一定的年龄领取四五百元的生活补助费。农民集中居住看来还是个趋势，集中居住有利于道路、自来水等基础设施的改善，有利于教育、卫生等资源的效益最大化，有利于人口素质的提高。苏南地区的苏州、无锡原来的农民已多数成为这种形式。这一情形看来还得持续相当一段时间，对这部分人应当要有新的制度设计。

江苏省是农民工出现最早的地区，现在是农民工数量较多的省份。苏南是农民工重要的输入地，苏州、无锡、常州、南京等大城市均有数量可观的农民工，一般估计是常住人口中的1/3到一半，不少县级市外地人口已经超过了本地人口。苏北地区是农民工输出地，其中也有相当数量转移到了苏南地区、苏中地区。因此，为农民工制定良好的社会政策，妥善将农民工市民化，对江苏而言既关系到输入地的社会稳定、可持续发展，也关系到输出地众多农民工的出路问题，可以说是事关江苏全局。江苏省在率先实现现代化的过程中必须要解决农民工市民化的问题，江苏也有条件、有工作基础在这方面提出可行性的办法。

二 农业转移人口市民化的现实困难

农业转移人口市民化是个全国现象，是现代化过程中必须要解决的重大课题，但至今仍面临着相当大的困难。

（一）数量的巨大和短期内突发，为顺利实现市民化增加了难度

农业转移人口是改革开放后的产物，从20世纪90年代开始陆续出现农民工、失地农民、集中居住的新型居民现象。至今，全国农民工的数量高达2.5亿人，可以说是名副其实的数以亿计，而且伴随着工业化、现代化的进程数量还将有所增加。在未来的30年内，我国要顺利将六七亿农村人口转化为市民。失地农民最多时全国有4000万人，也是个不小的数字。江苏省率先进行"三集中"，农村集中居住的人口数量也不小。由于改革开放前长期禁止农村人口的非农化转移，改革开放后积蓄的能量一下子迸发了出来，使得农业转移人口成为时代大潮汹涌而来，势不可当，短期内的突发和数量的特别巨大无疑为顺利解决这一难题增加了无数难度。

（二）农业转移人口市民化需要巨大投入

农业转移人口市民化的最大困难是提供公共产品和公共服务。输入地

的基础设施建设、教育、卫生、文化资源的增加，社会保障制度的建立，新市民的住房怎么办？原来解决这些问题都是按照户籍人口来设计的，现在，一个城市突然来了那么多的人，从道理上讲，要增加大量的设施，要进行全新的制度安排，这就客观上为农业人口转移的输入地增加了极大困难。设施的建设、制度的建构都需要大量的投入和必要的时间做准备，而现在问题非常现实地突然摆到了我们的面前。而且按照现在的财政体制，这些投入一般由地方政府（特别是所在城市）负责，地方政府面临着体制设计层级过低的问题，在财权与事权没有完全理顺的条件下，地方政府显然对解决这样的难题并不积极。

（三）农业转移人口解决得好有可能形成"低洼效应"

就是说你这个地方农民工的政策好就有可能吸引大量的农民工涌入，从而增加城市就业、设施利用、社会管理等方面的压力。农民工的来源可以说是源源不断，农业转移人口市民化这样的大课题，需要国家层面，至少需要省级层面来予以统筹解决，农业转移人口市民化是一个国家现代化进程中的宏观政策，一些基本做法应作为国家的基本制度安排，一个镇、一个县级市很难有突破性的创新。

三 农业转移人口市民化的实质

为什么农村人口一定要转化为市民？市民与农民的根本区别在哪里？答案是现代市民有一套文明制度覆盖，而传统意义上的农民排除在制度安排之外，而作为现代社会应当具备这样的文明制度。没有这样的制度，现代化就不合格，没有这套文明制度覆盖的"人"就不能算是现代人。

我们通常讲的城乡二元结构、城乡差别，根本差别就在于农村与城市相比，现代化的制度建构不健全，农村人口缺乏市民具有的制度覆盖。而要建立这样的制度，应紧随现代社会人口从乡到城的大流动，设置在人口集中的城市中较为合理和有效。比如要提高教育质量，需要适当集中办学，优质的教育资源不可能无限分散到所有的村落。自来水、道路、垃圾处理、卫生资源、文化资源等只有适当集中才能体现投资的最优化，设施的最大化利用。一些基本制度——公共产品供给制度、社会保障制度——

更是需要集中才能体现优越性。所以，现代社会的一系列制度安排一般选择现代城市为基点，而现代化过程中，人口正在发生从乡到城的大迁移，两者高度吻合，所以，农业转移人口市民化历史地、逻辑地成为时代的重大主题。农业转移人口市民化的实质也就是为原来没有的或者不健全的农村人口，在农村人口非农化的转移过程中实施一整套现代社会应当具有的文明制度的覆盖，使这个人成为现代状态的人，使这个社会像个现代化的样子。

四　农业转移人口市民化的政策设计

改变城乡二元结构，变传统二元结构为现代一元结构，农业转移人口的市民化，根本就在于建构起一整套不同身份的人均等化享有的社会体制。

（一）户籍制度改革

户籍制度改革的要义绝不是由现在管理户籍的公安部门在一个早上宣布取消户籍管理制度，统统都成为城镇人口了。而是要改变原有的按照不同户籍配置资源的一整套做法，顺应人口迁移的大趋势，根据人口工作地、生活地来配置社会资源。我国原来是个典型的城乡二元型社会，农村户籍与城镇户籍人口的待遇差距非常大，经历了改革开放30余年，城乡鸿沟逐渐弥合，但时至今日，仍有若干明显的差别。比如，城市就业对农村人口仍有所限制。同样是劳动者，做同样的工作，待遇上农村户口的人可能比城镇户口的人要低一点。城镇户口的人工作了，有住房补贴，有各种各样福利待遇，而农民工做与城里人同样的工作就没有住房补贴，福利待遇可能差一点。不少地方农民工的社会保障标准与城镇企业职工的社会保障标准不一样。诸如此类的因户籍的不同而显示的差别仍有不少。

户籍只是一个符号、一个标识，户籍这个符号内隐藏着极为丰富的内容，改变一个农业户籍的人为城镇居民户籍，最实质性的内容就是将一个原来没有或者不健全的一系列"市民待遇"覆盖到这个人身上。如果户籍改了，农业户口变为居民户口了，但市民户籍隐含的那些现代市民应当具备的待遇并没有得到，那这个居民户籍一点意义也没有。

户籍制度改革最为核心的就是要将现代城镇人口应当拥有的一套完整的制度设定覆盖到原来基本没有的、现在已经进了城镇就业、居住的那些农业转移人口身上。

尽管原有的城镇人口的制度设定并不合理，需要按照现代化的理念进行改革，但毕竟有基础，要进行改革相对容易一些；而从农村来的农业转移人口原来基本没有，要按照现代文明社会的基本要求重建，要与现代市民趋同，这就需要条件，需要社会做好一系列的准备。比如，不少城市一下子来了这么多的农民工，农民工要就医，子女要入学，而我们城市的医院、学校原来是按照户籍人口来配置这些资源的，根本无法满足这么多外来人口的需求，于是就产生了社会问题。如果只是将农民工的户籍改过来，但医院、学校这些设施没有增加，医疗体制、教育体制没有改动，那这个户籍变动就没有意义。仅增加设施看来还是较为简单的事情，当然也要有个准备的时间，而一系列新型体制的设计就更为繁难。

所以，农业转移人口的市民化要注重的是"市民"这个符号所包括的一系列制度待遇，并且要按照现代化的理念来进行改革、设计。要通过农民转变为市民这一客观过程，使更多的人拥有现代文明社会所应当具备的特质、制度安排，更多的人文明水准得到提升。这才是城镇化、农民市民化的本质所在，也是户籍制度改革的要义。

(二) 公共产品供给体制改革

作为现代文明社会应当具有的制度安排，最为基本的是公共产品的供给。我国城乡实质性的差别主要体现在收入和公共产品的供给，城乡一体化的难点也在于如何提高农民的收入和改善农村的公共产品供给。现在农民中的一部分来到了城镇，成为农民工了，一部分集中居住到新型社区中来了，完全脱离了农业活动，但公共产品供给的体制仍依据农村的那一套在操作，城乡不同的待遇，城乡二元结构体制，在这两部分人身上体现得十分明显。农民工在城镇就业，在城镇创造着社会财富，农民工创造的财富除去个人收入外所剩余的部分积累在城镇，而且已经成为城镇社会财富的重要组成部分，但城市在计算人均 GDP 时就刨去了这部分人，城市在安排一系列设施时也没有考虑这部分人的需求，于是就有了农民工就医难，住房难，子女入学难，不能像城镇人口一样享受城市的教育、文化、卫生设施，没有市民的公共福利待遇。

针对数以亿计的农民工群体，公共产品的供给如何实现与市民的均等化，如何使农民工所做的贡献与其所享受到的公共产品供给、公共服务相对称，如何使农民工既是国家工业化、城镇化的积极参与者，又能通过积极参与使自身成为一个"现代人"。设计新型的公共产品供给体制，既是社会公正的体现，又必将大大提升农民工的社会地位，整体改善农民工的状况，从而为农民工真正融入城镇、成为新型市民提供保证。

（三）构建具有现代化理念的社会保障制度

在城镇化的过程中，数量巨大的农民工群体的造就意味着农民群体迈开了转化为市民的重要一步，紧接着是如何将数亿农民工融入城镇，成为新型市民。集中居住的"新型居民"也应当市民化。现代社会保障制度的建构是现代化体制中不可或缺的内容。

目前，针对农民工的社会保障制度正在探索，但问题还相当突出。

其一，现存农民工的社会保障制度不成为社会的一项基本制度，缺乏现代化理念。我国现在的社会保障制度非常混乱，不同身份的人分别设定一套：公务员一套，事业单位人员一套，城镇企业职工一套，农民一套，农民工又是一套，有的地方失地农民再来一套，而且差别非常之大，不同身份的人的社会保障制度不贯通、不衔接。根据身份来设计不同的社会保障制度不符合社会公平、公正的原则。在这样的背景下，农民工的社会保障制度设计无所适从。

其二，针对农民工的社会保障制度刚性不强，只是软约束。用人单位、个人可以参加也可以不参加。特别是相当多的非正规就业领域似乎可以名正言顺地拒绝这一先进制度。将一项文明社会所必需的基本制度视为个人、用人单位可有可无的制度选择不符合现代社会的基本要求。

其三，制度设计的层级过低。多为一城一市自主设计，有的甚至以社区为单元，各自为政，自搞一套，各种做法之间缺乏基本的操作规程。制度制定的层级过低也无法确保制度的稳定运行，不成为整个社会的统用规则，严重影响农民工的自由流动。诸如社会保障制度这类一个社会的基本制度，应当尽可能设计成通用规则，最好是全国统一，整个国家有一个基本的操作规程。

其四，不能流动。不少农民工在就业地名义上有多项保障，但如果要流动出本城市，累积的基金无法转出、延续，所以在实践中相当多的农民工由于流动而把自己积累的部分领取了,导致社会保障制度的中断,其结果等于没有保障。不少地方的社会保障项目个人还可利用转移困难而退保。也许在统计时,多少多少人参加了养老保障、医疗保障,但实际上,一项很好的制度并没有发挥应有的作用。

其五,"三集中"形成的新型居民的社会保障制度基本沿用原来农村的做法,水平低、设定层级低、保障能力差。

应当说,我国社会保障制度建设总体上相当落后,理念不先进,针对农民工和集中居住的"新型居民"的社会保障制度建设更是严重滞后,对此应当予以战略性的考虑。

农民工的社会保障制度建设应当考虑:

一是建立起具有现代化理念的社会保障制度。社会保障制度是现代文明社会的基本制度,而且作为基本制度是以长期运行为前提的,时间越长,一项好的制度越能见效;时间越长,基金积累越多,制度应对的能力越强,制度的优越性越能发挥出来。我国的农民工数量多,涉及社会生活的方方面面,农民工现象将存在相当长的历史时期,因此必须对农民工特别是对新生代农民工的社会保障制度建设予以战略性的安排。新生代农民工年富力强,正奋战在现代化建设的第一线,正是构建现代社会保障制度的绝好时机,失去了这个机会就会犯历史性的错误,就会导致未来工作的多方面被动。

二是建立政府主导型的社会保障制度。根据我国的基本国情,建立政府主导型的社会保障制度具有可行性。现在的问题是,财政还没有转向公共财政,政府还没有完全转到服务型政府,利益过度上抽,资源过分向上集中,社会的不少方面责权利不统一,由此引起很多不规范的做法。建立政府主导型的社会保障制度,要求政府切实履行设计这一制度的责任,要求政府真正转为公共服务型政府,财政投入主要转向公共服务领域,包括对社会保障事业的投入,建立利益适当平衡、协调的分配关系。要强制压缩公款吃喝、公车使用等不合理的公共开支,公共开支首先要确保社会保障基金中政府应当承担的部分。要大大减轻企业的负担,同时要求企业应当承担的社会保障支出必须确保。

三是社会保障制度的强制性原则。社会保障制度作为一项现代社会的基本制度,是衡量一个国家文明程度的重要指标,在这方面,国家利益与个人利益、劳动者就业的单位利益在根本上是一致的。就个人而言,是事关自己未来生存,抵御失业、工伤、疾病等重大事故的有效手段。对国家而言,建立、健全覆盖全体人的社会保障制度是一个国家的基本国策、基本建设,是建设现代化社会的基本要求,没有健全的社会保障制度,现代化就不够格。所以建立社会保障制度是国家的一项基本责任。对劳动者就业的单位而言,健全的社会保障制度有利于稳定劳动者队伍,提高员工的凝聚力、向心力,也是体现一个单位文明程度不可或缺的方面。

四是根据条件,选择社会保障制度实施的先后次序。笔者认为,农民工的社会保障制度可以选择养老保障、医疗保障、工伤保障、失业保障等先后次序顺次展开。要建立全国或者全省统一的、能够流动的农民工社会保障制度,用这套制度确保现代化过程中大量人口流动、转移的平稳进行,在人口流动中实现具有现代化理念的制度建构,从而大幅提升整个社会的现代化水平。

(四)增加劳动收入在总收入中的比重

收入差距拉大已经成为社会事实,由此引发了较多的社会问题。如果数以亿计的农民工群体长期属于低收入者,长期处于城市社会的底层、边缘,那我们的城市社会安定不了,更不用说农民工融入城市了。当今的农民工群体已经发生了分化,他们中出现了私营企业主、自主创业者、具有专业技能的劳动者、生产流程中的管理者等。农民工群体中将会形成一批中等收入者。我们的社会政策应当有利于这一发展趋势,应当更加公正、公平。

现在我们的收入分配关系已经出现了比较突出的问题,主要表现在:

其一,收入差别过大。不同职业、不同群体之间的收入差别已经到了非常危险的地步,收入差别过大是目前一系列社会矛盾、社会问题的根源,也是影响社会稳定的主要因素。

其二,生产一线劳动者收入过低。导致社会上出现了比较普遍的轻视劳动,甚至蔑视劳动的现象,对生产一线劳动者的鄙视已经影响到了价值评判。产品质量提不高,竞相去当公务员,干群关系处理不好等社会问题都与此有关。占产业工人主体的农民工的合法权益得不到保障,农民工劳动报酬一般是城镇职工同工种报酬的1/3。农民工群体中一系列极端事件的爆发,城市刑事案件总量的2/3以上为流动人口所为,充分说明了以外来人口为主体所组成的城市底层社会在受到严重的挤压后正以非常手段报复社会。生产一线劳动者收入过低还导致教育培养模式的偏差，我们的教育体制旨在培养专家、人才，花费大量的社会财富"造""天才"，而不是培养实实在在的各行各业的合格劳动者，结果是大学的教育与社会现实严重脱节，大量大学毕业生难以找到工作，大学毕业生的收入不如农民工的收入，博士毕业生去做一般办事员做的工作。另外，大量社会非常需要的技能性岗位、熟练劳动岗位无人去做。

其三，收入关系没有体现复杂劳动与简单劳动之别。复杂劳动的报酬应当超过简单劳动的报酬是常识，比如医生一般应当获得较高的收入，因为医生从事的是治病救人的事情，这样的事非常重要，无法替代，治病救人不是一般的人做得了的。学医也比较难，要成为一个合格的医生需要经过好多年的艰辛学习、努力。而现在不是，医生由于收入偏低而使得要通过开处方药的"回扣"、病人的"红包"来弥补。这种由于收入关系的不正常而导致的畸形现象已经不少。

其四，分配政策的随意性。针对过去千篇一律、统得过死的分配关系，分配权的下放成为改革的一个重要方面，而现在分配关系的随意确定，收入的随意性已经造成问题。很多单位自己定分配政策，很随意地提高一部分人的收入，压低另一部分人的收入，这种做法还被看作是"改革"、"创新"，好像"钱"是我的，想怎么办就怎么办。而实际上无论是哪个单位的收入分配都是国民收入分配这个"蛋糕"的一部分，给他切多了留给其他人的必然就少了，某个单位的收入分配都会有某种示范效应，影响着一般性分配关系和社会的价值观评判。

其五，工资外收入超过工资内收入。现在工资外的收入名目繁多，而且普遍地超过工资内的收入，这是非常不正常的现象。工资收入体现了劳动者的正常劳动所得，应当是劳动者最基本、最主要的收入，除此之外的补贴、津贴等只能是适当的补充。当工资外的收入大大超过工资内收入的时候，宏观调控国民收入的分配就非常困难，也为产生各式各样的漏洞开了口子。

由于社会不同阶层之间的利益关系没有处理好，于是劳资矛盾尖锐，干群冲突激化，社会出现了严重的信任危机，社会价值评判出了问题，政府的威信已经受到严重影响。

要探索建立现代社会不同利益主体之间的利益协调制度，收入均衡增长机制，保障所有社会成员基本生活的机制，平抑社会财富的机制。就全社会收入结构来说，劳动所得应当是劳动者的重要收入。只有这样，一个社会才有活力，才有发展的动力，才有创造力。应当大幅提高劳动收入在总收入中的比重，农民工中的大部分从事着生产劳动，给生产一线的劳动予以合适的所得份额，使一般的劳动者通过自己的辛勤劳作能够获得适当的收入，能够过上较为体面的生活。特别是农民工中一部分私营企业主、有技能的劳动者、一部分中层管理者、自主创业者，能够通过自己的合法劳动成为中等收入者，顺利融入城镇，成为新型市民。

（五）重视农业转移人口的职业培训工作

农民中的一部分从农村中转移出来了，到了一个过去不熟悉的、全新的领域中就业，或者不少是新生代农民工，他们自小跟随父母来到城镇，在城镇长大，往往缺乏就业的基本技能。而就业对农民工或新生代农民工来说至关重要。农民参与城镇化的过程首先是找到非农业就业岗位，在非农业领域实现了就业，标志着农民开始了身份的转化，由农民变为新型市民才有可能。实现不了非农业就业，其他的一切就无从谈起。所以，就业在农民转化过程中处于基础地位，是转化为新型市民的关键一着。从现状来看，具有一技之长往往在就业竞争中处于有利地位，城镇最需要的也是具有技能的劳动者。现在我们的产业领域中，有技能的劳动者、熟练劳动者比较缺。许多现象诸如大学生的收入比不上农民工，大专生就业好于研究生，实际上说明了目前乃至今后相当长一段时间内适用技能、专业劳动者在我国大有用武之地。甚至我们的教育体制，都应当做较大幅度的改革，高等学校要将培养熟练劳动者、培养具有专业技能的劳动者放到应有的位置，而不是片面追求研究生的数量全球第一，盲目地追求学历层次高，博士也不是越多越好。

对政府来说，应将农民工的职业培训纳入自身的工作范围。对农民、农民工进行职业培训要作为一项重要的公共服务来对待。重视农民工的职业培训意义是多方面的，既可大大提高农民工的就业水平，使他们在就业市场上具有较强的竞争力，实现就业以后就能增加收入，又能使这部分人加入到工业化、城镇化的行列中去，成为现代化的积极力量，从而大大提高整个国家的城镇化、现代化水准，提高人口的质量。

当然，做好农民工的职业培训，并不意味着政府包揽一切，政府应当制定有利的政策，促进对农民、农民工的职业培训事业。政府要发挥组织者的作用，充分发掘社会资源，倡导社会力量加入到培训事业中来。还应当调动农民工自身的积极性，促使他们想方设法提高自己的职业技能，增强自己在就业市场的竞争能力。总之，农民工职业技能提高，就业竞争力增强，既是农民工自身素质的改善，也是国家现代化建设事业的迫切需要。

（六）处理好农民转移过程中的利益关系

处理好农民转移过程中的利益关系说的是农民在离开土地、离开农村的过程中，如何使其利益不致受损，而成为一个得益的过程，能分享城镇化的成果，从而使农民成为农民工时达到增能。农民转移过程中的利益关系主要有：征地、房屋拆迁。

征地和房屋拆迁是近年农民利益受损的重要方面，由此导致了大量的社会问题，许多群体性事件、集体上访根源也在于征地和房屋拆迁。一些地方之所以热衷于拆迁，看中的是农民的宅基地，农民搬迁以后将会腾出大量的宅基地，这些宅基地可以产生巨大的利益。

在我国工业化、城镇化的过程中，应坚持一条原则，不能以牺牲、剥夺农民的利益换取土地收益，不能以造成大量社会问题的方式来获得所谓的发展。为此，在城镇化的浪潮中必须要处理好征地和农民的房屋拆迁问题。

一些地方在征地过程中推行了土地入股、建立土地合作社等创新的形式，保证了农民的长远利益，实践证明效果非常好。一些地方创造的土地流转制度较为公正，很受农民欢迎。有些地方将征地与农民建立社会保障制度相衔接，使农民成为农民工之际就具有了若干新型市民应有的制度覆盖。应当将实践创造的这些好的做法形成基本规制，不致再形成数量巨大的失地农民问题。

在新农村建设中，一些地方只求形式，强行将农民集中到一个既不是乡村又不是城镇的社区内，导致农民无地可种、无业可就，社保没有份，成为失地农民。农民房屋搬迁本身就是农民利益损失的过程，搬一次家损失一次，房屋装饰、家什不能再用了。因此，要尽量使农民房屋的搬迁成为一个自觉的过程，在搬迁的过程中实现现代文明制度的覆盖，真正使农民的职业变迁、地域变迁成为文明进步的过程，使农民的转化与国家现代化程度的提高完全一致起来。

处理好了农民转移过程中的利益关系，使农民离开土地、转化为市民的过程成为农民得益的过程，而不是受损的过程，这样也就为农民工融入城镇成为新型市民创造了必要的条件。

（七）对中小企业适当减税

总的判断是，我国企业的税负仍然比较高，企业负担较重，导致大量不规范现象的产生，也使本来应当由企业承担的必要支出，诸如员工培训、养老、医疗、工伤保险等支出尽可能挤压。企业利益的过度上抽使得企业缺乏活力。应当适度减少企业的税负，特别是对中小型企业更要从税制上体现优惠，从而鼓励公民自主创业，真正藏富于民，达到富民强国。农民工中的一部分属于自主创业者，适度减轻其负担必将增加转化为市民的过程。

参考文献：

1. 国务院研究室调研组：《中国农民工调研报告》，中国言实出版社2006年版。
2. 程新征：《中国农民工若干问题研究》，中央编译出版社2007年版。
3. 邹农俭等：《江苏农民工调查报告》，社会科学文献出版社2009年版。

作者信息：

研究基地：江苏城乡一体化研究基地
承担单位：南京师范大学社会发展学院
首席专家：邹农俭
本课题负责人：邹农俭

以"规划一体化"引领江苏城乡
发展一体化的机制研究

内容提要：针对当前我国由于部门和条块分割，相互间对城乡发展"空间话语权"的争夺十分激烈，导致现行的、涉及城乡发展各条线的规划体系存在着难以协调统一的问题，本文在分析"三规"不协调矛盾产生根源的基础上，借鉴了德国、日本、我国广州和浙江等国内外"多规合一"的经验，提出通过编制"三规"协调的城乡发展一体化规划，从而促进江苏的城乡发展一体化规划。本文对城乡发展一体化规划的编制思路、方法和内容、规划的工作机制和实施方法提出了建议，希望对江苏省开展城乡发展一体化有所帮助，进而推动全省新型城镇化的发展。

一 规划一体化是实现城乡发展一体化的前提和关键

自十七届三中、四中全会以来，党和国家一直坚持"统筹城乡发展，加快实现城乡一体化"的战略思想，为有效贯彻落实党和国家的相关要求，江苏省委十一届五次全会首次提出了应"形成城乡一体化发展的新格局"的要求，且在 2011 年召开的省第十二次党代会中，进一步将江苏省经济社会发展六大战略之一的城市化战略拓展为城乡发展一体化战略。可见，城乡发展一体化是江苏省今后积极面对新时期、新形势和新环境的基本方略，具有重大战略意义。

（一）走城乡发展一体化道路，有利于推进新型城镇化

在新的历史时期下，新一届国家领导班子指出城镇化是扩大内需的潜力所在，并在十八大报告中明确提出了走新型城镇化道路，推进城乡发展

一体化的战略思路。新型城镇化是以城乡统筹、城乡一体、产城互动、节约集约、生态宜居、和谐发展为基本特征的城镇化,是大中小城市、小城镇、新型农村社区协调发展、互促共进的城镇化。而城乡发展一体化战略重点在于解决好新时期的"三农"问题,旨在改变传统的工农关系,坚持工业反哺农业、城市支持农村,与新型城镇化战略的核心均为实现城乡关系协调,在目标上具有高度的一致性。

长期以来,江苏省积极实施城乡发展一体化战略,城乡经济社会发展取得了丰硕的成果,2012年城镇化率达到63%,高出全国10.4个百分点,基本达到中等发达国家水平。但同时,城乡发展仍面临诸多问题与挑战,如农业转移人口市民化有待加强,基本公共服务均等化程度不高,城乡二元结构尚未根本突破等。在新型城镇化战略背景下,为加快实现全省"两个率先"战略目标,省委、省政府将城乡发展一体化与推进新型城镇化工作相结合,在2013年一号文件《关于扎实推进城镇化、促进城乡发展一体化的意见》中明确提出"扎实推进城镇化、促进城乡发展一体化,是江苏省加快转变发展方式、不断释放巨大内需潜力的重大举措,是逐步缩小城乡差距、构建新型城乡关系的迫切需要",充分体现了江苏新型城镇化内涵中城乡发展一体化的意义作用与目标指向。

(二)规划对推进城乡发展一体化具有重要引导作用

当前江苏省已形成以"六个一体化"为重点的城乡发展一体化工作思路,包括城乡规划、产业布局、基础设施、公共服务、劳动就业和社会管理的一体化。其中,城乡规划一体化是实现城乡发展一体化的前提和关键,是统筹城乡空间布局、产业发展、基础设施建设和生态环境保护等各项工作的重要手段,也是形成布局合理、分工有序、开放互通的城乡空间结构的核心,对城乡全局发展将起到引领和促进作用。

江苏省的相关政策文件对规划的引导作用也做出了明确指示,在苏发〔2011〕28号文《关于以城乡发展一体化为引领全面提升城乡建设水平的意见》中,省委、省政府强调应坚持"规划引导,城乡统筹","增强各级各类城乡规划的科学性、权威性和前瞻性,以规划为龙头统筹城乡空间布局、产业发展、基础设施建设和生态环境保护"。在2013年一号文件中,再次明确了"发挥规划引领作用,提升城市群和中心城市竞争力"的要求。

但是，以上的政策文件对于具体以哪一项规划作为引领，并未有明确指向，以致在实践操作中难以贯彻落实，导致现行的规划体系存在着部门管理分割、内容重叠、协调不周、指导混乱和规划资源浪费等问题，各部门规划难以实现一体化，规划难以发挥对城乡发展一体化的引领作用。

二 规划难以实现一体化的矛盾根源

近年来，省委、省政府十分重视"规划一体化"，开展了大量的工作，在城乡规划一体化方面也已取得了一定的进展，包括通过颁布《江苏省城乡规划条例》将乡规划和村庄规划纳入城乡规划体系，以及通过加强城乡统筹规划工作缓解城乡分割等问题。但是，对于各部门的规划如何统筹与衔接，仍未有明确的顶层设计，以致全省在推进规划一体化上仍缺乏一个公认的综合型、操作性强的"抓手"，"规划一体化"任重道远。产生这些问题的根源错综复杂，其中，由于"三规"对城乡发展起着关键性的作用，其不协调的问题也最为严重，矛盾也最深。具体可表现在以下几个方面。

（一）部门权益和龙头地位之争，以及对"空间话语权"的争夺，导致规划浪费，内容交叉重复

长期以来，城乡规划一直在空间规划领域发挥着引领作用。但是，由于政府事权分配而带来规划作用与地位的变化，可直接关系到主管部门在政府决策层中的地位，各部门因此暗地较劲，争夺规划的龙头地位。在计划经济时代，发展计划和城乡规划之间的矛盾主要是生产要素和城市发展之间的"条块"矛盾。1998年，国务院进行机构改革，将原属国家计划委员会制定国土规划的职责划归国土资源部，原来的发展计划和国土规划由一家独揽变成了两家分治。2005年，延续了50多年的国民经济和社会发展"计划"首次变成"规划"，随后，由发展规划主管部门主导编制的主体功能区规划又将"触角"进一步向空间建设领域伸展。可见，先是有土地利用规划的加入，后有发展规划向"块块"转移，再有主体功能区

规划的进一步介入，"三规"在争夺"空间话语权"上的矛盾激化便已难以避免。

（二）各规划在规划思想、范围和内容上的贪大求全，导致部分规划存在违规违例行为

为了使部门自身规划能对经济社会发展发挥全面的指导作用，"三规"出现了在规划思想上强调"以我为主"，在规划范围上追求全覆盖，在规划内容上力图"包罗万象"等问题。例如，在《江苏省发展规划条例》中已明确规定："省主体功能区规划由省人民政府组织市、县（市、区）人民政府编制，省人民政府发展规划行政主管部门会同有关部门负责拟订规划草案。市、县（市、区）不编制主体功能区规划。"但是，据不完全统计，包括淮安、镇江、金湖等部分市县已开始在市、县域层面编制主体功能区规划，这实际上是一种违规违例行为，应及时予以制止。并且，由于主体功能区规划是通过强调政策性分区来发挥调控与引导作用，在具体指导地方的空间布局和建设上也有不足。因此，主体功能区规划体系难以向下延伸至市县级层面，市县级层面的主体功能区规划的科学性仍有待商榷。

（三）政府宏观调控与市场资源配置的矛盾，导致城乡规划与土地利用规划之间相互制约

政府宏观调控与市场资源配置之间的矛盾，是城乡规划与土地利用规划不协调的根源所在。一方面，土地利用规划采用"自上而下"的编制程序，指标分配采取层层下达的方式，是中央调控地方经济发展的直接工具。与之相反的是，地方政府的城乡规划部门可根据发展需要，先行开展规划编制，在空间上对土地、资本、劳动力等要素进行自由组合，这两种规划模式之间产生了很大的冲突。另一方面，由于土地利用规划关于用地指标和红线的限制束紧，城乡规划尤其是城市总体规划通常难以通过审批，间接造成了城乡发展缺乏指导、违法建设问题严重等，也从侧面反映了地方政府被动应对要素配置的无奈。近年来，随着全国和省域城镇体系规划的出台，城乡规划体系将变得更加完善，中央与地方之间的城乡规划监督约束机制也得以完善，城乡规划的宏观调控能力正在逐渐加强。

（四）规划期限不一致，规划目标难以有效衔接，导致规划频繁调整现象严重

在《土地管理法》和《城乡规划法》中，均将国民经济和社会发展目标作为各自规划编制的依据，但是，由于短期的规划并未对长期发展目标进行预测和设定，使得长期规划难以依据短期规划来设定长期目标，如土地利用规划和城乡规划难以依据国民经济社会发展的五年目标来设定15年和20年的规划目标。实际上，规划期限不一致的问题，是各规划有意规避矛盾的做法，试图通过"时空"差异打"擦边球"，同时也为地方政府的发展谋求方便，以"时间"换"空间"，这也是长期规划特别是城市总体规划频繁调整的原因。为了解决部门之间发展目标难以统一的问题，国家发改委在刚编制完成的《全国主体功能区规划》中，尝试与土地利用规划和城乡规划实现同步，将规划期限定至2020年。

（五）规划技术标准不统一，导致规划在空间上存在"打架"现象，用地指标无形中被浪费

一是城乡规划与土地利用规划在土地分类标准、人均用地标准、人口统计口径和人口预测方法等方面不一致，导致两个规划之间矛盾重重。如在土地分类标准上，新版《城市用地分类与规划建设用地标准》将市域内城乡用地分为2大类、9中类、14小类；而土地利用规划则依据《土地利用总体规划规程》将用地分为3大类、11中类、33小类。如果将城乡规划与土地利用规划在空间布局上进行拼合，将出现部分用地"有城规无土规"和"有土规无城规"的现象，这两种情况都会导致用地不能依法使用，从而造成了用地指标无形中被浪费。二是主体功能区规划和城乡规划对于城乡空间管制分区的方法与内涵不一致。主体功能区规划将国土空间按开发方式划分为优化开发区、重点开发区、限制开发区和禁止开发区四类，而城乡规划则划分为禁建区、限建区、适建区和已建区。两者之间的概念既交叉重复，又不完全重叠，使得相关实施部门无所适从。

（六）加快推进规划一体化，以综合性规划的统筹引领城乡发展一体化将具有重大意义

综上可见，在统筹城乡发展过程中，具体以什么规划作为引领，在各级政府层面仍缺乏共识，使得统筹城乡发展缺乏真正"有效的"规划指导。在现有的体制机制背景下，如果不重新编制新的综合性规划，单纯以原有的部门规划作为龙头规划是难以服众的，也难以消除规划间固有的矛盾。并且，由于"多规"的编制内容不统一，审批机构也不一致，即使在地方层面由原有的某部门规划总揽，也难以达到上级各部门的审批要求。因此，在新的背景下，江苏省迫切需要制定一个具有综合性、权威性的城乡发展一体化规划，建立可持续的利益协调机制，有效统领各部门，从而促进"四化"同步发展，实现"五位一体"的总布局，走出一条具有"江苏特点"的新型城镇化道路，加快城乡发展一体化进程。

三 国内外推进规划一体化的相关实践探索

国外在规划体系上与中国有很大不同，由于在行政架构上具有独立的国土空间开发部门，并且由该部门组织编制综合性的规划，作为经济社会发展各方面的纲领性文件，因此，国外并不存在"多规"矛盾的问题。国内相关地区为解决规划一体化问题，开展了相关的实践工作，在搭建协调平台等方面也取得了一定的进展。结合江苏省实际，主要选取德国、日本、我国广州和浙江等国家和地区的案例，对国外统一的国土空间开发规划体系，以及国内在推进规划一体化方面的相关经验进行分析和借鉴。

（一）德国：以联邦土地空间规划统筹各层次各类型规划

德国宪法规定，空间规划是联邦和州共同管理的领域。联邦和州的《空间规划法》和《空间规划条例》等为相关规划提供了充分的法律依据。与行政架构形式相对应，德国的土地空间规划也分为联邦、州、区域和地方四级，包括全国范围内的联邦土地空间规划、州域规划、地区规划和地方规划（即城市规划）四个层次，其中，《联邦土地空间规划》的任务是统筹各类空间行为，对相关规划予以指导。

德国空间规划体系（表1）具有自上而下分工明确、层级关系紧密、职能清晰的特点，各级规划的编制都遵循对流原则和辅助原则，构成了具有垂直连贯性的体系。同时，各个层面的空间规划既能从整体区域的角度进行考虑，又可与部门规划以及公共机构相互衔接和反馈，形成有主有次、完整灵活的空间规划体系。

表1　　　　　　　　　　　　　　德国空间规划体系

指标	项目、规划	规划层面
欧共体委员会，部长会议	欧洲空间发展展望及其他项目	欧共体
交通、建设以及房产部，空间发展部长级会议	空间布局政策的方向框架与空间布局政策的措施框架	联邦德国
最高联邦州规划局	联邦州空间布局规划，州发展项目、规划	联邦州
地区规划组织，行政区主席	区域空间布局规划，区域规划	
规划局，市（县）政府	城市（城镇）发展规划项目，建设规划（土地利用规划与建造规划）	市镇
建筑师	建筑规划，项目规划	项目承担人，业主

（二）日本：以国土综合开发规划统领区域和城市空间开发

日本的规划体系是"自上而下"的模式，其法律基础是《国土形成规划法》、《国土利用计划法》和《城市规划法》等，其中，《国土形成规划法》是区域规划法和城市规划法的上位法。《国土综合开发规划》是依据《国土形成规划法》，由日本国土交通省负责编制的，该部门在2001年由中央国土厅、建设省、运输省、北海道开发厅合并而成。

该规划范围覆盖全国，将全国土分为城市地区、农业地区、森林地区、自然公园地区及自然保护地区五种区域，并通过与各类区域相对应的法律及其规划控制内容相配合，实现国土利用规划目标。规划内容主要包含了经济社会发展目标、土地开发模式、区域基础设施配置以及人口和经济活动的空间布局等，能够较好地协调国土开发和建设、区域基础设施配置等重要内容。可以看出，日本的规划体系形成了以《国土综合开发规划》为统筹，综合协调区域规划、城市规划及其他相关规划的特征。

（三）广州：以城市总体发展战略规划统筹协调"三规"（图1）

《广州城市总体发展战略规划（2010—2020）》是在"三规"基础上，以战略规划为统领进行编制的，是一种基于"三规"协调的战略规划编制新模式。其主要做法包括：

一是在发展目标方面实现协调统一。土地利用总体规划着眼于耕地保护，目标较为单一。城市总体规划和主体功能区规划目标综合性较强，前者侧重城市建设与发展，表述精练，且能落实到载体；后者侧重经济社会发展，偏重于定性描述，内容主要为落实上级主体功能区规划的相关实施计划。

二是以城市总体规划的内容为参考落实空间布局要求。城乡空间布局是城市总体规划的主要职能，积累深厚，土地利用总体规划和主体功能区规划中涉及城市空间布局的部分内容，也都以城市总体规划的内容为参考。因此，战略规划的空间布局，应以城市总体规划确定的城市结构和功能布局为基础，协调与土地利用规划的矛盾，调整空间边界，形成城乡规划全覆盖，并结合主体功能区的划分深化细化功能分区。

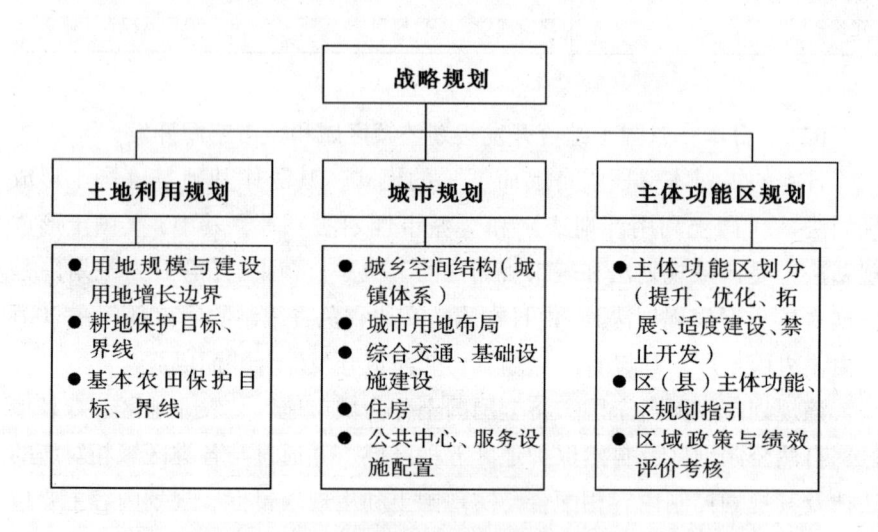

图1 广州"三规合一"的主要协调内容

（四）浙江：将县市域总体规划作为"三规"衔接的基本平台

为加强和改进规划体系，创新构建城乡全覆盖的空间规划管制体系，浙江省将县市域总体规划作为"三规"衔接的基本平台，开展了县市域总体规划编制工作（图2）。主要包括以下两个方面。

一是通过编制县市域总体规划，实现"城乡全覆盖、空间一张图"，并将其作为"三规"衔接的基本平台。以浙江省诸暨市为例，县市域总体规划的引入，有效地实现了纵向空间层级和横向部门之间的整合，有效地促进城乡统筹发展。从纵向看，构建了由"省域—地级市域—县（市）域—乡镇域"的四级空间等级；从横向看，县市域总体规划为发改部门、土地部门、建设部门等各级管理主体提供了共同的利益整合平台。

二是实现了建设用地统计范围、规划基础图件、规划用地的统一。统一建设用地统计范围。以县市行政区域作为统计范围，对县市域建设用地总规模进行统一核算；统一规划基础图件，用2005年的土地变更调查图和最新遥感图叠加，形成县市域总体规划现状基础图件；统一规划用地分类，建设用地以城市总体规划的用地分类标准为主，非建设用地以土地利用总体规划的分类标准为主，经整合形成城乡统一的用地分类标准。

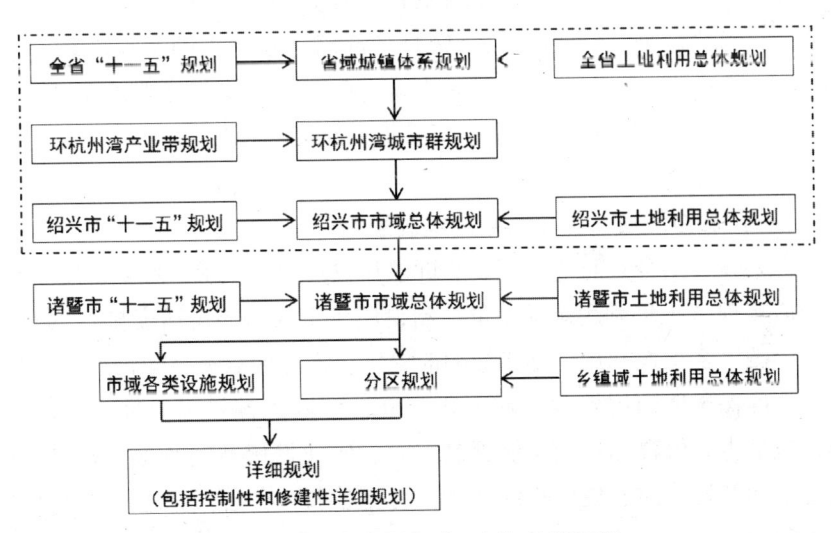

图2 浙江省诸暨市"三规"协调框架

（五）经验启示：垂直管理，统一编制，分头实施

综上所述，以上国家和地区的相关经验启示主要包括三个方面：一是在纵向上，大多实现了"自上而下"的垂直管理体系，如德国和日本在国家层面均建立了统一管理部门，实现了垂直管理。二是在规划编制体系上，实现了"多规"统一编制，如广州城市总体发展战略规划。三是明确了以某项规划作为"规划一体化"的核心，并由该规划的主管部门重新领衔各部门共同制定，为各部门的专项规划提供衔接的平台，各部门在此基础上再分头落实规划要求，如浙江省的县市域总体规划。从国内外的

相关实践中,可以看出,解决规划之间的矛盾,真正实现规划一体化并不难,只要能搭建起空间规划主导部门,统一组织编制全局覆盖的规划,从技术上解决"三规"协调的问题,从而构建起各类型规划相互协调的城乡规划一体化平台,均可发挥起规划对城乡发展一体化的引领作用。

四 统筹编制"三规"协调的城乡发展一体化规划

在借鉴以上案例的基础上,结合江苏省实际,应将编制城乡发展一体化规划作为引领江苏省城乡发展一体化的首要任务,加快制定省级层面的城乡发展一体化规划导则,重点开展市、县城乡发展一体化规划的编制工作,以协调"三规"为出发点,融合各部门专项规划的重点内容,真正实现"一张图"管理,使其成为引领城乡发展一体化战略的重要支撑,最终建立起为各部门规划编制提供主动协调的统一平台。

(一)城乡发展一体化规划的编制思路

一要充分结合省与地方的发展诉求和空间管制要求。城乡发展一体化规划应实现"土地利用规模总量控制,城乡空间布局灵活安排"的目标,在不突破城乡土地利用计划指标的前提下,实施区域城乡建设用地的整体控制,确保土地利用效益的最大化。重新对城乡各类用地进行梳理和安排,包括生态保育和特定功能管制空间、农业发展空间和城乡建设空间,确定空间开发方向、规模、性质等,明确对水、耕地、森林等各类资源的合理利用。

二要充分结合"三规",形成"一个规划"、"一张图"。在编制城乡发展一体化规划过程中,应强化主体功能区规划、城乡规划和土地利用总体规划三大规划的主导地位,探索建立"三规"协调机制,确保三大规划的统筹和融合,并与其他专项规划的关键内容予以衔接。

三要充分结合城乡,实现城乡规划全覆盖。通过编制城乡发展一体化规划,为镇总体规划和详细规划、乡规划、村庄规划提供统一衔接的平台,全面实现城乡空间布局规划,城乡控制性详细规划,镇村建设规划,产业体系规划,交通、电力、生态环境建设等专业规划全覆盖。

（二）城乡发展一体化规划的编制方法和内容

城乡发展一体化规划编制的核心对城乡建设中涉及的土地利用、工业园区建设、城镇建设、城乡住宅建设、城乡道路建设、水面和绿地分布、生态环境等进行统一规划和空间布局，并进行有效的土地利用空间管制，使得各类空间规划的边界一致，只是在不同的规划中有不同的表达。因此，在规划编制过程中应注意以下"五个统一"。

一要统一城乡发展目标。综合分析城乡的经济社会发展、宏观政策和现实条件等因素，从全面提升城乡建设水平方面提出一套可评估、可监测、可实施的城乡发展目标，以城乡规划综合性目标为基础，协调主体功能区规划目标与土地利用总体规划的耕地保护目标，促进城乡经济社会健康发展，提升城乡统筹发展水平，保障生态底线和粮食安全，合理集约利用土地，优化城乡土地利用与空间布局。

二要统一城乡用地布局与规模。以空间利用为切入点，将融合了各部门发展要求的城乡空间网络与节点体系进行叠加，并与周边区域发展进行充分对接，融入区域发展格局。合理确定城乡人口和用地规模，明确城乡用地布局总体结构，并在产业和发展部门要求的基础上，进一步细化形成全覆盖的发展分区，并对各类功能的发展分区提出发展政策引导要求。

三要统一规划技术标准。城乡发展一体化规划应统一协调"三规"的技术标准，主要包括统一规划区范围、统一用地分类标准、统一人均用地指标、统一人口统计口径等。其中，构建城乡全覆盖的、可共享的用地分类标准是重点，应达到用地布局的城乡全覆盖以及每一块用地空间属性的唯一性，使不同的用地分类标准相互融合，以解决目前城乡规划与国土规划技术标准口径不一致带来的开发管理混乱等问题。同时，在各自的用地指标特别是约束性指标上也应该保持一致，为建立一个基于统一标准的共享数据库系统奠定基础。

四要统一空间信息平台。在地方城乡规划部门已建信息系统的基础上，充分体现上位政策要求、地方发展设想，建立"三规合一"的空间信息平台，从而将各规划的空间要素和项目安排在同一平台上进行统筹，为各部门提供现势性较强的空间基础数据，并在空间信息平台上对各部门的建设管理情况进行即时反馈和动态更新，以此作为避免"规划打架"的主要手段。

五要统一空间管制政策分区。城乡发展一体化规划应制定统一的开发管制措施，首先应将空间结构、发展功能分区、土地利用叠加起来，进行土地利用空间管制；其次，可以城乡规划"四区"和主体功能区以镇为单位，按一定比例权重，落实形成政策区，也可以城乡规划"四区"为基础（自然资源类指标），结合经济社会类指标，形成主体功能区；最后，为相关的政策分区制定配套政策、转移支付机制及考核机制等保障措施。

五　编制城乡发展一体化规划的工作机制

（一）规划制定与实施

1. 规划主管部门

加快成立江苏省城乡发展一体化工作领导小组（或江苏省城乡发展一体化规划委员会），加强全省新型城镇化和城乡发展一体化的领导工作，由省委、省政府主要领导任组长，住建、发改、国土等部门组成。领导小组下设全省城乡发展一体化规划办公室，负责全省城乡发展一体化规划的运行管理工作。各地级市城市人民政府应建立相应的工作机制。

2. 规划编制组织和审批

在各级政府的统一领导下，明确城乡发展一体化规划的主管部门，并由该部门组织相关部门共同编制。市、县城乡发展一体化规划由本级城市人民政府审批，并报本级人民代表大会常务委员会和上一级城乡发展一体化规划主管部门备案。

3. 规划成果及更新

城乡发展一体化规划成果包括文本、图纸及附件，涵盖主体功能区规划、城乡规划和土地利用规划等主要内容，满足"三规"各自按原有审批程序和部门报批的要求。城乡发展一体化规划还应构建起以"一张图"为基础的规划的更新机制，当某片区规划或专项规划进行修改和变更时，应即时在空间信息平台上将变更信息反馈在规划图上，以提高政府管理的应变能力。

4. 规划实施和评估

规划一经批准后，市、县人民政府应当根据规划要求，及时组织制订实施方案（年度计划、近期行动或实施意见），明确责任分工，确定时序进度，落实具体措施。市、县人民政府及其有关部门应当严格依据规划制定政策、审批或者核准投资项目、开发利用资源、安排财政支出，严格实行并联审批以加快城乡发展一体化重点项目的建设进程。规划期满后，城乡发展一体化规划主管部门应当组织总结评估，评估报告应当报送市、县人民政府以及各相关职能部门。

（二）规划经费

城乡发展一体化规划编制经费应纳入公共财政预算，并由原公共财政预算中城乡规划、主体功能区规划和土地利用总体规划等相关规划编制经费统筹。积极开展试点工作，选定有条件和需要支持的相关试点城市，全方位探索城乡发展一体化的政策机制和发展模式，并由省级的相关编制经费提供一定的经费支持。

（三）技术保障

加强在法律法规制定、编制体系完善、编制办法、学科体系建设、专业人员培养等方面的研究探索，组织制定全省"一张图"规划工作指引和技术标准；加强协调和督促指导，支持各市成立促进"多规融合"的规划编制委员会，负责研究解决工作中的重大问题；为保障规划编制质量，应优先选择成熟的规划队伍来推进规划一体化工作。

江苏省城乡发展在经历了30多年的快速提升后，已进入了以城乡发展一体化为引领，全面提升城乡建设水平的新阶段。在新形势和新要求下，全省应以"规划一体化"为引领，建立统一的规划建设协调平台，推进城乡发展一体化，从而打破城乡二元结构，实现城乡共同富裕，为实现江苏省"两个率先"目标奠定坚实的基础。

参考文献：

1. 王军：《规划编制的"三国演义"》，《瞭望新闻周刊》2005年第11期。
2. 尹向东：《"两规"协调体系初探》，《城市规划》2008年第12期。
3. 王凯：《国家空间规划体系的建立》，《城市规划学刊》2006年第1期。
4. 武廷海：《新时期中国区域空间规划体系展望》，《城市规划》2007年第7期。
5. 王向东、刘卫东：《中国空间规划体系：现状、问题与重构》，《经济地理》

2012 年第 5 期。

6. 黄叶君：《体制改革与规划整合——对国内"三规合一"的观察与思考》，《现代城市研究》2012 年第 2 期。

7. 王唯山：《"三规"关系与城市总体规划技术重点的转移》，《城市规划学刊》2009 年第 5 期。

8. 张伟、徐海贤：《县（市）域城乡统筹规划的实施方案探讨》，《城市规划》2005 年第 11 期。

9. 魏后凯：《对推进主体功能区的冷思考》，《中国发展观察》2007 年第 3 期。

作者信息：
研究基地：江苏城乡统筹规划研究基地
承担单位：江苏省城市规划设计研究院
首席专家：张泉、邹军、叶裕民
课题负责人：丁志刚
主要参加人员：刘剑、胡剑双

苏南乡村发展路径研究

内容提要：苏南乡村地区当前已进入发展动力多元、发展类型多样的转型重构期。乡村功能逐步从以生产为主转为"生产—生活—生态"并重。促进苏南乡村的可持续发展，当前政策重点应逐渐从物质环境的改善转换为侧重传承乡村文化、发展乡村特色产业、促进乡村软硬件水平的同步提升。本文从分析苏南乡村的发展现状和政策措施现状入手，结合国内外经验，提出建设苏南"富丽乡村"的发展目标及总体模式、路径及推动机制。并根据苏南地区村庄发展的现实情况，初步划分了苏南乡村的四种基本类型：工业村、特色村、近郊型一般村、远郊型一般村，对四种基本类型村的发展模式和路径进行了具体说明，以供苏南各市和其他地区在进行村庄分类引导时参考。

改革开放以来，历经社队工业—乡镇企业的自下而上式乡村工业化运动（改革开放—20世纪90年代初）、外向型经济导向下的村办企业削弱—小城镇复兴（20世纪90年代中后期—21世纪初），伴随着城乡发展一体化建设的开展和乡村旅游等特色产业的兴起，苏南乡村地区已率先进入发展动力多元、发展类型多样的新一轮转型重构期。乡村功能逐步从以生产为主转为"生产—生活—生态"并重。

2013年7月23日习近平总书记在武汉调研，对乡村发展提出了新的要求："建设美丽乡村不要'涂脂抹粉'；农村绝不能成为荒芜的农村、留守的农村、记忆中的故园。城镇化要发展，农业现代化和新农村建设也要发展，同步发展才能相得益彰，要推进城乡一体化发展。"苏南有条件在城乡一体化发展问题上先行、先试、先解，苏南乡村发展也有条件在全国起到试验和示范作用。

一 苏南乡村发展现状特征

总体而言,苏南乡村发展现状存在以下三方面特征。

一是产业非农化。受乡村工业化发展和苏南连绵都市带的密集城市辐射影响,产业非农化已成为苏南最显著的乡村产业特征。2011年苏南农村户籍人口从事非农生产比重已达83.1%。知名工业村亦比比皆是,尤其分布在苏南东部的苏锡常城镇连绵发展区。苏南乡村产业的非农化不仅体现在乡村工业化,也体现在乡村第三产业的发展,一些自然资源、历史文化资源较丰厚区域,以农家乐为代表的乡村旅游发展蔚然成风。但目前农家乐等乡村旅游的发展仍主要停留在较粗放的发展阶段,特色化、精品化有待加强。

二是农村人口初现双向流动特征。从收入构成看,苏南农民工资性收入比重由2000年的46%上升到2010年的60%左右,说明苏南农民离土务工(包括彻底进城务工、季节性进城务工、本地务工)已成为主流趋势。与苏南农民离土进城或就近务工相对应,一些外来流动人口由于寻找务工机会、务农机会(季节性)和选择廉价居住地的原因也涌入苏南乡村。2012年,暂住(流动)人口占苏南村庄人口比例达26%,在苏州则达40.7%。

三是空间特征的空心化、都市化与特色缺失。在村庄人口不断减少的趋势下,苏南村庄建设用地的规模仍保持增长,部分住宅建设跳出村庄中心,在村庄外围、交通沿线,形成中心衰退、外围蔓延的现象。此外,乡村历史文化和乡风民俗没有得到很好保护,城市化建筑风貌取代传统乡村建筑风格,村中历史建筑被废弃做仓库或作坊时有存在,一些村庄的历史记忆正在随着村中的老人渐渐逝去。政府推动的村庄整治行动带动村庄环境改善的同时,一些城市思维导向的设计手法也给乡村景观带来冲击,如硬质化的河堤池塘护岸,尺度偏大的硬质广场,城市化的公共绿地,城市景观小品、铺装、材质等景观元素的过度使用等。此外,由于对当地乡村特色资源缺乏挖掘,异地历史建筑元素的滥用也时有出现,如江宁区部分村庄大量模仿徽派建筑,作为村庄特色招牌,导致原有乡土建筑特色丢失。

二 苏南现行乡村政策评价

通过梳理《江苏省村庄规划导则》（省住建厅，2008）、《关于以城乡发展一体化为引领全面提升城乡建设水平的意见》（苏发〔2011〕28号）、《全省村庄环境整治行动计划》（苏办发〔2011〕40号）、2012年确立的江苏省农村改革试验区（涉及苏南的有苏州、常州武进区、丹阳、高淳）等省级层面针对乡村的指导政策；《南京市美丽乡村建设实施纲要》（宁委发〔2013〕27号）、《苏州城乡一体化发展综合配套改革三年实施计划》（苏办发〔2009〕46号）、《关于深入推进无锡城乡发展一体化的若干意见》（锡委发〔2012〕20号）、《常州市（市区）城乡统筹规划（2012）》、《镇江市村庄环境整治实施方案》（镇规〔2012〕1号）等苏南五市现行乡村发展指导规划或政策文件，可看出苏南各市已开始普遍注重特色资源的挖掘和村庄分类引导，但也存在一些问题，总结如下。

（一）省级层面顶层设计待健全

一方面，不同的分类依据、侧重点和实施目标使得各市的政策执行力与约束力参差不齐，缺乏区域层面的统筹考量。另一方面，省级层面的政策导向虽已开始涉及产业发展等软实力建设，但受限于全省乡村的总体发展阶段，现行主要行动计划仍侧重于改善乡村环境、提升乡村基础设施和公共服务水平。对苏南区域而言，当前乡村政策重点应逐渐从物质环境的改善转换为侧重传承乡村文化、发展乡村特色产业、促进乡村软硬件水平的同步提升。从我国台湾地区、日本、欧洲的乡村发展经验看，基本也都遵循先改善物质环境、后提升乡村综合实力的道路。

（二）分类引导依据缺乏系统性

从当前苏南五市的乡村发展分类引导依据来看，各地均充分考虑了资源本底的基础和分类引导的目标，但各地的乡村分类引导体系内部均存在类别相互交叉、内容重叠的问题。例如，苏州市将农村现代化地区的乡村划分为生态自然型、古村旅游型和农业园区型三大类分别予以发展引导，但在实施过程中，在苏南地区一三产业融合发展的整体趋势下，生态自然型乡村往往兼具古村旅游型和农业园区型乡村的特性，从而在政策制定与项目实施过程中出现冗余或指导性不强等问题。

（三）自下而上的介入较欠缺

目前苏南各市的乡村分类引导目标的确定，更多是为了落实上位规划的要求，而缺乏对农民自身发展意图、农村生活方式与文化特色的体现，受限于公众参与的普及性，农民参与政策制定的深度与广度均存在一定程度的欠缺。从我国台湾地区、日本、欧洲的乡村发展经验看，民众的充分参与是乡村可持续发展的关键。台湾的"农村再生计划"通过"农村再生条例及相关子法"，确立了政策推动机制及相关法律依据，形成了由当局—地方政府—农村小区共同构成的行政管理体制，层级分明、分工清晰，充分调动了农村居民的自主性与积极性。欧盟在最新的《2007—2013年乡村发展政策》中也提出乡村地区所有的建设项目都必须"自下而上"由地方社会团体联合机构主持制定规划，在规划制定后方能获得和使用"欧洲乡村农业基金"。

三 苏南乡村发展总体引导

（一）发展目标：富丽乡村

建设符合苏南发展实际，延续苏南乡村文化脉络，体现苏南现代化发展要求，人民生活富足、环境优美宜居的富丽乡村。

促进乡村产业、自然生态与生活环境的共同规划建设，除乡村硬件设施的完善与美化外，结合美景、生态、人文、特产、美食等，赋予苏南乡村文化地景多元发展可能。

（二）发展模式：宜城则城，宜乡则乡

苏南各市政府应综合考虑区位条件、特色资源要素、产业发展动力等多种因素，对市域范围内的村庄进行差别化分类指引，宜城则城、宜乡则乡，尊重村民意愿，避免盲目城镇化。

综合欧盟①和苏南各县市已有的乡村引导分类实践经验，影响乡村分类的核心要素有两条：第一，乡村产业特征；第二，与大都市中心区的区位关系。考虑苏南地区交通均质化发展较为明显，影响乡村分类的第一特质应为产业特征，据此可将苏南村庄划分为工业村、非工业村，非工业村中又可划分为特色村与一般村。对于工业村和特色村而言，在苏南这类交通较为均质的地区，距离城镇的远近对村庄的发展影响不大，对一般村而言，却仍有一定的影响。

基于以上考虑，本文根据苏南地区村庄发展的现实情况，初步划分了苏南乡村的四种基本类型（表1）：工业村、特色村、近郊型一般村、远郊型一般村。并对四种基本类型村的发展模式和路径进行了说明（详见本文第四部分），供各市在进行村庄分类引导时进行参考。需特别指出的是，特色村、远郊型一般村的基本农田保护区内农业生产自然村是在进行镇村布点规划时的强制保留对象。

表1　　　　　　　苏南村庄分类引导的四种基本类型

类型	定义	发展模式	枚举
工业村	村民从事非农产业为主，社会总产值以本地工业产值为主，工业发展具备较大潜力的村庄	就地城镇化	江阴的华西村、三房巷村，张家港的永联村，太仓的太星村等
特色村	在自然资源、历史人文资源、传统手工业遗存、村庄布局和建筑等方面有特色价值的村庄，以及具备代表性现代文化要素的村庄（如艺术家村）	一村一品	南京高淳的蓝溪村，苏州的明月湾村、舟山村，无锡的山联村，常州的柚山村，镇江的葛村等

---

① 欧盟空间发展项目（The ESPON 2013 Programme）将欧洲乡村空间分成了四类：近郊非农、近郊农业、远郊非农、远郊农业。欧盟乡村未来研究项目（RUFUS - Rural Future Networks 2008—2011）将乡村空间分成了五类：农业主导、经济发展较好、景点少；农业服务业为主、经济发展较好、景点多；经济落后、景点多；经济落后、景点少；制造业为主、经济发展良好、少量景点。

续表

类型	定义	发展模式	枚举
近郊型一般村	毗邻中心城区及各镇建成区，尚未纳入城市建设用地范围，因与城镇关系密切而需要特别控制，工业化不明显、特色亦不明显的村庄	融入城镇化	—
远郊型一般村	中心城区或各镇城市建设用地范围外不需要特别控制，工业化不明显、特色亦不明显的村庄	农村现代化	—

（三）发展路径引导总则

1. 产业活化：一三联动、富民就业

重点发展一产和三产，创新农业生产经营模式，引导土地合理流转，实现农业生产的现代化、规模化；加强各类农业生产载体建设，形成一批现代农业产业园、家庭农场、特色农庄、农产品批发市场。鼓励在农业生产现代化的基础上发展同农业相结合的旅游观光、教育体验、康体养老等三产服务业。确定苏南传统手工业特色村庄名单，注意传统手工业的保护和振兴，并以此为契机，发展文化创意产业。

采用多种形式壮大村集体经济实力，强村富民，推进农业、就业、创业、物业"四业富民"。加快发展新型农业合作组织。鼓励农业从业人口兼业提高收入。

在保留村庄，按需引进高层次智力人才、旅游度假产业经营人才、传统手工业技术人才、文化产业经营人才、农业经营人才，鼓励本地年轻人回乡创业，在资金保障和政策保障上制定相应政策予以支持。

2. 土地利用：适度集聚、提升效益

提高农业产出效益，坚持依法、自愿、有偿的原则，积极探索农村宅基地和承包地流转、退出机制，加快土地流转，引导土地经营适度规模化、集约化；加强村庄布局的优化调整，规范村庄建设秩序，严格控制人均建设用地标准，实现村庄建设用地利用的集约化。

3. 空间营造：乡土风情、地方特色

结合江苏省美好城乡建设行动，建设苏南现代化宜居乡村。按方便生产、生活、休闲娱乐的原则，合理组织村庄空间布局，为村民预留合适的公共空间，科学确立村庄集聚规模。加强对村民住宅设计实用性、安全性、经济性、美观性的引导。建筑材料选用体现本土化、自然化，注重建设特色的历史延续。住宅建设优先选用绿色建筑材料，环境绿化优先选择本土植被。若村庄没有承担古村落保护的任务，建议不要赋予所谓风格，可按需适当出新。

4. 设施供给：城乡联动、便利生活

建立城乡统筹基本生活圈，使得乡村居民能就近享受到优质便捷公共服务。

提升乡村基本公共服务水平。以综合服务中心为载体，规模适度地配套行政管理、日常便民、文化体育、医疗保健、健身养老等满足村庄自身需要的公共服务设施。完善饮水、污水处理、环境卫生、能源、网络通信等乡村基础设施配套。鼓励促进适宜乡村循环经济行为产生的设施布点。

5. 文化传承：存续乡土、接轨现代

尊重和保护健康的乡风民俗，以保持乡村人文环境的原真性和感召力。加强对在地村民的教育和培训，提高其对乡土文化的认知和保护意识，同时融入现代的可持续发展和生态保护的理念，注意发挥村中能人的影响力。

（四）推动机制：上下协力，双重推动（图1）

为达到苏南"富丽乡村"发展目标，构筑"省政府—市政府—镇政府—村民委员会"的四级推动机制。

省政府层面，建议制定"苏南富丽乡村行动计划"，计划涵盖本文所提出的"产业活化、土地利用、空间营造、设施供给、文化传承"五方面，补充《关于以城乡发展一体化为引领全面提升城乡建设水平的意见》（苏发〔2011〕28号）、"美好城乡建设行动计划"以硬件设施改善为主、软性建设考虑不足的问题。并对各专项计划给予财政支撑。"苏南富丽乡村行动计划"可作为全省"富丽乡村行动计划"的试点，伺各地时机成熟之后，在全省进行推广。

苏南各市（县级市+设区市）层面，建议按照"苏南富丽乡村行动计划"要求，制订本市富丽乡村发展总体计划和年度计划。对全市村庄进行普查和分类，结合本轮镇村布局规划，在分类基础上确定保留村和非保留村，确立引导方式。并将对富丽乡村的建设考核和各村民委员会的参与程度纳入镇级考核指标体系（考核时特别注意因地制宜，分类考核）。各市富丽乡村的建设可采取先试点、再推广的模式，试点村庄应充分考虑民意，结合市政府遴选和各村民委员会自愿报名两种方式确定。

镇政府层面，接受市里对富丽乡村建设考核，广泛调动公众参与，协助市里对富丽乡村建设工作的推进。

各村层面，愿意参加富丽乡村建设的村庄，必须按照村民自治的精神，整合当地的组织团体，参与规划设计，提出发展规划和实施目标，拟订计划书，由当地政府核准，再向省市级政府申请经费。此外，在试点"富丽乡村"的村庄，设立内部累计"富丽乡村建设基金"制度，由村民委员会统一管理，通过向非农业经营者（如民宿、旅游观光等）收取一定比例费用，创立村庄基金，形成自身造血机制，以供公共支出及照顾村庄内部弱势群体之用。

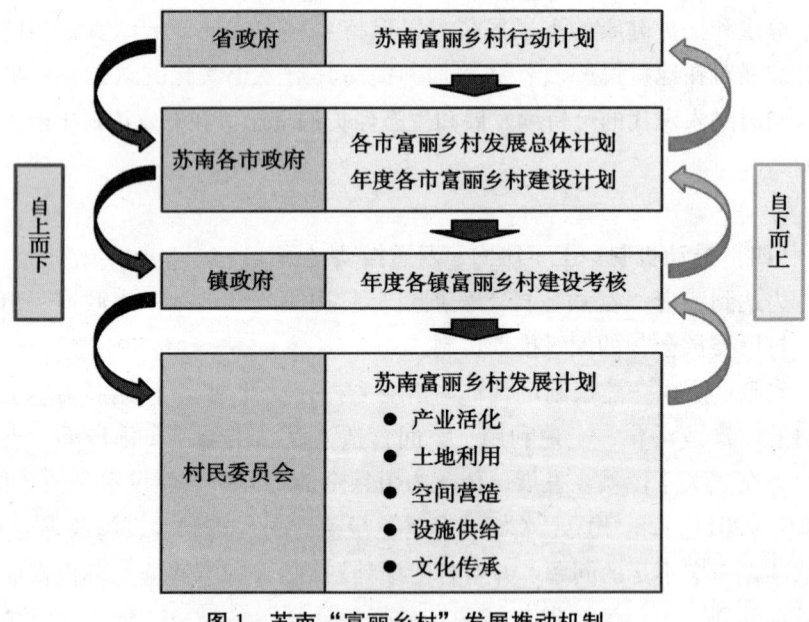

图1 苏南"富丽乡村"发展推动机制

四 苏南村庄发展分类引导

（一）工业村

工业村指现状工业已具有较大规模，且由于区位条件、产业特色等多种因素而具有较大发展潜力的村庄。这类村庄当前以工业生产作为主要生产方式，乡村居民以从事非农产业为主，村庄社会总产值构成以本地工业产值为主。如江阴的华西村、三房巷村，张家港的永联村，太仓的太星村等。

1. 发展模式：就地城镇化

工业村应通过引导撤村设居，推进新型农村社区建设。完善城乡基础设施与公共服务一体化配置。提升二、三产业发展水平，促进工业向村庄工业集中区集聚。形成现有城镇地区以外的新就业热点地区，增强其对周边地区的辐射带动作用，实现城镇功能的完善与提升。

2. 发展路径

（1）产业活化。

工业村的产业活化路径应遵循"集约高效，生态友好"的原则，注重生态环境保护，避免高污染工业对乡村人居环境的影响。应通过强化产业导向，对企业产出效益、资源消耗和污染物排放等指标设立标准（或等同于所在县市开发区的产业准入门槛），加强对村庄工业企业的安全生产和环境保护监管，对于生产效益低下、发展潜力有限的污染型工业企业，严格执行"关、停、并、转"。制定针对生产工艺优化、科技创新、绿色环保的企业鼓励政策；建立技术研发公共平台，通过科技创新和品牌营造逐步实现村庄工业的转型升级。

（2）土地利用。

工业村的土地利用遵循"自下而上，机制创新"的原则，鼓励集体土地产权制度与股份社制度的创新，由村级股份社向镇级和跨镇级经济组织转化，试点成立集体土地储备流转服务中心，规范集体建设用地流转；在符合规划的前提下，允许集体组织利用储备的集体建设用地建设标准厂房出租或发展二、三产业，实现集体建设用地与国有土地享有平等权益。促进农村居民住宅建设向规划住宅小区集中、工商业向非农产业区集中。以村庄规划为抓手，协调工业产业区与居住区的空间布局，减少工业对乡村居住环境的影响。

（3）空间营造。

制订近期建设计划推进农村环境整合整治和撤村设居工作，推进新型农村社区建设，打破原有的村庄界线，统一规划和建设新的居民住房和服务设施，组建成新的农民生产生活共同体。注重职住空间的平衡与隔离，鼓励有条件的地区塑造富有城市地域特色的景观。

（4）设施配置。

构建城乡一体化的公共服务设施的体系。完善供水、污水处理、垃圾处置、电力通信等市政设施配套水平，提升村庄公共设施配套水平，各类公共服务设施应按照城市标准建设或规划预留。

（5）文化传承。

工业村的乡村文化传承应凸显"工农结合，多元并重"的基本原则。应特别注重本地农村企业文化的构建：引导本村优质企业优化管理方式，规范制度建设、构建企业梯次人才队伍、形成现代企业文化。

（二）特色村

特色村指的是在自然资源（位于生态保护区、风景名胜区）、历史人文（具有悠久历史文化传统，或拥有历史文化遗址、宗教文化、民俗文化、饮食文化、名人文化等特色）、产业发展（或传统手工艺遗存丰厚，或农作、捕鱼等生产方式独具特色）、村庄布局与建筑（古村落、古民居）等方面有特色价值的村庄，及有代表性的现代物质文化要素的村庄（如艺术家村等）。如南京高淳的蓝溪村，苏州的明月湾村、舟山村，无锡的山联村，常州的柚山村，镇江的葛村等。

1. 发展模式：一村一品

保持苏南传统乡村特征，凸显本地乡村特色，切忌特色村的"千村一面"。充分挖掘自身特有优势资源条件，发展现代农业、乡村旅游业、现代服务业等，吸引外地优秀人才及本地年轻人回乡从事服务业，增加本地居民当地就业机会。

2. 发展路径

（1）产业活化。

特色村的产业活化应遵循"以人为本，内生推动"的原则。根据资源禀赋和现有基础，因地制宜发展乡村旅游业、传统手工业及其衍生的创意产业、休闲观光农业等。促进乡村旅游业的精品化、个性化发展。具备传统手工业特色的村庄应制定相关发展政策，促使有条件的传统手工业得到复兴，使传统手工业成为乡村特色旅游的一部分或使其与文化创意产业结合发展。具有生态自然特色的乡村还可考虑发展乡村养老服务业，通过整合集体闲散资产和农民闲置房屋，采取集体出资与引进社会资本相结合等多种方式探索乡村养老新路径。

协调开发与保护的关系，保护乡土文化，防止过度商品化。通过政策吸引优秀外地人才及本地年轻人迁入或回乡就业创业，对本地居民进行适当培训，"以人为本"，提升产业活化的内生动力。

（2）土地利用。

对发展特色旅游、观光农业、特色手工业的村庄，保障"城乡建设用地增减挂钩"并符合城乡规划情况下，允许村集体组织建设较大面积的民宅，转租给村民个人开展"民宿"经营，制定与建房面积、床位数、服务质量（考核评级）相关的税率和房租调节机制，并完善准入退出机制；对具有旅游开发价值的特色古村落，应对村落进行原址整体保护，鼓励村民对宅基地进行深度开发利用，在此基础上发展乡村旅游产业，以利于特色乡土风情的营造。

鼓励发展村落型或农户间合作型家庭农场；优化合作经济组织发展环境，推进农民专业合作社、农地股份合作社、社区股份合作社、资金互助合作社等农村各类合作经济组织进行旅游配套设施建设与经营。

（3）空间营造。

特色村的空间营造路径应注重"品质提升，特色彰显"，推行生态保育，进行环境整治，达到《江苏省村庄环境整治考核标准》（苏政办发〔2012〕7号）中"三星级康居乡村"标准。

切忌特色村"千村一面"，在村庄主要出入口、公共活动场所等村庄肌理重要节点及村内标志性指示牌等处进行设计，彰显"一村一品"元素。

保存优美的乡村聚落肌理，顺应和保护山形水势，结合农地景观与农特产品特色，充分利用民俗节庆、历史遗存、地方手工业、风俗习惯等文化资源，打造栖居之景、山水之景、农产之景、人文之景。

（4）设施供给。

完善基本公共服务设施，对于具备发展乡村旅游条件的特色村庄，应完善相应的旅游配套服务设施。

（5）文化传承。

注重对具有生命力、独具特色的乡风民俗、传统技艺等非物质文化遗产的保护与传承。对代表性传承人给予与其文化影响力相适应的资助和帮助；挑选具代表性的地方文化传统（如舞蹈、音乐、手工技艺），引入特色村所属镇/街道、县市的幼儿园和小学课堂，以此促进传统技艺的传习；为民间艺人提供与艺术家、艺术类院校师生的交流及合作机会，以此促进传统技艺的创新与推广；秉着自愿报名的原则，对传统技艺较密集区域的乡村原住民开展传承培训，提高本地居民的家园意识和文化归属感。

（三）近郊型一般村

近郊型一般村指的是毗邻中心城区及各镇建成区，尚未纳入城市建设用地范围，因与城镇关系密切而需要特别控制，现有工业发展尚未形成较大规模且发展潜力有限、特色亦不明显的村庄。

1. 发展模式：融入城镇化

逐步融入相邻城镇发展，促进村庄工业向城镇工业集中区集聚，鼓励农村剩余劳动力的就近转移，非农就业多的村庄引导居民通过就地集中或异地集中居住等方式，并辅以住房、土地、社会保障等方面政策措施，促进其顺利实现城乡融合，形成与城镇一体化的生活社区。

2. 发展路径

（1）产业活化。

非农就业较多的村庄，应注重村庄综合服务功能的提升。积极培育现代商贸业、现代服务业发展，合理安排工业企业的梯度转移路径。促进具有较好发展前景的工业企业向工业园区集中布局，同时创新村级工业转移到城镇工业园区后的利益分成机制，保障村集体和村民利益。

农业基础较好的村庄，在鼓励融入城镇化的同时，积极利用近郊区位优势发展农业科教、休闲观光等现代都市农业产业，提高产品附加值。

生态自然资源较优质的一般村亦可考虑就近利用城市医疗服务等公共资源，结合村庄环境资源，通过整合集体闲散资产和农民闲置房屋，集体出资与引进社会资本相结合、集中式与居家分散式相结合等方式探索发展养老服务产业。

（2）土地利用。

建立土地流转激励机制，对农业专业合作组织、规模经营大户以及从事乡村养老服务、农业科教、观光农业等特色产业的龙头企业予以土地流转开发手续和税费的简化、减免以及补助。

坚持依法、自愿、有偿的原则，积极探索农村宅基地和承包地流转、退出机制。深入推进土地征收制度改革，完善征收程序和配套措施，切实提高农民在土地增值收益中的分配比例；建立土地流转风险防范机制，切实维护农民利益。

(3) 空间营造。

进行环境整治并达到《江苏省村庄环境整治考核标准》（苏政办发〔2012〕7号）中"二星级康居乡村"标准。结合自身特点营造现代都市型空间或都市农业型空间。在环境整治中，不要人为赋予所谓建筑风格，按需适当出新。

(4) 设施供给。

按照"城乡一体，集中配给"的模式，有条件的村庄就近利用城镇设施，其余按照相关规划要求集中配给。

(5) 文化传承。

引导生活方式转型，逐步融入城市文化，酌情通过修建村史室（馆），新修道路、新建重要场所命名沿用历史名称等方式保留乡村历史记忆。

(四) 远郊型一般村

远郊型一般村是指中心城区或各镇城市建设用地范围外不需要特别控制，现有工业发展尚未形成较大规模且发展潜力有限、特色亦不明显的村庄。

1. 发展模式：农村现代化

保持乡村特色，主要引导发展成为现代乡村。非农就业较多的村庄应促进村庄工业向工业型村庄或城镇工业集中区集聚，适当引导农民进城进镇或向周边工业型村庄集聚，并鼓励农民在农闲时兼业提高经济收入。对于基本农田保护区内的农业生产自然村，则是强制镇村布点规划保留村庄对象，通过发展现代农业，完善村庄各类设施，美化村庄生产生活环境，提升村民生活质量。对于基本农田少、农业基础不好的乡村，可尊重乡村的自组织演变，酌情给予适合的政策措施引导其发展或转变。

2. 发展路径

(1) 产业活化。

产业发展上优先鼓励农业发展，并同时鼓励村庄积极转变传统的生产经营方式，不断提高农业现代化、规模化水平，通过建设家庭农场、现代化农业园区或"公司+农户"合作等方式发展以高效设施农业为特点的现代农业，鼓励一三产业联动发展。规划保留村庄应鼓励村庄探索发展特色产业，逐步向特色村转变。促进具有较好发展前景的工业企业向工业园区集中布局，同时创新村级工业转移到城镇工业园区后的利益分成机制，保障村集体和村民利益。

（2）土地利用。

鼓励远郊型农村宅基地集约化经营与利用方式的创新，如科学优化村庄布点，对不具发展潜力的"空心村"予以整村撤并，宅基地集中置换，实现耕地复垦开发。探索完善集体建设用地的流转机制，试点土地指标化流转，对农村闲置的集体建设用地予以复垦，经验收合格后，发放相应面积的建设用地指标（即地票），该指标允许在城乡土地交易市场上公开竞拍，实现大范围、远距离统一价格的集体建设用地流转，促进远郊区闲置土地流转。

（3）空间营造。

进行环境整治，在村庄风貌、环境卫生和配套设施等方面至少达到《江苏省村庄环境整治考核标准》（苏政办发〔2012〕7号）中"二星级康居乡村"标准。开展新农村建设，创建生态宜居型乡村空间。

（4）设施供给。

完善饮水、污水处理、环境卫生、能源、网络通信等乡村基础设施配套，提高农民生活质量。发展规模农业的村庄应特别注意农业生产废弃物的收集、处理与再利用，按需配给设施，促进农业循环经济行为产生。

（5）文化传承。

保留乡土文化，在传承当地特色农业生产生活方式基础上，提倡生态、可持续等现代理念，逐步引导其向现代乡村演变。

参考文献：

1. 赵丹、罗震东、耿磊：《苏南地区乡村发展演进及其复兴战略研究》，载《2012年中国城市规划年会论文集》，云南科学技术出版社2012年版。
2. 王勇、李广斌：《苏南乡村聚落功能三次转型及其空间形态重构——以苏州为例》，《城市规划》2011年第7期。
3. 陈晓华：《乡村转型与城乡空间整合研究》，博士学位论文，南京师范大学，2008年。
4. 肖蓉、阳建强：《小城镇中心城发展的空间集聚问题分析》，《小城镇建设》

2003 年第 3 期。

5. 江苏省住房和城乡建设厅：《苏南现代化建设示范区城镇体系规划（2013—2030）》，2013 年。

6. 东南大学建筑学院：《镇江市乡村人居环境调查实录》，2012 年。

7. 南京市规划设计研究院有限责任公司：《南京市乡村人居环境调查》，2012 年。

8. 林育谆：《台湾乡村区域的发展及其再生策略反思》，《台湾"国家"政策研究基金会国政评论》2012 年第 1 期。

9. 周志龙：《台湾农村再生计划推动制度之建构》，《江苏城市规划》2009 年第 8 期。

10. 叶齐茂：《发达国家乡村建设考察与政策研究》，中国建筑工业出版社 2008 年版。

11. ［美］兰德尔·阿伦特：《国外乡村设计》，叶齐茂、倪晓晖译，中国建筑工业出版社 2010 年版。

作者信息：

研究基地：江苏城乡统筹规划研究基地

承担单位：江苏城乡统筹规划研究基地

首席专家：张泉、邹军、叶裕民

课题负责人：徐海贤、许景

主要参加人员：邵玉宁、叶晨、刘剑、林超

江苏推进新型城市化战略的内涵与对策思路研究

内容提要： 城市化战略是江苏的一个重要发展战略，在新的时期，城市化的战略有了新的背景，因而也被赋予了新的内涵，应该采取不同于以往的新发展模式。江苏在推进城市化的实践中出现了一些较为突出的问题：一是土地城市化和人口城市化脱节；二是城市社会建设明显滞后；三是区域城市化差异显著；四是城乡分割与城乡差距突出；五是小城镇发展质量不高。因此，在推进江苏城市化建设中应采取以下主要对策思路：一是积极发展现代化农业，整体推进城市化水平；二是加快户籍改革步伐，推动小城镇农村转移人口市民化；三是提高小城镇发展质量，优化城市整体功能；四是完善城市空间布局，加快苏中大城市建设；五是进一步扩大对外开放，在苏南建设若干国际性城市。

今后一二十年将是中国城市化向纵深阶段发展的关键时期，而实现促进城乡一体化、缩小城乡差别、经济与社会协调发展等重要目标，都需要建立在高质量的城市化基础之上。城市化战略作为江苏的一个重要发展战略，自实施以来取得了巨大的成效，为江苏的经济社会发展和实现"两个率先"发挥了重要作用。在新的时期，面对新的发展环境和新的发展任务，江苏的城市化战略应当赋予新的内涵，提出新的目标，并在发展中体现新思路与新对策。

一 国内外前沿研究动态及相关经验与启示

（一）新型城市化基本内涵的研究

党的十六大提出我国要坚持走新型工业化道路，而与之相对应的新型城市化概念也随之被提出。新型城市化体现了政治、经济、文化、社会的四位一体，是集约发展、统筹发展、和谐发展的城市化，是坚持以人为本的城市化（王永昌，2007）。美国城市规划专家弗里德曼（Friedman，1966）曾指出，城市化包括两个不同的系统，一是空间居住系统；二是社会文化系统。传统的城市化注重前者，而新型城市则更加注重后者，进而提出了人的城市化的观念。牛文元（2009）认为，与传统城市化不同，新型城市化是坚持实现可持续发展战略目标，坚持实现人口、资源、环境、发展四位一体的互相协调，坚持实现农村与城市的统筹发展和城乡一体化，坚持实现城乡公共服务的均质化，以城乡之间和城市与城市之间攫取财富和分享财富的机会平等为标志，逐步达到减缓和解消城乡二元结构达到社会和谐的城市化之路。牛文元（2011）又将上述新型城市化的内涵归纳为"七大坚持"，即坚持实现城乡的统筹发展、坚持实现城市的创新发展、坚持实现城市的绿色发展、坚持实现城市的均衡发展、坚持实现城市公共服务的均质化要求、坚持实现城市的宜居性和文化多样性、坚持实现城市的现代化管理体系。

杨重光（2010）指出，新型城市化与传统城市化的区别在于，在新型城市化的过程中，居民居住空间的转移并不是第一位的，经济生活的改善、生活质量的提高才是第一位的。刘玲玲（2011）在比较西方国家城市化的基础上指出，城乡一体化发展的新型城市化道路是中国城市发展的必然选择。张英洪（2012）结合北京的实际认为，新型城市化是空间布局合理的城市化，是维护农民权益的城市化，是善待外来人口的城市化，是产业结构优化的城市化，是生态环境友好的城市化，是发展民主法治的城市化。2011年，广州市第十次党代会报告用"六个更加注重"来阐述新型城市化的内涵，即更加注重以人为本，更加注重可持续发展，更加注重创新发展动力，更加注重优化发展空间，更加注重城乡统筹发展，更加注重体制机制创新，努力走出一条经济低碳、城市智慧、社会文明、生态优美、城乡一体、生活幸福的新型城市化道路。广东省住建厅厅长房庆方在2012年接受采访时，归纳了新型城市化内涵的八字特征，即"绿色、智慧、包容、人本"。

（二）新型城市化的实现路径研究

近年来，许多学者对新型城市化战略的实现路径也进行了广泛的研究。万广华和朱翠萍（2010）指出，推进城市化进程，最为重要的是发展思路和发展战略的确定和调整，新型城市化也不例外，关键是要有新的发展思路，并在此基础上走出一条新的路径。程必定（2008）认为，要通过产业结构、就业结构、空间结构、文化与观念的城市化转型来推进新型城市化道路。程必定（2011）又提出，中国新型城市化道路选择在于，人口转移型城市化的发展趋向，结构转换型城市化的发展趋向，"双轨"（人口转移与结构转型并存）发展的新型城市化道路。相应的政策趋向是，一方面政府应通过产业结构调整带动城市就业率和人口密度的增加，促进经济增长；另一方面，需要提高城市化的质量、促进城乡居民收入增加、增强居民消费能力，从而推动内需经济增长。梁桂全（2012）认为，广州新型城市化以城市功能往外扩散为主，人口适量向城市中心流动为辅。郭艳华（2012）提出了广州新型城市化的三条实现路径，一是要努力破除城市二元体制；二是要更加关注农村地区的发展；三是要致力于推动公共服务均等化。黄良浩（2013）总结了浙江走新型城市化可选择的路径，包括突出推进城市群和都市区建设，构建现代新型城镇体系；突出推进城市功能品质提升，建设集约城市、智慧城市、美丽城市；突出推进农民市民化，创新新型城市化体制改革；突出推进美丽乡村建设，形成城乡差异化的协调发展格局等。

（三）相关经验与启示

通过对国内外前沿研究动态的简单梳理，笔者发现，目前学术界对于"新型城市化"还是"新型城镇化"的提法还存在一些分歧，但对新型城市化内涵的理解则基本形成了较为一致的观点。概括来讲，所谓新型城市化就是一种以科学发展观为指导，强调以人为本的城市（镇）化战略，是以"集约、和谐、公平、可持续"为特征的城市（镇）化发展道路，其重点在于提高城市（镇）化的质量和效率。

目前，我国的城镇化率刚刚越过50%大关，而经济社会发展经历的阶段与我国有几分相似的韩国，居住在城市的人口已占到全部人口的80%以上，这既说明我国城镇化有巨大空间，城镇化率再提高二三十个百分点将带来经济社会的巨大变迁，同时又表明进入关键发展阶段，机会不仅不能错过，而且必须用好。但是，当前国内许多城市仍然在用搞工业化的思维去建设城市，城市往往被建得很"大"，难脱搞大项目的习惯思维定式。这样的方式在建设新型城市化的过程中更是要不得。新型城市化要突出以人为本，没有城市化质量的提高、没有人和城市的和谐发展，均不是真正意义上的新型城市化。中国有自己的国情，不可照搬国外的一套，但应遵循城镇化和城市发展的规律，重点放在城镇化的质量和内涵上。大城市的发展一定要千方百计地节约土地，提高空间使用效率，优化城市功能，突出集聚效应，带动四周发展。加快中小城镇的发展则应该成为城镇化的重中之重。只有提高中小城镇的现代城市功能，使那里的基本公共服务在品质上与大城市基本相同，才有可能使人类历史上最大的农业人口市民化进程找到理想的出口。

二 新型城市化战略的内涵及其发展模式分析

(一) 城市化战略的新内涵剖析

在我国，城市化战略的提出，主要是随着经济社会发展的阶段性在区域范围内创造新的发展极，为区域经济的发展拓展更大的空间，寻求新的增长动力，以适应工业化的进程。一般来说，我国各个地方提出的城市化战略，主要是作为经济发展战略而提出的，总体上是从属于经济增长的目标。

新时期下，城市化的战略有了新的背景，因而也赋予了新的内涵。从总体上看，在科学发展观的指引下，任何一种战略必须考虑得更全面，必须更加注重质量与效益。具体而言，今日看城市化战略，应当纳入一个更为广阔的视野，即在追求经济发展方式转变的前提下，与打造中国经济升级版和促进社会进步相互协调发展，这样一个战略必须有利于发展模式的转型，必须有利于结构的调整与升级，必须有利于社会进步与经济发展同步，必须有利于城乡一体化的进程。

从内涵上看，城市化战略不应仅仅定位于经济发展的战略，服从于寻找增长新动力和维系经济增长的目标，而是融经济发展与社会发展于一体并且在发展中注重结构调整、改善民生、促进社会公平的一种综合性发展战略。与以往相比，现在提出的城市化战略，在内涵上不仅包括经济层面，而且包括社会层面，如解决农村转移人口市民化的问题；不仅包括城市数量、城市规模、城市化水平的变迁，而且包括城市结构、城市体系、城市布局的演变；在经济层面内，不仅包括增长动力、工业化、市场化等传统经济因素，还包括需求结构、产业结构、城市创新等新的经济因素。所以，新时期下的城市化战略，内涵更为丰富，更有时代特征。

（二）新型城市化战略的发展模式研究

所谓新型城市化战略，与传统的城市化战略相比，除了内涵有所不同外，还着重体现在城市化的发展模式不同。传统的城市化发展模式，是让城市的地理版图不断扩大，通过建设"开发区"、"大马路"、"大广场"等造城方式，使得城市的规模越来越大，一个一个的城市如同"摊大饼"一样几乎在瞬间突然长大。传统的城市化发展模式是为了配合迅速成长起来的工业化，通过吸收大量的外来人口（主要是从农村中转移过来的务工者），使得城市常住人口（包括外来务工者）占总人口的比重迅速提高，从而在数据上提高了城市化率。然而，大量的外来人口并没有真正被城市所容纳，并没有真正成为市民，无论是工作、居住、消费，还是享用城市公共产品，外来人口实际上与城市原居民基本隔离，城市中出现了新的二元结构现象，实际的低城市化水平被数据上高的城市化率所掩盖。此外，传统的城市化发展模式主要依靠经济活动的扩张，而且因其依靠工业活动的扩张，往往工业化程度高的地方，开发区最多最大，外来务工者也最多，所以城市化进程也最快。这种传统的城市化发展模式往往占用土地也最多，造成环境破坏也比较严重。

在此背景下，新型城市化发展战略应采取不同于以往的新发展模式。首先，新型城市化的发展模式应重点关注城市质量的提升和功能的改善。中国的城市化道路不能再走"造城运动"的老路，必须要在尽量节约土地、不大幅提高建成区比例的基础上加快城市化进程，这就要求着重在提高城市质量和完善城市功能上做文章。其次，新型城市化的发展模式一定要解决农村转移人口如何实现市民化的问题，逐步消除城市内部的二元结构现象。城市化的实质就是"人的城市化"。目前，我国农村转移人口市民化的严重滞后制约了城市化质量的提升，因此通过户籍制度改革和公共服务均等化逐步实现农村转移人口的市民化将成为下一步新型城市化建设的重点。再次，新型城市化要避免单一工业化的倾向，形成一个内部产业结构合理、良性互动发展的新模式。具体而言，就是城市应当恢复城市的本来功能，以发展服务经济为主，大力发展现代服务业，保留一部分知识含量高的工业。此外，新型城市化在发展模式上还有一个重要特点，就是通过新的一轮城市化的发展,推动我国经济发展方式的转变,为大力扩大内需寻找新的支点,使原先的过重依赖外需的经济结构逐步转向以内需为主的经济结构。

三 江苏城市化建设存在的主要问题

改革开放 30 多年来,江苏经济社会快速发展,城市化进程也得到了长足的发展,城市化水平一直处于全国前列,在省内也初步形成了若干都市圈。但总体而言,江苏在推进城市化的实践中也出现了一些较为突出的问题。

(一) 土地城市化和人口城市化脱节

土地城市化与人口城市化的脱节,即城市建成区面积扩大的增长率明显快于人口转成城镇居民的增长率是中国城市化进程中的一个通病,这一现象在江苏也不例外,而且在某种程度上更为突出。例如,2000—2010年间,江苏 13 个省辖市市区土地面积、建成区面积年均增长率分别为 7.68%和 9.00%,而城市人口年均增长率为 5.31%,这造成城市人口密度不升反降,由每平方公里 935 人下降至 805 人,下降了 13.9%。更为重要的,统计的城市人口中还包含了大量并未取得市民身份的外来务工人员,如据江苏省邓小平理论研究会课题组 (2011) 调研发现,按现行统计办法计算,城市化率虽逐步提高,但统计城镇常住的农民工人数中有 1/4 的人尚未取得市民待遇,有相当一部分人虽然住在城镇,却享受不到城镇公共资源和社会福利。公安部门户籍人口统计资料显示,2005—2010 年,江苏全省城区户籍人口年均增长率仅为 2.79%,主城区户籍人口反而年均下降了 0.12%,城乡接合部户籍人口年均增长率达到 21.35%。由此,可以看出江苏省人口城市化与土地城市化脱节的程度较为严重。

(二) 城市社会建设明显滞后

改革开放 30 多年来,江苏城市经济发展取得巨大进展,但城市社会建设却相对滞后于经济发展。随着社会结构的不断变化,一些突出的社会问题开始涌现。一是交通拥堵、房价飞涨、环境恶化等城市病加剧。城市迅速增加的人口加大了城市在满足居民生活需求方面的压力,尤其是交通、能源、医疗和教育等基础设施供给方面问题突出。二是城市内社会不稳定因素增加。城市化进程中形成了新的二元结构，因征地拆迁、劳资矛盾、教育公平、贫富差距以及不同群体利益诉求等引发的矛盾和问题增多，安全生产和社会稳定方面的问题时有发生。三是城市公共服务水平低下。城市的公共服务供给，特别是优质公共服务的供给与城市居民日益增长的多样化需求之间仍然存在较大差距，基本社会公共服务在城乡之间、区域之间供给不均衡和社会公共服务各行业之间发展不平衡的状况比较明显。四是城市管理机制建设相对滞后。城市政府职能转变不到位，管理机制尚未跟上城市人口激增的步伐，尤其是对外来人口的管理乏力，社会治安综合治理水平有待提升，社会保障制度不健全，这些都制约着城市的健康发展。

（三）区域城市化差异显著

江苏长期存在苏南、苏中、苏北三大区域经济社会非平衡性发展的问题，城市化发展水平也呈由南向北梯度递减的显著特征。首先，从城市数量来看，目前，苏南约占全省城市总数的近1/2，苏中占1/3，苏北只占1/6。其次，从城市化发展水平看，2011年，在江苏省各地区的常住人口中，城镇人口占总人口比重，苏南地区最高，达到71.91%，比苏中、苏北地区分别高出14.45个、18.62个百分点，差距非常之大；苏中地区的城市化水平也比苏北要高出近4.2个百分点，并且苏中、苏北地区城镇人口比重均低于全省平均水平。由此造成省内各地区处于明显不同的城市化发展阶段。目前，苏南地区城市化水平已经超过70%，进入城市化高级阶段。而苏中、苏北地区城市化水平刚超过50%，仍处于城市化快速发展阶段。

（四）城乡分割与城乡差距突出

目前，户籍制度改革已在江苏全面展开，农村人口向城市流动相对自由，但与之相配套的社会保障、医疗、教育以及就业等方面的改革并未完全到位，城乡分割的体制还没有从根本上得以解决，各相关政策之间缺乏必要的呼应和配合，致使大量农村进城务工人员难以及时转为城市居民。此外，城市与农村差距还在拉大，城乡差别明显。如在高速公路、高铁、电信等基础设施现代化方面，江苏已接近国际先进水平，明显超过同类的发展中国家。但是，城乡之间始终存在着巨大的发展落差，不仅居民收入上有很大的差距，而且在包括基础设施在内的公共服务建设方面，城乡之间有着更大的差距。长期以来，江苏通过城市吸纳农村劳动力解决农民的收入问题，取得了一定的成效，但又带来另一个问题，即农村的劳动人口往往又是主要消费人口，由于大量的劳动力长期流出，当地的市场始终无法形成，不能形成经济学中常说的乘数效应，经济发展也就缺少内生动力。

（五）小城镇发展质量不高

发达国家城市化的发展有一条宝贵经验，就是非常注重大城市与小城镇之间的合理比例，小城镇也具备完善的现代化城市功能。但和已步入现代化的发达国家相比，我国小城镇与国外的发展差距明显要大于大城市。例如在德国，城市居民绝大部分居住在人口不足30万的小城市和集镇，但这些小城镇功能齐全、环境优美、治安良好；所有的5万人口以上的城市都有与大城市连接的高速公路，图书馆、博物馆和设施齐全的医院也一应俱全。韩国小城镇在这方面的差距也不大。但在我国，即便是在包括江苏在内的东部经济发达地区，许多30万人口左右的城市尚没有连上高速公路，其他公共设施也大大落后于大城市。而且，一些小城镇盲目遵循工业化的思维，沿袭大城市"摊大饼"式、人为扩容的外延扩张模式，城市规划区急剧扩展，城市变大了，城市人口增多了，城市化率提高了，但产业发展水平不匹配，公共设施配套不足，导致交通拥堵、污染严重、运行机制受阻等"城市病"在小城镇开始滋生蔓延。

四 推进江苏城市化建设的主要对策思路

（一）积极发展现代化农业，整体推进城市化水平

城市化不能简单地理解成"三离一进"，即农民放弃农业、脱离土地、离开农村，进城务工的方式。通过生产方式和生活方式的转变享受现代城市文明，但不离开原居住地，不转变个人和家庭身份，亦是城市化的一种模式，这一模式通常被称为"就地城市化"。就地城市化最根本的途径就是发展现代化农业，现代农业的发展既是城市化的原始动力，又是城市化的坚实基础。因此，江苏省应坚持走中国特色、江苏特点的农业现代

化道路，积极推进农业规模化、产业化、标准化、信息化，通过股份合作、家庭农场、农民专业合作社等多种生产组织形式，大力推进现代农业发展，增加就业机会；优化城郊产业结构，吸纳更多农民就业，减少农业人口，提高农民非农收入，整体推进江苏省的城市化水平。

（二）加快户籍改革步伐，推动小城镇农村转移人口市民化

小城镇主要指城镇范畴中规模较小、人口少于20万的小城市和建制镇。2010年，江苏小城镇数量为883个，虽比2000年减少了326个，但仍具有数量多、分布广的特点，拥有巨大的人口资源可承载能力。因此，通过户籍制度改革，将众多小城镇农村转移人口市民化是江苏省城市化发展的一个重要突破口。小城镇需要通过利用自身特点，积极发展优势产业，提高基础设施建设水平，增强居民人口的吸引能力，努力实现市民人口化的转移。此外，人口市民化的转移不是单纯地由农业户口向非农户口的划转，而是实现与城镇人口拥有相同的待遇与福利，真正实现城镇居民的身份、权利与义务的均等化。

（三）提高小城镇发展质量，优化城市整体功能

江苏推进新型城市化的重点之一在于发展一大批高质量的小城镇，这既是新型城镇化的主要内容，更是缩小城乡发展差别、促进社会现代化与经济现代化同步发展的一条重要途径。特别是苏北地区，更要把发展中小城镇作为培育本地市场和缩小南北差距的重要抓手。所谓高质量的小城镇，就是不仅在城镇的建设上达到高标准，而且要在城镇的功能上尽可能做到完善高效，使这些城镇不仅是安居之乡，同时也是乐业之地。对于前者，要用基本现代化的标准加强规划和建设，应当把基础设施和现代化公共服务产品的建设更多地向乡村倾斜。对于后者，就是要在高标准地建设小城镇的同时，加快当地产业、市场的发展，使之不仅有一个城镇化的外形，更要有相应的经济内涵和社会内涵，形成内生发展机制，以吸收更多的农民进城当市民。

（四）完善城市空间布局，加快苏中大城市建设

江苏省的城市化总体水平虽相比全国较高，但是城市化空间布局有待完善。省内的大城市多集中于苏南地区，苏中、苏北地区相对较少，呈现

地区不平衡、南多北少的局面。苏中地区扬州、南通、泰州三市 2011 年的城镇化率分别为 57.9%、57.6% 和 56.8%，距离全省的平均水平较近。因而，在下一步的城市化建设中，要加强苏中大城市的建设，努力将扬州、泰州等城市建设成为区域性中心城市，改善城市的空间布局，实现区域之间的协调发展。

（五）进一步扩大对外开放，在苏南建设若干国际性城市

苏南地区的城市化水平处于全省和全国的前列，南京、苏州、无锡等城市的经济发展速度长期保持在较高水平。从经济发展阶段来看，苏南地区近期应以韩国为参照系，着重学习韩国依靠科技进步实现产业升级以及通过城市反哺农村促进城乡协调的做法；而远期应重点学习德国，把德国作为一个长远比对和学习的参照系，努力建设更高水平的城市化和现代化。因此，苏南地区的下一步发展思路应是力争建设起若干个具有世界影响力的国际性城市（群），如重点推进以南京、苏州为中心的国际性城市（群）建设，依据各个城市自身经济发展的特点，发展成为不同类型的国际性大城市。

参考文献：

1. Friedmann, J., "Two Concepts of Urbanization: A Comment", *Urban Affairs Review*, Vol. 1, No. 4, 1966.

2. 程必定：《统筹城乡协调发展的新型城市化道路》，《西南民族大学学报》2008 年第 1 期。

3. 程必定：《中国新型城市化道路的选择》，《青岛科技大学学报（哲社版）》2011 年第 3 期。

4. 房庆方：《新型城市化都有绿色智慧包容人本等内涵》，《广东建设报》2012 年 8 月 6 日。

5. 黄良浩：《新型城市化：浙江经验与未来战略取向》，《浙江经济》2013 年。

6. 梁桂全：《以新型城市化统筹解决"城市病"》，《南方日报》2012 年 2 月 22 日。

7. 刘玲玲：《浅论中国特色的新型城市道路》，《北京城市学院学报》2011 年第 1 期。

8. 牛文元：《中国新型城市化战略的设计要点》，《中国科学院院刊》2009 年第 2 期。

9. 牛文元:《中国新型城市化报告 2011》,科学出版社 2011 年版。
10. 万广华、朱翠萍:《中国城市化面临的问题与思考》,《世界经济文汇》2010 年第 6 期。
11. 杨重光:《新型城市化是必由之路》,《理论参考》2010 年第 2 期。
12. 张英洪:《走新型城市化道路是必由之路》,《农业工程》2012 年第 1 期。
13. 徐康宁:《工业化思维搞城市化,易造出怪胎》,《环球时报》2013 年 8 月 28 日。
14.《专家剖析新型城市化发展的实现路径》,《广州日报》2012 年 4 月 9 日。

作者信息:

研究基地:江苏民生幸福研究基地
承担单位:东南大学经济管理学院
合作单位:江苏省政府政策研究室、中国社会科学院亚洲太平洋研究所
首席专家:徐康宁、徐山瀑、李向阳
课题负责人:徐康宁
主要参加人员:刘修岩、冯伟、陈健、陈丰龙

江苏农业转移人口市民化的路径研究

内容提要：2013年江苏城镇化率为64.1%，但户籍测算的人口城镇化率仅为40.3%，这表明江苏同城不同权的社会现象突出，促进农村转移人口市民化成为当前深化改革的紧迫问题。本文就此问题提出以下政策建议：一是要加强户籍制度改革，推广居住证管理，探索新型人口管理制度。二是对于农村转移人口实行积分制度，采用必要的顺序排期，用较为科学和公正透明的做法确定农村转移人口转为市民身份的资格。三是加强分类指导，合理确定不同类型城市的人口规模。四是优化现有城市公共服务体系及其结构，突出公共服务的覆盖面和总体均等性，适应农村转移人口市民化的趋势。五是结合城市深化改革现有财税制度，增强城市适应新型人口管理制度的融资能力，提高城市的人口包容度。

一　前　言

2009年12月召开的中央经济工作会议中明确提出："要把解决符合条件的农业转移人口逐步在城镇就业和落户作为推进城镇化的重要任务。""农业转移人口"这个称谓首次被提出。改革开放以来，我国越来越多的农业人口开始转移到城市。国研中心课题组模拟预测显示，预计2020年农业转移人口总规模在3.2亿人左右。如何让数以亿计的农业转移人口真正变为市民，关系着我国城镇化发展的质量和水平，也关系着我国社会主义现代化的进程，是我国当前社会发展中需要重点解决的问题之一。江苏经济发展一直处于全国的前列,但在推进"农业转移人口市民化"的问题上还要向上海、广东等省、市进行经验借鉴。推进农业转移人口市民化,是统筹城乡发展的基本要求,也是破解"三农"难题、推进城镇化和工业化进程的有力抓手。因此深入研究农业转移人口市民化途径对江苏全面建设小康社会,构建和谐社会,实现城市化和现代化具有重要的理论价值和现实意义。

二 国内外研究动态与相关启示

长期以来,国内外学者对于城乡人口迁徙和城市化做了很多方面的研究。然而中国农业转移人口问题因涉及中国特有的户籍制度而独具特色,国外没有直接研究中国农业转移人口市民化的权威理论。但是国外已有的劳动力流动和劳动力转移的经典模型对于研究中国农业转移人口市民化问题具有一定的借鉴意义。国内学者主要集中在对农业转移人口市民化的含义、现状、障碍以及路径的研究。

(一) 国外前沿研究动态

国外劳动力迁移和流动的理论解释具有相当长的历史,可以追溯到19世纪80年代英国统计学家列文斯坦提出的著名的"迁移法则"。1885年,列文斯坦归纳了关于英国国内人口迁移的六条规律。他对迁移动机及影响因素,诸如距离、城乡类别、性别、技术水平等做了一定理论高度的概括总结,开创了人口迁移研究的先河。李(Lee,1966)提出了一个解释人口空间流动的理论框架,简称"推—拉理论"。他将影响迁移决策的因素分为两类:推力和拉力。"推—拉理论"把迁移行为解释为包括经济因素在内的各种社会因素共同作用的结果。刘易斯(Lewis,1989)在其两部门迁移理论中阐明二元经济结构下农业部门和工业部门之间生产率差异导致的收入差异是农业剩余劳动力转移的根本原因。随着经济活动从传统的农业向现代化的非农产业转移,社会整体生产力水平将得到提高,二元经济逐步向一元经济转化,各经济部门的劳动生产率、工资和生活水平差异将逐渐缩小或消失。

(二) 国内前沿研究动态

1. 农业转移人口市民化的含义及现状研究

自党的十八大提出"有序推进农业转移人口市民化"的政策主张之后，国内相关研究便如雨后春笋般涌现。国内学者对于"农业转移人口市民化"的含义较为一致的看法是，所谓农业转移人口市民化，是指农业转移人口在城市获得工作岗位、实现职业转变的基础上，最终获得城镇永久居住身份，平等公平地享受城镇居民各项公共服务和社会福利，全面参与政治、经济、社会和文化生活，实现经济立足、社会接纳、身份认同和文化交融的过程。它具有以下几方面的含义：一是户口性质的变动，即由农村户口转变为城市户口；二是地域的转换，即由居住在农村社区转变为居住在城市社区；三是产业的转换，即由从事农业生产转变为从事非农业生产；四是文化的转变，即农民生活观念、思维方式、行为习惯和社会组织形态等方面的变化。

从全国范围来看，农业转移人口市民化现状不容乐观。2012年，我国按城镇常住人口计算的城镇化率达到52.6%，而按城镇户籍人口计算的城镇化率只有35.3%，二者相差17个多百分点。中国社会科学院研究表明，目前我国农业转移人口市民化程度综合指数仅有40%左右。大量农业转移人口虽然被统计为城镇人口，但并没有真正获得城镇居民身份，无法在就业、子女教育、医疗、社会保障等公共服务领域享受同城镇居民同等的待遇，也无法长期在城市稳定就业和居住生活，实际上处于半城镇化状态，不仅影响农业转移人口的合法权益，而且影响社会阶层和谐与城镇化质量。

2. 农业转移人口市民化的障碍研究

为了更好地推进农业转移人口市民化，国内很多学者对影响和制约市民化的障碍进行了深刻的剖析。王满四、熊巍俊（2005）认为，影响和制约农业转移人口市民化的障碍包括：认识障碍、政策障碍、制度障碍、信息障碍、素质障碍和城市发展水平障碍。钱正武（2005）指出，农民工作为劳动者的权利存在缺失。由于进城务工遭到歧视，在劳动安全、社会保障以及接受职业技能培训等方面都处于尴尬境地，导致其合法权益受到损害，心理受到严重打击，难与城市政府和市民之间很好地互动和沟通。

卢向虎（2005）则把阻碍农村人口向城市转移的制度因素归纳为户籍制度、农地制度、社会保障制度、城市住房供给制度、城市用工制度、教育制度六个层面，探讨了各种制度对人口城乡迁移的阻碍作用。

3. 农业转移人口市民化的路径研究

曾芬钰（2003）认为要使进城的农业转移人口逐步转化为市民，必须改革传统的城乡分割的二元户籍制度，变城乡分割的二元户籍制度为统一的居民身份证一元户籍制度；必须增强农业转移人口的货币原始积累能力，以及进城安家落户的经济实力；必须全面繁荣农村经济，逐步缩小城乡差别。刘传江（2008）认为，推进农业转移人口市民化需要分别从农业转移人口的农村退出、城市进入、城市融合三个环节着手，探索农业转移人口市民化的土地制度、户籍制度、就业制度、社会保障制度创新。张国胜（2009）提出，目前政府的困扰是对承受农业转移人口市民化的社会成本的考量，因而迟迟未能就制约市民化的相关户籍制度、社会保障制度、就业制度和城乡土地制度进行改革和完善。

（三）相关启示

"推进农业转移人口市民化"在中共中央和国务院有关文件以及国家部分领导讲话中多次出现，并已经成为我国"十二五"乃至更长一个时期积极稳妥推进城镇化的核心任务。"三农"问题是我国经济发展和社会转型的重大问题。"三农"问题的核心是农民问题。农民问题的关键是农民就业问题或农村剩余劳动力转移问题，即农业转移人口市民化问题。因此，农业转移人口市民化是在我国城市化加速发展、农村剩余劳动力加速转移以及全面小康和和谐社会实现的背景下提出的研究课题，解决好市民化问题对加速我国工业化、城市化进程，实现城乡协调发展至为关键。让农业转移人口实现市民化，共享城市化的利益，不仅可以保障这一群体的生存和发展，加快我国城镇化进程，也是实现公平正义和维护社会稳定的需要。对于"三农"问题的解决，城乡一体化目标的实现也具有深远的影响。各级地方政府应该积极应对，充分发挥其职能，从实际出发，进行制度和管理创新，努力推进农业转移人口市民化。

三 江苏农业转移人口市民化的现状及存在的主要问题

(一) 江苏城市化和农业转移人口市民化现状

江苏经济发达，人口众多，城镇化水平在全国也处于领先地位。2013年江苏常住人口总量达到7939.49万人，同时随着新型城镇化和城乡一体化的不断推进，江苏城镇人口一举突破5000万人，达到5090万人，比上年增加100万人；城镇化率为64.1%，比上年提高1.1%。按照城镇化三阶段论，超过60%的城镇化率，显示江苏整体上已步入成熟的城镇化社会。

近年来，江苏积极促进城乡统筹发展，致力于转移农村剩余劳动力，并取得了重大成就。截至2013年6月底，江苏省农村劳动力转移总量达到1830.27万人，转移比重为69.01%。苏北、苏中、苏南地区农村劳动力转移总量分别达到787.89万人、502.36万人和540.02万人，转移比重为61.6%、71.2%、80.9%。然而在新型城镇化阶段，目标不仅仅只是农村剩余劳动力的非农化，更是实现农业转移人口的市民化。江苏在推进农业转移人口市民化方面做了大量工作，但实际效果并不明显。江苏省农业转移人口在市民化进程中仍然处于第一阶段，主要表现为他们仍然以"农民工"而非"市民"的身份往返于城乡之间。但是，和"离土不离乡，进厂不进城"的第一代农民工相比，以"80后"、"90后"为主的新生代农民工在非农化道路上则表现为"离土又离乡，进厂又进城"。

(二) 江苏各地促进农业转移人口市民化的典型做法

为了促进江苏农业转移人口的市民化，江苏各地积极展开了行动，从户籍制度、土地制度等多方面进行改革，主要有以下措施：

首先，南京实行了新的户籍制度改革。第一，对于符合条件的农业转移人口，全面放开落户限制，并纳入城镇社会保障体系，对于暂时不符合条件或者农民不愿意落户的，实行居住证制度。居住证持有人在一定条件范围内享受本地居民劳动、就业、入学、医疗、社会保障等公共服务。第二，《南京市农村综合改革（2014—2015）任务分解（征求意见稿）》明确提出，2015年南京本地居民在全市范围内凭合法稳定住所，实现全市域户籍互迁。第三，南京还将试点实行流动人口居住证制度，研究制定以就业年限、居住年限和城镇社会保险参加年限为基准的积分制落户政策，逐步推进居住证持有人享有与城镇居民相同的基本公共服务。

2012年，张家港市对流动人口实行积分制。所谓的积分制是通过对城市发展的贡献值和社会服务的累计得分获得落户资格。按照《张家港市新市民积分管理暂行办法》，个人积分达到一定分值时，就可获取家庭入户、子女入公办学校和参加当地居民基本医疗保险等同城待遇。由公安、人社、教育等17个部门根据积分标准计分，由基础分、附加分、减扣分三部分组成。

2013年淮安推进"扩权强镇"试点，深化户籍制度改革。围绕提高城镇化质量，根据城市综合承载能力和转移人口情况，分类推进户籍制度改革；进城务工农民本人及其共同生活的家庭成员，有合法固定住所或稳定生活来源即可进城落户成为市民；全面实施外来流动人口居住证制度。

（三）江苏农业转移人口市民化存在的问题和制约因素

1. 江苏农业转移人口市民化存在的问题

虽然江苏省城镇化率在全国处于领先水平，但是在其农业人口市民化的进程中也存在着很多问题。

第一，城市非户籍常住人口大量存在。2012年江苏省按常住人口测算的城镇化率为63.01%，而按户籍测算的人口城镇化率仅为40.24%，两者相差22.77%，差距甚大。通过表1可以看出，江苏省户籍人口的城镇化率明显低于常住人口的城镇化率。如果考虑到农村户籍人口平均规模高于城镇户籍人口规模，这一城镇化率将会更低。另外，常住人口城镇化率与户籍人口城镇化率的差距在不断加大，2007年，两者差距为15.46%，而至2012年两者差距已经为22.77%。2007—2012年间，江苏省常住人口城镇化率增长迅速，提高了9.8%，而户籍人口城镇化率却增长十分缓慢，仅提高了2.5%，充分表明城市中非户籍常住农业转移人口大量存在。

表1　江苏省常住人口城镇化率与户籍人口城镇化率对比　　单位：%

年份	常住人口城镇化率	户籍人口城镇化率	差额
2007	53.20	37.74	15.46

续表

年份	常住人口城镇化率	户籍人口城镇化率	差额
2008	54.30	37.91	16.39
2009	55.60	38.36	17.24
2010	60.58	38.63	21.95
2011	61.89	39.54	22.35
2012	63.01	40.24	22.77

第二，农业转移人口区域分布不均衡。目前由于受经济发展、就业机会、生活环境、收入水平等多重因素的影响，农业转移人口主要集中在经济较为发达的苏南地区，而苏北分布较少。通过表2可以看出近年来江苏省三大区域苏南、苏中和苏北的城镇化率的差距，明显苏南的城镇化率高于苏中，而苏中高于苏北地区，并且苏南与苏中、苏北地区的差距甚大，三个区域的农业转移人口市民化进程十分不均衡。

表2　　　　江苏省三大区域人口城镇化率对比　　　　单位:%

年份	苏南	苏中	苏北
2010	70.83	56.10	51.85
2011	71.91	57.46	53.29
2012	72.70	58.50	54.70

第三，农业转移人口平均受教育水平偏低。由于教育水平和自身能力有限，进城农民工的整体素质不高，文化水平普遍较低，而且劳动技能缺乏。2012年，江苏省城镇人口中具有高中及以上学历的人口约为总人口（此处总人口指6岁及以上人口）的37.5%，而乡村仅为15.4%；城镇人口中具有大学及以上学历的人口约为总人口（此处总人口指6岁及以上人口）的16.5%，而乡村中仅为3.8%。生活习惯以及教育背景的不同，使得部分已经进入城市的农业人口在就业、生活等方面难以适应，从而无法获得城镇居民的认同感，甚至被孤立。

第四，同城不同权的公民权利壁垒森严。当前，尽管江苏在统计口径上已经不再区分城镇户口和农村户口，但是事实上城镇居民的各项民生权利却和新的以住房产权为基础的户籍联系在一起，如子女的受教育权利。很多人虽然在城市打工，但收入较低，消费及生活方式等方面受到限制，无法与市民真正享受同等物质和精神待遇，没有真正地融入城市。同时农民离开乡村，来到城市，但又未真正融入城市，被城市和乡村双重边缘化。

第五，农业转移人口社会融入度低。目前，虽然城市居民普遍在主观上承认农民工对城市发展和建设做了突出贡献，但由于城市居民对农民工形成的刻板印象以及"城市中心主义"的传统思想，部分城市居民依旧把农民工视为外来人口，市民在日常生活中对农民工的抱怨和歧视随处可见。这种状况，不仅导致农民工戒备心理加剧，而且导致农民工对城市居民的好感降低，不愿意主动与城市居民建立社交关系。农业转移人口城市社会融入困难，客观上生成一种相互隔离、孤立、封闭群体存在，即"孤岛"效应，使他们很难突破其固有的社交网络，从而全面参与到城市经济、社会、文化生活中来。

2. 江苏农业转移人口市民化的制约因素

江苏农业转移人口市民化迟迟没有较大突破，制约因素主要包括以下方面。

第一，户籍制度。户籍制度是我国城乡二元结构制度的核心标志，也是阻碍农业转移人口市民化的最重要的因素之一。为了全面落实农业转移人口市民化的工作，江苏致力于打破城乡户籍的界限，实行城乡统一的户籍制度。目前江苏已经以"居民"统一了城乡户口的名称，推行了农民工居住证制度。但是农民工虽然取得了城镇户口，却没有取得与城镇居民相同的权利和待遇，依附在户籍上的社会保障制度、住房制度、教育制度等仍然是二元的。

第二，土地制度。当前土地制度及其功利性改革措施，与推进农业转移人口市民化相矛盾。一是现有征地制度征地范围广，补偿标准低，土地补偿款难以弥补市民化成本，低价征地高价出售又抬高了房地产价格，增加了农业转移人口的居住成本。二是随着土地增值潜力的不断增长，农业转移人口放弃土地获得市民身份的机会成本越来越高。

第三，住房制度。进城农民在城市里能否拥有自己的住房，是他们成为市民的关键,农民在选择进入哪座城市时首先要考虑的就是经济发展情况。发达地区和大城市就业机会较多,公共设施也相对较好,生活较为便利,最重要的是收入也较高,是农民外出工作的首选。但是经济发达地区的城镇房价普遍较高,农民工有限的积蓄无法承担购房的费用,因此也就难以永久性迁入。而经济发展相对落后的城镇地区,就业机会较少,公共设施相对不完善,而对于农民来讲,他们更注重收入的绝对值,一般落后地区的城镇收入也较低,农民缺乏迁入的动力。

第四,社会保障制度。江苏省当前的社会保障制度并不是十分完善。农民工能否市民化,关键在于要有安全稳定的就业保障,有稳定的收入来源。农民工只有拥有了稳定的职业,才能有稳定的收入,才能最终融入城市,成为真正的市民。理论上,社会保障应该由政府、企业、个人三方共同承担。而当前农民工虽在城镇工作,但其保险意识较弱,一般不会参加社会保障,由于其流动性较大,企业也不愿承担这一风险,而政府方面操作性也较差。但农民工受自身能力、学历限制,就业本就十分不稳定,这些都增加了农业转移人口转为市民的困难。

第五,城镇综合承载能力。城市的承载能力总是有限的,无论是为农民工提供城镇居民待遇,还是为其提供完备的劳动、医疗、住房、教育等方面的基本公共服务,都需要城镇有坚实的经济基础和强大的公共财政作为支撑。2013年,江苏农业转移人口即使按1800万人来计算,农民工市民化的人均公共成本全国平均约为13万元,那么累计需要投入23400亿元。再加上现有的农业转移人口市民化的主要压力基本集中在苏南地区,导致该地区几乎无力承载如此之大的市民化负担。

四 农业转移人口市民化的国内外经验借鉴

(一)国外推进农业转移人口市民化的主要做法

世界各主要国家在实现城市化的过程中,农业人口向城市转移并取得市民身份,都是必不可少的环节。美国、日本作为先于中国完成城市化的国家,在应对农业转移人口市民化的问题上,积累了比较先进的经验,对我国促进农业转移人口市民化,具有积极的启示作用。

美国在其城市化进程中也经历了农业人口向城市流动的过程。和英国相似，也面临劳动力素质低下对进一步工业化形成的阻碍。针对这一情况，美国政府通过制定并实施《人力发展与训练法》以及《就业机会法》，以提高农业转移人口的整体素质。日本政府为使农业转移人口能够平稳地实现从农民到产业工人的身份上的转变，也采取了一系列措施。早在 20 世纪 60 年代，日本制定一系列法律并建立社会保障体系为农村剩余劳动力转移提供了制度保障和物质保障。同时，日本政府还大力发展农村教育，提高农民素质。此外，迅速推进工业化和发展城市第三产业，大量吸收从农业中分离出来的剩余劳动力。

（二）国内推进农业转移人口市民化的典型模式

当前，国内多个地方开展了农民市民化的实践探索，主要形成了以下几种典型模式：人才落户型、地域统筹型、积分落户型以及居住证福利拓展型。

推行人才落户型模式的典型代表是上海。人才落户型是指在农民工市民化的实践进程中，利用较高的门槛对入户人员进行筛选，这种模式，粉碎了绝大部分人落户之梦，只有极少部分人可以实现市民化。这种模式既控制了人口流动，又为上海市经济社会又好又快发展提供了极高的人力资源保障。

广州推行积分落户模式，即在市民化的实践进程中，将抽象进程形象地化成各项指标，并附以相应分值，对满足条件并且达到积分的农民工给予其落户机会的一种模式。目前来看，这是一种相对有效、公平、动态的统一评价管理机制，能满足不同发展水平城镇的人口管理需要。

五 加快推进农业转移人口市民化的建议

（一）推进思路

由于长期以来城乡二元经济体制及其他因素的制约，我国农业劳动力的迁移路径具有一定的特殊性，呈现出从农民到农民工，再由农民工转变为市民的"两个步骤"。所以要求我国，特别是像江苏省这样一个城市化发展水平高、农业人口和农民工数量大的省份，对市民化的路径做出深入考量。在具体路径上，应以本地落户定居和公共服务均等化为重点，区分不同城市、不同群体、不同公共服务项目，有序推进。

1. 以中小型城镇作为农业转移人口市民化的主要目的地

从江苏省的现状来看，在市民化目的地的选择上，有多个市区人口超过百万的大型甚至特大城市，集中了来自全国各地，以江苏北部地区和周边省份为主的大量外来务工人员，同时也有很多人分布在中小城市和县城。选择中小城市或者大城市各有优劣。大城市相比小城市通常具有更强的包容性和多样性，吸纳劳动力的机会更多，利于农民工职业行业的转换，降低中小企业的劳动力搜寻成本。大城市人口和经济活动的增加，会提高长三角北翼城市群的资源集中度，利于强化城市集聚效应。但是大城市同样也具有市民化成本高、人口激增带来的拥挤等问题，国内外一些大城市出现的"城中村"、"市中心棚户区"影响了城市的治安和形象，也给外来务工人员的人身财产安全带来了隐患。

综上，促进农民工融入城市实现市民化，要统筹考虑地域布局和产业布局。在保持大城市对外来农业人口吸纳的同时，进一步促进中小城市和县城对农村劳动力的吸纳，加强中小城市基础设施建设，降低公共服务在服务人数增加时的边际成本，这样才能在目的地的选择上做好分流，避免农业迁移人群在大城市的过度扎堆儿，减少大城市工资过低和地域结构失业等现象。

2. 针对农业转移人口的类型实施差别化的转移路径

在农民工市民化的对象选择上，也应该结合本省实际情况进行甄别，制定合适的路径轨迹。从职业和居住的稳定程度上看，江苏省农民工可大致分为三类：第一类农民工在江苏省的某城市里已经有了稳定的工作和收入，及相对固定的住所或家庭，却不一定有本地户口，这种类型的农民工市民化条件最为成熟；第二类具有较稳定的收入，但住所不固定，具备了一定的市民化条件；最后一类是季节性务工农民，大量的时间依然用于务农，且自身市民化的动机通常不强，进城务工只是为了增加收入而非落户定居。

第一类农民工成为市民的意愿较强，且通过自身努力在城市里站住了脚跟，市民化的成本也较低，政府管理部门对于这类人群，不妨采取以保障为主的措施，为他们户口迁入城市创造条件，解决子女教育、养老医保等迫在眉睫的问题，解决这些人的后顾之忧；对于第二类不太稳定的农业转移人口，可以引导为主，通过调查了解其市民化意愿，对其就业和今后的定居给予指导帮助,特别是较富裕的地区,财政开支适度向这一类民工倾斜,尝试推进住房公积金、住房补贴制度;最后一类以服务为主,工作重点不是促进其市民化,而是人力资源部门提供就业指导,劳动部门依法保护其劳动者权益不受损害,让这批人在不离开农村的同时也能按劳取酬,公平享受城市经济发展的成果。

综上,江苏省农业转移人口的市民化路径不能一概而论,需要考虑不同地方的经济社会条件,考虑不同人群的市民化意愿、自身能力和财政成本,做出具体分析和措施。

(二) 政策建议

1. 确保农业转移人口在城市的就业稳定

保证江苏省农业转移人口在城市的稳定就业是政策思路和政府工作的重中之重。没有稳定的就业,农业人口就没有动机、没有理由背井离乡来到城市,更没办法完成"市民化"的若干目标。稳定的就业,不仅仅是让转移进城的劳动力有工作、不失业,还要逐步改善其工作环境,保护劳动者合法权益,杜绝恶意欠薪、非法解雇、拒绝承担工伤责任等不良现象。考虑到在一个城市甚至同一个企业的持续稳定工作可以增强外来务工人员的归属感和市民化意愿,对涉嫌违法的雇主及时地依法惩处的同时,对于努力改善劳动环境、雇佣关系稳定的厂商可予以表彰和奖励,如鼓励劳动密集型企业聘用农业转移人口。整合各部门就业促进扶持资金,加大对劳动密集型企业聘用农业转移人口的支持力度。对稳定、成规模聘用农业转移人口的企业和单位,给予贷款扶持和一定奖励。

2. 加强对农业转移人口的职业技能培训

首先,建立健全农村职业技术教育培训机制,提高培训的针对性、实效性。可以利用龙头企业的特色和优势,组织农业转移人口实地学习,使他们在实践中提高专业技能水平。其次,建立健全符合多层次需要的城市职业培训网。根据城市劳动力市场的需求,提高农民工以及相关用人单位的积极性,共同做好有针对性的职业教育和培训。再次,建立健全农业转移人口职业培训长效机制,加大对具有专项职业能力或初级技工水平农业转移人口的技能等级提升培训和技能鉴定扶持力度,促使更多具有专项职业能力或已被认定为初级技工的农业转移人口转化为中、高级技工,促进农业转移人口充分就业。

3. 提供农业转移人口市民化的制度支持

通过制度创新给予农业转移人口"市民待遇",是推动农业转移人口市民化的重要途径。首先,要改革户籍制度。现行户籍制度以及附着在户籍之上的各种福利制度极大地限制了农民工市民化进程。目前,户口在我国社会福利和利益分配中仍然拥有基础性的地位,存在着明显的"功能超载"问题,这是导致城乡户籍屏障的根本原因。因此,户籍制度改革最重要的就是要逐步剥离附着在户籍上的各项福利制度,还原户口功能。一方面,要逐步弱化人口迁移管理功能,加强人口登记服务功能;另一方面,要逐步剥离户口中附着的各种社会利益,淡化户口价值。其次,探索农业转移人口过渡性的公共服务制度,逐步实现城市基本公共服务全覆盖;建立和健全一系列过渡性的相关法律规定,保障新生代农民工的合法权益。再次,建立健全农村土地流转制度。合理界定公益用地范围,根据同地同价原则,按照土地市场价格确定征地补偿标准;培育城乡统一建设用地市场,保障农民依法享有集体建设用地的收益权;强化承包地和宅基地的用益物权属性,积极探索农业转移人口依法处置承包地和宅基地的有效形式,增加农业转移人口的土地流转收益,提高其定居城市的经济能力。

4. 强化对农业转移人口的社会支持

首先,鼓励农业转移人口主动融入城市社交网络。农业转移人口要主动接受职业及知识教育;同时,农业转移人口应努力融入城市文化,增强对所在城市文化的认同。其次,要促进农业转移人口与市民间的彼此信任,营造建立社会网络的良好氛围。促进农业转移人口与市民间的彼此信任,可以为促进两个群体之间的交往与合作营造良好氛围。要加强舆论宣传,提高城市市民对农业转移人口的认识和理解,在心理和行动上接纳并帮助农业转移人口尽快融入城市生活。再次,城市社会组织要发挥积极作用。要加大在农业转移人口用人单位建立基层组织的力度;通过开展丰富多彩的组织活动,来引导农业转移人口积极融入城市生活,营造良好的人际关系。

5. 促进农业转移人口的家庭稳定

家庭是社会的细胞,家庭幸福是社会安居乐业的基础,需要多方面的努力,将现有的以农民工集体宿舍为主的居住模式,逐步转为小家庭式的居住方式。青壮年的父母与未成年子女一家数口住在一起,还可以将家乡的老人接来，或者政府给面向农民工父母的养老机构补贴，从而减少农村劳动力转移带来的留守儿童、农村未成年人犯罪、农民工离婚率高、农村老年抑郁症等问题。此外，农民工聚集较多的社区，可以组织文体娱乐活动，鼓励社区内城市居民与农业转移人口建立互帮互助的友爱氛围，进而消除一部分城市居民对后者的偏见和歧视。

参考文献：

1. Ravenstein, E. G., "The Laws of Migration", *Journal of the Royal Statistical Society*, Vol. 52, No. 2, 1889.
2. Lee, E. S. A., "Theory of Migration", *Demography*, Vol. 3, No. 1, 1966.
3. [美] 刘易斯：《劳动无限供给条件下的经济发展》，北京经济学院出版社 1989 年版。
4. [美] 托达罗：《经济发展与第三世界》，中国经济出版社 1992 年版。
5. 刘义：《农民工市民化的冲突与调适》，《农民日报》2005 年 5 月 14 日第 3 版。
6. 刘传江：《中国农民市民化研究》，《理论月刊》2006 年第 10 期。
7. 赵立新：《城市农民工市民化问题研究》，《人口学刊》2006 年第 4 期。
8. 王满四、熊巍俊：《科学认识城市农民工市民化问题》，《农业经济》2005 年第 2 期。
9. 钱正武：《社会政策支持与农民工市民化》，《理论与政策》2005 年第 6 期。
10. 卢向虎：《制度是如何阻碍我国农村人口向城市迁移的?》，《调研世界》2005 年第 6 期。
11. 曾芬钰：《城市化本质与"农民工"的终结》，《当代经济研究》2003 年第 10 期。
12. 刘传江、徐建玲：《中国农民工市民化进程》，人民出版社 2008 年版。
13. 张国胜：《基于社会成本考虑的农民工市民化：一个转轨中发展大国的视角与政策选择》，《中国软科学》2009 年第 4 期。

作者信息：

研究基地：江苏民生幸福研究基地

承担单位：东南大学

首席专家：徐康宁、徐山瀑、李向阳

课题负责人：徐康宁

主要参加人员：刘修岩、冯伟、陈健、陈丰龙

苏南城镇化对苏北城镇化的经验借鉴与启示

内容提要：苏南城镇化的宝贵经验对苏北地区的城镇化进程有着重要的启示作用。苏北地区在借鉴苏南城镇化经验的基础上应该找准自己的定位，既要坚持人口城镇化与乡村城镇化的协同推进，也要实现苏南、苏北城镇化的协同，必须将城镇化纳入大的交通圈和城市圈，健全城镇基础设施，完善交通网络，实现城际的快速便捷交通。同时，积极拓宽融资规模与渠道，完善苏北城镇化的金融支持，形成小城镇建设资金的保障机制；优先发展中心城市和城镇，把重点中心镇建设成为具有较强辐射能力的农村区域性经济文化中心，形成集聚扩散效应；加强制度创新，深化户籍、土地等领域的改革，破除发展瓶颈，也是城镇化进程中必然的路径选择。

"苏南模式"曾一度被认为是中国特色社会主义道路的"典范"、"样板"。目前，苏南地区已经基本实现全面建成小康社会的目标，并朝着基本实现现代化的目标奋进。但是，苏北地区的城镇化水平和经济发展水平远低于苏南地区，且这种差距有逐渐扩大的趋势。虽然苏南和苏北在资源禀赋、发展动力、区位条件、交通状况等多方面存在很大的差异，但是，苏南城镇化的经验对苏北仍然有可资借鉴之处。因此如何借鉴苏南的城镇化经验来推动苏北地区的城镇化，促进苏南苏北的协同发展是政界、学界普遍关注的重要问题。

一 苏南城镇化的经验梳理与总结

(一) 以农村工业化带动农村城镇化

苏南地区从改革开放初期开始，就走上了工业化发展道路；80年代后期工业化已经达到了比较高的水平；从1992年起，苏南又开始了第二轮的高速发展时期，这一轮经济高速增长的直接后果就是城镇化的迅速推进；90年代后期开始，中小企业和民营经济迅速兴起，工业向集约化发展，形成了大片的工业园区，苏南的工业化道路越走越宽。在这种工业化背景下，生产领域的结构变化促使作为乡镇企业空间载体的小城镇迅速成长，苏南的城市面积以及城镇户籍人口都有了大幅度的提高。此后，苏南的城镇就侧重于功能的完善和提升。小城镇位于城乡接合部，是大中城市与农村联系的纽带。小城镇也坐落于农村地区，与农业关系密切，是农村地区政治、经济和文化中心，城市功能显著。由于农村工业化的带动，小城镇对劳动力的需求不断增长，吸收和消化了大量农村剩余劳动力。苏南城镇化不仅合理使用了农村劳动力，而且大大减轻了大中城市的人口压力，在带动苏南城乡经济蓬勃发展的同时，开辟了中国城乡二元格局下城市化发展的新途径。

(二) 产业结构相对合理，注重发展优势产业

早在2005年，苏南的三次产业比例就为2.8∶60.3∶36.9，而苏北的三次产业比例为19.7∶46.5∶33.8。苏南产业构成中第二产业的比重高于苏北近14%，第三产业比重高出苏北3.1%，而农业比重比苏北低约17%。非农产业的差距是苏南、苏北经济发展差距的集中体现。苏北的农业基础相对较好，但农副产品的加工业相对落后，缺少创汇型农业和特色农业；苏南不仅非农产业在经济中的比重大大超过苏北，而且非农产业内部结构也远高于苏北。

苏南还有众多知名度较高的旅游资源，这些城市的旅游已形成基本完善的旅游产品体系和接待服务体系，便捷的交通也为这些城市旅游业的发展提供了重要条件。相反，苏北大多城市旅游资源开发不足，旅游业赖以发展的交通条件、城市设施不够完善，制约了旅游业的发展。

(三) 开放程度高，外向型经济飞速发展，助力城镇化发展

随着经济全球化浪潮的不断推进，以上海为龙头的长江三角洲地区已经成为世界制造业生产基地，苏南地区主动融入长三角，凭借其独特的区位优势和良好的工业基础，以工业园区和开发区为载体，苏南地区吸引外资的能力得到了前所未有的提升，吸引国际产业资本大规模地向这一地区转移，并形成了产业聚集的规模效应。尤其是苏州外向型经济得到了迅猛发展，苏州的出口额、增长幅度均独占鳌头。这种以工业园区和开发区为载体招商引资的发展模式，也加速了工业向园区和开发区集中、人口向城市集中、住宅向社区集中的"三集中"趋势，大大加快了苏南地区的城镇化进程。苏南地区已总体形成包括大、中、小城市和小城镇的多层次城镇体系。

(四) 小城镇是苏南城镇化的主战场

苏南的小城镇在农村城镇化进程中得到了飞速发展，反过来又成为农村城镇化的重要载体。(1) 小城镇的崛起，促进了农村工业的相对集中。随着苏南地区基础设施的不断改善，投资环境的日益优化，集中于小城镇的乡镇企业数量由1980年的5000余家增加到1998年的22000余家。据估算，12县（市）工业总产值的近1/2集中在建制镇。(2) 小城镇的迅速发展，促进了农村人口的非农化、城镇化。据统计，苏南三市目前从事第二、第三产业的农村劳动力分别达121万人和89万人，居住在镇区的农业人口已占住镇人口的23.3%。(3) 小城镇的发展，促进了城乡一体化。截至1998年底，苏南三市集结于小城镇的人口已占全区域镇人口的57.1%。小城镇的建成区面积已占全区城镇化面积的75%强，苏南农村已经走出一条以小城镇为依托的农村城镇化之路。

(五) 拥有完善的交通网络

苏南位于长江三角洲的核心地带，北临黄金水道长江，沪宁铁路、宁杭铁路、高速公路横跨东西，京杭运河纵贯南北，紧靠上海，交通及各种资源和生产要素的国内外流动便捷，城市基础实力比较强。特别是近两年来，高速铁路的迅猛发展，苏南城市圈基本实现了一小时之内直达各主要城市，极大地方便了人口的流动。而到上海的时间也缩短为两个小时，这

样便捷的交通也使得苏南地区受到经济中心上海的吸引和辐射更加强。

(六) 富民优先战略

苏南模式一开始追求的是集体富裕,从纵向比较,苏南富得较快,但横向比较,苏南人的收入并不比其他模式如温州模式有明显的优势。这也是苏南模式常常遭到非议的一个原因。在全面小康社会建设中,富民优先成为苏南人转变增长方式的一个重要战略,其主要特征有三个:一是通过改制和发展民营经济等途径鼓励一部分人先富;二是关注增加个人财产及其收入,鼓励创业,拓展包括财产致富和经营致富等其他收入渠道;三是允许先富的同时关注合作富民,不仅关注平均收入达到小康水平,还重视大多数人达到收入的平均数。这可以说是苏南模式在集体富裕方面的延续,效果是十分明显的。现在的苏南总体的富裕水平高于其他地区,收入差距也是全国最小。而民富又进一步带动了城镇化的建设。

(七) 培育环境,聚集高素质人才

"江南自古多才子。"苏南山清水秀、人杰地灵、文人荟萃、教育发达,无论是初等教育、中等教育还是高等教育均比苏北的水平要高。各级各类学校的办学条件、办学质量、办学效益均优于苏北,在全国也名列前茅。居民的平均受教育程度较高,每年还有数以万计的包括苏北人在内的各类人才到苏南的外资企业、乡镇企业去创业、工作。苏南地区专业技术人员比重、专业技术层次均远高于苏北,人才向发达地区转移趋势仍十分明显。

(八) 思想观念开放,注重精神文明建设

改革开放以来,苏南的人们思想比较解放,能够较快地接受现代商品经济的新思想、新观念,较好地适应国际、国内环境的变化,及时抓住一切有利的机会,积极利用中央给予的各项政策,并在体制改革方面进行了一些超前性的试验。苏南地区在建设高度物质文明的同时,更注重建设高度的精神文明,张家港的崛起,在很大程度上就得益于其精神文明建设。不仅如此,苏南城镇化模式依托乡镇企业的经济实力,实行"以工补农,以工建农",实现农业机械化,既为规模农业创造了条件,又解决了农村部分潜在剩余劳动力的就业问题,为实现农村产业的转化和农村建设奠定

了基础，为农村景观城镇化、经济结构城镇化和人口城镇化创造了条件。这为苏北地区的城镇化提供了可资借鉴的经验。

二 苏南城镇化成功经验对苏北的启示

（一）优化产业结构升级，加快农业产业化进程，走新型工业化道路

苏北地区的一个优势是土地资源和生态优势。充分发挥自身优势，大力发展特色农业、绿色农业、旅游休闲观光农业，形成一条由生产基地、农副产品深加工到运输供应产业链体系，使之成为上海和苏南既有特色又是绿色健康的农副产品的供应基地。构建符合与农村产业发展升级紧密结合的职业教育模式，对促进苏中、苏北地区传统农业社会向现代农业社会转型具有现实性和紧迫性。

苏北目前正处于为经济起飞创造条件并向经济起飞过渡的阶段，当务之急是明确工业在经济中的主导地位，加大投资，努力增加第二产业的比重。苏北产业结构相对落后，不仅农业比重较高，而且农业产业化还处于初始阶段，表现为：龙头企业少而小，难以起到带动作用；贸工农一体化程度低，难以实现高效益；农民的组织化程度不足，难以与市场经济对接。从工业的内部结构来看，支柱产业规模较小，联动效应不明显，具有区域特色优势的块状经济尚未形成；科技对经济的贡献度不高，以生产初级产品为主的传统产业结构难以成为吸纳科技成果的主体，科技成果转化缓慢，尚未形成健全的技术进步机制。加之城市化水平较低，在工业发展模式上应着力于传统产业的改造和逐步脱胎换骨，以新型工业化推进农业产业化和城市化，努力破解结构合理化和工业、农业、城市一体化发展难题。

（二）健全城镇基础设施，完善城镇居住、环境、服务功能，促进人口聚集

城镇是一地域概念，苏北农村城镇化强调的是当地农业人口进入小城镇，但城镇并不只是地域的概念，城市人口比重只反映了城市化水平，人口城镇化不过是农村城镇化的初始阶段，农村城镇化突出了城市功能的提升，因此，提升苏北农村城镇化质量，必须要进一步发掘城镇的功能，通

过提供更多更好的基础设施提升城镇功能，配合城镇产业结构调整；通过提供更多更好的公共服务满足居民的精神层次需要；通过改善社区治理和增加教育投入提升居民素质和生活质量。

（三）适时转变地方政府职能，创新体制机制，推动城镇化健康发展

苏南模式创立至今，地方政府的角色从直接参与市场经济的乡镇企业模式向行使公共管理职能的"服务型政府"方向转变。分权制改革后，地方政府的加入适应了企业节约外部交易费用的内在需求，但其优点随着市场经济的完善逐步成了缺陷，苏南模式被迫进行以产权改革为核心的二次制度变迁。在政府主导的强制性制度变迁下，政府主动介入使资源在市场经济中达到最佳配置及效益最大化；而政府从市场经济的直接参与者逐步转向社会管理和公共服务的提供者，把市场这只"看不见的手"和政府这只"看得见的手"握紧，形成强有力的力量并发挥整体的作用，既体现了市场经济发展的必然趋势，也体现了政府服务功能和公共管理功能的重要作用。可见，地方政府不仅要维护市场，更要参与市场的"培育"。

（四）解放思想，统筹规划，实现可持续发展

思想是行动的先导，苏南之所以发展快，一个重要的原因在于苏南人思想观念开放，善于接纳新事物，并且注重统筹规划，走出了自己的"苏南模式"。苏北应该在学习苏南经验的基础上，进行全盘统筹，杜绝短视行为，注重乡镇特色资源的可持续利用和生态环境保护，推动节约型城乡规划建设，促进城镇低碳生态与集约发展。

三 苏北城镇化面临的主要障碍

（一）经济落后、城市规模小，大中心城市的辐射带动能力弱

苏北占江苏总面积的53%，人口占江苏总人口的38%，经济总量仅占全省总量的23%。从其他的主要指标看，除第一产业一些指标苏北高于苏南外，其他的指标苏南均大大高于苏北，与苏南地区的差距依旧较大。

"十五"末，在苏北地区县级以上城市中，特大城市仅占3.6%，大

城市占7.1%，所占比重分别低于全省平均水平4.2个、0.7个百分点；而小城市所占比重为78.6%，高于全省8.3个百分点。小城市数目虽然较多但增长缓慢，城镇规模偏小，功能偏弱，集聚能力不强，吸纳生产要素、转移农业人口的能力较弱。苏北地区五个地级市中徐州市为特大城市，人口规模、经济实力比较突出，但依旧难以胜任区域发展的组织者和协调者角色，一时难以成为相应区域的增长中心。同时小城镇布局过于分散，缺少相应的产业支撑，集聚经济效益和规模经济效益较小，核心竞争力不足，城镇功能定位不明显。

（二）财政困境制约苏北城镇化进程

农村城镇化基础设施建设资金不足，市场化融资力度弱，由于资金不足，苏北农村在基础设施投资方面增长较为缓慢，与苏南的差距日益扩大。以徐州和宿迁两市为例，农村固定资产投资占全社会固定资产投资总额的比例呈逐年下降趋势，表明农村投资增长速度低于城镇，二者差距在扩大。从资金来源看，投资主要来自企业自筹、财政预算内资金、国内贷款、外资等。企业自筹是主要来源，自筹资金占总投资的80%左右，充分反映了苏北农村基础设施建设方面金融供给的不足，金融支持不利已经严重阻碍了苏北地区农村城镇化的进程；农村中小企业筹资困难和生产生活资金短缺。苏北农村中小企业却普遍面临着融资难的困境，资金来源主要依赖自筹资金，外部资金特别是银行贷款比例则非常小，且农村居民收入严重滞后于城镇居民，这严重影响了苏北农村居民的消费水平和农户的固定资产投资。

（三）过分重视城镇空间规模扩大，忽视城镇化质量

尽可能地扩大城镇规模，是目前苏北市、县、乡镇政府的一项重要任务。一些县明确提出，在未来10多年的时间内，县城区区域人口要达到50%。因此，在这些城镇区，城镇建设的工地到处可见，大面积的土地等待或正在开发施工，区别于旧城镇的新城镇已经差不多成型。从有些市县、乡镇领导不分日夜忙于征地拆迁，急切"腾地"用于城镇建设（包括大量工业用地）的情况来看，这些城镇区的面积在迅速扩大。这种单纯依靠强制性征收集体土地解决城镇化发展问题的做法忽视了公共服务的供给，这显然造成了苏北地区城镇化发展的一块"短板"。同时，苏北地

区的城镇规划布局普遍不够合理，功能定位不够清晰，城镇建设和居民聚居点建设存在一定的盲目性和无序性，这严重影响了苏北城镇化的质量水平。

（四）制度规划、政策创新滞后于发展实际

1. 家庭联产承包责任制成为束缚农民迁移、制约农民进城居住的主要障碍

苏北地区普通农户单纯依靠家庭承包经营的土地收入根本买不起大型机械，即使是依靠村集体共同购买、使用，也很难实现大规模机械化生产，进而无法把农民从土地上解放出来。此外，城乡一体化已成为不可阻挡的趋势，便利的信息与交通条件使农民无论在心理上还是身体上都与城镇拉近了距离，家庭联产承包责任制仍然牢牢地将农民固定在土地上，而新型城镇化的目的之一正是打破城乡分割的格局，通过让农民进城居住，切实改善农民的生活。

2. 高度计划的用地规划制度成为束缚城镇扩展、制约城镇接纳农民的主要障碍

我国现行用地制度实行严格规划，虽然为保障18亿亩耕地红线、避免城镇粗放式扩张发挥了重要作用，但对于苏北城镇化来说，问题在于土地置换与用地规划严重脱节，城镇通过土地置换从农村获得的新增用地，一旦超过上级政府下达的用地指标即为违规。相比于城镇面积已经充分扩张、经济发展水平已经很高的苏南地区，苏北地区经济基础落后，经济发展对于土地的需求量更大，安置进城农民、开展招商引资、进行房地产开发等都需要土地，但每年新增用地指标少，使政府有地不能用；农民住房没处建，使农民进城进不去——这种高度计划的用地规划制度，真正是捆住了城镇发展的"手脚"，成为制约城镇化进程的主要障碍。

3. 户籍管理体制的僵化

苏北地区非农业的快速发展，吸纳了大量的农村剩余劳动力，但传统的户籍管理制度对农民进城设置了较高的门槛，大大地限制了农民向城镇的迁移定居，客观上仍然对农村剩余劳动力造成思想禁锢，使得他们在向第二产业转移时，大都存在"离土不离乡"、"进厂不进城"的思想顾虑，致使城镇化水平一直滞后于工业化水平。

四 推进苏北城镇化进程的措施

(一) 以新型工业化为发展动力，拉动城镇化进程

工业化是城镇化的根本动力，特别是在工业化实现中期阶段，城镇化将依赖于工业化发展。与苏南等发达地区相比，苏北的工业基础还不强，还不能形成足够的产业集聚来带动人口集聚，进而支撑城镇化发展。因此，苏北必须继续把新型工业化作为发展的第一方略，迅速做大做强工业经济，"化"农业社会为工业社会、"化"农民为市民，85%的农村劳动力进入第二、第三产业，为实现城镇化提高重要支撑。通过大力发展优势特色产业，提升现代服务业水平，加大招商引资力度，以国家级和省级开发区为重点，积极整合资源，强化功能特色，吸引更多的外资项目落户苏北，扶持民营经济发展，进一步推动产业转型升级，为工业化、城镇化互动并进提供持久动力，同时有效避免工业化、城镇化不同步不协调造成的各种问题，实现可持续发展。要大力发展现代服务业，增强城市服务功能，提升产业结构层次。要加快发展商贸旅游业，积极发展现代物流业，提高金融服务水平，培育发展商务服务业，放手发展社区服务业，促进房地产业健康发展，不断提升城市现代化水平。

(二) 优先发展中心城市，带动区域城镇化发展

苏北地区处在工业化发展初期和城镇化加速发展阶段，缺乏功能强大的经济中心城市，省辖市市区综合经济实力不强，集聚和辐射带动能力较弱。要实现经济持续增长，缩小与苏南、苏中的区域发展差异，苏北必须走集中型的城镇化发展道路，优先发展大城市和特大城市，通过提高质量、改善结构、优化组合，增强城市的综合实力和竞争力，以获得较高的规模效益和集聚效应，带动区域经济增长和社会繁荣。根据党的十八大提出的加快城镇化建设和科学布局城市群的概念，江苏省政府工作报告明确提出：加快南京都市圈和宁镇扬同城化建设，提高苏锡常都市圈联动发展水平，增强徐州都市圈核心城市辐射带动作用。

对发展条件优越，特别是区位条件好的大城市，如连云港、淮安，要进一步加强政策扶持，充分利用市场机制，推动资源优化配置，着力强化

集聚和辐射功能，使其成为现代生产和消费的高聚集区、商品流通的集散地，成为区域经济发展的重要增长极。高度重视徐州在都市圈内的核心功能和辐射带动作用，通过加强城市基础设施和大交通、大市场建设，扩大城市规模，进一步增强徐州市作为全国重要的交通枢纽、苏北地区和亚欧大陆桥东部中心城市和商贸都会的地位和作用，以徐州特大城市建设带动徐州都市圈的发展，推动苏北地区的城镇化水平的提高。形成以特大城市为龙头、大中小城市为依托的苏北城市群，强化城市之间的经济联系，加强信息通道和快速路网建设，提升苏北经济整体竞争力，并在此基础上，打破行政区划束缚，以交通为纽带，以经济分工与协作为基础，培育和发展徐州都市圈，促进苏北城镇化的协调发展。

（三）拓宽融资规模与渠道，完善苏北城镇化的金融支持

苏北城镇基础设施建设和社会保障体系建设可通过发行市政债券、项目融资、信托计划、股权融资、资产证券化以及利用政府融资平台的方式来引入民间资本创新融资手段，这样既获得了农村城镇化所需要的资金，也解决了投资者与受益群体相分离的问题。可以通过减税、提供优惠利率贷款等优惠措施吸引外商投资，在公共服务经营上可以采用租赁、承包和委托等形式。拓宽中小企业融资渠道，支持农村城镇工业化、农业产业化发展。一是积极发挥再贷款、再贴现的作用，增强中小金融机构支持中小企业发展的资金能力。对积极支持企业发展、经营状况良好且确有资金需求的中小金融机构，人民银行应在再贷款方面予以支持，增加中小金融机构的再贴现数额。二是加强对中小企业信贷风险的科学评价，对有市场发展前景、信誉良好、有还贷能力的中小企业适当扩大授信额度，试办非全额担保贷款；对信用等级优良的企业适当发放信用贷款。三是引进风险投资，解决中小企业尤其是创业企业资金匮乏问题。此外，在银行贷款方面，一方面银行要有固定资产贷款、项目贷款和政府贴息贷款等支持农村城镇化的贷款；另一方面要放宽针对基础设施建设的贷款期限，安排一定比例的中长期贷款。还要充分发挥政策性银行的作用，增加在基础设施建设等公共设施领域的资金投入。

（四）择优选取中心城镇，全面提高苏北城镇化发展质量

在苏北城镇化进程中不应遍地开花，应避免粗放的数量扩张，注重提高城镇化的质量，重视不同规模城镇内涵的发展，走优先发展中心镇的道路。新出台的关于支持苏北地区全面小康建设的意见，提出要加快新型城镇化步伐。在推进苏北发展的六大关键性工程中，重点中心镇建设正是其中之一。

重点中心镇是县域中区位较优、实力较强、对周边农村和乡镇具有较强辐射能力的建制镇。要坚持科学选取中心镇、择优培育的方针，对区位条件好、发展潜力大的重点中心镇，给予更大的发展空间，集中人力、物力、财力进行重点培育，加强基础设施建设，培养龙头产业或特色产业，提升经济发展水平，完善服务功能。要把重点中心镇建设成为功能齐全、设施配套、环境整洁，具有较强辐射能力的农村区域性经济文化中心，其中有条件的少数中心镇要发展成为小城市，以全面推进城镇化建设。

完善社会保障体系。逐步推进城乡社会保障并轨，重点提高农村社会保障标准，健全完善农村养老保险、医疗保险、低保、五保和被征地农民基本生活保障"五道保障线"。推进城乡基本养老保险、基本医疗保险全覆盖，推动新农合筹资标准、保障水平与城镇居民医疗保障基本持平。完善城乡统一的最低生活保障制度和社会救助体系。在经济相对薄弱的苏北地区，可以充分借鉴苏南地区已经形成的包括教育、医疗、社会保障在内的基本公共服务均等化的创新，在不额外增加财政支出的情况下，以县为单位，尝试推进城乡基本公共服务地位均等。

（五）强调制度创新，破除苏北城镇化发展瓶颈

在工业水平和实力难于在短时间内达到苏南现有水平的情况下，制度创新应该成为苏北地区推进城镇化发展的必需选择。基层实践的发展对改革顶层设计提出了新的要求，必须顺应实践发展，进一步增强改革的协同性与针对性，从制度创新着手，加快完善顶层设计，破解制约苏北地区城镇化发展的瓶颈，加快推进苏北地区城镇化进程。

（1）改革家庭联产承包责任制度，突破横向行政条块分割。在农业生产上必须破除横向行政条块分割的限制，树立"大农村"思想，将可能跨越数个行政辖区的一片较大自然区域的农田视为一个整体，给予统筹规划，实现不同区域的资源互补，在农业生产资源上首先补平地区差异，让先进农业生产地区的机械、技术、管理模式能够同样影响到后发地区的农业生产，在提高机械利用率、减少资源重复消耗的同时，实现区域农业

生产水平协调发展。

（2）改革高度计划的用地规划制度，克服纵向行政层级依赖，建立由基层主导、积极统筹规划的用地制度，解决土地置换与用地规划脱节问题，让城镇热心接纳农民。可以考虑在严格执行耕地"占一还一"规定的前提下，实行"先用后还"的政策。

（3）加快现有户籍制度的改革。现有的户籍管理制度严重地限制了城乡人口的自由流动，制约了社会经济的正常发展。必须加快对现有的户籍制度进行改革，拆除城乡的体制性壁垒。试按居住地划分城市和农村户口，以职业划分农业和非农业人口，拆除农民进城的门槛。灵活的、高效的户籍管理制度不仅可以使农村人口向城镇进行有序流动，也可实现城乡的自由沟通。

（六）健全城镇基础设施，完善交通网络

苏北地区应结合扩大内需政策，配合区域内交通能源基础设施建设，加快城镇基础设施建设的步伐，为个体私营经济的发展提供良好的外部环境，如规划好工业区、居住区、文教区、商业区等城镇功能区，搞好市政配套设施建设，提高环境卫生、社会治安、交通秩序方面的综合管理水平和社区服务水平。

比起苏南城市圈高铁一小时到达的优势，苏北地区的交通显得比较落后，而交通的不便也使得苏北地区对外招商引资的吸引力减弱。因此要大力发展苏北各地区的轨道交通，特别是与苏南地区对接，提升轨道交通的速度，实现江苏省内各个市县均能方便快捷地到达。与此同时，应该发挥连云港的港口优势。1984年，连云港被列为我国14个沿海对外开放城市之一；1990年，连云港又被确定为新亚欧大陆桥东方桥头堡。但是现在来看，连云港的城市发展并没有预期的那样好，港口也没有发挥出最大的作用，今后应该提高港口的吞吐量，改进港区附近的公路体系，提高港区铁路技术状况，改善站场到发场的运输能力紧张、难以满足港口运输需求快速增长的状况，完善港区内集疏运系统，同时将临港工业区以及相关联产业的发展向后方移动，使连云港港口发挥其应该有的积极作用，促进连云港港口的崛起。

总之，苏北地区应该通过协调发展，统筹制定区域规划和相关政策，引导城镇和产业的空间发展方向，构筑起职能分工明确、空间布局合理、等级规模有序、设施完善高效、环境优美和谐的城镇体系，充分发挥城镇群体的效应，以此来推动苏北地区城镇化的健康、有序和快速发展。

参考文献：

1. 季小立：《"苏南模式"城市化及其演进》，《理论与现代化》2004 年第 6 期。
2. 潘林元：《江苏南北经济发展差距的成因及对策》，《当代经济》2008 年第 5 期。
3. 张宇炜、刘小煜：《对新苏南模式的思考》，《苏州科技学院学报》2007 年第 2 期。
4. 钱枫林：《江苏区域经济差异化成因分析及战略选择》，《现代经济探讨》2004 年第 3 期。

作者信息：

基地名称：江苏服务型政府建设研究基地
承担单位：南京理工大学
首席专家：程倩
课题负责人：章荣君
主要参加人员：葛小抱、顾颖、郭倩倩

丝绸之路经济带与江苏发展的新机遇

内容提要：国家规划丝绸之路经济带，为江苏促进东西双向开放、服务中西部发展，加快推进全面建成小康社会与率先基本实现现代化，提供了新机遇。江苏独特的地理位置决定了在丝绸之路经济带的东方桥头堡地位；江苏在历史上就与海陆两条丝绸之路有着密切的联系；江苏多个城市正与丝绸之路经济带国家地区文化和经贸互动。建议江苏积极打造丝绸之路经济带的东方桥头堡，主动参与丝绸之路经济带基础设施建设，努力争取"中哈自由贸易试验区"先行先试平台，大力拓展与丝绸之路经济带国家地区的人文交流领域。

习近平主席访问中亚四国时提出了共同构建丝绸之路经济带的战略构想。江苏历史上就是盛产丝绸的地方，不仅古丝绸之路与江苏有着密切的关系，现代丝绸之路经济带与江苏更有着密切的关系。丝绸之路经济带对于江苏的双向开放，对于江苏经济的转型升级，对于全面建设小康社会和向基本现代化进军的江苏未来发展，都具有极为重要的意义。

一　丝绸之路经济带战略构想给江苏发展带来了新机遇

习近平主席提出的共同建设"丝绸之路经济带"的战略构想，受到国内外高度关注。这个战略构想，高瞻远瞩，气魄宏大，具有多方面的战略意义。丝绸之路经济带的繁荣不仅是实现中华民族伟大复兴的中国梦的重要组成部分，同时也为江苏面向未来的发展带来了新的机遇。

（一）共同建设丝绸之路经济带，将丝绸之路的辉煌历史与该地区各国共谋发展的现实需求融为一体，为江苏与丝绸之路经济带沿线地区国家的合作提供了新机遇

早在2000多年前，丝绸之路就将中国同中亚、南亚、西亚乃至非洲、欧洲等地区联系起来，成为沿线国家文化交流、贸易往来的重要通道。进入21世纪，丝绸之路沿途许多国家都面临着共同的任务：通过加强区域合作，加快经济发展，改善人民生活水平。丝绸之路沿线国家地缘相近、人文相通，在经济、贸易等方面具有很强的互补性。特别是中亚等国与我国经济结构、经济总量差异大，互补性明显，已成为我国向西开放重要的贸易伙伴。20多年来，中国同丝绸之路沿途国家关系发展日益深入，建立了多层次、宽领域的合作和对话机制。习近平主席访问中亚四国提出共建丝绸之路经济带的战略构想后，不仅使中国同中亚各国进入全面战略合作关系的新阶段，也引起上合组织观察员国的积极响应。建设丝绸之路经济带，有助于我国与丝绸之路沿线国家在战略能源、经济贸易、科技创新、生态环境、人文交流等领域实现全方位协作，推进我国产业结构转型升级。这样的形势与任务无疑为江苏与丝绸之路经济带沿线国家的合作提供了新机遇。

（二）共同建设丝绸之路经济带，有利于推动亚欧两个大陆之间的交流合作，为江苏东西双向开放提供了新机遇

共同建设丝绸之路经济带是我国构筑全方位对外开放格局的战略需要。改革开放以来，我国沿海、沿江、沿边开放不断向纵深发展，对推动我国经济持续快速发展发挥了重要作用。但在对外开放格局中，内陆开放、向西开放仍是薄弱环节。共建丝绸之路经济带，符合中亚、中东地区"向东看"战略，也符合我国西向发展、向西开放的战略，同时对促进我国西部地区提高对外开放水平、拓展内陆开放深度与广度，在空间上形成沿海、沿边和内陆开放互为依托、相辅相成、东中西协调发展的全方位对外开放格局，具有重要战略意义。丝绸之路经济带不是狭义的丝绸之路。近年来，总人口30亿的"新丝绸之路经济带"已具雏形。这条经济大走廊东端连着充满活力的亚太地区，西边系着发达的欧洲经济圈，沿线国家经济互补性强，在交通、金融、能源、通信、农业、旅游等各大领域开展互利共赢的合作潜力巨大。亚欧合作这样的发展前景无疑会给江苏的发展

带来新的机遇。

(三)共同建设丝绸之路经济带,有利于拓展中国西部大开发的战略空间,推动西部各地经济社会发展,为江苏更好地服务中西部提供了新机遇

共同建设丝绸之路经济带是推进西部大开发大开放的战略举措。实施西部大开发战略以来,西部地区基础设施、生态环境、人民生活、城乡面貌都发生了历史性变化,但受地理环境、自然条件等多种因素的制约,西部广大地区仍然处于相对落后的状态,其中一个重要原因在于开放水平较低。以2012年的数据为例,西部地区进出口贸易总额2300多亿美元,仅相当于广东的1/4、江苏的1/2。丝绸之路经济带的战略构想,提升了我国西部地区的战略地位,广阔的中西部地区将成为这条经济合作走廊的战略通道和经济腹地,这对于加快形成内生增长与外向发展互补的开放型经济体系、促进西部产业结构调整和经济转型升级具有极其重要的意义。西部地区的发展形势无疑为江苏更好地服务西部提供了新的机遇。

(四)长江流域经济带与丝绸之路经济带交相辉映,为江苏推进与丝绸之路经济带各国及地区的人文交流提供了新机遇

长江流域经济带与丝绸之路经济带一样,不仅是经济带,更是文化带。以"丝绸之路"联合申遗为例。目前,陆上丝绸之路与海上丝绸之路都在竞相申遗。陆上丝绸之路被认为是东西方文明的融合、交流之路。2013年1月,中国与哈萨克斯坦、吉尔吉斯斯坦三国最终确立了"丝绸之路:起始段与天山廊道的路网"项目的申遗文本,正式报送联合国教科文组织。同时,海上丝绸之路的申遗工作也在紧锣密鼓地进行,江苏的南京与扬州也加入了申遗的大合唱。海上丝绸之路与陆上丝绸之路相互呼应,为江苏推进与丝绸之路经济带各国及地区的人文交流提供了新机遇。

二 充分认识江苏在丝绸之路经济带中的独特地位与作用

江苏在共同建设丝绸之路经济带的战略中有着独特的地位与作用。江苏在丝绸之路经济带上不仅有着独特的地理位置,而且江苏的过去、现在

与未来都与丝绸之路经济带建设密切相关。

(一) 江苏在历史上就与丝绸之路有着密切的联系

长江流域的丝绸生产历史悠久,在中国乃至世界丝绸文化史上占有突出重要的地位。早在先秦时期,长江上游的川渝、中游的两湖和下游的江南就已是我国蚕桑丝绸生产比较集中的地区。汉代开始,这些丝绸生产一向发达的地区递次出现了三大名锦和三大名绣,它们是我国丝绸文化的突出代表。大约从宋代开始,我国丝绸生产的重心南移,江南、四川和黄河流域共同成为我国丝绸生产的三大中心,特别是江南地区,至明代成为我国最为重要的丝绸生产基地,这里蚕桑丝绸的商品化生产起步早,程度高,丝绸以贸易为主要传播形式,成为对外影响较大的商品,在世界经济大流通中扮演了极其重要的角色。江苏的扬州、南京都是历史上海上丝绸之路的重要节点城市。到了唐代,扬州依托其优越的地理位置和在大唐经济版图中所占的地位,成为海上丝绸之路的重要起点城市和东方著名港口。而盛唐以前,不少来扬州的波斯人与大食人,大都是由波斯湾沿海,经马六甲和北部湾抵中国沿岸登陆,然后沿长江下扬州。晚唐时期广州的外国侨民有12万人之多,而扬州中晚唐时期的经济地位和繁荣程度都在广州之上。在众多考古发现中,曾经挖掘出的唐代海船,大多数是扬州产的。与此同时,扬州的陶瓷、药物、铜器、丝绸同样远销海外。特别是扬州铜镜,以其铸造之好、价格之高,成为大食与波斯等国王室与臣民向往的稀世之宝。

(二) 江苏独特的地理位置决定了在丝绸之路经济带中的独特作用

丝绸之路经济带是国家战略,可以说和全中国都有关,但是总得有重点区域。自丝绸之路经济带提出以来,陕西、甘肃和新疆率先行动起来。陕西提出"打造成丝绸之路经济带的新起点和桥头堡",甘肃提出"打造丝绸之路经济带的黄金段",新疆则"要建设成丝绸之路经济带上的核心区,切实当好建设丝绸之路经济带的主力军和排头兵"。面对在丝绸之路经济带上的竞争,江苏不仅要做好"一江春水向东流"的文章,而且要做好"八千里路云和月"的文章。长江流域经济带与丝绸之路经济带中国段,加上中国沿海经济带构成了我国生产力"π"形布局,江苏就处于这三大生产力交会的节点上。同时,丝绸之路经济带的干线走向是以新亚欧大陆桥为主轴，江苏拥有大陆桥沿线地区最经济便捷的出海大通道，这实际上就赋予了江苏在丝绸之路经济带中的桥头堡地位。面对这样的独特地位，江苏一定要有清醒的认识，江苏一定要担负起桥头堡的历史重任。

（三）江苏和丝绸之路经济带中的许多国家及地区，特别是中亚国家经济互补性很强

丝绸之路经济带东西两端分别是经济发达国家与地区，而中间地带则是经济相对薄弱的后发地区。正是这一特点决定了江苏在丝绸之路经济带建设中大有作为，与丝绸之路经济带中的许多国家及地区的合作潜力巨大。例如，中国与中亚国家经贸关系的发展远远超出了中国与世界其他地区的经济合作的增长速度，这是双方合作潜力的真实体现。1992年中国与中亚五国建交之初，双方的贸易额仅为4.6亿美元，而2012年这一数字达到459.4亿美元，增长近100倍。特别是在2002年至2012年这10年间呈现出加速发展的态势。不仅贸易额在上升，中国与中亚五国的贸易关系也变得日益紧密，并在中亚经济发展中扮演着越来越重要的角色。资料显示，中国已成为哈萨克斯坦、土库曼斯坦的第一大贸易伙伴，乌兹别克斯坦、吉尔吉斯斯坦的第二大贸易伙伴，塔吉克斯坦的第三大贸易伙伴。江苏在共同建设丝绸之路经济带上前景广阔。

（四）江苏多个城市正与丝绸之路经济带各国及地区开展互动

实践往往走在理论的前头。苏州以丝绸为媒，努力走出一条新时期的"丝绸之路"。"丝绸之路"国际大会在土耳其伊斯坦布尔举行，苏州作为唯一的参展代表，成功举办了中国苏州丝绸展，集中展示了苏州丝绸精品。土耳其文化与旅游部长表示："中国在世界经济中扮演着重要的角色，包括苏州在内的中国经贸潜力很大，中亚国家对中国复兴丝绸之路的关注度在逐渐提高，而中国同这条线路沿线的亚洲国家与西方国家之间的经贸合作已成为重振丝绸之路的关键。"土耳其是苏州对中东地区贸易往来最重要的国家之一，2012年苏州与土耳其的贸易总额达18亿美元。中国驻土耳其大使希望，苏州能以丝绸之路经济带战略为契机，推进苏州与丝绸之路沿线国家的经贸交往与文化交流。与此同时，江苏连云港也在全力拓展丝绸之路经济带。2013年9月7日，连云港市与哈萨克斯坦国有铁路股份公司在哈萨克斯坦总统府正式签署合作协议（两国元首出席签字

仪式）。连云港港口集团与哈国国有铁路股份公司共同出资组建公司和建设集装箱物流场站，这标志着中哈大陆桥运输货物中转分拨基地正式落户连云港。

（五）江苏全面建设小康社会和基本实现现代化与丝绸之路经济带也有着不可分割的战略关联

率先全面建成小康社会、率先基本实现现代化，是中央对江苏发展的明确要求，也是江苏在21世纪头20年发展的总目标、总定位。江苏目前正处于从建设全面小康社会向实现基本现代化转变的关键时期，省委、省政府提出实现基本现代化目标将成为引领江苏省未来经济社会发展的主要方向和重点领域。和全面小康社会相比，基本实现现代化是对江苏经济社会发展的更高要求。江苏基本实现现代化依托的重点在哪里？丝绸之路经济带是江苏基本实现现代化的重要依托：丝绸之路经济带是有着30亿人口的大市场，因此它是江苏基本实现现代化的重要市场；丝绸之路经济带有着丰富的自然资源，是江苏基本实现现代化的资源所在；丝绸之路经济带许多国家与地区与江苏经济互补，关系着江苏经济的转型升级与质的提高。可以说，做好丝绸之路经济带这篇大文章关系着江苏全面建设小康社会与基本实现现代化的今天与未来。

三 江苏在共同构建丝绸之路经济带战略中大有作为

江苏在丝绸之路经济带上有着独特的地位与作用，共同构建丝绸之路经济带战略将给江苏的发展带来历史性的机遇，江苏要积极启动研究如何深入推进丝绸之路经济带建设的区域战略。

（一）江苏要积极争取丝绸之路经济带的东方桥头堡地位

"桥头堡"具有丰富的内涵、外延及深刻的战略意义。新加坡《联合早报》2013年岁末刊载《谁将成为新丝绸之路的桥头堡》一文，文章指出，中国构筑新的陆上和海上丝绸之路经济带，对中国众多地区是一次新的发展机会。最直接的受益区域将是西部的新疆和沿海的广西。但从更宽的区域来看，更纵深的陆地和海上丝绸之路的主导者和桥头堡，更有可能是西安和广州这两座城市，并且分析了西安和广州的优势。《联合早报》的文章认为，成为新的丝绸之路经济带的桥头堡，也意味着必须在中国再开放大格局中敢于担当；为此也需要这些最有可能成为桥头堡和其他也有机会竞争桥头堡的城市和区域，敢于亮剑，勇于挑起这份重担，最终让新的丝绸之路经济带从设想变成现实。依笔者的观点看，新丝绸之路经济带的桥头堡应该是作为一个整体的江苏城市群。其主要理由为，丝绸之路经济带的主轴线应该是新亚欧大陆桥经济带，江苏城市群就位于新亚欧大陆桥经济带的东桥头堡位置。西安虽然是古丝绸之路的起点，但按照习近平主席关于用创新的观点看，西安还起不到桥头堡的作用。连接太平洋与大西洋的纽带是亚欧大陆，江苏就处于西太平洋的节点上。在当前大竞争的格局下，江苏要敢于亮剑，勇敢地承担起新亚欧大陆桥经济带东桥头堡的重任。

（二）江苏要依托上海合作组织建设中亚自由贸易区，加强与中亚五国全方位的经贸合作

目前在争取设立中亚自由贸易区方面，已经有几件大事：一是 2003 年 6 月，在中哈霍尔果斯区域建立边境自由贸易区。双方敲定：中哈两国沿界河各划出一部分领土建立自由贸易区，贸易区总面积 5.28 平方公里。两国区域经专门通道连为一体，实行全封闭管理。中哈霍尔果斯边境自由贸易区为江苏争取中哈自由贸易试验区创造了有利条件。二是如前所述，连云港市与哈国铁路股份有限公司签署协议，在连云港建设哈国的物流中转分拨基地。连云港作为哈国的物流基地，为江苏争取成为中亚五国的物流基地创造了有利的条件。三是乘上海自贸试验区发展东风，江苏要进一步建设使用好省内已建的保税物流中心和出口加工区等海关特殊监管载体，积极申报建设中哈江苏自由贸易区，并在此基础上申报建设"丝绸之路经济带"自由贸易区，显著提升江苏对外开放和贸易层次，以此来带动江苏与中亚五国全方位的经贸合作。

（三）江苏要将丝绸之路经济带作为西部大开发投资与经贸合作的新热点

西部大开发是中国的国家战略，应突出以下几个重点：一是要加强基础设施如交通、电力、通信、因特网等的建设。二是要加强对西部水资源和水利基础设施的保护和建设。西部地区不少地方严重缺水，土地荒漠化不断加剧，必须把水资源的合理开发和节约利用放到十分突出的地位。三是要抓好产业结构的调整。要采取得力措施防止重复建设、低水平的引进和建设，不能把东部淘汰的产业和产品转移到西部，也要防止急功近利，使西部成为高污染、高能耗产业发展的地方。调整产业结构要对国内外市场进行深入的研究、分析，通过高新技术和科技进步，极大地提高产品的附加值，千方百计地把资源优势转化为经济优势。四是要加快教育和科技发展的步伐。实施西部开发的目标最终还是要依靠人才和劳动者的素质来实现，要确保教育的优先发展，提高劳动者素质。五是地区之间要紧密合作，互利互惠。开发西部，不仅对西部地区来说是重要的发展机遇，对东部地区来说也是一次难得的发展机遇，东西部地区之间在自然资源、资金、技术方面有较大的互补性，地区间协作的空间比较大。地区之间要从国家利益的大局出发，协调步骤，相互配合，又应当按照市场经济原则，互利互惠，共谋发展。按照中央关于实施西部大开发的战略部署，江苏将在多个领域、以多种形式积极参与西部大开发，切实加强与西部地区的交流与合作，促进区域共同发展。江苏省地处长江经济带东部、亚欧大陆桥的东端，一条铁路、一条长江，为江苏与西部合作发展创造了天然的条件。江苏要发挥长江经济带和亚欧大陆桥的优势，发挥带动作用，使东西部物资、资金、人才、信息等充分互动和交流，不断推动西部经济发展。

（四）江苏要加强与丝绸之路经济带各国及地区的人文交流

推进江苏与中亚各国的友好城市建设。国际友好城市活动已成为中国同有关国家双边关系的重要组成部分，促进了中国同各国的交流合作，增进了中国人民同世界各国人民的相互了解和友谊。国际友好城市，也是对外开放的重要平台，是城市外交的重要载体，是我国民间外交的重要内容。目前江苏要大力加强与中亚各国城市的友好交流，首先可以将哈萨克斯坦的城市作为突破口，以此来带动与中亚其他国家的友城建设。同时，要积极加强人文交流。人文交流是经济交流的基础，加强与中亚各国的人文交流是当前连云港急待加强的重要事项。从中国与哈国的人文交流来看，建交18年来，中哈两国人文交流亮点频频，高水平文化团组互访已成为常态。2006年、2007年中哈互办文化节活动，中国新疆、重庆、遵义等地艺术团先后赴哈进行文化交流。已建成的两所孔子学院发挥着促进中哈文化交流的重要作用,为哈培养各类汉语人才 3000 多人。2009 年,阿拉木图卡斯捷耶夫艺术博物馆举办了中国景德镇瓷器展,阿拉木图还举办了中国工艺制品艺术展;2010 年在阿斯塔纳举办了"丝绸之路——中国的丝绸艺术展"。此外,两国艺术家在影视领域也开展了密切合作。江苏要认真借鉴国内其他城市在中哈交流中的经验,大力开展与中亚各国的人文交流,积极探讨如何将江苏特色文化,包括将吴韵汉风文化作为双方人文交流的重要内容。江苏还要创造条件建立丝绸之路经济带永久论坛,加强江苏与丝绸之路经济带上其他地区的合作。对于如何落实"丝绸之路经济带"战略构想,新疆已经启动了相关工作,将积极推动建立和江苏的联系机制,共同向上争取抓紧时间打破制约瓶颈,在更高层面更好地畅通新亚欧大陆桥通道,尽快推动"丝绸之路经济带"战略构想落到实处。

参考文献:

1. 贾秀东:《共建"丝绸之路经济带"正当其时》,《京华时报》2013 年 9 月 8 日。
2. 赵正永:《向西开放:西部大发展的新机遇 2》,《人民日报》2013 年 10 月 29 日。
3. 《丝绸之路的当代意义》,《光明日报》2013 年 10 月 14 日。
4. 《中国提出建设"丝绸之路经济带"引领欧亚大陆整体合作》,2013 年 9 月 13 日,新华网(http://news.xinhuanet.com/politiss/2013-09/13/c_117364702.htm)。
5. 《丝绸之路国际大会在伊斯坦布尔召开》,《新闻晚报》2013 年 10 月 29 日。
6. 《人文交流成为中哈合作新亮点》,《光明日报》2010 年 10 月 8 日。

作者信息:

研究基地:国家东中西区域合作示范区研究基地
承担单位:连云港市社科联
首席专家:张建民
课题负责人:张建民
主要参加人员:薛继坤等